임상심리학의 이해

Geoffrey P. Kramer · Douyglas A. Bernstein · Vicky Phares 공저

황순택 · 강대갑 · 권지은 공역

Introduction to Clinical Psychology (7th ed.)

학지사

Authorized translation from the English language edition, entitled
Introduction to Clinical Psychology 7th Edition,
ISBN: 0131729675 by Kramer, Geoffrey P.; Bernstein, Douglas A.; Phares, Vicky, published by
Pearson Education, Inc.,
publishing as Prentice Hall,

역자 서문

우리나라의 심리학, 특히 임상심리학은 놀라울 정도로 빠르게 발전하고 있다. 임상심리학의 발전과 함께 최근에 좋은 변역서와 국내 학자들에 의한 원저가 속속 출간되고 있다. 학부와 대학원에서 임상심리학을 공부하는 학생의 수가 급격히 늘어나고 있는 지금의 상황을 감안해 볼 때 그들에게 임상심리학을 잘 소개하는 것은 매우 중요하며, 길잡이가 될 좋은 교재를 보다 다양하게 제공할 필요가 있다.

이 책을 번역하게 된 계기도 이러한 필요성 때문이다. 이 책은 심리학의 여러 기초 이론 과목을 이수한 학부생뿐 아니라 대학원에서 임상심리학을 공부하는 학생들이 읽기에도 손색이 없는 내용으로 구성되어 있다. 이 책은 저자들의 개인적인 선호를 고집하지 않고 임상심리학의 여러 이론적 배경을 균형 있게, 그리고 상세하게 소개하고 있다. 기본적인 이론적 입장에서부터 다양한 심리평가와 심리치료 분야, 임상심리학 연구 방법론, 그리고 임상심리학의 특수 영역인 아동임상심리학, 건강심리학, 신경심리학, 법정심리학도 적절하게 소개하고 있다. 또한 풍부한 경험적 자료와 사례를 제시하여 임상심리학의 여러 영역을 생생하게 소개하고 있다. 각 장과 절의 시작과 끝 부분에는 개요와 요약을 싣고 있으며, 각 장의 끝부분에는 그 장의 연구문제를 질문 형식으로 제시하고 있다. 좀 더 깊은 이해를 원하는 독자들을 위해서는 관련 정보를 찾아볼 수 있는 웹사이트를 소개하고 있다. 아마도 임상심리학을 공부하는 학생들에게 좋은 길잡이가 될 수 있지 않을까 싶다.

역자로서는 이 책이 나오기까지 적지 않은 어려움이 있었다. 처음에 대학원 교재로 사용하기 위해 이 책(6판)을 접하면서 책의 내용이 알차면서도 임상심리학의 여러 입장과 분야를 균형 있게 소개하고 있어 이를 번역을 하기로 마음먹었다. 만만치 않은 책의 분량으로 인해 시간을 꽤 많이 들여서 번역을 마쳤다. 그런데 아주 곤란한 상황이 발생했다. 원고를 출판사에 넘기고 확인해 보니 이 책의 다음 개정판(7판)이 막 출간되어 있었다. 새 판이 이미 나와 있는 마당에 이전 판의 번역본을 출판하기는 어려웠다. 그렇다고 이전 판에 비해 체제와 형식, 내용이 너무 많이 바뀌어 있고 분량도 훨씬 늘어난 새 판을 다시 번역하기에도 엄두가 나지 않았다. 약속한 번역 완료 시점을 훨씬 넘겨 출판사 측에 미안한 마음을 갖고 있던 차에 출판사의 권유도 있고 해서 결국 새 판으로 처음부터 다시 작업을 하였다.

번역 작업은 여자가 아기를 낳는 것과 같아서, 작업을 하는 순간에는 너무 힘들어서 다시는 하지 말아야지 해 놓고 또 시간이 지나면 까마득히 잊어버리고 같은 일을 반복하게 된다고 예전에 어떤 선생님께서 하셨던 말씀이 떠오른다. 능력 범위 내에서 최선을 다하느라고 했지만 원저자의 의도를 제대로 읽고 잘 옮겼는지 자신이 없다. 용어와 표현을 일관성 있게, 그리고 우리 실정과 맥락에 맞게 번역하기가 쉽지는 않았다. 책의 내용 중에 미흡하거나 잘못된 부분이 있다면 모두 역자들의 탓이다. 독자들의 지적과 질책은 언제라도 고맙게 받아들일 것이다.

부족한 지도교수를 믿고 힘든 대학원 생활을 잘 견뎌 나가고 있는 대학원생들, 임상 현장에서 여러 가지 어려움에도 불구하고 내 일처럼 도움을 아끼지 않는 대학원 졸업생들에게 항상 고마운 마음이 든다. 가까이에서 늘 지지해 주고 지원해 주고 자극을 주시는 충북대학교 심리학과 동료 교수님들께도 고마움과 존경의 마음으로 감사드린다. 부족한 원고를 출간해 주신 학지사 김진환 사장님과 편집부 여러분께도 감사드린다.

역자 대표

황순택

저자 서문

우리는 이 책의 이전 여섯 판에서 세 가지 목적을 달성하고자 했다.

첫째, 이 책은 대학원생들에게 적절하기도 하지만 수준 높은 학부생들을 염두에 두고 저술하였다. 많은 심리학 전공 학부생들은 이 분야에 어떤 것이 관련되어 있고 어떤 것이 요구되는지에 대한 분명한 이해가 없이 임상심리학에 관심을 갖는다. 게다가 많은 비전공 학생들 또한 임상심리학에 대해 더 많이 알고 싶어 한다. 우리는 대학원과정의 교재에 흔히 있는 세부적인 내용을 모두 다루진 않았지만 이 분야에 대한 폭넓은 조망이 두 집단 모두에게 유익할 것이라고 생각했다.

둘째, 우리는 임상심리학의 역사, 영역, 기능, 미래를 모든 이론적 관점에서 검토한 학술적 서술을 원했다. 이런 이유로, 인지-행동적 이론에 대한 우리의 선호를 더 비중 있게 다루지는 않았다. 그 대신 정신역동적, 관계적, 인본주의적/실존주의적, 체계적, 집단, 생물학적 등의 관점들도 제시하였다. 가능한 한 우리는 중립적인 태도를 취하였으며, 책 전체를 통해 임상심리학의 경험적 연구 전통을 옹호하였다. 왜냐하면 그것이 이론적 배경과 관계없이 모든 임상가에게 필요하고 유용한 관점이라고 믿었기 때문이다.

셋째, 우리는 이 책이 흥미롭고 재미있기를 원했다. 우리는 우리 자신이 임상심리학자인 것을 좋아하고 가르치는 것도 즐기기 때문에, 이 책의 내용에 대한 우리의 열정을 전달하는 책을 만들고자 노력했다.

앞의 세 가지 목적을 여전히 참고하긴 했지만, 우리는 7판에서 중요한 변화를 추구했다. 그중 하나로 임상적 응용과 의사결정을 이전 판보다 더 많이 강조했다. 그러기 위해 7판에서는 많은 사례와 시나리오를 포함시켰다. 그중 많은 사례에서 해결하기 어려운 문제가 나타나기 때문에, 임상실무에서의 의사결정에서 대단히 중요한 윤리적 원칙과 전문가 행동규정 또한 강조하였다. 우리는 또한 사례와 논의를 통해 임상심리학에서의 다문화적 쟁점과 다문화적 역량을 다루는 부분을 확대하였다.

두 번째 변화는 교재의 교수법적 특성을 확장시킨 것이다. 각 장과 각 장의 주요 절을 다루게 될 내용에 대한 간단한 미리보기(review)로 시작했다. 각 장과 주요 절은 핵심 사실과 견해에 대한 요약으로 마무리했다. 또한 각 장의 끝부분에 연구문제를 포함시켰다. 연구문제는 각 장의 내용에 대해 소개하거나, 수업시간에 토론을 하거나, 시험을 치를 때 등에 사용할 수 있을 것이다. 또 다른 교수법적 특성은 표, 그림, 기타 제시물의 수가 상당히 증가한 것이다. 이런 특성은 교재에 다양성을 증가시킬 뿐 아니라 다양한 방법으로 정보를 제시하여 학생들이 다양한 양식을 통해 공부하는 데 도움이 될 것이다.

7판의 각 장의 구성은 6판과 비슷하지만 역시 변화가 있다. 우리는 행동적 및 인지-행동적 치료에 대한 별개의 장을 추가함으로써 심리치료 영역을 상당히 확장시켰다. 따라서 이번 판에는 정신역동과 인본주의 심리치료(7장), 행동적 및 인지-행동적 치료(8장), 대안적 형식의 심리치료(집단, 커플, 가족, 체계, 예방, 자조 등, 9장), 임상적 개입에 대한 연구(10장) 등에 대한 장들과 더불어 임상적 개입의 기본적 특징을 다룬 개관적인 장(6장)이 생겼다. 전문적 쟁점에 대한 장과 함께 특수 영역들(예, 아동임상심리학, 건강심리학, 신경심리학, 법정심리학)도 여전히 포함하였다. 이전 판에는 부록이었지만 항상 인기 있던 대학원 들어가기 부분은 이제 어엿한 하나의 장이 되었다(이 부분은 미국과 한국의 실정이 큰 차이가 있어 번역에 포함시키지 않았다 – 역자 주).

임상심리학 영역은 빠르게 변하고 있다. 따라서 모든 장에서 수많은 새로운 참고문헌을 참조하여 연구내용과 자료를 종합적으로 업데이트하였다. 정보가 하루하루 변하기 때문에 학생들이 최신 내용을 확인할 수 있도록 각 장의 마지막 부분에 다양한 웹사이트를 제시하였다. 또한 6판 이후에 미국과 전 세계의 건강관리체계에 커다란 변화가 있었다. 의료관리(managed care)가 임상심리학의 연구와 실무에서 어떻게 영향을 미쳐 왔는지를 포함한 이러한 변화에 대해 어느 정도 자세하게 설명하였다.

마지막으로, 한때는 곧 다가올 것으로 간주되었지만 이제는 임상심리학 수련과 실무에 있어서 주요 요소가 된 주제인 다문화주의에 대한 내용의 범위를 확장시켰다. 사실상 모든 장에서 다양성과 다문화 관심사에 대한 논의를 찾을 수 있을 것이다.

Geoferey P. Kramer.
Douglas A. Bernstein
Vicky Phares

차 례

역자 서문 • 3
저자 서문 • 5

Chapter 01
임상심리학이란 무엇인가 • 14

임상심리학의 개관 • 17
임상심리학자의 역할 • 27
21세기의 임상심리학 • 40
이 장의 요약 • 47

Chapter 02
임상심리학의 과거와 현재 • 50

임상심리학의 기원 • 52
임상심리학 성장의 시작 • 65
주요 접근법의 발달 • 73
특정한 접근을 취할 때의 장점과 단점 • 95
임상심리학의 현재 • 98
이 장의 요약 • 99

Chapter 03

임상적 평가의 기본 측면 • 102

평가과정의 개요 • 105
임상적 평가의 목적 • 110
임상적 판단과 의사결정 • 126
평가의 선택에 영향을 미치는 기타 요인 • 136
평가 결과의 전달 • 145
평가에서의 윤리적 이해관계 • 150
이 장의 요약 • 153

Chapter 04

면담과 행동관찰 • 156

임상적 면담 상황 • 158
면담의 구조 • 166
면담의 단계 • 173
면담에 대한 연구 • 186
관찰평가: 목표와 이득 • 191
행동관찰 평가: 접근들 • 194
행동평가에 대한 연구 • 206
이 장의 요약 • 212

Chapter 05

임상심리검사 • 216

심리검사의 기본 개념 • 218
지적 기능에 대한 검사 • 233
태도, 흥미, 선호도, 가치에 대한 검사 • 244
정신병리 및 성격 검사 • 245
심리검사의 현재 위상 • 264
심리검사의 미래 • 266
이 장의 요약 • 267

Chapter 06

임상적 개입의 기본적 특징 • 272

임상적 개입의 개관 • 274
심리치료의 참여자 • 277
임상적 개입의 목표 • 289
임상적 개입에 대한 윤리 지침 • 294
임상적 개입의 실제적 측면 • 298
이 장의 요약 • 304

Chapter 07

정신역동과 인본주의 심리치료 • 308

정신분석 • 310
정신역동적 심리치료 • 326
인본주의 심리치료 • 334
그 밖의 인본주의적 접근 • 346
이 장의 요약 • 352

Chapter 08

행동적 및 인지-행동적 심리치료 • 356

행동치료 • 358
인지치료 • 373
인지-행동 치료 • 387
인지-행동 치료의 현재 위상 • 395
이 장의 요약 • 397

Chapter 09

대안적인 임상적 개입 • 400

집단치료 • 403
커플치료와 가족치료 • 408
지역사회 심리학 • 418
예방 • 421
자조 • 424
다른 대안적인 접근법 • 427
심리치료에 영향을 주는 기술혁신 • 431
심리치료의 통합 • 433
이 장의 요약 • 435

Chapter 10

임상적 개입에 대한 연구 • 438

심리치료를 평가하는 방법 • 441
심리치료 연구에서의 실제적인 문제 • 447
개인심리치료의 효과 • 452
대안적 개입방식의 효과 • 465
이 장의 요약 • 470

Chapter 11

아동 임상심리학 • 474

아동 임상심리학 역사 요약 • 477
아동 임상심리학 고유의 특성 • 480
아동 임상평가 • 490
구체적인 아동기 장애 • 498
아동기 장애의 치료와 예방 • 508
아동 임상심리학의 미래 • 516
이 장의 요약 • 519

Chapter 12

건강심리학 • 522

건강심리학이란 무엇인가 • 524
질병에 걸리게 하는 위험요인 • 535
질병 예방과 치료 프로그램 • 539
의학적 치료에 대한 순응성 • 547
이 장의 요약 • 551

Chapter 13

임상신경심리학 • 554

신경심리학 발달의 역사 • 557
신경심리학의 기본 원리 • 561
신경심리학적 기능장애의 유형 • 567
신경심리학적 평가 • 574
정신병리에 대한 신경심리학적 접근 • 578
신경심리학의 현재 위상 • 583
이 장의 요약 • 584

Chapter 14

법정심리학 • 588

법정심리학의 범위 • 590
형사소송 역량과 형사적 책임 • 592
위험성 예측 • 605
민사재판에서의 심리상태 평가 • 606
심리부검과 범죄행동 분석 • 610
자녀양육권과 부모 적합성 • 614
사법 체계에서의 정신건강 전문가 • 619
이 장의 요약 • 624

Chapter 15

임상심리학에서의 전문 직업과 관련된 쟁점 • 628

전문직 수련 • 631
전문직 규제 • 642
전문 직업적 윤리 • 647
전문 직업적 독자성 • 659
전문적 다문화적 역량 • 667
임상심리학의 미래 • 670
이 장의 요약 • 675

참고문헌 • 679
찾아보기 • 759

CHAPTER 01

{임상심리학이란 무엇인가}

Clinical Psychology

이 장의 미리보기

이 장에서는 임상심리학을 소개한다. 먼저 임상심리학자가 되는 데 필요한 요건을 개괄하고, 이 전문직에 대한 대중적 인기에 대해 논의한다. 다음으로 임상심리학이 다른 정신건강 전문직과 어떤 관계가 있는지 기술한다. 끝으로 이 분야가 오늘날의 모습을 갖추게 된 핵심적인 쟁점 몇 가지를 소개한다. 이러한 쟁점에는 과학과 실무를 어떻게 절충하였는지, 새로운 임상가들을 어떻게 훈련시켰는지, 다양한 이론적 접근을 어떻게 결합시켰는지, 변화하는 건강관리(health care) 환경에 임상 실무가 어떻게 적응하였는지 등이 있다.

임상 사례

9학년인 15세의 유럽계 미국 소녀 보니(Bonnie)는 부모님에게 두려움과 불안을 이겨낼 수 있도록 도와달라고 요청하였다. 첫 약속시간에 아동불안장애 치료를 전문으로 하는 임상심리학자가 접수평가의 일부로 그녀를 면담하였다. 면담이 시작되자 그녀는 '매사에 긴장이 되고', 특히 학교에서 그렇고 새로운 일을 할 때 그렇다고 설명하였다. 예를 들어 보라고 하자, 아버지께서 이번 여름에 캠프에 갔다 오라고 권했는데 '긴장하는 것' 때문에 가고 싶지 않다고 언급하였다.

보니의 불안은 다른 사람들의 주목을 받게 되는 사회적 상황에서의 지속적인 두려움에서 기인한다는 것이 곧 밝혀졌다. 그녀는 동네 작은 시장에서도 자신을 지나치게 의식하게 되고, 다른 사람들이 자신을 어떻게 생각할지에 대해 항상 염려하게 된다고 말하였다. 또한 그녀는 다른 사람들이 있는 곳에서 음식을 먹을 때, 공중 화장실에 갈 때, 많은 사람이 모여 있는 곳에 갈 때, 그리고 새로운 사람을 만날 때도 두려움을 느꼈다. 그녀는 선생님께 이야기를 할 때 불안을 느꼈고, 상점 점원이나 모르는 사람과 대화할 때는 불안이 더 심했다. 집에서 전화를 받는 것도 제대로 할 수 없었다.

보니는 자신의 두려움이 이러한 상황 대부분에서 잘못 말할까 봐, 어떤 말과 어떤 행동을 해야 하는지 알지 못할까 봐, 그리고 그 때문에 다른 사람들이 자신을 나쁘게 보게 될까 봐 염려하는 것과 관련이 있다고 말하였다. 그녀는 이러한 상황에서 느끼는 두려움이 너무 강하여 심한 공황발작을 경험하여 심장이 심하게 두근거리고, 가슴이 죄어 오고, 숨이 막힐 것 같고, 얼굴이 달아오르고, 땀이 나고, 떨리고, 어지럽고, 목이 꽉 막힐 듯한 때가 자주 있었다.

보니가 경험하는 문제의 본질을 보다 명확하게 알아보기 위해 심리학자는 따로 부모님과 면담을 하였다. 보니의 부모님은 딸이 한 이야기들이 모두 사실이라고 수긍하였으며, 보니의 사회불안이 그녀가 이야기한 것보다 더 심하다고 보고하였다 (Brown & Barlow, 2001, pp, 37-38).

어떻게 하면 보니의 두려움과 불안을 잘 이해할 수 있을까? 문제가 어떻게 시작되었으며, 어떻게 도와야 그것을 극복할 수 있을까? 이러한 질문은 보니와 그녀를 사랑하는 사람들, 그녀의 상태에 관심이 있는 누구에게라도 중요하지만 임상심리학자들에게는 특히 중요하다.

이 책에서 당신은 보니가 당면한 것과 같은 문제를 임상심리학자가 어떻게 다루는지

보게 될 것이다. 당신은 임상심리학자가 심리적인 문제가 있는 사람들을 어떻게 평가하고 치료하는지, 심리적 장애의 원인과 치료에 관한 연구를 어떻게 수행하는지, 그들이 어떤 수련을 받는지 등을 알게 될 것이다. 미국과 그 밖의 여러 나라에서 임상심리학자가 어떻게 해서 건강관리(health care)의 핵심적인 공급자가 되었는지, 그리고 임상심리학자가 어떻게 진화하여 사회적 · 정치적 · 문화적 분위기에 적응해 왔는지 알게 될 것이다.

임상심리학의 개관

이 절의 미리보기

이 절에서는 임상심리학을 정의하고 임상심리학의 핵심적인 요건들을 찾아볼 것이다. 또한 임상심리학의 매력, 임상심리학의 대중적 개념, 다른 정신건강 전문가들과 어떤 점이 같고 어떤 점이 다른지 등에 대해서 논의할 것이다.

이름이 의미하는 것처럼 임상심리학은 심리학이라는 보다 큰 학문 중의 한 하위 분야다. 임상심리학자도 다른 모든 심리학자처럼 행동과 정신과정에 관심을 가진다. 또한 다른 일부의 심리학자들처럼 인간 행동에 대해 연구하고, 그 결과를 적용하고, 개인에 대한 평가를 한다. 임상심리학자는 다른 전문가들처럼 심리적인 문제를 가진 채 도움을 필요로 하는 사람들에게 도움을 제공한다. 범위와 방향이 날로 확장되고 변화하는 임상심리학을 한두 문장으로 다 설명하기는 어렵다. 그럼에도 불구하고 이 학문의 핵심적인 특징과 여러 가지 변이에 대해 개관해 본다.

임상심리학의 정의

1991년 미국심리학회 임상심리분과회에서 채택한 임상심리학의 공식적인 정의는 다음과 같다. 임상심리학 분야에는 광범위한 내담자 집단에 적용되는 지적, 정서적, 생물학적, 심리적, 사회적 및 행동적 부적응, 능력 결함, 불편감 등을 이해하고 예측하고 경감시키기 위한 원리, 방법, 절차에 대한 연구, 교육, 서비스가 포함된다(Resnick, 1991). 캐나다심리학회(Canadian Psychological Association) 임상심리분과에서도 이와 유사한 정의가 채택되었다(Vallis & Howes, 1995).

이 정의에서는 연구, 교육, 자문, 평가, 치료, 행정 등 임상심리학자가 종사하는 활동을 강조한다. 심리적 고통과 역기능을 경감시키고 예방하는 것을 돕고, 모든 연령층 사람들의 건강한 신체적, 지적, 정서적, 사회적 발달을 촉진하는 활동에 종사하는 것을 전반적인 목표로 강조한다. 그렇지만 임상심리학자가 되면 이러한 활동에 종사하고 이러한 목표를 추구하는 것 이상의 것을 하게 된다.

임상심리학자가 되기 위한 개인적 요건

임상심리학자가 되고자 하는 사람들에게는 훈련과 자격증보다는 태도와 인격이 더 요구된다. 임상심리학자에게 가장 두드러지는 특징은 임상적 태도 또는 임상적 접근(Korchin, 1976)이라고 부르는 것으로, 인간의 행동과 정신과정에 관한 연구를 통해 알게 된 지식을 특정한 개인을 이해하고 도움을 주기 위한 평가에 접목시키려는 노력을 말한다. 임상적 태도는 인간 행동 문제 일반에 적용되는 일반 원리를 탐구하는 다른 심리학자들과 임상심리학자를 구분해 준다. 임상심리학자는 이러한 종류의 연구에 관심이 있으며, 일반 원리가 개인 수준에서의 삶, 문제, 치료에 어떻게 영향을 미치는지를 알고 싶어 한다.

임상심리학은 엄격한 과학이면서 매우 개인적이기 때문에 이 분야로 들어오는 사람은 인간에 대해 강하고 열정적인 흥미를 가지고 있어야 한다. 어떤 지원자를 임상심리학 대학원 과정에 받아들일지에 대해 결정하는 임상수련 프로그램의 감독자는 지원자들의 여러 가지 특성을 살펴본다. 거기에는 사람에 대한 관심, 다른 사람을 대할 때의 정직성과 고결성, 정서적 안정성이 포함된다(Johnson & Campbell, 2004). 이러한 특질은 다른 많은 직업에서도 중요시되지만 임상심리학에서는 특히 중요하다. 왜냐하면 임상가는 개인과 대인관계에 중요하고도 장기간 지속되는 결과를 가져올 수 있는 상황에서 일하기 때문이다. 심리치료를 하지 않는 임상연구자도 연구 참여자 개인에게 어떤 영향을 미칠 결정을 내리게 될 수 있으므로 고결성, 정서적 안정성, 명확한 판단력이 요구된다.

임상가가 미칠 수 있는 잠재적인 영향은 임상심리학 대학원 과정 지원자에 대한 입학 여부를 결정할 때 왜 많은 심리학과에서 학점, GRE 점수와 같은 표준화된 학업성적 지표보다 추천서, 자기진술, 면접을 더 중요하게 생각하는 경향이 있는지를 설명해 준다(Norcross, Kohout, & Wicherski, 2005). 그럼에도 불구하고 임상심리학 대학원 프로그램 입학에 요구되는 표준화된 학점 취득 기준은 대개 매우 높다.

임상심리학자가 되기 위한 법적, 교육적 그리고 윤리적 요건

핵심적인 건강관리 전문직 중의 하나로서 임상심리학자가 되기 위해서는 특수한 훈련을 받아야 한다. 임상심리학 실무를 하는 사람은 인증된 기관에서 받은 학위가 필요할 뿐만 아니라 주정부 또는 중앙정부에서 발급하는 면허증 또는 자격증이 있어야 한다. 즉, 임상심리학은 의학, 약학, 법학, 치과학 등처럼 법률에 의해 규제를 받는 전문직이다. 여기서는 임상심리학자가 되는 데 필요한 수련 및 자격 요건을 생각해 보자(이 문제는 15장 '임상심리학에서의 전문 직업과 관련된 쟁점'에 상세하게 논의되어 있다).

미국의 각 주에서는 임상심리학의 면허증 취득 요건을 규정해 두었으며, 자격을 갖춘 사람에게 면허증을 발급하고, 면허법을 위반한 사람에 대해서는 처벌을 하거나 자격을 박탈하는 권한을 가지고 있다. 구체적인 요건은 주에 따라 다소 차이가 있지만, 임상심리학의 면허에 관한 법에는 다음과 같은 요건이 포함되어 있다.

- 교육: 자격위원회 또는 관련 전문가 단체에서 승인한 학교 또는 프로그램 이수(예를 들어, 미국심리학회(APA)에서는 인증된 대학원 임상심리학 프로그램과 인턴십 사이트를 『American Psychologist』 지에 매년 수록한다).
- 경험: 일정 기간 동안 임상현장에서 지도감독하의 실무경험(인증된 실습, 인턴십, 지도감독 등의 이수).
- 능력의 검증: 필기와 구술 시험으로 구성된 종합시험 합격. 전국적으로 실시되는 면허 필기시험을 EPPP(Examination for Professional Practice in Psychology)라고 한다.
- 훌륭한 인격: 전문직을 잘 수행하는 데 필요한 신체적 · 정신적 · 도덕적 능력. 대개는 다른 사람의 추천과 윤리적 또는 법적 위반 경력이 없는 것으로 충족된다(Sales, Miller, & Hall, 2005b에서 발췌).

법적 요건은 주마다 다를 뿐 아니라 수련의 수준에 따라서도 다르다. 예를 들어, 대부분의 주에서 임상심리학의 완전한 면허(full licence)에는 앞에서 열거한 요건들이 포함되며, 그것이 있으면 독자적으로 개업을 할 수 있다. 완전한 면허를 가진 임상가는 사무실을 임대하거나 소유하고, 수가를 정하고, 근무시간을 정하고, 보험회사 또는 다른 제3의 보험금 지급자에게 진료비 청구를 하고, 독자적인 개업가로서 그 밖의 다른 여러 가지 활동을 할 수 있다. 수련생이 ⓐ 학점 취득, 연구수련, 승인된 인턴십이 포함된 박사학위를 취득하고, ⓑ 지도감독하에서 일정 시간(흔히 2000시간 이상)의 실무를 마치고, ⓒ 면허국의 시험에 합격하면 이러한 권리를 누릴 수 있다.

완전한 면허를 가진 임상심리 전문가가 되기 위한 박사학위는 대개 PhD(철학 박사) 또는 PsyD(심리학 박사)다. 때로는 EdD(교육학 박사)도 포함된다. PhD와 PsyD 학위 둘 다 임상실무를 위한 준비과정에서 임상수련을 강조하지만, 과학과 연구를 강조하는 정도는 다르다. 이 장의 후반과 이후의 장에서 이 두 수련 모델의 차이점을 설명할 것이며, 각 모델의 장단점에 관한 논쟁을 기술할 것이다. 현재 두 모델에서 배출되는 박사학위 수준의 심리학자의 수는 거의 비슷하다(Norcross, Castle, Sayette, & Mayne, 2004)는 정도만 이해하고 넘어가자.

박사보다 하위 수준의 임상가는 제한면허 심리학자, 심리학 보조자, 정신건강 카운슬러, 그 외 비슷한 명칭으로 불린다. 많은 주에서 완전한 면허를 갖지 않은 임상가에게는 실무의 제한을 둔다. 예를 들어, 박사보다 하위 수준의 임상가는 완전한 면허를 가진 심리학자의 지도감독하에서만 실무를 볼 수 있도록 한다. 제한면허를 취득하기 위해서는 석사학위와 일정 기간의 학위 취득 후 지도감독하의 실습경험이 필요하다. 어떤 주에서는 박사 수준의 면허를 조절하는 것처럼 박사 하위 수준의 면허도 똑같이 조절한다. 그러나 다른 주에서는 하위 수준의 임상가들에 대해 감독을 덜하거나 아예 감독을 하지 않는다(Sales, Miller, & Hall, 2005b). 물론 모든 임상가는 자신이 활동하는 주에서, 그리고 소지한 면허의 범위 내에서 임상활동에 수반되는 의무, 권리, 한계를 잘 인식해야 한다.

임상심리학을 전공한 임상가는 실무의 지침이 되는 윤리규정(APA's Ethical Principles of Psychologists and Code of Conduct, 2002b)을 잘 알고 있어야 한다. 간략하게 줄여서 윤리규정이라고 하는 이 출판물의 가장 최근 개정판은 2002년에 나왔다. 이 규정에는 실무장면에서 봉착할 수 있는 수많은 상황, 특히 불분명한 상황에 대한 지침을 제공한다. 예를 들어 다음과 같은 경우를 생각해 보자.

- 치료자가 내담자에게 치료를 윤리적으로 제공하려면 새로운 치료기법에 대해 얼마나 많은 지식 또는 수련이 필요한가?
- 치료자는 어떤 종류의 기록을 보관해야 하는가?
- 그러한 기록을 누구와 공유해야 하는가?
- 난폭한 행동을 할 가능성이 있는 내담자가 다른 사람에게 위해를 가하려는 계획을 진지하게 언급하였다면, 치료자는 그러한 위험을 보고해야 할 어떤 법적 · 윤리적 의무와 책임이 있는가?
- 어떤 치료자와 내담자(또는 과거의 내담자나 과거 내담자의 가족)가 서로 사랑하는 감

정이 생기기 시작했다면 어떤 제한이 있어야 하는가?

- 임상심리학자가 어떤 흥미 있는 새로운 심리검사를 알게 되었다면 내담자 평가에 사용할 수 있는가?
- 자신이 이전에 부부치료를 했던 부부 중 한 사람을 위해 법정에서 증언을 해 줄 것을 이혼소송 법정으로부터 요청받은 경우, 임상심리학자는 어떻게 해야 하는가?
- 심리학자가 법정의 요청에 의해 아동의 양육권과 관련된 평가를 하기로 되어 있는데 아동의 양육권을 찾고 싶어 하는 부모가 사적인 면담을 요청해 왔을 때, 임상심리학자는 어떻게 반응해야 하는가?

임상가는 매일같이 이와 유사한 수백 가지 상황에 직면한다. 임상심리학자는 심각한 결과를 초래할 수 있는 실수를 피하고 효율적으로 일을 하기 위해서 윤리규정뿐 아니라 연방정부와 주정부 법률을 잘 알고 있을 필요가 있다.

대부분의 임상심리학자는 전문 면허를 가지고 있고 심리치료를 제공하지만, 앞에서 언급한 것처럼 모두가 그런 것은 아니다. 어떤 임상가들은 평가와 치료로 특화하지 않고 서비스를 직접 제공하기보다는 교육, 연구, 자문, 행정 등에 일차적으로 종사하는 경우도 있다. 그러나 임상실무를 보지 않는 임상심리학자도 그들의 업무에 적용되는 특수한 규정과 지침을 따라야 한다. 예를 들어, 임상연구자들은 심리학에서의 연구에 관한 윤리규정을 따라야 하며, 그들의 연구는 윤리조사위원회(Institutional Review Boards)의 감독을 받는다. 이 위원회는 연구에 참여한 사람들의 권리와 안녕을 보호하기 위해 정부의 관리하에 설립된 기관이다.

임상심리학의 인기

임상심리학은 심리학의 가장 큰 하위 분야로, 대학원에서 다른 전공보다 가장 인기가 높고 임상 및 정신건강 영역 중 박사학위 수여자가 가장 많다(Norcross, Kohout, & Wicherski, 2005). 임상심리학의 장점을 이해하는 것은 사람들이 심리학자와 임상심리학자를 사실상 왜 동의어로 사용하는지 설명하는 데 도움이 된다. 심리학자가 무슨 일을 하는지 일반인에게 물어보면 그들은 대개 임상심리학자들의 활동을 말한다(이러한 대답은 다른 분야의 심리학자들을 짜증나게 하며, 자신들은 그러한 종류의 심리학자가 아니라고 설명하고 싶게 만든다).

임상심리학의 인기는 미국에서 가장 큰 심리학자 단체인 미국심리학회(American

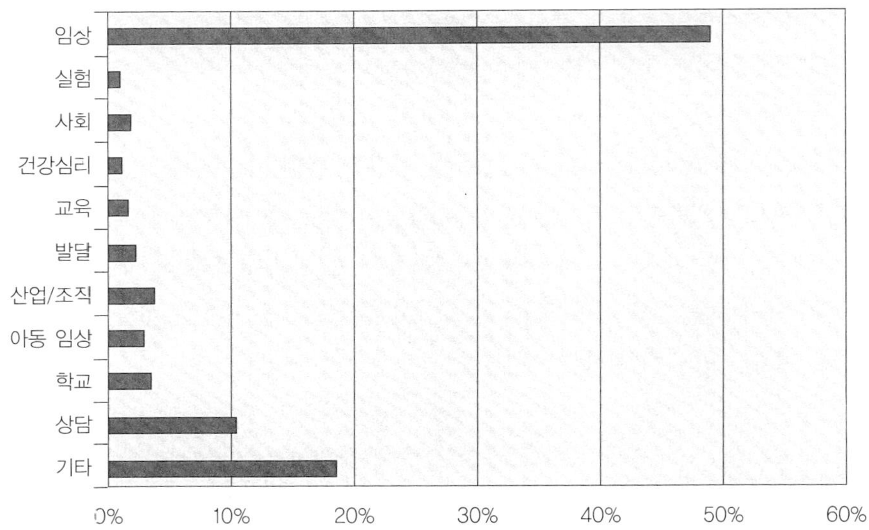

[그림 1-1] APA 주요 영역의 회원 수(2005)

Psychological Association: APA)의 구성에도 반영된다. APA 회원 중 15만 5,000명은 임상심리학을 자신의 세부 영역으로 꼽는데, 이는 다른 어떤 영역에 비해서도 4배 이상 높다(American Psychological Association, 2005). 임상심리학 분과가 APA의 56개 분과 중 회원 수가 가장 많은 분과임에는 의심할 여지가 없다([그림 1-1] 참조).

임상심리학은 급격하게 성장한 것이 아니라 지난 50년 동안 서서히 두각을 나타냈다(2장 '임상심리학의 과거와 현재' 참조). 그전에는 극소수의 임상심리학자들이 있었고, 그들 중 극히 일부만 심리치료를 하였다. 제2차 세계대전 이후 정신건강과 관련된 심리치료와 다른 심리학적 치료방법의 증가는 임상심리학을 급격하게 발전시켰다.

임상심리학은 성장해 감에 따라 대중의 관심을 끌게 되었다. 그러면서 임상심리학자의 역할과 환자에 대한 고민이 영화, TV, 다른 미디어에서 중요한 부분을 차지하게 되었다. 이러한 인기는 양날의 칼과 같다. 임상심리학자의 역할에 대한 정확한 묘사는 심리학적 장애와 치료에 대한 올바른 이해와 같은 대중의 정신건강 교양교육에 상당히 공헌할 수 있다(Jorm, 2000). 반면에 부정확한 묘사는 정신건강 교양교육을 어렵게 하고 전문가에 대한 부정확하고 고정관념적인 관점을 야기한다. 그러나 불행하게도 후자의 경우가 더 흔하다. 임상심리학자는 종종 예언자, 사회적 복종의 중재자 또는 상처받은 치료자로 그려지며, 그들이 내담자를 돕기 위해 사용하는 기법들은 올바로 묘사되지 않는다(Orchowski, Spickard, & McNamara, 2006). 임상심리학자에 대한 부정확한 묘사가 재미있는 드라마를 만들어 낼 수는 있지만 임상심리학자의 실제 모습을 보여 주지는 못한다. 저자들은 이 책이 그러한 문제를 바로잡는 데 기여하기를 희망한다.

임상심리학과 관련 정신건강 전문가

앞에서 언급한 것처럼 임상심리학자는 핵심적인 정신건강 전문가로 인식된다. 정신건강 전문가의 범주에 포함되는 다른 전문직에는 상담심리학, 학교심리학, 사회복지학, 정신의학, 정신보건간호학, 결혼 및 가족 치료가 있다. 국가기관이나 보험회사에서는 이 분야의 전문가들을 모두 중요한 정신건강 서비스 제공자로 인식한다. 임상심리학과 마찬가지로, 이들 각 전문직은 전국적 또는 국제적인 조직, 인가된 수련 프로그램 네트워크, 잘 확립된 연구 전통, 구체적인 자격 및 면허 요건 등을 갖추고 있다. 또한 각 집단은 고유한 역사와 전통을 가지고 있다. 각 집단의 전문가들은 한 가지 형태 또는 다양한 형태의 심리치료 및 정신건강 서비스를 제공한다. 그렇다면 임상심리학자들은 다른 전문가들과 어떤 유사점과 차이점이 있을까?

상담심리학자와 학교심리학자

일반적으로 상담심리학자는 수련과정과 그들이 제공하는 서비스에서 임상심리학자들과 가장 유사하다. 상담심리학 프로그램은 때로는 심리학과 내에 있지만, 교육학과나 다른 학과에서 더 흔히 개설된다. 상담심리학자는 PhD, PsyD, EdD 학위를 받을 수 있다. 그들은 모두 박사학위 수준이지만 강조점은 서로 다르다(이 장의 뒤쪽과 15장에서 논의할 것이다). 그들은 정부의 요건을 충족시키면 임상심리학자들처럼 면허증, 보험 청구권, 전문가로서의 권리 등을 가질 수 있다. 학위과정과 지도감독 수련의 대부분은 임상심리학자와 겹친다. 전문가가 되기 위해 정신병리학, 면담, 평가, 상담, 치료적 접근 등에 대한 수련을 받는다.

임상심리학자와 상담심리학자 간에 차이점이 있다면 주로 강조점에서의 차이다. 둘 다 심리학적 장애의 치료와 예방에 관여하지만, 상담심리학자는 겉으로 드러난 정상적인 변화와 적응을 다루고 성격적 · 교육적 · 직업적 · 집단적 적응을 촉진시킨다(Counseling Psychology Division 17, 2006). 예를 들어, 상담심리학자는 심리치료보다는 직업상담 또는 전 생애의 변화 및 발달상의 문제와 관련된 상담을 한다. 반면에 임상심리학자는 심리적 장애의 치료와 평가를 우선시한다(2장 참조). 그러므로 임상심리학자는 심리학적 문제의 예방, 진단, 치료 및 그와 관련된 연구에 더 초점을 맞추고, 상담심리학자보다 더

병리적인 문제를 다룬다. 이러한 차이점에도 불구하고 두 전문 영역은 상당히 중첩된다.

또한 학교심리학자도 임상 및 상담 심리학자와 유사한 점이 있다. 그들은 과학자-전문가 수련 모델을 공유하고, 인턴 과정과 자격 요건이 점점 더 비슷해지고 있고, 평가를 수행하고, 개인 및 구조적 수준에서 개입계획을 세우고, 프로그램을 평가하는 과정 등에서 유사하다. 분명한 차이점은 학교심리학자들은 학교 및 교육 현장에서 유아, 아동, 가족의 예방에 초점을 맞춘다는 것이다. 그럼에도 불구하고 임상 및 상담 심리학자와는 차이점보다 유사점이 더 많다(Cobb et al., 2004).

사회복지사

정신건강 서비스를 제공하는 집단 중 전국적으로 가장 큰 집단인 사회복지사는 병원, 기업체, 지역사회 정신건강센터, 법원, 학교, 교도소, 가족 서비스 기관과 같은 다양한 장면에서 일하고 있다. 사회복지사는 내담자에게 직접적인 서비스를 제공하거나 사회적 환경을 개선하거나 혹은 둘 다 한다. 미국사회복지사협회(National Association of Social Worker)의 회원들 중 절반은 다양한 형태의 치료를 포함하는 임상 서비스를 직접 제공한다. 그 외에는 기관운영, 공공정책, 연구조사, 지역사회 조직화와 같은 일을 한다.

사회복지사들은 사회복지학의 학사학위(BSW), 석사학위(MSW), 박사학위(DSW)를 취득할 수 있다. 임상심리학과 마찬가지로 국가 공인 자격증과 전문 기술을 가진다. 대체로 심리치료 서비스를 제공하기 위해 요구되는 최소한의 자격은 사회복지 석사학위(MSW)다(National Association of Social Workers, 2008). 사회복지사들은 다양한 심리치료 기법에 대해 훈련을 받을 수도 있지만, 대체로 개인 내 및 개인 간 변인보다 사회적 · 상황적 변인이 개인의 기능에 미치는 영향에 더 초점을 맞춘다. 임상심리학자들과 유사하게, 사회복지사들은 내담자를 직접 만나서 그들이 문제로 인해 난해하고 복잡하게 된 세상을 헤쳐 나갈 수 있도록 돕는 데 많은 시간을 사용한다.

정신과 의사

많은 의학 전문 분야 중에 정신과 의사는 정신장애의 진단, 치료, 예방을 담당한다. 그들은 정신장애의 치료를 전문으로 하기 위해 기본적으로 의학박사(MD) 학위와 추가로 소아과 의사, 안과의사, 신경과 의사처럼 의학 전문 분야의 전문의과정을 거친다. 정신과 의사는 정신과 레지던트 수련과정을 마쳐야 하며, 환자들을 돌보면서 자격을 가진 정신과 의사의 지도감독을 받는다. 레지던트 과정은 주로 병원에서 하기 때문에 보다 심각한 정신병리를 볼 수도 있고 외래환자를 볼 수도 있다. 치료 외에도 약물을 처방하거나 다른 의학적인 검사를 시행할 수 있다. 일반적으로 정신과 의사는 임상심리학자보다 약물에 대한 교육을 더 많이 받는다. 반면 임상심리학자는 심리평가와 다양하고 광범위한 심리학적 접근에 대해 더 중점적으로 교육받는다.

역사적으로 정신과 의사와 임상심리학자의 구분은 정신장애의 원인으로 생물학(정신과 의사)적 측면을 더 많이 고려하느냐 혹은 심리학(임상심리학자)적 측면을 더 많이 고려하느냐의 차이를 반영한다. 그러나 최근에는 두 전문가들 사이에 협력이 증가하는 추세다. 심리학적 장애는 생물학적 기원과 심리학적 기원 둘 중의 어느 하나인 경우는 거의 없고, 대부분 둘의 복잡한 상호작용의 결과로 나타난다. 이 때문에 두 전문가의 협력은 심리학적 장애에 대한 사실적인 정보를 더 많이 제공할 수 있다. 그 결과로 임상심리학자들은 그들의 심리학적 지식과 전문적인 기술이 존중받는 의학 분야에서 종사할 기회가 많아졌다. 정신과 의사와 심리학자는 타당한 진단과 효과적인 치료를 위해 협력한다(Hong & Leventhal, 2004). 이것은 심리학이 정신건강에 국한된 분야에서 보다 광범위한 건강전문 분야로 옮겨 가는 것과 일치한다(Belar et al., 2003).

정신보건 간호사

간호 분야의 정신건강 전문가인 정신보건 간호사는 정신과적 장애를 가진 사람들의 관리와 치료를 교육받는다. 그들은 정신과 의사와 한 명 이상의 임상심리학자와 함께 하는 치료팀이나 병원 장면에서 일한다. 또 치료 형태에 대해 교육받고 종종 사람들과 직접 만난다.

결혼 및 가족 치료자(MFTs)

결혼 및 가족 치료자는 결혼, 커플, 가족에서 발생하는 심리장애를 치료하기 위해 교육받는다. 전문가가 되기 위해서는 석사 혹은 박사 학위를 취득해야 하고, 임상경험을 지도받아야 한다. 그들의 교육과정은 일반인들을 치료하기 위한 가족체계 모델과 심리치료 기술에 기초한다.

준전문가

정신건강 서비스를 보완하고 보조하기 위해 교육받은 사람들을 준전문가라고 한다. 그들은 특수치료의 학사학위 과정이나 전문학사 과정을 마쳤다. 일부 분야는 전문직 지표를 모두 또는 일부를 따르는데, 잘 정비된 실무규정, 전문성을 증진하고 감독하는 전국적 조직, 프로그램을 개설한 전문대학이나 종합대학교, 경험적 연구 전통, 동료들이 평가하는 학술지가 그것이다. 예를 들어, 음악치료는 긴 역사, 전국적 조직(전미음악치료협회), 교육 및 자격 요건(실습 포함), 다른 치료방법을 접목시켰을 때 치료의 효과를 제시한 상대적으로 많은 경험적 연구 등을 가지고 있다(Edwards, 2006).

준전문가는 치료팀의 일원으로서 일하고, 그들의 활동을 전문가로부터 지도감독을 받는다. 다른 예로, 레크리에이션 치료자, 미술치료자, 침술사, 재활상담가, 직업치료자, 사례관리자 등은 십대 약물 사용자들의 주거치료시설에서 집단치료를 실시하기 위한 수련을 받고, 전화상담이나 다른 위기예방센터에서 자원봉사자로 일한다.

다른 전문가와 간병인

건강 서비스는 다른 영역의 전문가와 간병인에 의해 다양하게 제공된다. 그들 중 건강심리학자와 재활심리학자 같은 일부는 임상심리학 프로그램 내에서 훈련을 받는다. 특화된 전문가들은 음악치료와 같이 구체적으로 한 가지 분야만을 공부하는 대학원과정을 거친다. 목회상담자들은 대체로 신앙에 기초한 관점에서 상담교육을 받는다. 정체감과 세상을 보는 시각을 신앙에 중점을 둔 내담자들은 이 신앙을 지지해 줄 수 있는 상담자가 더 편안할 수 있다. 게다가 다수의 랍비, 성직자, 목사 또는 그 외 종교적 지도자들은 개인적인 고통에 대해 이야기하고 싶을 때 가장 먼저 생각하게 되는 사람이기 때문이다.

아로마테라피, 반사요법(reflexology), 동종요법(homeopathy), 영적 치유기법 등과 같은 다른 전문가들은 정신건강치료의 주류에서 말하는 전문가 요건과 앞에서 진술한 전문직 지표를 거의 갖추고 있지 않다. 흔히 대안적인 치료 또는 대안적인 약물로 분류되는 이러한 치료들은 심리적 · 사회적 · 영적 개입의 변종에 신체적 혹은 감각적 경험을 결합한 것이다. 그중 일부는 고대로부터 내려온 치료이고, 일부는 새롭게 발견된 것이다. 대안적 치료자들은 마음, 신체, 정신의 통합을 강조하는 전체론적 전통에 포함된다고 주장한다(Feltham, 2000).

이 절의 요약 임상심리학은 광범위한 내담자 집단의 부적응, 장애, 불편감을 감소시키거나 경감시키기 위한 원리, 방법, 절차의 적용에 참여한다. 이에 관한 명칭과 실무는 전문가 협회와 각 주의 면허국이 조정한다. 전문적 업무를 효과적으로 수행하기 위해서는 특정한 수련이 요구되는 다양한 종류의 면허와 임상적 태도, 정확한 판단력, 정서적 안정성 등과 같은 개인적 특성이 필요하다. 정신건강전문가의 핵심 분야 중 하나인 임상심리학은 다른 정신건강 전문 영역과 중복되는 부분도 있지만, 연구와 실무 모두를 지향하는 심리학적 수련으로 다른 영역과 구분된다. 임상심리학은 심리학 중에서 가장 인기 있는 분야이고 대학생들이 가장 선호하는 전공이며, 대중이 상당한 흥미와 호기심을 가지는 영역이다.

임상심리학자의 역할

이 절의 미리보기

이 절에서는 임상심리학자의 다양한 전문적 활동과 그들의 활동이 시대에 따라 어떻게 변화했는지 살펴볼 것이다. 또한 임상심리학자가 고용되는 다양한 현장과 일반적인 급여에 대해서도 살펴볼 것이다.

임상심리학자의 활동

임상심리학자들이 추구하는 활동, 고용된 다양한 현장, 초점을 맞추는 내담자와 문제, 급여 등에 대해 보다 자세히 살펴보자. 모든 임상가가 여기에서 언급한 모든 활동을 똑같이 하는 것은 아니지만, 정리된 내용은 이 영역에 관심이 있는 사람들에게 다양한 영역에서 활동하고 있는 임상가의 활동에 대해 보다 많은 이해를 제공할 것이다. 임상심리학자의 역할 중 약 95%는 크게 나누어 평가, 치료, 연구, 교육(슈퍼비전 포함), 자문, 관리로 볼 수 있다. 〈표 1-1〉에는 지난 수십 년 동안 임상심리학자들이 주로 어떤 활동을 해 왔는지가 약 10년 단위로 제시되어 있다.

〈표 1-1〉 면허를 가진 심리학자가 전문적 활동에 사용하는 시간 비율

	평균적인 시간 비율				
활동	1973	1981	1986	1995	2003
평가	10	13	16	15	15
심리치료	31	35	35	37	34
연구/저술	7	8	10	15	14
교육	14	12	14	9	10
임상 슈퍼비전	8	8	11	7	6
자문	5	7	11	7	7
관리	13	13	16	11	13

출처: "Clinical Psychologist Across the Years: The Practice of Clinical Psychology from 1960 to 2003", by J. C. Norcross, C. P. Karpiak, & S. O. Santoro, 2005, *Journal of Clinical Psychology, 61,* pp. 1467–1483. Copyright 2005 by Wiley Periodicals, Inc.

평가

평가는 행동 문제, 고유한 성격, 능력, 지적 기능과 같은 개인의 중요한 정보를 포함한다. 평가는 문제행동의 진단, 직업 선택, 직무능력 평가, 개인의 성격 파악, 치료기법 선택, 법률적인 문제 평가, 심리학 연구에서 잠재적인 내담자 선별, 치료 전후 비교 등을 위해 사용된다. 가장 일반적인 임상 평가도구는 크게 세 가지로 검사, 면담, 행동관찰이다. 각 평가에 대한 보다 상세한 내용은 해당 장에서 다룰 것이다.

임상실무에서 상대적으로 침체기였던 심리학적 평가는 중요한 변환기를 맞이했다. 최근에 와서 임상가들은 공식적으로는 사용할 수 없는 평가방법을 가지고 있다. 예를 들어, 컴퓨터는 평가문항을 적용하고, 결과를 분석하며, 완전한 보고서를 생성해 낼 수 있다. 오랫동안 사용되어 온 지필 면담과 검사에 대한 이러한 보완 또는 대체물이 평가에 관한 고비용의 수련을 불필요하게 만들 것처럼 보이지만 사실은 그 반대다. 이러한 검사들의 급증으로 임상가들은 양질의 컴퓨터 기반 평가와 질 낮은 컴퓨터 기반 평가를 변별해야 하고, 컴퓨터가 작성한 보고서가 각 수검자의 평가목적에 정확하고 적합한지 확인하는 데 주의를 기울여야만 한다(컴퓨터에 의한 평가는 3장 '임상적 평가의 기본 측면', 4장 '면담과 행동관찰', 5장 '임상심리검사' 에서 더 자세히 다룰 것이다).

심리학적 평가의 또 다른 한계는 인간의 기능과 연관된 다양한 생물학적 요인에 대한 연구가 발전함에 따라 발생한다. 지난 20년 동안 뇌의 유전적, 신경화학적, 호르몬, 신경학적 요인을 중점으로 한 연구들은 새로운 신경생물학적인 평가의 발전을 주도하고 있다. 또한 이러한 변화는 임상가의 평가 효과를 강화시킬 잠재력을 가지고 있지만, 컴퓨터 기반 평가처럼 많은 절차적 · 임상적 · 윤리적 문제를 초래한다(Popma & Raine, 2006). 예를 들어, 보험회사가 내담자의 심리학적 평가와 치료에 비용을 지불한다면, 임상가는 현재 내담자의 문제인 우울뿐만 아니라 조발성 알츠하이머와 같이 앞으로 혹은 아직 진단되지 않은 문제에 대해서도 내담자와 보험회사 모두에게 결과를 말해 주어야 하는가 하는 문제를 초래한다.

치료

임상심리학자는 내담자가 심리적 불편감을 이해하고 해결하는 것을 도와주기 위한 치료를 제공한다. 이러한 개입은 심리치료, 행동수정, 심리상담, 기타 임상가의 이론적 배경을 언급한 명칭 등의 다양한 치료로 알려져 있다. 치료 회기는 내담자나 치료자의 말, 새로운 행동기술의 구성, 강렬한 감정적 사건, 그리고 고도로 구조화된 것에서 전적으로 자발적인 것까지의 다양한 범위의 활동으로 구성된다(치료에 관해서는 6장 '임상적 개입의 기본적 특징’, 7장 ‘정신역동과 인본주의 심리치료’, 8장 ‘행동적 및 인지-행동적 심리치료’, 9장 ‘대안적인 임상적 개입’, 10장 ‘임상적 개입에 대한 연구’에서 자세히 다룰 것이다).

개인심리치료는 오랫동안 임상가가 가장 많이 해 온 활동이다(Norcross, Karpiak, & Santoro, 2005; Phelps, Eisman, & Kohout, 1998). 그러나 심리학자들은 커플, 가족, 집단 치료와 같이 둘 이상의 내담자를 함께 치료하기도 한다. 때로는 둘 이상의 임상가가 함께 집단치료를 하기도 한다. 치료는 짧게는 한 회기에 끝나기도 하고 몇 년간 지속되기도 한다. 어떤 형식이든 심리치료는 임상가가 가장 많이 하는 업무다(〈표 1-1〉 참조).

치료의 목표 또한 광범위할 수 있다. 특정 문제에 대한 구체적인 해결방법을 찾는 제한적인 것이거나, 내담자의 성격을 완전히 분석하고 재구성하는 야심찬 것이거나 또는 두 극단 사이의 어딘가에 위치한 것일 수 있다. 임상심리학자가 현재의 문제를 제거하기 위해 치료를 계획할 때, 지역사회 심리학자로 알려진 일부 심리학자들은 사회적 제도, 환경적 스트레스 요인, 장애 위험군(예, 십대 자녀를 둔 부모)과 전체 사회의 행동기술 등을 개선해서 심리적 문제를 예방하는 데 초점을 둔다.

임상심리학자의 치료는 지역사회에 거주하는 외래환자나 병원 입원환자, 그 외 정신보건시설에 있는 사람들에게 수행한다. 치료비는 정해진 비용이나 선지불된 건강관리 계획의 일부로 받을 수 있고, 내담자의 지불수준에 따라 조절할 수 있다. 또한 치료장면, 임상가의 수련 정도, 경력 등이 치료자가 만나는 내담자, 치료비, 그 외 요인 등에 강하게 영향을 미친다(Pingitore & Scheffler, 2005; 〈표 1-2〉 참조).

소수의 사례에서 효과가 경미하거나 거의 없을 수 있고, 심지어 부정적인 결과도 있을 수 있지만, 심리치료의 결과는 대체로 긍정적이다(Lilienfeld, 2007). 물론 이러한 치료의 효과를 증진시키는 것이 연구의 주요한 목표다.

연구

수련과정과 전통에 따라 임상심리학자들은 연구를 지향한다. 이 분야가 시작되고 중반까지 대부분 응용실무보다는 연구가 강하게 지배했다(2장 ‘임상심리학의 과거와 현재’ 참조). 둘 사이의 균형에 변화가 있지만, 연구는 여전히 임상심리학에서 없어서는 안 되는 핵심 영역이다.

연구활동은 임상가를 다른 전문가들과 구별되게 하고, 이 분야에 상당히 많은 기여를 한다고 인정받는다. 예를 들어, 심리치료 분야에서 이론과 실무는 사례연구, 치료 효과에 대한 주관적 인상, 다소 불완전한 설계연구 등을 기반으로 했다. 심리치료 연구의 역사는 ‘전과학적 시기’(Paul, 1969a)에서 연구의 질이 발전한 ‘실험 시대’로 옮겨졌다. 그

〈표 1-2〉 다양한 근무 장소에서 일하는 임상가의 비율

근무 장소	1960	1973	1981	1986	1995	2003
정신병원	15	8	8	9	5	4
일반병원	15	6	8	5	4	3
외래진료소	15	5	5	4	4	4
지역정신건강센터	–	8	6	5	4	2
의과대학	7	8	7	7	9	8
개인진료소	17	23	31	35	40	39
대학교의 심리학과	20	22	17	17	15	18
대학교의 기타 학과	–	7	5	4	4	4
재향군인병원	–	–	–	–	3	3
없음	–	1	1	4	1	0
기타	20	11	12	10	11	15

주: – 보고되지 않음.

출처: "Clinical Psychologists Across the Years: The Practice of Clinical Psychology from 1960 to 2003", by J. C. Norcross, C. P. Karpiak, & S. O. Santoro, 2005, *Journal of Clinical Psychology, 61,* pp. 1467–1483. Copyright 2005 by Wiley Periodicals, Inc.

리고 치료의 효과에 대해 유추할 수 있는 결과는 더 강력해졌다(Lambert & Bergin, 1994). 이러한 발전은 임상심리학자들의 연구측정법이 더 다양해졌기 때문에 가능했다.

신경심리학, 정신약리학, 건강심리학부터 아동과 성인 정신장애의 원인까지, 장애의 진단부터 예방을 위한 지역사회적 개입까지, 전문 심리치료의 평가부터 비전문적 보조자의 영향까지 등 임상가의 연구 영역은 광범위하다. 심리학 연구를 간략히 요약한 『Psychological Abstracts』라는 저널은 임상심리학자가 참여하는 연구의 다양성과 강도를 기록할 것이다. 『Clinical Psychology Review』는 임상심리학과 밀접한 관련이 있는 주제들에 대한 장문의 리뷰들을 포함하고 있고, 『Journal of Consulting and Clinical Psychology』, 『Psychological Assessment』, 『Journal of Abnormal Psychology』는 임상심리학에서 가장 영향력 있는 많은 연구를 발표하는 학술지들이다.

또한 임상적 연구는 장면과 영역에 따라 달라진다. 어떤 연구는 실험실 밖에서 자연스럽지만 통제가 덜된 연구를 하고, 어떤 연구는 실험실에서 수행한다. 어떤 연구는 보조자, 컴퓨터, 비용 등을 정부나 개인으로부터 지원받아 수행하기도 하지만, 가장 흔히 있는임상연구방법은 연구자가 예산을 세우고 제한적으로 자원봉사자의 도움을 받아 가용 공간, 시설, 참여자를 이용하여 진행하는 것이다.

임상심리학자의 연구 전통은 지원자의 이상심리학이나 성격이론 성적보다 통계나 연구방법의 학점을 강조하기도 하는 대학원 입학기준의 영향을 받는다. 대부분의 미국 심리학과 대학원에서는 세 가지 중요한 입학기준 중 하나로 연구경험을 꼽는다(Pate, 2001). 많은 임상심리학자가 연구 경력을 추구하지 않는다(많은 이들이 한 편의 논문도 출판하지 않는다) 하더라도, 여전히 대다수의 임상심리학 대학원과정은 경험적 연구 교육에 많은 시간을 할당하고 있다. 왜 그런 것일까?

여기에는 적어도 네 가지 이유가 있다. 첫째, 모든 임상가는 출판된 논문들을 비판적으로 평가할 수 있어야 하고, 따라서 어떤 평가절차와 치료적 개입이 자신의 내담자에게 효과적일 것인지, 임상적으로 타당한지 등을 결정해야 한다. 둘째, 학교장면에서 일하는 임상가는 지도학생이 수행한 연구계획을 평가하고 지도해야 한다. 셋째, 지역정신건강센터나 기타 기관에서 일하는 심리학자들이 기관 프로그램의 효과에 대한 평가자로 요청받을 때 연구에 대한 수련경험이 매우 유용할 수 있다. 마지막으로, 연구에 대한 수련은 임상가들이 자신의 임상 작업의 효과에 대해 객관적으로 평가할 수 있도록 해 준다.

임상연구의 마지막 측면—치료 효과를 체계적으로 평가하고 기록해 두는—은 최근에 치료 효과를 증명하고 평가하는 임상연구에서 매우 중요해졌다. 내담자의 변화를 추적하는 것은 치료계획을 변화시켜야 할 필요성을 보여 주는 신호가 될 수도 있지만, 체계적으로 임상 효과를 측정하는 다른 중요한 이유도 많다(Hatfield & Ogles, 2004). 임상가가 어떻게 변화를 기록하고 추적할지에 대한 지침을 제공하는 저서들이 다수 있다. 그 중 하나가 APA의 COPPS(Board of Professional Affairs Committee on Professional Practice and Standard)다. 현재의 실무에 맞추어 법적인 규제환경의 변화를 반영한 지침서의 개정판이 2006년에 출판되었다(Association News, 2006).

요약하면, 연구를 수행하고 평가하는 능력은 항상 임상심리학의 전형적인 특징이다. 대부분의 임상심리학자는 언젠가는 자신의 연구 역량이 전문 경력에서 요구될 것이라고 생각할 수 있다.

교육

임상심리학자는 상당히 많은 시간을 교육활동에 할애한다. 전일제 혹은 시간제로 대학이나 대학원에서 근무하는 임상가는 성격, 이상심리, 임상심리학 개론, 심리치료, 행동의 동기, 면담, 심리검사, 연구설계, 임상적 평가 등에 대해 가르친다. 심도 있는 주제를 다루는 특성화된 대학원 세미나를 운영하고, 실습과정에서 평가와 치료기법을 배우는 대학원생을 지도한다.

실습지도는 부분적으로는 경험적 연구결과에, 부분적으로는 감독자의 임상적 경험에 의존해서 학생들의 평가와 치료기법을 향상시키는 특별한 종류의 교육이다. 대부분의 실습에서 학생들은 보통 한 명 이상의 내담자를 만나고, 회기 사이에 지도감독자와 사례에 대해 논의한다(물론 내담자는 이러한 과정을 알고 있다). 지도감독은 실습생 한 명씩 혹은 한 명 이상의 소집단으로 진행되며, 모든 실습생은 토의 내용에 대해 엄격하게 비밀보장을 할 것에 동의한다.

많은 교육은 연구에 대한 지도감독의 형태를 취하기도 한다. 이러한 종류의 교육은 학생이 연구 주제를 가져와서 적절한 참고문헌 목록이나 조언을 구할 때 시작된다. 참고문헌에 대한 조언에 덧붙여 대부분의 연구 지도감독자들은 적절한 연구문제를 구성하고, 이러한 연구문제를 설명할 수 있는 연구설계의 기본원칙을 적용하고, 그 문제와 관련된 연구기법을 소개하는 등의 도움을 준다.

또한 임상심리학자들은 심리학이나 의학 전공 인턴, 사회복지사, 간호사, 기관 직원, 성직자, 경찰, 교도소 간수, 교사, 행정관, 기업가, 주간보호 근무자, 법관, 보호관찰자, 그리고 그 의 심리학적 지식이 증가하면 직업적 기술이 향상되는 많은 집단을 직무연수(예, 직장에서)의 맥락에서 교육한다. 임상가는 심지어 치료 중에도(특히 내담자가 보다 적응적인 행동방식을 배우도록 돕는 행동주의적 접근을 사용한다면 더욱) 교육한다(8장 참조). 마지막으로, 많은 풀타임 임상가들이 파트타임으로 단과대학, 종합대학, 전문학교 등에서 가르친다. 겸임교수단의 일원으로 일하는 것은 또 다른 수입원이 되기도 하지만, 전문적인 경험을 공유하고 자신의 영역을 새롭게 발전시키는 즐거운 방식을 제공하기도 한다.

자문

임상심리학자는 종종 다양한 문제에 대해 조직에 조언을 제공한다. 연구, 평가, 치료, 교육의 측면을 조합한 이러한 활동을 자문이라고 한다. 이러한 활동들의 조합이 일부 임상가들이 풀타임 자문가로 근무하기에 충분할 만큼 만족스럽고 수익성이 있다고 생각하는 이유일 것이다. 전문 분야 자문가의 도움을 받는 조직의 범위는 한 사람의 의사나 법률가에서부터 거대 국가기관이나 다국적 기업에 이른다. 또한 자문가는 유관기관, 인근 치료센터, 다른 지역사회기관에서 일할 수 있다. 자문가는 교육(예를 들어, 직원들이 직무와 관련된 연구에 친숙해지도록), 조언(예를 들어, 사례 또는 프로그램에 대해), 직접적인 서비스(예를 들어, 평가, 치료, 검증), 기관 내 갈등조정(예를 들어, 직원들의 업무조정으로 문제의 원인을 제거함) 등을 수행한다.

사례에 대한 자문에서 임상가는 특정 내담자나 조직의 문제에 초점을 맞추는데, 문제를 직접적으로 다루거나 가장 효과적으로 다룰 수 있는 방법을 조언한다. 프로그램이나 행정업무에 대한 자문에서 임상가는 문제의 원인이 되는 조직의 기능이나 구조 측면에 초점을 맞춘다. 예를 들어, 자문가는 조직 내의 다양한 직종에 지원자를 선발하거나, 승진할 만한 직원을 가려내는 기준을 세우거나, 관리자에게 자신의 결정이 직원들에게 미치는 심리적 영향력에 대한 인식을 증가시켜 직원들의 이직률을 감소시키는 등에 대한 새로운 절차를 제안하고 개발할 수 있다.

관리

상당수의 임상심리학자들은 기관에서 일상적인 업무나 관리업무를 한다. 예를 들어, 임상심리학자는 대학의 심리학과장, 임상심리학의 대학원 수련 프로그램의 감독, 학생상담센터의 감독, 자문회사나 검사센터의 장, 학교조직 관리자, 병원이나 치료소의 최고 심리학자, 정신병원의 감독, 지역정신건강센터의 감독, 정부기관의 관리자, 재향군인병원의 심리학 서비스 분야 감독 등의 관리자 위치에 있다.

관리는 심리학자의 전문 활동으로 점점 인기가 많아지고 있다. 실제로 관리는 심리치료 다음으로 교육 및 평가와 매우 비슷하게 가장 흔한 활동이 되었다(Norcross, Karpiak, & Santoro, 2005). 또한 관리업무는 전문 경력이 쌓일수록 더 흔한 업무가 되는 경향이 있다.

임상가가 치료, 평가, 연구, 교육, 자문, 관리 등의 활동에 자신의 시간을 사용하는 비율은 일하는 배경에 따라 다르다.

임상활동의 분포

어떤 임상심리학자는 앞에서 언급한 여섯 가지 활동 중 한 가지 또는 두 가지 활동에 대부분의 시간을 사용하고, 어떤 임상심리학자는 여섯 가지 모두에 시간을 사용한다. 〈표 1-1〉은 자격증을 가진 심리학자들이 그들의 시간을 어떻게 분배하는지를 보여 준다. 대체로 상당수의 임상심리학자는 연구자나 학자보다는 임상가로서 활동하는데, 특히 치료와 평가 활동이 많다.

그러나 임상심리학자들의 활동 분배는 근무 배경에 따라 다르다. 현장에서 일하는 심리학자들의 1만 5,918개의 응답을 포함한 APA의 CAPP(Committee for the Advancement of Professional Practice) 위탁연구 결과, 대학에 있는 심리학자들은 대부분의 시간을 연구와 교육에 사용하는 반면, 개업 임상가는 대부분의 시간을 치료와 평가에 사용하는 것으로 나타났다(Phelps, Eisman, & Kohout, 1998). 정부와 의료 현장에 있는 심리학자들은 전문적인 활동에 더 치중하는 경향이 있다.

다시 말해서, 임상심리학자들이 자신의 시간을 쓰는 방식은 업무 현장의 요구에 따라, 수련과정에 따라, 개인적 관심이나 전문 분야에 따라 달라질 수 있다. 또한 사회적인 요인도 영향을 미칠 수 있다. 예를 들어, 1940년대에 재향군인병원 같은 병원 건설에 관한 연방정부의 법률이 통과되지 않았다면 오늘날 재향군인병원에서 임상가가 일하지 않을 수도 있다(임상심리학의 구성에 미치는 사회문화적 요인의 역할에 대해서는 2장에서 자세히 설명한다). 유사하게, 임상심리학자들에 의해 수행되는 연구 중 상당수는 의회 예산으로 유지되는 국립정신건강연구소(National Institute of Mental Health)와 같은 정부기관의 보조금에 의존한다. 그러므로 앞에서 제시했던 임상가의 역할은 다른 전문가들—그리고 일반 대중—에게 정당하다고 인식되어야만 가능하다. 만일 아무도 임상가를 효과적인 치료를 할 수 있는 사람으로 인식하지 않는다면 그들의 기능은 이 영역에서 곧 사라질 것이다.

요약하면, 임상가가 어디에서 무엇을 하느냐는 문화적 가치, 대중의 분위기, 그들이 기능하는 사회의 필요와 요구 등에 따라 달라져 왔고 또 달라질 것이다.

내담자의 다양성

미국 인구의 변화 또한 임상심리학자의 활동에 영향을 미친다. 2050년에는 히스패닉이 아닌 백인들이 미국 인구의 50%가 되고, 소수인종들이 나머지 반을 차지하게 될 것으로 예상된다. 지난 10년간의 사례를 볼 때, 미국인 중 가장 높은 비율을 차지하는 인종은 다른 나라에서 태어났거나 부모가 다른 나라에서 태어난 사람들이다. 이러한 변화가 어떻게 임상심리학에 영향을 미치는가?

일단 다른 배경에서 자란 사람들은 심리적 불편감을 경험하는 방식이 다르기 때문에 임상가들은 증상의 문화적 변이에 점점 더 민감하게 되었다(Hays & Iwamasa, 2006). 치료에 대한 반응 역시 내담자의 배경에 따라 달라질 수 있다. 게다가 자발적으로 심리학적인 도움을 구하는 것은 문화와 인종 배경에 따라 다르다. 그러므로 임상가는 다양한 집단에게 문화적으로 세심한 서비스를 제공하기 위해 추가적인 수련을 받을 필요가 있다(Hall, 2005). 이 책의 나머지 상당 부분에서 문화와 인종의 다양성이 임상실무에 어떻게 영향을 미치는지에 대해 설명할 것이다.

문제의 다양성

전문 영역에 따른 제한이 있지만, 임상심리학자들은 거의 대부분의 인간 행동문제를 다룬다. 가장 흔한 것은 무엇인가? 전국공병조사(National Comorbidity Survey, 1990~1992; National Comorbidity Survey Replication, 2001~2003)는 일반 인구에서 심리학적 장애의 유병률과 발생 빈도를 조사한 대규모 연구다. 연구 결과, 불안장애(공황장애, 사회공포증), 기분장애(우울증), 충동조절장애(간헐적 폭발장애), 그리고 물질장애(알코올남용, 약물남용)가 가장 빈번하였다. 그러나 치료를 받는 사람들의 절반 정도만 정신장애 진단기준에 충족된다(Kessler, Demler et al., 2005). 그 외에는 최근 진단준거에 꼭 맞지는 않는다(3장에서 논의). 예를 들어, 대인관계, 부부관계 문제, 학업 곤란, 신체화와 생리적 증상, 직업 관련 어려움 등이 그렇다. 사람들이 도움을 청하는 문제의 종류와 유병률은 매년 비슷한데, 이는 이러한 문제를 경험하는 내담자의 문화적 배경이 더 다양해지고 있지만 임상심리학자 수요는 감소하지 않는다는 것을 의미한다.

심리적 장애를 경험하는 모든 내담자가 치료를 받는 것은 아니다. 이러한 현상에는 좋은 소식과 나쁜 소식이 있다. 우선 좋은 소식은 치료를 받는 사람의 수가 10년 전보다 증가했다는 것이다. 부분적으로 이러한 증가는 장애와 그 영향에 대한 대중의 인식이 증가했기 때문이다. 심리적 문제(우울과 불안장애, 흡연과 다른 중독문제, 충동조절, 성적 기능

부전)에 대한 약물 광고는 일부 심리적 장애를 정당화하는 데 도움이 되었고, 치료를 원하는 어려움을 겪고 있는 사람들의 비율을 높였다(Kancelbaum, Singer, & Wong, 2004). 반면에 나쁜 소식은 치료를 원하는 사람들의 상당한 비율이 자신들의 주치의에게 최소한의 치료만을 구한다는 점이다. 최소한의 치료는 종종 약물치료만으로 제한된다. 여기에는 장기적 향상 효과를 가져올 수 있는 심리학적 치료는 포함되지 않는다. 많은 사람은 치료를 받으려 하지 않는다. 18세 이상의 영어 사용 응답자 9,000명을 대상으로 한 조사에서는 장애를 가진 대상자 중 오직 41%만이 치료기간이 12개월 이내인 치료를 받았다(Wang, Lane et al., 2005). 다른 연구에서도 장애를 가진 사람들의 절반 이하만이 치료를 받았다는 비슷한 결과를 발견하였다(Kessler, Demler et al., 2005). 치료를 받지 않은 사람들에는 빈민, 소수민족, 노인, 시골 사람, 보험 미가입자 등이 포함되었다.

임상심리학자의 고용 현장과 급여

한때 대부분의 임상심리학자는 아동상담소 혹은 학생생활상담소와 같은 한 가지 유형의 시설에서 근무하였다. 그러나 최근에는 임상가들이 일하는 현장이 훨씬 다양해졌다. 다음의 많은 현장뿐 아니라 그 외 다른 영역에서도 임상심리학자를 찾아볼 수 있다.

- 대학 혹은 종합대학의 심리학과
- 법학대학원
- 공공 혹은 개인 병원 및 정신병원
- 시 · 도, 개인의 정신건강 클리닉
- 지역정신건강센터
- 학생상담센터
- 의과대학
- 군대
- 종합대학의 심리 클리닉
- 아동치료센터
- 공 · 사립학교
- 정신지체를 위한 특수학교
- 경찰서
- 교도소
- 청소년범죄기관
- 기업 및 산업체
- 보호관찰소
- 장애자를 위한 재활시설
- 요양원 및 노인시설
- 고아원
- 알코올중독치료센터
- 건강관리조직체

〈표 1-2〉는 임상심리학자가 지난 40년 동안 다양한 영역에서 고용된 현황을 백분율로 나타낸 것이다.

임상심리학자로 고용되었을 때 경제적 보상은 중요한 의미가 있다. 직접적인 대인 서비스를 제공하는 직종에서 일하는 10년 경력의 박사급 임상심리학자는 2003년에 평균 약 7만 3,000달러를 받았다. 물론 급여 형태는 경제적인 상태와 역사적 시기에 따라 달라진다. 연간 3%의 물가 상승에 맞춰 급여가 조정된다면 10년 경력의 임상심리학자는 2008년에는 평균 약 8만 4,600달러, 2010년에는 약 8만 9,800달러를 받게 될 것이다. 〈표 1-3〉에는 평균값과 그를 기준으로 25%와 75%의 급여 평균을 제시하였다. 이를 통해 급여의 범위에 대해 생각해 볼 수 있다.

고용현장은 임상가의 활동 분포와 내담자의 다양성에 영향을 미치는 것처럼 급여에도 영향을 미친다. 예를 들어, 지역정신건강센터와 공립정신병원에서의 급여는 심리학이나 심리학적/의학적 개업가들보다 더 낮은 경향이 있다. 그리고 임상심리학자들의 급

〈표 1-3〉 직접적인 대인 서비스 직종에 있는 자격증을 가진 박사급 임상심리학자의 급여

백분위	경력			
	2~4년	10~14년	20~24년	30년 이상
75%	70,000	88,000	120,000	120,000
중앙값	57,000	73,000	84,000	88,000
25%	50,000	60,000	65,000	68,500

출처: "Salaries in Psychology 2003: Report of the 2003 APA Salary Survey", by W. E. Pate II, J. L. Frincke, & J. L. Kohout, 2005. Accessed October 20, 2006, from http://research.apa.org/ 03salary/homepage.html.

〈표 1-4〉 10~14년 경력의 자격증을 가진 박사급 임상심리학자의 급여 중앙값

고용현장	급여 중앙값
(개인) 개업	72,000
(집단) 개업	85,000
(의학적-심리학적 집단) 개업	88,000
재향군인병원	82,000
개인일반병원	75,000
공공정신병원	62,000
초·중등학교	83,000
지역정신건강센터	62,000

출처: "Salaries in Psychology 2003: Report of the 2003 APA Salary Survey", by W. E. Pate II, J. L. Frincke, & J. L. Kohout, 2005. Accessed October 20, 2006, from http:// research.apa.org/03salary/homepage.html.

여는 나라에 따라, 도시인지 시골인지에 따라 달라질 수 있다.

2006년에 박사과정이 있는 대학에서 임상심리학 교수의 급여는 조교수(3년 이하의 경험이 있는)는 약 5만 5,000달러, 정교수(11년 이상의 경험이 있는)는 9만 2,800달러였다(Wicherski, Frincke, & Kohout, 2006). 물론 대학에 고용된 임상심리학자의 급여는 학교마다 다를 수 있다. 일반적으로 석사과정이 있는 기관이나 전문학교의 급여는 박사과정이 있는 기관보다 낮다. 또한 주(州)와 기타 요인에 따라 급여는 다양하다.

얼마 전까지만 해도 개업 심리학자들은 학교에 있는 임상심리학자보다 상당히 많이 벌었지만 그 차이는 점점 좁혀지고 있다. 이러한 변화는 이 장의 뒷부분에서 논의하겠지만 건강보험이 적용되는 방식의 변화에 부분적으로 영향을 받았다. 9~10개월 학기에 적용했을 때, 학교에서 일하는 임상심리학자의 급여는 갓 개업한 동료들이 벌어들이는 급여와 비슷하다.

급여, 인구통계, 개업 현황, 기타 여러 회원이 관심 있는 주제에 대해 APA는 일정 기간마다 조사를 하고 그 결과를 공개한다. 대부분의 정보는 APA의 홈페이지(http://www.apa.org)에서 볼 수 있다(일부는 APA 회원만 가능).

임상심리학자들의 다양성

심리학 분야에서 남녀의 비율은 반세기 동안 상당히 변화되었다. 1950년에 심리학에서 박사학위를 받은 사람들 중 여성은 15% 정도뿐이었으나, 1999년에는 67%가 여성이었으며, 대학원생의 약 2/3를 차지했다(National Center for Education Statistics, 2000; Pate, 2001). 임상심리학 전공은 심리학과 대학원 중 가장 높은 비율을 차지했고, 남녀의 비율은 1:2이다. 2004~2005년에는 임상심리 전공의 박사과정 학생들의 70%가 여성이었다(Norcross, Castle, Sayette, & Mayne, 2004). 이러한 비율은 연구 지향적인 프로그램과 실무 지향적인 프로그램 모두에서 비슷하게 나타났다. 임상심리학 전공 학생들의 성별 분포에 관한 또 다른 최근 조사에서는 유럽에서도 남성보다 여성의 비율이 상당히 우세했다(Olos & Hoff, 2006).

물론 학위과정에 들어가는 것부터 전문 분야 내에서 고위직을 얻기까지는 수년의 시간이 걸린다. 그 결과로 대학이나 종합대학 내의 임상심리학과 주임교수직에는 아직도 여성보다 남성이 더 많고, 개업 임상심리학자들 사이에서도 남성이 여성보다 더 높은 급여를 받는다.

최근 미국 임상심리학 박사과정에 입학하는 학생의 20% 이상은 소수민족이다(Norcross

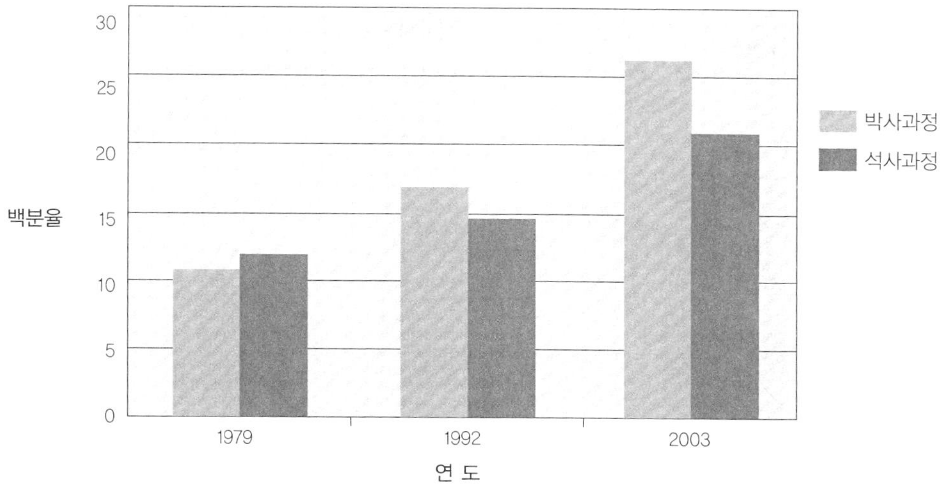

[그림 1-2] 심리학 전공 대학원 신입생들 중 소수인종 비율

출처: J. C. Norcross, J. L. Kohout., & M. Wicherski(2005). Graduate study in psychology: 1971 to 2004. *American Psychologist, 60*, 959-975.

et al., 2004). 흑인들이 모든 심리학 대학원과정에서 소수민족 중 가장 높은 비율을 차지하고, 그 뒤로 히스패닉과 아시아인이 근사한 비율을 보이고 있으며, 북미 원주민은 약 1% 정도를 보인다(Pate, 2001). 모든 심리학 박사과정에서 소수민족 비율의 증가는 괄목할 만하다([그림 1-2] 참조). 다수의 대학은 유색인종을 대상으로 특별한 입학 계획을 세우고, 상당수의 심리학과는 소수민족의 입학 모집을 위한 학과 차원의 전략들을 세운다(Kyle & Williams, 2000). 이러한 노력의 예는 대학 분교 출장강의 프로그램, 소수민족의 재정 보조, 유색인종을 위한 유인물과 기타 도구, 모집과 선발 과정에 더 많은 유색인종의 참여 등이 포함된다. 성별과 마찬가지로 전문 분야 고위직에 비해 대학원과정에 소수민족이 더 많다. 그러나 소수민족 학생들이 수련과정을 통해 성공적으로 취업하고 있기 때문에 이러한 전문직에서의 전통적인 불균형은 조정되기 시작할 것이다.

이 절의 요약 임상심리학자들은 자신의 시간 대부분을 평가, 치료, 연구, 교육, 자문, 관리에 쓴다. 임상심리학자들이 수행하는 활동과 만나는 내담자는 고용된 장소, 개인적 선호도, 수련과정, 광범위한 사회적 요인 등의 영향을 받는다. 임상가는 개인이나 집단으로 개업하거나 다양한 형태의 병원, 지역정신건강센터, 대학의 심리학과, 의과대학, 정부기관, 개인기업 등의 다양한 장면에 고용된다. 이러한 장면에서 다양한 문화적 배경과 다양한 문제를 가진 내담자를 만난다. 임상가의 급여는 수련 수준, 고용 장소, 지역적 요인 등에 따라 다양하지만, 비슷한 수련 수준을 갖춘 다른 많은 전문가와 비슷하다. 한때 백인 남성들이 지배했지만, 이제 이 분야는 과거에 비해 대학원에 입학하는 여성과 소수민족의 비율이 더 높아졌다. 따라서 전통적인 불균형은 조절되기 시작했다.

21세기의 임상심리학

이 절의 미리보기

이 절에서는 오늘날 임상심리학에서 두드러진 쟁점들을 살펴볼 것이다. 첫째는 과학과 실무의 균형에 대한 요구와 관련이 있다. 다른 주요 논제는 임상가들이 어떻게 수련받아야 하는가, 전통적으로 구분된 '학파'나 이론적 지향을 어떻게 통합할 수 있을 것인가, 임상심리학의 실무가 사회적·문화적 환경의 영향, 특히 건강관리보험이 의료전달체계를 바꾼 방식의 영향을 어떻게 받아 왔는가 등이다.

과학과 실무

임상심리학에서 가장 활발하게 논의되는 것은 과학자와 임상가의 관심이 반영된 임상심리학 영역을 확장시키는 것이다. 과학자/연구자들이 하나의 관점을 가지고 있고 임상가들은 다른 관점을 가지고 있다면 누구의 관점이 더 우세한 것인가? 이 주제에는 긴 역사가 있다. 여기서는 광범위한 개관과 몇 가지 주요 영향을 살펴보겠다. 2장, 10장, 15장에서 이 영역에 대한 다양한 입장과 그 영향들을 자세하게 살펴볼 것이다.

이미 언급했듯이, 임상심리학의 공식적 정의는 과학과 실무 모두를 아우른다. 그러나 문제는 과학과 실무를 어떻게 통합하는가 하는 것이다. 이 같은 질문은 단순한 철학이나 학문적인 논점을 넘어서는 것이다. 이는 내담자를 어떻게 치료할 것인지, 연구는 어떻게 수행할 것인지, 다른 심리학적 관점에서는 어떻게 개입할 것인지 등에 영향을 미친다.

증거기반 실무

예컨대, 지난 수십 년간의 의학 연구 결과를 알지 못하거나 무시하는 의사와 또 어떤 치료를 할지 결정할 때 직관과 민속 전통을 신봉하는 의사를 상상해 보라. 만일 최고 수준의 치료를 원한다면 그러한 의사들에게 가서는 안 된다. 믿을 수 있는 최신 연구에 기초한 전문적 실무를 증거기반 실무(evidence-based practice: EBP)라 한다. 증거기반 실무의 필요성은 약물에서는 의문의 여지가 없지만, 최근에는 정신건강, 교육, 심지어 건축학 등과 같은 영역에서도 주요 관심사가 되었다(Norcross, Beutler, & Levant, 2006a). 이러한 견해는 임상가가 개인적 추측이나 '항상 해 왔던 방식'에 의존하기보다는 가장 효과적인 과학적 증거가 있는 진단과 치료를 사용해야만 한다는 것이다.

분명히 시간이 흐르면서 임상심리학자들이 양질의 과학적 연구 결과를 기반으로 실무를 해야만 한다는 증거기반 실무의 견해에 의문을 갖는 사람은 없다. 그러나 여전히 연구가 양질인지, 무엇을 보여 주는지, 정확하게 어떻게 실무에 지침을 제시하는지에 대한 합의는 없다. APA는 아직 정확하게 특정 치료의 추천 목록이나 신뢰성이 없는 치료들의 목록을 만들지 않고 있으며, 이러한 결정을 대중에게 알리고 있다. 실제로 APA 내의 다양한 집단은 증거기반 실무가 무엇을 의미하는가에 대한 다양한 의견을 가지고 있다.

그러나 이러한 이슈에 대한 합의에 도달하는 것이 시급하다. 일부 지역 및 주 기관과 보험회사에서는 환자들에게 치료비를 제공하는 심리치료 목록을 이미 작성하였다(Norcross, Beutler, & Levant, 2006). 이러한 목록은 임상심리학자들의 공식적인 견해를 바탕으로 한 것이 아니라 연구에 대한 자신들의 이해와 필요를 바탕으로 한 것이다. 대다수의 연구자와 임상가들은 임상심리학자와 전문가 조직이 효과적인 치료 목록을 작성하는 데 기업이나 정부기관보다 더 적극적이어야 한다고 생각한다. 아마도 임상 연구자와 실무자가 보험회사나 정부기관에서 일하는 사람들보다는 이러한 일에 더 전문가일 것이다. 우리의 견해(10장에서 자세히 논의할)는 다양한 심리학적 개입의 유용성을 평가하는 데 경험적 증거와 임상경험의 두 가지가 모두 결정적이다. 임상경험은 심리치료 효과에 대한 가설을 만들어 내는 시발점으로는 매우 가치가 있지만, 반복된 임상실험에서 특정 치료기법이 효과를 발휘하지 못한다면 그 기법들은 더 효과적인 기법에 의해 밀려날 것이다.

임상심리 수련

과학과 실무의 가장 바람직한 혼합에 관한 결정은 임상심리학에서 학생들의 수련방식에도 역시 영향을 미친다(이에 대한 교재가 이미 쓰였다). 임상심리 수련에 관한 두 가지 일반적인 모델이 있다. 후에 이 두 모델의 이름은 이 모델이 개발된 회의의 개최 장소인 콜로라도의 두 도시의 이름을 따서 붙였다. 볼더(Boulder) 모델은 1949년에 개최된 최초의 대규모 임상심리학 수련회의에서 나왔다(Raimy, 1950). 과학자-전문가 모델로 불리는 볼더 모델에서 임상심리학자는 연구와 실무 모두 숙달되고 대학원에서 PhD 학위를 습득하고, 오랜 기간의 인턴 과정을 통해 지도감독을 마쳐야 한다고 제안한다.

1973년에 심리학의 전문가 수련의 수준과 형식에 관한 전국회의(National Conference on Levels and Patterns of Professional Training in Psychology)가 콜로라도의 베일에서 개최되었다. 베일(Vail) 모델은 과학적인 수련을 덜 강조하고 임상적 서비스 제공을 위한 준비를 더 강조하는 대안적 수련을 제안하였다(Korman, 1976). 또한 베일의 대표자들은 수련에서 전문적 서비스의 제공과 평가를 강조한다면 PsyD가 적절한 학위일 것이라고 제안하였다. 그들은 임상심리학 수련 프로그램이 대학뿐 아니라 의과대학이나 자유롭게 설립된 전문심리학 학교(캘리포니아, 일리노이, 기타 주에 있는 학교들처럼)에서도 실시할 수 있다고 주장하였다. 그리고 이러한 독립적인 학교들은 전통적인 과학자-전문가 수련과 동등하거나 그 이상의 자격을 갖춰야 한다. 임상수련 모델에 대해서는 15장에서 보다 자세하게 다룰 것이다. 다양한 유형의 임상심리학 수련들 간의 차이에 대해 이 장에서 기억해야 할 가장 중요한 것은 어떤 학위를 제공하느냐와 어떤 수련 모델을 선호하느냐에 관계없이 다양한 변형 프로그램들이 있다는 사실이다.

절충주의과 통합주의

실무, 연구, 교육에 종사하는 상당수의 임상심리학자들은 정신역동적 접근, 인지-행동적 접근, 지지적 접근, 가족/체계 접근 등과 같은 한 가지 주요 이론을 강조하는 프로그램에서 수련받았다(Consoli & Jester, 2005). 임상심리 수련을 체계화하는 가장 좋은 방법은 무엇인가? 일부 심리학자들은 임상교육이 이론적 접근을 중심으로 이루어지는 경우 한 이론에 충성을 맹세한 임상가들이 다른 접근을 지지하는 연구와 이론을 너무 반사적으로 무시하는 등의 불화를 만들 수 있다고 우려를 표현한다(Gold & Strickler, 2006). 이러한 반응은 문제가 있다. 왜냐하면 한 가지 이론적 접근만 고수할 강력한 경험적 근거는 거의 없기 때문이다. 모든 이론은 강점과 약점을 가지고 있다. 그리하여 오늘날 많은 임상심리학자는 절충주의를 선호한다. 절충주의에서는 엄격하게 한 가지만 고집하는 것이 아니라 다양한 '학파'의 기법을 사용하는 것이 허용되며, 심지어 바람직하다고 본다.

절충주의는 다양한 임상심리치료의 요소들을 체계적으로 통합하는 심리치료 통합주의의 견해와 깊은 관계가 있다. 우리 견해로는 이론들을 엄격하게 구분하는 것보다 합리적인 방법으로 접근들을 통합하는 것이 옳을 것 같다. 평가와 치료기법이 도구라면, 폭넓은 도구와 그것들을 언제 어떻게 사용할지에 대한 지식을 소유하는 것이 심리치료자에게 효과적이라고 볼 수 있다. 실제로 현재 대부분의 치료자는 스스로를 절충주의라고 규정한다(Santoro, Kister, Karpiak, & Norcross, 2004). 또한 다양한 치료적 접근의 통합에 주력하는 학술지 『Journal of Psychotherapy Integration』도 있다.

그러나 통합주의와 절충주의는 이론뿐 아니라 실무에서도 쉽지 않다. 이론과 실무는 어떻게 통합되어야 하는가? 9장에서 이 질문에 대한 대답을 좀 더 기술할 것이다.

건강관리 환경

모든 다른 전문 분야와 마찬가지로, 임상심리학은 문화의 영향을 많이 받는다. 대중의 신념과 태도는 정신건강에 대한 관심사가 지각되는 방식, 문제 치료방식, 치료 보조금을 받는 방식 등에 영향을 미친다.

정신건강 동등성

심리학 서비스는 문화적인 태도에 따라 만들어진다. 특히 심리적 장애와 치료에 대한 태도가 정부정책이나 법률에 반영될 때 더욱 그러하다. 임상가들은 정신건강 동등성에 영향을 미치는 법에 특별한 관심이 있다. 동등성 법에서는 건강보험이 정신적 질환에 대해서도 신체적 질환과 같은 수준으로 보상할 것을 요구한다. 동등성은 미국 보건제도의 표준이라기보다는 이례적인 것이다. 다른 말로 하면, 정신건강 문제는 다른 건강문제보다 덜 보상받아야 하는 것으로 인식되어 왔다.

건강보험이 신체적 질병에 대해 보상을 해야 하는지에 대한 논쟁은 거의 없어 보인다. 보상은 건강보험이 하는 일이다. 그러나 건강보험이 심리적 장애에 대해서도 보상을 해야 하는가? 이 질문을 깊이 검토해 보면 정신질환과 심리치료의 효과에 대한 기저 신념을 볼 수 있다. 다음의 두 사례를 비교해 보자.

사례 1

중소 가구제조회사에 근무하는 근무자의 아이가 귀가 아프다고 하였다. 증상은 가라앉지 않았고, 하루가 지난 후 부모가 가정의에게 전화했다. 아이는 다음날 의사를 찾아갔고, 귀 전염병으로 진단받았다. 의사는 가장 효과적인 약을 처방했으나, 일주일이 지난 후에도 증상은 지속되었다. 두 번째로 사용 범위가 더 넓은 항생제를 투약했고, 결과는 이전과 유사했다. 결국 항생제는 전혀 효과적이지 못했고, 의사는 아이의 청력을 보호하기 위해 귀에 배농관 삽입수술을 할 것을 권했다. 이 수술 후 지속적인 사후관리가 필요했고, 회사에서는 보험을 통해 치료비와 사후관리 비용을 지급했다.

사례 2

중소 가구제조회사에 근무하는 직원의 아이가 학교에 가기를 거부하였다. 며칠 후 부모가 학교에 가도록 설득하였으나, 아이의 거부는 더 심해졌다. 아이의 철수와 낙담은 더 심해졌고, 자주 울었으며, 집에서도 활동에 대한 흥미나 즐거움이 감소하였다. 또 숙제를 기억하고 완수하는 데 어려움을 보이기 시작했다. 대체로 아이는 매달리고 요구가 많아지고, 울부짖거나 안절부절못하고, 떼를 쓰는 일이 많아졌다. 교사, 학교상담교사와 상담을 한 후에 부모는 전문가의 도움을 받기로 결심했다. 가정의는 몇 가지 검사 후에 아동기 우울증과 양극성 장애(아마도 가족력에 기초하여)로 진단하였고, 심리평가와 치료를 권하였다. 부모는 우선 전문가에게 예약하였다. 한 달 후 아이는 아동기 양극성 장애로 진단받았다. 정신건강팀은 아동 임상심리학자에게 심리치료와 면밀한 약물관리를 의뢰하였다. 회사는 보험을 통해 약물치료의 비용은 제공하였지만 심리치료 비용은 보조하지 않았다.

이 두 사례에서 정신장애에 대한 믿음이나 태도가 어떤 역할을 한 것일까? 신체적 장애에 대해서만 보조금이 지급되어야 한다는 견해는 정신질환은 자신 및 가족에 의해 유발된다고 믿지만 신체질환은 의도와 상관없이 발생한다는 신념을 반영한다. 요약하면, 사람들은 의학적 문제보다 정신적인 문제에 더 큰 책임이 있다고 생각하는 것 같다. 이러한 신념은 가장 심한 신체적 질병이 전염병(천연두, 장티푸스, 디프테리아)이었던 한 세기—정신질환의 원인에 대한 이론이 생물학적 · 심리학적 · 사회적 요인들의 부적절한 상호작용이 아니었던 때—전부터 쉽게 유지되어 왔다. 그러나 오늘날 사람들이 단순히 심리적 문제를 선택한다고 주장하는, 정신장애에 대한 그러한 지식을 가진 사람은 거의 없다. 그와 동시에 다수의 사람은 심장질환, 비만, 당뇨병과 같은 신체적 문제가 생활 습관 선택과 관계 있다고 생각한다. 요약하면 아마도 대다수의 사람은 정신장애를 다른 신체장애와 비교해 선택의 문제라고 생각하지는 않지만 건강보험금과 관련해서는 그렇지 않은 것 같다.

동등성 법령이 제정되지 않고 있는 것은 정신병에 대한 태도, 심리치료와 비용의 효과에 대해 알려진 정보의 제한성, 이해 당사자와 유권자의 재정적 이해 등과 같은 몇 가지 요인의 영향을 받았기 때문일 것이다. 특히 미국에서는 건강관리 비용이 증가함에 따라 보험료가 급격히 상승했다. 고용주는 피고용인들의 보상을 위해 더 많은 비용을 보험회사에 지급해야 한다. 따라서 고용주는 정신건강 보상을 포함하지만 비용이 비싼 보험회사보다는 정신건강 보상을 제외하거나 제한적으로 더 낮은 비용의 보험회사를 선호할지도 모른다.

동시에 고용주는 건강한 노동력을 유지하는 데 관심이 있다. 만일 정신건강에 대한 보상이 없거나 제한적이라면 직원들은 치료받지 못한 개인적 · 가족적 문제 때문에 업무에서 실수가 더 많아질 것이다. 이는 조기에, 그리고 적절하게 치료를 받지 못하면 피고용인들의 정신건강 문제가 재발할 것이라는 것을 의미한다. 그래서 고용주들은 그 중간을 생각하는데, 보험비용을 줄일 뿐 아니라 치료를 받지 못하거나 치료를 받는 장애 때문에 직장을 비우는 피고용인들에 대한 비용도 제한하고 싶어 한다. 결국 이 모든 것은 비용 효과의 주제—정신건강 치료와 예방이 장기적으로 비용을 절감하느냐에 대한—로 귀결된다. 일반적으로 그렇다는 것에 대해 10장에서 더 자세하게 논의할 것이다.

의료관리

미국의 임상심리학에서 특히 중요한 사회의 한 측면은 건강관리체계의 참여다. 이전에는 내담자가 서비스 제공자에게 비용을 직접 지불했지만, 지금은 정신건강 관리를 포함한 거의 대부분의 건강관리에는 내담자, 임상가, 보험회사 또는 그와 유사한 조직의 이해 당사자가 관여한다. 누가 서비스를 제공하는가, 어떤 치료가 사용되었는가, 얼마나 오래 지속되었는가, 서비스 비용으로 얼마를 받았는가, 어떤 기록이 보존되는가 등에 세 번째 조직이 영향을 미칠 때, 이를 의료관리(managed care)라고 한다. 의료관리체계는 치료에 대한 결정을 할 때 단지 임상가의 판단만이 아니라 경영원리도 적용한다.

미국의 의료관리체계는 임상가들이 적용하도록 심리치료에 대한 자신들의 영향력을 확장시키고 영향력을 행사했다. 독립한 개업가들에 대한 조사에서 그들의 절반 이상이 급여가 감소했다고 보고했는데 그것이 의료관리체계 때문이라고 했다(Williams, Kohout, & Wicherski, 2000). 의료관리의 영향으로 개업 임상가와 다른 영역에서 일하는 임상가의 급여 차이가 이전보다 줄어들었다. 또 다른 연구에서는 임상가들이 자신들과 의료관리 회사 간의 문화적 충돌을 보고하는데, 종종 보험금을 지불받기 위해 치료규범이나 윤리 규범을 침해해야만 한다고 항의한다(Cohen, Marecek, & Gillham, 2006). 따라서 의심의 여지 없이 일반적으로 임상가들은 의료관리를 싫어한다. APA의 실무적 도움을 받아 2004년 플로리다 주 심리학회는 수많은 전국적인 의료관리회사를 상대로 집단소송을 하였다. 그들은 이러한 회사들이 비용 지불을 삭감하고, 지연시키고, 거부하기 위해 진단 코드를 조정하거나 기타 행위를 한다고 주장했다. 2006년에 이 소송은 제공자에 대한 재정 상환과 의료관리회사가 사용하는 절차의 위임권 변경이라는 두 가지 요구에 대한 합의를 이끌어 냈다(Practice Directorate Staff, 2006).

의료관리와 다른 건강관리 전문 분야 간의 관계처럼 의료관리와 임상심리 간의 관계는 때로 안 좋기도 하지만 완전히 부정적인 것은 아니다(Bobbitt, 2006). 의료관리의 긍정적인 효과 중 하나는 어떤 문제에 어떤 치료가 가장 효과적인가에 관한 연구를 활성화했다는 점이다. 어떤 개입이 건강에 가장 긍정적이고 지속적인 효과를 가지고 있는지를 아는 것은 내담자, 임상가 그리고 보험회사의 관심사다. 왜냐하면 그러한 정보가 정확하게 적용되면 궁극적으로 비용이 적게 들고 내담자의 안녕을 향상시킬 수 있기 때문이다. 임상가들이 자신들이 제공하는 치료의 효과를 보다 정확하게 측정하도록 받는 압박은 부분적으로 의료관리의 압박에 책임이 있다.

임상심리학자들은 의료관리가 지불하는 서비스에 더 잘 맞도록, 때로는 변화를 해 가면서 계속 적응해 나갈 것이다. 이러한 적응력은 당연하지만, 이는 심리학자들이 무조건 의료관리 직원이 임상실무에 관한 의사결정을 하도록 허용하는 것이 된다면 문제가 될 수 있다. 최고의 수련과 전문성을 가진 임상가들은 무엇이 가장 효과적이고, 무엇이 보상받아야 하는지에 관한 경험적 증거를 제공하는 위치에 있어야 한다.

임상심리학자의 처방권

건강관리 환경의 마지막 측면은 임상심리학자가 약물을 처방할 수 있도록 하는 움직임이다. 2002년 뉴멕시코 주는 처음으로 특별한 수련을 받은 면허를 가진 임상심리학자가 항정신성 약물을 처방할 수 있는 법안을 통과시켰다. 2004년 루이지애나 주가 뒤따랐고, 다른 주들도 고려 중이다. 많은 사람이 이러한 추세가 계속될 것이라고 생각하는 몇 가지 이유가 있다. 그중 하나는 TV나 전단지 등의 광고매체를 통해 심리적 문제의 약물치료에 대한 대중의 승인이 증가했다는 것이다. 또 다른 이유는 임상심리학자들이 특정 약물을 복용하는 사람들을 집중적으로 다루기 때문이다. 그 결과로 이들 심리학자는 종종 내담자를 의뢰하는 일반 의사들만큼—더 아는 것은 아니지만—은 약물의 효과에 대한 지식이 있다. 또한 심리학자들은 내담자를 규칙적으로 만나고, 따라서 약물의 효과를 관찰할 수 있는 더 나은 위치에 있기 때문에 처방권이 당연하기도 하다. 처방특권에 반대하는 논쟁 또한 있다. 15장에서 그 장점과 단점을 논의할 것이다.

이 절의 요약 임상심리학은 과학과 실무를 통합하지만, 이 둘의 적절한 혼합은 임상심리학에서 증거기반 실무의 성장을 확립할 필요성을 더 강화시킨 논쟁거리다. 그 필요성은 전문 영역 내부와 임상 서비스에 대한 보조금을 지불하는 외부 조직 모두에서 비롯된다. 전문 영역 내부의 변화와 보다 넓은 사회의 변화에 비추어, 임상심리학자들은 수련 모델, 특히 PhD나 PsyD 학위로 이어지는 주요 모델을 지속적으로 검증해야 한다. 임상심리학자들은 또한 심리치료와 평가에 대한 다양한 접근을 통합하고 결합하는 방법에 대해 심사숙고해야 한다. 서로 다른 접근의 지지자들 사이의 영역다툼이 전문 분야에 이득이 되지 않는다는 것은 명백해졌다. 의료관리 조직은 임상실무에 영향을 주었고, 앞으로도 계속 영향을 줄 것이다. 문화적 · 법적 요인들은 이 임상심리학 분야에 영향을 준다. 전형적인 예는 법률이 요구하는 정신건강 참여자로서의 운명과 임상가의 처방특권에 대한 허가 등이다.

이 장의 요약

임상심리학은 심리학의 가장 큰 분야 중 하나다. 연구, 교육, 기타 서비스의 제공은 부적응과 장애를 이해하고 예측하고 완화하기 위해 고안되었다. 자격을 갖춘 임상심리학자가 되기 위해서는 특정한 교육적 · 법적 · 개인적 자질을 가지고 있어야 한다. 주요 정신건강 전문 분야 중 하나로서 임상심리학은 다른 전문 분야와 임상적 태도—일반적으로 개인을 평가하고, 이해하고, 돕기 위해 인간 행동에 대한 연구 결과를 사용하는 경향—로 구분된다. 임상가는 모든 연령층의 내담자를 다루고, 불안, 우울, 정신증에서 직업적 스트레스까지, 정신지체, 학업곤란 등의 광범위한 행동문제에 초점을 맞춘다. 이 분야는 또한 경험적 연구의 강조, 수련과 실무의 다양성으로 차별화된다.

다양성은 임상가가 자신의 시간을 여섯 가지 주요 기능—평가, 치료, 연구, 교육, 자문, 관리—에 분배하는 방식에서도 찾아볼 수 있다. 정신건강 관리를 필요로 하는 인구의 다양성의 증가도 찾아볼 수 있다. 임상심리학자는 대학교의 심리학과와 병원에서부터 지역사회 정신건강센터와 교도소에 이르기까지 다양한 배경에서 근무하고 있다. 상당수의 심리학자들은 개업을 한다.

임상심리학은 많은 도전에 직면하고 있다. 여전히 심리적 문제를 가진 대부분의 사람이 치료를 받지 않고 있다. 임상심리학을 형성하는 다른 요인에는 과학과 실무를 어떻게 통합해야 하는가, 새로운 심리학자들이 어떻게 수련을 받아야 하는가, 다양한 이론적 접근들을 어떻게 절충할 수 있을까, 현재(그리고 미래)에 건강관리체계는 임상심리학의 실무에 어떻게 영향을 미칠 것인가 등에 관한 의사결정이 포함된다.

연구문제

1. 임상심리학자에게 요구되는 자격증 또는 면허증은 무엇인가?
2. 임상심리학을 배우고자 하는 학생들이 취득할 수 있는 학위는 무엇인가?
3. 좋은 임상심리학자에게 필요한 개인적 · 윤리적 요건은 무엇인가?
4. 임상심리학자는 상담심리학자, 학교심리학자, 정신과 의사, 사회복지사, 그 외 정신보건 전문가와 어떤 유사점과 차이점이 있는가?
5. 임상심리학에 대한 대중매체의 묘사는 얼마나 정확한가?
6. 임상심리학자가 가장 많은 시간을 할애하는 일은 무엇인가?
7. 활동 영역에 따라 임상심리학자가 자신의 시간을 활용하는 방식은 어떻게 다른가?
8. 임상심리학자의 급여 범위는 어떠한가?
9. 과학과 실무의 균형에 대한 서로 다른 의견은 심리학자들이 작업하는 방식에 어떻게 영향을 미쳤는가? 또한 대학원들은 어떻게 교육하는가?
10. 정신병리와 치료에 대한 절충적 접근이란 무엇인가?
11. 다양한 이론적 접근은 어떻게 통합할 수 있는가?
12. 문화적 다양성은 심리치료에 어떻게 영향을 미치는가?
13. 의료관리가 임상심리학 연구, 수련, 실무에 어떻게 영향을 미치는가?
14. 정신건강 동등성이란 무엇인가?

15. 임상심리학자가 특정 종류의 약물을 처방할 수 있도록 특별한 수련을 받아야만 하는가?

웹사이트

- American Psychological Association (APA): http://www.apa.org
- Division 12 of the APA, the Society for Clinical Psychology: http://www.apa.org/divisions/div12/homepage.html
- Division 16 of the APA, School Psychology: http://www.apa.org/about/division/div16.html
- Association for Psychological Science: http://psychologicalscience.org
- Division 17 of the APA, the Society for Counseling Psychology: http://www.apa.org/about/divison/div17.html
- American Psychiatric Association: http://www.psych.org
- National Association of Social Workers: http://www.socialworkers.org
- American Psychiatric Nurses Association: http://www.apna.org

CHAPTER 02

{임상심리학의 과거와 현재}

Clinical Psychology

이 장의 미리보기

이 장에서는 전문 분야로서의 임상심리학을 탄생시킨 사건들에 대해 설명한다. 20세기 초반 50여 년 동안 임상심리학은 느리지만 꾸준하게 성장해 왔고, 그 뒤를 이어 관련된 주요 접근법들의 폭발적인 성장이 있었다. 성격에 대한 정신역동적, 인본주의적, 행동주의적, 인지주의적, 체계적 그리고 생물학적 접근법에 대한 지식을 이미 가지고 있다면 아마 이 장의 일부 내용은 친숙할 것이다. 그러나 이 장에서는 단지 이론들을 요약하는 것을 넘어 이러한 접근법들이 어떻게 임상심리학이 되었는지를 살펴본다. 또한 다양한 접근법이 개별 사례에 어떻게 적용되는지를 살펴본다(이어지는 장들에서 이러한 접근법을 채택한 임상가들이 사용하는 구체적인 평가와 치료 전략을 자세히 검토할 것이다). 마지막으로 임상심리학 역사에서 널리 유행되어 왔고 오늘날에도 지속적으로 영향을 미치고 있는 세부 주제들을 기술한다.

제2차 세계대전 이후에 미국에서 태어난 사람들은 임상심리학 분야가 그전부터 항상 있었던 것으로 인식할지도 모른다. 그러나 임상심리학은 20세기 초까지 하나의 학문 분야로 출현하지 않았고, 제2차 세계대전이 끝난 이후에 급속하게 발전하기 시작했다. 이 시작과 현재 사이에 임상심리학 분야는 괄목할 만한 변화가 있었으며(Benjamin, 2005; Resnick, 1997; Routh, 1994; Taylor, 2000), 임상심리학은 엄청난 투쟁의 산물이다.

임상심리학의 기원

이 절의 미리보기

사회적이고 역사적인 세 가지 요인이 임상심리학의 기본 토대가 되어 지속적으로 영향을 미치고 있다. 그 세 가지 요인은 ⓐ 과학적 연구방법의 사용－경험적 전통, ⓑ 개인차의 측정－심리측정적 전통, ⓒ 행동장애의 분류와 치료－임상적 전통이다.

임상심리학의 기원은 심리학 분야가 생기기 전의 철학, 의학 그리고 몇몇 자연과학의 발달로 거슬러 올라간다. 이러한 기원들 중 몇몇은 초기 형태지만 임상심리학의 분야를 수렴하고 창출하는 데 기여했기 때문에 특히 중요하다.

경험적 전통

역사가들은 현대 심리학의 시작을 전형적으로 분트(Wilhelm Wundt)가 정신과정 연구에 초점을 맞추어 최초의 실험실을 독일 라이프치히에 세운 1879년으로 기록한다. 분트는 생물학, 물리학 또는 여타 과학들처럼 심리학이 경험적 연구방법을 적용하여 지식을 추구해야 한다고 주장했다. 분트와 그를 따르는 동료들은 과학의 가장 강력한 두 가지 도구—관찰과 실험—를 이용하여 인간 행동을 연구하기로 결심했다.

분트의 실험실 설립이 이 새로운 학문의 유일한 출발점은 아니었다. 다른 사람들은 본질적으로 심리학적인 문제에 대해 생리학과 의학 분야에서 연구를 하고 있었다. 예를 들어, 뮐러(Johannes Müller)와 그의 학생인 헬름홀츠(Herman Helmholtz)는 시각과 청각의 신경학적 경로를 탐색하고 발견했다. 베버(Ernst Weber)와 페히너(Gustav Fechner)는 자극(예, 무게, 밝기)이 변화함에 따라 사람들의 지각경험이 수학적으로 예측 가능한 방식으로 변화한다는 것을 보여 주었는데, 이는 정신과 신체가 기본적으로 연결되어 있음을 시사하는 것이다(Hunt, 1993). 그럼에도 불구하고 분트 실험실의 출현이 과학으로서의 심리학을 분명하게 보여 주기 때문에, 그리고 유럽과 미국의 대학에서 심리학 프로그램을 설립한 많은 학생을 수련시켰기 때문에 분트는 심리학의 설립자로 평가된다.

분트의 제자 중 위트머(Lightner Witmer)는 미국인이었는데, 1888년 펜실베이니아 대학을 졸업한 후 라이프치히 대학에서 분트의 지도로 박사학위를 취득하였다. 1892년 박사과정을 마친 후 위트머는 펜실베이니아 대학 심리학연구소의 책임자로 임명되었다. 1896년 3월 맥과이어(Margaret Maguire)라는 교사가 위트머에게 자신의 학생 중 '고질적으로 철자법이 서툰 학생' 인 찰스 길먼(Charles Gilman)을 도와달라고 부탁했다. 위트머가 '그 사례를 맡음' 으로써 최초의 임상심리학자가 되었고, 동시에 세계 최초의 심리치료소 사업이 시작되었다(Benjamin, 2005; Routh, 1994).

위트머의 접근법은 찰스의 문제를 평가하고 적절한 치료적 절차를 마련하는 것이었다. 위트머는 평가를 통해 찰스가 읽기문제와 기억문제뿐 아니라 시각적 손상을 가지고 있다는 것을 알아냈고, 이를 '시각적인 언어적 기억상실' 이라고 이름 붙였다. 오늘날이라면 이러한 장애는 아마 읽기장애로 진단될 것이다. 위트머는 처음에 철자를 쓰지 않고 단어를 인식하도록 집중적으로 지도하라고 조언했다. 이러한 절차는 찰스가 글을 정상적으로 읽는 데 성공하게 해 주었다(McReynolds, 1987).

1900년 즈음 진료소에서 치료를 받는 아동이 하루 3명에서 11명까지 늘어났다. 1907년 위트머는 지체아동을 훈련시키기 위한 기숙학교를 세웠다. 같은 해에 그는 최초의 임상저널인 『The Psychological Clinic』을 만들고 편집 책임을 맡았으며, 간단하게 '임상심리학' 이라고 제목을 붙인 선구적인 논문을 기고하였다. 1909년까지 그는 자신의 진료소에서 450명이 넘는 사례를 보았다. 위트머의 영향 아래 펜실베이니아 대학은 1904~1905년 학기 동안의 임상심리학 정규강좌를 제공하기 시작했다. 임상심리학이 시작된 것이다.

그러나 이러한 새로운 시도에 대한 초기의 인식은 열광적이지 않았다. 1896년 미국심리학회(APA) 4주년 모임에서 위트머는 자신이 하고 있는 새로운 유형의 심리학에 대해 설명했다. 그의 친구인 콜린스(Joseph Collins)가 그 장면을 다음과 같이 전하였다.

> (위트머는) 많은 사람을 개인 단위로 연구한 결과에서 임상심리학이 나왔으며, 정신 능력과 결함을 식별하는 분석방법과 분석 결과의 일반화를 통해 관찰된 행동에 대한 규칙적인

Lightner Witmer(1867~1956)

분류가 개발된다고 하였다. 그는 『Psychological Clinic』이 사회적 · 공공적 사업, 연구, 그리고 직업, 교육, 교정, 위생, 산업, 사회 장면에서의 지도를 포함하는 심리학도 교육 등을 위한 제도라고 주장하였다. 원로 회원들이 눈살을 찌푸린 것이 그의 연설에 대한 청중들의 유일한 반응이었다(Brotemarkle, 1947, p. 63에서 인용).

이러한 냉담한 반응은 당시에 퍼져 있던 다음과 같은 네 가지 요인을 고려한다면 이해할 만하다. 첫째, 대부분의 심리학자는 자신을 과학자로 생각했고 아마도 위트머가 묘사한 역할에 자신들이 적절하지 않다고 여겼을 것이다. 최초의 임상가들은 실험실에서 과학자로서 수련을 받았고, 따라서 임상적 문제를 과학적 용어로 생각하고 실험연구 방법을 사용하여 다루려 했다. 둘째, 그의 제안이 존중할 만하다고 생각했더라도 그가 제안한 기능을 수행하기 위한 경험이나 수련으로 준비된 심리학자들은 거의 없었다. 셋째, 아직 미약하게 생각되는 응용 분야로 자신의 전문성을 추락시킴으로써 과학자로서의 정체성을 위태롭게 하려 하지 않았다. 넷째, 널리 퍼져 있던 회의적이고 보수적인 태도 외에도 위트머는 안타깝게도 동료들로부터 적대감을 불러일으키는 재주를 가지고 있었다(Reisman, 1976, p. 46). 위트머의 연설에 대한 반응은 과학으로서의 심리학과 응용 전문직으로서의 심리학 사이에 일어날 갈등에 대한 첫 번째 단서를 제공했다. 그 갈등은 오늘날까지 남아 있다.

비록 위트머가 모든 면에서 동일하게 영향을 미치지는 못했지만, 그의 새로운 진료소의 일부 측면들은 그 이후 한동안 임상활동의 특징이 되었다.

① 위트머가 아동심리학 강의를 했고, 그의 최초의 논문들이 『소아과학(Pediatrics)』 저널에서 출판되었다. 그의 논문을 본 학생들을 걱정하는 교사들의 관심을 끌었기 때

문에 그를 찾은 내담자 대부분은 정상발달 아동이었다.

② 그는 내담자를 위한 조언을 하기 전에 진단평가를 실시하였다.

③ 그는 단독으로 일한 것이 아니라 사례에 대해 자문하고 협력하는 다양한 전문가팀과 함께 일하였다.

④ 그는 조기 진단과 치료를 통해 앞으로 일어날 문제를 예방하는 것을 강조했다.

⑤ 그는 임상심리학이 전체적으로 과학적 심리학 안에서 발견된 원리를 기반으로 해야 한다고 강조하였다.

특히 임상활동이 탄탄한 과학적 근거를 기반으로 해야 한다는 마지막 측면은 임상심리학의 핵심으로 남아 있다. 이는 일찍이 독일의 분트가 천명한 이래 유럽과 북미의 수많은 심리학자에 의해 옹호된 경험적 전통에서 유래한 것이다. 비록 무엇이 최선의 과학적 근거인가에 관한 뜨거운 논쟁이 남아 있기는 하지만(이 주제에 대해서는 다른 장에서 살펴볼 것이다), 책임감 있는 임상가는 임상심리학의 활동이 타당한 연구를 기반으로 해야 한다는 것을 부정하지 않는다. 위트머의 선례에 이어, 경험적으로 수련받은 심리학자들은 실험실 바깥의 문제에 자신들의 지식을 적용하게 되었다. 그러나 초기의 임상심리학자들은 위트머처럼 실험실 과학과 강하게 결부되어 있었다. 그러므로 임상심리학의 초기 역사는 일반 심리학의 초기 역사처럼 대체로 실험심리학의 일부다[Boring, 1950); 〈표 2-1〉 참조].

위트머는 임상심리학을 출범시켰으나 이끌지는 않았다. 후에 임상심리학 영역의 중심이 되는 발달들을 무시했기 때문에 그는 영향력을 크게 잃었다. 예를 들어, 위트머는 심리검사를 사용했지만 새로운 지능검사의 발달은 대체로 무시했다. 20세기 초반의 50년 동안 다른 어떤 활동보다 지능검사가 응용심리학의 특징이 되었기 때문에 이러한 결정

〈표 2-1〉 임상심리학의 경험적 전통의 역사적 사건

시기	주요 인물	기여
중세~1800년대	Müller, Helmholtz, Weber, Fechner	감각 식별과 지각에 대한 연구, 신경충격의 탐색과 측정, 정신사건에 대한 물리적 과정 측면에서의 설명
1879년	Wundt	특별히 정신과정을 연구하기 위한 최초의 실험실 설립, 유럽과 미국의 대학에서 심리학 프로그램을 설립한 많은 학생을 수련시킴
1896~1900년	Witmer	분트의 학생, 최초의 심리진료소를 설립하고 심리학적 진료에 관한 최초의 저널 발행, 미국 임상심리학의 효시

은 대가가 컸다(Benjamin, 2005). 그는 또한 후에 임상심리학 영역의 대부분을 차지하게 되며, 사실상 대중에게 심리학을 정의하게 된 초기 형태의 성인 심리치료—당시에는 심리치료학이라는 용어가 사용되었다—를 무시했다. 물론 위트머는 여전히 활발하게 활동하였지만 임상심리학보다는 학교심리학, 진로상담, 언어치료, 교정적 교육 등과 보다 밀접한 관련이 있는 기능과 내담자를 대상으로 활동하였다(Fagan, 1996).

이처럼 임상심리학의 발전과 보조를 맞추지 못했기 때문에 위트머를 진정한 임상심리학 설립자로 생각해야 하는지에 대한 의문이 있다(Taylor, 2000). 예를 들어, 카텔(Raymond Cattell, 1984)은 "공립학교 교사에 의한, 만성적으로 철자에 서툰 학생 사례에 대한 도전"을 임상심리학의 기원으로 고려할 만큼 중대한 것으로 생각해야 하는가에 대해 의문을 제기했다(p. 3). 그러나 그 시점까지 심리학은 단지 인간의 행동만을 연구해 왔고, 개인으로서 고려하지 않았다는 것을 기억해야 한다. 위트머의 판단은 마치 현대 천문학자가 달까지 가는 경로를 수정하여 '최적의' 궤도를 알아낸 것처럼 특별한 것이었다. 심리학은 "인류가 당면해 있는 문제들을 해결하는 실마리를 제공해야" 한다(Witmer, 1987, p. 116)는 그의 확신과 경험적 연구에 대한 관심, 심리학적 치료에 대한 주장, 임상심리학자들은 강도 높은 과학적 수련을 받아야 한다는 주장 등은 그때나 지금이나 이 영역을 정의하는 데 도움이 된다. 요약하면, 위트머의 기여는 의미가 있지만 이후에 임상심리학이 경험한 다양성과 성장을 설명하지는 못한다. 이를 위해서는 다른 근원들을 살펴봐야만 한다.

심리측정적 전통

임상심리학 발달의 두 번째 근원은 사람들의 신체적·정신적 능력을 측정하는 활동이다. 임상심리학은 개인을 다루기 때문에 사람들 간의 차이를 구분하고 체계적으로 측정하기 전까지는 하나의 지식 분야가 될 수 없었다.

개인차 측정의 중요성은 여러 세기 동안 인식되어 왔다. 『국가론(Republic)』에서 플라톤은 유능한 군인을 선발하기 위해 입대하기 전에 군사적 능력을 시험해야 한다고 주장했다. 16세기에 피타고라스는 얼굴의 특징, 지능, 정서 등을 바탕으로 회원을 선발하였고, 4,000년 전 중국에서는 유능한 정부관리를 채용하기 전에 개인의 능력을 시험하였다(DuBois, 1970; McReynolds, 1975).

놀랍게도, 개인차에 대한 과학적 측정법의 가장 초기 발달들은 천문학과 해부학 분야에서 출현했다. 천문학 이야기는 매스켈린(Nevil Maskelyne)이 영국 왕립 그리니치 천문대의 천문학자였던 1796년에 있었던 일이다. 그는 매달 다양한 별과 행성이 특정 지점을 지나가는 시간을 기록하였다. 그의 조수인 키네브룩(David Kinnebrook)도 함께 기록하였는데, 키네브룩의 기록은 매스켈린의 기록과 일관되게 0.5~0.8초 정도 차이가 났다. 매스켈린은 자신의 기록이 정확하고 키네브룩이 틀렸다고 생각했고, 결국 키네브룩은 직장을 잃었다.

이 사건은 독일 쾨니히스베르크 대학 천문대의 천문학자인 베젤(F. W. Bessel)의 주의를 끌었다. 베젤은 키네브룩의 '오류'가 관찰자의 다양한 특성을 반영하는 것은 아닌지 의문을 가졌다. 그 후 몇 년 동안 그는 자신의 관찰과 경험 많은 다른 천문학자들의 관찰을 비교했다. 베젤은 비교하는 사람에 따라 일정하게 차이가 있다는 것을 발견했다. 개인 특성에 따라 측정치를 교정하는 것이 가능했기 때문에 각 관찰자와 연관된 차이는 '개인 오차'라고 알려지게 되었다. 베젤의 연구는 나중에 심리학자들의 반응시간에서의 속도와 개인차에 대한 연구로 이어졌다.

개인차에 대한 관심의 두 번째 출처는 19세기 초 독일 해부학자 골(Franz Gall)과 그의 제자인 스푸르자임(Johann Spurzheim)에게서 유래했다. 골은 학교 친구들의 정신능력적 특징과 그들의 머리 모양 간의 관계를 발견했다고 생각했다. 이러한 생각은 후에 그가 ① 두뇌의 각 영역이 각각 다른 능력이나 기능(예, 자존감, 언어, 존경심)과 연관된다, ② 이러한 각각의 영역이 더 발달하면 그러한 능력이나 기능이 행동으로 더욱 뚜렷하게 나타난다, ③ 각 능력의 과대 발달 또는 과소 발달은 두개골의 융기나 함몰과 일치되게 반영된다 등과 같은 주장을 바탕으로 한 유사과학인 골상학을 지지하도록 이끌었다([그림 2-1] 참조). 골은 유럽을 여행하면서 사람들의 머리의 요철을 측정했다. 그는 행동 특성이 확실한 죄수와 정신과 환자들부터 시작했다—그는 '욕심' 요철이 소매치기들에게서 특히 강할 것이라고 생각했다—후에 스푸르자임의 영향으로 두뇌의 37개 '능력' 혹은 '기관'의 지도가 그려졌고, 골상학적 측정은 점차 고상한 사회의 한 부분이 되었다. 실제로 많은 사람이 '자신의 머리를 측정'하는 데 비용을 지불하고 소위 자신의 정신구조를 묘사하는 프로파일을 받았다.

두뇌가 행동을 통제하는 데 중요한 역할을 하고 두뇌의 일부 영역이 시각, 운동, 언어 등과 같은 특정 기능과 관련이 있긴 하지만, 골의 구체적인 주장은 그 시대의 과학자들에게서조차 극단적으로 잘못된 것으로 인식되었다. 사람들의 신체적 특징과 정신 혹은 행동 특성을 관련지으려는 또 다른 노력은 19세기 후반 이탈리아 정신과 의사인 롬브로소(Cesare Lombroso)의 연구에서 나타났는데, 그의 안면형태학적 이론은 얼굴 형태와 성격 간의 관계에 관한 것이었다(Pettijohn, 1991).

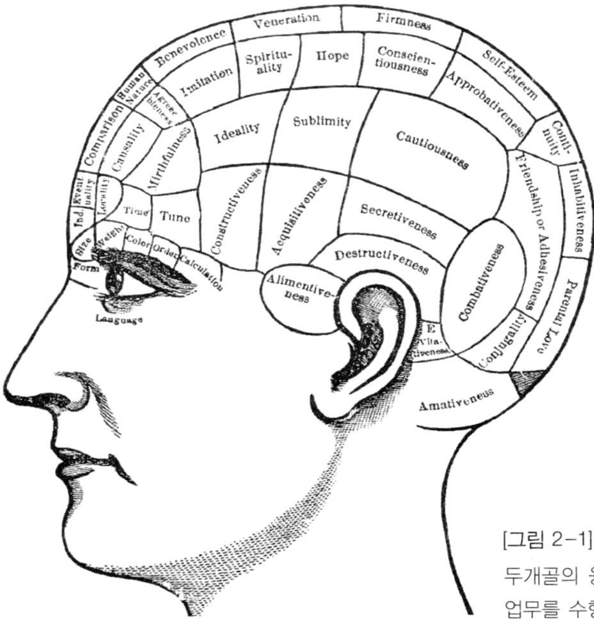

[그림 2-1] 심리측정의 초기 형태인 골상학
두개골의 융기 또는 형태를 측정하여 성격을 평가하는 업무를 수행하였다.

개인차에 대한 관심의 세 번째 출처는 1859년에 출판된 다윈(Charles Darwin)의 기념비적인 연구인 『종의 기원(Origin of Species)』이다. 이 책에서 다윈은 두 가지 중요한 개념을 주장했다. ① 개인적인 특징의 변이는 종 내에서 그리고 종들 간에 일어난다(인간을 포함하여). ② 자연선택은 이러한 특징을 바탕으로 발생한다. 다윈의 사촌인 골턴(Francis Galton) 경은 이러한 개념에 대단히 흥미를 느껴 다윈의 개념을 개인차—특히 정신능력—의 유전에 적용하였다.

예를 들어, 골턴(Golten, 1883)은 물체의 무게 차이와 뜨거움, 차가움, 고통의 강도 차이를 구별할 수 있는 능력의 개인차를 바탕으로 높은 지능과 낮은 지능을 구분하려고 했다. 그는 정신적 심상이 생생한 정도에 대한 개인차를 측정하고자 했고, 이를 목적으로 질문들을 개발하였다. 골턴의 관심은 또한 연상과정으로 확장되었다. 그래서 그는 이러한 현상을 설명하기 위한 단어연상검사를 개발했다. 결국 골턴은 누구나 적은 비용으로 종합검사를 받고 결과를 받을 수 있는 연구소를 런던에 세웠다. 세계 최초의 정신검사센터인 이 기관은 1884년 국제전람회(초기 만국박람회)에서 건강전시관에 참여하였다. 골턴의 연구는 심리학의 공식적인 설립보다 거의 20년 전에 시작되었지만, 1880년대 후반까지 심리학자들 역시 정신기능에서의 개인차 측정에 흥미가 있었다. 임상평가에서 궁극적으로 사용되는 방법들은 신체적 차원의 측정이 아니라 표준자극 세트에 반응하는 대규모 집단 사람들의 행동표집들을 체계적으로 측정한 결과들이다. 이러한 행동표집 절차를 '정신검사'라 부르게 되었다.

정신검사 운동에서 중요한 인물은 프랑스 법률가이자 과학자이며, 분트의 제자였던 비네(Alfred Binet)다. 보니(Henri Beaunis)와 함께 비네는 1895년에 최초의 프랑스 심리학 연구소를 설립했다. 그리고 정상아동과 '결함이 있는' 아동의 복잡한 정신능력 측정방법을 개발하기 시작했다. 검사에 대한 그의 열정은 만약 지체아동들(1838년에서야 진단 그룹으로 구분된)을 확인하고 특별한 교육적 관심을 기울일 수 있다면 도움이 될 수 있을 것이라는 인식에서 나왔다. 1896년 비네와 그의 동료인 앙리(Victor Henri)는 공간판단, 운동기술, 근육활동, 기억 등과 같은 '단순한 부분적 과정' 뿐 아니라 이해력, 집중력, 피암시성, 심미적 평가, 도덕 가치 등을 측정하는 종합검사를 만들었다.

비네의 새로운 지능검사인 비네-시몽 검사(Binet-Simon scale)가 미국에 소개되었다. 비네의 초기 검사들처럼 이 도구도 복잡한 정신과정을 측정하기 위해 만들었지만, 위트머가 우려한 것처럼 고정된 정신구조를 측정하는 것은 아니었다. 전반적인 지능에 대한 객관적인 측정치를 제공하는 것은 아니라고 비네가 경고했음에도 이 검사는 폭넓은 관심을 받았다. 뉴저지 주 소재 바인랜드 훈련소(Vineland Training School)의 고다드(Henry H. Goddard)는 1908년 유럽에서 비네-시몽 검사에 대한 소식을 듣고 이 검사를 자신이 2년 전에 세운 진료소의 '정신박약' 아동의 지능을 평가하기 위해 미국으로 가져왔다. 미국에서 비네-시몽 검사의 고다드 번역판과 터먼(Lewis Terman)의 1916년 개정판(스탠퍼드-비네로 알려진)은 빠르게 인기를 얻었고, 위트머가 사용하고 있던 검사를 포함한 모든 다른 지능검사들을 무색하게 만들었다. 비네 검사는 1910년까지 제대로 정립되어 있지 않았던 임상심리학자의 평가기능에 관심을 집중시켰다. 미국 전역에서 새로운 대학의 심리학 진료소(1914년까지 20개 이상)와 연구소가 비네의 접근법을 적용하기 시작한 반면 위트머의 '구식' 방법은 경시하게 되었다.

일반적으로 새로운 심리학적 과학으로 통합된 개인적 정신측정을 했다고 인정되는 사람은 1886년 라이프치히 대학의 분트 연구소에서 박사과정을 마친 미국인 카텔(James McKeen Cattell)이다. 카텔은 사람을 선발하고 진단하는 데 있어서 검사의 임상적 사용의 진가를 알아본 최초의 심리학자다. 분트 연구소에서의 경험은 카텔에게 "심리학은 실험과 측정을 기반으로 하지 않으면 물리학의 확실성과 정밀성을 얻을 수 없다."는 것을 가르쳐 주었다(Dennis, 1948, p. 347). 결과적으로 그의 첫 번째 과제는 개인차에 흥미를 가진 연구자들이 사용하는 표준화된 정신종합검사를 구성하는 것이었다. 그는 정신능력의 지표로서 감각운동 기능을 사용하는 당시의 일반적인 경향을 반영하는 검사 10개를 선택하고 다양한 조건에서 사람들의 수행을 검사했다. 또한 그는 사람들의 꿈, 질병, 선호, 오락활동, 미래 계획 등에 대한 덜 체계적인 정보도 수집하였다(Shaffer & Lazarus, 1952).

감각운동 정신검사는 위스콘신, 클라크, 예일 등을 포함한 여러 대학에서 채택되었지만 다른 정신능력 규준과의 상관관계가 낮아 비판도 받았다(Reisman, 1976). 그러나 이즈음 검사에 대한 대안적 접근이 여러 방면에서 나타나기 시작했다. 1891년 독일 프라이부르크 대학의 심리학자였고 후에 하버드 대학으로 온 뮌스터베르크(Hugo Munsterberg)는 아동의 정신능력을 평가하는 14개의 검사를 구성했다. 이 검사들은 골턴-카텔의 과제를 넘어서는 읽기, 대상 분류, 수학적 조작 수행 등과 같이 보다 복잡한 기능을 측정하는 것이었다.

그리하여 1896년까지 심리학은 정신기능의 개인차를 측정하는 데 참여하게 되었고, ① 유전된, 상대적으로 변하지 않는 정신구조를 평가하는 목적의 골턴-카텔 감각운동 검사, ② 어느 정도 학습이 가능한 복잡한 정신기능을 강조하는 비네 검사와 기타 도구의 두 가지 중복된 접근이 주관하였다. 전자가 위트머에게 영향을 미쳤고 최초의 심리학 치료소의 출현에 도움을 주었기 때문에, 그리고 후자는 이 새로운 분야에 최초로 명료한 정체성을 제공한 정신검사를 제공하였기 때문에 각각의 접근은 임상심리학의 발달에 있어 중요하다.

또한 검사와 측정은 정신병원에 채용된 심리학자에 의해서도 수행되었다. 초기 심리학자들은 정신장애가 있는 환자와 정상인의 정신능력을 비교하는 연구를 1890년경에 이미 수행했다. 임상가들은 뇌손상과 기타 장애를 가진 환자에 대한 정신과 의사의 진단과 치료계획을 돕기 시작했다. 실제로 1907년 이후 일부 병원에서는 정신과 환자에 대해 심리검사가 통상적으로 실시되었다. 유사하게 교도소의 직원을 도와 정신장애가 있는 범죄자를 구분하거나 재활 프로그램을 계획하는 데 심리검사가 실시되었다. 정신병원에서 일하는 심리학자에게 유용한 검사는 기본적으로 정신능력검사인 지능검사였다. 성격과 정신병리에 대한 심리검사가 개발되고 널리 사용되기 시작한 것은 그로부터 여러 해가 지난 후의 일이다(Benjamin, 2005).

정신병원에서 임상심리학자들을 고용한 것은 두 가지 중요한 영향을 미쳤다. 첫째, 심리적 문제를 가진 사람들의 평가에서 영향력을 넓혔다. 이러한 영향력은 심리검사가 개발되고 효율적으로 사용됨에 따라 더욱 증가되었다. 둘째, 심리학자와 정신과 의사 간의 상호관계를 향상시켰다. 의학적 전문성을 지닌 임상가로서 심리학자들은 정신질환, 특히 중증 환자들에 대한 분류와 치료를 수년 동안 시도해 왔다. 비정상적인 정신상태에 대한 분

〈표 2-2〉 임상심리학의 심리측정적 전통의 역사적 사건

시기	주요 인물	기여
1700년대 후반~ 1880년대	Bessell, Gall, Galton	관찰기록에서의 개인차를 발견, 성격과 정신기능을 평가하기 위해 물리적 · 생리적 반응 측정
1896년	Binet	아동의 정신과정을 평가하기 위한 종합검사 개발. 규준을 만들기 위해 대규모 사람들에게 검사 실시
1890년대~ 1900년대 초반	Goddard, Terman, Cattell	미국에서 비네 유형의 검사들의 대중화에 도움, 미국에 측정을 강조하는 심리학 연구소 설립

류, 평가, 치료에 대한 공통적인 관심으로 정신과 의사와 심리학자들은 서로 영향을 주었다. 이러한 상호교류는 임상심리학을 낳은 세 번째 전통인 임상적 전통에 기여하였다.

임상적 전통

역사가 기록된 이래 사람들은 기괴하거나 명백하게 비이성적인 행동을 설명하기 위해 애를 써 왔다. 혼란된 행동에 대한 가장 초기의 설명은 마술적인 힘과 초자연적인 존재가 관여한다는 것이었다. '미친' 행동을 하는 사람들은 악마나 영혼에 사로잡힌 것으로 생각되었고, 다양한 형태의 퇴마의식(악한 영혼이 빠져나가게 하기 위해 두개골을 톱으로 수술하거나 구멍을 뚫는 것 등을 포함한)으로 치료했다. 히포크라테스 이전의 그리스에서 이러한 사상은 변형된 형태로 나타났다. 혼란된 행동은 하나 혹은 그 이상의 신들이 관여한 것이다. 초기 유일신 문화에서도 신은 문제행동의 가능한 원인으로 생각되었다. 예를 들어, 구약성경에는 "여호와께서 또 너를 미침과 눈멂과 경심증으로 치시리니"(신명기 28:28)와 같은 구절이 있다. 행동장애에 대한 초자연적인 접근이 널리 퍼진 경우, 행동장애를 설명하고 다루는 데 있어 철학과 종교가 우세했다. (비록 오늘날 서양문화에서는 두드러지지는 않지만, 이러한 초자연적—특히 유일신적—인 설명은 세계의 여러 문화와 북미의 일부 민족과 일부 종교 하위집단에서 영향력이 남아 있다.)

그리스 의학자 히포크라테스가 이러한 일탈이 자연적인 원인(natural causes)에서 유래한다고 주장한 B.C. 4세기경에도 행동장애에 대한 초자연적인 설명은 여전히 크게 영향을 미치고 있었다. 히포크라테스는 다른 행동들처럼 행동장애도 네 개의 체액 혹은 기질(혈액, 흑담즙, 황담즙, 담)의 분포에 따라 나타나는 것이라고 주장했다. 일반적으로 행동장애에 대한 최초의 의학 모델로 알려진 이 이론은 정신질환을 개념화하는 방안을 제공하였고, 치료에서 의학적 전문가의 참여를 정당화하였다. 히포크라테스 때부터 A.D.

476년 로마의 몰락기까지 의사들은 행동장애에 대한 신체적 또는 의학적 모델을 지지하고 강화하였다.

그러나 의학적 모델은 중세시대 동안 퇴보하였다. 유럽에서 교회가 사회적 · 법적으로 기본적인 시설이 되었고, 행동장애에 대한 악령학적 설명이 다시 두각을 나타냈으며, 성직자들이 일탈 사례를 다루는 책임을 다시 넘겨받았다. 전략적으로 많은 의사가 목사가 되었다. 교회는 그들을 사로잡고 있는 것으로 생각되는 영혼을 내쫓는 의식으로 '정신병자'를 치료하기 시작했다.

일탈된 개인에 대한 치료는 점차적으로 런던의 성 베들레헴 병원(St. Mary of Bethlehem, 1547년에 설립되었고 지역주민들에게 'bedlam'으로 불림)과 같이 새로 설립된 병원이나 정신병원에 감금하는 행태를 취하게 되었다. 이러한 병원 운동은 많은 생명을 구했지만 가치 있는 삶을 만들어 주지는 못했다. 18세기의 많은 학자가 정신병자들이 정신병으로 고통받고 있는 것(악령에 사로잡힌 것이 아니라)이라고 주장했지만, 이 문제에 대한 책임에서 물러난 의학 전문가들은 이를 치료하는 방법을 제공하지 못했다. 많은 사람이 여전히 그들이 악마에게 사로잡혔다고 믿고 있는 일반 대중으로부터 두려움과 오해의 대상이 되었던 정신병자들은 전반적으로 부당한 대우와 끔찍한 조건에서 살고 있는 죄수보다 나을 것이 없었다. 진보적인 의사들은 정신질환을 뇌손상의 결과나 히포크라테스로 돌아가서 혈액 과다의 결과로 보았다. 반면 덜 진보적인 의사들은 여전히 정신질환을 인격적 결함의 반영으로 보았다.

정신질환에 대한 이러한 개념의 변화는 18세기와 19세기 초 유럽과 북미의 개혁가들(Philippe Pinel, Benjamin Rush, William Tuke, Dorothea Dix 등)이 정신보호시설의 생활조건과 치료가 보다 인도적이 되도록 압력을 가하게 만들었다. 프랑스에서 피넬(Pinel)은 다음과 같은 언급으로 보다 인도적인 치료를 이끌었다. "이러한 정신질환은 단지 신선한 공기와 자유를 박탈했기 때문에 다루기 어렵다는 것이 나의 의견이다" (Ullmann & Krasner, 1975, p. 135).

미국과 영국에서 심각한 장애를 가진 환자에 대한 치료를 개선하기 위한 운동은 프랑스에서의 운동과 비슷하게 전개되었다. 종종 미국 정신의학의 아버지로 여기는(Schneck, 1975) 러시(Benjamin Rush)는 미국에서 정신과 환자들이 치료받는 보호시설을 변화시킨 중요한 인물이다. 영국에서는 튜크(William Tuke)가 비슷한 역할을 했다. 두 사람 모두 구속을 없애고 정신질환에 대해 과학적으로 공부하기를 원했고, 고통을 당하는 사람들이 존중받고 친절하게 대접받고 치료를 받을 가치가 있다고 주장했다.

그래서 정신장애 환자들을 단지 숨기는 것이 아니라 도울 수 있다는 새로운 가능성에 대한 인식과 함께 의사들이 그들을 도울 책임을 맡게 되었다. 정신장애의 치료에 대한 의사의 역할은 19세기 후반 한때 매독이 일종의 정신이상으로 알려졌던 퇴행성 뇌증후군인 진행성 마비의 원인인 것으로 밝혀지면서 더욱 공고해졌다.

정신질환의 기질적 원인에 대한 발견은 모든 행동장애의 원인이 기질적이라는 견해를 강화하였다. "뒤틀린 모듈 없이 뒤틀린 사고는 없다."(Abood, 1960)라고 표현할 수 있는 이러한 생각은 모든 유형의 정신질환에 대해 기질적 원인과 생리적 치료를 추구하는 정신의학 혁명의 촉매제가 되었다(Zilboorg & Henry, 1941).

정신질환 환자가 치료 가능한 질병으로 고통받고 있다는 신념은 특화된 정신병원의 발달을 이끌었다. 뉴잉글랜드의 교사인 딕스(D. L. Dix)는 이러한 발달의 핵심 인물이었다. 빈민구호소와 지역 교도소를 방문한 후에 그녀는 정신질환자를 위한 환경개선 캠페인을 벌이고, 대중정보 캠페인을 정착시키고, 입법집단에 로비를 하였다. 그리고 마침내 정신질환을 위한 30개 이상의 주립기관을 세우는 데 중추적인 역할을 하였다(Schneck, 1975). 한때 정신과 환자였던 비어스(Clifford Beers)는 후에 국립정신건강협회(National Association for Mental Health: NAMH)를 설립했다. 이 조직은 정신질환에 대한 치료를 향상시키고 심리적 장애를 예방하기 위해 힘썼다.

정신질환을 위해 새롭게 설립된 병원들의 관리자들—일반적으로 정신과 의사—은 미국정신이상기관의 의료관리자협회(Association of Medical Superintendents of American Institutions for the Insane)를 설립했다. 이들은 이 모임에서 정신질환의 원인과 치료에 대해 논의했다. 1892년 무렵까지 이 집단은 미국의료-심리학협회(American Medico-Psychological Association)로 알려졌고, 1991년에 오늘날의 미국정신의학회(American Psychiatric Association: APA)가 되었다. 정신의학의 발달은 이 기관의 발달과 함께했다.

이러한 발달 중에는 정신질환에 대한 분류의 시도가 있다. 이 분야의 선구자인 크레펠린(Emil Kraepelin)은 독일 정신과 의사로 40년이 넘게 정신장애에 대한 최초의 공식 분류에 관한 저술을 하고 개정을 하였다. 또한 크레펠린의 경력에는 최초의 주 정신위생 위원회 결성과정에 참여하고, 1877년 분트의 여름강좌(분트가 연구소를 설립하기 2년 전)에 참석하고, 살인재판에서 전문가 증언을 하고, 제2차 세계대전에서 병사들을 검사하고, 시(詩) 창작과 불교에 대해 공부하는 등의 활동이 포함된다(Carlson, 1981). 그러나 크레펠린의 주요 관심은 다양한 유형의 정신질환을 정교하게 분류하고 기술하는 것이었다. 크레펠린의 분류체계는 더 이상 사용되지 않지만, 그의 접근법—관찰 가능한 증상으로 정신질환을 분류—은 현재의 분류체계인 『정신장애의 진단 및 통계 편람(Diagnostic and Statistical Manual of Mental Disorders: DSM)』에도 여전히 남아있다.

역설적이게도, 정신질환을 질병으로 보는 혁명은 정신장애에는 심리적 원인도 있다는 생각을 이끌었다. 1800년대 중반 프랑스 의사인 샤르코(Jean-Martin Charcot)는 특정한 행동장애—특히 히스테리아(오늘날은 전환장애)를 완화할 수 있는 최면을 발견하였다. 피넬이 일했던 병원에서 진행되던 샤르코의 강연에는 많은 이가 참석했다. 정기적 참석자 중에는 비네, 윌리엄 제임스, 프로이트, 프랑스 신경학자 자네(Pierre Janet) 등이 있었다. 샤르코가 히스테리아에 대한 신경학적 퇴행에 기초한 설명을 선호한 반면, 자네는 심리학적 설명을 선호했다. 자네는 성격의 일부가 의식적 자기에게서 분열되거나 분리되어 마비와 같은 증상을 나타낸다고 믿었다. 그는 또한 분리된 측면은 종종 고통스러운 기억과 관련이 있다는 점에 주목했다. 그는 의사의 직분은 사람들이 자기의 분리된 측면을 깨닫도록 도와주는 것이고, 그러한 깨달음은 증상을 완화시킬 것이라고 생각했다.

자네의 견해는 1896년에 이미 행동장애가 기질적 문제의 결과가 아니라 본능(주로 성적인)을 충족시키려는 마음과 외부세계의 억압과 법칙으로 이를 방해하려는 마음 간의 역동적 갈등의 결과로 보는 이론의 첫 단계를 제안한 프로이트의 견해를 예기했다. 자네와 프로이트 중 누구의 업적이 최초인가에 대한 논란은 있지만, 프로이트가 이론의 대부분을 발달시켰다는 데에는 의심의 여지가 없다(Watson, 1978). 프로이트가 자네보다 더 많이 알려진 것은 이 때문이다.

프로이트의 이론에 대한 반응은 그다지 열광적이지 않았다. 유럽과 미국에서 임상심리학에 대한 그의 영향력은 처음에는 대단하지 않았다. 한 의사는 프로이트의 사상을 '과학적 동화' 라고 불렀다(Krafft-Ebing, Reisman, 1976, p. 41에서 인용). 그럼에도 불구하고 프로이트의 사상은 행동과 행동장애의 역동적 특징에 대한 종합적인 이론으로 성장

〈표 2-3〉 임상심리학의 임상적 전통의 역사적 사건

시기	주요 인물	기여
1880~1890년대	Kraepelin, Charcot, Janet, Hall	정신장애 분류, 비전형적인 신경학적 증상('해리') 환자들을 연구하고 치료, 건강하고 불건강한 정신의 일반적인 원리를 밝혀내기 위해 병리학의 사례연구를 사용
1890년	James	경험적 전통과 임상적 전통 모두에 참여하는 심리학자와 의사, 유럽의 심리학과 정신의학을 미국 대중에게 소개, 여전히 지금까지 쓰인 심리학 책 중에서 가장 영향력 있는 것으로 생각되는 『심리학의 원리(The Principles of Psychology』 저술
1895~1939	Freud	수많은 저술로 성격과 심리치료의 정신분석적 관점을 발전시킴, 20세기 초 50년 동안 미국의 정신의학과 임상심리학을 지배

했다. 그리고 궁극적으로 임상심리학을 포함한 정신건강 전문가의 전체적인 과정을 재전환시켰다. 그러나 프로이트의 사상이 소개되고 궁극적으로 임상실무에서 지배적이 되기까지는 많은 사건이 있었다(〈표 2-3〉 참조).

이 절의 요약 임상심리학의 씨앗은 수백 년 전에 철학과 의학의 선구자들에 의해 뿌려졌지만, 임상심리학의 뿌리는 1800년대 중 · 후반에서야 나타났다. 가장 뛰어난 뿌리는 독일에서 발달한 경험적 연구의 전통, 영국에서 발달한 심리측정적 전통, 프랑스에서 발달한 임상적 · 치료적 전통들이다. 각 전통은 미국과 영국의 '용광로(melting pot)' 전통 안에서 조합되어 결국 새로운 심리학의 독특성을 만들었다. 세 개의 전통들은 마치 의자의 세 다리처럼 임상심리학의 안정적인 기틀을 제공하였다. 그중 어느 하나라도 없으면 이 분야는 무너질 것이다. 세 전통으로 임상심리학은 성장할 수 있었고 향후 발달을 지탱할 수 있었다.

임상심리학 성장의 시작

이 절의 미리보기

뿌리가 잘 정립된 임상심리학은 20세기 초 40년간 성장하기 시작했다. 처음에는 심리평가, 후에는 심리치료로 적용 범위가 확장되었다. 심리학자들은 임상가들을 지원하기 위한 전문 조직과 수련을 위한 지침을 만들었다. 임상심리학의 가속화된 성장의 대부분은 제1차 그리고 제2차 세계대전 기간과 그 이후의 사회적 필요의 결과다.

1900년대 초까지 미국과 유럽의 대학에서 심리학과가 많이 설립되었고, 이러한 학과와 관련된 사람들이 자신의 전문 지식을 적용하기 시작했다. 1914년까지 대학 내에 20개의 심리치료소가 생겨났다(Watson, 1953a). 그중 상당수는 위트머의 치료소와 같은 형태로 설립되었지만, 점점 학습장애를 가진 아동의 검사와 치료에서 다른 문제를 가진 아동에 대한 검사와 치료가 강조되었고, 이후에 문제를 가진 청소년과 성인의 검사와 치료가 강조되었다.

심리학적 검사의 확장

심리검사는 주의 깊은 측정과 표준화된 적용을 강조하여 초기의 많은 경험적 심리학자들의 인정을 받았다. 심리치료와 비교해서 심리검사는 보다 엄격하고 '완고한' 응용심리학으로 여겨졌다. 그리고 심리학자들이 정신병원, 치료소, 신체적 · 정신적 장애를 위한 특화된 환경 등에 고용되었기 때문에 심리검사는 의학적(대부분 정신의학자들의) 조력자로 받아들였다. 개별 사례에 대해 논의하는 치료진 회의에서 자주 이러한 기여를 하였다(Benjamin, 2005).

제1차 세계대전 동안 '심리검사자'에 대한 수요가 급속하게 생겨났다. 미국은 참전하기 시작했을 때 지적 능력과 심리적 안정감 측면으로 분류하여 모병을 하였다. 이러한 검사를 위한 기법은 존재하지 않았으므로 군대는 여크스(Robert Yerkes, 후에 미국심리학회장이 됨)에게 적절한 측정법 개발을 위한 실험심리학자들 소속 위원회의 수장이 되어줄 것을 요청했다. 이 위원회는 정신능력을 측정하기 위해 군대용 α 지능검사(문자를 읽을 수 있는 집단을 위한), β 지능검사(문자를 읽을 수 없는 집단을 위한)를 개발하였다. 그리고 행동장애를 알아내기 위해 우드워스(Robert Woodworth)의 정신신경 항목표(Psychoneurotic Inventory, 후에 '개인자료지'로 재명명됨; Yerkes, 1921; Dennis, 1948)를 추천하였다. 1918년까지 심리학자들은 200만 건에 가까운 평가를 수행하였다.

20세기의 첫 20년 동안 지능검사와 심리검사는 동의어였다. 그러나 심리학자들이 아동 가이던스 클리닉, 정신병원, 기타 성인을 위한 기관 등에 더 많이 채용되었을 때 지능검사들만으로는 충분하지 않다는 것이 분명해졌다. 카텔은 1936년 『정신측정안내(A Guide to Mental Testing)』에서 이러한 상황을 다음과 같이 기술하였다.

> 한동안 실제적인 절차로서의 정신기능 측정은 특별한 진척이 없이 소강상태였다. 소위 지능검사에 대한 초기의 엄청난 관심과 그 후 마구잡이식의 무분별한 사용으로 이러한 현상이 나타날 수밖에 없었다. 지능검사의 결과가 지능 외적인 요인들의 영향을 받는다는 것이 분명해졌으며, 이 때문에 꼭 필요한 상황에서도 측정을 회피하게 된 것 같다. 특히 성격적인 혼란으로 인해 지적 능력이 영향을 받기 때문에 지능보다는 본능의 영향을 훨씬 더 많이 받는 행동문제를 다루어야 하는 심리치료자로서는 지적 재능만 측정하는 것의 가치가 제한적이라는 점을 알게 되었다(Moodie, 1936, vii).

성격, 흥미, 지능, 정서, 특질 등의 측정에 대한 수요 때문에 1920~1930년대 동안 다양하고 새로운 검사들이 개발되었다. 임상가들은 이러한 다양한 검사를 직접 개발하기도 하고, 유럽의 정신분석학적 심리치료자들의 검사도 도입하였다. 이 시기의 친숙한 검사도구로는 융(Jung)의 단어연상검사(1919), 로르샤흐(Rorschach) 잉크반점검사(1921), 밀러(Miller) 유추검사(1926), 굿이너프(Goodenough)의 사람그림검사(1926), 스트롱(Strong) 직업흥미검사(1927), 주제통각검사(TAT, 1935), 벤더-게슈탈트(Bender-Gestalt) 검사(1938), 웩슬러-벨뷰(Wechsler-Bellevue) 지능검사(1939) 등이 있다. 심리검사가 1900년대의 수십 년 동안 매우 인기가 있어서, 일부 사람들은 전문가 모임이 자신들의 최신 검사를 설명하는 심리학자들로 넘쳐난다는 불평을 하였다(Benjamin, 1997, 2005). 사실 너무 많은 검사가 출현해서(1940년까지 500개 이상) 정신측정연감에 심리검사를 분류할 필요가 생겼다(Buros, 1938).

심리검사의 역할이 늘어남에 따라 지능의 측정과 정신질환의 측정 간의 거리는 유지되기 어려울 만큼 멀어졌다(Reisman, 1976). 로르샤흐와 TAT 같은 일부 새로운 성격검사들은 환자의 왜곡된 지각, 무의식적 과정, 심리적 방어 등을 포함한 복잡한 해석을 요구했다. 이러한 심리학 용어로 검사 결과를 논의하는 것은 임상심리학자와 치료자들(정신과 의사)이 임상 용어를 공유하게 하였고, 임상심리학자들이 치료 역할에 더 다가가도록 하였다. 당시 대부분의 임상가들에게 치료는 이미 제공하고 있던 진단의 자연스러운 연장이었다. 전문직으로서의 정체성을 확장하고, '환자 전체'에 관여하며, 보다 좋은 보수와 책임감 있는 직무에 대한 기회이기 때문에 임상가들은 치료 역할에 동기화되었다.

임상가들이 심리치료자 역할을 추구하다

임상심리학자들은 심리평가에 심리치료 역할을 추가하였다. 그러나 반대가 없었던 것은 아니다. 심리학은 학술적인, 실험기반 학문으로 시작되었기 때문에 위트머를 포함한 비교적 소수의 초기 심리학자들은 성인 심리치료에 대해 매우 회의적이었다(Benjamin, 2005; Taylor, 2000). 회의론의 변화는 다음과 같은 최소한 세 가지 요인의 자연스러운 결과로 서서히 일어났다. ⓐ 앞서 언급했듯이, 심리검사는 성격과 정신병리를 포함한 측정으로 확장되었다. ⓑ 위트머 이후에 임상심리학자들이 일하던 아동 가이던스 클리닉은 교육적 부적응뿐 아니라 사회적 치료를 포함하여 내담자의 범위를 넓혔다. ⓒ 20세기 초 심리학자들은 정신의학자들 사이에서 지배적인 심리치료 접근법인 정신분석학을 배우고 싶어 했다.

1909년 미국 시카고에 처음 아동 가이던스 클리닉을 세운 사람은 영국 태생의 정신과 의사인 힐리(William Healy)였다. 위트머처럼 힐리는 아동을 대상으로 팀 접근법을 사용하고 예방을 강조했다. 그러나 지향점은 확연히 달랐다. 첫째, 힐리는 언어능력이나 다른 학습적 어려움을 중요하게 다루는 대신에 학교당국, 경찰, 법정 등이 관여하는 아동의 잘못된 행동에 초점을 맞추었다. 힐리의 클리닉은 정신질환으로 고통받는 청소년 범죄자들이 더 심각한 문제를 일으키기 전에 치료를 받아야 한다는 가정 위에서 운영되었다. 둘째, 힐리의 시카고 클리닉 직원들이 채택한 접근법은 프로이트의 정신분석이론의 영향을 강하게 받은 것이었다.

힐리가 클리닉을 설립한 같은 해에 임상심리학의 정신분석적 접근법은 많은 인기 속에 커다란 확장을 이루었다. 심리학자 홀(G. Stanley Hall)은 프로이트와 그의 두 제자 융(C. Jung)과 페렌치(Sandor Ferenczi)를 매사추세츠주 워체스터의 클라크 대학교 의과대학 20주년 기념대회에 연사로 초청했다. 프로이트의 이론은 1890년에 주로 자기와 자아, 그리고 의식전환 상태(trance), 최면, 설명할 수 없는 기억상실과 같은 '해리된' 의식상태 등에 강한 흥미를 가진 심리학자들인 윌리엄 제임스(William James)와 볼드윈(James Baldwin)의 개관 논문들로 미국 심리학자들에게 처음 소개되었다(Korchin, 1976; Taylor, 2000). 미국은 프로이트 사상의 비옥한 토지였고, 그의 강의는 미국 심리학자들에게 정신분석을 '판매' 하는 데 도움이 되었다(Schneck, 1975).

그러나 그 영향력은 점진적이었고, 일부 심리학자들은 여전히 회의적이었다(예를 들어, 위트머는 그 기념대회에 참석하지 않았다; Routh, 1994). 그럼에도 불구하고 1911년에 최초의 미국정신분석학회가 뉴욕에서 설립되었고, 이후 20년 동안 프로이트의 이론을 따르는 정신과 의사와 심리학자의 수는 증가하였다(Watson, 1953a). 임상심리학의 성장은 심리치료부터였고, 심리치료의 기반은 정신분석학이라는 것이 당시 많은 사람에게 분명해졌다. 클라크 대학교의 기념대회에서 윌리엄 제임스는 프로이트에게 "심리학의 미래는 당신의 업적에 달려 있다." (Jones, 1955, p. 27)라고 말했다.

당시 일부 심리학자들은 다른 유형의 치료에 참여하고 있었기 때문에 정신분석적 치료의 영향 역시 점진적이었다. 실제로 초기 임상심리학자들은 정신분석학에 관심이 있더라도 수련을 받기는 어려웠다. 분트의 실험적 전통으로 수련받은 사람들이 대다수인 대학의 심리학과는 '응용' 심리학의 적합성에 대해 의문을 가졌고, 임상수련의 비용을 걱정하였기 때문에 임상심리학 대학원과정을 개설하는 것을 꺼렸다. 많은 이가 또한 프로이트 개념의 모호함을 비판하였다. 거의 예외 없이 정신분석의 공식적 수련은 정신분석연구소와 의과대학에서만 받을 수 있었고, 이러한 수련은 일반적으로 심리학자의 입학을 꺼리는 정신과 의사들에 의해 운영되었다(Abt, 1992; Schneck, 1975). 이 때문에 정신

매사추세츠 주 워체스터 소재 클라크 대학에서 1909년에 개최된 심리학자 회합에서 미국 청중들에게 프로이트(사진 앞 줄의 왼쪽)가 소개되었다.

분석적 치료는 심리학자가 아닌 정신과 의사의 분야였고, 수년간 정신의학 구성원들은 이러한 방식을 지키기 위해 노력했다. 예를 들어, 1917년 뉴욕정신과협회는 정신장애 환자에 대한 진단과 치료에 임상심리학자들의 참여를 중단할 것을 요구하는 보고서를 발간하였다(Benjamin, 2005). 심지어 1930년에 들어서는 정신분석적 심리치료를 하기를 원하는 임상심리학자들이 참여할 수 있는 인턴 과정이 거의 존재하지 않았다. 일부 정신과 의사들의 방해에도 불구하고, 제2차 세계대전은 정신분석과 기타 심리치료가 임상심리학자의 주된 업무가 되도록 하는 상황을 만들었다.

제1차 세계대전처럼 제2차 세계대전에서도 심리평가에 대한 수요가 많았다. 많은 군인들이 외상적 충격을 경험하였고 치료가 필요하였으며, 가족과 지역사회에 대한 중재가 필요했다. 전쟁 동안 임상심리학 수련을 받은 심리학자들이 많이 모집되었고, 정신과 의사, 사회사업가와 같이 대등하게 일을 하였다(Korchin, 1976). 많은 수요 때문에 심리학자들은 종종 최소한의 수련만 받은 채 치료기능을 하도록 요구받았다. 이러한 '근무 중' 수련—정부에 의해 지원되고, 정신과 의사, 사업사업가, 그 외 관련 전문가들과의 협동을 통해 수련받는—은 임상심리학자들이 대부분 정신분석 모델이 바탕인 심리치료 기술을 익히는 데 도움이 되었다.

전쟁 후에 많은 심리학자는 심리치료 업무를 계속하기를 원했다. 다행히도 일련의 선도적 조치들이 극적인 영향을 미쳤다. 그중 하나가 1946년에 정신건강 분야에서의 수련을 지지하는 재향군인회(Veteran's Administration)의 출범이다. 재향군인회는 재향군인병원과 정신위생치료소에 임상수련 과정을 만들었다. 이러한 프로그램 이전에는 임상심리학자들을 위한 인턴과정—일반적으로 1년의 임상경험에 참여하는—이 주로 아동 가이던스 클리닉과 정신병원에 있었다(Routh, 2000). 그러나 재향군인회에서의 공식적인 인턴수련과정은 성인 내담자의 심리치료에 관심이 있는 임상가들이 참여할 수 있게 되었다.

두 번째는 미국 전역에 지역사회 정신건강 클리닉을 세우려는 국가적 노력이었다. 이러한 노력에 대한 반응은 미국 공중보건 서비스와 새로 설립된 국립정신건강연구소(NIMH)의 후원을 받아 정신건강에 대한 광범위한 관심으로 나타났다. 이는 정신건강에 관한 최대의 정부 주도적 노력 중의 하나로 남아 있다. 이러한 지역사회 정신건강(Community Mental Health: CMH) 센터의 일부에서 심리학자들을 위한 인턴과정을 만들었고, 임상가들의 수련 기회를 넓혔다. 그때까지 오랫동안 정신의학자들을 위한 수련기관이었던 정신병원과 정신과 시설은 소수에 한해 임상심리학자들에게 문호를 개방했다(Abt, 1992).

임상심리학자들은 이제 인턴수련과 직업의 기회를 가졌다. 일부 대학과 몇몇 정신분석연구소에서는 그들을 위한 수련 프로그램을 만들었다. 그러나 임상심리학자가 어떤 사람인지를 정의하는 교육과 수련에 대한 기준이 없었는데, 이러한 기준은 전문가 조직에서 만들었다.

임상가들이 전문가 조직을 만들다

1930년대를 지나 1940년대에 들어서면서 근무환경, 내담자, 기능 등이 확장되기는 했지만 임상심리학은 여전히 전문직으로 인식되지 못했다. 제2차 세계대전이 시작될 무렵까지 임상가를 위한 공식적인 대학 수련 프로그램은 여전히 존재하지 않았다. 소수 대학이 박사과정을 개설했고, 일부는 석사과정, 대부분은 학사나 그 이하 과정이었다. 임상심리학자로서 직업을 갖기 위해서는 '인간에 대한 관심' 과 함께 심리검사, 이상심리학, 아동발달 등의 일부 과정만 요구되는 것이 전부였다.

대부분의 전문직에서 수련과 자격의 문제는 전국적인 전문가 조직에서 우선적으로 처리한다. 이러한 조직들은 수련과 자격증에 대한 기준을 제시하고, 윤리규정을 만들고, 전문 범위를 정하고, 다양한 방식으로 실무가들을 지원한다. 전문직은 전문가 조직이 필요하다.

임상심리학자들에게는 1892년에 설립된 미국심리학회(APA)가 있었다. 그러나 이 조

리타 홀링워스는 임상심리학의 초창기에 영향력이 있는 인물이었다. 그녀는 여러 해 후에 실현될 다양한 수련 모델을 예측하였다.

직은 임상심리학의 전문성에 대한 타당성에 의구심을 가진 연구자들로 주로 구성되어 있었다. 보다 많은 심리학자가 실험실을 넘어 그들의 지식을 적용하는 데 관심을 갖게 되었을 때, APA 회원들 중 순수과학 분야가 되기를 원하는 회원과 응용 분야가 되기를 원하는 회원 간에 갈등이 생겨났다(Benjamin, 1997).

APA는 1920~1930년대 동안 다양한 시점에 임상수련에 대한 위원회를 지명하고 단기적인 임상자격 프로그램을 만들기는 했지만 심리학의 과학적 측면에 집착했기 때문에 임상수련에 그다지 성의를 보이지 않았다. 예를 들어, APA 위원회는 1935년에 임상심리학의 수련기준에서 PhD 과정과 추가적인 1년간의 지도감독하의 경험을 필수조건으로 제안하였다. 그러나 이 보고서를 발간한 후 위원회는 해체되었고, 후속적인 노력을 거의 하지 않았다.

심리학의 응용적 접근을 선호하는 사람들—주로 정신기능 검사와 심리치료의 실무가들인—은 그들의 생각을 더 반영할 수 있는 조직을 만들기로 결정했다. 그중 첫 번째 조직인 미국임상심리학자협회(American Association of Clinical Psychologist: AACP)는 컬럼비아 대학 심리학과 교수인 홀링워스(Leta Hollingworth)에 의해 1917년 세워졌다. 홀링워스는 또한 연구 중심인 PhD(철학 박사)의 대안으로 PsyD(심리학 박사)를 위한 보다 실무적인 수련 형식을 처음으로 제안했다. 그녀는 또한 검증된 임상가를 구별하고 보증하기 위한 국가시험 위원회를 제안했다(Benjamin, 2005; Donn, Routh, & Lunt, 2000). 비록 AACP는 살아남지 못했지만 다가올 사건들의 전조가 되었다.

1920년대 동안 미국 전역의 몇몇 주에서 응용심리학 조직들이 설립되었고, 그중 가장 두각을 나타낸 것은 나중에 자문심리학회(Association of Consulting Psychology: ACP)가 된 뉴욕자문심리학회(New York Association of Consulting Psychology)였다. 1933년에 ACP는 임상실무자들을 위한 윤리규정을 만들었고, 몇 년 후에 전문직 실무가들을 위한 첫 번째 저널인 『Journal of Consulting Psychology』를 발간하였다. 보다 많은 응용심리학자를 포함시키는 성공적인 노력 끝에 이 조직은 미국응용심리학회(American Association for Applied Psycholgy: AAAP)로 발전하였다. 이 조직은 상담, 임상, 교육, 산업심리학 분야를 포함하였고, 실무적 관심사에는 관심이 거의 없어 보이는 연구 중심의 APA에 대한 성공적인 대안적 조직으로 남게 되었다.

그러나 오랫동안 학문적 연구에 대한 관심이 지배적이었던 APA는 제2차 세계대전 때 심리학이 응용 분야로 발전하고 있다는 것을 깨닫기 시작했다. 이제는 다수가 주 또는 전국 단위의 대안적인 전문심리학회의 회원이기도 한 APA 회원들은 응용심리학자들의 실무적 관심사를 위한 자리를 만들기 위해 조직을 재편하기로 결정했다(Benjamin, 1997). 1946년에 이르러 AAAP는 해체되었고, 회원들은 APA로 돌아왔다. 회원들이 재조직화된 APA 분과에 소속될 때 약 2배 정도가 임상심리학 분과(분과 12)를 선택하였고, 두 번째로 인기 있는 분과가 되었다(Benjamin, 1997). [그림 2-2]는 APA 회원 수의 역사를 보여 준다.

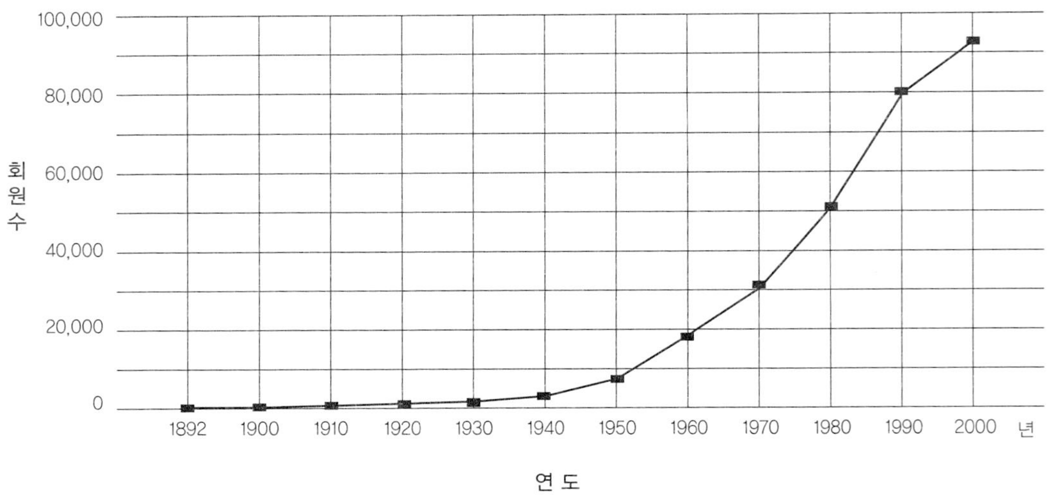

[그림 2-2] APA 주요 영역의 회원 수(1892~2000년)

출처: American Psychological Association Archives(2006).

20세기 중반 무렵, 전문 분야로 단단하게 뿌리를 내려 조직화된 임상심리학은 강력한 성장을 위한 준비가 되어 있었다. 1940년대 중반에서 1950년대 중반 사이에 APA와 회원들의 일련의 활동으로 이전에는 알려지지 않았던 임상심리학이 분명하게 정의되었다. 그러한 활동들 중 가장 중요한 것은 다음과 같다. 1945년 코네티컷을 시작으로 각 주에서 심리학자의 자격에 관한 법률을 통과시켰다. 1년 뒤 미국전문심리학시험위원회(American Board of Examiners in Professional Psychology: ABPP)는 PhD 학위를 가진 임상가에게 자격을 주는 것을 확고히 하였다. APA의 대표적인 저널인 『American Psychologist』가 1946년에 처음 발행되었다. 3년 후에 임상심리학자들의 다양한 수련 모델에 대해 논의하기 위한 학회가 콜로라도 주 볼더에서 열렸다. 이 기념비적인 볼더 회의에서 오늘날 임상심리학자들의 기본적인 수련 모델이 만들어졌다. 1953년에 APA는 임상심리학자를 위한 첫 번째 윤리규정을 출판했다. 이러한 사건들로 임상심리학은 빠른 기간 동안 확장되었다. 이러한 사건들과 그 영향에 대해서는 다음 장에서 보다 자세하게 다룰 것이다.

이 절의 요약 1900년대 초반까지 미국과 유럽의 많은 대학에서 심리학과가 설립되었고, 이 학과와 연관된 사람들이 자신의 지식 분야를 응용하기 시작했다. 응용 분야에서 가장 잘 수용된 것은 심리검사였다. 그러나 임상심리학자들은 점점 성인 내담자의 심리적 문제를 치료하는 것의 가치를 알았다. 안타깝게도 그러한 수련을 받을 수 있는 곳을 찾기가 어려웠다. 대학 프로그램은 심리치료에 대해 회의적인 교수진에 의해 지배되고 있었고, 가장 인기 있는 형태의 치료를 실시하며 수련을 통제하는 정신과 의사들은 임상심리학자들에게 심리치료의 전문성을 허락하기를 꺼렸다. 그러나 두 번의 세계대전으로 인한 수요의 증가와 검사의 발달, 강력한 전문가 조직의 설립은 결국 심리치료의 영역을 임상심리학자들에게 열어 주었다.

주요 접근법의 발달

이 절의 미리보기

제2차 세계대전 이후 임상심리학은 빠르게 성장했다. 이 절에서는 현대 임상심리학에서 영향력이 큰 치료 접근법—형성과정, 기본 가정, 임상실무로의 이행과정—에 대해 기술할 것이다. 정신역동적, 인본주의적, 행동주의적, 인지적, 체계적 그리고 생물학적 접근은 현대 심리학에서도 주류로 남아 있기에 대부분의 학생은 이러한 접근들에 대해 어느 정도 익숙할 것이다. 각 접근은 하나의 이론이라기보다는 폭넓은 사상들의 집합이라 할 수 있다. 여기서의 목적은 이러한 폭넓은 접근들의 기원과 가정에 대해 기술하고 심리적 문제에 대한 기본적인 적용에 대해 검토하는 것이다. 이어지는 장들에서 각 접근의 사상과 기법의 다양성에 대해 자세히 다루고 임상가들이 이러한 다양성을 사례에 적용하는 방식을 제시할 것이다.

정신역동적 접근

정신역동적 접근은 관련된 접근법들의 집합체다. 역사적인 핵심은 프로이트의 정신분석이론이다. 비록 정신분석의 일부 영역은 수정되거나 폐기되거나 확장되었지만 프로이트의 기본 가정과 심리치료 기법은 정신역동적 접근의 핵심으로 남아 있다.

기원

정신역동적 모델은 프랑스의 임상적 전통하에 업무를 해 온 신경과 및 정신과 의사들(예, 샤르코, 브로이어)의 작업에 그 기원이 있다. 브로이어(Breuer)와 출판한 『히스테리에 대한 연구(Studies on Hysteria)』(1895)를 시작으로, 프로이트는 임상심리학의 배경이 바뀐 40년 동안 몇 권의 책과 논문을 저술했다.

브로이어처럼 프로이트는 종종 기질적인 원인을 찾을 수 없는 신경학적 증상을 가진 환자들을 치료했다. 예를 들어, 몇몇 환자들은 손은 완전히 마비되었지만 팔은 전혀 마비가 없었다. 다른 환자들은 낮 동안에는 다리가 마비되지만 잠을 자는 동안에는 걸을 수 있었다. 이러한 환자들을 신경증(neurotics)이라 불렀고, 프로이트는 히스테리성(즉, 비기질적) 마비, 기억상실, 무감각증, 시력상실, 언어상실 등이 나타나는 가장 흔한 유형의 환자들을 치료하였다. 프로이트 시대에 신경증의 치료에는 찜질요법, 목욕법, 전기적 발열요법 등이 있었다. 프로이트는 이러한 기법에서 성공적인 부분이 있다면 그것은 모두 암시에 의한 것이라고 믿었기 때문에 암시의 장점이 최대화되는 기법들을 검토해 보기 시작했다. 그중 가장 중요한 것은 최면이었다.

프로이트가 사용한 최면암시는 일시적인 효과만 있었으며, 1890년경에는 카타르시스 방법이라고 부르는 새로운 기법을 최면에 결합하기 시작했다. 그는 안나 O(Anna O)라는 이름으로 알려진 환자의 신경증적 증상을 완화시키기 위해 이 방법을 시도했다가 실패한 브로이어에게서 배웠다. 두통, 심각한 기침, 목과 팔의 마비, 기타 문제 등을 포함한

이 증상들은 그녀 아버지의 투병 동안 시작되었고, 아버지의 죽음 이후에 더 심각해졌다. 그녀는 낮에는 불안과 환각을 경험하고 저녁에는 고요하고 황홀감 같은 극단적인 정서를 나타내기 시작했다. 브로이어는 이러한 '황홀경'이 최면과 비슷하다는 사실에 매우 놀랐다.

브로이어는 최면상태 동안 그녀가 낮 동안의 모든 환각의 내용을 다 털어놓는 것이 허락되면 예외 없이 최면상태에서 깨어나 밤시간을 대부분 정상적으로 평온하고 명료하게 보내는 것을 발견하였다. 안나는 자신의 환상에 대해 털어놓은 것을 '말하기 치료'나 '굴뚝 청소'라고 언급하게 되었다(Fancher, 1973, p. 48).

그러나 이러한 대화는 안나의 낮 동안의 증상을 제거하지 못했고, 새로운 증상이 시작되었다. 이러한 증상들 중 물을 마시지 못하는 증상을 치료하려고 시도하는 중에 브로이어는 후에 프로이트가 정신분석에서 시작한 것을 발견했다. 안나는 최면상태 동안 브로이어에게 그녀가 알고 지내지만 매우 싫어하는 한 영국 여성에 대해 이야기했다. 그 영국 여성은 안나가 특히 경멸하는 개를 기르고 있었다. 안나는 그 여성의 방에 들어갔을 때 그 개가 컵으로 물을 마시는 것을 보았던 장면을 묘사했다. 그 사건이 발생했을 당시 그녀는 강한 역겨움과 혐오감을 느꼈으나 예의상 그것을 표현할 수 없었다. 안나가 브로이어에게 이러한 진술을 했을 때 개가 물을 마신 것에 대한 부정적인 감정을 처음으로 완전하고 생생하게 표현하는 호사를 스스로에게 허락한 것이었다. 그녀는 최면에서 깨어나자마자 물을 한 잔 달라고 했고, 조금의 어려움도 없이 마셨다(Frecher, 1973, p. 49).

물을 마시는 것에 대한 공포의 제거는 명백하게 최면상태 동안 잊혀졌던 사건을 생생하게 재구성했기 때문이었다. 이는 브로이어에게 다른 히스테리 증상들도 잊혀진 기억 때문이며 그것들에 대한 회상이 증상을 낫게 해 줄 것이라는 생각을 하게 했다. 그는 안나에게 최면을 걸고 증상에 대해 가능한 한 모든 것을 기억해 보라고 요구했다. 그는 모든 증상이 깨어 있을 때는 기억에 없는 외상적이거나 불쾌한 상황의 흔적임을 발견하였다. 브로이어는 안나가 불쾌한 장면을 회상하도록, 그리고 더 중요하게는 그녀가 느꼈던 감정을 표현하도록 유도할 때마다 증상들이 사라진다는 것을 발견했다(Francher, 1973, pp. 49–50).

프로이트 또한 카타르시스 방법이 효과적이라는 것을 알았으나, 그의 모든 환자가 최면에 걸리지는 않았다. 정서기억의 의식적 인식을 촉진하기 위해 프로이트는 환자들에게 눈을 감고 편안히 이완한 채, 떠오르는 모든 생각, 감정, 기억을 그 어떤 것이든지 이야기하게 하였다. 환자들이 카우치에 눕는 것이 회상에 도움이 되었는데, 이러한 절차는 뒤에 기술될 정신분석적 기법들 중의 핵심인 자유연상으로 알려지게 되었다.

처음에 프로이트의 신경증 환자에 대한 비최면적 치료는 주로 의식상태에서는 차단된, 중요하지만 불쾌한 경험과 감정을 기억하는 것을 돕는 것에 초점이 맞추어졌다. 예를 들어, 프로이트는 많은 환자가 어렸을 때 대부분 부모나 친척에 의한 추행인 성적인 외상으로 고통을 받았다는 증거를 찾았고, 이러한 사건들이 대부분의 신경증 증상의 시초가 된다고 가정하였다. 그러나 시대의 변화에 따라 그는 이러한 '성적 유혹 이론' 이 틀렸으며, 고려해야 할 보다 중요한 원인들이 있다고 확신하였다. 우선 그는 아동의 성적 학대가 내담자들이 말하는 것만큼 만연해 있다고 믿기 어렵다는 것을 알았다.

또한 프로이트는 꿈(환자와 그 자신의)에 관심을 갖기 시작했고, 꿈이 대부분 사회적으로 용납될 수 없어서 방어가 느슨해지는 수면 동안 종종 변형된 형태로만 나타나는 환상과 소망의 충족을 나타낸다는 결론을 내렸다. 그래서 부모에 대한 아동기의 성적 유혹에 대한 환자의 '기억' 은 실제로는 대립에 대한 환상이나 소망일 수도 있다. 프로이트는 이러한 새로운 이론을 적용하여 치료법 또한 수정하였다. 신경증에 대한 그의 정신분석적 치료는 기억의 회복에서 환자의 무의식에 대한 보다 광범위한 이해로 옮겨 갔다.

프로이트의 정신분석이론은 인간의 행동은 개인의 타고난 성적이고 공격적인 본능을 만족시키려는 욕구와 외부세계에 의해 부여된 규칙과 현실을 존중해야 한다는 필요 사이의 끊임없는 투쟁에서 파생되는 것이라는 생각을 기반으로 한다(Funder, 2001). 그래서 프로이트에게 인간의 마음은 하고 싶어 하는 것(본능, 충동)이 가능하거나 해야만 하는 것(이성, 사회적 규준, 도덕)의 통제 요구들과 조화를 이루어야만 하는 경기장이다. 이러한 갈등은 종종 방어에 대항하여 불안을 이끌어 낸다. 만약 불안이 너무 심해지거나 방어가 효과적이지 않게 되면 심리적 증상이 나타날 수 있다.

프로이트 체계에서 특정한 정신구조들은 서로 경쟁하는 정신적 힘들을 나타내는 데 사용한다(프로이트는 이러한 구조를 가설적인 구조로 제시했지만 언젠가 신경학에서 그것들과 양립하는 뇌기능을 확인할 것이라고 믿었다). 무의식적 본능과 원초적 충동은 원초아(id)를 구성한다. 원초아는 출생 때부터 존재하며, 행동을 동기화할 수 있는 정신적 에너지 또는 리비도(libido)를 포함한다. 원초아는 지체 없이 자신의 욕구를 충족시키려 하며, 따라서 쾌락의 원리(pleasure principle)에 입각하여 작동한다고 할 수 있다(예를 들어, "만약 좋게 느껴지면 그것을 해라!"). 신생아가 성장함에 따라, 그리고 원초아의 직접적인 충족에 대해 외부세계가 보다 많은 제약을 가함에 따라 약 1세경에는 원초아에서 자아(ego)가 생겨나 조직화를 맡기 시작하여 본능을 표현할 안전한 출구를 찾기 시작한다. 자아는 외부의 요구에 순응하여 현실원리에 따라 작동한다(예를 들어, "네가 그 일을 하고자 한다면 적어도 조용히 그 일을 해라."). 세 번째 정신기관인 초자아(superego)는 현실의 사회화된 영향의 또 다른 결과다. 초자아에는 윤리, 도덕 그리고 가치에 관한 가족과 문화의 모든 가르침이 들어 있으며, 프로이트에 따르면 이러한 가르침은 내면화되어 '자아 이상(ego ideal)' 또는 자신이 되고 싶어 하는 모습(예를 들어, "훌륭한 사람은 그렇게 하지 않아!")이 된다. 초자아에는 또한 양심이 자리하고 있는데, 이는 대개 원초아의 작용과는 반대되는 완벽하고 순응적이고 사회적으로 수용 가능한 행동을 촉진한다.

프로이트의 세 가지 정신구조는 항상 불안을 촉발하는 내적 갈등에 휩싸여 있다. 자아의 일차적인 기능은 사회적으로 수용할 수 없는 원초아의 충동을 깨닫거나 초자아의 명령을 어기게 되는 경우 느끼게 될 불안에서 개인을 보호하는 것이다(Funder, 2001). 자아는 보통 무의식 수준에서 다양한 방어기제(부인, 억압, 억제, 반동형성, 투사 등)를 채택함으로써 이러한 갈등과 그들의 불안이 의식에 도달하지 못하게 한다.

마치 팽창한 풍선을 물 속에서 누를 때처럼 끊임없는 억압 노력에도 불구하고 바람직하지 않은 충동은 표면으로 튀어나오려고 위협한다. 방어기제는 적어도 일시적으로 성공적일 수 있지만 그 과정에서 많은 정신적 에너지를 허비하게 되며, 스트레스하에서는 실패할 수도 있다. 방어기제가 작용할 때는 심리적 증상들(예를 들어, 불안, 마비, 비현실적인 공포)이 발달하기 쉽다.

정신분석적 접근에서 치료는 내담자의 증상의 근원을 파헤치는 데 목적이 있다. 프로이트는 그의 방법을 고고학에 비교했다. 치료자는 외현적 증상 아래에 있는, 잊혀지거나 억압된 기억과 표현되지 않은 감정을 밝혀내고 보다 깊은 의미를 찾는다. 치료자의 도움으로 내담자는 점차 무의식으로 밀어 넣었던(완전히 성공적이지 못한), 현재 표현되고 있는 갈등의 근원이 어떻게 뿌리내리게 되었는지를 깨닫게 된다. 이러한 깨달음—통찰이라 부르는—은 정신분석치료의 핵심적인 목표다.

정신분석적 접근이 발전함에 따라 많은 사람이 프로이트의 최초 개념 중 일부를 확장, 도전, 변경하였다. 이러한 전통적 정신분석의 다양한 변이에 대해서는 7장 '정신역동과 인본주의 심리치료'에서 자세하게 설명할 것이다. 지금은 후대의 이론가들이 자아의 역할을 확장시키고(예를 들어, 원초아와 초자아 사이의 '중재자'를 넘어선), 사회적이고 문화적 변인을 보다 강조하는 것으로 대체하고(예를 들어, 보다 덜 성적이고 공격적인 충동), 전통적 정신분석보다 덜 엄격한 정신분석적 치료를 개발했다(예를 들어, 짧은 치료기간, 치료자 역할의 융통성 증가)는 것을 언급하는 것으로 충분하다. 하지만 이러한 개정에도 불구하고 모든 정신분석적 심리치료는 특별한 기본 가정을 공유하고 있다(〈표 2-4〉 참조).

〈표 2-4〉 정신역동적 접근법의 기본 개념	
1. 인간 행동은 충동, 욕구, 동기, 정신내적(마음속의)/무의식적 갈등으로 결정된다.	3. 임상적 평가, 치료, 연구는 행동이 이해되고 행동 문제가 완화되면 발견되는 정신내적인 측면의 활동을 강조해야 한다.
2. 심리적 문제는 전형적으로 내담자가 아동기의 가족, 또래, 권위적 인물과의 기본적인 관계에서 경험한 갈등을 성공적으로 방어하지 못하고 무의식적으로 재현하기 때문에 일어난다.	4. 심리치료의 목적은 자아기능을 향상시키고 내담자가 부적절하게 과거를 반복하는 방식을 깨닫고 바꾸도록 돕는 것이다.

인본주의적 접근

심리치료에 대한 인본주의적 접근은 20세기 초 성격이론과 임상 실제를 지배하고 있던 정신역동적 접근의 대안으로 발전했다. 인본주의적 접근은 모든 상황이 좋다면 인간은 독특한 개인으로서 최대의 잠재력을 실현하는 방향으로 의식적으로 행동을 이끄는 창조적이며 성장하는 존재로 보았다. 행동장애는 흔히 다양한 치료적 경험을 통해 제거할 수 있는, 존재에 대한 제약이나 각성의 혼란에서 비롯되는 것으로 보인다(Fischer, 1989; Greenberg, Elliott, & Lietaer, 1994). 이러한 문제를 설명하고 수정하는 것을 목적으로 한 치료적 접근은 현상학적 또는 실존적 치료로 알려졌다.

기원

인본주의적 치료의 근원은 임상적 전통이지만, 또한 행동은 행동하는 개인의 지각과 경험에 의해 결정된다는 현상학적인 철학적 입장에서도 발달했다. 이러한 주제는 키르케고르(Søren Kierkegaard)와 사르트르(Jean-Paul Sartre) 같은 실존주의적 철학자들과도 공유되었다. 실존주의자들은 삶의 의미가 내재적인 것이 아니라 지각자에 의해 구성되는 것이라고 강조하였다. 개인에 의해 구성된 현실이라는 개념은 코프카(Koffka), 쾰러(Köhler), 베르트하이머(Wertheimer) 등 게슈탈트 학파로 알려진 독일 심리학자들도 강조하였다. 현상학은 내담자의 지각과 경험을 치료의 중심에 놓는다. 내담자가 지금-여기(here-now)에서 지각하고 느끼고 생각하는 것이 중심단계를 차지한다. 무의식에 묻힌 아동기 시절은 성격의 발달에 역할을 할지도 모르지만, 현재 내담자의 실제(reality)에 대한 경험이 가장 중요하다([그림 2-3] 참조).

인본주의 심리학의 가장 뛰어난 주창자는 아마도 로저스(Carl Rogers)일 것이다. 그는 처음에는 정신분석으로 수련을 받은 심리학자로 1931년 컬럼비아 대학에서 임상심리학

[그림 2-3] 무엇이 '실제'인가? 고정된 자극에서 지각을 이동하면, 깃털 달린 모자를 쓴 젊은 여성이나 숄을 걸친 할머니를 볼 수 있다.

으로 박사학위를 받은 후 주요 대학들로 자리를 옮기기 전에 아동 가이던스 클리닉에서 일을 하였다. 그의 첫 번째 저서인 『문제아동의 임상적 치료(Clinical Treatment of the Problem Child)』(1939)는 그의 초기 이론적 개념을 보여 주지만, 그 후 다수의 저서에서 그의 접근법은 더욱 구체화되었다. 로저스는 처음에 자신의 접근법을 비지시적으로 불렀다가 후에 내담자의 삶에 대한 구성의 중요성을 반영하는 내담자 중심으로 바꾸었다(Rogers, 1951).

로저스는 사람들이 성장에 대한 본능적인 동기—그가 실현 경향성이라고 명명한—를 가지고 있다고 가정했다. 실현 경향성은 "확장, 확대, 발달, 성숙 등 모든 유기체와 인간의 삶에서 명백하게 나타나는 지향성으로, 유기체의 모든 잠재적 역량을 드러내고 활성화시키는 경향"이다(Rogers, 1951, p. 351). 로저스는 모든 인간 행동—기본적인 음식 갈망에서 예술적 창조까지, 평범한 대화에서 기괴한 망상까지—을 독특한 지각세계에서 자아를 실현하기 위한 개인의 노력을 반영하는 것으로 보았다.

로저스의 관점에서 이러한 노력은 출생 시부터 시작된다. 성장하는 아이가 자신과 나머지 세계를 차별화하기 시작할 때 자신의 각성—'나' 또는 '우리'의 인식—이 생겨난다. 로저스에 따르면 '자기' 경험을 포함한 모든 인간의 경험은 아동의 자아실현 경향에 일치하는지 혹은 일치하지 않는지에 따라 긍정적이거나 부정적으로 평가된다. 그러나 이러한 평가는 아동이 사탕의 맛을 평가하는 것처럼 단지 직접적인 근거나 유기체적 느낌만으로 판단하는 것은 아니다. 다른 사람들의 판단에서도 영향을 받는다. 따라서 어린 소년은 성기를 만지는 행동을 하면(직접적인 느낌은 긍정적일지라도) 그의 부모가 그 행동을 하면 나쁜 아이라고 말하기 때문에 부정적으로 평가하게 되는 것이다.

그러나 로저스는 대부분의 사람이 다른 사람의 긍정적인 관심을 매우 높게 평가하여, 심지어 그것이 자신의 유기체적 경험 및 자아실현 동기와 일치하지 않는 방식으로 사고하고 행동해야 하는 것을 의미할지라도 그것을 하려고 할 것이라는 점에 주목했다. 이러한 경향을 로저스가 가치조건(conditions of worth)—즉, 어떤 승인된 행동, 태도, 신념에 대해서만 다른 사람들로부터(그리고 궁극적으로 자기로부터) 긍정적인 관심을 받는 상황—이라고 명명한 것에 의해 촉진된다. 가치조건은 처음에는 일반적으로 부모, 가족, 그리고 사회의 다른 대리인에 의해 만들어지지만 나중에는 개인에 의해 내부적으로 유지된다(프로이트의 초자아 개념과 유사함을 주목하라). 극단적인 혹은 과도한 가치조건에 당면해 있는 사람들은 불유쾌할 가능성이 있다. 주부 역할에만 전념하고 싶은 진실한 소망을 갖고 있으면서도 문화적으로 격려되는 직장여성 역할을 이행하려는 여성의 사례처럼, 만약 그들이 기본적으로 다른 사람들을 기쁘게 하기 위하여 행동한다면 개인적 성장은 희생될 수 있다. 반면에 가치조건과는 어긋나지만 자신의 진실된 느낌과 행동을 표현하는 사람은 다른 사람과 자신의 긍정적인 보상을 상실할 위험이 있다.

아마도 로저스의 가장 중요한 공헌은 치료자의 공감적 경청과 치료자-내담자 관계의 질을 강조한 점일 것이다(Cain, 1990). 그는 치료자의 역할을 다음과 같이 기술했다.

> 치료자는 진단과 진단적 민첩성에 대한 집착을 내려놓아야 하고, 전문적 평가를 하려는 경향을 버려야 하며, 정확한 예후를 공식화하려는 노력을 중단해야 하고, 미묘하게 개인을 이끌려는 유혹을 포기해야 하며, 오직 하나의 목적에 집중해야 한다. 내담자가 그동안 의식적으로 자각하기를 부정해 왔던 위험한 지역을 한 걸음씩 탐색하는 것은 그 순간 깊은 이해와 수용적 태도를 제공하는 것이다(Rogers, 1946, pp. 420-421).

이 인용문은 정신역동적 접근과 인본주의적 접근의 유사점과 차이점을 보여 준다. 둘 다 온전한 자각으로부터 방치된 고통스러운 경험에 대한 심리적 문제를 추적한다. 그러나 인본주의적 치료자는 정신분석가와 달리 이러한 문제에 대한 깊은 역사적 기원을 찾지는 않는다. 그보다 그들은 내담자의 지각, 느낌, 생각에서 나타나는 (지금-여기에서의) 현상학적 회피경험을 알아차리도록 돕는다. 이 개념에 따르면, 치료자가 연민과 공감을 가지고 치료를 할 경우 내담자가 보다 정확하게 자기를 이해하고 수용할 수 있게 된다.

또한 이 인용문은 치료자의 역할에 대한 대조적인 관점에 대한 증거다. 정신분석은 의

〈표 2-5〉 인본주의적 접근법의 기본 개념

1. 인본주의적 심리학자들은 인간 본성을 본질적으로 긍정적으로 보며, 내담자의 삶은 오직 내담자의 관점에서 볼 때만 이해할 수 있다고 믿는다.	3. 치료자들은 내담자를 자신의 경험에서 전문가이며 궁극적으로 자신의 삶에 대한 의사결정을 해야 하는 책임감 있는 개인으로 본다.
2. 인본주의적 심리학자들은 개인이 혼란스럽거나 고통스러운 감정경험을 회피하려 할 때 문제가 발생한다고 생각한다. 이러한 회피는 진정한 자기를 수용하지 않거나, 진정한 자기로부터 소외되게 만든다.	4. 인본주의적 치료자들은 치료적 관계를 치료에서 이득—순간에 초점을 맞추고, 정직과 수용의 분위기에서 순간순간 경험이 내담자가 자기 자신을 보다 긍정적으로 지각하도록 돕는 것—을 얻는 데 기본적인 수단이라고 생각한다.

학적/정신의학적 전문 분야에서 발달했기 때문에 의사가 신체적 질병을 치료하는 태도로 치료자가 평가를 실시하고 진단을 내리고 심리치료의 상호작용을 이끄는 것이 자연스럽다. 반면 로저스는 치료자가 객관적인 '의사' 역할을 버릴 것을 권장했다. 그는 치료자들에게 내담자를 이해하기 위해서 내담자가 이끄는 대로 따라가고 내담자의 관점과 의사소통을 이해할 것을 충고했다(〈표 2-5〉 참조).

행동적 접근

심리치료에서 행동적 접근은 임상심리학이나 심리측정의 전통보다는 실험적 전통에서 발달하였다. 이러한 지향점은 행동주의 심리학자들이 장애의 원인과 치료에 대해 정신역동이나 인본주의 심리학자들과는 다르게 보이도록 하였다. 일반적으로 행동주의자들은 보다 구체적이고, 학습된 행동과 그러한 행동과 연관된 환경조건에 더 초점을 맞추는 경향이 있다. 또한 객관적으로 측정 가능한 치료 효과의 증거를 구하는 경향이 있다. 임상적 관찰이 적절하긴 하지만 실험에서 얻은 발견들이 행동치료의 이론과 적용의 토대를 형성한다.

기원

행동주의 이론에 대한 기초 작업은 심리학자들이 불안의 발달에서 조건형성과 학습의 역할에 대한 연구에 관심을 갖기 시작한 1920년대에 일어났다. 예를 들어, 파블로프(Ivan Pavlov)는 전기충격에 노출되거나 감각 식별을 요구받은 개에게서 실험신경증을 발견했다. 개들이 안절부절못하고, 짖고, 장치를 물어뜯고, 이전에 학습한 것을 잊어버리는 등의 증상을 보였다. 1940년대에 노스웨스턴 대학의 매서먼(Jules Masserman)은 고양이를 대상으로 실험신경증의 조건형성과 탈조건형성을 연구하였다.

동물의 실험신경증의 발견은 유사한 인간의 문제에 대한 연구로 이끌었다. 이러한 연구들 중 가장 유명한 것은 1920년에 왓슨(John B. Watson)과 그의 대학원 학생인 레이너(Rosalie Rayner)에 의해 수행된 고전적인 실험이다. 생후 9개월의 앨버트 B(Albert B)를 흰쥐, 개, 토끼, 원숭이, 가면, 불타고 있는 신문 등의 몇 가지 자극에 노출시켰다. 그는 이러한 대상들에 대해 전혀 공포를 나타내지 않았다. 그러나 망치로 강철봉을 내리치는 커다란 소리에는 놀랐다. 앨버트의 공포가 아무런 해가 없는 대상과 조건형성이 될 수 있는지를 알아보기 위해 왓슨과 레이너는 큰 소리와 길들인 흰쥐를 연합시켰다. 앨버트에게 쥐를 보여 주고 그가 만지려고 할 때 큰 소리를 들려주었다. 몇 번의 연결 후에 쥐만으로도 아이는 강한 정서적 반응을 일으켰다. 또한 조건형성이 된 공포는 이전에는 중성적이었던 토끼, 모피코트, 왓슨의 머리카락, 심지어 산타클로스 가면 등과 같은 털이 있는 대상에게로 일반화되었다. 앨버트의 공포는 한 달 이상 수행된 평가기간 동안 약간 약화된 상태로 지속되었다.

몇 년 뒤 왓슨의 다른 제자인 존스(Mary Cover Jones)는 아동의 공포를 감소시키는 몇 가지 기법을 개발했다(Jones, 1924a, 1924b). 예를 들어, 그녀는 3세의 피터(Peter)가 토끼 공포를 극복하는 것을 돕기 위해 사회적 모방을 사용했다. "피터와 3명의 다른 아이들은 놀이시간을 위해 매일 실험실에 왔다. 다른 아동들은 토끼에 대한 공포가 전혀 없는 아이들로 주의 깊게 선택되었다." (Jones, 1924b, p. 310) 다른 아동들의 무공포심은 피터가

메리 존스는 아동기 심리장애에 대한 행동치료의 선구자였다.

토끼에 대해 좀 더 편안해지도록 만들었다. 그러나 치료는 한 차례의 성홍열 때문에 중단되었다. 그의 진전은 큰 개와 맞닥뜨린 무서움 때문에 위태로워졌다. 직접적인 조건형성을 포함한 치료가 재개되었을 때, 피터는 우리 안의 토끼와 함께 실험실에서 자신이 좋아하는 음식을 먹었다. 각 회기마다 공포심 없는 친구들의 참여로 토끼는 점점 피터에게 가까이 갔다. 이러한 절차는 피터의 토끼 공포를 소거시켰다. 피터는 치료의 결과를 "나는 토끼를 좋아해요."라는 말로 요약하였다.

앨버트와 피터의 사례는 공포와 다른 장애의 치료에서 조건형성 원리의 응용을 격려하였다. 1920년대와 1930년대는 성적 장애, 물질남용, 다양한 불안 관련 조건 등에 대한 학습 기반 치료가 있었던 시기다. 1953년 만성 정신분열병 환자의 기능 향상을 위한 조작적 조건형성의 사용을 설명한 논문에서 행동치료라는 용어가 처음으로 나타났다(Lindsley, Skinner, & Solomon, 1953). 그러나 1950년대 말과 1960년대 초가 되어서야 행동치료는 주요 치료적 접근으로서의 지위를 얻었다. 그 무렵에 월프(Joseph Wolpe), 래치먼(Stanley Rachman), 라자루스(Arnold Lazarus), 아이젱크(Hans Eysenck), 던랩(Knight Dunlap), 솔터(Andew Salterd)와 그 외 연구자들이 남아프리카, 영국, 미국 등에서 수행한 치료에 대한 연구들이 임상가들로부터 큰 관심을 받기 시작하였다. 행동주의적 치료법의 초석을 놓은 그들의 연구들은 『상호억제에 의한 심리치료(Psychotherpay by Reciprocal Inhibition)』(Wolpe, 1958), 『임상 실제 및 연구에서의 조건형성기법(Conditioning Techniques in Clinical Practice and Research)』(Franks, 1964), 『행동수정 사례연구(Case Studies in Behavior Modification)』(Ullmann & Krasner, 1965), 『행동치료 기법: 신경증 치료를 위한 안내(Behavior Therapy Techniques: A Guide to the Treatment of Neuroses)』(Wolpe & Lazarus, 1966) 등을 포함한 영향력 있는 저서의 기초가 되었다. 스키너(B. F. Skinner)의 『과학과 인간행동(Science and Human Behavior)』(1953)는 조작적 조건형성의 치료적 이용에 대한 청사진을 제공하였다(〈표 2-6〉 참조).

인지적 접근

인지적 접근을 지향하는 연구자와 치료자들은 특정한 조건과 자신에 대한 특정한 생

〈표 2-6〉 행동주의적 접근법의 기본 개념	
1. 행동주의 심리학자들은 인간 행동을 조건형성과 관찰을 통해 학습되는 것으로 본다.	3. 행동치료는 학습된 상황 특정적 부적응 반응을 지속하게 하는 변인들을 바꾸는 데 초점을 맞춘다.
2. 심리적 문제들은 학습되며, 상황 특정적인 것으로 가정된다.	4. 행동치료는 경험적 연구로부터 나왔고, 치료 효과를 평가하기 위한 자료의 수집을 강조한다.

각을 장애의 발달에서 특별히 중요한 것으로 본다(Salovey & Singer, 1991). 이러한 생각은 흔히 감정과 연결되기 때문에 자기 자신 그리고 다른 사람과의 관계에 대해 어떻게 느끼는지에 영향을 미친다. 인지치료자들은 내담자의 인지(신념, 스키마, 자기 진술, 문제해결 전략 등)에 영향을 미침으로써 부적응적인 행동의 교정을 시도한다.

기원

임상심리학의 인지적 접근은 모든 심리학 분야에 영향을 미친 보다 일반적인 '인지혁명'에서 성장했다. 이 혁명의 발달은 심리학 안팎에서 찾아볼 수 있다. 심리학 외부의 영향으로는 수학, 생물학, 인공지능, 특히 컴퓨터의 발달을 들 수 있다.

1948년 MIT의 수학과 교수인 위너(Norbert Wiener)는 『Cybernetics: or Control and Communication in the Animal and the Machine』을 출판했다. 위너는 피드백과 내적 기제의 통제에 관심이 있었고, 그의 책 덕분에 입력(input), 출력(output), 피드백(feedback)과 같은 용어가 대중화되었다. 터링(Alan Turing), 버탈란피(Ludwig von Bertalanffy)와 같은 다른 연구자들은 기능적 체계를 이끄는 내적 규칙을 이해하는 방식을 연구했다(Boeree, 2006). 이러한 노력은 컴퓨터와 피드백을 이용한 하드웨어, 그리고 인간이 개발한 통제 규칙(소프트웨어)의 발달과 동시에 일어났다.

심리학자들도 내적 과정으로 정상적/비정상적 행동을 설명할 수 있는 방법을 생각해 보기 시작하였다. 물론 정신적 사건에 대한 추론이 새로운 것은 아니지만 정신경험에 대한 진지한 고려가 행동주의 전성기 동안, 특히 북미 대부분의 실험심리학 내에서는 금기시되어 왔다는 것을 상기할 필요가 있다. 그러나 1960년대에 들어와서 정신구조에 대한 생각은 밀러(George Miller, 기억, 인간요인), 촘스키(Noam Chomsky, 언어발달), 피아제(Jean Piaget, 아동의 인지발달) 등과 같은 학자들의 연구로 인해 학술적인 심리학의 주류 속으로 슬며시 되돌아왔다. 컴퓨터 유추와 정보처리 언어는 경험적 성향의 심리학자들에게 정신활동에 대한 개념을 정신역동적이나 인본주의적 심리학에서 제시한 개념들보다 덜 사변적으로 이야기할 수 있는 방법을 제시하였다.

현장의 임상가들도 정신적 사건에 대한 고려가 확장되는 것을 환영하였다. 행동주의 임상가들은 정신분석의 개념을 받아들이기보다는 관찰 가능한 사건과 실험실 연구를 강조하는 경험적 심리학 쪽에 남아 있기를 선호하였다. 그렇지만 행동주의 임상가들도 내담자 자신의 상태에 대한 이해를 고려하지 않는 것도 불편하였다. 사건의 원인에 대한 내담자의 신념—귀인 또는 평가라 부르는—은 그들의 문제에서 중요한 역할을 하는 것처럼 보였다.

임상심리학자인 켈리(George Kelly)는 분명 최초의 인지주의적 임상심리학자다(Reinecke & Freeman, 2003). 그는 인간 행동이 개인적 구성 개념 혹은 세상에 대해 기대하는 방식에 의해 결정된다는 기본 가정에 기초한 이론을 개발하였다(Kelly, 1955). 켈리에 따르면 개인은 행동의 결과에 대한 개인의 독특한 기대에 따라 행동한다. 즉, 사람들의 삶에 대한 구성 개념은 현실을 구성하고 행동을 이끈다. 예를 들어, 칼을 잠재적으로 위험한 물건으로 인식하는 사람은 칼을 다룰 때 주의를 기울일 것이다. 조심성은 부주의한 결과에 대한 분명한 예측을 반영하고 사고를 피하게 해 주기 때문에 '날카로운 칼은 위험하다.'는 구성 개념이 타당화된다. 켈리의 견해에서 인간 존재의 중요한 목적은 본능을 충족시키거나 보상을 극대화하는 것이 아니라 개인적 구성 개념을 타당화하고, 그렇게 함으로써 그들이 지각하는 세계를 이해하는 것이다. 어떤 현상의 원인과 발생시기를 밝혀내는 과학자들처럼 사람들은 자신의 삶에서 발생하는 현상에 대해 이해하고 예측하기를 원한다.

켈리의 이론에 따르면 혼란된 행동은 개인이 사회적 경험에 대해 부정확하거나 지나치게 단순화하거나 오류가 있는 구성 개념을 가질 때 초래된다. 과학자들이 잘못된 구성개념을 가지고 있을 때 부정확한 예측을 하게 되는 것처럼, 사람들은 개인적 구성 개념으로 일상적인 사건들을 이해하고 예측할 수 없을 때 부적절하게 행동하기 쉽다. 따라서 삶의 모든 것을 '선하고 좋은 것'과 '악하고 나쁜 것'의 둘 중 하나로만 해석하는 사람은 계속 어려움을 만나게 된다. 왜냐하면 왜곡하지 않고서는 어떤 사건이나 어떤 사람을 이런 식으로 분류할 수 없기 때문이다. 그 사람은 모든 대학생, 정치가, 외국인은 악하고 모든 어린이, 의사, 성직자는 선하다고 판단할지도 모른다. 그러나 그중 적어도 일부는 잘못된 판단일 것이다. 그는 다른 사람들에게 폐쇄적이고 편견을 가지고 있고 판단을 잘 못하는 인물로 비치게 될 것이다. 그의 대인관계는 아마도 대단히 험난해지기 쉬울 것이다.

인지적 접근의 다른 영향력 있는 인물은 엘리스(Albert Ellis, 1962, 1973, 1993)다. 그의 합리적-정서적 이론의 핵심 원리는 다음의 인용문에 나타나 있다.

> 중요한 촉발사건(activating event: A) 후에 강한 감정으로 가득 찬 정서적 결과(consequence: C)가 뒤따른다. 그러나 A가 실제로 C를 일으키지는 않는 것 같다. 대신에 정서적 결과는 개인의 신념체계(belief system: B)에 의해 폭넓게 영향을 받는다. 그러므로 심한 불안과 같은 바람직하지 않는 결과가 발생하면, 재빨리 그 개인의 비합리적인 신념을 추적할 수 있다. 그리고 이러한 신념을 합리적으로 도전하여 효과적으로 반박하면(dispute: D)

혼란된 결과는 사라지고, 결과적으로 재발이 멈춘다(Ellis, 1973, p. 167).

엘리스에 따르면 치료자의 업무는 이러한 비합리적이고 비현실적이고 자기기만적인 신념을 공격하고, 보다 합리적이고 논리적인 사고 패턴을 가르치는 것이다(Ellis, 1962; Ellis & Dryden, 1987; Ellis & Grieger, 1977). 불편한 사건이 의식에서는 감추어져 있는 정신분석과는 달리, 불안과 역기능으로 이끄는 핵심적인 사고는 내담자의 진술 안에 명백하게 나타난다(예를 들어, 자신이 사랑스럽지 않다고 믿는 내담자들은 "아무도 나를 좋아하지 않는다."고 호소하기 쉽다. 자신이 거절을 당하면 견디지 못하고 감정적으로 무너질 것이라는 믿음은 "부탁을 할 수가 없어요. 상대가 싫다고 하면 어떡해요?"라는 말에서 드러난다). 엘리스는 내담자가 스스로를 고통스럽게 하는 비합리적인 생각을 포기하도록 설득하기 위해 강하고 직접적인 의사소통 방식을 사용하였다. 인지치료자들은 적극적이고 도전적이고 지시적이고 때로는 거칠기까지 하다.

벡(Aron Beck, 1976)의 이론처럼 다른 형태의 인지치료들은 특정한 유형의 사고가 우울증과 같은 특정한 장애에 영향을 미치는 방식을 자세하게 설명하였다. 반두라(Albert Bandura, 1986)와 미셸(Walter Mischel, 1993) 등의 이론은 모두 인지적 행동과 사회적 행동 간의 관계에 대해 설명하는 이론이다. 이러한 심리학자들의 업적에 대해서는 8장 '행동적 및 인지-행동적 심리치료'에서 다룰 것이다(〈표 2-7〉 참조).

인지이론은 정신역동적, 인본주의적, 행동주의적 접근과 공통된 특성을 가지고 있다. 예를 들어, 정신역동에서처럼 특정 인지는 불안과 회피를 유발할 수 있다. 그러나 인지이론가들은 무의식보다는 의식적인 사고와 감정을 검토한다(Bandura, 2001). 인본주의

〈표 2-7〉 인지적 접근의 기본 개념

1. 행동은 단지 자극과 반응 간의 연결을 학습하는 것이 아니라 사건에 대해 개인이 어떻게 해석 또는 생각하느냐에 따라 발달한다.	3. 사람들의 신념(가정, 기대, 귀인)이 자신이 가장 두려워하는 바로 그 일에 기여하게 될 때 심리적 문제가 발생할 수 있다. 예를 들어, 사랑받지 못한다는 우울한 사람의 신념은 그녀가 말이 별로 없게 만들고, 이는 다시 다른 사람들이 그녀에게 접근하기 어려워 보이게 한다(악순환).
2. 개인들은 자신에게 영향을 주는 사건에 대한 자신만의 독특한 이해방식을 개발하고, 이러한 그들의 설명은 그들의 감정과 행동방식에 영향을 준다.	4. 치료자는 내담자에게 자신들의 신념을 합리적으로 검증하게 하고, 자신들의 가설을 시험하고, 대안적 신념을 탐색하고 적용하도록 격려한다.

심리학에서 그러한 것처럼 사건에 대한 사람들의 지각과 신념이 행동방식을 결정한다고 가정한다. 그러나 인지심리학자들은 특히 특정한 유형의 신념(자기 참조적, 부정적 사고에 대한 해석)에 초점을 맞춘다. 인지치료자들과 행동주의 치료자들은 또한 많은 공통점이 있다. 인지치료자들은 행동주의 치료자들처럼 외부 사건(자극)과 행동(반응) 간의 학습된 조건형성에 초점을 맞춘다. 그러나 인지치료자들은 인지의 매개 역할을 추가한다. 둘 다 내담자의 변화를 돕기 위해 학습원리를 사용한다. 행동치료자들은 부적응적인 행동을 변화시키고, 인지치료자들은 부적응적인 사고를 변화시킨다. 사실 인지주의적 접근과 행동주의적 접근은 공통점이 많기 때문에 결합되었다. 이러한 발달에 대해서는 다음 절에서 논의한다.

인지-행동적 접근

처음에는 행동주의적 접근과 인지주의적 접근이 개념적으로 정반대였다. 엄격한 행동주의자는 '정신주의(mentalism)'를 혐오했고, 인지주의 심리학자들은 행동주의가 너무 엄격하다고 생각했다. 그러나 이미 1960년대와 1970년대에 행동주의와 인지주의 진영 간에 화해의 조짐이 있었다(Mahoney, 1977). 행동주의 치료자들은 다양한 장애에서 인지의 중요성을 인식했고, 인지주의 치료자들은 인지적 변화가 행동변화로 전환되는 것의 중요성을 인식했다. 예를 들어, 엘리스는 (비합리적인 신념에 더하여) 구체적인 행동에 초점을 맞추는 것이 중요하다는 것을 이해했다. 그는 결국 자신의 치료적 접근법의 이름을 합리적-정서적 치료에서 합리적-정서적 행동치료로 바꾸었다(Ellis, 1993).

심리치료에 대한 행동주의적 접근과 인지주의적 접근의 결합에는 다른 이유들도 있다. 둘 다 기능의 구체적인 측면에 초점을 맞추고, 임상심리학의 경험적 전통에서 나왔으며 이론, 평가기법, 치료 효과를 검증하기 위한 통제된 연구를 강조했다.

그 결과, 원래는 거리가 멀었던 두 유형의 심리치료가 이제는 인지행동치료 또는 CBT로 되어 전형적으로 교육과 실무에서 결합되어 있다. 인지행동치료는 원래 행동주의나 인지주의 각각에서 개발된 치료기법과 접근법 모두를 합해서 지칭하는 명칭이다. 또한 인지행동치료에는 행동주의 원리와 인지주의 원리 모두를 사용하여 개발·개선된 접근법과 통합적인 접근법도 포함된다(Reinecke & Freeman, 2003). 전 세계의 행동치료협회는 이름에 '인지'라는 용어를 추가했고(Reinecke & Freeman, 2003), 이제는 일반적으로 두 체계를 함께 제시하는 심리학 교과서들이 급등한 CBT의 인기를 입증한다([그림 2-4] 참조).

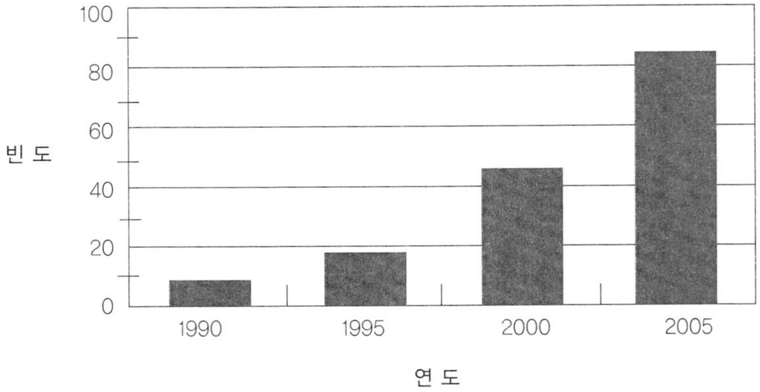

[그림 2-4] 1990~2005년간 APA PsycINFO 학술지 논문 제목에 나타난 인지행동치료 용어의 빈도

집단, 가족, 부부 그리고 체계 접근

20세기 후반의 50년 동안 정신역동적, 인본주의적, 인지-행동적 접근에 대한 많은 대안이 개발되었다. 이러한 대안들 중 많은 접근법에서 사람들의 행동은 관계체계 속에서 발달하고 반영된다는 관점을 공유하였다. 집단 혹은 체계 접근이라 불리는 이러한 대안적 접근은 이론적 기반과 실무의 측면에서는 매우 다양하지만, 모두 개인보다는 상호작용하는 한 쌍이나 집단을 대상으로 중재하는 것을 강조하고 있다.

집단치료는 최초의 사회적으로 지향된 치료이며, 보스턴의 프랫(Joseph Pratt)에 의해 20세기에 처음 시작되었다(Dies, 2003). 제2차 세계대전 즈음 전문 인력의 부족으로 활성화된 집단치료는 나중에 내담자 과잉(전형적으로 군인들과 참전용사들)과 임상가 부족에 대한 실제적인 해답이 되었다. 집단치료는 특히 1960년대와 1970년대에 인기가 높아졌고, 가치 있는 중재기법으로 충분히 인정받을 정도로 발전하였다.

임상심리학의 주요 접근에서는 각각 집단치료를 개발했다. 분석적 집단, 내담자중심 집단, 게슈탈트 집단, 인지-행동적 집단 등이 있다. 당연히 취하는 접근에 따라 집단은 조금씩 다르게 운영된다. 예를 들어, 정신역동적 치료자는 개인보다는 집단의, 집단 수준의 갈등과 방어를 해석해야 한다고 제안한다(예를 들어, Bion, 1959). 행동주의적 그리고 인본주의적 치료자들은 자신들의 기법이 이미 내담자 다수에게 적용 가능한 중재라는 것을 깨달았다. 예를 들어, 행동주의자들은 집단 맥락으로까지 확장할 수 있는 관찰 가능한 행동, 사회적 보상, 모방, 그 밖의 다른 형태의 외적 학습을 강조했다. 인본주의적 치료자들은 의식경험과 지금-여기에서의 의사소통에 참여할 것을 강조했다. 이러한 기법들은 대부분의 집단치료와 다수의 내담자를 대상으로 하는 중재의 핵심이 되었다. 집단은 또한 많은 비전문적 자조모임으로 인기를 끌게 되었다(Gottlieb & Peters, 1991). 체중조절 집단, 자기주장 집단, 각성증진 집단, 알코올 자조집단(Alcoholics Anonymous) 등이 흔한 예다.

20세기 중반 즈음에 아동심리학자들이 부모가 참여하면 행동문제를 더욱 효과적으로 다룰 수 있다는 것을 알아차리면서 가족치료가 발달하였다. 일부 치료자들은 아동의 문제를 개인의 문제보다는 역기능적 가족의 증상으로 보기 시작했다. 『가족 진단: 취학전 아동에 대한 접근(Family Diagnosis: An Approach to the Preschool Child)』에서 애커먼과 소벨(Ackerman & Sobel, 1950)은 진단과 치료의 초점을 아동보다는 가족에 맞추어야 한다고 주장했다. 가족의 의사소통 패턴이 어떻게 정신분열증의 발달에 영향을 주는가에 대한 검증(Baterson, Jackson, Haley, & Weakland, 1956)과 비행(범죄)의 원인이 되는 가족관계에 대한 연구(Minuchin, Montalvo, Guerney, & Shumer, 1967)가 가족치료의 성장에 기여하였다.

부부치료 운동은 가족치료 운동과 밀접하게 관련된다. 최초의 부부치료자는 흔히 산부인과 의사, 성직자, 사회사업가, 교사 등이었다. 임상심리학자가 치료하는 부부공동치료(파트너 둘 다를 동시에 치료하는)는 1970년대에 와서 비로소 보편화되었다. 처음의 임상 작업은 대부분 문화적으로 수용되는 결혼 역할에 부부가 적응하는 것을 돕는 것과 성생활, 자녀양육 같은 결혼의 실제적인 면에 관한 조언을 하는 것에 초점을 맞추었다(Gurman, 2003).

심리학자가 결혼갈등에 관여하게 됨에 따라 부부치료를 지지하는 이론들이 확장되었다. 캘리포니아 정신연구소의 헤일리(Jay Haley)와 잭슨(Don Jackson) 같은 치료자는 가족치료에서 나온 '가족체계' 개념을 부부치료에 적용하였다(Gurman, 2003). 행동주의 치료자들(예, Stuart, 1969)과 인지-행동적 치료자들(예를 들어, Baucom & Epstein, 1990)처럼 인본주의적 치료자들(예, Satir, 1967)도 부부치료를 개발하였다.

부부치료와 가족치료의 출현에 영향을 준 많은 요소는 재활과 예방적 중재의 발달에도 동일하게 기여하였다. 재활을 돕기 위한 여러 노력에는 보다 큰 지역사회 안에서 내담자를 돕는 것이 포함된다. 예방적 중재에서는 종종 지역사회 중재를 한층 더 강조한다. 예를 들어, 약물 사용 예방에 대한 노력은 약물을 사용하지 않는 사람의 수를 최대화하고 약물을 사용하는 사람들의 영향에 대해 '면역력'을 갖도록 계획한다. 이러한 대안

〈표 2-8〉 집단, 가족, 부부 그리고 관련된 체계 접근법의 기본 개념

1. 인간 행동은 사회적 맥락 안에서 발달되고 유지된다.	3. 집단, 가족, 부부 치료자들은 체계 내의 개인들에게 중요한 상호작용 및 특정한 교류 패턴에 초점을 맞추고 그러한 측면을 변화시키려고 노력한다.
2. 역할, 신념, 행동, 피드백 기제가 서로 맞물린 체계는 잘 기능할 수도 있고 그렇지 않을 수도 있다.	

적인 집단, 가족, 부부 그리고 관련된 체계 접근법에 대해서는 9장 '대안적인 임상적 개입' 에서 탐색할 것이다(〈표 2-8〉 참조).

임상심리학에 대한 생물학의 영향

전통적으로 임상심리학에 대한 다양한 접근은 무의식적 갈등, 학습된 연합, 자기 지각과 같은 심리적 변인들을 강조하지만 생물학적 요인도 고려함으로써 혼란된 행동을 더 잘 이해할 수 있다는 점에 동의한다. 신경과학, 실험정신병리학, 행동유전학 및 관련된 영역에서의 연구로, 오늘날 임상가들은 그들이 연구하고 다루는 행동적 및 정신적 과정이 각 개인의 생물학적 구조(makeup)에서 유래하는 기초에 의존한다는 것을 점점 더 인식하게 되었다. 이 구조에는 모든 종류의 정상행동과 이상행동에 기저하는 뇌활동과 다른 조직들과 체계들뿐 아니라 유전적 특성 등이 포함된다.

생물학적 요인은 여러 가지 방식으로 정신장애에 영향을 줄 수 있다. 때로는 알코올이나 다른 약물이 중독을 일으키고, 뇌의 어떤 영역에서 뉴런의 변질로 인해 알츠하이머를 일으키고, 유전적 이상이 특별한 형태를 가진 정신지체의 원인이 되는 것처럼 그 영향력이 직접적이다. 다른 장애들은 한 가지가 아닌 여러 가지 요인이 작용하며, 그중 일부에서만 생물학적 요인이 관여한다. 우울장애, 불안장애, 정신분열증, 성격장애 등에서 다양한 하위 유형이 출현하는 데에는 장애에 이르는 이러한 다양한 경로가 관련되어 있을 가능성이 있다.

또한 임상가들은 장애에 대한 생물학적 원인의 발견이 자동적으로 심리적 치료의 가치를 부정하는 것이 아니라는 점을 인정한다. 그리하여 아동의 과잉활동이 신경학적 결함으로까지 거슬러 올라간다 하더라도 약물 대신에 혹은 약물과 병행되는 인지행동치료가 해결책을 제공할 수 있을 것이다. 또한 생물학적 요인이 때로는 심리적 개입에 의해 수정될 수 있을 것으로 생각되기 때문에 임상가들은 정신장애의 생물학적 원인에 점점 더 관심을 기울이고 있다. 예를 들어, 건강심리학과 신경과학의 연구자들이 정신과

신체가 우리가 이제 막 이해하기 시작한 그러한 방식으로 서로 영향을 준다는 것을 알아내고 있다는 것을 12장 '건강심리학', 13장 '임상신경심리학'에서 보게 될 것이다. 요약하면, 정신병리에서 생물학적 요인의 중요성을 인식하는 것이 임상심리학에 대한 전통적 접근들을 부적합하게 만들지 않으며, 실제로는 연구의 폭과 깊이를 더해 준다.

오늘날 임상학자들은 정신병리에 대한 소인-스트레스(diathesis-stress) 관점에 특히 초점을 맞추는데, 생물학적 요인은 세 가지 원인 요소 중의 하나로 간주된다. 첫째는 '소인'으로 알려져 있는 어떤 종류의 생물학적 결함(대개 뇌의 생화학적 또는 해부학적 문제, 자율신경계 또는 내분비계의 문제)이 존재하는 것이다. 그러한 결함은 흔히 유전되는 것이지만 신체적 외상, 감염 또는 다른 질병 과정에서 생길 수 있다. 둘째는 심리적 장애를 발달시키는 취약성(vulnerability)이다. 어떤 취약성을 지닌 사람들은 그와 관련되어 있는 장애가 발달할 위험 또는 소인을 가지고 있는 것이다. 셋째 원인 요소는 병인성(질병을 야기하는) 스트레스원의 존재다. 위험상태의 사람들이 그와 같은 스트레스원에 노출되면 질병에 대한 그들의 소인은 실제 장애로 진전될 것이다. 그러나 같은 정도의 위험한 상태에 있더라도 환경에서 경험하는 스트레스가 미약하다면 그들의 소인은 임상적으로 의미 있는 장애로 표현되지 않을 것이다.

소인-스트레스 관점은 생물학적 · 심리적 · 환경적 원인을 포함하고 통합한 정신분열병 취약성 모델을 구성하는 데 채택되었다(Cornblatt & Erlenmeyer-Kimling, 1985; Zubin & Spring, 1977). 이 모델에서는 ⓐ 정신분열병에 대한 취약성은 주로 생물학적이고, ⓑ 개인에 따라 취약성의 정도가 다르며, ⓒ 취약성은 부분적으로 유전을 통해 전달되거나, 출생 전 위험 요소, 출생 합병증, 기타 문제와 관련된 이상신경 발달을 통해 전달되며(Barr, Mednick, & Munk-Jorgensen, 1990; DiLalla & Gottesman, 1995; Tyrka et al., 1995), ⓓ 빈약한 부모양육, 부적절한 대처기술과 같은 심리적 요인이 정신분열병의 출현 여부와 심각도에 작용할 수 있다고 주장한다(Wearden, Tarrier, Barrowclough, Zastowny, & Rahill, 2000).

[그림 2-5]에서 볼 수 있듯이 취약성과 스트레스의 다양한 조합으로 정신분열병이 나타날 수 있다. 그리고 소인-스트레스 관점에 따라 정신분열증에 취약한 사람이 정신분열병적인 사고와 행동 패턴을 유발하고 유지시키는 환경적 요구—가족 갈등, 다른 스트레스 요인들—에 노출될 때 실제로 발병하기 쉬울 것이다. 동일한 스트레스에 노출되더라도 취약성이 낮은 경우 정신분열병이 나타나지 않을 것이다.

많은 이상심리학 교과서에서 정신장애의 생물학적 요인에 대해, 그리고 원인론으로 소인-스트레스 모델에 대해 상세하게 다루고 있다. 나머지 장들에서 다양한 시기의 생

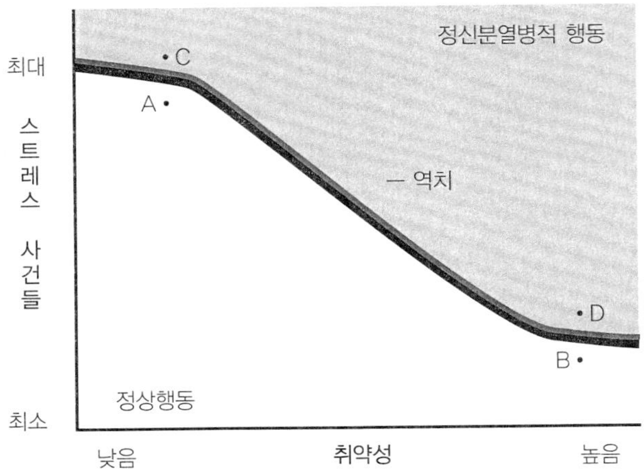

[그림 2-5] **정신분열병의 취약성 모델**

이 모델에 따르면 정신분열증에 대한 높은 소인과 낮은 환경적 스트레스(D 지점), 낮은 소인과 높은 스트레스(C 지점) 또는 그 밖의 가능한 조합으로 정신분열병 발병의 역치를 넘을 수 있다.

물학적 영향력에 대해 설명할 것이다.

접근법들의 비교: 사례 예시

임상심리학자들은 다양한 치료적 접근법을 어떻게 적용하는 것일까? 다음 사례를 살

임상 사례

17세의 고등학생인 안나 B는 섭식장애와 우울증이 의심되어 주치의에 의해 심리 클리닉으로 의뢰되었다. 안나는 표준체중 이하였고, 월경은 중단되었고, 다른 가벼운 질병과 함께 목이 아프다고 호소했다. 그녀는 또한 수면문제가 있다고 했다. 그녀의 어머니는 부유한 중상층으로 다정하고 지지적이라고 했으며, 안나가 몇 달 전부터 기분 변화가 심하고 우울해 보였다고 말했다. 초기면접 때 안나는 자살에 대한 생각과 종종 체중 증가를 막기 위한 구토를 포함한 음식섭취 억제에 대해 시인했다. 두 번의 시도로 인한 팔목 절개흔이 있었다. 속 깊은 이야기를 하는 가까운 친구는 2명이라고 했다. 4개월 전에 남자친구와 헤어진 후 데이트는 하지 않았지만, 학교중창단에서 활발하게 활동하고 있었고 대학에서 노래를 계속하고 싶어 했다. 보통 A였던 학교성적이 B와 C로 떨어지기 시작했고, 이에 대해 매우 걱정을 했다. 안나는 자신이 섭식장애라는 것은 인정하기를 꺼렸지만, 우울증일 수도 있다는 것에는 동의했다. 그녀는 성공에 대한 지속적인 압박감을 보고했고, 자신에게 그럴 능력이 있는지에 대해 의심했으며, 이러

한 식으로 살 만한 가치가 있는지에 대해서 의문을 갖기 시작했다.

펴보자.

모든 이론적 접근을 대표하는 임상가들은 안나가 약물을 포함한 의학적 치료를 받을 필요가 없는지 확인하기 위해 의사에게 자문을 구할 것이다. 허가된 주에서는 특별한 수련을 받은 심리학자가 주치의와의 협의하에 자신이 약물을 처방할 수 있다. 임상가가 안나의 문제와 치료를 어떻게 이해하느냐에 따라 그 정도는 매우 다양하겠지만, 대부분의 심리학자들은 그녀의 가족을 참여시킬 것이다. 즉, 다양한 접근의 임상가들은 초점을 맞추는 원인 설명, 진단과 평가절차, 치료기법 등에서 저마다 다를 것이다. 〈표 2-9〉를 검토해 보면 다양한 접근의 적용에 대해 이해할 수 있을 것이다.

정신분석적 치료자는 안나 행동의 동기가 된 무의식적 갈등에 대해 생각해 볼 것이다. 아마 그녀가 금식(self-starvation)를 통해 상징적으로 방어하고 있는 불안 유발적 갈등을

〈표 2-9〉 임상심리학의 주요 접근의 기본 가정

	정신역동적	인본주의적	행동주의적	인지주의적	체계적
인간관	정신활동의 대부분은 의식에 감추어져 있고 갈등에 휩싸여 있다.	인간 본성은 일반적으로 성장 지향적이다. 지각이 현실이다.	인간 행동은 기본적으로 조건형성, 강화 및 그와 유사한 과정을 통해 학습된다.	인지는 학습되고, 사건(자극)과 행동(반응) 사이를 매개한다.	인간 행동은 사회적 맥락에서 나오며, 그 안에서 이해되어야만 한다.
정신병인론에 대한 기본 가정	과거에 뿌리를 둔 무의식적 갈등이 현재에서 무의식적으로 재연	위협적인 감정의 회피로 인해 진실한 자기와 멀어짐	자극에 대한 학습된 부적응적 반응	부분적으로 자기에 관한, 학습된 부적응적 인지	역기능적 체계
치료적 중재의 초점	무의식적 갈등과 역사적 배경을 지닌 부적응적 패턴	즉각적인 경험	구체적인 외현행동의 촉매, 선행사건, 보상적 결과	선행사건과 결과를 매개하는 인지(귀인, 신념 등)	집단, 가족 역할, 상호작용 패턴
치료자의 역할	'고고학자': 내담자가 심리내적 갈등의 뿌리와 현재의 징후를 이해하도록 이끈다.	'거울': 내담자가 이해받음, 수용됨, 가치를 느끼는 지지적인 정서적 분위기를 형성한다.	'코치': 내담자의 구체적인 행동변화와 이를 유지시키는 조건에 대한 확인, 계획, 수행을 돕는다.	'과학자': 내담자가 습관적인 부적응적 사고를 확인하고 도전하고 대체하도록 돕는다.	'사회적 설계가': 집단원들의 역할, 집단 내 관계, 의사소통 패턴 등의 변화를 돕는다.

깨닫도록 돕는 기법을 사용할 것이다. 또한 이러한 방어에 기여한 과거와 현재의 관계가 어떠했는지를 이해하도록 도울 것이다.

인본주의적 심리학자들은 안나의 자기개념과 그녀가 증상의 의미를 어떻게 이해하고 경험하는지에 초점을 맞출 것이다. 또한 그들은 비판적이 되기 쉬운(아마 완벽해지고, 통제하고, 사랑받고자 하는) 자신의 측면을 안나가 보다 잘 수용하도록 도울 것이다.

행동주의 심리학자들은 안나가 먹는 것을 제한하는 상황과 가장 우울함을 느끼는 상황을 인식하도록 학습시킬 것이다. 그들은 이러한 상황에서 받게 되는 잠재적 보상뿐 아니라 그 상황에서의 자신의 행동을 평가하도록 도울 것이다. 그들은 아마도 단계적으로 그녀가 편안해할 수 있는(그리고 합리적인) 체중의 유지에 필요한 음식섭취를 위한 단계적인 계획을 개발하고, 체중 증가를 유지할 때 스스로에게 주는 적절한 방식의 보상을 설정하도록 도울 것이다. 그들은 안나의 우울감과 관련된 행동에 대해서도 이와 비슷한 프로그램을 설정하게 할 것이다. 또한 가족구성원이 그러한 행동이 발생하는 상황에서 중요한 구성 요소이기 때문에 이러한 계획에 가족을 참여시킬 것이다.

인지주의적 임상가들은 행동주의적 접근에 안나의 신념과 가정에 대해 탐색하고 도전하는 것을 추가할 것이다. 이러한 신념과 가정은 대화 중에 직접적이거나 간접적으로 드러난다(예를 들어, "나는 실패를 용납할 수가 없어요." "나의 사회적 가치는 외모에 달려 있어요." "아무도 나를 안 좋아해요."). 치료를 통해 안나는 스스로가 이러한 진술을 만들었다는 것을 인식하고, 보다 이성적이고 적응적인 자기진술로 이러한 상황에 대응하는 것을 배우게 될 것이다.

가족치료자는 가족역동이 어떻게 안나의 섭식장애와 우울증에 영향을 미치는가에 초점을 맞출 것이다. 표면화되거나 또는 밑에서 표현되지 않고 곪아터진 가족 내의 갈등이 있지는 않은가? 만약 그렇다면 안나의 증상은 그녀가 온전히 이해하거나 고칠 수 없는 보다 큰 문제에 대한 반응은 아닌가? 가족들은 안나와 안나는 가족과 어떻게 상호작용하는가? 안나나 다른 가족구성원의 부담을 덜어 주기 위해 역할, 기대, 의사소통 패턴 등을 수정할 수 있는가? 아니면 보다 지지적인 관계가 되도록 도울 수 있는가? 다른 접근법의 치료자들처럼 체계이론가들 또한 부유한 가정 출신의 성취 지향적인 젊은 여성에게 그러한 압력을 느끼게 만드는 경향이 있는 문화적 성차 이슈들을 안나가 이해하도록 도울 것이다.

각 접근법의 진단과 치료 단계에 대한 완벽한 논의는 이 장의 범위를 넘어서는 것이다. 그러나 이어지는 장들에서 치료적 접근을 훨씬 더 자세하게 다룰 것이다.

이 절의 요약 임상심리학에서 정신분석과 행동주의적 접근법의 기초는 제2차 세계대전 이전에 발달하였지만, 전쟁 후 치료가 임상가들의 주요 활동이 되었을 때 급성장하였다. 다른 치료적 접근법들—인본주의적, 집단/체계, 인지-행동주의와 같은 혼합된 접근법—도 곧 이어 발달하였다. 이 분야의 가장 급격한 발전기 동안 이론과 실제의 형태를 갖춘 이러한 '학파' 들이 임상심리학을 지배했다. 그것들은 오늘날에도 강한 영향력을 행사하고 있다.

특정한 접근을 취할 때의 장점과 단점

이 절의 미리보기

임상심리학에 대한 단일 이론은 인간 행동에 관한 방대한 양의 혼란된 정보들을 조직화하는 데 도움이 될 수 있다. 또한 평가와 치료 활동에서 임상가들을 직접적으로 도울 수도 있다. 그러나 특히 임상가들이 하나의 접근을 옹호하는 데 있어 융통성이 없거나 독단적이라면, 단일 접근의 채택은 근시안을 만들어 내거나 이 분야의 발달을 방해할 수 있다.

임상심리학에서 하나의 접근법은 임상가에게 사고와 실무를 안내하는 틀을 제공한다. 이는 광범위한 변인들을 처리할 수 있는 몇 개의 변인으로 좁히는 데 도움을 준다. 그렇게 함으로써 임상가는 그러한 변인 간의 관계성을 보다 쉽게 알아차릴 수 있다. 접근법들은 행동이 어떻게 발달하고 어떻게 문제행동이 되는지에 대한 설명을 제안하고 검증할 수 있다. 그 설명을 바탕으로 임상가들은 관심 있는 변인에 관한 정보를 제공하는 평가방법을 개발하고, 특정 문제나 내담자를 대상으로 하는 치료기법을 개발하고, 이러한 중재의 효과를 밝혀내기 위한 연구를 수행할 수 있다.

역설적이지만, 임상심리학의 특정한 접근은 나침반과 안내자로서 작용할 수 있을 뿐만 아니라 방해물로 작용할 수 있다. 새로운 임상적 접근이 개발되었을 때는 종종 다른 접근법들이 중요하게 생각하는 가정들을 거부하는 것으로 스스로를 정의하기도 한다(예를 들어, 행동주의적 접근법은 관찰 가능한 행동을 지지함으로써 무의식적이고 관찰 불가능한 정신사건을 부정하였다. 인본주의적 접근법은 지금-여기에서 스스로의 결정을 지지함으로써 정신분석과 행동주의의 결정론적 가정을 부정하였다). 임상수련은 종종 각 접근들 간의 지각된 차이점들을 악화시킨다. 특정 이론 지향적인 대학원 프로그램에서 수련을 받은 일부 치료자와 연구자들은 다른 접근보다 자신의 접근을 대부분 자동적으로 옹호한다.

각 접근은 추종자들의 반응을 끌어 모으는 경향이 있다. 그들의 반응은 건강한 회의론에서부터 열광적인 지지에 이르기까지 다양하다. 어떤 임상가들은 행동에 대한 생각을 조직화하는 과정에서 선호하는 접근에만 전적으로 의지하기 때문에, 다른 접근의 새롭고 잠재적으로 가치가 있는 생각들에 대해서는 경직되고 폐쇄적이다. 골드와 스트리클러(Gold & Strickler, 2006)는 다양한 심리치료 접근의 지지자들은 "자신과 다른 심리치료 접근에 대해 즉각적이고 반사적으로 배척하는 강한 외집단 공포와 증오를 나타낸다." (p. 3)라고 주장했다.

그러나 다양한 접근 간의 '영역다툼'의 건강한 측면 또한 있을 수 있다. 기본 과학적 실제가 그 분야를 이끄는 동안은 관점들의 경쟁은 연구를 자극하고, 연구는 이론과 실제를 발전시킨다. 이는 장애와 효과적인 치료에 대한 질문에 답하는 것에 도움이 된다. 다행스럽게도 이것이 임상심리학에서 일어난 일들이다. 10장 '임상적 개입에 관한 연구'에서 보다 충분히 논의하겠지만, 수년간의 연구는 어떤 단일 접근도 치료적 효과를 독점하지 못했다는 것과 아직까지 모든 접근이 동일하게 효과적이라고 정확히 말할 수 없다는 것을 설득력 있게 보여 준다.

하나의 접근은 특유한 방언이 생겨나는 지역과도 비슷하다. 방언은 그것을 공유하는 사람들 간의 의사소통을 용이하게 해 준다. 용어(terms)는 속기(shorthand)의 역할을 하여 의사소통을 더 효율적으로 만들어 준다. 그러나 이를 공유하지 않는 사람들에게 방언은 토의를 방해할 수 있다. 임상심리학에서는 이러한 종류의 언어장벽 때문에 서로 다른 접근을 취하는 사람들 간에 생각을 교류하는 것이 방해받는 경우가 종종 있다. 실제로는 특수한 용어와 의미 때문에 서로를 온전히 이해하지 못했을 때도, 양측 모두는 자신들이 분명하고 이해 가능하게 이야기했다고 생각한다.

요약하면, 그들의 관점은 올바르게 조직화되는 것이 아니라 전문적 실무에 대한 객관적 평가와 그에 따른 수정을 하지 않은 채 고착화된다. 특정한 접근에 과도하게 의존하는 임상가들은 심지어 변화의 필요성을 시사하는 경험적인 증거가 있을 때조차 완고하게 교리를 고집할 수 있다. 다시 말하면, 일관된 조망을 취하는 것은 그 때문에 초점이 좁아져 다른 관점이 간과된다면 자산이 아닌 부채가 되고 말 것이다.

다행히 임상심리학에서 특정한 접근을 취할 때 발생하는 문제의 대부분은 ① 개념의 경직, 행동의 비유연성, 의미의 협소성을 조성하는 과도한 몰입을 피하고, ② 엄격한 과학적 방법에 따라 그러한 접근을 평가하고, 그 평가자료가 요구할 때 접근을 수정한다면 감소될 수 있다. 이는 특정한 접근의 체계적 사용이 중요하지 않다는 뜻이 아니다. 오히려 그 반대다. 그러나 다른 관점에 대한 이해와 인정은 임상가와 내담자 모두에게 해로울 수 있는 협소한 마음을 방지하는 보험과 같은 작용을 할 수 있다. 우리는 이 장에 있는 내용들이 열린 마음을 유지하는 데 도움이 되기를 원한다.

임상가들은 임상심리학 접근을 어떻게 선택하는가? 보편적으로 합의된 선택 지침은 없다. 심지어 이 장에서 제시한 과학적 검증이 가능한 접근의 가치에 대한 조언도 저자들의 개인적인 편견에 기초한 것이며, 많은 사람이 공유하고 있기는 하지만 편견일 뿐이다. 정신역동적 접근을 취하는 사람들은 무의식적 동기가 임상가의 선택에 영향을 준다고 주장할 것이다. 행동주의자들은 자신의 지도자를 본받아서 접근을 선택하기 쉽다고 주장할 것이다. 반면에 인본주의 심리학자들은 특정한 접근과 추종자의 자기개념 간의 일치성에서 답을 찾으려 할 것이다. 아마도 그 선택은 '인지양식(cognitive style)' (Kaplan, 1964), 정서적 및 성격적 특징(Poznanski & Mclennan, 2003), 세계관(Murdock, Banta, Stromseth, Viene, & Brown, 1998) 또는 단순히 '개인적 선호' (Zubin, 1969)에 기초해서 이루어질 것이다. 결정적이지는 않지만, 대학에서의 수련 동안 지도자의 이론적 지향 또한 영향을 준다(Poznanski & Mclennan, 2003).

특정한 임상가가 왜 특정한 접근을 택하는지는 아무도 정확하게 알지 못한다. 그러나 그들이 선택한 접근들은 알고 있다. 구체적인 선택을 표현한 임상가들 중에는 인지적 접근과 인지-행동적 접근을 가장 많이 선택했다(Norcross, Karpiak, & Santoro, 2005). 수십 년 전만큼은 아니지만 정신역동적 접근은 여전히 인기가 있었다.

그러나 모든 임상가가 하나의 접근을 선택하지는 않는다. 자신의 이론적 지향을 물었을 때 많은 임상가는 어느 하나의 접근에 자신을 한정시키지 않는다고 대답했다(Milan, Montgomery, & Rogers, 1994; Norcross, Hedges, & Castle, 2002). 대신 자신들에게 가치와 개인적 만족을 주는 둘 혹은 그 이상의 접근을 채택하는 경향이 있었다(Zook & Walton, 1989). 1장에서 절충주의라고 설명된 입장이다.

임상심리학에서 절충적 접근의 순위는 점점 높아지고 있다. 1981년에 시작되었고, 그 이후 10년 간격으로 노크로스(John Norcross)와 동료들은 APA의 심리치료 분과(29분과)를 조사한다. 2001년 29분과의 조사에서 "응답한 심리학자의 약 1/3이 자신을 절충주의/통합주의로 규정했고, 1/4은 정신분석/정신역동적으로 규정했으며, 1/4은 인지주의 혹은 행동주의로 규정했다. 그리고 나머지 응답자들은 다양한 다른 심리치료체계로 기술했다" (Norcross et al., 2002, p. 98). 자신을 절충주의자로 규정하는 임상가들에 대한 다른 추정치는 약 1/3(Norcross et al., 2002; Norcross, Karg, & Prochaska, 1997)에서 1/2 또는 그 이상(Hollanders & McLeod, 1999; Slife & Reber, 2001)의 범위다. 비율이 어떻든 간에 임상 실무자들 사이에서 절충주의가 선호된다는 것은 분명하다(Santoro, Kister, Karpiak, & Norcross, 2004).

이 절의 요약 임상심리학에는 다양한 접근이 있다. 하나의 접근은 임상가들이 주의를 기울이고 연구하는 변인의 수를 제한할 필요가 있다. 그러나 임상가의 충성이 지나치게 열성적이면 하나의 접근은 좋은 만큼 해가 될 수도 있다. 상식과 경험적 연구는 각 주요 접근들이 임상심리학에 기여를 했다고 주장한다. 몇 십 년 동안의 관점에서 볼 때, 치료자들의 선택에서의 가장 뚜렷한 세 가지 경향성은 ⓐ 20세기 중반의 우세에서 지난 20~30년 동안 수평 유지까지 정신역동적 접근의 인기의 하락, ⓑ 인지적, 인지-행동적 접근을 선택하는 임상가들의 비율 증가, ⓒ 절충적이고 통합적인 접근을 선호하는 임상가들의 비율 증가다.

임상심리학의 현재

이 절의 미리보기

임상심리학의 역사는 몇 가지 중요 주제를 드러내는데, 그중 가장 두드러진 것들은 ⓐ 계속 진행 중인 과학과 실제의 균형에 관한 관심사, ⓑ 이론적 다양성에 대해 잠재적 약점뿐만 아니라 강점으로 보는 관점, ⓒ 이론과 실제에 영향을 주는 역사적이고 문화적인 사건의 영향이다.

몇몇 주제는 임상심리학의 역사에 대한 개관에서 드러난다. 아마 가장 분명한 것은 전문직 내에서 과학과 실제라는 두 개의 기둥에의 의존과 관련된 점일 것이다. 과학과 실제의 혼합은 항상 이 분야의 강점이지만, 논란과 문제의 출처이기도 하다. 문제는 특히 임상가가 한쪽의 활동에만 투자를 하게 되어 자신이 참여하지 않는 쪽에서 소외되면서 발생한다. 예를 들어, 실무가가 충분히 연구에 참여하지 못한다면 체계적이고 주의 깊게 통제된 연구의 가치를 알아보지 못할 것이다. 반대로 학문적 배경에서 일하는 연구자가 충분히 실무에 참여하지 못한다면 일상 업무에 영향을 줄 수 있는 임상적 현실에 대한 시야를 잃을 위험에 처하게 된다(Himelein & Putnam, 2001). 이상적으로 실무와 연구는 서로 정보를 주고받아야 한다.

두 번째 주제는 임상심리학 내의 이론적 관점의 다양성이다. 이러한 다양성은 이 분야의 강점이 될 수 있지만 약점이 될 수도 있다. 현존하는 수많은 접근법과 마찬가지로, 새로운 심리학 이론과 치료가 출현하고 수십 년 후에는 어느 정도 수준의 통합이 필요하다는 것이 명백하다. 이상적으로 경험적 증거가 그렇게 되는 방식을 이끌어야만 한다. 그러나 명백한 증거가 있고 임상가들이 증거를 받아들일 때라도 임상 실제에 대한 접근 중에서 조합하고 선택하는 논리적 문제가 남아 있다. 이러한 다양성 기반 논리적 문제는 수련의 운영방식과 서비스를 제공하는 방식에 영향을 미친다.

세 번째 주제는 임상심리학 분야를 형성하는 사회문화적 요인을 포함한다. 이러한 요인들은 우선 이 분야가 시작되도록 도왔고, 발달하는 방식에 크게 영향을 미쳤다. 제1차 세계대전 동안 심리검사에 대한 수요와 제2차 세계대전 동안 그리고 전쟁 후에 심리검사와 치료에 대한 수요는 이 분야의 초창기 경험적 심리학의 성장에 영향을 미쳤다. 미국 내의 문화적 다양성의 증가와 의료 서비스의 변화(1장에서 논의된)와 같은 현재의 사회문화적 영향은 임상심리 서비스가 제공되는 방식과 임상가의 수련방식을 변화시키고 있다.

요약하면, 임상심리학은 제2차 세계대전 이후 팽창한 이래 상당한 변화를 겪었다. 오늘날 가장 긴급한 몇몇 쟁점들은 이 분야의 시작에서부터 연장된 뿌리를 가지고 있다. 다른 쟁점들은 최근의 예측하지 못한 문화적 변화의 결과다. 건강한 전문성을 유지하기 위해서 임상심리학자들은 과거에서 교훈을 배우고 미래의 변화를 예측해야만 한다.

이 장의 요약

임상심리학은 19세기 말과 20세기 초에 탄생한 이래 빠르게 성장해 왔다. 비록 그 시작은 기본적으로 실험실 기반 연구 분야였지만, 임상심리학은 처음에는 심리검사로서 그리고 나중에는 심리치료로서 곧 응용 분야의 하나로 성장했다. 특히 두 번의 세계대전과 같은 세계적인 사건이 이 분야의 발달에 특히 중요한 기여를 하였다.

제2차 세계대전 전후에 발달한 임상심리학의 몇몇 이론적 접근법들은 각각 행동이 어떻게 발달하고 문제화되는지에 대한 설명에서의 차이점을 강조하였다. 정신역동적 접근법은 프로이트의 정신분석을 바탕으로 한다. 그는 정상적 행동과 비정상적 행동 모두가 심리내적 처리에 의해 결정된다고 보았고, 원초아, 자아 및 초자아 간 갈등의 뿌리는 아동기에 있다고 보았다. 인본주의적 접근은 행동을 기본적으로 스스로에 대한 책임감과 변화에 대해 능력이 있는 개인이 경험하는 독특한 지각세계에 의해 결정되는 것으로 보았다. 이 접근법을 취하는 임상가는 내담자의 눈을 통해 세계를 보려고 노력하고, 내담자 자신의 진실된 느낌, 소망, 목표에 대한 자각을 격려함으로써 자아실현을 달성하도록 돕는다. 행동주의적 접근법은 측정 가능한 행동에 초점을 맞추고, 성격구조에 대해 추론하지 않으며, 문제의 원인과 치료에 대해 이해하기 위해서 조작적 학습, 고전적 조건형성, 관찰학습 등의 원리를 강조한다. 최근 몇 년 동안 행동주의 접근법은 사건에 대한 습관적이고 학습된 사고방식에 초점을 맞춘 인지이론과 혼합되었다. 이러한 인지-행동적 접근은 임상심리학—특히 보다 집중적이고 경험적 기반의 연구를 선호하는—에서 가장 인기 있는 접근이 되었다. 집단, 결혼, 가족 그리고 연관된 체계적 접근들은 20세기 후반 50년 동안 발달되었다. 이러한 접근들의 공통점은 행동에 강력한 영향을 가한 환경적 사건인 인지다. 그러므로 치료도 한 개인을 변화시키기보다는 대인관계체계의 변화를 중점으로 만들었다.

신경과학과 다른 분야의 연구들은 임상가들이 인간 행동과 행동장애에서 유전학, 신경체계, 기타 생물학적 요소들 역할의 중요성을 깨닫게 해 주었다. 심리학적 요소와 생물학적 요소의 통합의 가치는 다양한 형태의 정신장애에 대한 소인-스트레스 모형 그리고 건강심리학, 신경심리학과 같은 분야의 성장에서 알 수 있다.

임상심리학의 어떤 접근이 다른 접근보다 더 인기가 있을지라도, 행동을 기술하고 설명을 독점하는 이론은 아무것도 없다. 그러므로 많은 임상가는 그들의 일상 업무에서 하나의 접근보다는 다양한 접근의 원리를 사용한다. 과거에 문화적 환경이 임상심리학의 성장에 영향을 미쳤던 것처럼 문화적 요소는 오늘날에도 여전히 임상심리학에 영향을 미치고 있다. 최근의 가장 두드러지는 경향은 향후 심리치료의 통합과 절충주의다. 어떤 형태의 치료가 가장 효과적인지에 대한 경험적 증거를 통한 의사결정의 필요, 미국의 건강관리정책 분위기의 변화다.

연구문제

1. 임상심리학 분야는 어떻게 생겨났는가?
2. 임상심리학의 경험적 · 심리측정적 · 임상적 뿌리는 무엇인가?
3. 20세기 초반의 50년 동안 임상심리학에서 어떤 응용 분야가 발전하였는가?
4. 역사적 사건, 특히 두 번의 세계대전은 임상심리학의 발달에 어떤 영향을 미쳤는가?

5. 20세기 후반의 50년 동안 발전한 임상심리학의 주요 접근은 무엇인가?
6. 정신병리의 원인에 대한 기본 가정과 치료적 제안에서 임상심리학의 주요 접근은 어떻게 다른가?
7. 다양한 임상적 접근은 구체적인 사례에 어떻게 적용되는가?
8. 임상심리학의 특정 접근을 취할 때의 장점과 단점은 무엇인가?
9. 오늘날 임상심리학이 직면한 도전과 주요 변화 영역은 무엇인가?

웹사이트

- APA' s Society for the History of Psychology: http://www.apa.org/about/division/div26.html
- APA' s Division 29, Psychtherapy: http://www.apa.org/about/division/div29.html
- The Association for Psychology Science: http://psychologicalscience.org
- A web site for the Freud Museum in London, where Freud spent the last year of his life after fleeing Vienna from the Nazis 1938: http//www.freud.org.uk

CHAPTER 03

{임상적 평가의 기본 측면}

Clinical Psychology

이 장의 미리보기

이 장에서는 임상적 평가과정에 대해 개관한다. 임상가가 선택할 수 있는 평가의 범위에 대해 살펴본 후 평가의 일반적 목적, 기술, 치료계획, 예측에 대해 자세하게 설명한다. 또한 임상가가 평가 수행방식을 선택하는 데 영향을 주는 평가의 목적, 임상가의 이론적 관점, 평가도구의 심리측정적 질, 기타 맥락적 요소 등에 대해서도 소개할 것이다. 평가는 자료를 조합하고 추론하는 것을 포함하기 때문에, 특히 임상가들이 피해야만 하는 오류에 초점을 맞춘 임상적 판단의 사용을 논의할 것이다. 평가는 궁극적으로 내담자 및 제3자와 의사소통이 이루어져야만 하기 때문에 평가 결과의 보고와 관련된 요인을 이야기하는 것으로 이 장을 마무리한다.

임상 사례

T박사는 학교상담사로부터 우울과 반항의 증상을 보이는 제시(Jessie)라는 17세 남자아이를 의뢰받았다. 제시는 알려지성 질병(상담사는 그 말을 믿지 않았다.) 때문에 학교를 빼먹는 것과 함께 교사들에게 자주 대들었다. 제시의 부모는 약속시간에 그를 데리고 왔지만 치료자와 만나는 것을 거부하면서 단지 아들이 무엇이 잘못되었는지, 또 보험처리가 되는 것 중에서 아들을 치료할 수 있는 것이 무엇인지를 알고 싶다고 하였다. 접수면접에서 제시는 학교에 다니는 것은 시간낭비라고 말하면서 학교에 대한 반감을 표현했다. 학교에는 자신을 이해하는 사람이 아무도 없고, 학급 친구들은 특히 자신이 기절할 때는 무시하거나 조롱하기만 할 뿐이라고 했다. 제시는 바닥에 두 번 쓰러져서 1~2분간 잠이 들었을 때를 '기절(check out)'이라고 표현했다. 그는 발작 때문에 약을 먹고 있지만 항상 복용하지는 않는다고 했다. 그는 학교에서 대부분의 시간 동안 조용하고 시무룩하며, 친구들과 이야기하지 않았다. 학교 바깥에서는 대부분의 시간을 식당에서 접시닦이를 하는 20세의 나이 많은 친구와 보냈다. 지난주에 이 두 명의 어린 남자들은 술을 소지해서 붙잡혔다. 제시는 자신이 우울증이고 최소 지난 3주간 '어떤 것에도 흥미가 없었음'을 인정했다. 그는 이 기간 동안 평소보다 오래 자고, 종종 하루에 14~16시간을 잠을 잤다고 했다. 그리고 "이 삶을 떠나 다른 차원에서 사는 것에 대한 매우 기이한 생각을 했다."고 말했다. 또한 그의 부모님이 이혼소송 중이라는 사실도 알려 주었다.

어떻게 하면 치료자는 제시의 문제를 가장 잘 이해할 수 있을까? 어떤 문제들이 가장 긴급한 것인가? 진단명은 무엇인가? 자살 혹은 그 외 위험요소가 있는가? 그의 어려움에 부모는 어떤 역할을 하고 있는가? 효과적인 치료를 어떻게 구성할 것인가? 이러한 질문에 대답하기 위해 심리학자는 평가를 실시해야 한다.

평가는 판단을 하기 위해 정보를 수집하고 통합하는 것이다. 거의 모든 사람은 어떤 유형이든 평가과정에 참여한다. 예를 들어, 우리는 알게 모르게 우리가 만나는 사람들의 배경, 태도, 행동, 성격 특성 등에 관한 정보를 수집하고 분석한다. 그다음 우리의 경험과 기대, 사회문화적 준거체계에 비추어 상대방에 대한 인상을 형성하며, 이에 따라 우리는 가까이 할 사람인지 아닌지를 신속하게 판단한다.

임상심리학자들은 비전문가들보다 공식적이고 체계적으로 평가정보를 수집하고 분석할 수 있다. 2장 '임상심리학의 과거와 현재'에서 논의했던 것처럼, 심리치료가 임상가의 주요 역할이 되기 전까지는 평가가 가장 일반적인 활동이었다. 평가의 상대적인 비율은 그때 이후로 감소했지만, 이러한 감소는 특정한 평가들—특히 로르샤흐와 기타 투사적 기법—이 이전보다 약하게 교육되고 사용되기 때문에 나타난 것이다. 평가의 다른 영역들은 대체로 유지되어 왔다(Clay, 2006a). 비록 더 이상 임상심리학자들의 주요 활동이 아니긴 하지만, 평가는 여전히 중요한 부분이다. 이 장에서는 임상심리학자들이 임상적 평가의 도전에 관해 배웠던 것을 논의하고, 이어지는 2개의 장에서 평가의 구체적인 유형에 대해 이야기할 것이다.

평가과정의 개요

이 절의 미리보기

평가에는 문제나 의뢰로부터 시작되고 평가 결과를 적절한 집단과 의사소통하는 것으로 마무리되는 일련의 단계가 포함된다. 이 단계들 사이에 임상가는 어떤 도구를 사용할지, 임상적 판단을 하기 위해 임상 평가 자료들을 어떻게 최적으로 조합할지 등과 같은 수많은 판단을 해야만 한다. 각 단계에서 임상가는 가장 적절한 자료를 수집하고 분석할 수 있는 활동을 해야 한다.

임상적 평가는 다양한 방식으로 기술되어 왔지만(Tallent, 1992), 평가행위는 문제해결을 위한 정보수집 과정으로 볼 수 있다. 평가행위가 가장 효과적이기 위해서는 목표를 향해 체계적이고 논리적으로 연관된 일련의 단계로 구성되어야만 한다. 대부분의 평가는 [그림 3-1]에 제시된 일반적인 개요과정을 따른다.

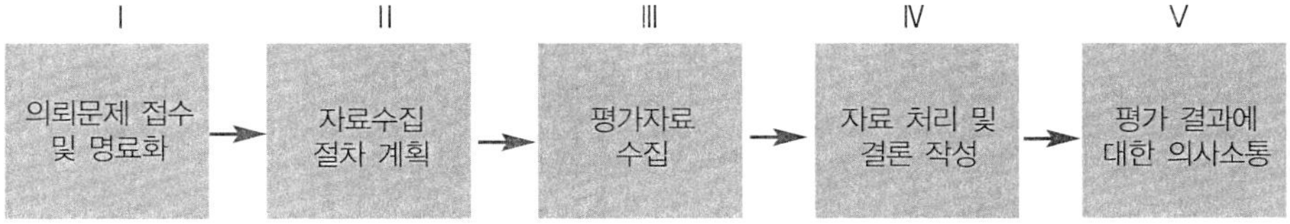

[그림 3-1] 임상 평가 절차에 대한 도식적 관점

의뢰문제 접수 및 명료화

임상적 평가가 시작되기 전에 '무엇을 알고 싶어 하는가?' '그것을 어떻게 찾아낼 것인가?'라는 질문이 해결되어야 한다(McReynolds, 1975). 첫 번째 질문—무엇을 알고 싶은가—에 대한 대답은 누가 어떤 목적으로 평가를 요청했느냐에 달려 있다. 심리평가를 요청하는 개인이나 기관을 의뢰처라 하고 평가에서 질문되거나 설명되어야 하는 주제를 의뢰문제라고 한다.

의뢰문제는 임상가의 평가도구 선택, 결과 해석, 결과 보고 등을 구성하기에 매우 중요하다(Shaw, O'Gormon, & Myors, 2006). 그러므로 임상가들은 의뢰의 맥락을 이해해야 하고, 의뢰처가 평가목적을 분명히 하도록 도와야만 한다(Groth-Marnat, 2003). 그렇게 함으로써 임상가들은 심리평가를 통해 알 수 있는 것과 그렇지 못한 것에 대해 교육할 수 있다. 또한 평가 수행과 관련된 실제적이고 윤리적인 내용에 대해서도 교육할 필요가 있다.

의뢰문제는 평가의 궁극적이고 보다 명료한 목적을 만드는 첫 번째 단계다. 〈표 3-1〉에서 보듯이 의뢰문제는 매우 다양하다. 의뢰문제의 범위는 아동의 교육적 평가

〈표 3-1〉 다양한 의뢰처로부터의 의뢰문제 예시

의뢰처	의뢰문제
치료자	집단심리치료에 적절한 대상자인가? 불안장애 환자 치료에 어떻게 효과적이었는가?
의사 혹은 치료팀	이 내담자의 정확한 심리학적 진단명은 무엇인가? 사고 이후의 인지적 · 정서적 한계는 무엇이며, 재활기간 동안 이끌어 내야 할 강점은 무엇인가?
내담자	이 결혼생활에서 지켜내야 할 것은 무엇인가? 이러한 종류의 직업을 잘 해낼 수 있을까?
학교	이 아동에게 적합한 교육기관은 어디인가? 이 학생의 폭력 성향 그리고 또래와 교사와의 관계문제를 어떻게 다룰 수 있을까?
부모	아이가 우울증인가? 상담이 필요한가? 엄마를 잃은 아이를 어떻게 도와주어야 하는가? 내 아이가 매우 예민해지고 학교 가기를 거부한다. 어떻게 해야 하는가?
법정	이 사람이 자신이나 타인을 위협할 만한 긴급한 위험성이 있는가? 자녀양육권을 어떻게 조정하는 것이 이 아동에게 최선인가? 자신에 대한 형사고발을 이해할 수 있는 정신능력이 있는가? 소송과 관련된 심리적 외상을 입었는가?
고용주, 정부기관, 기타 제3자	장애수당을 받을 수 있는 정신질환을 앓고 있는가? 생산적인 업무를 다시 시작하도록 도울 수 있는 최선의 치료법은 무엇인가? 그리고 어떤 종류의 업무가 가장 적합할 것인가?

(Reynolds & Kamphaus, 2003)에서부터 특정한 장애를 가진 성인의 진단과 치료 계획(Brand, Armstrong, & Loewenstein, 2006), 재판 사례의 심리적 손상에 대한 평가(Koch, Douglas, Nicholls, & O'Neil, 2006), 자살 예측(Nisbet, 2006) 등에 이르기까지 다양하다.

자료수집 절차 계획

두 번째 질문—어떻게 찾아낼 것인가—에 대한 대답은 의뢰문제와 임상가의 역할이 명료화된 후에 시작된다. 명료한 목적을 염두에 두고 임상가들은 자료수집 방법을 계획할 수 있다.

평가자료에는 네 가지 주요 출처가 있다. 면담, 행동관찰, 심리검사, 개인력이 그것이다. 이 목록 안에서 선택 가능한 범위는 굉장히 넓다. 예를 들어, 한 개인에 대해 생물학적 기능에서부터 대인관계에 이르기까지 상호 관련된 여러 수준에서 물어볼 수 있는 완

〈표 3-2〉 사례연구 지침

1. 자료수집: 이름, 성별, 직업, 수입(자신 혹은 가족), 결혼 상태, 주소, 생년월일, 종교, 교육, 문화적 정체성 2. 기관 방문 이유, 서비스에 대한 기대 3. 현재 및 최근 상황: 사는 지역, 주된 활동 장소, 일과, 여러 달에 걸친 일상생활 변화의 횟수와 종류, 절박한 변화 4. 가족 구성: 부모, 형제 및 그 밖의 중요한 가족구성원들에 대한 기술, 응답자의 역할 5. 초기 기억: 가장 최초의 분명한 사건과 자신을 둘러싼 상황에 대한 기술 6. 출생과 발달: 걷기, 말하기를 시작한 나이, 다른 아이들과 비교했을 때의 문제점들, 초기 경험의 영향에 대한 관점 7. 건강과 신체적 조건: 아동기 및 이후 질병, 상해를 포함하여 현재 처방받아 복용하고 있는 약, 처방 없이 복용하고 있는 약, 담배, 술, 자신의 신체와 타인과의 비교, 섭식 및 운동 습관들 8. 교육 및 훈련: 특별한 관심과 성취 주제, 교외학습, 어려움을 느끼거나 자신감을 갖고 있는 영역, 문화적인 문제 9. 직업기록: 직업 전환의 이유, 직업에 대한 태도	10. 오락, 흥미 및 즐거움: 자원활동, 독서, 자기표현 및 즐거움의 적절성에 대한 응답자의 생각 11. 성적 발달: 성적 행동에 대한 첫 번째 자각, 종류 및 현재 성적 표현의 적절성에 대한 생각 12. 결혼 및 가족 자료: 자신을 이끌었던 주요 사건들에 대한 이야기와 원가족과 현재 가족 간의 비교, 인종 및 문화적 요인들 13. 사회적 지원, 의사소통 네트워크 및 사회적 관심: 가장 자주 이야기 나누는 사람들, 다양한 종류의 도움을 얻을 수 있는 사람들, 상호작용의 양과 질, 타인에 대한 기여도 및 지역사회에 대한 관심 정도 14. 자기 기술: 강점, 약점, 상상력 및 창의성을 활용하는 능력, 가치, 생각들 15. 인생에 있어서 중요한 선택 및 전환 시점: 가장 중요한 한 가지 사건을 포함하여 가장 중요한 결정 및 변화에 대한 정보 16. 개인적인 목표와 미래에 대한 관점: 내년 및 5년, 10년 후에 어떤 일이 일어날 것이라 보는지, 이런 일이 일어나야 할 필요성, 시간에 대한 현실감각 및 우선순위의 결정능력 17. 응답자가 빠뜨릴 수 있는 추가 자료들

출처: *Assessment of Persons*, by N. D. Sundberg, 1977, (Englewood Cliffs, NJ: Prentice Hall), pp. 97–98.

벽한 질문의 수를 생각해 보라(〈표 3-2〉 참조). 활용 가능한 평가자료 간의 커다란 불일치는 우리가 내담자에 대해 모든 것을 알 수 없다는 것을 의미한다.

평가도구의 선택에 있어서 가장 중요한 요소는 의뢰문제지만, 다른 요소들 또한 선택과정에 영향을 미친다. 그중 하나가 평가도구 혹은 절차의 질이다. 면담, 행동관찰, 심리검사, 개인 생활력 등은 신뢰도, 타당도, 표준화, 그리고 무엇보다 특정 목적에 대한 유용성 등의 면에서 다양하다. 분명 임상가는 심리측정적 질이 높은 평가방법을 사용하고자 하지만 항상 그런 것은 아니다. 예를 들어, 어떤 검사가 다른 검사보다 신뢰도는 약간 낮지만(수용할 만한 수준의) 특정 의뢰문제에 대해 보다 적절한 정보를 더 많이 제공한다면, 임상가는 신뢰도는 상대적으로 낮지만 평가에 더 적합한 검사를 선택할 것이다.

임상가는 또한 내담자에게 적합한 도구를 선택할 때 독해수준, 길이 등의 측면에서 내담자의 특성도 고려해야 한다. 유사하게, 임상가는 내담자가 이해할 수 있는 언어로 평가의 목적과 절차를 설명해야 한다.

그러고 나서 평가를 계획하기 위해 임상가는 시간, 맥락, 내담자와 의뢰처에 대한 유용성 등의 실제적인 고려점 같은 평가도구의 다양한 측면을 폭넓게 비교 검토해야만 한다(Groth-Marnat, 2003; Matarazzo, 1990). 임상가는 또한 평가 결과를 구체적인 임상 목적에 맞게 서술하고 조합하고 통합할 계획도 세워야 한다.

평가자료 수집

의뢰문제를 명료화하고 적절한 평가방법을 선택하고 내담자의 협조가 확립되면 평가자료 수집단계를 시작할 수 있다. 앞서 언급한 것처럼 임상심리학자들은 네 가지 주요 출처, 즉 면담, 행동관찰, 검사, 개인력에서 평가자료를 수집한다. 이 출처들은 임상적 평가에서 매우 중요하기 때문에 다음 두 장에서 자세하게 다룰 것이다.

다면적 평가 출처의 가치

임상심리학자가 내담자에 대한 상을 그리는 작업을 할 때, 한 가지 평가방법의 자료에 의존하는 경우는 거의 없다. 대신 임상가는 정보의 교차타당화를 위해 다중의 평가 채널을 사용한다. 그리하여 내담자가 스스로 보고한 2일이라는 자료는 30일간 입원했던 사실을 나타내는 병원기록으로 수정된다. 실제로 내담자의 문제에 대한 모든 내용은 다중적 평가가 이루어지기 전까지는 거의 분명하지가 않다. 예를 들어, 한 연구에 의하면 대인관계 상황에서 잘 표현하지 않는 사람이라고 스스로를 기술한 대학생들이 같은 상황에서의 행동관찰을 통해서는 자기표현이 가능한 것으로 확인되었다(Nietzel & Bernstein, 1976). 때때로 특정 행동을 할 수 없는 사람들과 하지 않는 사람들을 구분하기 위해 다중적 평가자료를 사용한다.

다중적 평가자료들의 유용성은 임상가가 치료 효과를 평가할 때도 나타난다. 이혼을 생각하고 치료를 받으러 온 부부가 3개월 후에 이혼을 했다고 가정해 보자. 만약 이 사례에서 실시한 치료 결과에 대한 평가기준이 유일하게 면담 동안 그들이 표현한 '결혼행복도' 였다면, 이 치료는 결혼 갈등을 더 심화시킨 셈이다. 그러나 관찰자료, 제3자의 보고 및 생활기록은 한쪽 혹은 양쪽 모두가 이혼상태가 자유롭다는 것을 새롭게 알게 되었고 각자가 새로운 흥미와 능력을 개발시키고 있다는 것을 보여 줄 수 있다. 〈표 3-2〉는 임상가에게 유용한, 내담자에 관한 다양한 정보 범주가 포함된 사례연구의 일반적 지침을 보여 준다. 임상가는 일반적으로 평가목적과 가장 관련이 높은 범주에서 보다 자세한 정보를 수집한다.

자료처리와 결론 작성

평가목표를 설정하고 자료를 수집한 후, 임상가는 자료의 의미를 판단해야 한다. 정보가 임상가의 평가목적에 유용하기 위해서 원자료는 의뢰된 질문에 답할 수 있는 해석과 결론으로 전환되어야 한다. 이 과정은 알려진 자료로부터 이 자료를 기초로 한 사실을 가정하는 것으로의 정신적 도약이 요구되기 때문에 만만치 않은 작업이다. 일반적으로 자료와 가정 간의 도약이 길어질수록 추론의 오류를 범할 가능성은 커진다.

앉아서 땅벌레를 반으로 자르고 있는 한 소년을 가정해 보자. 이 관찰자료를 가지고 이 아동이 잔혹하고 공격적이며 나중에 위험한 사람이 될 수도 있다고 추론하는 것은 쉽다. 그러나 이러한 추론은 과녁을 벗어났을 수도 있다. 관찰자는 "친구가 거의 없는 소년이 생각하는 것을 보지 못한다. '그래, 이제 너는 누군가와 함께 놀 수 있을 거야.'" (Goldfried & Sprafkin, 1974, p. 305) 즉, 최소한의 자료로 정교한 추론을 하는 것은 특히 위험할 수 있다.

평가자료의 처리가 어려운 또 다른 이유는 여러 출처에서 나온 자료들을 통합해야만 하기 때문이다. 면담, 검사, 관찰, 그 외 출처에서 나온 자료들을 어떻게 통합된 평가로 결합할지에 대한 실증적인 가이드라인이 거의 없다. 결론을 내리기 위해 임상가들은 종종 어려운 임상적 판단에 의지해야만 하는데, 이 주제에 대해서는 이 장의 뒷부분에서 좀 더 자세하게 설명할 것이다.

평가 결과에 대한 의사소통

평가절차의 마지막 단계는 평가보고서라고 하는 결과의 조직화된 제출물을 작성하는 것이다. 최대의 가치를 갖기 위해서는 무엇보다 보고서가 명료하게 기술되고 분명하게 평가목적과 관련되어야 한다. 만약 평가목적이 내담자의 행동을 분류하여 진단 범주에 넣는 것이라면 보고서에서 진단적 분류에 대한 적절한 정보를 강조해야 한다. 만약 평가목적이 내담자가 심리치료에 협조적으로 반응할지와 같은 것을 판단하기 위한 것이라면 보고서가 이러한 주제에 초점을 맞추어야 한다. 종종 이러한 단순하고 자명한 규칙이 평가보고서에서 무시되곤 한다. 특히 평가목적이 명확하게 기술되지 않았거나, 평가도구가 내담자에 대해 무엇을 말해 주고 말해 줄 수 없는지에 대해 임상가가 완전히 이해하지 못하고 있을 때 그렇다.

이 절의 요약 일련의 평가과정은 의뢰문제에서 시작한다. 의뢰문제는 내담자, 제3자, 치료자가 제공할 수 있지만, 임상가는 그 문제가 명확하고, 사용 가능한 평가도구를 통해 합리적으로 설명할 수 있는지를 확신해야만 한다. 의뢰문제가 명료화되면 평가계획이 시작된다. 계획에는 적절한 도구를 선택하는 것—임상가의 선택에 영향을 미치는 여러 요인을 고려할 때 간단한 과제가 아니다—과 내담자를 준비시키는 것이 포함된다. 자료수집은 개인력, 면담, 행동관찰, 검사를 통해 증거를 모으는 것이다. 이러한 자료 출처들에는 각각 독특한 강점과 한계가 있다. 자료처리 단계에서 축적된 자료들은 일관성 있는 평가로 분석되고 통합된다. 마지막 단계에서 임상가는 명료하게 그리고 의뢰처에게 유용한 방식으로 결론을 보고하도록 권고한다.

임상적 평가의 목적

이 절의 미리보기

대부분의 의뢰문제는 진단, 기술, 치료 계획, 예측과 관련된다. 먼저 진단적 분류, 즉 심리적 문제에 명칭을 붙이는 것에 대해 살펴본다. 심리학적 진단은 기본적으로 DSM에 의존한다. 임상가가 내담자에 대해 알고 싶어 하는 것에 대해서 진단명만으로는 말해 주는 것이 거의 없다. 내담자의 강점, 약점, 사회적 관계 등에 대해 평가하기 위해 보다 폭넓은 기술이 사용된다. 진단, 기술, 기타 정보들은 각 내담자에게 가장 이상적인 치료를 계획하는 데 사용할 수 있다. 또한 책임과 증거기반 치료의 시대인 오늘날 치료 효과에 대한 측정도 평가의 역할로서 중요성이 점점 증가하고 있다. 마지막으로 임상가는 종종 예후나 예측을 위한 평가를 실시하는데, 이러한 어려운 판단은 이 주제에 대한 수년간의 실증적 연구가 제공하는 교훈에 주의를 기울임으로써 향상될 수 있다.

진단적 분류

2장에서 언급했듯이, 임상심리학자들은 제1차 세계대전 중에 성인 내담자들을 대상으로 작업을 시작하면서 특히 정신과 의사들의 영향권 아래에 있었다. 그 결과, 그들은 정신과 환자들의 정신장애를 진단—진단적 분류, 심리진단, 변별진단 혹은 진단적 명명 등 여러 가지 용어로 불리는—하는 목적으로 임상평가를 의뢰받아 수행해 왔다. 오늘날 진단적 명명은 특히 정신과나 그 외 의료장면에서 활동하는 임상가들의 임상연구와 실무 중 중요한 영역으로 남아 있다.

정확한 심리진단은 여러 가지 이유로 중요하다. 첫째, 적절한 치료 결정은 종종 내담자의 문제가 정확히 무엇인지 아는 것에 따라 달라진다(Vermande, van den Berchen, & De Bruyn, 1996). 둘째, 심리적 장애의 원인에 대한 연구를 위해서는 장애에 대한 믿을 만하고 타당한 정의와 장애들 간의 변별이 필요하다. 마지막으로, 분류는 임상가들이 서로 효과적으로 의사소통할 수 있게 해 주는 전문적인 '약어'가 되기도 한다(Sartorius et al., 1996). 예를 들어, 박테리아 때문에 인두염(후두염)에 걸린 환자가 사는 나라에 따라 다른 진단명을 받는다고 생각해 보라. 다행히 당신이 이러한 상황이라면 아마 정확한 검진을 받고 나서 당신이 뉴욕, 피오리아, 홍콩, 헬싱키 어디에 사는지 상관없이 같은 진단명(인두염)을 받을 것이다. 이는 세계보건기구(WHO)의 『국제질병분류체계(International Classification of Diseases: ICD)』가 각 질환마다 같은 코드를 부여했기 때문이다. 임상심리학과 정신의학에서 이와 비견할 만한 체계가 『정신장애의 진단 및 통계 편람(Diagnostic and Statistical Manual of Mental Disorders: DSM)』이다.

DSM의 간략한 역사

1900년대 초부터 정신장애의 분류를 위한 다양한 체계가 사용되어 왔다. 그러나 1952년 미국 정신의학회(APA)가 DSM-I으로 알려진 『정신장애의 진단 및 통계 편람』 초판을 출간하면서 정신장애에 대한 분류체계는 보다 공식화되었다. DSM-I은 1968년까지 사용되다가 세계보건기구(WHO)의 『국제질병분류체계(ICD)』와 더욱 유사하게 수정된 DSM-II로 대체되었다.

DSM-I과 DSM-II는 이상행동의 기술과 진단을 위한 용어의 통일에 기여했지만, 정신건강 전문가들의 진단 결정에 영향을 주는 명확한 기준을 제공해 주지는 못하였다. 일부 장애들은 관찰 가능한 증상을 바탕으로 진단을 내렸고, 일부 장애들은 추론된 기저 원인을 바탕으로 진단을 내렸다. 그 결과로 진단은 종종 임상가마다 상당히 달랐는데, 이러한 진단은 신뢰성이 없는 것이다. 이에 따라 1980년에 진단을 내리기 위한 기준들이 포함된 DSM-III가 출간되었다. 이 기준들—증상에 대한 추론된 원인이 아니라 주로 특정 증상들과 지속기간에 대해 언급하는—은 1987년에 출판된 DSM-III-R에서 그 수와 구체성이 증가되었다. 내담자들은 특정 장애와 관련된 전체 진단기준 중 일정한 수의 기준들을 충족시켜야 진단을 받는다.

또한 DSM-III와 DSM-III-R은 내담자들의 문제와 이에 영향을 주는 요인들을 보다 완전하게 이해할 수 있도록 여러 차원 혹은 여러 축으로 기술하는 다축적 진단을 도입하였다. 열여섯 가지의 주요 정신장애들—DSM의 대부분을 차지하는—은 축I에 목록화되었고, 다양한 발달적 문제와 성격장애는 축II에 목록화되었다. 구분된 축들을 사용하는 것은 발병과 경과가 보다 분명한 장애들을 출생 시부터 나타나거나 상대적으로 변화하기 어려운 장애들과 구별하는 데 도움이 되었다. 축II 장애 또한 축I 장애가 존재할 때 간과되지 않고 추가되는 것이 보장된다.

축III에는 정신장애와 관련된 신체적 장애 혹은 조건을 제시한다. 예를 들어, 우울한 환자가 암 치료를 받고 있다는 것에 치료자가 주의를 기울이도록 도움을 줄 수 있다. 축IV는 축I이나 축II를 일으킨 최근의 심리사회적 스트레스의 심각도를 6점 척도로 평정한다. 축V는 지난해 동안 개인의 심리적 · 사회적 · 직업적 기능에 대해 임상가가 평가하는 것이다.

이러한 개선에도 불구하고 DSM-III와 DSM-III-R은 ⓐ 몇몇 진단기준이 너무 모호하고 편향되게 사용되었고, ⓑ 축II, IV, V에 대한 측정방법이 부족하고, ⓒ 진단에 대한 구인타당도가 불충분하다는 이유로 비판을 받았다(Bellack & Hersen, 1988; Kaplan, 1983; Millon & Klerman, 1986; Nathan, 1987; Vaillant, 1984). 그래서 APA는 DSM-III-R이 나온 이듬해인 1988년에 DSM-IV 출간 작업을 위한 특별전문위원회를 구성하였다. 한편으로는 1993년 세계보건기구(WHO)의 ICD-10 출간계획도 DSM의 최신판 개발에 박차를 가하게 만들었다.

DSM-IV와 DSM-IV-TR

DSM-IV의 기획자들은 수많은 전문가들로 구성된 13개의 작업 그룹을 조직하였고, 각각은 서로 다른 장애를 대상으로 가장 잘 진단할 수 있는 방법을 연구하기 위해 3단계 과정을 밟았다(Widiger et al., 1991). 각 그룹은 먼저 주어진 장애와 관련된 모든 임상적 문헌과 실증적 자료들을 검토하여 이를 장애 진단기준의 개정을 위한 초기 제안의 자료로 활용하였다. 검토한 문헌자료들로 해결이 되지 않는 경우, 그들은 현존하는 내담자들의 자료를 분석하였다. 마지막 단계에서는 임상가들에게 실제 임상장면에서 내담자를 대상으로 진단적인 기준을 사용해 보도록 요청하였다. 전 세계 70여 개 지역에서 서로 다른 용어와 기준점들이 신뢰성, 유병률, ICD-10에 기초한 동등한 진단과의 일치율에 얼마나 영향을 주는지 등에 초점을 맞추어 현장연구가 이루어졌다(Nathan & Langenbucher, 1999). 이에 따라 진단기준들을 개정하여 1994년에 DSM-IV가 출간되었다.

DSM-IV 출간 이후로 심리진단에 대한 연구가 상당히 증가되었다. 빠르게 증가하는 지식을 수용하기 위해 2000년에는 DSM-IV-TR로 개정되었다. DSM-IV-TR은 DSM-IV의 진단기준은 변경하지 않고 유병률, 발병시기, 경과, 가족의 형태, 문화, 연령, 성별, 기타 관련 양상에 대한 최신 정보로 수정하였다(APA, 2000). DSM-IV-TR 또한 DSM-III와 DSM-IV의 다축체계를 포함하고 있다(〈표 3-3〉 참조).

DSM-IV와 DSM-IV-TR의 개발자들은 강력한 실증적 토대를 가지고 진단체계를 확립하고자 시도하였다. 그들은 관찰 가능한 기준들을 사용한 DSM-III를 시작으로 신뢰성을 증가시키고, 특정 결과(예언타당도)나 특정 신경학적 기저 요인이나 유전적인 요인(구인타당도)과 관련성이 있는 범주를 개발하고자 하였다. 심리학적 진단의 향상을 위한 노력은 광범위하게 검토되었다(Mineka, Watson, & Clark, 1998; Nathan & Langenbucher, 1999; Widiger & Sankis, 2000). 그들이 얼마나 성공적이었을까? 네이선과 랑엔부셔(Nathan & Langenbucher, 1999)는 "DSM-IV의 강력한 실증적인 토대가 훌륭한 신뢰도와 향상된 타당도를 지닌 좋은 도구를 만들어 냈다."(p. 79)라고 보고하였다.

이 장의 앞에서 소개되었던 제시의 사례를 살펴보자. 그의 DSM-IV 진단은 다음과 같다. 짧은 글에서 알 수 있는 정보를 바탕으로 한 진단이지만, 임상가들은 제시의 물질 사용과 그가 경험한 적이 있다고 한 '매우 괴상한 사고'에 대해 더 조사하였다. DSM은 진단적 분류에는 딱 들어맞지 않지만 임상가가 주목하여 초점을 맞추는 문제에 대한 코드를 제공함을 주목하라. 여기에는 부모-자녀관계 문제, 교육적 문제, 발작장애 등이 포함된다. 각 축에 대해 판단하는 데 필요한 평가 정보를 충분히 수집하였다고 가정하면,

〈표 3-3〉 DSM-IV-TR을 이용한 정신장애의 분류

DSM-IV-TR은 DSM-III에서 처음 소개된 분류와 진단에 대한 다축체계를 포함하고 있는데 초기 용어들과 여러 축에서 사용된 평정 틀을 일부 수정하였다.

축 I : 주요 정신장애

1. 유아기, 소아기, 청소년기에 흔히 처음으로 진단되는 장애(예, 과잉행동, 심한 품행장애)
2. 섬망, 치매, 기억상실장애 및 기타 인지장애(노화, 약물, 질병으로 인한 뇌기능 저하로 인한 문제)
3. 다른 곳에 분류되지 않는 일반적인 의학적 상태로 인한 정신장애
4. 물질관련장애(알코올, 코카인, 기타 약물로 인한 문제)
5. 정신분열병과 기타 정신증적 장애(사고, 지각, 정서, 동기, 운동의 심각한 비정상성; 종종 환각이나 망상을 동반)
6. 기분장애(기분의 동요, 특히 심한 우울증, 과도한 흥분, 또는 두 상태가 교대로 나타남)
7. 불안장애(예, 특정 혹은 일반 공포, 공황발작, 불안을 통제하기 위한 신체적 혹은 정신적 의식행위)
8. 신체형 장애(예, 시각장애, 청각장애, 신체적인 원인이 아닌 마비; 신체적 건강이나 질병에 대한 몰두)
9. 허위성 장애(심리적 이유로 인한 거짓 장애)
10. 해리성 장애(예, 심리적 요인으로 인한 기억상실 혹은 정체감 붕괴)
11. 성적 장애 및 성정체감 장애(성적 상호작용, 문제가 되는 자극에 의한 성적 각성, 반대 성에 대한 동일시)
12. 섭식장애(스스로 굶거나 폭식 후에 구토를 유도)
13. 수면장애(너무 많이 혹은 적게 자는 것으로 인한 심각한 문제)
14. 다른 곳에 분류되지 않는 충동조절장애(예, 충동적 도박, 절도, 방화)
15. 적응장애(이혼 혹은 기타 스트레스로 인한 적응 실패)
16. 임상적 관심의 초점이 될 수 있는 기타 상태(예, 치료 불순종, 투약으로 인한 문제, 신체에 영향을 미치는 요인, 성적 학대)

축 II : 진단가들은 다양한 형태의 정신지체와 편집성, 반사회성, 자기애적, 회피적 그리고 의존적 성격장애를 포함하는 다양한 성격장애에 대한 기록을 할 수 있다.

제시의 진단은 아마도 다음과 같을 것이다.

축 I : 299.22 주요우울장애, 단일삽화, 중간 정도, V61.20 부모-자녀관계 문제
축 II : V71.09 축 II 에 대한 진단 없음
축 III : 345.40 발작, 부분적인 의식손상
축 IV : 일차적 지지집단의 문제: 가족 갈등, 부모 이혼, 교육문제; 교사와 학급 친구들과의 불화
축 V : 기능의 전반적인 평가(현재): 55

실증적 토대의 향상에도 불구하고 DSM-IV 진단체계에 대한 비판이 이어졌다. 많은 축 I 의 장애가 우수한 신뢰도를 보여 주는 데 반하여, 정신분열 스펙트럼과 일부 아동기와 청소년기의 장애는 그렇지 못하다. 축 II 의 장애들, 특히 성격장애는 낮은 평정자 간

신뢰도와 낮은 검사-재검사 신뢰도를 지속적으로 보이고 있다(Zanarini et al., 2000).

또한 비평가들은 DSM-IV의 기준에 의해서 강요되는 양자택일식의 범주화가 과연 정신병리학적으로 최선의 방법인가에 대한 의문을 던진다. 만약 한 개인이 정해진 수의 기준에 맞으면 장애를 '가지고 있다.' 고 할 것이고, 기준 수를 충족하지 않을 경우에는 장애를 '가지고 있지 않다.' 고 할 것이다. 그러나 심리적 장애는 다양한 수준으로 나타날 수 있다. 우울함과 우울하지 않음 사이에 분명한 경계가 없다. 진단을 하나 이상의 기저 차원을 가진 양극단 축으로 이해하는 것이 더 나을 것이라는 비판도 있다(Widiger & Trull, 2007).

심리적 장애를 구분하는 범주의 타당도에 대한 다른 두 가지 문제가 논쟁이 되고 있다. 하나는 심리적 장애의 높은 공병률이다. 공병이란 한 내담자에게 두 개 이상의 장애가 함께 발생하는 경우를 말한다. 공병은 특히 불안장애, 기분장애, 물질남용장애, 성격장애에서 흔하다(Watson, 2005). 많은 이가 높은 공병률은 진단명이 구별된 상태를 나타낸다는 가설을 약화시킨다고 생각한다(Kupfer, First, & Reiger, 2002; Widiger & Trull, 2007). 이와 관련된 문제는 임상가들이 NOS(not otherwise specified) 진단을 자주 사용하는 것이다. NOS 진단은 특히 증상군이 명료하게 구별되지 않고 믿고 싶은 대로 진단을 이끄는 성격장애(축II)에서 자주 사용된다(Verheul & Widiger, 2004).

DSM-III와 DSM-IV는 관찰 가능한 증상에 초점을 맞추어 보다 신뢰성 있는 진단을 내리는 것을 추구했다. 그러나 그렇게 함으로써 장애의 원인, 의미, 맥락에서 초점이 멀어졌다(Bracha, 2006; Follette & Houts, 1996). 예를 들어, 행동주의를 지향하는 임상가들은 특히 DSM-IV 분류가 증상이 발생되는 맥락을 무시함으로써 동일한 행동이 서로 다른 사회적 상황에서 갖는 의미나 목적을 이해할 수 있는 근거를 제공해 주지 못한다는 점을 우려했다. 이러한 이해를 증진하는 데 실패함으로써 DSM-IV는 다양한 인간 행동의 문제에 대한 심리적 선행자극과 결과를 발견하는 과정에서 거의 진전을 보지 못하였다고 주장한다(Follette, 1996; Wulfert, Greenway, & Dougher, 1996).

신경학적 지향의 임상가들과 정신역동 지향적 임상가들도 이러한 우려를 공유한다. 특정 장애(예, PTSD)와 관련된 신경학적 회로를 보다 잘 이해할 때 그러한 이해를 진단적 도식에 포함시키는 것이 이치에 맞다(Bracha, 2006). 또한 정신역동 지향적 임상가는 DSM-IV가 강조하는 관찰 가능한 증상을 비판해 왔다. 그들은 진단적 명명으로 임상가들이 장애를 가진 내담자가 주관적으로 무엇을 경험하는지 실제로 이해하지 못할 때에도 관찰 가능한 행동을 묘사할 수 있다는 이유로 환자를 이해했다고 믿게 만드는 것을 우려한다(Packard, 2007).

DSM의 진단명의 개수도 비판을 받았다. 초판인 DSM-I에는 106개의 진단명이 있었

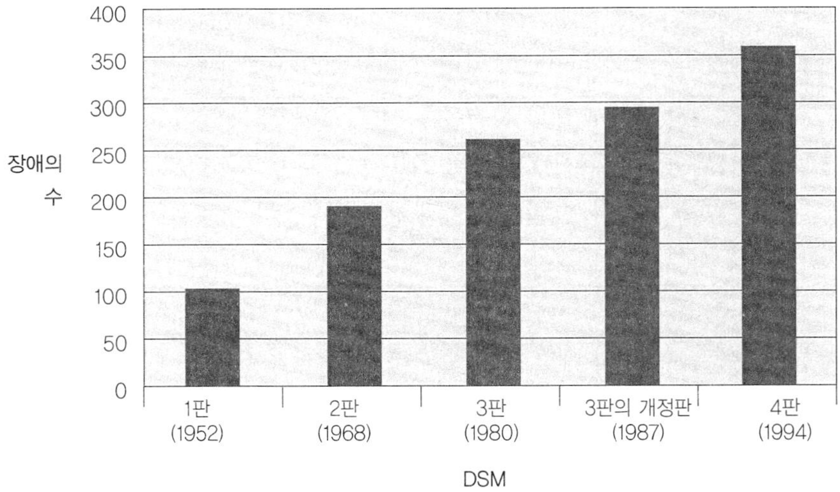

[그림 3-2] DSM 각 판의 진단명의 수

출처: Houts, A. C. (2004). Discovery, invention, and the expansion of the modern *Diagnostic and Statistical Manuals of Mental Disorders*. In L. E. Beutler & M. L. Malik (eds.), *Rethinking the DSM: A psychological perspective*. Washington, DC: American Psychological Association. pp. 17–68.

고, DSM-IV에는 365개의 진단명이 있다([그림 3-2] 참조). 40년 동안 진단 범주가 300% 증가한 것은 놀랄 만한 일이며, 새로운 장애들이 과학적으로 발견되고 타당화된 것인지, 이러한 증가가 정신건강 영역의 확장과 그 영역에서 다양한 상황을 구분하고 다루어야 하는 실무자의 필요를 나타내는 것인지에 대해 의문을 일으킨다(이에 관한 흥미 있는 논의인 Houts, 2004 참조).

마지막으로는 DSM이 특정 조건을 배제한다는 비판이 있다. DSM의 각 판은 북미 인구를 기준으로 개발되어 적용되었고, 다른 문화에서 나타나는 증후군들을 포함하지 않았다(Hall, 2005). 또한 DSM은 관련 장애로 분류될 수 있는 많은 유형의 문제를 놓치고 있다. 여기에는 결혼생활 갈등, 부모의 훈육문제, 아동방임, 형제자매 간 갈등, 학대, 근친상간 등과 같은 문제가 포함된다. 이러한 상황들은 상당한 심리적 고통을 유발하지만 DSM에서는 찾아볼 수 없다(First, 2006). 그래도 괜찮은 것인가?

대안적 진단의 제안

이러한 DSM-IV의 단점을 염려하는 임상가들과 연구자들은 점점 더 대안적인 진단체계에 관심을 보이고 있다(Beutler & Malik, 2002; First, 2006; Widiger & Trull, 2007). 한 가지 대안인 차원적 접근(dimensional approach)에서는 사람들을 몇 가지 성격적 차원에 따라 측정함으로써 양자택일의 이분법을 피한다. 이러한 차원에는 외향성, 경험에 대한 개방성, 양심성, 정서적 안정성, 호의성('big five')이나, 그 밖의 현대적 성격검사가 측정하는 특질이 포함된다. 이러한 접근법은 강점과 약점의 측면을 기술하게 하고, 현 체계의 병리학에서 과도하게 강조된 것을 수정하게 한다. 차원적 접근은 증상들 간의 중첩이 가장 큰 성격장애에 특히 초점을 맞추지만, 정서장애, 불안장애, 정신분열병에도 주의를 기울이고 있다(Brown, Chorpita, & Barlow, 1998; Widiger & Trull, 2007). 어떤 장애는 범주적 접근이 잘 들어맞는 반면, 어떤 장애는 차원적 접근이 잘 들어맞는다. 이는 구체적인 장애의 가능한 자료를 가지고 각 도식이 맞는지를 판단하는, 즉 궁극적으로 실증적인 문제다(Joiner & Schmidt, 2004).

다른 진단적 제안에서는 특정한 이론이나 원칙에 따라 정신병리를 기술할 것을 요구한다. 예를 들어, 배런(Barron, 1998)은 정신역동이론의 관점에서 보다 의미 있는 진단을 내리는 방법을 탐색하였다. 유사하게, 본스타인(Bornstein, 2006)은 자아 강도, 대처방식, 자기와 타인에 대한 표상 등과 같은 정신역동적 개념들이 성격장애의 진단에 상당히 유용하다고 주장하였다.

이론기반 진단 진영의 발달로 대안적 진단편람인 『정신역동적 진단편람(Psychodynamic Diagnostic Manual: PDM)』(2006)이 출판되었다. 이 편람은 다섯 개의 주요 정신역동 그룹의 회원들이 모인 특별전문위원회에서 개발하였다. PDM의 개발자들은 DSM과 ICD를 보완하기 위해 만들었다고 했지만, 그럼에도 PDM의 존재는 널리 인정된 DSM의 단점에 대한 비판이다. 내담자에 대한 진단의 여지를 보다 넓히고 내담자에 대해 완전한 이해를 하도록 고안된 PDM(Packard, 2007)은 성인과 아동의 건강한 기능과 부적응적인 기능에 대해 기술한다. 이러한 기술은 범주적 접근보다는 차원적 접근에 해당되는 것으로, 관찰 가능한 증상이 아니라 연관되고 포괄적이고 표현된 감정과 대처에 초점을 맞춘다. DSM처럼 PDM도 다축체계를 사용한다(축 P는 성격 패턴과 장애, 축 M은 정신기능, 축 S는 증상의 주관적 경험). 독일에서는 정신역동적 개념을 사용하여 가설을 세우는 유사한 진단편람이 개발되어 사용되고 있다(Schneider et al., 2004).

긍정심리학을 기반으로 한 대안적 진단 접근법 또한 개발되었다. 『긍정심리학 평가 핸드북(The Handbook of Positive Psychology Assessment)』(Lopez & Snyder, 2003)은 긍정심리학을 기반으로 한 평가에 대한 몇 가지 접근법을 설명한다. 유사하게, 『성격 강점과 약점: 분류와 핸드북(The Character Strengths and Virtues: A Classification and Handbook)』(Peterson & Selingman, 2004)은 DSM을 보완하고 단점을 수정하기 위해 고안되었다. 같은 선상에서 피터슨(Peterson, 2006)의 『강점의 행동 가치 분류(Values in Action(VIA) Classification of Strengths:

The un-DSM and the Real DSM)』는 심리적 강점의 분류학이다. 피터슨과 셀리그먼(Peterson & Seligman, 2004)은 '진정한' 정신병리학이란 DSM에서 말하는 증상 목록이 아닌 강점의 부재로 이해하는 것이 더 나을 것이라고 주장하였다(Duckworth, Steen, & Seligman, 2005).

행동주의 원리에 입각한 월퍼트, 그린웨이와 도터(Wulfert, Greenway, & Dougher, 1996)의 진단적 접근과 같은 다른 이론적 관점에서의 진단적 제안도 있다. 사빈(Sarbin, 1997)은 개인이 사용하는 책략적인 자기 진술이 장애에 어떻게 영향을 미치는지를 검증하는 접근법을 주장하였다. 이러한 대안들의 대부분은 진단을 받은 사람에 대한 이해를 확장하도록 고안되었다.

진단적 분류 작업이 계속 뜨거운 논쟁거리가 될 것이라는 데는 의심의 여지가 없다. 무엇보다 이러한 작업은 내담자에 대해 가능한 최선의 의사결정을 하는 데 도움이 되는 방식으로 조직화된, 상대적으로 적고 간편한 명칭을 사용하여 다양한(때로는 모르는) 요인에 의해 생겨난 복합적이고 사회문화적으로 정의된 장애를 신뢰성 있게 구별하려는 시도다. 어떤 진단체계도 이러한 목표를 충족시킬 수는 없을 것이다. 비록 대안적 접근이 장점을 가진다 해도 현재의 범주적 분류체계를 대체할 것 같지는 않다. 범주적 체계는 건강관리산업을 주도하는 의학적 모델과 일치하며, 임상가들이 의사소통할 수 있는 효율적이고 간편한 도구를 제공한다. 경쟁력 있는 진단 도식의 과제는 효율적인 체계를 유지해 나가면서 지속적으로 신뢰도, 타당도와 유용성을 향상시켜 나가는 것이다.

이렇게 한 끝에 DSM-V에 대한 작업이 시작되었다. 준비 작업은 몇 년 전에 시작되었지만, 공식적인 활동은 2006년에 DSM-V 특별전문위원회와 작업집단(DSM-V Task Force and Workgroups; First, 2006)의 선정과 함께 시작되었다. DSM-V의 출판은 2011년경으로 예상했지만, 이 판이 설명해야만 하는 주제의 수와 복잡성으로 고려해 볼 때 어느 정도 늦어지는 것이 당연할 것 같다.

기 술

진단적 분류는 평가의 유일한 목적은 아니며, 또한 분류체계가 심리적 장애로 고통받고 있는 사람에 대해서 의미 있거나 유용한 모든 정보를 다 담을 수 있을 것으로 기대해서도 안 된다. 언급한 것처럼, 분류는 믿을 만하고 타당해야 하며, 임상가와 연구자 간의 의사소통을 위한 효율적인 약어를 제공해야 한다. 하지만 많은 임상가에게 진단 명칭만으로는 충분하지 않다. 그들은 더 많은 것을 알기 원하며, 결과적으로 일부 대안적 진단은 임상가들이 진단적 평가보다 더 중요하다고 생각하는 기술적 평가로 서서히 바뀌었다. DSM의 다축체계가 내담자에 대해 진단명을 넘어 기술적인 정보를 제공하기 위한 것이라는 점에 주목해야 하지만 그것만으로는 충분하지 않다. 그 때문에 다양한 이론적 배경을 가진 임상가들은 기술적 평가(descriptive assessments)를 개발하고자 해 왔다.

예를 들어, 인지-행동적 치료자들의 경우 기술적 평가는 선행조건, 환경적 유인가와 탈유인가, 보상의 대체원, 인지적 복합성, 귀인방식과 같은 요인을 기술하는 데 역점을 둘 것이다. 정신역동적 치료자들은 자아의 강점과 약점, 방어기제, 인지기능, 가족 및 그 외 대인관계의 질, 자아의 특성에 초점을 둘 것이다(Gabbard, 2005). 물론 진단적 분류와 기술적 평가는 협력적으로 이루어질 수 있다. 예를 들어, 버텔슨(Bertelsen, 1999)은 임상 평가가 서로 다른 두 수준에서 이루어져야 한다고 주장했는데, 하나는 진단적 분류와 관련된 것이고 다른 하나는 치료과정에 영향을 주는 다양한 요인을 평가하는 것이다.

기술 지향적인 평가(description-oriented assessment)를 통해서 임상가는 단지 내담자의 약점과 문제뿐만 아니라 강점과 적응기능에 주의를 기울이는 것이 더욱 용이해진다. 따라서 기술평가 자료는 치료 전 내담자의 행동 측정치, 치료계획 지침, 치료 후 행동변화 평가 등에 사용된다. 또한 자료는 임상적 연구에 매우 중요한데, 그 예로 우울증에 대한 두 가지 치료법의 상대적인 가치를 평가하는 연구에서 치료 후 내담자의 행동평가 자료(예를 들어, 장기 결근, 자기 보고에 의한 슬픔, 우울증 검사점수)는 진단명(예를 들어, 우울증인지 우울증이 아닌지)보다 더 가치가 있다.

아쉽게도 개인을 보다 폭넓게 기술하고자 하는 움직임이 특히 정신과 병동과 그 밖의 치료관리시설에서의 임상적 평가과정을 주도해 나가기는 쉽지 않을 것이다. 그 이유는 시간이다. 급등한 건강관리 비용으로 입원기간 제한과 단기치료에 주력하라는 경제적 압박이 증가하였고, 시간이 많이 필요한 포괄적인 평가는 비용이 너무 많이 들게 되었다. 기술적 평가 접근법이 활용되는 수준은 임상가들이 효과적으로 평가를 실시할 수 있는지, 그리고 더 좋은 연구와 치료를 고안하는 데 사용할 수 있는지와 같은 경험적으로 입증된 유용성에 달려 있다.

치료계획

진단적 평가와 기술적 평가는 치료계획에도 사용할 수 있다. 가장 단순한 모델로, 특정 의학적 질병(예를 들어, 연쇄구균 인후염)은 우선적인 치료법(예를 들어, 항생제)을 따르듯이, 특정 진단명(예를 들어, 우울증)은 우선적인 치료법(예를 들어, 인지-행동 치료)을 따르는 것이다. 진단과 심리치료법 간의 가장 이상적인 연결을 확인하는 것은 경험적으로 지지된 치료법 운동(1장 '임상심리학이란 무엇인가' 와 10장 '임상적 개입에 대한 연구' 에서 논의)의 주된 목표다.

특정한 치료법과 특정한 진단을 연결하려는 노력은 분명 심리치료의 실증적 기반을 향상시켰지만, 실제로 사업적인 면에서는 많은 이의 희망만큼 큰 효과는 없었다. 진단의 적용에 대해 앞에서 언급했듯이 장애의 증상들은 중복되고 공병도 흔하고, 적어도 일부 진단 범주들은 완전히 구별되지 않는다. 진단 자체가 구별되지 않으면 특정 진단에 효과적인 특정 치료를 논의하는 것은 어렵다. 더욱이 심리치료 효과에 대한 심층적인 연구(10장에서 논의)에서 치료법들은 종종 일반적이고 중복되는 효과를 가지며, 일부 연구들은 장애보다 참여자들의 특성이 보다 큰 효과를 가져온다는 것을 보여 주었다(Beutler & Malik, 2002). 이러한 문제들 때문에 임상가는 치료 관련 평가에 포함된 다른 요인을 찾아야만 한다. 진단과 심리치료의 '브랜드' 와 별개로 중재가 어떻게 효과적인지 가장 잘 예측하는 요인을 밝혀내는 것이 핵심이다.

요약하면, 치료 계획을 위한 평가는 어떤 치료법이 어떤 장애에 가장 효과적인가와 같은 기본적인 의학 모델을 넘어서야 한다. 그 대신 이는 보다 자세한 질문—폴(Gordon Paul, 1967)의 유명한 진술인 "누구에 의한 어떤 치료가 특정한 문제와 환경을 가진 개인에게 가장 효과적일까?"(p. 44)—에 대한 설명이다. 치료 계획에 대해서는 6장 '임상적 개입의 기본적 특징' 에서 보다 자세하게 다룰 것이다.

또한 치료 관련 평가에는 치료의 효과를 평가하는 것도 포함된다. 실제로 책임의 시대인 현대를 살아가는 임상가는 자신의 효능성에 대해 계속적인 증거를 제공하도록 요청받는 경우가 증가하고 있다. 이러한 증거는 계속적인 평가를 요구한다. 예를 들어, 캐즈딘(Kazdin, 2006)이 기술한 다음 사례를 생각해 보자.

39세 여성 글로리아(Gloria)는 우울증으로 스스로 내원했다. 초기 평가를 시행한 후에 주 1회의 인지행동치료와 대인관계적 치료가 결합된 치료가 계획되었다. 또한 매주 20분씩 일찍 와서 호전도를 알아보기 위한 몇 가지 간단한 측정을 하였다. 측정도구 중 하나는 글로리아와 치료자 사이에 발달되는 협동에 대한 일련의 문장에 평점을 매기는 G 척도라는 것이고, 다른 도구는 BDI(Beck Depression Inventory; Beck, Steer, & Garbin, 1988)의 단축형과 삶의 질에 대한 질문지(Quality of Life Inventory: QOLI; Frish, 1998)의 단축형이었다. [그림 3-3]은 몇 주간의 치료회기에서 글로리아의 점수 변화를 보여 준다.

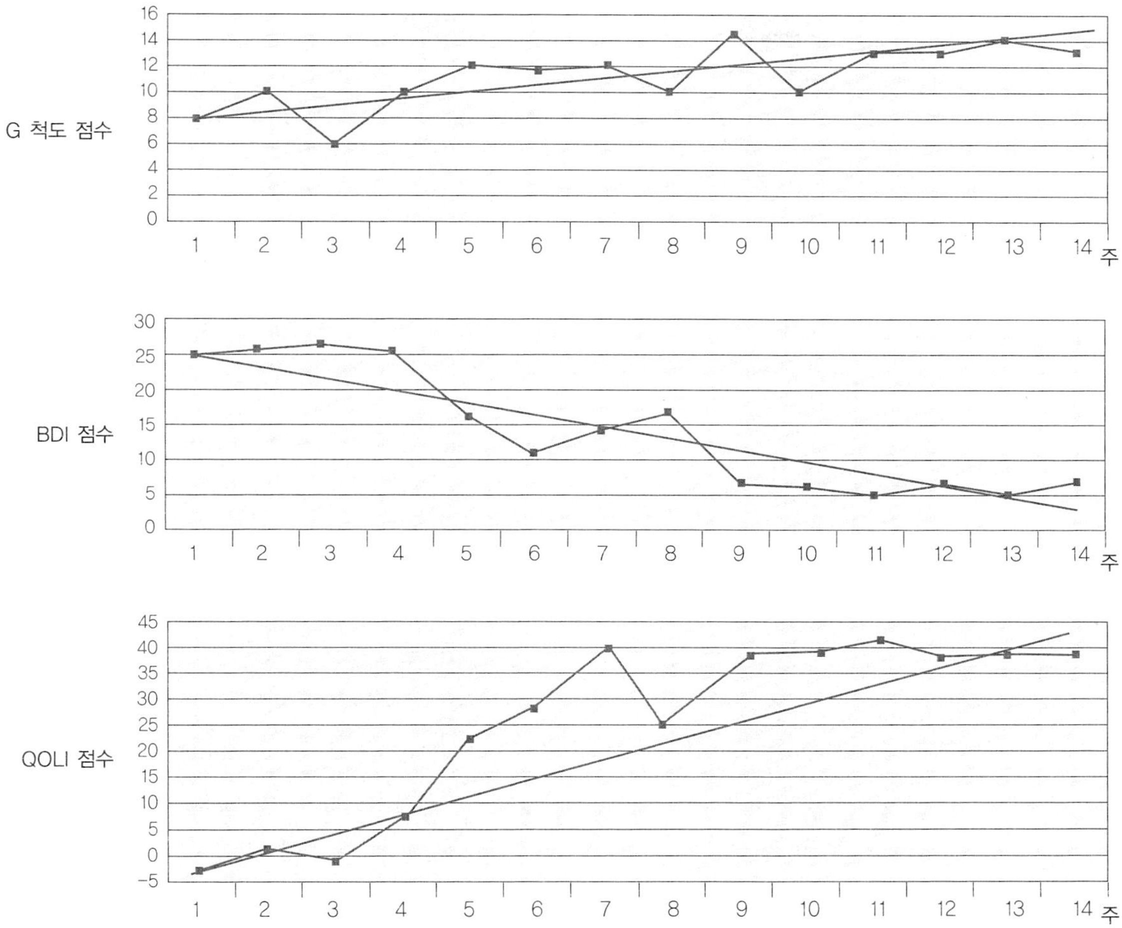

[그림 3-3] 세 가지 측정도구를 사용한 글로리아의 심리치료 과정의 평가

첫 2주간은 기준선으로 생각할 수 있다. 각 그래프에 회귀선이 적용되었다.

주: G 척도는 내담자인 글로리아와 치료자 사이에 개발된 척도, BDI는 Beck Depression Inventory, QOLI는 Quality of Life Inventory다.

출처: Kazdin, A. E. (2006). Assessment and evaluation in clinical practice. In C. D. Goodheart, A. E. Kazdin, & R. J. Sternberg (Eds.), *Evidence Based Psychotherapy* (pp.153–177). Washington, DC: American Psychological Association. Originally published in Kazdin, A. E. (2003). *Research design in clinical psychology* (4th ed., p. 322). Boston, MA: Allyn & Bacon.

예 측

임상적 평가의 마지막 목적은 인간 행동에 대한 예측이다. 이러한 예측에는 예후(장애의 증상이 치료 후 혹은 치료하지 않았을 때 어떻게 변할지에 대한 기술), 미래 수행(특정 직업이나 상황에서 어떻게 행동할지에 대한 기술), 위험성(자신이나 타인을 향해 폭력적인 행동을 할 것인지에 대한 기술) 등이 포함된다. 어떤 예측이든 임상가는 평가를 통해 밝혀진 특성과 예측행동 간의 관계에 대한 타당한(경험적으로 입증된) 정보를 가지고 있어야 한다. 그러한 정보가 없다면 예측은 추측일 뿐이다.

예후

흔히 예후는 치료의 효과에 관한 예측을 지칭하는 것이지만 보다 일반적으로 치료를 하지 않거나 특정한 상황(예, 교통사고로 인한 뇌손상, 불안장애 치료에 대한 예후의 변화)에서의 증상 변화에 관한 예측이라고도 할 수 있다.

예후에 대한 상당히 많은 정보는 이미 DSM 진단에 포함되어 있다. 전형적인 시작, 만성화, 취약인구 등과 같은 장애 관련 정보뿐만 아니라 경과에 대한 종단연구의 결과가 DSM에 포함되어 있다. DSM이 예후에 대해 구체적으로 언급하지 않더라도, 임상가(혹은 학생)는 어떤 장애가 다른 장애보다 더 악화되고, 더 만성화되고, 더 재발되기 쉽고, 긍정적이거나 부정적인 생활환경에 더 영향을 받는지에 대해 쉽게 알 수 있다.

임상가는 DSM의 정보를 바탕으로 예측을 향상시킬 수 있다. 내담자의 사회적 지지와 주관적 스트레스 수준은 예후를 향상시킬 수도 있고 약화시킬 수도 있다(예를 들어, 상대적으로 높은 수준의 지지와 중간 정도의 스트레스는 예후를 향상시키고, 상대적으로 낮은 수준의 지지와 강한 스트레스는 예후를 약화시킨다). 내담자(예를 들어, 충동성, 대처방식, 치료자의 직접적인 지시에 대한 저항), 환경(예를 들어, 입원 대 외래), 내담자와 치료자 간의 '맞는 정도' (예를 들어, 가치 공유 혹은 문화적 배경) 등과 관련된 요인들도 영향을 미친다. 물론 이러한 혹은 기타 요인을 바탕으로 한 예후는 비슷한 사례에서 각 요인들이 영향을 미친 수준을 설명하는 실증적 근거가 있어야 한다.

미래 수행에 대한 예측

임상가는 종종 사업체, 정부기관, 경찰, 소방서, 군대 등에서 그 직업을 잘 수행할 것 같은 사람을 선발하는 과정에서 도움을 요청받을 때가 있다. 이러한 사례에서 임상가는 먼저 기저선 예측과 선발에 대한 정보를 제공하기 위해 기술적 평가 결과를 수집하거나 검증해야만 한다. 이 단계는 일반적인 심리학적 수련을 받은 심리학자들은 어떤 영역에서든지 예측을 할 수 있어야만 한다고 믿는 사람들의 비판을 받아 왔고 제대로 인식되지 못했다. 어떤 사람이 특정 직업이나 상황에서 어떻게 수행할지를 알기 위해서 심리학자는 어떤 특성이 어떤 수행을 신뢰성 있게 예측하는지에 대한 실증적 증거를 가지고 있어야 한다. 이는 각 직업이나 영역에 대해 심리학자가 예비조사를 해야만 한다는 의미다. 심리학자들은 자신의 추측이나 일반적인 임상적 판단에 의존할 수는 없다. 서술적 평가와 예측적 평가가 어떻게 중복되는지에 대한 고전적인 예는 제2차 세계대전 동안 가장 성공적인 스파이, 방해공작원, 적진의 정보원이 될 수 있는 군인을 선발하기 위한 머레이(Henry Murray)의 특화된 검사, 면담, 행동관찰이다(Office of Strategic Services, 1948). 머레이의 평가 프로그램은 복잡해서 완료하는 데 수일이 걸렸으며 지능에서부터 살인 계획 능력에 이르기까지의 모든 것을 측정했다.

그만큼 광범위하지는 않았지만 비슷하게, 민간인과 군인(Institute of Personality Assessment and Research, 1970), 임상심리학과 정신과 대학원생(Holt & Luborsky, 1958; Kelly & Fiske, 1951), 평화부대 자원봉사자(Colmen, Kaplan, & Boulger, 1964) 등의 선발을 위한 대규모의 예측 지향적 평가 프로그램도 등장했다. 이러한 평가 프로그램은 많은 사람에게 영향을 미치기 때문에 예언타당도뿐 아니라 평가를 받는 사람과 평가를 사용하는 기관에 미치는 영향력에 대해서도 검증되어야 한다.

위험성 예측

임상적 예측이 '내담자가 자살을 시도할 것인가?' '내담자가 정신병동에서 나가게 되면 누군가를 해칠 것인가?' 등과 같은 삶과 죽음의 상황과 관련된 것일 경우 특히 어렵다. 오랫동안 임상실무와 연구의 일부였던 위험성 예측은 종종 법의학적 검증이라고도 불린다. 예를 들어, 임상가는 총을 소지하고 등교하는 8학년 학생이 지속적으로 살인행동 위험이 있는지, 정규학교 대신 보호소에서 교육을 받아야 하는지에 대해 평가 의뢰를 받는다(Vincent, 2006). 임상연구자들은 성인 성범죄자가 석방되면 또다시 범죄를 저지를지 등과 같은 것을 예측하는 도구를 개발하기도 한다(Langton et al., 2007). 이러한 예측은 얼마나 정확한 것인가?

실제로 임상심리학자들은 위험성을 정확하게 예측하는 것이 어렵다는 것을 알고 있다(Borum, 1966; Hilton, Harris, & Rice, 2006; Monahan, 1988). 한 가지 이유는 위험행동이 어떤 집단에서 일어날 빈도, 즉 기저율이 보통 매우 낮기 때문이다. 다음 예는 왜 이 점이 중요한지를 보여 준다. 임상가들의 살인행동 예측 정확도가 80%라고 가정해 보자.

임상가가 조사하는 표집 내에서 자살의 기저율이 1만 명당 10명이라고 가정해 보자. 예측 정확도는 네 가지 가능한 결과 패턴에 따라 평가할 수 있다. 만약 임상가가 위험성을 예측하고 실제로 그 사람이 위험한 행동을 한다면 그 결과를 옳은 긍정(true positive)이라 한다. 그리고 임상가가 위험하지 않다고 예측하고 그 사람도 위험행동을 하지 않는다면 옳은 부정(true negative)이라 할 수 있다. 만약 임상가가 위험하지 않다고 예측했음에도 불구하고 위험행동이 발생했을 경우는 잘못된 부정(false negative)의 결과가 발생한다. 마지막으로 임상가가 위험행동을 예측했음에도 불구하고 위험행동이 나타나지 않았다면 잘못된 긍정(false positive)이라 할 수 있다. <표 3-4>에 의하면 임상가는 10명의 살인자 중 8명이 살인을 할 것이라고 정확하게 예측할 것이다. 그러나 만약 임상가가 80% 정확률을 가지고 있다면 위험행동을 저지르지 않을 9,990명 중 20%를 부정확하게 분류할 것이다. 8명의 옳은 긍정은 임상가가 발생하지 않은 살인행위를 예측한 1,998명의 잘못된 긍정의 관점에서 봐야 한다.

그렇다면 이 예에서 살인행동을 할 것이라는 임상가의 긍정 예측력(positive predictive power)은 비참하게도 낮을 것이다(예측된 살인자들의 1% 미만이 실제로 살인행동을 할 것이다). 반면 위험하지 않다는 예측의 정확성, 살인행동을 하지 않을 것이라는 부정 예측력(negative predictive power)은 99.9%보다 클 것이다. 옳은 긍정을 최대화하기 위하여 임상가는 아무도 살인행동을 저지르지 않을 것이라고 예측할 수 있다. 이 예측은 99.9% 옳을 것이다. 그러나 모든 오차는 잘못된 부정에서 나타날 것이다. 그리고 대개 그러한 실수(예를 들어, 위험한 사람들을 안전하다고 예측하는 것)는 잘못된 긍정보다 더욱 심각하다.

그래서 신중을 기하다 보면 임상가는 위험을 과대 추정하는 경향이 있다. 물론 잘못된 긍정으로 인하여 나타나는 결과가 심각하지 않다면 확대해서 예측하는 것은 문제가 되지 않는다. 그러나 일반적으로 어떠한 방향으로든지 오류로 인한 중대한 결과가 존재한다. 예를 들어, 컬럼바인 고등학교, 버지니아 공과대학, 노스일리노이 대학교 등에서 발생한 총기난사 사건이 일깨워 준 굉장히 중요한 과제인, 어떤 학생들이 학교폭력을 행사할 것인지를 예측하려는 시도를 상상해 보라. 학교 내 총기난사는 극도로 낮은 기저율을

<표 3-4> 임상가의 위험행동에 대한 예측도의 정확성 측정

임상가의 예측	결과	
	살인을 함	살인을 하지 않음
살인을 함	8명(옳은 긍정)	1,998명(잘못된 긍정)
살인을 하지 않음	2명(잘못된 부정)	7,992명(옳은 부정)

가진 사건이고, 위험인물을 구별하려는 시도는 어쩔 수 없이 잘못된 긍정 오류를 많이 범한다. 정확하게 구별된 살인자 때문에 수십 또는 수백 명의 다른 학생들 역시 그들과 같은 부류로 부정확하게 낙인찍힐 것이다(Mulvey & Cauffman, 2001).

낮은 기저율이 예측에 미치는 효과를 결국 단지 통계일 뿐이라며 무시하고 '전문가'들은 정확하게 예측할 수 있다는 신념을 고집하고 싶은 유혹도 없지는 않다. 그러나 학교폭력, 자살 또는 다른 폭력범죄 행동을 예측하고자 하는 전문가들은 그러한 신념에 집착하지 않는다. 임상가들은 이러한 통계가 위험성을 정확하게 예측하는 것이 얼마나 어려운지를 보여 주는 것이라는 점을 잘 알고 있다. APA(1983)는 정신과 의사들이 위험한 행동을 정확하게 예측하는 특별한 능력이나 지식이 없다는 입장을 취하고 있다.

물론 위험을 예측하고자 하는 이들은 잘못된 긍정을 최소화하기 위하여 특별한 지침을 따른다. 예를 들어, 캐슬과 번스타인(Cassel & Bernstein, 2001)은 예측력을 증가시키려는 연구자들이 다음의 네 가지 영역의 평가요소의 통합에 점점 초점을 맞추고 있다고 보고한다. ⓐ 분노와 충동성과 같은 피고의 기질적인 경향, ⓑ 정신장애 또는 성격장애의 증후 같은 임상적인 요인, ⓒ 폭력 전과기록 같은 개인력 요인, ⓓ 가족과 친구의 사회적 지지의 강도와 같은 상황적인 요인(Gardner, Lidz, Mulvey, & Shaw, 1996; Monahan & Steadman, 1994; Zabow & Cohen, 1993).

행동과학을 통해 많은 연구자는 정신과 환자와 범죄자들의 위험성을 예측하는 것을 향상시키는 노력을 하고 있다(예를 들어, Doyle & Dolan, 2006; Langton et al., 2007; Quinsey, Harris, Rice, & Cormier, 2006). 예측을 하기 전에 임상가는 스스로가 특정 종류의 예측에 대해 최선의 과학자와 실무자가 되어야만 한다. 실제로 임상가는 특정 개인이 특정 행동을 할 것인지 아닌지를 예측하는 것보다 위험의 수준(예를 들어, 높음, 중간, 낮음)으로 예측하는 것이 아마 안전할 것이다. 그리고 그러한 예측도 특정 결과에 대한 특정 증상의 예측능력에 관한 실증적 증거를 바탕으로 해야 한다.

이 절의 요약 임상평가 목적에는 진단 분류, 기술, 치료 계획과 평가, 예측 등이 포함된다. 널리 인정된 현 체계의 단점을 수정한 것으로 생각되는 DSM 개정판들과 대안적 진단체계를 고려하기도 하지만, 진단은 현재 DSM-IV-TR을 기반으로 한다. 기술은 진단적 분류보다 풍부한 내담자의 특징을 포함한다. 진단과 기술 모두 치료 계획에 도움이 된다. 평가는 치료 효과를 측정하고 증명하는 데도 사용할 수 있다. 끝으로, 임상가들은 종종 위험성을 포함한 미래 행동을 예측하는 어려운 과제를 의뢰받기도 한다.

임상적 판단과 의사결정

이 절의 미리보기

임상가는 다양한 출처의 정보를 통합하여 판단을 해야 한다. 그러한 작업을 할 때 실증적 결정 방법이나 임상적 추론에 의지할 수 있다. 임상적 추론은 많은 상황(예, 치료과정에서 발생하는 자발적인 사건)에서 중요하지만, 많은 연구는 임상심리학자들에게 추론에 대한 특별한 능력이 없으며 인상적인 사고에 의지할 때 보통 사람들과 같은 종류의 오류를 범하기 쉽다는 것을 보여 준다. 보험통계 모델이 가능한 상황(예, 위험성 예측)일 때, 임상가들은 임상적 바탕의 보험통계 모델을 만드는 것이 현명할 것이다.

대중매체에서는 오랫동안 임상심리학자들을 불명료한 징후들을 한 개인의 과거, 현재 혹은 미래에 관한 정확한 진술로 바꿀 수 있는 전문가로 언급해 왔다. 폭력성의 사례에서와 같이, 어떤 사건들은 특히 예측하기가 어렵다. 그렇지만 내담자가 자살을 시도할지, 스토커가 피해자에게 해를 입힐 것인지, 아동이 부모에게 학대를 당하는지, 뇌손상 환자가 새로운 직업을 성공적으로 수행할 수 있을지, 특정 유형의 심리치료가 불안을 완화시킬지 등과 같은 예측은 임상적 판단을 포함한다.

임상적 추론

위험성 예측에 관한 논의에서 시사하듯이, 실증적 연구들은 임상가들이 특별한 추론 능력을 갖고 있다는 점에 대해 지지하지 않는다. 40년 전에 피터슨(Donald Perterson)은 이 점을 강하게 지적하였다. "임상가들이 지각하기 힘든 대인관계 자극들을 탐지하고 다른 사람들의 심리내적 상태를 읽을 수 있는 특별한 안테나를 갖고 있거나 이를 발달시킬 수 있다는 생각은 없어져야 하는 일종의 신화다."(Peterson, 1968, p. 105) 실제로 임상심리학자들이 비공식적 접근을 사용하여 평가자료를 처리할 때, 비임상가보다 유의미하게 판단을 더 잘하는 것은 아니다.

임상가들이 특별한 추론능력을 가지고 있을 것이라는 추측에 관한 고전적인 연구의 한 예로, 사람들에게 내담자들의 심리검사 반응을 기초로 뇌손상 여부를 추론해 보도록 요청하였다(Goldberg, 1959). 그 심리검사는 직접적으로 뇌손상을 측정하지는 않지만,

검사에서 뇌손상의 징후가 드러나며 이를 해석할 수 있다고 믿는 임상가들 사이에서 널리 사용되고 있었다. 내담자 30명 중 15명은 실제로 기질적 손상이 있었고, 15명은 정상이었다. 4~9년의 검사 경력을 가진 4명의 박사급 임상심리학자, 1~4년의 경력을 가진 10명의 석사급 수련생, 그리고 심리학적 지식과 심리검사의 경험이 전혀 없는 8명의 사무원이 검사 결과를 판단하였다. 평가자들은 간단하게 '기질적인지' 혹은 '기질적이 아닌지'를 판단하였다. 각 사례에 대해 우연히 정답을 맞힐 가능성은 50%였다. 그러나 4명의 임상심리학자 중 한 명을 제외한 나머지 평가자들은 우연의 확률을 넘지 못했다. 게다가 그들은 학생이나 사무원에 비해 더 나은 평가를 하지도 못했다. 보다 최근의 연구들도 유사한 결과를 보여 준다(예를 들어, Gardner et al., 1996).

다른 연구들도 임상심리학자들이 우수한 기억능력이나 그 밖의 다른 정보처리능력을 가지고 있지 않다는 것을 보여 준다. 예를 들어, 많은 양의 평가정보가 있으면 추론에 대한 임상가의 자신감이 증가하지만 추론의 정확성이 반드시 향상되지는 않았다(Einhorn & Hogarth, 1978; Garb, 1984; Kleinmuntz, 1984; Rock, Bransford, Maisto, & Morey, 1987).

왜 임상가들이 심지어 수년간의 훈련과 경험에도 다른 사람들보다 더 나은 임상적 판단을 하지 못하는 것일까? 분명히 임상가도 사람이기 때문에 정보처리 과정에서 누구나 범할 수 있는 인지적 습관과 편파를 범하기 쉽다(McDonald, 1996). 예를 들어, 임상가들은 판단을 할 때 회상 가능한 최근의 경험이나 주목할 만한 경험에 과도하게 의지할 수 있다. 이러한 가용성 발견(availability heuristic)에 의한 오류는 사람들에게 다음과 같은 과제를 하게 했을 때 흔하게 나타난다.

-ing로 끝나는 7글자의 영어 단어 ____ing
n이 여섯째 자리에 오는 7글자의 영어 단어 _____n_

사람들은 n이 여섯 번째 들어가는 단어보다 -ing로 끝나는 단어를 떠올리기가 더 쉽기 때문에 대부분 첫 번째 문제를 고른다. 그러나 사실 후자 범주에 들어가는 단어가 더 흔하다. 여기에는 nt(예, payment)나 ne(예, biplane) 등으로 끝나는 7자리 단어뿐 아니라 -ing 단어도 포함된다. 여기서의 교훈은 '가용성 발견' 오류로 판단이 위협받을 때 더 형식적이고 전반적으로 덜 인상적인 추론과정이 필요하다는 것이다. 만약 이러한 상황에서 직관이나 직감을 믿는다면 오류를 범하게 될 것이다. 임상 상황에서 현재 사례의 일부 양상이 기억할 만한 다른 사례를 떠오르게 하지만 다른 양상들은 딱 들어맞지 않는다면, 가장 선명하게 떠오르는 것을 과대평가하고 잘못 진단할 수도 있다(Garb, 1996).

기억할 만한 임상적 '전통'은 착각적 상관(illusory correlation)을 만들어 낼 수 있다(Chapman & Chapman, 1967). 이는 평가자료로부터 잘못된 추론을 이끌어 내게 한다(Krol, DeBruyn, & van den Bercken, 1995; Lewis, 1991). 그래서 일부 임상가들은 사람그림검사에서 큰 눈을 편집증적 경향으로 보지만, 실제로 이러한 연관성에 대한 어떤 확고한 실증적 증거도 없다(Golding & Rorer, 1972).

모든 사람이 첫인상을 형성하는 것처럼 임상가도 평가정보 중에서 어떤 후속 정보보다도 처음 몇 가지 정보에 더 많이 바탕을 두고 내담자들을 바라보는 닻내리기 편향(anchoring bias)을 보일 수 있다(Tutin, 1993). 이 편향은 임상가들이 어떤 다른 정보보다 특정 정보(예를 들어, 아동의 행동에 대한 부모의 보고)에 비중을 더 많이 두도록 영향을 줄 수 있다(McCoy, 1976). 이 닻내리기 편향이 확증 편향(confirmation bias)—이미 확립된 믿음체계의 맥락에서 새로운 정보를 해석하는 경향—과 결합되면, 임상가는 서로 모순되는 증거를 무시하거나 심지어는 첫인상에 꿰어 맞추기 위해 정보를 왜곡할 수도 있다(Strohmer & Shivy, 1994).

임상가는 정보를 제대로 기억하지 못해서 혹은 중요한 정보를 획득하지 못해서 오류를 범할 수도 있다. 다른 사람들처럼 임상가도 자신의 실패보다 성공을 선명하게 기억하는 경향이 있기 때문에 부정확한 추론 경향성(혹은 타당하지 않은 평가방법들)을 지닌 채 남아 있게 된다. 왜냐하면 그들은 그것이 타당하다고 생각하기 때문이다(Garb, 1989). 게다가 임상가들은 그들의 성공과 실패에 대하여 '정확한 피드백'을 충분히 받지 못한다. 위험성을 예측하는 임상가와 날씨를 예측하는 기상학자를 비교해 보라. 기상학자는 자신의 추론에 대해서 빈번히 그리고 적기에 분명한 피드백을 받는다. 심리학자들은 그렇지 못하다. 이러한 예들은 왜 치료 효과에 대한 평가가 중요한지—단지 다른 사람들에게 보여 주기 위한 것이 아니라 임상가가 자신의 수행을 더 발전시킬 수 있는 유용한 피드백을 제공하기 때문에—를 보여 준다.

다양한 개인적이고 문화적인 편향들 또한 추론을 왜곡시킬 수 있다(Rabinowitz, 1993). 어떤 임상가는 성별 혹은 특정 연령, 건강상태, 인종집단의 사람들을 대상으로 질병들의 존재나 질병의 종류를 보다 쉽게 추론할 수 있다(Atkinson et al., 1996; Coontz, Lidz, & Mulvey, 1994; Hickling, McKenzie, Mullen, & Murray, 1999; Hatala & Case, 2000; James & Haley, 1995). 예를 들어, 성 편향(gender bias)에 대한 연구(Ford & Widiger, 1989)에서 심리학자들에게 명백하게 반사회적 성격장애(주로 남성에게서 나타남)나 혹은 연기성 성격장애(주로 여성에게서 나타남)의 증상을 보이는 사례 보고서에 대해 진단을 내리도록 요청했다. 한 집단에게는 내담자가 여성이라고 알려 주었고, 다른 집단에게는 내담자가 남성이라고 알려 주었다. 내담자가 여성이라고 생각하였을 때 그들은 유의미하게 반사회적 성격장애 진단을 놓쳤고, 반대로 내담자가 남성이라고 생각하였을 때는 유의미하게 연기성 성격장애 진단을 놓쳤다. 이런 점에서 심리학자들의 추론 오류는 성 편향을 보여 준다. 비록 다른 연구들에서는 성(Tomlinson-Clarke & Camilli, 1995), 사회경제적 계층이나 소수민족 지위(Atkinson et al., 1996)에 대한 강력하고 전반적인 편향을 발견하는 데 실패하였지만, 임상가들은 항상 그러한 편향에 대해 경계를 늦추지 말아야 한다. 임상적 추론을 근거로 '전문가' 지위의 보장을 정당화하는 실증적 증거는 거의 없다(Wiggins, 1981).

그러나 자신의 동료나 지적인 일반인보다 정확한 추론능력이 훨씬 뛰어난 임상가도 있다. 이러한 우월성은 안정적인 능력(예를 들어, 잘 훈련된 추론 혹은 '자동화된 전문성')을 반영하는 것일까, 아니면 내담자나 상황 및 관련된 판단과제에 따라 달라지는 산발적인 것일까? 이 질문에 대한 답은 아직 명확하지 않다. 사람의 추론능력은 그 사람의 일반적 기술과 상황적 변인들이 상호작용할 때 나타나는 결합기능이기 때문이다(Bieri et al., 1966). 일부 연구에서는 훈련된 임상가가 잘 검증된 심리검사를 사용하면 일반 사람들보다 더 정확한 판단을 할 수 있음을 보여 준다(Garb, 1992). 그러나 이러한 이점은 크지도 않을 뿐더러 흔치도 않으며, 많은 다른 연구에서는 훈련된 임상가의 판단 우위를 확인하지 못했다. 현명한 임상가는 확고하고 지속적인 실증적 증거 없이 자신의 임상적 전문성을 단순히 가정하지 않는다.

임상적 예측 대 통계적 예측

평가자료로부터 일관성 있는 정확한 추론을 하는 전문가로서 임상가의 이미지를 손상시키는 연구들은 임상가의 추론능력에 대한 또 다른 의구심에 의해 촉진되었다. 많은 연구자들은 임상가들의 비공식적이고 주관적인 추론이 과연 공식적이고 통계적인 자료처리과정에 근거한 추론보다 더 정확한지 궁금해하였다. 임상적 예측과 통계적 예측을 정면으로 비교하는 연구들이 많이 있다. 통계적 예측(또는 보험통계적 예측이나 기계적 예측이라고도 부르는)은 거의 대부분의 연구에서 파생된 확률 자료와 정보를 통합하는 공식적 처리과정에 근거하여 추론한다. 우리가 알고 있듯이 임상적 예측은 기본적으로 임상가의 수련, 가설, 전문적 경험을 바탕으로 추론한다. 어떤 것이 더 나은 것인가?

전통적으로 이 질문에 대한 임상가들의 의견이 분분하였다. 비공식적이고 '임상적인' 접근을 선호하는 사람들은 그러한 접근을 의미 있고 조직적이며 깊고 풍부하고 진실하다고 보았다. 그리고 그들은 공식적이고 '통계적인' 접근을 피상적이고 사소하며 인공적이고 완고하다고 보았다. 공식적이고 '통계적인' 추론의 옹호자들은 그것을 객관적이고 신뢰할 만하며 정확하고 실증적이라고 찬양한 반면, 비공식적인 임상적 접근을 신비주의적이고 모호하며 비과학적이고 엉성하며 멍텅구리 같다고 하였다.

임상가들이 비공식적으로 자료를 해석하고 그에 근거한 권고를 하고 그러한 활동에 대한 연구를 하는 것은 그들이 그들 직업세계의 구성원 대부분이 그러한 일들에 더 능숙하다고 믿기 때문이다. 그리하여 공식적인 추론방법과 비공식적인 추론방법을 비교한 20개의 연구들을 종합한 밀(Paul Meehl, 1954)의 개관 논문은 단 하나의 사례를 제외하고는 통계적인 접근의 정확성이 임상적 접근보다 우월하거나 동등하다는 것을 밝혀내어 커다란 충격을 불러일으켰다. 나중에 추가적인 연구가 이루어지면서 이 놀라운 결과들 중의 한 연구는 예외적으로 '동등'한 결과를 나타내는 것으로 밝혀졌지만, 예측에 있어서 통계적 방법의 우월성은 보다 확고하게 확립되었다(Dawes, Faust, & Meehl, 1989; Meehl, 1957, 1965; 〈표 3-5〉 참조).

밀의 개관 논문 이후로 그에 응답하는 수많은 논문들이 발표되었는데, 이 논문들은 기존의 일부 연구들이 선호하는 통계적인 접근을 사용하여 편향된 결과를 초래하는 방법

〈표 3-5〉 임상적 예측 대 통계적 예측을 비교한 연구 결과의 요약

출처	검토된 연구 수	예측된 변인	결과		
			임상적 예측 더 좋음	통계적 예측 더 좋음	동등
Meehl(1954)[c]	20	학교와 군대에서의 성공; 상습범죄 혹은 가석방 범죄; 정신질환의 회복	1[a]	11	8
Meehl(1957)[c]	27	위와 같음, 성격 묘사가 추가됨; 치료성과	0	17	10
Meehl(1965)[c]	51	위와 같음, 충격 치료에 대한 반응이 추가됨; 진단명; 직업 성공과 만족; 의학적 진단	1[b]	33	17
Grove et al.(2000)	136	위와 같음, 결혼 만족이 추가됨; 심리학 인턴십의 성공; 의학대학원에서의 수행; 기타	8	63	65
Ægisdóttir et al.(2006)	51	뇌손상; 성격; 입원기간; 진단; 적응과 예후; 폭력과 범죄; IQ; 학업 수행; MMPI 프로파일이 진짜인가 거짓인가; 자살시도; 성적(性的) 지향	5	25	18

[a] 동등한 결과로 발표함.

[b] Goldberg(1968)에서는 동등한 결과로 발표함.

[c] 출처: *Personality and Prediction: Principals of Personality Assessment*, by J. S. Wiggins, 1973 (Reading, MA: Addison-Wesley.

론적 결함을 지니고 있다고 지적하였다. 손(Frederick C. Thorne, 1972, p. 44)은 이에 대해 "문제는 미숙한 임상가가 실제 임상장면과는 동떨어진 조건하에서 부적절한 과제를 가지고 내리는 판단이 아니라, 가장 숙련된 임상가가 이상적인 조건하에서 적절한 방법으로 내릴 수 있는 판단이 되어야 한다."라고 이야기하였다. 하지만 밀의 결론에 대한 이러한 감정적인 반응은 주관적이고 임상적인 방법론에 근거한 추론이 임상 관련 업무에서조차 가정했던 것만큼 정확하지 않다는 사실을 부정할 수는 없었다(Dawes, 1994).

예를 들어, 특정한 성격검사로부터 최상의 임상적 판단을 이끌어 내는 법칙을 구체화하고자 하는 연구를 생각해 보자. 이 연구에서 검사 결과 추론에 대해 인정된 전문가에게 126명의 검사점수를 해석하는 동안 자신들의 '생각을 말로 표현'해 달라는 요청을 하였다(Kleinmuntz, 1963). 전문가들이 '적응적' 인지 혹은 '비적응적' 인지를 구분하는 데 사용한 의사결정 규칙들은 검사 결과를 해석하는 컴퓨터 프로그램을 작성하는 데 사용되었다. 연구에 의하면 전문적인 임상가들의 추론 규칙은 객관화하고 학습할 수 있기는 했지만, 가장 우수한 학생은 사람이 아니었다. 컴퓨터는 규칙을 완벽하고 일관성 있게 공식적 추론 대 비공식적 추론에 대한 이전의 자료와 연결하여 새로운 검사점수에 규칙을 적용하였다. 컴퓨터는 자신을 가르쳐 준 임상가보다 후속적인 검사 결과 해석을 더 잘했다(Kleinmuntz, 1969). 이러한 연구 결과들은 경제학에서의 연구 결과와 동등하다. 즉, 통계학적 프로그램은 종종 주식 선택에 있어서 투자 전문가들을 능가한다.

아마도 최근 두 개의 메타분석(meta-analysis)이 임상적 예측과 통계적 예측을 비교하는 가장 강력한 증거일 것이다. 그로브, 잘드, 리보우, 스니츠와 넬슨(Grove, Zald, Lebow, Snitz, & Nelson, 2000)은 심리치료의 효과, 미래의 범죄행동, 군생활 적합성, 결혼 만족도, 심리진단, 심리학 인턴십에서의 성공 등을 포함한 전문 영역에서의 예측에 관한 136개 연구들의 메타분석하였다. 메타분석에 사용된 다른 연구들에는 내담자의 학업이나 직업교육에 대한 상담자의 판단과 환자에 대한 의학적 진단능력과 의대에서의 학생 수행에 대한 의사의 판단이 포함되었다. 그 결과는 기존의 연구와 일치하였다. 판단의 유형, 판단자의 경험, 통합된 자료의 유형, 연구설계 등과 상관없이 전반적으로 통계적/기계적 판단이 임상적 판단보다 더 우수하였다. 통계적인 예측이 더 우수한 경우는 대략 평균적으로 10% 정도로 크지 않았고, 많은 연구에서 기계적 예측과 통계적 예측은 기본적으로 같았다. 임상적인 예측이 기계적인 예측을 능가했던 소수(6~16%)의 연구에서는 저자들이 언제, 그리고 왜 임상적 예측이 기계적 예측을 능가하는지를 신뢰성 있게 구별하는 변인 패턴을 발견하지 못하였다.

Ægisdóttir와 동료들(2006)은 매우 유사한 결과를 얻었다. 그들도 역시 통계적 예측의

큰 효과 크기를 발견했지만 이전 연구처럼 통계적 판단 정확도의 우위는 약 13%로 크지 않았다. 이 연구에서 임상적 예측과 통계적 예측의 정확도는 예측의 유형, 환경, 통계방식 유형, 임상가가 사용 가능한 정보의 양 등에 따라 다양했다. 그리고 통계방정식은 위험성을 포함한 예측일 때보다 분명하게 나은 수행을 보였다(Hilton, Harris, & Rice, 2006 참조).

임상적 예측 대 통계적 예측에 대한 수년간의 연구를 통해 볼 때 다음과 같은 결론이 합리적인 것 같다.

- 통계적/보험통계적 예측은 일반적으로 임상적 예측을 능가한다.
- 통계적 예측의 전반적인 우수성은 그다지 크지 않으며, 특정한 상황 패턴은 없지만 종종 임상적 예측도 비슷하거나 더 낫다.
- 통계적 예측의 우월성은 폭력성과 그 외 낮은 기저율 사건에서 가장 잘 드러난다.
- 예측을 하는 임상가는 일반적으로 보험통계적 예측방법을 충분히 활용하지 않거나 평가절하한다.

마지막 진술은 유감스럽지만 예견 가능한 것이다. 임상가들은 독해능력이 있고 관련 평가자료를 방정식에 넣을 수만 있다면 누구나 얻을 수 있는 기계적 판단보다 자신들의 추론이 열등하다고 하는 것에 낙담한다. 임상가들은 예측력이 더 낮아진다는 것을 보여주는 결과에도 불구하고 종종 그들이 선호하는 이론에 기초한 단서, 가정, 경험을 더 선호한다(Odeh, Zeiss, & Huss, 2006).

하지만 좀 더 넓은 시각으로 본다면, 보험통계적 모델(actuarial model)의 우월한 성과가 임상가들이 전문가로서 실패한 징표라고 생각할 필요는 없다. 유용한 통계자료 처리 모델은 전형적으로 많은 임상경험과 연구의 산물이다. 게다가 우리는 통계적 모델과 컴퓨터에 의해 산출된 예측에 의지하는 기상학자나 증권 중개인을 평가절하하지 않는다. 소이어(Sawyer, 1966)는 "임상가는 직접적인 예측이 아니라 대체로 객관적인 형식으로 기계적으로 통합된 판단을 제공하는 것에 기여할지도 모른다."(p. 193)라고 말했다.

질병진단을 위해 컴퓨터 데이터베이스의 도움을 받는 내과의사를 불신하지 않는다. 실제로 어떤 사람들은 '고관절에서' 라는 의사의 직관적인 판단을 수용하지만, 대부분의 사람은 진단을 위해 통계적 정보의 장점을 취하는 의사의 전문성과 철저함의 진가를 알아본다고 생각한다. 마지막으로, 워드(Tony Ward, 1999)와 가브(Howard Garb, 2000)가 지적한 것처럼 내담자를 치료하는 과정에는 여전히 통계적인 판단규칙이 개발되지 않은 평가와 치료 작업들—이러한 작업들에는 증상, 성격, 행동의 묘사, 원인 추론이나 치료 결정, 치료회기 중 다음에 무슨 말을 할지와 같은 단순한 결정 등의 것들이 포함된다—이 상당수 존재한다. 이 작업이 임상적인 판단을 요구하기 때문에 임상가는 광범위한 인지적 기술을 소유하고 다양한 유형의 판단을 적절하게 적용할 수 있는 능력이 필요하다.

임상적 판단의 향상

지금까지의 논의는 임상심리학자들이 임상적 판단에 관한, 그리고 임상적 예측 대 통계적 예측에 관한 다양한 연구문헌에 익숙해야 하고, 그러한 연구 결과를 임상활동에서 받아들여야 함을 시사한다. 손(Thorne, 1972)의 제안에 의하면 임상가들은 그들이 내리는 판단의 유형과 판단과정에 기초가 되는 자료의 선택, 수집 그리고 통합방식에 매우 주의를 기울여야 한다(p. 44). 그러나 임상적 직관의 한계를 인식하는 임상가는 극히 소수에 불과하다는 상당한 증거가 있다. 이는 임상심리학자들을 전문 분야의 안팎 모두에서 비판에 취약하게 한다(Faust & Ziskin, 1988; Tavris & Aronson, 2007). 건강 전문가들이 추론과정에서 흔히 저지르는 오류를 방지하기 위해 수련과정에서 임상적 추론을 정식으로 교육시켜야 한다는 제안이 많이 있었다(Round, 1999). 임상가가 다루어야 하는 평가질문과 역할이 무엇인가에 대한 명확한 합의는 없지만, 다음과 같은 결론을 적용할 수 있을 것 같다.

> "임상가들이 IBM으로 처리하는 것이 더 적합한 과제를 하는 것이 아닌 이상 자신을 이류 IBM으로 생각할 필요는 없다. 임상적 행동관찰과 가설형성 과정에서는 IBM 컴퓨터가 이류 임상가보다 더 나은 점이 결코 없을 것이다." (Wiggins, 1973)

이러한 결론을 염두에 두고 많은 임상가들과 연구자들은 현재 자신들의 가치를 최적화할 수 있도록 임상평가 과정에서 행동관찰과 그 외의 자료수집 기술을 향상시켜 나가는 데 초점을 맞추는 경향이 있다. 예를 들어, 임상적 직관을 내담자의 언어적 · 비언어적 행동을 관찰하는 기술로 재개념화하고 있다. 이런 관점에서 보면 직관은 개발, 훈련, 향상될 수 있다(Arkes, 1981; Dawes, 1986).

평가의 전산화

임상연구에서 오래전부터 사용되어 왔던 컴퓨터와 전산화된 평가는 지난 수십 년 동안 임상실무에서 사용이 기하급수적으로 증가되어 왔다(Groth-Marnat, 2003). 컴퓨터로 심리검사, 구조화된 면담, 질문지, 평가척도 등을 모두 실시할 수 있다. 임상가들은 또한 현실과 같은 컴퓨터 게임처럼 컴퓨터가 평가와 치료 목적으로 내담자에게 복잡한 상황을 재현하는 데 유용하다는 것을 알게 되었다.

컴퓨터 기반 평가는 분명한 이점이 있다. 시간과 평가 비용을 줄이고, 신뢰도를 높이고, 여러 검사자 간에 발생할 수 있는 편차로 인한 오류를 제거할 수 있다. 또한 사람의 작업기억으로 유지하고 통합하기 어려운 통계정보와 복잡한 판단과정을 조작할 수 있다. 예를 들어, 컴퓨터 기반 평가는 내담자의 증상이 암시하는 명백한 진단뿐 아니라 덜 분명한 진단도 고려할 것을 상기시켜 줄 수 있다(Garb, 2007). 전산화된 평가는 또한 중요하지만 잊기 쉬운 질문을 임상가가 기억하도록 보장할 수도 있다.

하지만 전산화된 평가가 완벽한 것은 아니다(Lichtenberger, 2006). 일부 전산화된 방법은 내담자의 점수를 맹목적으로 해석하거나, 내담자 프로파일의 특징과 비슷한 다른 프로파일들을 '검색'하여 일반화시킬 때 너무 기계적이고 제한적일 수 있다. 이러한 상황에서 검사는 임상가가 직접 실시할 때보다 유연성 없이 실시될 것이다. 예를 들어, 행동관찰이나 대화를 통해 지능검사를 하는 동안 내담자가 진통제 복용으로 정신이 혼미하다는 것을 알아차렸을 경우를 생각해 보라. 컴퓨터는 결코 이를 알아차리지 못했을 것이다.

전산화된 평가는 종종 예측의 타당성이 인증되지 않은 정보를 바탕으로 하기 때문에, 그리고 개인력이나 행동관찰을 통해 이미 얻을 수 있는 정보를 바탕으로 하기 때문에 그 유용성이 논쟁이 되고 있다(Garb, 2000; Lichtenberger, 2006). 만약 전산화된 평가가 실증적으로 추출된 방정식을 통해서가 아니라 임상가의 경험과 믿음에서 정제된 의사결정 규칙을 통해 평가자료를 해석한다면, 프로그램은 '임상적 구전지식(clinical lore)' 의 자동화보다 나은 점이 거의 없을 것이다(Wiggins, 1973). 임상가들이 사용할 수 있는 400여 개의 소프트웨어 패키지가 있고 그들의 심리보고서는 매우 자세하긴 하지만, 프로그램들의 정밀성과 질은 상당히 다양하다(Groth-Marnat, 2003).

임상가의 전산화된 평가와 관련된 윤리적 쟁점도 있다. 예를 들어, 판단 오류를 비롯하여 컴퓨터에서 자동적으로 생성된 보고서에서 나타날수 있는 결과에 대해 임상가의 책임은 어디까지인가? 전산화된 평가를 사용하기 위해 임상가는 어느 정도의 지식, 수련, 실무경험을 갖추어야 하는가? 전산화된 검사는 검사를 완전히 이해하지 못하고 적절한 방식으로 사용할 준비가 되어 있지 못한, 제대로 수련받지 못한 검사자가 인상적이고 괜찮은 보고서를 제공하게 할 수도 있다.

또한 비판자들은 임상가가 평가자료의 처리에 덜 관여하게 되면 행동에 대한 새로운 사실을 발견할 가능성이 감소하게 될 것임을 우려한다. 보험통계 도표와 통계방정식은 출현 빈도가 낮은 행동 및 관계에 민감하지 않기 때문에, 자료를 처리하는 역할에서 임상가를 배제하게 되면 그러한 희귀한 행동 및 관계에 대해 알아차릴 가능성이 감소한다. 즉, 어떤 연구자는 향후 인간의 자료처리 기술의 발전기회가 감소하게 되면 임상가가 자료수집 역할로 강등될 것이라고 예상한다(Matarazzo, 1986).

전산화된 평가문제에 집중된 이러한 비판들 때문에, 컴퓨터 기반 검사와 해석을 향상시키고 조절하려는 많은 단계가 시도되고 있다. 컴퓨터 검사에 적용되는 구체적인 지침들(APA, 1986)이 있고, APA의 교육학과 심리학적 검사에 대한 표준(Standards for Educational and Psychological Testing; APA, 1985)에는 전산화된 검사에 대한 몇몇 조항들이 포함되어 있다. 또한 『인간 행동과 컴퓨터(Computer in Human Behavior)』라는 학술지에는 심리검사를 해석하는 데 사용되는 컴퓨터 소프트웨어에 대한 내용이 있으며, 또한 전산화된 심리평가에 대한 찬반 의견을 다룬 수많은 논문이 있다(예, Richard & Lauterbach, 2004). 이러한 우려에도 불구하고, 규준자료가 더 수집되고, 신뢰도와 타당도에 대한 문제가 해결되고, 전산화된 검사가 보다 융통성 있고 상호작용적이 됨에 따라 컴퓨터를 활용한 임상평가는 더욱 가속화될 것이다(Groth-Marnat, 2003).

치료효과 측정에서 컴퓨터의 사용

컴퓨터는 또한 임상실무에서의 치료효과 평가에 점차 그 사용이 확대되고 있다. 이러한 시스템은 치료 동안의 변화를 측정하고 문서화한다. 예를 들어, [그림 3-3](글로리아의 치료 변화를 보여 주는)의 자료를 프로그램에 넣고 다른 내담자들의 자료와 통합할 수도 있다. 외래환자와 입원환자의 치료효과 측정을 도와주는 시스템이 개발되어 왔다(Kinnaman, Farrell, & Bisconer, 2006; Marks, Cavanaugh, & Gega, 2007). 이들 시스템은 임상가의 수행에 대해 체계적인 피드백을 줄 수 있고, 그럼으로써 개선되어야 할 영역을 확인하는 데 도움을 준다. 이들 시스템은 보험회사나 재정 지원처에 치료 효과의 구체적인 증거를 제공할 수도 있다.

임상심리학에서 전산화된 평가가 빠르게 확산됨에 따라 평가방법과 활용방법에 대해 수련을 받는 것이 매우 중요해졌다(Lichtenberger, 2006; Schulenberg & Yutrzenka, 2004). 전산화된 평가의 사용을 고려하는 임상가들은 다음과 같은 충고를 따를 것을 제안한다.

- 평가의 신뢰도와 타당도에 대한 정보를 신중하게 검증하고, 높은 질의 평가를 사용하라. 겉보기에 유용해 보이거나 이론적 편견에 맞다고 해서 맹목적으로 수용하지 마라.

- 길고 종합적인 보고서보다 초점이 맞추어진 잘 연구된 보고서를 산출하는 평가를 선택하라. 후자가 더 정확할 것이다.
- 의도하는 목적과 방식에 따라 전산화된 평가를 사용하고, 내담자와 의뢰처에게 사용되는 평가에 대해 이야기하라. 전산화된 평가를 임상적 판단을 대체하는 것으로 사용하지 마라(예를 들어, 컴퓨터가 산출한 평가를 잘라 붙이기).

이 절의 요약 임상가들은 종종 관찰 가능한 행동을 넘어 추론을 하도록 요청받는다. 행동과 연관된 관찰 불가능한 현상에 대한 신념과 행동의 원인으로 기저하는 기제와 심리구조에 대한 신념에 의존한 추론은 풍부하고 통찰력 있게 보일 수 있지만 편파적이거나 부정확하기 쉽다. 수년간의 연구들은 임상가들에게 특별한 추론능력(폭력과 같은 미래 행동을 예측하는)이 없다고 주장한다. 그러므로 임상가들은 임상적 판단의 한계를 인식하고 최고의 실적을 가진 평가도구와 의사결정 절차를 사용해야 한다. 이렇게 하는 것이 '임상적 직관'을 향상시키는 유일한 신뢰성 있는 방법이다. 종종 예측이 어려운 과제이기는 하지만, 임상가가 가능한 최선의 증거를 찾아내고 인정받은 윤리적 규준을 따른다면 정확도는 향상될 수 있다. 실증적 증거와 윤리적 규준은 평가에서의 컴퓨터 사용에도 유사하게 적용된다.

평가의 선택에 영향을 미치는 기타 요인

이 절의 미리보기

평가목적은 평가도구의 선택에 있어서 가장 중요한 요인이지만 다른 요인들 또한 선택에 영향을 미친다. 이러한 요인에는 도구의 심리측정적 속성, 임상가의 이론적 지향과 특정 도구에 대한 능숙도, 평가를 시행하는 조건 등이 포함된다.

대부분의 평가는 한 가지 이상의 방법으로 수행될 수 있으며, 하나의 도구가 아닌 여러 방법을 조합하는 것이 최선이다. 다양한 여러 도구를 사용하거나 다양한 방식으로 사용할 때, 임상가는 어떻게 결정해야 하는가? 우리의 관점에서 가장 이상적인 전략은 과학적으로 타당화되고, 사용해 본 경험이 있고, 평가가 사용되는 맥락에 적합한 수준의 정보를 제공할 수 있는 도구를 선택하는 것이다.

평가도구의 심리측정적 적절성

평가도구의 선택에는 평가의 목적과 도구의 가용성뿐 아니라 도구의 질도 영향을 미친다. 높은 질의 검사란 주의 깊게 수행된 연구에서 신뢰성 있고 타당하고 유용한 것으로 나타난 검사를 말한다. 그중 인기가 높은 몇몇 검사에 대해서는 다음 두 장에서 요약할 것이다. 여기에서는 도구의 심리측정적 질을 결정하는 차원을 간단하게 살펴본다.

신뢰도

신뢰도(reliabillity)는 평가자료들 간의 일관성 혹은 일치도를 말한다. 신뢰도는 여러 가지 방식으로 평가될 수 있다. 만약 동일한 내담자에 대한 반복적인 측정 결과가 매우 유사하다면, 그러한 평가절차는 매우 높은 검사-재검사 신뢰도를 갖고 있다고 할 수 있다. 이것은 체중계에서 내려갔다가 다시 올라갔을 때 같은 무게를 나타내는 것으로 비유할 수 있다.

신뢰도를 평가하는 또 다른 방법은 내적 일관성을 검증하는 것이다. 만약 평가의 한 부분—홀수 문항—의 자료가 다른 부분—짝수 문항—의 자료와 유사하다면, 평가도구는 내적 일관성이 있다고 할 수 있다. 이를 반분신뢰도라고도 한다. 마지막으로, 평가자 간 신뢰도는 서로 다른 임상가들이 동일한 내담자를 진단하고 평정 혹은 관찰하기 위해 특정한 평가체계를 사용했을 때 도출된 결론을 비교함으로써 측정된다. 같은 평가체계의 결과가 유의미하게 차이가 난다면 평가자 간 신뢰도가 낮다. 임상가들의 결론이 서로 일치할수록 도구의 평가자 간 신뢰도가 높아진다.

임상가들이 상대적으로 명확한 진단기준이 있는 진단(예, 공황장애)에 대해 판단을 할 때 평가자 간 신뢰도가 높은 경향이 있다. 이러한 경우 임상가들은 모두 같은 해석 지침을 사용한다. 임상가가 보다 덜 정밀한 기준이 있는 진단(예, 반사회성 성격장애)에 대해 판단을 할 때와 비구조화된 면담과 정보가 함축하고 있는 가능한 의미에 대해 불명확하게 평가하는 투사적 검사를 사용할 때는 평가자 간 신뢰도가 낮은 경향이 있다.

낮은, 괜찮은 그리고 높은 신뢰도의 기준은 무엇인가? 모든 심리 측정도구에는 어느 정도의 오류가 있다는 것을 깨닫는 것이 무엇보다 중요하다. 완벽하게 신뢰할 만한 평가도구는 없다. 그래서 대부분의 평가 매뉴얼은 측정의 표준오차(standard error of measurement: SEM)를 포함한 신뢰도 자료를 보고한다. SEM은 표준편차 개념을 사용하여 임상가가 평가의 신뢰구간을 추정하고 보고할 수 있게 해 준다. 예를 들어, 평가도구의 SEM이 5점이라면, 임상가는 내담자의 진짜 점수가 검사에서 얻은 점수의 앞뒤로 5점이내(±1표준편차)에 있다는 것을 95%의 확신을 가지고 보고할 수 있다. 당연히 불안정에 반대되는 안정적인 개념을 측정하고, 명료하게 정의되고 측정되는 개념을 측정할 때, 측정오차는 더 낮아지고 신뢰도는 높아질 것이다.

신뢰도 자료를 잘 활용하기 위해 임상가는 매뉴얼과 특정 평가방법 혹은 평가도구에 대한 연구를 조사해야 한다. 평가와 관련된 문제를 설명하는 서적에서 조언을 구할 수도 있다. 이러한 책들은 종종 다양한 평가도구의 신뢰도 자료를 취합하고 요약해 준다. 4장과 5장에서 임상가들이 보다 흔히 사용하는 평가도구의 신뢰도 정보에 대해 기술할 것이다.

타당도

평가방법의 타당도(validity)는 측정하고자 하는 것을 측정하는 정도를 반영한다. 신뢰도와 마찬지로 타당도도 여러 방식으로 평가된다. 내용타당도는 평가 대상과 관련된 모든 차원을 얼마나 잘 다루고 있는지에 따라 결정된다. 우울증에 대한 면담평가 도구가 슬픈 감정에 대해서만 물어보고 지속기간이나 원인에 대한 질문은 하지 않는다면 내용타당도는 낮을 것이다. 예언타당도는 평가도구가 폭력적인 행동이나 자살시도와 같은 미래의 사건을 얼마나 잘 예측해 주는지에 따라 평가된다. 동일한 측면에 대한 두 가지 평가도구의 측정 결과가 일치한다면 공존타당도가 높다고 볼 수 있다. 예언타당도와 공존타당도는 준거타당도의 일종이다. 준거타당도는 평가 결과가 관심을 두고 있는 중요하고 독립적인 준거와 얼마나 상관이 높은가에 따라 평가된다.

마지막으로 구인타당도가 있다(Cronbach & Meehl, 1955). 단순하게 말해, 어떤 평가도구의 결과가 측정하고자 하는 구인과 체계적인 관련성을 보이면 그 평가도구는 좋은 구인타당도를 지니고 있다고 할 수 있다. 심리학자들은 검사나 기타 평가방법이 인간 행동이나 정신과정에 관한 이론에 비추어 수긍할 수 있는 결과들을 산출하는지 판단함으로써 구인타당도를 평가한다. 예를 들어, 불안검사 점수는 불안을 증가시킬 것으로 생각되는 상황(예, 중대한 수술을 앞두고 있는 상황)에서 증가되어야 한다. 만약 아무런 변화가 없다면 이 검사의 구인타당도는 의심스럽다. 구인타당도를 충분히 평가하기 위해서는 많은 연구와 정교한 통계분석 방법이 필요하다(Campbell & Fiske, 1959).

어떤 평가도구든 신뢰도 이상의 타당도는 존재할 수 없기 때문에 타당도는 신뢰도와 관련이 있다. 그러나 도구의 높은 신뢰도가 높은 타당도를 보장하는 것은 아니다. 50명의 사람이 여자 행세를 능숙하게 하는 사람의 성별을 자신들의 눈으로 평가하는 상황을 상상해 보자. 50명 모두가 그 남자를 여자라고 판단하는 데 동의하더라도 그들 모두가 틀릴 수도 있는 것이다. 이 경우 시각적 평가에서 평가자들 간의 신뢰도는 높지만 준거 타당도는 매우 낮다.

신뢰도와 타당도는 정도의 문제라는 것을 기억하는 것이 중요하다. 문제는 평가에서 부정확함을 어느 정도까지 허용할 것인가 하는 것이다. 예를 들어, 체중계가 반복측정 시 몇 온스 차이만을 보인다면 목적을 위한 신뢰할 만한 도구라고 생각할 수 있지만, 우편용 저울이 그 정도의 차이를 보인다면 신뢰할 만하다고 여기지 않을 것이다. 어느 정도의 오류를 허용할 것인가는 평가의 목적과 잠재적인 사용, 대안적 측정도구의 가용성, 시간과 자원 같은 실제적인 제한조건 등에 달려 있다.

도구의 타당도는 항상 평가도구가 사용되는 목적과 관련하여 고찰되어야만 한다는 것을 또한 기억하라. 예를 들어, 어떤 검사는 타이핑 능력의 측정에는 타당하지만 공격성 측정에는 타당하지 않다. 검사의 타당도는 검사가 설계목적에 맞게 사용될 때만 적절하게 평가가 가능하다. 그래서 임상가는 같은 목적을 위해 고안된 검사들끼리 신뢰도와 타당도 자료를 비교해야 하고, 다른 고려할 점이 모두 같다면 신뢰도와 타당도가 좋은 도구를 선택해야 한다.

표준화

검사나 다른 평가도구가 표준화(standardization)되었다고 할 때, 그것은 검사 개발자가 대규모의 대표적인 규준집단에게 검사를 실시하고 점수를 분석했다는 의미다. 그럼으로써 개발자는 모집단의 평균점수에 대한 정보—예를 들어, 7세 아동의 평균 수학점수—를 제공할 수 있다. 또한 개별 항목이나 하위검사의 점수 편차에 대한 정보도 줄 수 있다. 이러한 정보가 없으면 검사의 특정 점수가 평균인지, 이상인지, 이하인지 판단할 수가 없다.

규준집단이 충분히 크고 충분히 대표성이 있는지가 가장 중요한 고려점이다. 그렇지 않으면 검사의 확실성이 제한된다. 또 다른 중요 고려점은 검사를 받는 특정 내담자가 표준화된 집단과 충분히 비슷한가 하는 것이다. 예를 들어, 임상가가 내담자가 신체화 장애가 있다고 추측하고 진단에 도움을 받기 위해 구조화된 면담—미리 기술된 일련의 질문들—을 하고자 한다고 생각해 보자. 그러나 내담자는 중국 이민자다. 만약 구조화된 인터뷰가 중국인이나 다른 아시아 인구에 대해 타당화되어 있지 않다면 내담자의 반응은 그 검사의 표준화를 바탕으로 해석할 수가 없다.

폭-충실성 문제

임상가들의 평가방법 선택은 나아가 '폭-충실성(brandwidth-fidelity)'의 딜레마를 해결하려는 시도에 의해서 결정된다(Shannon & Weaver, 1949). 임상가들이 제한된 시간과 자원을 가지고 내담자들의 행동을 좀 더 광범위하게 탐색하면 할수록, 반대로 각 영역에 대한 집중적인 탐색은 어려워진다. 평가도구가 포괄하는 범위는 바로 폭을 말하며, 도구의 깊이 혹은 철저함, 충실성을 말한다(Cronbach & Gleser, 1965). 이 이슈는 깊이-폭의 문제로 불리기도 한다. 예를 들어, 만약 2시간의 면담과정에서 임상가가 긴 질문 목록을 다 소화하려 한다면 그 결과는 다양한 주제에 대한 피상적인 정보만 얻을 수 있을 것이다(넓은 폭과 낮은 충실성). 만약 내담자의 어린 시절의 기억을 탐색하는 데 시간을 쓴다면 내담자 삶의 한 부분에 대해서만 자세한 많은 정보를 얻을 것이다(좁은 폭과 높은 충실성).

따라서 임상가는 폭과 충실성이 최적의 균형을 이루는 결과를 산출해 주는 평가 책략과 도구를 찾아야만 한다. 그들의 선택은 이용 가능한 시간과 자원뿐만 아니라 그들의 평가계획의 목표에 따라서 결정된다. 중요한 것은 스트레스를 잘 견디는 관리자들을 확인하는 데 유용한 질문 수준과 4세 아동의 두뇌손상을 탐지하는 데 도움이 되는 평가기술은 근본적으로 다르다는 점이다.

평가의 맥락

임상가의 선택은 평가의 목적, 도구의 질, 사용 가능한 시간과 자원뿐 아니라 평가가 실시되는 맥락이나 환경에도 좌우된다. 일반적으로 종합병원과 정신과, 개인 혹은 지역 심리치료소, 교도소, 법적인 상황, 학교나 교육기관 등이 있다. 여러 유형의 환경은 요청하는 의뢰문제, 선호하는 평가도구의 종류, 보고양식 등에 영향을 미친다(Groth-Marnat, 2003). 예를 들어, 법적 장면에 익숙하지 않은 임상가들은 자신들의 임상적 판단, 심지어 전문성이 동떨어지고 도전받는다고 생각할지도 모른다. 또한 법적인 맥락에서 사용되는 언어와 심리학적 맥락에서 사용되는 언어는 다르다. 임상가는 일반인이 이해하기 어려운 심리학 용어를 법률 전문가가 이해할 수 있는 용어로 바꿀 의무가 있다. 유사하게 교육적 환경에서도 그들의 선호이론, 용어, 실무방식을 사용한다. 그렇기에 임상가들은 앞서 언급한 것처럼 평가를 실시하기 전에 의뢰문제를 명료하게 할 뿐만 아니라 맥락에 적합한 도구를 선택하고 의뢰처에게 가장 유용한 방식으로 평가 결과를 제시해야 한다.

임상가의 경험과 이론적 지향

임상심리학자들은 그들이 받았던 대학원 수련 프로그램에서 강조되거나 비판받았다는 단순한 이유 때문에 특정한 평가방법을 사용하거나 피하려는 경향이 있다. 마찬가지로 특정한 측정도구에 싫증이 나거나 보람을 느끼지 못한 임상가는 자신이 편안하게 느끼는 평가질문을 찾는 경향이 있다. 도구에 대한 익숙함이 선택기준이 되어서는 안 되지만, 종종 임상가들은 그 과제에 적합하지 않은 특정한 평가방법에 (아마도 너무나) 익숙해지기도 한다. 이러한 임상가 특정적 요인은 연구에서 신뢰도나 타당도가 지지받지 못하는 일부 평가방법이 일부 임상가에 의해 지속적으로 사용되는 이유를 설명해 준다.

최근에 많은 연구자는 신뢰성 없는 평가와 치료를 구별하고자 하는 시도를 하고 있다(예를 들어, Carroll, 2003; Lilienfeld, 2007; Lilienfeld, Lynn, & Lohr, 2003; Norcross, Koocher, & Garofalo, 2006). 연구자들은 다른 방식으로 연구를 하고 있지만, 비효과적이거나 가짜 평가를 구별하기라는 같은 목적을 공유하고 있다. 우리는 어떤 것이 정말로 비효과적인지 밝혀내서 그것이 수련 프로그램에서 완전히 사라지고, 임상가들은 임상에서 그것을 사용하는 것을 피하게 되기를 원한다.

평가의 개요

앞서 언급한 것처럼 임상가들은 다양한 이론적 지향에 따라 특정한 질문과 관심사를 탐색한다. 실제로 이론적 지향은 평가의 개요를 제공한다. 따라서 정신역동적인 요강(예를 들어, Gabbard, 2005)에서는 무의식적인 동기와 공상, 자아기능, 아동기, 대상관계, 그리고 성격구조에 관한 질문을 포함하려는 경향이 있다. 인지-행동적인 사례연구 개요(예를 들어, Kanfer & Saslow, 1969)는 내담자의 기술, 습관적인 사고 패턴, 문제행동의 선행요인과 뒤따르는 요인에 초점을 둔다. 인본주의 임상가들은 구체적인 평가개요를 덜 따르는 편이다. 실제로 그들은 평가를 내담자가 어떻게 세상을 지각하는지를 내담자와 함께 이해하는 협력과정으로 본다(Fischer, 2001).

사례연구 지침은 이상적으로는 내담자에 대한 일반적인 개괄이 가능할 정도로 충분히 넓어야 하고, 한편으로는 확인하고자 하는 구체적인 사항을 모두 다룰 수 있을 만큼 충분히 초점이 맞추어져 있는 것이 좋다. 이러한 개요는 평가보고서—평가 결과의 조직화된 제시—의 작성에 도움을 준다. 임상심리학의 대표적인 이론적 접근법에서 제시하는 평가 개요의 몇몇 예를 살펴보자.

다음은 정신역동적 임상평가에 대한 일반적 가이드라인으로 제안된 개요다(Gabbard, 2005, p. 89).

정신역동 평가의 개요

Ⅰ. 개인력
- A. 축Ⅳ의 스트레스원 및 그 연계성에 주목하면서 현재 질병을 파악
- B. 과거에서 현재까지 반복되는 중요한 과거사
  1. 성장력
  2. 가족력
  3. 문화적/종교적 배경

Ⅱ. 정신상태검사
- A. 지남력과 지각
- B. 인지
- C. 감정
- D. 행동

Ⅲ. 투사적 심리검사(필요시)

Ⅳ. 생물학적 검사와 신경학적 검사

Ⅴ. 정신역동적인 진단
- A. DSM-Ⅳ 진단의 기술
- B. 축Ⅰ~Ⅴ 내용들 간의 상호작용
- C. 자아의 특징
  1. 강점과 약점
  2. 방어기제와 갈등
  3. 초자아와의 관계
- D. 대상관계의 질
  1. 가족관계
  2. 전이-역전이 패턴
  3. 내적 대상관계에 대한 추론
- E. 자기(self)의 특징
  1. 자존감과 자아 응집력
  2. 자기 연속성(self-continuity)
  3. 자기 경계성(self-boundaries)
  4. 정신-신체 관계
- F. 애착 패턴/행동에 기저하는 정신상태에 대한 이해능력
- G. 위 자료를 사용한 정신역동적 개념화

다음은 인지-행동적 접근의 대표적인 평가 개요다(Wright, Basco, & Thase, 2006).

인지-행동적 평가의 개요

Ⅰ. 내담자 이름
Ⅱ. 진단명/증상
Ⅲ. 증상 형성에 중요한 영향
Ⅳ. 상황적 문제
Ⅴ. 생물학적, 유전적, 의학적 요인
Ⅵ. 강점/자원
Ⅶ. 치료목표

〈표 3-6〉 지나에 대한 인지-행동적 사례개념화 평가지

사건 1	사건 2	사건 3
붐비는 식당에 가는 것	엘리베이터를 타는 생각	스스로 운전해서 출근하는 생각
자동적 사고	자동적 사고	자동적 사고
'식판을 떨어뜨릴 거야.' '쓰러질 거야.' '죽을 거야.'	'엘리베이터가 추락할 거야.' '사람들로 꽉 찰 거야.' '갇히게 될 거야.'	'운전 중에 기절할 거야.' '충돌사고가 날 거야.' '고속도로에서 누군가를 죽게 할 거야.'
정서	정서	정서
불안, 공황, 손에 땀이 남, 호흡이 가빠짐	불안, 긴장, 호흡이 가빠짐	불안, 긴장, 땀이 남, 호흡이 가빠짐
행동	행동	행동
식당 가기를 피하거나 친구에게 함께 가기를 부탁하기	가능한 한 계단 이용하기	운전을 하지 않기, 약혼자에게 운전을 부탁하기

도식: '나는 사고를 당할 것이야.' '세상은 매우 위험한 곳이야.' '당신은 항상 스스로를 보호해야만 해.'

작업 가설: (1) 지나는 상황에 대한 비현실적인 공포감을 가지고 있고, 이러한 상황을 다루거나 통제할 수 있는 자신의 능력을 과소평가하고 있고, 공포자극을 회피하고 있다. (2) 그녀의 가족 배경(예, 질병과 죽음, 어머니의 긴장과 과잉 각성)은 불안에 떠는 도식들과 회피의 발달의 원인이 되었다. (3) 현재 상황적 요인(새 직장과 운전에 대한 압박감)은 증상 촉발요인으로 작용하고 있다.

치료계획: (1) 그녀의 공포가 비현실적이며 대처방법을 배울 수 있다는 것을 가르치기 위한 인지적 재구성(예, 증거 검증, 인지적 오류 알아차리기, 사고기록지 사용), (2) 불안을 통제하기 위한 방법으로 호흡법과 연상법 훈련, (3) 공포자극에 대한 위계적 노출(예, 군중, 운전), (4) 엘리베이터 공포증에 대한 직접 노출법, (5) 불안 통제방법에 대한 모델링과 코칭, (6) 치료 후반에는 부적응적인 도식 수정에 초점.

출처: *Learning Cognitive-Behavior Therapy*, by J. H. Wright, M. R. Basco, & M. E. Thase, 2006 (Washington, D.C.: American Psychiatric Association), pp. 54-55.

추가로, 인지-행동적 평가는 내담자의 어려움과 관련된 구체적인 인지에 초점을 맞추기도 한다. 라이트, 바스코와 테즈(Wright, Basco, & Thase, 2006)는 평가에서 평가지(worksheet)를 사용하기를 권고한다. 〈표 3-6〉은 공황장애, 광장공포증, 엘리베이터 공포증이 있는 지나에 대한 사례개념화 평가지를 나타낸 것이다.

인본주의 지향적 평가

인본주의를 지향하는 임상가들은 행동주의적 접근과 본질상 다른 대안적인 평가방법을 제안해 왔다(예를 들어, Fischer, 2001; Fischer & Fischer, 1983). 일부 인본주의 학자들은 그러한 절차가 비인간적이고, 내담자들의 책임감을 빼앗고, 임상가-내담자 관계의 질을 위협한다는 견지에서 반대한다(Rogers, 1951). 다른 인본주의 심리학자들은 전통적인 방법에 의해 수집된 자료가 인본주의 원리에 따라 조명될 수 있다면 유용할 수 있다고 제안한다(Fischer, 1989). 예를 들어, 검사 결과는 내담자가 세상을 바라보는 방식에 대한 단서를 제공해 줄 수 있으며, 검사를 시행하는 것은 임상가와 내담자에게 관계 형성의 기회를 제공해 준다(Dana & Leech, 1974). 피셔(Fischer)는 표준화되고 실증적으로 타당화된 도구를 사용한 평가가 치료자와 내담자 사이에서 상호작용을 통해 시행될 때 평가가 과학적이면서도 치료적일 수 있다고 주장하였다. 그녀는 내담자에 대해 DSM-IV 진단기준을 논의하고 MMPI-2 결과를 해석할 때, 그러한 협력과정이 평가에 대한 부가적인 자료를 제공해 줄 뿐만 아니라 내담자를 객관화시키는 것을 피할 수 있다는 예를 제시한다(Finn, 1996; Fischer, 2001참조).

이 절의 요약 도구의 심리측정적 특성, 즉 신뢰도, 타당도, 폭(일반적으로 구체성과 반대되는)은 평가의 선택에 영향을 미칠 수 있다. 평가를 실시하는 맥락이나 환경 또한 어떤 평가방법을 사용하고 결과를 어떻게 의사소통할 것인지에 영향을 미친다. 마지막으로, 임상가의 이론적 지향과 다양한 도구에 대한 개인적 경험도 영향을 미칠 수 있다. 이론적 접근은 너무 완고하다면 편파적일 수 있지만, 임상적으로 관련된 정보를 발견하기 위해 자료를 수집하는 데 방향을 제시함으로써 유용한 가이드라인을 제공하기도 한다.

평가 결과의 전달

이 절의 미리보기

평가결과는 평가보고서를 통해 전달된다. 당연한 말 같지만 보고서는 명료하고 평가의 목적과 관련되어야 하고, 보고서의 수요자에게 최대한 유용한 언어로 전달되어야 한다는 것을 기억하는 것이 중요하다.

평가 결과의 가치가 극대화되기 위해서는 명료하고 평가목적과 관련되고 수요자에게 유용한 보고서로 제시되어야 한다. 따라서 임상가들은 보고서가 애매하고 관련성이 없고 불필요하지 않도록 주의해야 한다. 〈표 3-7〉은 평가 개요—이 사례에서는 인지-행

〈표 3-7〉 인지-행동적 개요에 기초한 평가보고서

면담 동안의 행동과 외양에 대한 기술 제임스는 말끔하게 면도를 하고 긴 머리에 잘 조화된 대학생 차림의 옷(청바지, 넓은 벨트, 단추 몇 개를 푼 셔츠, 샌들)을 입고 초기 면담에 왔다. 때때로 짧게 말문이 막히고, 수줍음이 많고, 목소리는 부드러웠다. 회기 중 대부분의 시간 동안 불편해 보였지만, 그럼에도 자유롭고 솔직하게 이야기하였다. 당면 문제 A. 문제의 본질: 대중 앞에서 말하는 상황이나 타인의 평가를 받는 상황에서의 불안 B. 과거 환경사건: 제임스는 프랑스에서 태어났고, 7년 전에 이 나라에 왔다. 그때가 사회적 · 언어적 문제를 경험한 시점이다. 대학에 입학하기 전까지 그의 사회적인 접촉은 최소한의 수준이었다. 대학 시절이 사교성이 좋은 친구가 그의 껍질을 깰 수 있도록 도와준 시기였다. 제임스는 자신의 아버지를 과도하게 비판적이고 완벽주의적인 사람이라고 묘사하였고, 때때로 자신이 한 숙제가 미숙하면 찢어 버렸다고 하였다. 내담자는 어머니를 항상 내담자의 안녕에 대해 걱정하는, 지나치게 애정 많고 통제적인 사람으로 묘사하였다. 항상 좋은 학생이었던 그의 남동생은 제임스보다 나아지라고 부모님에게 계속 독려를 받았다.	C. 현재의 상황적 결정요인: 부모님과의 상호작용, 시험, 가족모임, 수업 참여, 초기의 사회적 접촉 D. 관련 있는 변인: 내담자는 비합리적인 기대(기본적으로 완벽에 대한 비현실적인 추구와 타인의 인정을 받으려는 과도한 욕구)를 가지고 여러 상황에 접근하는 것 같다. 지금 어떠한 약물치료도 받고 있지 않다. E. 문제의 여러 측면: 내담자의 사회불안과 평가불안은 수년간 지속되었고, 일상의 다양한 상황에서 나타난다. F. 문제의 결과: 만성적인 불안으로 15세 때 위궤양 수술을 받았다. 게다가 손과 팔에 과도한 땀 분비로 인해 피부 발진이 생겼다. 예전에 신경과민으로 말을 더듬은 적이 있지만, 최근에는 문제가 덜한 것 같다고 하였다. 전형적으로 시험불안은 우수한 수행능력을 방해하고 있다. 다른 문제 A. 자기주장성: 분명히 수줍고 소심하지만, 제임스는 자기 주장성의 부족이 더 이상 문제가 아니라고 하였다. 이전에는 친구들이 그를 이용하려고 했지만, 이제는 더 이상 그러지 않는다고 주장한다. 그가 의미하는 자기주장성이 명확하지 않기 때문에 앞으로 이 부분은 보다 잘 살펴보아야 한다.

B. 건망증: 내담자는 자주 약속, 물건 둔 곳을 잊어버리고, 열쇠를 잊은 채 방 문을 잠그고, 흔히 얼이 빠져 있다고 하였다. **개인적 자원** 내담자는 매우 총명하고 따뜻하며, 친근감 있고 민감한 사람이라는 인상을 준다. **수정 대상** 사회적 평가 상황에서의 비현실적인 자기 진술들, 자기주장성의 부족과 관련이 있는 행동 결핍, 건망증 등 **추천 치료** 특히 내담자의 높은 수준의 불안을 고려하여 이완훈련부터 시작하는 것이 좋을 것으로 보인다. 그 후에 합리적인 재구성과 행동 리허설이 뒤따라야 할 것이다. 건망증을 다루기 위한 가장 좋은 전략은 아직 불분명하다. **치료에 대한 동기** 높음	**예후** 매우 좋음 **치료 필요성** 높음 **기대** 제임스는 때때로, 특히 여성과 데이트를 할 때 수면제 반 알을 복용한다. 그는 이것에서 벗어나고 싶어 하고, 또 스스로 불안에 대처하는 방법을 배울 필요가 있다고 느낀다. 제임스는 특히 불안에 대한 자기통제를 강조하는 것이라면 우리가 최종적으로 결정한 그 어떤 치료 계획에도 매우 수용적일 것으로 보인다. **기타 추천사항** 지금부터 학기 말 사이의 짧은 기간을 고려할 때, 회기 사이의 과제 부여는 행동변화 과정에서 특별하게 중요한 역할을 하는 것으로 강조해야 한다.

출처: *Clinical Behavior Therapy*, by M. R. Goldfried & G. C. Davison, 1976 (NewYork: Holt, Rinehart and Winston), pp. 52–53. Copyright 1976 by Holt, Rinehart and Winston.

동적 개요—가 어떻게 평가보고서로 변환되는지를 보여 준다. 내담자가 도움을 구하는 것에는 충분히 문제 지향적이지만, 또한 평가자는 더 폭넓고 더 작은 삶의 문제 측면에 대해 고려하는 것을 상기하고 있음을 주목하라.

보고서의 명확성

평가보고서의 첫 번째 기준은 명확성이다. 이 기본적인 요소가 갖춰지지 않은 상태에서 관련성과 유용성을 평가할 수 없다. 심리학 보고서에서 명확성이 부족한 경우에는 보고서의 잘못된 해석이 잘못된 의사결정으로 이어질 수 있으므로 문제가 생긴다. 이와 관련한 사례가 있다.

사례

정신적으로 결함이 있는 한 소녀가 검사를 받기 위해 심리학자에게 왔다. 심리학자는 소녀의 검사 수행에 기초하여 '손으로 하는 것' 에 있어 중간 정도 수준의 능력을 보이고 즐거워한다고 보고하였다. 그러나 3개월 후 사회복지 직원은 심리학자에게 그 소녀가 잘 반응하지 않는다고 알려왔다. 사회복지 직원이 심리학자의 권고를 따랐음에도 불구하고, 소녀는 '손으로 하는 일들' 에 대하여 즐거워하거나 성공적이지 않았다. 심리학자가 구체적으로 어떤 종류의 활동을 했는지 물었을 때 "음악 레슨(색소폰)을 했어요." 라고 하였다(Hammond & Allen, 1953, p. v).

평가자가 보고서를 읽는 사람에게 의미가 잘 전달되지 않는 전문용어를 쓰는 경우에도 문제가 생긴다. 다음은 36세 남자에 대한 보고서 일부를 발췌한 것이다.

사례

검사 결과는 소위 히스테리 방어기제를 포함한 기본적으로 성격적인 문제를 보여준다. 독립적이고 창의적인 공상을 적절하게 사용하는 능력이 손상되어 있으며, 관련된 특성으로는 정서적으로 불안정하고 순박한 면이 있다. 유아기 의존적 욕구가 그의 적대적인 경향과 지속적으로 충돌을 일으키는 수동-공격적 성격이 두드러지는 바, 그의 현재 성적 표현에 대한 갈등을 이해하는 데 어려움이 없다(Mischel, 1968, p. 105).

이 보고서의 작성자는 내담자를 이해할 수 있을지 모르나, 보고서를 읽는 사람이 작성한 사람을 이해할 수 있을까? 정신분석적 전문용어에 익숙하지 않은 사람들은 이러한 보고서가 모호하게만 느껴질 것이다. 심지어 전문가들도 사용된 용어의 의미에 대해 의견 일치를 보이지 않을 수 있다. 과도한 길이(또는 모호한 축약), 지나칠 정도의 기계적인 정보(통계자료 혹은 난해한 검사) 그리고 일관된 조직화의 부족 또한 평가보고서의 명확성을 떨어뜨린다(Olive, 1972; Tallent & Reiss, 1959).

평가목표와의 관련성

일반적으로 과거에 비해 줄어들긴 했지만, 임상가는 아직도 평가가 실시되는 이유를 듣지 못한 채 '심리검사(대부분 표준 종합검사와 인터뷰)'를 요청받는다. 이러한 상황에서 의미 있는 보고서를 작성할 가능성은 거의 없다. 안타깝게도, 적절하지 않은 보고서의 다른 사례들은 임상가가 주로 검사의 목표를 염두에 두지 못한 실수 때문이다.

보고서의 유용성

마지막으로 평가보고서가 유용한지 질문해 보아야 한다. 그 보고서가 내담자에 대하여 이미 알고 있는 것에 중요한 어떤 것을 추가하고 있는가? 이미 다른 자원을 통해 얻은 명료하고 중요한 정보를 제시하는 보고서는 유용하긴 하겠지만 실제적인 가치는 별로 없다. 그러한 보고서는 평가자가 새로운 자료를 수집하지 못했거나 새로운 자료에 대한 유용한 진술을 하지 못했을 때 쓰이기 쉽다. 전자의 경우에 임상가는 증분타당도가 낮은 기법을 사용했을 것이다(Sechrest, 1963). 예를 들어, 임상가는 심리검사를 사용하여 내담자가 강한 적대적 경향을 가지고 있다고 결론 내릴 수 있는데, 만약 경찰 보고서에서 내담자가 반복적으로 폭행으로 체포된 기록이 있다면 임상가의 결론은 부가적인 정보를 추가하지 못한다. 또 다른 예로 평가자의 보고서가 기저율이나 과거 경험 혹은 상식적인 수준에서 기대할 수 있는 것 이상의 뭔가를 말해 주지 못하기 때문에 유용성이 없을 수 있다.

전적으로 다음 두 가지 정보에 기초하여 쓰인 보고서를 검토해 보자. 첫째, 내담자는 재향군인병원에 처음 입원한 사람이다. 둘째, 이 사례는 '정신분열증에 대한 사례연구'라는 제목으로 연차대회 사례회의에서 논의되었다.

사례

이 퇴역군인은 약간 마지못해 하면서 검사를 받았다. 그는 임상가에게 협조적이었으나 어떤 구체적인 내용이나 자료에 대해서는 약한 회피적이었다. 과거 개인력과 검사 결과 모두 부적절한 대인관계를 보여 주었는데, 특히 가족구성원에 대해 부적절성이 나타났다. 그가 지금까지 어느 누구든 매우 친밀한 관계를 맺어 본 적이 있는지 의문스럽다. ……그는 결코 자신의 뿌리에 깊게 빠져 몰두해 본 적이 없었다. 그는 미성숙하고 자기중심적이며, 안절부절못하며, 종종 주위 사람들의 선의를 잘못 오해하기도 한다. ……그는 타인에 대해 저항적이고 반항적인 면을 가끔 보이긴 하지만 기본적으로 수동적이고 의존적이다. ……직업적인 면에서는 적응이 매우 어려웠다. 지금껏 직장을 자주 옮겨다녔으며, 관심 분야도 분명치 않고, 일에 대한 동기도 낮은 경향이 있었다. 또한 동료 직원들과 함께 일하는 것이 어려웠기 때문에 일을 계속하는 것이 어려웠다. 몇 명의 여자들과 사귀어 본 적은 있으나 그의 성생활은 스스로에게 만족스럽지 못했다. 현재 그는 약한 정도의 우울증상을 보인다. ……그의 지능수준은 평균에 가까웠으나 기능수준은 잠재능력 수준을 밑돌고 있었다. 검사 결과와 과거력에 의하면 정신분열증적 반응, 만성적이고 미분화 형의 진단이 의심이 된다. 치료에 대한 반응 및 예후는 좋지 않을 것으로 예상된다(Sundberg, Tyler, & Taplin, 1973, pp. 577-579).

이와 같이 인상적이긴 하지만 너무나 일반적인 보고서를 쓰게 되는 배경에는 임상가들이 재향군인병원의 환자들에 대한 지식과 병원 절차에 대한 친숙함에 너무 의존한 면이 있다. 예를 들어, 이 사례가 사례회의에서 정신분열증으로 논의된 사례이기 때문에, 그리고 정신분열증 진단이 재향군인병원의 환자들에게는 흔하기 때문에 정확한 진단을 추측하기가 쉬웠던 것이다. 또한 그것이 '평균적인' 재향군인병원 환자들에게 적합하기 때문에, 보고서는 최소한 부분적으로는 정확한 내용일 가능성이 있다. 이러한 사이비 문서는 평가보고서의 유용성을 저하시키는 특징—과도한 일반성 혹은 거의 모든 사람에게 적용할 수 있는 너무 모호한 말을 쓰는 경향—을 예시해 주는 것이다. 과도하게 일반적인 진술은 일명 '바넘 보고서(Barnum Reports)' (매번 잘 속아 넘어가는 사람이 있다는 P. T. Barnum의 경구를 따와서), '화니 아주머니 보고서(Aunt Fanny Reports)' (우리 주위 사람들 누구에게나 사실일 수 있기 때문에) 또는 '매디슨가 보고서(Madison Avenue Report)' (그러한 보고서들이 잘 팔린다는 의미에서)라는 별명으로 불린다(Klopfer, 1983; Meehl, 1956; Tallent, 1992). 이러한 과도하게 일반적인 자료들은 그럴 듯하게 보고서의 인상을 강조하는 동시에 실제로 보고서의 유용성을 저하시키는 두 가지 문제점을 갖게 된다.

이 절의 요약 평가자료를 조직화하는 보편적인 '올바른' 방식이 있는 것은 아니지만, 평가의 목적, 임상가의 이론적 접근, 평가 맥락 등을 바탕으로 조직화된 개요를 사용하면 명료성, 관련성, 유용성 등의 기준이 보다 쉽게 달성될 수 있을 것이다. 또한 개요 안에서 정보수집을 반복하는 것은 가치가 있으며, 이때 정보를 얻기 위해 사용하는 도구는 실증적 연구를 바탕으로 한 것이어야 한다.

평가에서의 윤리적 이해관계

이 절의 미리보기

특히 폭언이 오가는 이혼이나 자녀양육권에 휘말릴 때, 정신질환으로 장애 판정을 받아야 하는지를 결정하는 것을 도울 때, 제3자(예, 보험회사)에게 내담자에 대한 어떤 정보를 공개할지를 결정해야 할 때 등과 같이 평가를 실시하는 임상가는 수많은 윤리적 문제에 직면하게 된다. 임상가는 그들이 수행하는 평가의 한계에 대해 알고 있어야 하고, 평가를 어떻게 사용할지에 대해서도 미리 명확하게 알고 있어야 한다. 임상가들은 또한 연방법과 APA에서 제정한 심리학자의 윤리원칙과 행동강령이 자신들의 행위를 어떻게 통제하는지에 대한 지식도 있어야 한다.

다음 사례(Pope & Vasquez, 1998에서 발췌)는 평가를 실시하는 임상가들이 직면하는 많은 윤리적 문제를 보여 준다.

사례

17세의 소년이 종합 심리검사를 받기 위해 당신의 사무실에 왔다. 그는 얼마간의 두통, 불안, 우울을 경험하고 있었다. 그는 고등학교를 중퇴하고 1년 정도의 결혼생활을 했고 1세 된 아이가 있다. 그러나 아내와 아이를 떠나 다시 부모와 살고 있다. 그는 자동차 정비사로 일하고 있고, 검사비를 보장받을 수 있는 보험이 있다. 당신은 검사를 모두 마쳤다.

다음 해 1년 동안 다음의 사람들이 당신에 대한 검사 정보를 요청하였다.

소년의 주치의인 내과의사

그의 우울증을 염려하는 부모

소년의 고용자(소년이 요청한 근로자 보상과 관련하여)

보험회사의 변호사(근로자 보상 요청과 관련하여)

아내의 변호사(이혼 및 자녀양육 문제에 대한 소송과 관련하여)

소년의 변호사(검사 결과를 수긍할 수 없다며 제기한 소송과 관련하여)

각각 완벽한 공식 보고서, 검사 원자료, 시행한 검사들의 사본(예를 들어, MMPI-2의 지시사항과 모든 문항)을 요구하였다.

당신은 윤리적으로, 그리고 법적으로 그들 각각에게 어느 정도의 정보를 제공해야 하는가? 이러한 요구에 응한다면 사전에 서면으로 정보제공에 동의한 정보 중 어떤 정보의 공개가 필요한가?

임상가는 평가자료를 수집하고 분석하여 전달하는 과정에서 내담자가 평소에는 드러내지 않는 민감한 정보를 어쩔 수 없이 접하게 된다. 이럴 때 평가자는 내담자의 복지와 존엄성을 보호하는 방식으로 정보를 사용하고 보고해야 할 중대한 책임이 있다. 아울러 ⓐ 심리평가 자료가 어떻게 사용되는지, ⓑ 비밀스러운 정보를 누가 알게 되는지, ⓒ 평가정보에 대한 부적절하거나 책임감 없는 해석이 내담자에게 가져올 수 있는 부정적인 결과의 가능성 등에 대해 관심을 가지고 주의를 기울일 책임이 있다.

먼저 이러한 우려를 가지고 임상가들은 자신들의 질문이 내담자의 사생활을 독단적으로 침해하는 것이 아님을 확신해야 한다. 어떤 정보의 공개가 허락되고 허락되지 않는지를 알기 위해서 임상가들은 개별 사례의 자세한 정보보다 더 많은 물음에 익숙해져야 한다. 평가자료를 혼자서 계속 관리하는 것이 아니라면, 임상가는 평가자료에 누가 접근하는지의 문제에 대해서도 씨름해야 한다. 검사 점수, 결론, 예측, 기타 정보들이 보고서에서 언급될 때, 이러한 정보들은 그것을 해석할 자격이 없는 사람에게 노출되고 잘못 사용될 수도 있다. 이러한 상황에서 내담자의 사생활이 침해될 뿐만 아니라 평가자료가 내담자에게 해로운 결과를 초래할 수도 있다. 이런 문제를 최소화하는 것이 공무원, 정부기관, 시민단체, 개인의 중요한 관심사다.

아마 윤리적 평가실무를 따르고 있다고 확신할 수 있는 가장 좋은 길은 APA에서 제정한 심리학자의 윤리원칙과 행동강령(Ethical Principles of Psychologists and Code of Conduct; APA, 2002a)—특히 평가를 다룬 9절—에 대해 아는 것이다. 더불어 APA는 아동보호와 관련된 문제에서의 심리평가 지침(Guidlines for Psychological Evaluations in

Child Protection Matters; APA, 1998)처럼 구체적 평가실무를 위한 지침들도 제공한다. 심리학자들은 심리 서비스 공급자들을 위한 일반적인 지침(General Guidelines for Providers of Psychological Services; APA, 1987), 교육학 및 심리학 관련 검사들을 위한 기준(Standards for Educational and Psychological Testing; APA, 1985)에 대해서도 알고 있어야 한다. 이러한 지침들은 소수민족의 취업지원자들의 선발과정에서 '부당한 영향'을 주는 차별적인 검사의 사용을 금하는 연방정부 법률인 일명 「고용기회제공법」(1964년 Civil Rights Act의 부분), 그리고 인종, 피부색, 종교, 성 또는 출생 국가에 따라 검사점수를 적용하는 것을 금하는 1991년의 시민권 관련 법령을 포함하는 「연방법」을 반영하고 있다(Sackett & Wilk, 1994). 이 지침들은 또한 「장애를 가진 개인에 대한 교육법(Individuals with Disabilities Education Act)」과 「미국장애인법(Americans with Disabilities Act)」에 맞게 적용되어야 한다.

평가자를 위한 지침은 심리학자들이 무엇을 해야 하고 무엇을 하지 말아야 할지를 명료하게 언급하지 않는 단순히 지침인 경우가 많다. 윤리적인 의사결정은 종종 전문가 강령뿐 아니라 다양한 연방법, 주법, 지역법을 고려해야 한다. 어려운 판단에 직면한 임상가는 최선의 판단을 위해 동료들과 APA에 조언을 구할 수 있다. 임상심리학과 관련된 윤리적 문제와 기준에 대해서는 15장 '임상심리학에서의 전문 직업과 관련된 쟁점'에서 자세하게 기술할 것이다.

특정 내담자(예, 소수 민족이나 인종)가 불이익을 받는 것과 같이 평가목적이 사회적으로나 문화적으로 편파적이지 않음을 확신할 수 있도록 주의를 기울여야 한다. 예를 들어, 일부 심리검사는 소수집단에게 사용하는 것이 부적절한 면이 있기에 교육적 배치와 기타 목적을 위해서는 사용을 금하는 법적 결정을 받기도 했다(Lambert, 1985, 캘리포니아의 Larry P. 대 Wilson Riles 사례에 대한 논의 참조). 다양한 문화권의 내담자들에게 평가를 실시할 때, 임상가들은 사회문화적 요인이 진단과 평가 및 치료에 어떻게 영향을 미치는지에 대한 지식을 가지고 있어야 한다(Lopez & Guarnaccia, 2000).

임상심리평가에서의 핵심 역량

너무나 많은 유형의 검사가 있기 때문에 임상가들이 모든 검사에 능숙할 수는 없다. 그러나 모든 임상심리학자는 평가에서의 핵심적인 역량을 지니고 있어야 한다. 보편적으로 수용되는 단 하나의 공식적인 전문 역량은 없지만, 전문기관, 사용자, 교육기관, 병원 인턴십 등에서 제안하는 역량들이 있다(Krishnamurthy et al., 2004). 일부 역량은 평가의 실증적이고 이론적인 기반과 관련이 있지만(예를 들어, 검사가 측정하는 인지적 변인이나 성격의 이해, 신뢰도와 타당도 판단능력), 다른 기능은 특정 평가의 사용과 관련이 있다(예를 들어, 면담 형식, 지능검사, 성격검사, 진단적 평가). 물론 다양성과 윤리적 기준에 대한 이해 또한 중요하다. 평가에 대한 수련을 받은 심리학자들은 다음과 같은 것을 할 수 있어야 한다.

- 평가의 이론적 · 경험적 · 맥락적 기반에 대한 이해
- 평가도구의 심리측정적 속성에 대한 평가
- 인지적 기능, 행동적 기능, 성격을 평가하도록 고안된 도구의 올바른 실시와 해석
- 임상면담과 행동관찰의 수행과 해석
- 적절한 DSM-IV 진단
- 특정한 인구에 대한 평가도구의 적절한 사용과 한계의 인식(문화적 · 언어적 집단, 신체적 곤란 등)
- 다양한 출처의 평가자료를 경험적 근거에 입각한 결론으로 통합
- 평가 결과를 말과 글로 효과적으로 의사소통
- 평가에 대한 APA 윤리규범의 이해와 실천

이 절의 요약 수많은 윤리적 이해관계를 평가에 수반할 수 있다. 이러한 것들을 다루기 위해 임상가는 전문가 지침, 특히 APA 윤리규정을 잘 알고 있어야 한다. 또한 주요 평가에 대한 자격을 갖추어야 한다.

이 장의 요약

임상평가는 평가자 혹은 결과를 보고할 사람이 의사결정의 기초가 되는 정보를 수집하는 과정이다. 임상심리학에서는 면담, 검사, 행동관찰, 개인력이 주요 자료원이다. 임상평가과정에는 의뢰문제 명료화, 자료수집 계획, 자료수집, 자료처리, 평가 결과 보고의 5단계가 포함된다. 평가의 방법과 질문의 수준은 임상적 목적, 임상가의 이론적 선호와 경험, 맥락 등을 공유하는 사례연구 지침을 따르는 경향이 있다. 평가방법의 선택 또한 신뢰도(일관성)와 타당도(측정하고자 하는 것을 분명하게 측정하는 능력), 깊이 대 폭 등에 대한 연구에 따라 이루어진다.

임상평가의 목적은 진단적 분류, 기술, 치료 계획, 예측 등과 관련된다. 진단적 분류는

보통 DSM-IV-TR을 사용한다. 기술은 개인과 환경 간의 상호작용을 관찰함으로써 내담자의 성격에 대해 보다 폭넓게 평가하는 것을 말한다. 치료 계획을 위한 평가에는 다양한 치료 접근법에 내담자가 어떻게 반응할 것인가에 대한 정보를 수집하는 것이 포함된다. 예측은 종종 인사 선발에서 사용되지만 폭력이나 자살의 가능성에 초점을 맞추기도 한다.

안타깝게도, 임상가들은 고유한 직관력이나 특별한 정보처리능력을 갖고 있지 않기 때문에 내담자에 대한 판단과 의사결정의 질은 모든 사람에게 똑같이 영향을 주는 인지적 편향과 오류에 의해 위협받을 수 있다. 실제로 임상적 판단에 대한 연구에 의하면, 많은 경우 임상가들은 평가자로서 정보를 수집하는 역할에 가장 큰 기여를 할 수 있으며, 수집된 정보들은 컴퓨터에 기초한 통계방정식에 의해 처리된다.

평가는 기본적으로 평가목적에 따라 실시되지만 다른 요인들도 평가가 실시되는 방식에 영향을 미칠 수 있다. 검사도구의 신뢰도, 타당도, 보편성 또한 임상가의 선택에 중요한 역할을 한다. 평가가 실시되는 맥락(예, 법정, 교육, 정신과 병원, 심리치료소)과 마찬가지로 임상가의 이론적 지향과 도구에 대한 이전의 경험도 평가 선택에 영향을 준다.

임상평가의 결과는 조직화된 평가보고서로 제시되는데, 이는 분명하고 평가목적과 관련성이 있어야 하며, 평가보고서 의뢰자에게 유용한 자료가 되어야 한다. 이러한 보고서는 보통 각 임상가들이 취하는 이론적 접근을 반영하지만, 의뢰처에서의 유용성을 최대화하고 업무윤리와 일치하는 방식으로 구성되어야만 한다.

연구문제

1. 평가에서 임상심리학자가 갖추어야 할 핵심적인 자격은 무엇인가?
2. 심리학적 평가에 포함되는 단계들은 무엇인가?
3. 가장 일반적인 정보수집 기법은 무엇인가?
4. 평가의 일반적인 목적은 무엇인가?
5. 임상심리학자는 어떤 방법으로 진단을 내리는가?
6. DSM-IV-TR의 기본 구조는?
7. DSM에 대한 비판점과 임상진단에 대한 대안적 제안점은 무엇인가?
8. 미래 비행을 예측하는 임상심리학자의 능력에 대한 연구는 무엇을 밝혀냈는가?

9. 임상적 판단과 임상적 추론은 무엇이며, 어떻게 향상될 수 있는가?
10. 심리평가에서 컴퓨터는 어떻게 사용되는가?
11. 평가도구를 선택하는 데 있어서 신뢰도, 타당도, 폭을 고려하는 것은 왜 중요한가?
12. 임상가의 이론적 지향은 평가에 어떻게 영향을 미치는가?
13. 임상적 맥락이나 환경은 평가자료 수집과 보고에 어떻게 영향을 미치는가?
14. 좋은 심리학적 보고서의 기본적인 필수요소는 무엇인가?
15. 내담자의 문화나 인종 배경은 평가 결과에 어떻게 영향을 미칠 수 있는가?
16. 평가에서 윤리적 이해관계나 딜레마가 발생했을 때, 임상가는 무엇을 해야 하는가?

웹사이트

- APA Right and Responsibilities of Test Takers: http://www.apa.org/science/ttrr.html
- APA Report of the Task Force on Test User Qualifications: http://apa.org/science/tuq.pdf
- APA Strategies for Private Practitioners Coping With Subpoenas Compelling Testimony for Client Records or Test Data: http://www.apa.org/governance/reports/combinedannualreports.pdf

CHAPTER 04

면담과 행동관찰

Clinical Psychology

이 장의 미리보기

이 장에서는 다양한 면담과 행동관찰의 기법에 대해 기술한다. 우선 면담을 다루면서 먼저 목적에 따라, 다음에는 구조에 따라 분류한다. 면담과정의 단계에 대한, 그리고 면담의 신뢰도와 타당도에 대한 연구 결과를 설명한다. 행동관찰도 같은 방식으로 다룬다. 즉, 행동관찰의 목적과 형식, 행동관찰의 강점과 한계에 관한 연구 결과를 다룬다. 아울러 전체적으로 얼마나 많은 요소—특히 면담/행동관찰의 구조, 내담자 분포, 임상가 편파—가 면담과 행동관찰 결과에 영향을 미칠 수 있는지를 논의할 것이다.

면담과 행동관찰은 임상심리학에서 가장 많이 사용되는 기법들이다. 두 기법은 임상평가의 핵심이며, 심리치료에 중요한 역할을 한다. 이 장에서 언급할 평가면담과 행동관찰의 대부분은 치료에도 적용된다. 왜냐하면 치료도 평가과정을 통해 형성된 관계에서 시작하기 때문이다.

간단하게 말해, 면담이란 어떤 목적이나 목표를 가지고 실시되는 하나의 대화방법이다(Matarazzo, 1965). 면담이 대화의 한 형태라는 점을 고려할 때, 면담은 내담자에 대한 임상적인 정보를 쉽게 얻을 수 있게 하며, 내담자와 의사소통하기 위한 수단이고, 내담자를 도울 수 있는 최적의 상황을 제공한다. 면담은 융통성 있게 적용할 수도 있고 비교적 저렴하다는 장점이 있으며, 임상가가 내담자의 언어적이고 비언어적인 행동을 직접적으로 관찰할 수 있다는 점에서 특히 중요하다. 이러한 이유로 인해 다양한 임상현장에서 면담이 유용하게 사용되고 있다.

이 장에서는 다양한 면담기법과 행동관찰기법을 기술할 것이다. 구체적인 유형의 면담과 행동관찰이 어떻게 수행되는지를 가르치기보다는 평가자료 출처로서의 면담과 행동관찰에 대한 간략한 소개 정도가 될 것이다. 다양한 상황에서의 면담과 행동관찰기법에 대해서는 여러 책에서 자세하게 설명하고 있다(예, Fine & Glasser, 1996; MacKinnon, Michels, Buckley, 2006; Othmer & Othmer, 2002; Rogers, 2001; Shea, 1998; Sommers-Flanagan & Sommers-Flanagan, 1999; Turner, Hersen, & Heiser, 2003; Shipley & Wood, 1996). 그러나 이를 효율적으로 사용하는 법을 배우기 위해서는 책을 읽는 것 이상이 필요하다(Bogels, 1994). 또한 임상가는 전문적인 수련과정의 일환으로 세심한 지도감독 실습에 참여해야 한다.

임상적 면담 상황

이 절의 미리보기

다양한 임상적 상황에 대한 면담이 있다. 즉, 문제의 본질을 확인하고 DSM-IV 진단을 내리는 접수면담, 치료나 연구 전에 내담자를 준비시키기 위한 오리엔테이션 면담, 구체적 의뢰문제를 설명하는 의뢰 면담, 치료나 연구를 끝내는 종결 및 요약보고 면담, 위기 동안 지지를 제공하고 이후에 제공되어야 하는 중재가 무엇인지를 결정하는 위기개입 면담 등이 있다. 비록 이러한 상황을 구분하여 설명했지만, 임상 실제에서는 자주 이러한 상황들이 중복된다. 마지막으로 논의할 상황은 면담자와 내담자 사이의 문화적 혹은 민족적 차이이다. 면담을 할 때 문화적 요인에 대한 임상가의 민감성은 중요하다.

접수면담

가장 흔한 형태의 임상면담은 내담자가 일상생활에서의 문제로 인해 임상가를 처음 방문할 때부터 시작된다. 이때는 주로 문제의 특성을 파악하기 위해 면담이 실시되며, 이를 접수면담(intake interviews)이라 한다. 종종 접수면담에서는 DSM-IV의 축 I에 해당되는 분류나 진단(예, 주요우울장애)을 하기도 하며, 그와 함께 다른 네 개의 축에 대한 언급이 이루어지기도 한다. 또한 임상가는 접수면담을 내담자의 인적사항과 문제행동이 발생하게 된 상황적인 맥락을 파악하는 데 사용하기도 한다.

또한 이러한 상황에서 수집된 정보는 내담자가 적합한 곳을 찾아왔는지를 임상가가 판단하는 데 도움이 된다. 만약 접수면담을 바탕으로 그렇지 않다고 생각되면, 임상가는 내담자를 대안적인 서비스를 받을 수 있는 다른 전문가나 기관에 의뢰할 것이다. 만약 좀 더 만나는 것이 바람직하다면 추가적인 평가나 치료 약속을 한다. 대부분의 임상가는 접수면담을 직접 하지만, 일부 기관이나 그룹에서는 사회사업가나 직원이 이러한 역할을 수행하기도 한다.

몇몇 접수면담은 3장 '임상적 평가의 기본 측면'에서 기술하였던 사례연구 개요에서 제안된 중요한 주제에 따라 구조화된다. 원래는 의학력 수집을 위한 문답 형식을 따라 만든 많은 정신의학적인 면담에는 다양한 주요 영역에서의 정신기능을 평가하기 위해 고안된 질문인 정신상태검사(mental status examination: MSE)가 포함된다(〈표 4-1〉 참조). 정신상태검사는 의학적 문제 평가의 일부로 구성된 신체기능검사와 유사하다.

또한 접수면담은 내담자 문제의 기원과 발달에 대한 임상가의 가설을 정리하고 내담자와 생산적인 작업관계를 형성함으로써, 이어지는 치료 효과의 기반이 되기도 한다(MacKinnon, Michels, & Buckley, 2006). 접수면담을 받은 내담자의 절반 정도가 이후의 약속된 치료에 오지 않기 때문에, 접수면담은 성공적인 치료에서 중요하다(Baekeland & Ludwall, 1975; Morton, 1995). 접수면담자에 대한 내담자의 첫인상이 이러한 패턴에 영향을 미친다. 내담자는 면담자가 사무적인 전문가이기보다는 자신에게 따뜻한 호의를 베풀고 있다고 느꼈을 때 치료를 지속하는 것 같다(Kokotovic & Tracey, 1987; Patterson, 1989; Tryon,

1990). 또한 내담자는 자신이 부분적으로나 간접적으로 표현했던 걱정 및 정서적인 부분에 대해 면담자가 정확하게 이해하고 있을 때 면담에 대해 더욱 긍정적으로 평가한다(DiMatteo & Taranta, 1976). 치료자와 내담자의 표정과 같은 접수면담 동안의 비언어적인 행동 또한 그 이후에 이어지는 치료의 성공에 영향을 미칠 수 있다(Rasting & Beutel, 2005).

〈표 4-1〉 정신상태검사(MSE)

다음은 정신상태검사의 질문 내용들(Siassi, 1984) 중 핵심 내용만을 축약하여 발췌한 것이다.

1. 전반적 외모와 행동: 내담자의 활동수준, 면담자에 대한 반응, 치장상태 및 의복상태 평가
2. 언어와 사고: 내담자의 언어 표현이 조리 있고 이해할 만한가? 망상이 있는가?
3. 의식: 의식상태가 명료한가? 아니면 몽롱한 상태인가?
4. 기분과 정서: 내담자가 우울한가? 불안한가? 침착하지 못한가? 정서표현은 상황에 적절한가?
5. 지각: 내담자가 환각이나 이인증을 보이는가 ?
6. 강박사고 및 강박행동: 이러한 사고와 행동의 질적 및 양적 분석
7. 지남력: 내담자가 시간, 장소, 사람에 대해 정확하게 알고 있는가?
8. 기억: 단기기억 및 장기기억 상태는 어떠한가?
9. 주의와 집중력: 100에서 7씩 빼나가는 것이 가능한가?
10. 상식수준: '대통령이 누구인가?' 와 같은 질문
11. 지능: 학업적 성취, 추리능력, 지식수준 등을 통해 추정
12. 통찰과 판단력: 내담자가 행동의 결과에 대해 적절하게 이해하고 있는가?
13. 고차적 지적 기능: 내담자가 추상적 개념을 다룰 수 있는가?

임상가: 안녕하십니까? 성함이 어떻게 되시나요?
내담자: 김철수라고 합니다.
임상가: 네, 김철수 님. 제가 몇 가지 질문을 드려도 괜찮겠습니까?
내담자: 그렇게 하세요.
임상가: 여기까지 오시는 데 얼마나 걸렸나요?
내담자: 한 3시간 정도요.
임상가: 무슨 이유로 오시게 된 거죠?
내담자: 잘 모르겠네요. 제 생각엔 아내가 경찰에 전화를 했고 그 후에 여기 온 것 같아요.
임상가: 그럼 배우자분께서는 무엇 때문에 경찰에 전화를 했을까요?
내담자: 잘 모르겠어요.
임상가: 오늘이 며칠이죠?
내담자: 12일 화요일이요.
임상가: 올해가 몇 년이죠?
내담자: 2007년이요.
임상가: 우리가 있는 이곳이 어느 도시일까요?
내담자: 청주요.
임상가: 지금 우리나라 대통령이 누구죠?

의뢰면담

때때로 임상가들은 정신과나 법원, 학교, 회사, 사회사업 분야 등에서 진단적인 자문가로서의 역할을 수행하기도 한다. 이 경우 내담자는 접수면담을 통해 치료받을 목적으로 의뢰되는 것이 아니라 "P씨는 시련을 견딜 능력이 있습니까?" "L씨는 정신과적인 문제가 있습니까?" "철수 씨는 정신지체가 있습니까?" "이 사람에게 자녀양육권을 줄 경우 아이에게 충분한 관심을 기울이겠습니까?" 와 같은 구체적인 질문에 대한 답을 얻기 위해서다.

이 경우 주요 목표는 의뢰된 질문(referral question)에 대해 설명하는 것이다. 이러한 이유로 의뢰 질문은 명확하게 진술되어야 한다. "김○○ 씨에 대한 자료 좀 주시겠습니까?" 혹은 "박○○ 씨는 훌륭한 부모가 될 것 같습니까?" 등은 너무 일반적이고 모호한 질문들이다. "제 아이의 IQ를 검사해 주세요. 우등반에 들어가도록 학교에 제출해야겠어요." 와 같은 의뢰 요청은 부모의 동기와 필요에 대한 보다 구체적인 명료화 없이는 평가 시행의 적절성에 대해 경고를 해야 한다. 3장에서 기술했듯이, 한 번 명료화된 의뢰문제는 시행되는 평가의 종류를 결정한다.

오리엔테이션 면담

심리평가 및 심리치료를 받는 사람들은 무엇을 기대해야 할지 잘 모르는 경우가 많다. 이는 정신건강 전문가를 만나 본 경험이 없는 내담자의 경우에 더욱 그렇다. 이러한 새로운 경험을 좀 더 편안한 상황으로 만들어 주기 위해 많은 임상가는 내담자에게 평가와 치료, 연구 절차 등을 알려 주는 특별한 면담을 실시하게 된다(Prochaska & Norcross, 1994).

이러한 오리엔테이션 면담(orientation interviews)은 적어도 두 가지 측면에서 장점이 있다. 첫째, 내담자의 질문과 언급을 격려함으로써 치료에 대한 불안감이 치료과정을 방해할 것이라는 잘못된 생각에 대해 논의하고 바로잡을 수 있다. 오리엔테이션 면담을 통해 치료회기 동안 자신감을 유지하도록 임상가가 격려해 주기 때문에 내담자들은 더욱 자유롭게 이야기하게 된다. 또한 오리엔테이션 면담은 내담자들이 앞으로 있을 평가와 치료과정, 그 과정 동안 내담자들이 무엇을 하게 될 것인지에 대해 쉽게 이해하도록 해 준다(Couch, 1995). 따라서 임상가들은 치료를 통해 최적의 효과를 얻을 수 있는 내담자는 솔직하고, 협조적이고, 진지하고, 자신의 문제를 해결하려는 의지가 있는 사람들이라고 지적한다. 그래서 잘된 오리엔테이션 면담은 평가나 치료 계획 시 임상가를 완전한 파트너로 여기고 있는 내담자의 노력에 초점을 맞추는 것을 도울 수 있다.

오리엔테이션 면담은 연구 참가자들에게도 매우 중요하다. 임상가나 연구자들은 참가자의 편견을 피하기 위해 자신의 연구에 대한 모든 세부사항을 잘 드러내고 싶어 하지 않지만, 참가자들에게 앞으로 수행하게 될 과제의 특성이나 그와 관련된 위험성 여부 등에 대해 이해시키는 것이 윤리적인 측면에서 요구된다. 연구의 오리엔테이션 면담은 '정보제공 동의서(informed consent)' 작성의 요구를 충족시킬 뿐 아니라 참가자들의 참여동기를 향상시키는 데도 도움이 된다. 특히 장기적인 임상치료 및 종단연구에 있어서 매우 중요하다.

종결 및 요약보고 면담

다른 종류의 오리엔테이션 면담은 임상적인 관계를 종결해야 할 시기에 진행하기도 한다. 예를 들어, 심층면담과 심리검사, 행동관찰 등으로 이루어진 일련의 평가 회기를 끝마친 내담자들이 의사가 무엇을 알아냈을지, 이러한 정보가 어떻게 사용될지, 누가 이 정보에 접근할 수 있는지 등에 대해 불안해하는 것은 당연하다. 이러한 걱정은 특히 평가자가 학교나 법정의 자문위원일 때 더욱 두드러진다. 종결면담에서는 자료처리과정 및 개인 정보의 비밀유지에 대한 설명과 함께 평가 결과에 대해 간략하게 요약과 해석을 해 줌으로써 평가로 인한 내담자의 불안감을 경감시키는 데 도움을 줄 수 있다.

임상연구에 따른 종결면담은 요약보고(debriefing)라 하는데, 여기에는 각 개인들이 참여한 연구 프로젝트에 대한 설명과 연구의 수행절차에 대한 논의를 포함한다. 요약보고에서는 참가자 자신들의 연구 참가 경험에 대한 질문과 의견 제시를 허용한다. 미국심리학회(APA)와 여러 학회에서 제정한 윤리적인 연구기준에 따라 참가자들에게 요약보고를 하는 목적은 연구과정 동안 어떠한 피해도 받지 않았으며 편안함을 느꼈다는 점을 분명하게 하려는 것이다(15장 '임상심리학에서의 전문 직업과 관련된 쟁점' 참조). 또한 요약보고 면담은 참가자들이 실험에 대해 어떻게 느꼈으며, 실험자의 통제 이외에 어떤 다른 요인이 참가자의 행동에 영향을 미쳤는지를 명료화하는 데 도움을 주기 때문에 임상연구자에게 많은 도움이 될 수 있다(Orne, 1962).

종결면담은 심리치료가 완료될 때에도 실시한다. 치료가 성공적으로 종결되었다면 느슨해진 분위기를 다잡을 필요가 있다. 여기에는 표현과 수용에 대한 감사, 앞으로 경험하게 될 문제들을 어떻게 다루어야 할지에 대한 상기, 추후 면접 계획, 내담자 스스로 문제를 충분히 다룰 수 있는 능력에 대한 격려 등이 있다. 치료적 종결면담은 치료부터 치료 후까지 최대한 자연스럽고 건설적인 방식으로 이행되도록 돕는다. 중도탈락처럼 치료가 성공적이지 않게 종결되었다면, 종결면담은 임상가에게 중도탈락이 일어난 역동에 대한 정보를 줄 수 있고 보다 효과적인 구조의 치료방법을 제안할 수 있다(Hummelen, Wilberg, & Karterud, 2007).

위기면담

위기 상황에 있는 사람들이 임상센터를 찾거나 긴급전화로 연락했을 때, 또는 자살예방센터나 그 외 전문기관을 방문하였을 때, 면담자는 다양한 평가나 치료 회기와 같은 호사스러운 과정을 실시해서는 안 된다. 대신 면담자는 정서적 지지를 제공하고, 평가자료를 수집하고, 직접적인 도움을 줄 수 있는 위기면담(crisis interviews)을 실시하며, 이 모든 과정은 짧은 시간 동안 이루어져야 한다(Somers-Flanagan & Somers-Flanagan, 1995).

면담자는 내담자를 차분하고 수용적으로 다루면서 관련된 질문들을 하여(예를 들어, "전에 자살을 시도한 적이 있었습니까?" "집에서 어떤 약을 복용하셨습니까?") 현재의 문제를 직접 다루거나 혹은 다른 서비스에 의뢰해야 한다. 일시적이고 특정한 상황에 대한 도움이 필요했던 내담자의 경우는 위기 상황 동안 한두 번의 적절한 면담이 첫 만남이자 마지막 만남이 될 수 있다. 그렇지 않은 경우라면 위기면담은 평가와 치료로 이어지게 된다.

임상적 면담에서의 윤리 · 문화적 쟁점

미국의 인구가 점점 더 다양해짐에 따라 다양한 민족적 · 문화적 배경의 정신건강치료를 찾는 사람들이 증가하고 있다(Sue, 1999). 내담자와 면담자의 문화적 차이는 문제가 될 수 있으며, 특히 내담자의 가정, 가치, 실제 등이 정신건강 서비스를 제공하는 사람과 다를 때 그러하다.

정신건강 서비스의 불충분한 이용

문화적 요인의 중요성은 정신건강 서비스 이용률에서 드러난다. 소수인종이나 민족에 속한 사람들은 일반 인구에 비해 적고, 보다 낮은 질의 정신건강 서비스를 받는다(Nevid, Rathus, & Greene, 2006). 〈표 4-2〉는 이러한 불충분한 이용의 주요 이유를 보여준다. 이들 중 어떤 것은 면담 진행을 무산시키는 문화적 규준 및 오해와 관련이 있고,

〈표 4-2〉 미국 소수인종이 정신건강 보호를 잘 이용하지 않는 이유

접근 문제	• 가난한 내담자는 보험에 들지 않거나 낮은 수준의 보험에 든다. • 교통수단이 부족하다. • 언어장벽이 의사소통을 방해한다(내담자와 면담자가 공통 언어로 이야기하지 않는다).
신념과 태도 문제	• 정신건강 서비스를 이용할 수 있다는 것을 모른다. • 문화적 규준이 낯선 사람에게 강한 감정을 표현하는 것을 금한다. 또는 단지 문제를 영적 지도자, 의료요원(예, 응급실), 가족(예, 신뢰받는 어른)과 논의하도록 지시한다. • 정신건강 전문가들이 자신을 부끄럽게 또는 멍청하게 느낄 것이라고 두려워한다(예를 들어, 내담자가 절차, 치료, 관료적 형식주의 등을 이해 못하기 때문에). • 차별과 억압의 역사로 인해 내담자는 꼬리표가 붙고 학대당하고 다시 차별받을 것에 대한 불신과 두려움을 느낀다.

어떤 것은 서비스의 접근과 관련이 있다.

정신건강체계에서 소수 그룹에 대해 가지는 편견에 대한 우려는 완전히 해소되지 않았다. 예를 들어, 임상가들은 흑인과 히스패닉 내담자를 정신분열증으로 진단 내리는 비율이 코카시안계보다 더 높다(Aklin & Turner, 2006). 마찬가지로 기분장애와 불안장애의 진단 비율은 흑인 아동이 백인 아동보다 더 낮다(Aklin & Turner, 2006). 이러한 차이는 객관적 진단기준의 차이보다 임상가들의 편견에 더 많은 영향을 받은 것으로 보인다.

문화 민감성과 문화 역량

임상가들이 다양한 민족 그룹 사람들의 심리적 장애에 대해 과잉진단이나 과소진단을 내리는 데는 몇 가지 이유가 있을 수 있겠지만, 그중 하나는 당연히 지식의 부족이다. 문화적 다양성에 대한 이해가 없으면, 임상가는 흑인 내담자의 저항을 정신건강체계에 대한 의문이나 경계보다는 편집증적 사고의 증상으로 잘못 해석할 것이다. 임상가는 아시안계 내담자가 개방에 대해 망설이는 태도를 낯선 사람에게 즉각적으로 자기 개방하는 것을 금지하는 문화적 금기보다는 통찰 부족이나 저항의 증거로 잘못 가정하기 쉽다.

3장에서 DSM-IV의 진단에 딱 들어맞지 않는 문화 관련 증후군에 대해 소개했다. 구체적인 예로, 히스패닉 그룹에서 많이 발생하는 '신경증 발작(Ataque de nervios)'은 불안과 신체 증상이 특징이며, DSM-IV와 어느 정도 비슷하지만 동일하지는 않다(Tolin, Robison, Gaztambide, Horowitz, & Blank, 2007). 면담자와 수련 중인 치료자는 스트레스를 표현하는

문화적 다양성을 인식하는 것이 중요하다. 말로 표현된 언어와 신체적 언어의 의미를 오해하는 것은 특히 심각한 문제다. 예를 들어, 코카시안계에 비해 아시안계 내담자들은 심리적 불편감을 구역질, 희미한 시각, 현기증 등과 같은 신체적 증상으로 호소하는 경우가 많은 것 같다(Hsu & Folstein, 1997). 이러한 문화 특정적인 증상은 아시아인들의 신체화 장애 비율이 매우 높기 때문이 아니라 정서적 스트레스를 표현하는 데 신체적 언어를 사용하는 것을 보다 잘 받아들인다는 문화적 믿음 때문인 것 같다.

독립과 상호 의존성과 같은 문화적 가치는 면담자에게도 영향을 미칠 수 있다. 히스패닉과 아시아 문화의 사람들은 코카시안계 서양인보다 독립에 대해 덜 가치를 두는 대신 상호 의존과 가족에 대한 순종에 더 많은 가치를 둔다. 그러므로 정서적 · 심리적 독립의 가치를 추구하는 면담자는 면담자가 자신의 주요 가치를 반대한다고 지각하는 내담자와 의도하지 않게 불화를 경험할 수 있다.

발생 가능한 문화적 문제에 직면하는 면담자들은 무엇을 해야 하는가? 면담자가 면담행위에서 발생 가능한 모든 문화적 다양성에 익숙해지는 것은 불가능하다. 이에 대해 논하는 것은 이 책의 범위를 넘어서는 것이다. 그러나 문화적 · 민족적인 오해가 면담결과를 어떻게 왜곡시킬 수 있는가에 대해 임상가가 합리적으로 이해하는 것은 가능한 일이다. 면담자는 면담행위에서의 일반적인 문화적 다양성과 그와 관련된 내담자의 문화적 배경에 대해 보다 많이 공부함으로써 오류를 피할 수 있다. 문화적 오해를 일으킬 수 있는 상황에 직면하면, 면담자는 내담자와 문화적 관심사에 대해 개방적으로 탐구해야 한다. 그렇게 함으로써 내담자를 단지 분류하는 것이 아니라 진정으로 이해하고 싶어 하는 마음이 전달된다. 면담자는 동료들에게 자문을 구하고, 가능하다면 특수한 내담자와 작업하는 전문가들과 협력해야 한다. 또한 임상수련과정은 다문화적 면담에 대한 경험적 문헌분석과 교차문화 면담에 대한 수련감독이 포함되어야 하고, 문화적 편견이 감소된 것으로 경험적으로 입증된 평가도구를 사용해야 한다. 이러한 도구에 대해서는 다음 절에서 논의할 것이다.

이 절의 요약 임상적 면담은 문제의 본질을 확증하고, DSM 진단을 내리고, 치료나 연구에 참여하는 내담자를 준비시키고, 특정 의뢰문제를 설명하고, 치료나 연구의 종결에 대해 요약보고를 하고, 위기 상황에서 지지나 개입을 제공한다. 종종 단 1회의 면담에 이러한 목적 몇 가지가 혼합되기도 한다. 미국의 인구가 보다 다양해짐에 따라 임상가들은 문화적 · 민족적 요소가 면담에 미칠 수 있는 오류에 대해 특히 민감해져야 하며, 그러기 위해서 교육과 수련감독에 참여한다.

면담의 구조

이 절의 미리보기

임상면담에서 가장 기본적인 특징은 면담의 구조, 즉 면담자가 대화의 내용과 과정을 결정하는 정도다. 면담구조 스펙트럼의 한쪽 끝은 개방형 또는 비지시적 면담으로, 가능한 한 임상가의 간섭을 최소화하여 내담자의 말과 주제 선택이 자연스럽게 흘러가게 한다. 다른 쪽 끝은 구조적 면담으로, 주의 깊게 구성된 문답 형식으로 이루어져 있다. 이 중간에는 많은 혼합형이 있는데, 안내된 면담(guided interview) 또는 반구조화된 면담(semi-structured interviews)이라고 불린다. 구조화된 면담은 신뢰도와 타당도가 높은 반면 단점들도 가지고 있다.

면담자의 이론적 지향이나 개인적인 선호 경향 같은 다양한 요인은 면담의 구조에 영향을 미친다. 일반적으로 인본주의자들은 면담의 구조를 최소화하는 경향이 있고, 정신역동주의자들은 지시를 보다 많이 사용하고, 인지-행동주의자들은 언어적으로 적극적이며 지시적인 성향이 가장 두드러진다. 많은 면담은 비지시적인 방식으로 시작되며, 면담이 진행되어 감에 따라 좀 더 구조화된다. 면담 상황 또한 구조화의 정도에 상당한 영향을 미친다. 예를 들어, 특성상 통상적인 접수면담 상황보다는 위기 상황에서 좀 더 구조화된 면담이 바람직하다.

비지시적 면담

우선 비지시적 접수면담의 일부를 살펴보자.

임상가: 당신에 대해 자세히 말씀해 주시지 않았습니다. 당신이 말하고 싶어 하는 부분부터 시작해 볼까 합니다. 어떤 점이 불편하신지 말씀해 보세요.

내담자: 글쎄요. 음, 제 생각으로는, 한마디로 말하면 그게 어, 어, 자신감이 부족한 거 같고, 또 너무 수줍음이 많은 거 같기도 하고. 실은 전 언제나 수줍음이 많은 사람이었어요. 제 생각으로는 아마 처음 기억나는 것이 열네 살 때였던 거 같아요. 하지만 오랫동안 저는 말하자면 목발처럼 사람들을 이용했다는 것을 알게 되었어요. 그러니까 제가 말하려고 하는 것은, 저는 누군가가 도와준다면 상관없지만

많은 부분을 혼자 할 수 없다는 것을 느끼게 되었어요.

임상가: 음.

내담자: 그리고 현실에서 도피하려고 사방이 벽으로 되어 있는 곳에 들어가 있기도 했어요. 그러니까 제 말은, 외출 그 자체는 괜찮기는 해요. 다만, 확실히 전 혼자 외출할 수 없어요. 그건 악순환되고 있어요. 전 외출할 수 없다는 걸 알아요. 아마 앞으로도 할 수 없을 거예요.

임상가: 음.

내담자: 그리고 그건 점점 더 안 좋아지고 있어요. 먼저 그 부분에 대해 살펴봐야 될 거 같네요(Wallen, 1956, p. 146).

내담자는 자신의 주된 문제에 대한 발생 시점과 지속기간, 직업과 결혼, 아버지의 사망, 그리고 다른 여러 주제에 대한 이야기를 계속해 나갔다. 여기서 임상가는 거의 아무런 말도 하지 않았음을 주목하라. 앞으로 살펴보게 되겠지만, 임상가는 꼭 필요하다고 생각되는 말들로 내담자를 비지시적으로 격려하기만 하면 된다. 비지시적인 면담자들은 직접적인 질문을 거의 사용하지 않는다. 대신 내담자가 자신의 걱정거리에 대해 더 많이 이야기할 수 있도록 고안된 반응들만을 해 주면 된다.

반구조화된 면담

비지시적인 접근법과 다음에 나오는 반구조화된 면담(semi-structured interviews)을 탐색되어야 할 주제의 정리, 임상가가 융통성 있게 제시하는 방식, 질문과 해석의 용어, 다음에 무엇을 설명할지에 대한 지시적인 결정 등의 면에서 비교해 보자.

임상가: 당신은 질투심이 많고 그것이 당신을 상당히 혼란스럽게 한다고 하였습니다.

내담자: 그러니까 그게 별것 아니라는 것은 알고 있지만, 마이크(Mike)가 다른 여자와 함께 있는 것을 생각만 해도 고통스러워요.

임상가: 당신은 질투심을 느끼고 싶지 않으면서도 그렇게 되는군요.

내담자: 제가 알기로 그것은 '개방적인' 여성이 해야 할 일이 아닌 것 같아요.

임상가: 개방적인 여성은 어떻게 느껴야 한다고 생각하시는데요?

내담자: 몰라요. 여러 가지 측면을 고려했을 때 저는 작년에 많은 부분이 바뀌었다고 생각돼요. 저는 한 사람이 다른 사람을 소유할 권리가 있다고 믿지는 않아요. 하지

만 제게 그 일이 일어났을 때는 마음이 아파요. 전 위선자인가 봐요.

임상가: 당신이 원하는 대로 대해 주지 않아서 불행하다고 생각되시나요?

내담자: 저는 제가 생각하는 그런 사람이 아닌가 봐요.

임상가: 정말로 '이중위험(double jeopardy)' 이군요. 마이크가 다른 누군가와 있을 때면 가슴이 아프고, 또 질투심을 느끼게 되면 그런 자신의 모습에 대해 비난을 하게 되네요.

내담자: 네, 그래요. 제가 생각하기에도 그 두 가지 모두 문제인 것 같네요.

(Morganstern & Tevlin, 1981, p. 86)

이 발췌문에서 비지시적 특징을 살펴보자. 임상가의 반응은 내담자의 경험을 이해하고 더 많은 이야기를 하도록 격려하였으나 내담자가 특정 정보에 대해 이야기하도록 지시하지는 않았다. 그러나 면담자는 또한 구체적인 질문을 함으로써 주제를 제한하였다. 면담자의 구체적인 질문이 많아질수록 면담은 더 구조화된다.

반구조화된 면담은 다양한 임상 목적을 위해 개발되었는데, 대부분 특정 상황이나 상태에서의 평가를 위한 것이다. 예를 들어, '위기개입 반구조화 면담'은 위기 상황에 놓인 내담자를 면담하는 수련임상가와 초심자를 돕기 위해 개발되었다. 면담에서 얻은 정보는 중재적 결정을 위한 표준화된 방법을 제공하는 데 사용된다(Kulic, 2005). 두 번째 예는 CHIF(Clinician Home-based Interview to Assess Function)로, 치매 증상을 보이는 노인의 기능을 평가하기 위해 사용되는 반구조화된 면담이다(Hendrie et al., 2006).

구조화된 면담

구조화된 면담에서 면담자는 표준화된 형식으로 기술되고 정해진 순서에 따라 제시된 구체적인 질문들을 한다. 또한 내담자 답변의 부호화, 채점, 또는 채점할 수 있는 반응들을 이끌어 내기 위한 추가적인 질문에도 일정한 규칙이 사용된다. 따라서 구조화된 면담은 개방형 질문이나 모호한 반응을 명확하게 하기 위한 면담자 나름대로의 질문을 금하는 반면, 면담자가 특정한 상황에서 어떻게 해야 하는지를 알려 주는 구체적인 규칙들—종종 '의사결정 나무(decision trees) 또는 가지 뻗기 규칙(branching rules)'—을 포함한다(예를 들어, "만일 '아니요'라고 대답하면 32번으로 가시오. 만일 '예'라고 답하면 얼마나 자주 있었는지를 질문하고 다음 문항으로 가시오.").

구조화된 면담의 예로서 DSM-IV 장애에 대한 구조화된 임상적 면담(Structured Clinical

Interview for DSM-IV Disorders: SCID; Spitzer, Williams, Gibbon, & First, 1989)을 살펴보면, 이 도구의 목적은 DSM 진단이 타당하게 적용되도록 내담자에 관한 충분한 정보를 이끌어 내는 것이다. 그러기 위해 면담자는 많은 장애에 대한 진단 범주가 포함된 예시질문을 해야 한다. 면담질문은 표준질문(필수적이고 정례적인), 곁가지 질문(특정한 반응에 따라 정해진; 예를 들어, "만약 '예' 라면"), 선택적 질문 등으로 구성되어 있다.

SCID처럼 대부분의 구조화된 면담은 DSM 진단준거를 이용한 질문을 함으로써 임상가가 정신과적인 진단을 내리는 데 도움이 되도록 구성되어 있다. 가장 폭넓게 사용되고 있는 구조화된 면담과 반구조화된 면담의 목록이 〈표 4-3〉에 제시되어 있다. SCID처럼 일부는 상당한 폭을 가지지만 깊이에 있어서는 제한적이다. SADS(Schedule of Affective Disorders and Schizophrenia)와 같은 다른 일부 면담은 소수의 장애에 초점이 맞춰져 있고, 보다 깊이가 있지만 범위는 제한적이다.

구조화된 면담은 DSM 진단보다는 재활치료에 대한 계획과 평가(Ownsworth, McFarland, & Young, 2000; Rogers, Ustad, & Salekin, 1998), 범죄 피해자가 재판을 견딜 만한 정신적 능력이 있는지에 대한 평가(DeClue, 2006), 5요인 모델의 차원으로 내담자의 성격에 대한 평가(Stepp, Trull, Burr, Wolfenstein, & Vieth, 2006) 등과 같은 다른 분야에서 발전되고 있다. 구조화된 면담에 대한 세부적인 내용은 로저스(Rogers, 2001)를 참조하라.

구조화된 면담의 장점과 단점

최근 다양한 상황에서 구조화된 면담과 반구조화된 면담의 사용이 증가하고 있다(Rogers, 2001; Thienemann, 2004). 구조화된 면담이 미리 준비된 대화 주제와 내담자의 한정된 대답으로 개방형 면담의 유연성을 많이 제거함에도 불구하고 이러한 확산은 계속되고 있다. 구조화 면담은 왜 이렇게 인기가 있는가?

그 대답은 대부분 구조화 면담은 면담의 타당도를 평가할 수 있는 체계적인 방법을 제공한다는 사실에 있다. 다른 말로 하면, 그것은 유연하지는 않지만 오류를 덜 범한다. 원인을 이해하기 위해서는 면담에 영향을 미칠 수 있는 오류의 출처를 이해해야만 한다. 워드, 벡, 멘델슨, 목과 얼보(Word, Beck, Mendelson, Mock, & Erbaugh, 1962)의 고전적 연구는 임상면담에서의 오류의 원인을 범주화하는 데 유용하다.

오류의 한 가지 원인은 환자 변산으로, 한 환자가 여러 임상가의 같은 질문에 대해 다른 대답과 행동을 할 때 발생한다. 두 번째 오류 원인은 정보 변산으로, 임상가들이 다른 방식으로 질문이나 관찰을 하는 것을 말한다. 예를 들어, 만약 두 명의 임상가가 같은 방

〈표 4-3〉 임상심리학에서 사용되는 구조화된 면담

면담명	참고문헌	목적
	축 I 장애를 위한 면담	
정동장애와 정신분열증을 위한 지침서(SADS)	Endicott & Spitzer (1978)	정신장애 20개 목록 이상의 감별진단을 위한 반구조화된 면담
진단적 면담계획-IV (DIS-IV)	Robins et al. (1995)	대규모 역학연구에서 사용된 다양한 기준을 적용한 구조화된 면담
DSM-IV를 위한 구조화된 임상적 면담(SCID)	Spitzer et al. (1989)	DSM-IV 기준을 통한 대규모 감별진단
아동용 진단적 면담계획 (DISC-R)	Shaffer et al. (2000)	아동기 장애의 감별진단을 위한 소아와 부모 병행 형식
복합적인 국제진단면담 (CIDI)	World Health Organization-Alcohol, Drug, and Mental Health Administration (1997)	DIS와 유사한 문항들. 하지만 문화적인 차이를 고려하여 문항 수정
	축 II 장애를 위한 면담	
국제 성격장애검사 (IPDE)	Loranger (1996)	DSM-III 성격장애에 대한 감별진단; DSM-IV 이용을 위한 규준
구조화된 임상면담 (SCI)	First et al. (1997)	DSM-IV 성격장애를 위한 반구조화된 면담. 포괄적인 진단적 평가면담을 위해 SCID와 SCID-II를 결합하여 제작
	특수화된 면담	
정신병질 점검표 (PCL-R)	Hare (1991)	반사회적 기능을 평가하기 위해 구조화된 질문과 임의적인 질문으로 구성된 반구조화된 면담
로저스 형사책임감 평가척도 (RCRAS)	Rogers, Wasyliw, & Cavanaugh (1984)	특정 법규에 대한 형사상의 책임감 평가
증상보고에 따른 임상면담 (SIRS)	Rogers et al. (1991)	임상집단에서의 꾀병 평가
신경정신과에서의 임상평가계획(SCAN)	World Health Organization (1994)	정신장애에 대한 국가 간의 역학연구에 사용. 또한 개인진단에도 사용
케임브리지 인지검사 (CAMDEX)	Roth et al. (1986)	기억상실 및 언어문제와 같은 인지 역기능 평가

식으로 질문을 하지 않았다면 한 환자에게서 다른 대답을 얻게 될지도 모른다. "쇼핑몰 같이 사람들이 붐비는 장소에 갈 때마다 불안합니까?"와 "어떤 상황에서 가장 불안합니까?" 같은 두 질문을 생각해 보라. 마지막으로, 준거 변산은 임상가들이 환자의 같은 반응에 대해 적용하는 규준이 불일치할 때 발생한다. 예를 들어, 임상가들은 반응의 의미에 대해 서로 다른 탈락점이나 추론 규칙을 사용할 수 있다(예를 들어, '실제적인 손상' 에 적합한 반응은 무엇인가?). 면담평가에서 발생하는 임상가들 간의 불일치의 원인이 〈표 4-4〉에 요약되어 있다. 워드 등(Ward et al., 1962)의 저작을 바탕으로 로저스(Rogers, 2001)가 편집한 이 표는 평가의 불필요한 가변성을 줄이는, 구조화 면담의 중요성을 나타내기 위해 고안되었다. 이 표는 임상가의 불일치 중 많은 부분은 내담자 반응의 불일치 때문이 아니라 임상가들이 내담자의 반응을 수집하고 사용하는 것의 불일치에서 오는 것임을 보여 준다. 이 표의 비율은 부분적으로 DSM의 이전 판을 기반으로 하고 있고 현재는 타당하지 않을 수 있지만, 그럼에도 평가자 간의 일치—특히 정보를 얻는 방식과 사용하는 판단기준에 있어—의 중요성을 분명하게 보여 준다.

구조화된 면담은 정보 변산과 준거 변산을 줄이는 데 도움이 되기 때문에 임상연구의 대들보다. 덧붙여 구조화된 면담은 장애와 그 외 행동 패턴이 전집에서 어떻게 분포하는지, 그리고 이러한 분포에 영향을 미치는 것이 무엇인지에 대한 연구인 역학연구에서 필수적이다(Loranger, 1992; Wittchen, 1994). 실제로 현장에서 임상가들이 사용하는 많은 구조화된 면담은 원래 연구목적으로 개발되었다(다시 한 번 현장에서의 과학과 실무의 협력을 보여 준다). 이러한 면담들의 내용이 표준화되고, 연구되고, 연구 결과에 따라 개정되어 왔기에, 임상가들은 면담이 특정한 평가목적을 달성하기에 충분히 포괄적이라는 확신을 가지고 있다.

임상장면에서 구조화된 면담의 사용이 증가하는 것은 임상평가의 역사에서 다른 경

〈표 4-4〉 '임상가들은 왜 일치하지 않을까?' Ward 등(1962)에서 Rogers(2001)의 추출

비율	불일치의 원인
32.5%	정보 변산: 무엇을 질문하고, 어떤 행동관찰을 하고, 정보를 어떻게 조직화할 것인가에 대한 임상가들 사이의 편차
62.5%	규준 변산: 임상적으로 관련된 것이 무엇인가(예를 들어, 기분부전을 언제 우울증으로 진단할 수 있는가)와 언제 진단규준에 부합하는가에 대한 기준을 적용할 때 임상가들 사이의 편차
5.0%	환자 변산: 임상적 표현에서의 중대한 차이와 이에 수반되는 진단을 이끌어 내는 동일한 내담자 내에서의 편차

출처: *Handbook of Diagnostic and Structured Interviewing*, by R. Rogers, 2001 (New York: Guilford), p. 5.

향들과 궤를 같이한다. 예를 들어, 3장에서 언급한 것처럼 평가자료를 통합할 때는, 공식적이고 통계적인 규칙을 사용하는 것이 임상가의 주관적 판단에 의존하는 것보다 효과적이다. 구조화된 면담은 정보수집방법을 표준화함으로써 정보수집과정이 보다 일치되도록 고안되었다. 경험적으로 얻어진 판단규칙은 임상가의 판단을 대체하거나 적어도 개선시킨다.

그러나 구조화된 면담의 한계도 있다. 구조화 면담에 너무 의존하는 임상가는 '프로토콜에 매이게' 될 위험이 있고, 스크립트(각본)에서 조사하지 않는 중요한 정보를 놓치게 된다. 게다가 임상가가 처음에 라포(rapport) 형성에 실패하거나 구조화된 형식의 사용 이면에 있는 이론적 이유를 완벽하게 설명하는 것에 실패하면, 내담자는 구조화된 면담의 통상적인 특성을 낯설게 느낄 수 있다. 임상가는 라포를 증진하기 위해 구조화된 면담의 안팎에서 상호작용 기술을 사용해야만 한다. 마지막으로, 다른 모든 면담처럼 구조화된 면담은 기억, 솔직함, 반응에 대한 묘사능력 등에 많이 의존한다. 그래서 내담자 보고의 신뢰도(또는 내담자 보고에 대한 여러 임상가의 추론)는 우수한 반면, 내담자가 질문을 잘못 이해했거나 솔직하게 답하고자 하는 욕구가 없거나 관련된 정보를 기억하지 못할 때는 구조화된 면담자료의 타당도 혹은 의미가 위협받게 된다.

구조화된 면담은 질문과 추론 규칙이 스크립트로 되어 있어서 전문 임상가, 훈련받은 비전문가 심지어 특별히 프로그램된 컴퓨터 등에 의해 실시될 수 있다(Groth-Marnat, 2003; Peters, Clark, & Carroll, 1998; Pilkonis et al., 1995; Reich, Cottler, McCallum, & Corwin, 1995). 연구자들은 ⓐ 정규 임상훈련과정을 받지 않은 숙련된 면담자들(Brugha, Nienhuis, Bagchi, Smith, & Meltzer, 1999), ⓑ 전화(Cacciola, Alterman, Rutheford, McKay, & May, 1999; Lyneham & Rapee, 2005), ⓒ 자기보고형 질문지(Erickson & Kaplan, 2000) 등을 통해 구조화된 면담 및 반구조화된 면담을 효과적으로 적용할 수 있는지에 대해 연구하고 있다. 충분히 훈련받지 않은 면담자나 자동화된 처리를 용인함으로써 면담의 질이 떨어질 것을 염려하는 연구자들이 있다. 이러한 기법들의 일반적인 효과에 대한 주장은 아직까지는 확증되지 않았지만 그 기미가 보이고 있다. 리리햄과 라피(Lyneham & Rapee, 2005)는 구조화된 면담인 아동용 불안장애 면담 스케줄(Anxiety Disorder Interview Schedule for Children for DSM-IV: ADISC for DSM-IV)을 전화로 실시한 결과, 같은 도구를 면대면으로 실시했을 때와 상당히 일치함을 보여 주었다.

구조화된 면담은 진단처럼 잘 정의된 결정 규준을 가지는 임상과제에 가장 쉽게 적용되지만, 치료적 면담처럼 면대면의 임상적 만남을 위한 것은 아니라는 점을 기억하는 것이 중요하다. 실제로 비구조화된 면담은 항상 임상심리학자가 가장 일반적으로 사용하는 도구다(Garb, 2007). 그래서 임상적 상호작용의 구조화가 증가하는 추세임에도 불구하고, 임상가는 모든 형식의 면담 단계를 운영하기 위한 기술의 폭넓은 기초가 필요하다.

이 절의 요약 비지시적 혹은 개방형 면담은 임상가와 내담자가 함께 면담의 내용과 흐름을 결정한다. 다른 쪽 극단은 주의 깊게 계획된 문답 형식으로 이루어진 구조화된 면담이다. 혼합형은 이 둘 사이에 있으며, 보통 반구조화된 면담이라 부른다. 구조화된 그리고 반구조화된 면담은 면담의 목적이 진단을 내리는 것처럼 상대적으로 명확한 기준에 맞는지를 판단할 때 보다 높은 신뢰도와 타당도를 나타낸다. 구조화된 면담의 단점에는 중요한 내용을 확인하는 데 실패할 수 있는 면담 형식의 제한성이 포함된다. 임상가에 의해 적절하게 다루어지지 않으면, 고도로 구조화된 면담은 라포에 방해가 될 수도 있다.

면담의 단계

이 절의 미리보기

이 절에서는 임상심리학자들이 면담의 초기, 중기, 후기 동안 일반적으로 사용하는 기법에 대해 살펴볼 것이다. 라포의 형성과 유지, 면담의 목적이나 목표에 대한 의사소통, 좋은 경청기술의 구현, 정서적 지지 제공 등과 같은 특정 측면은 거의 모든 면담에서 일반적이다. 예를 들어, 구조화된 혹은 반구조화된 형식을 사용하느냐는 면담의 목적에 달려 있다. 임상가와 내담자 둘 다 면담 동안 언어적 · 비언어적 행동을 해석해야만 하는데, 임상가는 잘못 해석할 수 있는 여러 방식에 대해 민감해지는 것이 중요하다. 해석의 다양성에 대한 민감성은 내담자가 면담자와 문화적 혹은 민족적 배경이 다를 때 특히 중요하다.

면담은 내담자가 편안함을 느끼고 자유롭게 말할 수 있도록 도와주는 노력에서 시작되며(1단계), 핵심정보를 수집하는 단계로 지속되고(2단계), 진술을 요약하고 내담자의 질문을 받고, 필요하다면 추가적인 평가회기를 계획하는 것으로 종결하게 된다(3단계). 일반적으로 가장 긴 단계인 2단계는 여러 단계나 시기로 세분할 수 있다. 비록 모든 임상적 면담이 초기-중기-후기로 구성되는 것은 아니지만, 이러한 구성은 전형적인 임상적 면담에 대해 살펴보는 데 유용한 길잡이가 된다. 면담을 수행하는 방식에 대한 단 하나의 '정답' 은 없지만, 특정 단계는 임상 실제에서 그 가치가 증명되었고, 그래서 모든 이론적 접근의 대표적인 임상가에 의해 채택되어 왔다(Goldfried, 1980).

단계 1: 면담 초기

어떤 의미에서 면담은 내담자가 의뢰과정의 임상가와 만나기 전에 시작된다. 때로 임상가는 내담자가 스스로를 의뢰할 때 비서에게 이야기한 일반적인 호소문제밖에 모를 때도 있다. 다른 경우에는 병원, 학교, 재판 또는 다른 정신건강 기록을 사용할 수도 있다. 이러한 정보들은 임상가가 특정한 면담이나 검사도구(예를 들어, 구조화된 면담이나 비구조화된 면담 형식)가 필요할지를 결정하는 데 도움을 줄 수 있다.

면담 환경

어떤 면담 환경은 대부분의 내담자와 라포를 형성하는 데 특히 도움이 되기도 한다. 문화적인 차이로 인해 그러한 환경을 위협적인 것으로 지각하는 내담자들을 제외하면, 면담은 편안하고 사적인 비밀이 보장되는 사무실에서 실시하는 것이 가장 효과적이다. 대부분의 사람이 신체적으로 편안함을 느끼게 될 때 쉽게 긴장을 풀기 때문이다. 또한 개인적인 공간은 비밀을 보장해 줄 것이라는 확신을 갖게 해 준다.

사무실 내의 다양한 특징은 라포 형성에 도움이 된다. 두 당사자 간의 평등성은 두 사람이 같은 높이의 비슷한 의자에 조금 떨어져 앉아 있을 때 이루어지기 쉽다. 만약 임상가가 내담자의 작고 낮은 의자로부터 약 2m 정도 떨어진 커다란 책상 뒤에 있는 높은 등받이가 있는 의자에 앉아 있다면 라포는 손상될 수 있다. 여러 방해요인을 제거하고 전화받기에 주의하는 것과 함께 깨끗하게 치워져 있는 책상은 내담자가 하려는 말에 임상가가 전적으로 주의를 기울이고 관심을 보이려는 태도를 의미한다. 가족이나 좋아하는 휴양지 사진 같은 개인적인 인상은 인간적인 온정을 더해 준다. 내담자가 낯설게 느낄 수 있기 때문에 면담자는 강렬한 인상을 주는 장식을 피해야 한다(예, NBA 포스터, 실물 크기의 마이클 무어 사진). 면담자가 아닌 내담자의 자기표현이 우선시되어야 한다. 라포 형성에 도움이 되는 내용은 셀 수 없을 정도로 다양하다. 여기서 말하고자 하는 요점은 시작 단계부터 임상가는 면담과 관련된 주제가 무엇이든 내담자가 자유롭고 솔직하게 말할 수 있는 온화하고 편안한 환경을 만들려고 노력해야 한다는 점이다.

면담의 시작

임상가가 초기 면담에서의 처음 몇 분을 신중하게 다루는 것은 매우 중요하다. 초기 단계는 내담자가 아직 자신의 문제에 대해 솔직하게 이야기할 마음의 준비가 되어 있지 않고, 말할 것과 말하지 말아야 할 것을 신중히 결정하는 '기다리면서 지켜보는' 접근을 선호하기 때문이다. 하지만 이러한 유보적 태도가 면담 내내 지속된다면 임상가는 가치 있는 평가정보를 수집하기가 쉽지 않을 것이다.

대부분의 임상가는 초기 면담의 초반부에 해야 할 주된 과업을 라포 형성이라고 생각한다. 라포는 상식과 예절을 포함한 다양한 방법을 통해 형성된다. 내담자의 불안과 불확실성은 면담에 대한 신비감을 풀어 버림으로써 완화될 수 있다. 환영, 따뜻한 미소와 다정한 인사, 소개(예를 들어, "젠킨스 박사라고 합니다."), 악수는 가장 좋은 면담 시작 방법이다. 날씨나 사무실을 찾는 데 어려움이 없었는지에 대한 '가벼운 대화' 역시 내담자를 면담으로 이끄는 좋은 방법이다. 숙련된 면담자는 온화하고 다정한 모습을 통해 내담자의 긴장을 풀어 준다. 하지만 이에 너무 오랜 시간을 투자하면 안 된다. 그렇게 되면 면담 고유의 특성을 상실하거나 혹은 면담에서 다루어야 할 주제에 대해 면담자가 회피적인 태도를 취하는 것으로 내담자가 오해할 수 있기 때문이다. 면담자는 처음 몇 분 안에 주요 업무에 착수함으로써 내담자의 시간과 문제가 중요하다는 것을 전달한다. 숙련된 임상가는 초기 면담의 첫 단계 동안 깊은 라포를 형성하지만, 때로는 그들조차도 두 번째 단계와 세 번째 단계 혹은 그 후의 여러 치료회기 동안 라포 형성과정이 지속된다.

구조화와 단계 이동

면담 초기에 전형적으로 수행되는 또 다른 과업은 구조화다. 구조는 면담, 자문, 치료회기를 둘러싼 규칙이나 기대를 말한다(Walter, Bundy, & Dornan, 2005). 구조화를 할 때, 임상가는 내담자들에게 상호작용에 대한 기본 규칙을 설명한다. 예를 들어, 임상가는 소개와 친근한 사회적인 간단한 대화를 짧게 한 후에 다음과 같이 이야기할 수 있다(괄호 안의 내용은 내담자의 특정 증상이나 주 호소문제 또는 사례 특수적인 세부사항이다).

> 우리는 오늘 한 시간 반 동안 함께 작업할 것입니다. 이 시간 동안 (당신이 가지고 있는 문제)에 관해 이야기하기 바라는데, 문제가 언제 어떻게 시작되었고 지금 어떻게 영향을 미치는지에 대해 좀 더 다루게 될 것입니다. 나의 일은 대부분 이 점에 대해 경청하고 (당신의 상황을) 이해하도록 노력하는 것입니다. 작업을 하면서 질문을 하고 기록도 할 것입니다. 이러한 정보는 (당신의 증상을) 이해하고, 행동 계획을 개발하는 데 도움이 될 것입니다. 우리의 대화—이 방에서 우리가 이야기하는 것들—는 비밀이 보장됩니다. 여기에 예외는 있습니다(면담가는 비밀보장의 한계를 정교화해야 한다. 예를 들어, 내담자가 자신이나 다른 사람을 해하려는 위협을 할 때, 정보가 보험회사나 의뢰 당사자 등의 제3자에게 제공될 것 등에 대해). 원하는 것은 어떤 것이든 편하게 질문하면 되고, 그에 대해 최선을

다해 대답할 것입니다. 만약 이 시간 동안 하려고 했던 것을 다 못 마치면—종종 그러한 일이 발생하는데—다음 만남 때 계속할 수 있습니다.

구조화는 면담회기의 시간 경계를 명확히 하고, 다루게 될 내용과 참여자가 맡게 될 기본 역할에 대한 기대를 표현하고, 면담구조에 대해 간단히 소개하는 것이다. 또한 비밀보장과 그 한계에 대한 확신을 제공하고, 면담자의 책임에 관한 정보를 전달한다. 면담자가 '우리' 라는 말을 사용함에 주목하라. 이는 문제를 탐색하는 데 있어 동맹자로서 내담자를 참여시키기 위해 고안된 것이다. 구조에 대한 소개는 내담자가 문제를 솔직하게 논의하기 전이나 후에도 할 수 있지만, 면담에서 비교적 초기에 행해야 한다. 구조의 모든 측면이 한 번에 소개될 필요는 없다. 몇몇 주제는 면담의 후기에 보다 깊이 있게 논의할 수도 있고, 계속되는 회기 동안에 구조에 관한 주제가 다시 떠오를 때 또는 치료 중에 자주 논의할 수도 있다(예를 들어, 특히 경계선 성격장애와 같은 특정 장애로 진단받은 내담자의 경우).

대부분의 경우 면담자는 비지시적, 개방형 질문으로 면담의 두 번째 단계로 옮겨 가기 시작한다. 일반적인 예는 "그래서 무엇 때문에 오늘 여기에 오셨나요?" "전화로 의뢰했던 문제에 대해서 말씀해 주시겠습니까?" 등이다. 이러한 접근의 주요 장점은 내담자가 자신의 방식으로 시작하도록 한다는 것이다. 개방적 초대는 내담자가 강요당한다는 느낌 없이 고통스럽고 혼란스러운 주제에 들어갈 수 있게 하고, 내담자에게 임상가가 들을 준비가 되었다는 것을 알려 준다. 종종 내담자들은 그들의 가장 큰 고민거리가 아닌 '입장권' 문제로 이야기를 시작한다. 방문의 진짜 이유는 옆길로 새는 이야기를 어느 정도 하면서 '사정을 살핀' 후에 드러낸다.

단계 2: 면담 중기

중간 단계로의 이동은 최대한 자연스럽게 이루어져야 한다. 치료자는 내담자가 무엇을 이야기할지에 대해 치료자가 지시할 것인지 혹은 내담자가 스스로 지시할 것인지 신호를 보낸다. 이러한 신호는 면담과정 동안 지속된다. 한쪽 극단은 개방적 또는 비지시적 기법이고, 다른 쪽 극단은 폐쇄적 또는 지시적 기법이다. 앞에서의 논의대로, 지시적인 기법은 구조화된 면담에서 집중적으로 사용된다. 따라서 다음의 정보들은 주로 구조화된 도구를 사용하지 않는 임상적 면담에 관한 것이다. 누가 대화를 이끌어 갈지에 관해 면담자가 신호를 주는 몇 가지 방식이 있다.

비지시적 기법

개방형 질문은 내담자의 말에 거의 영향을 주지 않는 범위 내에서 내담자가 조금 더 자세히 말하도록 독려하고 싶을 때 사용한다. "그 부분에 대해 좀 더 말씀해 주시겠습니까?" "그때 어떤 느낌이었습니까?" 같은 고전적인 문구는 비지시적 전략의 좋은 예다. 이러한 방법은 내담자가 자신을 좀 더 자세히 표현하도록 도와주기 위한 전략과 임상가가 이해와 수용을 전달함으로써 라포를 향상시키기 위해 고안된 전략과 함께 사용된다. 이러한 전략들 중 가장 널리 사용되고 있는 방법이 적극적 경청이다. 적극적 경청이란 임상가가 정확히 이해하고 있으며, 좀 더 자세히 말하도록 격려하는 방식으로 내담자의 언어적 표현에 반응하는 것을 말한다. 적극적 경청의 일례는 앞서 비지시적 면담의 발췌문에서 제시되었던 임상가의 '음'과 같은 반응이다. 또 다른 적극적 경청의 예에는 '알겠어요.' '동의해요.' '맞아요.'와 같은 언어적 표현 또는 머리를 끄덕이는 것 등이 포함된다.

관련되는 비지시적 전략은 바꿔 말하기(paraphrasing)다. 이는 내담자가 말했던 것을 임상가가 재진술하는 것인데, 그 목적은 ⓐ 임상가가 열심히 경청하고 있음을 보여 주고, ⓑ 내담자에게 임상가가 잘못 이해한 부분을 수정할 수 있는 기회를 주기 위한 것이다. 로저스는 이와 같은 전략을 반영(reflection)이라 하였으며, 내용의 재진술뿐 아니라 내담자의 감정에 초점을 맞추는 것 또한 중요함을 강조하였다. 다음의 예문을 살펴보자.

〈예문 A〉

내담자: 어떨 때는 남편을 꼭 죽일 것만 같아요.

임상가: 당신은 남편을 완전히 없애고 싶군요.

〈예문 B〉

내담자: 어떨 때는 남편을 꼭 죽일 것만 같아요.

임상가: 남편은 당신을 정말 화가 나게 하는군요.

둘 다 반영적 반응이지만, 예문 A에서 임상가는 단순히 내담자의 표현을 되풀이해서 말했고, 예문 B에서는 내담자의 표현에 내포되어 있는 감정을 반영하였다. 바꿔 말하기에 대한 내담자들의 대부분의 반응은 이전과 같은 수준으로 이야기를 이어가는 것이지만, 종종 더 구체적으로 이야기하기도 한다. 바꿔 말하기는 직접적인 질문보다 더 나을 수도 있다. 왜냐하면 그러한 질문은 다음 제시된 상호작용에서처럼 대화를 변화시키거나 제지하는 경향이 있기 때문이다.

> 내담자: 인생이 그다지 살 만한 가치가 없다는 생각이 들어요.
> 임상가: 얼마나 자주 그렇게 느끼십니까?
> 내담자: 때때로 그래요.

이러한 질문은 할 만하긴 하지만, 만일 임상가가 구체화하고자 하는 주요 문제가 무엇인지 정확하게 파악하지 못하고 있는 경우라면 평가장면을 방해할 뿐만 아니라 심지어 왜곡한다. 비지시적 면담에서 초기에 직접적인 질문으로 타격을 입은 내담자는 자발적으로 자신의 이야기를 하기보다는 다음 질문을 기다리는 것이 더 나을 것이라는 결론을 내리게 된다. 이와 같은 경험은 많은 내담자를 좌절시키고 라포를 손상시킨다. 사실 이러한 행동은 의사(심리학자)가 질문하고 환자(내담자)는 대답하고, 수동적으로 다음 질문을 기다리는 일반적인 의사-환자 면담 도식을 일으킨다. 이러한 형식은 구조화된 인터뷰처럼 어떤 상황에서는 적절한 반면, 내담자에 대해 전체적으로 이해하는 것과 자신의 문제해결의 능동적인 참여자/탐색가가 되도록 내담자를 격려하는 데는 효과적이지 않다.

또한 바꿔 말하기는 내담자가 한 말에 대해 임상가가 헷갈릴 때도 도움이 될 수 있다. 다음의 예문을 살펴보자.

> 내담자: 전남편에게 더 이상 함께 살고 싶지 않다고 말했어요. 그랬더니 남편은 '좋아' 라고 말하고 떠났어요. 돌아왔을 때 전 그 나쁜 놈이 우리 가구를 모두 가져갔다는 걸 알게 됐어요.

대부분의 임상가는 여기서 기술된 사건의 진행을 해독하는 데 어려움을 겪을 것이다. 하지만 만일 "뭐라고요?" 라고 질문한다면 내담자들은 변명을 하거나 임상가를 바보로 생각할 수도 있다. 대신 이때는 바꿔 말하기와 명료화를 위한 요청이 세련된 방법이다.

> 임상가: 좋아요. 정리해 보도록 합시다. 당신은 남편한테 함께 살고 싶지 않다고 말을 했고, 그랬더니 남편은 떠나 버렸습니다. 후에 당신이 어딘가를 갔다가 집에 돌아왔고, 그때 남편이 가구를 몽땅 가져갔다는 것을 알게 되었다는 것입니까?

일반적으로 내담자들은 이와 같은 임상가의 해석을 인정하거나 혹은 놓친 부분을 보충할 것이다. 그렇지 않다면 임상가는 좀 더 직접적인 질문을 사용하고 싶을 것이다.

직접적 기법

대부분의 면담자는 비지시적 전략과 함께 좀 더 직접적인 질문을 보충한다. 면담자들의 질문 형태와 용어, 내용은 대부분 면밀한 계획(때로는 즉석에서 이루어지기도 하지만)의 결과물이다. 다음의 예시 질문을 살펴보자.

A. 남편이 집을 떠났을 때 기분이 좋아졌습니까 혹은 나빠졌습니까?
B. 남편이 집을 떠났을 때 기분이 어땠습니까?

예문 A는 명료하기는 하지만 부적절한 양자택일의 상황이다. 이는 '당신은 일하기 위해 걷습니까, 아니면 점심을 먹기 위해 걷습니까?'와 같은 질문으로, 가장 정확한 대답은 '어느 것도 아니다' 일 것이다. 면담에서 일부 내담자들은 이러한 선택을 무시할 만큼 독단적이지 않다. 그래서 그들은 마음에 들지 않는 반응이나 그 외의 것을 선택하게 된다. 양자택일의 반응을 내담자에게 요구해야 할 명확한 이유가 없다면 숙련된 면담자들은 예문 B와 같은 방식으로 직접적인 질문을 한다. 그러면 구체적인 정보를 얻을 수 있을 뿐만 아니라 내담자가 자신의 용어를 자유롭게 선택할 수 있게 된다.

마찬가지로 경험이 풍부한 임상가들은 답변을 암시하는 질문은 피하게 된다. "당신은 이 문제로 아주 오랜 기간 동안 힘들어하셨군요?"와 같은 예문에 포함된 함축적 의미에 주목해 보자. 이러한 질문은 면담자가 듣고 싶어 하는 말이 무엇인지를 알려 주며, 어떤 내담자들는 그쪽으로 편향된 반응을 함으로써 면담자를 기쁘게 할 것이다. '이 문제가 얼마나 오래되었습니까?' 같은 질문이 더 좋은 질문이다.

면담 책략들의 조합

면담이 유동적일 수 있기 때문에 임상가는 종종 앞서 기술하였던 다양한 책략을 자유롭게 조합한다. 임상가들은 개방형 질문과 바꾸어 말하기, 반영, 그 외 적극적 경청 기법을 통해 내담자의 언어 표현을 촉진하기도 하고, 또한 중요한 문제에 '초점 맞추기' 를 하기 위해 좀 더 지시적인 질문을 사용하기도 한다. 하지만 지시적인 절차가 면담의 진행을 온전히 차지할 수는 없다. 보다 덜 지시적인 방법을 함께 사용하면서 진행한다. 이와 같은 조합의 예는 '반복적 탐색 및 초점 맞추기'의 개념으로 잘 나타난다. 즉, 면담자는 우선 비지시적으로 문제를 탐색해 나가며, 그 후 좀 더 직접적인 방식으로 문제에 초점을 맞춘다.

임상가: 가족들이 동부로 돌아간다고 말씀하셨는데요, 가족에 대해 좀 더 말씀해 주시겠습니까?

내담자: 별로 말할 게 없는데요. 아빠와 엄마, 쌍둥이들이 있고, 그들 모두 돌아가는 것을 좋아하는 것 같아요. 그리고 제 생각에는 그곳에 오래 있을 것 같아요.

임상가: 그 밖에 다른 것은요 ?

내담자: 글쎄요. 아빠는 고등학교 교장선생님으로 퇴임하셨고요. 엄마는 전업주부시지만 저희가 어렸을 적에는 파트타임으로 일을 하신 적도 있어요.

임상가: 당신은 고향에 있을 때 가족들과 어떻게 지냈나요?

내담자: 잘 지냈어요. 저는 가족들을 항상 위대한 사람들이라고 생각해 왔어요. 그리고 아마도 그렇기에 저를 괴롭히는 일이 거의 없는 거겠죠. 물론 그때도 지금도 문제는 있지만 자주는 아니에요.

임상가: 그때 어떤 문제가 있었나요?

면담자는 내담자와 부모님 간의 관계에 관한 몇 가지 구체적인 주제를 조사했어야 했다. 그리고 나서는 다른 주제로 이동하고, 다시 처음의 탐색과정을 거치고, 나중에는 보다 직접적인 질문으로 옮겨 간다. 임상가는 주기적으로 자신의 인상을 요약함으로써 많은 것을 얻을 수 있다. 다음의 예를 보자.

임상가: 전에도 질문했다는 것을 알고 있지만, 기분이 가라앉거나 흥분되지도 않는 정상적인 시기가 있습니까?

내담자: 쫓기는 느낌도 자책감도 느끼지 않고 편안하게 지낼 때를 의미하는 건가요?

임상가: 네, 맞습니다. 일들이 제자리에 놓여 있고 저절로 진행되는 것처럼 보일 때지요.

내담자: 네, 작년에 굉장히 좋은 학기를 보냈어요.

임상가: 몇 달 동안 편안한 감정이 계속되었다는 것인가요?

내담자: 그렇게 길게도 아니고, 약 두어 달 정도. 그리고 다시 가라앉기 시작했어요.

임상가: 요약해 봅시다. 당신은 스스로를 롤러코스터를 탄 것처럼 올라갔다 내려갔다고 묘사했어요. 가라앉았을 때는 흥분되었을 때보다 더 다루기 힘들게 느껴지고요. 그러나 굉장히 가라앉을 상태가 며칠 이상 지속되는 일은 거의 없어요. 수평으로

가거나 정상처럼 느껴지는 기간은 그리 많아 보이지는 않고요.

임상가: 맞아요. 정확히 내가 느끼는 거예요. (Othmer & Othmer, 2002, p. 61)

라포의 유지

지금까지 면담의 초기, 중기, 후기 단계에서 정보를 끌어내고 또한 라포를 형성할 수 있는 몇 가지 면담기법을 설명했다. 〈표 4-5〉를 보면 많은 기법이 임상가가 면담에서의 자기 역할을 어떻게 이해하는지와 관련되고, 이는 다시 임상가가 보여 주는 면담행위에 영향을 미친다는 것을 알 수 있다.

〈표 4-5〉 라포의 형성 및 유지 전략

환자와 자신을 편안하게 하기	편안한 환경을 확보하고, 내담자와 자신의 불편한 기색을 알아차리고 그에 반응할 것, 공감 · 정직 · 인내를 가지고 긴장을 주는 원인에 직면할 것
고통 찾아내기 – 연민을 보이기	작업에 착수하여 내담자를 괴롭히는 것이 무엇인지 질문하고, 공감을 나타내는 반영적인 진술로 반응할 것
통찰력 평가하기 – 동맹자가 되기	문제의 역사와 의미에 대한 내담자의 이해에 대해 질문하고, 구체적인 예를 찾고, 내담자의 건강한 면(예를 들어, 현실적으로 그의 증상을 관찰할 수 있는 부분)과 동맹을 맺고, 치료목표를 세울 것
전문성 보이기	내담자의 문제 또는 장애에 대한 지식을 보여 주고, 내담자의 의심을 다루고, 합리적인 희망을 고취시킬 것
리더십 확립하기	구조를 형성하고 유지할 것, 임상적 접촉의 기본 규칙과 조건을 설명할 것, 이를 과도하게 함으로써 권위적인 리더가 되는 것을 피할 것
면담자 역할의 균형 잡기	부분적으로는 공감적인 경청자, 부분적으로는 전문가, 부분적으로는 권위자가 될 것(첫 번째는 자유롭게, 나머지 두 역할은 보다 작고 현명하게)
내담자 역할의 균형 잡기	내담자를 마땅히 존경받을 만하고, 질병이나 장애를 경험하고 있는 평범한 사람으로 여길 것(스스로를 그렇게 생각하도록 도와줄 것), 피해자(핵심 정체감을 장애에 초점을 맞춘 사람)나 VIP(새벽 3시에 전화하는 것과 같이 그의 문제 때문에 치료에 특권을 부여받은 사람) 역할을 부여하는 것을 피할 것

단계 3: 면담 종결

면담의 마지막 단계는 라포를 증진시킬 수 있는 기회일 뿐만 아니라 귀중한 평가자료를 제공할 수 있다. 면담자는 다음과 같은 언급을 하면서 세 번째 단계를 시작하게 된다.

> 우리는 그동안 이곳에서 아주 귀중하고 중요한 정보를 다루었습니다. 기꺼이 이야기해 주셔서 감사합니다. 면담이 쉽지 않았으리라고 생각합니다. 오늘은 정해진 시간이 다 끝나가고 있기 때문에 우리가 다루었던 것에 대해 다시 한 번 돌아보았으면 합니다. 그러고 나서 제게 궁금한 것을 물어볼 기회를 드리겠습니다.

임상가는 여기서 몇 가지를 수행하고 있다. 첫째, 면담의 종결이 임박했음을 암시하게 된다(구조 세우기). 둘째, 협조적이었던 내담자의 행동을 칭찬하고, 면담이 얼마나 고통스러웠는지에 대해 임상가가 인식하고 있음을 확인시켜 준다(정서적 지지). 셋째, 내담자에게 마지막 몇 분 동안 중요하지만 말하지 못했던 질문이나 의견을 말할 수 있는 시간이 있음을 알려 준다.

때때로 면담의 마지막 단계에서는 임상적으로 의미 있는 행동이나 정보를 이끌어 내기도 한다. 예를 들어, "아, 큰일났다. 시간 좀 봐. 변호사 사무실에 서둘러 가야겠어요. 그렇지 않으면 아들 양육권에 대한 판결이 월요일까지 연기될지도 몰라요!" 어떤 내담자는 이러한 정보를 드러내기 위해 면담이 종결될 때까지 기다리기도 한다. 왜냐하면 내담자는 임상가가 자신의 이러한 문제에 대해 알기를 원하지만 아직 그에 대해 논의할 만한 준비가 되어 있지 않았기 때문이다. 어떤 내담자는 면담이 끝났다고 느끼고 이전까지 사용하던 방어기제를 내려놓기 때문에 이러한 정보를 흘리기도 한다. 또 다른 경우에는 단순히 면담이 종료되는 것을 원하지 않기도 한다.

이와 같은 이유로 해서 임상가는 앞선 단계들과 마찬가지로 면담의 마지막 단계에도 중점을 둔다. 그러나 임상가는 경계(이 사례에서는 시간 제한)에 대한 모니터링에 책임이 있기 때문에 다음과 같은 언급이 적절할 것이다.

> 결과를 기다리느라 초조하신 것 같군요. 아들 양육권은 무척 중요한 것처럼 여겨집니다. 오늘은 그에 대해 이야기하지 못했는데, 다음 회기에 이야기할 수도 있고, 원한다면 다른 약속을 잡을 수도 있습니다. 일이 잘 해결되길 바랍니다.

비록 치료자가 공감을 표현하였지만, 이러한 반응은 내담자가 이 정보를 논의에서 빼놓은 것을 가혹하지 않은 방식으로 지적하고 추후의 논의로 이끌게 한다.

면담에서의 의사소통

인간의 모든 의사소통처럼 면담에서 의사소통의 근본적인 목적은 메시지를 정확하게 부호화하고 전달하고 해독하는 것이다. 말하는 사람은 자신이 전달하고자 하는 바를 단어와 몸짓을 통해 전달 가능한 메시지로 부호화해야 하며, 듣는 사람은 그들의 개인적이고 문화적인 준거틀 내에서 그것을 받아들이고 해석해야 한다. 언어적인 의사소통과 비언어적인 의사소통 간의 착오는 이 과정 중 여러 곳에서 발생할 수 있다. 가장 간단한 예로 '엄지손가락을 치켜 올리는 것' 이 미국에서는 칭찬을 의미하나, 오스트레일리아에서는 '엿먹어라' 의 의미가 된다.

임상가는 내담자들에게 보내는 메시지를 최대한 분명하게 하고, 그들에게서 받은 메시지의 의미를 분명하게 함으로써 면담에 방해가 되는 미묘한 의사소통상의 문제를 최소화하고자 노력한다. 우선 서투른 임상적 의사소통의 한 예를 살펴보고, 그 후에 그러한 의사소통 문제가 나타날 가능성을 감소시킬 수 있는 방법에 대해 알아보자. 다음은 가상으로 꾸민 대화이며, 괄호 안은 말하는 사람의 생각이다.

임상가: (이 사람의 십대 시절 대인관계가 어땠는지 궁금하다.) 고등학교 친구들에 대해 말씀해 주시겠습니까?

내담자: (난 사회적으로 친분이 있는 사람은 많았지만 진정한 친구는 오직 한 사람밖에 없었지.) 딱 한 사람 있었어요. 그 애 이름이 마이크였어요.

임상가: (그래서 혼자 있는 시간이 아주 많았겠구나.) 그래서 어땠나요?

내담자: (좋았지. 파티에도 가고 데이트도 많이 하고 멋진 시간들을 보냈어. 하지만 정말로 개인적인 것에 대해 이야기를 할 때면 마이크에게 많이 의존하고 있다는 것을 알게 되었어.) 재미있었어요. 마이크와 저는 정말로 친하게 잘 지냈어요.

임상가: (이 사람은 사회적으로 고립되어 있었을 뿐만 아니라 그걸 즐겼다고 말하는 구나. 그 문제에 대해 좀 더 솔직해졌으면 좋겠다.) 친구를 더 많이 사귀어 보고 싶다고 생각해 본 적은 없었나요?

내담자: (이 사람의 말은 마치 친한 친구가 한 명 있다는 것이 죄인이라도 된 것처럼 들리는군. 이에 대해서는 그만 이야기하는 것이 좋겠어.) 없는데요.

이 인용문에서 임상가는 친구라는 용어를 친근한 사람뿐만 아니라 친분이 있는 사람들 모두를 언급하는 용어로 사용하였다. 이 단어가 내담자에게 다른 의미로 받아들였기 때문에 오해가 생겼다. 면담자와 내담자가 의사소통 문제를 해결하기 전까지는 이처럼 대화가 영양가 없는 방식으로 진행될 수도 있다.

비록 임상가와 내담자가 기술적으로 동일한 언어로 이야기를 하고 서로를 이해했다고 가정할지라도, 면담자는 교육적 · 사회적 · 인종적 · 문화적 · 경제적 · 종교적 요소가 의사소통을 저해할 수도 있음을 인식하고 있어야 한다(Gureje, 2004; Karasz, 2005; Yutrzenka, 1995). 예를 들어, 아동기 문제행동은 서로 다른 인종과 문화 집단에 따라 상당한 차이가 있을 수 있다(Lopez & Guarnaccia, 2000). 즉, 한 문화집단의 어머니가 호소하는 문제(예를 들어, "그는 종종 아주 나빠요."[1])는 다른 문화집단의 면담자에 의해 쉽게 오해받을 수 있다. 임상가가 이를 설명할 만한 내담자의 배경정보나 준거틀을 지니고 있지 않다면, 그리고 언어적인 표현이 모호할 때 명료화를 위한 질문(예를 들어, "일주일에 몇 번이나 이런 식으로 행동했습니까?")을 하지 않으면, 면담은 힘들어질 것이다.

내담자도 임상가들처럼 혼란스러울 수 있지만, 임상가들이 바보처럼 보일까 봐 혹은 권위자로서 질문하는 것을 꺼린다면 내담자 역시 자신의 혼란을 드러내지 않게 된다. 이에 대한 증거는 코쉬와 네그리트(Korsch & Negrete, 1972)가 의료장면에서 실시하였던 연구에서 나타난다. 이 연구에서는 의학용어의 사용이 소아과에서 의사와 환아 어머니 사이의 대화를 방해하며, 결국 내담자에게 혼란감과 불만을 유발하게 된다고 언급하고 있다. 예를 들어, 어머니들은 '요추천자(lumbar puncture)'[2]는 아이의 폐에 관을 연결하기 위한 수술로, '잠복기(incubation period)'는 아이가 침대에 있어야만 하는 시간으로 해석되기도 한다.

임상면담에서의 이러한 문제들은 몇 가지 지침에 주의하면 해결할 수 있다. 숙련된 면담자는 사투리를 사용하지 않으며, 직접적으로 질문하고("스스로의 몸을 만진 적이 있습니까?"가 아니라 "자위행위를 했을 때의 느낌이 어땠습니까?") 내담자에게 피드백을 요구한다("이해가 되시나요?" 또는 "제가 제대로 이해한 건가요?"). 또한 자신의 언어행동으로 인내와 배려, 수용 등이 전달되는 것을 확신하기 위해 노력한다. 조바심을 표현하는 것과 판단적인 것은 일반적으로 바람직하지 않다.

---

1) 역자 주: "He is very often bad." bad는 '나쁜'의 의미이나, 미국 속어로 '훌륭한' '굉장한'의 의미를 지니기도 한다.

2) 역자 주: 요추천자(lumbar puncture, spinal tap) – 척추액 채취나 약제 주입 등을 위해 요추부에 침을 꽂음.

비언어적 의사소통

인간의 모든 대화와 마찬가지로, 내담자와 면담자의 언어적 행동에는 끊임없이 비언어적 행동이 동반된다. 게다가 언어적인 채널이 닫혀 있을 때에도 비언어적인 의사소통 채널은 항상 열려 있다. 면담의 두 당사자가 비언어적인 메시지를 주고받기 때문에 임상가는 입력되는 신호뿐만 아니라 자신이 보내는 신호에 대해서도 정확하게 지각하고 있어야 한다. 〈표 4-6〉은 면담 동안 임상가가 주의를 기울여야 하는 내담자의 비언어적 의사소통 측면을 제시하고 있다.

비언어적인 내담자의 행동을 살피는 것과 함께 임상가는 언어적 채널과 비언어적 채널 사이의 비일관성에도 주목해야 한다. "오늘은 기분이 아주 좋아요."라면서 행복한 미소를 보이는 것이 아니라 눈물을 쏟을 것 같은 모습이 보인다면 달리 받아들여야 한다.

또한 면담자 역시 자신의 언어적·비언어적 행동을 일관되게 함으로써 내담자에게 분명한 메시지를 전달해야 한다. 내담자는 민감한 주제에 관해 이야기할 때 시계를 힐끗 쳐다보면서가 아니라 천천히, 조용한 목소리로 이야기한다면 '천천히 하세요.' 라는 의미로 좀 더 진실되게 받아들일 것이다. 마찬가지로 다정한 눈 맞춤, 약간의 끄덕임, 이따금의 미소, 집중하는 자세 등은 내담자에게 면담자가 자신의 이야기를 잘 듣고 있다는 것을 알려 준다. 하지만 석고상 같은 미소, 계속 찌푸린 이마, 곁눈질, 그 외 연극적인 행동은 내담자에 대한 염려보다는 면담자의 불안이나 미숙함을 드러내는 것 같다.

내담자의 비언어적 행동에 대한 임상가들의 생각은 다르다. 예를 들어, 성과 관련된 이야기를 하는 동안의 호흡량 증가, 발한, 안절부절못하는 모습 등을 보일 때 행동주의자들은 정서적인 각성이 그 주제와 관련된다는 해석을 한다. 정신역동적인 면담자들은

〈표 4-6〉 비언어적인 의사소통 채널

1. 외모: 키, 몸무게, 치장상태, 의복 상태, 이상한 특징, 근육발달, 헤어스타일
2. 움직임: 몸짓, 팔이나 손, 머리, 다리, 발의 반복적인 동작, 틱을 비롯한 불수의적 행동, 걸음걸이, 담배나 성냥 또는 다른 사물을 다루는 모습
3. 자세: 구부정한 모습, 경직성, 팔이나 다리를 꼬는지, 턱을 고이고 있는지
4. 눈맞춤: 유지되는지, 잠깐씩 쳐다보는지, 아예 안 하는지
5. 표정: 미소, 불쾌한 표정, 얼굴 찡그림, 눈썹 추켜 올리기
6. 정서적 각성: 눈물, 눈물젖은 눈, 땀, 입마름, 빈번한 침 삼킴, 홍조나 창백, 목소리나 손의 떨림, 빠른 호흡, 잦은 자세 변화, 깜짝 놀라는 반응, 부적절한 웃음
7. 언어 표현: 목소리 높낮이, 말의 속도, 불분명한 발음, 말더듬기, 언어 차단, 악센트, 음색, 대화 스타일 갑작스러운 주제 변경이나 생략

더욱 추론적이어서, 비언어적 행동(예를 들어, 손가락의 반지를 빙빙 돌리는 것)을 성행위에 대한 상징적 표상으로 해석한다. 게슈탈트 치료자들은 내담자가 자신이 '쳇바퀴를 돌고 있다'는 믿음과 관련된 불쾌한 감정에 대해 자각하는 것을 회피하려는 것으로 해석한다. 아들러(Alfred Adler)는 내담자가 앉는 위치를 해석한다. "내담자가 책상 쪽으로 가면 그것은 우호적인 것이며, 다른 쪽으로 가면 비우호적인 것이다"(Adler, 1933). 비언어적인 행동에서 무엇을 추론하는지, 대부분의 임상가는 비언어적 행동이 강력한 의사소통 수단이며 유용한 면담자료라고 믿는다.

이 장에서 다루었던 면담의 측면에 관한 관심사 외에도 임상가들은 그 외의 많은 면담 관련 문제에 직면한다. 침묵 다루기, 내담자 호칭문제, 개인적 질문에 대처하기, 필기와 녹음, 비일관된 내담자의 태도에 직면하기 등은 그러한 문제들의 작은 일부다(면담에서의 논쟁과 기법에 대해 더 자세하게 알아보고 싶다면, 이 장의 초반에 인용했던 출처들을 참고하라).

이 절의 요약 임상가들은 면담의 초기, 중기, 후기 단계 동안 일반적으로 비지시적 · 지시적 의사소통을 포함한 면담기법을 사용한다. 비지시적 의사소통은 초기 라포 형성에 도움이 되는 반면, 구조화된 면담에서 사용되는 직접적 의사소통은 면담자가 탐색하기 원하는 특정 영역을 이끌어 내고 명료화하는 데 도움이 된다. 또한 라포는 온정적이고 반영적인 반응, 구조화, 언어적 또는 비언어적 신호에 대한 알아차림 등과 같은 많은 임상적 행동으로 강화될 수 있다. 임상가가 의사소통에서 오해가 일어날 수 있는 다양한 방식—특히 내담자의 문화적 혹은 민족적 배경이 자신과 다를 때—에 대해 민감해지는 것은 중요하다.

면담에 대한 연구

이 절의 미리보기

면담은 임상가의 기본적인 도구로, 풍부한 자료의 원천이다. 면담은 또한 다양한 방식으로 해석할 수 있는 복잡한 사회적 상호작용이기도 하다. 그러므로 비구조적인 면담의 신뢰도와 타당도와 보다 구조화된 면담의 신뢰도와 타당도를 비교하는 것은 힘든 일이다.

임상가는 평가자료의 원천으로서, 그리고 치료를 위한 형식으로서의 면담의 가치에 관한 경험적 연구에 대해 의식하고 있어야만 한다. 이러한 인식은 임상가들에게 그들의 면담이 향상될 수 있었던 영역을 지적해 줄 수 있다.

면담에 대한 초기 연구

처음으로 로저스(Carl Rogers)가 치료면담의 녹음 내용을 문자화하여 출판한 1942년까지 임상적 상호작용의 정확한 특성은 알려져 있지 않았다.[3] 임상면담에 대한 연구는 이때부터 급속도로 증가하였다. 처음에는 녹음의 효과, 동일한 면담에 대해 임상가가 요약 정리한 것과 녹음한 것 간에 어떤 것이 더 정확한지 비교하는 등의 주제에 초점이 맞추어졌다(Covner, 1942; Snyder, 1945). 이후 기록장치의 사용이 별 무리가 없으며 매우 정확한 보고가 가능하다는 것이 입증된 다음부터 새로운 방향으로 연구가 확대되었다.

이러한 새로운 연구 분야 중의 하나가 바로 면담 특성(공감, 온정)과 결과 변인(라포 형성, 치료의 유용성) 간의 관계를 밝히는 것이다. 일부 연구에서는 로저스 학파와 비로저스 학파에서 사용하는 면담기법의 차이에 관심을 두었던 반면(Porter, 1943; Seeman, 1949; Strupp, 1960), 다른 연구에서는 내담자의 저항과 같은 면담 변인을 정의하고자 노력했다(Snyder, 1953). 일부 연구자는 면담과정을 더 잘 이해하기 위한 수단으로 대화의 내용을 자세히 분석하기도 한다(Auld & Murray, 1955). 한 연구팀은 한 면담의 첫 5분에 대한 내용을 분석하는 데 몇 년 동안 몰두하기도 하였다(Pittenger, Hockett, & Danehy, 1960).

이러한 연구에서 면담이 정보의 풍부한 원천임을 밝혀낸 것은 놀랄 만한 일이 아니다. 놀라운 것은 내담자가 행한 개방형 면담에서 얻은 정보와 도달한 판단은 임상가가 면담에서 얻은 정보와 판단과는 상당한 차이가 있다는 것을 밝혀낸 것이다. 다른 말로 하면, 면담자료의 중요성은 종종 주시하는 사람의 눈에 있다.

면담자료에 대한 신뢰도와 타당도

면담의 맥락에서 신뢰도는 내담자가 서로 다른 상황이나 다른 면담자들에게 동일한 정보를 주는 정도를 말한다. 반면에 타당도는 면담자료 혹은 결과의 정확한 정도와 관

3) 역자 주 – 그 당시 로저스의 기록은 대화체의 모든 기록이 배제되었기 때문에 인정을 받지 못하였다. 비록 그가 성인을 대상으로 치료를 하는 심리학자(정신과 의사가 아닌)였다는 사실이 로저스의 자료에 대해 반감을 불러일으키긴 하였으나, 전쟁이 있은 이후 임상가들의 역할을 넓혀 주는 계기가 되었다.

련된다. 이 요인들의 효과는 면담자료의 가치를 확립하려고 노력하는 연구자에게 특별한 관심의 대상이다.

신뢰도

연구자들은 반복적인 면담 상황에서의 내담자의 반응 일관성을 평가함으로써 면담의 신뢰도를 연구했다. 이 절차는 검사-재검사 신뢰도(test-retest reliability)를 측정한다. 또한 동일한 내담자와의 면담에서 얻어 낸 추론들(평가치, 진단, 성격 특성 기술)에 대한 여러 명의 판단 일치 정도를 평가한다. 이 절차는 평정자 간 신뢰도(interrater reliability)를 측정한다.

특히 유용한 연구 전략은 녹화된 면담을 보고 여러 임상가가 평정하거나 다른 추론을 이끌어 내도록 하는 것이다. 이 접근은 DSM-IV 진단에 대한 임상가들 판단의 신뢰도를 확립하기 위해(Widiger, Frances, Pincus, Davis, & First, 1991), 교차문화적 면담에서 해석의 사용을 평가하기 위해(Wallin & Ahlström, 2006), 그리고 내담자의 치료 경과(Goins, Strauss, & Martin, 1995), 알츠하이머병의 심각도(Boothby, Mann, & Barker, 1995), 성폭력에 대한 아동 보고의 신뢰성(Anson, Golding, & Gully, 1993), 이민자와의 접수면담 후에 내담자-치료자 동맹의 질(Shechtman & Tsegahun, 2004) 등을 평가하기 위해 널리 사용되어 왔다.

예상대로 검사-재검사 신뢰도는 면담 사이의 간격이 짧을 때와 내담자가 연령이나 다른 인구통계학적 자료처럼 평이한 질문을 받을 때 높아지는 경향이 있다(예를 들어, Ross, Stowe, Wodak, & Gold, 1995). 검사-재검사 간격이 너무 길었을 때, 내담자가 어릴 때, 마약이나 성경험 또는 외상적 경험 같은 민감한 주제를 알아보고자 할 때는 신뢰도 계수가 낮게 나타나는 경향이 있다(Fallon & Schwab-Stone, 1994; Schwab-Stone, Fallon, & Briggs, 1994; Weiss, Najavits, Muenz, & Hufford, 1995).

물론 평이한 인구통계적 정보보다는 민감한 정보가 임상가의 주된 관심사다. 이러한 이유로 보다 민감한 주제에 관한 신뢰성 있는 정보를 얻기 위해서는 구조화된 면담이 더 선호된다. 무엇보다 구조화된 면담의 검사-재검사 신뢰도는 진단적인 목적이나 다른 목적을 위한 가장 민감한 부분의 질문을 할 때에도 .70 이상 높게 나타난다(예를 들어, Cohen & Vinson, 1995; Grant et al., 1995; Jane, Pagan, Turkheimer, Fiedler, & Oltmanns, 2006; Segal, Hersen, & Van Hasselt, 1994). 민감한 정보에 관한 결론은 비구조화 면담의 신뢰성이 더 낮은 경향이 있다(예를 들어, Rogers, 1995, 2001; Ruegg, Ekstrom, Dwight, & Golden, 1990; Steiner, Tebes, Sledge, & Walker, 1995). 평가자 간 신뢰도 역시 비구조화된 면담보다 구조화된 면담에서 더 높았다.

신뢰도는 도구를 표준화한 모집단에 따라 다르다. 다른 말로 하면, 한 집단(예를 들어, 영어를 사용하는 코카시안)에서 수용할 만한 신뢰도를 가진 면담방식은 아마도 다른 집단(예를 들어, 스페인어를 사용하는 히스패닉)에서는 수용할 만한 신뢰도를 갖지 못할 것이다. 연구자들은 특정한 도구를 다양한 집단에 적용하는 정도에 대해 연구한다. 그러므로 임상가는 민족적 · 문화적 배경이 다른 내담자에게 면담 형식이나 심리검사를 사용할 때 이러한 정보를 찾아봐야만 한다.

타당도

3장에서 언급했듯이, 타당도는 목표 영역의 관련 측면의 포함(내용타당도), 동일한 개념의 타당한 측정치를 사용한 면담 결과의 비교(동시타당도), 미래의 결과를 예측하는 면담자의 능력(예언타당도) 등과 같은 여러 방법으로 확립할 수 있다. 동시타당도와 예언타당도는 측정된 면담 결과에 대한 기준으로 외적 준거를 선택한다. 외적 준거는 '절대기준(gold standard)' 이라고 부르기도 한다(Komiti et al., 2001).

구조화된 진단적 면담은 처음 개발되었을 때 임상적 판단을 절대기준으로 하여 타당화되었다(예를 들어, Zetin & Glenn, 1999). 그러나 때로는 반대로 확립된 구조화된 면담을 절대기준으로 임상적 판단이 타당화된다(예를 들어, Komiti et al., 2001). 만일 면담이 때로는 임상적 판단을 기준으로 타당화되고 때로는 임상적 판단을 평가하기 위한 기준으로 사용된다면, 우리가 어떻게 면담을 평가할 수 있겠는가?

예언타당도에 대한 자료는 도움이 될 수 있다. 어떤 평가도구의 가치에 대한 높은 확신은 그 도구가 특정한 결과를 신뢰성 있게 예측할 때 정당화된다. 그래서 치료에 대한 내담자의 반응을 평가하도록 고안된 면담은 나중에 중도 탈락하는 내담자와 그렇지 않은 내담자를 분명하게 구별할 때 예언타당도를 증명할 수 있다. 평가도구가 개념적으로 유사한 지표들과 상관이 높을 때(수렴타당도), 또는 개념적으로 다른 현상의 측정치와 상관관계가 없을 때(변별타당도) 타당도는 더욱 증가한다. 예를 들어, 건강염려증에 대한 구조화된 면담에서의 점수는 반사회성 성격장애 측정치와 높은 상관을 나타내지 않아야 한다.

굉장히 많은 종류의 면담이 있기 때문에 면담의 타당도에 관해 한마디로 말하기는 어렵다. 한 저명한 연구자는 이에 대해 "면담은 다양한 목적과 다양한 기술을 가진 전문가에 의해 너무나도 많은 방식을 통해 사용되어 오고 있다. 이것이 면담의 가치에 대한 최종적인 판단을 내리기 힘들게 하는 이유다."(Garfield, 1974, p. 90)라고 했다. 그러나 일반적으로 가장 높은 타당도를 가진 면담 형식은 보다 구조화되어 있고, 〈표 4-3〉에 있는 것처럼 다양한 도구를 사용하여 교차 타당화된 것들이다.

마지막으로, 임상가들은 면담이 한 모집단에서 타당하다고 해서 다른 모집단에서도 타당할 것이라고 자동적으로 가정해서는 안 된다. 타당도는 면담의 기반이 된 집단표집으로 제한된다. 다시 말하지만, 임상가가 다른 문화와 민족 배경을 가진 사람을 면담할 때는 특별한 주의가 필요하다. 면담의 교차문화적 타당도는 각 면담 형식과 다양한 민족적/문화적 집단에 대한 경험적 연구에서 요구되는 경험적 질문이다.

면담자의 오류 및 편파

임상가는 면담의 타당도를 위협하는 요인에 주의를 기울여야 한다. 면담의 타당도에 대한 가장 명백한 위협은 내담자가 잘못 기억하거나 의도적으로 정보를 왜곡할 때 나타난다. 내담자가 정신지체이거나(예, Heal & Sigelman, 1995), 다양한 뇌질환으로 고통받고 있거나(예, West, Bondy, & Hutchinson, 1991), 행동문제, 마약, 성적 행동, 범법행위, 과거의 입원 경험 등에 대해 사실을 드러내기를 꺼리는 경우(예, Morrison, McCusker, Stoddard, & Bigelow, 1995; Williams, 1994) 등일 때 오류나 왜곡의 확률은 더욱 증가하게 된다. 또 다른 극단으로, 정신적으로 문제가 있는 것처럼 보이려는 동기를 가진 내담자는 정신장애의 징후를 만들어 낼 목적으로 부정확한 면담반응을 보이기도 한다. 이와 같은 꾀병을 간파하기 위한 특별한 면담법이 개발되었다(Rogers, Gillis, Dickens, & Bagby, 1991; 〈표 4-3〉 참조). 요약하면, 정신건강 전문가에게 특별한 인상으로 자신을 드러내고 싶어 하는 욕망—인상관리라 불리는(Braginsky, Braginsky, & Ring, 1969)—은 면담의 타당도를 손상시킬 수 있다.

특히 성가신 문제는 개인적인 편파가 면담 동안 내담자가 말하는 것에 대한 면담자의 지각, 추론과 결론의 색깔에 영향을 미칠 수 있는 가능성이다. 이러한 편파의 역할은 이미 70여 년 전부터 중요시되어 왔다. 당시 연구에서 '빈민가의 부랑자들'이 왜 가난하게 되었는지에 대한 사회사업자의 판단은 응답자들의 반응이 아닌 면담자의 개인적인 신념과 관련이 있음을 보여 주었다(Rice, 1929). 음주를 반대하는 면담자들은 가난의 원인을 음주로 보는 반면, 사회주의적 면담자들은 그들의 궁핍이 자본주의적인 경제 상황 때문이라 결론 내렸다. 비슷하게, 2장 '임상심리학의 과거와 현재'에서 논의하였던 것처럼 정신분석가와 행동주의 치료자는 면담 동안 내담자가 표현하는 문제행동에 대해 서로 다른 인과관계를 이끌어 내는 경향이 있다(Plous & Zimbardo, 1986). 실제로 면담에 기초한 정신과적 진단, 직업면담 결정, 의대 입학면담 등에서 면담 전에 면담자에게 피면담자에 대한 정보를 제공함으로써 편파를 갖게 할 수 있다(Dipboye, Stramler, & Fontenelle, 1984; Shaw, Martz, Lancaster, & Sade, 1995; Temerlin, 1968). 이는 임상가도 다른 사람들처럼 이미 가지고 있던 편파를 강화하는 정보를 찾고 기억하는 경향이 있다는 3장에서의 요점을 지지한다.

내담자 특성에 대한 편견은 면담자료에 대한 면담자의 해석에도 영향을 미칠 수 있다. 예를 들어, 한 대규모 연구에서 의학 및 정신건강 전문가들은 내담자들의 반응이 우울장애 진단준거를 충족함에도 불구하고 남성 내담자보다는 여성 내담자를 우울증으로 더 많이 진단하는 경향이 있었다(Potts, Burnam, & Wells, 1991). 그 외 정신건강 장면과 고용 장면 그리고 여러 다른 상황에서 실시되었던 연구들은 면담자의 판단이 내담자의 인종, 임상가의 이론적 지향, 심지어 임상가의 나이에 의해서도 영향을 받는다는 것을 보여 준다(Pottick, Kirk, Hsieh, & Tian, 2007; Singer & Eder, 1989; Tomlinson & Cheatham, 1989). 이러한 요인들의 효과는 면담에서 면담자가 개인적 편파의 잠재적 효과에 민감하도록 하는 수련 프로그램을 통하여 감소될 수 있다(Brown, 1990; Pottick, Kirk, Hsieh, & Tian, 2007; Sinacore-Guinn, 1995).

이 절의 요약 평가도구로서의 면담에 대한 연구는 모든 것을 충족시킬 수 있는 결론을 입증하지는 못했지만, 일반적으로 구조화된 면담은 비구조화된 면담보다 높은 신뢰도와 타당도를 가진다. 임상가는 그들의 면담 결과가 타당하다고 자동적으로 가정해서는 안 된다. 특히 다른 배경을 가진 사람들과 작업을 할 때 임상가는 면담의 한계에 대해 잘 인식하고 있어야 한다. 기본적으로 면담을 재능 있는 임상가에 의해 실현되는 일종의 예술로 보는 경향과 이 때문에 신뢰도와 타당도에 대한 과학적으로 정확한 검증을 하지 않는 것은 궁극적으로 평가도구로써의 면담을 이용하지 않게 되는 결과를 가져올 것이다.

관찰평가: 목표와 이득

이 절의 미리보기

관찰은 면담 동안 일어나므로 행동관찰에 대해 이야기할 필요가 있는 것 중 어떤 것은 이미 언급하였다. 그러나 면담과는 다른 보다 공식적인 관찰평가기법이 있다. 이러한 기법들은 특히 행동적 · 생태학적인 타당도의 상황적 결정요소에 관한 정보와 같은, 다른 방법으로는 불가능한 정보를 제공한다. 임상가는 병원, 학교, 가정, 그 외 다른 환경과 같은 실제 상황에서 자연스럽게 발생하는 내담자의 행동을 관찰할 수 있다. 또한 특정한 종류의 반응을 일으키거나 평가하기 위해 고안된 인위적인 상황에서 내담자를 평가할 수도 있다.

관찰평가체계의 목표는, 첫째 다른 방법으로는 불가능하였던 정보를 수집하고, 둘째 다차원적인 평가방법의 일부로서 다른 자료들을 보충하는 것이다. 예를 들어, 선생님과 제자가 서로 잘 지내지 못하는 이유에 대해 다른 보고를 하고 있다면(예를 들어, "그 아이는 엉망이야." "선생님은 짜증나요."), 교실 상황에서의 상호작용을 직접 관찰하면 비교적 덜 편파적으로 상황을 살펴보게 될 것이다. 다른 예로 각 개인이 할 수 있는 것이 무엇이고 무엇을 할 것인가에 대해 아는 것은 무척 중요한 일인데, 이는 관찰만으로 충분할 수 있다. 따라서 정신적으로 혼란스러운 내담자의 직장생활을 지속하는 능력이나 대중교통을 이용하는 능력, 일상생활에서의 요구에 대처하는 능력 등을 관찰하는 것이 얼마나 안정되었고, 퇴원하기를 바라는지에 대해 아는 것보다 가치 있는 것일 수 있다.

검사나 면담 동안 발생하는 내담자의 행동에 대한 일상적이고 일화적인 설명이 스펙트럼의 한쪽 끝에 해당된다. 외현적인 행동을 더욱 강조하는 임상가들은 적어도 두 가지 방식에서 일상적 관찰법을 개선하였다. 첫째는 행동을 관찰하고 수량화하는 보다 정확하고 체계적인 방법을 개발한 것이다. 둘째는 검사실이나 면담실 이외의 상황에서 관찰자료를 수집할 수 있음을 입증한 것이다. 이러한 개발을 통해 임상가와 연구자들 모두 다양한 장면에서 폭넓은 범위의 인간 행동을 과학적으로 관찰하는 것이 가능하게 되었다.

행동관찰의 장점

관찰자료를 수집하는 것은 힘들고 시간과 비용이 많이 소요되며, 또한 이런 종류의 평가가 가지고 있는 문제점 때문에 많은 임상가가 사용하기를 꺼리게 되었다(Mash & Foster, 2001). 보다 빠르고 집중적인 평가기법을 보상하는 사례관리 환경은 암묵적으로 임상가들이 행동관찰평가에 많은 시간을 쏟는 것을 단념하게 한다. 관찰평가를 옹호하는 사람들은 이러한 문제점에도 불구하고 관찰평가의 장점이 문제점보다 더 많다고 주장한다. 또한 그들은 임상가가 내담자의 기능을 완벽하게 파악하고자 할 때 관찰이 필수적인 이유를 제시하고 있다.

자기보고의 보충

면담과 몇몇 검사를 통해 수집된 자기보고는 부정확할 수 있다. 대부분의 사람이 특히 정서적인 사건과 관련되는 자기 자신의 행동에 대해 객관적이고 냉정한 보고를 한다는 것은 매우 어려운 일이다. 예를 들어, 스트레스를 경험하고 있는 커플이 자신들의 행동에 대해, 특히 논쟁 중에 일어났던 행동에 대해 정확하고 객관적으로 기술할지는 의문이다. 치매 환자의 경우처럼 본인들이 최선을 다해 보고하고자 하지만 정확한 자기보고가 어려울 수도 있다(Larner, 2005). 이러한 경우 관찰자료가 더욱 타당한 정보를 제공하게 될 것이다(Gottman & Levenson, 1992; Smallwood, Irvine, Coulter, & Connery, 2001).

어떤 경우 내담자들은 (특히 자신의 행동에 대해 긍정적으로 보이고자 할 때) 의도적으로 자신의 보고를 왜곡하게 된다. 이러한 왜곡된 보고는 흡연, 마약, 알코올 등의 치료 프로그램에 참여하는 사람들에게서 흔히 볼 수 있다. 이것이 자기보고에 가족구성원들의 관찰보고와 보충과 생물학적 측정이 보완되어야만 하는 이유다. MMPI-2와 같은 성격검사에서의 의도적인 왜곡은 너무나도 널리 알려져 있어서 내담자들이 정직하게 반응하지 않았을 때 그것을 찾아내기 위한 특별한 지표가 마련되어 있기도 하다(Berry, Baer, & Harris, 1991; Storm & Graham, 2000; 5장 참조). 행동관찰은 자기보고의 오류를 수정하는 데 도움이 된다.

행동의 상황적 결정요인에 대한 강조

대다수의 전통적인 평가는 면담과 검사에서의 반응이 내담자의 성격과 문제를 이해하는 데 유용하다고 가정한다. 왜냐하면 이러한 반응은 행동을 통제하는 전반적인 특질을 반영하기 때문이다. 이러한 입장을 취하는 임상가들은 행동관찰을 보다 기초적인 것으로 보며 관찰이 불가능한 개념의 징후로 본다. 반면에 행동적 또는 인지-행동적 입장을 취하는 임상가들은 행동관찰 자료를 중요한 개인과 상황 사이의 상호작용을 이해하는 데 도움이 되는 행동의 한 표집으로 여기는 경향이 있다. 그들은 다양한 상황에서, 그리고 상대적으로 장기간 동안 안정적이라고 가정되는 가설적인 성격 특성이나 문제에 대해서는 보다 덜 추론하는 것 같다. 행동관찰을 통한 기능분석은 임상가로 하여금 징후 지향적 검사 및 면담 접근과 연결된 상대적으로 높은 수준의 추론을 피하도록 한다. 행동관찰 절차는 내담자에 대한 부정확한 추론 등을 이끌어 내는 것을 최소화함으로써 '정확한 사실'을 수집하도록 고안되었다. 행동관찰은 문제행동이 가장 잘 일어나는 상황, 행동을 촉발하기 쉬운 상황 자극, 원하지 않는 행동을 유지시키는 데 기여하는 강화물 등을 파악할 수 있게 한다(Patterson, 1982). 전통적인 검사법과 면담은 이러한 종류의 기능분석이 가능하지 않았다(Cairns & Greene, 1979).

생태학적 타당도의 증진

행동관찰 평가를 지지하는 사람들은 행동관찰의 경우 내담자들이 실제로 생활하고 있는 물리적이고 사회적인 환경에서 관찰하기 때문에 각 개인의 성향이나 문제점들을 가장 분명하게 나타낸다고 주장한다. 이처럼 행동관찰은 생태학적인 타당도뿐 아니라 주위의 상황적인 세부사항들을 제공함으로써 가정, 학교와 직장에서 보다 쉽게 적용할 수 있는 치료 프로그램을 설계하는 데에도 도움이 된다. 이러한 고객 맞춤식 개입은 치료의 성공 기회를 더 증가시킬 수 있다. 이 장의 뒷부분에서 생태학적인 타당도에 대한 주제를 다시 언급할 것이다.

이 절의 요약 내담자의 행동관찰은 시간이 소요되지만 자기보고를 보충하거나 수정할 수 있고, 행동의 상황적 결정요인을 밝혀내며, 생태학적 타당도를 확보할 수 있는 장점이 있다.

행동관찰 평가: 접근들

이 절의 미리보기

행동관찰 평가는 자연관찰법과 통제관찰법의 2개 기본 유형으로 나뉜다. 전자는 가정, 학교, 병원, 쇼핑몰, 여객기 등과 같이 행동이 자연스럽게 일어나는 환경에서 내담자의 행동을 관찰하는 것을 포함한다. 통제된 행동관찰은 임상적으로 관심 있는 행동을 유발시킬 목적으로 내담자를 구조화된 상황에 두는 것을 포함한다. 예를 들어, 여객기 상황, 직업 인터뷰 또는 그 외 다른 시나리오 역할극, 컴퓨터로 조절되는 가상현실 환경 등이다. 모든 행동관찰 평가에서 임상가는 주의를 기울일 특정 행동을 선택해야 하고, 행동관찰을 기록하는 체계를 가지고 있어야 한다. 그리고 이상적인 경우 기록체계는 행동관찰의 정확도를 손상시킬 수 있는 편견과 오류를 제한할 수 있다.

행동관찰법은 '행동의 선택, 유발, 기록, 부호화' 로 정의된다(Weick, 1968). 이러한 정의는 거의 모든 유형의 행동관찰체계의 기본 요소를 강조한다. 관찰자는 우선 주의를 기울일 사람, 행동의 분류, 사건, 상황 또는 시간대 등을 선택한다. 둘째, 관심 있는 행동이나 상황을 유발할지(예를 들어, 인위적으로 야기할지) 또는 발생할 때까지 기다릴지를 결정한다. 셋째, 계획은 관찰자의 기억, 기록지, 녹음이나 녹화, 생리적 모니터링 시스템, 타이머, 계수기 또는 다른 도구들을 이용한 행동관찰 기록으로 이루어진다. 마지막으로 관찰한 원자료를 사용 가능한 형태로 부호화할 수 있는 체계가 개발되어야 한다. 부호화는 종종 어떤 행동관찰에서든 가장 어려운 측면이다.

행동관찰의 다양한 방법을 조직화하는 한 방식은 관찰자에 의한 영향 혹은 통제 수준의 측면이다. 행동관찰법의 한쪽 극단은 자연관찰법(naturalistic observation)으로, 평가자가 자연스러운 환경(예를 들어, 가정이나 학교)에서 발생하는 행동을 살피는 것이다. 통제관찰법(controlled observation)은 반대쪽 극단으로, 임상가나 연구자가 행동을 관찰하기 위해 특별한 상황을 설정하는 것이다. 이 두 극단 사이에 특정한 평가적 요구를 다루기 위해 둘의 요소를 혼합한 많은 접근이 있다. 어떤 평가 상황에서는 관찰 대상인 내담자가 관찰자를 볼 수도 있고, 심지어 상호작용(예를 들어, 부모가 아이의 행동을 기록해야 하는 상황)을 할 수도 있는 참여자가 되기도 한다. 비참여 관찰은 대부분의 경우 내담자가 관찰이 이루어지고 있다는 것은 알고 있지만 관찰자를 볼 수는 없다. 이에 대한 보다 광범위한 내용은 많은 자료에서 찾아볼 수 있다(예를 들어, Bellack & Hersen, 1998; Eid & Denier, 2005; Miller & Leffard, 2007; Haynes & O' Brien, 2000; Repp & Horner, 2000).

자연관찰법

집, 학교, 직장과 같은 자연적 환경은 내담자의 행동을 이해하는 데 사실적이고 타당한 배경과 행동에 영향을 미치는 요인 등을 제공한다. 덧붙여 자연관찰법은 평가자에게 특정한 인상을 주기 위한 내담자 자의식이나 동기에 의해 왜곡된 행동이 아닌 생생한 행동의 묘사를 얻을 수 있는 섬세한 방식으로 시행할 수 있다. 자연관찰법은 성격 특성(Santostefano, 1962), 지능(Lambert, Cox, & Hartsough, 1970), 사회적인 목표(Brown, Odom, & Holcombe, 1996), 인지발달(Schweinhart, McNair, Barnes, & Larner, 1993) 등을 추론하는 데 사용되어 왔다. 그러나 기본 핵심은 섭식장애, 침입적 사고, 사회적 상호작용 부적응, 정신병적 행동 등에서 수업 방해나 혼란 같은 문제에 이르기까지 임상가에게 해결이 요청되는 모든 문제의 특성과 변화를 평가하는 것이다(Haynes, 1990).

참여관찰자에 의한 관찰법

자연관찰법의 고전적 사례는 과학자가 그 집단구성원들의 특징과 행동 양상을 관찰하기 위해 부족이나 하위문화 또는 그 외 사회적 공동체에 직접 참여하는 인류학의 현장연구다(예를 들어, Mead, 1928; Williams, 1967). 이러한 경우 관찰자는 기간 내의 모든 장면의 참여자이며, 행동관찰은 이후에 '민족지학(ethnography)'이라 불리는 구체적인 보고서인 일화적 기록으로 저장된다.

임상적 자연관찰법의 초기 형태에서는 관찰된 특정 행동이 의미하는 바가 무엇인지, 어떤 행동은 기록하고 어떤 행동은 기록하지 말아야 할지 등에 대해 관찰자가 결정하고 추론하도록 요구하였다. 그 결과, 자연관찰법의 관찰자 간 신뢰도는 낮았다. 크론바흐(Cronbach, 1960, p. 535)는 이러한 문제를 "관찰자는 자신이 본 것을 해석한다. 해석할 때 해석에 맞지 않는 것들은 간과해 버리는 경향이 있으며, 심지어는 해석된 사건을 완전하게 하기 위해 사실들을 조작하기도 한다."라고 요약하였다. [그림 4-1]은 동일한 내담자에 대한 관찰이 얼마나 다를 수 있는가를 보여 준다.

임상적인 자연관찰법의 일화적 보고서를 개선하기 위한 다양한 형태의 시도가 있었다. 내담자의 행동에 대한 비체계적인 보고를 줄이기 위해 대부분의 현대 행동관찰 도식들은 특정 행동에 대한 관찰자의 주의에 초점을 맞춘다. 이러한 행동의 빈도와 강도를 체크리스트나 평가척도에 기록한다. 행동관찰이 보다 구체적이 될수록 관찰자 판단에 대한 요구는 적어진다(예를 들어, '다른 아동을 손으로 물리적으로 쳤다'는 '폭력'보다 더 구체적이다). 관찰자들은 가능한 한 평가자 간 신뢰도를 높이기 위해 이와 같은 방법을 사용하도록 지속적으로 수련받는다.

비침입적인 방법

자연관찰법의 다른 방법은 행동의 부가적인 결과물들을 조사하는 것이다. 예를 들어, 학교 성적, 체포 이력, 법정기록 등은 비행청소년과 성인 범법자들의 치료 효과를 평가하는 데 사용되어 왔다(Davidson, Redner, Blakely, Mitchell, & Emshoff, 1987; Rice, 1997). 학업성적에서의 점수 변화는 시험불안의 호전을 의미하는 지표로 간주된다(Allen, 1971). 또한 제도적인 또는 행동-결과적인 측정이라 불리는 생활기록표(Haynes, 1990; Maisto & Maisto, 1983) 역시 실제로는 비반응적(nonreactive) 또는 비침입적(unobtrusive) 측정이라 불리는 광범위한 행동관찰법의 하나다. 이는 관찰과정에서 수정되지 않은 인간의 행동을 이해하기 위해 임상심리학자와 행동과학자들이 사용한다(Webb, Campbell, Schwartz, & Sechrest, 1966 참조).

관찰자 A. (2) 로버트는 손가락을 이용하여 한 구절 한 구절 책을 읽고 있다. (4) 상자에 상당한 관심을 보이고 있는 소녀가 관찰된다. (5) 노래하는 동안 이 아이는 적극적으로 참여하지는 않는다. 다른 곳에서 일어나는 일에 관심이 있다. 율동이 포함된 노래 부분에서 가장 적극적으로 반응하는 것 같다. 겉으로 보기에는 의미 없는 움직임인 것 같다. 아무 의미 없이 양팔을 내밀고 손가락을 잡아당기고 있다.

관찰자 B. (2) 입구 쪽에 있는 사진기를 쳐다보고 있다(어찌할 바를 몰라 하는 것 같기도 하고 관심 있어 하는 것 같기도 하다.). (2) 책을 읽는다(관심이 많아 보이고 매우 유창하게 읽는 것 같다.). (3) 여자아이와 아주 활동적으로 놀고 있다. (4) (고의는 아니겠지만) 한 여자아이가 발로 차고, 남자아이는 이에 반응했다(화난 것 같다.). (5) 노래 부르는 시간에는 여자아이가 남자아이 옆에 앉아 함께 이야기했다. 노래도 불렀다(이때는 열심히 하는 것 같았다.). 다른 아이들과는 전혀 노래를 부르지 않았다. (6) 게임을 하면서 다른 아이와 싸우게 되었다(아이는 자신이 맞다고 주장하는 것 같았다.). 또 다른 남자아이에 대한 공격적인 행동. 선생님이 다른 아이들과 이야기 하는 동안 주머니를 뒤집었다. (7) 도움 없이 혼자 오버슈즈를 신는다. 사다리 받침대를 기어 올라갔다. 여자아이가 가지고 있는 사다리 받침대를 가지고 오려고 했으나 여자아이가 주지 않자 다른 것을 가지고 놀았다.

관찰자 C. (1) 사진기를 보고 웃는다(호기심 있어 보임). 무리가 분산되어 버리자 남자아이는 팔을 휘두르는 등 신경질적인 모습이다. (2) 독서수업에 집중하고 있다. 인상을 찌푸리며 심각한 표정으로 책을 읽고 있다. (3) 여자아이를 쫓아간다. 괴롭힌다. (4) 남자아이가 여자아이의 다리를 잡았을 때 발로 걷어찬다. 로버트는 얼굴을 찌푸린다. (5) 노래를 부른다. 입을 벌리고 앉아 있으며, 서로 무릎을 두드리며 다리를 긁기도 하고 입에 손가락을 집어 넣는다(정서적으로 긴장하거나 수줍음을 타는 것 같지는 않으나, 나쁜 습관을 지니고 있는 것 같다.). (6) 열띤 논쟁 중에 남자아이는 자신이 맞다고 주장한다. (7) 아이는 정글짐에 있는 받침대를 원했기 때문에 싸움은 짧게 끝났다.

관찰자 D. (2) 조용하게 글자를 하나씩 따라가면서 천천히 책을 읽는다(아마도 자기 자신에 대한 불확실성과 실수하는 것에 대한 두려움이 있는 것 같다.). (3) 다른 곳으로 움직이는 동안 어린아이가 밀었다는 것에 대해 약간 공격적으로 대하는 것 같다. 재미있게 놀고 웃고 뛰어다니며 노는 것을 특히 여자아이들과 많이 하는 것 같다. 이것은 게임할 때와 노래 부르는 경우에 더욱 두드러진다. (5) 노래 부르는 것에는 별 관심을 보이지 않고 계속해서 손과 발을 움직인다(아마도 수줍어하거나 불안해하는 것 같다.). 노래하는 것에는 별로 익숙지 않아 보이며, 꼼지락거리고 몸을 비비 꼬는 행동이 주의를 더욱 분산시키는 것 같다. 합창을 하게 될 때까지도 관심을 보이지 않았다. 그 아이가 항상 한 여자아이 옆에 앉아 있는 것을 볼 때 이 여자아이를 특별하게 생각하는 것 같다.

[그림 4-1] 동일한 내담자에 대한 4개의 관찰 결과

10분간의 동영상을 4명의 관찰자들이 관찰하고 표시한 장면과 추론이 다르다는 점을 주목할 필요가 있다. 이 내담자는 로버트라는 남자아이이며, 교실과 운동장에 있는 모습을 보여 주었다. (관찰자들은 추론이나 해석을 할 때 괄호를 사용하도록 지시받았다. 제시된 숫자는 동영상의 장면을 의미하며 비교를 용이하게 하고자 포함시켰다.)

출처: *Essentials of Psychological Testing* (5th ed., pp. 534-535) by Lee J. Cronbach. Copyright 1949. copyright 1984 by Harper and Row, Publishers, Inc. Copyright 1960, 1970, 1990 by Lee J. Cronbach.

임상연구에서 비침입적 측정법은 문제행동의 원인에 관한 이론을 검증하는 데 사용할 수 있다. 비침입적 측정법을 창의적으로 사용한 예는 정신분열증의 전조 증상을 알아보기 위해 요즘 대부분의 가정에서 아이들의 성장 비디오를 찍는 점을 이용한 연구에서 볼 수 있다(Walker, Grimes, Davis, & Smith, 1993). 이 연구에서 훈련된 관찰자들은 후에 정신분열증으로 발전한 사람과 그렇지 않은 동성 형제의 아동기 비디오테이프를 분석하였다. 그 결과, 진단을 받기 이미 오래전부터 정신분열증 환자들은 부정적인 얼굴 표정이 다른 아이들에 비해 유의미하게 더 많았던 것으로 나타났다(몇몇 차이는 아이가 4세 이전부터 나타났다).

다음 절에서는 완전히 비침입적인 방식은 아니지만, 내담자 그리고 최소한의 침입적인 방식으로 관찰하는 것 둘 다에 익숙한 사람이 특정 범주 행동의 빈도와 강도, 지속기간, 형태 등을 기록하는 자연관찰법에 대해 살펴본다. 모든 행동관찰에서 중요 목표는 관찰자의 편파를 줄이는 것이다(Haro et al., 2006).

병원관찰법

입원환자들에 대한 행동관찰은 그들에 대한 평가에서 중요한 요소다. 입원환자를 위한 다차원적 정신과 척도(Inpatient Multidimensional Psychiatric Scale: IMPS; Lorr, McNair, & Klett, 1966)가 병동 치료진이 사용하는 병원관찰법의 가장 좋은 예다. IMPS는 75문항으로 이루어져 있으며, 관찰자가 5점 혹은 9점 척도로 평가하거나 '예/아니요'로 반응하게 되어 있다. 이 자료는 흥분, 적대적 호전성, 망상적 투사, 과대망상, 지남력 상실, 개념적 와해 등의 차원으로 점수화된다. 그리고 점수들은 관찰된 내담자를 묘사하는 프로파일로 그려진다. 이와 같은 관찰법 중 최근의 것으로는 RAPP(Routine Assessment of Patient Progress; Ehmann et al., 1995)가 있다.

병원과 클리닉은 면담과 그 외 평가 수행을 배우고 있는 수련생들의 기술 향상을 관찰할 수 있는 좋은 장소다. 수련감독자는 나중에는 이러한 절차의 수행을 필요로 하게 될 수련 중인 심리학자, 인턴 의사 등의 행동을 관찰한다. 이러한 행동관찰은 수련의 핵심적인 부분이다. 그러나 다른 행동관찰과 마찬가지로 수련감독자는 수련생에게 유용하고 비편파적인 피드백을 주기 위해 구체적인 행동에 대한 측정을 분명하게 해야 한다(Holmboe, 2004).

학교관찰법

임상적 및 교육적 목적을 위해 아이들의 행동을 관찰하고자 하는 욕구는 학교, 운동장

그리고 유사한 환경에서 사용하기 위한 수많은 관찰법을 만들어 내기에 이르렀다(Nock & Kurtz, 2005; Ollendick & Greene, 1990). 비주 등(Sidney Bijou, Bijou, Peterson & Ault, 1968)과 오리어리 등(Daniel O'Leary, O'Leary, & Becker, 1967)에 의해 고안된 기록 및 부호화 체계가 시간표집 관찰 동안 아이들과 어른들의 행동을 표현하는 기호로 사용된다. 이러한 유형의 다른 관찰체계와 마찬가지로, 수집된 자료는 양적인 형태로 요약할 수 있다. 이 경우 아이들이 과제를 하고, 자리에서 벗어나고, 다른 아동들과 이야기를 하는 데 얼마나 많은 시간을 보냈는지를 요약하여 백분율로 계산할 수 있다. 교실관찰법은 한 명의 아이 그리고 그 아이와 상호작용하는 아이들에 초점을 맞출 수도 있으며, 관찰자가 몇 명의 대상 아동의 행동이나 심지어 반 전체에 대해 차례로 평가할 수도 있다(Milich & Fitzgerald, 1985). 11장 '아동 임상심리학'에서 아동의 행동관찰 평가와 이러한 목적을 위해 고안된 도구들에 관해 좀 더 다룰 것이다.

가정관찰법

행동관찰은 또한 내담자의 가정에서 임상적으로 관련된 행동을 측정하기 위해 사용하기도 한다. 다른 영역의 사례처럼 초기의 가정기반 임상적 관찰에서는 더 많은 추론과 비체계적인 표적행동 선택을 하였다(예, Ackerman, 1958). 현재는 보다 신뢰성 있는 가정 행동관찰 체계가 개발되었다. 그중의 최초는 패터슨 등(Gerald Patterson, Patterson, Ray, Shaw, & Cobb, 1969)이 고안한 것으로, 품행장애 아동의 가정에서 사용하기 위한 것이다. 동의를 얻은 후, 패터슨은 훈련받은 관찰자들을 저녁식사 전까지 매일 각 1~2시간 정도를 내담자의 생활 공간에 며칠 동안 배치하였다. 관찰자는 가족들과의 직접적인 상호작용을 피하였으며, 가족구성원 각각의 행동뿐만 아니라 내담자와 상호작용하는 가족구성원들의 행동까지 기록하기 위해 패터슨의 가족 상호작용 부호화 체계(Family Interaction Coding System)에 집중하였다. 그렇게 함으로써 표적 아동의 부적절한 행동뿐만 아니라 그 행동의 선행자극과 결과에 대해서도 기록하는 것이 가능하였다(Patterson, 1982). 최근에 재슬로와 동료들(Zaslow et al., 2006)은 학령 전 아동의 행동관찰과 아동의 행동에 대한 어머니들의 보고를 수집하였다. 연구자들은 4년 뒤 아동의 행동에 대한 예측에 있어서 행동관찰 측정이 어머니들의 보고보다 더 나은 예측력이 있음을 발견했다.

주위 사람에 의한 관찰법

지금까지 설명한 여러 자연관찰 체계는 참여관찰법이든 비참여관찰법이든 체계적인 훈련을 받은 관찰자가 실시한다. 일부 연구자들은 관찰행동에 우연한 영향을 미치지 않으면서 외부인의 작업이 가능한지에 대해 의문을 제기한다. 그래서 어떤 행동관찰법은 내담자의 일상세계에 속하는 사람이 수행한다. 한 예가 CBCL(Child Behavior Checklist; Achenbach & Rescorla, 2001)이다. CBCL은 소아, 청소년의 문제행동을 평가하는 데 관심 있는 임상가들에게 인기 있는 도구들 중 하나다. 그 명칭이 암시하듯이, 이 도구는 부모가 작성하는 체크리스트다. 또 다른 예는 앞에서 언급했던, 간호사나 병동 스태프가 수집한 자료에 의존하는 IMPS다.

임상적인 목적으로 성인의 행동을 관찰하기 위해 가까운 사람을 관찰자로 하는 것은 많이 사용되고 있지는 않으나 널리 알려진 방법이다. 예를 들어, 내담자의 금연을 돕기 위해 임상가는 가족구성원이나 친구들에게 성공과 실패 여부에 대한 정확한 보고를 요청할 수 있다(예, Mermelstein, Lichtenstein, & McIntyre, 1983). 또한 알코올리즘(예, Frank et al., 2005), 성행동(예, Rosen & Kopel, 1977), 배우자와의 상호작용(Johnson, 2002; Jouriles & O'Leary, 1985) 및 그 외 여러 성인 행동을 평가하는 데도 이와 같은 보고를 요청할 수 있다(Margolin, Michelli, & Jacobson, 1988).

자기관찰법

자기관찰법은 내담자에게 운동, 두통, 즐거운 생각, 머리카락 잡아당기기, 흡연, 식습관, 스트레스, 수면장애, 불안장애, 건강촉진 행동 등과 같은 사건의 빈도, 위치, 지속시간 또는 강도 등에 대해 기록하게 한다. 내담자와 치료자는 표적행동에 대해 합의하고, 내담자는 언제 그러한 행동이 일어났는지에 대한 일지와 사례, 행동이 발생했을 때의 상태, 종종 사례와 연관된 생각 등에 대한 기록을 지속한다. 불행히도, 약물 사용과 같은 사건에 대한 자기관찰은 축소 혹은 확대 보고될 수 있다(Clark & Winters, 2002).

통제된 관찰법

자연적 관찰법은 대부분 통제되지 않은 상황에서 발생하기 때문에 예상치 못한 사건에 의해 평가가 방해받을 수 있다. 예를 들어, 내담자가 관찰자의 시야에서 벗어나거나 또는 스트레스를 다루는 데 있어 다른 사람의 도움을 받을 수도 있다. 내담자는 다른 사람의 도움을 받지 않고 어떻게 반응할 것인가? 자연관찰법의 또 다른 한계점은 드물게 일어나는 사건(예, 가족불화)을 오랫동안 기다려야 한다는 것이다.

자연관찰법과 관련된 어려움을 다루는 한 가지 방법은 미리 계획되고 표준화된 사건에 대한 내담자의 반응을 관찰할 수 있는 특정 상황을 구성하는 것이다. 이와 같은 방법은 5장에서 기술된 심리검사를 행할 때와 마찬가지로 임상가가 평가자극을 통제하기 때문에 흔히 통제된 행동관찰법(controlled observation)이라 부른다. 또한 유사행동관찰법(Analogue Behavior Observation: ABO), 상황검사법(situation tests), 인위적 관찰법(contrived observations)이라 부르기도 한다.

제2차 세계대전 동안 군 소속의 심리학자들은 행동역량뿐 아니라 성격 특성을 파악하기 위해 통제된 관찰법을 개발하였다. 예를 들어, 조작 스트레스 검사(Operational Stress Test)에서 예비 조종사들은 항공기 모의조종 장치를 직접 조종하도록 지시받았다. 조종사들은 검사자가 부정적인 피드백(예를 들어, "당신은 실수가 너무 많군요."; Melton, 1947)과 함께 점점 더 복잡한 지시를 내림으로써 의도적으로 좌절감을 느끼게 했다는 것을 알지 못했다. 검사 동안 평가자는 비판과 스트레스에 대한 조종사들의 반응을 평가하였으며, 이와 같은 평가치들은 모의조종기술에 대한 객관적인 자료로 이용하였다.

전략사무국(Office of Strategic Services: OSS, CIA의 전신; 1948)은 예비 첩보원과 특수요원들의 진취성, 우월성, 협동심, 집단 리더십 등과 같은 특성을 추론하기 위해 행동관찰 평가를 사용했다. 지원자들은 팅커 토이(Tinker Toy) 세트와 같은 거대한 나무 기둥과 토막들을 이용하여 5피트 높이의 주사위 모양 틀을 만들도록 하였고, 버스터(Buster)와 키피(Kippy)라는 두 명의 '조교'(실제로는 심리학자)가 배정되었다. 키피는 수동적이고 게으른 태도를 보였으며, 구체적으로 지시하지 않으면 아무것도 하지 않고 서 있기만 하였으며 종종 방해가 되었다. 한편, 버스터는 공격적이고, 도움이 되지 않는 제안을 하며, 불만에 차 있고, 지원자의 약점을 추측하여 비난하였다. 이는 10분 안에 지원자에게 가능한 많은 방해물과 성가심을 제공하는 기능을 한다. 이와 같은 상황이 되면, 지원자를 좌절시켜 주어진 시간 내에 구조물을 완성하는 것은 불가능하게 된다(OSS, 1948). 제2차 세계대전 이후로는 좀 더 완화된 버전의 OSS 상황검사법이 요원 선발에 사용되고 있다.

수행측정

최근의 임상장면이나 연구장면에서 통제관찰법은 다양한 형태를 취하고 있다. 일부 사례에서 '통제'는 내담자—일반적으로 커플, 가족 또는 부모와 자녀—가 진료실이나 실험실에 직접 찾아오도록 하며, 문제를 해결하기 위한 토론이나 시도를 하게 된다. 수행에 대한 통제된 관찰에서 임상가는 임상적으로 관련된 상황에 직면했을 때의 내담자를 관찰한다. 예를 들어, 부부상담에서 치료자가 이후의 분석을 위해 행동관찰을 기록하거나 비디오 녹화를 할 때는 그들이 갈등을 겪는 영역에 대해 이야기하도록 요청한다(Heyman, 2001). 체중감량 프로그램에서는 통제된 환경에서 식사나 간식을 먹는 동안 개인의 식사 형태(양, 속도, 선호)가 기록될 것이다(Spiegel, Wadden, & Foster, 1991). 알코올리즘과 비중독 음주자는 특별히 구성된 칵테일 라운지나 병원 내의 거실에서 관찰할 수 있다(Collins, Park, & Marlatt, 1985).

예를 들어, 감정 부호화 체계(Specific Affect Coding System: SPAFF; Gottman & Krokoff, 1989) 같은 행동관찰 부호화 체계는 부부의 특정한 종류의 긍정적 정서(애정, 유머, 흥미, 기대, 흥분)와 부정적 정서(분노/경멸, 혐오, 흐느낌, 슬픔, 공포/불안)를 평가하는 데 사용된다는 것을 고려해 보자. 존슨(Johnson, 2002)은 SPAFF의 자료를 다른 부호화 체계의 자료와 비교했는데, 분노/경멸과 유머/애정은 결혼 만족도와 가장 강하게 연관된 정서였다(슬픔, 공포, 불안은 결혼생활 적응과 약한 연관이 있을 뿐이었다). 임상가들은 특정한 상호작용을 증진하도록 초점을 맞춤으로써 결혼생활을 발전시키고자 하는 부부를 돕는 데 이러한 연구 결과를 사용할 수 있다.

역할극 검사법

때때로 심리학자들은 내담자가 자신의 특징적인 행동을 역할연기(role-playing)하도록 하는 가상 상황을 연출하기도 한다. 역할극은 오랜 세월 동안 임상가들에게 지지되어 왔으며(예, Borgata, 1955), 집단치료, 정신역동치료와 인본주의적 치료의 초석 역할을 해 왔다(예, Moreno, 1946; Perls, 1969). 하지만 1960년대 말이 되어서야 역할극은 체계적 임상 평가의 한 부분이 되었다. 그 후로 역할극 검사는 아동의 사회기술과 안전기술(Harbeck, Peterson, & Starr, 1992), 부모-자녀관계(Corniero, Corboz-Warney, & Fivaz-Depeursinge, 2006; Jouriles & Farris, 1992), 우울행동(Bellack, Hersen, & Himmelhoch, 1983), 사회불안이 있는 내담자나 만성 정신장애자의 사회적응과 대화기술(Dilk & Bond, 1996; Norton & Hope, 2001) 등을 관찰하는 공인된 구성 요소가 되었다. 대부분의 역할극에서 내담자의 행동은 녹화되며, 그다음에 내용의 적절성, 허락과 거절에 대한 자기표현 수준, 불안, 잠재반응, 반응의 지속시간, 언어 유창성, 자세, 눈 맞춤, 시선, 손짓, 머리 움직임, 목소리 등의 다양한 준거에 기초하여 관찰자가 평정하게 된다.

예를 들어, 확장된 상호작용검사(Extended Interaction Test: EIT)에서는 점진적으로 비합리적인 요구의 수위가 높아지는 녹화물을 보여 줌으로써 내담자의 자기주장기술에 대한 문제점을 평가한다(McFall & Lillesand, 1971). 다음은 EIT에서 발췌한 내용들이다.

해설자: 당신은 지금 금요일 오후에 있을 시험으로 인해 공부를 해야 한다는 압박감을 느끼고 있습니다. 이제 당신은 책상에 앉아 공부를 하고 있습니다. 이때 친한 친구

가 다가와 말을 건넵니다. "안녕, 저기 말이야. 방금 전에 부모님이 전화를 하셨는데 비행기표를 구입해 놓으셨대. 그래서 이번 주에 비행기를 타고 집에 갈 수 있게 됐어. 대단하지 않니? 그런데 문제는 금요일 오전 수업을 빠져야 하는데 그 수업의 내용을 놓치고 싶지 않다는 거야. 하지만 수업에 들어가는 것은 힘들 것 같아. 그러니까 네가 내 대신 수업에 들어가 주면 안 될까? 네가 수업에 들어가서 노트필기까지 해 준다면 아주아주 고마울 것 같은데……. 그렇게 해 줄 수 있겠어?"

만일 참여자가 거절한다면 다음의 내용들이 계속된다.

내 생각에도 그렇게 해 주기 바랐던 것은 좀 무리인 거 같아. 하지만 아이구, 집에 갈 준비를 마치려면 해야 할 일들이 너무 많은데……. 주위에 도움을 요청할 만한 시간도 없고. 그러니까 네가 이번 한 번만 대신 해 주면 안 될까?

만일 참여자가 거절한다면 다음의 내용들이 계속된다.

곤경에 처해 있는 친구를 도와주지 않는다면 너는 친구가 뭐라고 생각하니? 네가 나한테 그런 부탁을 했다면 난 너를 위해 그렇게 해 주었을 거야. 무슨 말인지 알지, 해 줄 거지?

만일 참여자가 거절한다면 다음의 내용들이 계속된다.

네가 내 부탁을 들어줄 거라고 기대하지는 않았어. 하지만 난 가족들한테 다시 전화를 걸어 못 갈 것 같다는 말을 하고 싶지 않아. 1시간만이라도 나를 도와줄 수는 없겠니?

만일 참여자가 거절한다면 (비꼬는 투로) 다음의 내용들이 계속된다.

그래. 나도 네 소중한 시간을 뺏고 싶지는 않아. 하지만 이것만 확실히 말해 줘. 나를 도와줄 거니, 아니면 가족들한테 못 간다고 전화를 걸까?

아마도 여러 차례의 부탁을 잘 견뎌내는 사람은 한 번 거절 후 두 번째 요구에 승낙한 사람에 비해 좀 더 주장적인 것 같다.

단계적인 자연적 사건이라 불리는 세 번째 방법이 종종 사용되고 있다. 이 방법은 자연스럽게 느껴지도록 꾸며진 (통제된) 상황에서 내담자의 행동을 관찰하는 것이다 (Gottman, Markman, & Notarius, 1977). 예를 들어, 정신과 입원환자의 사회기술을 측정하기 위해 사용되는 비침입적 역할극 검사법을 예로 들어 보자(Goldsmith & McFall, 1975). 이 검사법에서 내담자는 낯선 사람(실제로는 임상가의 조교)과 만나 대화를 해 보도록 지시받는다. 이 낯선 사람은 내담자가 다음과 같은 세 번의 '결정적인 순간'에 맞닥뜨리도록 교육받았다. 즉, 내담자의 이름에 주의를 기울이지 않는다, 다음에도 충분히 가능하다는 핑계를 대며 점심식사 초대에 응하지 않는다. 대화 중 잠깐 중단될 때 먼저 "네 얘기 좀 해 줄래?" 라고 말하지 않는다. 비슷한 인위적인 상황—인형을 가지고 예상되는 부모를 재현하고, 어떤 상황에서 역할극을 하도록 지시하거나 부모에게 아동의 버릇없는 행동사건의 비디오테이프를 보면서 반응하도록 하는 등—이 내담자의 양육방식(Carniero, Carboz–Warney, & Fivaz–Depeusinge, 2006; Hawes & Dadds, 2006)과 대학생들의 사회적 상호작용(Kern, 1982)을 평가하는 데 사용되고 있다.

물론 속임수를 사용하거나 내담자의 프라이버시를 침해하는 관찰법은 내담자의 복지 및 존엄성을 유지시키고 내담자를 보호할 수 있도록 구성되어야 한다. 비침입적인 통제된 행동관찰법을 지지하는 사람들은 잠재적인 위험요소를 피해야 하며, 통제된 행동관찰법의 가치는 상호작용적 사회기술과 같은 복잡한 행동보다는 거절과 같은 특정한 행동을 측정하는 경우로 제한될 수 있음을 알고 있어야 한다.

생리적 측정치

여러 수행 검사법에서 다양한 자극으로 인해 유발되는 심박동, 호흡, 혈압, 전기적 피부반응, 근육긴장도, 뇌파 등의 생리적 활동을 측정하게 된다. 즉, 두통 환자에게 두통에 관한 영화를 관람하게 하면서 이마 근육의 긴장 정도를 측정한 초기의 연구가 하나의 예다(Malmo, Shagass, & Davis, 1950). 통제된 상황에서의 공포에 대한 생리적 평가 역시 많은 임상연구자에 의해 실시되었다. 가장 잘 알려진 사례는 발표불안 내담자가 보이는 심박동률과 발한의 정도를 측정하였던 폴(Gordon Paul, 1966)의 연구다. 이러한 측정법은 여러 다양한 불안경감 치료법의 치료 효과를 평가하기 위해 반복적으로 실시되었다 (Nietzel, Bernstein, & Russell, 1988 참조).

최근 이와 같은 생리적 측정치는 임상심리학자들 사이에서도 많이 사용되는 편이다. 그 이유는 임상심리학자들이 심리학적 요소가 분명한 불면, 두통, 만성 통증, 성기능 부전, 소화기 장애, 당뇨 등과 관련된 연구에 많이 참여하기 때문이다(12장 '건강심리학' 참조). 성적 각성과 성기능 부전을 평가하는 생리적 측정치를 예를 들어 보자. 이러한 수행 평가 방법 중 하나는 남성 피험자가 적절한 성적 자극과 부적절한 성적 자극이 포함된 성욕을 자극하는 여러 가지 행동을 보여 주는 테이프를 보거나 듣는 것이다. 비디오 상영 동안 참여자의 성기에 부착된 팽창 계측기가 성기 둘레의 변화를 기록(phallometric measurement)한다. 발기반응이 클수록 성적 각성수준이 더 높은 것으로 가정된다. 몇몇 연구에서는 아동 포르노 범죄자들 중 발기반응 수준이 높은 사람들이 소아성애자일 가능성이 보다 크다는 것을 발견하였다(Seto, Cantor, & Blanchard, 2006). 불행하게도 특정 자극에 대한 다양한 종류의 성범죄자들 각각의 각성 패턴이 구별되지는 않지만(Blanchard & Barbaree, 2005; Looman & Marshall, 2005), 이러한 혹은 다른 기술이 결국에는 구별을 가능하게 할 것이라는 희망이 있다.

건강과 질병에 영향을 미치는 심리적 요인에 관한 관심이 증가함에 따라(12장 참조), 생리학적 기록장치의 사용 또한 계속해서 증가할 것으로 보인다. 특히 오늘날 많은 업체가 비교적 값이 싸고 휴대할 수 있는 자극 제시와 반응기록 장치들—가상현실 시스템을 포함하여—을 판매하는 것이 가능해졌다.

가상현실 평가

가상현실 평가에서 내담자는 컴퓨터 작동에 의한 실제적인 모의 상황에 노출된다. 화면을 시청하기도 하지만, 대부분의 내담자는 시각적 · 청각적 그리고 때로는 촉각적 자극이 제시되는 헤드셋을 착용한다. 이러한 기술은 3차원적인 자극의 정확한 재현과 통제를 가능하게 한다. 이러한 경험은 내담자에게 매우 실제적이다. 자극이 제시되는 동안 임상가는 자기보고식 측정치를 얻거나 행동관찰을 수행하거나 생리적 측정치 또는 그 외 평가자료를 수집할 수 있다. 이러한 측정자료의 수집은 평가도구와 치료 적용으로서의 가상실제의 가치를 확립하는 데 도움이 되어 왔다(Côtè & Bouchard, 2005; Gorman, 2006).

모의 상황이나 가상현실을 바탕으로 한 평가가 실제 상황으로 이월되지 않을 것이라는 염려는 대부분 사실무근이다. 비행 모의훈련은 오랫동안 민간항공 조종사와 전투 비행사의 타당하고 효과적인 평가와 훈련 방법이었다. 아마도 자폐증 환자를 제외하고는 가상현실 평가와 치료는 실제 세계에도 매우 잘 이월되는 것으로 보인다(Standen & Brown, 2005). 예를 들어, 류와 동료들(Lew et al., 2005)은 외상적인 뇌손상으로 고통받는 내담자들의 장기간 운전 수행을 평가하기 위해 운전 모의 상황을 사용했다. 이 사례에서 가상실제 평가는 (실제를 바탕으로 한) 도로시험보다 미래의 수행을 더 잘 예측했다.

행동회피검사

통제관찰법 중 많이 사용되는 또 다른 방법은 행동회피검사다. 행동회피검사(Behavioral Avoidance Tests: BATs)는 특정 사물이나 장소에 대한 불안을 평가하기 위해 만들어졌다. BAT 동안 내담자는 불안을 유발하는 자극에 노출되고, 관찰자는 내담자가 보이는 회피 행동의 형태와 회피의 정도를 기록하게 된다. 1920년대 초까지만 하더라도 아동들을 대상으로 약식의 BAT가 실시되기도 하였으나(예, Jones, 1924a, 1924b), 체계적인 회피검사 절차가 통제 관찰평가에 사용되었던 1960년대 초반부터는 감소하는 추세다.

뱀 공포증에 대한 체계적 둔감법(8장 참조) 연구에서 랭과 라조빅(Peter Lang & David Lazovik, 1963)은 내담자를 철창 속에 넣은 독이 없는 뱀이 있는 방에 들어가게 하였다. 그러고는 다가가서 뱀을 만지고 들어 보게 하였다. 관찰자는 내담자가 뱀을 응시할 수 있는지, 만질 수 있는지, 그리고 잡을 수 있는지에 기초하여 회피점수를 기록하였다. 쥐를 비롯한 거미, 바퀴벌레, 개 등 다양한 공포자극이 BAT 연구에서 사용되었으며, 채점을 위해 사용되었던 '응시하기-건드리기-잡기' 의 방법이 좀 더 정교한 측정법으로 대체되었다. 또한 BATs에서도 가상현실 기술로 내담자들이 반응하는 자극환경을 제시하는 것이 가능해졌다.

이 절의 요약 어떤 관찰기법은 두 개의 요소가 혼합된 것도 있긴 하지만, 행동관찰 평가는 자연관찰 또는 통제된 관찰로 분류할 수 있다. 학교, 가정, 병원, 그 외 환경에서의 내담자 관찰은 생태학적 타당도를 제공하고, 특정한 촉발요인에 대한 내담자의 반응에 관한 가치 있는 정보를 보여 줄 수 있다. 어떤 자연관찰법은 임상가 또는 연구자가 간섭하지 않거나 내담자가 연구자를 볼 수 없다. 또 다른 상황에서는 임상가가 참여관찰자가 된다. 통제관찰법은 임상가가 가장 관심 있는 행동을 유발시키는 목표 상황을 만들어 낸다. 생리적 측정과 가상현실 노출 같은 특별한 기법은 행동관찰 평가의 초점화된 방법으로써 전망이 있다.

행동평가에 대한 연구

이 절의 미리보기

안면(생태학적)타당도가 있기는 하지만, 행동관찰 평가에는 한계가 있다. 똑같은 행동을 탐색하고 같은 방식으로 부호화하지 않았을 때는 관찰자들 간에 서로 일치하기가 어려워 보인다. 그러므로 목표행동을 구체화하고 부호화/재부호화를 명료화하는 것이 중요하다. 또한 부호화된 관찰 내용에 대한 명료한 추론 규칙이 있을 때 신뢰도는 향상된다. 행동관찰 평가에서 특히 주의할 점은 종종 관찰이 객관적으로 보이기 때문에 인식되지 못하는 임상가의 편견이다. 임상가는 다른 평가자료의 결과와 행동관찰의 결과를 교차 타당화해야 한다. 임상 실제에서 공식적인 행동관찰 평가는 많은 시간과 노력이 요구되기 때문에 자주 시행되지 않는다. 오늘날 건강관리 환경에서는 집중면담과 심리검사가 더 선호된다.

행동관찰법을 가장 많이 사용하는 행동주의자들은 이와 같은 직접적인 행동관찰이 가장 정확하고 타당한 임상자료를 제공해 준다고 주장한다. 심지어 관찰법이 인간 행동에 대한 가장 분명하고 확실한 평가자료를 제공해 준다고 주장하면서 사진으로 비유하기도 한다. 그러나 모든 사진가가 알고 있듯이 사진은 단지 어떤 장면의 표현이 아니라, 장면의 요소들, 장비와 프레임에 대한 사진가의 선택, 현상과 편집 과정 동안의 판단 등의 조합이다. 이와 비슷하게 많은 요인이 행동관찰 평가의 신뢰도와 타당도에 영향을 줄 수 있다.

행동관찰 표적에 대한 정의

행동관찰 평가의 신뢰도와 타당도를 확립하기 위한 기본적인 요건은 측정할 표적을 명료화하는 것이다. 행동의 어떤 측면을 탐색하고 부호화할 것인지, 이러한 표적행동을 어떻게 정의할 것인지에 대한 결정은 행동관찰의 존재와 의미에 대한 평가자의 관점을 반영한다. 예를 들어, 주장성을 생각해 보자. 어떤 임상가는 비합리적인 요구를 거절하는 내담자의 능력을 관찰함으로써 주장성을 평가할 수 있고, 다른 임상가는 긍정적인 정서의 직접적인 표현에 초점을 맞출 수도 있다. 이러한 정의의 문제는 모든 사람을 만족시킬 수는 없지만, 관찰 체계의 신뢰도와 타당도에 대한 평가는 어떤 행동 측면을 코딩할 것인가의 질문에서 시작한다.

관찰평가의 신뢰도

무엇이 행동관찰 평가의 신뢰성을 증진시키는가? 만약 내담자의 행동이 시간이 지나면서 실제로 변화한다면 검사-재검사 신뢰도는 측정하기 어려울 수 있다. 예를 들어, 커플이 논쟁할 때는 적대감과 상당한 분노를 보이지만, 일주일 후에는 이러한 감정이 약해지며, 2주 후에 적대감을 재측정하면 상당히 다르게 나올 것이다(Heyman, 2001). 그러므로 평정자 간 신뢰도는 더욱 어려울 수 있다.

평정자 간 신뢰도에서는 특히 두 가지 요인이 중요하다. 과제 복잡성과 평정자 훈련이 그것이다. 흔히 과제 복잡성을 감소시키면 신뢰도는 증가한다(예를 들어, 관찰자가 100개 범주의 코딩 체계를 사용할 때보다 15개 범주를 사용할 때 신뢰도가 더 증가할 수 있다). 평정자 훈련 또한 신뢰도에 영향을 줄 수 있다. 예를 들어, 웃는 것을 기록하게 하면서 명확한 정의를 내려 주지 않았다면 어떤 사람은 포복절도하는 것을 기록하고 킥킥 웃는 정도는 기록하지 않을 수 있으며, 또 어떤 사람은 미소부터 큰 너털웃음까지 모두 기록할 수 있다. 마지막으로, 관찰법을 사용하기 위해 처음 훈련을 받게 되는 사람들은 자신의 관찰 수행을 평가받기 때문에 실습 동안 열심히 하며 과제에 집중한다. 하지만 훈련 후 실제 자료를 수집할 때, 관찰자가 자신의 신뢰도를 점검하는 사람이 아무도 없다는 생각을 하면 부주의하게 수행할 수도 있다(Taplin & Reid, 1973). 그러므로 관찰과 자료입력에 대한 지도감독이 어느 정도 필요하다.

관찰평가의 타당도

겉보기에 행동관찰은 대부분의 임상평가 방법 중 타당도가 가장 뛰어난 것으로 보인다. 면담에서 행동에 관해 듣는 것이나 검사를 통해 행동을 추론하는 방법 대신, 행동관찰을 사용하는 임상가는 '실제 사실'을 직접 볼 수 있다.

하지만 행동관찰의 직접성 또는 안면타당도는 전통적인 입장에서의 타당도 측정치를 덜 강조하기도 한다(Cone, 1988). 우리가 부부의 공격성을 관찰한다면, 이것이 공격성을 평가하지 않는 것인가? 이 기법의 타당도가 충분하지 못한 것인가? 이에 대한 대답은 다음의 조건이 충족된다면 '아니요' 라고 할 수 있다. 첫째, 기록된 행동(예, 높은 언성)이 공격성에 대한 정의를 만족시킬 때, 둘째 자료가 관찰 동안 발생하였던 공격성의 특성과 정도를 충실히 반영할 때, 셋째 관찰 동안 보여 준 내담자의 행동이 관찰되지 않은 관련 상황에서의 행동을 정확하게 표현할 때.

관찰법의 타당도를 평가하는 또 다른 방법은 자료의 결과를 다른 준거에서 예측된 자료와 비교해 보는 것이다. 예를 들어, '동료들보다 주장적일 것으로 판단되는 사람들의 경우 비합리적인 요구에 거절할 수 있는 능력이 더 높은가?' 만약 그렇다면, 그래서 동료평가와 행동관찰 평가 간의 상관이 있으면 행동관찰 평가는 수렴타당도가 있다고 할 수 있다. 행동관찰이 면담, 생리적 측정, 자기보고, 타인의 평가 등의 자료와 상관이 높을수록 행동관찰의 수렴타당도는 커진다. 만일 행동관찰 평가가 뇌손상 환자가 안전하게 운전을 할 수 있을 것인가(예, Lew et al., 2005)와 같은 미래 행동을 정확하게 예측한다면, 행동관찰 평가는 예언타당도가 있다고 할 수 있다. 당연히 표적행동을 명료화하고 실제적인 상황에서 행동의 예시가 반복된 행동관찰이 예언타당도가 높은 경향이 있다.

관찰행동의 대표성

관찰자 편향에 대한 우려 외에도 관찰평가를 실시하는 임상가들은 내담자가 관찰 상황 동안 임상적인 관심이 되는 주요 행동을 의도적으로든 비의도적으로든 변경하는 것에 대해서도 관심을 기울여야만 한다. 사회적인 단서 혹은 요구 특성(demand characteristics)을 통해 관찰 상황 자체도 내담자의 행동에 영향을 미칠 수 있다(Orne, 1962). 이 요구 특성은 어떤 행동이 적절하고 기대되는지 혹은 그렇지 않은지를 암시하는 것이다. 따라서 임상가가 행동에 대한 강한 사회적 단서가 두드러지는 장면에서 한 쌍의 커플을 관찰한다면("이제부터 당신들 두 사람이 실제로 얼마나 많이 싸우는지를 평가하게 될 것입니다."), 행동관찰에서 그 커플들의 평소와는 다른 높은 정도의 갈등을 평가하게 될 수도 있다. 예를 들어, 자기주장성을 측정하기 위해 설계된 연구에서 대학생들은 앞서 언급하였던 것과 유사하게 녹음되어 있는 사회적 상황에 대해 반응하도록 지시받았다(Nietzel & Bernstein, 1976). 자기주장성 정도는 5점 척도로 채점되었다. 모든 참여자는 동일한 요구 상황 또는 다른 요구 상황이 녹음된 내용을 두 번씩 들었다. 참여자들은 '저요구(low-demand)' 상황에서는 '자연스럽게 반응' 할 것을 요구받았으나, '고요구(high-demand)' 상황에서는 '자신들이 할 수 있는 한 최대한 강하게 자기주장을 하도록' 요구받았다. 그 결과가 [그림 4-2]에 요약되어 있다. 분명히 이러한 지시는 초기 효과가 있을 뿐 아니라 피험자의 행동을 변경할 수 있는 상당한 영향력이 있는 것으로 나타났다. 관찰불안을 평가하는 연구에서는 지시문이나 실험자의 존재 혹은 부재 여부, 실험실의 물리적인 특성, 그리고 여러 상황적인 변인이 BATs 동안 내담자의 공포감에 영향을 미치는 것으로 나타났다(예, Bernstein, 1973; Bernstein & Nietzel, 1977).

관찰평가에서의 상황적인 편향을 최소화하기 위한 다양한 전략이 제시되어 왔으나(Bernstein & Nietzel, 1977; Borkovec & O'Brien, 1976), 이 문제를 완전히 제거하는 것은 불가능하다. 내담자의 행동이 관찰되고 있을 때 나타나는 자극과 관찰되지 않는 동안 나타나는 자극이 서로 다른 이상, 우리는 관찰 단계 동안 나타난 내담자의 행동이 다른 상황에서 일반화될지에 대해 확신할 수 없다. 임상가가 할 수 있는 최선의 방법은 내담자의 행동에 영향을 미칠 수 있는 단서를 최소화하는 것이다. 완벽하게 자연스럽거나 비간섭적인 관찰은 이론적으로 가능하기는 하지만 실제적으로는 그렇지 못하다. 따라서

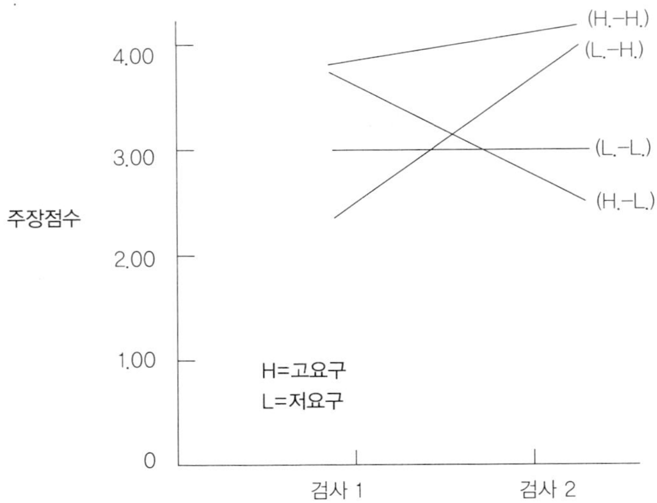

[그림 4-2] 관찰된 자기주장에 대한 상황적인 효과

출처: M. T. Nietzel & D. A. Bernstein (1976).

임상가들은 표적행동을 평가하기 위해 인위적인 유사관찰법(analogue observations)에 계속 의지하게 될 것이다.

관찰자 효과

임상가와 연구자는 관찰자 정확도와 관련된 여러 가지 문제에 주의를 기울여야 한다. 관찰된 자료의 질은 관찰자 편향에 의해 훼손될 수 있다(Harris & Lahey, 1982). 표적행동이 명료하게 정의되지 않았거나, 다른 부호화 도식이나 다른 이론적 지향을 지닌 관찰자가 관찰행동의 의미에 대해 추론을 할 때의 관찰자 추론타당도에 대해서는 이미 논의했다. 이러한 현상은 정신과 의사와 심리학자, 대학원생을 대상으로 아무런 문제가 없는 사람처럼 연기했던 배우의 면담 녹음기록을 들려준 연구에서 잘 나타나고 있다(Temerlin, 1968). 자연스러운 상황에서 들려주었을 때 관찰자 중 57%는 '건강한' 사람으로 평가하였던 반면, 43%는 '신경증적인' 사람으로 평가하였다. '정신병적인' 사람으로 생각했던 사람은 아무도 없었다. 하지만 녹음자료에 대해 '완벽하게 건강한' 사람 혹은 '신경증적이기는 하나 실제로는 정신병적인' 사람이라고 설명하였을 때는 평가가 편향되었다. 즉, 건강한 사람이라고 한 경우에는 평가자의 100%가 '건강한' 사람으로 평가하였으며, 정신병적인 사람이라고 한 경우에는 약 30% 가까운 사람들이 '정신병적인' 사람으로 진단하였고, 60% 이상은 '신경증적인' 사람으로 평가하였다.

행동관찰 연구법의 사용 경향

지난 20여 년 동안 평가에 대한 행동적 접근과 인지적 접근이 통합됨에 따라 행동관찰 평가는 점차 내담자의 인지를 표적행동에 포함시키고 있다. 물론 인지는 본질적으로 관찰이 불가능하지만, 인지-행동적 임상가들은 행동관찰 동안 특정한 시점에 생각을 말로 표현(think aloud)하도록 내담자에게 요구함으로써 인지를 '관찰한다'. 때로는 이러한 사고표집(thought sampling)은 무선호출기나 다른 장치로 지시되기도 한다(Groth-Marnat, 2003). 또한 임상가는 내담자에게 비디오테이프를 다시 보여 주면서 특정 시점에서 들었던 생각을 보고하도록 할 수도 있다(Sanders & Dadds, 1992).

대부분의 임상가에게 자연적이고 일상적인 관찰법은 여전히 중요한 자료원이지만 통제된 행동관찰은 그렇지 않을 수도 있다. 1984년 행동치료학회(Association for the Advancement of Behavior Therapy) 회원들 중 20%만이 임상장면에서 통제관찰법의 사용을 추천하였다(Piotrowski & Keller, 1984). 또한 최근의 조사에서도 통제된 행동관찰법이나 유사 행동관찰법은 임상장면이나 대학원생을 위한 수련 프로그램에서 거의 관심을 받지 못한다는 결과가 제시되었다(Mash & Foster, 2001). 연구자들은 체계적인 관찰법의 사용을 좀 더 개발하고 확대시키고자 노력하고 있으나, 임상가들은 자신들의 임상 실제의 주 요소로 이와 같은 방법을 거의 사용하지 않는 편이다.

이처럼 이용이 제한되고 있는 데에는 여러 가지 이유가 있다. 가장 우선적인 이유는 시간이나 비용과 같은 실질적인 문제와 관련된다. 우리가 앞서 언급하였던 일부 관찰법을 실시하는 데는 상당한 시간과 자원이 소요된다. 즉, 관찰을 위해서는 관찰 상황을 구조화해야 하며, 채점방법을 공부해야 하고, 관찰자들을 고용하여 훈련시키고, 자료를 수집하여 코딩해야 한다. 이러한 활동은 대학 진료소나 수련병원에 있는 연구임상가들의 기본적인 연구 내용인 반면 현장에 있는 임상가들에게는 더 초과적인 활동이다. 일부 전문가들은 통제관찰법의 내용이나 형식이 많은 심리평가 같은 방식으로 표준화되지 않은 것을 우려하기도 한다(Norton & Hope, 2001). 몇몇 인기 있는 행동관찰기법을 제외하고, 행동관찰의 한정된 가용성과 자세한 정보의 부족은 임상가들이 보다 가용성 있고 비용이 효율적인 심리검사나 구조화된 면담을 채택하고 행동관찰기법을 채택하지 않는 분명한 이유다. 매시와 포스터(Mash & Foster, 2001, p. 13)는 "ABO(analog behavioral observation)는 좋게 말해서 유망하다고 할 수 있지만, 임상평가로서는 기대에 못 미치는 일련의 기록일 수도 있다."라고 결론 내리기도 했다.

임상가들이 직면하는 가장 큰 도전은 아마도 부담스럽고 비싸고 시간이 소요되는 절차를 임상장면에서 좀 더 실용성 있는 방식으로 바꾸는 일일 것이다. 비록 얼마간의 진전은 있지만, 아직 행동관찰 절차는 보편적으로 수용되지 않고 있다(Miller & Leffard, 2007). 아마도 가장 중요하게는 산출된 자료가 전체 평가 계획 내에서 최대의 가치를 갖기 위해 임상가나 연구자가 앞서 언급된 다양한 왜곡요인의 영향을 최소화하는 방식으로 관찰해야 한다.

이 절의 요약 관찰방법은 생태학적 타당도(실제 상황에서 발생하는 실제 행동)가 있는 반면, 흔히 공존타당도와 예언타당도는 검증되지 않는다. 방법들이 보다 명시적으로 정의되고 채점될수록 보다 높은 타당도를 보이는 경향이 있다. 행동관찰은 목표행동이 명료하고 구체적이지 않을 때, 그리고 다른 관찰자들이 다른 판단규칙을 사용할 때 덜 신뢰성 있는 경향이 있다. 그래서 같은 행동관찰에서 다른 결론을 도출하게 된다. 임상가는 특히 한 번의 제한적인 관찰로 너무나 많은 결론을 추론하는 행동관찰을 할 때, 자신의 잠재적인 편향에 대해 잘 알아차려야만 한다. 임상가는 다른 평가자료의 결과와 행동관찰의 결과를 교차 타당화할 수 있어야 한다. 비록 여전히 유용한 평가도구이긴 하지만, 행동관찰 평가는 수행에 시간과 노력이 요구되기 때문에 실제 임상에서는 자주 사용하지 않는다.

이 장의 요약

면담은 어떤 목적을 가진 일종의 대화라고 정의할 수 있다. 임상장면에서 이러한 목적에는 내담자 접수, 문제 의뢰, 오리엔테이션, 종결, 위기개입, 관찰 등이 포함된다. 비지시적 면담에서 임상가는 내담자의 언어 표현에 가능하면 최소한으로 관여한다. 반면 구조화된 면담에서는 정해진 순서에 따라 계획되어 있는 질문을 한다. 반구조화된 면담은 이 극단적인 두 면담 방법의 중간에 위치한다.

대부분의 면담은 시작과 중간, 종결 단계로 이루어져 있다. 예를 들어, 접수면담과 문제 확인을 위한 면담은 일반적으로 내담자를 편안하게 하려는 노력에서 시작하여, 정보의 수집을 하는 중간 단계로 들어가고, 요약과 논의로 종결한다. 면담의 각 단계의 수행과 한 단계에서 다음 단계로의 진행을 자연스럽게 하기 위해서는 상식, 적극적 경청기술, 적절한 질문, 재치 등이 요구된다. 만일 면담이 최대의 가치를 가지고자 한다면 내담자와 면담자 사이의 의사소통이 언어적 방식이든 비언어적 방식이든 가능한 명확해야 한다.

면담(특히 구조화된 면담)의 신뢰도는 일반적으로 양호한 편이나 질문하는 방식, 면담자에 대한 내담자의 편안함, 정서상태, 기억능력, 동기 등의 여러 가지 요인에 의해 달라질 수 있다. 신뢰도와 타당도는 모두 면담자의 오류나 편견에 의해 손상될 수 있다. 특히 특정 성격 성향을 지닌 내담자에 대한 선입견과 관련된다. 이러한 오류와 편견을 제거하는 것이 임상가들이 직면하는 가장 중요한 문제다.

행동관찰 평가 체계는 다른 방식으로는 얻을 수 없는 정보 또는 심리평가 고유의 편향을 교정한 정보를 수집하기 위해 고안되었다. 행동관찰은 참여관찰자나 비참여관찰자에 의해 자연적인 상황과 통제된 상황(또는 두 가지가 혼합된 상황)에서 실시할 수 있다. 경우에 따라 내담자가 자신의 행동을 직접 관찰하고 기록하도록 지시를 받기도 하는데, 이를 자기관찰이라고 한다.

자연적 관찰 체계는 병원과 학교, 집에서 사용하기 위해 개발되었다. 이러한 방법은 현실적이고 직접적인 연관성이 있다는 장점이 있다. 그러나 비용이 많이 들고 시간이 오래 소요되고, 통제 불가능한 상황적인 요인의 영향을 받을 수 있다. 이러한 문제를 최소화하기 위해 임상가들은 종종 통제된 행동관찰법(내담자가 표준적인 사건에 대해 반응하는 것을 관찰하는 특정한 상황)을 사용한다. 이와 같은 방법에는 사회적 상호작용에 대한 역할극과 흡연, 식사, 음주, 두려운 사물이나 상황을 다루는 것 등에 대한 수행검사 같은 것들이 포함된다. 통제된 행동관찰이 진행되는 동안 임상가는 내담자의 외현적 행동뿐 아니라 생리적 반응을 관찰할 수 있다.

행동관찰이 다양한 면담과 검사에서 신뢰도와 타당도를 감소시키는 일부 추론문제를 완화시키기는 하지만 완벽한 평가도구는 아니다. 예를 들어, 행동관찰 평가에서 나온 자료는 내담자의 행동 이외의 다른 요인에 의해 영향을 받을 수도 있다. 요구 특성이 내담자 행동의 비전형적인 예시를 이끌어 내는 것처럼 행동관찰 자료의 신뢰도와 타당도는 표적행동에 대한 정확한 정의, 관찰자 편견에 대항하기 위한 노력, 행동관찰 절차에서의 반응성, 상황 등의 영향을 받는다.

연구문제

1. 면담에는 어떤 다양한 종류가 있는가?
2. 다양한 문화나 민족적 배경을 가진 사람들과 면담할 때 임상가가 고려해야만 하는 요인은 무엇인가?

3. 소수집단의 건강관리 이용 비율은 주류와는 어떻게 다른가?
4. 간접적인 면담기법의 예시는 무엇인가?
5. 구조화된 면담과 반구조화된 면담 형식은 무엇인가? 각각의 예시는?
6. 구조화된 면담의 장점과 단점은 무엇인가?
7. 임상가는 면담의 초기 단계에서 내담자가 편안하게 느끼도록 어떻게 도울 수 있을까?
8. 구조화(frame setting)는 무엇인가? 그 목적은 무엇인가?
9. 면담의 신뢰도와 타당도에 영향을 주는 요인은 무엇인가?
10. 행동관찰 평가의 장점과 단점은 무엇인가?
11. 행동관찰 평가의 두 가지 주요한 종류는 무엇인가?
12. 가상실제 평가와 행동적 회피검사는 무엇인가?
13. 행동관찰 평가의 신뢰도와 타당도에 영향을 미치는 요인은 무엇인가?
14. 임상가의 행동관찰 평가 사용에 영향을 미쳐 온 경향은 무엇인가?

웹사이트

- World Health Organization Web site about the Composite International Diagnostic Interview (CIDI): http://hcp.med.harvard.edu/wmhcidi/about.php
- Centers for Disease Control Web site information on the Composite International Diagnostic Interview (CIDI): http://www.cdc.gov/nchs/data/nhanes/cidi_quex.pdf
- Diagnostic Interview Schedule for DSM-IV information: http://epi.wustl.edu/dis/dishisto.htm
- Structured Clinical Interview for DSM-IV information: http://epi.wustl.edu/dis/dishome.htm

CHAPTER 05

임상심리검사

Clinical Psychology

이 장의 미리보기

이 장에서는 심리검사의 특성과 제작방법, 임상심리학자들이 검사를 사용하는 방법을 다룬다. 대부분의 심리검사는 ⓐ 지능, ⓑ 태도, 흥미, 가치, ⓒ 정신병리를 포함한 성격 측면 등을 측정하는 것으로 범주화할 수 있다. 검사는 또한 요구되는 반응 종류에 따라서도 범주화할 수 있다. 즉, 어떤 검사는 간단하게 질문하고 쉽게 반응을 채점하고(예, 맞다 또는 틀리다), 어떤 검사는 보다 긴 답을 요구하고 채점도 어렵다(예, 이야기, 그리기). 임상가들이 일반적으로 사용하는 몇몇 검사에 대해 설명하고, 그러한 검사의 심리측정적인 정보를 제공한다. 그리고 심리검사의 최근 발전에 대해 논의하는 것으로 이 장을 마무리한다.

임상심리학적 활동으로서 심리검사의 역할에 대한 인기는 지난 몇 년 동안 많은 변화를 겪었다. 1930년대부터 1960년대 중반까지 검사는 지능, 성격, 능력 등에 대한 '진실'을 알려 주는 준의학적 방법으로 추천되었다(Reisman, 1976). 이 기간 동안 임상심리학 전공 학생들은 검사 사용에 대해 강도 높은 훈련을 받았다. 그러나 1960년대 후반부터 1970년대까지 검사는 그 매력을 많이 잃었고, 임상가를 위한 수련목적과 전문적인 활동에서 덜 강조되었다. 이 시기 심리검사의 쇠퇴는 ⓐ 많은 검사의 신뢰도와 타당도에 대한 불만족스러운 연구 결과, ⓑ 다양한 오류에 대한 검사의 취약성에 대한 각성, ⓒ 특히 지능을 평가할 때 검사가 불리한 특정 소수집단의 구성원에게 적용할 수 있다는 것에 대한 인식, ⓓ 검사 절차가 응답자의 사생활을 침범할 수 있다는 것에 대한 우려, ⓔ 검사가 너무 쉽게 오용되거나 잘못 해석할 수 있다는 것에 대한 각성 등 때문이었다.

최근 몇 년 동안 검사는 이러한 쇠퇴를 반전시켰다. 이제 검사는 대부분의 임상수련과 전문적 활동에서 필수 부분이다. 이러한 부활은 앞의 일부 우려를 해소하기 위해 고안된 새롭고 보다 향상된 검사 때문이다. 이는 또한 오늘날 교육 체계와 건강관리 체계가 심리검사를 필요로 하기 때문이기도 하다. 검사가 계속 발전하고 있기 때문에 심리검사는 임상심리학의 수련, 연구, 실제에서 중요한 부분으로 남아 있다.

심리검사의 기본 개념

이 절의 미리보기

이 절에서는 검사의 기본 특성 그리고 검사들 간의 유사점과 차이점을 논의한다. 검사 구성방법과 좋은 검사의 기본 요건, 즉 적절한 표준화, 신뢰도, 타당도를 다룬다. 우리는 또한 검사 오류를 피하기 위해 검사 개발자와 사용자에게 필요한 것이 무엇인지를 다룬다. 임상가들의 검사 사용 패턴에 관한 정보로 이 절을 마무리한다.

검사란 무엇인가

검사란 표준화된 상황에서 개인의 행동을 관찰하고 기술하는 체계적 절차다(Cronbach, 1970). 검사는 계획된 자극(예를 들어, 잉크반점검사 또는 맞다-틀리다 질문들)을 제시하고 피검자에게 어떤 방법으로든지 반응하도록 하는 것이다. 그러면 임상가는 객관적이고 경험적으로 도출된 채점규칙에 따라 피검자의 반응을 채점하고 해석한다. 일반적으로 임상가는 면담과 기타 정보 출처를 포함한 전반적인 평가와 심리검사 결과를 통합한다 (3장 '임상적 평가의 기본 측면' 참조).

검사의 가장 중요한 두 가지 강조점은, 첫째 검사들은 마치 자가 길이를 객관적으로 측정하기 위해 고안된 것처럼 객관적인 측정도구로 고안되었다는 점이다. 물론 어떤 검사도 완벽하게 객관적이진 않지만, 검사는 임상가들 간의 차이가 아닌 내담자들 간의 차이를 측정하기 위해 고안되었으므로 객관성이 목표다. 둘째, 검사들은 표준화의 중요성을 강조한다. 검사를 받는 모든 사람은 같은 자극에 노출되어야 하며, 똑같은 채점기준으로 평가되어야 한다. 예를 들어, IQ 검사를 받고 있는 5세 아동 두 명이 각각 "신발 속에 들어가는 몸의 부분은 어디일까?"와 "2달러는 25센트짜리 몇 개가 필요할까?"라는 질문을 받았다고 가정해 보자. 한 아이는 정확하게 반응하고 한 아이는 틀렸다면 검사 결과 차이가 지식수준 차이 때문인지 검사 적용 차이 때문인지 판단하는 것이 어려울 것이다.

도미노와 도미노(Domino & Domino, 2006)는 실험과 같은 논리로 심리검사를 생각하도록 객관성과 표준화의 원칙을 제안했다. 이러한 생각은 실험과 검사가 모두 결과가 한 가지 원인 때문이라고 간주할 수 있도록 비본질적인 변인을 제거하는 것이다. 만일 실험이 성공적이라면, 종속변인의 변화는 가외변인이 아닌 독립변인의 변화 때문이라고 추측할 수 있다. 만일 검사의 개발과 사용이 성공적이라면, 점수들은 검사의 적용, 채점, 절차, 임상가들의 특성이 아닌 내담자의 특성을 신뢰성 있게 반영해야만 한다.

그래서 검사는 실험과도 비슷하지만, 미리 정해진 순서에 따라 제시된 특정 자극을 질문하고 내담자의 반응을 명확한 기준으로 채점한다는 점에서 4장 '면담과 행동관찰'에서 논의된 고도로 구조화된 면담과도 비슷하다. 또한 검사는 검사 상황에서 임상가에게 내담자를 관찰할 기회를 제공함으로써 행동관찰 평가와 특성을 공유한다. 그러나 어떤 면에서 검사는 다른 모든 평가기법과 구별되기도 한다. 예를 들면 다음과 같다.

① 일반적으로 내담자의 검사반응은 표준화된 조건하에서 같은 검사를 받은 수백 혹은 수천 명의 반응에 의해 확립된 통계적 규준과 수량적으로 비교할 수 있다. 표준화는 특정한 5세 아동의 수행과 5세 아동들의 평균 수행을 비교할 수 있게 해 준다.

② 검사는 개별적으로 실시할 수도 있다. 그래서 행동관찰 평가로 검사자료를 보완하지 않을 수도 있다.

③ 검사는 개별적으로뿐 아니라 집단적으로도 실시할 수 있다. SAT와 기타 대학 입학 시험은 검사가 어떻게 동시에 수많은 사람을 평가하는 데 사용되는지를 보여 주는 예다.

검사는 무엇을 측정하는가

검사는 A(anxiety, 불안)에서 Z(성취평가의 z점수)까지 모든 것을 측정한다. 사실 검사의 종류가 너무 많아서 그것의 신뢰도, 타당도, 유용성 등을 살펴보기 위한 서적들이 따로 출판될 정도다. 그중 가장 잘 알려지고 가장 권위 있는 서적은 1938년에 처음 출간되었고(Buros, 1938) 자주 개정되는 『정신측정연감(Mental Measurements Yearbook)』이다(Impara & Plake, 2003). 이 책은 2,200개가 넘는 표준화된 심리검사들을 검토한다. 그중 286개의 검사에 대해서는 완전한 리뷰를, 그 외의 검사에 대해서는 간단한 리뷰를 제공한다.

오늘날 사용되는 수많은 심리검사는 유아, 아동, 청소년, 성인, 노인, 학생, 군인, 정신질환자, 사무직 근로자 그리고 다른 여러 집단에 시행하고 있다(Impara & Plake, 2003). 이러한 검사들 중 어떤 검사는 덜 분명한 자극에 대한 일반적 반응을 물어보고("닭이 무엇인가?"), 또 다른 검사들은 의견이나 선호도를 조사하는 반면("나는 꽃을 바라보는 것을 즐긴다. – 예 혹은 아니요"), 일부는 직접적이고 구체적인 문제를 제기한다("당신은 낙담해 본 적이 있습니까?"). 어떤 검사는 지필검사 형태로 제시되며 어떤 검사는 직접 말로 물어본다. 어떤 검사는 언어적 능력을 요구하며("'유추'가 무슨 뜻입니까?"), 어떤 검사는 피검자에게 다양한 과업을 수행하게 하며("이 미로를 통과해서 올바른 길을 찾아가시오."), 또 어떤 검사는 언어적 · 수리적 그리고 수행 항목들을 함께 조합하기도 한다.

검사가 급증하는 한 가지 원인은 검사자가 더욱 신뢰성 있고 타당하고 정교한 방법으로 임상적 구성 개념을 측정하고자 하는 영원한 바람을 갖고 있기 때문이다. 예를 들어, 어떤 임상가가 인기 있는 불안검사가 실제로는 불안을 잘 측정하지 못한다고 느끼게 되면, 그는 새롭게 개선된 도구를 만들어 내게 된다. 다른 심리학자는 두 가지 검사 모두에 만족하지 못할 수 있고, 곧 다른 검사도구를 만들 수도 있다. 검사가 증가하는 또 다른 이유는 검사자의 관심이 점점 구체화되는 것이다. 그래서 특수한 목적을 가진 검사들의 개발이 촉진된다. 예를 들어, 어떤 지능검사 도구들은 유아, 신체장애인, 영어를 유창하게 하지 못하는 사람 또는 다른 문화적 배경을 가진 사람들을 대상으로 사용이 가능하다.

이러한 다양성에도 불구하고 많은 검사는 무엇을 측정하는가에 따라서 일반적으로 세 가지의 범주로 묶을 수 있다. 첫째, 지적 또는 인지적 기능, 둘째 태도, 관심, 선호도 및 가치, 셋째 성격 특성. 미국과 그 밖의 여러 곳의 임상심리학자가 가장 흔하게 사용하는 검사는 지능과 성격에 관한 것들이다(Archer, Maruish, Imhof, & Piotrowski, 1991; Camara, Nathan, & Puente, 2000; Chan & Lee, 1995). 그 이유는 이러한 변인들이 특히 대부분의 치료

〈표 5-1〉 임상심리학자가 사용하는 검사들의 예

인지적/지적 능력	태도, 흥미, 가치
Stanford-Binet V	Strong Interest Inventory (SII)
Wechsler Adult Intelligence Scale (WAIS-III)	Kuder Occupational Interest Survey (KOIS)
Wechsler Intelligence Scale for Children (WISC-IV)	Rokeach Value Survey (RVS)
Wechsler Preschool and Primary Scale of Intelligence (WPPSI-III)	Study of Values (SoV)
Kaufonan Assessment Battery for Children (K-ABC-II)	전집의 일부를 위한 검사
Woodcock-Johnson Psychoeducational Battery III	-아동 발달
Mini Mental Status Exam	Bayley Scales of Infant Development
Bender Visual Motor Gestalt Test	Gesell Developmental Scales
	Personality Inventory for Children (PIC)
성격	Peabody Picture Vocabulary Test-Revised (PPVT-R)
Cattell 16PF	Children Behavior Checklist (CBCL)
California Psychological Inventory (CPI)	-부부/가족 문제
Myers-Briggs Type Indicator (MBTI)	Dyadic Adjustment Scale
Neo Personality Inventory-Revised (NEO-PI-R)	Family Environment Scale
Internal-External Locus of Control (I-E)	Marital Satisfaction Inventory
Sentence Completion Test	-신경학적 평가/노화
Projective Drawing (예, House-Tree-Person Test)	Halstead-Reitan Neuropsychology Test Battery
	Luria-Nebraska Neuropsychological Battery
정서적 기능/정신병리	Wechsler Memory Scale
Minnesota Multiphasic Persnality Inventory-2 (MMPI-2)	
Millon Clinical Multiaxial Inventory (MCMI-III)	법의학
Personality Screening Inventory (PSI)	Competency Screening Test
Symptom Cheklist 90-Revised (SCL90-R)	Georgia Court Competency Test
Beck Depression Inventory (BDI-II)	California F(fascism) Scale
Hamilton Rating Scale for Depression	Legal Attitudes Questionnaire (LAQ)
State-Trait Anxiety Inventory	
Thematic Apperception Test (TAT)	
Rorschach Inkblot Technique	
Miller Hope Scale (MHS)	
UCLA Loneliness Scale (ULS)	
Hassles Scale	

주: 이 표의 검사들은 기본 사용법으로 범주화하였다. 그러나 일부 검사들은 다른 범주 영역에서도 사용된다.

와 연구활동과 관련 있고, 또한 사람들이 임상가가 이러한 부분에 대해 조언해 주기를 기대하기 때문이기도 하다.

검사는 어떻게 제작되는가

심리검사, 특히 어떤 성격검사 중에서 겉보기에 의아해 보이는 문항들은 많은 사람으로 하여금 심리학자들이 이러한 문항을 어떻게 만드는지 궁금하게 만든다. 그 대답은 심리학자들은 일반적으로 분석적 혹은 경험적 접근(analytic or empirical approaches)을 사용하여 검사들을 구성한다는 것이다. 이 두 가지를 결합한 순차적 체계접근(sequential system approach)을 사용할 때도 있다(Burisch, 1994).

때때로 합리적 접근(rational approach)이라고도 부르는 분석적 접근을 사용하는 심리학자들은 내가 측정하고자 하는 본질이 무엇인지, 이러한 본질을 나는 어떻게 정의할 것인지와 같은 질문으로 시작한다. 이러한 질문에 대답하는 문항들을 만들면서 검사를 구성한다. 다른 말로 하면, 검사 개발자는 그가 믿고 있는(혹은 이론이 말하는) 주요 내용에 적합한 질문을 분석함으로써 검사 자료 또는 문항들을 창조한다.

가장 간단한 분석적 접근을 설명하기 위해 한 임상가가 여성과 남성을 정확하고 신뢰성 있게 구별할 수 있는 검사를 개발하려고 한다고 가정해 보자. 첫 단계는 남녀가 서로 다르게 답할 것 같은 검사 문항들이 어떤 것인지를 찾아보는 것이다. 그런 다음 임상가의 지식, 경험, 그리고 선호하는 이론 남녀의 차이로 보는 것에 따라 문항들을 선택한다. 만일 임상가가 신체적 특징의 차이에 초점을 두고 문항을 선택하고 '예/아니요' 방식을 선호한다면 다음과 같은 문항들이 포함될 것이다.

① 나는 태어날 때부터 전립선이 있었다.
② 나는 태어날 때부터 자궁이 있었다.
③ 나는 태어날 때부터 남근이 있었다.
④ 나는 태어날 때부터 질이 있었다.

그러나 성차에 대한 임상가의 관심이 생물학적 성보다 남성/여성이라는 것과 관련된 속성 또는 특징에 관심이 있다면, 여성성이나 남성성과 연관된 무의식적 과정에 대한 정보가 포함된 문항을 개발해야 한다. 이러한 검사는 다음과 같이 내담자에게 미완성 문장을 채우게 함으로써 무의식적 주제를 찾을 것이다.

① 의존적인 사람들은 ________________.
② 강함이란 ____________________.
③ 대부분의 남성들이 겪는 문제들은 ________________.
④ 대부분의 여성들은 ________________.

이러한 예들은 측정할 개념들을 명료하게 정의하는 것이 얼마나 중요한지를 보여 준다. 성차에 관심이 있는 검사자는 생물학적 성, 성정체감 혹은 성역할 고정관념 중 어떤 것을 측정하고자 하는지에 따라 매우 다른 도구를 만들게 될 것이다. 어떤 경우든 분석적 접근으로 만들어진 검사 항목들은 특정 개념의 어떤 영역을 측정하고, 이를 어떻게 측정할 것인가에 대한 검사자의 이론을 강하게 반영한다.

분석적 검사 제작에 대한 주요한 대안은 경험적 접근(empirical approach)이다. 특정 목표 대상을 측정하기 위해 어떤 검사 내용을 사용할 것인지를 미리 결정하기보다, 검사자는 검사 내용이 '저절로 선택되도록' 내버려 둔다. 그래서 성검사를 만들 때, 임상가는 다수의 자기보고식 검사 문항, 수행과제, 잉크반점, 기타 자극 등을 종합하여 이미 염색체 분석이나 다른 생물학적 검사를 사용하여 여성/남성으로 확인된 다수의 사람에게 이를 실시할 것이다. 그런 다음 남성과 여성이 일관되게 다르게 응답한 문항, 과제, 자극들이 무엇인지를 확인하기 위해 모든 검사자료에 대한 전체 집단의 반응을 조사할 것이다.

성차를 신뢰성 있게 구별하는 특정 검사자극은 성차와 분명한 연관성의 유무와 상관없이 성검사의 초판에 포함될 것이다. 그러므로 "나는 수면문제가 있다." "내 신발은 너무 꽉 조인다." 와 같은 문항에 남성들만 '그렇다' 고 대답했다면, 이 문항들은 검사의 일부로 포함될 것이다. 이 문항들이 왜 남성을 여성과 구별해 주는지에 대한 이유는 추후 이론적 연구의 주제가 될 수 있을 것이다. 하지만 개별 항목들의 개념적 관련성이 분명하게 밝혀질 수 없다는 사실에도 불구하고, 실제적인 목적을 위해서 보통 검사자들은 경험적으로 만들어진 검사를 기꺼이 사용하려 할 것이다. 이러한 이유로 인해 어떤 검사는 언뜻 보기에 의아스러운 문항을 포함하고 있기도 하다.

많은 요인은 검사 개발자의 분석적 절차와 경험적 절차 간의 선택에 영향을 준다. 분석적 접근은 검사를 구성하기 위해서 굳이 많은 사람에게 많은 문항을 예비적으로 실시하지 않아도 되기 때문에 더 빠르고 비용이 덜 들 수 있다. 이러한 특징은 대량의 검사자료를 얻을 필요가 없고 여건상 짧은 기간 동안 검사를 개발해야 하는 임상가들에게 매력적일 수 있다. 분석적 절차는 특정한 이론을 평가하려는 임상가들이 선호하는 경향이 있다. 사람들이 '괴짜 성향'이라는 면에 있어서 개인차가 있다고 이론은 제안하지만, 이를 측정할 만한 검사는 없다고 가정해 보자. 성격의 괴짜 차원을 탐색할 때, 연구자는 이론에서 말하는 괴짜 성향의 특징이 필요할 것이다. 검사는 이론과 일치하는 측정방법을 사용할 것이고, 따라서 괴짜성향검사의 개발은 분석적 근거로 진행될 것이다.

시간과 그 외 유용한 자원을 가진 임상가는 종종 경험적 접근이 더 바람직하다고 생각하는데, 특히 사람들에 대한 구체적인 예측을 하려고 할 때 그렇다. 만일 검사자의 과업이 어떤 사람이 법대를 졸업할 수 있을 것 같은지를 확인하는 것이라면, 특정 문항에 대해서 졸업한 학생과 졸업을 못하거나 중도 탈락한 학생이 다르게 반응하는지를 확인하는 것이 타당할 것이다. 요약하면, 분석적 방법은 종종 변별력이 있어 보이지만 효과가 있을 수도 있고 없을 수도 있는 문항을 만들어 낸다. 경험적 접근은 종종 효과는 있지만 변별력 있게 보이지 않는 문항을 만들어 낸다.

검사 구성에 대한 순차적 체계접근(sequential system approach)은 분석적인 기법과 경험적인 기법을 결합한 것이다. 예를 들어, 분석적 방식으로 어떤 문항을 시도해 볼지를 결정한다. 몇몇 문항은 기존의 검사에서 선택되고, 반면에 어떤 문항은 임상가들이 '반드시' 평가되어야만 한다고 생각하기 때문에 선택된다. 분석적으로 예비 문항을 선택한 검사자는 어떤 문항들이 상관이 있는지 없는지, 너무 쉬운지 어려운지, 관심이 있는 특징을 구별하는 변별력이 있는지 등을 판단하기 위해 반응들을 통계적으로 검증한다. 상관이 있는 문항들은 하나의 척도로 묶이게 되는데 이것이 성격, 정신능력 등의 차원에 대한 비교적 순수한 측정치로 여겨진다(Maloney & Ward, 1976). 처음에 어떻게 구성되었느냐와 상관없이, 평가도구로서 검사의 가치는 신뢰도와 타당도를 보여 주는 경험적 연구에 달려 있다(3장 참조).

표준화와 점수 해석

이미 표준화된 검사의 적용과 채점에서의 일치성에 대해 언급하였다. 비록 달성하기는 어려울지라도, 이상적으로 검사는 모든 피검자에게 같은 방식으로 제시되어야 한다. 교수는 학생-검사자에게 검사절차에서 IQ 검사도구를 내담자의 바로 앞에, 책상 끝에서 정확히 7인치 떨어진 곳에 똑바로 놓도록 요구한다. 이 지침을 지키는지 확인하기 위해 연습 시행 동안 교수는 심지어 자를 가지고 다니기도 한다. 검사 시행에서 정확한 일치는 불가능하지만, 임상가는 높은 일치성을 유지하기 위해 노력한다.

시행의 일치성과 함께, 표준화는 검사가 최초로 개발된 표집을 의미하기도 한다. 이러한 표집의 중요성을 설명하기 위해 8세인 에이미(Amy)가 기억검사 23문항 중 14문항을 맞혔다고 가정해 보자. 이것은 높은 점수인가, 낮은 점수인가? 이 질문에 답하기 위해서 우리는 에이미의 점수를 또래의 큰 점수표집과 비교해야 한다. 만약 검사를 받은 1,000명의 8세 아동 중 상위 8%만이 14개 이상을 맞히는 것이 가능하다면, 우리는 에이미의 점수가 백분위로 정확히 92번째에 위치하는 높은 점수라는 것을 알 수 있다. 이 예에서는 검사를 받은 1,000명의 아동이 표준화 표집을 제공했다. 이 표집에서 얻은 점수들은 이후의 검사점수들의 기준이 된다. 그들의 점수는 검사를 받은 모든 피검자의 점수에 대한 주요 해석 틀을 제공한다.

표준화 표집으로 얻은 수치들—평균, 편차, 백분율 등—을 규준(norm)이라 한다. 이들은 검사 결과를 의미 있게 해석할 수 있게 하는 척도다. 주요 검사들은 10년 정도마다 재규준화된다. 이러한 절차는 복잡하고 비용이 많이 든다. 왜냐하면 검사를 받고자 하는 사람들 중에서 크고 대표적인 표집을 구분해야 하고, 검사를 실시하고 결과를 보고할 검사자들도 찾아야 하고, 모든 자료를 종합하고 분석해야 하기 때문이다. 그런 후에 이러한 규준화 절차의 결과는 검사에 딸린 매뉴얼로 출판된다. 검사를 시행한 후에 임상가는 내담자의 점수를 매뉴얼에 있는 점수와 비교한다. 이 장에서 논의되는 대부분의 검사는 규준참조검사다.

검사점수는 규준집단보다는 검사자에 의해 확립된 기준을 바탕으로 해석할 수도 있다. 예를 들어, 비행사나 지원자의 자격을 얻기 위해서는 미리 결정된 기준이나 숙련수준 기준을 충족해야만 한다. 즉, 이는 단순히 다른 지원자들의 평균보다 높은 점수로는 충분치 않다(Domino & Domino, 2006). 마지막으로 검사점수를 다른 피검자 또는 외적 기준과 비교할 뿐 아니라 자기 자신과 비교하여 해석할 수도 있다. 이러한 절차를 개인 내 반복측정(ipsative measurement)이라 한다. 예를 들어, 내년의 가장 중요한 목표를 목록화하라는 검사를 가정해 보자. 규준이나 기준점 모두 부적절해 보인다. 그러나 치료의 시작과 6개월 후의 이 검사 결과를 비교하는 것은 유용할 수 있다. 이는 반복측정 치료의 효과를 측정하는 데 도움이 되기 때문에 점차 중요해지고 있다.

검사점수 왜곡 피하기

많은 요인이 모든 유형의 검사의 결과를 바꾸거나 왜곡할 수 있다. 고전적인 예는 여성의 누드 사진을 본 남자 대학생은 나이가 많고 격식을 갖춘 옷차림을 한 검사자보다 젊고 캐주얼한 차림의 남자 대학원생에게 TAT 검사를 받았을 때 성 관련 반응을 더 많이 보였다는 연구다(Mussen & Scodel, 1955). 검사를 받는 상황—온도, 외부 소음, 낯선 사람이 있는 상황—은 결과에 영향을 줄 수 있다(Plante, Goldfarb, & Wadley, 1993). 한 예로 IQ 검사를 반복해서 실시한 한 아동의 점수는 특정한 성인이 검사실에 있었는지의 여부에 따라 68에서 120까지 올라갔다가 79로 내려가기도 하였다(Handler, 1974). 대부분의 편차가 이렇게 극단적이지 않지만, 사례가 보여 주듯이 신뢰를 확립하고 주의가 산만하지 않도록 하는 것이 특정 종류 검사의 타당도에 영향을 줄 수 있다(예를 들어, Grossarth, Eysenck, & Boyle, 1995).

검사 결과 왜곡의 또 다른 원인은 문항내용과 상관없이 대부분의 문항에 특정한 방식으로 반응하는 일부 내담자들의 경향성이다. 이러한 경향성은 반응태세(response set; Cronbach, 1946), 반응양식(response style; Jackson & Messick, 1958), 또는 반응편파(response bias; Berg, 1955)라고 한다. 예를 들어, 사회적 바람직성 편파를 보이는 내담자는 실제 자신의 감정이나 충동의 반영 여부와 상관없이 사회적으로 가장 바람직한 방향으로 응답할 것이다(Edwards, 1957; Rychtarik, Tarnowski, & St. Lawrence, 1989). 내담자들이 사실상 모든 자기기술검사 문항에 대해서 동의하는 경향을 보인다면 묵인적 반응양식을 의심할 수도 있다(Jackson & Messick, 1961). 아울러 방어적이고 일탈적이며 과장된 양식으로 간주되기도 한다(Isenhart & Silversmith, 1996). 검사점수를 판단하는 데 있어서 반응양식의 중요성은 반응 경향성이 안정적인 내담자의 특성을 나타내는지(McCrae & Costa, 1983), 아니면 검사 상황에서 일시적으로 나타나고 강화를 받은 행동인지(Linehan & Nielsen, 1983) 분명하지 않기 때문에 뜨거운 논쟁이 되어 왔다. 어떤 경우든 검사의 평가에 있어서 검사를 받는 동안의 내담자의 관점을 무시해서는 안 된다.

검사점수에서 변산성의 외생변인을 모두 제거하는 것은 불가능하다. 하지만 검사개발자들은 ⓐ 검사자와 피검자에게 명료하고 단순한 지시문을 개발하고, ⓑ 문항에 대한 사전시험 검사를 시행하여 반응 경향을 검토하고, ⓒ 검사개발 동안 검사 오류에 대해 외부 전문가를 참여시켜 협력하고, ⓓ반응 오류 또는 고의적인 왜곡을 구별할 수 있는 척도를 개발하는 것 등을 통해 외생변인을 최소화할 수 있다. 동시에 검사자는 ⓐ 검사의 목적을 명료하게 설명하고 내담자의 어떤 질문에도 대답함으로써 라포와 내담자의 동기를 향상시키고, ⓑ 본질적으로 모든 내담자가 같은 조건하에서 검사를 받도록 세심하게 주의를 기울이고, ⓒ 검사 결과 타당도를 떨어뜨릴 수 있는 모든 검사 환경(예, 의뢰 출처)을 기록하고 보고하는 것 등을 통해 왜곡을 감소시킬 수 있다.

심리검사의 문화적 형평성과 편파

다음과 같은 상황에서 당신 자신이 임상가라고 가정해 보자.

사례

베트남에서 이민 온 37세 여성인 P씨가 새로운 내담자로 의뢰되었다. 그녀는 영어를 꽤 잘했다. 접수면담 후 당신은 그녀가 우울증으로 힘들어하는 것이라는 결론을 내렸을 것이다. 그러나 문제의 심각도를 판단하기는 어려웠다. 또한 그녀는 불분명한 신체적 불편감을 호소했는데, 당신은 이것이 다른 문제를 나타내는 것이라고 의심했다. 그러나 이 역시 정확하게 문제가 무엇인지 판단하기는 어려웠다. 그녀의 보험회사는 정확한 DSM 진단을 원했고, 당신도 내담자와 그녀의 문제를 보다 잘 이해하고 싶었다. 보다 명확한 그림을 얻기 위해 당신은 심리적 문제에 대한 일반적인 검사와 우울증에 관한 검사를 실시하기로 결정했다.

내담자는 검사 문항을 이해할 수 있는가? 내담자는 영어가 모국어인 사람들과 같은 방식으로 문항을 해석하는가? 베트남 이민자에게 검사규준을 적용할 것인가? 이 사례는 광범위한 질문을 제공한다. 즉, 심리검사가 다양한 인구의 정신병리, 성격, 지능, 기타 특성을 적절하게 평가하기 위해서는 무엇이 확장되어야 하는가?

검사의 문화적 형평성에 관한 우려가 가장 먼저 그리고 가장 현저하게 나타난 곳이 지능의 측정에서였다. 연구자들은 표준화된 지능검사에서 평균적으로 흑인과 히스패닉의 점수가 백인과 동양인의 점수보다 낮다는 것을 일관성 있게 밝혀냈다. 논의의 쟁점은 낮은 점수의 발생이 아니라 그것이 왜 발생하였는가 하는 것이다. 다른 문화 또는 민족 집단들이 평균점수 차이를 나타낸다는 사실은 검사가 편파되었다는 의미인가?

도미노와 도미노(Domino & Domino, 2006)가 지적했듯이, 검사 관련 오류는 특정한 문화와 소수민족 집단이 차별, 질 낮은 교육, 빈곤, 고정관념, 가난 역할모델 등에 의해 불리한 것 등과 같이 검사 시행 전에 발생하는 요인의 결과일 수도 있다. 또는 검사에 사용된 개념이나 단어가 특정 문화에 더 친근한 것과 같이 검사 도중에 발생하는 검사 자체의 요인의 결과일 수도 있다. 둘 중 하나 혹은 둘 다 문화적 집단 사이의 검사 결과 차이에 대해 책임이 있을 수 있다. 이러한 원인 중 어떤 것이 검사 결과에서 관찰되는 집단

간의 차이를 설명할 수 있는지 감지할 수 있는 방법은 없을까?

가장 탐지하기 쉬운 것은 검사 문항의 편파다. 만약 검사 설계자가 검사 표준화 표집의 성별과 민족 구성에 관한 정보를 알고 있다면 각 검사 문항에 대한 반응을 분석할 수 있다. 만약 검사 문항의 단어나 내용 등이 익숙하지 않기 때문에 특정 집단이 다른 집단보다 상당히 자주 틀리게 반응을 한다면, 개발자는 간단하게 검사에서 그 문항을 제거할 수 있다. 즉, 특정 문항에 대해 주류집단과 비주류집단의 평균점수 차이가 20% 이상이면 그 문항은 편파되었다고 간주할 수 있다. 주의 깊게 만들어져 널리 사용되는 심리검사들은 검사 개발과정에서 이러한 절차를 통해 문화적으로 편파된 문항들이 상당히 제거되었다. 또한 혼동되는 지시문과 문화 특정적인 검사 문항과 같은 그 외 편파요인들도 검토되었다.

집단 간 점수 차이는 문화적 불평등을 설명할 수 있다. 검사제작 절차에 익숙한 대부분의 사람은 표준화된 검사에서 주류집단과 비교할 때 이러한 요인을 특정 비주류집단의 점수가 대체로 다르게 산출되는 이유에 대한 최적의 설명으로 본다(Domino & Domino, 2006). 이 점을 설명하기 위해 다음과 같이 생각해 보자. 연구자들이 대체로 비주류집단과 주류집단이 같은 점수를 받는 문화 중립적인 지능검사를 구성했다고 가정해 보자. 만약 당신이 이 검사가 타당하다고 받아들인다면, 당신은 빈곤, 차별, 낮은 교육기회 등과 같은 요인이 인지와 학습검사 수행에 아무런 영향을 미치지 않는다고 주장해야 한다. 대부분의 사람에게 이러한 결론은 사리에 맞지 않는다. 애너스타시(Anne Anastasi, 1988)는 다음과 같이 언급하였다.

> 검사는 개인이 주어진 시점에서 무엇을 할 수 있는지를 보여 주기 위해서 고안된 것이다. 검사는 그가 왜 그렇게 수행했는지에 대해서는 우리에게 알려 줄 수 없다. 검사점수에서 문화적 영향을 제거한다고 해서 검사가 문화적 결핍을 보상해 줄 수는 없다. 반대로, 적절한 치료적 단계를 진행할 수 있도록 검사는 그러한 영향을 있는 그대로 드러내야 한다. 검사개발을 통해 문화적 불리함의 효과를 감추려는 것은 온도계가 38°의 체온을 나타낸다고 온도계를 부수는 것과 같이 몰지각한 것이다(p. 66).

요약하면, 비주류집단과 주류집단 간의 평균 검사점수 차이는 검사의 편파보다는 문화적 조건의 차이 때문이다. 이는 '문화적으로 공평한(culture-fair)' 검사를 개발하려는 시도들의 실패로 더욱 지지된다. 이러한 검사들은 표준화된 검사들만큼 혹은 그 이상으로 문화적 · 환경적 요인의 영향을 받는 것으로 나타나고(Samuda, 1975), 그것들의 타당도는 더 낮아지는 경향이 있다(Humphreys, 1988).

우리는 검사 편파가 존재하지 않는다고 주장하는 것이 아니다. 단지 보다 잘 입증되고 광범위하게 연구된 검사에서는 검사 문항 편파가 합리적으로 잘 통제된다. 모든 검사가 똑같다는 것 또한 사실이 아니다. 각 검사는 선택된 표준화 표집과 연구되고 처리된 교차문화적 일반화의 정도에 따라 다르다.

37세 베트남 환자의 사례로 돌아가보자. 성실한 임상가는 동양인에 대한 성격검사와 정신병리검사의 일반화를 지지하는 경험적 증거를 찾아볼 것이다. 동양계 미국인 집단이 표준화 집단에서 적절하게 표집되었는가? 내담자에게 검사의 타당도를 손상시킬 수 있는 언어나 문화적 배경요인이 있는가? 이 검사에는 내담자의 모국어로 타당화된 판이 있는가? 더 좋은 방법은 임상가가 P씨의 출신 배경 사람들을 위해 개발된 베트남 우울척도(Kinzie et al., 1982)를 사용하는 것이다. 임상가는 P씨의 배경이 평가와 치료(예, Hays & Iwamasa, 2006)에 어떻게 영향을 미치는지에 대한 통찰을 얻을 수 있는 서적과 동료들의 조언을 구하고, 일반적으로 서양인들과 다를 수 있는 그녀의 건강신념에 대해 더 이야기하도록 격려하는 것이 현명할 것이다.

현재 많은 임상연구자들은 각 사례에 따라 교차문화적 검사를 사용하여 경험적으로 검증하고 있다(Krull & Pierce, 1995). 그들의 목적은 특정한 인구에 타당한 검사들을 구성하는 것이다. 예를 들어, 지아지와 궈펑(Jia-xi & Guo-peng, 2006)은 최근에 성격검사인 16PF 중국어판의 신뢰도와 타당도를 연구했다. 그들은 중국어판이 비록 척도의 내적 일치도는 향상되어야 하지만 괜찮은 적용성을 가진다는 것을 밝혔다. 국제 검사 컨소시엄(International Test Consortium: ITC)은 검사의 교차문화적 적용에 대한 연구를 촉진하기 위해 만들었다(교차문화적 검사 사용과 관련된 보다 깊은 논의는 Hambleton, Merenda, & Spielberger, 2005 참조).

검사의 윤리적 기준

문화적으로 민감한 평가는 윤리적 검사의 한 부분이다. 검사는 그 외의 많은 쟁점을 불러일으켰다(Nagy, 2005). 다음은 윤리적 의사결정에 필요한 검사 관련 상황에 대한 몇 가지 의견이다. 보다시피 이러한 것들은 비밀보장, 사생활, 정보제공 동의, 사회적 책임 등의 원칙과 빈번하게 관련된다.

- 만약 임상가가 검사 결과가 내담자에게 해롭다고 생각한다면 검사 결과에 대한 피

드백을 어떻게 다룰 것인가?
- 청소년(미성년)이 검사를 받았다면 부모, 학교, 법원 등도 검사결과 열람의 권리를 가지는가?
- 만일 연구자가 검사 명칭이 참여자의 반응을 편파시킬 수 있는(예, 사회공포증 검사) 검사를 사용한다면 정보제공 동의의 원칙 내에서 어떤 절충안을 윤리적으로 채택할 수 있는가?
- 어떤 제3자(예, 보험회사)가 내담자의 검사 결과를 알 권리를 가지는가?
- 대학의 상담센터가 심리측정적으로 낮은 자질(예를 들어, 신뢰도가 낮거나, 타당하지 않은) 때문에 신용되지 않는 검사를 특정한 학생 지도의 판단기준으로 삼는다. 교직원인 임상심리학자는 상담센터의 결정에 대해 이의를 제기하거나 보고하는 데 있어 어떤 책임이 있는가?

미국심리학회(APA)는 회원들에게 미국교육학연구학회(American Educational Reserch Association), 미국심리학회, 교육학 측정에 관한 국가자문위원회(National Council on Measurement in Education) 등에 의해 개발된 교육적 및 심리적 검사에 대한 표준(Standards for Educational and Psychological Tests; APA, 1985)을 고수하면서 윤리적 문제의 가능성과 검사의 남용을 가능한 한 줄이도록 촉구했다. APA의 검사 사용자 자격에 대한 가이드라인(Guidelines for Test User Qualifications)은 검사 사용에 대한 추가적인 정보를 제공한다. 평등고용기회위원회(Equal Employment Opportunity Commission: EEOC)는 선발 기법으로서의 검사와 기타 방법을 규제하기 위해서 고용인 선발 절차에 대한 표준가이드라인을 개발하였다. 이러한 문서들은 모두 검사의 사용을 관리하고, 검사가 과학적인 원칙과 내담자의 권리와 복지를 고려하여 개발, 평가, 시행, 해석 및 출판될 때 긍정적으로 사회에 기여할 수 있다는 것을 보증한다(Robertson & Eyde, 1993). 〈표 5-2〉에 윤리규정의 일반적 원칙과 적용할 수 있는 상황들이 예시되어 있다.

많은 검사들은 상업적 판매처에서 구입이 가능한 반면, 어떤 검사들은 임상가에 의해 개발되고 학회지에 실린다. 특히 짧은 검사는 검사의 심리측정적 속성에 대한 증거와 함께 검사 전체가 학회지와 논문으로 출판되기도 한다. 그 외의 경우에는 임상가가 검사 사용 자격을 검사의 저자에게 문의해야 한다. 그리고 검사를 사용하는 데 있어 윤리적 기준을 따를 의무가 있다.

〈표 5-2〉 심리학자의 검사 사용에 관한 윤리기준

원칙	적용의 예
자격	임상가는 내담자에 대한 판단을 할 때 사용하는 검사의 적용과 해석에 관한 경험을 쌓아야 한다.
전문적/과학적 책임감	임상가는 검사, 특히 검사의 신뢰도, 타당도, 적절한 사용과 한계 등에 대한 연구문헌에 익숙해야만 한다.
청렴	임상가는 검사의 원래 의도에 맞게 사용해야만 한다. 검사나 검사 결과에 대해 경험적인 연구에 의해 지지되지 않는 권유를 하지 않아야 한다.
권리와 위엄에 대한 존중	타 문화에서 온 피검자의 경우, 임상가는 성실하게 검사를 적용하고 있는지를 확신할 수 있어야 한다.
타인의 안녕에 대한 염려	무엇보다 임상가는 검사 사용으로 내담자에게 해를 입혀서는 안 된다. 특히 검사 결과가 부적절하게 적용되었을 때의 잠재적 손상에 대해 인식하고 있어야 한다.
사회적 책임	임상가는 자격이 없는 개인에게 검사자료나 보호해야 하는 검사내용을 배포하지 않아야 한다. 타인(예, 동료, 기관)의 검사 오용을 방지하기 위한 조치를 행해야 한다.
검사자료에 대한 접근	실무적 윤리는 검사 개발자와 사용자가 특정 심리검사(예, 지능검사)의 내용을 일반에게 알리는 것을 금하고 있다. 검사는 자격을 갖춘 사용자만 영리목적으로 사용할 수 있다.

임상심리학에서의 검사 사용 패턴

앞에서 언급했듯이, 검사 시행은 임상심리학 수련의 변함없는 주요 초점이다. 그러나 구체적인 검사 사용 패턴은 점진적으로 변화되어 왔다. 〈표 5-3〉에서 볼 수 있듯이, 지능, 성격, 정신병리에 대한 특정 검사들은 지속적으로 주목을 받는다. 임상가들은 그러한 검사들을 선호하고, 수련감독관은 수련생에게 그러한 검사를 배우고 사용할 것을 요구한다(Belter & Piotrowski, 2001). 동시에 일부 검사, 특히 투사적 기법은 예전보다 다소 덜 사용하고 덜 교육한다.

검사 사용의 변화는 몇 가지 요인 때문일 수 있는데, 그중 하나는 경험적 증거다. 일관성 있게 높은 신뢰도와 타당도를 보여 주는 검사는 상위 순위로 올라가는 반면, 증거가 약한 검사는 낮은 순위로 내려가는 경향이 있다. 그러나 임상가들이 선호하는 검사는 경험적 증거만큼이나 임상적 전통의 영향을 받을 수 있기 때문에 변화의 속도는 느릴 수 있다(Norcross, Koocher, & Garofalo, 2006).

〈표 5-3〉 심리검사 선호도 상위 10위

검사	Sundberg (1961) (N=185)	Lubin, Wallis, & Paine (1971) (N=251)	Lubin, Larsen,& Matarazzo (1984) (N=221)	Watkins et al. (1995) (N=412)	Camara, Nathan, & Puente (2000) (N=120)
WAIS	6	1	1	1	1
MMPI	7.5	6	2	2	2
Bender-Gestalt Visual Motor Test	4	3.5	3	6	5
Rorschach	1	2	4	5	4
TAT	2.5	3.5	5	4	6
WISC	10	7	6	9	3
Peabody Picture Vocabulary Test	-	13	7.5	12	20
Sentence Completion Test	13.5	8.5	7.5	3	15
House-Tree-Person Test	12	9	9	7	8
Draw-A-Person Test	2.5	5	10	7	포함 안 됨

주: 표에 제시된 숫자는 사용 빈도를 기준으로 한 순위를 나타낸다.

검사 사용은 또한 사회적 · 맥락적 요인 때문에 변한다. 이러한 요인 중 가장 두드러지는 것이 건강보험의 영향이다. 보험회사와 그 외 제3의 참여자들은 특히 효과에 관심이 있다. 결과적으로 그들은 내담자를 전체적으로 파악하는 폭넓은 검사보다는 빠르고 문제중심적인 평가기법을 선호하는 것 같다(Piotrowski, Belter, & Keller, 1998). 이러한 회사들은 보다 빠르고 효과적인 치료를 선택할 수 있는 방법과 치료의 결정을 위해 특별히 고안된 새로운 검사의 개발에 대한 연구를 자극하였다.

검사의 일반적인 특성을 요약하고 다음 절에서 논의할 구체적인 검사를 미리 살펴보기 위해 〈표 5-4〉를 제시하였다. 이 표는 심리검사의 다양한 질적 지표를 목록화한 것이다. 통찰력 있는 임상가와 연구자들은 특정 목적에 가장 잘 맞는 검사를 선택하기 위해 이러한 지표를 사용한다.

다음 절에서는 임상심리학자들이 가장 흔하게 사용하는 검사들을 요약한다. 이러한 검사들과 그 외 성인과 아동에게 개별적 · 집단적으로 적용되는 검사들에 대한 더 많은 정보는 각 검사와 연관된 매뉴얼과 심리검사에 대한 많은 자료에서 얻을 수 있다(예를 들어, Domino & Domino, 2006; Gregory, 2006; Groth-Marnat, 2003; Impara & Plake, 2003; Kaplan &

〈표 5-4〉 검사의 심리측정적 질을 평가하는 기준

기준	내용
규준	대규모의 대표적인 표준화 표집에서 얻은 중앙집중 경향치와 표본값. 이는 의미 있는 점수 해석을 가능하게 한다.
내적 일관성 신뢰도	흔히 반분법을 사용하여 달성되는 신뢰도 측정치
검사-재검사 신뢰도	동일인에게 반복한 검사 결과 간의 유사성
평정자 간 신뢰도	같은 검사를 여러 명이 독립적으로 평가할 때 그 검사 결과 간의 유사성
내용타당도	측정하고자 하는 특성이나 능력과 관련된 중요한 모든 영역을 적절하게 표집한 검사 문항
구인타당도	잘 입증된 동일한 구인의 다른 검사와의 상관
일반화 타당도	모집단의 다양성에도 검사 결과가 타당한 정도
임상적 유용성	검사 결과가 선호하는 특정 치료를 정확하게 지정하거나 치료의 효과를 신뢰성 있게 측정할 수 있는 정도

출처: J. Hunsley & E. J. Mash (2007).

Saccuzzo, 2004; Kline, 2005).

이 절의 요약 검사는 계획된 순서로 일련의 자극을 내담자에게 제시하는 것이다. 검사의 구성, 적용, 채점 등의 변인이 적절하게 통제된다면, 검사 수행에서의 차이는 피검자의 실제 차이를 반영하는 것이다. 편파를 제거하는 것이 쉽지 않기 때문에 검사 개발자는 문항에 대해 다양한 집단이 어떻게 반응하는지를 주의 깊게 살펴야만 한다. 검사 사용자는 전문적 자격을 갖추어야 하고, 질적으로 높은 검사의 요소를 이해해야 하고, 윤리적 원칙을 따라야 한다.

지적 기능에 대한 검사

이 절의 미리보기

이 절에서는 이론가들이 지능을 어떻게 이해하고 측정해 왔는지를 개관한다. 그리고 임상가들이 인지적 능력을 측정하기 위해 사용하는 다양한 검사를 기술한다. 일부 검사들은 보다 폭넓은 능력에 초점을 맞추고, 다른 검사들은 특수한 능력에 초점을 맞춘다. 전자 중 가장 뛰어난 것은 비네(Standford-Binet) 검사와 웩슬러(Wechsler) 검사다. 또한 임상가들은 성취와 태도를 측정하기 위해 다양한 검사를 사용한다.

지능에 관한 이론

모든 사람이 지능(intelligence)이 좋은 개념이라는 것에는 동의를 하지만, 실제로 지능이 무엇인지에 대해서는 합의가 훨씬 덜 되어 있다(Furnham, 2000; Sternberg & Detterman, 1986). 이 때문에 임상가들 사이에서 반 농담처럼 하는 말이 바로 '지능이란 지능검사가 측정하는 바로 그것'이다. 실제로 대부분의 지능검사를 개발한 사람들은 처음에는 분석적 근거에 기초하여 검사를 만들었다. 그들이 만들어 낸 200개 이상의 평가도구 각각은 지능의 본질과 지능을 측정하는 최선의 방법에 대한 개발자의 이론적 관점을 반영한다. 그러한 이론에 대한 기술은 이 장의 범위를 벗어나는 것이긴 하지만(보다 간결한 개관연구를 보려면 Neisser et al., 1996 참조), 다양한 연구자는 일반적으로 지능을 세 가지 방식 중의 하나로 설명해 왔다. 이 방식들을 다음에서 간략하게 설명한다.

일반지능모델(g)

지능에 대한 정신검사 혹은 심리측정적 접근을 채택하는 사람들이 선호하는 한 가지 이론에서는 지능을 일반적 특성으로 기술한다. 스피어먼(Spearman, 1904)에 의해 처음으로 제안된 전반적이고 일반적인 능력으로서 지능에 대한 개념은 간단하게 g로 언급되었다. 모든 사람은 다양한 영역에서 다양한 능력을 가지고 있지만, g는 모든 인지능력에 영향을 미치는 기저 생물학적 또는 심리적 기질을 가정한다. 이러한 관점은, 예를 들어 수학에서 뛰어난 학생이 영어, 생물, 기타 다른 영역에서도 잘하는 경향으로 지지된다. 이는 또한 인지적 과제에 대한 다양한 검사점수가 정적 상관을 보인다는 확고하고 잘 입증된 결과와도 일치한다(van der Maas, 2006). 점수들의 일반적인 기저요인은 g라고 가정한다.

다중특수지능모델(s)

연구자들이 다양한 인지과제의 점수들이 상관을 나타낸다는 것을 알아냈지만, 그 상관이 항상 강한 것은 아니다. 그 결과, 몇몇 연구자들은 지능은 비교적 분리된 능력들의 조합으로 보다 잘 이해할 수 있다고 주장했다. 단어 유창성, 단기기억, 지각 속도 등과 같은 능력을 포함한 약 120개 정도의 특수지능(s라 불리는)이 제안되었다(Carroll, 1993; Domino & Domino, 2006).

상당한 주목을 받은 다중지능에 대한 한 이론은 스턴버그(Robert Sternberg)의 삼원이론(Sternberg, 2004, 2006a)이다. 스턴버그는 분석적 · 창조적 · 실용적 세 종류의 기본 지능이 있으며, 기존의 검사는 첫 번째 지능만을 측정한다고 주장했다. 그러면서 그는 동료들과 함께 세 종류의 지능을 모두 측정하도록 고안된 검사를 개발했다(Sternberg Triarchic Abilites Test 또는 STAT). 많은 이가 이 검사를 선호하였지만, 검사의 신뢰도와 타당도를 판단하기 위해서는 보다 많은 연구가 필요하다(Santrock, 2008).

두 번째로 인기 있는 다중지능적 접근법은 가드너(Howard Gardner)의 여덟 가지 지능 혹은 마음의 틀—언어, 수학, 공간, 신체운동, 음악, 내성, 대인관계, 자연—이다(Gardner, 1998).

다중특수지능이론은 지능이 단일 요인보다 개별 능력의 집합으로 보다 잘 이해된다고 주장한다. 스턴버그와 특히 가드너의 이론은 지능을 전통적인 정의에서 포함하지 않은 능력(예를 들어, 운동기술)을 포함한 용어로 확장시켰다는 점에서 주목할 만하다. 어떤 이들은 이러한 이론을 가치 있게 보고, 다른 이들은 모두가 지능의 일부로 고려하지 않는 속성까지 지능의 정의를 지나치게 확장시켰다고 주장한다.

위계적 및 요인분석모델

지능의 세 번째 관점은 앞의 두 개 조합이라고 볼 수 있다. 이러한 복합적인 관점에서 개별적 · 일반적 인지능력은 위계적 방식으로 연관된다([그림 5-1] 참조). 언어지식, 시각패턴 인식 등과 같은 특수능력은 가장 기본적 수준이다([그림 5-1]에서 a1, a2, a3, b1, b2 등으로 표현된). 특수능력은 서로 완전히 독립적이지 않다. 그들은 일반요인(예를 들어, 좋은 기억력, 언어지식, 시각정보의 빠른 처리)을 공유하기 때문에 상호 연관된다. 일반요인은 [그림 5-1]에서 요인 a~d로 표현되어 있다. 마지막으로, 이러한 상위 요인들은 어느 정

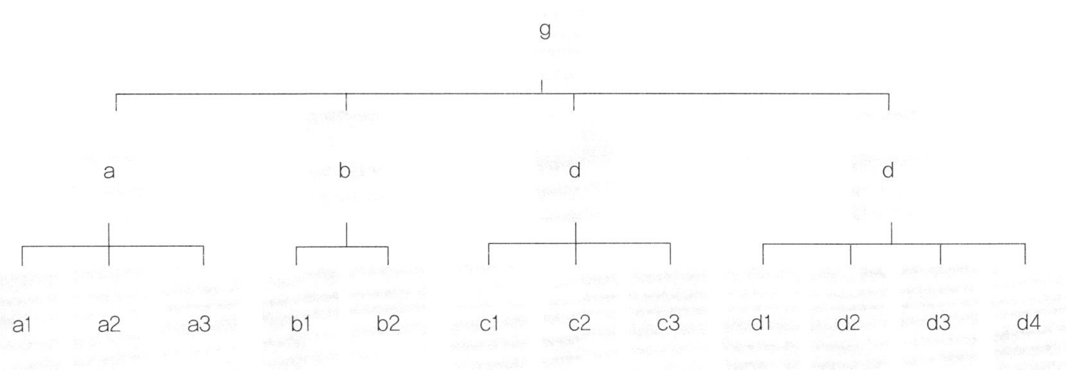

[그림 5-1] 지능의 위계적 모델

도 상관이 있고 이러한 상관은 모든 요인에 기저하는 일반요인 g로 표현된다.

지능에 대한 이러한 다양한 관점을 평가하는 방법이 있는가? 예를 들어, 특수능력이 하나의 군으로 묶이는 정도를 어떻게 알 수 있는가? 요인분석 연구는 다양한 측정치들 간 상관의 정도를 측정할 수 있다. 카텔(Cattell, 1943)과 혼(Horn, 1965)은 지능에 대한 초기 연구를 검토하고, 지능에 대한 461개의 요인분석 연구를 요약 · 정리했다. 이 연구에 의해 대부분의 주요 지능검사 개발자들이 채택하고 다소 수정된 위계적 모델이 출현했다. 다양한 지능검사들을 검토해 볼 때, 널리 사용되는 이러한 검사에 의해 측정되는 것으로 가정되는 요인들의 유사성을 주목해 보라.

비네 지능검사

비네(Alfred Binet)는 지능검사를 최초로 개발한 사람은 아니지만, 그의 최초의 검사와 개정판은 아동들의 정신적 능력을 평가하는 가장 영향력 있는 도구다. 비네의 검사 초판(1905)은 포장되지 않은 캔디 같은 물건들, 눈과 함께 움직이는 물체를 따라가기, 다른 무게의 물건을 비교하기, 숫자와 낱말들을 기억하여 되풀이하기, 친숙한 물건을 인식하기 등을 포함한 30개의 질문과 과제들로 구성되어 있었다. 아동의 점수는 통과한 문항들의 단순 합이었다. 1908년 개정작업을 시작으로, 비네 검사의 주요 과제들은 연령 단계화되었다. 이는 어린 아동들은 초반부의 문제들을 통과할 것이고 더 큰 아동들은 후반부의 문제들을 통과할 것이라는 기대로 문항들을 정렬했다는 의미다.

알프레드 비네는 지능검사의 아버지로 인정받고 있다.

1908년의 척도는 고다드(Henry Goddard)에 의해 미국에 유입되었으며, 1916년 스탠퍼드 대학의 심리학자인 터먼(Lewis Terman)에 의해서 개정되었다. 터먼은 독일의 심리학자 스턴(William Stern)이 제안한 정신연령과 생활연령 사이의 관계를 숫자로 나타내는 아이디어를 받아들였다. 즉, 비네 검사(Stanford-Binet)의 결과는 정신연령(mental age: MA)을 생활연령(chronological age: CA)으로 나누어 100을 곱한 지능지수(IQ)로 표시되었다. 그러므로 스텐퍼드-비네 검사(Stanford-Binet)에서 정신연령 8세의 점수를 얻은 6세의 아동은 133의 IQ((8/6)×100)를 갖게 된다. 여기서부터 평균 IQ를 100으로 하는 관례가 시작되었다.

스텐퍼드-비네 검사(Standford-Binet)의 최신판인 SB5는 2003년에 완성되었다. 주요 심리검사들의 개정과 마찬가지로, SB5는 최종판이 결정되기 전에 시험 단계를 거쳤다. 검사는 미국 인구를 대표하고 나이, 성, 인종/민족, 지역, 사회경제적 수준 등의 변인을 계층화한 4,800명의 표집으로 규준화되었다. 예비적인 검사 시행 동안 대규모의 표집의 이러한 변인들을 기록함으로써, 검사 개발자는 어떤 문항들이 다른 문화적 집단이나 성별에 따라 평균적으로 다르게 응답하는지 판단할 수 있었다. 이 단계 동안 많은 문항이 예비적으로 시행되었고, 유지되거나 제거되었다(검사 구성에 대해서는 이 장의 앞부분에서 다루었다). 1,000여 개에 가까운 문항이 고려되었고, SB5에는 293문항이 채택되었다(Roid, 2003).

SB5는 지능에 대한 위계적 모델을 바탕으로 만들었다. 검사자는 전체 척도 IQ 점수(g를 측정)와 언어적/비언어적 IQ 점수, 그리고 개인의 소검사 점수(각 소검사의 평균은 10, 표준편차는 3)를 얻을 수 있다. 소검사들은 현재 지능의 주요 영역을 나타내는 5개 요인으로 분류되어 있다(〈표 5-5〉 참조). 이러한 요인들은 [그림 5-1]의 중간 수준에 해당하고, 요인분석 연구로 추출된 것이다. SB5에서는 이러한 요인을 ① 유동적 추론, ② 지식, ③ 수량적 추론, ④ 시각-공간 처리, ⑤ 작업기억이라 하였다.

비네 검사 5판의 신뢰도에 대한 연구에서 일반적으로 매우 높은 0.90 이상의 내적 일치도를 보였다. 전체 IQ 점수에 대한 검사-재검사 신뢰도는 0.93~0.95 범위이며, 요인

〈표 5-5〉 비네 검사 5판에 포함된 문항 유형

어휘: 기차, 비틀다, 편지, 오류, 격려하다 등과 같은 단어를 정의해 보시오.	순서 기억: 그림이 제시되었던 순서를 기억해 보시오.
수 추리: 다음과 같은 수열에서 빈칸에 올 숫자는 무엇인가? 예) 32, 26, 20, 14, ____, _____.	언어적 추리: 세 가지 물체나 단어는 서로 유사하고 나머지 하나는 어떻게 다른지 말해 보시오. 예) 개, 고양이, 말, 소년

점수들의 중앙값은 0.88이다. 신뢰도의 세 번째 측정값인 평정자 간 일치도는 상관 중앙값이 0.90이었다(Roid, 2003). 이러한 값은 높은 수준의 신뢰도를 의미한다.

검사의 타당도를 판단하는 방법 중 하나는 검사의 결과를 잘 입증된 다른 지능검사 결과와 비교하는 것이다. SB5의 전체 척도 IQ 점수는 웩슬러 지능검사를 포함한 다른 입증된 지능검사의 점수와 비슷하다(상관은 0.78~0.84 범위). 검사는 영재, 지체, 학습장애 아동을 구분할 수 있다(Roid, 2003). 요약하면, 비네 검사는 정신지체를 진단하고 학업성취를 예언하고 설명하기 위해 아동에게 널리 사용되는 높은 신뢰도를 가진 검사다(Walsh & Betz, 2001).

웩슬러 지능검사

1930년대에 뉴욕의 벨뷰(Bellevue) 정신병원의 주임 심리학자였던 웩슬러(David Wechsler)는 성인용 지능검사를 개발하기 시작했다. 그의 노력의 결과로 웩슬러-벨뷰 지능검사(Wechsler-Bellevue Intelligence Scale: W-B IS)가 1939년에 발표되었다. 이 검사는 비록 비네 검사에서 일부 내용을 가져오기는 했지만, 많은 면에서 비네 검사와 차이가 있었다. 첫째, W-B 검사는 17세 이상 성인을 위한 검사다. 둘째, W-B 검사는 올바른 답에 가산점을 주는 점수척도였다. 이러한 방법을 사용했기 때문에 IQ는 정신연령과 실제연령 사이의 관계를 반영하지는 않지만, 내담자의 점수를 동일한 연령대의 표준화된 표본점수와 비교하는 것이 가능하였다.

웩슬러는 또한 성인용에 상응하는 아동용 검사들—웩슬러 아동용 지능검사(Wechsler Intelligence Scale for Children: WISC 또는 발음대로 'Wisk')와 웩슬러 취학 전 아동용 지능검사(Wechsler Preschool and Primary Scale of Intelligence: WPPSI 또는 'Whipsee')—를 개발했다. 각 검사는 몇 번의 개정을 하였고, 가장 자주 사용되는 지능검사가 되었다.

WAIS

1955년에 웩슬러는 성인용 검사를 개정했다. 이 개정판이 바로 웩슬러 성인용 지능검사(Wechsler Adult Intelligence Scale: WAIS)로, 곧 미국에서 가장 인기 있는 성인 지능검사가 되었다(〈표 5-3〉 참조). 이 검사는 1981년에 다시 개정(WAIS-II)되었고 가장 최근인 1997년에 개정되었다(WAIS-III). 이전 판과 마찬가지로 WAIS-III의 문항들은 각 소검사 내에서 난이도 순으로 배열되어 제시되었다. 임상가는 미리 정해진 일정 수의 문항을 풀지 못하면 해당 소검사를 중단하고 다음 소검사를 실시한다. 검사가 완료되면, 임상가는 전체 점수, 언어성 점수, 동작성 점수 등을 평균 100점, 표준편차 15점인 표준화된 IQ 점수로 환산한다. WAIS-III에 포함된 문항들의 예는 〈표 5-6〉에 제시되어 있다.

WAIS-III는 이전 판과 몇 가지 면에서 차이가 있다. 먼저, 연령 범위를 확대하여 89세까지 IQ 점수를 산출할 수 있다. 이를 위해 노인에게 더욱 적합한 새로운 문항들을 추가하고 2,450명의 16~89세 표집을 대상으로 표준화하였다. 또한 이 표집은 연령, 성, 교육 수준과 지역에 따라 계층화하였다.

WAIS-III의 가장 큰 변화는 네 가지의 새로운 지수, 즉 언어 이해, 작업기억, 지각적 조직화, 처리 속도를 추가한 것이다. 이 지수들은 [그림 5-1]에서 중간 수준의 요인점수에 해당한다. 각 지수의 점수는 선택된 소검사의 점수들을 합하여 산출한다. 예를 들어, 지각적 조직화 점수는 빠진 곳 찾기, 토막 짜기, 모양 맞추기 점수로 산출한다. 이러한 네 가지의 지수점수는 요인분석 연구에서 나왔다(Saklofske, Hildebrand, & Gorsuch, 2000).

〈표 5-6〉 WAIS-III에 포함된 문항 유형

소검사	모의 문항
기본 지식	빵은 무엇으로 만드는가? 셰익스피어는 무슨 일을 하였는가? 프랑스의 수도는? 중이의 추골은 무엇인가?
이해문제	길에서 지갑을 발견하면 어떻게 해야 하는가? 왜 외국 차는 국산 차보다 더 비싼가? 삐걱대는 바퀴는 기름을 더 먹는다는 말은 무엇인가?
산수문제	만일 4개의 사과를 갖고 있다가 2개를 주고 나면 몇 개가 남는가? 4명이 6일 만에 할 수 있는 일을 2일 안에 하기 위해서는 몇 사람이 필요한가?
공통성 문제	두 단어의 유사점을 말해 보시오. 예, 망치와 드라이버, 초상화와 단편소설, 개와 꽃
바꿔쓰기	가능한 한 빨리 각 숫자와 연결된 기호를 써 넣으시오.
숫자 외우기	불러 주는 숫자들을 잘 듣고 바로 그리고 거꾸로 외워 보시오. 예, 2~9개의 숫자들을 불러 줌
어휘문제	단어의 뜻이 무엇인지 말해 보시오. 예, 의자, 점심, 문장, 골짜기, 은신처
빠진 곳 찾기	복잡한 그림에서 빠진 부분을 찾아보시오.
토막 짜기	제시된 그림대로 토막들을 맞추어 보시오.
차례 맞추기	논리적으로 이야기가 되게끔 그림들을 순서대로 배열해 보시오.
동형 찾기	일련의 도형을 살펴보고 같은 도형을 찾으시오.

WISC와 WPPSI

1949년에 선보인 WISC는 12개의 소검사(6개의 언어성, 6개의 동작성)로 구성되었으나, 보통은 10개가 실시된다. 후에 웩슬러 취학전 아동용 지능검사(WPPSI)가 개발되었지만 4세까지만 가능하다(Wechsler, 1967). 최근 WPPSI-R은 연령 제한을 3세까지 낮추어 2.5~7세까지 적용된다.

WISC의 최신판인 WISC-IV는 6~17세까지 적용되고 이전 판의 기본적인 구조와 형태를 유지하고 있다. 하지만 WISC-IV에는 몇 가지 중요한 변화가 있다. 3개의 소검사가 탈락되고(차례 맞추기, 모양 맞추기, 미로) 5개의 소검사가 추가되었다(공통 그림 찾기, 순차 연결, 행렬추리, 선택, 단어추리). 검사 개발자들은 또한 웩슬러 검사점수의 오랜 요소인 언어성 IQ와 운동성 IQ를 버렸다. 전체 척도 IQ와 WISC-III에 처음으로 소개되었던 합성점수 또는 지수는 남아 있다. 합성점수에는 언어이해, 지각추론, 작업기억, 처리 속도의 4개가 있다(Wechsler, 2003).

웩슬러 검사의 심리측정적 속성은 우수하다. 예를 들어, 웩슬러 검사군 중 가장 최근에 개정된 WISC-IV는 6~17세 아동 2,200명의 표집으로 규준화했다. 이 표집은 성, 인종/민족, 부모의 교육수준, 지역 등의 측면에서 2000년 미국 인구조사 자료를 반영하였다. 최근 개정된 SB5처럼 이러한 여러 변인을 포함시켰기 때문에 전문가들은 문항 편파 증거에 대한 검증을 위해 예비 문항을 철저하게 조사하기 위한 교차문화적인 연구와 지능검사를 수행했다. 특정 집단에 따라 다르게 응답할 수 있는 문항들은 이러한 집단 차이를 나타내지 않는 문항에 도움을 주기 위해 폐기되었다.

웩슬러 검사들 각각의 신뢰도는 높다. WAIS의 전체, 언어성 및 동작성 IQ 점수의 반분신뢰도는 모든 연령대에서 0.93 이상이다. 지수점수의 신뢰도도 비슷하게 높다. WISC-IV의 지수점수와 전체 검사점수의 반분신뢰도는 0.92~0.97이다. WISC-IV 점수는 또한 매우 안정적이다. 검사-재검사 신뢰도는 0.80~0.90대로 높다. 마지막으로 채점에서 검사자의 주관성이 상당히 제거되어, 평정자 간 일치도는 0.89~0.99 범위다(Wechsler, 2003).

타당도 연구들은 웩슬러 검사들이 비네 검사와 같은 입증된 검사들과의 상관이 높다는 것을 보여 준다. 또한 SB처럼 요인분석 연구를 통해 지능의 측정에서 중요한 구성을 대표하는 합성지수 점수를 확인했다(Wechsler, 2003). 합성지수는 학교 성적, 성취검사 점수, 신경심리학적 수행 등과 같은 준거들과 적절하게 높은 상관을 나타냈다(Braden, 1995). 표준화, 신뢰도, 타당도에 대한 자세한 내용은 각 검사의 매뉴얼에 제시되어 있다.

지능검사 점수의 해석

WAIS, WISC, SB와 같은 지능검사를 사용하여 임상가는 개인의 인지적인 강점과 약점을 다각적으로 기술한다. 또한 소검사 점수의 '분산도' 또는 편차를 통해 진단, 뇌손상, 충동성, 기타 성격 특성 등에 관한 가설을 세울 수 있다(Groth-Marnat, 2003; Ryan, Paolo, & Smith, 1992; Wechsler, 2003). 예를 들어, 웩슬러(Wechsler, 2003)는 ADHD, 학습장애, 외상성 뇌손상 등을 가진 아동들이 처리 속도에서 상대적으로 낮은 수행을 보인다는 것을 지적하였다. 그러나 다른 연구자들이 소검사 점수들의 패턴을 바탕으로 해석을 할 때 주의해야 한다고 주장하였다. 이 검사들은 신경심리학적 평가를 위해 만들어진 것이 아니기 때문에 WAIS, SB, WISC 단독으로는 명확한 진단이 거의 이루어질 수 없다고 주장하였다. 더 나아가 헌슬리와 매시(Hunsley & Mash, 2007)는 점수 간 비교의 임상적 유용성이 경험적으로 입증되지 않았다고 주장하였다.

그 밖의 지능검사

최근에 인기를 끌고 있는 지능검사인 카우프만 검사(Kaufman Assessment Battery for Children: K-ABC; Kaufman & Kaufman, 1983, 2004a)는 3~18세 아동에게 적합한 검사로 현재 2판인 K-ABC-II가 나왔다. 이 검사는 인지심리학과 신경심리학적 이론과 연구를 기초로 만들어졌다. 이 이론들은 지능을 사실에 대한 지식(결정화 지능)과 새로운 문제를 해결하는 능력(유동적 지능)으로 정의한다. 비네 검사와 웩슬러 검사처럼 카우프만 검사의 소검사들(총 18개, 핵심 소검사 10개)은 지능의 위계적 모델에 입각하여 복합점수로 묶인다. 검사의 두 가지 이론적 기초를 반영하여 2개의 주요(상위 수준) 점수—정신적 처리과정, 정신적 처리과정과 습득된 지식의 종합—를 산출한다. K-ABC-II에서 중간 수준의 복합요인 점수의 개수는 나이와 함께 증가한다. 3세 아동은 3개의 복합요인 점수, 4~6세 아동은 4개, 7세 이상은 5개다. 이러한 배열은 아동이 성장함에 따라 지능의 복잡성이 증가하는 것을 반영한다.

K-ABC-II의 표준화 표집은 미국 인구조사의 인구학적 분포와 거의 대등한 3,025명의 아동들이다. 내적 일치도는 0.90대의 범위, 검사-재검사 계수는 0.80 중간에서 0.90대다. K-ABC-II 개발자들은 검사가 문화적/민족적 편파에서 자유롭도록 노력했다. 검사는 학교 성적, 성취검사 점수, 신경심리학적 수행뿐 아니라 WISC와도 상관이 높았다(Braden, 1995; Kaufman & Kaufman, 2004a). 카우프만 간편지능검사(Kaufman Brief Intelligence Test-2: K-BIT-2)라고 불리는 단축형은 20분 이내에 결정화 지능과 유동적

〈표 5-7〉 인기 있는 지능검사의 요약

검사	연령 범위	핵심 소검사 개수	추정* 수행시간	기본 측정치
Standford-Binet Intelligence Scale (SB5) (Roid, 2003)	2~85세 이상	10개	45~75분	전체 IQ; 언어성 IQ; 합성척도 5개: 유동적 추리, 결정화 지식, 양적 지식, 시각-공간 처리, 작업기억
WISC-IV (Wechsler, 2003)	6세 0개월~16세 11개월	10개	65~80분	전제 IQ; 합성척도 4개: 언어이해, 지각추리, 작업기억, 처리 속도
K-ABC-II (Kaufman & Kaufman, 2004a)	3~18세	7~11세 (연령에 따라 다름)	25~75분	정신적 처리과정 지표, 유동적-결정화 지표; 복합척도 5개: 순차적 처리, 동시적 처리, 학습능력, 계획능력, 지식

* 매뉴얼에 제시된 추정 수행시간은 대략적인 것이다. 임상장면에서 시간은 피검자의 나이, 전체 IQ, 검사자의 경험, 환경 등에 따라 매우 다양하다(Ryan, Glass, & Brown, 2007 참조).

출처: Roid(2003), Wechsler(2003), Kaufman & Kaufman(2004a).

지능을 평가하도록 만들어졌다(Kaufman & Kaufman, 2004b).

오늘날 사용되는 다양한 지능검사는 언어적 기술 혹은 언어화 기술을 강조하지 않으면서 지능을 평가한다. 피보디 그림어휘검사(Peabody Picture Vocabulary Test-Revised), 포터 미로검사(Porteus Maze Test), 라이터 성취검사(Leiter International Performance Scale), 레이븐(Raven)의 행렬검사(Progressive Matrices) 등은 매우 어리거나 혹은 언어 과제에서 개인의 능력을 손상시키는 다른 특성을 가진 내담자의 지능을 평가한다. 이 검사들은 표준화된 IQ 검사에서 불안, 언어적 결손, 문화적 불이익, 다른 상황적 요인 등으로 내담자의 수행이 방해받을 수 있을 것으로 의심되는 경우에 대안적인 검사로 제공할 수도 있다. 인기 있는 세 가지 지능검사의 기본적인 정보는 〈표 5-7〉에 제시되어 있다.

적성 및 성취 검사

지능검사는 적성(지식과 기술을 습득하는 능력)과 성취(습득된 지식과 기술) 둘 다를 측정하는 일반적인 정신능력 측정도구라 할 수 있다. 그러나 보다 구체적인 정신능력을 측정하도록 고안된 많은 다른 검사가 있다. 바로 적성검사와 성취도검사가 포함된다. 적성검사는 직업이나 교육 프로그램에서의 성공을 예측하기 위해서 고안되었다. 그것은 서로 다른 교육경험과 일상적 경험을 측정하여 그 결과를 바탕으로 미래의 수행을 예측하고자 한다. 성취도검사는 특정 영역의 숙달능력을 측정한다. 얼마나 많이 알고 있는지 혹은 그들이 얼마나 잘 수행하는지를 측정한다. SAT(Scholastic Aptitude Test)는 고등학교 학생들의 대학 수업을 위한 잠재능력을 예측하기 위해 사용되는 것으로, 대부분의 대학생들에게는 익숙한 것이다. SAT는 언어적 · 수량적 추론점수를 산출하는데, 현재 최근 개정판인 SAT-II에는 영어 영역 에세이 점수가 포함되었다. SAT의 구체적인 내용은 끊임없이 바뀐다. 각 시행마다 문제들이 바뀌고, 특정 시점에 장래 검사에 포함될 일부 문항들이 실행되고 순차적으로 분석된다. 채점되는 척도는 같지만, 검사규준은 검사의 각 특정 판의 피검자 1,000명의 점수를 기준으로 계산된다.

그 외 인기 있는 적성 또는 성취 검사로는 W-J CB III(Woodcock-Johnson-Cognitive Battery III)와 W-J AB III(Woodcock-Johnson Achivement Battery III; Woodcock, McGrew, & Mather, 2000)가 있다. 이들 종합검사는 2~90세 이상 개인의 일반지능과 특수 학업성취를 측정한다. WRAT-3(Wide Range Achievement Test) 또한 K-TEA(Kaufman Test of Educational Achievement; Kaufman & Kaufman, 1985), WIAT(Wechsler Individual Achievement Test)처럼 잘 알려진 검사다(Wilkinson, 1993). 임상가들, 특히 학교심리학자들은 이러한 검사를 아동과 성인의 적성과 성취를 평가하고 학습장애를 확인하고 교육계획을 개발하기 위해 사용한다.

그 외에도 성취와 적성을 측정하는 많은 검사가 있다. 더 구체적인 능력이나 적성을 평가하는 검사일수록 덜 친숙한 것 같다. 만일 당신이 "Seashore Measure of Musical Talents" 또는 "Crawford Small Parts Dexterity Test"를 한번도 들어 본 적이 없다면, 아마도 이러한 매우 특화된 능력검사를 받아 볼 기회가 없었기 때문일 것이다. 이러한 능력검사는 임상심리학자들보다는 인사과 직원, 그리고 직업 및 교육, 학생지도 상담가들이 더 많이 사용한다.

이 절의 요약 임상심리학자들이 가장 흔하게 사용하는 지능검사들은 SB5, WAIS-III, WISC-IV다. 각 검사들은 전체 IQ 점수(위계적 모델의 g에 해당하는), 합성요인 점수(중간 수준에 해당하는), 특수 소검사 점수(특수능력에 해당하는)를 산출한다. 그 외 많은 검사가 일반지능과 특수한 적성, 성취 수준 등을 평가하기 위해 사용된다. 자주 사용되는 검사들은 일정 기간마다 개정되고 신뢰도와 타당도 수준이 높다.

태도, 흥미, 선호도, 가치에 대한 검사

임상심리학자들은 사람들의 태도, 관심, 선호도, 가치 등을 평가하는 것이 유용하다는 것을 알고 있다. 예를 들어, 임상가는 갈등이 있는 부부와 치료를 시작하기 전에, 각 배우자의 결혼이나 헌신적인 관계에 대한 태도에 관한 정보를 원할 수도 있다. 유사하게 성공적인 의사들의 전형적인 모습과는 좀 달라 보이는 내담자가 의학전문 대학원에 들어가는 문제로 심각한 갈등을 겪고 있을 때, 그의 흥미에 대해 알아보는 것은 유익하다. 마지막으로, 태도, 흥미, 선호도 및 가치에 대한 평가는 경력 결정과 관련하여 내담자가 스스로 자기 탐색을 할 수 있도록 격려한다(Holland, 1996).

이러한 차원들을 평가하는 모든 검사를 서술할 만큼 여건이 충분하지는 않다. 내담자의 다양한 취미, 직업, 학업전공, 활동 등에 대한 선호를 평가하기 위해 만들어진 것 중에서 가장 흔하게 사용되는 검사들은 SII(Strong Interest Inventory; Hansen & Campbell, 1985), KOIS(Kuder Occupational Interest Survey; Zytowski, 2007), CISS(Campbell Interest and Skill Survey; Campbell, 2008), SDS(Self-Directed Search; Holland, 1994) 등이다.

이러한 검사들은 학생들이 대학 전공과 직업을 선택하는 것을 돕기 위해 학교상담자들이 사용한다. 이들 검사에서 산출되는 흥미 프로파일은 생물학자, 공학자, 군 관료, 목수, 경찰, 목사, 회계사, 영업직원, 변호사 등과 같은 직업군에서 수집된 프로파일과 비교할 수 있다. 원래는 지필검사로 만들었으나 대부분의 출판사 온라인에서 실시할 수 있다. 요금을 지불하면 검사를 받을 수 있고, 몇 분 안에 자세한 보고서를 받을 수 있다.

SoV(Study of Values; Allport, Vernon, & Lindzey, 1970)와 RVS(Rokeach Value Survey)와 같은 도구들은 가치 혹은 일반적인 삶의 방향을 측정하기 위한 것이다. 로키치(Rokeach, 2000)는 가치는 태도나 흥미와는 다르며, 개인의 핵심적이고 소수인 신념 체계와 심리적 기능이라고 주장했다. 가치를 측정하기 위해서, SoV에서는 다른 가치를 표현하는 120쌍의 진술을 제시하고 각 진술에서 하나씩을 선택하게 한다. 그 결과는 이론적(지적) · 경제적 · 심미적 · 사회적 · 정치적 · 종교적의 6개 기본 흥미에 대한 상대적 강도를 보여 준다. RVS는 열여덟 가지 궁극적인 가치(예, 건강, 사회적 인정, 안락한 삶, 세계평화)와 열여덟 가지 도구적 가치(예, 넓은 마음, 지능, 순종, 용기)의 순위를 정하게 한다.

일반적으로 흥미와 가치 검사도구의 신뢰도와 타당도는 수용할 만하지만, 앞서 언급했던 대부분의 인지적 측정도구만큼 높지는 않다. 특정 항목이 높은 순위에 오르면 다른 항목은 당연히 낮아지는 순위나 선택방식을 사용하기 때문에, 이러한 검사도구의 신뢰도와 타당도를 평가하는 것은 어려울 수 있다. 또한 종종 피검자는 객관적으로 측정 가능하고 보다 초점이 분명한 문항과는 달리 자신의 순위에 대해 확신하지 못한다(예를 들어, 3순위였던 항목이 6개월 후에는 5~6순위가 될 수도 있다). 이러한 심리측정적 한계에도 불구하고 이 검사들은 상대적으로 널리 사용되는데, 아마도 내용타당도와 개인적인 면과 경력에 대한 탐색을 촉진하는 능력 때문일 것이다.

정신병리 및 성격 검사

이 절의 미리보기

태도, 흥미, 선호, 가치 등은 개인 성격의 한 측면을 나타낼 수 있지만, 이러한 것을 측정하는 검사가 성격을 측정하는 것은 아니다. 이 절에서는 성격의 다양한 측면을 평가하기 위해 특별히 제작된 심리검사 중 뛰어난 몇몇을 살펴볼 것이다. 어떤 검사들은 심리적 비정상성에 초점을 맞추고, 또 다른 검사들은 정상기능을 측정하도록 만들었다. 또한 상대적으로 단순하고 분명한 문항을 제시하는(예를 들어, 예-아니요) 객관적 성격검사와 보다 애매한 자극과 과제를 제시하는(예를 들어, 잉크반점, 이야기 만들기) 투사적 검사로도 구분된다. 두 범주에 속하는 검사들의 사용, 강점, 약점을 논의한다.

성격은 한 사람이 다른 사람과 비교할 수 있고 대비할 수 있는 행동 및 심리 특성의 패턴으로 정의할 수 있다. 어떤 임상가들은 성격을 조직화된 특질의 집합으로 보기도 하며, 다른 임상가들은 심리내적인 힘들 간의 역동적 관계의 관점으로, 학습된 행동이 재발되는 패턴으로, 혹은 세상에 대한 지각으로 보기도 한다. 이처럼 이론에서 도출된 성격에 대한 관점 차이는 이를 평가하는 광범위한 방법들에서 나타난다. 실제로 다른 어떤 임상적 목표보다도 성격평가를 목표로 하는 심리검사가 많다.

성격검사에는 객관적 검사와 투사적 검사의 두 가지 유형이 있다. 객관적 검사에서는 질문("가출하고 싶은 적이 있습니까?"), 진술("결코 우울하지 않다.")과 같이 상대적으로 분명하고 구체적인 자극을 제시하며, 내담자는 이에 대해 직접적인 대답, 선택 혹은 정도를 평가하는 것으로 반응한다. 대부분의 객관적 성격검사는 지필검사 형태이며, 사지선다형 또는 예/아니요 응답을 컴퓨터로 채점할 수 있다. 어떤 객관적 검사는 불안, 의존성, 자아 강도와 같은 성격의 한 측면에 초점을 맞추는가 하면, 다른 검사들은 많은 성격 차원에 대한 종합적인 개관을 제공하기도 한다.

투사적 검사에서는 내담자에게 보통(잉크반점, 그림, 불완전한 문장 등과 같이) 애매모호하고 비구조화된 자극에 반응하도록 요청하며, 내담자의 반응은 그들의 성격구조와 역동의 의식적 영역과 무의식적 영역이 반영된 것으로 간주되어 채점되고 해석된다.

객관적 정신병리검사

심리학자들에 의해서 개발된 가장 최초의 객관적 성격검사는 심리적 문제를 가진 군인들을 선별하기 위해 제1차 세계대전 동안 사용된 개인자료질문지(Personal Data Sheet, Woodworth, 1920)였다. 이 질문지는 "행복한 어린 시절을 보냈습니까?" "다리를 건널 때 불편을 느끼십니까?"와 같은 질문에 예/아니요로 대답하도록 되어 있었다. 이 문항들은 이전에 '정상'으로 진단받은 사람들에 비해 '신경증'으로 진단받은 사람들이 최소한 2배 이상 더 많이 보고하는 문제와 증상들을 반영하기 때문에 선택된 것이다. 정상집단의 25% 이상이 바람직하지 않은 방향으로 답한 문항은 제거되었다. 이와 같은 문항 선정의 절차는 이후 더욱 정교화된 경험적 검사 구성과정의 서막이 되었다(Butcher & Keller, 1984).

MMPI

개인자료질문지 이후 나타난 수많은 객관적 성격검사 중 가장 영향력 있고 널리 사용하고 있는 검사가 미네소타 다면적 인성검사(Minnesota Multiphasic Personality Inventory: MMPI) 다. 이 검사는 1930년대 후반, 미네소타 대학의 심리학자 해서웨이(Starke Hathaway)와 정신과 의사 매킨리(J.C. McKinley)에 의해서 임상 환자들의 정신과적 진단을 돕기 위해서 개발하였다. 해서웨이와 매킨리는 당시까지의 성격검사들과 그 밖의 다른 출처를 통해 약 1,000개의 문항을 선택하고 이를 '예' '아니요' 혹은 '대답할 수 없음'으로 반응할 수 있도록 만들었다. 그리고 이 중 절반 이상의 문항을 이미 정신과적 장애진단을 받은 사람들뿐 아니라 정상인까지 포함하여 수천 명에게 실시하였다.

자료를 분석한 결과, 특정한 반응 패턴이 나타났다. 정상인들과 비교하여 다양한 진단집단들은 통계적으로 많은 항목에서 다른 반응을 보였다. 예를 들어, 어떤 특정 문항군에서 우울한 사람들이 동일한 방식으로 응답을 하였고, 또 다른 문항군에서는 정신분열증 진단을 받을 사람들이 특정한 방식으로 응답을 하였다. 이러한 문항군 또는 척도 8개는 특정 진단범주와 연관이 있었고, 정상과 비정상을 변별하는 것으로 확인되었다. 이후 2개의 척도가 추가되었다. 하나는 여성과 남성이 서로 다르게 반응하는 문항군이었고, 다른 하나는 수줍음을 많이 타고 내향적인 대학생들이 특정한 반응을 보이는 문항군이었다. 또한 MMPI에는 네 개의 타당도 척도가 포함되어 있다. 이 항목들은 다양한 검사 태도와 반응 왜곡을 찾아내기 위해 만들어진 것이다.

이렇게 널리 사용되었음에도 불구하고(심지어 미국 수화로도 번안되었다; Brauer, 1993), MMPI 초판은 결국 시대적으로 낡은 검사가 되었다(Dahlstrom, 1992). 이에 따라 광범위한 개정작업이 1982년부터 시작되어 1989년에 완성되었다. 개정작업은 여러 임상 모집단뿐만 아니라 무작위로 선정된 정상적인 성인과 청년의 표본으로부터 새로운 규준자료를 모으는 것에 중점을 두었다. 2,600명의 사람들이 재표준화 표집으로 선정되었다. 또한 154개 항목들의 추가 가능성이 평가되었다. 〈표 5-8〉에는 개정된 검사인 MMPI-2의 타당도 척도와 임상척도가 제시되어 있다(Butcher et al., 1989).

MMPI-2의 새로운 발전 중에서는 세 가지가 특히 중요하다.

- 15개의 새로운 내용척도로 이전의 기본 임상척도로는 측정할 수 없었던 성격요인에 대한 보충적인 평가가 가능하다. 여기에는 불안, 강박성, 건강 염려, 냉소주의, 가족문제 등이 포함된다.
- 몇 개의 새로운 타당도 척도가 ?, L, F, K에 추가되었다.
- 서로 다른 척도에서 나타난 유사한 점수들의 임상적 중요도를 동등하게 하기 위해서 점수를 변환시켰다. MMPI 초판에서는 서로 다른 척도의 유사한 점수들이라도 장해의 수준은 서로 달랐다(Tellegen & Ben-Porath, 1992). 이 외에도 임상적으로 유의미한 상승으로 보는 점수의 기준을 MMPI-2에서는 기존의 70점 이상에서 65점 이상으로 낮추었다.

지필식 MMPI-2를 실시하는 데는 평균 이상의 읽기능력을 가진 사람이 약 90분 정도 걸린다(검사는 6학년 정도의 읽기수준이다). 컴퓨터로 실시하면 다소 빨라진다. 검사의 해석에는 내담자와 다른 내담자의 MMPI 프로파일을 비교하는 것이 포함된다. 이는 임상적으로 이전의 패턴을 회상하고, 참고서적에서 같은 프로파일을 가진 사람들의 특성을 통계학적으로 참고하는 방식으로 이루어진다(Butcher & Williams, 1992; Dahlstrom, Lachar, & Dahlstrom, 1986; Dahlstrom, Welsh, & Dahlstrom, 1972; Graham, 1990). MMPI 프로파일의 예는 [그림 5-2]에 제시되어 있다.

〈표 5-8〉 MMPI-2 척도와 유사 문항

임상척도	
1-Hs(건강염려증): 신체기능에 대한 비정상적인 염려를 보이는 환자들에서 나온 32개의 문항. 예, "나는 일주일에 여러 번 가슴 통증을 느낀다." (예) 2-D(우울증): 극단적인 비관주의, 무망감, 느린 사고나 행동 등을 보이는 환자들에서 나온 57개의 문항. 예, "나는 보통 인생은 흥미롭고 살 가치가 있다고 느낀다." (아니요) 3-Hy(히스테리): 어려운 갈등이나 책임을 무의식적으로 피하려는 방법으로 신체적 · 정신적 증상을 사용하는 신경증적 환자들에서 나온 60개의 문항. 예, "내 가슴은 자주 너무 심하게 뛰어서 내가 느낄 수 있을 정도다." (예) 4-Pd(반사회성): 사회적 관습을 반복적으로 무시하고, 정서적으로 얄팍하며, 처벌 경험을 통해 학습이 되지 않는 환자들에서 나온 50개의 문항. 예, "내 행동과 흥미는 종종 다른 사람들에게 비난을 받는다." (예) 5-Mf(남성성 여성성): 동성애를 보이는 환자들에서 나온 문항과 남성과 여성을 구별해 주는 56개의 문항. 예, "나는 꽃꽂이 하는 것을 좋아한다." (예 - 여성성으로 채점됨) 6-Pa(편집증): 비정상적인 의심과 과대 혹은 피해망상을 보이는 환자들에서 나온 40개의 문항. 예, "내 마음에 영향을 주려고 하는 사악한 사람들이 있다." (예) 7-Pt(강박증): 강박적 사고, 강박적 행동, 비상적인 두려움, 그리고 죄책감과 우유부단함을 보이는 환자들에서 나온 48개 문항. 예, "더 이상 필요가 없는 것이라도 나는 내가 산 것의 모든 것을 모아 놓는다." (예) 8-Sc(정신분열증): 기괴하고 이례적인 사고나 행동을 보이거나, 종종 철회 행동과 망상 및 환각을 경험하는 환자들에서 나온 78개의 문항. 예, "사람들이 나에게 가까이 오는 것이 나를 불편하게 한다." (예) "주변의 일들이 실제처럼 여겨지지 않는다." (예)	9-Ma(경조증): 정서적 흥분, 과잉행동, 사고의 비약으로 특징되는 환자에서 나온 46개의 문항. 예, "나는 종종 분명한 이유 없이 기분이 매우 좋거나 매우 나빠진다." (예) 0-Si(내향성): 수줍음, 사람에 대한 관심 결여, 불안정성 등을 보이는 사람들에서 나온 69개의 문항. 예, "나는 파티에서 나만의 시간을 갖는다." (예) **타당도 (Validity) 척도** ? (대답할 수 없다): 응답하지 않은 문항의 개수 L(거짓말 척도): 과도하게 좋게 보이려는 자기보고 15개 문항. 예, "나는 만나는 모든 사람에게 미소를 짓는다." (예) F(빈도): 정상인의 10% 미만이 채점되는 방향대로 응답하는 60개 문항. 예, "나와 맞서 싸우려는 국제적인 음모가 있다." (예) K(교정): 문제에 대한 방어성을 나타내는 30개 문항. 예, "나는 다른 사람들이 나를 비판할 때 기분이 나쁘다." (아니요) VRIN(무선반응 비일관성 척도): 일관되게 응답할 것으로 기대되는 49개의 쌍으로 된 문항. 예, "사람들과 대화하는 것이 어렵다."와 "종종 사람들과 무슨 말을 해야 할지 모르겠다." (한 문항에 대해서는 예, 다른 문항에 대해서는 아니요) TRIN(고정반응 비일관성 척도): 상반되는 내용으로 된 40개의 쌍으로 된 문항. 두 문항에 모두 예라고 대답하는 것은 비일관성을 반영한다. 예, "거의 항상 피곤하고 동기저하 상태다."와 "거의 항상 활기 있고 열정적이다." (두 문항 모두 예) F(p)(비전형-정신병리 척도): F척도와 유사하게 문제뿐 아니라 비전형성도 탐지하도록 구별된 27개 문항. 예, "양쪽 다리가 종종 아무 이유 없이 마비된다." (예)

출처: *Assessment of Persons* by N. Sundberg, 1977 (Englewood Cliffs, NJ: Prentice Hall), p. 183.

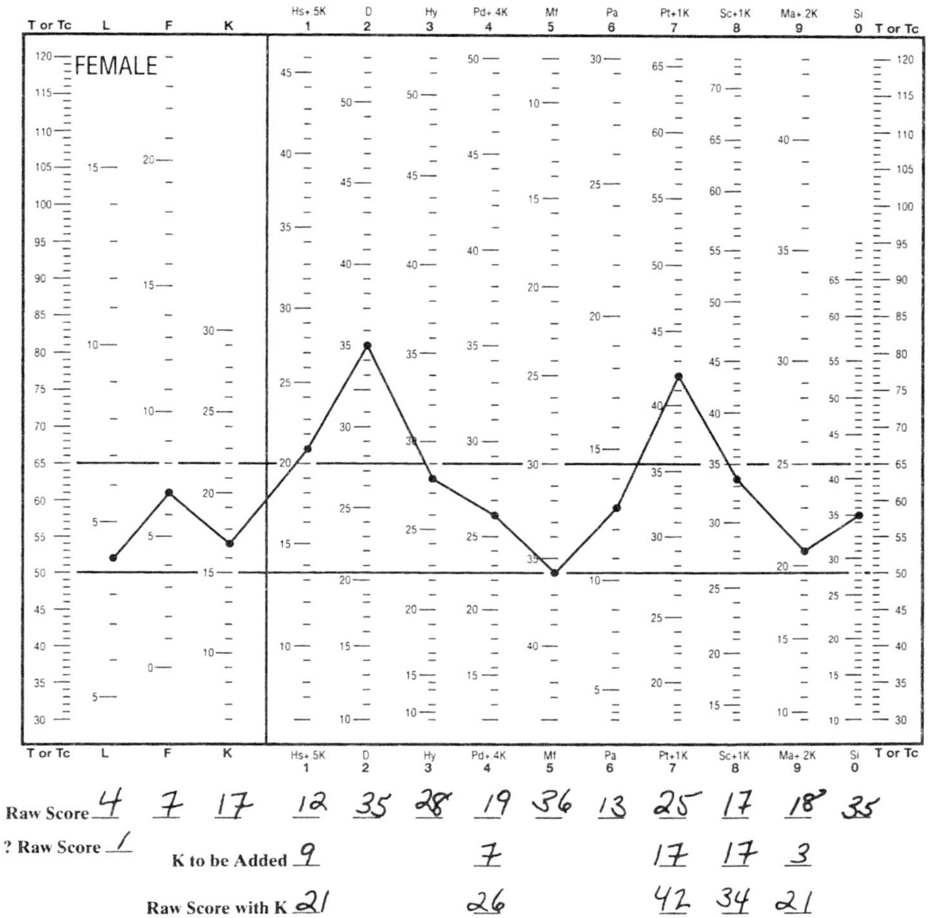

[그림 5-2] MMPI 프로파일

출처: Minnesota Multiphasic Personality Inventory-2. Copyright by The Regents of the University of Minnesota 1942-1943 (renewed 1970), 1989.

MMPI를 채점하는 가장 보편적인 방법은 임상척도 중 가장 높은 2개의 점수를 참조하는 2코드 체계를 사용하는 것이다. 예를 들어, 4번과 9번 척도점수가 가장 높으면 임상가는 49/94 코드를 사용할 것이다. 표집 프로파일 책에 기술된 49/94는 충동적 · 외향적 · 자극추구; 반사회적 경향; 불안정한 가족력과 직업경력 등이다. 때때로 추가적 척도를 사용하여 2코드의 기술을 수정할 수도 있다. 추가적으로 수많은 실험적 척도가 MMPI-2로부터 구성되었는데, 그중 다수는 검사의 원래 진단목적을 뛰어넘는 것들이다.

MMPI 사용을 원하는 임상가를 위한 '실제의 자료들'이 대량으로 존재한다(Domino &

Domino, 2006, p. 177). MMPI-2를 실시하고 보고서를 산출하는 컴퓨터 프로그램은 매우 많으며, 수많은 해석과 채점 매뉴얼은 질적으로 다양하다. 핑거와 원스(Finger & Ones, 1999)는 컴퓨터 대 기존 수행방법 간의 차이를 비교하는 메타분석을 실시했는데, 둘 간의 점수 차이는 무시할 수 있을 정도로 적었다. 즉, MMPI는 결과에 대한 손상 없이 컴퓨터로 실시할 수 있다. 점수에 대한 임상적 해석은 또 다른 문제다. 즉, 어떤 해석이 다른 해석보다 낫다. 새로운 임상가는 점수 해석을 위해 보다 잘 확립된 연구를 참조하는 것이 현명할 것이다(예, Butcher, 1999, 2006; Butcher & Williams, 1992; Graham, 2000).

한편, MMPI의 단축형도 개발되었다. 'Mini-Mult' 혹은 'Midi-Mult'라는 이 축약판은 덜 종합적이며 빠른 분류와 선발을 목적으로 고안되었다(Stevens & Reilly, 1980). 청소년을 위해 개발된 단축형인 MMPI-A는 478항목으로 되어 있지만, 문항 수가 많아서 MMPI 및 MMPI-2와 높은 상관관계를 보인다.

월시와 베츠(Walsh & Betz, 2001)는 "임상 및 상담 장면에서 정서적 혼란의 본질과 정도를 평가하기에 MMPI가 가장 유용한 심리검사라는 점에는 의심의 여지가 없다"(p. 112)고 하였다. 이 검사는 다른 어떤 검사들보다 훨씬 더 많은 연구보고서를 생산하였다. MMPI는 상당히 높은 심리측정적 속성을 가지고 있다. 예를 들어, MMPI와 MMPI-2 척도의 검사-재검사 신뢰도 계수의 범위는 0.60~0.90이다(Pope, Butcher, & Seelen, 1993).

연구자들은 다양한 민족/문화적 집단에서 MMPI-2를 사용할 때 타당한 결과가 나올 수 있는지 알아보기 위한 연구를 계속하고 있다. 예를 들어, 정, 위드와 한(Chung, Weed, & Han, 2006)은 미국에 사는 한국어 이중언어자에게 MMPI-2의 교차문화적 동등성을 검증했다. 영어에 능통한 하위 그룹을 제외하고, 두 가지 언어로 검사를 했을 때의 검사-재검사 상관은 동일 언어의 상관보다 낮았다. 특히 복잡한 영어 문장이나 영어 관용구가 포함된 문항이 문제가 되었다. 이러한 결과를 봤을 때, 임상가들은 그 집단에서 타당화 연구가 되지 않은 문화집단에 MMPI-2의 해석을 일반화할 때 주의해야만 한다(Butcher, 2004; Pace et al., 2006).

MCMI

정신병리를 평가하는 MMPI에 대한 주요 대안은 MCMI(Millon Clinical Multiaxial Inventory)다. 이 검사는 175문항으로 MMPI보다 짧다. MCMI 검사는 1982년에 처음 출판되었고, 1987년에 개정, 1997년에 재개정되었다(Millon, Millon, & Davis, 1997). MCMI-III는 28개 하위척도를 산출하고, 그중 4개의 척도는 검사의 타당도 또는 해석을 수정하기 위해 고안된 것이다. 검사는 DSM 진단규준과 연결되도록 고안되었고, DSM-IV의 진단그룹과 유사하다(예, 불안, 신체화). 10개의 척도는 성격의 패턴/장애에 할애된다(예, 회피성, 반사회성). MCMI-III의 해석을 위해서는 "특히 일반적 그리고 성격장애에서 정신병리와 관련된 상당한 교양과 지식이 필요하다"(Groth-Marnat, 2003, p. 323). MCMI의 신뢰도는 MMPI보다 다소 낮다. 그럼에도 불구하고 이 검사는 인기 있는 검사 중 하나다.

정신병리의 특정한 측면을 측정하는 검사

임상가들은 보다 구체적인 임상적 표적을 평가하기 위한 검사를 개발해 왔다. 뛰어난 예가 벡 우울척도(Beck Depression Inventory: BDI)이며, 현재 2판인 BDI-II가 있다(Beck, Steer, & Brown, 1996). BDI는 21문항으로 비교적 시행하기가 쉽다. 내담자들은 각 문항 내용에 대해 그 정도를 0~3점 척도로 점수를 표시한다. 검사는 전혀 아님 혹은 약한 우울(13점 이하)에서 심한 우울(29점 이상)까지의 점수를 산출한다. 일부 연구에서는 이 검사가 한 요인(우울증의 일반적 표현)만을 측정하였고, 또 다른 연구에서는 두 가지 요인(우울증의 인지적 표현과 신체적 표현)을 찾아냈다(Ward, 2006). 이 검사는 임상적으로 그리고 연구에서 널리 흥미를 끌었는데, 1,000여 개가 넘는 연구에서 이 검사가 사용된 것이 그 증거다.

정신병리의 구체적인 표현에 초점을 맞춘 다른 검사로는 두려움 조사표(Fear Survey Schedule: FSS)가 있다. 이 검사는 내담자가 두려움의 관점에서 사물, 사람, 상황을 평가하는 간단한 목록이다. 이 검사의 다른 판들은 50~122문항들로, 1~5점 혹은 1~7점 척도를 사용한다(예, Gear, 1965; Lawlis, 1971; Wolpe & Lang, 1969). FSS-III는 몇 개의 언어로 번안되었고(Abdel, 1994; Johnsen & Hugdahl, 1990), 인지적으로 손상되지 않은 아동과 지체된 아동에게 사용할 수 있는 판도 있다(Fleisig, 1993; Gullone & King, 1992; Ramirez & Kratchowill, 1990). 이러한 범주에는 STAI(State-Trait Anxiety Inventory; Spielberger, Gorsuch, Lushene, Lushene, Vagg, & Jacobs, 1983), SADS(Social Avoidance and Distress Scale; Watson & Fried, 1969), SPAI(Social Phobia and Anxiety Inventory; Turner, Beidel, Dancu, & Stanley, 1989), PSS-SR(PTSD Symptom Scale Self-Report; Foa, Riggs, Dancu, & Rothbaum, 1993), BULT-R(Bulimia Test-Revised; Thelen, Farmer, Wonderlich, & Smith, 1991) 등의 검사가 포함된다.

객관적 성격검사

임상심리학자들은 특히 정신병리를 평가하는 데 관심이 있지만, 성격의 정상적인 변이 또한 평가한다. 이 또한 임상연구의 한 부분이며, 내담자의 강점과 약점에 대한 보다 좋은 의견을 얻을 수도 있다.

성격의 정상적인 차원을 측정하는 수많은 검사가 있으며, 각각 성격이론 그리고/또는 성격에 대한 요인분석을 바탕으로 한다. 요인분석 연구를 바탕으로 한 최초의 성격검사 중 하나는 아이젱크 성격검사(Eysenck Personality Questionaire: EPQ; Eysenck & Eysenck, 1975)로, 세 가지 기본 성격요인—정신병성, 외향-내향성, 정서적 안정성—을 측정한다. 또 다른 검사인 텔리건(Tellegen, 1982)의 MPQ(Multidimensional Personality Questionaire) 또한 세 가지 요인—긍정적 정서, 부정적 정서, 억제—을 측정한다. 임상가들이 많이 사용하는 그 외의 정상 성격검사들은 다음 절에서 설명한다.

CPI

측정하는 범위가 폭넓고, 경험적으로 구성된 객관적 성격검사의 뛰어난 예는 캘리포니아 성격검사(California Psychological Inventory: CPI)다. 이 검사는 1957년에 소개되었고 1987년에 시대에 맞게 내용과 문항을 바꾸어 개정하였다(Gough, 1987). 앞서 언급한 MMPI, MCMI, 기타 성격검사들과 대조적으로, CPI는 특별히 '정상' 집단의 성격을 평가하기 위한 것이다. 이 검사의 462개의 예/아니요 문항들 중 절반은 MMPI에서 가지고 왔지만, 사교성, 자기 수용성, 책임감, 주도성, 자기통제 등을 포함한 보다 다양하고 긍정적인 척도들로 묶였다. 이 검사 또한 MMPI와 본질적으로 동일한 목적으로 사용되는 세 개의 타당도 척도가 있다. CPI의 강점은 표준화 표집(미국 전역과 모든 사회경제적 수준에서 추출한 13,000명의 남성과 여성)의 대표성과 상대적으로 높은 신뢰도다. 검사는 비행, 가석방 결과, 학업수준, 고등학교 중도탈락 등을 예측하는 데 사용되고 있다(Anastasi & Urbina, 1997). CPI는 컴퓨터 채점과 해석이 가능하다.

16PF

카텔(Raymond B. Cattell)은 성격의 열여섯 가지 기본 요인을 확인하기 위해 이론과 요인분석을 모두 사용했다(Cattell, Eber, & Tatusoka, 1970, 1992). 16PF(Sixteen Personality Factors Questionaire)의 187문항 각각은 3개의 답안 중 하나를 선택하게 되어 있다(예를 들어, "나는 (박물관/국립공원/전시회) 가는 것을 좋아한다."). 검사 결과는 지능, 자아 강도, 보수적-개혁적, 분열기질-정동기질 등과 같은 차원을 포함한 16요인 각각의 점수를 나타낸다. 이 검사의 검사-재검사 신뢰도는 0.8 범위에 근접하고, 구인타당도는 수용할 만하여(Cattell, Eber, & Tatsuoka, 1970) 널리 사용되고 있다.

MBTI

또 다른 객관적 성격검사는 MBTI(Myers-Briggs Type Indicator; Myers & Briggs, 1943)인데, 융(Jung)의 정신분석적 성격 유형 분류 체계를 기초로 개발하였다. 검사는 126개의 선택 문항들을 사용하여 외향/내향(E 또는 I), 감각적/직관적(S 또는 N), 사고/감정(T 또는 F), 판단/인식(J 또는 P)의 네 가지 척도를 조합한 열여섯 가지 유형으로 분류한다. 검사 결과는 각 차원의 강점에 관한 정보를 제공하지만, 때로는 해석할 때 강점은 간과되고 피검자를 4개의 우세한 차원에 따라 간단하게 유형화한다(예를 들어, ENTJ). MBTI는 쉽게 시행할 수 있고, 양호한 반분신뢰도와 검사-재검사 신뢰도를 가지고 있다. 비록 이 검사가 널리 사용되고 다른 성격 및 직업흥미 검사와 상관이 높긴 하지만, 타당도에 대해서는 상당한 우려도 있다(예, Domino & Domino, 2006).

NEO-PI-R

굉장히 인기 있는 또 다른 성격검사가 코스타와 매크리(Costa & McCrea, 1980, 1985, 1992a)의 성격연구 프로그램에서 개발되었다. NEO-PI-R(NEO Personality Inventory-Revised) 최신판에서는 243문항으로 '빅 파이브(Big Five)' 차원과 각 차원의 여섯 가지 구체적인 측면을 측정한다. 다섯 가지 차원은, 첫째 신경증(neuroticism, 많은 상황에서 우울, 불안, 분노를 느끼는 경향성), 둘째 외향성(extraversion, 주장이 강하고 활동적이며 다른 사람들과 어울리는 것을 선호하는 경향성), 셋째 개방성(openness, 많은 경험에 대한 활발한 상상력, 호기심, 수용성 등을 가리키는 특성), 넷째 우호성(agreeableness, 타인에 대한 긍정적, 공감적, 조력적 대인관계 지향성), 다섯째 양심성(conscientiousness, 목표를 추구함에 있어 신뢰성 있고 끈기 있는 성향)이다.

NEO-PI-R은 정상적인 성인 성격에 대한 포괄적 측정도구로 개발되었지만, 연구자들은 정신장애의 진단, 심리치료의 경과 예측, 내담자에게 적합한 치료 형태의 선택 등에도 사용한다(Costa & McCrae, 1992b). MMPI-2 같은 검사가 제공하는 정보 이상의 임상적으로 유용한 정보를 NEO-PI-R 같은 도구가 제공할 것인지를 확신하지 못하는 임상가들도 있다. 이 검사는 좋은 내적 일치도와 검사-재검사 신뢰도를 가지고 있다(비록 모든 척도가 똑같이 좋지는 않지만). 이 검사의 임상적 활용은 아직 충분히 개발되지는 않았지만 집중적으로 연구가 계속되고 있다.

투사적 성격검사

투사적 평가는 1400년대로 거슬러 올라가는데, 당시 레오나르도 다빈치는 모호한 모양에서 형태와 패턴을 찾아내는 시도에서 나타나는 창의성을 일부 참조하여 제자를 선발하였다고 알려져 있다(Piotrowski, 1972). 1800년대 후반 비네(Binet)는 '수동적 상상력(passive imagination)'을 평가하기 위해 아동들에게 잉크반점에서 무엇을 보았는지를 이야기하게 하는 '블로트(Blotto)'라는 게임을 사용하였다(Exner, 1972). 골턴(Frances Galton) 경은 1879년에 단어연상검사를 만들었고, 융은 임상적 평가를 위해 유사한 검사를 1910년까지 사용했다. 이러한 비공식적인 투사적 기법은 각 내담자들이 동일한 방식으로 동일한 자극에 노출되도록 하는 것과 같이 검사 내용을 표준화하여 점차 투사적 검사로 발달하였다.

오늘날 사용되는 투사적 검사는 임상심리학의 정신역동적 접근에서 성장했다. 사람들은 자신의 성격 중에서 수용하기 어려운 면을 타인에게 '투사'하거나 원인을 돌린다는 프로이트의 개념을 확장하여, "욕구, 흥미, 전반적인 심리적 조직화에 의한 지각적 입력의 인지적 중재에 영향을 받는 경향"이 있음을 주장하였다(Frank, 1939, Exner, 1976, p. 61에서 인용). 다른 말로 하면, 개인의 성격은 상당 정도 애매한 자극을 어떻게 해석하고 반응하였는가에 따라 판단할 수 있다고 가정한다. 이러한 경향성을 나타내도록 격려하는 검사가 투사적 방법이다(Frank, 1939). 여기에서는 지면상 가장 뛰어난 투사적 검사만을 언급하지만, 이 장의 앞부분에서 제시한 기본 참고도서에 이러한 검사들에 대한 보다 상세한 내용이 나와 있다.

로르샤흐 검사

가장 널리 알려져 있고 자주 사용되는 투사적 성격검사 중의 하나가 로르샤흐 잉크반점검사(Rorschach Inkblot Test)다. 이는 1911~1921년 사이에 스위스 정신과 의사 로르샤흐(Hermann Rorschach)가 만든 10개의 유채색과 무채색(흑백) 잉크반점 카드로 구성된 검사다. 그의 책이 출판되었을 때(Rorschach, 1921) 판매량은 적었으며, 팔린 책 역시 잘 받아들이지 않았다. 스턴(William Stern)과 같은 유럽의 검사 전문가들은 그 검사가 인간의 성격을 이해하기에는 결함이 많고 임의적이며, 인위적이고 무능력하다고 비난하였다(Reisman, 1976).

1921년 스위스에서 공부하고 있던 미국의 정신과 의사 레비(David Levy)가 그 검사를 미국으로 가져와 1927년에 벡(Samuel Beck)이라는 심리학 실습생에게 사용법을 가르쳐

[그림 5-3] 로르샤흐 검사에 사용된 것과 유사한 잉크반점

출처: Norman D. Sundberg, *Assessment of Persons,* Copyright 1977, p 207. Reprinted by permission of Prentice-Hall, Inc., Englewood Cliffs, New Jersey.

주었다. 벡은 로르샤흐 검사에 대한 최초의 북미 검사보고서를 출간했으며, 1937년에 검사의 실행과 채점에 대한 표준적인 절차를 제시하였다. 또 다른 채점 지침서가 같은 해에 나왔으며(Klopfer & Kelley, 1937), 로르샤흐 검사는 그때까지 포괄적인 성격 측정이 가능하지 않았던 북미 심리학자들 사이에서 인기 있는 검사가 되었다.

이후에 많은 로르샤흐류의 검사가 나타났는데, 그중 가장 유명한 것이 홀츠먼 잉크반점검사(Holtzman Inkblot Test; Holtzman, Thorpe, Swartz, & Herron, 1961)다. 하지만 그 어떤 것도 로르샤흐의 인기를 따라가지 못했다. 로르샤흐는 1930년대에서 1960년대까지 임상심리학자들 사이에서 가장 흔하게 사용되는 검사가 되었다. 한 저명한 임상가는 "로르샤흐에 통달하지 않고서는 임상심리학 분야에서 박사후 과정 수준에 이르렀다고 하기 어렵다."라고 말하였다(Harrower, 1965, p. 398). 그러나 정세는 변했다. 웩슬러 지능검사나 MMPI와 같은 다른 검사들에 비해서 로르샤흐 검사의 인기는 쇠퇴했다. 최근 몇 년간 검사의 사용 순위도 떨어진 것으로 나타났다([그림 5-3] 참조).

이 검사 자체는 단순하다. 내담자에게 10장의 카드를 한 번에 한 장씩 보여 준다. 각 카드에는 [그림 5-3]과 유사한 잉크반점이 있으며, 검사자는 카드를 보여 준 후 피검자에게 무엇이 보이는지 혹은 무엇처럼 보이는지를 물어본다. 검사자는 내담자의 언어반응을 그대로 기록하고 반응시간, 카드를 들고 본 방향(예를 들어, 거꾸로, 옆으로), 그리고

〈표 5-9〉 로르샤흐 검사의 채점 범주

채점 범주	내용
반응 영역	내담자가 반응한 반점의 영역: 전체 영역, 흔히 사용되는 세부 영역, 드물게 사용되는 세부 영역, 흰 공간, 이러한 영역들의 조합
결정인	반응에 영향을 준 반점의 특징: 형태, 색채, 음영, '운동' 만일 반점 자체에는 움직임이 없는데 움직이는 물체로 지각하였다면 운동반응으로 채점
반응 내용	반점에서 지각된 내용의 주제: 인간의 전체, 인간의 부분, 동물의 전체, 동물의 부분, 해부학적 모양, 무생물, 예술작품, 의복, 구름, 피, 엑스레이, 성적 대상, 상징물
평범반응	이전의 반응자들에 의해서 얼마나 자주 나온 반응인가?
형태질	구체적인 반응 내용이 반점에 적합한 정도

주목할 만한 정서반응 및 그 밖의 행동을 모두 기록한다. 마지막 카드가 끝난 다음, 검사자는 다시 첫 번째 카드부터 시작하여 그러한 반응을 하게 만든 잉크반점의 특징에 대해 체계적 질문을 한다.

내담자의 반응기록 혹은 프로토콜은 특수한 절차를 사용하여 채점되고 해석된다. 채점은 복잡하지만 대부분의 체계들은 〈표 5-9〉에 나와 있는 지표로 부호화된다. 예를 들어, 내담자가 [그림 5-3]에서 "마치 박쥐 같아 보인다."라고 반응하고, 이후 질문 단계에서 "색깔이 검정이고 마치 박쥐 형태와 같기 때문에 반점 전체를 박쥐로 보았다."라고 했다고 가정해 보자. 흔히 사용하는 채점 체계 중 하나를 적용해 보면 이러한 반응은 'WFC′+AP' 라고 부호화할 수 있다. W는 전체 반점이 사용된 것을 가리키며, F는 반점의 형태가 반응의 주요 결정인이라는 것을 의미하고, C′는 무채색도 부가적인 결정요인이라는 것을 말한다. +는 묘사된 형태가 반점의 실제 형태와 잘 일치한다는 것을 보여주며, A는 반응 내용이 동물이라는 것이고, P는 '박쥐'가 이 카드에서 흔히 나타나는 반응이라는 뜻이다.

반응이 다른 점수 체계에 따라서 다르게 부호화될 수 있고 임상가에 따라 약간 다르게 사용되는 경향이 있다(상상할 수 있듯이, 이것은 평정자 간 신뢰도를 손상시킨다). 이러한 혼란 때문에 엑스너(John Exner, 1974, 1993, 2003; Exner & Erdberg, 2005)는 로르샤흐 검사결과를 채점하고 해석하는 종합체계를 제안하였다. 종합체계를 사용하여 임상가는 '구조 요약'에 나타난 통계치를 해석한다. 전체 반응 수를 기록하고, 반응들을 범주화하고, 특정 범주의 반응 빈도를 기록하고, 카드들에서 반복되는 반응 패턴을 살펴본다. 예를 들어, 대부분의 사람은 결정인으로 색채보다는 형태를 더 많이 사용하는 경향이 있기 때문에, 색채 주도적 결정인의 비율이 높은 것은 정서적 통제가 취약하다는 증거로 여길 수 있다. 수많은 기타 반응 백분율, 비율 및 범주 내외 간의 상관관계 등이 중요하게 다루어진다(Exner, 2003, 2005). 임상가는 이러한 다양한 측정치를 통합하여 내담자의 정신역동적 기능에 대해 기술한다.

주제통각검사

주제통각검사(Thematic Apperception Test: TAT)는 사람, 사물 및 풍경이 그려진 30장의 그림으로 구성되어 있다([그림 5-4] 참조). 대부분의 임상장면에서는 카드들 중 10장(백지 카드를 포함한)을 실시한다. 카드의 선택은 내담자의 나이, 성 그리고 임상가의 관심에 의해서 결정된다. 흑인을 묘사한 별도의 카드 세트도 사용 가능하다. 검사자는 각각의 그림을 보여 주고 내담자에게 이전에 어떤 일이 있었고, 지금 어떤 일이 일어나고 있으며, 앞으로 어떤 일이 일어날지에 대한 이야기를 만들어 보라고 한다. 그림 속의 사람들이 어떤 생각을 하고 어떤 감정을 느끼고 있는지를 이야기해 보도록 내담자를 격려한다. 백지 카드에서는 내담자에게 그림을 상상하고 이야기를 만들어 보라고 한다. TAT는 1935년에 하버드 심리학 진료소의 모건(Christiana D. Morgan)과 머레이(Henry Murray)가 만들었다(Murray, 1938, 1943). 이 검사는 이야기를 하는 과정에서 내담자의 욕구와 갈등이 이야기 속의 주인공 중 한 사람에게서 나타날 것이라는 투사적 가설과 가정에 근거를 둔 것이다(Lindzey, 1952).

TAT에 대한 분석은 TAT 이야기의 내용과 구성에 초점을 맞추고 있다. 내용은 내담자가 기술한 것(사람, 감정, 사건, 결과)을 의미한다. 구조는 내담자가 이 이야기를 어떻게 하는가(논리성과 조직성, 언어의 사용 및 유창성의 결여, 지시나 그림 속의 자극에 대한 오해, 명백한 정서적 각성 등)에 관한 것이다. 그러나 로르샤흐 검사처럼 내담자의 TAT 반응들을 채점하고 해석하는 방법에는 여러 가지가 있다. 정교한 양적 절차를 사용하여 TAT 반응을 채점함으로써 임상가들이 내담자 반응을 비교할 수 있는 반응규준을 만드는 데 도움이 되었다(Vane, 1981). 다른 임상가들은 공식적인 채점 절차를 거의 사용하지 않고 내담자 이야기의 주제에 대한 기초적인 질적 분석을 더 선호한다(Henry, 1956). 반면 그 외의 사람들은 예비적인 양적 분석자료와 주관적인 해석을 통합한다(Bellak, 1986; Ronan, Colavito, & Hammontree, 1993).

[그림 5-4] TAT에 포함된 유형의 그림

출처: Henry A. Murray, *Thematic Apperception Test*, Plate 12F, Cambridge, MA: Harvard University Press, copyright 1943 by the president and fellows of Harvard College. Copyright 1971 by Henry Murray.

대부분의 임상가는 상대적으로 비구조화된 TAT 채점 체계를 더 선호하는 경향이 있다. 이러한 경향성은 자신의 앞 책상 위에 놓인 바이올린을 바라보는 어린 소년의 그림을 보면서 25세의 독신 남성이 말한 이야기에 대한 검사자의 기록에 나타나 있다.

이 소년은 아파서 침대에 누워 있다. 그에게는 공부할 음악 책이 주어져 있지만, 우연히 음악 대신 그에게 더 관심이 있는 소설을 발견한다. 그것은 아마도 모험 이야기였을 것이다. 그가 느긋해 보이는 점으로 볼 때 부모님들이 소설에 빠져 있는 것을 알게 될까 봐 두려워하지 않는것 같다. 그는 꽤 학구적인 타입으로 보이며 학교를 빠진 것에 대해서 후회하지만, 그래도 그 모험소설에 사로잡혀 있는 것처럼 보인다. 모험은 대양 혹은 물과 연관이 있다. 그는 아주 행복하지도 않지만 너무 슬프지도 않다. 그의 눈은 텅 빈 것처럼 보인다. 눈을 통하지 않고 읽고 있든지, 아니면 읽지 않고도 책에 있는 내용을 다 아는 듯이 보인다. 그는 음악을 등한시하며 책을 읽다가 잠이 든다.

다음은 이 반응에 대한 임상가 해석의 일부다.

이 이야기 하나에만 근거해서 본다면, 반드시 정신분열병은 아닐지라도 정신분열적 과정이 나타나고 있다고 확신한다. 바이올린의 존재를 지속적으로 거부한다는 사실과 함께 약간 겉치레적이며 으스대는 어투는 그가 바이올린을 보고는 있지만 의식적으로는 자신이 '명석하거나 혹은 독창적이라는' 생각을 하거나, 혹은 바이올린을 무시하거나 이를 책으로 봄으로써 자신이 검사자를 속이려 한다는 점을 강하게 시사해 주고 있다. 그가 어느 정도 이를 자각하고 있다는 것은 부모님이 강요한 숙제(p) → 자동적인 저항(n), 수동적 공격으로 나타난다는 사실에 의해 알 수 있다. 사실 마지막까지 그는 지속적으로 음악을 무시하고 등한시한다는 표현을 하고 있다. 똑똑한 것처럼 행동하려고 하는 정신병질자(psychopath)가 아니라 매우 분열적이다.

아동기 때 아파서 침대에 누워 있는 것은 아마도 자전적 주제일 수 있다. 그는 현재 아픈 것(즉, 정신병적)으로 거의 확실시하는데, 그에 대한 충분한 설명이 될 수 있다. 그러나 대부분의 정신병 환자들은 그 카드를 이런 식으로 보지 않는다. 그러므로 그가 아마 어렸을 때 다른 아동들과 격리된 채로 긴 투병생활을 했고 공상 속으로 도피여행을 하거나 모험을 한다는 것이 설득력이 있다. 세 번째 문장은 또한 그의 외현적인 행동, 즉 무관심하고 겉보기에는 편안한 듯하지만, 실제로는 무서워하고 있는 것을 기술하고 있을 가능성이 있다. 위의 모든 가설은 확인할 수도 있고 반대로 이후 이야기에 의해 기각될 수도 있다. 전반적으로 강한 수동성이 특히 결과 부분에서 두드러진다. 또한 비약과 회피는 수동적인 면모로서 위협적인 실제에 대한 강한 부인을 시사한다. 어떤 것도 그의 관심을 오랫동안 끌지 못했다. 심지어 모험소설까지도 말이다. 주인공은 곧 자신의 공상 속으로 철회하는데, 책을 읽을 기회가 있었음에도 불구하고 책을 읽지 않고도 다 아는 것 같다는 확신으로 마침내 잠으로 회피하게 된다(Holt, 1978, pp. 166-167).

TAT와 유사한 다른 투사적 검사에는 로젠즈베이그 그림좌절검사(Rosenzweig Picture

Frustration Study; Rosenzweig, 1949, 1977)가 있다. 이 검사는 한 사람이 어떤 방법으로든 다른 사람을 좌절시키는 24개의 만화를 보여 준다(예를 들어, "너를 내 파티에 초대하지 않을 거야."). 내담자는 좌절당한 사람의 반응이 어떠할지를 이야기해야 한다. 또 다른 검사는 CAT(Children's Apperception Test; Bellak, 1992)로, 사람이 아닌 동물들이 주인공이 되어 묘사되어 있다. RATC(Roberts Apperception Test for Children; McArthur & Roberts, 1982)는 아동 및 성인과 상호작용하고 있는 아동을 보여 준다.

문장완성검사

그 명칭이 말해 주듯이, 이 검사는 내담자에게 미완성 문장을 완성하도록 한다. 투사적 가정은 내담자가 문장을 완성하는 방식이 성격의 중요한 특성을 반영한다는 것이다. 원래 미완성 문장들은 19세기에는 지능의 측정으로 사용되었다(Reisman, 1976). 그러나 문장완성검사는 1940대에 투사적 자극으로 널리 사용하기 시작하였다. 이 검사들은 아직도 모든 투사적 검사들 중 자주 사용되는 검사 중의 하나다(Watkins, Campbell, Nieberding, & Hallmark, 1995).

문장완성검사 중 가장 인기 있는 것은 로터 문장완성검사(Rotter Incomplete Sentences Blank; Rotter & Rafferty, 1950)다. 이 검사는 "나는 ___을 좋아한다." "나의 아버지는 ___." "나는 은밀하게 ___." 등의 40개 문장을 포함하고 있다. 각 문장에 대한 내담자의 반응은 검사 매뉴얼의 규준과 비교되고 응답들이 규준에서 얼마나 이탈되어 있는가에 따라 7점 척도의 적응-부적응 척도로 채점한다. 마지막으로 모든 문장에 대한 평정점수들을 합하여 전체 적응점수를 산출한다. 로터의 검사와 기타 소수의 연구 지향적인 문장완성검사들과 관련된 이러한 비교적 객관적인 채점절차는 성격의 특정 측면을 평가하기 위한 것이다(Lanyon & Lanyon, 1980).

투사적 그림검사

검사의 이름에 그 속성이 나타나는 또 다른 투사적 검사는 인물화 검사(Draw-a-Person Test: DAP; Machover, 1949)와 집-나무-사람 검사(House-Tree-Person: HTP; Buck, 1948)다. 내담자의 그림은 성격의 다양한 측면에 대한 임상가의 추론의 기초가 되며, 또한 면담에서의 논의 내용의 기초를 제공한다. 이러한 추론은 그림의 위치, 대칭성, 조직화, 크기 및 그 밖의 특징과 함께 각 신체 부위의 포함 여부 및 신체 부위의 특징이 내담자의 자아상, 갈등, 세상에 대한 지각 등을 암시하고 있다는 투사적 가정에 의해서 이루어진다(Machover, 1949).

BGT

BGT(Bender Visual Motor Gestalt Test) 는 정신능력, 특히 신경심리학적 기능의 특정 측면을 측정하도록 고안된 검사로 모양을 따라 그리도록 한다(Domino & Domino, 2006). 내담자에게 카드에 있는 기하학적 모양을 보여 주고, 가능한 한 똑같이 그리게 한다. 아동에게 사용할 때 이 검사는 시각-운동 발달의 측정으로 간주된다. 일부 임상가들은 이 검사를 투사적 성격측정으로 사용하기도 하는데, 모양 따라 그리기에서의 오류와 왜곡은 내담자의 성격을 나타낸다고 가정한다. 심리측정적 증거는 간단한 신경심리학적 검진과 시각-운동 발달에 대해 BGT를 사용하는 것은 지지하지만, 성격평가에 대해서는 지지하지 않는다(Domino & Domino, 2006).

투사적 검사의 신뢰도와 타당도

로르샤흐와 그 외 투사적 검사들은 논쟁을 일으켜 왔다. 초창기부터 회의론자들은 이들 검사가 심리측정적 자질이 빈약하고 정신역동적 성격이론에 의지한다는 점을 들어 비난하였다. 반면에 지지자들은 이 검사들이 내담자의 성격에 대해 풍부하고 상세한 정보를 줄 수 있는 도구라고 옹호하였다(Gabbard, 2005). 그것들의 심리측정적 자질은 어느 정도일까?

로르샤흐의 검사-재검사 신뢰도와 평정자 간 신뢰도를 측정했을 때의 결과는 매우 다양하다. 예를 들어, 술탄, 안드론키오프, 로베이에르와 리멜(Sultan, Andronkiof, Reveillere, & Lemmel, 2006)은 일부 로르샤흐 변인에 대한 평정자 간 신뢰도가 '아주 훌륭한 범위'에 속한다는 것을 밝혀냈지만, 일반적으로 변인들의 검사-재검사 안정성은 '기대보다 낮은' 것으로 보고하였다(중앙값 r=0.53). 옹호론자들은 로르샤흐의 종합적 채점 체계를 사용했을 때 평정자 간 신뢰도 계수가 평균 0.80이라고 지적했다(Bornstein, Hill, Roginson, Cabrese, & Bowers, 1996; Exner, 2003; Exner & Erdberg, 2005; Parker, Hanson, & Hunsley, 1988). 실제로 엑스너는 종합적 체계를 사용했을 때 신뢰도가 0.85 이상임을 밝혀냈다. 이것은 WAIS와 MMPI의 신뢰도와 견줄 만한 것이다. 그러나 가브, 플로리오와 그로브(Garb, Florio & Grove, 1998)는 메타분석을 검토한 후에 로르샤흐는 MMPI보다 심리측정적 속성이 떨어진다고 결론을 내렸다. 유사하게 스팽글러(Spangler, 1992)는 TAT에서 신뢰성 있는 특정 점수를 밝혀냈지만, 로시니와 모레티(Rossini & Moretti, 1997)는 누적된 증거들은 이 검사를 지지하지 않는다고 주장했다. 요약하면, 투사적 기법의 신뢰도에 대한 증거는 혼재되어 있다(Domino & Domino, 2006; Groth-Marnat, 2003; Hunsley & Mash, 2007).

투사적 검사의 타당도에 대한 염려는 실제로 그 검사가 무엇을 측정하느냐와 검사의 측정치로 무엇을 할 수 있는지에 초점이 맞춰져 있다. 수년 동안 임상가들은 DSM 진단 작업에 도움을 얻기 위해 로르샤흐 검사를 사용하였지만, 정신분열증, 양극성 장애와 하나 혹은 두 가지의 성격장애에 대한 진단을 제외하고 로르샤흐 검사에 기초한 진단은 빈약한 성과를 보여 주었다. 투사적 검사에서 전문가적인 훈련을 받은 사람조차도 수용할 만한 수준의 타당도를 갖춘 로르샤흐 검사에 기초한 진단 작업이 불가능했다(Wood, Lilienfeld, Garb, & Nezworski, 2000). 투사법 검사의 다른 전통적 활용, 예를 들어 위험도 예측하기, 치료에 대한 반응 예측하기, 아동 성적 학대를 찾아내기 등에 대해서도 경험적 지지를 얻는 데 실패하였다.

투사적 검사를 옹호하는 사람들은 일반적으로 투사적 검사가 예측 혹은 진단적 목적의 가치가 있다는 주장에서 한 발 물러서 있다. 예를 들어, 와이너(Weiner, 2000)는 로르샤흐가 성격역동을 측정하기 취해 고안된 도구이기 때문에, 개정판마다 변하는 진단적 체계에 따라 어떤 사람을 분류하기 위해 검사를 활용하는 것은 합리적이지 않다고 말한다. 유사하게 TAT가 실제로 무엇을 측정하는가도 불분명하다. 이 검사는 추동, 감정, 감성, 열등감, 갈등, 동기, 인지틀 등을 측정하는 것으로 다양하게 기술되어 왔다(Groth-Marnat, 2003; Murray, 1938, 1943; Teglasi, 2001).

비록 투사적 검사가 대체로 낮은 평가를 받긴 하지만, 이들 검사의 척도들이 하나같이 열등한 것은 아니다. 최근의 심리학적 타당도에 대한 대규모의 연구는 로르샤흐와 TAT 검사의 타당도 계수 비교가 다른 성격검사들의 수치보다 일관되게 더 낮지 않다는 것을 보여 준다(Meyer et al., 2001). 투사적 검사의 메타분석에서 릴리엔펠드, 우드와 가브(Lilienfeld, Wood, & Garb, 2000)는 타당도를 입증해 주는 몇 개의 지수(예를 들어, 로르샤흐의 사고장애 지수, 투사적 그림에서 전반적인 질 측정치)를 확인했다. 안타깝게도 이러한 지지를 받는 투사적 검사의 척도들과 지표들이 너무나 적다. 헌슬리와 매시(Hunsley & Mash, 2007, p. 31)는 전체적으로 볼 때, 로르샤흐와 TAT, 투사적 그림 등의 사용은 '임상적 증거를 뛰어넘은' 것처럼 보인다고 주장했다.

임상가들은 왜 타당도가 낮게 나타나는(Boyle, 1995; Smith & Dumont, 1995) DAT나 TAT 같은 검사들을 포기하지 않는가? 그 대답의 일부는 임상가들이 타당도를 경고하는 증거보다 지지하는 자료에 더 주의를 기울인다는 것이다. 이러한 점에서 투사적 기법에 대한 혼재된 자료들은 그 자체가 투사적 검사 같은 것일지도 모른다. 임상가들은 그들이 보고 싶은 것을 본다. 실제로 일부 임상가들은 임상적 가치와 관계없는 검사에 대한 연구 결과를 부정적으로 볼지도 모른다(Masling, 1992). 한 연구자는 이렇게 말한다. "출간된 타당도 지표는 단지 대략적인 지침이다. 심리학자는 개별 사례에서 임상적 타당도와 의미를 스스로 판단해야만 한다." (Tallent, 1994, p. 14)

실제로 어떤 임상가들은 검사자료에서 매우 정확한 해석을 끌어낼 수 있다. 대부분의 임상가는 최소한 MMPI나 로르샤흐에 '최고로 노련한 사람'을 알고 있다. 그들의 명성은 특정 검사에 대한 자신감으로 강화되었다. 때때로 그러한 검사자료로 훌륭한 추론을 해내기 때문에 대부분의 임상심리학자들은 과학적 지지가 허술한 검사를 사용하는 것에 대해 스스로 강화를 받아왔다. 임상가들은 특히 연구 결과와 상관없이 투사적 검사 결과가 내담자에 관한 특별한 정보를 제공한다고 믿고 있기 때문에 충성심을 지키고 있다(Norcross, Koocher, & Garofalo, 2006). 그들은 또한 검사가 내담자(특히 아동)와 라포를 형성하고 다른 평가자료에 기초하여 세운 내담자에 관한 추측을 확인하는 데 도움이 된다는 것을 밝혀냈다.

비록 투사적 도구가 임상가들의 실전에서는 가장 인기 있는 검사로는 남아 있지만, 미국심리학회(APA)의 임상심리학 분과는 최근에 로르샤흐를 심리평가의 추천 커리큘럼에서 제외하였다. 외관상으로 투사적 검사의 옹호론자들은 이러한 검사의 복잡한 채점과 해석 체계를 배우는데 보내는 시간을 정당화할 만큼의 충분한 신뢰도, 타당도, 임상적 유용성을 보여 주지 못하고 있다.

이 절의 요약 성격과 정신병리 검사들 중에서는 MMPI-2가 가장 일반적으로 사용된다. 내담자의 프로파일은, 만약 있다면 비정상적인 범위에 속하는 몇 개의 척도로 산출한다. MCMI-II는 MMPI에 대한 다소 간단한 대안이다. 많은 검사는 특정한 문제의 측정을 시도한다. BDI가 잘 알려진 예다. 몇몇 검사들은 정상 성격 특성을 폭넓게 서술한다. 그중 하나가 CPI와 NEO-PI-R이다. 비록 논란이 있긴 하지만, 로르샤흐와 TAT 같은 투사적 검사들은 여전히 널리 사용되고 있다. 옹호론자들은 이러한 검사들에서 얻을 수 있는 풍부하고 다양한 정보를 지지하는 반면, 비판론자들은 상대적으로 빈약한 심리측정적 속성을 지적한다.

심리검사의 현재 위상

이 절의 미리보기

이 절에서는 심리검사에 대해 보다 폭넓은 논의를 할 것이다. 우선 심리검사에 대해 잘 알려진 불만에 대응하여 의학적 검사와 심리검사의 타당도를 비교한다. 다음으로 검사산업이 어떻게 발전해 왔는지 살펴보고, 심리검사의 단기적인 경향에 대해 살펴본다. 이 중 중요한 점은 검사가 어떻게 치료의 선택과 치료의 효과 평가에 대한 정보를 줄 수 있을 것인가에 보다 초점을 맞추는 것이 필요하다는 것이다.

임상심리학자들은 종종 심리검사에 대한 가장 냉정한 비판자다. 심지어 특정 검사가 심리측정적 기준에 맞을 때도 임상심리학자들은 종종 검사의 결점을 앞장서서 지적한다. 대중 또한 심리적·교육적 검사를 비평하는 것을 배운다. 대부분의 학생들은 대학에 들어갈 무렵이면 심리검사들이 편파될 수 있고, 표준화된 검사들이 종종 의도했던 목적을 예언하는 데 불충분하다는 것을 이미 알게 된다.

물론 검사의 단점에 주의가 집중될 때 이로운 효과 중 하나는 검사의 향상을 위해 노력하도록 자극해 왔다는 점이다(Glaser & Bond, 1981). 결과적으로 지능, 정신능력, 태도, 성격의 특성과 구조에 관해 보다 신중하게 이론화해 왔다. 이는 심리검사의 구인타당도에 대한 폭넓은 개념화로 이끌었다. 그러나 검사는 논쟁의 여지를 남긴다. 향상이 되더라도 모든 검사는 어느 정도 실패하기 때문이다. 즉, 완벽한 검사는 없다. 그러나 또한 심리검사를 판단하는 기준은 완벽한가? 계속 사용하기에 정당한 '충분히 괜찮은' 검사의 요인은 어떤 것인가?

심리검사 대 의학적 검사의 타당도

메이어(Greg Meyer)와 동료들은 의학적 검사의 타당도와 비교하여 심리검사의 타당도를 우려하는 질문에 대해 흥미 있는 대답을 제시했다(Meyer et al., 2001). 심리학자를 포함한 대부분의 사람은 일반적으로 의학적 검사보다 심리검사의 정확성이 낮을 것이라고 가정한다. 그러나 메이어와 동료들은 그렇지 않다는 것을 밝혀냈다. 그들의 연구는 1996년에 APA의 전문가위원회에 의해 형성된 PAWG(Psychological Assessment Work

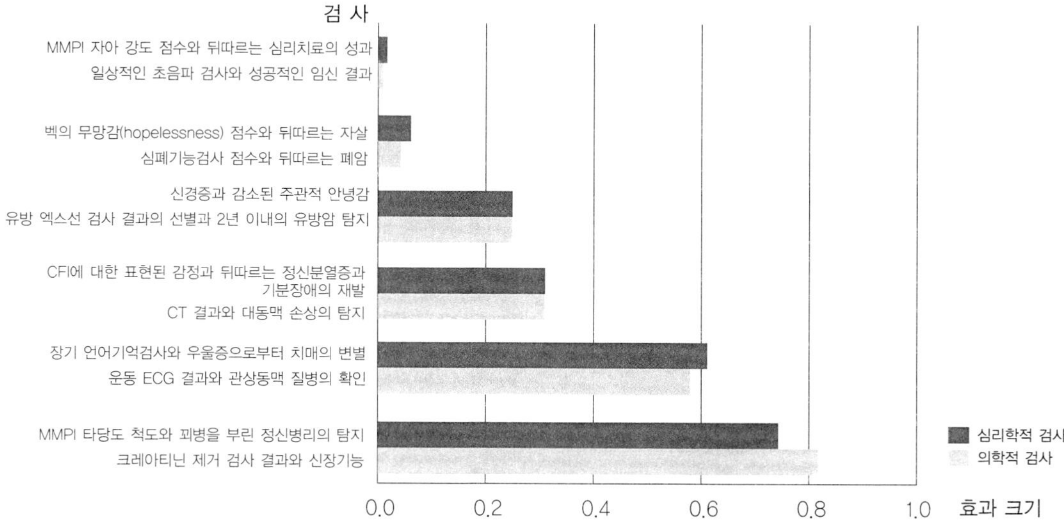

[그림 5-5] 심리학적 검사와 의학적 검사의 효과 크기의 예

출처: Psychological Testing and Psychological Assessment, *American Psychologist*, Feb. 2001, pp. 136-143, Table 2.

Group)의 위탁을 받아 수행된 것이었다. 검사의 타당도를 조사한 125개 이상의 메타분석 자료를 조합한 결과, 그들은 광범위한 평가절차에 대해서 심리검사의 타당도는 의학적 검사의 타당도와 차이가 없다는 것을 밝혀냈다. 두 분야의 실무자들은 검사 결과의 준거를 확인하는 데 기본적으로 정보를 제공하지 않는 검사부터 높은 정보를 제공하는 검사까지 사용한다([그림 5-5] 참조).

두 분야의 평가도구들의 타당도를 개선할 여지는 분명히 있지만, 심리검사의 정확성을 판단하는 기준이 의학적 검사의 타당도라면 심리검사는 상당히 좋은 것이다.

임상적 효용과 증거기반 평가

임상심리학 초기에 전문가들은 검사를 진단적으로 분류하고 직업과 군대의 보직을 선택하는 데 주로 사용하였다. 제2차 세계대전 후에 치료가 임상심리학에서 일반적으로 수행되었을 때, 많은 검사는 이미 개발되어 있었고 이전과 같은 방식으로 사용하고 있었다. 사실상 심리검사와 심리치료는 평행하지만 분리된 경로로 발전하였다. 많은 저자는 "놀랍게도, 흔하게 사용되는 심리적 도구와 방법의 치료적 효용에 대해서는 거의 주목하지 않았다."고 언급한다(Hunsley & Mash, 2007, p. 33). 특별히 치료적 결정이나 치료 효과 측정을 위해 개발된 검사는 거의 없다.

치료적 유용성(때로는 좀 더 넓은 의미로 임상적 유용성으로 언급되는)이란 검사를 특정 치료를 선택하거나 치료 효과를 측정하는 데 확장하여 사용하는 것을 의미한다. 치료적 효용에 대한 흥미 있는 연구에서 리마와 동료들(Lima et al., 2005)은 치료 전에 내담자에게 MMPI를 실시하였다. 치료자 절반에게는 그들 내담자의 MMPI 결과를 알려 주었고, 나머지 절반의 치료자에게는 알려 주지 않았다. 두 임상가 집단에서 치료 계획의 차이는 없었고, 내담자의 향상도 평점이나 조기 종결(중도탈락)에 있어서도 차이가 없었다. 분명히 MMPI 결과는 치료자가 치료 계획을 세우고 치료를 하는 데 영향을 미치지 않았다. 헌슬리와 매시(Hunsley & Mash, 2007)는 이러한 연구는 우리가 검사의 치료적 효용에 대해 단순하게 가정하지 않고 경험적으로 검증해야 한다는 사실을 일깨워 준다고 지적한다.

그러므로 연구자들은 검사가 명확하게 구체적인 치료를 지시하는 것에 대해 논쟁한다. 그렇게 하기 위한 최선의 전략은 검사와 치료가 역사적으로 발전해 온 방식을 역행하는 것이다. 이미 개발되고 치료에 적용된 검사들보다, 가장 중요한 치료적 변인을 밝혀내야만 한다. 그러고 나서 이러한 변인을 특별히 측정하기 위한 검사를 개발해야 한다.

그러한 검사들이 몇 가지 개발되었다. OQ-45(Outcome Questionaire-45)와 BASES-32(Behavior and Symptom Indentification Scale)는 치료 효과를 측정하기 위해 만들었고, 둘 다 상대적으로 짧은 기간 동안의 내담자 변화를 민감하게 보여 준다. 둘 다 수렴타당도, 변별타당도, 공존타당도가 증명되었다(Doerfler, Addis, & Moran, 2002; Ellsworth, Lambert, & Johnson, 2006). 이러한 도구들은 검사와 치료 효과를 직접적으로 연결하려는 시도를 보여 준다. 또한 이러한 검사들은 치료자에게 내담자의 진전에 대한 객관적인 피드백을 줄 수 있다.

심리검사의 미래

심리검사의 중요성은 확대와 축소를 반복해 왔다. 심리검사는 점진적인 발전을 지속해 왔다. 다음은 가까운 미래의 검사에 관한 (인정하건대 인상적인) 예측들이다.

- 수십 년간의 철저한 검증에서 살아남은 검사들(〈표 5-3〉 참조)은 계속 사용할 것이다. 심리학자들은 웩슬러 검사, 비네 검사, MMPI를 계속 사용할 것이다. 그러나 '오래된

대기용' 검사들은 그저 자리를 지킬 수 없을 것이다. 계속되는 임상적 검증과 인구의 변화 속에서 이러한 검사들은 재표준화를 포함한 정기적인 개정을 할 것이다.

- 수용할 만한 신뢰도, 타당도, 효용성을 보이지 못하는 검사들은 그 사용이 감소할 것이다. 로르샤흐와 같은 투사적 검사(자료는 변화하지 않지만 채점 체계는 점진적으로 발전한)도 이러한 검사를 지지하는 경험적 연구들과 이 도구에 대해 자신감을 표현하는 많은 임상가 때문에 완전히 폐기되지는 않을 것이다. 그러나 이러한 검사는 다른 검사로 점차 대치될 것이다.
- 검사는 보다 문화 교차적이고 국제적인 적용을 위해 계속 확장될 것이다. 연구들이 다양한 문화집단을 위해 필요한 적용과 점수 교정에 대한 정보를 제공함에 따라 보다 많은 외국어판이 개발될 것이다.
- 평가에서 컴퓨터의 역할이 점점 증가할 것이다. 많은 지필검사가 보다 쉬운 사용과 보다 빠르고 정교한 채점을 위해 전산화되는 경향은 지속될 것이다. 컴퓨터의 시각적 재현능력과 생리학적 기록능력의 증가로 검사는 더욱 역동적이고 실제적이 될 것이다.
- 치료 계획과 치료 효과 측정을 위해 만들어진 검사가 번창할 것이다. 책임의 시대에서 치료 효과의 객관적인 증거가 평가될 때 이러한 검사들은 점점 중요하게 되고, 보다 많은 검사가 개발될 것이다.

이 절의 요약 심리검사가 종종 비판을 받기는 하지만, 일반적으로 건강관리의 다른 영역의 검사와 비교해서 타당도가 낮지 않다. 검사 개발이 심리치료와 독립적으로(그리고 보다 일찍) 개발되었기 때문에, 검사는 종종 치료에 제공해야 하는 정도의 정보를 제공하지 못한다. 앞으로는 문화교차적인 검사와 질에 대한 논의처럼 이러한 약점을 다루어야 한다.

이 장의 요약

사용할 수 있는 수많은 심리검사가 있고, 보다 많은 검사가 계속 개발 중이다. 검사는 분석적(이론적) 절차와 경험적 절차, 때로는 이 두 가지 절차를 모두 사용하여 개발된다. 경험적 접근은 검사규준을 개발하는 데 필요하다. 규준이 없으면 검사점수를 해석하기가 어렵다. 규준은 전형적으로 대규모의, 대표적인 표준화된 표집으로 만든다. 대표적인 표집이라 하더라도 검사 개발자와 임상가는 다른 배경 출신의 사람에게 검사가 '적합' 하지 않을 때 발생할 수 있는 편파를 피하도록 주의해야 한다. APA와 연방정부에 의해 출판된 표준은 검사가 과학적 원칙과 내담자의 권리와 복지를 위해 사용한다는 것을 보장하기 위해 만들었다.

연구자와 임상가가 사용하는 대부분의 심리검사는 무엇을 측정하느냐(인지적/지적 기능, 흥미/가치, 성격/정신병리)에 따라 범주화할 수 있다. 검사는 또한 어떻게 측정하느냐에 따라서도 범주화할 수 있다. 간단하고 분명하고 쉽게 채점(예, 예-아니요)할 수 있는 반응으로 되어 있는 검사는 객관적 검사라고 하며, 애매한 자극(예, 잉크반점)에 대해 복잡한 언어로 또는 도형으로 반응하는 검사는 투사적 검사라 한다.

지능에 대한 뛰어난 객관적 검사(결과는 보통 IQ 점수로 표현된다)는 SB5(Stanford-Binet 5)와 웩슬러 검사(예, WAIS-III, WISC-IV)다. SAT와 WRAT(Wide Range Achievement Test)는 오늘날 사용되는 일반적 능력검사의 좋은 예다. 태도, 흥미, 선호, 가치 등은 전형적으로 SII(Strong Interest Inventory), SDS(Self-Directed Search), SOV(Study of Values), RVS(Rokeach Value Survey)와 같은 검사를 통해서 측정한다.

임상에서 가장 널리 사용하는 성격/정신병리 검사는 MMPI-2다. MCMI-II(Millon Clinical Multiphasic Inventory) 또한 흔하게 사용한다. 성격의 폭넓은 면보다 불편함을 느끼는 특정 영역을 측정하기 위한 검사들도 있다. BDI(Beck Depression Inventory)가 좋은 예다. 정상 성격을 측정하기 위한 몇몇 검사들이 있다. CPI(California Psychological Inventory), PRF(Personality Research Form), 16PF(Sixteen Personality Factor Questionnaire), NEO-PI-R(NEO Personality Inventory) 등이 그 예다.

로르샤흐, 주제통각검사(TAT), 문장완성검사, 인물화 검사(DAP) 등은 성격과 정신병리를 측정하기 위한 투사적 도구들이다. 한때는 임상가들에게 가장 인기가 있었지만, 오늘날에는 심리측정적 질에 대한 우려 때문에 덜 사용한다.

오늘날 가장 흔하게 사용하는 객관적 검사의 신뢰도와 타당도는 지능검사에서는 높고, 대부분의 다른 검사에서는 적절하거나 좋은 편이다. 다른 도구에 비해 투사적 성격검사의 전반적인 타당도는 낮다. 심리검사산업은 검사의 유용성, 그리고 임상적 전통과 사회적 요구 때문에 지속될 것이다. 현재 심리검사의 전반적인 타당도는 다른 건강관리 영역 검사의 타당도와 견줄 만하지만 각 영역마다 차이가 있다. 시간이 지날수록 활동이 저조한 검사는 대치되고, 보다 명료하게 치료 계획과 평가로 전이되는 검사는 더욱 흔해질 것이다.

연구문제

1. 심리검사는 다른 형태의 평가와 어떤 면에서 비슷하고 어떤 면에서 다른가?
2. 표준화 표집과 검사규준이란 무엇인가?
3. 임상심리학자가 사용하는 검사들의 주요 범주들은 무엇인가?
4. 분석적 그리고 경험적 절차를 사용하여 검사는 어떻게 구성되는가?
5. 검사 개발자는 검사가 특정 민족/문화 집단에 대해 편파적인지를 어떻게 판단할 수 있는가?
6. 임상가가 검사를 사용할 때 지켜야만 하는 윤리적 기준과 지침은 무엇인가?
7. 임상심리학자가 가장 흔하게 사용하는 검사들은 무엇인가?
8. 지능에 대한 일반 모델, 특수 모델, 위계적 모델은 무엇인가?
9. 임상심리학자가 실제로 사용하는 지능검사는 무엇인가?
10. SB5(Stanford-Binet 5)와 여기에서 산출되는 점수들은 무엇인가?
11. 웩슬러 검사와 여기에서 산출되는 점수들은 무엇인가?
12. 임상가가 흔하게 사용하는 지능, 성취, 적성에 대한 검사에는 어떤 것이 있는가?
13. 객관적 성격검사와 투사적 성격검사의 차이점은 무엇인가?
14. MMPI와 여기에서 산출되는 측정치들은 무엇인가?
15. 임상가가 정신병리나 정서적 스트레스를 측정하기 위해 사용하는 검사는 무엇인가?
16. 정상 성격을 측정하기 위해 흔히 사용하는 검사는 무엇인가?
17. 로르샤흐와 TAT는 어떻게 만들어졌고 어떻게 사용되는가?
18. 투사적 검사는 왜 논쟁을 일으키는가?
19. 다른 건강관리 영역 검사의 타당도와 비교하여 심리검사의 타당도는 어떠한가?
20. 임상적 효용과 치료적 효용은 무엇을 의미하는가? 검사에서 이들이 왜 중요한가?

웹사이트

- APA Division 5: Evaluation, Measurement, and Statistics: http://www.apa.org/about/division/div5.html
- Buros Institute of Mental Measurements, publisher of the Mental Measurement Yearbook: http://www.unl.edu/buros

- Searchable database of tests from Buros Institute of Mental Measurement: http://buros.unl.edu/buros/jsp/search.jsp
- Web site for the Stanford–Binet Intelligence Scales (SB5), fifth edition: http://www.riverpub.com/products/sb5
- College Board, publishers of the SAT and other tests: http://www.collegeboard.com/testing
- Web site for the MMPI–2: http://www.pearsonassessments.com/tests/mmpi_2.htm

CHAPTER 06

{임상적 개입의 기본적 특징}

Clinical Psychology

이 장의 미리보기

이 장에서는 기본적으로 심리치료에 초점을 맞춘 대부분의 임상적 개입들의 공통적인 측면에 대해 살펴볼 것이다. 우선 심리치료란 무엇인가를 점검하고 대중매체에서 묘사하는 심리치료와 비교해 볼 것이다. 또한 치료 효과에 영향을 미치는 내담자와 치료자의 특성에 대한 연구 내용을 살펴볼 것이다. 다음으로 임상적 개입의 목표와 기본 과정, 그리고 치료를 운영하는 데 있어 임상가에게 도움을 주는 전문적 · 윤리적 규정에 대해 살펴볼 것이다. 마지막으로 치료비, 치료 기간, 기록 보관, 치료 계획, 종결 등과 같은 치료의 실제적인 측면에 대해서도 생각해 볼 것이다.

임상적 개입의 개관

이 절의 미리보기

공식적인 정의를 통해 그리고 많은 경우 다소간 부정확한 대중적인 이해를 통해 심리치료를 정의한다. 수많은 심리치료적 접근을 공유하는 가설과 실제에 근거해서 소수로 줄였다.

임상적 개입은 임상가가 전문적인 능력을 가지고 내담자의 행동, 사고, 정서, 사회적 환경을 바람직한 방향으로 변화시키려는 의도적 시도에서 시작한다. 임상적 개입에는 개인 및 집단 심리치료, 심리사회적 재활, 예방과 같은 여러 가지 형태가 있지만, 임상심리학자에 의한 심리치료가 가장 잘 알려져 있다.

심리치료란 무엇인가

간략하게 말하자면, 심리치료는 고통받는 내담자를 도와주기 위하여 훈련된 치료자가 전문적인 관계의 범위 내에서 제공하는 치료다. 모든 사람을 만족시킬 수 있는 심리치료의 정의는 없지만, 심리치료의 참여자(내담자와 치료자), 기본적인 틀(전문적인 관계) 그리고 일반적 목표(심리적 고통의 감소)는 동일하다. 그러나 이러한 정의는 공식적이긴 하지만 대부분의 사람이 심리치료라는 단어를 들었을 때 떠오르는 것은 아닐 것이다.

심리치료에 대한 (잘못된) 대중 인식

많은 사람에게 떠오르는 심리치료에 대한 이미지는 다음과 같다.

두 사람이 개인 사무실의 편안한 의자에 앉아 이야기하고 있다. 때로는 내담자가 카우치 위에 누워 있다. 치료자는 탐색질문을 하거나 좀 더 이야기하도록 격려하고(예를 들어, "음……." "그렇군요." "~에 대해 좀 더 이야기해 보세요." "어떻게 느끼셨나요?"), 내담자는 어려움을 겪는 일에 대해 이야기한다. 시간이 지나면서 치료자는 점점 직접적으로 내담자의 무의식에 묻혀 있던 아동기의 정서적으로 고통스러운 사건에 초점을 맞춘다. 내담자는 그에 대해 온전히 기억해 내고 논의하게 될 때 회복된다.

불행하게도, TV나 영화에서 볼 수 있는 심리치료자나 다른 정신건강 전문가들에 대한 대중적 이미지는 부정확하다. 비록 진실의 요소를 담고 있긴 하지만 (형사, 의료요원, 변호사, 판사들처럼) 풍자적이거나 상투적으로 묘사된다. 영화와 TV에서 종종 임상심리학자와 정신과 의사는 검증되고 효과적인 개입을 하기보다는 적절한 전문적인 경계를 유지하지 못하거나, 윤리적 규정을 위반하거나, 충동적인 행동을 하는 전문가로 나타난다 (Orchowski, Spickard, & McNamara, 2006).

치료 또한 종종 부정확하거나 지나치게 단순화되어 묘사된다. 이는 작가나 제작자들이 그 이전 미디어의 묘사를 통해 심리치료에 대한 인상을 형성하고 있기 때문에 일어난다. 이것이 놀랄 만큼 똑같이 치료분석에 대한 상투적인 묘사가 반복되는 이유를 설명해 준다. 가바드와 가바드(Gabbard & Gabbard, 1999)는 "만약 제작자가 정신분석 역사의 동향에 대해 공부를 한다면 역사의 특정 시점인 프로이트의 저작을 읽는 것을 그만둘 텐데……. 심리치료에 대한 거의 대부분의 긍정적인 묘사는 외상적 기억의 억압을 해소하는 것과 관련된다(p. 28)."라고 말한다. 〈표 6-1〉은 다섯 개의 영화 속에서 심리치료자가 어떻게 묘사되었는가를 보여 준다.

〈표 6-1〉 대중영화 속의 심리치료자에 대한 묘사

영화	묘사
애널라이즈 디스 Analyze This	빌리 크리스탈이 마피아(로버트 드니로)를 치료하는 심리치료자를 연기한다. 치료자는 비록 도움을 청하기도 했지만, 비밀보장을 무수히 깨뜨렸고, 내담자에게 개인적으로 친밀함을 허용했다.
굿 윌 헌팅 Good Will Hunting	로빈 윌리엄스가 천재이지만 문제를 가진 청년(맷 데이먼)을 치료하는 심리치료자를 연기한다. 치료자는 돌보아 주고 도움을 주었지만, 한번은 집으로 찾아온 그의 내담자와 방문자에게 비난과 위협을 했는데, 이는 전문가의 범위를 벗어난 행동이다.
사랑과 추억 Prince of Tides	바버라 스트라이샌드가 자신이 치료했던 자살한 내담자의 오빠(닉 놀테)와 사랑에 빠진다. 윤리적 지침의 명백한 위반이다.
프라임 러브 Prime	메릴 스트립은 이혼을 극복하려는 젊은 여성(우마 서먼)에게 지지적인 치료를 제공하는 치료자를 연기한다. 내담자는 젊은 남자와 낭만적인 사랑에 빠졌는데, 처음에는 내담자와 치료자 모두 그 젊은 남자가 치료자의 아들인 것을 모른다. 치료자는 이 사실을 알게 되고도 처음에는 그 사실을 숨기고 내담자에게 성관계를 포함한 그들의 관계에 대해 이야기하게 한다. 그러나 자신의 유능성이 심각하게 훼손되는 것을 부인할 수 없게 되자 결국 고백한다.
이보다 더 좋을 순 없다 As Good As It Gets	잭 니콜슨이 연기한 강박성격장애를 다룬 이 영화에서 심리치료에 대한 묘사는 매우 적다. 한 장면에서 멜빈 우달(잭 니콜슨)이 치료자에게 만나 줄 것을 요구하면서 사무실로 쳐들어갔을 때, 치료자(로렌 카스단)는 조용하지만 단호하게 미리 약속을 해야 한다고 설명한다. 이는 요구적이고 까다로운 내담자와 경계를 설정하는 치료자에 대한 긍정적인 묘사다.

인쇄매체조차 심리치료에 대해서 지나친 일반화를 한다. 최근 『뉴스위크(Newsweek)』 기사(Begley, 2007)는 효과적인 심리학적 치료와 비효과적이거나 위험한 심리학적 치료를 구별하는 것을 돕기 위한 릴리엔펠드(Scott Lilienfeld)와 그 밖의 심리학자들의 노력에 대해 썼다. 그러나 기사 제목인 '당신들 자신의 위험에 대해 치료를 받으라'는 마치 모든 심리치료가 위험한 것처럼 암시한다. 임상연구자들이 어떤 형태의 심리치료는 이익보다 해를 더 많이 끼칠 수 있다는 것을 알아낸 것은 사실이다(예를 들어, 기사가 언급한 PTSD를 예방하기 위한 '스트레스에 대한 보고'와 해리성 장애를 가진 내담자의 다른 인격을 '발견'하기 위한 최면술). 비효과적이고 해로울 수 있는 '변두리' 치료법을 구별하기 위한 더 많은 노력은 임상가와 내담자 모두에게 이득인 것 또한 사실이다. 그러나 의학적 치료에 대해서도 똑같이 말할 수 있다. 연구자들은 일반적으로 사용되며 FDA 승인을 받은 의학적 치료가 해를 일으킨다는 사실을 주기적으로 발견한다(예를 들어, 연구자들이 위험을 발견하기 전까지는 한동안 폐경 후의 여성에게 Vioxx라는 약과 호르몬 대체요법이 관행적으로 처방되었다). 그러나 '당신들 자신의 위험에 투약하라'는 잡지 머리기사는 지나친 일반화로 여길 수 있다.

심리치료와 치료자에 대한 일반적으로 잘못된 인식이나 지나친 일반화는 부분적으로 정신건강에 대한 교양(대중은 잘 알지 못한다)의 부족이라 설명할 수 있다. 그러나 부정확한 묘사는 해로운 영향을 끼친다. 정신건강 전문가들의 업무에 대해 오해를 하거나, 정신질환을 가진 사람들에 대한 편견을 지속하거나, 사람들이 도움이 될 수 있는 치료를 찾으려는 것을 금하게 할 수 있다.

그러면 심리치료는 무엇이라고 할 수 있는가? 먼저 효과가 있는 많은 종류의 심리치료를 살펴보자.

얼마나 많은 심리치료적 접근이 있는가

몇몇 연구자들은 '고유 명칭'을 가진 400개의 심리치료를 확인하였으며(Feltham, 2000), 이를 A(Aikido)에서 Z(Zaraleya psychoenergetic technique)까지 정리했다(Herink, 1980). 그러나 이러한 다양성 속에서도 중요한 유사점들이 있으며, 그중 다수는 대부분의 임상가에게 알려져 있지 않거나 거의 사용하지 않는다. 거먼과 메서(Gurman & Messer, 2003)는 임상적 실제의 핵심을 이루는 약 12개의 '핵심적인' 심리치료를 제안했다. 간단히 말해서 어느 누구도 얼마나 많은 심리치료가 있는지를 알 수 없으며, 그것은 어떻게 분류하느냐에 따라 달라진다.

예를 들어, 2장 '임상심리학의 과거와 현재' 에서 다섯 개의 주요 학파 혹은 주요한 심리치료 접근법인 정신역동적, 인본주의적, 행동주의적, 인지적, 집단/조직에 대해 언급했다. 현재는 여기에 대안적인 통합적 접근이 추가되었다. 이는 예전의 요소들을 통합하고 다른 분류에 속하는 접근법과 미묘하게 다른 치료적 기술로서 검증된 접근법들이다. 각 주요 접근법의 치료방법은 서로 다르다. 이에 대한 많은 예는 7장 '정신역동과 인본주의 심리치료', 8장 '행동적 및 인지-행동적 심리치료', 9장 '대안적인 임상적 개입'에 설명되어 있다.

이 절의 요약 심리치료는 정신건강 전문가가 다양한 정신병리로 고통받는 사람들에게 제공하는 다양한 심리학적 처치를 의미한다. 심리치료의 형태, 방법, 효과 등에 대한 대중적 이미지는 종종 잘못 이해되거나 부정확하다. 비록 수많은 종류의 심리치료가 있지만, 대부분은 몇 개의 범주나 접근법으로 나눌 수 있다.

심리치료의 참여자

이 절의 미리보기

성공적인 심리치료에서 중요한 역할을 하는 것으로 생각되는 치료자 변인과 내담자 변인의 특성에 대해 살펴보며, 치료의 중요한 요소인 치료적 관계와 임상적 개입의 여러 장면에 대해서 설명한다.

심리치료는 최소한 한 명의 내담자와 한 명의 치료자가 참여하지만, 한 번에 한 명 이상의 내담자가 참여할 수 있고(예를 들어, 부부치료, 집단치료), 한 번에 한 명 이상의 치료자가 참여하기도 한다(예를 들어, 공동치료자, 치료팀). 심리치료의 참여자, 즉 내담자와 치료자는 성, 나이, 인종 또는 민족적 배경, 신념 체계, 개인적 장점과 약점, 의사소통 방식 등 여러 가지 측면에서 다양하다. 먼저 내담자의 문제와 성격 특성에 대해 알아보자.

내담자

사람들은 다양한 이유로 심리치료를 찾는다. 불행한 결혼생활, 자신감 결여, 끊임없이 괴롭히는 두려움, 정체감 위기, 우울, 성문제, 불면증 등은 사람들이 심리치료를 받도록 동기화하는 문제의 일부에 불과하다. 어떤 내담자는 마음의 혼란이 너무 심해 일상적인 생활기능이 손상될 지경이며, 자살이나 남을 해칠 위험 때문에 입원이 필요할 수도 있다. 다른 경우 혼란이 그렇게 심하지 않지만 여전히 마음을 어지럽힌다. 그들의 공통적인 특징은 친구나 가족의 도움을 받거나 휴가를 가는 등의 일반적인 대처전략은 그 문제에 대처하기에 더 이상 효과적이지 않다는 것이다.

내담자의 문제와 치료의 이용

정신장애는 미국 사회의 모든 계층에서 거의 차이가 없이 발견된다. 어떤 장애가 가장 흔할까? 내담자가 DSM 진단을 받은 시점에서는 불안장애가 가장 많고 기분장애, 충동조절장애, 물질남용장애가 비슷하게 많다(National Institute of Mental Health, 2006). 장애는 생애 어떤 시점에서도 발생할 수 있다. 그러나 더 심각한 장애는 일반적으로 보다 일찍, 보통 14세 이전에 증상이 나타나는 것이다. 치료하지 않으면 이러한 장애는 더 재발하기

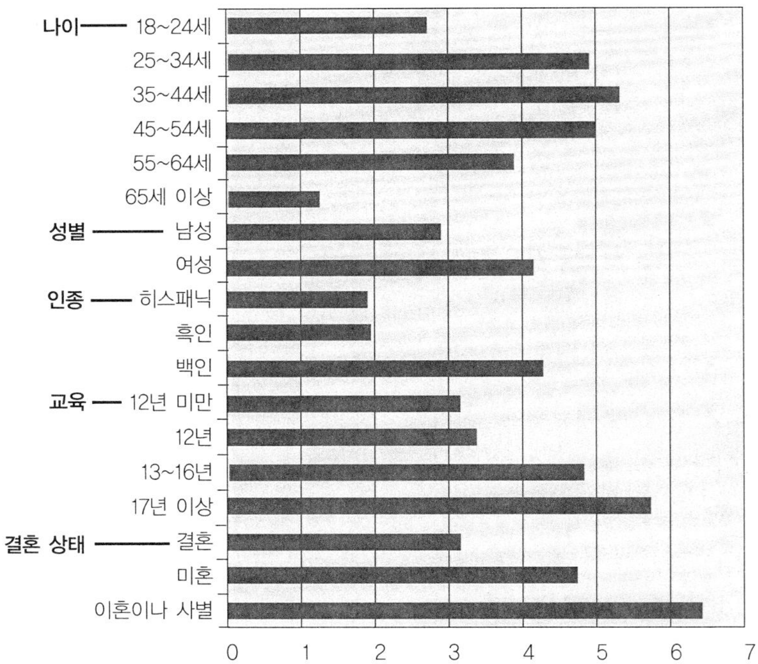

[그림 6-1] 내담자 인구통계학적으로 본 연간 외래 심리치료 이용 비율
(연간 100명당 서비스를 이용한 사람의 수)

출처: M. Olfson, S. C. Marcus, B. Druss, & H. A. Pincus (2002). National trends in the use of outpatient psychotherapy. *American Journal of Psychiatry, 159,* 1912–1920.

쉽다(Kessler, Berglund, Demler, Jin, & Walters, 2005).

물론 심리적 장애를 겪는 모든 사람이 치료를 찾는 것은 아니다. 사실 치료 이용 비율은 상대적으로 낮다. [그림 6-1]은 미국에서 연간 외래 정신건강 서비스를 받는 내담자들의 인구학적 분류를 100명당 인원수로 나타낸 것이다. 예를 들어, 전국 유병률 조사(National Comorbidity Survey Replication)에서 12개월간의 발병률을 불안장애는 18%, 다른 장애는 26%로 추정했다(Kessler, Berglund, Demler, Jin, & Walters, 2005). 그러나 [그림 6-1]에서 치료를 받지 않는 그룹을 쉽게 볼 수 있다. 간단히 말해서, 어느 해든지 심리적 장애를 가진 많은 사람이 치료를 받고 있지 않다. 소수민족과 사회경제적 수준이 낮은 집단이 치료를 받지 못하며, 보다 일찍 중도 탈락하는 것이 일반적이다(Self, Oates, Pinnock-Hamilton, & Leach, 2005).

심리적 문제를 가진 사람들이 수년 동안 치료를 미루는 것 또한 일반적인 일이다. 한 연구에서 치료를 미루는 기간의 중앙값은 양극성 장애, 우울증, 공황장애가 각각 6년, 8년, 10년이었다(Wang, Berglund et al., 2005). [그림 6-1]에서 보듯이 외래 심리치료를 찾는 사람들은 대부분 중년의 교육받은 백인이고, 여성이며, 이혼이나 별거 중인 경우다.

내담자 변인과 치료 효과

치료를 찾는 사람들에게서는 아마도 내담자의 문제가 가장 분명한 내담자 관련 특성일 것이다. 내담자의 진단명은 치료자가 특정한 치료방법을 선택하는 데, 그리고 치료 효과에 얼마나 중요한가? 많은 임상가와 연구자들은 특정한 진단과 특정한 치료의 조합을 찾기 위해 노력하였다. 그러나 그 조합은 치료 효과에 있어서 획기적인 결과를 얻지 못했다. 몇몇 연구자들은 내담자의 "진단명을 기준으로 치료를 선택하는 것은 대부분 실패"라고 결론을 내리기도 했다(Beutler & Harwood, 2000, p. 11). 임상가와 연구자들은 성공적인 치료 결과를 예측하기 위해 여러 가지 내담자 변인을 연구해 왔다. 성, 나이, 민족, 사회경제적 지위, 지능, 종교적인 태도, 그리고 다른 많은 성격 및 인구통계학적 변인들을 연구하였다.

그중 몇 가지만이 치료 결과와 약간의 관계가 있었다. 예를 들어, 내담자의 성별이 심리치료의 결과에 영향을 준다는 강력한 증거는 없다(Garfield, 1994). 내담자의 나이만 치료 결과와 무시할 만한 정도의 미미한 관계가 있었다.

내담자의 성격 특성과 태도는 어떠한가? 많은 치료자는 내담자의 특정한 인지적 및 정서적 변인들과 더불어 개방성에 주목해야 한다고 생각한다(Teasdale & Hill, 2006). 이러한 관점을 지지하는 연구들이 있다. 올린스키, 그로위와 파크스(Orlinsky, Grawe, & Parks,

1994)는 심리치료 효과연구에서 두 가지 내담자 변인, 즉 협력 대 저항, 개방 대 방어가 일관되게 중요한 것으로 나타난다고 보고하였다.

통상적으로는 내담자의 동기가 치료 결과에 직접적으로 영향을 준다고 생각한다. 어떤 점에서 이것은 분명한 사실이다. 치료에 투자를 많이 하고 열심히 참여하는 내담자가 치료 효과가 더 좋은 경향이 있지만, 몇몇 연구에서는 내담자의 동기와 치료 결과 사이에는 관계가 전혀 또는 거의 없다는 것을 발견하였다(Garfield, 1994). 이러한 결과는 성공적인 치료를 위해서는 사실 최소한의 동기만 필요하기 때문일 수 있다. 혹은 동기는 회기마다 또는 회기 내에서도 변할 수 있기 때문이다. 그러므로 치료 효과와 관련하여 하나의 척도로 요약하는 것은 어렵다.

그 외의 치료와 관련된 다양한 내담자 특징에 대하여 계속 연구 중이다. 예를 들어, 녹스, 골드버그, 우드하우스와 힐(Knox, Goldberg, Woodhouse, & Hill, 1999)은 치료자에 대한 내담자의 '내적 표상을 연구하였다. 치료자에 대한 내적 표상을 '치료자의 이미지에 대한 내담자의 인식(치료자의 신체적 외모, 언어, 정서적 특징 등)' 으로 정의하였고, 연구 결과 내적 표상 변인은 치료 효과와 관계가 있었다. 또한 뷰틀러와 하우드(Beutler & Harwood, 2000), 메서(Messer, 2006)는 내담자의 스트레스 수준, 치료의 성공에 대한 기대, 대처방식(예를 들어, 외현화나 내면화) 등이 중요한 내담자 차원이라고 설명했다. 이러한 변인들의 중요성에 대해 메서(Messer, 2006)는 "많은 경우 내담자가 어떤 질병을 가졌는가보다 어떤 내담자가 질병을 가졌는가를 아는 것이 더 중요하다." (p. 39)라고 지적하였다.

요약하면, 내담자는 여러 차원에서 다양하다. 치료의 목적을 위해서는 현재의 문제와 그 진단에 초점을 맞추어야 한다. 그러나 다른 인구학적, 그리고 성격적 변인, 즉 보다 특성적인(상대적으로 영속적인), 보다 상황적인(변화 가능한) 변인 또한 중요하다. 치료방식을 선택하는 데 있어서 어떤 내담자 변인을 이용해야만 하는지를 정확하게 감별하는 것이 임상연구에서 중요한 연구 분야다.

치료자

치료자들은 공식적인 훈련, 경험의 수준, 성격, 성, 나이, 인종 등에서 서로 다르다. 이 중 심리치료에서 가장 중요한 요소가 있다면 어떤 것일까? 성공적인 치료에 있어서 치료자의 핵심적인 특징은 무엇이며, 부수적인 특징은 무엇인가? 일반적으로 치료자의 나이, 성, 인종, 사회경제적 지위와 같은 광범위한 인구통계학적 변인들은 치료의 전체적인 효과에 그다지 중요한 역할을 하지 않는다(Beutler, Machado, & Neufeldt, 1994).

유능한 치료자의 특성과 기술

범(Berm, 2001), 인스킵(Inskipp, 2000), 제닝스와 스코볼트(Jennings & Skovholt, 1999), 그 밖의 여러 연구자는 유능한 치료자는 기본적인 기술과 특징을 가지고 있다고 주장했다. 인스킵에 따르면 심리치료가 대인관계 행위이기 때문에 심리치료자는 의사소통, 관계 형성, 자기관찰 등을 포함하는 역량 있는 대인관계 기술을 소유하고 있어야만 한다.

내담자의 정서적 경험의 차이와 강도를 인식할 수 있고, 이러한 영역에서의 모호함을 언어로 표현할 수 있는 기술을 가진 치료자는 보다 효과적으로 그들의 이해를 내담자와 의사소통하는 것 같다. 덧붙여 이러한 의사소통 기술을 가진 치료자는 내담자들이 새로운 심리적 어휘를 배우고 새로운 방식으로 그들의 경험을 이해하도록 좀 더 잘 도와주는 것 같다. 이러한 학습은 치료의 목표인 내담자들의 행동적 · 인지적 · 정서적 변화를 도와준다.

간단하게 논의하겠지만, 치료자와 내담자 사이에 형성되는 관계는 치료의 결과에 강한 영향을 미친다. 이러한 이유로 관계형성 기술은 매우 중요하다. 치료자는 진실한 대화, 즉 거짓이나 위선 없이 자신을 표현해야 한다. 또한 그들은 고통을 겪고 있는 내담자를 판단하지 않고, 동시에 삶에 도움이 되는 변화의 능력과 책임이 내담자 자신에게 있음을 상기시키면서 따뜻한 지지를 보낼 수 있는 능력을 가져야 한다. 임상가들은 이러한 관계를 흔히 진실성, 공감, 무조건적인 긍정적 존중으로 요약한다. 로저스(Carl Rogers)가 치료적 변화를 가져오기 위해서는 이러한 것들이 필요충분적인 조건이라고 주장했기 때문에 그것을 '로저스식 자질'이라고 한다.

마지막으로, 치료자는 자기인식(self-awareness) 또는 자기관리(self-management) 기술이 필요하다. 다른 계통의 업무에서처럼 수행을 방해하는 요인들을 탐지하는 능력은 중요하다. 이것은 치료자에게 특히 중요하다. 자기관찰 기술을 수련과정에서 직접 배우는 경우는 거의 없지만, 심리치료의 수련과 지도감독을 통해 간접적으로 배우게 된다.

접근법에 따라 자기관찰 방식도 다양하다. 전형적으로 정신분석 지향의 치료자들은 자기관찰 기술을 습득하기 위해 분석을 받는다. 인지적 또는 행동적 지향의 치료자들은 치료적 개입이 효과가 없을 때 개인적인 문제가 치료를 방해하고 있는 것은 아닌지를 평가해 보는 경험적 접근을 취하는 것을 선호한다(이에 관한 흥미 있는 논쟁을 다룬 Burns, 1980 참조). 어떤 접근이든 치료자는 자신이 치료에 미치는 영향을 관찰할 수 있는 방법이 있어야 한다.

또한 특정한 태도 변인들은 보다 유능한 치료자를 차별화하는 것으로 보인다. 위카스와 마한(Wicas & Mahan, 1966)은 유능한 치료자는 보다 자기통제적이고 동정적이라고 하

〈표 6-2〉 유능한 치료자의 특성

심리치료 대가의 특성 (Jennings & Skovholt, 1999)	유능한 정신건강 전문가의 선택적 특성 (Brems, 2001)
• 지칠 줄 모르는 학습자 • 축적된 경험으로부터 많은 것을 이끌어 냄 • 인지적 복합성과 모호성을 중시 • 정서적 수용능력 • 정신적 건강, 성숙, 자신의 안녕에 마음을 씀 • 자신의 정서적 건강이 일에 미치는 영향을 알아차림 • 건강한 대인관계 기술 • 작업동맹에 대한 믿음 • 그들의 특별한 대인관계 기술을 치료에 효과적으로 사용함	• 자아존중감과 자신감 • 자아성찰과 자기반성에 대한 의지 • 인지적 복잡성과 모호함에 대한 인내심 • 문화적 민감성과 타인에 대한 존중 • 개인적 정신건강, 자기존중, 역량의 적절한 사용 • 자신의 생활방식에 대한 자각과 표현 • 공감과 친밀감의 능력 • 건강한 개인 영역, 정서표현 지연능력 • 민족성과 전문성에 대한 의식

였고, 잭슨과 톰슨(Jackson & Thompson, 1971)은 유능한 치료자는 일반적으로 자기 자신과 사람들에 대해 보다 긍정적인 태도를 가지고 있다고 하였다. 제닝스와 스코볼트(Jennings & Skovholdt, 1999), 설리번, 스코볼트와 제닝스(Sullivan, Skovholdt, & Jennings, 2005)는 동료추천 절차를 사용하여 10명의 심리치료 대가를 선택하고 그들을 다른 치료자들과 차별화하는 인지적 · 정서적 · 관계적 특성을 찾아내고자 했다. 이들 심리치료 대가의 특성은 다른 연구자들이 개발한 목록(Brems, 2001)과 같이 〈표 6-2〉에 제시한다.

이러한 의사소통, 관계 수립, 자기관찰과 같은 광범위한 기술은 거대 기술이라고 생각할 수 있다. 이러한 기술은 치료자의 이론적 지향과 무관하게 필요하다. 이러한 기술의 중요성을 메서(Messer, 2006)는 다음과 같이 언급한다. 많은 경우에 치료자가 어떤 종류의 치료를 하는가를 아는 것보다 어떤 치료자가 치료를 하는가를 아는 것이 더 중요하다. 다른 식으로 말하면, 유능한 치료자들은 그들의 다양한 이론적 지향에 비해 당신이 기대하는 것보다 서로 더 많이 비슷하다.

치료자의 수련과 경험

치료자에게 고급 수련과정(advanced training)이 필요한 것은 틀림없다. 연구들은 부분적으로 이를 지지한다. 예를 들어, 마샤두, 뷰틀러와 그린버그(Machado, Beulter, & Greenberg, 1999)는 훈련받은 치료자들이 그렇지 않은 초심자들보다 다른 사람의 감정을 더 잘 인식한다고 하였다. 감정의 인식은 다른 사람을 이해하고 공감을 표현하는 데 필수적이기 때문에 중요한 심리치료 기술이다. 또한 훈련과 경험이 많은 치료자의 경우 내담자 중도탈락률이 낮다(Luborsky, 1989).

하지만 정확하게 어떤 종류의 수련 또는 어떤 수준의 경험이 가장 좋은지는 분명하지 않다. 임상심리학자, 정신과 의사를 포함하는 핵심 정신건강 전문 영역 중에서 어느 측도 자신들의 결과가 가장 우월하다는 확실한 증거를 내세울 수 없다. 때로는 제한적인 영역에 초점을 맞춘 단기수련을 받은 준전문가와 장기간 전문적인 수련을 받은 사람의 결과가 대등한 경우가 있다. 총체적으로 볼 때, "연구 결과들은 보다 많은 경험(예를 들어, 환자를 치료한 햇수)을 가진 치료가가 보다 적은 경험을 가진 치료자보다 효과적이라는 것을 일관되게 증명하지 못하고 있다" (Leon, Martinovich, Lutz, & Lyons, 2005, p. 417).

이러한 결과는 많은 이를을 당황하게 한다. 몇몇은 연구에 방법론상의 문제가 있다고 지적한다(Leon et al., 2005). 경험의 수준이 치료 효과 향상으로 정확하게 변환되지 않는 이유는 아마도 전형적으로 치료자들이 직업생활을 통해 당면하는 문제와 임상의 속성을 변화시키기 때문일 것이다. 한 조사(Pingitore & Sheffler, 2005)에 의하면 5년 미만 경력의 임상가들이 보다 많은 경력을 가진 임상가들보다 공중보건(및 공중 정신건강) 장면에서 더 많이 종사한다. 경력이 많은 임상가들은 개인치료를 더 많이 한다. 경력이 적은 임상가들은 보다 많은 비율의 아동기 장애, 물질남용장애 내담자를 만나며 일주일 동안 더 적은 수의 내담자를 만난다(일주일에 약 19시간, 반면 11~20년 경력 임상가는 약 25시간). 임상가들이 개인치료로 옮기기 전에 공중/지역 정신건강 장면에서 임상경력을 시작하는 것이라면 그들의 내담자나 내담자의 문제도 역시 변할 것이다. 보다 후기에 더 어려운 사례를 맡는다면 치료의 성공은 반대로 영향을 받을 수 있겠지만, 경험이 도움이 되지 않기 때문은 아니다.

치료 작업의 도전과제

치료 작업은 매우 강한 보상이 될 수 있다. 다른 사람들을 돕고자 하는 사람들에게 매일 누군가가 나아지고 건강해지는 것을 도울 수 있는 새로운 기회를 제공한다. 그러나 치료 작업에는 도전과제가 있다. 그중 몇몇은 상대적으로 사소한 문제나 갈등인 반면, 어떤 것들은 임상가 스스로 유능성과 자질을 의심하게 만드는 심각한 문제와 갈등이다. 너무나 자주 치료자들은 대학원에서의 수련이 이러한 감정을 관리하거나 치료적으로 사용하도록 돕기에는 불충분하다고 느낀다(Pope, Kieth-Spiegel, & Tabachnick, 2006).

치료자들이 치료 작업을 할 때 가장 빈번하게 직면하는 어려움은 무엇인가? 슈뢰더와 데이비스(Schröder & Davis, 2004)는 치료자들이 호소하는 문제를 세 가지로 분류했다.

- 유능성과 관련된 어려움: 주어진 상황에 효과적인 지식과 기술이 있는지 의문을 갖는 데서 오는 비교적 일시적인 어려움이 있다. 예를 들어, 우울증에 대한 개인치료를 받고 있는 내담자가 그녀의 알코올중독 남편과 함께 부부치료를 받고자 한다면, 치료자는 자신이 우울증과 함께 물질남용과 부부문제를 다룰 수 있는 자격이 있는지 의문이 들 것이다.
- 성격 특성이 바탕이 된 어려움: 이 범주에는 자신의 성격이 효능을 얼마나 손상시키는지에 대한 치료자들의 의심이 포함된다. 예를 들어, 치료자들은 종종 그들이 〈표 6-2〉에 열거된 특성 중 일부가 결핍된 것은 아니지 의심한다.
- 상황적 어려움: 이것은 내담자나 치료 환경의 특성의 결과다. 예를 들어, 치료에 저항적인 교도소의 성폭력 범죄자와 작업하는 치료자는 유능성과 성격적 능력을 모두 가지고 있을지라도 여전히 작업이 무척 어렵다고 느낄 것이다.

치료자들은 이러한 도전에 대해 어떻게 준비하고 어떻게 대처하는가? 앞서 언급한 대로, 개인치료는 정신분석이나 정신역동 지향의 치료자들에게는 심리치료 수련의 중요한 측면으로 간주된다(Murdock, 2004). 비록 많은 프로그램에서 특별히 요구하지는 않지만, 치료자의 70~90%는 개인치료를 받는다고 보고한다(Murdock, 2004; Norcross, Strausser-Kirkland, & Missar, 1988; Pope & Tabachnick, 2005). 포프(Pope)와 타바치닉(Tabachnick)이 심리학자의 전국 표본을 대상으로 개인치료가 임상심리학자 자격에 꼭 필요한지 질문했을 때, 54.4% 가 '꼭 필요하다' '어느 정도 그렇다' 고 응답했고, 40.2%는 '꼭 필요하지 않다' '어느 정도 아니다' 고 응답했다(나머지 응답은 '모르겠다' 였다). 개인심리치료가 내담자와의 작업을 더욱 효과적이게 하는지는 분명하지 않다. 그러나 임상가의 대다수는 그렇다고 믿는다(Murdock, 2004). 덧붙이자면, 치료자들이 치료를 받을 때 내놓는 문제들은 다른 사람들이 직면하는 문제들과 매우 유사하다(우울, 인간관계 및 부부문제, 자아존중감 관련, 불안 등).

치료적 관계

어떤 의미에서 모든 치료적 만남에는 항상 '제3의 참여자' 가있다. 이른바 내담자와 치료자 사이에 발생하는 관계다. 그들이 만나는 순간부터 서로의 인상, 느낌, 상대방에 대한 인지를 형성한다. 상호작용을 늘려갈수록 이러한 인상들은 다른 사람에게서와 마찬가지로 통합된다. 제3의 참여자인 치료적 관계는 그것이 치료 효과에 영향을 미친다는 것이 여러 연구에서 일관되게 입증되었기에 중요하다(Crits-Christoph, Connolly-Gibbons, & Hearon, 2006).

치료적 관계에는 많은 차원이 있다. 그중 어떤 것은 치료 결과에 보다 중요하다. 특히 중요한 두 가지 차원은, 첫째 치료자와 내담자 사이에 형성되는 정서적 유대(호감, 신뢰 등), 둘째 해야 할 것(과제)과 이루어야 할 것(목표)에 대한 이해의 공유다. 이 두 관계 차원을 흔히 치료동맹(therapeutic alliance)이라 한다(Bordin, 1979; Martin, Garske, & Davis, 2000 참조).

치료동맹에 대한 다양한 관점

내담자중심 치료의 창시자인 로저스보다 치료동맹에 더 많이 주목한 사람은 없다. 로저스는 내담자-치료자 관계가 치료적 변화를 발생시킬 수 있는 필요충분적 성분을 만들어 낸다는 입장을 취했다. 로저스는 치료에 대한 전통적 관점에서 벗어나 치료자가 구사하는 기술보다는 치료에서의 관계 자체가 치료적 요소라고 역설했다. 로저스(Rogers, 1951)에 따르면 "두 사람의 말은 치료자와 내담자 사이에 존재하는 정서적인 관계에 비해 그 중요성이 매우 낮다."(pp. 172-173)

로저스는 긍정적인 치료적 관계는 치료자가 특정한 상태—수용, 진실성, 무조건적인 긍정적 존중—를 제공하기 때문에 형성된다고 믿는다. 로저스는 치료동맹을 형성하는 데 있어서 내담자의 역할을 강조하지는 않았다. 치료자가 적절한 상태를 제공하기만 한다면 그 관계는 전형적으로 형성되고 내담자는 이익을 얻을 것이다(Hovarth, 2000). 로저스 이래로 인본주의 지향의 치료자들은 치료적 관계에 대해 유사한 관점을 공유하고 있다. 그들의 관점에 따르면 동맹은 단순히 치료의 맥락이 아닌 치료 그 자체다.

정신분석가와 정신역동 지향적 임상가들은 동맹을 매우 중요하게 생각하지만, 관계 자체가 치료의 주 요소라고는 믿지 않는다. 메이스너(Meissner, 2006)에 따르면 동맹은 본질적으로 치료적 계약—계약 안에서 발생하는 전문적 관계와 상호관계에 관해 공유된 이해—이다. 어느 정도 동맹은 치료에 대한 맥락을 제공하지만, 치료적 기술이 여전히 더 중요하다.

대부분의 행동적 및 인지-행동적 치료자들은 치료적 관계를 치료의 중요한 조건이지만 충분한 조건은 아니라고 보는 경향이 있다(Sweet, 1984). 대부분의 치료자는 치료동맹을 보다 구체적인 행동변화기법을 도입하는 데 도움이 되는 맥락이라고 생각한다. 이러한 점(관계를 기법을 위한 맥락으로 이해하는)에서 정신분석 이론가들과 비슷하며, 관계를 치료 자체로 보는 인본주의적 치료자들과는 다르다. 다른 행동적 치료자들은 치료적 관계가 중요한 역할을 한다고 믿는다. 그들은 관계가 새로운 기술을 모방할 수 있는 기회를 제공하고 내담자의 특별한 행동변화에 대해 강화를 해 줄 수 있는 기회를 제공하기 때문에 중요한 요소라고 말한다(Follette, Naugle, & Callaghan, 1996). 그들의 관점에서 볼 때 치료적 관계 안에서 내담자의 적절한 행동에 대한 수반적 강화를 제공하는 것은 치료자가 가지는 강력한 개입수단 중 하나인 것이다(Kohlenberg & Tsai, 1991).

치료동맹에 관한 연구

용어를 조작적으로 정의하는 데는 보딘(Bordin, 1979)과 루보스키(Luborsky, 1976)의 이정표적인 논문이 도움이 된다. 이 연구는 다시 연구자들이 측정척도를 개발하도록 자극하였다. 측정도구로는 작업동맹 항목표(Working Alliance Inventory; Hovarth & Greenburg, 1989), 캘리포니아 심리치료 동맹척도(California Psychotherapy Alliance Scales; Marmar, Gaston, Gallagher, & Thompson, 1989), 반더빌트 심리치료과정 척도(Vanderbilt Psychotherapy Process Scale; Suh, Strupp, & O'Malley, 1986), 치료적 유대 척도(Therapeutic Bond Scale; Saunders, Howard, & Orlinsky, 1989) 등이 있다. 어떤 척도는 동맹에 대한 구체적인 이론적 관점(예를 들어, 정신역동)을 염두에 두고 만든 것이고, 어떤 척도는 동맹을 일반적으로 측정하기 위해 만든 것이다. 그러나 내용의 차이에도 불구하고 대부분의 척도는 상관이 높은데, 이는 그들이 본질적으로 동일한 것을 측정하고 있음을 시사한다. 이 척도들은 또한 받아들일 만한 내적 일치도와 평정자 간 신뢰도를 보여 주고 있다(Cecero, Fenton, Frankforter, Nich, & Carroll, 2001; Martin et al., 2000).

연구자들은 이와 같은 척도를 치료 효과에서 동맹의 효과에 관한 많은 연구에 사용하고 있다. 메타분석 결과 일반적으로 치료동맹의 성질과 치료 효과 간의 관계가 특정 치료기법과 치료 효과 간의 관계보다 큰 것으로 나타났다(Crits-Christoph et al., 2006). 이러한 자료는 치료 안에서 발전하는 관계가 치료자가 사용하는 특정 치료기법보다 더 중요할 수 있다는 관점을 지지한다. 우리는 이 주제에 대해 10장 '임상적 개입에 대한 연구'에서 좀 더 논의할 것이다.

올린스키와 하워드(Orlinsky & Howard, 1986)는 일반적으로 치료동맹은 양쪽이 세 가지 요소, 즉 역할투자(치료를 위한 두 사람의 개인적 노력), 공감적 공명(주파수를 동일하게 맞추는 정도), 상호 긍정(서로의 안녕을 배려하는 정도)을 치료 상황에 가져올 능력이 있을 때 잘 형성된다는 것을 발견했다. 그러나 여전히 치료적 관계에 대해 많은 의문점이 있다. 치료적 관계는 어떻게 내담자의 변화를 일으키는가? 치료적 관계가 보다 중요한 구체적인 장애나 치료가 있는가? 치료적 관계를 미리 예측할 수 있는가? 내담자와의 관계 개선을 위하여 치료자를 어떻게 훈련시킬 수 있을까? 이러한 주제에 대한 연구가 현재 진행되고 있다(Crits-Christoph et al., 2006 참조).

심리치료의 장면

심리치료의 장소 또는 장면(setting)은 외래장면과 입원장면의 두 범주로 나누는 것이 가장 편리하다. 전자에는 치료자의 사무실, 지역사회센터나 교회 지하실의 임대 공간, 또는 어떤 곳이든 치료자와 내담자 양측이 만나기로 동의한 장소가 포함된다. 후자에는 내담자가 수일, 수개월 또는 수년 동안 머무르는 병원, 교도소, 주거치료센터 등의 시설이 포함된다.

외래장면

치료자의 사무실은 지금까지 가장 보편적인, 대부분의 심리치료 장면이다. 치료자의 사무실에 필요요건은 거의 없지만 어떤 특성은 중요하다. 첫째는 비밀 유지다. 치료의 정서적인 본질 때문에 내담자는 그들의 대화가 자신과 치료자 사이에만 한정되기를 기대할 권리가 있다. 이 때문에 대부분의 치료자는 방음시설이 완벽하거나 잘 되어 있는 방을 사용한다. 전화나 그 밖에 치료시간을 방해하는 다른 요소는 미리 처리해 두어야 한다. 사무실은 은밀한 곳이 좋지만 사람들이 너무 없는 곳은 좋지 않다. 불행하게도, 실제 일어난 또는 조작된 진료과실에 대한 소송(이는 진료과실 보험료가 엄청나게 비싸게 된 한 이유이기도 하다)은 이 분야에서 하나의 위협거리다. 잠재적으로 공격적인 내담자를 치료하는 치료자는 다른 사람들과 지나치게 격리되지 않은 사무실을 얻는 것이 당연하다.

앉아 있기에 편안한 장소 또한 필수적이다. 성인 내담자와 치료자는 비슷한 높이의 의자에 앉는다. 사무실 장식은 좋은 인상을 주어야 하지만 자연스러워야 한다. 즉, 치료자 자신의 취향과 정서를 표현할 자유는 있지만, 너무 이국적이거나 개인적인 생활을 너무 표현해서 내담자가 그곳에서 겉도는 느낌이 들게 해서는 안 된다. 어린아이들을 치료하는 치료자라면 치료 장소는 내담자의 나이에 적합한 장난감이나 가구들이 있어야 한다. 간단하게 말해서, 사무실 편의시설은 치료자가 작업하는 집단에 대한 치료목표를 최대화할 수 있도록 꾸며야 한다.

모든 치료가 사무실에서만 이루어지는 것은 아니다. 집단치료는 종종 지역사회센터나 노인회관, 교회 지하층과 같은 장소를 임대하여 시행하고 있다. 비록 빌린 장소여서

치료자의 사무실은 내담자의 안락감을 최대한 고려하여 꾸며야 한다.

허용 범위가 적긴 하지만, 사무실과 마찬가지로 치료자는 치료목적에 맞는 환경을 구성할 수 있도록 노력해야 한다.

어떤 종류의 치료는 공공장소에서 이루어지기도 한다. 예를 들어, 공황장애가 있는 내담자를 치료하는 치료자는 치료에서 배운 불안관리기법을 실제로 사용해 볼 수 있도록 내담자와 함께 쇼핑몰로 나간다. 비슷한 식으로, 치료자는 엘리베이터 공포증 내담자에게 증상 인식과 인지적 각성, 호흡과 이완법 연습 등을 도와주기 위해 내담자와 엘리베이터에 같이 타기도 한다. 치료자는 때때로 사회성과 치료장면에서 학습한 기술을 연습할 수 있는 외부로 내담자 집단을 데리고 나가기도 한다(8장 참조).

입원장면

입원치료는 공 · 사립 병원, 재향군인병원, 주거형태의 재활 및 치료센터, 교도소, 구치소 등에서 이루어진다. 이러한 곳에서의 치료에 요구되는 조건은 서로 비슷하다. 즉, 내담자는 비밀보장과 전문적인 치료를 기대할 수 있는 권리가 있다. 그러나 중요한 차이점도 있다.

예를 들어, 가장 일반적인 입원장면인 병원에서는 보통 정신분열병, 주요우울장애와 같은 심한 정신장애를 가진 내담자들이 치료를 받는 경우가 많다. 그 외에 병원에서 일하는 임상가들은 의사, 사회복지사, 그 밖의 다른 전문요원들과 함께 치료팀의 일원으로 활동한다. 그러므로 심리치료자들은 약물치료, 신체적 치료, 심리사회적 재활과 같은 다른 종류의 치료와 서로 조절해 가면서 심리치료를 실행해야 한다.

이 절의 요약 심리치료는 심리적 장애나 사회적/정서적 문제로 고통받는 한 명 혹은 그 이상의 내담자에게 수련받은 전문가가 제공하는 치료다. 심리치료의 주요한 참여자는 내담자와 심리치료자다. 성공적인 심리치료에 큰 영향을 미치는 성격 특성은 거의 없지만, 내담자와 치료자 사이에 발생하는 관계는 큰 영향을 미친다. 심리치료는 입원장면과 외래장면 모두에서 이루어진다.

임상적 개입의 목표

이 절의 미리보기

다양한 심리치료 접근법은 여러 면에서 다르다. 그러나 일반적인 치료목적은 같다. 이러한 목적에는 ⓐ 정서적 불편 감소, ⓑ 통찰 촉진, ⓒ 카타르시스 격려, ⓓ 새로운 정보 제공(교육), ⓔ 치료 외의 과제 부여, ⓕ 변화에 대한 신뢰, 희망, 기대의 고취 등이 포함된다.

심리치료 접근법은 여러 면에서 다양하다. 성격발달, 성격구조, 심리적 문제의 원인에 대한 설명 등에서 서로 다른 관점을 가진다. 치료접근들은 또한 이루고자 하는 변화의 측면에서도 서로 다르다(Andrews, 1989; Messer & Winokur, 1980). 그 예로, 행동적 치료자는 내담자가 처음에 내놓은 문제를 직접 다루는 경향이 있다(물론 주 호소에 기여할 가능성이 있는 다른 문제도 함께 다룬다). 예를 들어, 우울과 함께 자신의 아이들을 죽일 것 같은 두려움을 호소하는 어머니에게는 남편과의 관계, 자녀훈육방법, 혼자 힘으로 하는 집 바깥에서의 새로운 활동 등을 포함하는 여러 가지 과제를 줄 수 있다. 반대로 정신분석가는 어머니의 우울에 기저하는 것으로 생각되는 원인을 탐색하려 할 것이다. 현재 증상이 과거에 그녀가 그녀 어머니의 경직되고 비현실적인 기준을 충족시키는 데 실패했던 경험과 지금 어머니로서 느끼는 부적절감과 어떻게 관련되어 있는지를 이해하도록 돕는 것을 목표로 할 수 있다. 마지막으로, 인본주의 치료에서는 그녀가 지금 덫에 걸려 있다고 느끼는 일차원적인 삶에서 탈출할 수 있는 대안을 만들어 내는 잠재력을 스스로 발견하도록 돕는 방식으로 그녀의 문제를 다루려 할 것이다.

이러한 차이에도 불구하고 대부분의 심리치료 접근에는 몇 가지 공통적인 요소가 발견된다. 모든 형태의 심리치료가 각 목표를 최대화하는데 주력하는 것은 아니지만, 모든 형태의 성공적인 치료에서는 다음과 같은 목표를 어느 정도 얻을 수 있다.

정서적 불편 감소

내담자는 때때로 치료에 적극적으로 참여하기 어려울 정도의 고통스러운 정서상태로 치료자에게 온다. 이러한 경우에 치료자는 내담자가 자신의 문제에 대한 작업을 시작할 수 있을 정도로 정서적 고통을 줄여 주려고 노력한다. 치료자가 모든 불편을 다 제거하려 하지는 않는다. 그렇게 하면 보다 지속적인 변화를 위한 내담자의 작업동기까지 손상될 수 있기 때문이다. 지속되어 온 문제에 대처하고 싶은 내담자의 욕구를 약화시키지 않으면서 극심한 고통을 경감시키는 것이 관건이다.

내담자의 불편을 감소시킬 수 있는 보편적인 방법은 치료적 관계를 이용하여 내담자의 정서적 힘을 키워 주는 것이다. 내담자는 치료자가 개인적 동지이고 적대적 세계의 공격에 대한 방어막이라는 것을 알게 됨으로써 정서적 안정과 새로운 자신감을 획득하게 된다. 어떤 치료자는 "지금 현재는 희망이 보이지 않는다는 것을 알고 있다. 그러나 나는 당신이 당신의 삶에서 중요한 변화를 만들어 낼 수 있을 것이라고 생각한다."와 같이 직접적으로 안심시키는 말을 해 준다. 심리학의 대가인 설리번, 스코볼트와 제닝스의 연구(Sullivan, Skovholt, & Jennings, 2005)는 안전하고 협력적이고 지지적인 환경을 제공하는 능력이 심리치료 대가들이 치료적 동맹을 이해하는 중요한 방법 중 하나임을 발견하였다.

통찰 촉진

심리적 문제에 대한 통찰은 프로이트에게 가장 중요한 목표였다. 그는 통찰을 "내적 저항을 극복하기 위한 재교육"이라고 기술하였다(Freud, 1904, p. 73). 프로이트가 특별한 유형의 통찰(무의식의 영향에 대한)에 관심을 기울인 반면, 대부분의 치료자는 일반적인 자기인식의 확대를 통찰의 목표로 삼았다. 내담자가 자신이 왜 특정한 방식으로 행동하는가에 대하여 아는 것이 도움이 될 것으로 기대된다. 왜냐하면 이러한 지식이 새로운 행동의 개발에 기여할 것으로 생각되기 때문이다. 심리치료자들이 내담자의 통찰을 키우는 데 대한 논리는 잘 알려진 역사공부의 가치, 즉 오류를 반복하지 않기 위해 과거의 오류를 배우는 것과 같다.

어떤 이론적 배경을 가졌든 모든 치료자는 방법의 차이는 있겠지만 환자의 자기검토(self-examination)와 자기이해(self-knowledge)를 추구한다. 어떤 임상가는 꿈과 같은 특정한 유형의 내용에 초점을 맞춘다. 다른 임상가는 내담자에게 특정한 행동의 함축적 의미를 검토함으로써 통찰을 촉진하려 한다(예를 들어, "회사 사장과의 관계에서 경험하는 어려움과 아버지에 대한 반감을 표현한 것 간에 어떤 관계가 있는 것 같습니까?"). 인지적 치료자는 내담자가 사건, 특히 부정적 사건을 설명하는 자동적이고 부적응적인 방식을 보다 잘 알아차리도록 돕는다. 행동적 치료자는 행동이 과거의 학습 및 현재의 환경적 요인들과 어떻게 관련되는지를 내담자가 이해할 수 있도록 도와주는 것을 강조한다.

통찰을 발달시킬 수 있는 일반적인 기법은 내담자의 행동을 해석하는 것이다. 해석의 목적은 어떤 사건의 중요성에 대한 치료자의 판단을 내담자에게 설득하는 것이 아니라 자신의 행동을 조심스럽게 검토하고, 행동의 의미에 관한 새로운 결론을 끌어내도록 내담자를 동기화하는 것이다. 해석은 많은 심리치료자에게 주된 기법으로 남아 있지만, 어떤 임상가들은 직면이나 도전이 너무 강한 해석의 위험성에 대해 경고하고 있다(Strupp, 1989).

특히 정서적 혼란이 심한 내담자와 작업을 할 때 치료자가 해석을 최소화하고 적극적으로 지지해 주고, 정서를 평온하게 해 주고, 직접적으로 안심시켜 주는 것이 가장 좋은 결과를 가져다준다. 반대로 정서적 혼란이 심하지 않은 내담자에게는 치료 중에 나타나는 그들의 행동과 치료 외부에서의 관계를 연결하여 해석해 주는 치료 경험이 더 좋은 결과를 가져올 수 있다(Jones, Cumming, & Horowitz, 1988).

카타르시스 격려

치료자는 치료자의 보호하에 내담자의 자유로운 정서표현을 격려한다. 이러한 기법은 카타르시스로 알려져 있다. 여기에는 오랜 시간 동안 인식되지 못한 채 갇혀 있던 정서를 표출하는 것이 포함된다. 치료자는 정서를 표출하면 편안해질 것이라 확신하며, 내담자가 그러한 감정을 말로 표현하도록 권장한다. 카타르시스는 특정한 정서에 대해 적어도 덜 두려워하게 하는 데 도움이 될 수 있다.

치료자들이 항상 내담자의 정서경험에 관심을 가져왔지만, 정서에 초점을 맞춘 기법(정서중심기법)의 가치에 관한 경험적인 연구는 많지 않다. 최근 연구는 정서에 초점을 맞춘 치료의 가치를 적어도 다음의 다섯 개 영역에서 강조하고 있다(Greenberg & Safran, 1989). 첫째, 정서를 통합하거나 포착하여 수용 가능한 방식, 나아가 건설적인 방식으로 이해되고 표현될 수 있도록 해 준다. 둘째, 흔히 비언어적이고 표현적인 방법을 통해 특정한 정서의 강도를 높여 유용한 행동을 하도록 조장할 수 있다. 셋째, 새로운 정보를 통해 정서를 재구조화하여 바람직한 방향으로 정서를 수정할 수 있도록 해 준다. 넷째, 정서를 불러일으켜 이러한 정서와 강하게 그리고 구체적으로 연결되어 있는 사고와 행동을 재검토할 수 있게 해 준다. 다섯째, 너무나 부적응적이어서 내담자의 기능을 손상시킨 정서를 직접적으로 수정해 준다.

새로운 정보 제공(교육)

흔히 심리치료는 교육적이다. 어떤 적응 영역은 잘못된 지식 때문에 손상을 입는다. 성기능이 한 예가 될 수 있다. 치료자는 이러한 영역에 대한 유용한 지식을 제공할 수 있다. 또한 치료자는 내담자가 새로운 방식으로 문제를 이해하도록 한다는 점에서 교육자다. 교육자로서의 치료기술 중 하나는 내담자가 가장 잘 이해할 수 있는 방법으로 정보를 제공하는 것이다. 장애가 어떻게 시작되었고, 어떻게 유지되고, 어떻게 극복할 수 있는지를 이해하게 되면 내담자들은 좋아진다. 어떤 치료자는 교사 같은 역할을 취하여 내담자에게 직접 충고를 하기도 한다. 다른 치료자들은 주제와 관련된 책을 읽도록 권하기도 하는데, 이러한 과정을 독서치료(bibliotheraphy)라고 한다(Marx, Gyorky, Royalty, & Stern, 1992). 또 다른 치료자들은 세상을 지각하는 다른 방식이 존재한다는 것을 암시하기 위해 어깨를 으쓱하거나 회의적인 표정을 지어 보이는 등의 덜 직접적인 방법을 사용하기도 한다. 내담자에게 제공되는 새로운 정보는 문제에 대한 새로운 조망을 제공하여 자신의 문제를 덜 이상하게 하며, 해결 가능한 문제로 볼 수 있게 해 준다.

치료 외의 과제 부여(숙제)

치료자는 긍정적인 변화를 '실제 세계'로 가져가는 것을 격려할 목적으로 내담자에게 치료 외부에서 과제를 수행하도록 요구한다. 많은 치료자가 과제를 부여하고, 다양한 심리치료 접근법에서 실전연습은 점점 더 많이 나타나고 있다(Kazantzis & Deane, 1999; Ronan & Kazantzis, 2006). 행동적 및 인지-행동적 치료자는 외부에서 수행하는 과제를 치료장면에서 학습한 새로운 기술의 일반화를 촉진하는 효과적인 방법이라고 생각하여 열렬히 옹호한다(Nietzel, Guthrie, & Susman, 1991). 정신역동 지향적 임상가, 체계이론 심리치료자, 심지어 내담자중심의 치료자도 과제를 부여한다(Allen, 2006; Ronan & Kazantzis, 2006). 주어진 과제를 완수한 내담자는 그렇지 않은 내담자보다 더 잘 지내는 것으로 나타났다(예를 들어, Burns & Spangler, 2000).

변화에 대한 신뢰, 희망, 기대의 고취

모든 치료체계의 공통 절차에서 내담자의 변화에 대한 신뢰와 희망, 기대를 고취시키는 것은 치료적 향상에 가장 중요하게 기여하는 요인으로 흔히 언급된다. 긍정적 기대의 치료적 힘은 심리치료에 국한되지 않는다. 예를 들어, 의학적 치료의 역사는 대부분 위약효과의 역사라고 이야기되어 왔다(Shapiro, 1971). 어떤 치료기법은 극적이거나 첨단적으로 보이기 때문에, 또는 개인적 변화를 성취할 수 있는 가장 좋은 방법과 연합된 뿌리 깊은 문화적 규준을 활용하기 때문에 내담자의 기대를 높이고 위약효과를 유발하는 힘이 특히 강할 수 있다.

임상가들은 심리치료의 위약효과에 대해 매우 익숙하기 때문에 심리치료 성공의 대부분이 특정한 기법 때문이 아니라 좋아질 것이라는 내담자의 기대를 만들어 내는 기법 때문이라고 생각한다. 심리치료에서의 위약효과에 대한 인식이 치료적 접근들을 구별해 주는 구체적인 기법들의 중요성에 대한 부정의 의미는 아니다. 그러나 효과적인 치료의 한 가지 중요한 요소(가장 중요한 요소라고 볼 수도 있다)는 긍정적인 변화를 이룰 수 있다는 믿음을 내담자가 가지게 하는 것이다(Orlinsky, Grawe, & Parks, 1994).

부분적으로 예술과 과학 분야에 속하는 심리치료는 두 분야를 둘러싸고 있는 신비성으로 인한 이득을 얻고 있다. 흔히 내담자는 경이로운 일을 해내는 전문가에 의해 진행되는 독특하고도 강렬한 경험을 함께한다는 믿음을 가지고 심리치료를 시작한다. 내담자는 자신에게 치료가 필요한가에 대해서 오랫동안 고민한 끝에 치료를 시작하는 것이기 때문에 심리치료의 잠재적 효과에 대해 한껏 기대하게 된다. 이러한 내적 논쟁이 끝나는 시점에 내담자는 치료의 대부분을 차지하는 두려움, 희망, 안도감이 혼합된 커다란 감정적 투여를 하게 된다.

치료자는 자신이 문제를 잘 이해하고 있고, 치료관계 속에서 서로 노력하면 원하는 변화가 이루어질 수 있다는 점을 전달함으로써 심리치료의 효과에 대한 내담자의 신뢰를 격려한다. '이해받고 있고 도움받을 수 있다.' 는 내담자의 지각은 의사가 내담자의 이상한 신체증상에 대해 차분하게 자신감을 보여 줌으로써 나타나는 진정 효과 못지 않게 중요할 수 있다. 대부분의 치료자는 이러한 지각의 효과를 이론적 근거가 있는 합리적인 치료 효과라고 본다.

구조화된 치료에서 성공적인 치료에 대한 내담자의 동기와 기대를 고취시킴으로써 치료자는 내담자가 가능한 한 빠른 시기에 실제적인 성공을 경험할 수 있도록 노력한다. 이러한 성공이 처음에는 사소한 것(치료자의 간단한 해석에 따른 제한적인 통찰, 어렵지 않은 과제의 성공적인 완수 등)일 수 있다. 그 의미가 무엇이든, 목표는 내담자가 기대하는 변화를 만들어 내는 것이다. 치료 초기 단계에 누적된 많은 작은 변화들은 내담자가 자신의 삶을 스스로 통제할 수 있고, 자신의 문제를 이해할 수 있고 해결할 수 있다는 자신감을 강화해 주는 효과가 있다. 긍정적인 기대가 충족되어 가면서 기대감은 커지고, 보다 의미 있는 변화를 이룰 수 있다고 믿을수록 보다 큰 결정의 성공을 추구한다(Howard, Lueger, Maling, & Martinovich, 1993). 무엇보다 치료자는 변화가 내담자 자신의 노력의 결과라는 것을 알려줌으로써 내담자의 자존감을 고취시킨다(Bandura, 1982).

이 절의 요약 심리치료의 다양한 접근은 비슷한 목적을 가진다. 정도는 다르지만 모두 내담자의 고통을 경감시키고, 통찰을 얻도록 도우며, 내담자의 자기표현을 격려하고, 교육하고, 상담장면에서 학습이 전이되는 것을 돕고, 긍정적인 기대를 고취시킨다.

임상적 개입에 대한 윤리 지침

이 절의 미리보기

윤리 지침은 치료적 관계를 정의하고 형성하는 데 도움을 준다. APA는 윤리규정을 통해 기본적인 지침을 제공하며, 그 밖에 보다 구체적인 상황과 내담자를 다루는 임상가를 위한 많은 지침은 간행물을 통해 제공한다.

심리치료의 실제는 치료자의 윤리적 공약과 전문적 지침에 맞는 행동으로 형성된다. 공약은 내담자를 보호하고 외부의 부정적 영향으로부터 관계를 분리시킨다. 그러나 윤리적 지침은 내담자와 치료자를 법적인 피해로부터 보호하는 것 이상의 것이다. 윤리원칙은 임상가의 매일, 심지어는 매 순간의 의사결정과 깊은 관련이 있다(Sperry, 2007). 다음 예를 보자. 우울증인 내담자가 치료자의 집으로 전화를 걸어 그날 저녁 응급상담을 요청한다. 이 요구에 응해야 하는가? 한 치료자는 내담자 중 한 명을 가명을 사용하여 학회에서 발표할 것을 고려하고 있다. 그렇게 해도 될까? 14세의 내담자는 아버지가 가끔 12세의 남동생과 어머니를 때린다고 하면서도 그 이야기를 2주에 한 번씩 있는 다음번 가족치료 시간에 하지 말라고 부탁한다. 치료자는 이 내담자의 부탁을 들어주어야 하는가?

이러한 각각의 임상적 상황에는 윤리적 쟁점들이 있고, 몇몇에는 균형을 맞추어야 하는 서로 경쟁적인 윤리적 쟁점이 있다(예를 들어, 돌봄의 의무에 대응하는 적절한 전문적 경계유지의 의무).

APA 윤리규정

임상심리학자들의 윤리적 지침의 주요 출처는 심리학자의 APA 윤리원칙과 행동강령(APA Ethics Committee, 2002b)이다. 그 명칭이 나타내듯이, 저작물은 ⓐ 일반원칙과 ⓑ 윤리지침의 주요 부분으로 구성되어 있다. 일반원칙은 다음의 다섯 가지다.

- 이득과 무해(Nonmaleficence)
- 성실과 책임
- 정직
- 정의
- 인간의 권리와 품위에 대한 존중

윤리적 기준(standards)은 10개이고, 각각의 기준은 몇 개의 항과 세부 항으로 나뉘어, 결과적으로 심리학자를 위한 151개의 윤리적 규칙들이 있다. 예를 들어, 심리치료를 다루는 10항에는 정보제공, 커플이나 가족이 포함된 치료, 내담자와의 성적 친분관계 등이 포함된다. 〈표 6-3〉은 여러 임상적 상황과 그에 적용되는 윤리규정을 보여 준다.

심리치료자들에게는 네 개의 윤리적 고려가 가장 중요하다(Sperry, 2007). 그것들은 종종 전문가 윤리의 '4 기준'이라고 부르는데, 비밀보장, 전문성, 정보제공 동의, 이득의 충돌이다.

비밀보장은 치료자가 특별한 상황을 제외하고는 내담자의 사생활을 보호하고, 치료 때 나눈 정보를 발설하지 않는다는 의미다(비밀보장을 깨뜨리는 특별한 상황은 윤리규정에 나와 있으며, 15장 '임상심리학의 전문 직업과 관련된 쟁점'에서 더 자세히 설명할 것이다). 비밀보장은 임상가가 내담자의 복지를 우선적으로 고려하도록 하는 의무다. 예외 없이 치료자의 행위는 단 하나의 기준에 따라 결정되어야 한다. 즉, 무엇이 내담자를 위해 최선인가?

전문성은 임상가가 전문적으로 책임을 지고 자신의 전문 영역 내에서만 치료한다는 것을 의미한다. 이것은 높은 과학적 기준과 전문 지식을 요구한다. 전문성은 측정하기

〈표 6-3〉 임상가들이 직면할 수 있는 윤리적 딜레마의 예시

윤리적 고려가 발생하는 상황	적용 가능한 APA 윤리규정의 부분
치료 중 내담자가 자신의 여자친구를 죽이는 것에 대해 생각하고 있다고 말한다.	4.01 비밀보장 유지 4.02 비밀보장 한계에 대한 논의
HIV 양성자인 내담자가 안전하지 않은 성생활을 지속하고 있음을 고백한다.	4.01 비밀보장 유지 4.02 비밀보장 한계에 대한 논의
집단치료 중 한 집단원이 비밀보장 원칙을 깨고 집단원들에 대해 친구에게 이야기했음을 알게 되었다.	10.03 집단치료
법원에서 치료를 받거나 감옥에 갈 것을 명령받았기 때문에 치료를 시작했으나, 내담자는 치료에 참여하거나 노력할 의지가 없다.	3.07 제3관계자의 서비스 요청
부부를 치료했던 치료자가 이혼 절차의 증인으로 소환되었다.	10.02 커플이나 가족이 참여하는 치료
치료자는 세미나에서 사례발표를 하고자 하나, 내담자는 자신이 알려지지 않기를 원한다.	4.07 교육적 혹은 다른 목적을 위한 비밀정보의 사용
한 치료자는 내담자의 전남편과 로맨틱한 관계가 되는 것에 대해 고민하고 있다.	10.06 현재 내담자의 친척이나 중요 인물과의 성적인 친밀관계
한 치료자는 자신의 동료가 연구 결과 이득보다는 해가 더 많다고 시사된, 논쟁의 여지가 있는 치료법을 사용하고 있다는 것을 알게 되었다.	1.05 윤리위반 보고 2.04 과학적이고 전문적인 판단을 위한 기준

어렵지만 교육, 수련, 경험, 자격증 등의 조합이 기준이 된다. 임상 실제에서 이것은 임상가가 적절한 교육, 수련 또는 감독수련 경험이 없이는 평가나 치료적 행위를 하지 않는다는 것을 의미한다. 또한 그들이 익숙하지 않은 대상자를 치료하지 않는다는 것이다(문화적 전문성). 전문성은 '있다-없다(전문적이다-전문적이지 않다)' 보다는 발전해 가는 하나의 과정으로 이해하는 것이 좋다. 전문성은 심한 경우 명백한 치료과실(malpractice)로부터 내담자를 보호하는 데 필요할 뿐 아니라, 장기간의 수련과 교육에 참여하도록 임상가에게 동기를 부여하는 데 도움을 준다.

정보제공 동의는 비밀보장의 한계, 치료의 잠재적인 효과, 그 밖에 치료를 시작하는 내담자의 의지에 영향을 미칠 수 있는 것에 대해 치료자가 내담자에게 알려 줄 의무가 있음을 말한다. 예를 들어, 부부치료자는 내담자에게 치료 결과로 부부가 이혼을 결정하게 될 수도 있음을 알려 준다.

이득의 충돌은 치료적 경계나 치료적 구조를 유지할 치료자의 의무를 말한다. 4장에서 언급했듯이, 구조에는 치료관계에서 발생하는 역할에 대한 기대와 상호작용 패턴이 포함된다. 이득의 충돌은 치료자의 개인적 이득이 내담자의 최상의 이득과 경쟁이 될 때 발생한다. 이러한 갈등은 치료자가 회기 중에 내담자에게 자신의 좌절감을 표현하거나

스스로에게 관대할 때는 대수롭지 않게 넘어갈 것이다. 그러나 치료자가 내담자나 이전 내담자와 성적인 관계를 가지려는 것과 같은 이득의 출동은 심각해질 수 있다.

비록 윤리규정이 임상가들에게 무엇을 해야 하고 무엇을 하지 말아야 하는지에 대한 지침을 주기는 하지만, 규정이 임상가가 직면하는 모든 상황을 다룰 수는 없다. 사실 앞의 예시가 암시하듯이 임상적인 결정에는 흔히 윤리적 이해관계의 균형이 요구된다. 15장에서 치료적 관계에서의 전문적 지침에 대해 자세히 논의할 것이다. 윤리가 임상 실제에 미치는 영향에 대한 저술은 많이 있다. 특히 윤리적 원칙이 임상적 의사결정에 어떻게 영향을 미치는지에 대해 훌륭하게 논의한 세 문헌은 내기(Nagy, 2005), 포프와 바스케즈(Pope & Vasquez, 2005), 스페리(Sperry, 2007)다. 또한 특정한 임상 영역에서 활동하는 임상가들을 위해 APA가 발간한 지침들도 있다. 다음의 예시들은 APA 웹사이트에서 찾아볼 수 있다. 그 밖의 것은 포프와 바스케즈(Pope & Vasquez, 2005)의 책 부록에 제시되어 있다.

- 이혼절차 중 자녀후견 평가에 대한 APA 지침
- 노년층을 위한 심리학적 개입에 대한 APA 지침
- 인종적 · 언어적 · 문화적으로 다양한 집단에 심리학적 서비스를 제공하는 사람들에 대한 APA 지침
- 동성애자, 양성애자 내담자와의 심리치료에 대한 APA 지침
- 전화, 원격, 인터넷으로 제공되는 서비스에 대한 APA 지침

윤리 체계와 치료자의 가치관

내담자가 가치관과 관련된 문제로 고심 중이라면 치료자 역시 고심하게 된다. 치료자가 가진 가치관이 내담자와 다를 때는 특히 그렇다. 사실 모든 치료자는 분명 어떤 시점에서 자신들이 중요하게 생각했던 가치에 대해 도전받게 된다. 법원에서 의뢰한, 프로레슬링을 인생에서 가장 흥미 있고 의미 있는 일이라고 생각하는 10대 내담자를 설득해야 하는가와 같은 비교적 사소한 도전도 있고, 말기 암인 우울증 환자의 자살시도를 그만두도록 설득해야 하는가와 같은 심각한 도전도 있다. 치료장면에서 일어나는 가치 관련 주제들은 〈표 6-4〉에 정리되어 있다.

심리치료에서 가치충돌을 어떻게 다룰 것인지를 결정하는 명확한 공식은 없다. 물론 윤리규정을 적용할 수도 있지만 모든 경우에 명확한 것은 아닐 것이다. 자기 각성적인 치료자는 자신의 가치관과 그 가치들이 치료에 미칠 수 있는 영향에 대해 명료화하고, 그러

〈표 6-4〉 심리치료 중 나타날 수 있는 가치 관련 주제

유산	동물권리	자살 도움
출산조절 선택	직업 선택	아동학대 및 방치
범죄행위	죽음과 죽어감	음식 선택
가정폭력	폭력단체 일원	성역할
건강관리 선택	결혼과 동거	의료윤리
정책	혼전 성관계	인종차별 및 성차별주의
종교적 신념	종교적 습관, 행위	성정체감
성적(性的) 습관, 행위	물질남용	환경보호 행위
자살	관계에서의 권력 사용	체중과 체중 감량

출처: Brems(2001), p. 46.

한 가치충돌에 직면했을 때 의사결정을 해야만 한다. 치료자는 자신의 가치를 제쳐두고 내담자의 가치를 따라야 하는가, 그들의 가치관과 어떻게 다른지 설명해야 하는가, 내담자의 관점을 바꾸려 노력해야 하는가, 치료자 자신의 관점을 바꾸려 노력해야 하는가, 내담자와의 치료를 그만두어야 하는가 혹은 다른 선택 방안을 수용해야 하는가? 대부분의 치료자는 가치충돌의 치료적이고 개인적인 적용에 대해 수련감독자나 동료들과 논의하는 것이 큰 도움이 된다. 여기에서도 APA 윤리규정이 논의의 근거로서 도움이 된다.

이 절의 요약 임상 실제는 일반적인 원칙, 심리치료를 포함한 많은 영역에 대한 구체적인 기준 등을 제공하는 APA의 윤리규정의 제한을 받는다. 심리치료 실제에서 가장 중요한 기준은 비밀보장, 전문성, 정보제공 동의, 이득의 충돌이다. 비록 종종 부적응과 해를 끼치는 것을 피하기 위해서만 사용하는 것으로 생각한다. 그러나 윤리규정은 임상가와 내담자의 가치가 충돌하는 상황을 포함하여 임상적 의사결정의 많은 영역에서 매우 중요하다. 다양한 종류의 다른 규정과 지침들은 치료에서 불가피하게 일어나는 윤리적 · 개인적 딜레마를 잘 통과하도록 임상가를 돕기 위해 존재한다.

임상적 개입의 실제적 측면

이 절의 미리보기

여기에서는 모든 형태의 심리치료에 적용되는 실제적인 의문과 절차에 대해 설명할 것이다. 치료 기간, 치료비, 기록 보관, 치료 계획, 치료자의 자기개방, 종결 등이다.

심리치료에 대한 실제적인 수많은 질문이 있다. 심리치료는 얼마나 오랫동안 진행되는가? 기록은 왜 치료자가 보관하는가? 심리치료 동안 치료자들은 스스로에 대한 이야기를 하는가? 치료자는 어떻게 치료방식을 결정하는가? 지금부터 이러한 질문에 대해 생각해 보자.

치료 기간과 치료비

치료 기간은 장애의 종류와 심각성, 동기를 비롯한 내담자의 특성, 치료자의 기술과 이론적 지향, 치료를 위해 사용 가능한 내담자의 경제적 능력 등에 따라 단회에서 수년에 이르기까지 그 범위가 매우 넓다. 전통적인 정신역동치료는 일주일에 여러 번 만나며 종종 수년간 지속된다. 오늘날에는 이러한 치료는 상대적으로 드물고 대부분의 개인치료 내담자는 기본적으로 일주일에 한 번(때로는 적을 수도 있고 많을 수도 있다), 45~55분 정도 치료자를 만난다. 집단치료는 전형적으로 최소 90~120분이다.

1회 치료비는 치료자에 따라 상당히 다양하고, 치료비에 관한 자료를 모으는 것도 어렵다. 그러나 요즘은 임상가나 개인치료자가 자신들의 서비스와 치료비에 대해 인터넷에 광고를 하기 때문에 심리치료비가 상당히 차이가 있다는 것을 쉽게 알 수 있다. 콜로라도 지역 심리학자들의 조사(Newlin, Adolph, & Kreber, 2004)에서 저명한 심리치료자의 45~55분 심리치료의 평균 치료비는 90~92.5달러였다. 위치(예를 들어, 도시인지 혹은 지방인지), 임상가의 수련수준, 치료비의 출처 등을 포함한 다양한 요소가 치료비에 영향을 미친다. 더욱이 심리학자나 그들의 고용기관은 도움이 필요하거나 보험회사로부터 특정한 평가와 서비스로 제한되어 낮은 비용으로 허가된 내담자에게는 무료나 소액의 치료비를 받기도 한다.

기록 보관

치료자는 자신의 내담자에 대한 제대로 된 기록을 보관할 윤리적 의무가 있다. APA 기록보관지침(APA Record Keeping Guidelines; APA, 1987)은 이러한 의무에 대한 기본적인 문서양식이다. 대부분의 APA 지침들처럼 어떤 기록이 반드시 보관되어야 한다고 정확하게 지시하지는 않는다. 대신에 기본적인 문서 내용, 기록 관리와 보존, 폐기에 대한 기본 틀을 제시한다. 심리학자는 ⓐ 내담자의 개인 신원정보, ⓑ 날짜들과 서비스 종류, ⓒ 치료비, ⓓ 검사기록, ⓔ 치료 계획, ⓕ다른 사람에게 의뢰한 사항 등을 기록해야 한다. 이러한 기록들은 상황적 필요에 의해 다른 임상가에게 인계할 수 있을 정도의 구체적인 수준으로 기술하여야 한다. 요약하면, 좋은 기록 보관은 내담자, 임상가와 기관에 이익이 되도록 고안한다. 또한 좋은 기록은 만약 임상가가 법적인 과정에 참여하게 되거나 기록을 재검토할 때 유용하다. 특히 효과적인 기록은 임상가가 서비스를 향상시키는 방법을 찾는 데 동기 부여를 할 수 있다.

사례개념화와 치료 계획

3장에서 평가에 대한 일반적 모델을 제시했는데, 평가는 임상가가 평가 결과를 의사소통하며, 의뢰된 문제와 목적을 인식하고 명확히 하는 것으로 시작된다([그림 3-1] 참조). 심리치료 역시 평가와 함께 시작된다. 비록 구조화된 면담이나 심리검사와 같은 형식적인 절차가 아니어도 치료목적을 위한 평가는 임상가를 내담자 문제의 개념화인 사례구조화로 이끈다. 사례구조화(사례연구 지침)는 임상가의 이론적 지향에 따라 다양할 수 있지만(2장 참조), 어떤 구조화에서든 치료를 계획하는 데 핵심적인 요소는 내담자에 대한 실태와 인상이다. 간단히 말해서 치료 계획은 사례구조화에 달려 있으며, 이는 다시 평가에 달려 있다.

치료 계획에 대한 세 가지 접근법

매코버(Makover, 2004)는 치료 계획의 세 가지 접근법을 기술했다. 첫째 접근은 치료자에 기반을 둔 치료로, 이론적 지향(orientation)에 기반을 둔 치료 또는 이론에 기반을 둔 치료라고도 한다. 이 접근법에서는 치료자가 이론적으로 지향하는 심리치료의 기본 원리를 배우고(예를 들어, 정신역동적, 행동적, 그 밖의 어떤 것이라도) 그것을 모든 내담자에게 사용한다. 대략 1950년대까지 정신분석이 치료 형태의 대부분을 차지했다. 점차적으로 다른 접근들이 출현하면서 각각의 주장은 보다 유효하게 되었다. 치료자와 대학원 수련과정은 심리치료의 주요 '학파' 들을 지지했고, 그들 접근법이 우월하다는 결과를 보여 주는 증거를 (선택적으로) 강조하였다. 오늘날에도 많은 임상가와 대학원 수련과정은 치료의 주요 접근법 중의 하나에 속하는 것으로 생각한다. 그들은 내담자들이 여러 측면에서 차이가 있으며 치료 계획은 이러한 차이에 따라 변경된다는 것을 인정한다. 그러나 여전히 하나의 이론적 접근의 우산 아래서 치료가 제공된다.

시간이 지나면서 많은 임상 전문가와 연구자는 치료자에 기반을 둔 치료 계획에 환멸을 느끼고 치료방식을 치료자의 지향점이 아닌 내담자의 진단으로 결정하는 진단에 기반을 둔 치료를 채택했다. 의료적 치료를 모방한 이 접근법은 특정한 진단과 그에 가장 효과적인 치료를 연결하려는 시도를 했다(10장의 경험적으로 지지된 치료에 대한 논의 참조). 대부분의 임상가가 진단에 기반을 둔 치료를 임상가에 기반을 둔 치료보다 치료 선택을 위한 과학적 접근이라고 보는 동안에도 역시 이에 대한 비판자가 있었다. 3장에서 논의했듯이 진단은 부정확하다. 더 나아가 이 장의 앞부분에서 언급했듯이 많은 연구들가 치료 결과의 의미 있는 차이의 원인이 되는, 임상가의 진단 외 다양한 요인—치료동맹의 질과 같은—을 보여 준다.

효과에 기반을 둔 치료는 치료 결과에 영향을 미칠 수 있는 모든 요인을 치료 계획의 근거로 하려는 시도다. 어떤 요인은 내담자와(예를 들어, 진단, 성격 특성), 어떤 요인은 치료자와(예를 들어, 이론지향, 기법, 성격 특성), 또 어떤 요인은 상황적이거나 나타나는 속성에(예를 들어, 치료환경, 치료적 동맹) 관계된다.

다면적인, 그리고 효과에 기반을 둔 치료의 예는 뷰틀러와 클라킨(Beutler & Clarkin, 1990)에 의해 고안되고, 그 후에 수정된(Beutler & Groth-Marnat, 2003; Beutler & Harwood, 2000 참조) 체계적 치료선택(Systematic Treatment Selection: STS)이다. 이 접근에서 치료 계획에 들어갈 때의 정보들이 〈표 6-5〉에 제시되어 있다. 정보는 면담, 관찰, 과거력, 검사 등을 통해 얻을 수 있다. 이것은 이러한 모든 정보에 대한 이해를 바탕으로 치료과정을 잘 조율하기 위한 것이다. 또한 STS는 필요한 평가정보를 수집하기 위해 고안된 임상가 평정

〈표 6-5〉 체계적 치료선택에 대한 정보

환자의 성향 요인	치료과정과 치료자 관계의 질
• 문제의 특성: 증상, 기능손상, 복합성/만성 • 성격의 특성: 대처방식, 방어적 특성, 주관적 스트레스, 자존감, 자원과 강점 • 환경: 사회적 지지, 사회역사, 긍정적인 기능의 범위	• 치료자와 환자의 인구학적 변인 및 신념의 연결 • 치료적 행위: 지시성, 통찰 대 기술과 증상 중심, 카타르시스 대 지지적인, 치료자 기술과 경험 • 치료동맹의 질: 협력과 관계 강도
치료 맥락(돌봄의 수준)	**환자와 치료의 맞춤**
• 세팅: 돌봄의 한정 • 강도: 치료의 빈도와 길이 • 방식: 약물학적 심리사회적 두 가지 모두 • 형식: 약물치료 또는 심리사회적 치료 종류 (즉, 개인, 그룹, 가족, 커플 치료)	• 기능의 손상과 복잡성에 맞는 세팅, 형태, 구성, 치료 강도 • 대처방식에 맞는 통찰지향 대 증상/과제 중심 치료 • 치료자의 지시에 저항하는 특성에 맞춤 • 주관적 스트레스에 맞는 치료자의 지지 대 카타르시스 유발

출처: L. E. Beulter & G. Groth-Marnat (2003), p. 8.

양식 D(Clinician's Rating Form-D; Fisher, Beutler, & Williams, 1999)의 개발을 촉진 하였다. 컴퓨터 형식의 이 도구는 환자가 완성하는 데 20~40분 정도가 걸린다(Fisher, Beutler, & Williams, 1999).

사례 예시

다음은 뷰틀러와 그로스-마냇(Beutler & Groth-Marnat, 2003)이 제시한 사례를 축약한 것이다. STS의 특징이 나타나 있다.

예시

RW는 22세의 멕시코계 미국 여성이다. 그녀는 공황발작, 광장공포증, 사회공포증, 심한 편집증적 사고의 과거력이 있다. 그녀는 미분화 정신분열증(295.9)과 사회공포증(300.23)으로 잠정 진단받았다. 그녀의 과거는⋯⋯ 아직 미성년이었을 때 고등학교 선생님과의 불법적인 장기적 관계의 시작에서 파생된 심각한 사회적 불신과 고립을 시사한다(pp. 80-81).

임상가는 RW에 대한 배경정보를 수집하고 STS 내담자 평정 양식과 MMPI-II를 포함한 몇 가지 평가도구를 실시했다. 이는 외현화 경향, 해를 입을 것에 대한 외적 두려움과 기대, 다른 사람의 의견과 비판에 대한 예민성, 권위에 대한 저항, 통제와 자율을 잃을 것에 대한 걱정, 복잡하고 만성적인 문제, 중간 정도의 스트레스 수준과 적절한 사회적 지지 등과 같은 치료와 관련된 내담자의 특정한 특성을 알게 해 준다.

이러한 특성들로 인해 정신활성 약물과 지시적이고 부분적으로 내담자중심 치료인, 그리고 치료비가 비싸지 않고 직면적이지 않은 치료가 포함된 장기적인 치료가 제안되었다.

외현화 경향성은 별개의 증상에 따로 초점을 맞추고 구체적이고 구조적인 접근을 사용할 필요성을 제안하는데, 이러한 접근은 내담자에게 보다 효과적인 생각과 감정 관리, 대인관계기술을 훈련시키고, 다른 사람의 동기와 행동에 대한 의심을 검증하도록 돕는다. 높은 수준의 저항으로 인해 직면의 수준을 낮추기 위해서 치료자의 활동이 보조적인 자기지시적(self-directed) 치료가 제안되었다(p. 81).

STS는 결과에 근거를 둔 치료계획의 최초 접근도, 유일한 접근도 아니다. 1973년 라자루스(Lazarus)는 임상가가 중재를 계획할 때 내담자에 대한 정보를 수집해야 한다고 제안했다. BASIC-ID라고 부르는 그의 접근은 임상가들이 내담자의 행동(Behaviors), 감정(Affects), 감각적 경험(Sensory experience), 심상(Imagery), 인지(Cognitive), 대인관계(Interpersonal relationship), 약물에 대한 욕구(need for Drugs) 등에 대한 평가를 기반으로 치료를 계획해야 한다고 제안한다.

많은 연구자가 치료 계획 접근으로 작업하고 있는데, 그중에는 특정한 이론적 접근을 따르는 사람도 있고, 이론 중립적인 시도를 하는 사람도 있다(예, Beutler & Harwood, 2000; Johnson, 2003; Jongsma & Peterson, 2003; Makover, 2004; Woody, Detweiler-Bedel, Teachman, & O'Hern, 2005).

치료자의 객관성과 자기 개방

치료자는 내담자에게 자신의 개인정보를 어느 정도까지 개방해야 하는가? 내담자는 자기 개방을 할 수 있다. 사실 그것 없이는 치료가 불가능하다. 그러나 치료자는 어떠한가? 많은 경우 치료자는 자신의 정서반응 또는 생활사건 등과 같은 개인정보를 내담자와 나눌 것인지 아닌지 판단해야만 하는 경우가 있다. 이러한 나눔을 치료자 자기 개방이라 한다. 예를 들어, 치료자는 짜증이나 지루함, 성적인 끌림 등을 내담자에게 드러내야 하는가? 최근 일어난 가족의 죽음에 대한 애도를 드러내야 하는가? 과거의 중독문제나 이혼, 치료자 자신의 심리치료 경험 등을 이야기해야 하는가?

자기 개방과 비개방 모두 잠재적인 이익과 위험이 존재한다. 절대로 자기 개방을 하지 않는 치료자는 냉담하고 비인격적인 사람으로 지각될 위험이 있으며, 이는 치료적 관계를 손상시킬 수 있다. 반대로 자기 개방을 빈번하게 하는 치료자는 충동적이고 자기중심적이거나 내담자-치료자 관계의 전문적 본질을 고수하지 않고 타협하는 것으로 지각할수 있다.

이 문제에는 정해진 규칙이 없으며 임상 실제에서는 이론적 지향에 따라 다양하다. 전통적 정신분석 치료자들은 치료자의 자기 개방을 엄격하게 금지한다. 현대의 정신역동적 임상가는 그런 주장이 불가능하다는 것을 깨달았다. 치료자가 언어적 · 비언어적 행동을 통해 자신에 대한 것을 항상 드러내고(Gabbard, 2005) 있기 때문에 최소한의 자기 개방은 허용한다. 반면 또 다른 극단적 방향에는 자기 개방을 선호하는 인본주의 치료자들이 있다. 그들은 자기 개방을 하지 않는 것은 치료자의 진실성 부족이라고 여긴다. 다른 이론의 치료자들의 자기 개방 수용성은 이 두 지향의 중간쯤에 있다.

이론적 지침과 마찬가지로 윤리 역시 개방에 영향을 미친다. 치료자들은 자기 개방이 내담자에게 최선의 이익인지를 스스로에게 질문해야만 한다. 강한 치료적 관계에 대한 확신은 치료자가 전문가적인 태도를 버리고 연민, 낙담, 적의, 지루함, 성적인 끌림 등과 같은 자연스러운 반응을 선호하게 할 수 있다. 유능한 치료자는 자신의 개인적 필요를 치료에 개입시키는 방식에 대해 알아차리려고 노력한다(예를 들어, 자기 관찰을 통해). 치료자의 자기 개방을 통해 누구의 필요가 충족되는가라는 질문을 항상 적용하여야 한다.

종 결

종결은 치료 완결 또는 미완결의 두 가지 방식으로 이루어진다. 후자는 종종 불완전한 또는 조기 종결이라고 부르는데, 내담자가 어떤 이유에서든 치료가 끝나기 전에 그만두기로 결정할 때 일어난다.

치료의 끝에 이루어지는 종결은 치료자와 내담자 모두에게 복잡한 감정을 야기하는 것 같다. 내담자에게는 부정적인 요인으로서 의미 있는 관계의 상실이 가장 많이 언급된다(Roe, Dekel, Harel, Fenning, & Fenning, 2006). 치료자 역시 상실감을 자주 경험한다. 다른 한편으로는 내담자와 치료자 모두 그들의 노력과 성취를 상기시킬 수 있다. 전형적으로 내담자는 종결을 그들의 독립과 성장의 증거로서 경험한다. 성공적인 치료 후의 종결은 내담자와 치료자 모두에게 긍정적인 경험이다.

이 절의 요약 심리치료의 실제적인 고려사항에는 치료비 책정, 치료 기간 결정, 행정적 기록 보관 등이 포함된다. 치료 계획은 심리치료를 어떻게 운영할 것인가를 정하는 것이기 때문에 특히 중요하다. 성공적으로 운영된다면 심리치료의 종결과 추후 효과는 우선적으로 내담자에게 긍정적일 것이다.

이 장의 요약

임상적 개입은 내담자의 행동, 사고 또는 사회적 상호작용을 바람직한 쪽으로 변화시키려는 신중한 시도를 포함한다. 치료는 도움을 필요로 하는 내담자가 특별한 훈련을 받은 치료자와 만나는 데서부터 시작된다. 치료자에는 임상심리, 상담심리, 정신의학, 정신보건 사회복지, 정신과 간호, 가족상담 또는 다른 다양한 준전문 분야와 특수 분야에서 훈련받은 사람들이 모두 포함된다.

심리치료의 참여자인 치료자와 내담자는 개인적인 강점과 약점을 치료 상황에 가지고 온다. 대부분의 임상가는 효과적인 치료는 지지적이면서도 객관적인 관계를 형성할 때 촉진되며, 이러한 관계는 치료자와 내담자의 노력에 의해 조성된다는 점에 동의한다. 유능한 치료자가 되기 위해서는 고급 수련과정과 함께 의사소통과 관계 형성 능력을 포함하는 대인관계기술 그리고 자기관찰능력을 갖추어야 한다. 강렬한 치료적 관계를 형성하는 데는 로저스가 진실성, 공감, 무조건적인 긍정적 존중이라고 기술한 특성이 특히 중요하다. 동기, 개방성과 같은 내담자 특성 또한 치료 효과에 기여한다. 그러나 치료동맹—치료자와 내담자 간의 정서적 유대 그리고 과제와 목표에 대한 합의—은 치료 결과를 가장 잘 예언할 수 있는 변인 중의 하나다.

심리치료는 대부분 외래장면에서 개인적인 형태로 운영된다. 그러나 입원장면에서도 운영된다. 각 장면은 치료가 이루어지는 환경 또는 상황의 일부다.

서로 다른 이론적 접근을 취하는 치료자들도 (비록 그 정도는 아니지만) 공통되는 목표—고통 경감, 통찰 획득, 자기표현 격려, 내담자 교육, 치료 회기 내 학습의 전이 촉진, 긍정적 기대의 발달—를 이루기 위해 노력한다.

심리치료는 APA 윤리규정에 의해 관리된다. 심리치료의 실제에서 가장 중요한 기준은 비밀보장, 전문성, 정보제공 동의, 이득의 충돌 등이다. 윤리규정은 많은 영역의 임상적 의사결정에 있어 매우 중요하다. 임상 실제의 특정한 영역을 진행하는 데 도움을 주는 다양한 규정과 지침들이 있다.

심리학적 치료는 치료비, 서비스의 종류와 기간 결정, 기록 보관 등의 실제적 고려사항을 포함한다. 실제적인 고려사항 중 가장 중요한 것 중의 하나는 치료 계획이다. 이는 다양한 방식으로 이루어질 수 있지만, 심리치료 효과연구에 기반을 둔 접근이 가장 경험적이고 윤리적으로 정당하게 인정할 만하다고 생각된다.

연구문제

1. 미디어에서는 심리치료와 치료자에 대해 얼마나 정확하게 묘사하는가?
2. 얼마나 많은 심리치료의 종류가 있는가?
3. 심리치료에서 주요한 접근법은 어떤 것인가?
4. 심리학적 장애를 가진 사람 중 몇 퍼센트가 심리치료를 찾는가?

5. 심리치료를 찾는 사람들의 가장 공통적인 문제는 무엇인가?
6. 진단명 외에 치료 효과에 영향을 주는 것으로 생각되는 내담자 특성은 무엇인가?
7. 유능한 치료자의 특성과 기술은 무엇인가?
8. 치료자의 수련과 심리치료의 효과는 어떤 관계가 있는가?
9. 치료자에게 치료 작업에 있어서 개인적인 도전과제는 무엇인가?
10. 치료적 관계는 어떻게 이해할 수 있는가?
11. 치료적 관계가 치료 효과에 미치는 영향은 무엇인가?
12. 심리치료 환경이란 무엇인가?
13. 대부분의 심리치료에서 공통되는 목표는 무엇인가?
14. 심리치료자가 직면하는 윤리적 결정은 무엇인가?
15. 심리치료자가 윤리적 의사결정에 도움을 받기 위해 사용하는 전문적 지침 또는 기준은 무엇인가?
16. 심리치료적 서비스를 위한 전형적인 치료 기간과 치료비는 무엇인가?
17. 심리치료자는 왜 기록을 보관해야 할 윤리적 의무를 갖는가?
18. 치료 계획을 세우는 데 사용하는 일반적인 접근법은 무엇인가?
19. 치료자 자기 개방에 대한 치료자의 태도는 무엇인가?

웹사이트

- APA Help Center: http://www.apahelpcenter.org
- National Institutes of Mental Health: http://www.nimh.nih.gov/nimhhome/index.cfm
- Centers for Disease Control and Prevention: http://www.cdc.gov
- Mayo Clinic description of psychotherapy: http://www.mayoclinic.com/health/psychotherapy/MH00009

CHAPTER 07

{정신역동과 인본주의 심리치료}

Clinical Psychology

이 장의 미리보기

이 장과 다음 장에서는 심리치료의 구체적인 접근법에 초점을 맞춘다. 먼저 내담자가 원초적 욕동, 무의식적 갈등, 연관된 패턴 등에 대한 통찰을 발달시키는 것의 필요를 강조하는 프로이트의 전통적인 정신분석에서 시작한다. 다음으로는 전통적인 정신분석과 몇몇 의견을 공유하는 정신역동적 접근을 다룬다. 그리고 인간중심치료, 게슈탈트 치료 및 실존적 · 현상학적 치료를 포함하는 인본주의적 접근을 기술한다. 이들은 모두 내담자 개개인의 독특한 세상을 경험하는 방식을 강조한다. 정신역동적, 그리고 인본주의적 치료는 치료적 관계의 역할을 강조하기 때문에 관계적 접근으로 생각할 수 있다.

정신분석

이 절의 미리보기

전통적 정신분석에서는 초기 아동기 관계에서 생겨난 무의식적 갈등과 불안에 대응하는 방어기제의 역할을 강조한다. 내담자가 치료에서 부모나 과거의 다른 중요한 인물과의 관계를 반영하는 방식으로 치료자에게 반응할 때 이러한 갈등과 방어의 신호가 나타날 것이라고 가정한다. 치료적 관계에서 나타나는 과거 관계 패턴의 전이에 초점을 맞춤으로써, 치료자는 내담자의 부적응적인 행동과 그러한 행동을 동기화하는 무의식적 이유에 대해 해석할 수 있다. 그리고 이러한 해석은 내담자가 역사적 근거가 있는 갈등, 그리고 그들의 증상과 관련된 행동 패턴에 대해 통찰을 발달시키는 데 도움이 된다.

2장 '임상심리학의 과거와 현재' 를 상기해 보자. 유럽의 신경학자들(예, 샤르코, 브로이어)은 의학적으로 설명할 수 없는 증상을 가진 마비 환자가 종종 최면암시에 의해 치료되는 것을 발견했다. 비엔나의 신경학자 프로이트(Sigmund Freud)는 이러한 사례에 특별한 흥미를 가지고 심리적 장애와 치료에 관한 평생연구의 기반으로 사용하였다. 이제 프로이트의 심리치료 접근법을 보다 자세히 살펴보자.

프로이트(1856~1939)는 정신분석을 개발하여 오늘날 우리가 알고 있는, 내담자의 생각과 감정에 대해 숨김 없이 이야기하는, 일대일 치료인 심리치료의 창시자가 되었다. 오늘날에는 보다 현대적인 치료적 접근법이 많이 있지만 그 대부분은 ⓐ 개인의 발달적 과거력과 현재 증상 간의 관계 탐색, ⓑ 심리적 문제의 원인으로서 자각의 방해와 왜곡, ⓒ 치료법으로서의 대화, ⓓ 치료적 요인으로서 치료적 관계 등을 강조한 프로이트의 의견을 한 가지 혹은 그 이상 반영하고 있다.

이론적 기초

프로이트는 정신세계를 일부는 의식적 각성 수준에서, 일부는 주의를 기울이면 알아차릴 수 있는 전의식적인 수준에서, 또 일부는 특별한 치료기법 없이는 경험할 수 없는 무의식 수준에서 일어나는 것으로 설명했다. 무의식에서 전의식, 의식으로 이어지는 이러한 연속선은 마음의 지형학적 모델(topographical model)이라고 하며, 성격에 대한 프로이트의 관점을 이해하는 기초가 된다.

프로이트의 성격이론과 정신병리에 대한 관점

Sigmund Freud(1856~1939)

2장에서 논의한 것처럼 정신역동적 접근은 정신세계는 개인 내면에 있는 일부는 의식적이지만 대부분은 무의식적인 강력한 경쟁적인 에너지들의 상호작용으로 가장 잘 이해된다는 가정에 기초한다. 이러한 에너지들은 프로이트의 체계에서 원초아(id), 자아(ego), 초자아(superego)로 표현된다. 원초아는 본능적인 욕동, 특히 성적/관능적 · 공격적 욕동의 원초적인 에너지다. 원초아에 대응하여 균형을 맞추는 것이 초자아인데, 이는 부모, 가족, 문화로부터의 규준을 흡수하는 정신기관이다. 초자아는 또한 이상적 자아 또는 되고 싶은 것을 포함한다. 원초아와 초자아는 종종 갈등을 일으킨다. 원초아는 성적 또는 공격적 충동을 표현함으로써 긴장을 해소하고자 하는 반면, 초자아는 그것을 금지하거나 사회적으로 보다 적절한 행동으로 지시하려고 한다. 이러한 갈등을 중재하는 것이 자아다. 자아는 원초아와 초자아의 요구를 조정하는 동시에 외부 현실을 인식하고 반응하는 성격의 일부다. 역동적(dynamic)이라는 용어는 이러한 에너지들의 긴장으로 가득 찬 상호작용을 가리킨다. 이 세 개의 기관—원초아, 자아, 초자아—이 정신의 구조 모델(structual model)을 이룬다([그림 7-1] 참조).

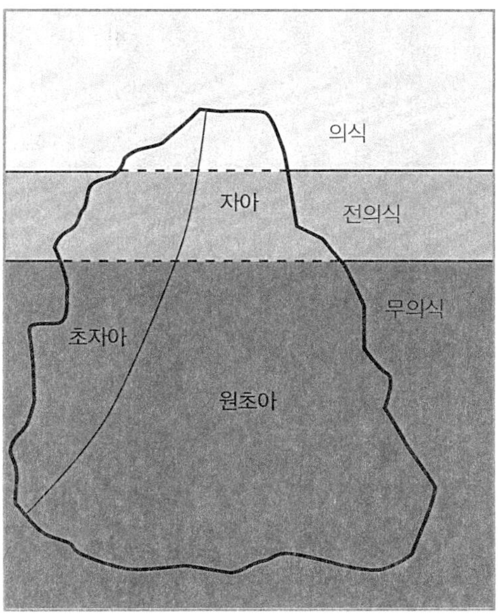

[그림 7-1] 정신의 정신역동적 구조/지형학적 모델

프로이트는 정신구조들 간의 역동적 상호작용 대부분이 우리의 각성을 벗어난 의식 아래에서 일어난다고 주장했다.

많은 본능적 충동들의 갈등에서 볼 수 있듯이, 프로이트는 역동적 갈등이 끊임없이 일어난다고 주장했다. 지루한 수업에 앉아 있는 자신을 상상해 보자. 당신의 일부는 보다 재미있는 무언가를 하기 위해 일어나서 밖으로 나가고 싶을 것이다. 또 다른 일부는 수업이 필요하고, 보다 성숙할 필요가 있고, 만족을 지연시킬 필요가 있다는 등의 것을 생각하면서 보다 집중하기를 원할 것이다. 이러한 구체적인 갈등을 의식적으로 인식할 수도 있지만, 프로이트는 대부분, 그리고 문제 있는 정신적 싸움은 의식의 표면 아래에서 무의식적으로 일어난다고 말한다.

방어기제

부모에게 강한 분노를 느끼지만, 공격을 당할까 봐(만약 부모가 가끔 언어적 · 신체적 학대를 했다면 실제적인 공포) 분노의 표현을 두려워하는 아동을 상상해 보자. 이러한 상황은 원초아 충동이 끊임없이 분노의 표출을 부추기기 때문에 아동에게 불안을 야기한다. 정신분석이론에 따르면 이러한 갈등에 대한 합리적인 적응은 불안을 봉쇄하여, 기능을 방해할 수 있는 의식에 반복적으로 침입하는 것을 막는 데 도움이 되는 방어기제를 사용하게 하는 것이다. 방어기제는 심리내적 갈등에서 생성된 불안을 피하기 위해 자아가 채택하는, 본질적으로 무의식적인 정신적 책략 또는 수단이다(〈표 7-1〉 참조).

프로이트가 방어기제를 제안했지만, 이 생각을 가장 깊게 발전시킨 것은 그의 딸인 안나 프로이트(Anna Freud)였다. 그녀의 책 『Ego and the Mechanisms of Defense』(Freud, 1936/1966)에서 그녀는 일상생활과 정신분석치료에서 방어기제의 역할을 강조하면서 이를 분류하고 기술했다. 안나 프로이트는 또한 아동기 심리적 문제의 발달방식에 관한 이론인 발달심리학에 정신역동적 개념을 적용하였다(Fonagy & Target, 2003).

방어기제가 항상 성공적이거나 적응적이지는 않다. 부인, 억압, 투사, 그 밖의 다른 방어기제를 사용하는 사람은 일시적으로는 불안이 감소할 수 있으나, 동시에 현실을 왜곡하고 대인관계를 위험에 빠뜨린다. 예를 들어, 앞의 예에서 아동이 이제 성장했다고 상상해 보자. 그가 공격적이거나 적대적인 감정을 다루는 어떤 습관적인 방식을 발달시켰을 것이라고 쉽게 상상할 수 있을 것이다. 분노가 일어날 때 이를 표현하는 대신 상대방에게서 적대감의 신호를 잘못 인식할 수 있다(예를 들어, 투사 방어기제). 그는 중요한 정보를 잘 기억하지 못할 수도 있다(왜곡). 그는 극단적으로 친절하거나 세심히 배려하는 사람일 수도 있다(반동형성). 그는 갈등에서 생겨난 불안을 다루기 위한 시도로 그 밖의 다른 여러 행동 패턴을 보일 수 있다. 이러한 행동 패턴은 과거력에 바탕을 둔 정서적 갈등이 이면에 있음을 암시하는 표면적인 혼란이다.

〈표 7-1〉 방어기제

원시적인 방어의 예	설명
부인(denial)	직면하기 어려운 외적 현실 측면에 대한 각성을 피함
투사(projection)	수용하기 어려운 내부의 충동을 자신 외부에 있는 것으로, 전형적으로 타인에게 있는 것으로 인식하고 반응함
분열(splitting)	자신과 타인의 경험을 구획화하여 행동, 사고, 정서에서의 모순을 인식하지 못함
해리(dissociation)	정체성, 기억, 의식, 지각의 연속성에 대한 감각의 혼란
퇴행(regression)	발달 혹은 기능의 보다 초기단계로 되돌아감
보다 높은 수준의 방어기제 예	
동일시(identification)	그 사람처럼 됨으로써 다른 사람의 특성을 내면화함
전치(displacement)	어떤 생각, 대상, 사람과 관련된 감정을 다른 곳으로 옮김
주지화(intellectualization)	힘든 감정을 피하기 위해 추상적인 관념화를 과도하게 사용
반동형성(reaction formation)	수용할 수 없는 충동을 반대되는 것으로 바꿈
성숙한 방어기제 예	
억압(suppression)	특정 감정, 상태, 충동에 주의를 기울이지 않기로 의식적으로 결정함
유머(humor)	힘든 상황에서 웃기거나 모순되는 요소를 찾기
승화(sublimation)	사회적으로, 내면적으로 수용할 수 없는 충동을 사회적으로 수용할 수 있는 표현으로 바꿈

출처: G. O. Gabbard(2005), pp. 36-37.

안나 프로이트는 방어기제 개념의 발달에 중요한 기여를 했다.

전이와 역전이

정신분석가의 업무는 내담자의 증상의 기원과 의미를 이해하고, 내담자가 이를 이해하도록 돕는 것이다. 치료자는 특정한 행동 패턴(특히 무의식적으로 동기화된)을 반복하려는 내담자의 경향에서 이러한 작업을 하게 된다. 만약 내담자가 특정한 방어기제와 관련된 행동패턴을 사용하여 타인과의 관계에서 부적응적인 행동패턴을 발달시켜 왔다면 이러한 행동패턴들은 결국 내담자가 치료자와 관계를 맺는 방식에서 나타날 것이다. 내담자가 무의식적으로 부적응적인 관련 패턴을 치료에 가져오는 현상을 전이(transference)라고 한다.

프로이트의 이론에서 전이반응은 치료자에 대한 내담자의 반응에서 나타나는 왜곡이다. 이러한 왜곡은 내담자의 과거 관계—특히 초기의 부모와 같은 중요한 과거 관계—가 미래 관계에 대한 기대와 예측반응을 만들어 낸다. 다른 식으로 말하면, 새로운 관계는 매번 과거 관계를 참조하여 이해한다. 예를 들어, 공격적인 충동에 대해 갈등하고 있는 내담자는 치료자가 공격적이거나 처벌적이라고(즉, 내담자에 의해 표현되는 모든 부정적인 감정을 처벌하는 경향이 있다고) 느끼기 시작할 수 있다. 치료자가 실제로 공격적이지 않다면, 내담자의 반응은 관계갈등에 대한 그의 습관적인, 내면화된, 무의식적으로 동기화된 적응이다.

새로운 관계가 오래된 관계와 비슷할수록 과거 관계에 기반을 둔 반응이 일어나기 쉽다. 심리치료 관계에서 치료자는 상대적으로 권력자의 위치에 있고, 내담자는 자신의 정신세계에서의 세세한 내용을 스스로 개방한다. 정서적인 측면에서 이러한 상황은 아동기와 비슷하다. 따라서 내담자는 치료에서 특히 자신의 초기 정서적 '각본'을 재연하기 쉽다. 정신분석치료는 이러한 각본을 찾아내고 분석하고 궁극적으로 변화시키도록 고안되었다.

물론 내담자만 현재 경험이 과거 경험으로 물드는 것은 아니다. 치료자 또한 전이 패턴의 영향을 받는다. 내담자를 향한 치료자의 반응이 개인적 과거력과 갈등에 기반한 것일 때 이러한 반응을 역전이(countertransference)라고 한다. 만약 치료자가 자신의 갈등과 방어로 치료적 상호관계를 왜곡하기 시작하면 역전이는 치료과정에 해를 끼칠 수 있다. 역전이 반응의 필연성은 정신역동 지향적인 임상가들이 수련과정의 일부로 치료자 자신이 정신분석을 받아야 한다고 믿는 이유 중 하나다. 치료자가 자신의 갈등에 대해 더 많이 이해하고 작업할수록 그러한 갈등이 내담자의 치료를 덜 방해한다.

정신결정론

정신분석에서 말의 실수와 그 밖의 예기치 않은 언어적 연상은 정신적 심상, 기억의 실패, 그 밖의 다양한 경험과 마찬가지로 심리적으로 풍부한 의미가 있는 것으로 가정된다. 만약 내담자가 치료회기 중 이야기하던 주제와 관계가 없거나 하찮게 보이는 무언가가 생각났다면, 치료자는 이 자료가 내담자의 머릿속으로 '갑작스럽게 뛰어든' 이유가 있다고 가정한다. 치료자는 이러한 자료를 무시하기보다는 내담자가 보다 상세하게 말하도록 함으로써 무의식적인 연결을 밝혀낼 단서를 찾는다. 내담자의 마음에 같이 일어나는 기억, 인상, 경험 등은 필연적으로 연관되어 있고 무작위적이지 않다는 생각을 정신결정론(psychic determinism)이라고 한다.

저항

정신분석적 치료가 진행되면서 치료자와 내담자는 내담자의 무의식적 핵심 갈등과 감정에 다가서게 된다. 내담자는 불안이 증가함을 느낄 수도 있다. 그 결과로 내담자는 약속을 '잊어버리고', 공황을 경험하고, 이야기하는 주제에 대해 과도하게 지적 혹은 감정적으로 분리하거나, 갈등 초점에서 벗어난 다른 활동에 열중하는 등을 할 수도 있다. 정신분석가는 이러한 혹은 그 밖의 다양한 저항반응을 치료가 내담자의 핵심 갈등에 보다 중점적으로 초점을 맞추어야 하는 것으로 간주한다. 전이로 본다면, 저항과 같은 내담자의 태도는 초기 패턴의 재현이기 쉽다. 그러므로 분석과 해석의 대상이 될 것이다(Gabbard, 2005).

해석 및 통찰

정서적 지지와 적절한 해석을 통해 치료자는 내담자가 전이반응과 저항을 이해하고 훈습하도록 돕는다. 그렇게 함으로써 내담자는 자신의 문제, 심리적 기질, 타인과 관계 맺는 방식 등에 대한 새로운 이해를 발달시킨다.

해석은 환자의 현재 경험과 과거력을 바탕으로 한 갈등의 관계에 대해 분석가가 암시하는 것을 포함한다. 보다 간단히 말해서, 해석은 과거가 얼마나 현재에 개입하고 있는지를 보여 주는 방식이다. 해석은 치료 중에 내담자가 드러낸 자료나 반응 또는 치료 상황 바깥에서의 경험에 대한 내담자의 보고가 바탕이 될 수 있다. 회기 중의 자료에 근거한 해석에는 종종 치료자에 대한 내담자의 반응인 전이가 포함된다. 최상의 정신분석적 해석은 내담자의 현재 어려움과 관련되고 과거력과 관련된 치료장면 밖에서의 전이반응의 해석이다(예를 들어, 관계맺기). 월리츠키(Wolitzky, 2003)는 이에 대해 다음과 같이 표현했다.

한 번에 종합적으로 주어질 필요는 없지만 최적의 해석은 다음과 같은 형식을 취한다. "지금 당신이 나와 하고 있는 것들(감정, 사고, 공상 등)은 현재 당신에게 중요한 타인들(배우자, 자녀, 상사 등)과 하고 있는 것이며, 또한 과거에 당신의 아버지(혹은 어머니)와 이런저런 이유와 동기로 인해 이런저런 결과를 낳았던 것들이다." (p. 41)

만약 이러한 설명으로 내담자가 인지적 및 정서적으로 이해하게 된다면(즉, 그것이 정확하고 또 내담자가 준비되어 있으면), 그는 특정 행동 패턴이나 문제를 새로운 방식으로 보게 될 것이다. 이것이 일어나는 것을 통찰이라고 한다. 정신분석에서 통찰은 긍정적인 변화를 위한 필요조건이고 시작이다.

정신분석의 목적

프로이트에 따르면 환자가 그들이 부적응적인 방식으로 행동하는 무의식적 이유들을 종종 이해하고, 그러한 이유들이 더 이상 타당하지 않다는 것을 알게 되면 그러한 방식의 행동을 지속하지 않으려 할 것이다. 자기 이해의 과정에는 가장 깊은 부분의 소망과 갈등에 대한 지적인 인식, 자신에 관한 발견에 대한 정서적 관여, 무의식적 요인이 어떻게 과거와 현재의 행동을 결정해 왔고 다른 사람과의 관계에 영향을 미쳐 왔는지에 대한 체계적인 추적 등이 포함된다.

그래서 정신분석적 치료의 주요 목적은, 첫째 내담자 문제의 근본적인 원인에 대한 지적이고 정서적인 통찰, 둘째 이러한 통찰의 함축된 의미에 대한 훈습 혹은 완전한 탐색, 셋째 원초아와 초자아에 대한 자아의 통제력 강화 등이다. 프로이트는 내담자가 이전으로 되돌아가는 것을 막고자 한다면 그들의 무의식적 갈등과 방어가 얼마나 만연되어 있는지를 이해하는 것이 필요하기 때문에 훈습을 특히 중요한 것으로 보았다. 그래서 가령 어떤 여성 환자가 현재 다른 여성들과 마치 그녀들이 자신의 어머니인 것처럼 관계를 맺고 있다는 것을 알지 못한다면, 또한 다른 여성들과의 관계문제가 무의식적인 적대감에 근거한 그리고/혹은 적대감에 대항하기 위한 시도라는 것을 알지 못한다면, 환자가 자신의 어머니를 향한 무의식적 분노감을 가지고 있다는 것을 아는 것은 별로 좋지 않다. 통찰은 환자에 대한 이야기의 개요를 제공하고, 훈습은 자세한 내용을 채운다.

고전적인 정신분석가에 의해 설정된 야심찬 목표의 달성에는 환자의 성격을 해부하고 점차 재구성하는 것이 필연적으로 포함된다. 이러한 과정에는 굉장히 많은 시간이 필요하다. 전통적인 정신분석은 일주일에 3~5회가 기준이고, 치료는 몇 년 동안 지속될 수도 있다. 일반적으로 시간당 100달러가 훨씬 넘는 치료비로, 분석과정은 비용이 많이 든다.

사 례

엘렌(Ellen)은 33세 여성으로 1년 반 동안 심각한 공황발작을 겪은 후 심리치료를 찾아왔다. 그녀는 매일이 전쟁이며 인생의 즐거움을 느낄 수 없다고 했다. 그래서 우울증에 대해 염려하게 되었고, 마침내 결혼과 자기 자신에 대해 의문이 든다고 했다.

의뢰 당시 그녀는 큰 제지 공장의 판매대리인으로 4년째 근무 중이었다. 그녀는 개인병원의 방사선 기사인 릭(Rick)과 결혼했는데, 아직 준비가 안 되었다고 말하는 그와 달리 그녀는 아이를 갖고 싶어 했다.

엘렌은 대학 때 한 번 공황발작(적어도 그녀가 그렇게 믿는)을 경험한 적이 있다고 했는데, 1년 전까지는 더 이상 경험한 적은 없었다. 보다 최근에 일어난 사건으로는, 멀리 떨어진 도시에서 열린 회사업무와 관련된 회의에 참석한 적이 있었다. 그녀는 회사가 후원한 저녁 사교모임 동안 몹시 불쾌함을 느끼고 호텔에 돌아와서 누웠다. 심장박동에 주의를 기울이는 동안 갑자기 박동이 빨라졌고, 심장이 두근대는 것을 통제할 수 없었다. 숨쉬기가 힘들고 땀이 났다. 침대 밖으로 나가려 했으나 쓰러지거나 넘어질 것이 두려워 그렇게 하지 못했다. 옆으로 굴러가서 전화기에 닿을 수 있었고, 프론트데스크에 전화를 걸어 구급차를 불러 달라고 했다. 엘렌이 병원에 도착했을 때 그녀의 증상은 진정되었으나 여전히 부들부들 떨며 매우 불안해했다. 과거력 청취와 여러 검사 후에 잠정적으로 공황발작 진단이 내려졌다. 그리고 최초의 발작 이후 계속 발작을 경험했다. "집에서 몇 번, 직장에서 두 번, 쇼핑하는 동안 한 번, 운전 중에 한 번." 그녀는 "그것은 느닷없이 불쑥 생겨요. 끔찍하고 무서워요. 그리고 창피해요."라고 했다. 그녀는 언제 다음 발작이 일어날지 걱정했다.

우울증에 대한 엘렌의 염려는 보다 점진적으로 생겨났다. 그녀는 지난 1~2년 동안 자신이 인생에서 하고 있는 일에 대해 헛되고 확신 없는 감정을 자주 느꼈다고 했다. 직장에서 분명히 높이 평가받고 있음에도 불구하고(지난 2년 동안 두 번이나 승진과 승급을 했다), 엘렌은 매일의 삶이 목적이 없다고 자주 느꼈다. 이렇게 기분이 저조하고 의기소침해지는 삽화기간은 치료에 오기 전까지 증가하고 있었다.

그녀는 자신이 남편을 사랑하는지, 남편은 그녀를 사랑하는지에 대해서도 확신하지 못했다. 남편은 좋은 사람이라고 생각하며 그의 직업을 인정하였으며, 함께 있는 것이 상당히 즐거웠지만 그녀에 대한 남편의 관심이 점점 줄어들고 있는 것이 두려웠다. 왜냐하면 이전보다 남편은 그의 친구들과 더 많은 시간을 보내기 때문이다(라켓볼, 사이클링, 포커 등으로). 성관계에서의 만족감 역시 감소되었다. 그녀는 성관계를 갖게 되는 상황을 피하려 하는 자신을 알아차렸다.

임상적 적용

과거력과 사례구조화

대부분의 치료처럼 엘렌의 정신분석치료는 치료자의 평가와 사례구조화로 시작한다. 전통적인 정신분석가들은 구조화된 평가도구의 사용을 강조하지 않는다. 특히 진단적 분류를 할 때 평가도구를 사용할 수도 있지만, 정신분석가들은 면담자료와 내담자 이해를 위한 투사적 검사를 보다 신뢰하는 경향이 있다. 정신분석에서 평가는 여러 회기 동안 일어나는 진행 중인 과정이다.

3장 '임상적 평가의 기본 측면'에서 정신분석 지향적인 사례연구 개요를 제시하였다. 다음은 엘렌과 같은 환자의 정신분석적 치료에서 특히 중요한 것들이다. 첫째, 가족력, 발달력과 같은 개인력 자료(초기 갈등 또는 외상과 관련된 정보의 확인을 위해), 둘째 정신상태, 스트레스 수준, 자아 강도, 결함, '심리적 소양(psychological mindedness)', 셋째 방어기제, 주제 또는 대인관계에서의 애착관계 어려움 패턴(전이 패턴을 확인하기 위해).

엘렌에게는 두 명의 동생이 있었다. 그녀가 12세 때 작은 마을의 의사였던 아버지는 어머니와 이혼했고, 근본적으로 가족을 버렸다. 어머니가 아버지의 외도를 비난하며 수많은 다툼을 해 왔기 때문에 이혼은 어떤 면에서는 해방이기도 했다. 그러나 역시 어려움도 뒤따랐다. 엘렌의 어머니는 몇몇 서비스 업종에서 근무를 계속하였으나, 가난에서 벗어나기는 힘들었다. 어머니는 재혼은 하지 않았지만 몇 명의 남자친구가 있었다. 그러나 엘렌(또는 그녀 어머니에게)에게 지속적인 인상을 남긴 사람은 아무도 없었다.

엘렌의 아버지는 그녀의 아동기 때 굉장히 중요한 인물이었다. 그녀는 '위풍당당한'으로 묘사했는데, 아버지는 사교성이 풍부하고 자유분방했다. 집에서 속옷을 입고 어슬렁거리면서 그녀를 꼬집고 못생겼다고 놀리는 아버지에 대한 그녀의 기억은 상당히 의미 있다. 이러한 행동은 엘렌이 사춘기가 될 때까지 계속되었다. 발달하기 시작한 엉

덩이나 가슴을 꼬집는 것은 그녀를 무척 수치스럽게 했다. 다른 형태의 성적 학대는 부인했지만, 그의 무분별한 행동이 그녀의 자존감을 얼마나 상하게 했는지에 대해 강한 분노를 표현했다.

고등학교와 대학교 때 엘렌은 몇 명의 남자친구가 있었다. 그녀는 반항적인 타입에게 끌렸다고 했다. 그러나 그러한 남자들은 종종 그녀에게 지적 열등감을 느끼게 하는 어린 남자들이었고, 관계는 몇 달 이상 지속되지 못했다. 27세 때 그녀는 같은 나이인 릭을 만났고, 재미있는 사람이고 보다 안정적인 상대라고 느꼈다. 그녀를 향한 순수한 그의 관심에 감동을 받았고, 이듬해 결혼을 승낙했다.

자유연상

앞서 언급한 대로, 자유연상은 프로이트가 환자들의 기억 회복을 돕기 위한 비최면적인 방법을 찾는 과정에서 나온 것이다. 내담자는 편집하거나 검열하지 않고 떠오르는 모든 것을 말해야 한다. 이는 논리, 사회적 예절 및 그 밖의 규제에 의한 제한을 없앰으로써 무의식적인 자료들이 더 쉽게 표면으로 떠오를 것이라는 가정에 근거한 것이다.

종종 무의식적 갈등이 분명하게 드러나는데, 이는 내담자와 치료자가 모두 과거와 현재의 패턴을 알아차렸을 때다. 그러나 방어 때문에 여전히 현재 문제들에 대한 무의식적인 토대들이 자유연상을 통해 기억이나 감정 혹은 소망으로 좀처럼 분명하게 드러나지 않는 것이 더 흔한 일이다. 치료자의 과제는 관계가 없어 보이는, 떠오르는 작은 조각들을 의미 있게 이해하려고 노력하는 것이다.

한 회기에서 엘렌은 회사 총회에서 만난 한 남자에 대한 그녀의 반응을 이야기했다. “그는 자기가 잘난 줄 아는 얼간이에요. 그가 나에게 수작을 거는 게 아닐까 생각했지만, 그는 다른 여자들에게도 그러는 것 같았어요. 부끄러운 줄 알아야지! 지저분하게! 난 그가 나를 귀찮게 하는 이유를 모르겠어요. 그에 대해 아는 것도 없는데 말이죠.” 몇 분간의 침묵 후, 엘렌은 “지금 왜 이 생각이 나는지 모르겠지만, 어렸을 때 아버지가 빗을 들고 욕실 앞에 서 있던 기억이 나요.”

총회에서 만난 남자에 대한 생각이 아버지가 빗을 들고 있었던 기억으로 이끌었다는 사실은 의미가 있을 수 있다. 사실 정신분석가는 그렇다고 생각한다. 엘렌의 사례에서 이는 그녀가 만났던 그 남자의 특성(예를 들어, 기름진 검은 머리, 여성에게 부적절한 추파 던지기)이 그녀의 아버지를 기억나게 했다는 의미일 수 있다. 치료에서 분석가는 엘렌과 이러한 연결 가능성에 대한 토의를 할 수도 있다. 그렇게 하는 방법 중 하나는 그 남자, 빗 그리고 아버지에 대한 자유연상을 계속하도록 격려하는 것일 수 있다.

엘렌의 정신분석가는 그녀의 문제에 대해 잠정적인 가설을 세웠다. 그는 그녀의 우울증을 관계에 영향을 미치는 갈등을 방어하기 위한, 성공적이지 못한 시도로서 점진적으로 나타난 이차 증상으로 평가했다. 분석가는 그녀의 공황발작 또한 친밀감, 성욕, 버림받음에 대한 염려와 관련이 있다고 생각했다. 비록 이차 증상이지만, 치료자는 그 심각도를 판단하기 위해 초기에 우울증에 초점을 두었다. 엘렌이 자살시도를 하지 않을 것이고, 치료에 동기화가 되어 있고, 정상적인 지능과 적절한 자아 강도가 있다는 판단을 한 후에 분석가와 엘렌은 정신분석 과정을 시작했다.

치료자의 역할

치료회기 동안 전통적인 정신분석가들은 '분석적 익명성' 을 유지하며 심리치료 과정 동안 자신에 관해 거의 이야기하지 않는다. 사무실의 배치는 이러한 태도를 촉진한다. 즉, 내담자는 카우치에 눕고, 치료자는 내담자의 시야에서 벗어난 머리 쪽으로 앉는다. 최근의 변형된 정신분석적 접근에서는 의자가 대신 사용되지만, 여전히 치료자는 상대적으로 중립적인 태도를 유지한다. 내담자는 치료자의 선호, 문제, 소망 등에 대해 모른다. 만약 내담자가 개인적인 질문을 하면 치료자는 대부분 치료회기가 내담자의 이득을 위한 것이며, 다른 상황에서는 개인적인 정보의 교환이 적절한 것이지만 정신분석에서는 그렇지 않다는 것을 상기시킨다. 다른 말로 하면, 치료자는 부모 및 자신의 인생에서 중요한 인물과 무의식적으로 연관된 태도와 동기를 내담자가 자유롭게 치료자에게 투사할 수 있도록 의도적으로 텅 빈 스크린처럼 불투명하게 남아 있는 것이다. 그래서 다양한 시기에 내담자는 치료자를 사랑하는 양육자, 원한을 품은 아버지, 유혹적인 어머니, 질투심 많은 연인 등으로 볼 것이다. 치료자는 또한 치료자에 대해 더 알고 싶어 하는 내담자의 욕구 이면에 있는 동기에 대해 내담자와 함께 탐색하고 해석도 할 것이다. 그렇게 함으로써 전이 관련 염려를 포함한 내담자 자신의 염려가 드러난다.

물론 이상적인 정신분석가는 냉담하고 동정심이 없는 사람이 아니다. 정신분석가는 치료적 관계 안에서 정서적 안전성을 만드는 것이 중요하다는 점을 이해한다. 그래서 그들은 의견을 이야기할 때 대부분 공감적이고 반영적이다. 그들은 내담자가 인지, 감정, 동기 등과 같은 것을 보다 깊이 탐색하도록 돕기 위해 직접적인 질문이나 격려를 사용하기도 한다. 치료자가 구사하는 해석의 범위는 넌지시 비추는 것(예를 들어, "그것이 당신에게 친숙하지 않을까 하는 생각이 듭니다.")부터 현재와 과거 갈등의 패턴을 요약하는 보다 직접적인 진술까지 다양하다.

일상행동의 분석

분석가는 중대한 사건과 사소한 일, 의도적인 행동과 우연히 발생한 상황들, 언어 표현뿐 아니라 비언어적인 표현에 똑같이 주의를 기울이고 항상 관심을 유지하려고 노력한다. 말하기 혹은 쓰기에서의 실수(이른바 'Freudian slips' 라고 불리는), 우연한 사건, 기억의 손실, 유머는 특히 무의식 자료의 중요한 원천이다.

꿈의 분석

무의식 자료가 의식이 깨어 있을 때보다 꿈에서 더 표면으로 가까이 떠오른다고 믿기 때문에 정신분석에서는 꿈에 중요한 의미를 부여한다. 내담자의 꿈에 대한 묘사—그녀가 숲 속을 달리다가 갑자기 호수에 빠진다—는 표면적 내용(manifest content) 혹은 분명한 특징들을 드러낸다. 표면적 내용은 종종 꿈꾸는 사람의 최근 일상활동과 연관된 특징들('일상의 잔여물' 이라 불리는)을 포함한다.

정신분석의 목적을 위한 가장 흥미로운 측면은 꿈의 잠재적 내용(latent content), 즉 위장된 형태로 나타나는 무의식적인 생각들과 충동들이다. 수용할 수 없는 자료들을 수용 가능한 표면적 내용으로 변환시키는 과정을 꿈 작업(dream work)이라 한다(Freud, 1900). 따라서 대부분의 표면적 꿈내용은 어떤 다른 것을 상징하는 것으로 보인다. 사람에 따라, 꿈에 따라 다른 특별한 특성이 있다. 꿈의 일부 상징(예를 들어, 뱀)은 항상 동일한 것(예를 들어, 남자 성기)을 의미한다는 대중적인 믿음에도 불구하고 프로이트는 좀 더 유연하게 꿈을 해석해야 한다고 믿었다.

흔한 분석절차 중의 한 가지는 꿈의 표면적 내용에 대해 자유연상을 하게 하는 것이다. 이 과정에서 무의식 자료가 드러날 수 있다. 흔히 꿈의 잠재적 내용들의 패턴을 발견하하고 단일 꿈의 중요성을 지나치게 강조하지 않는 방법으로써 분석은 일련의 꿈들을 탐색한다. 달리 말하면, 꿈은 최종 답안을 제공해 주는 경우보다 더 많은 탐색을 위한 아이디어를 제공해 주는 경우가 더 많다.

전이의 분석

내담자-치료자 관계가 내담자 문제의 원인을 축소해서 나타내 줄 때, 이를 전이신경증(transference neurosis)이라 한다. 이는 분석 작업의 주요 초점이 된다. 어린 시절의 무의식적인 갈등이 재현되는 과정에서 분석가는 마치 현재 일어나고 있는 것처럼 과거 중요한 문제들을 다룰 수 있다. 분석가가 자신에 대한 내담자의 감정이 무엇을 의미하는지 해독하려 할 때, 전이와 전이신경증은 주의 깊게 다루어야 한다. 만약 분석가가 내담자의 다정한 표현이나 적대적인 표현에 대해 '정상적'으로 반응한다면, 내담자는 이러한 표현이 함축하는 바를 알 수 없게 된다. 그보다 목표는 치료자에 대한 내담자의 감정의 의미를 이해하는 것이다. 이러한 과정이 이루어지게 되면 전이신경증은 내담자의 주요 무의식적 갈등과 함께 해결될 것이다.

전이를 민감하게 다루는 것은 정신분석에서 매우 중요하기 때문에 정신분석과정이 왜곡되지 않도록 분석가들은 내담자에 대한 자신의 무의식적인 감정-역전이에 경계를 늦추지 않는 수련을 받는다. 다른 형태의 치료에서와 마찬가지로 내담자에게 도움이 되는 일관된 반응을 하고 있는지를 확인하기 위해 수련, 지도감독, 동료의 자문 등을 사용한다.

저항의 분석

분석과정을 방해하는 내담자의 행동은 통찰에 대한 저항의 표시로 보인다. 정신분석가들은 자유연상을 차단하거나, 꿈을 왜곡해서 보고하거나, 치료 약속을 잊어버리거나, 치료에 늦거나, 특정 주제를 피하거나, 치료비를 내지 않는 등의 모습을 지적함으로써 내담자가 저항을 극복하도록 돕는다(Fine, 1971). 심지어 내담자가 심리내적 갈등보다는 통증의 증상들을 이야기하고 싶어 하거나 치료의 효과에 대한 증거를 요청하는 행동도 정신분석가에게는 문제의 무의식적 원인들로부터 주의를 전환시키려는 시도로 인식될 것이다.

엘렌의 분석이 진행되면서 아동기의 감정, 특히 아버지와 어머니를 향한 양가감정을 탐색했다. 한편으로 그녀는 아버지를 존경하고 사랑받기를 애타게 원했지만, 그는 자기 자신에게만 관심이 있었다. 다른 한편으로 그녀는 아버지의 이기심과 잔인함에 대해 분노를 느꼈다.

엘렌은 '심리적 소양을 갖춘' 사람이기에 아동기 시절 그녀에 대한 아버지의 행동이 그녀의 자기개념과 자존감에 영향을 미쳤다는 것을 깨달았다. 그러므로 성인기에 자신이 매력적이고 특별하다고 스스로를 설득하기 위해 노력했다. 비록 남자에게 관심이 없거나 남자가 한 인간으로서의 그녀에게 관심을 갖지는 않았지만, 이 즈음에 그녀는 남자들을 유혹하기 위해 매우 노력했고 대체로 성공적이었다.

엘렌과 치료자는 남자와의 관계 패턴이 다양한 단서와 의미를 가질지도 모른다고 생각했다(프로이트는 이러한 상황을 '다중결정'이라고 했다). 이러한 패턴들은 그녀의 아버지가 틀렸다는 것(그녀는 못생기지 않았다)을 증명하는 방법일 뿐만 아니라, 그녀의 아버지가 결코 주지 않았던 애정을 다시 얻고자 하는 상징적인 시도(예를 들어, 그녀가 보다 애교가 많고 매력적이었다면 아마도 아버지는 가족을 버리지 않았을 것이다)이기도 했다. 버림받음에 대한 두려움은 그녀의 관계에 보편적으로 만연되어 있었다.

굉장히 중요한 한 회기에서 엘렌은 결혼에 대한 감정을 탐색했다. 그녀는 관계를 떠나거나 외도를 하는 자신의 모습을 상상하는 것을 이야기했다. 그녀는 총회 때 자신에게 접근한 남자와 짧은 외도를 할 생각을 해 보았다는 것을 기억했다. 그녀는 그러한 충동에 마음이 끌렸지만 압도되는 느낌이 있었으며, 자신의 호텔방으로 가서 침대에 누워 그 일에 대해 좀 더 생각했다. 몇 분 후에 공황발작이 일어났다. 이번 회기에서 몇 가지 일들—성적 충동, 상실의 두려움, 자율성과 자존감에 대한 분투, 공항발작에 대한 느낌—이 연결된 것처럼 보였다.

분석적인 해석

분석가들은 내담자가 무의식적인 갈등에 대한 통찰을 얻기 원하지만, 내담자가 그것을 다룰 준비가 되기 전에는 위협적일 수 있는 자료들에 압도되는 것을 원치 않는다. 이는 분석적인 해석이 이루어지는 시점이다. 내담자의 행동, 자유연상, 꿈 등에 대한 질문과 코멘트를 통해서 분석가는 내담자의 자기탐색과정을 인도한다. 그리하여 만약 내담자가 어떤 사건의 잠재적인 의미를 탐색하는 것에 저항을 보인다면, 치료자는 이를 지적해 줄 뿐만 아니라 일어나고 있는 일에 대한 해석을 해 준다.

해석과정은 내담자로 하여금 표면적인 설명을 거부하고, 대안적인 시각에서 생각해 보고, 보다 깊은 의미를 탐색해 보도록 하는 잠정적이면서도 지속적인 과정이다. 해석을 통해 내담자가 전이를 이해하고 훈습하는 것을 도와줌에 따라 치료적 관계는 변하게 된다. 내담자는 방어와 무의식적인 갈등이 어떻게 문제를 야기하는지를 알게 될 뿐만 아니라 치료자와 함께 세상을 다르게 다루는 방법을 배우게 된다. 또한 그들은 더 이상 과거의 세력들에 의해 현재 자신의 행동이 영향을 받을 필요가 없다는 것을 배우게 된다. 이상적인 경우 이러한 감정적인 이해는 환자가 이전보다 더 현실적이고 만족스러운 방법으로 자유롭게 삶을 영위할 수 있게끔 해 줄 것이다.

엘렌이 정신분석을 계속해 가면서 그녀와 치료자는 관계에서 엘렌의 특징인 많은 복잡한 정서적 경향을 이해했다고 느끼기 시작했다. 엘렌은 남편의 '친구들과의' 활동이 결혼생활을 유지하는 전조일 것이라는 자신의 무의식적 염려에 대한 통찰을 발달시키고는 그가 떠나는 것에 대해 덜 걱정하게 되었다. 그녀는 남편이 '위풍당당' 하지만 헌신적이지 않은 아버지와는 근본적으로 다르다는 것을 인식했다.

그녀의 공황장애는 횟수는 줄었지만 완전히 사라지지는 않았다. 어머니와의 관계는 죽은 아버지에 대해 거리낌없이 대화를 할 수 있게 된 후부터 나아졌다. 그러나 엘렌은 비록 이러한 감정을 표현하지는 않았지만 점차 치료자가 그녀와의 작업에 덜 관심을 가진다고 느끼기 시작했다.

엘렌이 한 번 약속을 빠진 후—그녀는 일에 집중하고 있었다고 했다—에 치료자는 그녀가 치료가 변했다고 느끼는지에 대해 탐색했다. 그녀는 치료 중에 가능한 한 멀리 떠나 버리는 생각을 했음을 인정했다. 그녀와 분석가는 함께 종결의 가능성에 대해 탐색했다. 분석가는 그들이 중요한 몇몇 자료에 대해 훈습하고 있고, 종결에 대한 이야기는 저항의 한 형태이므로 이에 대해 제안을 하지 않았다. 그러나 그는 그녀가 종결을 선택한다면 그녀의 결정을 지지할 것이라고 했다.

엘렌은 다음번 회기에 빠졌는데 또다시 일이 바빴다고 했다. 며칠 지난 후의 그다음 회기 때 그녀는 유쾌했고 도발적인 옷차림이었을 뿐 아니라 공황발작을 경험했다고 말했다. 치료자가 유쾌한 태도와 옷차림에 대해 언급하자 엘렌은 화를 냈다. 그녀는 스스로 유쾌해지고 그들의 관계를 보다 즐겁게 만들려는 자신의 노력을 치료자가 칭찬하지 않는다고 느꼈다. 그녀는 그가 은밀하게 이 관계를 끝내고 싶어 하고, 아마도 그녀의 '사례'에 더 이상 관심도 없고 지루해진 것이라고 그를 비난했다.

이번 회기와 다음 회기는 전이와 마찬가지로 엘렌의 저항(종결 제안, 약속 어기기)을 분석할 기회를 제공했기 때문에 특히 생산적이었다. 치료자는 버림받을 것이라는, 치료자가 진짜로 자신을 걱정하는 것이 아니라는 엘렌의 감정이 그녀가 남편과 아버지에 대해 느꼈던 방식의 반영이라고 해석했다. 보다 매력적, 아마도 유혹적(그러나 진정이 아닌)이 됨으로써 이러한 버림받음을 막으려는 시도와 그 후의 분노 또한 그녀 과거 패턴의 반영이었다.

시간이 지난 후, 엘렌은 대부분의 친밀한 관계에 영향을 미치는 되풀이되는 무의식적 갈등에 대해 인식하게 되었다. 계속되는 치료에서 그녀는 남편과 아버지를 구분하기 시작한 것처럼 보다 분명하게 치료자와 아버지를 구분할 수 있게 되었다. 자존감이 향상되고, 어머니와의 관계가 향상되고, 결혼생활은 나아졌다. 우울증 증상은 감소했다. 공황발작은 완전히 사라지지 않았지만 그 횟수가 훨씬 줄었다. 엘렌은 과거 각본에 동반된 감정과 행동 패턴을 새롭게 인식할 수 있다고 느꼈다. 이러한 통찰은 그녀가 관계에서 다른 행동을 시도할 수 있게 해 주었다. 요약하면, 무의식적 갈등을 의식화하고 이를 정신분석에서 훈습함으로써 그녀는 더 이상 그것을 반복하도록 강요받지 않게 되었다. 통찰을 통해 그녀는 자신의 충동과 두려움에 대해 보다 큰 자아 통제력을 발달시켰다.

우리는 전통적인 정신분석 기술에 대해 많은 세부적인 내용을 생략하고 지나치게 단순화하여 간략하게 소개하였다. 이 접근에 대한 보다 상세한 내용은 많은 참고문헌에 나와 있다(예를 들어, Freud, 1949; Gabbard, 2000; Menninger, 1958; Kernberg, 1976).

이 절의 요약 프로이트에 의해 발전된 정신분석은 원초아, 자아, 초자아로 명명된 성격구조들 간의 내부 갈등을 포함하는 성격기술에 근거한다. 초기 경험으로부터 이러한 갈등이 발달할 때, 그들은 습관적(이후의 관계에서 반복된다)이고 무의식적(기원이나 영향에 대한 각성 없이 자동적으로 반복된다)이 되기 쉽다. 정신분석가는 내담자의 과거가 현재에 어떻게 침입하고 있는가를 이해하기 위해 자유연상, 꿈의 분석, 그 밖의 다른 기법들을 사용한다. 치료에서 치료자는 내담자의 과거 관계, 현재의 외부 관계(예를 들어, 배우자나 자녀), 특히 치료관계 자체(즉, 전이)에서의 유사성을 밝혀내고 해석하려 한다. 이러한 연관성을 인식하고 반복적으로 훈습함으로써 내담자는 통찰을 얻게 되고, 이러한 패턴의 반복을 덜하게 된다.

정신역동적 심리치료

이 절의 미리보기

가벼운 대안에서부터 특정한 기본 원리의 대대적인 거부에 이르기까지 많은 치료자가 프로이트학파 정신분석의 변화를 주장했다. 오늘날 대부분의 정신역동 지향적인 임상가들은 정신분석에 기초를 두고 있지만 ⓐ 성적, 공격적 원초아 충동을 덜 강조하고, ⓑ 자아의 적응적인 기능에 보다 큰 관심을 갖고, ⓒ 친밀한 관계의 역할에 대해 보다 많은 관심을 갖고, ⓓ 치료자의 분석과 해석 대 공감과 정서적 지지 제공 정도의 유연성 등의 면에서 차이가 있는 치료를 채택한다.

프로이트의 이론은 많은 추종자가 있지만, 일부 이론가들은 정신분석이론을 보존하면서 어떤 측면은 바꾸고자 했다. 전체적으로 정신분석의 기본 가정은 공유하지만 다른 부분은 의미 있게 변화시킨 치료들을 정신역동적 심리치료(psychodynamic psychotherapies)라고 한다.

다양한 학파나 접근법을 만든, 의견이 일치하는 이론가와 실무자들에 의해 이러한 변형들이 발달했다(Pine, 1990; 〈표 7-2〉 참조). 이들 모두를 섭렵하기에는 공간상의 제약이 있으나 정신역동적 치료의 가장 두드러진 몇몇 치료들을 살펴보도록 하자.

정신역동 지향적인 심리치료

프로이트가 확립한 가이드라인에서 약간 벗어난 정신분석 절차를 사용하는 치료자들은 정신분석을 지향하는 심리치료를 한다고 말한다. 예를 들어, 1930~1940년 사이에 시카고 정신분석연구소(Chicago Psychoanalytiz Institute)의 알렉산더(Franz Alexander)와 동료들은 치료가 집중적이고 광범위해야 하며 모든 사례에서 근본적으로 유사해야 한다는 믿음에 의문을 제기하였다(Alexander & French, 1946). 그들은 또한 보다 어린 연령과 보다 심각한 장해가 있는 환자와 같은 '비전형적인' 내담자에게 정신분석을 적용하고자 했다.

정신역동 지향적인 심리치료에서는 모든 환자에게 주당 5회기 기준이 적용되지는 않는다. 그 이유는 매일 이루어지는 치료가 치료자에 대한 지나친 의존성을 갖게 하고 치료가 판에 박힌 과정으로 이루어져서 환자가 분석과정에 주의를 기울이지 못할 수 있기

〈표 7-2〉 정신분석이론과 실제의 변형

접근법	이론가	강조점
	프로이트학파의 정신분석의 초기 대안	
개인심리학	Alfred Adler	열등감을 극복을 위한 추구; 사회적인 동기와 행동의 중요성
분석심리학	Carl Jung	성격에 있어서 양극성의 조화(예, animus, anima), 성격의 내향성과 외향성, 개인 무의식과 집단 무의식
의지심리학	Otto Rank	내담자의 선택; 치료적 기술보다 치료자의 인간성 중요시
	현대의 정신역동적 대안	
자아심리학	Anna Freud, Heinz Hartman, David Rappaport	적응적인 자아기능과 확고한 정체감 및 친밀감의 확립에 초점
대상관계이론	Melanie Klein, Otto Kernberg, David Winnicott, W. R. D. Fairbairn	초기 애착관계에서 형성된 대인관계에 대한 정신적 표상을 수정
자기심리학	Heinz Kohut	대상관계이론과 가까우나 자율적인 자기의 발달을 강조
대인관계 학파	Harry Stack Sullivan, Clara Thompson	장애와 치료의 대인관계 맥락을 중요시
관계적, 포스트모던 접근	Steven Mitchell, Robert Stolorow, Georg Atwood	내담자와 상담자가 함께 형성한 '상호 주관적인 공간'을 탐색
단기 정신역동적 접근	Wilhelm Stekel, Hans Strupp	발달력에 대한 해석보다는 대처책략을 강조

출처: Curtis & Hirsch(2003); Gabbard(2005); Hergenhahn(1994); Kutash(1976); Prochaska & Norcross(1999); Wolitzky(2003).

때문이다. 따라서 회기의 빈도는 상황에 따라 달라지는데, 치료 초기에는 매일 환자를 만나기도 하지만 이후에는 빈도가 줄어들 수 있다. 알렉산더는 일시적으로 치료를 중단하는 것이 치료 없이 지낼 수 있는 환자의 능력을 검증해 주고 치료자에 대한 의존성을 줄여 줌으로써 이로울 수 있다고 제안하기도 하였다. 그는 또한 어떤 환자들은 저항, 통찰 및 전이를 충분히 탐색하고 훈습하기 위하여 오랜 정신분석이 필요한 반면, 다른 환자들—특히 문제가 비교적 경미하거나 혹은 특히 심각한—은 전통적인 분석과정인 밝혀내고 재구성하는 것보다 지지를 목표로 하는 덜 집중적인 치료에 보다 적합하다고 주장하였다(이 접근에 대한 최근의 사례는 Davanloo, 1994 참조).

아들러의 개인심리학

아들러(Alfred Adler)는 정통 정신분석에서 이탈한, 프로이트의 초기 추종자였다. 그는 프로이트의 본능이론과 유아 성욕, 행동을 결정하는 데 있어서 무의식의 역할 등을 덜 중요시하였다. 아들러는 사람들의 문제('부적응적인 생활양식'이라고 그가 불렀던)는 그들이 갖고 있는 오해에 주로 토대를 두고 있다고 믿었다. 그의 치료방법들은 그러한 오해를 탐색하고 이를 변화시키는 데 초점이 맞추어져 있다. 따라서 엄격한 프로이트 학파의 분석가는 한 십대 소년이 매일 아침 학교 가기 전에 구토하는 행동을 일종의 방어로 볼 것이고, 아들러 학파의 분석가는 문제를 '나는 어느 누구보다도 더 잘해야 돼.' 와 같은 잘못된 생각에 의해 유발된 긴장감으로 볼 것이다. 프로이트 학파의 분석에서는 구토행동을 자유연상을 통해 탐색할 수 있다. 반면 아들러의 개인분석을 사용하는 분석가는 내담자의 증상이 지각된 취약성들로부터 내담자를 보호해 주는 기능을 하는, 잘못된 생각에 의해 작동되는 생활양식의 한 예라고 보고 내담자와 그에 대한 이야기를 나눌 것이다. 십대 소년은 보다 적절한 태도를 갖게끔 도움을 얻고 더욱 적응적인 방향으로 자신의 생활양식을 변화시켜 나가도록 격려받게 된다.

아들러 학파의 분석에서는 내담자와 치료자는 비슷한 의자에 얼굴을 마주 보고 앉는다. 치료자를 향해 표현된 감정들과 반응들(전이)은 어린 시절의 무의식적 갈등을 반영해 주는 것이 아니라 치료자와 같은 사람들을 대하는 내담자의 습관적인 방식으로 해석된다. 유사하게, 아들러에 의하면 저항은 내담자가 불쾌한 자료들을 어떻게 피하려 하는지를 보여 주는 한 예이며, 꿈은 상징적인 소망 성취가 아니라 내담자가 미래의 문제들을 어떻게 다룰 것인지에 대한 '리허설' 로 해석된다. 프로이트가 현재 문제에 대한 과거 원인을 통찰하게 하려고 해석을 하는 상황에서, 아들러는 현재 내담자의 생활양식을 통찰하게 하기 위해 해석을 하였다.

아들러 학파의 치료자들은 프로이트 학파 치료자들에 비해 내담자에게 변화를 조언하고 변화를 격려하는 데 더 많이 관여한다. 예를 들어, 한 여자 내담자가 남편에 대한 의존성이 보호받으려는(이에 따라 타인을 통제하려는) 과도한 행동방식의 일부라는 것을 깨닫게 되면, 치료자는 변화를 위한 다양한 방법을 지시해 줄 수 있다. 아들러 학파들은 내담자가 자신의 생활양식을 자각하고 변화를 촉진시키는 데 도움이 되는 모델링, 숙제 및 그 밖의 기법들도 사용한다. 이들 많은 방법은 후에 기술될 행동주의적이고 인본주의적인 치료에서 사용되는 전술과 유사하다.

자아심리학

정신역동 지향적인 심리치료자들은 프로이트의 방법을 주로 수정한 반면, 자아분석가들로 알려진 치료자 집단은 프로이트의 기본 원리에 도전하였다. 예를 들어, 그들은 프로이트가 행동과 행동장애의 토대로 성적이고 공격적인 충동(원초아)에 몰두한 것은 너무 시야가 좁은 것이라고 논박하였다. 그들의 주장에 따르면 행동은 자아에 의해 광범위하게 결정되는데, 자아는 단지 원초아의 충동과 맞서 싸우는 것만이 아니라 학습과 창의성을 증진시키는 기능을 한다. 이러한 생각의 영향으로 하르트만(Heinz Hartmann, 1958), 라파포트(David Rapaport, 1951), 에릭슨(Erik Erikson, 1946)과 프로이트의 딸인 안나 프로이트(1946)와 같은 분석가들은 환자의 원초적 본능뿐만 아니라 적응적인 자아기능을 탐색하기 위해 정신분석기술을 사용하게 되었다.

자아분석기술들은 전통적인 분석기술들과 차이를 보이는데, 치료자들은 어린 시절 경험보다 현재의 문제들을 다루는 데 더 많이 초점을 맞추었다. 치료자들은 현실 검증, 충동조절, 판단, 억제와 같은 더욱 '성숙한' 방어기제 사용 등을 포함하는 내담자의 자아 강도(ego strength)를 평가하고 강화하려고 한다. 치료적 관계는 전이현상 때문이라기보다는 내담자의 탐색과정을 돕는 지지적이고 신뢰할 만한 관계를 형성해 준다는 점에서 여전히 중요하다.

대상관계와 자기심리학

현대 정신분석의 변화에서 가장 중요한 발전 중 하나는 대상관계이론(object relation theory)의 출현이다. 이 이론은 컨버그(Otto Kernberg, 1976), 코헛(Heinz Kohut, 1971, 1977, 1983)뿐만 아니라 페어번(W. R. D. Fairbairn, 1952), 위니컷(Donald Winnicott, 1965), 클라인(Melanie Klein, 1975), 말러(Margaret Mahler; Mahler, Pine, & Bergman, 1975)를 포함한 영향력 있는 영국 분석가 집단 그룹과 관련이 있다. 자아심리학은 자아의 역할을 확장시킨 반면, 대상관계이론은 정신역동적 사고에서 관계의 역할, 특히 초기 관계 형성의 역할을 확장시켰다.

대상관계이론과 이에 기반을 둔 치료는 초기 유아와 어머니의 상호작용으로 형성된 대인관계의 본질과 이러한 상호작용의 결과인 성격 특성—특히 자기(self)—의 본질에 초점을 맞춘다(Blatt & Lerner, 1983; Eagle, 1984). 이러한 초기 관계 형성이 이후 관계 형성의 원형(prototype)으로 작용하기 때문에, 이 시기의 분열은 이후 삶에 심각한 영향을 초래할 수 있다. 예를 들어, 정신병 환자나 성격장애 환자를 다루는 치료자는 자신의 환자들이 어떤 때는 자신을 이상화했다가 또 어떤 때에는 악마처럼 여긴다는 것을 알게 된다. 이러한 환자들과 관계문제에 대해 훈습하는 것은 어렵고 많은 시간이 소모되는 일이 될 것이다.

따라서 대상관계 이론가들은 전통적인 정신분석가들과는 대조적으로 치료적 관계를 전이현상으로 보지 않고 유아기 때 결핍된 만족감을 가까운 사람과의 관계에서 얻을 수 있는 '제2의 기회'로 본다. 자아를 지지하고 수용해 주며, 상처받은 자기를 심리적으로 지지해 주는 것을 중요시함으로써 정신분석의 가장 대중적인 변형 중 하나인 대상관계 치료가 만들어졌다. 아울러 우호적이고 자연스러운 인간적인 면모를 보이면서 치료적 관계를 형성한다는 점 때문에 많은 치료자가 전통적인 프로이트의 중립성보다 이 치료를 더 선호한다.

코헛(Kohut)의 자기심리학은 자기 혹은 자기개념에 보다 초점을 맞추지만, 대상관계 접근처럼 분석가들의 과제는 내담자가 유아기 때 놓쳐 버린 것으로 생각되는 공감적 반응과 돌봄을 제공하는 것으로 본다. 이러한 접근에서의 치료자 역할은 나중에 기술될 인본주의/현상학적인 접근과 유사하다(Kahn, 1985).

관계역동적 심리치료

관계역동적 접근(relational psychodynamic approaches)은 전통적인 정신분석, 자아심리학, 대상관계이론, 자기심리학, 설리번(Sullivan)의 대인관계치료, 인본주의와 인간중심 및 현상학적 접근(다음 절에서 설명됨) 등을 포함하는 여러 이론을 혼합한 것이다(Curtis & Hirsch, 2003; DeYoung, 2003). 그 명칭에서 강조하는 것처럼, 관계역동적 이론은 양육자와의 관계를 강조한다. 대상관계이론처럼 관계이론들은 기질과 같이 이후 관계에서 초기 관계의 중요성을 강조한다. 관계는 객관적 차원(실제로 일어난 사건)과 주관적 차원(관계가 심리적으로 표상되고 지각되는 방식)을 가진다고 지적했다. 후자는 관계역동적 이론과 실제에서 특히 중요한 역할을 한다.

프로이트의 심리내적 접근과는 대조적으로, 관계이론들은 대인관계적 접근을 강하게 받아들였다. 대인관계적 관점의 아버지인 설리번은 관계적 접근의 발달에 있어서 중요한 역할을 했다. 설리번은 치료자들이 내담자의 과거와 현재 대인관계에 대한 내담자들의 전형적인 인지와 행동이 성공적인 삶을 방해하는지를 분명하게 알기 위해 관찰을 사용해야 한다고 했다. 그러나 설리번과 이후의 관계치료자들은 치료관계에 대한 치료자의 관점이 객관적으로 정확하다고 가정하는 것에 대해 경고했다. 내담자와 치료자는 둘 다 자신들의 주관적인 관점으로 작업하기 때문에, 정신역동적 이론가들은 어떤 지각도 객관적으로 타당하지 않다고 생각한다.

관계역동적 접근은 지난 10년간 미국에서 상당한 인기를 끌었는데(DeYoung, 2003; Wolitzky, 2003), 이는 부분적으로는 상호 주관주의, 구성주의, 포스트모더니즘 등으로 다양하게 불리는 보다 폭넓은 지적 조류와 함께했기 때문이다(Neimeyer & Bridges, 2003). 이러한 조류의 중심에는 현실을 보는 하나의 관점이 '정확'한지 여부를 판단할 수 있는 어떠한 객관적인 권위자도 없지만, 그럼에도 함께 협력하여 만들어진 관점들은 의미가 매우 크다는 사상이 있다. 이에 따라 관계역동적 치료자들은 내담자와 치료자 사이에서 만들어져 공유하게 된 개념적 및 대인관계적 이해를 분석할 가치가 있는, 나름의 권리를 지닌 심리적 체계로 본다(Stolorow, 1993). 이러한 이유로 관계역동적 치료를 '두 사람 이론'이라 부르기도 한다(Gabbard, 2000).

단기 정신역동적 심리치료

프로이트가 초기에 단기치료를 여러 차례 하긴 했지만, 최근까지도 단기치료를 정신역동 접근과 연결 짓는 사람들은 거의 없다(Levison & Strupp, 1999). 단기역동적 심리치료(short-term dynamic psychotherapy) 접근은 20회기 이내의 회기에서 얻을 수 있는 실용적인 목표를 강조한다. 치료자들은 초기 관계의 훈습이나 성격의 재구성보다는 현재의 위기나 문제에 대한 대처를 돕는 것에 초점을 두고 있다.

단기역동 치료자들은 가능한 한 조기에 치료동맹을 형성하는 것을 강조하고 특정 영역 안에서 대처책략들을 적용할 수 있도록 돕는 것을 중요하게 여긴다. 그들은 불안관리나 직장에서 문제가 되는 인간관계에 대한 대처에 초점을 둘 수 있다. 치료의 속도가 가속화되기 때문에, 치료자들은 다른 형태의 정신역동치료보다 더 능동적이다. 그들은 정신분석의 전통적인 기술을 사용하지만, 내담자에게 과제를 내주기도 하고 자조집단(self-help group)에 내담자를 의뢰하기도 하며, 정신역동치료와 전형적으로 관련이 없는 다른 기술을 채택하기도 한다. 단기역동치료에는 여러 가지 모델이 있는데, 그중에는 특정 장애의 치료를 위한 매뉴얼도 포함된다(Levison & Strupp, 1999). 우울장애를 가진 사람에게 전형적으로 사용되어 뛰어난 효과를 나타낸 치료인 대인관계 심리치료(interpersonal psychotherapy: IPT)는 단기역동치료의 한 예다(Klerman, Weissman, Rounsaville, & Chevron, 1984).

역동적 치료들의 공통적인 특징과 변형

모든 정신역동적 변형들(variations)을 이해할 수 있는 유용한 방식은 정신분석과의 유사성에 따른 연속성 차원으로 범주화하는 것이다. 한쪽 끝에는 정신분석이 있고, 그 가까이에 정신분석 지향적인 심리치료가 있다. 다른 쪽 끝에는 관계적 및 포스트모던적인 정신역동적 심리치료가 있다. 이 양극단 사이에 자아심리학, 자기심리학, 대인관계심리학 등을 기반으로 하는 치료들이 있다. 이러한 변형들은 서로 차이가 있는 것처럼 보이지만, 어떤 면에서는 ⓐ 심리내적 갈등, ⓑ 무의식적 과정, ⓒ 초기 관계, ⓓ 자아기능, ⓔ 내담자-치료자 관계 등이 심리적으로 중요하다는 핵심 개념을 공유한다. 변형들 간에는 강조점에서 그리고 이들 개념들을 치료 동안 적용하는 방식에서 차이가 있다.

이러한 변형된 접근법들의 또 다른 공통점은 치료기간이 전통적인 정신분석보다 짧은 점이다. 장기 정신역동적 심리치료는 보통 45~50분 정도의 회기를 일주일에 1~2번 하며, 6개월이나 그 이상 지속된다. 그러나 보다 지지적으로 고안된 정신역동적 심리치료는 내담자의 필요에 따라 그 기간이 다양하다. 한 달에 1~2번, 25분 회기처럼 짧을 수도 있고, 장기 정신역동적 치료처럼 자주 만나면서 기간이 길 수도 있다(Gabbard, 2005).

지지적-표현적 차원

현대 정신역동적 심리치료자들은 내담자들이 돌봄과 이해를 받는다고 느끼는 공감적이고 지지적인 분위기를 만들고자 노력한다. 많은 이가 이러한 환경은 내담자에게 정확한 정서적 경험을 만들어 내며, 통찰과는 독립적인 치료요인라고 믿는다(Strupp, 1989; Strupp & Blinder, 1984). 그래서 정신역동적 심리치료자들은 정신분석에서 주장하는 분석적 개입부터 대인관계적 및 관계적 접근에서 강조하는 보다 지지적인 개입까지 모두 수련할 수 있다. 가바드(Gabbard, 2005)는 이러한 기법의 다양성을 지지적-표현적 연속성으로 언급했다.

치료자들은 전형적으로 내담자의 대처, 스트레스 감소, 일상생활 등을 돕기 위해 보다 지지적인 개입을 한다. 실제로 임상실무에서 이러한 임상가들은 표현적 치료(expressive

〈표 7-3〉 정신역동적 심리치료에서 표현적 혹은 지지적 강조법에 대한 적용 징후

표현적	지지적
이해에 대한 강한 동기	만성적 자아결손
의미 있는 고통	극심한 위기 상황
자아의 퇴행능력	낮은 불안 내성
좌절에 대한 인내력	좌절에 대한 낮은 인내력
통찰 혹은 심리적 역량을 가질 능력	심리적 역량이 결여됨
건강한 현실검증 능력	현실검증 능력 부족
의미 있는 대상관계	심하게 손상된 대인관계
충동 통제능력	충동 통제능력 저하
직업을 가질 능력	낮은 지적 능력
은유와 유추를 사용하는 사고능력	자기관찰 능력 부족
해석 시도에 대한 반성적 반응능력	기질적 원인의 인지기능 저하
	치료동맹을 형성하기 어려움

출처: Psychodynamic Psychiatry in clinical Practice, 4th ed., by G. O. Gabbard, 2005 (Washington, DC: American Psychiatric Publishing), p. 115. Copyright 2005 by American Psychiatric Publishing.

therapy)보다 적극적이다. 예를 들어, 만약 내담자가 중대한 상실(예를 들어, 자녀나 배우자의 죽음)을 경험했거나 매우 낮은 인내심을 가지고 있다면, 치료자는 보다 공감적이고 격려하고 지지적인 개입을 통한 통찰과 격려의 목표를 앞세울 것이다. 불만족스러운 직업 때문에 불행한 내담자에게는 좀 더 나은 직장을 찾아보도록 격려할 수도 있으며, 치료자의 역할은 보다 지지적이고 교육적이 될 것이다. 이러한 생각은 치료적 관계가 현실세계에서 시험해 볼 수 있는 과정을 계획하는 안정적인 맥락을 제공한다는 것이다.

임상가는 지지적이거나 표현적인 개입 중 어떤 것을 제공할지를 어떻게 결정하는가? 〈표 7-3〉에 임상가의 결정에 영향을 미치는 요인들이 정리되어 있다.

현대 역동적 심리치료의 위상

임상가의 약 2%만이 고전적인 정신분석을 수행한다(Bechtoldt, Norcross, Wyckoff, Pokrywa, & Campbell, 2001). 그러나 다수의 임상가들이 정신역동 지향적인 여러 변형된 접근을 지속적으로 사용하고 있으며, 일부 대학원과 전문대학원에서는 그것이 주된 동향으로 간주된다. 정신역동 지향적인 연구의 결과들 또한 쉽게 찾을 수 있다. 실제로 인지-행동적 접근, 절충주의적 접근과 함께 정신역동적 접근은 임상심리학에서 가장 인

기 있는 세 가지 접근 중 하나다(Bechtoldt et al., 2001). 그래서 프로이트 이론의 특정 측면을 불신임하여 모든 정신역동적 이론들을 추방하려 하는 비판적인 경향에도 불구하고, 정신역동적 접근은 임상심리학에서 중요한 세력으로 남아 있다.

정신역동적 심리치료에 대한 자세한 내용을 섭렵하기 위해서는 뛰어나고 유용한 심리치료 교과서들을 참고하라(Corsini & Wedding, 2007; DeYoung, 2003; Gabbard, 2005; Gurman & Messer, 2003; Kljenak, 2006; McWilliams, 2004; Murdock, 2004).

이 절의 요약 정신분석의 이론과 실제는 프로이트의 근본 공식 이후로 계속 발달해 왔다. 최근의 정신분석적 이론들은 원초아, 성, 공격성에 대한 프로이트의 강조점에서 멀리 떨어져 나왔다. 그들은 적응적이고 창조적인 문제해결 기구로서 자아의 역할을 강조했다. 그들은 또한 건강한 성격, 정신병리, 심리치료 발달 등에서 대인관계에 대한 고려를 많이 확장시켰다. 많은 분석적인 임상가들은 내담자들이 과거력에 뿌리를 둔 부적응적 패턴에 대한 통찰을 발달시키는 것을 돕기 위해 전이관계 분석을 계속하고 있다.

인본주의 심리치료

이 절의 미리보기

이 절에서는 무의식적 갈등보다 의식적인 각성을 강조하는 인본주의적 심리치료에 대해 설명한다. 이러한 접근법들은 또한 치료적 관계에서 치료자가 치료적 분위기를 만드는 방식으로 내담자의 경험세계를 이해하고 또 그러한 이해로 내담자와 소통하는 것을 추구해야 한다고 강조한다. 관계 자체를 인본주의 치료자가 제공하는 치료에서 가장 주요한 치료 요인으로 본다.

인본주의적 치료는 내담자가 자신의 즉시적인 지금-여기 경험에 집중하는 것을 강조한다. 이러한 접근에는 인간중심 치료(Rogers, 1951), 게슈탈트 치료(Perls, 1969), 실존주의 치료(May, 1981; Frankl, 1967), 초점 지향적(focusing-oriented) 심리치료(Gendlin, 1996) 등이 포함된다.

2장에서 논의했듯이, 인본주의 심리치료자들은 모든 것이 잘되기만 한다면 인간은 독특한 존재로서 모든 가능성을 실현하기 위해 의식적으로 자신의 행동을 인도하는 창조적이고 성장 가능한 존재라고 본다. 행동장애의 발현은 존재에 대한 각성의 장해 또는 제한 때문인 것으로 본다. 이러한 장해는 다양한 치료적 경험을 통해 사라질 수 있다

(Fischer, 1989; Greenberg, Elliott, & Lietaer, 1994).

인본주의 치료의 목표와 기법들을 통합해 주는 몇 가지 주제를 나열해 보면 다음과 같다. 첫째, 인본주의 치료자들은 환자의 삶은 환자의 관점에서 바라보아야 이해가 된다고 가정한다. 둘째, 인본주의 치료자들은 인간은 본능에 의해 좌우되는 존재가 아니라 자신의 삶과 운명을 선택할 수 있는 본질적으로 선한 사람들이라고 가정한다. 셋째, 인본주의 치료자들은 치료적 관계를 치료 효과를 얻는 일차적 매개물로 본다. 치료적 관계는 치료자와 내담자 모두에게 정직하고, 정서적으로 개방적이고, 상호작용 경험을 보장하는 관계여야만 한다. 이는 치료자가 내담자를 동등하게 여기고, 내담자를 자신의 경험에 있어 전문가이며 자신의 삶을 결정하는 사람이 궁극적으로 자기 자신인 책임감 있는 개인으로 대한다는 것을 의미한다. 마지막으로, 많은 인본주의 치료자들은 혼란스럽거나 고통스러운 감정의 경험과 탐색의 중요성을 강조한다.

인간중심 치료

인본주의 치료에서 지금까지 가장 영향력 있는 것은 로저스(Carl Rogers)의 인간중심(person-centered) 치료다. 2장에서 소개했듯이, 로저스는 그의 접근법을 처음에는 내담자중심(client-centered) 치료라고 불렀지만, 이후에 이 접근법의 응용력을 확장시키고 명칭을 변경하였다. 1920년대 후반, 처음에는 정신역동치료 훈련을 받은 로저스는 치료자가 무의식 자료를 혹독하게 탐색하는 권위적인 인물이라는 생각에 불편감을 느끼게 되었다. 그는 더 좋은 임상치료방법이 있어야 한다고 생각했는데, 프로이트 이론을 수정한 랑크(Otto Rank)의 치료접근(〈표 7-2〉에 제시)을 발견하고는 대안적인 접근을 만들어 가기 시작하였다. 랑크에 의하면, "내담자는 움직이는 원인(moving cause)으로서 건강에 대한 의지를 만들어 내는 건설적인 힘을 품고 있다……. 치료자는 자기 이해와 자기 수용을 할 수 있도록 내담자를 안내해 주며, 치료방법은 전문적인 기술이 아닌 한 인간으로서의 치료자다……. 현재 치료의 자발성과 독특성이 내담자를 건강하게 이끈다." (Meador & Rogers, 1973, p. 121에서 발췌)라고 한다.

로저스가 이러한 비권위주의와 좋은 인간관계의 가치를 그의 치료에 결합시키기 시작하면서, "무엇이 자신을 힘들게 하고 어디로 가야 하는지, 어떤 문제가 중요하고 어떤 경험이 깊숙이 파묻혀 있는지를 아는 사람은 바로 내담자다."라는 믿음을 갖게 되었다(Rogers, 1961, pp. 11-12). 그는 또한 치료를 '만약……그러면 (if.....then)'이라는 명제로 보기 시작했다. 만약 치료자가 적합한 상황은 만든다면, 내담자는 선천적으로 타고난 성장 잠재력에 의해 자발적으로 호전될 것이다.

로저스의 성격이론과 정신병리에 대한 관점

로저스의 인간중심이론에서는 대체로 건강한 성격기능에 이르게 하는 발달과정을 제안한다. 자기(self)에 대한 개념은 이 과정에서 핵심적이다. 자기는 '나'로서 인식되는 경험을 의미한다(Murdock, 2004). 여기에는 가치, 이미지, 기억, 행동 패턴, 특히 현재 경험이 포함된다. 특히 중요한 자기의 두 가지 측면은 실제 자기와 이상적 자기다. 이제 이들이 어떻게 발달하는지 살펴보자.

자기와 가치조건

아이는 성장하면서 자신의 선호, 능력, 감정상태 등을 인식하게 된다. 즉, 자신의 자기개념이 확장된다. 그러나 그러한 일이 단절된 상태에서 발생하는 것은 아니다. 자기개념은 타인, 특히 부모와의 관계 맥락 속에서 발달한다. 아동은 타인들이 자신의 자기경험 중 특정한 면을 다른 면보다 높이 평가한다는 것을 깨닫는다.

로저스에 따르면 이상적인 상황은 부모가 아동의 모든 행동과 경험에 대해 수용(칭찬이 아닌)을 전달하는 데 성공하는 것이다. 로저스는 이러한 의사소통을 무조건적인 긍정적 존중(unconditional positive regard)이라고 했고, 이를 심리적 성장을 위한 핵심적인 필요조건으로 여겼다. 부모가 자녀의 행동과 경험에 대한 수용을 전달하는 정도에 따라 아동은 자연스럽게 이러한 경험들을 자신의 실제 자기개념에 통합시킨다. 아동이 이러한 경험들을 자기의 일부로 인식하게 되면 타인들이 가치부여를 했기 때문에 아동 역시 가치를 부여한다.

그러나 부모가 아동의 어떤 행동과 경험에 대해 칭찬하거나 거절한다면, 아동은 조건적인 사랑을 경험하게 된다. 이는 아동이 부모가 자신의 행동이 아니라 자신을 야단치는 것이라고 느낄 때 특히 발생하기 쉽다(예를 들어, "너는 멍청해!"라고 말하는 부모는 "너를 사랑한다. 그러나 네가 그렇게 행동할 때는 화가 나는구나."라고 말하는 부모와 다른 의미를 전달한다). 로저스는 이러한 상황을 아동이 한 인간으로서 수용과 가치가 특정한 생각과 행동 방식에 달려 있다고 믿게 만들기 때문에, 가치조건이 두드러질수록 아동의 실제 자기개념은 이상적 자기개념에서 벗어나게 된다. 이상적 자기는 당장은 '나'로 경험되지 않지만 자신이 '그렇게 되어야 하는' 것으로 믿는 것이다.

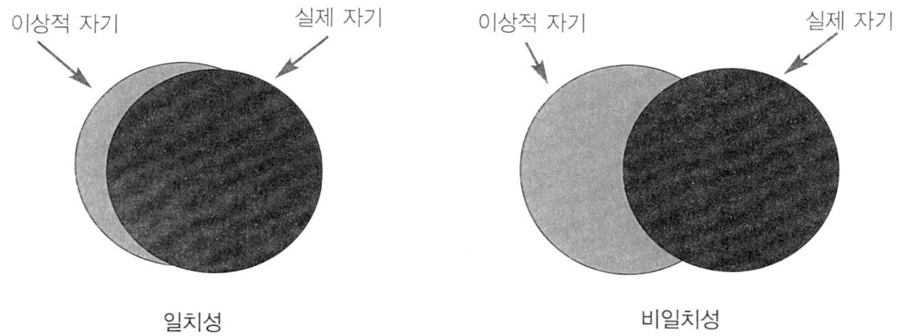

[그림 7-2] 일치성과 비일치성

비일치성

실제 자기와 이상적 자기의 차이를 비일치성(incongruence)이라고 한다. 이것은 정도의 문제다. 어떤 부모도 아동의 모든 행동과 경험에 대해 무조건적인 긍정적 존중을 전달하지 않는다. 그러나 다른 사람의 가치에 부합하는 방식으로 행동과 감정에 대한 긍정적 존중을 경험할수록 실제 자기와 이성적 자기는 점점 더 동떨어지게 된다([그림 7-2] 참조). 즉, 조건적 가치는 사람들이 자신의 진짜 감정이나 경험을 왜곡하게 만든다. 이때 장애의 증상이 나타날 수도 있다. 그래서 가령 예술가가 되고 싶은 사람이 회계사가 되라는 가족의 압력 때문에 그러한 욕구를 무시해야만 한다면 우울증이 나타날지도 모른다. 행동(예를 들어, 회계사에 만족한다고 공언하기)이 실제 감정과 점점 모순되고 불일치할 때 성장은 멈춘다. 증상을 낳는 왜곡과 각성의 부재가 온전히 의식적이지는 않을 것이다. 그러나 정신분석적 접근들의 주장으로도 역시 접근할 수가 없다.

인간중심 치료의 목적

인간중심 치료자는 내담자에 대해 목표를 설정하지 않는다. 대신 내담자가 자신의 목표를 자유롭게 선택할 수 있다(Bohart, 2003). 치료자의 관점에서 치료의 주요 목적은 내담자가 순간순간 자신의 경험에 대해 보다 자율적으로 각성하게 하는 것이다. 치료자는 상호작용 관계—비일치성을 감소시키고 더 많은 개인적 성장을 위해 사용할 수 있는—를 제공함으로써 이러한 각성을 증진시킨다. 로저스는 이러한 성장 촉진적인 관계가 오직 치료자가 무조건적인 긍정적 존중, 공감, 진실성이라고 하는 상호 관련된 세 가지 태도를 경험하고 표현할 때만 나타날 수 있다고 말하였다.

무조건적인 긍정적 존중

로저스가 무조건적인 긍정적 존중(unconditional positive regard)이라고 부른 이 치료적 태도는 세 가지 메시지를 전달한다. 즉, 첫째 내담자에 대한 돌봄, 둘째 내담자에 대한 수용, 셋째 내담자가 변화할 수 있는 힘을 지녔다는 것에 대한 믿음이다.

무조건적인 긍정적 존중의 이상적인 형태는 비소유적인 돌봄(nonpossessive caring)이다. 여기서 진실한 긍정적 감정표현은 내담자가 스스로 가치 있다고 느끼게끔 만들어 주는 한편, 치료자를 기쁘게 해야 한다는 의무감에 얽매이지 않고 자유롭게 자기 자신이 될 수 있게끔 만들어 준다. 치료자의 '경청하려는 의지'는 무조건적인 긍정적 존중의 중요한 표현이다. 로저스 학파의 치료자들은 끈기 있고 따뜻하게 내담자의 말에 관심을 기울이면서 내담자의 말을 끊거나 주제를 바꾸거나 혹은 그 밖의 다른 신호를 주지 않는다.

무조건적인 긍정적 존중의 '무조건적인' 측면은 내담자를 평가하지 않고 있는 그대로 수용하는 의지로 나타난다. 로저스는 내담자의 감정이나 행동과 무관하게, 한 인간으로서 존중받는 경험은 가치의 조건과 그 밖의 평가 압력에 의해 발달이 방해받고 있는 내담자에게 성장을 증진시키는 경험이 된다고 믿었다. 다행히도 무조건적인 긍정적 존중은 내담자의 이야기나 행동을 모두 승인하는 것이 아니라 치료자가 관심을 두는 한 사람의 일부로서 단지 수용한다는 것이다. 이러한 생각은 다음 상호작용에서 묘사되고 있다.

> 내담자: 형이 죽은 학기였어요. 모든 게 하찮게 보였어요. 내가 의대에 들어가는 것이 부모님께 얼마나 중요한지 알고 있었고, 나 또한 무언가 하지 않으면 성적이 끔찍할 거라는 걸 알고 있었죠. 한마디로 난 그 학기에 거의 모든 시험을 커닝했어요.
>
> 치료자: 정말 힘든 시기였군요.

치료자는 이 상황에서 내담자의 감정에 초점을 맞췄고 행동의 도덕성은 언급하지 않았다. 다시 말해, 무조건적인 긍정적 존중을 표현하기 위해서는 치료자가 한 인간으로서 내담자의 가치를 내담자 행동에 대한 가치와 분리해야만 한다.

무조건적인 긍정적 존중에서 '긍정적'이란 측면은 성장과 문제해결을 위한 내담자의 잠재력에 대한 치료자의 믿음으로 나타난다. 로저스는 치료자의 이러한 믿음이 부족하다고 내담자가 느끼면 내담자는 변화가 필요하다는 확신을 갖지 못할 것이라고 믿었다. 따라서 로저스는 다른 인본-실존주의 치료자와는 달리 충고를 하거나 내담자에게 책임감을 부여하거나 혹은 내담자를 위해 결정을 내리려 하지 않았다. 내담자에게 어떤 것이 최선인지를 치료자가 알고 있다고 느낄 때는 이러한 제약이 가끔은 어려움을 주기도 한다. 그렇지만 치료자의 조언으로 피할 수 있는 것이라 할지라도 내담자가 나쁜 결정을 내리거나 문제를 경험할 수 있도록 허용해 주어야 한다. 조언은 하나의 문제를 예방할 수 있지만 또 다른 문제를 야기한다. 치료자가 우위에 있으면 내담자는 더 의존적이 되며, 가장 중요한 것은 내담자와 치료자 모두 내담자의 독립적인 대처능력에 대한 신뢰감이 떨어진다는 것이다.

공감

내담자의 행동을 이해하고 내담자가 자신의 행동을 이해하도록 돕기 위해 치료자는 내담자가 세상을 보는 것처럼 보려고 노력해야 한다. 로저스 학파의 용어로 이는 정확한 공감(empathy) 혹은 공감적 이해다. 이를 설명하기 위해 다음 치료회기 초반의 발췌 내용을 살펴보자.

> 내담자: 내가 매우 정상이라고 느끼지는 않아요. 하지만 난 그러고 싶어요. ……뭔가 말하고 싶은 것은 있는데 주위를 맴돌 뿐이네요. 내가 말하고자 하는 것이 뭔지 생각해 보고 있어요. 내가 말했듯이, 난 결정을 할 수가 없어요. 난 내가 무얼 원하는지 몰라요. 그 이유를 논리적으로 찾아내려 애쓰고 있어요. 나에게 중요한 것이 무엇인지 알아내려고 말이에요. 남자가 해야 할 일이 두 가지라고 생각해요. 결혼을 하고 가족을 부양하는 거죠. 만약 독신인 경우라면 그냥 살면 돼요. 그렇지만 그건 별로 좋은 건 아니에요. 난 나 자신과 내 생각이 어린 시절로 돌아가는 걸 느껴요. 너무 쉽게 울어요. 댐은 무너지기 마련이에요. 4년 반 동안 육군에서 근무했어요. 그땐 문제가 없었어요. 하지만 희망과 소망도 없었죠. 단지 평화가 와서 제대할 생각뿐이었죠. 지금 나는 제대를 했지만 문제는 여전히 남아 있어요. 당신에게 말했듯이, 내 문제는 군대도 가기 전 오래전으로 거슬러 올라가요. 난 아이들을 좋아해요. 말했듯이 불행한 내 어린 시절을 결코 잊지 않기로 어렸을 적에 맹세했어요. 그래서 필리핀에서 이러한 아이들을 보았을 때 나는 그들에게 매우 잘해 주었어요. 아이스크림을 사 주고 영화를 보여 주곤 했어요. 바로 그 시기였어요. 마치 되돌아가는 듯한. 이는 오랫동안 묻어 두었다고 생각한 내 속의 감정을 깨우는 계기가 되었어요(Rogers, 1951, pp. 32–33).

많은 치료자는 로저스가 '외적 참조틀(external frame of reference)'이라고 부르는 것을 사용하여 이러한 내담자에게 반응을 할 것이다. 즉, 그들은 내담자를 외부에서 관찰하

〈표 7-4〉 치료자들의 내적 대 외적 참조틀을 반영한 생각

외적	내적
그가 말을 시작하게 해야 할지 모르겠어.	당신은 정상적인 것을 향해 노력하고 있어요. 그렇지 않나요?
시작을 못하는 것이 의존의 한 유형일까?	당신에게는 시작하는 것이 정말 힘들 거예요.
왜 이리 결정을 못하지? 뭐가 원인일까?	의사결정이 당신에게는 불가능한 것처럼 보이네요.
결혼과 가족에 대해 초점을 맞추는 것은 무엇을 의미하는 걸까?	결혼을 원하지만, 당신에게는 가능성이 많아 보이지 않네요.
우는 것과 욕을 쓰는 것은 상당한 퇴행을 의미하는 것일 거야.	당신은 자신이 유치한 감정으로 가득 차 있다고 느끼고 있네요.
그는 퇴역군인이야. 정신과적인 사례가 될 수 있을까? 4년 반 동안 복무했다면 누구든지 측은해 보일 거야.	당신에게 군대는 삶의 정지를 의미하는 거네요.
아이들에게 관심이 많은 것은 왜 일까? 동일시? 모호한 동성애?	아이들에게 잘해 준 것은 어떤 의미가 있어요. 하지만 그것은 당신에게 혼란스러운 경험이었네요.

출처: *Client-Centered Therapy*, by C. R. Rogers, 1951(Boston: Hougton Mifflin), pp. 33-34. Copyright 1951 by Houghton Mifflin

고 치료자 자신의 가치를 내담자가 말하는 것에 적용할 것이다(〈표 7-4〉의 왼편). 그러나 공감적인 치료자는 '내적 참조틀'을 적용하여 내담자가 어떤 모습인지를 이해하려고 노력할 것이다(〈표 7-4〉의 오른편). 내담자들과 공감적인 태도로 소통하기 위해서 로저스 학파 치료자들은 4장에서 기술한 적극적 경청방법을 사용한다. 특히 중요한 것은 반영(reflection)인데, 이는 두 가지 목적을 갖고 있다. 첫째, 내담자를 정서적으로 이해하고자 하는 치료자의 소망을 전달하고, 둘째 내담자가 자신의 감정을 더 잘 자각할 수 있도록 하는 것이다. 반영은 인간중심 치료에서 가장 잘못 이해되고 있는 측면 중 하나다. 그 이유는 치료자가 내담자가 한 말을 분명하게 언급하거나 혹은 단지 반복하는 것 같아 보이기 때문이다. 하지만 반영은 반복이나 바꾸어 말하기 그 이상이다. 4장에서 제시한 바와 같이 내담자 감정의 정수를 추출해 내고 이를 재생하는 것이다. 예를 들어, 내담자가 "참, 운 없는 날이에요. 서너 번은 족히 울었거든요. 그런데 게다가 뭐가 잘못된 건지 알지도 못해요!"라고 한다고 가정해 보자. 치료자가 "그런데 정확히 무슨 일이 일어났나요?"라고 한다면, 이는 외적 참조틀로 반응한 것이다. 하지만 공감적인 언급은 이러한 것이다. "정말 기분이 상했군요. 속에 눈물이 가득 차 있네요. 그리고 자신이 왜 그렇게 느끼는지 심지어 그 이유조차 몰라 겁이 나는 것 같네요."

언뜻 보기에는 치료자가 앵무새 같아 보이지만 좀 더 자세히 살펴보자. 내담자는 결코 기분이 나쁘다고 말하지는 않았지만, 치료가가 내담자의 관점에서 이를 추론해 낸 것이다. 또한 내담자는 자신의 슬픔이 자신을 겁먹게 만든다고 이야기한 적이 없으나, 이 역시 치료자가 내담자의 입장이 되어 추론해 낸 것이다. 치료자의 추론이 틀리다면 내담자가 그것을 수정할 수 있다. 맞든 틀리든 간에 치료자가 내담자를 이해하기를 원한다는 것을 내담자에게 알려 주게 된다.

진실성

로저스는 치료자가 내담자를 대할 때 더 진솔해질수록 치료에 더욱 도움이 된다고 믿었다. 치료자의 감정과 행동은 일관적이고 진실해야 된다고 보았다. "이는 나 자신의 느낌을 알고 있어야 하고 내 안의 다양한 느낌과 태도를 내 말과 행동으로 보여 주어야 한다는 것을 의미한다."(Rogers, 1961, p. 33) 로저스에 의하면 치료자가 진실할 때 진정한 인간관계가 이루어진다.

진실성(congruence)이 어떻게 신뢰감을 증진시키는지는 다음과 같은 경우에 알 수 있다. 예를 들어, 친한 친구가 당신이 듣기 싫어하는 말(예를 들어, 바보같이 보인다든지, 무언가 잘 못했다든지)을 하는 상황을 가정해 보자. 비록 이 말이 당신의 기분을 나쁘게 만들더라도, 일단 친구가 진정으로 느낀 것을 말한다는 것을 당신이 안다면 친구가 하게 될 다른 말들을 보다 쉽게 신뢰하게 될 것이다. 그러나 당신의 친구가 진정으로 느낀 것을 말하는 대신에 당신이 듣고 싶어 하는 말을 하면서 진실하게 이야기하지 않는다는 것을 안다면 친구의 반응("너는 정말로 대단해.")에 대한 믿음이 손상될 가능성이 있다.

다음 예는 치료자와 내담자 간의 진실성을 보여 준다.

> 내담자: 절망적이에요. 내 인생에서 뭘 잘못하고 있는지 말을 좀 해 주세요.
>
> 치료자: 당신이 이렇게 안 좋을 때 누군가가 함께하면서 뭐가 잘못되고 있고 다시 정상으로 되돌릴 수 있는 법을 당신에게 알려 주면 좋을 거예요. 내가 그 모든 것을 해 줄 수 있으면 좋겠어요. 하지만 나는 그렇게 할 수가 없어요. 어느 누구도 해 줄 수 없을 거라 생각해요.

치료자가 내담자의 느낌을 반영해 주고, 이에 덧붙여 다음과 같은 직접적인 표현을 하고 있는 점을 주목해 보라. 첫째, 내담자의 문제를 이해하고 해결해 주고픈 진실한 바람, 둘째 자신은 그러한 능력이 없음을 인정하는 것.

인간중심 치료에서 변화의 본질

내담자가 치료적 관계 속에서 무조건적인 긍정적 존중, 공감, 진실성을 경험할 때, 자기 인식과 자기 수용이 증가되고 대인관계에서 더 편안함을 느끼고 덜 방어적이 되고, 사고가 덜 경직되고, 타인의 평가보다는 자기평가를 더 신뢰하게 되며, 다양한 역할에서 더 나은 능력을 발휘할 수 있다고 로저스는 주장한다(Rogers, 1951).

로저스는 자신의 치료기법을 포함하여 어떤 치료기법이 주장하는 바를 증명하기 위해서는 과학적 연구가 필요하다는 것을 처음으로 인식한 연구자들 중 한 사람이었다. 그는 치료회기를 최초로 녹음과 녹화하였고, 공감 및 온정과 같은 치료자의 특성과 치료 효과 간의 관계에 대해 경험적인 연구를 처음 수행하였다(Rogers, 1942).

사 례

다음 사례는 머독(Murdock, 2004, pp. 108−137)이 제시한 인간중심 치료 사례에서 발췌한 것이다.

리처드(Richard)는 48세의 백인이다. 그는 고등학교를 졸업하고, 지난 3년간 보험회사 영업직에서 근무했다. 이전에는 통신사에서 매니저급으로 일했지만 너무 스트레스를 받아서 직장을 그만두었다.

리처드는 신체적 · 사회적 · 직업적 기능에 영향을 미치는 우울 기분을 나타냈다. 그는 이러한 우울증을 약 2년간 경험했다고 했다. 이 기간 동안의 자신의 모습을 자주 피곤하고, 사회적으로 철수되고, 업무에서 비효율적이었다고 묘사했다. 그의 수입은 지난 2년 동안 현저히 감소했다. 그는 주 수입원으로 아내 샌디(Sandy)에게 의지하고 있는 것에 대해 죄책감을 느끼고 있다. 리처드에 의하면 아내는 종종 매달 청구서 지불을 위한 수표를 쓸 때와 같은 비언어적 방식으로 불만을 표현했다. 부부는 자주 재정적인 문제로 다툰다.

리처드와 샌디에게는 지난 5년 내에 대학을 마친 두 명의 자녀(나탈리와 제임스)가 있다. 리처드는 두 자녀가 현재 자신의 수입보다 많이 벌고 있다고 했다. 이러한 상황이 그에게 무력감을 느끼게 한다. 결과적으로 그는 나탈리, 제임스와 서먹하다고 느끼며, 아이들이 아내와 더 가깝다고 생각한다.

상담회기 동안 리처드는 편하지 않아 보였고, 눈 맞춤을 지속하지 못했고, 짧은 침묵 동안 안달하며 웃었고, 자신의 불편감을 두서없이 이야기했다. 변화에 대한 동기가 보이긴 했지만, 그는 자신의 상황에 대해 이야기하는 데 어려움이 있어 보였다.

사례구조화

인간중심 치료자는 리처드의 개인력이나 가족력을 알아내려 하지 않는다. 또한 보험료 신청 때문에 필요하지 않는 한 DSM 진단을 내리려고도 하지 않는다. 인간중심 치료자에게 보다 중요한 것은 내담자의 내적 관점이다. 치료자는 리처드가 증상을 포함하여 그의 삶을 어떻게 경험하는지를 알고자 한다.

인간중심 치료자 대릴은 리처드가 선천적으로 긍정적이고 앞으로 나아가는 사람이라는 가정에서 시작한다. 대릴은 리처드를 대등하게 대하고, 치료관계의 특성과 내용을 결정하도록 격려한다. 그는 리처드가 치료의 기본 자료를 제공할 것을 기대한다. 비록 이러한 태도가 리처드에게는 다소 놀라운 것처럼 보이고 조금 불편할 수도 있지만, 대릴은 치료회기 내에서 리처드의 선택과 결정에 대해 부드러운 지지로 이를 관철했다. 대릴은 어떤 방식으로도 리처드를 평가하거나 진단하지 않았다.

리처드는 아마도 부정적인 자기개념을 가지고 있을 것이다. 그는 자신의 '부정적인' 측면을 인식하고 드러냈다. 그는 사회적으로 위축되어 있고, 직장에서 무능했다. 그는 부정적으로 스스로를 자녀와 비교했기 때문에 무력감을 느꼈다. 리처드의 자기 묘사에는 긍정적인 것이 거의 없었다. 대릴은 또한 리처드의 이상적 자기는 사람이 달성하기에는 불가능한, 완벽에 가까운 모습일 것이라고 추측했다. 긍정적 보상에 대한 리처드의 요구는 아내의 비난에 대한 그의 반응에서 분명하게 드러난다. 대릴은 리처드의 자기(self)가 조건적이라는 것을 알고 있다. 그의 죄책감과 우울은 그의 내면화된 조건적 가치에 불일치하는 그의 경험의 결과인 것 같다. 예를 들어, 그는 훌륭해지기 위해서는 일정한 돈을 벌어야만, 특히 가족의 주 수입원이 되어야만 한다는 가치를 가지고 있다. 그는 강하고 가족을 부양하는 남자라는 조건을 충족시키지 못하고 있다.

대릴이 리처드에게 무언가를 이야기하고자 했을 때, 그는 리처드가 자신이 부인하고 왜곡하고 있는 감정을 인식하고 있는지 확신할 수 없었다. 예를 들어, 대릴은 남편과 가족부양자로서의 역할에 대해 무력한 리처드의 감정을 느꼈다. 리처드의 이러한 감정과 그 의미가 표면화되면 불안해질 것이다. 대릴은 그들 관계의 지지적인 분위기 안에서 리처드가 이러한 감정을 경험하도록 돕고자 했다. 그러나 그는 리처드를 그러한 관계로 밀어 넣지 않았고, 리처드가 준비되지 않으면 어떤 방식으로도 강요하지 않았다.

치료자의 역할

치료자로서 대릴의 일차적 책임은 리처드가 어려움을 겪고 있는 문제에 대한 리처드의 생각과 감정을 탐색할 수 있는 분위기를 제공하는 것이다. 치료자는 주제를 제안하지 않고, 대화를 이끌지 않고, 리처드의 행동을 해석하지 않는 등 비지시적으로 함으로써 이를 수행한다. 대신에 치료자는 공감적으로 경청하고, 반영적으로 반응하고, 내담자를 향한 자신의 행동에서 진실성의 모범을 보인다.

공감은 치료자가 리처드의 경험—완전히 인식하지 못한 감정을 포함한—을 어느 정도 이해했음을 전달하는 것이다. 예를 들어, 아내가 수표를 작성하면서 "세상에! 리처드. 가까스로 파산을 면했어요."라고 말할 때마다 '기분이 좋지 않다' 고 할 때, 치료자는 다음과 같이 말할 수 있다.

치료자: 그걸 들을 때마다 즉시 부정적인 감정을 느끼는군요. 그 기분이 어떤 것인지 더 자세히 이해하고 싶어요.

내담자: 음, 옥죄는 느낌이 들어요. 내 잘못이라는 것을 알아요. 하지만 그것을 상기시키는 것은 싫어요. 그건 도움이 안 돼요.

치료자: 그래서 옥죄거나 갇힌 느낌이 들면 화가 나는군요.

내담자: 음, 일종의…… 화가 났다고 말하지 않았는데요. 잘 모르겠어요. 나는 단지 반복적으로 기분이 안 좋아요. 내 잘못이에요.

치료자: 그래서 아내가 재정에 대해 언급할 때마다 당신은 아내와 당신 자신으로부터 비난받는다고 느끼는군요. 당신은 스스로를 실패자라고 여기고 있어요. 당신의 다른 부분은 자기 보호적이 되고, 그래서 그 부분은 비난은 도움이 안 되고 상황을 악화시킬 뿐이라고 말하고 있어요.

내담자: 맞아요, 방어적인 것 같아요. 저는 실패자예요.

치료자: 나에게는 실패자처럼 보이지 않는데요. 그리고 내가 정기적으로 실패자라고 비난 받는다면 나 역시 나 자신을 보호하고 싶을 거예요.

이 대화에서 치료자는 내담자의 감정—내담자가 아직 온전히 인정하지 못하는 감정을 포함한—을 이해하기 위해 노력했다. 한 시점에서 치료자는 리처드가 분노를 느꼈다고 추측했다. 그러나 리처드는 그 반응이 딱 맞지는 않다고 주장한다. 그보다 그는 '실패자처럼' 느꼈다. 치료자는 나중에 분노보다는 자기보호 충동으로서 '옥죄는' 것에 대한 리처드의 언급을 재진술했다. 이는 리처드가 보다 쉽게 인정할 수 있는 경험을 표현하는 방식이다.

대릴은 또한 리처드에 대한 자신의 감정을 표현하는 데 있어서 진실성을 보여 주었다. 진실성은 치료자가 진솔하고, 전문가적인 겉모습에 머물러 있지 않으려 하는 것을 요구한다. 그러나 이것은 치료자가 생각나는 것은 무엇이든 이야기하거나, 반사적으로 말하고 항상 '감정적' 이어야 한다는 의미는 아니다. 이는 또한 내담자에게 고백적 자기 개방을 해야만 한다는 것을 의미하지도 않는다. 그보다 진실성은 치료자가 내담자에 대한 자신의 진심과 인내력을 인식하고 그것을 적절한 방법으로 내담자에게 표현해야 한다는 것을 의미한다.

치료가 수용, 따뜻함, 진실성 등의 분위기를 제공함에 따라 내담자는 자신의 경험에 대해 보다 수용적이 되어 간다. 예를 들어, 리처드는 그가 되어야 한다고 생각하는 모습과 현재 자기 모습 간의 엄청난 차이를 인식하기 시작했다. 그렇게 되면서 그는 자신의 감정과 반응에 대해 보다 내적인 관점—외부 관점으로 보는 것이 아니라 자신의 경험적 체계 안에서 평가하는—을 가지기 시작했다. 반응과 행동은 외부 관점으로 보면 이치에 어긋나게 보이지만(이는 자기비난의 근거가 된다), 내부 관점에서는 보다 의미를 지닌다. 즉, 종종 불합리한 행동이 내담자의 관점에서는 합리적이며, 그래서 인간중심 치료자들은 내담자의 행동을 바꾸기보다 내담자의 관점을 확장시키고자 한다. 보하트(Bohart, 2003, p. 131)는 자신의 내적 관점을 탐색하는 것에 대한 내담자의 흥미가 자라나는 것을 '내담자의 비평적 지능을 가중시키기'라고 하였다. 이는 이전에는 희미하게만 경험했던 감정들을 보다 깊이 경험하게 해 준다.

실패에 대한 두려움이 감소되었기 때문에 확장된 내적 경험의 인식과 수용은 내담자가 새로운 행동을 시도할 수 있게 한다. 그래서 가령 리처드의 아내가 가정의 재정에 대해 불평할 때 리처드가 비난을 느끼면 감정적으로 방어적이 되고, 관계에서 철수하는 자신의 자동적인 경향을 보다 분명하게 인식하게 되었다. 그러나 자신에 대한 확장된 수용은 이러한 감정을 보다 잘 참아 낼 수 있음을 의미한다. 덜 방어적이기 때문에 그는 두려움이 감소된 채 새로운 행동을 시도할 수 있다. 예를 들어, 아내가 그를 비난하는 것이 아니라 가족의 안녕을 걱정하는 것이라는 가능성을 떠올릴 수 있었다. 더 나아가 치료는 다른 사람에게 공감적으로 반응하는 모델을 제시하기 때문에, 리처드는 그녀에게 공감적 반응을 하려고 노력할지도 모른다(예를 들어, "정말 불안하군. 나도 재정에 대해 걱정하고 있어."). 심지어 아내가 정말로 그를 비난하는 것이라는 것을 안다고 할지라도 리처드는 위축되거나 역공격을 하지 않고 반응할 수 있을 것이다(예를 들어, "당신이 화난 거 알아. 그렇지만 나도 노력 중이야. 그리고 비난은 도움이 되지 않아.").

요약하면, 인간중심 치료의 과정은 더 높은 자기 신뢰감을 발달시키도록 고안되었다. 내담자가 자신의 감정에 보다 귀 기울일수록 자신의 감정을 보다 잘 이해하고, 자기비난을 덜 하고, 효능감이 더 발달하게 된다.

이 절의 요약 로저스의 인간중심 치료는 인간은 기본적으로 선하고 성장 지향적이라는 사상에 기반을 둔다. 그의 이론은 가치조건이 불일치(실제 자기와 이상적 자기 간의 차이)할 때 심리적 문제가 발달한다고 가정한다. 치료에서 인간중심 치료자는 내담자가 논의할 문제와 논의방식, 치료목적 등에 대해 결정하도록 하는 비지시적인 접근을 취한다. 치료자는 자신의 직업을 공감, 무조건적인 긍정적 존중, 일치성 있는 의사소통으로 본다. 이러한 진실된 관계와 분위기는 치료에 있어 가장 중요한 치료요인으로 가정된다.

그 밖의 인본주의적 접근

이 절의 미리보기

대안적인 인본주의 치료들은 순간의 정서적 경험에 대한 각성과 수용이 정신건강에 결정적이라는 신념을 인간중심 치료와 공유한다. 그들은 또한 치료요인으로서 치료적 관계를 강하게 강조하는 것도 동일하다. 일부 인본주의 대안적 접근은 치료자가 보다 지시적이라는 점에서 차이가 있다. 또 다른 차이점은 내담자와 치료자가 협동적으로 찾아내는 각성에 대한 관점에 있다. 일부 대안적 접근들은 인생의 의미와 목적에 대한 각성을 포함한 정서적 경험에 대한 각성을 뛰어넘는다.

게슈탈트 치료

로저스의 인간중심 접근법 이후 아마도 가장 잘 알려진 인본주의 치료는 프리츠 펄스(Frederick[Friz] Perls)와 로라 펄스(Laura Perls)가 개발한 게슈탈트(Gestalt) 치료일 것이다. 인간중심 치료법과 마찬가지로 게슈탈트 치료는 내담자 자신이 의식하고 이끄는 방향으로 자유롭게 성장할 수 있도록 내담자의 자각을 증진시키는 것을 목표로 한다. 구체적으로 게슈탈트 치료자는, 첫째 상실감을 느끼는 것 자체가 자기 자신의 한 부분임을 인식하게 하고, 둘째 자신의 것으로 여기는 감정과 생각들이 사실상 다른 사람의 것임을 인식하도록 도와줌으로써 내담자의 멈추어 있는 성장과정을 재정립하려고 한다.

인간중심 치료와 게슈탈트 치료의 가장 핵심적인 차이점 중 하나는 게슈탈트 치료자들은 인간중심 치료자보다 훨씬 더 적극적이고 극적이라는 것이다. 다양한 치료기법을 통해 내담자는 거부되어 왔던 진정한 자아를 자신의 것으로 받아들이거나 '재소유' 하고 허상을 거부하도록 격려받는다. 이상적으로 보면, 내담자가 바람직한 면이나 바람직하지 않은 자신의 모든 성격 측면을 흡수하고 이를 통합하게 될 때, 왜곡된 자아 이미지와 허상에 기대거나 그것을 방어하지 않고 자기 자신에 대한 실제적인 책임을 느낄 것이다.

지금-여기에 대한 초점

먼저 게슈탈트 치료자들은 내담자가 '지금-여기(here and now)'에서 일어나는 자신의 감정과 지속적으로 접촉함으로써 치료적 진전이 이루어진다고 믿는다. 펄스는 이러한 신념을 '지금(now) = 경험(experience) = 자각(awareness) = 현실(reality)'이라는 개념 등식으로 나타내었다(Perls, 1970). 내담자가 과거를 회상하거나 미래를 기대하는 어떠한 시도도 치료의 목표를 방해한다. 이는 현실 도피다. 로저스 학파처럼 과거의 향수나 미래에 대한 생각을 반영해 주는 대신, 게슈탈트 학자들은 그것이 회피임을 지적하고 그만두기를 주장할 것이다.

역할극

역할극(role-playing)이나 배역 맡기(part-taking)를 통해 내담자는 내면의 갈등을 탐색하고 이러한 갈등을 유지시키기 위해 발달된 증상, 대인관계 게임, 심리적 방어기제와 자각하지 못했던 자신의 진정한 모습을 경험한다. 예를 들어, 게슈탈트 학자들은 내담자가 변화에 저항해 보도록 함으로써 이러한 저항이 자신에게 어떤 작용을 하고 어떤 의미가 있는지 경험적으로 자각하게끔 도와준다.

게슈탈트 치료자는 또한 초자아[펄스가 '승자 (top dog)' 라 불렀던]와 '~해야 한다.' 에 억눌린 부분(펄스가 '약자 underdog' 이라 불렀던) 간을 포함한, 내담자의 다양한 부분들 간의 '대화' 를 확장시키기 위해 역할극을 사용한다. 치료자들은 빈 의자 기법을 사용하여 내담자에게 옆에 있는 의자에 누군가 앉아 있다고 상상하고 '이야기할' 것을 격려한다. 그 사람은 부모, 자녀, 배우자, 자신의 내면 모습일 수도 있다. 내담자에게 상상한 인물에게 이야기하고, 그 사람에 대한 또는 그 사람과 관계된 사건이나 갈등에 대한 진짜 감정을 표현하도록 아마도 처음으로 요구한다. 상상 인물이지만 내담자는 반응을 나타낼 것이다. 다음 예를 보자.

> 내담자: 어렸을 때 동생과 심하게 싸우곤 했어요. 그러나 그땐 지금보다 더 가까웠던 것 같아요.
>
> 치료자: 의자에 언니를 앉히고 그에 대해 지금 이야기해 볼까요?
>
> 내담자: 좋아요. 리타, 난 지금 네가 멀게 느껴져. 나는 다시 한 가족처럼 느끼고 싶어.

내담자에게 부치지 않은 편지 기법을 통해 그들의 삶에서 중요한 사람에 대한 감정을 명료화하고 분출할 것을 요구하기도 한다. 그들은 이전에는 말하지 못했던 중요한 감정을 편지에 쓴다(그러나 보내지는 않는다). 역전된 역할극도 진정한 감정에 대한 인식을 증대시키기 위해 사용된다. 그래서 냉담한 교만을 풍기고 타인에 대한 감정을 부정하는 내담자에게 따뜻하고 사랑스러운 인물을 연기하게 한다. 그 과정 중에 내담자는 수년 동안 억제해 왔던 어떤 감정과 접촉할지도 모른다.

내담자를 좌절시키기

숨겨진 감정을 인식하는 것이 이처럼 항상 쉬운 것은 아니므로, 게슈탈트 학자들은 자아 탐색을 위해 여러 가지 방법을 사용한다. 예를 들어, 내담자가 부적응적인 대인관계 역할과 게임을 포기하도록 도와주기 위해 펄스는 내담자가 보통 다른 사람들에게 하듯이 치료자와 관계 맺으려는 노력을 할 때 고의적으로 이를 좌절시킨다. 개인 혹은 그룹 치료에서 치료자는 내담자를 '뜨거운 자리(hot seat)', 즉 모든 관심이 집중되고 그들의 증상, 게임, 저항 등이 지적되고 탐색되는 자리에 앉힌다.

내담자가 치료회기를 시작하면서 "이 회기를 고대했어요. 당신이 날 도울 수 있길 바라요." 라고 말한다면 치료자는 이러한 감정을 반영해 주고, 왜 그렇게 느끼는지 묻는 대신에 "내가 무언가를 많이 하기보다는 당신이 도와주었으면 해요."라는 교묘하게 숨겨진 메시지에 초점을 둘 것이다. 따라서 치료자는 "내가 어떻게 도울 수 있을 것 같나요?"라고 물을 것이고, 내담자는 한 발 뒤로 물러나 "왜 이렇게 불행한지 내가 이해할 수 있게 도와줄 거라 기대했어요."라고 반응할 것이다. 이때부터 치료자는 자신에게 문제해결에 대한 책임을 부과하려는 내담자의 시도를 계속해서 좌절시킬 것이고, 개선에 필요한 책임감을 내담자가 어떻게 회피하려 하는지 깨달을 수 있도록 도와줄 것이다. 또한 치료자가 마술적으로 치료해 줄 것이라는 비현실적인 소망을 인식하도록 도와줄 것이다.

비언어적 암시의 사용

게슈탈트 치료자들은 내담자의 말과 행동에 특별한 주의를 기울이는데, 이는 종종 비언어적 채널이 내담자의 말과 모순되기 때문이다. 예를 들어, 내담자가 자신이 초조하다고 말하면서 손을 꽉 쥐고 있다면 치료자는 꽉 쥔 손이 무엇을 의미하는지가 궁금하다. 이때 치료자는 '왜' 손을 꽉 잡고 있는지 묻기보다는 내담자로 하여금 그 행동을 반복하고 과장되게 함으로써 동작과 연관된 감정에 초점을 맞추도록 한다. 일단 내담자가 이러한 감정을 표현하면 그 감정을 더 정교하게 표현하기를 요구한다.

실존주의적 및 그 밖의 인본주의적 접근

로저스와 펄스의 치료는 인본주의 치료 중 대표적인 두 가지 방법이다. 하지만 정신역동적, 로저스 학파 또는 게슈탈트 방법을 행동주의나 실존주의 심리학의 원리와 혼합한 다른 치료방법도 있다(Greenberg, Elliott, & Lietaer, 1994; Kahn, 1985; Maslow, 1962, 1968; May, 1969; May, Angel, & Ellenberger, 1958).

실존주의적 심리치료

실존주의적 치료자들은 내담자가 삶의 의미를 깊이 탐색하도록 돕는다. 이러한 접근은 인간이 자신의 삶의 의미를 만들어야만 하는 막대한 자유를 강조하는 실존주의 철학에 뿌리를 두고 있다. 이러한 자유는 삶의 의미와 목적에 관한 탐색과 그 대답에 대한 책임감을 가정하기 때문에 해방일 수도 있고 위협일 수도 있다. 이 과정에서 삶의 무의미함과 종국에 직면해야만 한다. 이러한 질문에 대처하기 위해 많은 사람은 다른 사람(부모, 종교지도자 등)에 의해 주어진 의미를 받아들이게 된다. 이러한 외적 참조틀은 편할 수는 있지만 지속적이지는 않다. 어떤 시점에서 사람들은 자신의 자유에 온전히 직면해야만 한다.

실존주의적 접근은 오랜 역사를 가지고 있지만 특히 제1, 2차 세계대전 이후의 유럽 사상가들 사이에서 발전했다. 유럽 실존주의 철학자들과 같은 입장에 선 인본주의 치료자들은 모든 내담자가 본질적으로 긍정적인 목표를 추구한다는 주장을 덜한다(Fischer, 1989). 대신 그들은 인간을 비범한 선함과 비범한 악함, 그리고 그 사이에 있는 모든 것에 대한 능력을 가진 존재로 보았다.

인간중심 심리치료에서처럼 실존주의 치료자들은 내담자의 내적 세계, 참조틀, 경험의 흐름을 이해하려고 노력한다. 그들은 진단을 내리거나 객관적 진술을 하지 않는다. 실존적 치료에 있어 성격 개념의 유용성은 제한적이다. 대신에 실존적 인본주의 치료자들은 자유, 경험적 반영, 책임감 등을 강조한다(Schneider, 2003). 내담자와 치료자는 내담자의 지극히 개인적인 의미에 대한 탐색 안에서 연합한다.

저명한 실존주의 심리치료자인 메이(Rollo May, 1981)는 치료과정을 자유와 운명적으로 주어진 제한(유전자, 문화 등과 같은) 간의 투쟁으로 여겼다. 의미치료(logotherapy)의 창시자인 프랭클(Viktor Frankl, 1963, 1965, 1967)은 내담자가 ⓐ 자신의 감정과 행동에 책임을 지고, ⓑ 삶의 의미와 목적을 찾도록 돕는 것을 지향했다. 프랭클은 신경증적 혹은 정신증적 행동을 나타내지 않고도 의미와 목적의 상실을 느낄 수 있다고 생각했다. 그는 정신장애를 앓고 있건 아니건 상관없이 누구에게나 자신의 접근법을 적용할 수 있다고 보았다.

양극단의 투쟁은 실존주의 치료에서 되풀이되는 주제다. 인간은 자유를 가지고 있지만 한계도 있다, 자기는 정적이면서 끊임없이 변한다, 사람들은 고립되어 있지만 연결되어 있기도 하다, 존재는 의미가 있기도 하지만 무의미하기도 하다(Bugental & Sterling, 1995; Schneider, 2003). 따라서 이러한 대립을 해결하기 위한 투쟁은 실존주의 치료에서 일반적인 주제다. 인간중심 치료에서처럼 치료자는 관계 형성과 공감적 반응을 사용할 뿐 아니라 분석이나 해석 및 다른 접근법에서의 기법들도 사용한다. 요약하면, 그 당시 내담자가 다루고 있는 실존적 의미에 대한 투쟁에 초점을 두지만, 방법은 절충적이거나 통합적이다. 치료는 몇 회기로 짧을 수도 있고, 몇 달이나 심지어 몇 년까지 길어질 수도 있다(Bugental, 1995).

포스트모던 인본주의적 접근

이 장의 앞에서 언급했듯이 포스트모더니즘 철학은 객관적이고 절대적이며, 지각자와는 독립적인 진실이 있다는 생각을 거부한다. 포스트모더니즘 접근은 구성주의자(constructivist) 혹은 상호주관주의자(intersubjectivist)라고 불리는데, 이 철학은 사람들이 심리학적으로 말해 객관적 현실이 아닌 주관적으로 만든 현실 안에서 살고 있다고 주장한다. 따라서 이러한 관점을 채택한 치료자들은 인도하거나 지시하거나 교육하지 않는다. 대신 치료에 치료자 자신만의 주관적 현실을 가져와서 이를 내담자의 주관적 현실과 결합시킨다. 전문가로서의 치료자 모델이 협력자로서의 치료자 모델로 바뀌는 것이다.

포스트모던 인본주의 심리치료 접근들은 심리역동적 포스트모더니즘과 관계적 접근 그리고 실존주의적 접근과 많은 점을 공유한다. 치료의 중점은 "미래에 대한 더욱 희망적인 가능성을 제공해 줄 수 있는 새로운 자아와 인간관계를 구성하여 자신의 삶에 대한 이야기와 경험을 새롭게 쓸 수 있도록" 내담자를 돕는 것에 있다(Neimeyer & Raskin, 2000, p. xi). 이 모든 접근법은 내담자와 치료자에 대한 지각의 주관적인 특성을 강조하고, 범주화와 진단을 덜 강조하고, 치료요인으로서 치료적 관계의 중요성을 강조한다.

정신역동적 포스트모더니즘 접근과 인본주의 접근 간의 주요 차이점은 아마도 특정한 핵심 치료적 원칙에 대한 충성도일 것이다. 정신역동적 치료자들은 여전히 무의식적 과정의 관점에서 생각하는 반면, 인본주의적 이론가들은 의식적인 의사결정, 성격과정, 자기로부터의 소외, 각성의 부재 등의 관점에서 생각한다.

인본주의적 심리치료의 현재 위상

임상 및 상담 심리학자들 중 자신을 로저스 학파 또는 인간중심 치료자로 규정하는 심리학자는 그다지 많지 않다. 그러나 게슈탈트, 실존주의, 그 밖의 인본주의적 접근을 인간중심 접근에 통합한다면 약 10%의 임상 및 상담 심리학자들이 이러한 접근을 채택하고 있다. 인본주의적 접근은 임상심리학 프로그램(5%)에서보다 상담심리학 프로그램(11%)에서 점차적으로 인기를 얻고 있다. 실제로 임상심리학자들의 1%만이 스스로를 로저스 학파 또는 게슈탈트 치료자로 규정하고 있다(Bechtoldt et al., 2001).

인본주의 심리치료에 대한 한 가지 비판은 괴상한 행동이라도 내담자의 관점에서 보면 이해할 만한 것으로 보는 '병리적이지' 않음의 강조에 대한 것이다. 내담자에게 '문제' '결핍' '갈등' '질병' '병리'가 없다면, 치료자가 문제에 대한 개념을 가지고 있지 않다면, 치료자의 행위에 대한 지침은 무엇인가? 비판자들은 인본주의 치료자들이 객관적인 현실, 성격구조, 정신병리 등에 대한 자신들의 가정을 그들이 인정하고자 하는 것보다 실제로 더 의존한다고 주장하였다(Erwin, 1999). 실제로 이러한 비판들은 인본주의

심리치료자들이 내담자를 특정한 결론으로 인도하려고 애쓰고, 그래서 어느 정도 해석적 태도를 사용하며, 완전히 비지시적이거나 상호 주관적이지 않다고 주장한다. 현대 인본주의적 심리치료자들은 비지시성이 그 어떤 것보다 치료적인 태도라고 인정한다(Brodley, 2006 참조). 그러나 그들이 견지하는 이러한 태도와 여기에서 유래하는 행동은 내담자에게 대부분 도움이 되는 것이다.

이와 같은 비판과 더불어 자신을 인본주의자라고 규정하는 사람들의 수가 상대적으로 적다는 점을 근거로 인간중심, 게슈탈트, 그 밖의 관련된 접근법들이 임상심리치료에 실제적으로 미치는 영향력이 제한적이라고 주장할지도 모른다. 그러나 이는 잘못된 것이다. 인간중심적 접근만큼 치료적 관계의 독특한 특성을 강조한 접근법은 없다. 심리치료의 치료적 요인에 관한 연구(10장 '임상적 개입에 대한 연구' 참조)는 이 관계에 대한 주목을 정당화했다. 특히 로저스 학파, 그리고 일반적으로 인본주의 임상가들이 주장하는 심리치료에 대한 협력적인 접근법은 다른 접근법들, 특히 정신역동적 접근법보다 많은 지지를 얻고 있다. 그러나 다음 장에서 논의하겠지만 행동적 · 인지적 심리치료들 또한 치료적 관계의 질에 점차 주목하고 있다. 마지막으로, 인본주의 심리치료자에 의해 사용되는 특정 기법들의 효과에 대한 연구(Greenberg, Elliott, & Lietaer, 1994)로 많은 다른 접근법의 치료자들은 이를 채택하게 되었다. 그래서 인본주의 치료접근은 여전히 영향력이 있으나, 그들의 개념과 실제를 채택하는 다른 접근들과 차별되는 독특한 정체성을 어느 정도 상실했다.

이 절의 요약 게슈탈트 치료, 실존주의 치료, 그 밖의 접근들을 포함하는 인간중심 치료의 대안들은 자각의 증진을 지향한다. 게슈탈트 치료자는 인간중심 치료에서 사용하는 것보다 더 직접적이고 신체적으로 표현하는 다양한 기법을 사용한다. 실존주의 치료자들은 내담자들이 삶의 의미를 발달시키도록 함께 작업한다. 그들은 내담자들이 실존적 의문과 투쟁하고 개인적 해결의 책임감을 가지도록 돕는다. 포스트모던 인본주의 접근은 치료적 관계를 동등한 두 사람 사이의 협력으로 본다는 점에서 관계역동적 접근과 비슷하다.

이 장의 요약

정신역동과 인본주의 심리치료는 공통적으로 치료적 관계의 중요성을 강조한다. 그러나 그들은 성격구조, 정신병리, 치료기법 등에 관한 가정에서 차이가 있다.

프로이트 학파의 정신분석에서 내담자는 심리적 문제의 뿌리로 추정되는 무의식적 소망, 환상, 충동, 갈등 등을 탐색하도록 도움을 받는다. 정신분석치료의 목표는 기저에 있는 원인을 통찰하고, 통찰이 시사하는 바를 이해하고 훈습하는 것이다. 대부분 유아와 청소년기에 기반을 둔 무의식적인 자료를 얻기 위해 프로이트는 자유연상, 꿈이나 일상행동의 의미 분석, 치료에 대한 저항 및 치료관계의 전이분석 등 수많은 치료기법을 개발하였다. 이러한 자료들의 의미를 해석해 줌으로써 내담자의 통찰과 이해를 돕는다.

정신역동에 중점을 둔 다른 치료자들은 정통적인 프로이트 학파 정신분석의 변형을 시도하였다. 가장 두드러진 방법 중에는 정신분석 지향적인 심리치료, 자아분석, 대상관계치료, 설리번의 대인관계치료 등이 있다. 대인관계치료와 대상관계치료는 혼합되어 관계역동적 접근법이 만들어졌다. 이 접근법은 기본적으로 정신역동적이지만, 모든 관계의 주관적인 본질에 대한 신념을 인본주의적 접근과 공유한다. 정신역동적 변형치료들은 전통적인 정신분석에 비해 간편하고, 아동기의 갈등보다는 현재 문제에 중점을 둔다. 충동분석보다는 자아기능의 강화를, 어린 시절 양육자와의 부적절한 관계에 대한 통찰보다는 그로 인한 손상에 대한 적극적 치료를, 그리고 무의식적 기원의 탐색보다는 부적응적 인간관계의 변화를 더 강조한다.

인본주의 치료에서는 인간은 선천적인 성장 잠재력을 갖고 있으며, 지지적인 치료관계를 통해 성장을 방해하는 문제가 제거되면 잠재력을 개발하기 위한 과정이 재개된다고 가정한다. 이러한 문제는 다른 사람들을 만족시키기 위해 자신의 진정한 감정과 소망을 왜곡하거나 억제하는 사회화 과정에 주로 기인한다고 여기기 때문에, 치료의 목표는 내담자 자신이 진실로 생각하고 느끼는 것을 더 잘 자각할 수 있게 해 주는 내담자-치료자 관계를 정립하는 것이다.

로저스의 인간중심 치료자들은 내담자와 작업할 때, 공감, 무조건적인 긍정적 존중, 진실성을 전달하기 위해 반영과 그 외의 적극적 경청방법 등을 사용하여 관계를 형성한다. 자기 자각과 성장이라는 동일한 목표를 얻기 위해 펄스의 게슈탈트 치료는 더 능동적이고 직접적인 방법을 사용한다. 이 방법은 현재에 중점을 두고 억압되거나 상실된 자아에 대한 역할극을 수행하고, 저항하려는 시도를 좌절시키고 비언어적 행동에 주의를 기울이며, 삶에 있어 중요한 인물들과 상상의 대화를 하는 것이다. 실존주의적 인본주의 접근은 치료적 관계의 독특한 본질을 강조하기도 하지만, 내담자가 의미, 목적, 연결 등과 같은 자신의 가장 기본적인 욕구를 인식하고 다루도록 돕는 것을 강조한다.

상대적으로 적은 수의 임상심리학자들이 자신들을 인본주의, 인간중심, 실존주의로 규정한다. 그럼에도 불구하고 이러한 접근들의 어떤 기본 개념들은 보다 인기 있는 다른 치료적 접근법들에 점차 통합되고 있다.

연구문제

1. 정신분석은 어떻게 발달하였는가?
2. 정신분석이론의 성격구조 모델은 무엇인가?
3. 심리적 결정론에 의해 의도된 것은 무엇인가?
4. 심리적 문제의 생산에서 불안과 대처기제의 역할은 무엇인가?
5. 전이와 역전이는 무엇인가? 다양한 정신역동적 접근법은 이를 어떻게 보고 있는가?
6. 정신역동적 심리치료자들은 내담자가 과거를 되풀이하는 것을 멈추게 하기 위해 어떻게 돕는가?
7. 정신분석에서 저항, 해석, 통찰의 역할은 무엇인가?
8. 프로이트 이후 나타난 정신분석적 사고의 주요 변화나 변형들은 무엇인가?
9. 현대 정신역동적 치료자의 실무는 정신분석가의 실무와 어떻게 다른가?
10. 인본주의 심리학자들은 성격과 심리적 문제를 어떻게 보는가?
11. 인본주의 심리치료에서 자기(self)의 특별한 역할은 무엇인가?
12. 무조건적인 긍정적 존중, 공감, 진실성은 무엇인가? 인간중심 심리치료에서 이들은 왜 중요한가?
13. 인간중심과 기타 인본주의 심리치료에서 치료적 관계는 어떤 역할을 하는가?
14. 게슈탈트 치료는 인간중심 심리치료와 어떻게 다른가?
15. 실존주의적 인본주의 심리치료의 주된 초점은 무엇인가?
16. 다른 주요 접근들과 비교했을 때, 인본주의적 접근법들은 임상 및 상담 심리학자들 사이에 어떻게 퍼져 있는가?

웹사이트

- APA Division 39, Psychoanalysis: http://www.apa.org/about/division/div39.html
- APA Division 39, Psychoanalysis, subdivision III: Women, gender, and psychoanalysis: http://www.section-three.org
- APA Division 39, Psychoanalysis, subdivision V: Psychoanalytic research society: http://www.sectionfive.org
- Web site of the Freud Museum, London, UK: http://www.freud.org.uk/index.html
- APA Division 32, Humanistic psychology: http://www.apa.org/about/division/div32.html
- Web pages devoted to Carl Rogers, created by his daughter, Nancy: http://www.nrogers.com/carlrogers.html
- Web site of the International Society of Existential Psychotherapy and Counseling: http://www.existentialpsychotherapy.net

CHAPTER 08

{행동적 및 인지-행동적 심리치료}

Clinical Psychology

이 장의 미리보기

이 장에서는 학습이론과 인지심리학에서 발달한 심리치료 접근들을 설명한다. 행동치료자들은 부적응적 행동을 확인하고 변화시키도록 고안된 기법들에 의존한다. 인지치료자들은 잘못된 추론이 많은 장애의 주된 원인이 된다고 본다. 따라서 인지치료는 내담자가 사건과 자신에 관해 생각하는 방식을 변화시키도록 고안되었다. 차이가 있기는 하지만 행동적 접근과 인지적 접근은 상당히 일치하며, 종종 오늘날 가장 인기 있는 심리치료 접근들 중 하나인 다양한 형태의 인지-행동 치료로 결합된다.

행동치료

이 절의 미리보기

학습이론과 학습에 관한 연구에서 시작된 행동치료를 설명한다. 내담자가 그들의 문제행동과 그러한 행동을 지지하는 주변환경을 바꾸는 것을 배울 수 있도록 방대한 심리적 문제에 적합한 행동치료기법들이 고안되었다.

2장 '임상심리학의 과거와 현재'에서 임상심리학의 행동적 접근의 기원을 설명했다. 파블로프의 개에 대한 조건형성, 9개월 된 '꼬마 앨버트'에 대한 왓슨의 공포에 대한 조건형성, 아이들의 조건화된 두려움을 감소시키는 존스(Mary Cover Jones)의 기법을 기억할 것이다. 이러한 것들은 학습이론 발달의 이정표였는데, 학습이론을 토대로 한 심리치료 발달에서도 역시 이정표였다. 1950년대와 1960년대에 형태를 갖추기까지 행동치료는 주로 고전적이고 자동적인 조건형성의 원리에 의존했다. 인간이 생각하고 느끼는 방식에 대해 인지, 사회, 생물 심리학에서 심리학자들이 배워 온 것을 수용한 이후로 행동치료가 확장되었다(Viken & McFall, 1994).

행동치료는 단일한 방법이기보다는 사람들의 심리적 문제를 밝혀내기 위해 마련된 기법들의 거대한 집합체다. 체계적 둔감법, 노출치료, 이완훈련, 바이오피드백, 주장훈련, 조작적 조건형성과 그 외 강화를 토대로 한 치료들, 성기능장애를 위한 성감 집중, 야뇨증 방지를 위한 '야뇨경보 조건화(bell-and-pad conditioning)', 그 밖의 많은 것이 포함된다(Antony & Roemer, 2003). 이완훈련처럼 이 기법들 중 몇몇은 다양한 장애를 위한 치료 프로그램에 적용되었다. 야뇨증을 위한 야뇨경보 조건화 같은 것들은 특별한 문제 영역을 위해 특별히 개발되었다. 행동기법은 아동과 성인 모두의 치료를 위해 임상 분야의 넓은 범위에서 사용되었다.

이론적 토대

행동적 치료 접근법 아래에 기저하는 핵심 가정은 심리적 문제행동이 다른 행동의 발달에 영향을 주는 것과 동일한 학습법칙을 통해 발달되는 것처럼 보인다는 것이다. 그래서 행동주의자들은 성격, 성격발달에서의 문제, 대부분의 행동장애를 사람들이 가지고 있는 '어떤 것' 이 아니라, 학습법칙이 특별한 상황에서 특정한 사람들이 행동하도록 영향을 준 방식의 반영으로 본다. 이러한 학습법칙에 대한 이해는 관찰학습에 대한 연구뿐 아니라 고전적 · 조작적 조건형성에 대한 연구에서 시작되었다.

고전적 조건형성(classical conditioning)은 중성자극(음조)이 반사반응(놀람반응)을 자동적으로 일으키는 또 다른 자극(콕콕 찌르기) 직전에 제시되었을 때 발생한다. 만약 두 개의 자극이 자주 짝을 이루게 된다면 놀람반응은 위의 중성적인 음조에 대한 반응으로 일어나기 시작한다. 이 학습과정은 보통 어느 정도 시간이 걸리는데, 어린아이가 큰 소리로 짖어 대는 개한테 놀랐을 때처럼 어떤 경우에는 고전적으로 조건화된 공포반응이 매우 빨리 일어나며, 심지어는 공포증이 되기도 한다. 조작적 조건형성(operant conditioning)은 어떤 행동들이 그 행동 뒤에 오는 강화나 처벌에 의해 강해지거나 약해질 때 발생한다. 예를 들어, 파티나 다른 사회적 상황에서 안 좋은 경험을 했던 사람은 불안을 줄이기 위해 그러한 상황을 피하려고 하거나 가능한 한 빨리 그러한 상황에서 벗어나려 한다. 이러한 회피 혹은 도피 행동들은 그 뒤에 따라오는 보상적인 안도감과 불안 감소에 의해 강화된다. 따라서 이러한 행동들은 이후에 훨씬 더 자주 일어나게 되고, 시간이 지나면서 집단 상황과 관련된 모든 종류의 문제로 인해 발생하는 공포 때문에 제대로 기능을 하지 못하게 될 것이다. 그러나 모든 집단 상황에서 그렇지는 않을 것이다. 파티를 피할 정도로 사회적으로 불안한 사람도 친한 동료들과 정상적으로 상호작용하기도 한다. 이러한 사실은 우리가 학습한 적응적 · 부적응적 반응 패턴들이 어떤 상황과 연합될 수도 있지만 다른 상황들에서는 아니라는 것을 나타낸다. 두 개의 상황이 같은 반응을 유발할 정도로 유사할 때, 자극 일반화(stimulus generalization)가 발생하게 된다. 이를 설명하는 다른 방법은 심리적으로 여러 상황을 변별하지 않고 마치 상황들이 똑같은 것처럼 반응한다는 것이다. 그래서 커다란 흰 개에게 놀란 아동은 나중에 모든 큰 개이나 심지어는 모든 개에게 공포를 가지고 반응할 수 있다.

사람들은 고전적 조건형성과 조작적 조건형성을 통해 많은 행동을 학습한다. 그러나 또한 다른 사람들이 어떻게 행동하는지, 그 결과로 그들에게 무슨 일이 일어나는지 관찰함으로써 많은 것을 학습하기도 한다. 예를 들어, 관찰학습(observational learning)과 대리적 조건형성(vicarious conditioning)은 반두라와 로스(Bandura & Ross, 1963)의 유명한 '보보(BoBo) 인형' 연구에서 강력하게 제시되었다. 이 연구에서 바람을 넣어 부풀린 '보보 인형'을 향해 공격적으로 행동한 후에 보상을 받은 어른들을 관찰한 아동들은 그 인형이 있는 방에 들어갔을 때 비공격적인 행동을 하는 모델들 혹은 공격행동 후 처벌받는 것을 관찰한 아동들보다 자발적으로 상당히 더 공격적이었다.

간략히 말해, 성격 및 행동 장애에 대한 행동적 접근에 따르면 정상과 이상 행동은 똑같은 학습과정으로 설명할 수 있다. 행동치료자들의 과제는 내담자들이 문제행동을 수정하는 방법과 새롭고 보다 적응적인 대안을 배우도록 돕는 것이다. 대부분의 다른 접근법처럼 치료과정은 해결되어야 하는 문제에 대한 평가와 함께 시작된다.

행동치료에서의 평가

행동치료 평가는 내담자의 문제행동, 그러한 행동들을 일으키는 주변환경, 행동을 유지시키는 강화물 및 그 밖의 결과들을 밝혀내고자 한다. 행동평가과정에서는 전형적으로 투사적 성격검사, 진단 명명 또는 다른 전통적 방법들을 사용하지 않는다. 대신에 행동치료자들은 자극(stimulus), 유기체(organism), 반응(reponse), 결과(consequence)—축약해서 SORC—의 네 가지 핵심 영역을 조사하는 기능분석 혹은 기능평가(Nelson & Hayes, 1986)를 수행한다. 그러한 평가에 전형적으로 포함되는 정보는 〈표 8-1〉과 같다.

이 표에는 관찰 가능한 행동뿐만 아니라 인지와 정서에 대한 평가도 포함되어 있음을 주목하라. 장애에 대한 엄격한 행동적 관점을 지닌 행동주의에서 출발한 임상가들은 인지적 변인에 그다지 초점을 맞추지 않는다. 그러나 행동의 원인에 대해 더 포괄적인 관점을 선호하는 임상가들은 인지적 변인에 대해 더 큰 관심을 둔다(Antony & Roemer, 2003). 나중에 기술하겠지만, 이러한 인지주의, 인지행동주의 임상가들은 내담자들의 학습된 사고 패턴을 정상과 이상 행동의 중요한 원인으로 본다. 그런데 원인들은 반드시 주의 깊게 조사되어야 하고, 부적응적이라면 변화되어야 한다.

행동치료자들은 특히 구조화된 면담, 객관적 심리검사 그리고 다양한 행동평가 방식들처럼 객관적으로 점수를 매기는 양적인 평가방법들을 사용하는 것을 좋아한다. 이러한

〈표 8-1〉 행동에 대한 기능분석에서 평가된 영역

평가 영역	일반적인 예	폭식증으로 진단된 내담자에 대한 특별한 예(폭식을 하고 음식물을 제거하는 유형)
자극	행동을 유발하는 선행조건과 환경적 자극	TV 시청, 음식에 관한 광고 보기, 입을 옷 고르기, 냉장고 옆 지나가기, 초콜릿 냄새 맡기
유기체	내적 생리적 반응, 정서, 인지	배고픈 감각, 불안, 체중에 대한 관심, 살찌는 것에 대한 걱정, 박탈당한 것에 대한 분노
반응	사람이 관여한 외현적 행동	폭식행동 후에 약 1시간까지 잠시 동안 음식에 대한 회피
결과	행동의 결과로 발생한 것	욕망의 충족, 불안 감소, 죄책감의 증가

측정들은 내담자 문제의 명확한 특징을 밝히고 또 부적응적으로 반응하는 것에 대한 경험적인 기저수준을 확립하기 위해 부분적으로 사용된다. 치료가 진행됨에 따라 내담자의 진전을 평가하고 기록하기 위해 똑같은 측정이 다시 실시될 것이다(그러한 반복된 평가의 예는 3장 '임상적 평가의 기본 측면'의 [그림 3-3]과 11장 '아동 임상심리학' [그림 11-2]에 나타나 있다). 특별히 보험청구를 위해 필요하다면 내담자들에게 DSM 진단을 내리겠지만, 전반적으로 DSM 진단은 행동평가에 초점을 맞추지 않았다.

행동치료는 경험적 전통 내에서 발달했기 때문에, 개업한 행동치료자들은 활발하게 연구를 수행하고 있다. 행동치료자들은 치료방법이 학습에 대한 연구 결과에서 나와야 한다고 믿는다. 또한 치료기법에 대한 평가에 높은 가치를 둔다. 행동치료자들은 특히 통제된 연구 결과에 의해 효과가 증명된 평가도구와 치료기법들을 사용하고자 한다.

치료자의 역할

행동치료자들은 치료적 관계의 중요성을 인식한다. 그래서 그들은 내담자의 불안에 대한 느낌, 수치심, 절망, 고통, 혼란에 공감적이고 지지적으로 반응한다. 그러나 인본주의적 치료자들과는 달리 행동치료자들은 내담자-치료자 관계는 단지 특정한 기법이 변화를 가져오도록 작용할 수 있는 맥락을 제공할 뿐이라고 믿는다. 치료적 이득은 내담자가 그들의 환경(자극에 대한 노출을 줄임으로써), 내적 반응(더 낮은 수준의 각성을 위해 이완을 학습함으로써), 외현적 행동(대화기술을 훈련함으로써)에서 변화를 일으킬 수 있을 때 발생한다. 따라서 행동치료자들은 치료에서 이러한 요인들에 집중한다. 그들은 또한 내담자들이 이해할 수 있는 방식으로 그들이 중요하게 여기는 이론적 배경을 설명하는 교육적인 역할도 한다. 그러나 궁극적으로 행동치료자들은 행동과 행동 결과에 대한 체계적인 분석을 하는 데 있어서 내담자들이 협력자가 되기를 희망한다.

행동치료의 목표

행동치료자들의 주된 목표는 부적응적인 외현적 행동과 그러한 행동에 동반된 인지, 신체 변화, 정서를 내담자들이 수정하도록 돕는 것이다. 치료는 초기 아동기 경험, 무의식의 과정, 내적 갈등 등에 대한 탐색 없이 진행할 수 있다. 간략히 말해, 행동치료에서 부적응적인 행동장애가 어떻게 생겨났는지에 대해 아는 것이 꼭 필요하지는 않다. 부적응적인 행동장애가 어떻게 유지되고 있으며 어떻게 변화될 수 있는지를 아는 것으로 충분하다.

임상적 적용

일반적인 학습 모델을 중심으로 발달되었지만 행동치료는 폭넓고 다양한 치료 패키지에 적용되며, 각 패키지는 구체적인 문제행동을 맞춤식으로 다루어 나간다. 이 치료 패키지에 포함될 수 있는 모든 행동적 치료기법을 다 설명할 수는 없다. 그러나 다른 절에서 우리는 가장 두드러지게, 그리고 광범위하게 사용된 예들을 몇 가지 소개한다.

이완훈련

행동치료자가 불안한 내담자에게 사용하는 기본적인 기법 중 하나는 1938년에 제이콥슨(Edmund Jacobson)에 의해 시작되고, 1960년대에 월프(Joseph Wolpe, 1958)에 의해 일반화된 방식의 축약판인 점진적 이완훈련(progressive relaxation training: PRT; Bernstein, Borkovec, & Hazlett-Stevens, 2000)이다. PRT는 긴장을 시키고, 그다음 뒤따르는 이완감각에 집중하는 동안 각종 근육들을 풀도록 한다(당신의 주먹을 5초 동안 꽉 쥐고 있다가 갑자기 긴장을 풀어 보면 이 훈련에서 느끼는 것과 같은 것을 경험할 수 있다.). 훈련을 통해 많은 내담자들은 스스로를 이완하는 것과 더 낮은 각성수준을 학습할 수 있다. 내담자들이 이완하기에 더 익숙해지면 그 과정은 짧아진다. 때때로 특수한 호흡연습도 포함된다. 이완훈련은 종종 그 자체만으로도 사용되지만, 다른 행동적 · 인지적 기법들과 함께 사용되는 경우가 더 흔하다.

체계적 둔감화

체계적 둔감화(systematic desensitization: SD)로 알려진 항불안 치료는 남아프리카의 정신과 의사 월프(Joseph Wolpe)에 의해 1958년에 개발되었다. SD는 특수한 우리에서 반복적으로 충격을 받았던 고양이에 대한 연구가 토대가 되었다. 고양이는 우리에 넣는 것에 저항했고, 그곳에 있는 동안 먹는 것을 거부했다. 월프는 만약 조건화된 불안이 먹는 것을 금지시킬 수 있다면 상호억제(reciprocal inhibition) 법칙을 통해 먹는 것이 조건화된 불안을 금지시킬 수 있을 것이라고 추론했다. 월프(Wolpe, 1958)에 따르면 "만약 불안반응의 완전한 혹은 부분적인 억제가 일어나도록 상반된 반응이 불안을 유발하는 자극의 순간에 발생하게 만들 수 있다면 이 자극과 불안반응 간의 결속이 약해질 것이다"(p. 71). 실제로 월프가 불안이 학습되었던 곳에 점점 더 가깝게 놓인 우리에서 먹이를 줌으로써 그 고양이들의 두려움을 '역조건화' 시킨 후에 이전에 두려워했던 우리에 다시 넣자, 대부분의 동물은 상당히 감소된 정서반응을 보였다.

〈표 8-2〉 둔감화 위계 목록

상상적 둔감화에서 내담자는 두려움이 점점 더 증가하는 일련의 장면들을 상상하는 동안에 이완한다. 생체 내 둔감화에서 내담자는 통제된 조건하에 실제 위계들에 직면한다. 다음은 머리카락에 이나 다른 벌레가 생기는 것을 두려워하는 17세 여자아이를 치료하는 데 사용한 상상적 위계다. 괄호 안의 숫자는 각 항목이 제시된 둔감화 회기를 나타낸다.

1. 벌레와 이 단어를 쓴다.(1)
2. 학교에서 책을 읽는 동안 책에 있는 작은 벌레를 알아본다.(1)
3. 길을 걷는 동안 배수구 안에 있는 빗을 본다.(1)
4. 집에서 비듬 제거 샴푸와 관련된 광고가 나올 때 TV를 본다.(2)
5. 이를 잡고 제거하는 것에 대해 자세히 기술된 리더스다이제스트 글을 읽고 있다.(2)
6. 책상 위에 머리핀 몇 개가 보여서 그것을 머리에 꽂는다.(3)
7. 백화점에서 판매원이 모자를 당신 머리 위에 씌워 주고 있다.(3)
8. 가게에서 당신에게 가발을 써 보도록 권했고, 당신은 동의한다.(3)
9. 영화를 보고 있는 중인데 사람들이 이를 잡고 있는 장면이 나온다.(4, 5, 6)
10. 학교에서 위생학 수업시간에 선생님이 사람들의 머리카락에 있는 이와 벌레에 대한 강의를 한다.(4, 5)
11. 한 소녀가 당신의 무릎 위에 그녀의 스카프를 올려놓는다.(5)
12. 공중화장실에서 변기 시트를 만진다.(6)
13. 머리를 하면서 미용실에 있다.(6)
14. 학교에서 당신 앞에 앉아 있는 소녀가 당신의 책 위로 머리를 뒤로 젖힌다.(6, 7)
15. 동생과 집에 앉아 있는데 동생이 당신에게 그녀가 오늘 다른 사람의 빗을 사용했다고 말한다.(7, 8)
16. 시내의 스낵바에 앉아 있는 동안에 친구가 자기가 이가 있었던 때의 경험을 당신에게 말한다.(8, 9)
17. 다른 사람이 당신의 빗을 빌려 달라고 할 때 당신은 화장실에서 머리를 빗고 있다.(9)
18. 낯선 사람이 당신 빗을 빌려 달라고 하고, 당신이 안 된다고 말했을 때 왜 안 되냐며 계속해서 묻는다.(9)
19. 당신이 가게 쇼윈도에서 광고를 보며 서 있는데 누군가 당신 옆으로 다가와 그것을 보기 위해 당신 머리 가까이 그의 머리를 들이민다.(10)
20. 학교 화장실에서 낯선 사람이 당신에게 그녀의 빗을 건네주면서 잠시만 들고 있어 달라고 요청한다.(10)
21. 당신 동생이 당신 머리를 손보고 있는데 동생이 세팅기를 바닥에 떨어뜨렸다. 그런데 그것들을 집어들어서 당신 머리에 사용한다.(11)
22. 낯선 사람이 당신 머리카락이 엉킨 것을 발견하고 그녀의 빗으로 당신 머리카락을 빗질해 주려고 한다.(11)

출처: "The Development of a Scale to Measure Fear", by J. H. Geer, 1965, *Behaviour Research and Therapy*, 3, pp. 45–53. Copyright 1965 by Elsevier Science.

이 SD 방법을 공포증으로 힘들어하는 사람들에게 적용하면서, 월프는 불안과 양립할 수 없는 반응을 만들기 위해 음식 대신 점진적 이완훈련을 사용했다. SD 방법은 다음과 같다. 첫째, 내담자들은 점진적 이완기술을 배운다. 다음 단계는 내담자가 찾아낸, 점진적으로 불안을 유발하는 상황들에 대한 위계체계(graduated hierarchy)를 만드는 것이다. 이 목록의 내용과 순서(차후에 상상해 보거나 실제로 경험하게 될)는 각 목록이 앞의 것보다 아주 약간 더 불안을 이끌어 내도록 내담자들이 선택한다(〈표 8-2〉 참조). 목록들 간의 각성수준에서 증가의 폭이 너무 크면 진행이 어려울 수 있다. 반면에 증가의 폭이 너무 작으면 치료가 불필요하게 길어질 것이다.

이완훈련과 위계 구성이 끝난 후에는 둔감화가 시작된다. 상상적 둔감화(imaginal desensitization)에서 내담자들은 이완을 하고, 그러고 나서 위계 목록에서 가장 쉬운 것을 상상한다. 만약 내담자가 10초 동안 불안 없이 그 장면을 상상할 수 있다면, 치료자는 다음 항목을 묘사한다. 만약 그럴 수 없다면 내담자는 불안을 신호하고 그 장면을 상상하는 것을 멈춘다. 완전히 이완된 후에 내담자는 다시 더 짧은 기간 동안 그 항목들을 상상해 보고, 그러고 나서 더 이상 고통이 느껴지지 않을 때까지 점진적으로 더 긴 시간 동안 상상한다. 내담자가 위계 목록에 있는 모든 항목에 편안해질 때까지 이러한 절차가 반복된다.

이상적으로 상상한 장면에서의 불안 감소는 실제 생활로 똑같이 옮겨진다. 내담자는 또한 진전을 강화하기 위해 상상된 장면에 대한 현실세계의 대응물을 찾아내려 하고, 치료 효과의 일반화를 평가한다. 단 한 번의 회기로 짧은 위계 목록을 끝내는 것이 가능하기도 하지만, 하나의 위계 목록을 완성하는 데 보통 3~5회기가 소요된다. 체계적 둔감화는 조건화된 부적응적인 불안의 치료에 매우 효과적일 수 있다. 실제로 SD 연구의 선구자인 폴(Gordon Paul, 1969b)은 "심리치료 역사에서 처음으로 특정한 치료 패키지가 불안이 중요한 바탕이 되는 광범위한 문제에 대해 뚜렷한 효과를 일관되게 산출했다."(p. 159)라고 결론지었다. 그러나 SD는 공황장애나 강박장애처럼 더 일반적이고 복잡한 불안과 관련된 문제들을 치료하는 데는 덜 성공적일 수 있다. 행동치료자들은 이러한 보다 복잡한 문제들에서는 내담자를 자극에 직접적으로 노출시키는 기법이 치료 선택이 될 수 있음을 발견하였다(Barlow & Wolfe, 1981; Farmer & Chapman, 2008).

가상현실 노출

둔감화는 내담자가 그들의 위계 목록에 있는 실제 항목들(상상된 것보다)에 천천히 주의 깊게 노출될 때 특히 효과가 있다(Chambless, 1990; McGlynn, Moore, Lawyer, & Karg, 1999). 예를 들어, 실제 상황(in vivo) 둔감화에서 점진적으로 더 위협적인 단계를 실제로 직면하는 동안 내담자들은 안정을 유지하기 위해 이완기법 그리고 편안한 상태로 있는 치료자를 이용한다. 그러나 높은 곳, 비행, 고속도로 상황같이 실제 상황에 내담자가 노출되는 것은 어렵거나 비경제적이며, 원하는 노출수준의 정확한 눈금을 달성하기가 어려울 수 있다. 최근에는 내담자가 두려워하는 환경을 컴퓨터로 생성한 시뮬레이션이 유용한 대안을 제공한다. 가상현실(virtual reality: VR) 노출(exposure)치료에서 내담자는 거의 모든 자극 상황에 대해 주의 깊게 관찰된 수준에 노출될 수 있다. 예를 들어, 한 연구에서는 높은 곳을 두려워하는 내담자들이 점점 더 높아지는 다리 위, 점점 더 층이 높아지는 발코니, 49층까지 서서히 올라가는 유리로 된 엘리베이터에 서 있는 효과를 제공하는 머리에 쓰는 VR 헬멧을 착용했다(Rothbaum, Hodges, Kooper, & Opdyke, 1995).

고소공포증에 대한 VR 치료의 성공은 확실히 인정되었다(Krijn, Emmelkamp, Olafsson, & Biemond, 2004; Rothbaum, 2006). 그것은 또한 비행공포에 대한 실제 노출치료에 대한 유망하고 훨씬 경제적인 대안이다(Gorman, 2006). VR 기술은 또한 다양한 불안장애 치료에 도움이 되어 왔고(Klein, 1999; Rothbaum, Hodges, Smith, Lee, & Price, 2000), 그 적용 범위는 계속 확장되고 있다. 예를 들어, VR 기술은 최근에는 물질남용 문제를 가진 사람들이 갈망을 일으키는 외부 단서나 자극에 대한 반응을 줄이도록 돕는 데 사용되어 왔다(Rothbaum, 2006). 이 기술은 유망한 반면 추가적인 비용이 든다. 많은 임상가가 VR 치료의 적용이 실제 상황 노출치료에서의 기준보다 더 뛰어난 결과를 성취하는 통제된 실험 결과를 기다리고 있다(Price & Anderson, 2007).

노출과 반응방지 기법

실제 상황 둔감화처럼 노출치료(exposure treatments)는 내담자가 두려워하는 자극에 대한 직접적인 노출을 필요로 하지만, 여기에서의 의도는 불안 방지가 아니다. 대신에 불안이 소거(extinction)로 알려진 학습과정을 통해 갑자기 사라질 때까지(내담자에게 어떤 해도 끼치지 않기 때문에) 불안이 지속되도록 두려운 자극에 대한 노출이 지속된다.

예를 들어, 홍수법(flooding)이라 부르는 방법에서는 먼지 또는 감염에 대한 두려움에 사로잡힌 내담자들에게 그들이 '오염될까 봐' 두려워하는 다양한 것을 날마다 만지고 잡는 시간을 갖도록 장기간 요청할 것이다. 어떤 치료자들은 내담자의 불안 위계의 꼭대기에 있는 항목에 대해 노출을 길게 하는 강렬한 것을 선호하는 반면, 다른 치료자들은 가장 두려워하는 항목을 시도하기 전에 더 낮은 항목부터 시작한다(Barlow & Waddell, 1985). 어떤 경우에서든 노출은 불안이 사라지도록 충분히 길어야(만약 시간이 필요하다면) 한다. 불안이 감소되는 결과는 회피행동을 강화시키기 때문에 내담자가 아직 불안해하는 동안에는 종결을 해서는 안 된다.

노출치료는 특히 강박장애에 많이 쓰인다(내담자는 계속해서 침입하는 두려운 사고, 즉 강박관념을 경험하고 그들의 강박관념에서 생기는 불안을 줄이거나 막기 위해 마련된 충동적 의례 행동들이 반복되는 강박행동을 한다.). 그러한 경우에 노출에는 반응방지(response prevention)가 뒤따른다. 즉, 내담자들이 불안을 줄이기 위해 보통 사용하는 의식들을 수행하는 것을 허락하지 않는다(Abramowitz, 1996; Lam & Steketee, 2001; 〈표 8-3〉 참조). 이것

〈표 8-3〉 강박장애의 노출치료

다음은 오염에 관한 내담자의 강박적 사고와 그 결과로 이어지는 충동적인 씻기 의식이 노출방법으로 치료되는 치료회기에서 발췌한 내용이다. 내담자가 놀랄 만한 상황(길가에 죽은 동물이 있는)에 직면하고 불안이 가라앉을 때까지 접촉을 계속하도록 치료자가 어떻게 안내하고 격려하는지에 주목하라.

치료자: (사무실 밖) 저기 있군요, 차 뒤쪽에. 어서 가서 도로변을 만져 봅시다. 고양이가 길 옆에 있군요. 약간 냄새가 나니까 직접 만지라고 강요하지는 않을게요. 그렇지만 그 옆으로 걸어가서 신발 바닥으로 건드려 봤으면 좋겠군요.

내담자: 윽! 이미 죽었어요. 역겨워요!

치료자: 그래요, 조금 역겹네요. 그렇지만 간단하게 생각한다면 단지 죽은 고양이일 뿐이죠. 그게 당신에게 해가 되나요?

내담자: 모르겠어요. 아마도 내 손에 병균이 옮겠죠?

치료자: 어떤 종류의 병균들이죠?

내담자: 죽은 고양이의 병균들.

치료자: 그것들은 어떤 종류죠?

내담자: 모르겠어요. 단지 병균들이에요.

치료자: 우리가 이미 손댄 목욕탕의 병균들 같은 건가요?

내담자: 어느 정도는요. 사람들은 죽은 고양이를 만지면서 다니지는 않아요.

치료자: 사람들은 또한 샤워를 하기 위해 집으로 달려가거나, 차 안에 알코올을 두지 않죠. 자, 그것을 극복해 볼 시간이에요. 이제 이쪽으로 오세요. 내가 먼저 해 보죠. (내담자가 따라 한다.) 좋아요. 도로변과 거리를 만져 보세요. 여기 고양이를 잡을 수 있는 돌멩이와 그 끝에 매달린 종이 조각이 있군요. 어서요. 고양이를 집으세요.

내담자: (꽤 불편한 얼굴로) 으!

치료자: 우리 둘 다 들고 있는 거예요. 자, 당신 앞, 스커트, 얼굴, 머리카락에 그것을 갖다 대 봐요, 이렇게요. 좋아요. 불안수준은 얼마죠?

내담자: 윽! 99, 100이라고 말하고 싶지만, 아주 짧은 공황상태일 뿐이죠. 만약 당신이 여기에 없다면 100이었을 거예요.

치료자: 잠시 동안 이것을 하는 것은 훨씬 더 쉽다는 것을 과거 경험으로 아는군요. 그냥 그 상태로 머물러 있어요. 우리는 여기에 있을 거예요. 잘하고 있어요.

내담자: (당황해 한 채로 몇 분이 지났다.) 이런 일이 나를 위한 것이 아니었다 해도 당신이 이것을 했을까요?

치료자: 물론이죠. 만약 이것이 내 자동차이고 내가 열쇠를 여기에 떨어뜨렸다면 그것을 집고 가던 길을 갔겠죠.

내담자: 그것들을 씻어야 하지 않았을까요?

치료자: 아뇨. 죽은 동물들이 반갑지는 않지만 그들도 우리가 살고 있는 세상의 일부분이죠. 이 때문에 우리가 힘들어할 뭐 다른 이유가 있나요?

내담자: 내가 생각하기에 아주 조금은……. 나는 처음보다 조금 더 나아진 것 같아요. 지금은 90 정도예요.

치료자: 좋아요! 지금은 그걸 들고만 있어요.

회기는 45분간 더 지속되거나 불안이 사실상 감소할 때까지 지속된다. 그동안 대화는 보통 두려워하는 상황과 그에 대한 내담자의 반응에 초점을 맞춘다. 치료자는 내담자의 불안수준을 대략 10분마다 체크한다.

치료자: 지금은 어떻게 느끼죠?

내담자: 글쎄요, 더 편안하지만 아주 좋지 않는 건 확실해요.

치료자: 오늘 열심히 했어요. 피곤할 거예요. 오늘은 여기서 그만합시다. 나는 당신이 이 막대기와 돌멩이를 가져가서 계속 오염된 채로 있길 바라요. 이것들을 주머니에 넣고 다니면서 하루 종일 자주 만질 수 있어요. 부엌, 의자, 침대, 서랍 안의 옷들…… 당신이 다니는 모든 곳에서 이것들을 만져요. 아, 그리고 당신이 차로 직장에 가거나 오는 길에 이 지점을 통과했으면 좋겠어요. 그렇게 할 수 있나요?

내담자: 가능할 것 같아요. 문제는 이 더러운 것들을 모두 집으로 가져가는 일이죠.

치료자: 켄에게 전화해서 일을 마치고 집에 오도록 하는 게 어때요? 그가 당신을 돕도록 옆에 있을 수 있게요. 만약 어떤 문제라도 생긴다면 내게 언제나 전화할 수 있다는 것을 기억하세요.

내담자: 그래요. 그거 좋은 생각이군요. 켄이 일을 마치고 집으로 간 후에 나도 직장에서 출발해야겠네요. 내일 봐요.

출처: "Obsessive-Compulsive Disorder", G. Steketee & E. B. Foa, 1985, in D. H. Barlow(Ed.), *Clinical Handbook of Psychological Disorders: A Step-by-Step Treatment manual* (New York: Guilford), pp. 69-144. Copyright 1985 by Guilford Press.

이 의도하는 바는 계속된 노출에도 반응이 없다면 자극은 점차 불안을 덜 유발하게 되고, 결국 불안이 점차 소멸된다는 것이다.

노출기법은 또한 집이나 다른 안전한 장소에서 멀리 떨어지거나 탈출이 어려울 것 같은 공공장소—극장 같은—에 있는 것에 대한 두려움을 나타내는 심각한 장애인 광장공포증에 폭넓게 사용한다. 노출치료는 또한 광장공포증으로 발전하기 전에 종종 먼저 일어나는 공황발작, 폭식증에서의 폭식 열망, 그 밖의 여러 문제에도 사용한다(Hersen, 2002 참조).

사회기술훈련

어떤 심리적 장애는 부분적으로는 사람들 사이의 관계를 만족시키고 사회적 강화물을 얻는 데 필요한 사회적 기술이 부족하기 때문에 생길 수 있다. 만약 기술결핍이 심각해지면, 이러한 사람들은 혼란스럽고 불안하고 화가 나거나 소외될 수 있다. 따라서 행동치료자들은 종종 정신분열증, 우울, 불안과 같은 성인기 장애, 그리고 비행, 주의력결핍 과잉행동장애, 자폐스펙트럼장애, 태아알코올증후군으로 인한 행동문제까지 포함하는 다양한 아동기 장애의 치료에 사회기술훈련(social skills training)을 포함시킨다.

사회기술훈련은 악수를 하고 시선을 맞추는 행동에서부터 식당에서 음식을 주문하고 대화에 참여하는 것에 이르기까지 많은 기술을 포함한다. 자기주장훈련(assertiveness training)은 특히 적의, 공격성 혹은 우울로 이끄는, 욕구나 소망을 효과적으로 표현하지 못하는 성인들의 치료에 가장 많이 쓰이는 기법 중 하나다. 이 사람들은 다양한 사회적 상황에서 그들이 무엇을 말하고 어떻게 행동할지 알고 있지만, 너무나 자주 '나는 소란을 피울 만한 자격이 없어.' 혹은 '만약 내가 반대한다면 그는 나를 좋아하지 않을 거야.' 와 같은 생각 때문에 침묵 속에서 고통스러워 한다. 주장훈련은, 첫째 만약 그러한 기술이 없다면 내담자들에게 적절하게 자신을 표현하는 방법을 가르치고, 둘째 자기표현을 명확하게 하기 위해서 인지적 장애물을 제거하도록 고안되었다. 내담자들은 또한 자기주장이 다른 사람들의 권리를 침해하지 않는 방식으로 감정을 적절하게 표현하는 것이라는 것을 배운다(Alberti & Emmons, 1974; Wolpe & Lazarus, 1966). 초기에는 많은 내담자들이 터무니없는 요구들을 피하기 위해 필요한 '거절기술' 초점을 맞췄지만, 현재 자기주장훈련은 대화하기, 대인관계 문제해결에 참여하기, 정서적 자극에 적절하게 대응하기를 포함하는 보다 넓은 범위의 사회적 기술을 촉진하는 것을 목표로 하고 있다(예를 들어, Tisdelle & St. Lawrence, 1988).

모델링

이미 언급했던 것처럼, 모방—임상심리학에서 모델링 혹은 관찰학습으로 알려진—은 인간 행동의 발달에서 매우 중요한 하나의 기제다(Bandura, 1969). 실제로 모델링을 통한 학습은 직접적인 강화 혹은 처벌을 통한 학습보다 일반적으로 더 효과적이다(만약 모든 사람이 길을 안전하게 건너는 방법을 알기 위해 자동차에 치여 봐야 한다고 상상해 보라!). 또한 모델 행동의 결과를 관찰하는 것으로 관찰자의 모방행동은 억제되거나 탈억제될 수 있다(예를 들어, 방금 누군가를 문 개를 쓰다듬고 싶어 하지 않는다. 또 어떤 사람이 빨간 불일 때 길을 건너는 것을 지켜본 후에 더 빨간 불을 무시하고 길을 건너려고 한다).

모델링은 성인과 아동의 사회적 철수, 강박행동, 자기주장을 못하는 것, 반사회적 행동, 신체적 공격성, 초기 소아자폐증을 포함하는 많은 임상적 문제를 치료하기 위해 사용되어 왔다(Rosenthal & Steffek, 1991). 존스(Mary Cover Jones, 1924b)의 전통에서도 모델링이 두려움을 치료하는 데 일반적으로 사용되었다. 가장 간단한 모델링에는 내담자가 피하는 행동을 두려움 없이 성공적으로 수행하는 모델을 비디오로 보거나 그러한 모델의 삶을 관찰하도록 하는 것이 포함된다. 예를 들어, 개에 대한 공포를 가지고 있는 내담자는 개와 행복하게 상호작용하는 모델을 관찰할 수 있다. 고소공포증을 보이는 내담자는 어떤 부정적인 결과를 경험하지 않고 에스컬레이터를 차분하게 타고 있는 사람을 관찰할 수 있다. 참여 모델링(participant modeling)이라 부르는 기본적인 모델링 치료의 흔한 변형에서 내담자는 처음에 진짜 모델을 관찰하고, 그러고 나서 통제되고 보호된 환경 하에 두려워하는 대상 혹은 상황에 점차 접촉하도록 안내된다.

행동연습과 과제

내담자가 행동치료에서 학습하고 있는 새로운 기술을 개발하고, 공고히 하고, 자신감을 가지도록 하기 위해 행동치료자는 요구되는 기술이 가장 낮아서 성공 확률이 최대화되는 상황과 연습회기를 계획한다. 예를 들어, 만약 내담자가 새로운 직장을 구하는 것과 같은 행동과제를 복잡하고 압도적인 것으로 생각한다면, 치료자는 과제를 더 쉬운 단계들로 나눠서 하도록 도울 것이다(예를 들어, 취직자리를 문의하기 위해 전화 걸기, 지원서를 가져오기 위해 운전하기, 지원서의 첫 페이지를 기입하기 등). 적절하게 등급이 매겨진 단계적 과제(graded task assignments)를 통해 내담자의 통제감이 향상될 수 있다.

이들 과제는 내담자의 자연스러운 환경으로 옮길 수 있다. 그러나 내담자가 "실제 상황에 대해 충분히 준비되지 않았을 경우에는 치료회기 중에 내담자가 새로운 행동을 시연해 보도록 할 것이다. 다양한 종류의 상황과 상호작용에 대해 역할극을 하는 이러한 연습회기는 내담자가 그들의 접근방법을 조정하고, 다른 사람들의 반응을 예상하고, 다양한 각본에 대한 응답을 준비하고, 어떻게 행동하는지에 대해 치료자로부터 피드백을 받도록 도와줄 수 있다.

혐오치료와 처벌

혐오치료(aversion therapy)는 고통스럽거나 유쾌하지 않은 자극이 마약남용, 알코올중독, 과식, 흡연, 성적 경험을 방해하는 것과 같은 원하지 않는 행동의 확률을 감소시키기 위해 사용되는, 학습을 토대로 한 일련의 기법이다. 고전적 조건형성의 원리에 따르면 가장 혐오적인 방법은 문제행동을 유발하는 자극과 전기충격처럼 불쾌한 자극들을 짝짓는 것이다. 그래서 가령, 알코올 중독자가 가상으로 꾸민 바에 앉아서 스카치 잔을 바라볼 때 불쾌한 냄새에 노출시킨다. 이상적으로 원치 않는 행동이 제거되지 않는다면 줄어들 때까지 자극에 대한 매력을 줄여야만 한다. 조작적 조건형성 프로그램에서도 처벌의 사용을 통해 동일한 목표를 추구할 수 있다. 여기서는 전기충격 혹은 다른 혐오적인 자극이 내담자가 문제행동을 한 직후에 제공된다(예를 들어, 술을 마신 후에 즉시).

혐오와 처벌방식의 일부 측면에 대한 논쟁이 있다. 어떤 사람들은 이 치료에 의해 나타난 변화가 치료에서의 불쾌감을 정당화할 수 있을 정도로 충분히 포괄적이고 영속성이 있으며 보편적인지에 대해 의문을 가진다. 또한 혐오치료와 처벌이 내담자에게 그들의 부적응적인 행동을 대체할 수 있는 대안행동을 가르치지 않는다고 비판한다. 마지막으로, 많은 치료자가 ⓐ 내담자들에게 의도적으로 불쾌감을 주는 것이 내키지 않고, ⓑ 일반화된 두려움 혹은 공격성과 같은 부작용이 나타날 우려가 있고, ⓒ 단지 빠른(그러나 일시적인) 변화를 가져올 수 있기 때문에 일부 치료자들이 남용할 가능성이 있는 등의 이유로 혐오치료와 처벌의 사용을 기피한다(Masters, Burish, Hollon, & Rimm, 1987). 따라서 혐오치료와 처벌은 덜 강렬한 방법들에는 반응하지 않는 위험한 행동(자해 같은)을 통제하기 위한 마지막 수단으로 사용되는 경향이 있다. 그러한 경우에도 보다 적응적인 행동을 촉진하기 위해 마련된 더 광범위한 치료접근의 한 부분으로써만 사용된다.

성인과 아동에게 사용 가능한 다른 행동기법들이 많이 있다. 〈표 8-4〉에는 보다 일반적으로 쓰이는 대안적인 기법 몇 가지와 우리가 논의해 왔던 것들이 요약되어 있다.

〈표 8-4〉 행동치료 기법 예시

기법	설명
점진적 이완훈련	특정한 근육들을 점진적으로 긴장시키고 이완함으로써 각성을 낮추고 스트레스를 줄이는 것을 배운다.
체계적 둔감화	내담자들은 공포를 동반하는 상황들에 대해 위계적으로 서서히 다가감으로써 점차 오래된 부적응적인 반응(대상이나 상황에 대한 공포)을 새로 학습한 반응(이완)으로 대신한다.
노출과 반응방지	내담자들은 일상적으로 피하는 상황에 긴 기간 동안 노출됨으로써 이 상황들과 연합된 불안이 점차 소멸된다.
가상현실 노출	컴퓨터의 실제적인 가상공간이 문제가 되는 상황들에 대한 경제적이고 더 잘 조정된 노출을 제공한다.
사회기술훈련	사회적 기술이 부족한 내담자들에게 대화, 데이트, 식당에서 밥 먹기, 자기주장과 같은 특수한 행동 영역에 대해 교육한다.
혐오조건 형성과 처벌	혐오자극(충격, 메스꺼움)이 현재는 즐겁지만 문제반응을 낳는 자극(술)과 연합된다. 자해 같은 문제반응 직후에 충격 또는 다른 유쾌하지 않은 자극들이 뒤따른다.
조형과 단계적 과제물	학습될 행동이 복잡할 때, 임상가들은 복잡한 행동적 목표를 점진적으로 세워 나가면서 그러한 행동들이 성공적으로 수행될 수 있게 더 간단한 단계로 나눈다.
행동계약법	수반성 관리(contingency management)의 한 형태로, 행동계약법에는 내담자의 행동에 관한 내담자와 치료자 사이의 형식적이고 종종 문서화된 동의가 따른다.
행동연습과 숙제	내담자들은 치료회기들 사이에 행동을 연습하고 기록하는 것에 동의한다. 목표행동을 내담자에게 숙제로 제시하기 전에 종종 치료회기 동안에 연습한다.
반응대가	처벌 수반성(punishment contingency)은 어떤 바람직하지 않은 행동 후에 보상 또는 특전의 상실을 수반한다.
토큰경제	내담자들이 지정된 행동을 수행했을 때 원하는 보상(스낵, TV 시청시간)을 구입하기 위한 화폐의 역할을 하는 토큰으로 강화된다.
바이오피드백	내담자들은 기록된 생리적 반응에 관한 직접적인 피드백을 제공받는다(심장박동률, 혈압, 근육긴장).

사 례

다음은 한 아동과 그 아동의 가족 내 부적응 행동에 치료팀이 행동치료를 적용한 방법에 대한 사례다(Wright, Basco, & Thase, 2006, pp. 138-140에서 발췌).

버니스(Benice)는 다루기 어려운 다섯 살짜리 소년 벤(Ben)의 싱글맘이었다. 버니스와 그녀의 부모는 벤이 막 걸음마를 시작했을 때 그의 아버지가 떠나 버렸기 때문에 벤을 안쓰러워했다. 그래서 아버지가 없는 것을 보상해 주기 위해 맹목적으로 벤을 사랑했다. 벤은 꽤 영리해서 원하는 것을 엄마가 주지 않으면 할아버지가 줄 거라는 것을 알았다. 예를 들어, 버니스는 벤에게 "안 돼, 침대 위에서 뛰지 마."라고 말했지만, 벤은 "제발, 제발, 제발."이라고 빌면서 울기 시작했다. 버니스는 단호한 태도를 취하려고 했지만, 그녀의 아버지가 버니스가 그러한 행동을 허락하지 않는다는 것을 알고 있으면서도 결국 벤이 침대에서 뛰도록 허락해 준다는 것을 나중에 알게 되었다. 이전의 버니스는 벤의 변명에 결국은 항복하곤 했지만, 보다 일관된 규칙을 만들기 위해 노력했다. 그녀는 그녀의 아버지가 똑같이 해야 한다고 생각했지만, 아버지의 감정이 상하지 않으면서 혹은 방어하지 않게 하면서 벤에 관해 어떻게 말해야 하는지 알지 못했다. 그래서 아무것도 말하지 않았고 벤이 계속해서 상황을 조종하고 행동에 대한 이중기준(double standard)을 배우도록 두었다.

버니스는 벤에게 적용할 규칙들에 관해 아버지와 대화하고 싶었지만, 아버지와의 관계에 어떤 긴장이 생기길 원치 않았다. 치료자의 과제는 버니스가 자기주장을 연습하도록 도와주는 것이었다. 치료자와 버니스는 우선 일반적인 목표에 대해 합의를 했다. 치료자는 버니스에게 그녀가 원하는 이상적인 대화는 어떤 것인지 물었다. 그리고 더 명확한 진술로 그것을 발전시키도록 도왔다. 버니스가 말하고 싶은 것을 말하는 것이 한 가지다. 치료자는 메시지 자체 혹은 버니스의 진술로 이해되는 메시지에 대해 피드백을 한다. 그에 따라서 진술은 수정된다.

버니스는 진술을 시작했다. "아빠, 저는 여러 가지를 요구하는 벤의 습관에 대해 말하고 싶어요. 아빠는 벤이 어떻게 할 수 있는지 아시죠. 저는 벤이 원하는 것을 항상 줘야 한다고 생각하지 않아요." 비록 이 진술이 그 문제의 부분을 묘사하고 있긴 하지만, 행동을 바꿀 필요가 있는 사람 중 하나가 아버지라는 것을 직접적으로 말하는 것은 피한다. 과거에도 그녀가 이런 식의 접근을 시도했을 때, 그녀의 아버지는 "좋아, 동의해."라고 반응했다. 대화기술에 대해 더 작업한 후, 버니스는 핵심을 전달하는 메시지를 제시했다. "아빠, 저는 벤이 침대에서 뛰는 것처럼 우리가 좋아하지 않는 일을 하려고 할 때 벤을 다루기 위한 새로운 전략에 대해 함께 이야기했으면 해요. 저는 "안 돼." 라고 하고, 벤이 더 컸을 때를 위해서 지금은 울면서 하소연하더라도 계속 금지했으면

해요. 이미 제 가르침을 따르는 것에 대해 동의했죠. 그렇지만 저는 그것을 효과적으로 하기 위해 아빠의 도움이 필요해요. 제가 벤에 대해 세운 규칙들을 아빠가 동의하지 않거나 제가 벤을 너무 심하게 대한다고 생각하더라도 아빠가 저를 응원해 주고 같은 방식으로 벤을 다룰 필요가 있어요. 기꺼이 그렇게 해 주시겠어요?"

치료자는 버니스가 아버지와 대화를 시작하고 끝낼 때, "벤도 그렇지만 저도 아빠가 벤과 좋은 관계를 유지하는 것에 진심으로 감사해요." "아빠는 우리를 위해 너무 많이 애쓰고 있어요." "이 문제에 대해 이야기하는 것에 동의해 주셔서 고마워요."와 같은 긍정적이고 감사하는 말들을 사용하라고 격려한다. 메시지의 자기주장 부분은 버니스가 아버지의 긍정적인 공감에 대해 전반적인 감사를 표현한다면 더 호의적으로 받아들것이다. 버니스는 또한 자신의 말이 아버지가 잘못하고 있다고 비난하는 것이 아니라 아이의 (장기적인) 이익을 위해 아버지와 함께 노력하자는 요청으로 받아들여지길 원한다.

잘 되지 않으면 어떻게 할까? 아버지가 방어적으로 반응한다면? 가능성은 항상 있기 때문에 치료자는 버니스에게 최악의 경우에 대한 시나리오, 최상의 경우에 대한 시나리오, 가장 가능성 있는 시나리오를 묘사하도록 요구할 것이다. 확신을 갖기 위해 치료자와 버니스는 최상의 경우에 대한 시나리오를 우선 역할극으로 해 보는데, 치료자가 아버지 역할을 한다. 그런 다음 버니스가 아버지가 보일 만한 다른 반응들을 생각해 보도록 하면서 다른 경우에 대한 역할극을 한다. 마지막으로 치료자는 이 상황에 대한 버니스의 예측을 이끌어 낸다. 치료자와 내담자 모두 그 대화가 원하는 결과를 얻을 수 있을 것 같을 때, 그리고 내담자가 예측할 수 있는 상황을 준비할 때 치료 상황 밖에서 연습된 행동을 할 준비가 된다.

버니스는 아버지가 배가 고플 때나 바쁠 때 어려운 주제를 이야기하는 것이 결코 좋은 생각이 아니라는 것을 알고 있다. 그녀는 토요일 오후에, 아버지가 가장 편안할 때, 그리고 벤이 낮잠을 잘 시간에 그와 이야기할 계획을 세웠다. 만약 상황이 안 좋게 흘러간다면, 그녀는 화가 난 아버지에게 사과하고 좋은 할아버지가 되어 준 것에 대해 감사하고 나중에 다시 이야기하자고 제안할 것이다.

버니스의 사례는 행동치료의 몇 가지 중요한 특징을 설명한다. 첫째, 치료의 초점은 성격변화 혹은 자기개념이 아니라 구체적인 문제에 대한 것이다. 둘째, 문제와 그 문제의 배경에 대한 평가를 통해서 치료하는 것이 필요하다. 셋째, 치료자는 주로 내담자가 행동에서 변화하도록 촉진함으로써 도울 수 있다. 넷째, 행동변화에 대한 권유는 성공을 위해서 변화를 최대화하기 위해 내담자와 협력해서 신중하게 계획된다. 버니스의 사례에서 나타나지 않은 다른 특징은 행동치료자들은 내담자가 새롭게 학습한 적응적인 행동을 일반화하도록 돕는 것이다. 예를 들어, 버니스가 벤에 대해 그녀의 아버지에게 적절하게 자기주장을 하도록 배웠다면, 그녀는 아버지와 다른 사람들에게 다른 주제에 관해 자기주장훈련기술을 사용하는 기회를 더 많이 갖게 될 것이다. 많은 자료가 행동치료기법에 대한 훨씬 더 자세한 내용들을 제공한다(예, Antony & Roemer, 2003; Hersen, 2002; Miller, Rathus, Linehan, & Swenson, 2006; Murdock, 2004; Spiegler & Guevremont, 2004; Thorpe & Olson, 1997).

이 절의 요약 행동치료는 학습원리를 적용하여 심리적 문제들을 개선하기 위해 20세기 중반에 발전되었다. 행동치료자들은 문제행동과 그것이 발생한 특수한 상황들을 이해하기 위해 행동평가와 기능분석을 사용한다. 그 후 학습을 토대로 한 폭넓고 다양한 종류의 치료를 사용하는데, 그중 어떤 것은 광범위하게 적용할 만하고 어떤 것은 특수한 장애를 위해 개발되었다.

인지치료

이 절의 미리보기

인지치료는 인지가 한편으로 환경사건을 매개하고 다른 한편으로는 행동과 정서를 매개한다는 가정을 따른다. 우울증에 대한 하나의 이론으로 처음 개발된 인지치료는 성장해 오면서 많은 장애에 적용되었다. 인지치료자는 인지적 오류를 밝히고 도전하고 대체하도록 내담자를 돕는 작업을 한다.

모든 치료적 개입에는 사고과정이 포함되지만, 인지치료는 내담자의 부적응적인 인지를 밝혀내고 변화시키는 것을 지향한다. 이 인지에는 내담자의 신념, 인과적 설명, 기대, 도식, 자기 진술, 문제해결 전략 등이 포함된다.

이론적 토대

우리는 행동치료자들이 본래 내담자의 외현적 행동과 그러한 행동을 일으키는 환경적 상황을 수정하는 데 주로 초점을 맞춘다는 것을 보아 왔다. 그러나 1970년대까지 많은 행동중심 이론가들은 환경적 사건과 행동 사이의 매개자로 인지와 '자기 진술(self-statements)'의 중요성을 강조하기 시작했다(Bandura, 1977; Beck, 1976; Ellis, 1973; Meichenbaum, 1977; Mischel, 1973). 비슷한 시기에 심리학의 다른 영역에서 인지이론가들은 인간의 기억, 판단, 문제해결, 사회적 상호작용에 대한 이해에 중요한 공헌을 하고 있었다. 인지를 포함하지 않고 심리적 기능을 이해하는 것은 불완전하다는 것이 더욱 분명해졌다.

인지이론가들은 특히 자기에 대한 사고가 많은 심리적 장애에 어떻게 기여할 수 있는지에 초점을 맞추었다(Murdock, 2004; Salovey & Singer, 1991). 그러나 인지적 접근은 장애에 대한 정신역동적 이론, 인본주의적 이론, 엄격한 행동적 이론 등과는 달리 정상과 이상의 성격 발달과 구조를 설명하기 위한 노력의 하나로 개발된 것이 아니다. 따라서 인지적 접근은 다른 이론들보다 성격에 대해 덜 집중하지만, 인지치료 방식의 토대를 형성하는 몇 가지 핵심 개념을 밝히고 있다(Reinecke & Freeman, 2003). 이러한 개념에는 다음과 같은 것이 있다.

인지의 매개

아마도 인지치료에서 가장 기본적인 개념은 정상과 이상 행동이 사건 자체가 아닌 사건에 대한 인지적인 해석에 의해 유발된다는 것이다. 따라서 인지 모델에서는 모든 사건에는 그 사건에 대한 정서적 및 행동적 반응을 형성하는 평가—인지반응—가 뒤따른다고 설명한다.

낯선 사람들로 가득한 파티에 초대받았다고 상상해 보자. 이 사건에 대한 당신의 평가는 무엇인가? 만약 당신의 첫 번째 사고가 '좋아, 새로운 사람들을 만날 수 있을 거야.'라면 당신의 정서반응은 긍정적(기대, 흥분)일 것이고, 당신은 초대를 받아들이는 행동적 반응을 하게 될 것이다. 그러나 당신의 인지적 평가가 '흠, 그곳에 올 사람들을 몰라. 아마도 어색하고 무슨 말을 해야 할지도 모르겠지.' 라면 당신의 정서적 반응은 부정적(공포, 불안, 수줍음)일 것이고, 당신의 행동반응은 파티에 참석하지 않기 위해서 핑계를 만드는 것일 것이다. 다시 말하자면, 동일한 사건은 어떤 사고가 매개하느냐에 따라 완전히 다른 반응을 낳을 수 있다([그림 8-1] 참조).

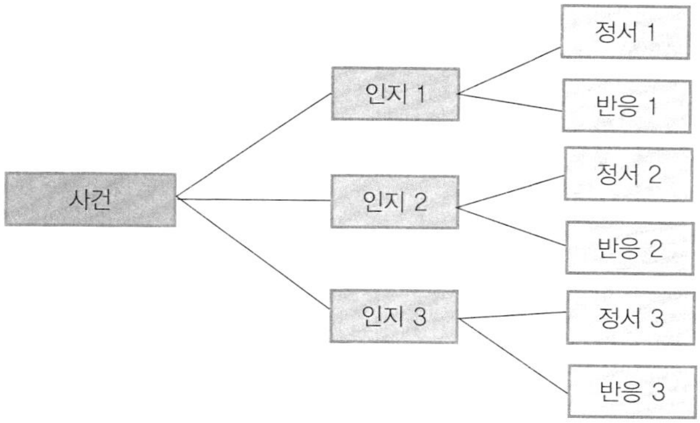

[그림 8-1] 인지 매개

사건 자체보다는 사건에 대한 사고가 느낌과 행동을 만든다.

도식

이용할 수 있는 매개 사고들 중에서 우리는 어떤 것을 사용하기로 결정할 것인가? 인지심리학자들에 따르면 사고는 도식(schemas)에 의해 안내된다. 도식은 우리가 지각하고 해석하고 정보를 기억하는 방식에 영향을 주는 조직화된 지식구조다. 예를 들어, 한 아동이 처음으로 맥도날드에 간다. 그 아이는 아주 기초적인 수준("엄마는 먹기 위한 어떤 곳에 나를 데려간다.")을 제외하고 그 사건을 어떻게 이해할지 알지 못할 것이다. 그러나 몇 번 다녀 본 후에 아동은 그 환경과 그곳에서 발생하는 일과 행동에 관한 평범한 이치에 관한 지식을 수반하는, 꽤 자세한 이해를 형성하게 될 것이다. 사실상 그 아동은 일들이 어떻게 발생하는지에 관한 신념과 기대에 대한 상세한 내용— '맥도날드에 가기' 도식—을 내면화했다. 도식은 행동, 대상, 사람, 상황을 둘러싸고 생성될 수 있으며, 일상생활을 인도하는 데 도움이 될 수 있다. 도식은 어두운 뒷골목은 위험할 수 있고, 경찰의 도움을 받을 수 있고, 또한 슈퍼마켓에서 치약을 살 수 있다고 말해 준다. 또한 도식은 사람 혹은 어떤 것들의 특별한 범주에 관한 부정확한 고정관념을 제공하는 것 같은 문제를 발생시킬 수도 있다.

도식은 사람들이 그들 자신을 지각하고 세상에 관계하는 방식에 영향을 주는 필터를 제공하기 때문에 인지치료자들이 특별한 관심을 가진다. 항상 무가치함을 느끼는 우울한 사람은 그 도식과 일치하는 방식으로 새로운 정보를 해석하는 것 같다. 그래서 만약 누군가 점심을 먹으러 "같이 갈래요?"라고 한다면, 우울한 사람은 이렇게 생각할 것이다. '내게 미안해서 혹은 사회적으로 필요하다고 느끼기 때문에 같이 먹으러 가자고 할 뿐이야. 실제로는 나와 점심을 같이 먹길 원하지 않아.' 그러한 도식에 이끌린 사람들은 보통 그들이 느끼는 부정적 정서는 깨닫지만, 그러한 정서를 이끄는 부정적인 도식을 토대로 사고하고 있다는 것은 충분히 자각하지 못할 것이다. 왜 그럴까?

자동적 사고의 역할

많은 부적응적 사고를 포함하여 인지적 접근에서는 어떤 사고의 습관적인 특성을 매우 강조한다. 부정적인 도식에 빠진 사고는 너무나 빨리 일어날 수 있기 때문에 그것을 의식적으로 자각하지 못하고 그러한 사고에 영향받도록 내버려 둔다. 이러한 면에서 인지적 접근은 정신역동적 접근과 다소 겹치는 부분이 있다. 둘 다 중요한 정신적 사건들이 내담자의 의식적 자각 없이 발생할 수 있다. 그러나 인지치료자들에게 이 무의식적 인지는 깊이 묻혀 있는 것이 아니며, 방어기제 때문에 접근이 불가능한 것도 아니다. 대신 인지치료자들은 간단한 질문과 대화로 부적응적 인지에 접근할 수 있으며, 표면 가까이 갈 수 있는 학습된 습관들로 본다. 따라서 내담자의 부적응적이고 자기 파괴적인 인지를 설명하기 위해 무의식적(unconscious)이라는 용어 대신에 자동적(automatic)이라는 용어를 사용한다.

심리적 문제를 특징짓는 자동적인 자기 파괴적 인지 목록은 잠재적으로 무한정이다. 〈표 8-5〉에는 가장 일반적인 예들이 제시되어 있다.

인지를 강조하는 임상가들이 내담자의 자동적 사고를 밝혀내는 작업을 하면서, 장애를 가지고 있는 사람은 다른 사람들보다 인지적 왜곡을 더 사용한다는 것을 알게 되었다. 예를 들어, 우울한 사람은 사건, 특히 부정적인 사건들의 원인을 설명하는 습관적인 방식을 가지고 있다. 이것은 부정적인 귀인양식(negative attributional style)이라 부른다. 에이브람슨, 셀리그먼과 티스데일(Abramson, Seligman, & Teasdale, 1978)은 사회심리학과 성격심리학 이론(Heider, 1958; Weiner, 1974)을 차용하여 우울한 사람들은 습관적으로 그들의 자기존중과 희망감을 가장 손상시키는 방식으로 부정적인 사건들을 해석한다고 설명하였다. 이 때문에 부정적인 사건이 발생했을 때 우울한 사람들은 우울하지 않은 사람들보다 내적이고(그들 자신에 관한 것), 안정적이고(비교적 불변하는 것), 전체적인(그 영향이 널리 퍼지는 것) 요인들에 그 사건의 원인을 더 귀인하는 것 같다. 이 부정적인 귀인양식은 우울을 낳고, 우울이 유지되도록 한다. 〈표 8-6〉에 부정적 귀인과 보다 적응적인 귀인의 예가 제시되어 있다.

인지적 오류들의 특징적인 집합이 특수한 장애와 관련된다는 생각을 인지 특수성 가설(cognitive specificity hypothesis)이라고 한다. 이 가설은 임상가가 장애를 개념화하고 평

〈표 8-5〉 자동적 자기 파괴 인지 목록

인지 왜곡	예
이분법적 사고	• 다른 사람들은 나를 좋아하거나 싫어한다. • 나는 성공하거나 비참하게 실패하거나 둘 중 하나다.
개인화	• 그 프로젝트가 성공하지 못한 것은 나 때문이다. • 제인이 "어떤 사람들은 재미가 없다."라고 말했을 때, 그녀는 나를 비판하고 있었다.
과일반화	• 모든 사람이 나를 실패자라고 생각한다. • 어딜 가나 나는 두렵다.
파국화	• 만약 이 일이 잘 되지 않으면 다시는 이 일과 같은 어떤 것도 할 수 없을 것이다. • 내 심장이 빨리 뛰고 있다. 심장발작이 있는 게 분명하다.
선택적 추론	• 조가 내게 테니스를 같이 치자고 전화한 지 4일이 지났다. 이것은 나와 친구가 되는 일에는 더 이상 관심 없다는 것을 의미한다. • 나는 다른 수업에서 A를 받았지만 역사에서 C+를 받았기 때문에 멍청하다.
비현실적 기대	• 모든 사람이 나를 좋아해야 한다. 그렇지 않으면 나는 행복할 수 없다. • 나는 완벽해져야 하고 나약함을 보여서는 안 된다.
자기에 대한 핵심 신념	• 나는 애교가 없고 까다로운 사람이기 때문에 나쁜 일들이 일어난다. 난 항상 그런 식이다. • 나는 사람들을 속이고 있고 결국엔 들통 날 것이다.

출처: M. A. Reinecke & A. Freeman (2003), pp. 224-271; J. H. Wright, M. R. Basco, & M. E. Thase (2006).

〈표 8-6〉 우울한 사람의 귀인 경향성

사건	우울한 사람들의 내적, 안정적, 일반적인(부적응적) 귀인	우울하지 않은 사람들의 보다 적응적인 귀인
주말에 집에 있는데 아무도 전화하지 않았다.	그건 나 때문인데, 내가 호감 가는 사람이 아니기 때문이다. 그리고 이것이 나의 모든 대인관계에 영향을 줄 것이다.	• 사람들은 휴일 직전에 바쁘다(외적 귀인). • 내가 가끔씩 주말에 일을 한다는 것을 친구들이 알기 때문에 내게 전화하지 않기로 했을 거야(불안정적 귀인). • 나는 가까운 친구 몇 명이 있어. 그래서 어떤 사람들은 나를 좋아해(특수성 귀인).
시험에서 나쁜 성적을 받았다.	나는 멍청하고 잘하는 게 없어.	• 그 시험이 불공평하게 어려웠어(외적 귀인). • 이번 시험을 위해서 나는 공부하지 않았어(불안정적 귀인). • 나는 화학을 그리 잘하지는 않지만, 내가 잘할 수 있는 다른 과목들이 있어(특수성 귀인).

가하고 치료방법을 개발하고 내담자들에게 치료요소를 설명하는 데 도움을 주기 때문에 인지치료의 중요한 요소다(Reinecke & Freeman, 2003).

인지치료의 두 가지 선구적인 형태인 벡(Aaron Beck)의 인지치료(cognitive therapy)와 엘리스(Albert Ellis)의 합리적-정서적 행동치료(rational-emotive behavior therapy)는 우리가 묘사했던 인지치료의 원칙들을 구체적으로 설명한다. 이들 이론은 오늘날 치료에 대한 인지적 그리고 인지-행동적 접근을 형성하는 데 많은 영향을 주었다.

벡의 인지치료

우울증 치료에 대한 벡의 접근은 우울 및 다른 정서는 대부분의 사람이 자신의 경험에 대해 생각하는 방식에 의해 결정된다는 가정을 토대로 한다(Beck, Rush, Shaw, & Emery, 1979; Beck & Weishaar, 1995). 벡은 우울 증상이 내담자가 삶에서 발생한 사건들에 대해 만들어 낸 논리적 오류와 왜곡의 결과로 일어난다고 말한다. 예를 들어, 그들은 자신이 파티에 초대되지 않았기 때문에 가치가 없다고 믿는 것처럼 불충분하고 부적절한 정보를 토대로 자신에 대해 결론짓는다. 레코드 하나가 긁혔기 때문에 레코드 수집을 망쳤다고 결론짓는 것처럼 사소한 사건의 중요성을 과장한다. 또한 좋은 시험성적이 머리가 좋거나 열심히 했기 때문이 아니라 운이 좋았던 결과라고 믿는 것처럼 긍정적인 사건에 대한 의미를 최소화한다.

벡(Beck, 1976)은 우울한 사람들은 ⓐ 그들 자신, ⓑ 세상, ⓒ 미래에 대해 부정적으로 지각하고 결론짓는 성격 패턴을 보인다고 주장했다. 이 인지 삼재(cognitive triad)는 우울

Aaron Beck(1921~). 인지치료의 창시자. 인지치료에 대한 수많은 연구를 출판했고, 인지기법으로 많은 임상가들을 훈련시켰으며, 광범위하게 사용되고 있는 많은 평가척도를 개발했다.

하지 않은 사고와 우울한 사고를 구별하기 위해 사용된다. 또한 인지치료에 대한 벡의 설명은 불안장애, 성격장애, 물질사용장애, 그 밖의 다른 몇몇 문제들에 적용되어 왔다 (Beck, Freeman, & Associates, 1990; Linehan, 1993; Miller, Rathus, Linehan, & Swenson, 2006).

합리적-정서적 행동치료

또 다른 영향력 있고 선구적인 인지치료는 엘리스의 합리적-정서적 행동치료 (rational-emotive behavior therapy) 혹은 REBT다(Ellis, 1995, 2001). 2장에서 언급했던 것처럼 REBT의 핵심 원리는 다음과 같다.

> 매우 부담이 되는 정서적 결과(C)가 중요한 활성화 사건(A)에 이어질 때, A가 C의 원인인 것처럼 보이지만 실제로는 그렇지 않다. 오히려 정서적 결과는 주로 B—개인의 신념 체계—에 의해 생겨난다. 그렇기에 극심한 불안과 같은 바람직하지 않은 결과가 발생할 때 그것은 보통 개인의 비합리적인 신념에 그 원인이 있으며, 이 신념에 합리적으로 도전함으로써 효과적으로 논박될 때(D) 혼란스러운 결과는 사라지고 결국 다시 발생하지 않는다.

간략하게 말해서, 엘리스는 심리적 어려움이 외부 스트레스가 아니라 사람들이 사로잡혀 있는 비합리적인 생각의 결과라고 했다. 비합리적인 생각은 행복해지기 위해서는 반드시 소망이 이루어져야 한다고 주장하게 만든다.

REBT에서 치료자의 과제는 이러한 비합리적이고 비현실적이고 자기 파괴적인 신념을 공격하고, 내담자가 스스로를 힘들게 하지 않도록 더 합리적이거나 논리적인 사고 패턴들로 훈련시키는 것이다(Ellis, 1962; Ellis & Dryden, 1987). REBT 치료자들은 적극적이고, 도전하고, 논박하고, 종종 신경을 건드리기도 한다. 엘리스는 내담자가 자신을 비참함으로 세뇌시키는 비합리적인 생각들을 포기하도록 설득하기 위해 강하고 직접적인 대화를 사용할 것을 주장했다. 다음은 알코올남용을 포함한 몇 가지 문제를 보이는 젊은 여자 내담자(C)와 치료자(T)가 REBT 초기 회기를 시작하면서 벌인 논쟁이다.

C: (뭐가 잘못되었는지 물은 후). 나는 모든 것을 말하곤 하죠. 나는 모든 것을 바꾸고 싶어요. 모든 것이 나를 우울하게 해요.

T: 몇 가지 예를 말해 주세요.

C: 내가 우울해지는 것들요? 나는, 음…… 내 삶에 어떤 목적이 있는지 모르겠어요. 나는 내가 누구인지, 어떤 사람인지 모르겠어요. 그리고 어디로 가야 할지 모르겠어요.

T: 그래요. 그래서 당신은 "나는 아무것도 몰라!" 라고 말하고 있군요. (내담자는 고개를 끄덕인다.) 글쎄요, 아무것도 모른다는 것이 뭐가 그렇게 두렵죠? 당신이 무지하다는 건 참 안 된 일이죠. 당신이 그렇지 않다면, 당신이 목표가 있고 어느 곳으로 가야 할지 알고 있다면 더 좋을 텐데 말이죠. 그렇지만 최악을 가정해 봅시다. 당신의 남은 인생 동안 당신은 목적이 없고 이런 식으로 머물러 있다면, 자, 가정해 봐요. 당신은 왜 그렇게 힘들까요?

C: 왜냐하면 모든 사람은 목표를 가져야만 하니까요!

T: 당신은 어디서 '해야만 한다'는 것을 배웠죠?

내담자의 비합리적인 신념에 대한 REBT 치료자의 정면공격은 인지적 개입으로 한정되지 않는다. 인지를 변화시키기 위한 행동적 보조물로 역할극, 감각자각 연습, 둔감화, 주장훈련 그리고 특수한 과제들 역시 사용된다.

인지치료에서 평가

인지치료에서 평가는 행동치료에서와 유사하지만, 인지치료자는 내담자의 자동적인 인지적 왜곡의 만성성, 강도, 범위에 대한 자세한 이해에 특히 관심을 보인다. 따라서 행동치료자처럼 인지치료자는 치료 초기와 치료과정에서 이러한 행동을 평가하는 것을 좋아한다. 이를 위해 인지치료자는 평정척도, 자기보고, 표준화된 도구 등(예, 벡 우울척도)을 사용한다.

인지치료자는 또한 인지치료에서 요구하는 과제를 수행하기 위한 내담자의 능력을 지지하거나 제한하는 요소를 평가하는 데 특히 관심을 가진다. 이 과제에는 증상과 정서경험에 대해 '생각하는' 태도를 받아들이고, 때때로 도전적이고 직면적이기도 한 치료자의 접근을 견뎌 내는 것이 포함된다. 최소한 가끔씩이라도 자신과 자신의 경험에 대해 객관적이고 합리적인 관점을 가질 수 없고, 극단적으로 비관적이거나, 삶을 향상시키는 적극적이고 반응적인 역할을 선택할 수 없는 내담자는 인지치료에 적합한 대상자가 될 수 없을 것이다(Wright, Basco, & Thase, 2006).

치료자의 역할

2장에서 우리는 내담자가 자신과 자신의 세계에 대해 사로잡혀 있는 부적응적이고 자동적인 가설, 사고, 태도를 찾아내고 고치도록 돕고자 노력하는 '과학자' (〈표 2-9〉 참조)로서 인지치료자의 역할을 설명했다. 그러한 인지치료자 역할의 성공은 생산적이고 협력적인 치료적 동맹을 맺는 것에 달려 있다. 이 동맹을 촉진하기 위해서 인지치료자는 내담자의 정서적 경험과 관련된 고통을 인정하고 공감적이고 지지적인 태도를 유지하지만, 내담자가 치료에서 맡아야 할 중요한 역할이 있다는 것 또한 분명하게 한다. 따라서 부적응적인 도식, 자기 파괴적인 신념, 부정적인 귀인양식, 그 밖의 중요한 인지적 요인 등이 심리적 장애를 어떻게 만들어 내고 유지시키는지에 관해 교육한다. 이러한 정보는 매우 중요한데, 그 이유는 이러한 정보가 내담자의 문제에 대한 치료자의 시각, 그 문제를 밝혀내기 위해 사용할 기법들, 그 과정을 촉진하는 데 내담자의 역할에 대한 기대 등을 내담자가 더 잘 이해하도록 돕기 때문이다.

일단 만족스러운 작업동맹이 형성되고 내담자가 기본적인 인지 모델을 이해하고 수용하면, 인지치료자는 특히 내담자의 경험과 연합된 인지적 왜곡에 초점을 맞추면서 내담자가 자신의 신념을 적극적으로 검토하도록 작업한다. 라이트, 바스코와 테이즈(Wright, Basco, & Thase, 2006)는 이 과정들은 치료자가 문제를 평가하고, 목표를 설정하고, 가설을 검증하고, 과제를 개발하고, 치료에서의 진척을 판단하기 위한 협동적인 노력에 내담자를 끌어들인다는 면에서 협동적 경험주의(collaborative empiricism)라 부른다. 이미 설명했듯이, 내담자는 종종 그들의 어떤 문제 이면에 있는 인지적 왜곡을 깨닫지 못한다. 그래서 인지치료자는 내담자가 이러한 왜곡을 더 잘 인식하도록 돕기 위해 4장 '면담과 행동관찰'에서 설명한 몇 가지 면접기술을 사용한다. 인지치료를 진행하면서 치료자는 역할극, 작문연습, 자기주장 훈련 등 다양한 형태의 과제를 사용한다.

인지치료의 목표

인지치료의 토대가 되는 이론이 암시하는 것처럼, 치료에서 인지치료자의 목표는, 첫째 행동과 경험에서 부적응적인 사고의 역할에 대해 내담자를 교육하고, 둘째 내담자가 그러한 사고를 하게 될 때 인식하는 것을 학습하도록 돕고, 셋째 부적응적인 사고에 도전하고 이 부적응적인 사고를 더 정확하고 적응적인 사고로 대체하기 위한 기술로 내담자를 무장시키는 것이다. 아마도 인지치료의 목표에 대한 가장 간단한 공식화는 확인하기(identifing), 논박하기, 대체하기일 것이다.

임상적 적용

심리교육

치료 초기에 인지치료자는 내담자에게 장애에서 인지의 역할에 대해 교육한다. 교육은 몇 가지 주제에 대한 소형 강의를 포함한다. 이 주제에는 증상, 현실적인 목표 설정, 행동 활성화, 사고가 감정에 영향을 미치는 방식, 사고의 자동적 특성, 도전적인 사고를 위한 전략 등과 같은 것이 있다. 내담자를 정보 속에 침몰시키는 것이 목표는 아니다. 만약 그렇다면 '선생님 도식'이 길고 따분한 강의를 하는 누군가를 연상시켜서 아마도 '독립적인 학습설계 조언자' 도식에 도움을 요청하려 들 것이다. 치료자는 내담자가 빨리 협력자가 될 수 있도록, 그리고 결국에는 스스로 인지적 오류를 확인하고 논박하고 대체할 수 있도록 하기 위해서 내담자를 그들의 장애에 대해 생각하는 방식으로 사회화시키려 한다. 또한 인지치료자는 도형이나 도표를 사용하고 비디오테이프나 책을 권하거나 과제를 낼 것이다. 어떤 치료자들은 치료에서 도움을 얻기 위해 컴퓨터의 멀티미디어 프로그램을 사용하기 시작했다(Wright, Basco, & Thase, 2006).

치료에서 이러한 종류의 '사회화'는 모든 치료 형식에서 중요하지만 인지치료에서는 특히 중요할 수 있다. 왜냐하면 임상가가 인지치료의 이론적인 근거를 철저히 설명하지 않는다면 내담자를 비난하거나 지지가 부족한 것으로 인식할 위험이 있으며, 내담자가 치료 권고를 잘 따르지 않기 때문이다(Reinecke & Freeman, 2003).

소크라테스식 질문

철학자 소크라테스의 이름을 따온 소크라테스식 질문(Socratic questioning)은 내담자의 근본적인 신념과 가정들이 밝혀져서 내담자가 분석에 개방적이 될 때까지 치료자가 일련의 질문을 제시하는 화법의 한 형태다. 아론 벡(Aaron Beck)의 딸 주디스 벡(Judith Beck)은 인지치료 절차에서 보통 치료자와 내담자가 묻는 여섯 가지 형태의 질문을 밝혀냈다(J. S. Beck, 1995, p. 109).

① 증거는 무엇인가?
② 대안적인 설명이 있는가?
③ 일어날 수 있는 최악의 것은 무엇인가? 당신/나는 그것과 함께 생활할 수 있는가? 일어날 수 있는 가장 좋은 일은 무엇인가? 가장 현실적인 결과는 무엇인가?
④ 당신/나의 자동적 사고를 믿는 효과는 무엇인가? 당신/나의 생각을 바꾸는 것은 어

떤 영향이 있을까?

⑤ 그에 관해 당신/나는 무엇을 해야 하는가?

⑥ 똑같은 상황이라면 당신/나는 ________ 에게(예, 친구) 뭐라고 말할 것인가?

치료자는 이러한 질문을 다양하게 변형해서 사용하며, 또한 합리적이고 대안적인 대답을 제공하는 사고방식의 시범을 보인다. 또한 내담자의 부적응적인 신념(예를 들어, '나는 결코 늦어서는 안 돼.')에 대해 의도적으로 과장하는데, 그렇게 함으로써 내담자가 그러한 신념의 비합리적인 면을 볼 수 있도록 하기 위해서다. 인지치료자는 보통 내담자에게 0에서 100까지의 비율척도로 경험이나 정서와 관련된 그들의 말을 양적으로 표시하도록 요청한다. 그래서 내담자가 "나는 이 세상에서 가장 큰 패배자예요."라고 말한다면 다음과 같은 대화가 시도될 것이다.

치료자: 정말인가요? 이 세상 전체에서?

내담자: 실제로요. 나는 가장 큰 패배자처럼 느껴요.

치료자: 좋아요, 이해했어요. 다른 사람들에 비해서 당신이 정말 무능하다고 느끼는군요.

내담자: 그래요.

치료자: 당신이 볼 때 0에서 100까지의 척도 중 어디쯤이라고 말하겠어요? 0은 세상에서 절대적으로 가장 큰 패배자를 말하고 100은 이 세상에서 가장 경쟁력 있는 사람을 말한다면 당신은 자신을 어디쯤 놓겠어요?

내담자: 오, 모르겠어요. 꽤 낮을 텐데……. 아마도…… 8.

치료자: 0에 가까운 사람들에 대해 생각해 봐요. 그들은 어떤 사람들일까요?

내담자: 직업이 없고, 감옥에 있고, 아동 성추행범, 친구가 없고, 알코올중독이고, 무지한…….

치료자: 좋아요. 당신 상황을 살펴보죠. 현실적으로 당신은 0에서부터 얼마나 떨어져 있죠?

내담자: 글쎄요. 나는 직업이 있고 친구가 몇 명 있어요. 나는 아동 성추행범은 아니죠.

치료자: 그리고 20 근처에 있는 사람은 어떤 사람일까요? 혹은 50은? 당신은 그들과 어떤 공통점을 가지고 있나요?

이 예에서 치료자는 패배자라는 내담자의 신념에 대해 그것을 양적으로 표현해서 더 명백해지도록 내담자를 격려하고, 내담자가 그의 신념에 대한 증거를 조사해 보도록 하기 위해 소크라테스식 질문을 사용한다. 모든 증거를 세밀히 살펴본 후, 내담자는 자신에 대한 평가를 더 높은 쪽으로 수정하기로 결정하게 된다. 이 연습은 척도상에서 내담자의 '진짜' 위치를 찾기 위한 것이 아니라, 자신에 대한 과장되고 부정적인 평가가 어떻게 자동적으로 일어나고 수용되는가를 내담자에게 보여 주기 위한 것이다. 이처럼 내담자가 압도감을 느끼지 않도록 내담자가 이해하는 언어로 내담자에게 보조를 맞춘 논쟁을 진행함으로써, 내담자와 치료자는 사건과 자신에 관한 부정적인 신념을 점차 밝혀낼 수 있다.

부적응적인 사고를 논박하고 대체하기

내담자가 종종 자기 파괴적인 신념과 귀인을 고집스럽게 붙잡고 있기 때문에, 〈표 8-5〉에 제시된 인지 왜곡 목록은 치료자에게 도전이 된다. 실제로 다른 모든 사람처럼, 내담자는 자신의 핵심 신념을 지키려고 애쓴다. 이 핵심 신념에는 심지어 걱정하게 하고 불안하게 하고 불행하게 만드는 자신에 대한 신념까지 포함된다. 우리는 3장에서 심리학자의 임상적 판단에 편견을 갖게 하는 요인들 중 확증 편향(confirmation bias)이라 부르는 일반적인 인간의 경향성에 대해 논의했다. 이를 고려해 본다면, 핵심 신념에 다가갈 때 그것을 파헤치는 증거보다 신념을 지지하는 증거에 더 깊은 관심을 기울이는 경향이 있다는 것은 당연하다.

내담자가 이러한 경향을 극복하도록 돕기 위해 인지치료자는 부적응적인 신념을 가장 부정적인 방법으로 해석하는 우울한 내담자에게 대안적인 귀인을 고려해 보도록 반복해서 요구한다. 다음 예는 이 재귀인훈련(reattribution training)을 보여 준다. 같은 도시에서 혼자 살고 있는 연로한 어머니와 44세의 내담자에 관한 내용이다.

치료자: 당신 어머니가 자신이 행복하지 않다고 말할 때 당신 마음속에 스쳐 지나가는 건 뭐죠?

내담자: 그것은 내 잘못이에요. ……나는 어머니를 충분히 돕지 않았어요.

치료자: 그리고 그 생각이 당신에 관해 의미하는 건 뭘까요?

내담자: 그건 내가 더 많은 것을 해야 한다는 거죠. 나는…… 게을러요. 부주의한 사람이죠. 나는 어머니를 더 잘 보살펴야 했어요. 어머니가 행복하지 않은 건 내 잘못이죠.

치료자: 당신 어머니가 힘들게 지내고 있다고 말할 때 당신이 느끼는 것을 이해해요. 또한 당신 어머니에 대해서 당신이 공감하는 것을 이해해요. 그렇지만 당신은 당신이 어머니가 힘들게 살도록 했다고 생각하나요? 당신 어머니가 힘들게 사는 다른 이

유는 없나요?

내담자: 글쎄요. 어머니의 관절염이 최근에 더 나빠졌어요.

치료자: 다른 건요?

내담자: 아버지가 돌아가신 날이 다가오고 있어요. 어머니는 항상 2월을 힘들게 보내곤 하죠.

치료자: 좋아요. 아마도 당신이 당신 어머니가 힘들게 살도록 한 원인이 될 수도 있겠죠. 그렇지만 당신 이외에 다른 원인들이 있을 가능성 또한 있군요.

이 대화에서 치료자는 내담자가 귀인의 내적 차원과 외적 차원을 고려해 보도록 격려했다(〈표 8-6〉 참조).

탈파국화(decatastrophizing)는 내담자들이 파국적인 예측을 평가하도록 돕는 것을 포함한다. 특히 불안과 사회공포증 내담자들에게 사용하는 이 접근법은 사실은 참을 만하지만 내담자가 불편해하고 가장 두려워하는 상황에 단계적인 변화가 있다는 것을 알도록 돕기 위해 만들어졌다. 예를 들어, 사회공포증 내담자가 파티에서 혼자 서 있는 것을 상상할 수 있는 가장 창피한 일이라고 두려워한다면, 치료자는 더 고통스러울 만한 다른 것들(그곳에서 옷을 다 벗고 서 있거나, 동물 의상을 입고 있거나)을 상상하도록 할 것이다. 치료자는 내담자가 혼자 서 있는 것을 견딜 수 있다고 생각하는 시간이 얼마나 긴지 몇 분 몇 초로 판단하도록 요청할 것이다. 이러한 것들에 대한 연습은 불편함을 견딜 수 있는 내담자의 능력—문제를 극복하는 데 꼭 필요한—이 스스로 깨닫고 있는 것보다 더 크다는 것을 인식하도록 돕는다.

사고기록과 다중컬럼 기록

행동치료에서처럼 치료의 중요한 요소 중 하나는 치료회기들 사이에 내담자가 '과제'를 하는 것이다. 인지치료에서 내담자를 위한 가장 일반적인 기법 중 하나는 정서적으로 중요한 사건들에 대해 계속 기록하는 것이다. 내담자들은 대부분 두 칸의 사고기록(two-column thought record)으로 시작한다. 1칸에는 그 사건의 날짜와 시간을 기록한다. 그 2칸에는 그 사건에 대한 자동적 사고를 기록한다. 이 절차는 자동적이고 부적응적인 인지를 알아차리는 연습을 위해 만들어졌다.

대부분의 내담자는 곧 3칸 기록을 쓰는 단계로 갈 수 있다. 내담자는 정서적 반응과 그 정서의 강도를 기록하기 위해 3칸을 사용한다. 마지막에는 5칸 기록이 사용된다. 4칸에는 2칸에 기록된 인지적 오류에 이름(예, 과일반화, 파국화, 개인화)을 붙이고, 그러한 자동적 사고에 대한 적응적이고 대안적인 행동과 합리적인 대안을 기록한다. 다섯째 칸에는 적응적인 사고와 행동을 시도한 결과를 기록한다. 〈표 8-7〉은 5칸 기록지의 예시다.

〈표 8-7〉 어떤 내담자의 5칸 사고기록

사건 혹은 상황	자동적 사고	정서(강도)	합리적인 인지대안	결과와 정서
오늘 직장 식당에서 내가 들어가자마자 모든 사람이 식당을 나갔다.	모든 사람은 나를 싫어한다.	화(70%)	개인화 나는 12시 40분경에 식당에 들어갔다. 그래서 사람들은 아마도 다시 일을 하러 가야 했을 것이다. 내 뒤에 식당으로 들어온 두 명의 사람이 유일하게 어느 정도 나를 알고 있는 좋은 친구였다. 아마도 그들은 할 말이 있었을 것이다. 내일은 식당에 들어가서 누군가의 옆에 앉아야겠다.	나는 식당에 들어가서 조에게 그와 함께 앉아도 되는지 물었다. 그는 그러라고 했다. 나는 불안(70%)했지만 그것을 견뎠다. 나는 그에게 대학에 다니는 그의 딸에 대해 물었다. 내 생각에 잘한 것 같다.
	나는 호감이 가는 사람이 아니다.	슬픔(95%)	과일반화 그곳에 있는 사람들 중 단지 한 사람만이 나를 정말로 미워하는 것 같다. 모든 사람이 나를 좋아할 필요는 없다. 나에게는 그곳의 친구들이 있으니까.	

이 절의 요약 인지치료는 인지가 사건과 정서경험 사이를 매개한다는 생각을 토대로 한다. 인지적 왜곡이라 부르는 어떤 인지들은 심리적 장애를 만들어 내고 유지하는 데 핵심 역할을 한다. 인지치료자의 주된 과업은 심리교육, 소크라테스식 대화, 사고기록과 같은 기법들을 사용해 내담자가 이 인지 왜곡에 도전하고 그것을 더 적응적인 사고양식으로 바꾸도록 학습하는 것을 돕는 것이다.

인지–행동 치료

이 절의 미리보기

인지–행동 치료(CBT)는 행동치료와 인지치료의 이론과 기법들이 결합된 형태다. 경험적으로 검증된 방법을 강조하는 체계적이고 구조적인 접근인 CBT는 많은 호응을 얻었다.[1]

행동적 접근과 인지적 접근은 인지–행동 치료(cognitive–behavior theraphy: CBT) 혹은 CBT로 지난 몇 년에 걸쳐 통합되었다. 이러한 통합은 다양한 장애에서 행동중심 임상가들이 인지의 중요성을 인식하고, 또한 인지중심 임상가들이 인지적 변화를 행동적 변화로 체계적으로 전환하도록 돕는 행동치료기법의 가치를 인식했기 때문에 일어났다. 그러나 이 두 주요 접근이 결합하게 된 다른 이유들도 있다.

행동적 접근과 인지적 접근은 모두 임상심리학의 경험적 전통에서 왔다(2장 참조). 따라서 두 접근에 사용된 많은 기법은 본래 연구장면에서 만들어지고 개발된 것이다. 그렇기에 행동적 임상가와 인지적 임상가는 주의 깊게 통제된 연구에서 효과를 나타낸 방법을 사용해야 한다는 강한 신념을 공유한다. 이 두 접근법은 또한 계속해서 자료를 수집해서 치료 효과를 추적하는 것을 강조했다. 그들은 내담자의 현재 증상과 그것이 발생한 배경에 대한 평가를 강조하고, 역사적 요인들 혹은 전반적인 성격 변인들을 강조하지 않는다. 마지막으로, 이 두 접근법은 치료자의 역할이 비슷하다. 행동적 치료자와

1) 역자 주: 심리학 문헌에서 인지–행동 치료(cognitive–behavior therapy)와 인지–행동적 치료(cognitive–behavioral therapy) 용어는 호환적으로 사용된다. 더 간단한 형태가 선호되긴 하지만, 이 용어들을 서로 바꿔서 사용하기도 한다.

인지적 치료자는 내담자를 진심으로 대하고 지지적이도록 노력하지만, 내담자에 대해서 객관적이고 교육적인 자세를 취하며 꽤 지시적이다. 즉, 그들은 질문하기, 과제 부여, 내담자의 가정에 도전하기 등을 적극적으로 수행한다.

이론적 토대

CBT의 이론적 토대는 우리가 이미 설명했던 행동적 접근과 인지적 접근이다. CBT를 채택한 대부분의 사람은 행동주의의 이론적 틀에 인지적 이론과 실제가 더해져서(혹은 그 반대), 정상과 이상 행동이 어떻게 발달하고 변화할 수 있는지에 대한 더 명확하고 설득력 있고 증거에 기반을 둔 기술을 이끌어 낸다고 생각한다.

임상적 적용

이 두 심리치료 접근법의 결합은 행동적 접근, 인지적 접근을 지향하는 임상가들이 개발한 모든 개입을 인지-행동 치료자들이 임상 실제에서 자유롭게 사용한다는 것을 의미한다. 그러한 개입을 어떻게 사용하느냐는 내담자 각각에 대한 치료자의 평가에 달려 있다. 행동치료자와 인지치료자들처럼 CBT를 사용하는 임상가도 때때로 공식적이고 표준화된 검사들을 사용하며, 특히 진단을 내릴 필요가 있다면 더욱 그렇다. 그러나 치료와 관련된 평가에는 행동평정척도, 질문지, 내담자의 자기평가 등이 포함된다.

인지-행동 치료자들은 치료회기를 구조화하는 방법을 상당히 명확하게 하려 한다. 매 회기는 종종 문서화된 의제(agenda)를 가지며, 일반적으로 치료는 내담자가 치료의 개념과 작업들에 익숙해짐에 따라 비교적 예측 가능하게 진행된다. 예를 들어, 라이트, 바스코와 테이즈(Wright, Basco, & Thase, 2006)는 CBT 치료의 초기단계를 진행하기 위한 구조를 다음과 같이 제안한다.

① 내담자 맞이하기
② 증상 체크하기
③ 의제 설정
④ 이전 회기의 과제 검토하기
⑤ 의제와 관련된 주제에 대해 CBT 작업하기
⑥ 인지 모델 교육하기, 기본적인 CBT 개념과 방법들 가르치기

⑦ 새로운 과제 개발하기

⑧ 핵심 내용 검토하기, 내담자에게 피드백 주기, 회기 마무리하기

CBT 치료 초기에는 기분 변화 확인, 자동적 사고를 밝히기, 2칸이나 3칸 사고기록지 작성, 인지적 오류 확인, 활동 일정 정하기, 행동수행 등이 포함된다. CBT의 초기단계에서는 기초적인 인지 모델을 설명하고 가르치는 것을 강조한다. 피드백은 치료기간 동안과 회기 말미에 여러 번 주어지고 또 요구된다. 어떤 치료자는 증상을 체크하기 전에 의제를 설정하는 것을 더 선호한다. 과제는 회기에서 재검토되고, 다양한 관점이 제시된다.

치료가 중간단계로 진행되면서 5칸 사고기록지 작성, 두려워하는 자극에 대한 점진적 노출, 도식을 바꾸는 기초 혹은 중간 수준의 작업 등에 더 초점을 맞추게 될 것이다. 치료의 후기단계에는 도식의 확인과 수정, 5칸 사고기록지 작성, 문제를 관리하고 수정된 도식을 연습할 행동 계획의 개발, 위계적 노출 목록의 완성, 종결 준비 등이 포함된다. CBT에서 사용되는 대부분의 중재를 행동적 치료접근과 인지적 치료접근에서 가져왔지만, CBT에서 사용하기 위해 특별히 개발된 것들도 있다. 여기에 그러한 두 가지 중재를 소개한다. CBT의 많은 변형과 응용이 계속 개발되고 있다.

재발방지

말랫과 고든(Alan Marlatt & Judith Gordon, 1985)의 재발방지치료(relapse prevention treatment)는 알코올중독 혹은 다른 물질 사용 장애를 극복하려는 내담자를 돕기 위해 만들어진 인지-행동적 개입이다. 말랫과 고든은 재발이 내담자가 재발을 이끄는 사고('나 자신을 술에게 의지하고 있어.')를 하게 될 때 가장 많이 일어난다고 믿는다. 일단 재발의 삽화가 발생하게 되면, 죄책감과 수치심이 계속해서 음주할 가능성을 증가시키는 부정적인 자기평가(예를 들어, '나는 내 가족을 실망시켰어.' '나는 완전히 실패했어.')를 폭포수처럼 낳는 경향이 있다. 이 결과를 절제위반효과(abstinence violation effect)라고 한다(Marlatt & Gordon, 1985).

재발방지의 바탕이 되는 생각은 위험한 인지들을 모니터해서 다른 사고전략으로 대체하도록 내담자들을 교육한다는 것이다. 예를 들어, 내담자는 술을 마시면 기분이 얼마나 좋을까를 생각하는 대신, 구속될 정도로 술을 마신 후에 병원에 있으면 기분이 얼마나 비참할까에 초점을 맞추도록 배운다. 또한 내담자들은 재발 삽화를 물질 사용을 다시 시작하기 위한 변명이 아니라, 더 나은 인지-행동적 자기통제 전략을 통해 방지할 수 있는 일시적인 후퇴로 바라보는 것을 배운다. 재발방지기법은 다른 장애에도 채택되

고 있으며, 인지-행동 치료의 한 부분이 되었다. 특히 재발방지기법은 증상을 일으키기 위해 나타나는 특정한 인지 혹은 도식을 내담자가 더 잘 인식하도록 돕는다.

변증법적 행동치료

리네한(Linehan, 1993; Linehan & Kehrer, 1993; Miller et al., 2006)에 의해 개발된 변증법적 행동치료(dialectical behavior therapy: DBT)는 인지-행동 치료의 한 형태다. 이것은 주로 경계선 성격장애와 관련된 충동적인 행동, 두드러진 기분 변화, 취약한 자기상, 격렬한 대인관계 등을 보이는 내담자들을 돕기 위해 사용된다. 이러한 내담자들 중 다수는 복합적인 장애를 보이는 청소년들이다. 그들 중 일부는 자살 위험 혹은 공격적인 행동표출을 보인다. DBT는 폭식증과 같은 섭식장애에도 적용되어 왔다(Safer, Telch, & Agras, 2001).

DBT는 우선적으로 내담자가 그들의 변덕스러운 행동을 억제하는 기술을 개발하도록 돕는다. 그러나 이러한 '억제(containment)' 목표가 달성된 후에는 현재의 정서적 어려움의 원인이 되는 외상적 경험—아동기의 신체적 성적 학대와 같은—에 직면하도록 돕는다. 이 단계의 치료는 이러한 외상에 대한 자기비난을 없애고, 외상후 스트레스 증후군을 감소시키고, 그 외상에 대해 누구를 비난할 것인지에 대한 문제를 해결하는 데 집중된다. 거의 모든 사건을 다양한 관점으로 생각할 수 있다는 것을 경계선 내담자들이 이해하도록 지속적으로 도움으로써 그들이 더 통합적이고 균형 잡힌 방식으로 세상을 보도록 격려한다.

사 례

고렌스타인과 코머(Gorenstein & Comer, 2002, pp. 46-62)에서 발췌한 다음의 카를로스(Carlos) 사례는 행동적 기법과 인지적 기법을 결합한 방식이 우울과 신체적 문제로 힘들어하는 내담자를 돕는 데 적용할 수 있음을 보여 준다.

가족의 배관물품회사 공동소유자이며 네 아이의 자랑스러운 아버지인 39세의 카를로스는 점점 더 그의 건강에 몰두하게 되었다. 카를로스보다 15세 많았던 그의 사촌은 최근에 심장발작으로 사망하였다. 카를로스는 사촌을 잃어 슬펐지만 그에 대해 많이 생각하지는 않았다. 그러나 몇 달 후 자신을 걱정하기 시작했고, 결국에는 그 역시 심장에 이상이 있다고 확신하게 되었다. 그는 맥박을 계속해서 측정했고, 심장이 빨리 뛰는 것은 심장발작의 신호가 될 수 있다고 생각해서 심장박동을 감지하기 위해 가슴에 손을 올려놓기 시작했다.

결국 카를로스는 몇 달 전에 검사를 이미 받았지만 다시 의사를 만나러 갔다. 심전도 검사(EKG)를 했고, 결과는 정상이었다. 카를로스는 안심하고 병원을 나왔지만 기분은 나아지질 않았다. 그는 '심장발작의 가능성이 아직도 있다.' 고 혼자 생각했다.

몇 주 동안 계속 그는 재난이 닥치는 생각을 극복할 수 없었다. 며칠 밤을 절망감에 압도되어 깨어났고, 아내 소니아가 잠든 동안에 혼자 숨죽여 울었다. 직장에서는 흥미를 잃었고 집중을 유지하기가 어려웠다. 집에서 그는 단지 앉아서 침울해하고만 있었다. 아이들을 이미 고아가 되어 버린 것처럼 바라보았고, 하염없이 눈물을 흘리곤 하였다.

카를로스는 의사를 다시 만나기로 결심했다. 이번에 의사는 카를로스에게 심장발작에 대해 계속 생각하는 것은 자신이 감당할 수 있는 일이 아니라고 했다. "당신은 괜찮아요. 그러니 아무 걱정하지 마세요." 라고 의사가 말했을 때, 카를로스의 눈은 눈물로 가득 찼다. 의사는 자신의 환자에게는 두려움을 치료해 주는 도움이 더 필요하다는 것을 깨달았다. 그 의사는 카를로스에게 심리학자를 만나 볼 것을 권했다.

그의 증상들—절망감, 집중 곤란, 불면, 일상적인 활동에서 흥미의 상실, 두려움—에 대해 듣고, 심리학자는 카를로스에게 그가 우울증 때문에 힘들어하고 있고 심리치료가 도움이 될 것이라고 했다. 심리학자는 또한 카를로스에게 항우울제 처방을 해 줄 수 있는 정신과 의사의 도움을 받도록 권했다.

결국 카를로스는 필라델피아에 있는 벡의 인지치료센터에서 인지치료 개발의 선구자인 벡에게 수련을 받은 월든(Walden) 박사와 치료를 시작했다. 다른 인지치료자와 연구자처럼 월든 박사는 개인이 생각하는 방식에 초점을 맞추어서 우울증을 폭넓게 설명하고 다루었다. 비록 우울증에서 기분의 침체가 가장 명확한 증상이긴 해도, 많은 연구는 인지의 혼란이 이 장애에서 중요한(아마도 가장 중요한) 역할을 한다고 설명한다.

심리치료의 첫 회기는 대부분 카를로스의 현재 상태와 그것을 이끌어 낸 사건들에 대한 논의로 채워졌다. 고통스러웠지만 카를로스는 일관되고 조직적인 방식으로 과거 사건을 이야기했다. 그 당시 그의 얼굴 표정에서 나타난 절망은 거의 고통에 가까워 보였고 목소리는 고통으로 떨렸다.

월든 박사는 그 회기의 남은 15분을 카를로스에게 우울증에 대한 인지치료 이론과 치료기법에 대해 간략하게 설명하는 데 썼다. 치료의 핵심은 그의 능력을 파괴하고 있는 사고와 행동을 밝히고, 결과적으로 우울증이 줄어들도록 대안적인 사고와 행동 방법을 개발하도록 돕는 것이라고 설명했다. 회기를 시작하면서 심리학자는 카를로스에게 고통(슬픔, 화, 불안, 그 밖의 무엇이든지)을 낳는 모든 생각과 사건들 그리고 그의 강도를 비율로 기록하면서, 다음 주 동안 정서적 반응들을 모니터해 보도록 요청하게 될 것이라고 설명했다. 월든 박사는 다음 회기에 문제에 대한 카를로스의 사고를 끄집어내기 위해 이 기록들을 논의할 것이라고 설명했다. 그리고 그의 활동에 대한 일기를 계속 써 나갈 것을 요청했다.

다음 회기에서 월든 박사는 일주일 동안의 기분과 활동에 대해 카를로스가 써 온 기록을 검토했고, 이 기록을 논의의 주제로 삼았다. 날마다 몇 번씩 적어 놓은 고통스러운 사고는 현재 상태의 심각성과 관계되며 여러 가지 형태로 표현되었다. "나는 폐인이야." "내가 어떻게 그렇게 병들게 되었지." "나는 할 수 있는 게 아무것도 없어." 이러한 사고는 특히 카를로스가 일을 하지 않을 때 자동적으로 일어나는 것처럼 보였다.

월든 박사는 인지치료의 전형인 소크라테스식 대화 형태로 카를로스를 이끌었다.

월　　든: 당신은 당신이 '폐인'이고 아무것도 할 수 없다고 말했어요. 무엇이 당신을 그런 결론에 이르게 했죠?

카를로스: 글쎄요. 나는 병원치료를 받고 있어요. 그것이 안 좋은 거죠. 난 이런 사실을 믿을 수가 없어요.

월　　든: 지난번에 그에 대해 논의했던 것으로 아는데, 병원치료를 받는 것이 무엇을 가져왔는지 다시 말해 주겠어요?

카를로스: 나는 약이 도움이 되지 않을 때 일종의 공황상태가 되죠. 나는 일하러 가지도 않고, 어떤 것도 하지 않아요. 정신과 의사인 수 박사는 계속 좋아지지 않는다면 부작용을 스스로 감당해야 하는 것에 대한 걱정 없이 다른 약을 시도해 볼 수 있게 병원에 입원해야 할 거라고 했죠. 나는 수 박사에게 우리 가족은 나 없이 지내는 게 나을 거라고 말했어요.

월　　든: 당신은 그들이 더 잘 지낼 거라고 생각해요?

카를로스: 모르겠어요. 나는 가족들에게 그렇게 잘 하지 못해요.

월　　든: 당신이 없는 그들의 삶은 어떨까요?

카를로스: 그건 아마도 끔찍할 거예요. 우리 가족이 나 없이 더 잘 지낼 거라고 말한 건 너무했다고 생각해요. 내가 더 나빠질수록 할 수 있는 일은 별로 없어요.

월　　든: 당신이 할 수 있는 일은 뭘까요?

논의를 계속하면서 심리학자는 카를로스가 가지고 있는 다양한 가능성을, 그리고 '폐인'과 '아무것도 할 수 없다'는 말이 나타내는 것처럼 그가 위태롭지 않다는 것을 실제적인 용어를 사용해서 그가 알도록 도왔다. 월든 박사는 카를로스가 실제로 그의 가능성의 한계를 알지 못한다고 지적했는데, 이것은 '스트레스'가 그의 상태를 악화시킬 것이라는 정확하지도 않은 가정하에 자신의 요구를 일부러 줄여 왔기 때문이라는 것이다. 심리학자는 카를로스에게 그가 할 수 있는 활동 몇 가지를 더 해 보도록 해서 그의 가정을 점검해 보자고 제안했다. 논의 후에 매일 카를로스가 오전 8시에 직장에 나가는 노력을 하기로 결정했는데, 8시는 우울증이 있기 전에 출근을 했던 시간이었다. 두 번째로, 카를로스는 매일 밤 어린 두 아이에게 잠들기 전에 동화책을 읽어 주기로 약속했다. 그리고 더 구체적으로는 자신에 관한 걱정으로 헤매기보다 이야기의 내용에 열심히 주의를 기울이도록 하는 것을 논의하였다. 이 두 가지 과제를 수행하면서 날마다 성공 여부를 활동기록지에 적도록 했다.

마지막으로, 월든 박사는 그것들과 관련된 불쾌한 정서와 사고를 계속 기록하도록 요청했다. 그러나 이번에는 카를로스의 처음 생각이 실제로 모든 증거와 일치하는지를 생각해 보고, 대안으로 더 현실적인 사고를 해서 기록하도록 했다.

다음 회기에서 월든 박사는 가장 먼저 행동과제에 관하여 물어보았다. 카를로스는 주중에 매일 밤 아이들에게 책을 읽어 주었고, 복잡하게 생각하지 않고 집중해서 책을 읽었다고 대답했다. 그러나 그는 나머지 밤시간 동안에는 그저 앉아서 울적해했으며, 때때로 다른 가족이 일상생활을 하고 있는 동안에 거실 의자에 한 시간 동안 앉아 있거나, 어떤 일을 할 때 그의 상태와 무능력—혹은 욕구 부족—에 대해 더 걱정한다고 호소했다. 월든 박사는 그 시간 동안의 부정적인 사고에 관해 물었다. 내담자는 "옛날과 같아요."라고 대답했는데, 그것은 자신이 폐인이고 아무것도 할 수 없다는 생각을 의미했다. 심리학자는 그러한 사고가 일어날 때 그가 그러한 사고를 논박할 수 있는지 물었다. 카를로스는 자신이 증거를 생각해 보고 대안적인 사고를 만드는 연습을 하고 있지만 몇 분 이내로 그 부정적인 사고가 되돌아 온다고 대답했다. 그러면 그는 다시 이 모든 과정을 시도했다. 이러한 일이 계속 반복되고 있었다.

이를 듣고 월든 박사는 그들이 이전에 논의했던 카를로스의 무능력에 대한 객관적인 범위를 함께 재검토했다. 내담자는 '폐인이다'와 같은 자신의 상태에 대한 인식이 과장되었다는 것을 인식하고 있었다. 그러나 그 이상 더 정확한 평가를 하는 데 어려움이 있어 보였고, 모든 것을 검토해 보았을 때 자신이 사실은 합리적으로 잘 기능하고 있다고 끊임없이 스스로에게 상기시켜야만 했다.

윌든 박사는 다음 단계는 재공식화된 사고 뒤편의 행동을 할 수 있는 힘을 끌어오는 것이라고 느꼈다. 가족들의 저녁 일상에 카를로스가 온전히 참여하도록 할 시기라는 것이다. 그렇기에 이번 회기의 많은 시간 동안 집에서 저녁 때 할 수 있는 적절한 일상적인 활동을 자세히 논의하였다.

다음 회기에 카를로스는 이전 회기에 처방받았던 일들을 집에서 할 수 있었다고 했다. 그는 당면한 확실한 일들—아이들에게 책 읽어 주기, 학교생활에 대해 물어보기, 몇 가지 서류 작업—에 집중하는 것이 우울한 사고 패턴을 감소시키는 방법이라는 것을 발견했다. 그는 윌든 박사에게 자신이 이러한 일을 할 능력을 가지고 있다는 것이 기쁘고, 심지어 몇 가지 활동을 즐기기 시작했다고 말했다.

다음 회기에서 윌든 박사는 직장에서의 활동을 늘리는 것에 대해 작업했다. 카를로스는 직장에 있는 시간을 매일 6시까지 늘렸지만 자주 우울해지는 자신을 발견했다. 언뜻 생각하기에 스트레스가 자신의 상태를 더 악화시킬 수 있다는 가정하에 직장에서의 활동을 엄격히 제한했다. 그 결과로 그는 아무것도 하지 않는 시간이 주체할 수 없을 만큼 많았는데, 그 시간 동안 책상에 앉아 컴퓨터를 하고 자신의 무능력 정도와 진척 정도에 대해 곰곰이 생각하면서 보내고 있었다.

윌든 박사는 부정적인 사고를 논박하기 위한 시도와 실제 상황 속에서의 행동 간의 불일치를 지적했다.

윌　　든: 당신이 폐인이고 아무것도 할 수 없다는 부정확한 생각에 도전하는 것은 좋아요. 그렇지만 당신이 그런 생각들이 틀렸다는 것을 정말로 알고 있다면 왜 아직도 직장에서의 활동에 한계를 설정하고 있는 건가요?

카를로스: 내 생각에 스트레스가 증가하면 내가 나아지고 있는 것이 망쳐질까 두려워하고 있는 것 같아요.

윌　　든: 당신이 집에서 더 많은 책임을 맡았을 때 무슨 일이 일어났나요?

카를로스: 걱정에 덜 휘말리게 되었어요.

윌　　든: 그것이 직장생활에 대해 가르쳐 줄 만한 교훈은 뭐죠?

카를로스: 그것은 내가 더 많은 일을 시작해야 한다는 거죠. 나는 최소한도 하지 않고 있어요. 그리고 직장에서 그렇게 많은 스트레스를 받았다고 말할 수도 없어요. 내 말은 내가 사장 중 한 사람이란 거죠. 나는 내 속도에 맞춰서 일을 해요. 나는 항상 하루에 할 일을 잘해 내죠. 적어도 그랬죠. 그렇지만 지나치게 열중하지는 않아요.

월　　든: 그래서 직장에서 어떻게 하면 좋을지에 대한 본래 질문으로 돌아갑시다.

카를로스: 알아요, 알아요. 이런 위치에서 나처럼 직무를 게을리 한다는 게 말도 안 되죠.

그다음 회기에서 카를로스는 월든 박사와 동의했던 행동적 인지연습을 계속했고 향상되었다. 카를로스는 온전한 기능으로 돌아왔고 대부분 상태가 좋았다. 그는 밤샘 출장을 다시 갈 만큼 향상되었다. 따라서 치료시간은 이제 재발방지를 위해 쓰였다. 목표는 카를로스가 우울한 사고의 기저에 있는 기본 신념을 이해하도록 돕는 것이었다.

예를 들어, 내담자의 가장 기초적인 우울신념은 재앙이 언제라도 닥칠 것 같고, 자신을 보호하기에는 무력하다는 신념—해(harm)와 병(illness)에 취약한 도식이라 부른다—이 명백하다. 이 특별한 신념은 처음에 카를로스가 심장질환에 대해 몰두했던 생각의 바탕이었으며, 나중에는 정신 전체가 와해될 것 같은 예측에 몰두하게 만들었던 것 같다.

회기시간을 이 신념 때문에 일어나는 다양한 부정적인 사고를 재검토하면서 보냈다. 목표는 그 신념이 활성화되는 때를 인식하고, 그것을 부정적 사고의 결과에 직면하는 단서로 사용하는 카를로스의 능력을 향상시키는 것이다.

이 절의 요약 CBT는 행동적 그리고 인지적 접근의 출현으로 성장했다. 이 두 가지 접근은 심리학의 동일한 경험적 전통에서 나왔기에 많은 유사점을 공유하며 상당히 일치한다. 인지-행동 치료자들은 인지적 그리고 행동적 치료기법 모두를 적용하는 신중하게 계획된 치료회기들을 구성한다.

인지-행동 치료의 현재 위상

현재 인지에 대해 중요하게 고려하지 않는 행동치료 책이나 논문을 찾기가 드물고, 마찬가지로 행동적 변화를 강조하지 않는 인지치료 연구는 찾아보기가 힘들 만큼 행동적 접근과 인지적 접근은 결합되어 왔다. 여전히 이 두 치료접근 간의 개념적 차이는 존재할 수 있지만, 실제로는 그 차이가 사실상 사라졌다. 라이네케와 프리먼(Reinecke &

Freeman, 2003)은 "전 세계의 행동치료협회(Behavior Therapy Associations)는 이름에 '인지'라는 용어를 추가했고, 유명한 저널인 『행동치료(behavior therapy』는 현재 '임상적 문제들을 위한 응용행동과학과 인지과학에 전념하는 국제 저널'이라는 부제를 싣고 있다."(p. 224)라고 지적했다.

2장에서 언급했던 것처럼 CBT는 지난 몇 년 동안 인기가 급등해 왔다. CBT에 대한 논문과 책이 급격히 늘어났고, 설문조사에서 스스로 인지-행동적 접근을 취한다고 밝힌 임상심리학자의 수가 증가하고 있다. 예를 들어, 한 조사에서는 임상심리학자의 38%가 인지적 접근과 행동적 접근으로 표시했고, 반면 24%가 정신분석, 정신역동, 인본주의, 로저스/내담자 중심 및 대인관계 접근으로 표시했다(Bechtoldt, Norcross, Wyckoff, Pokrywa, & Campbell, 2001). 간단히 말해, 심리치료에 대한 인지-행동적 접근은 최근 수련 프로그램과 임상 실제에서 주목할 만한 인기를 누리고 있다.

이러한 인기는 인지-행동적 기법의 효과에 대한 경험적 증거뿐만 아니라 복잡하지 않은 문제 지향적 접근 때문인 것으로 보인다. 대부분의 행동적 및 인지적 개입은 특수한 문제행동 혹은 인지를 중심으로 만들어졌다. 따라서 증상에서 치료까지의 진행이 비교적 명료하다. 더구나 행동적 및 인지적 개입에서 채택된 진행단계들은 보통 구체적인 용어와 조직된 순서로 설명된다. 다른 접근들, 특히 정신역동과 인본주의적 접근에 비해서 '각본화된' 인지-행동적 개입은 수련생들과 임상의들이 훨씬 배우기 쉽다.

실제로 인지-행동적 개입은 종종 분명하게 쓰이고 잘 짜인 진행 매뉴얼(각 특수한 장애에 초점이 맞춰진)을 통해 교수되고 수련된다. 이 매뉴얼에는 장애, 권고되는 평가와 기록 도구, 심리치료 회기를 구성하기 위해 필요한 개요와 프로토콜, 내담자의 과제를 위한 제안 등과 같은 정보가 포함되어 있다. 이들 매뉴얼 중 다수는 특정 목표에 도달하기 위해 요구되는 구체적이고 정확한 회기의 수와 각 회기에서 달성하어야 하는 과업들까지 적혀 있을 정도로 아주 자세하다. 어떤 매뉴얼은 임상수련생들의 연습 혹은 과제까지 제공하기도 한다.

수많은 인지-행동적 수련 매뉴얼 중에 거식증(Lock, Grange, Agras, & Dare, 2002), 알코올중독(Wakefield, Williams, Yost, & Patterson, 1996), 강박장애(March & Mulle, 1998), 양극성 장애(Ramirez-Basco & Rush, 2007), 외상후 스트레스 장애(Hickling & Blanchard, 2006) 그리고 다른 많은 장애의 치료에 초점을 맞춘 것들이 있다. 비록 이러한 매뉴얼을 비판하는 많은 의견이 있지만(10장 '임상적 개입에 대한 연구' 참조), 이 매뉴얼들이 임상가에게 구체적인 인지-행동적 개입을 배우고 전할 확실한 길을 제시한다는 데에는 의심할 여지가 없다. 그중 대부분의 매뉴얼은 잘 통제된 조사연구를 토대로 한 것들이다.

인지-행동 치료에 대한 더 많은 정보를 위해서는 이 주제에 대한 교과서를 참고해 보기를 권한다(예, Dobson, 2002; Leahy, 2006; Ledley, Marx, & Heimberg, 2005; McMullin, 2000; Wright, Basco, & Thase, 2006).

이 장의 요약

행동적 및 인지-행동적 치료는 학습원리와 인지심리학 연구를 토대로 한다. 치료방법은 겉으로 드러나는 부적응적인 행동뿐 아니라 그러한 행동에 동반되는 부적응적인 사고 패턴을 직접적으로 수정하는 것을 목표로 삼는다. 행동적 방법에는 체계적 둔감화, 노출기법, 사회기술훈련(자기주장훈련 포함), 행동연습, 다양한 형태의 모델링, 혐오치료와 처벌, 수반성 관리, 바이오피드백 등 다양한 종류가 포함된다.

인지치료는 우울증을 위한 벡의 인지치료와 엘리스의 합리적 정서적 행동치료에 의해 개척되었다. 그 흐름을 따르는 방법들은 행동에서 인지의 매개 역할, 특히 부적응적인 인지의 영향을 강조했다. 부적응적 인지에는 이분법적 사고, 개인화, 과일반화, 파국화, 비현실적인 기대 등이 포함한다.

인지치료자의 주된 과업은 내담자가 이러한 인지적 오류를 확인하고 논박하고 보다 적응적인 사고로 대체하도록 하는 것이다. 이것은 소크라테스식 질문과 다른 직접적인 기법을 통해 완성된다. 행동치료에서처럼 과제 부여가 중요한 역할을 한다. 인지치료에서 내담자는 사건, 그 사건과 관련된 자동적 사고, 정서에 대해 계속해서 기록할 것을 요청받는다. 인지기법을 연습함에 따라 내담자는 문제가 되는 그들의 인지에 도전하고 변화하는 데 점점 더 익숙해진다.

인지-행동 치료는 이론과 절차가 잘 양립되는 행동치료와 인지치료의 기본 요소를 결합한 것이다. 이러한 양립성은 인지-행동 치료자에게 폭넓은 개입 가능성을 제공한다. 인지-행동 치료자는 경험적 연구를 강조하고, 통제된 연구에 의해 확인된 개입을 선호한다. 오늘날 자신이 인지-행동적 접근을 지향한다고 인식하는 임상심리학자의 비율은 매우 높다.

연구문제

1. 행동적 심리학자들은 성격조직을 어떻게 보는가?
2. 고전적 조건형성, 조작적 조건형성, 관찰학습은 무엇인가?
3. 행동치료자들이 선호하는 정보와 도구들은 무엇인가?
4. 당신은 행동치료에서 치료자의 역할을 어떻게 설명하겠는가?
5. 행동주의적 개념인 자극 일반화와 정신분석적 개념인 전이는 어떤 면에서 유사한가?
6. 이완훈련은 무엇이고, 무엇을 위해 사용되는가?
7. 체계적 둔감화란 무엇이고, 어떻게 진행하는가?
8. 행동치료자들이 사용하는 다양한 기법을 설명하라.
9. 인지가 사건과 정서 사이를 매개한다는 것은 무슨 의미인가?
10. 인지적 왜곡은 무엇인가? 도식은 무엇인가? 몇 가지 예를 들어 보라.
11. 자동적인 인지적 왜곡은 정신역동이론의 무의식 과정과 어떻게 유사하고 또 어떻게 다른가?
12. 인지치료의 주된 목표는 무엇인가?
13. 심리교육(pschoeducation)이란 무엇이며, 인지치료자들은 왜 중요하게 생각하는가?
14. 소크라테스식 질문은 무엇인가? 인지치료자들은 어떤 목적을 위해 이것을 사용하는가?
15. 인지치료의 원리를 연습하기 위해 내담자들은 3칸과 5칸 사고기록지를 어떻게 사용하는가?
16. 인지-행동 치료 회기들은 전형적으로 어떻게 구조화되는가?
17. 재발방지는 무엇이며, 인지치료자는 내담자와 어떻게 작업하는가?
18. 오늘날 미국에서 인지-행동적 심리치료의 위상을 어떻게 설명하겠는가?

웹사이트

- APA Behavior Analysis (Division 25): http://www.apa.org/about/division/div25.html
- International Association for Cognitive Therapy: http://www.academyofct.org
- Beck Institute for Cognitive Therapy and Research: http://www.beckinstitute.org
- Association for the Behavioral and Cognitive Therapies: http://www.aabt.org

CHAPTER 09

{대안적인 임상적 개입}

Clinical Psychology

이 장의 미리보기

이 장에서는 집단 · 부부 · 가족 치료, 지역 정신건강 프로그램, 예방 노력, 자조 등을 포함한 개인 임상치료의 대안들을 검토한다. 또한 보완/대체 의학, 영성, 마음챙김(mindfulness), 다양한 새로운 과학기술 등과 같은 새로운 치료 형태를 논의한다.

20세기 초기의 지배적인 치료방식인 정신역동적 심리치료는 본래부터 개인 내담자를 치료하도록 설계되었다. 몇몇 임상가들이 정신분석적 개념을 집단치료에 응용해 보기는 했지만(Bion, 1959), 대부분의 정신역동 치료자들은 분석기술을 일대일 치료에 적용하였다. 20세기 중반에 행동적인 접근이나 인본주의적 접근이 인정을 받았지만 이들 접근도 처음부터 개인을 위해 설계되었다. 비록 20세기 중반부터 시작되었지만, 한 번에 한 사람 이상의 내담자가 참여하고 관계나 관계 체계에 초점을 맞춘 치료방식이 급격히 늘어났다. 집단치료는 이러한 사회 지향적 치료로는 최초이며, 곧이어 커플치료와 가족치료가 출현하였다. 1960년대에는 자조운동과 정신장애의 발달이나 악화를 예방하기 위한, 보다 넓은 사회적 체계 내의 개입뿐 아니라 지역사회 내에서 장애를 치료하는 것의 가치를 강조하는 지역사회 심리학이 나타났다.

이러한 대안적 개입방식들은 인간의 행동을 그들이 살고 있는 관계 체계의 반영으로 바라보는 심리학의 추세를 반영한다. 이 장에서 우리가 검토하는 각각의 접근은 심리적인 문제가 사회적 맥락 내에 존재한다고 가정한다. 이들 각각은 사회적 맥락을 중심으로 만들어진 치료를 강조한다(〈표 9-1〉 참조).

〈표 9-1〉 사회 지향적 임상 개입

개입방식	강조점
집단치료	집단환경에서 드러나는 대인관계 장애물을 이해하고 완화시킨다.
커플치료	친밀한 관계에 있는 커플들이 문제해결 능력과 의사소통기술을 증진하도록 돕는다.
가족치료	가족 체계의 기능이 보다 좋아지도록 해로운 가족 상호작용 패턴을 변화시킨다.
지역사회 심리학	장애를 예방하거나 일반적인 정신건강 수준을 올리기 위해서 지역사회 혹은 사회활동 수준에서 유익한 변화를 만들어 낸다.
예방	위험요인을 없애고 보호요인을 강화시킴으로써 정신장애가 출현하는 것을 막는다.
자조	특정한 관심을 가지고 조직된 집단이나 개인적인 학업으로 사람들이 스스로 치료적 기능을 하도록 격려한다.

집단치료

이 절의 미리보기

집단치료를 검토하고 집단 내부의 작용에 대해 논의한다. 전통적인 지지적 집단과 과정 지향적 집단을 살펴보는 것과 함께 보다 최근에 발달한 인지-행동적 집단치료와 심리교육적 집단에 대해서도 다룬다.

집단치료는 20세기가 시작될 무렵 보스턴에서 프랫(Joseph Pratt)에 의해 처음으로 실시되었고, 이후 제2차 세계대전 시기에 전문요원의 부족 때문에 활성화되었다(Klein, 1983). 집단치료는 1960년대와 1970년대에 특히 대중적으로 성장하였고, 이제는 당당하게 가치 있는 치료로 주목받는다고 해도 좋을 정도로 발전하였다(Burlingame, MacKenzie, & Strauss, 2004).

대부분의 임상심리학적 접근은 모두 집단치료를 제공하고 있다. 정신분석 집단, 내담자중심과 게슈탈트 집단, 행동집단 등이 있다. 그 정도는 다양하지만 대부분의 집단치료자들은 대인관계의 중요성을 강조하며, 개인적인 부적응이 관계에서의 어려움과 관련되어 있다고 가정한다. 점점 더 증거기반 실무가 집단치료 형식에 통합되고 있는데, 특히 다양한 문제를 위한 인지-행동적 그룹에 초점이 맞추어져 있다(Bieling, McCabe, & Antony, 2006).

집단치료의 치료적 요인

집단치료는 다른 집단원들로부터의 지지가 제공되는 이점을 가지고 한 번에 많은 내담자에게 제공되는 것을 의미한다. 집단치료는 여러 명의 개인에 대한 동시적인 치료 이상의 것이다. 집단은 개인치료에서는 발견할 수 없는 치료기회를 제공하며, 집단치료자는 그러한 기회를 이용하는 방법을 배워야 한다. 이러한 점들을 다음에 요약하였다. 더 상세한 논의는 집단치료에 대한 권위 있는 참고문헌에 있다(예를 들어, Corey, 2007; Yalom & Leszcz, 2005).

• 새로운 정보의 공유. 새로운 정보는 집단에서 두 가지 원천에서 나온다. 집단지도자

집단치료는 흔히 다양한 문제를 가진 내담자들로 구성된다.

가 조언을 하기도 하고, 경험을 서로 공유하고 있는 집단구성원이 조언할 수 있다. 대개 치료자 한 명의 피드백보다 여러 명의 집단구성원의 피드백이 내담자에게 보다 영향력이 있다.

- 희망의 고취. 치료자가 자신감을 고취할 뿐 아니라 집단구성원들도 희망을 줄 수 있고, 집단원들이 다른 구성원의 긍정적인 변화에 대해 이야기해 줄 수도 있다.
- 보편성. 모든 사람이 살아가면서 문제를 가지고 분투하는 것을 지켜봄으로써, 치료집단은 구성원들이 공포, 저하된 기분, 그 밖의 다른 어려움에서 혼자가 아니라는 것을 배우는 데 도움을 준다. 문제의 보편성을 배우는 것은 '미칠 것 같은' 혹은 '통제력을 잃을 것 같은' 마음의 불안을 진정시킨다.
- 이타주의. 집단은 내담자가 다른 사람을 도울 수 있다는 것을 발견하는 기회를 제공한다. 임상가는 이타적인 행동의 결과로 일어나는 긍정적인 감정을 '자기 가치감'이라고 하는데, 이는 효과적인 집단치료에 의해 증진된 결과다.
- 대인관계 학습. 원활하게 진행되는 치료집단은 새로운 대인관계기술을 배우기에 이상적인 환경이다. 다양한 유형의 사람들과 수행에 대한 즉각적인 피드백으로 기초적인 사회기술을 실제로 연습하는 반복적인 기회를 제공한다.
- 집단 응집성. 응집력이 있는 집단의 구성원은 서로를 수용한다. 그들은 집단에 귀를 기울이고 영향을 받고자 한다. 그들은 집단에 기꺼이 참여하고, 집단이 안전하다고 느끼고, 집단의 발전에 대한 외부 방해에 대해 상대적으로 면역력이 있다. 또한 응집성 있는 집단은 그 갈등이 집단의 규범을 어기지 않는다면 적대감 표현을 허용한

다. 종종 응집성은 집단치료의 유익한 효과에 기저하는 가장 중요한 요인으로 간주된다(Yalom & Leszcz, 2005).

집단치료의 실제

집단치료는 대개 6~12명으로 구성된다. 전통적인 집단 지도자들은 집단이 나이, 성, 문제의 유형 등이 유사한 사람들로 구성된 동질적(homogeneous) 집단이어야 한다고 생각한다. 다른 집단 지도자들은 내담자 유형이 혼합된 이질적(heterogeneous) 집단 형태를 더 선호한다. 이질적인 집단은 구성하기가 더 쉽고, 또 구성원들이 더 넓은 범위의 사람들과 관점에 노출되는 장점이 있다. 이에 비해 동질적 집단은 각 구성원이 치료에 참여하도록 동기화시킨 공통 문제에 곧바로 초점을 맞추는 것이 용이하다는 장점이 있다. 임상실무에서 집단은 어떤 차원에서는 동질적일 것이고(예를 들어, 진단과 문제의 심각성), 다른 차원에서는 이질적일 것이다(예를 들어, 문제의 지속기간과 대처방식).

집단모임은 일반적으로 1~2시간 정도다. 개인치료 회기에 비하여 시간이 더 긴데, 이는 집단의 모든 내담자가 자신의 경험을 나누고 정보를 처리하는 데 보다 많은 시간이 필요하기 때문이다.

집단치료 사례

다음은 모두 20~30대이고 미혼이거나 이혼한 다섯 명의 여성과 세 명의 남성으로 구성된 치료집단의 15회기에 대한 간략한 기술이다. 인지-행동 지향적인 치료자가 구성원들에게 대처기술과 대인관계의 증진을 목표로 서로 돕는데 집중하기를 요구한다는 점이 명백하다(Rose & LeCroy, 1991, pp. 422-423).

집단원들이 마루나 의자에 자리를 정하고 앉으면 치료자는 그들을 환영하는 인사를 하고, 각 구성원들에게 지난주 과제를 위해서 한 주 동안 무엇을 했는지 되돌아보면서 검토한다. 한 번에 한 사람씩 구성원들은 자신의 사회적인 성취, 불안에 대처한 성공경험, 그리고 이완훈련을 사용했던 빈도를 이야기한다. 어떤 것들은 또한 한 주 동안 경험했던 기대하지 않았던 스트레스 상황들에 관련되어 있다.

각자 자신의 경험을 요약하고, 성취에 대해 집단구성원들로부터 상당한 칭찬과 지지를 받는 중, 들로리스는 항상 존재하는 무기력감이 강화되었던 상황을 좀 더 상세하게 설명하려고 자발적으로 나섰다. 그녀는 사무실에서 자신의 감독관은 늘 매우 사소한 것에도 지시를 내린다고 말한다. "그녀는 나를 마치 바보처럼 생각하는 것 같아요. 솔직히 나도 그렇게 믿기 시작하고 있어요." 다른 구성원들이 그녀 직업의 특성에 대해 질문했고, 그것은 꽤 복잡해졌다. 그들은 그녀가 동료들로부터 좋은 피드백을 받았다고 말해 주었는데, 동료들은 종종 그녀의 여러 가지 문제를 상담해 주었다. 그녀는 이전 직업에서는 아무도 가장 간단한 지시조차 하지 않았고, 그녀는 잘해 냈다. 찰스는 그녀가 자신과 감독관 사이에 문제가 있다고 결론 내릴 수 없는 것을 의아하게 여겼다. 어쨌든 그녀가 멍청이라는 증거는 없었다. 사실 그녀는 그 일을 하는 데 유일한 적임자로 보였다. 다른 사람들도 동의했다.

들로리스는 그들이 옳은 것 같다고 말했지만 무엇을 해야 할지 몰랐고 괴로워했다. 그녀는 직장을 그만둘까도 생각했지만 다른 점에서는 좋은 직장이었다. 게다가 또 "요즘에는 좋은 직장을 구하기 어렵죠."라고 덧붙였다.

구성원들은 무슨 일이 일어나고 있는 것인지에 대한 명료한 그림을 얻기 위한 신중한 질문들을 한 후, 그녀가 그 상황을 다루는 데 적용할 수 있는 여러 전략들을 이야기하고, 그녀가 자신에게 또 감독관에게 무엇을 말해야 하는지 구체적으로 제안하였다. 그녀는 그중에서 몇 가지를 집단 내에서 연습하기 위해 검토하고 선택하였다.

인지-행동적 집단치료

앞의 예에서 묘사된 인지-행동적 집단치료는 오늘날 사용되는 집단치료보다 일반적인 형식 중 하나다(Bieling et al., 2006). 인지-행동적 집단들은 집단과정보다는 정보를 공유하고 학습하는 데 초점을 맞추기 때문에 심리교육적 집단으로 알려졌다. 이러한 집단치료 접근은 다음과 같은 다양한 문제에서 효과적으로 사용되고 있다.

- 성인의 우울증과 불안(Oei & Browne, 2006)
- 테러리즘과 관련된 심리적 외상(Unger, Wattenberg, Foy, & Glynn, 2006)
- 대학생의 알코올남용(Michael, Curtin, Kerkley, Jones, & Harris, 2006)
- 성인의 만성 통증(Thorn & Kuhajda, 2006)

〈표 9-2〉 우울증과 사회공포증의 공병을 위한 인지-행동적 치료 첫 회기 프로토콜의 예

1. 치료자와 집단구성원 소개 2. 집단 '규칙' a. 비밀보장 b. 출석과 평가척도 c. 과제 d. 약속을 잊어버렸을 때 3. 우울증과 사회공포증에 대한 CBT 접근 소개 a. 행동적 개입 b. 인지적 개입 4. 우울증, 사회공포증에 대한 생물심리사회적 모델 설명과 다섯 가지 구성요소 소개	a. 행동 b. 사고 c. 정서 d. 신체(biology) e. 환경 5. 사회공포증의 개관 a. 공포와 사회불안의 속성(예, 가끔 느끼는 사회적 불안은 정상적이고 생존기능이다) b. 공포와 사회불안과 관련된 신화와 오해들 c. 공포의 세 가지 구성요소(생리적, 인지적, 행동적) 6. 과제: 생물심리사회적 채워넣기, 지침서 구입

출처: *Cognitive-Behavioral Therapy in Groups*, P. J. Bieling, R. E. McCabe, & M. M. Antony, 2006 (New York: Guilford Press), p. 382. Copyright 2006 by Guilford Press.

- 성인 비만(Radomile, 2000)
- 만성 정신질환 성인의 약물치료 관리(Hayes et al., 2006)

〈표 9-2〉는 우울증과 사회공포증을 같이 가진 환자들의 집단치료 첫 회기를 위한 인지-행동적 치료 절차 프로토콜 개관이다. 이러한 절차 및 집단치료의 다른 접근법들에 대한 보다 자세한 정보는 몇몇 자료를 통해 알 수 있다(예, Bieling et al., 2006; Brabender, Fallon, & Smolar, 2004; Free, 2007; Gladding, 2007; Yalom & Leszcz, 2005).

이 절의 요약 집단치료는 효과적이고 경제적인 비용의 심리치료가 될 수 있다. 집단치료에는 새로운 정보 공유, 희망 고취, 보편성, 이타주의, 대인관계 학습, 집단 응집성 등의 치료적 요소가 있다. 집단치료의 보다 최근의 형식은 내담자에게 새로운 기술을 가르치는 데 초점을 두는 인지-행동적 집단과 심리교육적 집단이다.

커플치료와 가족치료

이 절의 미리보기

심리치료는 집단뿐만 아니라 커플과 가족에 초점을 맞출 수 있다. 부부간의 갈등이나 부모-자녀 관계의 어려움과 같이 관계에서의 장애물에 초점을 맞추는 경향의 치료들을 살펴본다.

커플치료와 가족치료는 관계에서 문제가 되고 있는 개인보다는 손상된 관계에 초점을 둔다. 커플치료는 부부치료를 언급할 때도 사용되지만, 이 통용되는 용어는 이성애와 동성애 커플, 배우자, 동거 애인, 동거하지 않는 애인, 그 밖에 자신들이 커플이라고 생각하는 모든 관계를 지칭한다. 커플치료의 초점은 파트너 각 개인보다는 두 사람의 관계에 있다. 가족치료는 하나 혹은 그 이상의 부모(또는 후견인)와 자식 간의 관계에 초점을 맞춘다. 커플치료와 가족치료 모두 친밀한 관계에서의 의사소통 패턴을 강조하기 때문에 커플을 대상으로 일하는 치료자는 종종 가족을 대상으로도 일을 하고, 가족치료를 하는 치료자가 커플치료를 하기도 한다.

1950년대 이전에는 소수의 치료자들이 커플치료나 가족치료를 했다(Harway, 2005). 그러나 사회적 집단, 그리고 다중 내담자에 대한 다양한 개입 형태가 성장함에 따라 가족치료도 성장했다. 1970년대 이래로 커플치료자와 가족치료자의 수는 50배 증가했다(American Association of Marriage and Family Therapy, 2001). 1980년대에는 저널들이 미국과 일본에 처음 등장한 가족심리학에 전적인 관심을 쏟았으며, 1985년에 미국심리학회(APA) 내에 가족심리학 분과가 만들어졌다(Koslow, 2001). 최근에 가족심리학 과정은 심리학, 상담, 사회사업 대학원 프로그램에서 제공하고 있다.

커플치료와 가족치료에서의 진단

커플치료자와 가족치료자의 도전과제는 관계의 어려움을 어떻게 잘 이해할 것인가다. 개인 내담자를 치료하는 심리학자는 개인의 문제를 더 잘 이해하기 위해서 DSM(혹은 ICD)이라는 분류 체계를 사용한다. 그러나 커플치료와 가족치료에서 내담자는 개인이 아닌 관계 혹은 관계 체계다. 이러한 관계와 체계를 어떻게 이해하고 진단해야 하는가?

효과적인 치료기법으로 안내하는 구별 가능한 역기능적 관계 패턴이 있는가?

대인갈등에 대한 진단적 범주의 개발이 시작되었다. 이러한 영역에서 최초의 작업은 DSM-IV의 관계적 문제에 대한 V코드(V-codes)였다. V코드는 '임상적 관심의 초점이 될 만한 그 외의 상태' 와, 예를 들어 부모-자녀관계 문제(V61.20), 파트너와의 관계문제(V61.10), 형제자매 관계문제(V61.8) 등을 포함한다. 이러한 V코드는 DSM 진단 축I에 기재될 수 있지만 대부분의 보험회사들은 V코드에 대해 보험금을 지급하지 않는다. 몇몇 사람들은 관계 및 관계적 과정의 장애가 DSM의 다음 판(DSM-V; Beach & Kaslow, 2006)에서 공식적인 진단 범주에 포함되어야 한다고 제안한다. 예를 들어, 이러한 범주에는 갈등관계 파트너와 관련된 관계의 어려움(Whisman & Uebelacker, 2006), 관계에서의 스트레스(Wamboldt & Reiss, 2006), 파트너와 아동에 대한 학대(Heyman & Slep, 2006) 등이 포함될 수 있다. 관계적 진단에 대한 신뢰도, 타당도, 유용성 등을 확립하기 위해 많은 관심이 나타나고 있으나 여전히 많은 연구가 필요하다(Beach, Wamboldt, Kaslow, Heyman, & Reiss, 2006; Lebow & Gordon, 2006).

커플치료

커플들은 다양한 이유, 특히 감정과 의사소통의 문제 때문에 치료를 찾는다(〈표 9-3〉 참조; Doss, Simpson, & Christensen, 2004). [그림 9-1]에 나타난 것처럼, 이러한 문제들은 결혼이나 그 밖의 관계의 특정한 단계에서 보다 빈번하게 나타나는 경향이 있다. 그리고 커플들은 대부분 이러한 단계 동안 치료를 시작하는 것 같다. 커플치료에서 다루는 문제와 치료는 이성애나 동성애 부부에서나 비슷하다(Bigner & Wetchler, 2004). 각 파트너의 의사소통기술을 보다 명확하게 파악하기 위해서 치료자는 종종 내담자들에게 치료를 시작하기 전에 그들의 의사소통기술에 대한 자기보고서를 작성해 오도록 요구한다([그림 9-2] 참조).

대부분의 경우 커플치료는 관계의 어려움에 초점을 맞추지만, 가끔 다른 문제를 다루기 위해 고안된 다른 방법들과 병행할 수 있다. 예를 들어, 우울증, 알코올중독, 심각한 불안장애가 내담자의 결혼이나 친밀한 관계의 질이나 심지어 존속에 영향을 미칠 때, 어떤 정신건강 전문가들은 이러한 장애를 치료하기 위해 커플치료를 권하거나 또는 적어도 내담자의 파트너의 참여를 권유한다(Leonard & Eiden, 2006).

많은 경우 치료자는 커플인 두 사람을 한 번에 모두 만나는데, 이 절차를 합동치료(conjoint therapy)라고 한다. 다른 경우 각 파트너는 치료회기의 얼마 동안 또는 계속해서

〈표 9-3〉 커플들이 치료를 찾는 이유

이유	커플들이 보고하는 문제의 %
정서적 기분(예, 기본적인 불행감, 혼자라는 느낌)	57
의사소통	57
이혼/별거 고려	46
관계 증진	46
말다툼/분노	44
자녀에 대한 염려	32
성/신체적 질환	28
비판적인/요구적인 배우자	8
거리감 있는/철수된 배우자	8
신뢰문제	8
사회적 활동/함께하는 시간	8
간통/외도	6

출처: B. D. Doss, L. E. Simpson, & A. Christensen (2004).

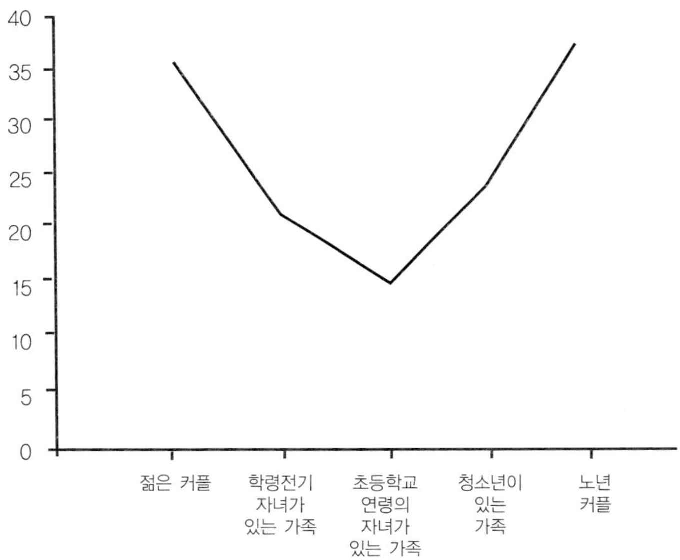

[그림 9-1] 생애주기에 따른 결혼 만족도

출처: Carr, A. (2006). *The Handbook of Child and Adolescent Clinical Psychology: A Contextual Approach* (2nd ed., p. 60). New York: Routledge/Taylor & Francis Group.

이름	날짜

이 용지 양식은 의사소통에서 당신의 강점과 약점을 확인하고, 발전을 위한 목표를 선정하기 위한 것입니다. 아래의 부호를 사용하여 각 기술에 대해 평가하시오.

0 기술의 사용이 매우 빈약
1 기술의 사용이 불만족
2 기술의 사용은 만족하지만, 개선의 여지 있음
3 기술을 잘 사용
N/A 해당 안 됨

기술	0	1	2	3	N/A
구체적인 설명					
자기 개방					
분명한 긍정 표현					
적극적인 부정 표현					
파트너를 돌봄					
최소한의 격려(예, 고개 끄덕임, 음)					
판단 유보					
질문하기					
내용 요약					
기분의 반영					
긍정적인 제안					
자신이 생각하는 의사소통에서의 강점					
자신이 생각하는 의사소통에서의 약점					

[그림 9-2] 의사소통 기술에 대한 자기평가 형식

출처: W. K. Halford, & E. N. Moore (2002). Relationship education and the prevention of couple relationship problems. In A. S. Gurman & N. S. Jacobson (Eds.), *Clinical Handbook of Couple Therapy* (3rd ed., pp. 400-419). New York: Guilford Press.

치료자와 따로 만난다. 특히 커플이 재산이나 자녀양육에 관한 갈등을 최소화하면서 결혼이나 오랜 관계를 끝내는 것을 도움받고 싶을 때는 개별상담이 적절하다.

커플치료의 목적과 기법은 한편으로는 커플들을 가장 심하게 압박하는 갈등에 따라, 또 한편으로는 치료자의 이론적 지향에 따라 다르다. 예를 들어, 체계개입을 선호하고 커플을 두 명의 개인보다는 상호작용하는 체계로 보는 치료자는 체계수준에서 개입하려고 할 것이다(Weeks & Treat, 2001). 체계적 치료자는 커플관계에서 각 개인의 경험에는 순환성과 상호 관계성이 있다고 가정한다. 예를 들어, 다음 진술은 하나씩은 단편적으로 보이지만, 같이 보면 체계적 이론 틀에서 커플관계의 순환성을 보여 준다(Weeks & Treat, 2001, p. 28).

> 치료자가 부인에게: 왜 그렇게 화가 나셨나요?
> 부인: 남편은 항상 나에게서 뒤로 물러나 있기 때문이에요.
> 치료자가 남편에게: 왜 물러나 있나요?
> 남편: 그녀가 항상 화가 나 있기 때문이죠.

반면에 행동주의 지향 커플 치료자는 적개심과 비건설적인 비판 대신 파트너에게 명료하게 감정을 표현하고 서로 상대방에게 원하는 행동에 대해서 직접적으로 요구를 전달하도록 가르침으로써 커플의 의사소통 문제를 도우려고 할 것이다. 인지-행동적 부부치료자는 커플들이 그들의 관계에 대해 생각하는 방식을 변화시키고 서로를 대하는 태도를 수정하도록 돕는다(Snyder, Castellani, & Shisman, 2006). 따라서 인지-행동적 치료자는 커플 각각에게, 예를 들어 상대방의 분노가 반드시 관계를 끝내기 위한 것이 아니라 미래의 관계에 대한 불안을 반영할 수 있다는 것을 인식하도록 가르치기도 한다.

일반적으로 대부분의 커플치료자들은 문제해결에 중점을 두는 경향이 있다(Gurman & Jacobson, 2002). 문제해결의 시금석은 보다 효과적으로 의사소통을 하고 협상하는 방법을 가르치는 것이다. 더 나은 의사소통과 관련된 여러 과제 중에는 문제를 계속 작업하기 위해 상호 간 책임을 수용하도록 가르치는 것, 오래된 유감보다는 현재 관계에 초점을 유지하는 것, 복종에 대한 요구보다는 선호하는 것을 표현하도록 촉진하는 것, 해결할 수 없다고 커플이 판단한 문제들에 대한 타협안들을 협상하는 것 등이 있다.

다음 커플치료 회기에서의 짧은 사례는 남편에 대해 부정적인 감정을 가진 부인(W)이 새로운 의사소통 방식을 배우도록 치료자(T)가 도와주는 시도를 보여 준다.

> T: 나는 피트가 말하는 것이 중요한 요점이라고 생각해요. 당신들은 앞으로 무언가 달라질 것이 있겠고, 제각기 자기가 하는 일이 상대방의 일보다는 더 도리에 맞다고 생각하게 될 겁니다. 그렇지만 다른 점이 아마도 현실이겠지요. 당신은 모든 것을 바꾸려고 할 수는 없습니다. 그중에 상당 부분은 바꿀 수 없을지도 모르지요. 그리고 모든 사람은 다 다릅니다. 사람들은 각자 정해진 방식으로 하는 특히 좋아하는 방식을 가지고 있는데, 다시 긴급하게 해결해야 하는 것은 당신이 그것들을 비난하고 그것들이 잘못되었다고

말하는 그런 것이지요. 그들은 바보 같고, 그들은 알 수가 없고, 나는 그들을 이해하지 못해요. 당신은 그것들을 이해하지 못하지만 그것은 당신들 각자의 현실입니다. 어떻게 해서든지 당신은 다루는 방법을 배워야만 하는 것입니다. 그렇지 않으면 당신은…… 내가 이것을 강조하는 이유는 내 생각에는 그것이 당신의 위기에 상당히 영향을 끼치고 있기 때문입니다.

W: 그래요, 특이한 성격에 맞춰 준다는 것이 어렵다는 것을 알아요. 그게 그 말이지요. 나는 참을성이 부족하죠. 나는 그게 아주 어려워요. 나는 "오, 넌 어리석구나."라는 인상을 주지 않고 그것을 흔쾌히 하기가 거의 불가능하다는 것을 알아요.

T: 내 생각에 만약 당신이 그들이 바보스러운지, 어리석은지 혹은 어떻든지 부가적인 가치판단 없이 "나는 그것들을 좋아하지 않아요." 혹은 "나하고는 잘 맞지 않아요."라고 말할 수 있을 만큼 솔직해질 수 있다면 도움이 될 수 있을 거예요. 그것이 감정을 상하게 하는 부분입니다. 이런 것들 때문에 당신이 그를 비난할 때 상처를 줄 겁니다. 저는 확신하건대 피트의 관점에서 그들이 그의 전체적인 경제기능을 이해하고 있다고 봅니다. 당신이 하는 방식으로 일을 하는 이유가 있는 것처럼 그가 하는 방식으로 일을 하는 이유도 일리가 있습니다. 그들이 바보 같아서가 아닙니다. 당신이 처한 입장에 따라, 당신이 무엇을 위해 애를 쓰고 있는지에 따라, 그리고 당신이 당장 다룰 수 있는 가장 좋은 방식이 어떤 것인지에 따라 일리가 있는 것입니다. 저는 당신이 그것들을 좋아해야만 한다는 의미로 말하려는 것이 아니라 "그것은 어리석거나 바보 같아요."라는 인상을 주며 말할 때 그것이 감정을 상하게 하는 부분이라고 말하려는 것입니다.

W: 좋아요, 그것을 어떻게 말해야 하는지 다시 말해 주세요. 나는 "그것은 정말 어리석어요. 그것은 바보 같아요."라고 말하는 것 말고는 어떤 것도 어려워요. 당신이 1분 전에 말했지만 나는 잊어버렸어요.

T: 네, 언제든지 당신은 그것이 당신에게 어떻게 영향을 주고 있는지의 관점에서 그것을 말할 수 있어요. 그리고 그에 대해 "나는 당신이 그것을 이러이러한 방식으로 하는 것이 부족한 얼간이라고 생각해요. 그것은 바로 이런 거지요. 나는 받아들이기 어려워요. 이런 상황에서는 미치겠어요."라고 말하지 않고, "어려워요. 나는 그것을 받아들이기가 어려워요."처럼 말할 수 있습니다. 피트를 평가하기보다는 당신의 감정에 머물러 있으세요(Ables & Brandsma, 1977, pp. 92–94).

커플치료자는 커플과 삼각관계(예를 들어, 두 내담자의 의견 차이 중간에 끼는 것)가 되지 않도록 조심해야 한다. 위크스와 트리트(Weeks & Treat, 2001, pp. 4–8)는 삼각관계를 예방하기 위해 다음과 같은 여러 가지 제안을 하였다.

- 편들지 말라.
- 문제와 목적이 분명해질 때까지 시작하지 말라.
- 문제를 추상적이고 불명확하게 이야기하지 말라.
- 아주 작은 문제라도 문제를 축소하지 말라.
- 파트너가 문제를 같은 방식으로 인식하고 있을 것이라고 가정하지 말라.
- 과거에 매이지 말라.
- 커플에게 치료회기의 책임을 떠맡기지 말라.

가족과 함께 작업할 때도 이와 같은 제안들을 적용한다.

가족치료

커플치료가 커플관계를 변화시키는 데 목적이 있는 것과 같이, 가족치료도 상호작용의 방해물을 바로잡음으로써 가족의 상호작용 패턴을 변화시키고자 한다(Sexton, Alexander, & Mease, 2004). 커플치료처럼 가족치료는 개인의 문제가 사회적 맥락에서 일어나고 사회적 결과를 초래한다는 점에 대한 인식에 생겨났다. 예를 들어, 입원 중에 개인치료 동안 상당한 발전을 보였던 내담자가 가족에게 돌아갔을 때 재발하는 것을 종종 볼 수 있다. 이러한 관찰은 다른 임상적 통찰과 연구와 함께 부적응적인 행동의 원인으로 가족환경과 부모-자녀 상호작용을 강조하는 몇몇 이론을 이끌어 냈다(Bateson, Jackson, Haley, & Weakland, 1956; Lidz & Lidz, 1949; Sullivan, 1953).

가족치료는 종종 특별히 눈에 띄는 문제를 가지고 있는 한 구성원에게 초점을 맞추어 시작한다. 전형적으로 이러한 지명된 내담자(identified client)는 부모가 통제할 수 없는 행동문제를 가졌다고 낙인찍은 남자아이 또는 철수되고 슬픈 여자아이이다. 그러나 곧 치료자는 인식된 문제들을 혼란스러운 가족과정 혹은 잘못된 가족 의사소통이라는 관점에서 재구성하고, 모든 가족구성원이 그 문제에 자신이 기여한 바를 검토하도록 격려하며, 각 구성원들이 문제를 해결할 수 있는 긍정적인 변화를 생각해 보도록 노력할 것이다. 커플치료에서와 마찬가지로, 가족치료의 일반적인 목표는 의사소통을 증진시키는 것과 가족체계의 억압을 제거하는 것이다(Reid, Patterson, & Snyder, 2002).

개인치료, 집단치료, 커플치료처럼 가족치료의 운영에 대해 하나로 일치된 기법은 없다. 그보다는 치료자들이 폭넓고 다양한 기법들 중에서 선택할 수 있다. 예를 들어, 행동주의적 관점에서 운영하는 경우에는 가족구성원에게 대안적이고 강압적이지 않은 방식으로 욕구를 전달하는 것을 가르치려 한다. 그들은 부모에게 자녀훈육에서 엄격하고 일관성 있게 할 수 있도록 가르치고, 각 가족구성원이 서로 명료하게 의사소통하도록 격려한다. 또한 행동거래 원리를 교육하고, 모든 가족문제에 대해 지명된 내담자를 비난하는 것을 저지하며, 다른 가족구성원에 대한 자신의 기대가 적절한지를 고려하는 데 도움을 준다. 이러한 행동적 방법들은 가족을 체계적이고 생태학적 관점으로 개념화하는 생태학적 가족 개입 및 치료(Ecological Family Intervention and Therapy: EcoFIT) 모델에서도 사용하고 있다(Dishion & Stormshak, 2007).

증거에 기반을 둔 임상실무가 모든 형태의 치료에서 보다 주목을 끌게 되면서 가족치료 또한 보다 행동주의적 목표와 방법에 가깝게 초점이 맞추어지는 경향이 있다. 예를 들어, 부모관리훈련(Kazdin, 2005a)으로 알려지기도 한 행동주의적 부모훈련(Barkley, 1997)은 반항장애와 공격성과 같은 아동의 많은 외현화 행동문제를 다루는 데 효과적으로 사용하고 있다. 다음 사례처럼 행동주의적 부모훈련은 초기 청소년기에도 사용하기 위해 수정할 수 있다(Weisz, 2004).

13세인 살(Sal)은 '나쁜 녀석'이다. 살은 화를 잘 내고 싸우고, 훔치고, 선생님한테 대드는 것 때문에 학교에서 수차례 징계를 받았다. 유치원 때부터 어머니는 그의 행동을 통제할 수 없다고 느꼈으며, 아버지는 대부분의 시간을 TV를 시청하거나 술을 마시면서 가족을 무시했다. 학교에서 정학이 반복되자 어머니는 마침내 도움을 받기로 했다.

치료는 분노조절, 행동적 부모교육 등을 포함한 여러 요소로 구성되었다. 행동적 부모교육의 주요 요소 중 하나는 개선된 목표행동을 위해 아동의 문제행동을 객관적으로 기록하는 것이다. 살의 어머니는 치료자에게 아이가 무례하고 불순종적으로 느껴진다고 했지만, 그녀가 걱정하는 행동의 구체적인 예를 말하지는 못했다. 그녀는 또한 살의 행동에 대해서 불평하는 것 외에 행동을 그만두게 하기 위한 시도를 거의 하지 않는다는 것을 알아차렸다. 그래서 치료자는 문제행동을 구분하고 아동의 행동을 보다 효과적으로 다룰 수 있는 방법을 고안하기 위해 살의 어머니와 함께 작업했다. 가장 중요한 것은 어머니가 한 번에 모든 것을 변화시키기(종종 가족에 역효과인)보다는 행동

수정을 시작할 두세 개의 행동을 구분하는 것이다. 개입을 위한 목표행동을 선택하기 위해 치료자는 살의 어머니에게 ⓐ 구체적으로 하고, ⓑ 직접 확인할 수 있는 가시적인 문제부터 시작하고, ⓒ 공정하고 중립적인 행동부터 시작하고, ⓓ 하루에 적어도 2~3번 일어나는 행동을 선택하고, ⓔ 필요한 대체행동을 말해 주도록 가르쳤다(Weisz, 2004, pp. 302-302).

살의 어머니는 불순종과 무례를 목표로 선택했다(예를 들어, 능글맞은 웃음, 한숨, 눈 굴리기). 타임아웃(time-out)은 조금 큰 아동에게는 효과적이지 않기 때문에 어머니와 치료사는 살과 원하지 않는 행동을 했을 때는 긍정적인 결과가 없는(예를 들어, 불평을 하면 원하는 것을 얻지 못한다), 그리고 바람직한 행동을 했을 때는 긍정적인 결과가 있는 행동계약을 했다. 부엌에 붙인 점수판을 기준으로 살은 적응적인 행동(예를 들어, 제시간에 일어나기, 그가 맡은 집안일 하기, 어머니한테 순종하기)을 했을 때는 점수를 얻고, 부적응적인 행동(예를 들어, 어머니한테 불순종하거나 무례하게 대함)을 했을 때는 점수를 잃었다. 매일 밤 살은 자신이 얻은 점수와 TV 시청(숙제를 다 했을 때), 컴퓨터 게임, 친구와의 전화 통화 등과 맞바꾸었다.

살과 어머니는 이 프로그램을 기꺼이 받아들였고, 살의 행동은 비교적 동요 없이 빠르게 향상되었다. 학교에서의 행동 또한 점수판에 적용되었기 때문에 행동 향상은 학교와 가정 모두에서 나타났다(Weisz, 2004).

흥미롭게도 살의 행동은 심지어 아버지의 치료 참여 없이도 개선되었다. 행동주의적 부모훈련은 한 명의 부모로도 효과적일 수 있지만, 아버지와 어머니 둘 다 치료에 참여했을 때는 효과가 보다 오래 지속된다(Phares, Fields, & Binitie, 2006). 모든 사례에서 특히 내담자가 청소년일 때는 이렇게 빠른 발전이 나타나는 것은 아니다. 그러나 이 사례는 행동주의적 부모훈련이 실제로 부모와 아동의 행동을 변화시킨다는 것을 보여 준다(Weisz, 2004).

가족치료의 다른 행태는 부모-자녀 상호작용치료(parent-child interaction therapy: PCIT)로 알려진 것이다. 아이버그(Sheila Eyberg; Eyberg & Matarazzo, 1980)가 처음 개발한 이 치료는 애착이론의 원리에 근거를 두고 있다. 이 치료는 치료자가 부모와 아동 모두와 같이 작업하도록 하며, 아동과 상호작용하는 방법을 부모에게 직접 가르친다. PCIT은 반항성 장애(Brinkmeyer & Eyberg, 2003)와 분리불안장애(Choate, Pincus, Eyberg, & Barlow, 2005)를 포함한 많은 문제에 효과적인 것으로 밝혀졌다.

커플치료와 가족치료의 사회적 맥락

커플치료자와 가족치료자에게 가장 중요한 도전과제 중 몇몇은 커플과 가족이 살고 있는 사회적 맥락을 변화시키는 것과 관련이 있다([그림 9-3] 참조). 가족은 그보다 더 큰 사회적 맥락의 일부이고, 그 기능은 부분적으로 그 맥락에 따라 좌우된다. 미국 아동의 64.2%만이 결혼한 이성애 부모와 1명 혹은 그 이상의 생물학적인 자녀로 이루어진 전통적 핵가족에서 살고 있다(Hofferth, Stueve, Pleck, Bianchi, & Sayer, 2002). 나머지는 다세대(multigenerational), 다문화적 단위, 수양가족, 혼합가족, 아이를 가진 게이 혹은 레즈비언 커플, 법적인 구속은 없지만 강한 상호 서약을 하고 함께 사는 여러 사람 등으로 구성된다(Kaslow, 2004). 이러한 폭넓은 가족 집합체와의 작업이 효과적이기 위해서는 치료자가 각 유형의 가족이 직면하는 특정한 문제에 대해 이해해야만 하고, 자신과는 다른 가족구조에 대한 편견의 영향에 대해 주의해야만 한다.

여기에서는 커플과 가족 치료에 대해 간략하게 기술하였다. 이러한 기법에 대한 보다 자세한 정보는 많은 권위 있는 출처에서 얻을 수 있다(예, Gurman & Jacobson, 2002; Harway, 2005; Lebow, 2005; Loveless & Holman, 2007a, 2007b, 2007c; McGoldrick, Giordano,

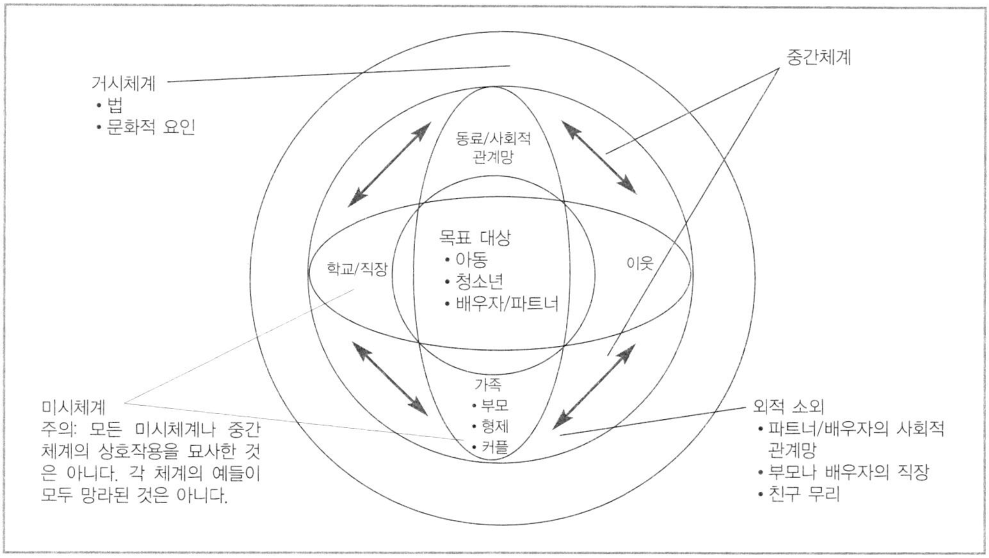

[그림 9-3] 넓은 체계 내에 존재하는 커플과 가족

출처: M. S. Robbins, C. Mayorga, & J. Szapocznik, 2003, "The ecosystemic lens to understanding family function", In T. L. Sexton, G. Weeks, & M. S. Robbins (Eds.), *Handbook of Family Therapy*, p. 25. New York: Brunner Routledge.

& Garcia-Preto, 2005; Pinsof & Lebow, 2005).

이 절의 요약 커플치료와 가족치료는 임상심리학에서 잘 확립된 치료 형식이다. 커플치료는 둘 사이의 어려움(파트너 간의 갈등과 같은)을 다루는 반면 가족치료는 보다 큰 가족집단의 문제적 관계를 다룬다. 치료자는 커플과 가족과 작업할 때 한쪽 편을 들지 않도록 조심해야 하며, 치료자로서 중립적이고 개방적일 필요가 있다.

지역사회 심리학

이 절의 미리보기

이 절에서는 커플치료와 가족치료보다 더 넓은 시야를 가지고 지역사회 수준에서 존재하는 문제를 다루는 지역사회 심리학에 대해 논의한다. 지역사회 심리학의 역사와 지역사회 심리학자에 의해 적용되는 원칙 또한 논의할 것이다.

개인, 집단, 커플, 가족 치료의 지배적인 위상에도 불구하고 모든 임상심리학자가 이러한 치료가 심리학적 문제에 대한 최선의 개입방식이라고 믿는 것은 아니다. 개인의 삶에서 진정으로 의미 있는 진전을 이루기 위해서 심리학자는 개인과 그의 적응을 촉진하기 쉬운 특정한 환경의 '맞춤'을 극대화하도록 고안된 개입전략을 사용해야만 한다 (Rappaport, 1977).

지역사회 심리학이란

지역사회 심리학의 기본적인 목적 중 하나는 개인이 그들의 환경에 적응하고 대처하도록 돕는 것이다. 또 하나는 보다 폭넓게 장애의 원인을 이해하고(예를 들어, 개인장애의 원인은 빈곤과 같은 보다 큰 사회적 문제일 수 있다), 가능할 때 개인과 집단이 부정적인 영향을 받기 전에 지역사회 수준의 원인을 수정하는 것이다. 요약하면, 지역사회 심리학자들은 ⓐ 개인적 문제와 사회적 문제의 이해, ⓑ 행동적 역기능의 예방, ⓒ 지속적인 사회적 변화의 유발 등에 적용할 심리학적 원리를 추구한다.

이러한 노력은 인간 행동이 환경의 모든 측면(신체적, 사회적, 정치적, 경제적 상태) 간의 상호작용에서 발생한다고 주장하는 생태학적 조망에 근거한다. 따라서 지역사회 심리학은 개인적 문제와 사회적 문제를 경감시키기 위해서는 환경적 상황과 개인의 역량 모두를 변화시키는 것이 필요하다고 주장한다. 장애에서 환경적 요인들을 강조하는 것과 함께, 지역사회 심리학자들은 도시와 지방의 빈민들, 그리고 ⓐ 심리치료 서비스 제공의 전통적인 체계에서는 충분한 서비스를 받지 못하는 경향이 있는 집단, ⓑ 심리적이기보다는 사회적인 문제라서 개인적 변화보다는 사회적 변화가 필요해 보이는 문제를 가진 집단의 어려움에 초점을 맞추고 있다.

지역사회 심리학의 간략한 역사

1950년대와 1960년대에 지역사회 심리학의 발달을 가속화하기 위해 여러 세력이 힘을 합했다. 지역사회 심리학의 발달로 이끈 두드러진 요인으로는 집중되어 있던 정신역동적 접근에 대한 흥미의 감소(Rappaport, 1977), 장애에 대한 심리학적 진단의 신뢰도와 타당도에 대한 회의론(Rosenhan, 1973)과 전통적 심리치료의 효과에 대한 회의론(Eysenck, 1952), 개인치료를 할 수 있는 정신건강 전문가의 부족(Albee, 1959)을 들 수 있다. 더불어 시민권, 양성평등, 빈곤, 베트남 전쟁 등으로 인한 사회정치적 혼란, 1962년 보편적인 정신건강센터의 구성기금 조달을 위한 지역건강센터법(Community Mental Health Centers Act)의 통과 등이 있다.

오늘날 지역사회 심리학의 역사는 40년이 넘어가고 있다. 지역사회 심리학은 APA 내의 분과로서 자부심을 느끼며, 회원들의 연구와 업적을 보고하는 데 기여하는 『American Journal of Community Psychology』, 『Community Mental Health Journal』, 『Journal of Community Psychology』 등을 포함한 여러 정기간행물이 있다. 많은 대학원에 지역사회 심리학 수련 프로그램이 있으며, 일부는 임상심리학 프로그램의 한 부분이기도 하다.

지역사회 심리학의 원칙과 방법

전통적인 임상심리학자들과 달리 지역사회 심리학자들은 종종 지역사회의 심리적 장애와 관련된 상태를 호전시키는 데 있어 그 지역주민들이 적극성을 가지도록 노력한다. 전통적인 임상심리학과 지역사회 심리학을 차별화하는 원리와 방법들은 다음과 같다.

- 사회 체계의 변화. 생태학적 접근에 따라 지역사회 심리학자들은 종종 개인의 변화보다는 사회 체계 수준의 변화를 증진시키는 데 관심을 둔다. 지역사회 심리학자는 특정한 목표 내담자는 없지만, 의도된 목표집단에게 사회 체계의 변화가 확산되어 이득이 될 것으로 기대되는 간접적인 서비스를 강조한다(Trickett, Barone, & Watts, 2000).
- '지역사회의 심리학적 이해' 증진. 지역사회 심리학자들은 지역사회의 심리학적 이해를 증진시킴으로써 스스로의 변화를 계획하고 이행하는 지역사회의 능력을 강화하고자 한다(Sarason, 1974). 그들은 공통된 욕구와 관심을 가진 사람들의 협동적인 활동을 격려하고, 상호 문제해결을 위한 그들의 방침을 유지하는 이러한 연합들을 돕고자 한다.
- 준전문가. 지역사회 심리학의 토대는 행동변화 기능을 제공하는 준전문가(예를 들어, 비전문가)를 격려하는 데 있다. 이러한 조력자 중 많은 사람은 서비스를 받을 바로 그 집단에서 추출되기 때문에 토착 준전문가로 알려져 있다. 말할 것도 없이, 서비스를 받을 집단에서의 문화적 뿌리는 그들의 기본 자산 중의 하나다.
- 실천주의 사용. 사회적 실천주의는 사회적 개혁을 이루기 위한 힘의 사용이다. 이 힘은 경제적 · 정치적, 혹은 시민 불복종의 강제적인 힘일 수도 있는데, 모든 것은 양면을 가지고 있다. 활동가로서의 전술을 옹호하는 사람들은 도발하고, 선동하고, 직면하고자 하는 전문가의 의지가 변화를 촉진하는 효과성의 상당 부분을 설명한다고 주장한다. 전문가의 사회적 활동에 반대하는 사람들은 그러한 활동이 심리학적 과학자의 정의적 특성인 객관적 경험주의에 적절하지 않다고 반박한다.
- 개입의 한 형태로서 연구의 사용. 개입로서의 연구는 초기 연구가 성공적이었음을 보여 주었던 프로그램 수행의 대안적 방법을 평가하기 위해 설계된 실험법인 소위 '보급연구'로 예증된다. 특정 프로그램을 채택하기 위해서 다른 지역사회를 설득하는 가장 효과적인 방법을 찾는 과정에서 필요에 의해 이 프로그램이 채택되었다(Mayer & Davidson, 2000).

지역사회 심리학의 혁신성과 명백한 좋은 의도에도 불구하고 수년 동안 많은 우려가 있었다. 여기에는 지역사회를 위한 결정을 누가 해야 하는가, 즉 지역사회 구성원인가 혹은 지역사회 심리학자인가에 관한 우려가 포함된다. 일반적으로 지역사회심리학자들은 그들의 조언이 그 지역에 살고 있는 사람들의 바람과 일치한다는 것을 확신하기 위해 지역사회에 융화되도록 노력한다(Linney, 2000).

이 절의 요약 지역사회 심리학자들은 개인의 안녕에 영향을 미치는 사회적 환경방식에 관여한다. 사회체계 변화, 지역사회의 심리학적 이해 증진, 준전문가의 이용, 정치적 활동, 연구 등의 원리를 통해 지역사회 심리학자들은 개인으로 이루어진 큰 집단의 삶을 향상시키고자 한다.

예 방

이 절의 미리보기

이 절에서는 심리적 장애의 예방을 위한 노력을 검토한다. 이러한 노력은 주로 지역사회 심리학의 결과다. 장애예방 전략에는 양육기술 향상시키기, 사회적 기술 가르치기, 환경 바꾸기, 스트레스 줄이기, 능력 부여 촉진하기 등이 포함된다.

지역사회 심리학의 중심적인 결과인 예방은 이제 심리학의 온전한 분야로 편입되었다. 수십 년 전 공중보건 영역에서 가져온 원리들을 사용하여 캐플런(Gerald Caplan, 1964)은 정신건강 문제를 예방할 수 있는 3차, 2차, 1차의 세 가지 수준을 기술하였다. 이후에 의학연구소(Institute of Medicine, 1994)에서는 다른 용어(지정된 예방개입, 선택적 정신건강 예방, 보편적 정신건강 예방)를 제안했고, 이 분야에서 보다 일반적이 되었다. 다음 정의에서는 두 개의 용어 체계를 모두 언급하였다.

- 3차 예방(지정된 예방개입)은 장애의 심각도를 낮추고 정신건강 문제의 단기적 및 장기적 결과들을 줄이려고 애쓴다. 이 유형의 예는 심각한 정신병리를 가진 내담자에게 그들 문제의 영향에 보다 잘 대처하는 방법을 가르치고, 정신병리의 더 부정적인 결과를 예방하기 위해 지역사회 내에서 최대한의 높은 삶의 질을 성취할 수 있도록 돕기 위해 노력하는 심리사회적 재활이다(Hunter, 1995).
- 2차 예방(선택적 정신건강 예방)은 장애발달의 위험을 가진 사람들에게 개입하는 것과 관련된다. 효과적인 2차 예방은 위험요인이 어떻게 특정 장애에 이르게 하는지에 대한 지식이 요구된다. 또한 가능한 한 가장 빠른 시점에 개입이 이루어질 수 있도록 장애의 초기 신호를 신뢰성 있고 타당하게 탐지하는 평가방법을 필요로 한다. 많은 2차 예방 프로그램은 장애발달의 위험에 있는 개인의 보호요인을 증가시키고

자 하는데, 프로그램의 참석하는 개인의 탄력성(resilience)을 증가시키는 과정이다 (Fraser, 2004).

- 1차 예방(보편적 정신건강 예방)은 환경을 수정하거나 장애에 대한 개인의 면역력을 강화시킴으로써 우선적으로 장애의 발생을 피하는 것과 관련된다. 1차 예방 프로그램은 위험요인에 대항하고 보호요인을 강화하고자 한다(Evans & Seligman, 2005).

이 세 가지 유형의 예방 프로그램은 목표집단에 따라 구별된다. 예를 들어, 아동학대의 재발을 예방하기 위해서 3차 예방 프로그램은 과거에 자녀를 학대했던 부모를 구분하고, 또한 보다 많은 지식을 가진 유능한 부모가 되는 데 도움을 주는, 아동 행동을 효과적으로 다루는 방식에 관한 심리교육적 강의나 아동발달 강의 등에 참석하도록 조치할 것이다. 분노조절 강의 또한 제공할 수 있다. 2차 예방 프로그램은 자녀학대의 위험이 있는(예를 들어, 그 자신이 신체적 학대를 받았던 부모) 것으로 분류되지만 아직 학대를 하지 않은 부모 집단에 도움을 제공한다. 이러한 부모들의 경우 아동의 행동과 잘못을 비폭력적이고 효과적으로 다루는 데에 관한 유용한 정보와 지지를 제공할 수 있는, 지역사회의 건강하게 기능하는 부모들과 짝을 지어 주기도 한다. 1차 예방 노력은 모든 지역사회 인구와 관련되며, 라디오나 TV, 광고판, 신문을 통한 공공 서비스 캠페인을 포함할 수 있다. 이러한 캠페인에는 유명인사, 뛰어난 운동선수, 그 밖의 영향력 있는 인물들이 아동학대를 반대하고 사람들이 아동양육 프로그램에 참여하도록 독려한다.

이제는 예방과학으로 알려진 예방의 초점은 PIRC(National Institute of Prevention Intervention Research Center)의 발전과 NIMH(National Institute of Mental Health) 및 NASIM(National Academy of Sciences' Institute of Medicine)의 후원을 받은 두 연구집단 보고서에 실린 조언의 영향을 받고 있다(Mrazek & Haggerty, 1994; NIMH, 1994). 많은 심리학자들은 정신병리 발달을 예방하는 데 도움이 되는 다학제적 연구에 초점을 맞춘 PIRC 연구 모델과 일치하는 예방 프로그램을 계속 추구하고 있다. 이러한 유형의 다섯 가지 연구 예는 양육기술 향상시키기, 사회적 기술 가르치기, 환경 바꾸기, 스트레스 줄이기, 그리고 능력 부여 촉진하기다.

양육기술 향상시키기

많은 1차 예방 프로그램은 가정폭력을 줄이기 위해 양육기술을 향상시키는 것을 목표로 한다. 매년 수백만의 아동들이 신체적 또는 성적 학대, 방임의 희생자나 가정폭력의 목격자가 된다. 폭력가정에서 자라난 아동들이 보다 공격적이고, 학대적이며, 성인 범죄자가 되기 쉽다는 증거가 있다(Dodge, Coie, & Lynam, 2006). 예방 프로그램은 양육기술을 향상시키고, 신체적 처벌의 사용을 줄이며, 양육태도를 변화시키고자 한다(Kumpfer & Alvarado, 2003).

사회적 기술 가르치기

정신장애 1차 예방의 다른 접근은 아동과 청소년들에게 후기 발달과 적응에 결정적으로 중요한 대인관계기술을 가르치는 것과 관련된다. 예를 들어, 유치원 정도의 이른 때부터 이러한 기술이 부족한 아동들은 나중에 비행 위험을 증가시키는 행동 패턴을 보이는 경향이 있다(Welsh & Farrington, 2007). 그러나 이러한 아동들이 효과적인 문제해결 전략(Shure & Aberson, 2005)을 배우면, 품행장애 소년들에서 흔한 학습문제와 사회적 문제의 발달을 피할 수 있다는 증거가 있다.

환경 바꾸기

1차 예방에 대한 세 번째 접근은 적응적인 행동에 보다 지지적인 환경(가정, 학교, 이웃과 같은)을 만드는 것이다. 예를 들어, 유치원의 기회를 넓히고, 학업성취에 대한 부모와 아동의 참여를 늘리는 '헤드 스타트(Head Start)' 같은 프로그램은 본래의 목표는 아니었지만 결과적으로 반사회적 행동을 감소시킨다는 것을 보여 주었다(Ripple & Zigler, 2003).

스트레스 줄이기

1차 예방의 네 번째 접근은 환경적 스트레스원을 줄이는 것이다. 예를 들어, 적당한 가격의 주택을 공급함으로써 심리적 부적응과 결부되어 온 빈곤가족의 주된 스트레스원인 잦은 이사를 줄일 수 있다(Felner et al., 2000).

능력 부여 촉진하기

마지막으로 무능력한 사람들에게 능력을 부여하도록 설계된 프로그램이 있는데, 이는 삶의 통제에 대한 능력과 자신감을 갖지 못하게 하는 고령, 가난, 노숙생활, 소수인종적 지위, 신체적 장애, 그 밖의 다른 요인을 가진 사람들을 돕기 위한 것이다. 능력 부여(Rappaport, 2002)는 이전에는 의존적이고 무능력했던 개인들에게서 그들이 자신의 삶을 지배하고 통제할 수 있다는 신념을 키워 주는 것이다. 학교정책에 영향을 주기 위한 소수집단 부모의 능력 부여나 범죄 통제를 위한 이웃의 능력 부여는 장기적으로 정신건강에 이득이 될 수 있다는 일부 증거가 있다(Zimmerman, 2000).

물질남용, 위험한 성행동, 비행, 폭력, 학업 실패 등을 포함하는 다양한 분야에 효과적인 많은 예방 프로그램이 있다(Nation et al., 2003). 요약하면, 예방의 목적은 이제 임상심리학 분야로 완전히 통합되었는데, HIV나 AIDS(Earl & Albarracin, 2007; Fisher, Fisher, Bryan, & Misovich, 2002), 암(Ellis et al., 2005), 심장질환(Lisspers et al., 2005), 식이장애(Franko et al., 2005) 등을 포함하는 소아와 건강심리학 영역에서 특히 두드러진다(12장 '건강심리학'에서 이러한 건강관리 개입에 대해 논의한다). 무엇보다 임상심리학과 지역사회심리학의 예방 노력은 개인의 강점을 개발하는 데 초점을 두고 개인의 안녕을 촉진하는(Weisz, Sandler, Durlak, & Anton, 2005) 긍정심리학의 성장에 부응한다(Duckworth, Steen, & Seligman, 2005).

이 절의 요약 예방적 노력은 임상심리학의 거의 모든 측면에 유입되어 왔다. 3차 예방(지정된 예방개입으로도 알려진)의 목표집단은 이미 정신건강 문제를 경험한 사람들이고, 2차 예방(선택적 정신건강 예방)의 목표집단은 문제 발달의 위험에 있는 개인들이며, 1차 예방(보편적 정신건강 예방)의 목표집단은 정신건강 문제 발달의 위험에 처하거나 그렇지 않은 지역사회 전체다.

자 조

이 절의 미리보기

이 절에서는 수련받은 전문가가 있거나 없이 성취할 수 있는 자조 노력에 대해 다룬다. 이러한 노력은 대면집단, 인터넷 기반의 지지집단처럼 자조서적에 의해서도 안내를 받을 수 있다.

자조 프로그램은 수십 년 동안 존재해 왔고 그 인기는 오름세인 것으로 보인다. 작년 한 해 미국 성인의 5~7%가 대면 자조집단에 참여했고, 모든 성인의 18%가 생애의 특정 시점에 자조집단에 참여할 것으로 추정된다(Norcross, 2006). 인터넷 사용자의 약 80%는 정신건강과 관계 문제를 포함한 건강 관련 문제에 대해 온라인으로 정보를 찾았다(Norcross, 2006).

만약 치료에 대한 인기가 출판된 책의 수량으로 반영된다면 자조가 명백하게 최고일 것이다. 아마존닷컴 데이터베이스의 최근 조사는 '심리치료'에 맞는 5만 8,694건에 비해서 '자조(self-help)'는 15만 3,466건으로, 거의 세 배라는 결과를 산출했다. 자조집단에 대한 인기가 높아지는 것은 곧 모든 다른 형태의 치료에 경쟁이 될 것이라는 점을 시사한다(Barlow, Burlingame, Nebeker, & Anderson, 2000). 많은 사람에게 자조는 심리학적 조언과 치료의 가장 초기 원천이 된다(Norcross, Santrock, Zuckerman, Sommer, & Campbell, 2003). 노크로스(Norcross, 2000)는 자조운동을 "대규모의 체계적인, 아직은 대체로 조용한 혁명"(p. 370)이라고 언급하였다.

자조운동은 가장 초기 개입 중 하나인 AA(Alcohol Anonymous) 같은 프로그램에 뿌리를 두고 있다. 자조치료는 문제를 이해하고 다루는 구조화된 방식을 제공한다는 점에서 심리치료와 비슷하다. 구성원들은 정보를 교환하고, 사회적 지지를 제공하고, 서로의 문제를 논의하는 것 등을 통해 서로 돕는다(Coleman, 2005).

전자매체의 발달과 더불어 자조집단은 더 이상 지리적 한계의 제한을 받지 않는다. 이제 많은 온라인 지지집단이 존재하고, 그 대부분은 회원들이 의견과 답변을 쓸 수 있는 게시판을 제공하고 있다(이러한 주고받기는 '비동시성 의사소통'이라고 부른다). 임상문헌에 한 예로 치료자가 도움을 주고 있는 동양계 미국인 남성을 위한 온라인 지지집단이 기술되어 있다. 이 온라인 집단은 인종, 문화, 성차, 행복과 관련된 이슈에 있는 사람들에게 정보, 지침, 지지를 제공한다.

이 예처럼 많은 자조집단은 전문가에 의해 감독을 받거나 운영되기 때문에 엄격히 말해 '자조'가 아니다. 대면집단에서 전문가는 새로운 구성원의 적응을 돕고 집단에 대한 컨설턴트로 활동한다. 온라인 집단에서 전문가는 웹사이트 설계의 관리·감독을 하고, 정보 출처의 링크를 제시하고, 또한 의사소통을 격려하고 정보를 제공하거나 분열적인 구성원의 접근을 제한하는 것을 통해 지지적인 환경을 유지하는 역할을 한다.

자조치료는 지지집단으로 한정되지 않는다. 심리적인 문제를 다루는 방법에 관한 책을 읽는 독서치료(bibliotherapy)는 자조운동의 큰 부분을 구성하고 있다. 지역 서점이나 온라인 서점을 둘러보는 것만으로도 자조서적의 보급에 대한 감을 가질 수 있다. 그중 번즈(Burns, 1999)의 『Feeling Good: The New Mood Therapy』와 같은 책들은 인지치료나 그 밖의 다른 치료적 원리에 대한 연구를 바탕으로 한다. 또 어떤 책들은 학문적인 소재를 인기 있는 매체를 통해 보급하는 것을 좋아하는 뛰어난 연구자들에 의해 쓰였다. 이러한 범주에 드는 몇 권의 예는 다음과 같다.

- Master Your Anxiety and Panic(Barlow & Craske, 2006)
- ADHD in Adults: What the Science Says(Barkley, Murphy, & Fisher, 2007)

- Overcoming Your Eating Disorder: A Cognitive-Behavioral Treatment for Bulimia Nervosa and Binge-Eating Workbook(Apple & Agras, 2007)
- Your Defiant Child: Eight Steps to Better Behavior(Barkley & Benton, 1998)
- Ten Lessons to Transform Your Marriage(Gottman & Gottman, 2006)
- Authentic Happiness: Using the New Positive Psychology to Realize Your Potential for Lasting Fulfillment(Seligman, 2004)

비록 자조를 위해 객관적으로 고안되었을지라도, 치료자들은 이러한 서적들 중 일부를 보다 심화된 심리치료의 일부로 차용한다. 연구에 의하면 치료자의 80%가 그들의 내담자에게 높은 수준(질적으로 좋은)의 자조수단을 추천하였다(Nocross, 2006). 서점의 검색자들은 방대한 양의 자조서적들이 이 분야의 전문가에 의해 쓰인 것이 아니며 그 질을 보장할 수 없음을 알고 있어야 한다. 이러한 서적의 독자들도 몇몇 방식은 임상적 환경에서도 효과적임이 증명되었지만, 여전히 수련받은 치료자의 도움 없이 사용되는 것에 대한 타당화가 필요하다는 것을 인식해야만 한다(Rosen, Glasgow, & Moore, 2003).

실제로 많은 심리학자는 일부 자조서적들이 판매를 촉진하기 위해 과학적 결과들을 무시하거나 왜곡하는 것에 대해 염려한다. 출판업자들은 일반적으로 이러한 서적의 권고에 대한 경험적 검증보다는 서적의 판매 가능성에 더 신경을 쓴다. 그렇기에 일부 자조서적은 잘못 교육하고 해를 입히게 되는 실제적인 위험이 있다.

이러한 염려 때문에 몇몇 심리학자들은 많은 자조의 선택사항에 대한 공적인 평가에 노력을 기울인다. 예를 들어, 노크로스와 동료들(John Norcross et al., 2000)은 『Authoritative Guide to Self-Help Resources in Mental Health』를 출간했다. 이 서적에는 다양한 장애를 위한 여러 자조 출처(서적, 집단, 인터넷 사이트 등)의 가치에 대한 전문적인 조사 결과가 보고되었다. 불행하게도, 이에 대한 통제된 연구가 거의 없기 때문에 인기 있는 자조서적에 대한 통제된 연구 결과를 요약한 자료는 알려진 것이 없다(Rosen et al., 2003). 효과연구는 독서치료(자기시행 치료로 알려진)가 우울증, 불안, 가벼운 알코올중독 등과 같은 문제에 효과적일 수 있고, 금연이나 중간 정도 이상의 심각한 수준의 알코올중독에는 효과가 없다고 보고되었다(Apodaca & Miller, 2003; Mains & Scogin, 2003).

자조에 대한 전문가들의 태도는 혼재되어 있다. 일부는 자조활동을 통해 대중을 돕는 데 깊이 관여하고 참여하는 반면, 일부는 회의적이다. 특히 회의론은 자조기법을 선택하기 이전에 많은 예방조치가 필요하다고 지적한다. 노크로스(Norcross, 2006)는 심리학자들과 대중이 대중매체의 최신 인기 경향이 아닌 경험적 증거에 기반을 둔 자료를 구분하는 눈을 가지고 자조자료들에 대해 열린 마음을 가져야 한다고 주장한다.

이 절의 요약 지지집단과 자조서적(독서치료로 알려진)들은 미국 전역에서 많이 사용한다. 많은 심리학자는 사람들이 스스로를 치료하고자 애쓰는 것에 대해 우려하며, 그래서 자조적인 노력에서 사용되는 증거기반 도구의 사용에 대한 각성이 증가하고 있다.

다른 대안적인 접근법

이 절의 미리보기

이 절에서는 보완적/대체적 약물, 영성, 마음챙김(mindfulness) 등을 포함하는 대안적인 치료 양식과 방법의 최근 발달을 다룬다. 이러한 접근법에 대한 관심은 높지만 경험적 지지의 정도는 다양하다.

대안적인 치료 접근법에 대한 장은 전통적인 치료들에서 가장 멀리 떨어진 이러한 접근법에 대한 논의가 있어야 완전할 것이다.

보완/대체 의학

통합적 기법들로 알려진 보완/대체 의학(complementary alternative medicine: CAM)은 약용식물 연구(herbology, 건강 증진을 위한, 처방전이 필요없는 약용식물의 사용), 척추교정 지압요법(chiropractic methods), 마사지치료, 영양학(보다 건강한 음식과 비타민 보충), 운동생리학, 바이오피드백 등을 포함한다(Bassman & Uellendahl, 2003). 3,000명이 넘는 미국의 성인들을 대상으로 한 연구(Honda & Jacobson, 2005)에서 지난 한 해 동안 54%가 CAM 기법을 사용했다.

심리적 장애의 경감에 대한 희망으로 이러한 방법의 사용은 지난 10년간 눈에 띄게 증가했다. 케슬러와 동료들(Kessler et al., 2001)은 불안 증상이 있는 사람의 56.7%와 우울 증상이 있는 사람의 53.6%가 그들 증상에 도움을 받기 위해 CAM를 사용했다는 것을 밝혔다. 또한 이러한 장애에 대해 전통적인 심리치료를 받은 환자들 중에서 불안장애 환자의 65.9%, 우울장애 환자의 66.7%가 CAM 방법을 사용했다. CAM 기법은 일반 집단에서 일상적으로 사용되고, 정신건강 문제를 가진 사람들 사이에서는 더 일상적으로 사용된다.

비록 많은 CAM 기법이 수백 년 동안 있어 왔지만, 연구자들은 최근에야 통제된 실험을 통해 그 효과성을 평가하였다. 이러한 연구들 중 일부는 CAM 기법들—그중 많은 수는 전통적인 심리학적 치료 혹은 약물치료와 병합하여 사용된다—이 실제로 효과적일 수 있음을 밝혀냈다(Bassman & Uellendahl, 2003). 이들 중 보다 전망이 좋은 방법은 다음과 같다.

- 우울증의 증상 개선(Lake, 2007)과 이전에 자살을 시도했던 사람들의 자살시도 감소(Hallahan, Hibbeln, Davis, & Garland, 2007)를 위한 오메가3 필수지방산
- 불면증과 기타 스트레스에 대한 증상 등과 같은 문제를 위한 명상(Walsh & Shapiro, 2006)
- 전립선암 치료에서 화학요법의 부작용 감소를 위한 전통적인 치료방법과 병행하는 약용식물치료(Auerbach, 2006)
- 폐암과 연관된 통증 그리고 그 밖의 신체적 증상을 다루기 위한 명상, 약용식물요법, 마사지, 침술, 기도 등과 같은 기법(Wells et al., 2007)
- HIV나 AIDS를 가진 사람들의 삶과 관련된 스트레스원을 다루기 위한 다중 CAM 기법들(Suarez & Reese, 2000)

그 외의 많은 CAM 기법들은 아직 평가되지 않았고, 어떤 기법이 어떤 문제에 유용한지 판단하기 위해 가능성이 있어 보이는 기법들은 연구할 필요가 있다.

이미 알고 있듯이, 많은 '뉴에이지' 치료들을 포함한 일부 CAM 기법은 비효과적일 뿐 아니라 실제로 해로울 수 있다(Lilienfeld, 2007). 이러한 범주에 속하는 두 가지 기법은 기억치료(치료자는 그들이 주장하는 바에 따르면 억압된 과거의 학대경험을 기억해 내도록 내담자를 '도우려' 한다)와 재탄생 · 재양육 치료(치료자는 탄생동굴이라는 상징적 공간을 통과하는 그들의 방식으로 몇 시간 동안 작업함으로써 새로운 '탄생경험'을 제공한다)다(Lynn, Lock, Loftus, Krackow, & Lilienfeld, 2003). 싱어와 니봇(Singer & Nievod, 2003)은 비록 이러한 치료자들이 완전히 신용을 잃긴 했지만, 그들과 비슷한 다른 사람들(역시 경험적 입증도 없고 해로운 효과를 끼치기도 하는)이 곧 출현할 조짐이 보인다고 경고했다. 경험 지향적인 임상심리학자들은 새로운 CAM 치료를 포함한 새로운 치료의 가능한 유용성에 대해 개

방적이지만, 효능과 효과가 경험적으로 검증된 치료를 고집하고, 혁신적인 새로운 방법을 채택하기 전에 그와 똑같은 검증을 요구하는 경향이 있다.

전도가 유망한 CAM 기법과 신빙성을 상실한 CAM 기법에 대한 보다 많은 정보는 『Physician's Desk Reference for Nonprescription Drugs』, 『Dietary Supplements, and Herbs』(2007), 『Journal of Alternative and Complementary Medicine』 등과 같은 많은 문헌에서 찾아볼 수 있다(예, Lake, 2007).

영 성

전통적으로 임상심리학자들과 임상연구자들은 영성과 종교성을 그들의 전문적 작업 과정에 포함시키지 않았다. 예를 들어, 초기의 대처방식 측정방법에는 내담자가 그들의 스트레스를 다루는 기도나 그 밖의 영적인 방법을 언급할 수 있는 여지가 없었다. 심지어 대처방식 질문지의 최근 판(Folkman & Lazarus, 1988)에도 종교적인 항목은 '기도한다' 하나만 기술되었다. 반면 조사연구는 미국 성인의 90~95%가 하나님이나 다른 높은 힘을 믿는다고 보고한다. 약 90%가 기도한다고 응답하였고, 69%는 자신이 교회, 유대교 교회, 모스크, 그 밖의 예배소에 속해 있다고 하였다(Miller & Thoresen, 2003).

정치적 진실이나 다른 가치 부여 주제와 마찬가지로, 대부분의 임상가는 내담자가 그들 삶의 중요한 부분으로 종교나 영성을 가져오지 않는다면 심리적 치료 중에 대해 언급하기를 꺼린다. 실제로 그렇게 하는 것은 관계문제를 일으킬 수도 있는데, 자신이 개종을 위한 설득 대상자가 된 것인지 의심하기 시작하는 무교 내담자나 그들의 성적 지향에 대해 너그럽지 않은 종교에 관련되어 있는 동성애 내담자의 경우 특히 그러하다(Yarhouse & Tan, 2005).

치료 중의 종교적 주제에 대한 임상가의 인식은 개인의 삶에서 영성의 역할에 대한 최근 경험적 연구에 의해 고양되었다. 예를 들어, 위험과 탄력성에 관한 문헌들은 가이드를 해 주는 신앙과 신앙에 기반한 지지적인 공동체를 가지는 것이 가혹한 심리사회적 환경의 청소년들에게 보호요인을 제공할 수 있다고 보고한다(Wright & Masten, 2005). 성인들에게서 기도와 영성은 암(Zaza, Sellick, & Hillier, 2005), HIV와 AIDS(Cotton et al., 2006), 스트레스와 관련된 심혈관계 수술(Ai et al., 2007) 등에서 효과적인 대처방식으로 밝혀졌다. 그리고 일반적으로 기도를 하는 것은 보다 높은 삶의 질과 보다 적은 신체적·정신적 건강문제와 관련이 있다(Bantha, Moskowitz, Acree, & Folkman, 2007). 불행하게도 특정한 사람을 위해 개인이나 집단이 기도하는 중보기도에 대해서는 똑같이 말할 수 없다(Masters, Spielmans, & Goodson, 2006).

비록 경험적인 심리학적 과학과 신앙에 기반을 둔 신념의 차이가 계속될 것이나 임상가들에게 있어 대처방식과 마찬가지로 영성과 관련된 주제에 관한 보다 많은 연구가 종교적인 내담자의 걱정(죄와 같은)에 대해 보다 폭넓은 이해를 제공할 것이다.

마음챙김

영성 그리고 CAM과 어느 정도 관련된 방식인 마음챙김(mindfulness) 개념은 최근 몇 년간 임상심리학에서 많은 주목을 받고 있다. 마음챙김은 "지금 이 순간에 일어나는 내적, 외적 경험들로 개인의 주의를 의식적으로 기울이는 것"으로 기술된다(Baer, 2003, p. 125). 이는 종종 자신의 생각과 감정을 받아들일 뿐 아니라 그것에서 분리되는 것을 돕기 위해 고안된 명상연습을 통해 내담자에게 가르친다(Segal, Williams, & Teasdale, 2001). 마음챙김은 우울증(Hayes, Follette, & Linehan, 2004), 스트레스 감소(Bishop, 2007)를 위한 인지-행동적 치료에 통합되어 왔다. 마음챙김은 치료의 비종교적인 맥락에서 도입되기도 하지만, 불교와 같은 영적인 틀의 맥락 내에서 사용할 때 더 효과적으로 나타났다(Ostafin et al., 2006).

마음챙김의 조작적 개념을 확립하기 위해(Bishop et al., 2004; Hayes & Shenk, 2004), 그리고 마음챙김이 치료를 촉진할 수 있는 기제를 확인하기 위해(Shapiro, Carlson, Astin, & Freedman, 2006) 보다 많은 연구가 필요하다. 그러나 마음챙김은 일부 맥락에서, 그리고 일부 내담자에게 전망이 좋은 도구인 것으로 밝혀졌다(Dimidjian & Linehan, 2003).

이 절의 요약 보완/대체 의학, 영성, 마음챙김 등과 같은 대안적인 접근법들은 모두 임상심리학의 전통적인 실무 속으로 점점 더 많이 통합되고 있다. 대체로 경험적 연구 결과, 그들의 효용이 지지되기 때문에 이러한 접근은 특히 건강과 소아과 영역에서 일하는 임상심리학자들에게 큰 관심사다. 그러나 많은 대안적인 접근법이 내담자의 안녕에 이익이 되는 것이 아니기 때문에 증거 기반적인 방법에 초점을 맞추어야 한다.

심리치료에 영향을 주는 기술혁신

이 절의 미리보기

여기에서 새로운 치료기술의 어려움과 전망을 다룬다. 온라인 치료활동으로부터 생겨난 어려움을 살펴보고, 컴퓨터가 심리평가와 치료에 도움이 될 수 있는 방법에 대해 논의한다.

과학기술의 발달은 지난 수십 년 동안 모든 것을 바꾸어 놓았다. 임상심리 영역 또한 예외가 아니다. 앞의 여러 장에서 언급한 것처럼 과학기술 그리고 인터넷의 광범위한 보급은 평가와 치료의 혁신을 이끌어 냈다. 또한 새로운 유형의 문제에도 기여했다.

과학기술에 의해 발생한 문제

한 조사에서 치료자들은 다양한 인터넷 관련 문제를 경험한 1,500명에 가까운 많은 수의 청소년과 성인 내담자를 보고했다(Mitchell, Becker-Blease, & Finkelhor, 2005). 내담자들 중 61%는 생활을 붕괴시킬 정도의 과다 사용 문제를 가지고 있었으며, 그들 중 20%는 업무나 이메일 등과 관계없는 인터넷 활동에 일주일에 28시간 이상을 쓴다고 보고했다(〈표 9-4〉 참조).

두 번째로 가장 흔한 문제(내담자의 56%, 주로 남성)는 포르노그라피를 보기 위한 인터넷의 과도한 사용이다. 다음으로 흔한 문제(내담자의 21%)로 인터넷 활동에 열중하여 결혼생활이 불성실하게 되거나 거의 그러한 지경에 이르게 되었다. 물론 이 조사의 저자가 인정했듯이 이러한 내담자들의 많은 문제는 인터넷이 없어도 아마 발생했겠지만, 이러한 결과는 인터넷 그리고 익명성과 잠재적으로 의사소통 단절을 일으키는 인터넷의 보편적인 가용성이 내담자에게 그렇지 않았으면 발생하지 않았을 문제의 위험성을 더했다는 점을 강조한다.

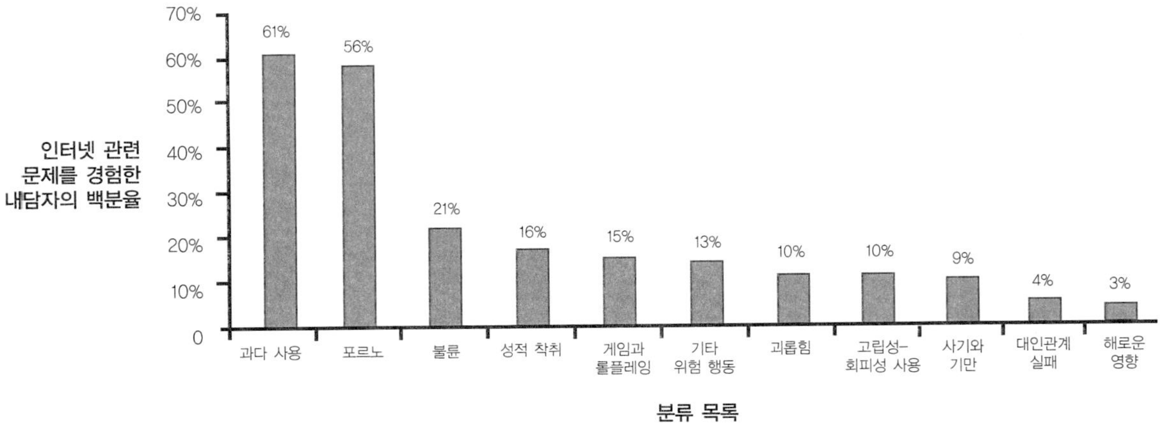

[그림 9-4] 다양한 문제성 인터넷 경험

출처: K. J. Mitchell, K. A. Becker-Blease, & D.Finkelhor, 2005, Inventory of problematic internet experiences encountered in clinical practice. *Professional Psychology: Research and Practice, 36,* 498−509.

치료도구로서의 과학기술

인터넷은 또한 내담자의 문제를 해결하는 데 도움이 될 수 있다. e-헬스로 알려진 연합적인 절차 안에서 정신건강 전문가는 평가, 진단 그리고 종종 컴퓨터를 이용한 원격 접촉을 통해 내담자를 치료할 수 있다(Glueckauf, Pickett, Ketterson, Loomis, & Rozensky, 2003). 이러한 서비스는 특히 많은 내담자가 정신건강 전문가를 만날 수 없는 지방과 그 밖의 동떨어진 지역에서 유용하다.

3장에서 컴퓨터 기반 평가의 양면성을 논의했다. 심리학적 개입의 인터넷 사용에서도 많은 똑같은 양면성이 나타난다. 인터넷은 구체적이고 차별화된 문제를 목표로 하는 행동적 패키지에 참여하는 특정한 치료를 수행하는 데 특히 효과적이다(Ritterband et al., 2003). 불안치료의 무선할당 연구에서는 병원에서의 치료와 인터넷을 이용한 개입을 받은 아동이 병원에서의 치료만 받은 아동과 비교해서 거의 유사한 호전을 보였다(Spence, Holmes, March, & Lipp, 2006). 어느 임상심리학자는 인터넷 기반 치료 프로그램에 종종 참여하는데, 치료의 진전을 평가하기 위해 간략한 면대면 만남이나 규칙적인 전화 또는 이메일을 사용한다.

인터넷 상에서의 개입이 대부분의 정신건강상 어려움에 대한 면대면 개입을 대체할 것 같지는 않다(Ritterband et al., 2003). 그러나 인터넷 기반 심리치료의 사용은 계속 성장할 것으로 보인다. 그렇기에 임상가들은 온라인 치료 제공에서의 수많은 윤리적 주제에 대해 다루어야만 한다(Rochlen, Zack, & Speyer, 2004; 이러한 주제를 다룬 15장 '임상심리학의 전문 직업과 관련된 쟁점' 참조).

이 절의 요약 많은 문제가 컴퓨터와 온라인 활동에 지나치게 의존하는 것에서 생겨났다. 그러나 e-헬스로 알려진 컴퓨터 기반 치료를 통해 인터넷은 일부 제한적인 문제에 대해 증거기반 치료 패키지를 사용하는 효과적인 치료적 방식으로서의 잠재력을 가지고 있다.

심리치료의 통합

이 절의 미리보기

이 절에서는 치료자가 다양한 이론 지향적 접근법을 어떻게 사용해야 하는지에 대한 제안들을 살펴본다. 비록 통합이 어떻게 이루어져야 하는지에 대한 명확한 합의는 없지만, 대부분의 영역에서 핵심적으로 여겨지는 것들이다.

다양한 유형의 이론적 지향에 주의를 집중함에도 불구하고, 많은 치료자가 효과를 극대화하기 위해 이론적 지향을 교차하여 가장 좋은 치료방식으로 통합한다는 점을 이해하는 것이 중요하다. 1장 '임상심리학이란 무엇인가'에서 언급했듯이, 심리치료의 통합은 체계적인 태도로 다양한 임상심리학 이론의 요소를 결합하는 과정이다. 인턴십의 수련지도자처럼 치료자들은 적어도 치료들의 통합수준을 인식하는 경향이 있다(Lampropoulos & Dixon, 2007).

아무 의심 없이 받아들였겠지만 지금까지 언급해 왔던 이론들 중 일부는 둘 또는 그 이상의 '순수한' 접근법을 결합한 것이며, 최소한 부분적인 통합을 나타낸다. 예를 들어, 관계심리역동적 관점은 심리역동주의와 인본주의의 이론과 기법을 결합한 것이다. 인지-행동적 접근 또한 결합한 형태다. 기타 수많은 통합적 치료가 인기를 얻고 있으며 그들의 명칭—인지-분석적 치료(Ryle, 2005), 통합적 문제중심치료(Pinsof, 2005), 인지-정서-관계-행동치료(Goldfried, 2006)—은 다중적 영향의 결합을 주장한다.

통합은 좋은 생각이지만, 임상가들은 통합을 어떻게 이룰지에 대해서는 합의하지 못했다. 그러나 최소한 심리치료의 통합의 네 가지 주요 모델에 대해서는 동의하였다(Strickler & Gold, 2006). 기술적 통합에서 임상가는 그 영역에서 가능한 모든 평가와 치료 방법 중에서 선택을 한다. 다양한 시점에 임상가는 이완훈련, 전이 해석, 바이오피드백, 비지시적 경청기술 등을 사용할 것이다. 이상적으로는 연구에서 증명된 효과성과 내담자의 필요를 기준으로 선택한다. 기술적 통합접근은 임상가가 폭넓게 배열 기법 중에서 선택을 하는 '카페테리아식 접근' 처럼 생각할 수도 있다. 그러나 이러한 접근은 다양한 기법에서 파생된 이론적 갈등의 해결을 거의 시도하지 않는다는 점에서는 '통합적'이지 않다.

반면에 이론적 통합은 심리학의 진정한 이론적 통합을 위해 주요 심리학적 이론들 간의 실제적이고 명백한 갈등을 해결할 것을 제안한다. 이는 바람직한 목적이지만, 참된 이론적 통합은 애초부터 심리학 영역에서는 발견되지 않았기 때문에 아마도 가장 달성하기 어려운 통합 모델일 것이다(Gold & Strickler, 2006).

공통요소 접근법은 모든 혹은 대부분의 효과적인 치료에서 공통되는 변인을 구분하려 한다. 이론적이고 기술적인 논쟁을 벗겨 내고 대신에 유능한 치료자들이 공통적으로 가지고 있는 행동과 특성을 찾아내려 한다. 그러고 나서 수련과 실전에서 이러한 행동과 특성에 초점을 맞춘다.

동화적 통합(Assimilative integration)은 임상가들이 기본적인 이론적 지향을 유지하지만 다른 접근법의 기법들을 사용할 때 일어난다. 이러한 '대부분은 이것, 그러나 저것도 조금' 접근은 아마도 임상가가 절충주의 작업을 한다고 이야기할 때 실제로 행하는 것과 가장 비슷하다. 대부분의 임상가들은 하나의 이론적 지향으로 수련을 받지만 실전에서는 다른 접근법의 기법들을 통합한다.

대학원 수련 프로그램은 한 가지 '브랜드 네임' 이론적 지향을 가르치는 경향에서 조금씩 변화하고 있다(Consoli & Jester, 2005). 몇몇 연구소에서는 통합적 수련 모델을 채택하고 있고, 많은 연구소에서는 일정 수준의 동화적 통합—학생들에게 한 가지 주요 접근을 가르치면서 다른 접근들의 구체적인 기법을 수련하는—을 받아들이기 시작했다. 한 가지 지향을 강조하는 것은 이론적 일관성—학생들은 비교적 일관적인 접근법(예를 들어, 정신역동, 인지-행동적)을 사용하는 성격발달과 정신병리의 이해를 배운다—이라는 강점이 있다. 동시에 수련생들은 어떤 이론에서 왔든 상관없이 구체적 방법(예를 들어, 경청과 공감기술, 체계적 둔감법, 인지적 재구성 기법)에서 심리치료 효과성 연구의 결과(10장에서 논의)에 따라 수련과 실전에 참여하도록 허용한다.

수련과 실전에서의 느린 변화에도 불구하고, 현 시대의 정신은 통합의 수준이 증가하는 것을 선호하는 것으로 보인다(Stricker & Gold, 2006). 관심이 있는 학생은 『Journal of

Psychotherapy Integration』, 『A Casebook of Psychotherapy Integration』(Stricker & Gold, 2006), 『Handbook of Psychotherapy Integration』(Norcross & Goldfried, 2005) 등의 자료를 찾아보기를 권한다.

이 장의 요약

심리치료는 사람들의 문제가 내포된 사회적 맥락에 초점을 맞추고 활용하려는 개입 양식과 관련될 수 있다. 개입은 집단이나 커플, 가족에게 수행할 수 있는데, 이러한 특정한 형식에 특화된 기법과 함께 개인심리치료에 적용하였던 것들을 결합한 방법을 사용한다. 집단치료는 넓은 범위의 대인관계에서 개인이 상호작용하는 방식을 변화시키고자 한다. 반면에 커플치료는 친밀한 양자관계의 맥락 안에서 이러한 이슈들을 강조한다. 이러한 접근들은 종종 시스템 이론에 근거하고 있다. 그렇기에 진단과 치료의 목적은 개인의 변화보다는 시스템의 변화다. 보다 새로운 양식들은 인지-행동적 또는 행동주의적 원칙을 집단이나 가족 형식에 적용하고 있다.

지역사회 심리학은 개인과 사회적 문제를 이해하고 유익한 사회적 변화를 만들어 내는 데 심리학적 원리를 적용하는 영역이다. 예방은 문제가 발생하기 전에 예방하거나 한 번 발생한 문제의 악화를 줄이기 위한 노력에 초점을 맞춘 지역사회 심리학의 결과다.

지역사회 심리학의 또 다른 파생물인 자조집단은 거대한 치료산업으로 성장하였다. 폭넓게 사용됨에도 불구하고, 자조운동에 대한 전문가들의 참여와 태도는 혼합적이다.

치료에 대한 그 외의 대안적인 접근에는 보완/대체의학, 영성, 마음챙김, 그리고 정신건강 문제의 평가와 치료에서의 인터넷의 사용 등이 포함된다.

연구문제

1. 개인적 범위를 넘어선 개입의 성장을 이끈 영향력은 무엇인가?
2. 집단치료는 언제 처음, 누구에 의해 시행되었는가?
3. 집단치료에서 기본적인 치료적 요소는 무엇인가?

4. 일반적인 집단치료 형식을 기술하라(참여하는 사람 수, 치료자의 역할, 각 회기의 시간 등).
5. 심리교육적 그리고 인지-행동적 치료집단은 전통적인 과정 지향적 집단치료와 어떻게 다른가?
6. 커플들이 치료를 찾는 가장 일반적인 이유는 무엇인가?
7. 치료자가 집단, 커플, 가족과 작업할 때 잊지 말아야 할 중요한 실무는 무엇인가?
8. 가족치료 맥락에서 '지명된 내담자(identified client)' 개념을 논의하라(예를 들어, 가족치료의 이론적 근거, 문제가 어떻게 발생하고 다루어졌는가에 대한 이해 등).
9. 커플과 가족과의 치료적 작업에서 진단의 사용과 미사용에 대해 논의하라.
10. 지역사회 심리학이란 무엇이며, 임상심리학의 다른 형식과의 차이점은 무엇인가?
11. 지역사회 심리학의 원리와 방법은 무엇인가?
12. 예방 프로그램의 세 가지 형식은 무엇인가? 각 방법의 장단점과 함께 각각의 예를 제시하라.
13. 자조개입에 대한 찬성 또는 반대 입장을 취하고 그에 대한 생각을 제시하라.
14. 임상심리학에서 사용되는 보완/대체 의학기법에 대한 최근의 예를 기술하라. 이러한 기법의 사용을 지지하는 증거를 제시하라.
15. 평가와 치료에서 컴퓨터와 인터넷을 사용할 때의 장단점은 무엇인가?

웹사이트

- APA Division 49: Group Psychology and Group Psychotherapy: http://www.apa49.org
- APA Division 43: Family Psychology: http://www.apa.org/divisions/div43
- APA Division 27: Society for Community Research and Action: http://www.scra27.org
- Prevention programs that work, National Institutes of Health: http://www.oslc.org/Pubs/exper.html
- National Center for Complementary and Alternative Medicine: http://www.nccam.nih.

CHAPTER 10

{임상적 개입에 대한 연구}

Clinical Psychology

이 장의 미리보기

이 장에서는 심리치료 내에서 작용하는 것을 알아내는 방법에 대해 설명한다. 여러 심리치료의 유용성을 확증하는 연구방법론을 논의하며, 각 방법론과 관련된 문제를 논의한다. 더불어 전통적 개인치료과 대안적 개입방식이 가져오는 심리치료의 효능 및 효과에 관한 전반적인 연구효과를 제시한다. 이 장의 끝부분에서는 심리치료와 관련된 정신약물학의 사용에 대하여 논의한다.

임상 사례

T.C.는 26세의 중국계 미국 남성으로, 주요우울장애, 범불안장애, 분노문제를 가지고 있다. 그는 어머니와 함께 미국의 한 대도시에서 살고 있으며, 기술 분야의 대학원을 다니고 있다.

T.C.는 세 자녀 중 막내로, '가장 못난' 자녀였다. 원치 않는 임신이었으며, 그래서 낙태를 할 뻔했다는 이야기를 부모한테서 들었다. T.C.가 자라는 동안 가족 내에 어려운 일이 많았는데, 경제적인 어려움(식품가게가 잘 안 되었기 때문), 잦은 부부싸움, 아버지의 도박문제, 폐휴지 등을 수집하는 어머니의 수집문제 등이 있었다. 가장 괴로운 일은 누나 둘은 모두 공부를 잘해서 유명한 대학교를 졸업하였는데 T.C.는 어떤 대학에서도 입학허가를 받지 못한 것이었다. T.C.가 최초의 주요우울 삽화를 경험한 것은 고등학교 상급학년일 때였다. 그럭저럭 고등학교를 끝마치고 지역의 전문대학에 들어갔으며, 주립대학교로 편입한 뒤 공학 분야의 석사학위를 받았다. T.C.가 대학에 다니고 있을 때 아버지의 도박벽이 더 심해져서 식품가게를 팔지 않을 수 없었고, 그 후에 부모는 이혼하였다. T.C.는 우울증이 더 심해져서 자살생각을 하였으나 구체적인 계획은 없었다. '빠르고, 확실하며, 믿을 수 있는' 방법만 찾으면 자살할 것이라는 생각이었다.

그는 중국계 미국인이며 그 당시 대학원에 있었던 류(Emily Liu) 박사의 치료소를 찾았다. T.C.는 심리치료자 앞에서 눈을 굴리고, 비웃고 빈정거리는 등 매우 나쁜 태도를 보였다. 여러 심리평가 결과는 심각한 우울수준, 중간 정도의 불안수준이었다. 그는 잠을 잘 못 잔다고 하였으며, 높은 수준의 분노문제를 나타냈다. 긍정적인 면으로는 정직, 인내력, 탄력성(resilience) 등의 여러 강점도 있었다.

T.C.는 41회기를 참여하였다. 치료를 시작할 때 '자살금지' 계약을 하였다. 류 박사는 인지치료, 인지-행동적 사례구조화, 다양한 인지적-대인관계적 순환방법론을 적용하였으며, 문화 특수적인 문제(예를 들어, T.C.가 표출하는 "너는 그리 착하지 않다고 너 자신에게 계속 말해라." "네가 수행한 것에 절대로 만족하지 마라." 같은 자기 패배적인 생각은 겸손과 성과에 대한 그의 문화적 가치관과 일치하는 것이기도 하였지만, 우울 증상과 관련된 것이기도 하다)를 극복하기 위하여 다양한 다문화적 기법을 사용하였다. 이와 함께 T.C.는 정신과 의사에게 항우울증 약을 처방받았다.

1년가량 심리치료를 받은 후, T.C.는 점차 우울, 불안, 분노 증상 등이 줄었다. 일부 영역에서의 사회적 기술이 나아지기는 했지만 제한적인 개선이었다. 그는 자살을 하려는 생각을 더 이상 하지 않았다. 류 박사가 그곳에서 1년 인턴십을 마친 후, T.C.는 다른 심리치료자에게 위탁되어 사회적 기술 및 부정적 인지를 개선하는 치료를 계속 받았다(Liu, 2007).

이 사례는 심리치료를 받으러 오는 내담자의 병력이 얼마나 복잡한지를 보여 주고 있다. 다행스럽게도, T.C.는 이 장의 뒷부분에서 설명할 증거기반 치료를 사용하는 치료자를 만났다. 지난 수십 년 동안 어떤 심리치료가 가장 좋은 것인가를 확정지으려는 노력보다 더 많은 연구와 논쟁을 끌어 모은 임상심리학 분야는 없었다. 그 핵심사상은 임상가는 반드시 (경험적 연구의 증거를 기반으로 하여) 효과적이라고 알려진 심리치료 및 평가만을 사용해야 한다는 것이다. 이를 증거기반 치료(evidence-based therapies), 증거기반 평가(evidence-based assessments)라 하고, 이들이 결합된 것을 증거기반 실무(evidence-based practices)라고 한다. 어떤 특정한 방법이 증거에 기반을 둔 것이라고 천명하려면 정확히 어떤 유형의 증거가 있어야 될까? 이 장에서는 이러한 복잡한 질문에 대한 대답을 찾아보기로 한다.

심리치료를 평가하는 방법

이 절의 미리보기

이 절에서는 어떤 문제에 어떤 유형의 심리치료가 가장 잘 작용하는지를 평가하는 데 많이 사용되는 연구설계방식을 살펴본다.

임상가들이 심리치료에 대해 오랫동안 가졌던 주요 의문점은 '심리치료가 효과적인가?' 하는 것이었다. 이에 대한 대답을 구하면서 이 질문이 너무 광범위하다는 것을 깨달았다. 1970년대부터 심리치료 효과에 대한 연구는 폴(Gordon Paul, 1969a)이 던진 보다 구체적으로 재개념화된 질문의 영향을 받기 시작하였다. 즉, "누구에게 어떤 치료를 받는 것이 이 특정한 문제를 가진 사람에게 가장 효과적일까? 그리고 이 문제는 어떠한 상황에서 어떻게 유발되었을까?" (p. 44).

캐즈딘(Alan Kazdin, 1982b)은 폴의 '궁극적인 문제'를 효과연구의 목표로 목록화하여 해석하였는데, 여기에는 ⓐ 특정한 치료의 효능 판정, ⓑ 여러 치료의 상대적인 효율성 비교, ⓒ 특정한 변화를 가져온, 치료의 특정한 구성요소의 평가 등이 포함된다. 오늘날 심리치료에 대한 연구는 또한 ⓐ 특정한 치료들이 가져다주는 이득의 지속성을 평가하고, ⓑ 특정 치료와 연관된 모든 부정적인 부작용을 규명하고, ⓒ 한 가지 치료가 다양한 내담자에게 얼마나 잘 작용하는지 판단하고, ⓓ 다양한 치료의 비용 대비 효율성을 제시하고, ⓔ 치료의 효과가 임상적으로 중요하고 사회적으로 의미가 있는지를 알려고 노력하고 있다(Goodheart, Kazdin, & Sternberg, 2006). 덧붙여 연구실에서 효과적이었던 치료가 임상장면에서도 효과적인지를 입증하는 데에 관심이 모이고 있다(Weisz, Jensen-Doss, & Hawley, 2006).

심리치료에 대한 효과연구 설계

이 모든 목표를 달성하기 위해 연구자는 반드시 결과를 명백하게 해석할 수 있도록 치료효과 평가방법을 설계하고 수행하여야 한다. 모든 연구설계 방식 가운데 심리치료와 호전 사이에 원인-결과 관계가 있음을 평가할 수 있는 가장 강력한 방식은 통제실험법(controlled experiment)이다(Greenhoot, 2005).

실험이란 어떤 요인들을 체계적으로 변화시킨 후 다른 요인들에서 발생하는 변화를 관찰함으로써 특정한 사건의 원인을 찾아내려는 시도다. 실험자가 조작한 요인을 독립변인이라고 부르며, 변화의 결과가 관찰되는 요인을 종속변인이라고 부른다. 효과연구에서 독립변인은 보통 제공된 심리치료의 유형(예를 들어, 인지-행동적 치료 대 비지시적 치료)을 말하며, 종속변인은 내담자에게서 관찰된 변화의 양이다(예를 들어, 우울 혹은 불안 검사의 측정치).

대부분의 심리치료 효과실험은 피험자 내 연구설계나 피험자 간 연구설계 중의 하나를 취하는데, 두 방법 모두 실험자가 내담자의 사고와 행동(종속변인)에 미치는 다양한 치료조건(독립변인)의 효과를 검증하는 것이다. 피험자 간 설계에서는 서로 다른 집단의 내담자들을 각각 다른 치료에 노출시킨 후, 각 집단에서 관찰된 변화의 유형과 종류를 비교한다. 피험자 내 설계에서는 내담자에게 한 가지 치료를 적용하지만 실험자는 여러 시점에서 행동의 변화를 관찰한다.

피험자 내 연구설계

피험자 내 실험설계에서는 종속변인들(내담자의 행동들)을 여러 상황에서 측정해야 한다. 첫 번째 관찰은 보통 기저선 기간 혹은 처치 전 기간 동안에 실시하는데, 내담자가 보이는 문제행동의 특성이나 강도를 측정한다. 일단 여러 기저선 측정으로 내담자의 전형적 행동에 관한 안정된 양상이 확정되면 개입단계(intervention phase)가 시작된다. 여기서 연구자는 치료들을 도입함으로써 독립변인을 조작하고서 종속변인에서 일어나는 기저선 수준 이상의 모든 변화를 관찰한다. 피험자 내 실험의 몇 가지 유형들이 임상치료 연구에 사용되었으나(Greenhoot, 2005), 가장 널리 쓰이고 있는 두 가지는 반전설계(reversal design)와 다중기저선(multiple-baseline) 설계다.

반전설계 혹은 ABAB 설계에서는 비치료 기저선 기간(A)과 치료기간(B)이 엇갈리면서 반복된다. A단계와 B단계의 기간은 많은 요인에 의해 결정되지만, 보통 내담자의 행동이 비교적 안정될 때까지 지속된다. 이 설계의 기본 논리는 만약 행동이 각 치료시기 동안에만 확실하고 뚜렷하게 변화하고, 치료가 중단될 때마다 기저선으로 복귀한다면, 연구자는 변화가 전적으로 치료에 의한 것임을 확신할 수 있다는 것이다.

[그림 10-1]은 4세 남아의 과도한 성질부리기에 대한 치료를 평가하는 데 ABAB/반전설계가 어떻게 쓰이는지를 보여 준다. 성질을 부린 직후마다 어머니가 짧은 '타임아웃(time-out)'을 적용하는 개입단계 동안 분노발작 발생 빈도가 줄어들었다. 타임아웃을 시행하지 않으면 초기 기저선보다 더 높은 수준으로 분노발작이 다시 높아졌다가 타임아웃을 다시 적용하면 분노발작이 다시 줄어들었다(Anderson & Kim, 2005).

치료를 중단하는 것이 임상적 혹은 윤리적으로 문제가 되는 특별한 상황에서는 연구자가 다중기저선 설계를 선호하는데, 그 이유는 치료를 중단하지 않고도 특정 개입의 효과를 평가할 수 있기 때문이다. 치료를 중단하는 대신에 연구자는 여러 가지 문제행동을 관찰하지만 그중 단 한 가지 문제행동만 치료를 적용한다. 내담자의 행동 중 변화되어야 하는 그 행동 특성만 치료를 한다. 한 번에 하나씩 치료 표적들을 더해 가면서 한 번에 하나씩 치료를 적용하며, 각 치료 효과를 관찰한다. 만약 각 종속척도들이 치료를 적용할 때마다 오직 그때만 변화한다면 문제행동에 대해 특정한 효과를 유발한다는 치료능력에 대한 확신이 증가할 것이다. 그러나 특별하게 표적이 되든 말든 상관없이 문제행동이 제멋대로 변화한다면 연구자는 치료에 대한 내담자의 긍정적인 기대, 시간의 흐름 등과 같은 일반적인 요인과 치료가 혼합되어 호전된 것으로 추측할 수 있다.

[그림 10-2]는 다중기저선 설계방식이 치료평가에 어떻게 쓰이는지를 보여 주는 또

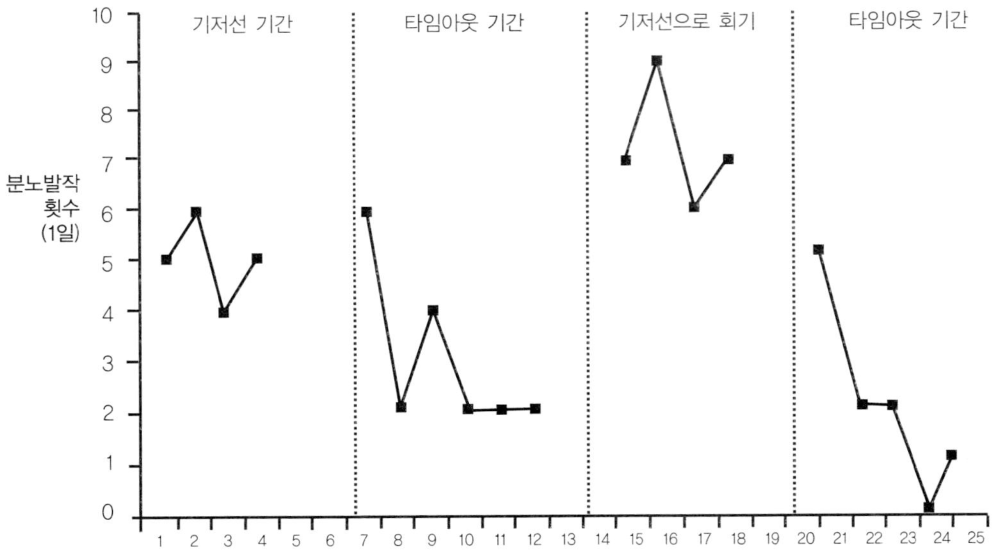

[그림 10-1] 4세 남아가 내보인 분노발작의 빈도

출처: C. M. Anderson & C. Kim, 2005, "Evaluating Treatment Efficacy with Single-Case Designs", in M. C. Roberts & S. S. Ilardi (Eds.), *Handbook of Research Methods in Clinical Psychology*, p. 79. Malden, MA: Blackwell Publishing.

다른 사례다(Hegel & Ferguson, 2000). 내담자는 28세 남자로 10년 전에 교통사고로 머리를 심하게 다쳤다. 그는 휠체어에 의지하여 살아가고 있으며, 말을 하지 못하고, 재활간병시설에서 살고 있다. 그는 돌발적으로 괴성을 지르기 시작하였고, 더 심각하게는 주위에 걸어가는 사람들을 발로 차거나 잡아채는 등의 공격적 행동이 점점 더 심해지고 있다. 이에 대한 치료로 주간 담당직원에게 공격적이지 않으면 어떤 행동이든 음식, 좋아하는 음악 또는 다른 강화물을 보상으로 주도록 하였다. 이러한 보상을 받을 수 있는 기준이 점점 높아져서, 내담자는 점점 더 오랜 시간 비공격적이어야 했다. 주간 담당직원의 치료조치가 시작되고 꽤 오랫동안 야간 담당직원에게는 이 조치를 훈련시키지 않았다. [그림 10-2]에 나타난 것처럼 내담자의 공격행동은 주간에는 현저하게 줄었지만, 치료를 야간에도 적용하기 전까지는 상대적으로 밤에는 높았다. 치료조치에 뒤따라 나타난 호전이 내담자나 치료진의 기대, 어떤 일반적 요인들, 환경 변화 등 때문이 아니라 치료 자체의 특수한 결과임을 다중기저선 설계방식으로 확인할 수 있다는 점에 주목하라(Hegel & Ferguson, 2000).

이 사례가 보여 주는 것처럼 피험자 내 치료연구는 보통 적은 수의 내담자들로 수행하

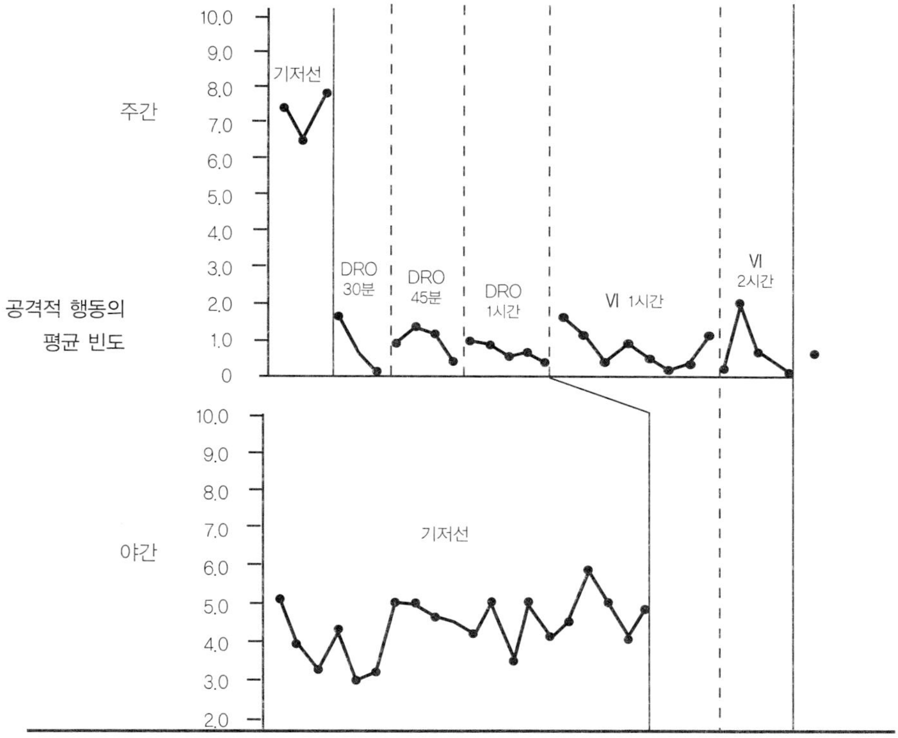

[그림 10-2] DRO 간격과 주간 및 야간 양호 교대 사이에 나타난 공격적 행동의 평균 빈도

주: DRO=다른 행동의 차별적 강화(differential reinforcement), VI=변동간격(variable interval)

출처: M. T. Hegel, & R. J. Ferguson, 2000, "Differential Reinforcement of Other Behavior(DRO) to Reduce Aggressive Behavior Following Traumatic Brain Injury." *Behavior Modification, 24*, 94-101.

는데, 때로는 단 한 명일 때도 있다. 사실 단일 피험자(single-subject) 혹은 N=1인 연구는 널리 쓰이고 있는 치료평가 전략이다. 매우 희귀해서 큰 집단을 형성하지 못하는 임상적 현상이 이 방법으로 심도 있게 연구할 수 있기 때문이다(Morgan & Morgan, 2001).

피험자 간 연구

심리치료의 효과에 대한 가장 간단한 피험자 간 연구의 예는 특정 내담자 집단—실험집단—에 치료를 제공하면서 독립변인을 조작하고, 이때 관찰된 변화를 치료를 제공받지 않은 통제집단에서 관찰된 변화와 비교하는 것이다. 두 집단에서 치료 전(사전검사),

치료가 끝난 직후(사후검사), 그리고 치료가 끝난 후 다양한 시점(추후검사)에서도 내담자의 문제행동(종속변인)을 측정한다.

내담자를 실험집단이나 통제집단에 무선 할당하는 것은 매우 중요하다. 왜냐하면 내담자의 수가 충분히 많다면 이 절차를 따름으로써 나이, 장애의 심각성, 사회경제적 지위, 그 외 치료 효과에 영향을 미칠 수도 있는 중요 변인들이 치료집단과 통제집단 모두에서 거의 같은 값을 갖게 될 가능성이 크기 때문이다. 만약 내담자가 무선 할당되지 않는다면, 실험 후 두 집단 사이에서 내담자 행동의 차이가 나타났을 때 이를 실험 전에 집단 사이에 이미 존재하던 차이라고 추정할 수도 있다.

심리치료 효과에 관한 연구의 첫 단계는 치료집단과 비치료집단 간의 통계적 비교다. 치료집단과 비치료집단 간 차이가 크고 통계적으로 유의미하다 할지라도, 이는 아무것도 하지 않는 것보다 치료를 하는 것이 더 낫다는 의미에 지나지 않는다. 단순한 치료/비치료 설계방식은 심리치료의 효과를 연구하는 연구자가 좀 더 복잡한 문제들을 다루는 데에는 희망의 빛을 비춰 주지 못한다. 또 다른 일반적인 설계방식에서는 내담자들을 두 치료에 무선적으로 배당하고 그 효과들을 비교한다. 예를 들어, HIV 전파 위험성이 높은 동성애 남자들을 대상으로 인지-행동적 치료가 가미된 동기 부여 면담(motivational interviewing)과 단순히 알코올남용을 줄이는 면담의 효과를 비교하는 데 이 유형의 설계방식이 사용되었다(Morgenstern et al., 2007).

덧붙여 연구자는 치료를 받은 내담자들이 호전된 원인이 특정 심리치료 기법 때문인지, 심리치료자의 특성 때문인지, 혹은 나아질 것이라는 기대감을 유발하는 심리치료 역량 때문인지를 알고 싶어 한다. 이 질문에 대답하는 한 가지 방법은 여러 요인실험(factorial experiments)을 하는 것인데, 이러한 이름이 붙은 것은 그것이 내담자들에게 나타나는 여러 변화의 원인이 될 수 있는 다양한 요인의 영향을 검증하기 때문이다. 효과에 대한 전형적 요인연구에서 한 내담자 집단에게는 치료의 전체 프로그램을 모두 실시하는 반면, 다른 집단에게는 치료 프로그램 가운데 가장 효과가 높다고 여겨지는 부분으로만 실시한다. 세 번째 집단은 호전에 대한 기대감을 생성할 만큼 매우 인상적인 절차에 노출되지만 정규 치료는 전혀 포함되지 않는다(위약통제 조건). 단순한 시간경과의 영향을 평가하기 위하여 비치료집단을 포함시키기도 한다. 네 집단에서 보이는 변화를 비교함으로써 연구자는 치료 전체 프로그램의 효과가 비치료, 위약효과, 범위를 좁힌 부분치료보다 더 좋은지를 판단할 수 있다. 만약 다섯 번째 집단에게 전혀 다른 형태의 치료를 실시한다면, 연구자는 첫 번째 집단의 치료적 접근과 비교할 수 있을 것이다.

분해(dismantling)라고 하는 관련된 연구설계에서 연구자는 효과가 있다고 알려진 치료들을 분해함으로써 이 치료들의 가장 유용한 면들을 규명할 수 있다(Lambert & Ogles, 2004). 예를 들어, 어떤 치료에 이완훈련, 교육, 숙제가 포함된다고 할 때 분해연구에서는 일부 내담자에게는 이완훈련의 효과만 볼 수 있도록, 다른 내담자에게는 이완과 교육의 효과를, 또 다른 내담자에게는 이들 두 성분에 숙제까지 합한 효과를 볼 수 있도록 과제를 무선적으로 부여한다. 특정 치료를 능률적으로 만들고자 하는 임상가들에게 치료의 어떤 면이 내담자들의 호전에 가장 결정적이었는지를 이해하도록 돕는 데 이 유형의 연구설계가 도움이 될 수 있는 것이다(Lambert & Ogles, 2004).

피험자 간 연구설계 방식은 심리치료 연구자들 사이에서 널리 이용되어 왔는데, 이는 피험자 내 설계와는 달리 몇 가지 독립변인을 순차적이 아니라 동시에 조작할 수 있기 때문이다. 다만, 피험자 간 설계방식은 비용이 많이 든다. 일반적으로 효과를 확인하기 위해 강력한 통계적 분석을 할 수 있을 만큼의 집단을 모으고 조직하고 치료하는 데 내담자와 연구 인력이 많이 필요하기 때문이다(Greenhoot, 2005).

이 절의 요약 가장 일반적인 피험자 내 치료효과 연구 설계방식은 반전설계와 다중기저선 설계다. 피험자 간 설계방식에서 가장 기본적인 설계방식은 내담자를 치료집단이나 통제집단에 무선 할당하고 시간에 따른 증상의 호전을 측정하는 것이다. 이때 독립변인은 치료양상(예, 치료 대 비치료)이고, 종속변인은 치료 종결 시점에서의 증상들이 될 것이다.

심리치료 연구에서의 실제적인 문제

이 절의 미리보기

이 절에서는 단일 피험자 설계, 사례 연구, 무선 임상실험, 유사실험실 연구 등에서 내적 타당도와 외적 타당도를 위협하는 것들을 살펴본다.

피험자 내 기법을 사용하든 피험자 간 기법을 사용하든, 심리치료 연구자들의 최우선 목표는 내적 · 외적 타당도 모두가 가능한 한 높을 수 있는 실험 계획을 설계하는 것이다. 이 목표가 달성되었을 때, 각 개인이 치료를 선택하고 진행 계획을 세우는 데 있어서 연구가 유용한 지침을 줄 수 있다는 것을 더 확신할 수 있다(Finger & Rand, 2005; Kendall,

Holmbeck, & Verduin, 2004; Shadish, 2002).

내적 타당도와 외적 타당도

종속변인(들)에서 관찰된 변화가 독립변인(들)에 의해 기인되었을 뿐, 알려지지 않거나 의도하지 않거나 통제하지 않은 터무니없는 요인에 의한 것이 결코 아니라고 연구자가 단언할 수 있다면, 이 실험은 내적 타당도가 매우 높다고 말할 수 있다. 예를 들어, 내담자의 우울 증상이 경감된 이유가 치료를 받는 도중에 내담자가 얻은 확신감 혹은 우연히 보게 된 TV 쇼 때문이 아니라 인지치료 때문이라고 말할 수 있기를 연구자는 원한다.

실험 결과를 여러 내담자, 문제, 상황에 적용할 수 있거나 일반화할 수 있다면 외적 타당도가 높은 것이다. 그러나 외적 타당도가 항상 내적 타당도를 따라가지는 않는다. 예를 들어, 밀실공포증에 대한 체계적 둔감화를 평가하는 연구는 둔감화 때문에 내담자가 호전을 보였다는 결론을 끄집어내기 위하여 여러 집단에 무작위로 과제를 부여하여 모든 필요한 통제적 조건을 사용할지도 모른다. 그러나 이 내적 타당도가 높은 연구설계에 가벼운 수준의 밀실공포증을 가진 유럽계 미국인 여대생들만 다루어 보았던 둔감화 치료 전문가가 참여하였다고 가정하자. 이러한 치료자 변인과 내담자 변인에 대한 제약은 연구의 외적 타당도를 감소시킬 수도 있다. 이 연구의 결과를 심리치료자들이 일반적으로 적용하지 않을 수도 있으며, 다양한 연령과 인종의 내담자들이나 더 심한 공포증을 보이는 내담자들에게 적용하지 않을 수도 있기 때문이다.

대부분의 연구자가 심리치료의 효과를 평가하는 가장 좋은 방법은 실제 치료장면에서 임상가가 내담자에게 제공하는 다양한 치료에서 연구를 수행하는 것이라는 데에 동의한다. 그러나 안타깝게도 대부분의 대규모 효과연구들은 대학교에 소속된 연구치료소에서 수행하는 반면, 대부분의 임상적 서비스는 통제가 미흡하거나 어려운 곳, 즉 지역정신보건센터, 병원, 사설 진료소, 기타 치료장면 등에서 제공하고 있다. 따라서 효능이 있는 치료(예를 들어, 통제조건 아래서 수행된 대규모 연구)가 효과적임(예를 들어, 임상적 서비스가 제공되고 있는 실제 세상에서 유용성 있고 쓸 수 있는 것)을 보장하는 일이 중요하다(Kendall et al., 2004).

내적 및 외적 타당도에 대한 위협 다루기

임상연구자들은 최선의 임상연구를 수행하기 위해 최대한 창의력과 끈기를 사용한다.

따라서 그들은 타당도를 위협하는 것을 가능한 한 모두 제거하려 한다. 그러나 임상장면과 실험실장면이 서로 근본적으로 다르기 때문에 심리치료에 대한 어떤 질문들은 실험실 밖에서는 분명히 대답을 얻을 수 없는 반면, 어떤 질문들은 실험실 안에서는 분명히 대답을 얻지 못한다는 것을 알고 있다. 간단히 말하자면, 심리치료 효과연구에서 내적 및 외적 타당도를 위협하는 모든 위험요소를 제거하는 일은 아마도 불가능할 것이다. 우리가 가질 수 있는 최선의 희망은 다음 설명처럼 이들 위험인자들을 최소한으로 줄이는 것이다.

단일 피험자 연구와 사례연구

앞에서 언급했던 바와 같이, 실제 치료 장면에서 심리치료의 내부 작업을 섬세하게 분석하는 피험자 내 설계방식이 연구자들에게 도움이 된다. 이러한 접근방식의 한 가지 변형은 사례연구 모델이다. 심리치료자들은 임상장면에서 내담자 개개인에 대한 특정한 치료 형식을 개발함으로써, 그리고 단일 피험자 설계연구와 비슷한 기법을 사용하여 그 내담자에 대한 심리치료의 효과를 평가함으로써 그들이 제공한 서비스를 평가한다 (Edwards, Dattilio, & Bromley, 2004). [그림 10-3]은 어떤 임상장면의 사례연구를 보여 주고 있다. 내담자는 루디(Rudy)라는 어린 소년으로, 건강에 좋은 음식을 먹이려 했을 때 울고 떼를 쓸 때는 무시하고, 대신에 음식을 맛보려는 의지를 보였을 때는 놀이시간을 더 주거나 좋아하는 음식을 맛볼 수 있는 보상을 주었다(Anderson & Kim, 2005).

임상실험

최근에 치료효과 연구 중 정부의 연구비 지원을 가장 많이 받은 연구는 무선 임상실험 (randomized clinical trials: RCTs) 연구다. 내담자 표본 및 임상적 문제의 표본이 균일하고, 내담자들을 여러 조건에 무선 할당하며, 치료 영역을 주의 깊게 감독하는 등의 여건 덕분에 이러한 연구의 내적 타당도는 높아졌다(Hollon, 2006). RCTs의 결과는 보통 통합된 실험보고 지침(Consolidated Standards of Reporting Trials[CONSORT] standards)에 맞춰서 제시된다(Khan, Khan, Leventhal, Krishnan, & Gorman, 2002). 이 표준을 따르는 연구자는 선발, 모집, 무선할당, 치료, 추후검사 등 각 연구 단계마다 내담자들의 진척을 보여 주는 절차 흐름도를 제시한다.

RCTs의 엄격한 통제로 인해 연구 결과의 외적 타당도 혹은 일반화 가능성을 위협하는 요인들이 가끔씩 생긴다. 일부 연구자들이 협동적 효과연구를 수행함으로써 이러한 문제를 개선하려는 시도를 한 적 있는데, 이들 연구는 몇 개의 임상센터에서 유사한 유형의 내담자들을 대상으로 각기 다른 많은 심리치료자들이 얻은 결과들을 취합한 것이다.

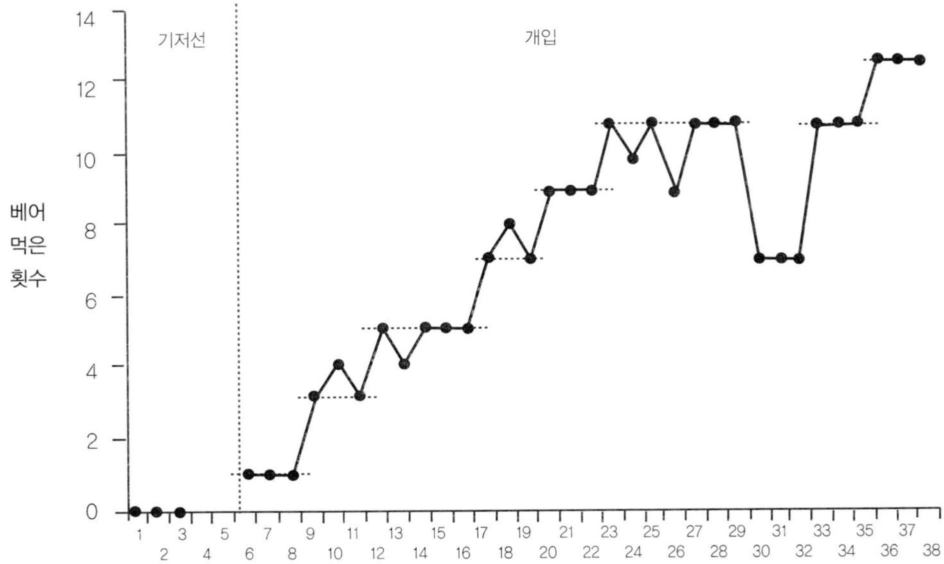

[그림 10-3] 기저선 기간과 개입기간 동안 선호하지 않는 음식을 베어 먹은 횟수

강화의 기준은 점선으로 표시되어 있다.

출처: C. M. Anderson & C. Kim, 2005, "Evaluating Treatment Efficacy with Single-Case Designs", in M. C. Roberts & S. S. Ilardi (Eds.), *Handbook of Research Methods in Clinical Psychology*, p. 87. Malden, MA: Blackwell Publishing.

이 유형의 연구에서는 무선할당과 기타 실험절차들을 실제 임상장면에서 수행하는 심리치료의 연구에 사용할 수 있다. 이 전략에 관해 가장 손꼽을 만한 사례는 국립정신건강연구소(NIMH)의 우울증 치료에 관한 협동연구다(Solomon et al., 2005). 유사한 다지역(multisites) 연구들이 현재 다른 심리학적 문제에 대한 치료를 평가하고 있다.

유사실험실

내적 및 외적 타당도 모두를 최대화하려는 또 다른 접근방식은 유사연구(analog research)를 하는 것인데, 이것은 실험장면을 통제하여 실제의 임상조건들과 근접하게 하는 것이다. 이 방법의 장점은 다음과 같다. 첫째, 임상장면에서 알려지지 않은 방식으로 변동하는 경향이 있는 내담자 변인, 치료자 변인, 환경 변인들을 통제하고, 둘째 특정한 문제를 가진 내담자와 다양한 인구통계학적 기준을 만족시키는 내담자를 충분히 모집하고(광고를 해서라도), 셋째 특정 방식으로 치료를 수행하도록 치료자들을 훈련하고, 넷째 치료회기의 길이와 횟수를 모든 내담자에게 동일하게 할 수 있다.

임상장면과 유사장면 사이의 유사점은 네 가지 차원으로 평가할 수 있다. 첫째, 내담자 특징과 모집이다. 유사실험의 결과가 임상집단에 얼마나 일반화할 수 있느냐는 치료를 받고자 하는 내담자들과 실험 참여자들이 얼마만큼 유사하느냐에 달려 있다.

둘째는 표적문제(target problem)의 특성이다. 작은 동물이나 벌레에 대한 공포문제처럼 유사연구로 선정된 어떤 표적문제는 대부분의 내담자가 치료실로 가져오는 문제와는 유사성이 거의 없어서 심리치료 기법의 효능에 대한 이해를 왜곡시킨다.

셋째는 치료자의 특징과 관련이 있다. 많은 유사연구에 참여한 치료자들은 임상심리학 대학원생들로, 대체적으로 실무에 종사하고 있는 평균적인 임상가들보다 경험이 훨씬 적거나 혹은 평가 대상인 특정 치료에 대한 경험이 매우 적다. 그러나 유사연구에 참여한 치료자들은 연구 대상이 되는 치료에 대해 심도 높은 수련과 감독을 받는 등 구체적인 훈련을 지역사회의 심리치료자들보다 더 많이 받았다.

마지막으로, 임상연구와 유사연구는 사용하는 치료기법 면에서 비교할 수 있다. 언급한 바와 같이 모든 내담자를 위해서 유사치료를 표준화할 수 있다. 이는 유사연구를 하는 동안 어떤 치료가 어떻게 수행되어야 하는지를 규정한 매뉴얼을 심리치료자들에게 제공한다는 것을 의미한다(Chorpita, 2002; Henggeler & Schoenwald, 2002). 그러나 대부분의 치료소에서 심리치료자는 내담자 개개인의 독특한 필요에 맞게 수정한 방법을 사용한다. 치료기법의 표준화가 임상가들이 임상실무에서 사용하지 않는 방식으로 기법을 단순화, 변경, 축소 혹은 기타 다른 방식으로 바꾸는 것이 된다면, 이러한 유사연구 결과로 심리치료의 평가에 대해 알게 되는 것은 거의 없을 것이다.

일반적으로 대학교 기반 유사연구에 참여한 내담자들은 공병률이 더 낮고, 개인적 배경이 더 안정적이고, 증상은 심각하지 않은 상태라는 점에서 현실에서 치료소에 오는 내담자들과 다르다(Southham-Gerow, Weisz, & Kendall, 2003). 치료자들의 수련, 수련감독에 대한 접근성, 표준화된 증거기반 치료법의 사용 등 또한 대학교 기반 유사연구와 현실에서의 임상 작업에서 서로 다르다(Connor-Smith & Weisz, 2003). 따라서 대학교 기반 유사연구를 설계할 때, 그리고 이 치료를 현실로 어떻게 옮길 것인가를 생각할 때, 연구자들은 반드시 이러한 우려를 고려해야 한다.

심리치료 연구에 필요한 타협

심리치료에 대한 타당도 높은 연구방법을 설계할 때 어떠한 접근법이든지 근본적인 딜레마가 있다는 점을 유의해야 한다. 내적 타당도를 최대화하는 데 필요한 실험적 통제를 발휘하기 위해서는 외적 타당도를 낮출 수 있는 내담자, 심리치료자, 문제, 치료, 치료장면 등을 연구할 수도 있다. 마찬가지로 연구자가 외적 타당도를 최대화하려고 지역사회 치료장면에서 실제 문제들을 가진 실제 내담자들에 대해 연구를 수행한다면, 이에 따른 실험적 통제의 결여가 내적 타당도에 치명적인 결과를 가져올 수도 있다. 이 딜레마를 받아들인다면, 통제가 잘된 실험 결과는 임상 실제에서 실시하고 있는 치료에 대해 오직 제한적인 결론을 이끌어 내는 데에만 적용할 수 있다는 점을 반드시 인식해야 한다(Weisz, Jensen-Doss, & Hawley, 2006). 마찬가지로 임상장면이 잘 통제되지 않은 연구에서 나온 평가자료도 매우 조심해야 한다. 실제로 외적 타당도와 내적 타당도의 균형을 맞추려는 노력으로 생긴 연구설계 방식과 연구기법에서 벗어나 있는 정도를 감안하여 결과를 해석하여야 한다.

요약하자면, 치료 효과에 대해 폴(Paul, 1969a)이 던진 궁극적인 질문("특정한 문제를 가진 이 사람에게 어떤 상황에서, 어떤 치료를, 누가 하는 것이 가장 효과적일까? 그리고 어떤 결과가 나올까?")에 대답하기 위해서는 많은 연구자의 수년에 걸친 다양한 연구가 필요하다는 것이다. 지금부터는 개인심리치료의 치료 효과에 대해 연구자들이 지금까지 밝혀낸 것이 무엇인지 살펴보자.

이 절의 요약 치료에 대한 최대한 유용한 평가를 제공하기 위해서 임상연구자들은 반드시 내적 타당도가 높고(즉, 진짜 원인-효과 관계성을 보여 주는 것), 외적 타당도가 높은(즉, 현실의 다양한 임상 장면에서 볼 수 있는 내담자 및 문제에 적용되는 혹은 일반화할 수 있는 효과에 대한 결과) 연구를 수행해야 한다.

개인심리치료의 효과

이 절의 미리보기

이 절에서는 어떤 치료가 어떤 문제에 최선인지를 밝히려는 오래된 논쟁의 역사를 되살펴 본다. 실적표(box score) 사용, 메타분석 연구, 내담자 만족도 조사, 경험적으로 지지된 치료, 증거기반 치료, 공통적 혹은 비특정적 요인 등에 관한 내용이 들어 있다.

심리치료 효과연구의 근대적 기원은 영국의 심리학자 아이젱크(Hans Eysenck)가 몇 가지 실험연구를 살펴본 뒤 심리치료를 받은 환자의 회복률이 아무런 치료도 받지 않은 환자와 거의 같았다는 결론을 내린 1952년부터 시작한다. 아이젱크는 2년이 지났을 때의 '자발적 호전율' (아무런 특별한 치료 없이도 호전을 보인 비율)이 72%였는데, 이것은 정신분석에 의한 호전율 44%, 절충적 심리치료에 의한 호전율 64%와는 대조적이라고 주장하였다(Eysenck, 1952). 그후 아이젱크는 더 많은 연구를 평가한 후, 전통적 심리치료의 효과성에 회의적인 견해를 고집하면서도 행동치료가 가장 효과적이라고 주장하였다(Eysenck, 1966).

실적표 검토

아이젱크의 결론은 임상가들 사이에 뜨거운 논쟁을 불러일으켰다. 많은 비판가가 그의 철두철미함, 공평성, 통계분석법을 공격하였다. 다른 사람들은 치료 효과에 관한 문헌들을 살펴보고는 심리치료의 효과에 관하여 좀 더 낙관적인 결론을 내렸다. 실제로 그 당시 거의 대부분의 리뷰는 심리치료가 비치료보다 나은 치료 효과를 가져오며, 다양한 유형의 치료가 거의 대부분의 내담자에게 동등하게 효과적이라고 결론을 내렸다(예를 들어, Lambert, Shapiro, & Bergin,1986). 그러나 ⓐ 전통적인 심리치료가 비치료와 비슷한 결과를 보였고, ⓑ 몇몇 유형의 문제에 대해서는 행동치료가 특히 효과적이라는 아이젱크의 주장을 지지하는 리뷰들도 있었다(예를 들어, Lambert & Bergin, 1994; Weisz, Donenberg, Han, & Weiss, 1995).

치료의 효과를 살펴본 연구 결과들이 서로 불일치하며 때로는 모순되기까지 하는 이유는 연구자들마다 ⓐ 검토하는 효과연구들을 고르고, ⓑ 이 연구들의 질에 대해 평가하고, ⓒ 심리치료 효과의 크기를 해석하고, ⓓ 자신의 결론에 도달하기 위해 많은 연구 결과를 혼합하는 등에 있어 제각기 다른 기준을 사용하였기 때문이다.

심리치료 효과연구를 요약하는 전통적인 방법은 기술적(narrative) 혹은 실적표(box score) 방식이다. 실적표 방식의 리뷰에서 연구자는 각각의 효과연구가 긍정적인지 혹은 부정적인지에 대해 범주적 판단을 한 뒤, 긍정적 효과와 부정적 효과의 수를 기록한다. 이 방식은 연구 결과를 통합하는 방식이 주관적이고 비체계적이라는 비판을 받아 왔다(서로에 대한 비판도 포함). 기술적 리뷰의 또 다른 문제는 조사연구 사례가 적어서 각 연구의 여러 장점과 결과를 제대로 측정하기 어렵다는 점이다. 이와 같은 불합치성에 따라 실적표 분석에 대한 대안적 방식이 필요하다는 사실이 명확해졌는데, 한 가지 방식은 연구자들이 효과연구 각각의 효과를 개별적 및 집합적으로 수량화한 뒤 통계적으로 요약하는 것이다.

메타분석 연구

그러한 대안 가운데 하나가 메타분석법(meta-analysis)이다. 메타분석법은 다양한 연구들에서 얻은 치료 효과를 표준화함으로써 서로를 비교할 수 있거나 결합시켜 쓸 수 있게 하는 수량적인 기법이다(Hunter & Schmidt, 2004; Rosenthal & Dimatteo, 2001). 메타분석을 심리치료 연구에 처음 적용한 것은 1977년으로, 스미스와 글래스(Mary Smith & Gene Glass, 1977)는 이 기법을 사용하여 평균적으로 심리치료가 매우 효과적이라는 결론을 내었다. 그 후 그들은 475건의 심리치료 효과연구들을 망라한 대규모 메타분석을 수행하였다(Smith, Glass, & Miller, 1980). 이 기념비적인 메타분석에서는 연구에서 사용된 치료 효과의 크기를 측정함으로써 심리치료의 효과를 평가하였다. 종속변인 측정치에 대해서, 치료집단의 평균값에서 통제집단의 평균값을 뺀 다음 이를 통제집단의 표준편차로 나눈 값을 효과의 크기로 정의하였다. 따라서 효과의 크기는 각 연구에서 치료집단과 비치료집단 사이의 평균적 치료 효과 차이를 나타낸다. 효과 크기의 개수는 치료를 평가하기 위해 사용하는 척도의 개수만큼 있다(Hedges & Olkin, 1982). 치료 종결 후 즉시, 그리고 몇몇의 경우에는 종결 몇 달 후에 효과 크기를 측정해 보면, 치료를 받은 내담자의 평균치가 통제집단의 평균치와 비교하여 얼마나 더 나아졌는지를 알 수 있다. 스미스, 글래스와 밀러(Smith, Glass, & Miller, 1980)가 수행한 메타분석에서는 치료받은 내담자의 평균치가 치료받지 않은 사람들의 80%보다 더 좋아졌다. 1980년대와 1990년대에 다른 방식으로 선발한 연구 결과들을 가지고 혹은 다른 통계방법을 써서 다른 연구팀들이 메타분석을 실시하였으며(예를 들어, Andrew & Harvey, 1981; Lambert & Bergin, 1994; Shapiro & Shapiro, 1982; Wampold et al., 1997), 이러한 노력은 지금도 계속되고 있다(Butler, Chapman, Forman, & Beck, 2006; Hetzel-Riggin, Brausch, & Montgomery, 2007; Malouff, Thorsteinsson, & Schutte, 2007; Spielmans, Pasek, & McFall, 2007; Vittengl, Clark, Dunn, & Jarrett, 2007). 전반적으로 볼 때, 이러한 메타분석 연구 결과들은 매우 다양한 심리적 장애에서 심리치료가 효과적인 개입이라는 결론을 확인시켜 주었다. 그러나 앞으로 살펴보겠지만 특정한 문제에 대한 유용성은 치료마다 다르다.

내담자 만족도 설문조사

대부분의 실적표 분석과 메타분석에 의해 도출된 결론들이 『소비자보고서(Consumer Report: CR)』 잡지가 후원한 조사에 반영되어 있다(Seligman, 1995). 이 설문조사에서는 지난 3년 동안 정신건강 전문가를 만나 본 적이 있는 4,100명에게 ⓐ 정규치료가 얼마나 도움이 되었는지, ⓑ 치료를 받고 나서 얼마나 만족하였는지, ⓒ 치료 후 자신의 '전반적인 정서상태'를 어떻게 판단하는지 등을 평정하도록 하였다. 그 결과는 다음과 같다.

- 내담자의 약 90%가 치료 후에 더 나아졌다고 느꼈다.
- 심리치료만 받은 내담자와 심리치료에 약물을 겸한 내담자 사이에는 호전 정도에서 차이가 없었다.
- 다른 심리치료보다 특별히 더 높은 평점을 받은 심리치료는 없었다.
- 모든 유형의 전문가가 내담자들에게 도움이 된 것으로 보였지만, 가정의학과 의사나 결혼상담가보다는 심리치료자, 정신과 의사, 사회복지사에게 치료받았을 때 호전이 훨씬 컸다.

추후연구들에 의하면, CR 조사표본에서 심리치료에 매겨진 평점은 일반 인구를 대상으로 했을 때의 평점과 거의 같았다(Howard, Krause, Caburnay, Noel, & Saunders, 2001). 그러나 CR 설문지와 심리치료 효과에 대한 보다 타당화된 척도들을 함께 사용한 연구는 CR 연구의 결론이 너무 낙관적이었다고 지적하였다(Nielsen et al., 2004). 예를 들어, 긍정적인 정서로 바뀌었다고 한 것은 표준화가 잘된 다른 척도들과 비교했을 때 과대평가된 것으로 나타났다. 그러나 아직도 CR 조사 및 이와 유사한 조사들은 심리치료의 유형이 어떤 것이든 거의 대부분의 내담자가 심리치료에 대해 정말로 만족하고 도움을 받았다고 느끼고 있다는 것을 보여 준다.

경험적으로 지지된 치료(empirically supported treatments: ESTs)

여러 실적표 연구, 메타분석, 내담자 조사에서는 다양한 유형의 치료 간에 전반적인 치료 효과에 있어 유의미한 차이가 있어 보이지 않는다. 그러나 이것이 모든 형태의 치료가 내담자와 심리적 문제에 동일한 효과를 낸다는 것을 의미하는 것은 아니다. 이에 따라 심리치료의 효과에 대한 연구 결과들을 더 세밀히 살펴서 특별한 종류의 문제에 대해 어떤 특정한 치료적 개입이 경험적 연구들에 의해 가장 효과적인 것으로 강력하게 지지되는지 결정하기 위해, 1993년 미국심리학회 12분과(현재 임상심리학 분과로 알려진)는 전문위원회를 소집하였다. 심리학적 개입을 장려하고 파급시키기 위한 전문위원회(Task Force on Promotion and Dissemination of Psychological Procedures)는 임상적 개입의 효과성에 대해 신뢰도와 타당도가 높은 결론을 이끌어 낼 수 있는 연구설계의 기준을 정립하는 일부터 시작하였다. 그런 다음에 그 연구들이 다양한 치료의 효과에 대해 어떻게 말하고 있는지 확인하기 위해 방대한 양의 심리치료 문헌들을 살펴보았다. 1995년에 전문위원회는 수준 높은 경험적 연구에서 효능이 있다고 확인한 25가지 치료 목록을 1차로 발표하였다(Task Force, 1995). 이 목록은 1996년과 1998년에 갱신되었다. 1998년 목록에는 71가지 치료가 포함되었다(Chambless et al., 1998). 2001년에 전문위원회는 7개의 다른 작업 그룹과 함께 유사한 방법을 사용하여 108가지 성인치료와 37가지 아동치료를 다음과 같이 분류하였다.

- 잘 입증된/효능이 있고 구체적인(즉, 적어도 두 개 이상의 엄격한 무선통제실험의 지지를 받은 치료로서, 위약조건이나 진지하게 수행된 다른 치료보다 훨씬 뛰어난 효과를 보인 치료 혹은 엄격한 대규모의 단일사례 실험으로 지지를 받은 치료)
- 아마도 효능이 있는/효능 가능성이 큰(즉, 적어도 두 개 이상의 엄격한 무선통제실험의 지지를 받은 치료로서, 위약조건이나 성의 있는 치료보다 훨씬 뛰어난 효과를 보인 치료 혹은 엄격한 소규모의 단일사례 실험으로 지지를 받은 치료)
- 유망한(즉, 앞의 두 범주보다 증명력이 약한 연구설계 방식으로 수행된 연구에서 지지된 치료)(Chambless & Ollendick, 2001; 〈표 10-1〉 참조)

1995년도 보고서에서는 전문위원회의 기준을 충족시키는 개입들을 설명하기 위해 '경험적으로 검증된(empirically validated)'이라는 용어를 사용하였다. 그러나 많은 임상가들은 '검증된'이라는 용어가 너무 강한 표현이며, 원치 않는 내용들(예를 들어, 어떤 치료가 '효과적'인가에 대한 최종 '정답')도 포함되어 있다고 생각했다. 이에 따라 그다음 보고서에서는 '경험적으로 지지된(empirically supported)' 치료들이라고 표현을 바꾸었다. 그럼에도 불구하고, '경험으로 검증된'과 '경험으로 지지된'이라는 용어들이 심리치료 효과와 관련된 문헌에서 종종 혼용되고 있다.

〈표 10-1〉 경험적으로 지지된 치료에 관한 결론

#효능이 있거나 유망한 성인치료 108가지와 아동치료 37가지에서 다음과 같은 결론을 얻을 수 있다(Chambless & Ollendick, 2001).

- EST 목록에 올라 있는 치료 가운데 60~90%는 본질적으로 인지행동치료다(Norcross, Beutler, & Levant, 2006b).
- 우울증은 인지행동치료, 인지치료, 대인관계치료, 단기역동치료 등 여러 심리치료로 효과적으로 치료할 수 있다(Chambless & Ollendick, 2001).
- 특수성(한 가지 장애는 하나 혹은 두 치료에만 감응한다)으로 알려진 절차에서 성인 강박장애의 치료에는 오직 한 가지 개입방식, 즉 노출과 반응방지(exposure plus response prevention: ERP)만 효과적이었다.
- EST들은 한 가지 특정한 문제에 대한 기법 구축에 초점을 맞추는 경향이 있으며, 상대적으로 단순화하려는 경향이 있다(Norcross et al., 2006).
- 코카인 남용, 아편 의존, 양극성 장애 같은 장애에는 잘 정립된 치료가 없었으나, 현재는 효능이 있을 것으로 생각되는 몇몇 치료들이 있다(Chambless & Ollendick, 2001).
- 아동과 청소년의 ADHD나 품행장애 같은 외현화 장애를 치료하는 잘 정립된 그리고 효능 있는 치료에는 (ADHD의 행동적 부모훈련 같은) 부모요인 혹은 가족요인이 포함되는 반면, 보통 우울이나 불안 같은 내면화 장애에는 부모요인 혹은 가족요인이 포함되지 않는 것 같다(Chambless & Ollendick, 2001).

EST 연구에 대한 비판

어떤 용어를 쓰든 간에, 임상심리학의 역사에서 볼 때 효과적인 치료를 찾아내기 위해 실험연구를 사용하는 것보다 더 많은 논쟁을 이끌어 낸 것은 없었다. 400가지가 넘는 심리치료 가운데 어느 것이 실제적으로 도움이 되는지를 밝힌 현재까지 가장 폭넓고 체계적인 시도였다고 많은 심리학자가 전문위원회의 작업을 찬양하고 있지만, 다른 사람들은 몇 가지 이유를 근거로 이를 비판하고 있다.

가장 중요한 이유는 통제된 장면에서 효과적인 치료가 임상적 장면으로도 일반화될 수 있는가 하는 점이다. 이미 언급한 바와 같이, 특정한 치료가 주어진 조건에서 치료 효과를 나타냈고, 잘 통제된 조건하에 그 효과가 비치료보다 명백히 월등할 때(혹은 잘 정립된 치료로 얻은 것과 동등할 때) 효능이 있다고 한다. 그러나 효능은 효과와 동일하지 않다(Steele & Roberts, 2005b). 효과는 어떤 치료가 임상장면에서 어떻게 작용하는지를 말하는 것이다.

또 다른 비판은 심리치료 효과분석에 사용된 연구들을 선별하는 기준에 관한 것이었다. 예를 들어, 전문위원회는 진단 설문지의 절단점을 사용하여 표본을 분류한 연구들을 사용하기도 했지만(Chambless & Ollendick, 2001), 대부분의 연구는 내담자의 인구통계를 기술할 때 DSM 진단기준을 따르고 있었다. 3장 '임상적 평가의 기본 측면'에서 논의한 바와 같이, 일부 비판자들은 심리치료 효과연구에서 DSM의 진단 분류가 내담자를 분류하는 최선의 방법이 아닐 것이라고 생각한다. 더욱이 내담자들은 장애가 아닌 문제에 대한 치료를 받으려 한다(예를 들어, 내담자들은 좀 더 즐겁게 생활하고 싶거나, 더 높은 자기효능감을 경험하고 싶어 한다)(Norcross et al., 2006).

EST 연구에 대한 비판은 또한 심리치료의 '유효 성분(active ingredients)'의 효과를 조사한 27개 연구에 대한 메타분석 같은 것을 지적하고 있다. 이러한 분해식 연구에서는 심리치료 프로그램 전체의 효과와 이론상 중요한 한 가지 성분을 추가하거나 뺀 프로그램의 효과를 서로 비교하였다(Ahn & Wampold, 2001). 이 메타분석에서 다양한 비교 프로그램들 사이에 아무런 효과 크기 차이가 나타나지 않았고, 그래서 몇몇 치료에서 핵심이라 생각되는 것들이 반드시 핵심이 아닐 수 있다고 주장되었다. 실제로 대부분의 심리치료 효과연구에서 특정 치료기법은 심리치료 효과의 변량에 대해서 전형적으로 아주 작은 부분만 차지하는 반면, 다른 요인들이 각각 이에 못지않은 변량을 차지하고 있다(Messer, 2001).

몇몇 심리치료와 관련 연구에서 치료 매뉴얼의 사용에 대해 전문위원회가 살펴본 후 매우 날카로운 비판을 제기하였다. 심리치료자가 실제 임상실무에서 그러한 치료 매뉴얼을 사용하는 경우는 거의 없다는 것이 비판자들의 지적이다(Beutler, 2002a). 실제로 한 조사보고에 따르면 치료 매뉴얼에 대해 전혀 들어 본 적이 없다고 말한 임상실무자가 23%였다(Addis & Krasnow, 2000). 일부 사람들은 치료 매뉴얼이 치료를 각 내담자에게 맞추는 치료자의 능력을 제한하고 효과를 낮춘다고 비판하였다(Beutler, 2002a).

일반적으로 비판가들은 불특정 내담자, 심리치료자, 관계 요인 등 심리치료 효과에 영향을 주는 많은 것을 통제함으로써 EST 연구가 치료 효과에 영향을 주는 주요 요인들의 영향을 무시했고, 따라서 적절하게 평가하는 데 실패했다고 주장한다.

사실 전문위원회는 어떤 치료가 지지를 받으려면 무엇을 포함하여야 하고 무엇은 포함하지 말아야 하는지에 대해 명확한 결정을 내려야 했다. 결국 전문위원회의 위원들은 내적 타당도가 높은 연구를 선호한다고 결정하였는데, 이러한 연구의 설계방식은 치료와 효과 사이의 명백한 인과관계를 기반으로 심리치료 효과에 관한 강력한 추론을 할 수 있게 한다. 전문위원회는 특정 치료의 효과를 더욱 강력하게 주장하기 위해 치료자 변산을 줄이려고 노력한 연구들을 선호하였다. 이는 상대적으로 상세한 치료 매뉴얼을 따르는 것처럼 현장에서 심리치료자가 내담자를 본질적으로 동일한 방식으로 치료한 연구들을 선택한다는 것을 의미한다(Chambless & Ollendick, 2001). 내담자 변산을 통제하려는 시도도 있는데, 특정한 한 장애의 치료를 대상으로 한 연구가 공병장애를 대상으로 한

임상심리학에서 자주 쓰이는 치료 매뉴얼

연구보다 선호되었다.

내적 타당도와 치료 특수성에 과도하게 치중하였기 때문에, 전문위원회는 일반화가 가능한 양식을 정립하는 데 사용할 수 있는 연구들이 충분히 많았지만 앞서 설명한 바 있는 무선 임상실험을 사용한 연구에 특별히 의존하였다. 하지만 무선 임상실험 연구들도 단일 내담자 설계를 사용하기도 했다.

지금까지 살펴본 바로, 완벽하지는 않더라도 전문위원회와 이에 필적하는 다른 재검토 위원회의 작업으로 심리치료의 효과에 대한 이해가 크게 개선된 것 같다. 이제 임상연구자들이 도전해야 할 것은 EST 방식의 연구들과 공통요인에 대한 연구들을 결합하고, 두 가지 자료 모두를 기반으로 한 심리치료의 효과를 보여 주는 그림을 만들어 내는 일이다(Messer, 2004; Westen & Bradley, 2005). 그래서 연구자들은 심리치료의 장기적 효능(자연 상태와 실험실 장면 모두에서의)뿐만 아니라 효능을 증진하는 치료적 관계의 역할에도 초점을 맞추고 있다(Morrison, Bradley, & Westen, 2003; Nathan, Stuart, & Dolan, 2000; Wampold, Lichtenberg, & Waehler, 2005; Westen & Morrison, 2001). 이상적으로 볼 때, 그들의 연구는 임상심리학의 증거기반 실무의 발달을 가속화할 것이며(Levant, 2006; Messer, 2004), 경험적으로 입증되고 임상적으로도 적절한 연구가 치료자들을 안내하게 될 것이다.

증거기반 실무

2005년에 APA 회장 직속 증거기반 실무 전문위원회(APA 2005 Presidential Task Force on Evidence-Based Practice)가 다음의 정책강령을 건의하였고, 2005년 8월에 APA 대표자협의회에서 공식적으로 채택되었다.

> 심리학의 증거기반 실무(evidence-based practice in psychology: EBPP)는 활용 가능한 임상 전문 분야의 최고의 연구들을 환자의 특성, 문화, 선호도 등의 맥락에서 통합한 것이다. …… EBPP의 목적은 심리평가, 사례개념화, 치료적 관계, 개입 등에 대해 경험적으로 입증된 원칙들을 적용함으로써 심리학적 실무의 효과를 증진하고 대중의 건강을 향상하는 데 있다 (APA Presidential Task Force on Evidence-Based Practice, 2006, p. 273).

일반적으로 증거기반 실무 전문위원회의 작업은 심리치료가 실제 세계에서 효과를 나타낼 수 있는 다양한 방법을 찾기 위해 연구자와 임상가를 한 자리에 모으려는 시도다. 정책강령은 최고의 연구 증거, 임상적 전문성, 환자 혹은 내담자의 특성, 가치, 맥락 등을 기술하고 있다.

그러나 많은 경험적 연구자(왜 임상가들이 경험적으로 지지된 치료를 사용하는 데 뛰어들지 않는지 이해하지 못하는)과 많은 임상가(현재 쓰고 있는 기법이 효과적이라고 느끼고 있는데 왜 연구자들은 익숙하지 않은 치료를 사용하라고 압력을 가하는지 이해하지 못하는) 사이에는 커다란 간극이 계속 남아 있다. 이 간극을 메우려는 최근의 시도는 다음과 같다.

- 경험적 연구의 지도자들이 실험실 기반 치료를 임상 현장으로 전이시킬 수 있는 방법을 찾고 있다(Barlow, 2006; Weisz & Addis, 2006).
- 임상 지향적인 학자들과 과학자-전문가들은 증거기반 치료를 임상가들의 구미에 맞도록 만들고 일상적으로 사용하기 쉽게 만드는 방법을 찾고 있다(Beutler, 2002a; Lebow, 2006). 그들의 구현 노력은 증거기반 기법을 실제 현장의 실무에 보급하는 것과 연관이 있다(Gotham, 2006).
- 최신 치료들에 관한 정보를 임상가와 내담자에게 보급하고 있다. 이러한 노력의 사례들은 널리 알려지고 명성 있는 웹사이트인 www.therapyadvisor.com(국립정신건강연구소 구축)과 www.effectivechildtherapy.com(John D. & Catherine T. MacArthur 재단 구축, APA 53분과 아동 및 청소년 임상심리학회 관리)에서 찾아볼 수 있다.

이러한 활동에 대한 요구가 임상실무가들의 조사에서 분명하게 나타난다. 예를 들어, 몇몇 임상가들은 최근의 연구 동향을 충분히 알고 있지만 대부분은 새로운 정보에 어둡다는 것이 한 연구에서 밝혀졌다(Boisvert & Faust, 2006). 더욱이 증거기반 치료에 익숙하지 않은 임상가들은 이러한 치료가 임상적 작업의 질을 실제로 개선시키는 것에 비해 가치가 덜하다고 여기는 경향이 있었다(Boisvert & Faust, 2006). 〈표 10-2〉에서 보듯이, 임

〈표 10-2〉 심리치료의 기술 및 효과를 높이기 위해 임상가들이 사용하는 정보원

정보원	평균	표준편차
환자들로부터 얻은 과거의 경험	5.62	1.08
심리치료 효과연구의 결과에서 얻은 치료정보	4.80	1.37
임상관찰 및 이론에 기반을 둔 치료정보	4.72	1.22
동료들과의 논의	4.62	1.28
일반대중을 대상으로 하는 도서	2.96	1.96

주: 수치가 높을수록 활용도가 높음.

출처: "Does psychotherapy research inform treatment decisions in private practice?", by R. E. Stewart & D. L. Chambless, 2007, *Journal of Clinical Psychology, 63*, 273. Copyright 2007 by *Journal of Clinical Psychology*.

상실무가들의 대부분은 경험적 연구 결과나 치료 매뉴얼보다는 자신들의 개인적인 경험에 크게 의존하고 있는 것으로 나타났다(Stewart & Chambless, 2007).

임상심리학의 모든 경험적 연구에 대한 최신 정보를 아는 데는 분명 많은 시간이 소요된다. 한 연구에 따르면 특정한 임상실무와 관련된 모든 논문을 다 읽는 데는 매달 627.5 시간이 걸린다고 추정한다(Alper et al., 2004). 따라서 실무를 수행하는 임상가들이 왜 전문 분야와 관련된 모든 경험적 지식에 통달하려 하지 않는지 이해할 수 있다(Walker & London, 2007). 그러나 임상가들이 다양한 전자식 정보 배포활동을 이용하고, 그 혜택을 보고 있다는 여러 징후가 있다. therapyadvisor.com에 관한 한 연구에 의하면, 임상가들의 60%가 이 웹사이트가 유용하다고 하였으며, 증거기반 치료에 관한 인식을 높여 주었고 이러한 치료를 더 많이 수행하도록 하였다고 하였다(Riley et al., 2007). 증거기반 치료의 성장이 궁극적으로는 연구자들과 임상가들이 그들 사이에 차이점보다는 공통점이 더 많다는 것을 깨닫는 데 도움이 되기를 바란다. 이러한 희망을 가지고 있는 사람들이 이 책의 저자들뿐만은 아니다(Southam-Gerow, Ringeisen, & Sherrill, 2006; Spring, 2007; Thorn, 2007). 임상과학과 임상실무는 서로 의존적이기 때문에 어느 한쪽도 혼자서는 생산적이지 못하다는 점을 올렌딕과 데이비스(Ollendick & Davis, 2004)는 지적하였다. [그림 10-4]는 임상적 전문성, 연구 증거, 내담자 관련 특성의 통합을 보여 주는 도식모형인데, 이들이 잘 결합될 때 통합된 임상적 의사결정을 이끌어 낼 수 있다(Spring, 2007).

심리치료의 공통요인 또는 비특정 요인에 대한 연구

6장 '임상적 개입의 기본적 특징'에서 심리치료 효과의 중요한 요인인 치료자 특성,

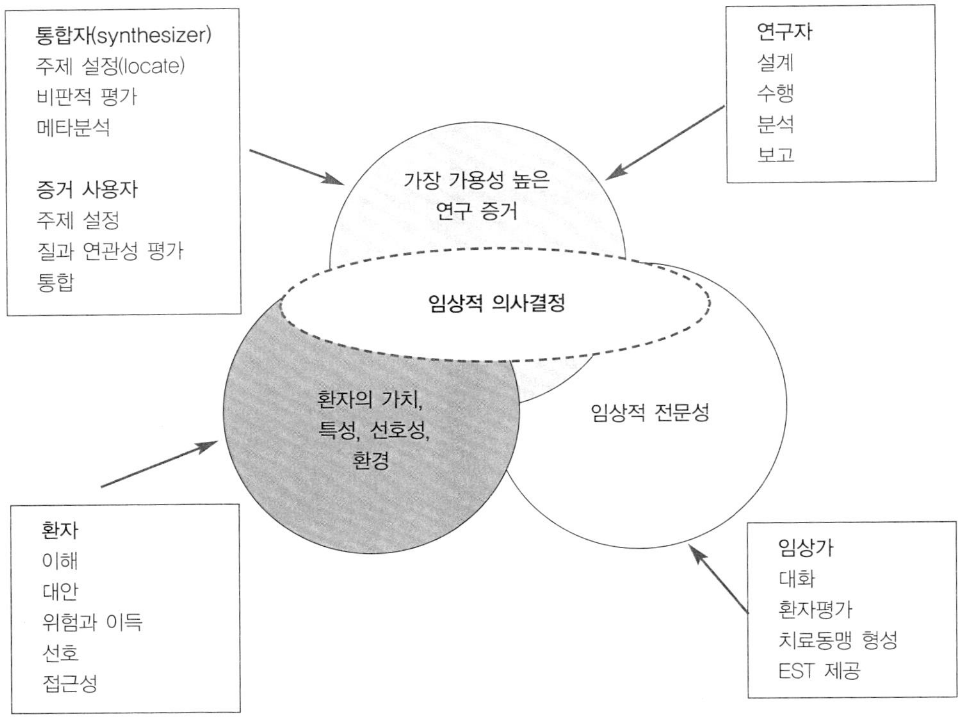

[그림 10-4] 증거기반 임상실무의 세 개 고리

출처: B. Spring, 2007, "Evidence-Based Practice in Clinical Psychology: What It Is, Why It Matters, What You Need to Know", *Journal of Clinical Psychology, 63*, 611-631.

내담자 특성, 치료자와 내담자 사이에 형성되는 치료적 관계 등의 개념을 소개하였다. 여기에서는 이러한 변인들이 어떻게 효과를 내는지에 관해 연구자들이 발견한 것들을 요약한다.

치료자 변인

치료자가 특정 치료기법을 충실하게 유지하는 것을 제외한다면 치료자의 어떤 특성이나 행동이 긍정적 치료 효과를 예측하는가? 이 질문에 답하기 위하여 경험적으로 지지된 치료관계에 관한 전문위원회(Task Force on Empirically Supported Therapy Relationships)가 APA의 심리치료 분과(29분과)에 구성되었다. 가능한 연구문헌들을 충분히 재검토하고 종합한 후 그 결과를 『심리치료 관계의 작동원리(Psychotherapy Relationships That Work)』라는 책으로 요약하였다(Norcross, 2002). 다음의 심리치료자 특성은 효과적인 것으로 입증되었다.

- 내담자와 맺은 강력한 치료동맹
- 높은 수준의 공감
- 내담자와의 강력한 목표 합의와 협력

다음은 유망하거나 대체로 효과적인 요인들이다.

- 내담자에 대한 긍정적 존중
- 일치성과 진실성(6장 '임상적 개입의 기본적 특징'과 제7장 '정신역동과 인본주의 심리치료' 참조)
- 다량의 적절한 피드백 제공
- 치료동맹에 균열이 발생했을 때 이를 회복시킴
- 적절할 때의 자기 개방
- 수준 높은 관계 해석

전반적으로 특정 치료기법이나 특정 치료적 지향과 관계 없이 이 요인들은 모두 보다 좋은 치료 효과와 관련된다(Norcross, 2002). 전문위원회는 또한 내담자의 특성이나 행동을 근거로 치료적 관계를 내담자 개개인에게 맞게 하는 것이 효과적임을 지지하는 연구 증거가 있다고 인정하였다. 예를 들어, 심리치료에 저항하지 않는 내담자들에게는 좀 더 지시적인 치료자가 제공하는 구조화된 치료가 더 효과적인 경향이 있는 반면, 심리치료에 좀 더 저항적인 내담자들에게는 치료자가 지시적이지 않거나 자기통제와 관련된 치료를 할 때 더 효과적인 것으로 보인다(Norcross, 2002).

내담자 변인

어떤 내담자 변인이 더 좋은 효과와 연관이 있는지에 대하여 일치된 의견은 없지만, 내담자의 어떤 태도가 치료로부터 이득을 얻는 데 더 도움이 되는지에 대해서는 몇몇 일치된 지표들이 있다. 6장에서 논의한 바와 같이, 연구가 많지는 않지만 심리치료에서 이득을 얻는 내담자 특성에 대해 다음과 같은 결론을 도출할 수 있다.

- 치료의 시작 때부터 개방적이고, 노출수준이 높고, 저항수준이 낮은 내담자들이 더

좋은 치료 효과를 얻는 경향이 있다(Kahn, Achter, & Shambaugh, 2001).

- 심한 장애가 있는 내담자들보다 심리적 문제가 덜 심각한 내담자들이 더 잘 낫는 경향이 있다(Clarkin & Levy, 2004).
- 치료가 성공할 것이라는 강한 기대감을 가진 내담자들이 성공을 기대하지 않는 내담자들보다 더 나은 치료 효과를 얻는 경향이 있다(Greenberg, Constantino, & Bruce, 2006).

치료자 변인처럼 내담자 변인도 다른 요인들과 상호작용하여 치료 효과에 영향을 줄 것이다. 예를 들어, 치료를 시작할 때 저항수준이 높은 내담자들에게는 지시적 치료기법보다 비지시적이고 역설적인 치료기법이 더 효과적이지만, 저항수준이 낮은 내담자에게는 지시적인 치료가 더 효과적이다(Beutler & Harwood, 2000).

관계 변인

6장에서 치료적 관계와 이를 측정하는 것에 대해 다양한 관점에서 논의하였다. 여기서는 치료적 관계의 영향이 치료 효과에 미치는 영향에 대한 연구 결과를 살펴본다.

치료동맹에 관한 한 대규모 연구에서 2,000개 이상의 논문을 검토한 결과, 치료자와 내담자 간의 좋은 동맹과 관계 요인이 더 좋은 치료 효과와 연관되어 있었다(Kazdin, 2005b). 메타분석(Hovarth & Symonds, 1991; Karver, Handelsman, Fields, & Bickman, 2006; Martin, Garske, & Davis, 2000)과 문헌조사(Beutler et al., 2004; Shirk & Karver, 2006)에서는 성인 및 아동 모두에게서 이러한 결과가 나타났다. 이러한 결과는 또한 내담자와 강한 치료동맹을 형성하는 치료자는 내담자가 심리치료에서 효과를 보도록 잘 돕는다는 노크로스(Norcross, 2002)의 결과와도 일치한다.

좋은 치료적 관계, 내담자의 높은 기대 등과 같은 중요한 공통요인과 증거기반 치료에 대한 이해를 종합해 보면, 효과적인 치료에는 두 가지 모두가 중요하다. 노크로스(Norcross, 2002)는 이것을 "현재 경험적으로 지지된 관계 그리고 경험적으로 지지된 치료를 각 내담자의 장애와 특성에 맞추어서 사용하는 것이 최고의 치료 효과를 이끌어 내는 것 같다."(p. 442)라고 표현하였다. 물론 치료 효과의 기제—특정 치료기법 측면과 모든 치료의 기반인 치료자, 내담자, 관계 변인의 공통 요인 측면 모두에서—에 대한 이해의 필요성은 여전히 남아 있다(Kazdin, 2007).

이 절의 요약 실적표 분석과 대부분의 메타분석 연구들은 다양한 유형의 치료에 대해 동등한 결과를 제시하였지만, 경험적으로 지지된 치료를 찾아내려는 작업은 특정 문제에 대해 가장 효과적이고 가장 효능 있는 치료를 규명해 내는 데 많은 도움이 되었다. 이 작업은 대단히 중요한 증거기반 치료를 규명하기 위해 공통요인이나 비특정 요인들을 찾으려는 작업과 결합되었다.

대안적 개입방식의 효과

이 절의 미리보기

이 절에서는 집단 · 커플 · 가족 치료, 예방적 개입, 자조(self-help) 형식 등의 치료적 효과 연구를 요약한다. 심리치료와 관련된 정신약리학의 효과에 대해서도 검토한다.

개인치료에 비하여 집단, 커플, 가족 치료의 효과에 대한 연구는 적지만, 연구 결과는 대체적으로 이러한 대안적 치료방식이 개인치료와 비교할 때 적어도 동등한 수준의 효과를 가져온다고 주장한다.

집단치료의 효과

집단치료는 효과적인 치료 형식이 될 수 있으며, 특히 집단이 어떻게 운영되고 그들에게 기대되는 것이 무엇인지를 구성원들이 확실히 이해하고 있을 때 더욱 효과적인 것으로 경험적 연구에서 밝혀졌다(Forsyth & Corazzini, 2000). 몇몇 집단치료는 경험적으로 지지된 치료 목록에도 올라 있으며(예를 들어, 정신분열증을 위한 지지적 집단치료; Chambless & Ollendick, 2001), 메타분석 연구들은 우울증에 대한 집단치료의 효능을 지지한다(McDermut, Miller, & Brown, 2001). 집단에 응집력이 있고, 구성원들이 정확한 피드백을 제공하며, 대인관계에 대한 학습과 지지적 상호작용을 격려할 때 더 좋은 치료 효과가 나타난다.

집단치료를 옹호하는 사람들(예를 들어, Scheidlinger, 2000)은 내담자와 보험회사의 비용을 절약할 수 있기 때문에 집단치료의 효과에 대한 증거로 인해 이 치료의 사용이 증가할 것이라고 주장한다. 그리고 집단치료의 전반적인 효과가 개인치료에 비해 미흡한 경향이 있기는 하지만, 이 차이는 인지-행동적 및 심리교육적 치료집단의 영향으로 줄어들고 있다(Bieling, McCabe, & Antony, 2006).

부부치료의 효과

비치료 통제집단과 비교해 본다면, 거의 모든 형식의 부부치료는 부부의 행복과 적응을 유의미하게 호전시킨다(Baucom, Epstein, & Gordon, 2000). 그러나 이러한 호전의 크기나 임상적 유의미성은 종종 실망스럽다. 치료를 받은 부부의 절반 이상이 고통스러운 상태로 남아 있으며, 심지어 호전을 보이는 부부에서도 관계가 성공적이거나 행복하다고 보기에는 그 변화의 크기가 충분하지 않은 경우가 종종 있다(Christensen & Heavy, 1999). 더 나아가 성공적 부부 심리치료의 효과에 대한 장기적 추적연구에 따르면 행동적 기법으로 치료를 받은 부부 중 30~40%가 재발되어 불화 혹은 이혼으로 이어졌다(Jacobson, Schmaling, & Holtzworth-Munroe, 1987; Snyder, Wills, & Grady-Fletcher, 1991). 이 분야를 검토한 연구(Christensen & Heavey, 1999)는 부부치료의 긍정적인 효과는 보통 6개월 동안 지속되지만, 대부분의 부부는 치료 후 1~4년 후에 고통스러운 상태로 재발한다고 결론 내렸다.

보다 최근의 메타분석 연구는 좀 더 긍정적, 특히 행동적 커플치료에 대해 긍정적 양상을 보여 주었다. 섀디시와 볼드윈(Shadish & Baldwin, 2005)은 30개의 연구 결과를 검토하여, 치료를 받은 부부의 72%가 치료를 받지 않았던 부부에 비해 치료 후에 더 나아졌음을 발견하였다. 그러나 더 효과적인 부부치료 기법을 찾고, 다양한 내담자 유형에게 각각 가장 효과적인 부부치료의 기제를 규명해야 한다는 요구가 아직도 숙제로 남아 있다(Gottman & Ryan, 2005; Snyder, Castellani, & Whisman, 2006).

가족치료의 효과

일반적으로 치료의 전 과정에 함께 참여한 가족에서는 의사소통 양식과 처음에 치료를 참여하게 한 가족구성원의 문제행동에서 유의미한 호전이 나타난다(Sexton, Alexander, & Mease, 2004). 이 효과는 몇몇 유형의 지명된 내담자(idenfied client)와 가족문제에 대한 경험적인 가족치료 연구에서 전형적으로 보고된다. 부모의 훈육기법을 개선시키는 것, 그리고 정신적으로 건강하지 않은 가족에 대한 가족구성원들의 비판과 정서적인 과잉 개입을 감소시키는 것을 목적으로 하는 가족치료가 특히 효과적이라고 입증되었다(Sexton et al., 2005).

어떤 가족치료는 다른 치료보다 더 성공적으로 보인다. 행동적 · 구조적 가족치료들은 경험적 지지를 가장 강력하게 받아 왔다. 이 분야의 연구가 비임상적 표본에 너무 자주 초점을 맞추고 있지만(Hawley, Bailey, & Pennick, 2000), 잘 통제된 연구에서 이러한 접근방식의 우세는 여전히 분명하다. 9장 '대안적인 임상적 개입'에서 지적하였듯이, 이러한 각 접근법들은 가족이 상호작용하는 방식에 실질적인 변화가 있어야 한다는 점을 강조하고 문제를 해결한다. 행동적 부모훈련이나 부모관리훈련(Kazdin, 2005a) 같은 치료와 부모-자녀 상호작용치료(Brinkmeyer & Eyberg, 2003)는 매우 효과적인 증거기반 치료로 간주할 수 있다. 가족기반 치료가 사회적 혜택을 받지 못한 가족에게는 효과적이지 못한 경향이 있으므로(Lundahl, Risser, & Lovejoy, 2006), 모든 사회경제적 계층의 가족에게 효과적인 치료를 찾아내려는 노력이 더욱 필요하다.

예방적 개입의 효과

9장에서 지역사회 심리학 운동(community psychology movement)에서 발달한 많은 예방 프로그램에 대해 설명하였다. 이러한 예방 프로그램은 장애로 이어지는 사회적 · 경제적 · 환경적 위험요인을 수정하거나 또는 장애에 취약한 개인을 보호할 수 있는 긍정적인 요인을 강화하도록 계획된다는 것을 기억하라.

잘 통제된 대규모 연구에서 다음과 같은 많은 효과적 예방 프로그램(Barrera & Sandler, 2006)이 확인되었다.

- 초등학교에서 중학교로 진학할 때 청소년들에게 분노조절 및 사회적 문제해결 기법을 가르쳐서 공격성을 예방하기(Lochman & Wells, 2004).
- 도시의 고등학생들에게 안전한 성행위와 관련된 정보적 · 동기적 · 행동적 기술능력을 설명함으로써 HIV 감염을 예방하기(Fisher, Fisher, Bryan, & Misovich, 2002).
- 납 함유 페인트의 사용 등으로 인해 납에 노출되었던 아동들을 가려냄으로써 납중독의 결과로 발생하는 인지적 · 신경학적인 결함을 예방하기(Ripple & Zigler, 2003).
- 부모의 양육방법을 증진시키고 가족 내의 건강한 관계를 강화하여 아동과 청소년의 물질남용을 예방하기(Kumpfer & Alvarado, 2003).

이러한 예방 프로그램이 더욱 효과적이기 위해서는 도움을 받을 당사자들의 문화적 규준 및 전통을 고려하는 것이 중요하다. 2050년이 되면 아프리카계 미국인, 히스패닉/라틴계 미국인, 아시아계 미국인, 아메리카 원주민이 미국 전체 인구의 50% 가까이 차지할 것으로 추정된다. 어떤 문화적 상황에서는 효과적인 예방 프로그램이 다른 문화적 상황에서는 효과적이지 않을 수 있기 때문에 이러한 인구통계학적 변화는 예방적 노력의 중대한 과제가 아닐 수 없다(Reppucci, Wollard, & Fried, 1999).

자조와 자조집단의 효과

자조집단의 효과를 경험적으로 평가한 경우는 매우 드물다. 대부분의 자조집단 구성원들은 그들의 그룹이 가치 있다고 믿고 있어서, 공식적인 효과연구를 불필요하거나 심지어 바람직하지 않은 것으로 보고 있다. 자조집단의 목표를 정확하게 기술하는 것이 때로는 어렵기 때문에 평가가 더 어렵다. 소수의 효과연구에서 혼합된 결과가 도출되었지만(Barlow, Burlingame, Nebeker, & Anderson, 2000; Moos, Schafer, Andrassy, & Moos, 2001), 일반적으로 적극적인 구성원은 집단에 참여하는 것에 가치를 두며, 일부 생활 영역에서 중간 정도의 호전을 경험하는 것으로 나타났다. 자조집단이 경험적 연구를 좀 더 수용한다면, 자조집단의 좋은 효과와 그것이 어떻게 나타나는지를 임상가들이 더 많이 배우는 데 도움이 될 것이다.

독서치료(즉, 책을 사용하여 자조하기)에 관한 연구가 조금은 있지만, 특정 문제에 가장 효과적이라고 할 수 있는 경험적으로 입증된 특정 도서 목록은 없다(Rosen, Glasgow, & Moore, 2003). 흡연이나 심각한 알코올남용 같은 만성적 문제보다는 불안, 우울, 가벼운 수준의 알코올남용 문제 등에 자조적 독서치료가 좀 더 효과적인 것 같다고 몇몇 메타분석 연구는 주장했다(Apodaca & Miller, 2003; Mains & Scogin, 2003).

심리치료 및 약물치료 병행의 효과성

약물치료와 심리치료를 병행하는 것이 상당히 유용할 수 있고, 일부 사례에서는 어느 한 가지 접근방식을 쓰는 것보다 더 나을 수도 있으나(예를 들어, Hinshaw, 2006), 대부분의 연구에서 적어도 불안장애와 우울증 치료에서는 병행치료가 각각의 치료에서 독자적으로 달성할 수 있는 것보다 훨씬 더 나은 호전을 가져오지는 않는 것으로 밝혀졌다(Hollon et al., 2005; Hollon, Stewart, & Strunk, 2006). 다른 연구들은 이들 장애에서는 약물치료보다 심리치료가 더 뚜렷하고 오래 지속되는 이득을 가져올 수 있다고 하였다(예를

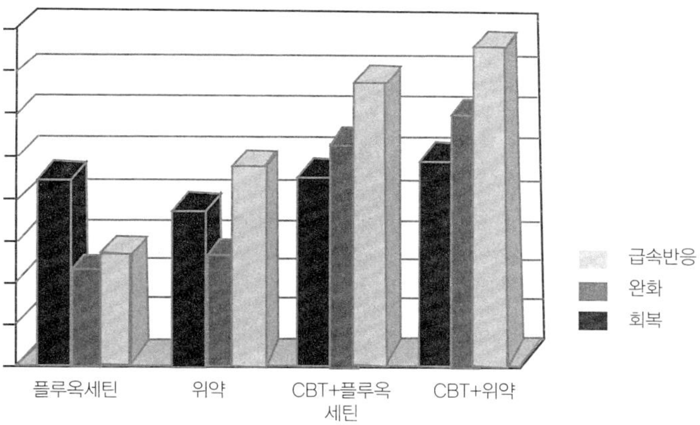

[그림 10-5] 폭식장애의 치료에 플루옥세틴(Fluoxetine, Prozac), 위약(Placebo), 인지행동치료(CBT)와 플루옥세틴, CBT와 위약의 효과를 비교한 무선 임상실험의 결과

가장 높은 회복률은 처방약이나 위약과 병용한 CBT의 경우다.
급속반응과 완화율 및 회복률: 급속반응은 치료 4주째에 폭식 삽화의 빈도가 65% 이상 감소; 완화는 지난 한 달 동안 폭식이 없었음; 회복은 지난달에 매주 1번 이하의 폭식.

출처: C. M. Grilo, R. M. Masheb, & G. T. Wilson, 2006, "Rapid Response to Treatment for Binge Eating Disorder." *Journal of Consulting and Clinical Psychology, 74*, 602-613.

들어, Hollon et al, 2006; [그림 10-5]는 폭식증 치료에서와 비슷한 결과를 보여 준다).

이와 같은 연구 결과에도 불구하고 심리치료를 한 번쯤 받았을 많은 내담자는 약물 없이 잘 지냈을지라도 지금은 약물을 복용하고 있거나 약물치료와 심리치료를 병행하고 있다. 덧붙여 많은 조사연구에 의하면 선택의 기회가 있을 때 대부분의 내담자는 정신약리학적 개입보다는 심리학적 개입을 선호한다(Hazlett-Stevens et al., 2002; Zoellner, Feeny, Cochran, & Pruitt, 2003). 따라서 의료보험회사에서 정신약리학적 치료만을 지원받는 많은 내담자는 그들이 원하거나 그들의 문제에 가장 도움이 되는 서비스를 받지 못하고 있다.

이 절의 요약 여러 형태의 대안적 치료가 효과적이지만, 가장 효과적인 집단, 커플, 가족 치료와 예방적 개입방식들은 인지-행동적 혹은 행동적 기법을 사용하는 경향이 있다. 불행하게도 여러 증거기반 치료들이 활로를 개척해 가고 있지만 여러 자조적 방법의 효과를 지지해 주는 연구는 거의 없다. 심리적 장애를 치료하는 데 약물처방이 매우 일반화되어 있고 많은 사례에서 효과를 보고 있지만, 몇몇 장애에서는 약물치료보다 심리치료가 동등하거나 더 나은 결과를 나타내는 것으로 보인다.

이 장의 요약

임상적 개입에 대한 평가연구는 주로 다양한 심리치료의 효과에 초점을 맞춰 왔다. 이 연구의 목표는 특정한 치료의 효능, 다양한 치료의 상대적 효과, 호전을 가져온 치료 성분, 치료 이득의 지속성, 다양한 심리치료의 임상적 · 사회적 중요성 등에 관한 질문에 대답하는 것이다.

심리치료와 호전 사이의 인과적 관계를 확립하는 주요 기법은 통제실험으로, 연구자가 특정 요인들(독립변인이라 불리는)을 체계적으로 변화시켰을 때 다른 요인들(종속변인이라 불리는)의 변화를 관찰하는 것이다. 심리치료 효과에 대한 연구에서 독립변인은 보통 제공된 치료의 유형이고 종속변인은 내담자에게 나타난 변화다. 피험자 내 실험법(반전설계 혹은 ABAB 설계 방식을 포함한)은 어떤 치료 변인을 조정한 후 그것이 동일한 내담자(들)에게 미치는 영향을 각기 다른 시점에서 관찰하는 것이다. 피험자 간 실험법은 내담자들을 각기 다른 집단에 무선 할당한 후, 각 집단에 서로 다른 치료를 실시하고 치료들의 효과를 비교하는 것이다.

심리치료 효과실험은 내적 타당도와 외적 타당도 모두 가장 높은 수준이 되도록 설계되어야 한다. 어떤 실험의 내적 타당도가 높으면 통제되지 않은 혼란스러운 요인(들) 때문이 아니라 실제로 치료에 의해서 내담자한테 변화가 일어났고, 이것을 관찰한 것이라고 연구자는 확신할 수 있을 것이다. 실험 결과가 다양한 내담자, 다양한 문제, 다양한 상황으로 일반화할 수 있다면 외적 타당도가 높은 것이다. 불행하게도 내적 타당도를 최대화하기 위한 실험통제를 하기 위해서 연구자들은 일반적으로 외적 타당도를 높일 수 있는 대표성이 충분하지 않을 수 있는 내담자, 심리치료자, 문제, 치료, 치료장면 등을 사용하도록 강요하기도 한다. 외적 타당도는 실제 치료장면에서 실제 문제를 가진 실제 내담자를 연구할 때 높아질 수 있지만, 이러한 연구에서는 실험적 통제를 하지 못한다는 점 때문에 내적 타당도가 부실해질 수도 있다.

전통적인 치료들이 비치료보다 나은 것이 없다는 아이젱크의 비난에도 불구하고, 뒤이어 나온 대부분의 리뷰, 메타분석, 내담자 설문조사는 거의 모든 형식의 심리치료가 비치료보다 더 나은 치료 효과를 산출한다고 주장하고 있다.

실적표 검토, 메타분석, 내담자 설문조사의 초기 결과는 다양한 유형의 심리치료들이 거의 동등한 효과를 낸다는 것이었지만, 경험적으로 지지된 치료들을 규명해 내려는 운동으로 확실히 효능이 있거나 대체로 효능이 있는 치료의 목록이 발간되었다. 그 대부분은 행동적 혹은 인지-행동적 치료였다. 비판가들은 EST를 결정하는 데 사용된 기준에 대해 논박하였고, 치료효과 변량의 큰 부분을 차지하는 치료동맹 같은 공통 요인 혹은 비특정 요인을 주장하였다. 최근에는 증거기반 치료에 초점이 모아지고 있는데, 이것은 증거기반 치료의 기법 사용과 강력한 관계의 기법 사용을 병용하는 것이다.

집단, 커플, 가족 치료에 대한 극히 소규모의 효과연구가 있는데, 몇몇 개입방식은 아주 효능이 있고 효과적이라고 언급하고 있다. 정신장애를 예방하기 위해 설계된 다양한 프로그램은 유망한데, 거의 대부분의 프로그램은 사람들의 삶에 조기 개입하여 특정 장애와 관련이 있다고 알려진 많은 위험요인을 바꾸려는 것이다. 심리치료와 약물치료를 병용하는 것이 이득을 가져올 수 있지만, 심리치료 한 가지만으로 효과적으로 치료할 수 있는 장애도 많이 있다.

연구문제

1. 피험자 내 연구설계 방식의 한 예를 제시하고, 이 설계방식에 대한 찬성 의견과 반대 의견을 논하라.
2. 피험자 간 연구설계 방식의 한 예를 제시하고, 독립변인과 종속변인을 설명하라.
3. 내적 타당도가 무엇인가? 왜 임상학자들은 내적 타당도 위협에 대해 관심을 가지고 있는가?
4. 외적 타당도의 중요성과 외적 타당도를 위협하는 주요 위협 내용을 설명하라.
5. 실적표(box score)란 무엇이며, 그것이 더 이상 쓰이지 않는 이유는 무엇인가?
6. 메타분석의 절차를 논하고, 치료 효과를 연구할 때 이 접근방식의 강약점을 논하라.
7. 경험적으로 지지된 치료를 확립하는 데 사용되는 다양한 연구설계는 무엇인가?
8. 경험적으로 지지된 치료를 찾는 것에 대한 주요 비판점은 무엇인가?
9. 경험적으로 지지된 치료를 규명하는 절차는 내적 타당도에 더 초점을 두고 있는가, 아니면 외적 타당도에 더 초점을 두고 있는가?
10. 증거기반 치료란 무엇인가?
11. 분해법이란 무엇이며, 왜 중요한가?

12. 효과적 치료에 대한 증거의 정의와 관련해서 연구자들과 치료자들 사이에 형성된 긴장관계를 논하라.
13. 긍정적 심리치료의 효과와 연관된 치료자, 내담자, 관계 변인을 열거하라.
14. 집단치료, 커플과 가족 치료, 예방 프로그램, 자조 프로그램 등을 포함한 대안적 치료의 효과성을 설명하라.
15. 심리치료와 약물치료 병용에 대한 연구에서 밝혀진 주요 내용은 무엇인가?

웹사이트

- Therapies that work(funded by the National Institute of Mental Health): http://www.therapyadvisor.com
- Prevention programs that work, sponsored by the Substance Abuse and Mental Health Services Administration(SAMHSA): http://modelprograms.samhsa.gov
- Evidence-based behavioral practices(funded by NIH's Office of Behavioral and Social Science Research): http://www.EBBP.org
- Places to get popular self-help books as well as books on evidence-based practices:
  - http://www.barnesandnoble.com
  - http://www.amazon.com
  - http://www.addALL.com

CHAPTER 11

{아동 임상심리학}

Clinical Psychology

이 장의 미리보기

이 장은 아동 임상심리학 분야에 대한 설명이다. 이 분야의 역사를 간단하게 살펴보고, 성인과 다른 아동 및 청소년을 대상으로 하는 작업의 독특성을 다룬다. 아동의 장애 가능성을 높이는 위험 요인과 아동기 정신병리의 평가, 분류, 치료, 예방에 대해 설명한다.

당신이 지금 식탁에 앉아 저녁식사를 기다리고 있는데, 당신이 심리학을 전공한다는 것을 알고 어떤 아버지가 전문가로서의 의견을 부탁하고 있다고 가정해 보라. 그 아버지는 딸이 점점 더 자주 새처럼 군다고 한다. 상자나 담요로 방 안에 자기의 '둥지'를 지어 놓았고, 말을 하지 않고 짹짹거리기를 자주 하며, 벌레처럼 보이는 것(예를 들어, 스파게티, 왕꿈틀이 젤리) 같은 것만 먹겠다고 우긴다. 자, 당신의 이야기를 마치기 전에 상담료를 지불하라는 말 외에 당신은 어떤 의견을 주겠는가?

정신분열증 같은 진단기준을 확인하기 위해 DSM-IV를 찾으러 뛰쳐나가기 전에 제일 먼저 딸이 몇 살인지를 묻는 것이 중요할 것이다. 이 시나리오가 세 살짜리의 것이라고 가정하고, 그러고 나서 열세 살짜리의 시나리오라고 가정하자. 어린 아동에게 짧은 기간 동안 예쁜 동물을 가장하는 것 같은 상상놀이는 매우 흔한 일이며 예쁘고 귀여운 행동이다. 그러나 나이 든 아동이라면 아동 임상심리학자는 아마 환상과 현실을 구분할 수 있는 아동의 능력, 가족의 정신병력, 아동학대 같은 최근의 외상 경험, 그리고 학업, 또래관계, 형제자매 관계 같은 다양한 심리적 기능 등의 탐색을 포함한 최대한 많은 평가를 하고 싶을 것이다. 무엇보다 아동의 행동을 살필 때 확인해야 할 가장 중요한 사항은 나이와 발달수준이다. 앞의 장에 있는 거의 대부분의 정보가 아동 임상심리학과 연관이 있지만, 아동 임상심리학자들이 아동의 기능을 어떤 시각으로 보며 아동, 청소년 그리고 그 가족의 문제를 어떻게 다루는지 이해하려면 더 많은 정보가 필요하다.

어떤 아동의 발달수준을 아는 것은 그 아동의 행동을 이해하는 데 도움이 된다.

아동 임상심리학의 역사 요약

이 절의 미리보기

이 절에서는 아동 임상심리학의 역사가 성인지향 임상심리학의 역사와 다르다는 점을 강조하고 있으며, 아동 문제의 진단에 대해 특별한 주의를 기울이고 있다.

아동 임상심리학의 역사에는 어떤 모순점 같은 것이 있다. 임상심리학이 어떤 면에서는 아동기 장애의 평가 및 치료에 뿌리를 두고 있지만(2장 '임상심리학의 과거와 현재' 참조), 20세기에 와서는 대부분 성인의 장애에 치중하다 보니 아동기의 행동장애가 크게 간과되었다(Rubinstein, 1948). 심지어 아동기 장애의 연구는 오랫동안 그저 "성인 정신병리 연구를 아래 방향으로 확장하고 탐색하는 것" 이었다(Garber, 1984, p. 30).

이와 같이 성인 지향의 시각으로 아동기 장애를 보는 것은 아동기 자체에 대한 개념의 역사를 반영하는 것이다. 얼마 전까지도 아동들은 성인의 축소판으로 간주되고 다루었다. 이러한 '성인 동질주의적(adultomorphic, 역자 주－아동의 행동을 성인의 용어로 해석하려는 주장)' 시각은 정신분석학적 치료접근과 행동주의적 치료접근에 의해 강화되었는데, 이 두 접근방식은 모두 아동기 고유의 문제를 경시하는 경향이 있다(Gelfand & Peterson, 1985). 지난 30년 동안 아동의 행동장애를 성인 지향적으로 접근해 온 이러한 경향은 점차 아동 중심적인 접근방식에 길을 비켜 주고 있다. 전통적 성인 지향적 방법, 즉 분류, 평가, 개입의 방법들이 아동기 장애에는 그리 적합하지 않을 수 있다는 사실이 아동 임상심리학자들에 의해 밝혀지고 있다. 아동 환자에 대해 다르게 접근하기 시작한 것은 DSM－III부터로, 아동기 장애에 대한 진단기준에 발달적 사항을 고려하였다. 예를 들어, 1952년에 발간된 DSM 초판에는 아동기 혹은 청소년기의 특정적인 어떤 장애도 들어 있지 않았다. 그러던 것이 1968년 DSM－II가 발간되었을 때 소수의 아동기 혹은 청소년기의 특정적인 장애들(예를 들어, 학습장애, 과잉행동 반응, 가출반응)이 포함되었지만, 대부분의 진단이 아직도 성인들에게 훨씬 더 적합하였다.

오늘날의 DSM－IV에는 유아, 아동, 청소년에 특정적인 축 I 장애들이 24개 이상 포함되어 있다(〈표 11－1〉 참조). 이에 더하여 1970년대 이후 『Journal of Abnormal Child Psychology』, 『Journal of Clinical Child and Adolescent Psychology』, 『Development and Psychopathology』 등 전적으로 아동기 행동장애 연구에 전념하는 새로운 중요 학술지들

〈표 11-1〉 아동 및 청소년기에 사용할 수 있는 DSM-IV 진단기준(일부)
유아기, 아동기, 청소년기에 흔히 처음 진단되는 장애
정신지체 (축 II에 기재)
5수준의 진단(기능을 기준으로 하여)
학습장애
읽기장애 산술장애 쓰기장애
광범위성 발달장애
자폐성 장애 아스퍼거 장애
주의력 결핍 및 파괴성 행동장애
주의력결핍 과잉행동장애(3유형) 품행장애(2유형) 반항성 장애
유아기, 초기 아동기의 급식 및 섭식장애
이식증 반추장애 유아기 혹은 초기아동기의 급식장애
배설장애
유분증 유뇨증(3유형)
유아기, 아동기 혹은 청소년기의 기타 장애
분리불안장애 선택적 함구증 유아기, 초기아동기의 반응성 애착장애(2유형)
아동기, 청소년기에 사용될 수 있는 다른 임상장애
물질 관련 장애
알코올 사용 장애(2유형) 특정 물질 관련 장애(97유형)
정신분열병 및 기타 정신증적 장애
정신분열병(5유형)
기분장애
주요우울장애(2유형) 양극성 장애 I 양극성 장애 II

불안장애
공황장애(3유형)
특정공포증
사회공포증
강박장애
외상후 스트레스 장애
범불안장애
섭식장애
신경성 식욕부진증
신경성 폭식증
다른 곳에 분류되지 않는 충동조절장애
간헐적 폭발성 장애
발모광
적응장애(6유형)

주: 따로 지적하지 않는 한 모든 장애는 축 I 장애들임. 이 목록은 전부가 아님.

출처: *Diagnostic and Statistical Manual of Mental Disorders* (4th ed.): Text Revision (DSM-IV-TR). American Psychiatric Association, 2000 (Washington, DC: Author). Copyright 2000 by the American Psychiatric Association.

이 등장하였다. 새로운 천 년이 시작되었을 때 아동의 행동, 학습, 의학적 문제를 전적으로 다룰 두 분과가 APA에 신설되었는데, 53분과(아동 및 청소년 임상심리학회)와 54분과(소아심리학회)가 그것이다. 마침내 발달적 시각을 가지고 아동기 장애를 연구하는 발달정신병리학이라는 비교적 새로운 분야가 생겨났다(Achenbach, 1982). 이 분야에 종사하는 과학자들은 다양한 적응적 · 부적응적 행동 패턴이 다양한 발달단계에서 어떻게 드러나는지를 연구하는 데 초점을 맞추고 있다(Kuperminc & Brookmeyer, 2006). 발달정신병리학자들은 또한 아동들이 장애뿐 아니라 기능을 발달시키는 방식을 연구하고, 장애의 위험이 있는 아동이 장애로 발달되지 않게 막아 주는 보호요인에 대해 알고 싶어 한다(Werner, 2005).

오랫동안 방치하더니 지금은 왜 아동기 정신병리를 이해하고 치료하는데 이렇게 주의를 많이 기울일까? 첫째, 아동기에는 정신병리가 비교적 흔하기 때문이다. 14~22%의 아동들이 행동적 · 정서적 · 학습적 장애진단을 받는다(Mash & Dozois, 2003). 둘째, 많은 아동기 장애(예를 들어, 품행장애, 학습장애, 자폐증)는 당사자, 가족, 사회에게 평생토록 심각한 결과를 가져다주기 때문이다. 셋째, 대부분의 성인기 장애는 진단받지 못하고 치료받지 못한 아동기 장애에 뿌리를 두고 있기 때문이다. 한 연구에 따르면 정신과적 장애진단에 해당되는 아동들 중 지난 1년 동안 외래 정신보건 서비스를 받은 적이 있는 경우는 15%도 되지 않았다(Goodman et al., 1997). 넷째, 아동기 장애의 위험요인, 원인, 경과를 연구함으로써 아동기의 문제가 성인 정신병리로 확장되는 것을 방지할 수 있는 효과적인 조기개입 프로그램을 개발하는 데 한 걸음 더 나아갈 수 있기 때문이다. 마지막으로 대중매체가 아동과 관련된 심각한 몇몇 문제들, 예를 들어 학교폭력, 아동에게 향정신성 약물을 처방하는 것의 잠재적 위험성, 아동학대 사례의 증가 등에 초점을 맞춰 여론을 환기시킴으로써 아동의 정신건강 상태를 재평가하게 하였고, 정부 안에 많은 특별전문위원회를 구성하고, 미국연방 의무감(Surgeon General)에서 아동의 정신보건에 관한 보고서를 내며(U. S. Public Health Service, 2000), 아동기 정신보건 문제를 이해하고 개선하기 위한 목적을 가진 각종 위원회를 백악관 안에 구성하도록 하는 데 공헌하였기 때문이다. 이렇게 아동 임상심리학 분야가 성장하였고, 지금은 임상심리학 안에서 잘 정립된 전문 영역이 되었다.

이 절의 요약 역사적으로 아동들은 성인의 축소판으로 여겼으나, 최근에는 아동들의 독특한 특성에 전문적·문화적 초점이 증가하면서 아동들의 심리적 발달에 주의를 더 기울이게 되었다. 이러한 초점, 특히 아동 정신병리 관련 분야에서부터 아동 임상심리학이 성장하였다. 아동 임상심리학은 지금은 임상심리학 분야에서 빠뜨릴 수 없는 부분이 되었다.

아동 임상심리학 고유의 특성

이 절의 미리보기

이 절에서는 의뢰 절차, 비밀보장, 아동의 행동 맥락, 발달적 고려사항, 부모-자녀 상호작용, 위험요인, 보호요인 등 아동 임상심리학의 독특한 여러 가지 특성을 살펴본다.

의뢰절차

성인들은 괴로움을 느낄 때 전문적인 도움을 받을 수 있는 곳을 찾을 수 있지만, 아동들은 정신건강 전문가의 도움이 필요한지를 결정하는 데 부모님이나 선생님, 그 밖의 중요한 사람들에게 의존해야만 한다. 스스로 필요한 도움을 청할 수 있는 아동들이 아주 드물게 있기는 하지만(예를 들어, 학생지도 상담자 사무실 주위를 어슬렁거리다가 결국 도움을 청하기), 정신건강센터에 가서 치료를 받으려면 아동들은 대개 부모나 다른 어른들에게 의존해야 한다. 반대로 아동이 정신건강 전문가에게 의뢰되는 경우 아동의 정서적 혹은 행동적 특성 때문보다는 부모나 가족 사이의 문제 때문인 경우가 많다(McGoldrick, Giordano, & Garcia-Preto, 2005).

비밀보장

의뢰 시점부터 비밀보장과 관련된 문제 때문에 아동과 작업하는 것은 성인과 작업하는 것과 다르다. 임상가는 이미 자살이나 살인 의도가 있는 경우와 아동, 노인, 무능력자를 학대하는 경우를 제외하고는 어떠한 경우에도 내담자에 관한 정보를 다른 누구와도 공유할 수 없다는 것을 알고 있다. 그러나 내담자가 아동이나 청소년이면 어떻게 되는가? 공식적으로 부모나 법정후견인이 그들에 대한 책임이 있기 때문에, 비밀보장에 대한 법적 의무는 부모나 법정후견인에게 내담자 정보를 공개하지 못하게 제한하지 못한다(Knapp & VandeCreek, 2006). 물론 상담내용에 대한 비밀보장을 하지 못한 채 어린 내담자, 특히 청소년 내담자와 작업할 때 청소년은 종종 치료자와 정보를 공유하는 것을 경계한다. 치료자들은 흔히 치료를 시작할 때 부모와 아동 혹은 청소년 내담자와 기본 원칙을 만든다. 예를 들어, 치료자는 청소년 내담자가 말하는 모든 정보는 내담자나 다른 누군가에게 잠재적 위험이 되지 않는 한 극히 개인적인 것으로 다룰 것(즉, 부모에게도 알려 주지 않음)이라고 말할 수 있다. 3장 '임상적 평가의 기본 측면', 5장 '임상심리검사', 6장 '임상적 개입의 기본적 특징'에서 논의한 바와 같이, 이러한 기본 원칙을 만들 때 치료자들은 APA 윤리규정을 지침으로 삼는다.

행동적 맥락

아동과 작업할 때는 행동적 맥락을 고려하는 것이 중요하다. 아동이 주변 환경과 관계를 맺는 방식은 성인들과는 전혀 다르다. 예를 들어, 어디서 살지, 어떤 직업을 가질지, 언제 자고 일어날지, 누구와 시간을 보낼지, 뭘 먹을지, 인생을 어떻게 보낼지 등에 대해 어른들은 보통 어느 정도의 통제권을 가지고 있다. 아동과 청소년은 거의 대부분 이러한 것에 대한 통제권이 적으며, 전혀 없기도 하다. 특히 아주 어린 아동에게는 부모의 결정이 반드시 따라야 하는 결정이다(예를 들어, 주간보호센터나 학교 활동, 음식 선택, 일상 과제, 다른 아동들에게 친해지기 위해 접근하기). 따라서 대부분의 임상 작업과 연구는 주변 환경을 구축하거나 변경할 수 있는 아동의 권한이 제한적이라는 점을 고려해야만 한다.

발달적 고려

새처럼 행동하는 소녀의 예에서 설명한 바와 같이, 아동의 행동을 이해하려 할 때 아동의 나이와 발달단계를 아는 것은 핵심 사항이다. 그 이유는 우선 어떤 아동의 행동이 적절한지 또는 부적절한지를 평가하려면 반드시 그 아동의 문화 내에서의 발달적 규준에 견주어 상대적으로 평가해야 하기 때문이다. 특정 발달 연령에는 적합하지만 다른 단계에는 적합하지 않다고 여겨지는 행동 사례들을 열거하면 다음과 같다(Carr, 2006; Phares, 2008).

- 2~4세 아동들은 상상적 존재와 어둠을 무서워하는 경향이 있다. 5~7세 아동들은 자연재해(화재, 홍수, 천둥 등), 상해, 동물을 무서워하는 경향이 있다. 8~11세 아동들은 학업부진과 운동능력 부진을 무서워하는 경향이 있다. 12~18세 청소년들은 또래의 따돌림을 무서워하는 경향이 있다.
- 5세가 될 때까지 일부 아동들은 때때로 이불에 오줌을 싼다. 5세가 되면 대부분의 아동은 급히 오줌이 마려울 때 어떻게 해야 하는지를 알고 있다. 대부분의 아동은 먼저 낮 동안에 오줌 참는 법을 배우고, 참는 법을 밤까지 발전시킨다.
- 4~5세 아동의 50% 이상이 관심을 과도하게 요구하며, 그들의 60%가량이 가정에서 반항적이다.
- 부모들은 그들의 6~18세 아동들 가운데 소년의 40%와 소녀의 25%가량이 집중력이 부족하다고 보고한다.
- 청소년기 소녀들의 대부분이 빈곤한 신체상을 경험하는데, 이는 규범적 불만이라는 현상이다.
- 청소년기 소년과 소녀의 반수 이상이 16세 이전에 음주를 해 보았다고 보고하였다.

실제로 아동기 장애의 대부분의 증상이 아동기 삶의 어떤 시점에서 아동 인구 중 주목할 만큼의 비율로 나타나는 경향이 있다. 자폐증, 정신지체, 기타 심각한 장애들과 관련된 증상을 제외하면, 아동 행동의 적합성은 아동이 도달해 있는 발달단계에 견주어 봄으로써 평가되어야만 한다(Achenbach & Rescorla, 2006). 따라서 아동을 대상으로 일하는 임상가들은 정상적인 발달심리학에 대한 탄탄한 배경지식을 가지고 있어야 할 뿐만 아니라 이상 아동심리학에 관한 훈련도 받아야 한다.

부모-아동 상호작용의 양상

지난 30년간 아동기 행동장애의 이해와 치료에 많은 진척이 있었는데, 이는 부모와 아동 간의 상호작용을 상호적이거나 양방향적이라고 보는 이론가들에 의한 것이었다(예를 들어, 아동의 기질과 행동이 부모의 행동에 영향을 미치며, 부모의 인내심과 반응이 아동의 행동을 바꾼다). 이러한 관점이 아동기 행동문제에 대한 이해를 어떻게 향상시켰는지를 보여 주는 사례가 패터슨(Patterson, 1976, 1982)의 공격적 행동에 관한 강압-확대 가설(coercion-escalation hypothesis)이다. 비공격적 아동의 가정과 공격적 아동의 가정을 패터슨이 자세하게 관찰한 바에 따르면, 두 형태의 가정 모두에서 아동의 행동이 특정한 부모의 반응 확률을 바꾸는 것과 마찬가지로 부모의 행동이 특정한 아동 반응의 확률을 바꾸었다(Patterson, Ray, Shaw, & Cobb, 1969). 하지만 패터슨은 비공격적 아동의 가정과 공격적 아동의 가정 간에 가족들 사이의 상호작용에 중요한 차이가 있음을 또한 제시하고 있다. 예를 들어, 비공격적 아동보다 공격적 아동은 부모에게 처벌을 받은 후 혐오적인 행동을 2배나 오래 지속하였다(Patterson, 1976). 패터슨은 이러한 양상을 부모의 처벌책략의 비효과성이나 행동 결과에 대한 아동의 둔감함의 반영으로 간주하기보다, 아동기 공격성으로 이어질 수 있는 강제적이고 혐오적인 통제 책략을 사용하고 의존하는 것을 부모와 아동이 서로에게 '가르치는' 방식으로 보았다. 다음에 간단한 사례가 있다.

존스(Jones) 부인이 3세 된 아들 빌리(Billy)를 주간보호센터에서 지금 막 데려와서 식료품점에서 함께 저녁거리를 산다고 가정하자. 냉동고를 지나갈 때 빌리가 아이스크림을 사 달라고 하지만, 존스 부인은 "안 돼! 아이스크림을 먹으면 저녁 밥맛이 없어!"라고 한다. 빌리가 심한 떼쓰기로 반응하자 존스 부인은 골치가 아팠다. 존스 부인은 쇼핑을 무사히 마치고 싶었고, 게다가 빌리가 공공장소에서 통제 불가능한 행동을 하도록 놓아 두는 것이 부끄러웠기 때문이었다. 존스 부인은 빌리에게 아이스크림을 사 주는 방법으로 이 문제를 해결하면서, 이것이 저녁식사 전에 먹는 마지막 아이스크림이라고 경고를 했다. 빌리는 즉시 떼쓰기를 중지했고, 쇼핑은 순조롭게 진행되었다.

이 상호작용에서 빌리와 엄마가 배우는 것은 무엇일까? 첫째, 빌리는 엄마가 "안 돼."라고 말할 때 마구 떼를 쓰면 원하는 것을 얻을 수 있다는 것을 배운다(떼쓰는 것이 정적으로 강화되었다). 동시에 혐오적이며 창피한 행동—특히 공공장소에서 빌리가 마구 떼를 쓸 때—을 그치게 하기 때문에 존스 부인에게는 빌리의 요구를 들어주는 것이 강화되었다. 8장 '행동주의적 및 인지-행동적 심리치료'에서 간략하게 설명한 조작적 조건형성의 원리에 따르면, 빌리와 엄마 모두는 앞으로 이와 유사한 상황에 직면하면 비슷한 방식으로 행동할 것이다. 빌리는 떼를 쓰고, 엄마는 전혀 반대의 생각을 가지고 있더라도 원하는 요구를 들어줄 것이다. 실제로 요구를 들어주지 않으면 어쩌면 신체적 공격이나 재산적 손실을 가져올 수 있는 수준까지 떼를 점점 더 세게 써서 결국 빌리가 원하는 것을 들어주는 것 외에는 다른 선택의 여지가 없겠다고 존스 부인이 느낄 때까지 진행될 것이다. 패터슨(Patterson, 1982)은 가족 내의 이러한 쌍방관계를 강화의 함정이라고 불렀는데, 바람직하지 않은 장기적 결과를 초래하면서 서로 단기적 이득을 얻는 것이다. 빌리가 점점 더 다루기 어려워질수록 부모는 그를 통제하기 위해 점점 더 혐오적인 방법을 써야 할 것이다.

부모와 아동의 상호관계에서 아동의 공격행동을 이해하려는 패터슨의 연구는 이러한 문제를 다루는 체계적이고 널리 이용되는 행동주의적 개입 프로그램의 개발로 이어졌다(Reid, Patterson, & Snyder, 2002). 이 프로그램은 부모가 아이와 상호작용하는 방식을 변화시킴으로써 저항적 교환을 줄이는 데 초점을 두고 있다. 전반적으로는, 공격적 · 반사회적 행동에 대한 이러한 개념과 일치하는 치료들이 매우 효과적이다(Reid et al., 2002).

위험요인

발달정신병리를 연구하는 임상가들은 정서적/행동적 문제를 발달시키는 많은 위험요인을 규명하였다. 위험요인들은 여러 유형의 정서적/행동적 문제 혹은 정신병리로 발전할 수 있는 고조된 위험과 연관된 아동, 가족, 지역사회, 사회 내의 특성이다(Fraser, Kirby, & Smokowski, 2004; Phares, 2008). 이러한 위험요인들 가운데 핵심적인 것들을 살펴보자.

기질

유아기에 까다로운 기질이었던 아동은 평생에 걸쳐서 문제행동을 나타낼 확률이 높다. 여기에는 초등학교 1학년 때의 품행문제, 난폭한 또래관계, 학업곤란(Calkins & Degnan, 2006), 15세 때의 문제행동 증가(Rothbart & Bates, 2006), 26세 때의 도전적인 성격 기질(Caspi et al., 2003), 32세 때의 높은 범불안장애 확률(Moffitt et al., 2007) 등이 포함된다. 유아의 기질이 대체로 유전적이라고 간주한다면(Calkins & Degnan, 2006), 이러한 연구 결과들은 아동기 문제행동이 부분적으로는 태생적인 생물학적 특성이 작용한 것이라는 점을 시사하고 있다. 그러나 까다로운 기질로 인한 위험성을 높이거나 낮출 수 있는 많은 환경적 요인(예를 들어, 안전하고 안정된 가족 및 이웃 등)이 있다(Calkins & Degnan, 2006).

부모 사이의 갈등

부모가 다투면 아이들은 방향을 잃는다. 부모 사이에 갈등이 있을 때 아동이 어떻게 기능하는지에 관한 수십 년간의 연구 결과가 이를 입증한다. 부모가 말로 싸우거나 몸으로 싸우는 것은 아동과 청소년의 정서적/행동적 문제, 특히 외현화 문제와 관계가 있다(Cummings, Goeke-Morey, & Papp, 2004; Lee, Beauregard, & Bax, 2005). 부모가 높은 수준의 부정적인 의사소통과 낮은 수준의 긍정적인 의사소통을 할 때, 아동은 부모 사이의 갈등에 대해 자기 자신을 책망하는 경향이 있다(Fosco & Grych, 2007). 부모의 갈등 사이에 아동이 놓이게 되는 것을 삼각관계라고 하는데, 이 경우 갈등의 영향은 더욱 심각해진다(Grych, Raynor, & Fosco, 2004). 실제로 연구 결과는 극심한 갈등이 있는 가정에 아동이 그대로 머물러 있는 것과 비교해 볼 때, 부모가 이혼함으로써 부모 간 갈등이 사라진다면 그것이 아동에게는 더 낫다는 것을 입증하였다(Hetherington & Stanley-Hagan, 1999; Kelly, 2000).

그렇다면 부모의 이혼을 경험하지 않은 아동보다 부모의 이혼을 경험한 아동에게서 정서적/행동적 문제가 훨씬 더 나타난다는 연구(Hetherington, Bridges, & Insabella, 1998)는 무엇인가? 그러한 양상이 나타나는 것은 확실하지만, 최근 연구에 따르면 이와 같은 집단 간 차이는 이혼 자체보다는 부모 간 갈등이 계속되는지, 이혼 후의 재정문제는 어떻게 되는지 등과 같은 다른 요인들 때문에 나타나는 경향이 있다는 것이 분명하다(Hetherington & Elmore, 2003). 전반적으로 부모와 함께 사는지 혹은 한부모 가정에 사는지보다 아동이 살고 있는 가정에서 무슨 일이 일어나는지(예를 들어, 부모 간 갈등수준과 가족 기능의 수준)가 아동들의 안녕에 더 중요한 것으로 보인다(Kelly, 2000).

신체적 학대

아동학대라면 대부분 부모가 아동의 뼈를 부러뜨리고, 머리에 상처를 입히고, 영구적으로 신체에 흉터를 남기는 공격성을 생각한다. 그렇지만 부모가 휘두르는 몇몇 형태의 가혹한 규율행동(허리띠로 때리기 등)도 아동 신체학대라고 간주할 수 있다(Wekerle & Wolfe, 2003). 실제로 대부분의 주에서는 아동의 피부에 상처를 남기는 행위를 아동학대에 대한 조작적 정의의 하나로 정하고 있다.

미국에서 매년 아동 및 청소년의 5~26%가 신체적으로 학대당하고 있는 것으로 추정된다(Children's Defense fund, 2005; DiLillo, Perry, & Fortier, 2006). 신체적 학대는 아동들에게 있는 수많은 문제, 즉 품행장애, 반항장애, 공격성, 우울, 불안장애, 사회적 능력 부족, 학업성취 부족 등과 같은 문제 모두와 연관이 있다(DiLillo et al., 2006). 신체적 학대의 영향 측면에서 볼 때, 임상적 아동집단에서 추정된 신체학대가 5~26%보다 훨씬 높다는 점은 그리 놀랄 일이 아니다. 로스앤젤레스에서 행한 연구에서는 지역정신건강센터에서 서비스를 받고 있는 아동들의 46.9%가 아동학대의 희생자로 나타났다(Lau & Weisz, 2003).

성적 학대

성적 학대 역시 아동과 청소년을 망가뜨릴 수 있다. 아동에 대한 성적 학대는 여러 가지로 정의할 수 있으나, 대부분은 아동보다 나이가 많고 힘이 센 범죄자가 아동에게 성적 착취를 하는 데 초점을 두고 있다(Mannarino & Cohen, 2006). 모든 성적 학대에 성교나 다른 형태의 성적 접촉이 포함되는 것은 아니다. 음란물이나 기타 성 관련 물건에 노출시키는 것도 포함된다.

성적 학대가 얼마나 만연되어 있는지를 정확하게 추정하기는 무척 어렵다. 문서화된 사례로 보면 대략 소녀들의 3.2%, 소년들의 0.6%가 성적으로 학대받는 것으로 보이지만, 다른 연구들은 그 비율이 훨씬 더 높다고 주장한다. 예를 들어, 청소년과 젊은 성인들에게 성적으로 학대를 받은 경험이 있는지(아동보호기관에 보고되었든 안 되었든 상관없이) 물었을 때 소녀의 12~35%, 소년의 4~9%가 성적 학대를 받았다고 대답한 소급적 연구가 있다(Putnam, 2003). 이 수치들조차도 실제보다 과소 추정되었을 것이다. 대중매체들이 아동유괴 사건들처럼 낯선 사람들에게 당한 성적 학대에 초점을 맞추는 경향이 있지만, 아동에 대한 성적 학대 사례의 90% 이상은 이웃, 양육자, 가족의 친구 등과 같이 가족에게 잘 알려진 사람 혹은 가족구성원이 저지른 것으로 추정된다(Berliner & Elliott, 2002).

아동 성적 학대의 부정적 영향은 어느 정도는 학대의 특성에 따라 다르다. 예를 들어, ⓐ 성적 학대가 장기적이었던 경우, ⓑ 가해자가 아버지 혹은 아버지 역할의 인물이었던 경우, ⓒ 성적 접촉이 성교처럼 매우 침입적이었던 경우, ⓓ 강압이나 물리적 완력 혹은 위협이 있었던 경우, ⓔ 성적 학대가 있었다는 아동의 보고가 묵살되었던 경우에 아동들은 심리적으로 더 크게 상처를 입는다(Mannarino & Cohen, 2006; Noll, Trickett, & Putnam, 2003). 성적 학대는 우울과 연관될 위험성이 아주 높으며, 자살시도로 이어질 위험성이 극히 높고, 낮은 대처능력과 연관되며, 성인기의 관계문제와 연관된다(Mannarino & Cohen, 2006; Noll et al., 2003; Testa, VanZile-Tamsen, & Livingstone, 2005). 전반적으로 성적 학대는 아동, 특히 심리적 탄력성이 약하거나 보호요인이 거의 없는 아동에게 깊은 상처를 주며 오래 지속되는 영향을 끼친다. 이에 대해서는 뒤에서 더 논의할 것이다.

가난

궁핍한 삶은 주거 불안정(Adam, 2004), 혼란된 가정환경(Evans, Gonnella, Marcynyszyn, Gentile, & Salpekar, 2005), 불량한 또래관계 노출(Leventhal & Brooks-Gunn, 2003), 불량한 수질, 공원이나 유원지가 거의 없음, 폭력성이 심한 지역사회(Evans, 2004) 등의 수많은 문제와 관계가 있다. 다른 말로 하면, 가난은 아동의 행동장애를 유발할 수 있는 여러 위험요인에 노출시키는 경향이 있다는 것이다.

18세 이하의 모든 미국 아동의 약 29.2%는 가난한 환경에서 자란다(Urban Institute, 2004). 비율은 인종에 따라서 크게 달라지는데, 히스패닉/남미계 아동의 54.5%, 흑인 아동의 44.4%, 백인 아동의 21.4%다(Urban Institute, 2004). 이 수치에는 도시와 도심 지역

가혹한 환경은 아동의 안녕에 심각한 영향을 미칠 수 있다.

에서 자란 아동과 가난한 시골에서 자란 아동이 모두 포함된다(Evans, 2004). 궁핍 속에서 성장하면 공격성, 품행장애, 반항장애 등과 같이 대부분 외현화 행동 범주에 속하는 많은 문제와 연관을 맺게 된다(Conger & Donnellan, 2007; Grant et al., 2004; Kiser, 2007; Wadsworth & Berger, 2006).

〈표 11-2〉에 아동의 행동적/정서적 문제를 야기하는 기타 위험요인이 정리되어 있다. 이러한 위험요인이 많기 때문에 많은 아동이 적어도 한두 가지 위험요인에 노출되어 있다는 사실은 그리 놀랄 만한 일이 아니다. 예를 들어, 미국 청소년보건 종단연구(National Longitudinal Study of Adolescent Health)의 자료에 따르면, 11학년 학생들 가운데 43%는 불리한 사회경제적 여건(예를 들어, 가난, 허름한 주택, 한부모 가정)에, 21%는 부모 간 갈등, 학대, 부적절한 학교에, 4%는 부모의 정신병리에 노출되어 있다고 한다. 이 청소년의 1/3(32%)만이 낮은 위험상태에 있는 것으로 보인다.

보호요인

위험요인은 아동의 삶에서 문제가 일어날 가능성을 증가시키지만, 부정적 상황의 영향을 감소시키거나 제거할 수 있는 보호요인도 있다는 사실을 인식하는 것이 중요하다(Wright & Masten, 2005). 위험요인처럼 보호요인도 아동, 가족, 지역사회, 문화, 사회에

〈표 11-2〉 아동의 심리적 문제를 발달시키는 위험요인

아동에게 존재하는 위험요인의 예	• 까다로운 기질 • 부적합한 대처기제 • 미흡한 문제해결 기술
가족에게 존재하는 위험요인의 예	• 부모의 정신병리 • 부모 간 갈등 • 부모의 가혹한 양육 태도 • 아동에 대한 신체적 학대 • 아동에 대한 성적 학대 • 심리적 학대 • 방임
지역사회에 존재하는 위험요인의 예	• 가난 • 부적절한 학교 • 폭력적인 이웃 • 유급직에 대한 기회 부족
문화에 존재하는 위험요인의 예	• 폭력적 문화 • 인종차별

〈표 11-3〉 아동의 심리적 문제의 위험을 줄이는 데 도움을 주는 보호요인

아동에게 존재하는 보호요인의 예	• 사회적이며 적응적인 기질 • 좋은 인지능력 및 문제해결 기술 • 효과적인 정서/행동 조절전략 • 자신감, 높은 자기효능감 같은 자신에 대한 긍정적 시각 • 미래에 대해 희망적이라고 느끼는 등 인생에 대한 긍정적 전망 • 재능, 유머감각 등 다른 사람들이 인정해 주는 특성의 보유
가족에게 존재하는 보호요인의 예	• 안정적이며 지지적인 가정환경 • 낮은 수준의 부모 간 불화 • 반응적인 양육자와의 친밀한 관계 • 민주적 양육방식(온정, 구조/감독, 기대가 높음) • 긍정적인 형제자매 관계 • 친척들과의 지지적 관계 • 신앙심 및 종교활동 • 부모의 자녀교육 참여 • 좋은 사회경제적 여건 • 부모의 고등교육
지역사회에 존재하는 보호요인의 예	• 돌봐 주는 성인 멘토 및 친사회적 또래들과의 관계 • 수준 높은 주거환경: 안전성, 낮은 수준의 공동체 폭력성, 적당한 주택, 가까운 레크리에이션센터, 맑은 공기와 물 등 • 효과적인 학교: 훈련과 보상을 잘 받는 교사들, 방과후 프로그램, (스포츠, 음악, 예술 등의) 레크리에이션 자원 등 • 부모들과 10대들의 고용기회 • 양호한 공중건강 관리 • 긴급구조 서비스(경찰, 화재, 의료)의 접근성
문화에 존재하는 보호요인의 예	• 교육 지향적 가치와 자원 • 아동노동법, 건강, 복지 등의 아동보호정책 • 정치적 탄압 혹은 폭력에 대한 예방 및 보호 • 신체적 폭력의 차단

있을 수 있다(〈표 11-3〉 참조).

전반적으로 이러한 보호요인은 연구에 의해서 잘 정립되어 있으며, 모든 연령과 모든 발달수준의 아동에게 도움이 된다(Wright & Masten, 2005). 하나 혹은 여러 개의 위험요인(정신질환이 있는 부모와 같은)에 노출된 아동이 보호요인에도 노출되었을 때 긍정적인 성과를 보이는데, [그림 11-1]에 이러한 회복(resilience)과정을 제시하였다(Seifer, 2003).

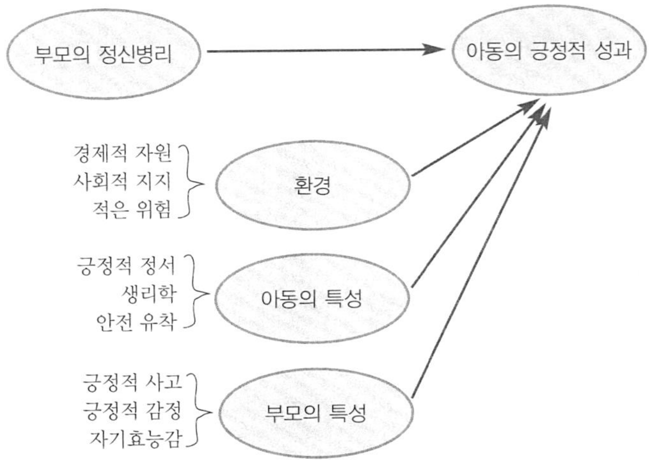

[그림 11-1] 정신질환이 있는 부모의 어린 아동이 보이는 회복과정

출처: R. Seifer, 2003, "Young Children with Mentally Ill Parents: Resilient Developmental Systems", in S. S. Luthar (Ed.), *Resilience and Vulnerability: Adaptation in the Context of Childhood Adversities,* p. 43. New York: Cambridge University Press.

이 절의 요약 아동과 작업하려면 심리학자는 아동의 행동에 영향을 미치는 다양한 맥락을 이해 할 필요가 있다. 아동 임상심리학자가 아동과 접촉하고 그들을 도와주려면 대부분 부모와 상호작용하지 않을 수 없기 때문에 부모요인이 특히 중요하다. 많은 아동이 위험요인에 노출되어 있는데, 위험요인에는 생물학적 영향(예를 들어, 특정 기질에 대한 소인), 가족 영향(예를 들어, 부모-자녀 상호작용, 부모의 정신병리, 부모 간 갈등, 학대), 사회적 영향(예를 들어, 가난과 폭력적 환경) 등이 포함되어 있다. 보호요인은 가혹한 환경의 영향으로 아동이 정신병리를 발달시킬 가능성을 감소시킬 수 있다.

아동 임상평가

이 절의 미리보기

다양한 어려움을 경험하고 있는 아동의 강점과 한계를 확인하기 위해 아동 임상평가에서는 다양한 기법을 사용한다. 많이 쓰는 평가기법으로는 행동평정척도, 아동면담, 지능검사 및 성취도검사, 행동관찰, 가족 및 또래의 기능평가 등이 있다.

평가 절차는 성인과 아동 모두를 대상으로 한 진단, 치료에 대한 권고 의견 제시, 장기적 예후에 대한 정보 제공, 심리치료의 진척평가 등의 다양한 목적에 부합되도록 고안되었다. 아동에 대해 평가 작업을 할 때 아동 임상심리학자들은 발달적 · 맥락적 요인에 각별히 주의해야 한다. 아동평가는 성인평가보다 범위가 더 넓은 경향이 있어서 반드시 학교, 가족, 또래집단을 포함하여 아동의 주요한 생활 영역을 반영하는 여러 정보원으로부터 정보를 수집해야 한다(Kamphaus & Frick, 2005).

면담 동안에 얻는 정보, 그리고 부모와 교사들로부터 얻는 행동평정척도에 대해서 임상가는 세심한 주의를 기울여야 한다. 아동의 정서적 · 행동적 상태는 가족의 생활 특성에 따라 매우 다르다. 이에 따라 아동에 대한 평가에는 가족 내에서의 아동 행동 탐색(예를 들어, 부모-아동 상호작용 관찰)과 더불어 부모의 양육기능 탐색(예를 들어, 부모의 우울, 부모 간 불화)이 포함되기도 한다.

아동이 의뢰된 경우 어떤 유형이든 학교와 관련된 문제를 가지고 있는 경우가 대부분이어서, 임상적으로 아동을 평가할 때는 학교에서의 실제 행동에 대한 검사와 더불어 지능검사와 학력검사를 포함한 학업성취를 기본적으로 평가한다. 따라서 아동에 대한 표준 종합검사에는 여러 정보원이 평가한 행동평정척도, 임상적 면담, 지능검사 및 학력검사, 구조화된 관찰, 가족 및 또래의 기능에 대한 평가 등이 포함된다.

행동평정척도

행동평정척도는 거의 모든 아동 종합평가에 기본적으로 포함된다. 평정척도는 일반적으로 아동의 다양한 문제행동(예를 들어, 안절부절못함, 주의가 쉽게 흐트러짐, 수줍어함, 움츠러듦)으로 구성되어 있다. 각 행동이 얼마나 자주 나타나느냐를 부모나 교사가 하나하나 평정한다. 구체적인 장애에 대한 초점과 적용 범위(예를 들어, Child Depression Inventory; Kovacs, 1992)에 따라 행동평정척도들은 서로 다르지만, 아동 행동문제의 거의 모든 영역을 다루는 것(예를 들어, CBCL; Achenbach & Rescorla, 2001)도 있다. 이러한 척도들은 비싸지 않고 실시하기 편하며 신뢰도와 타당도도 높아서 아동 종합평가에서 통상적으로 쓰이고 있다.

[그림 11-2]는 천식과 두통으로 결석을 지나치게 많이 해서 의뢰된 11세 아들 웨슬리(Wesley)에 대해 어머니가 보고한 CBCL 결과다(Achenbach & Rescorla, 2001). 이 프로파일을 살펴보면 같은 나이의 다른 소년들과 비교해서 웨슬리는 임상적으로 높은 수준의 불안/우울, 철수/우울, 신체화 호소 등을 나타내고 있다. CBCL은 경험적으로 도출된 척도

CBCL/6-18-Syndrome Scale Scores for Boys 6-11

ID: 05040504-101
Name: Wesley T. Russell
Clinician: Dr. Macon

Gender: Male
Age: 11

Date Filled: 11/17/2001
Birth Date: 06/10/1990
Agency: HMO
Verified: Yes

Informant: Daisy Russell
Relationship: Biological Mother

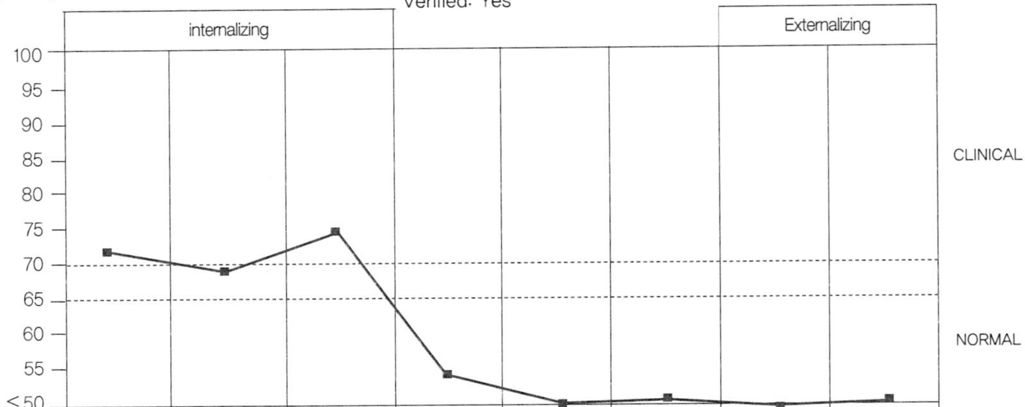

	Anxious/ Depressed	Withdrawn/ Depressed	Somatic Complaints	Social Problems	Thought Pronlems	Attention Problems	Rule-Breaking Behaviour	Aggressive Behaviour
total score	12	5	10	3	0	2	0	3
t score	72-c	68-b	75-C	56	50	51	50	51
percentile	〉97	97	〉97	73	〈=50	54	〈=50	54
	0 14.Cries 1 29. Fears 0 30. FearSchool 1 31. FearDoBad 0 32. Perfect 0 33. Unloved 1 35. Wortheless 2 45. Nervous 2 50. Fearful 1 52. Guilty 2 71. SekfConsc 0 91. TalkSuicide 2 112. Worries	0 5. EnjoysLittle 0 42. PreferAlone 0 65. Won't Talk 1 69. Secretive 0 75. Shy 0 102. LacksEnergy 1 103. Sad 1 111. Withdrawn	1 47. Nightmares 0 49. Constipated 0 51. Dizzy 1 54. Tired 2 56a. Aches 2 56b. Headaches 2 56c. Nausea 0 56d. EyeProb 0 56e. SkinProb 2 56f. Stomach 0 56g. Vomit	0 11. Dependent 1 12. Lonely 0 25. NotGetAlong 0 27. Jealiys 0 34. OutToGet 0 36. Accident 1 38. Teased 1 48. NotLiked 0 30. Clumsy 0 64. Prefer Young 0 79. SpeechProb	0 9. MindOff 0 18. HarmSelf 0 40. Hears Things 0 46. Twitch 0 58. PicksSkin 0 59. SexPartsP 0 60. SexPartsM 0 66. RepeatsActs 0 70. SeesThings 0 76. SleepsLess 0 83. StoresUp 0 84. StrangeBehv 0 85. StrangeIdeas 0 92. SleepWalk 0 100. SleepProblem	1 1. ActsYoung 0 4. FaukstoFinish 0 8. Concentrate 0 10. SitStill 0 13. Confused 1 17. Daydream 0 41. Impulsive 0 61. PoorSchool 0 78. Inattentive 0 80. Stares	0 2. Alcohol 0 26. NoGuilt 0 28. BreaksRules 0 39. BadFriends 0 43. LieCheat 0 63. PreferOlder 0 67. RunAway 0 72. SetsFires 0 73. SexProbs 0 81. StealsOut 0 90. Swears 0 96. ThinksSex 0 99. Tobacco 0 101. Truant 0 105. UsesDrugs 0 106. Vandalism	0 3. Argues 0 16. Mean 0 19. DemAtten 0 20. DestroyOwn 0 21. DestroyOther 0 22. DisbHome 0 23. DisbSchool 0 37. Fights 0 57. Attacks 0 68. Screams 1 86. Stubborn 1 87. MoodChang 0 88. Sulks 0 89. Suspicious 0 94. Teases 1 95. Temper 0 97. Threaten 0 104. Loud

[그림 11-2] 웨슬리의 어머니가 작성한 CBCL 프로파일

출처: *Manual for the Achenbach System of Empirically Based Assessment (ASEBA) School-Age Forms and Profiles*, by T. M. Achenbach & L. A. Rescorla, 2001 (Burlington, VT: University of Vermont, Research Center for Children, Youth, and Families). Copyright 2001 by University of Vermont, p. 65. 등장인물은 모두 가명임.

로서 임상실무에서 폭넓게 쓰이고 있으며, 교사와 아동 자신이 함께 작성하는 척도들도 있다.

가장 자주 이용되는 행동평정척도들은 검사-재검사 신뢰도와 타당도가 높다(Kamphaus & Frick, 2005). 예를 들어, 증거기반 평가의 아헨바흐 체계(Achenbach System on Empirically Based Assessment: ASEBA)에 속해 있는 척도들은 우수한 심리측정적 자질을 가지고 있다. 마찬가지로 코너스(Conners, 1998)가 개발한 부모평정척도(Parent Rating Scale)와 교사평정척도(Teacher Rating Scale)는 주의력결핍 과잉행동장애(ADHD) 아동들과 다른 행동문제를 가진 아동들을 구분해 줄 수 있으며, ADHD 아동들 가운데서도 약물처방을 받는 아동들과 위약처방을 받는 아동들을 구별해 줄 수 있다. 전체적으로 보면, 부모, 교사 그리고 청소년 자기보고는 아동의 기능에 대해 신뢰성 있고 타당하며 경제적이고 유용한 정보를 제공할 수 있다.

임상면담

아동 및 청소년 임상심리학자들에게 조사한 결과에서는 71.0%가 임상면담이 임상평가 절차 가운데 가장 중요한 것이라고 보고하였다(Cashel, 2002). 성인평가에서처럼 아동 임상가는 구조화된 혹은 비구조화된 임상면담을 실시할 수 있는데, 대부분의 임상가들은 두 가지를 모두 사용하고 있다(4장 '면담과 행동관찰'에서 이러한 면담 유형에 관한 논의 참조).

비구조화된 면담에서 임상가는 보통 부모를 면담하며, 아동의 나이와 인지적 성숙도에 따라 아동을 면담하기도 한다. 부모를 면담할 때 임상가는 다음 목적을 생각하고 있어야 한다. ⓐ 라포 형성, ⓑ 아동의 문제에 대한 세부 정보 수집, ⓒ 문제의 경과 도표 작성, ⓓ 아동의 발달력 수집, ⓔ 아동의 문제를 악화시킬지도 모르는 가족요인 탐색.

비구조화 면담을 통해 아동에 대한, 그리고 문제가 발생한 환경에 대한 가치 있는 정보를 얻을 수 있다(Sattler & Hoge, 2006; Welsh & Bierman, 2003). 아동을 면담하는 목적은 부모면담의 경우와는 다르며, 다음과 같은 목적을 가지고 있다. ⓐ 라포 형성, ⓑ 의뢰문제에 대한 아동의 이해에 대한 평가, ⓒ 문제행동에 대한 아동의 설명에 대한 평가, ⓓ 아동기 우울 및 불안장애와 같은 문제와 연관된 공포, 슬픔, 불안, 분노, 낮은 자아존중감 등에 대한 기술의 수집, ⓔ 면담하는 동안의 아동 행동관찰.

비구조화 방식의 아동, 부모 면담이 무척 가치 있지만, 대부분의 임상가와 임상연구자는 진단을 내리기 위해 구조화된 면담방식을 추가하여 사용한다. 아동용 진단면담표(Diagnostic Interview Schedule for Children: DISC; Shaffer, Fisher, Lucas, Dulcan, & Schwab-

Stone, 2000)와 같은 구조화된 진단적 면담이 아동뿐 아니라 부모에게도 실시할 수 있다. 이러한 면담의 장점은 상대적으로 신뢰성 있고 타당한 방식으로 진단적 정보를 제공한다는 것이다. 구조화된 면담에서 우려되는 점은 이 방식이 때로는 시간이 매우 오래 걸리며(예를 들어, 1시간 반~2시간), 대체로 임상가와 아동 혹은 부모와 라포를 형성하는 데 도움이 되지 않는다는 점이다. 이러한 여러 이유 때문에 많은 임상가는 반구조화 면담방식을 사용하는데, 이것은 비구조화 면담방식의 임상적 민감성과 구조화 면담방식의 진단적 신뢰성을 결합한 것이다. 반구조화 면담의 한 예는 아동과 청소년을 위한 반구조화된 임상면담(Semistructured Clinical Interview for Children and Adolescents; McConaughy & Achenbach, 2001)이다.

지능검사와 학력검사

초등학교 1학년 때 낮은 학업성취로 많은 아동이 정신보건 서비스 기관에 의뢰된다. 게다가 행동문제와 학업곤란은 복잡한 방식으로 서로 얽혀 있어서 행동문제가 학업기능에 손상을 줄 수 있으며, 또한 학업곤란이 행동문제를 더욱 악화시킬 수 있다.

행동문제 또는 학업곤란 문제를 가진 아동들이 합법적으로 학습지원 서비스(예를 들어, 가정교사 지도, 특별 배치)를 받기 위해서는 표준화 개인 지능검사와 학력검사에 의한 진단을 받아야만 했던 때가 있었다. 오늘날에는 이러한 표준화 검사는 종합적인 평가의 한 부분일 뿐이다.

오늘날 가장 널리 쓰이는 아동용 지능검사는 웩슬러 아동용 지능검사 4판(WISC-IV; Wechsler, 2003)이다. 5장에서 설명한 것처럼 WISC-IV는 6~17세 아동들에게 사용할 수 있으며, 전체 IQ 점수를 제공하고, 네 가지 합성지수(언어이해, 지각추론, 작업기억, 처리속도) 점수와 소검사 점수 등을 알려 준다. 미국에서 학업성취도를 측정하기 위해 가장 널리 쓰이는 척도는 5장에서 소개한 WJ-III(Woodcock-Johnson Psycho-Educational Battery-Third Edition; Woodcock, McGrew, & Mather, 2000)다. WJ-III는 아동이 교육적 환경 및 학교환경에서 얻은 지식을 측정하는 데 사용된다. 아동은 학년에 따라서 각기 다른 주제들로 검사를 받지만, 모든 학령이 공통으로 평가받는 항목은 개괄적인 읽기, 산수, 글쓰기다.

투사적 검사

아동과 청소년들에게 사용하는 투사적 성격검사에는 로르샤흐 잉크반점검사

(Rorschach, 1942), 주제통각검사(TAT)의 아동용 판인 아동통각검사(Children's Apperception Test: CAT; Bellak, 1954), 인물화 검사(Koppitz, 1968)와 집-나무-사람 검사(Buck, 1948)처럼 그림으로 진행되는 기법이 있으며, 문장완성검사(Rotter, Lah, & Rafferty, 1992)가 있다.

5장에서 설명한 바와 같이 투사적 검사 사용에 대해서는 아직도 논란이 많으며, 특히 아동평가와 관련해서는 더욱 그렇다. 이러한 검사들의 검사-재검사 신뢰도와 평가자 간 신뢰도가 때로는 받아들일 수 없을 정도로 아주 낮은데, 특히 아동표본에서 더욱 그러하다(Hunsley, Lee, & Wood, 2003; Wood, Nezworski, Lilienfeld, & Garb, 2003). 게다가 투사적 검사의 타당도가 향상되었다는 증거도 없다. 다시 말해서, 아동에 대해 타당한 추론을 했다 하더라도(예를 들어, CAT 검사의 공격적 행동 징후가 공격적 행동을 예측해 주었을 때) 면담, 관찰, 혹은 더 간편하고 신뢰도와 타당도가 더 높은 방법들을 사용하여 동일한 정보를 이미 얻을 수 있는 경우가 보통이다(Husley et al., 2003).

30년 전 쯤에 어느 연구자는 다음과 같이 한 마디로 요약했다. 아동에게 하는 투사검사는 "때로는…… 우리가 이미 알고 있는 것보다도 더 빈약한 정보를 알려 준다." (Gittelman, 1980, p. 434). 이 요약은 아직도 진실로 남아 있다. 그럼에도 불구하고 준진단적 혹은 설명적 목적(예를 들어, 가족 내에서 아동이 어떻게 자신을 지각하느냐에 대한 의견을 얻기)에 유용성이 있음을 상기시키면서 지금도 일부 임상가들은 이러한 검사를 때때로 사용하고 있다. 그러나 다른 임상가들은 이러한 검사의 심리측정적 자질이 빈약함을 걱정하고, 이 때문에 야기되는 편향이나 오차의 발생 가능성을 염려하고 있다.

행동관찰

행동관찰은 아동기 장애평가에서 빠뜨릴 수 없는 부분이다. 아동의 문제가 보통 집이나 학교에서 일어나기 때문에, 이러한 장면에서 관찰함으로써 임상가는 부모와 교사가 평점과 면담을 통해 보고한 내용에 대한 타당성을 점검하거나 보고내용에서 새로운 시각을 얻을 수 있는 기회를 가질 수 있다.

요즈음에는 임상가가 가정에서 관찰하는 일이 매우 드물지만, 종종 임상가의 사무실 안에 부모-아동 상호작용을 관찰할 수 있는 시설을 갖춰 놓기도 한다(Brinkmeyer & Eyberg, 2003). 운동장에서의 행동도 관찰할 수 있겠지만, 학교에서의 관찰장치들은 주로 교실 내에서의 활동에 초점을 맞추고 있다(Winsor, 2003). 교실관찰은 과제가 없을 때의 행동, 파괴적이거나 자리를 이탈하는 행동, 복종적이지 않은 행동 등 ADHD와 연관

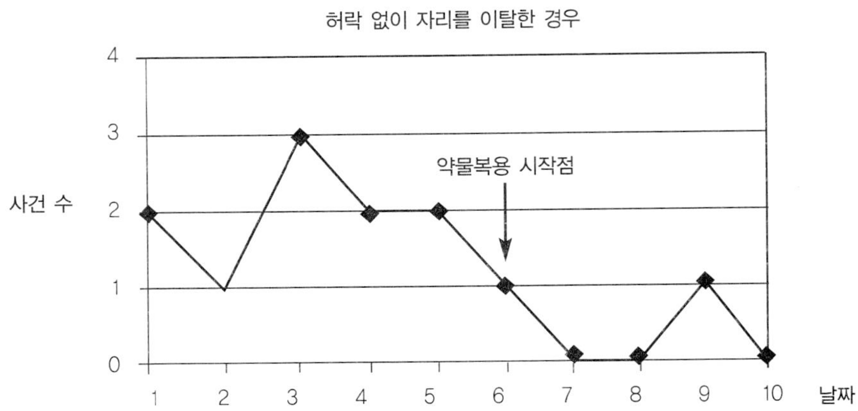

[그림 11-3] 행동관찰 방법으로 자료를 모은 사례

출처: R. T. Brown, L. A. Carpenter, & E. Simerly, 2005, *Mental Health Medications for Children: A Primer*, p. 89. New York: Guilford.

된 여러 행동에 초점을 맞춘다(Winsor, 2003). 아동이 약물복용을 시작한 이후의 행동 결과를 추적하는 데에는 관찰기법을 사용할 수도 있다(Brown, Carpenter, & Simerly, 2005; [그림 11-3] 참조).

가족 상호작용 측정

아동에 대한 평가를 충실히 하는 방법에는 가족 맥락에서 아동을 조사해야 하는 것도 포함된다. 이 방식은 보통 치료실에서, 때로는 가정에서 부모-아동 상호작용을 관찰함으로써 이루어진다. 가족 맥락에 대한 평가는 일반적으로 단순관찰의 범위를 넘는 것으로서, ⓐ 정신병리에 관한 가족력, ⓑ 부모의 정신병리, ⓒ 부부관계 및 부부갈등, ⓓ 자녀양육 방법 및 규율양식, ⓔ 스트레스와 지각된 지지의 영역들이 포함된다(Kamphaus & Frick, 2005).

때때로 아동 임상가는 왜 이러한 정보를 모을 필요가 있는지를 설명해야만 한다. 부모는 오직 아동의 문제에 대해서만 이야기하고 싶어 하거나, 부모의 양육행동을 평가한다고 하면 아이 문제 때문에 자신들이 비난을 받게 될 것이라고 지레짐작할지도 모른다. 아동 임상가는 아동의 행동으로 부모를 경멸하거나 비난하지 않도록 반드시 조심해야 한다. 평가의 목적은 비난할 사람을 지목하려는 것이 아님을 강조하면서 충실히 평가한다는 것의 의미를 부드럽게, 그러나 솔직하게 설명하는 것이 임상가에게는 필요하다. 결국 거의 대부분의 부모는 다양한 시각의 평가가 중요한 이유를 이해하게 된다.

또래 상호작용 측정

또래와의 상호작용을 통해 많은 사회적 기술(예를 들어, 공유하기, 순번대로 하기, 협조하기)을 가장 잘 배우기 때문에, 그리고 문제가 있는 또래관계가 이후의 문제행동 및 심리적 문제에 대한 가장 강력한 예언인자 중 하나이기 때문에 임상가는 아동의 또래관계에 관심을 가진다(Collins & Steinberg, 2006). 또래 사회측정법(Sociometry)이라는 평가절차에서 아동들은 두 가지 간단한 질문에 대답함으로써 학급 친구들이나 놀이 친구들을 평가한다. "네가 좋아하는 아이가 누구니?" 와 "네가 좋아하지 않는 아이는 누구니?" 같은 질문에 대한 응답들로, 집단에 속한 아이는 누구나 두 가지 점수를 받게 된다. 하나는 인기지수로 그 아이를 좋아하고 있는 학급 친구들의 총 수이고, 다른 하나는 거부지수로 그 아이를 싫어하는 학급 친구들의 총 수다.

또래 사회측정법 자료가 매우 믿을 만하고 타당하긴 하지만 자료를 모으기가 어렵고, 특히 학교에서는 이 방법이 거부된 아이들이 낙인찍히는 위험이 있지 않을까 하는 우려가 있다. 그래서 일부 임상가들은 교사의 평정을 통해, 또는 아동에게 사회적 불안, 외로움, 사회적 목표에 대한 자기보고를 통해 아동의 사회적 상호작용을 평가하는 방식을 더 선호한다(Mpofu, Carney, & Lambert, 2006).

시간과 경제적 제약 때문에 많은 임상가는 여러 평가기법 가운데 단지 의뢰문제와 연관된 몇 가지만을 선택해야 한다. 이상적인 경우, 임상가는 보편적(즉, 광범위한 행동들을 측정)이면서도 특정한(즉, 특정한 의뢰 증상을 깊이 있게 측정) 방안를 선택하고, 여러 정보제공자(예를 들어, 어머니, 아버지, 교사, 아동)를 사용하고, 다양한 방법론(예를 들어, 행동평정 및 관찰)을 사용하는 측정을 선택하며, 평가받는 아동의 유형에 신뢰도와 타당도가 높다고 알려진 평가기법을 선택한다. 이러한 종합적인 평가를 바탕으로 아동 임상가는 진단을 내릴 수 있어야 하고, 아동 개개인이 나타내고 있는 정서적/행동적 문제의 수준을 명쾌하게 묘사할 수 있어야 한다. 그리고 아동의 행동을 둘러싸고 있는 환경적 · 맥락적 요인을 합리적으로 충분히 이해할 수 있어야 한다.

이 절의 요약 젊은이의 행동은 종종 처해 있는 맥락에 더 의존적이기 때문에 성인을 평가하는 것보다 아동 및 청소년을 평가하는 것이 때때로 더 복잡하다. 광범위한 특성을 평가해야 하는데, 여기에는 행동, 정서, 인지, 지능 및 성취 기능, 그리고 가족 및 또래 기능이 포함된다. 다른 정보 제공자들(informants)은 때로는 아동의 행동을 서로 다르게 보지만 아동의 행동을 포괄적으로 이해한다. 그리고 가장 적합한 개입방법을 추천하기 위하여 필요하다면 다양한 정보 제공자들이 주는 제각각의 다양한 견해를 통합하는 것이 중요하다.

구체적인 아동기 장애

이 절의 미리보기

이 절에서는 임상적으로 혹은 경험적으로 도출된 아동기 장애의 분류에서 시작하여 아동기 장애들 가운데 일부를 선택해서 살펴본다. 아동기 진단을 모두 살펴보는 것은 이 장의 범위를 벗어나는 것이지만, 주의력결핍 과잉행동장애, 반항장애, 품행장애, 주요우울장애, 불안장애, 자폐증, 소아기 문제 등의 증상, 이환율, 연관된 양상 등을 설명할 것이다.

아동기 장애의 분류

아동기 장애의 분류와 성인장애의 분류 모두 동일한 대상에 대한 것임에도 불구하고, 아동기 장애의 분류방법은 성인장애와 조금 다른 경로를 밟아 왔다. 성인장애는 주로 임상적으로 도출된 진단범주에 맞춰 분류되어 왔다. 임상적으로 도출된 체계는 임상적 진단을 결정하는 데 자신들의 임상경험과 연구경험을 사용하는 전문가들의 판단에 의존한다. DSM에 의한 이러한 접근방식에 대한 찬반양론은 3장에서 논의하였으므로, 여기서는 단지 이러한 면이 아동 진단과도 관련이 있음을 지적하고자 한다.

앞에서 이야기한 것처럼, 여러 번에 걸친 개정을 통해서 DSM 체계는 특히 성인기 장애의 진단을 개선해 왔지만 아직도 아동에게는 제한적으로 사용된다. 현재의 진단 체계에 반영된 한 가지 개선점은 이 체계가 아동기 장애를 매우 폭넓게 다루고 있다는 점이다. DSM-IV는 DSM-II에 비하여 4배 이상의 아동기 장애 범주를 포함하고 있다. DSM-IV 준비위원회의 주요 목표는 아동기 장애 분류 체계에 발달과 관련된 틀을 도입하는 것이었다.

안타깝게도, 일관성 있게 제공된 발달적 자료는 발병 연령과 장애의 경과뿐이다. 게다가 DSM-IV 진단기준은 발달 차이를 반영할 수 있도록 조정되어 있지 않다. 예를 들어, DSM-IV는 아동들에게서 나타나는 주의력 문제를 연령에 따라 다르게 진단할 지침을 제공하지 않는다. 게다가 몇몇 장애(예를 들어, 우울장애, 범불안장애)에서는 임상가에게 이러한 증상들이 아동기에는 어떻게 나타날 수도 있을지를 적절히 감안하면서 성인의 기준을 적용하라고 지시하고 있다. 마찬가지로 일부 장애(예를 들어, 공격성장애)에서는 성별에 따라 다르게 나타날 수 있다는 증거가 있는데도 DSM-IV는 소녀와 소년에게 동일한 진단기준을 제시하고 있다. 마지막으로, DSM의 최근 판들은 유아기와 초기 소아기에 나타나는 장애는 거의 다루지 않고 있어서, 많은 임상가는 유아기와 초기 소아기의 정신건강과 발달적 장애에 대한 진단적 분류 체계(Diagnostic Classification of Mental Health and Developmental Disorders of Infant and Early Childhood)라고 알려진 별도의 진단 체계 개정판을 사용하고 있다(Zero to Three, 2005). 그러나 모든 발달수준에서 나타나는 장애들을 DSM 체계 아래로 가져오는 것이 이상적일 것이다.

아동을 DSM 체계에 따라 진단할 때의 또 다른 어려운 점은 공병, 즉 동일한 사람에게 두 가지 이상의 장애가 동시에 나타나는 것과 관련이 있다. 공병이 성인 임상 인구에서 아동 임상 인구에서는 예외적인 것이라기보다는 거의 대부분에서 있는 현상이다(Oland & Shaw, 2005; Wolff & Ollendick, 2006). 예를 들어, 품행장애로 의뢰된 청소년들의 65~90%가 ADHD 진단기준에 해당되었으며(Frick, 1998), 불안장애로 의뢰된 아동의 83%가 불안장애 및 하나 이상의 또 다른 장애의 진단기준에 해당되었다(Verduin & Kendall, 2003). 이렇게 높은 공병률 때문에 DSM-IV를 아동 및 청소년에게 사용할 수 있는가 하는 의문이 제기되어 왔다.

마지막으로, 특히 우울이나 알코올남용과 같은 문제와 관련해서는 DSM 진단 체계의 검사-재검사 및 평가자 간 신뢰도가 성인에 비해 아동의 경우 매우 낮다(American Psychiatric Association, 1998). 그럼에도 불구하고 DSM-IV는 미국에서 가장 많이 쓰이고 있는 유일한 아동 및 청소년용 진단범주 체계다(Mash & Dozois, 2003).

DSM 체계의 특징인 임상적 접근과는 대조적으로, 경험적으로 도출된 체계는 진단적 범주를 구성하는 해당 증상들을 결정하기 위해 매우 많은 분량의 자료에 대한 통계적 분석에 의존한다. 아동기 정신병리 진단법에 대한 경험적 접근방식은 아헨바흐 박사의 저서에서 실체화되었는데(Achenbach, 1978; Achenbach & Edelbrock, 1979, 1981), 그는 가장 흔한 100여 개의 아동기 문제를 평가하기 위한 평정척도를 개발하였다. 그는 4~18세 범위에 있는 의뢰 및 비의뢰 소년 및 소녀들과 관련된 평정척도를 완성하기 위

〈표 11-4〉 CBCL의 광의적 및 협의적 요인들과 예시 문항

내현화		외현화
• 불안한/우울한 –무가치하다고 느낀다 –두려워한다 –자살을 이야기한다	• 사회적 문제 –외로운 –시기심이 나는 –또래들이 좋아하지 않는	• 규칙을 어기는 행동 –규칙을 어긴다 –집에서 물건을 훔친다 –도망간다
• 철수된/우울한 –혼자 있으려 한다 –슬픈 –에너지가 부족한	• 사고문제 –듣거나 뭔가를 본다 –이상한 행동을 한다 –이상한 생각을 한다	• 공격적 행동 –다른 사람들에게 짓궂게 군다 –자기 물건을 부순다 –다른 사람들을 공격한다
신체적 호소	주의문제	
–피곤한 –복통 –변비	–과제를 마무리하지 못한다 –혼란스러운 –부주의한	

하여 부모와 교사 수천 명을 조사하였다. 아동들의 나이와 성별에 따라 결과가 조금씩 다르게 나왔지만, 아동기 행동문제의 다양성을 반영해 주는 몇몇 요인이 부각되었다. [그림 11-2]에 CBCL 척도로 평정된 아동의 프로파일을 예시하였으며, 〈표 11-4〉에는 예시 문항과 함께 CBCL의 광의적 및 협의적 요인을 기술하였다(Achenbach & Rescorla, 2001).

행동을 개념화하는 데는 외현화 문제와 내재화 문제라는 광의적 요인이 관습적으로 쓰이고 있다. 이러한 개념화 방식은 이미 수십 년 되었으며(Achenbach & Edelbrock, 1978), 지금도 잘 쓰이고 있다(Achenbach & Rescorla, 2007). 외현화 요인은 과잉행동, 공격, 비행행동처럼 밖으로 실행된 행위를 말하는 것으로, 아동의 환경 내에 있는 다른 사람들이 싫어하는 행동이다. 내재화 요인은 다른 사람들에게는 명확히 드러나지 않을 수도 있는, 그래서 아동 혼자서 혼란스러워하는 우울, 불안, 신체화 문제, 그 밖의 중대한 불편감 등을 경험하는 문제를 말하는 것이다. 이 두 광의적 요인은 아동기 행동문제를 신뢰성 있고 타당하게 감별하는 방법을 제시한다. 외현화 및 내재화 문제라는 광의적 요인이 아동 및 청소년들의 행동을 개념화하는 데 도움이 되긴 하지만, 대부분의 임상가와 연구자는 협의적 요인들(불안/우울, 공격성 등)도 구체적으로 살펴본다.

일부 임상가들은 임상적 · 경험적 접근법을 통합하는 길을 찾는데 관심이 있으며, 이는 성인진단법의 개정작업을 하는 임상가들의 관심과 같은 것이다. 예를 들어, 많은 연구자들은 CBCL이 DSM-IV 진단 체계에 어떻게 연관되는지를 보여 줄 수 있는 경험적

검사들을 완성하였다(Achenbach, Dumenci, & Rescorla, 2003; Krol, DeBruyn, Coolen, & vanAarle, 2006). 또다른 연구자들은 DSM의 다음 개정판(DSM-V)이 더 차원적이고 더 경험적인 바탕을 가지도록 만드는 데 관심을 가지고 있다(Achenbach et al., 2003; Hankin, Fraley, Lahey, & Waldman, 2005). 마지막으로, 많은 연구자는 DSM-V에 부모-아동 불화 관계 혹은 학대 등과 같은 관계적 진단을 추가하는 데 관심이 있다(Beach, Wamboldt, Kaslow, Heyman, & Reiss, 2006; Heyman & Slep, 2006).

다음의 여러 절에서는 아동 임상심리학자들이 평가 및 치료 활동에서 자주 만나는 다양한 아동기 장애들에 대해 설명하였다. 여기에는 주의력결핍 과잉행동장애, 반항장애, 품행장애, 주요우울장애, 여러 불안장애, 자폐증, 소아기 건강문제 등이 포함된다. 여기서 제시된 설명은 간단하므로 이들 장애에 대해서는 아동 이상행동에 관한 여러 교과서에서 더 공부하기 바란다(Mash & Wolfe, 2007; Phares, 2008; Wenar & Kerig, 2006; Wicks-Nelson & Israel, 2006).

주의력결핍 과잉행동장애

주의력결핍 과잉행동장애(ADHD)의 핵심 양상은 부주의, 충동성, 과잉행동이다. 주의 문제는 주로 초점을 유지하는 데 어려움을 겪고 있는 아동들에게서 나타나는 것으로, 학교에서 주어지는 과제를 마무리하지 못하며, 교실에서도 과제에 집중하지 못한다(American Psychiatric Association, 2000). 생각하기 전에 행동을 하고, 차례를 기다리는 것이 어려워 새치기를 하고, 참을성이 없는 것을 충동성이라 한다. ADHD 아동들은 대근육운동(예를 들어, 방 안에서 달리기, 의자에 올라서기)과 소근육운동(예를 들어, 가만히 있지 못하고 꼼지락거리기, 물건 가지고 놀기) 모두에서 과잉행동을 보인다.

ADHD는 가장 흔한 아동기 장애 가운데 하나로 여겨지는데, 학령기 아동들의 약 3~7%에게 악영향을 미치고 있다(American Psychiatric Association, 2000). 비록 이 통계 수치는 평균적으로 한 교실에 한 명이 해당되는 것이긴 하지만, 학습환경을 심각하게 교란하는 데는 충분한 수라는 것을 모든 교사가 확인해 줄 것이다. ADHD는 주로 남아들에게 악영향을 미치며(남아 대 여아의 비율이 4:1~10:1에 이른다), 입학 전에 나타나지만, 학교환경의 요구 때문에 문제는 더 심각해진다. ADHD 아동들의 약 1/2~2/3는 성인기에도 ADHD를 계속 경험한다(Barkley, 2006).

반항성 장애와 품행장애

반항성 장애(ODD)와 품행장애(CD)는 파괴적 장애라고 한다. 반항성 장애는 품행장애보다 덜 심각한 것으로 간주되며, 학령 이전과 전기 아동기 때에 반항장애를 나타내었던 많은 아동이 청소년기에 품행장애로 발전한다. 부모, 양육자 혹은 교사를 향한, 발달적으로 부적절한 수준의 대립과 반항이 반항성 장애의 특징이다. 부정적 태도, 급한 기질, 반복된 분노, 다른 사람에게 짓궂게 하는 것 등이 반항장애의 또 다른 특징들이다. 반항장애의 유병률은 2~16%이며, 사춘기 이전에는 여아보다 남아에게 더 흔하지만 사춘기 이후에는 남아와 여아에게 비슷한 것으로 보인다(American Psychiatric Association, 2000).

다른 사람들의 권리를 침해하며 학교규칙을 어기는 지속적인 패턴이 있을 때 품행장애로 진단한다. 품행장애 증상은 다른 사람을 괴롭힘, 신체적 싸움의 주도, 다른 사람이나 동물에 대한 신체적으로 잔인한 행동, 원치 않는 개인에 대한 강압적인 성행위, 방화, 타인의 재물 파손, 무단결석, 도망가기 등이다. 또한 품행장애 아동 및 청소년들에게서 물질 사용과 남용도 두드러지지만, 정식 진단기준에는 속하지 않는다(American Psychiatric Association, 2000). 품행장애는 여아(유병률 2~9%)보다 남아(유병률 6~16%)에게서 더 흔하다.

주요우울장애

아동기 우울증은 정서적 · 인지적 · 행동적 · 신체적으로 표현된다는 점에서는 성인 우울증과 비슷하지만, 구체적인 증상의 양상은 아동의 발달단계에 따라 다를 수 있다(Garber & Carter, 2006). 실제로 성인과 아동에 대한 DSM-IV의 우울증 진단기준이 동일한 점에 대해 심각한 논쟁이 벌어지고 있다. 나이에 상관없이 만약 아동이 2주 이상 슬픔, 무기력, 활력 저하, 수면 및 식사의 곤란, 자살사고, 사회적 · 교육적 · 직업적 혹은 기타 기능의 손상 등을 경험한다면 주요우울장애로 진단한다. 성인과 다르게 어린 아동들은 슬픈 정서보다는 화를 잘 내거나 떼를 쓰는 경우가 잦다(American Psychiatric Association, 2000).

아동기 및 청소년기의 우울증 유병률은 종종 2~5%라고 보고되는데, 어린 아동의 유병률이 낮으며, 청소년 표본에서는 7% 이상으로 나타난다(Hankin & Abela, 2005). 사춘기 이전에는 남아와 여아가 거의 비슷하다. 사춘기 이후와 성인기 전반에 걸쳐서는 여아와 여성이 우울증을 훨씬 더 많이 경험하는 경향이 있어서, 여성 대 남성의 비율이 적어도

우울증은 사춘기 이후의 소녀들에게 빈번하다.

2:1 이상이 된다.

불안장애

성인들처럼 아동과 청소년들도 여러 가지 불안장애, 즉 특정공포증, 사회공포증, 강박장애, 범불안장애, 외상후 스트레스 장애 등의 진단을 받을 수 있다. 분리불안장애가 DSM의 '유아기, 소아기, 청소년기에 흔히 처음으로 진단되는 장애' 부분에 속해 있지만, 이 책에서는 여기에서 살펴보기로 한다.

보통은 부모인 주 양육자와 떨어질 때, 아동이 발달적으로 부적절하고 극심한 괴로움을 보이면 분리불안장애로 진단한다. 유아와 걸음마기 아동이 양육자와 떨어질 때 괴로워하는 것은 발달적으로 정상이므로, 분리불안장애의 진단은 18개월 이상의 아동이 양육자와 떨어질 때 고통스러워하는 경우에만 적용한다. 적어도 4주 이상 지속되어야 하는 여러 증상에는 분리되는 것을 괴로워하고, 나중에 분리되는 것을 미리 염려하며, 부모를 영원히 잃어버릴까 봐 걱정하고, 혼자 있기 싫어하며, 부모에게서 떨어지는 나쁜 꿈을 꾸는 것 등이 포함된다.

아동 · 청소년 인구의 약 4%가 분리불안장애를 보이는데, 청소년보다 어린 아동의 비율이 더 높다(American Psychiatric Association, 2000). 남아보다 여아가 분리불안장애를 경험하는 경향이 더 크다.

자폐장애

흔히 자폐증이라고 알려진 전반적 발달장애는 가장 특이하고 이해하기 어려운 아동기 장애 가운데 하나다. 이 장애는 증상의 양상 때문에 특이하며, 이 증상을 설명할 수 있는 적합한 이론이 아직 없기 때문에 이해하기 어렵다(Siegel & Ficcaglia, 2006).

자폐증이 있는 아동들은 사회적 기능과 언어발달에 심각한 문제가 있으며, 기괴하고 부적합한 행동들을 나타낸다. 이 아동들에게 나타나는 사회적 어려움은 다양하지만, 많은 경우 그들은 다른 사람들에 대해서 완전히 무관심하다. 다른 사람과 상호작용을 하려고 애쓰지 않으며, 심지어 유아기 때에도 눈 맞춤을 피하고, 신체적 접촉에 반항하며, 정서를 거의 혹은 전혀 나타내지 않는다. 다른 아이들과 함께 놀지 않으며 다른 사람들의 행동을 모방하지 않고 흉내내기 놀이를 하지 않는다.

자폐장애 아동들 가운데 대략 절반에서 정상적이고 유용한 언어가 발달하지 못하며, 언어가 발달한 아동들도 이상한 방식으로 말을 하며, 때때로 의사소통 이외의 목적으로 언어를 사용하기도 한다. 예를 들어, 반향어(echolalia)를 하기도 하는데, 이는 들은 것은 무엇이든지 반복하는 것이다. 그들의 말소리는 다른 아동들과 달라서 종종 평평하고 높낮이가 없어서 마치 컴퓨터로 합성한 목소리처럼 들린다.

자폐장애 아동들이 보이는 이상한 행동에는 빈번하게 주변 환경적 사건에 대해 비정상적으로 둔감하거나 과민한 행동이 포함된다. 그래서 다른 사람들이 왔다 갔다 하는 것은 안중에도 없다가도, 종이가 바스락거리는 소리에는 과민하게 반응하기도 한다. 그들은 또한 자기 자극을 목적으로 하는 것 같은 이상한 행동을 반복적으로 한다(손바닥을 계속 펄럭이기, 자신을 때리기와 같은). 또한 자폐장애 아동들은 회전체(예를 들어, 선풍기 날개)를 오랜 시간 동안 뚫어지게 보고 있기도 하고, 그릇이나 끈을 계속 빙빙 돌리기도 한다.

자폐장애는 선천적인 것으로 여겨지지만, 말을 하기 시작하는 2세가 되어서도 말을 하지 않을 때까지는 명확하게 파악하지 못할 수도 있다. 다행인 것은 이 장애가 매우 드물어서 만 명당 대략 30~60명 정도의 비율로만 나타난다(유병률 0.3~0.6%; Maughan, Iervolino, & Collishaw, 2005). 이 비율은 몇 년 전에 DSM-IV에 보고된 만 명당 5사례보다는 높지만(American Psychiatric Association, 2000), 이러한 차이가 발생한 원인은 평가방법이 개선되었고, 의뢰 사례에 대해 더욱 주의를 기울이고, 평가와 치료를 더 잘 받게 되었기 때문인 것으로 보인다(Gernsbacher, Dawson, & Goldsmith, 2005). 일반적으로 대중은 아스퍼거 장애(아스퍼거 증후군이라고도 알려진)라고 부르는 또 다른 광범위성 발달장애와 자폐증을 혼란스러워한다. 실제로 아스퍼거 장애는 약간 더 흔하며 사람을 덜 피폐하게 만든다. 자폐장애처럼 아스퍼거 장애의 특징은 사회적 상호작용에 심각한 손상(적절한 눈 맞춤이 어렵고, 친구를 만들지 않으며, 상호작용 반응을 하지 않음)이 있으며, 제한적이며 반복적이고 상동적인 이상한 행동, 흥미, 활동(지도 읽기에 몰두하기, 융통성 없는 행동 양상을 지속하기, 물체의 일부분에 몰두하기와 같은)을 하는 것이다(American Psychiatric Association, 2000). 자폐장애로 진단받은 아동들과는 달리, 아스퍼거 장애 아동들은 이상한 방법으로 언어를 사용하기는 하지만 언어가 발달할 수 있다. 자폐장애 아동들과 또 다른 점은 아스퍼거 장애 아동들은 잘하지는 못하지만 사회적 상호작용을 원하는 것으로 보인다는 점이다.

소아기 건강문제

아동 임상심리학자들은 아동 및 청소년들의 신체적 질환과 연관된 정신건강 문제를 이해하고 치료하는 것을 돕는 데 점점 더 참여하게 되었다(12장 '건강심리학' 참조). 소아심리학자로 알려진 이 전문가들은 보통 임상심리학자로 훈련을 받은 다음 석사과정, 수련과정 그리고/혹은 박사후 과정에서 소아 건강문제 분야에 대한 특별한 훈련을 받는다. 소아심리학자들은 ⓐ 소아 천식, ⓑ 낭포성 섬유증, ⓒ 소아기 당뇨병, ⓓ 겸형 적혈구 질환 및 혈우병, ⓔ 소아암, ⓕ 아동 및 청소년의 HIV/AIDS, ⓖ 소아복부장애, ⓗ 아동기 비만 등의 폭넓은 신체적 상태와 관련된 정신건강 문제를 다룬다(Roberts, 2003).

소아심리학자들은 신체적 질환과 관련된 정신건강 문제를 치료할 수 있으며, 또한 이러한 문제의 예방과 건강증진에도 전념할 수도 있다(Peterson, Reach, & Grabe, 2003). 종종병원에서 소아과 의사, 의료 전문가, 소아과 간호사, 사회복지사 등이 참여하는 전문합동팀의 일부로 일하기도 한다. 소아심리학에 대한 더 자세한 정보는 APA 54분과(소아심리학회)에서 얻을 수 있다.

임상 사례

지금까지 설명한 장애들이 대체로 추상적이고 범주적이라고 보일 수 있으나, 아동 임상심리학자들이 실제로 만나는 아동들이 나타내는 문제는 언제나 진단범주에 딱 맞아떨어지지는 않으며, 임상적 평가자료가 언제나 명확하지는 않다. 일례로 다음 사례에서 메건의 경우를 살펴보자(Weisz, 2004).

메건(Megan)은 13세이고 지금 비참하다. 우울하게 보일 때와 세상에 대해 분노하는 것처럼 보일 때 사이를 오락가락하고 있다. 선생님이 부모님을 만나 걱정할 만큼 성적이 곤두박질 쳤다. 메건은 사람들을 피하고 있고 집에서도 무뚝뚝하며 부모가 숙제를 도와주려고 하면 골을 낸다. 며칠 전에는 엄마에게 "집에 있을 때는 감옥에 갇힌 것 같아. 내가 해야 할 건 모두 일뿐이야."라고 말했다. 메건은 엄마, 아빠, 여동생과 함께 살고 있다.

집 밖에서의 상호작용도 그리 좋지 못하다. 언제나 검은 옷을 입고, 검은 립스틱을 바르며, 더 이상 친구도 없다. 최근에 살이 무척 많이 쪘고(대부분 야식 때문), 그래서 친구들에게 '살찐' 것을 보여 주기 싫어서 체육시간을 빼먹는다. 외모 때문에 당황하고 있으며, 그녀의 인생은 '희망이 없다' 고 느끼고 있다.

메건은 항상 조금은 비관주의자처럼 보이긴 했지만, 최근에 많은 친구가 초대받은 사교모임에 자신이 초대받지 못하자 우울증이 시작되었다. 점점 더 친구들과 멀어졌으며, 흐느껴 울면서 엄마에게 "날 좋아하는 사람은 아무도 없어. 난 외톨이야."라고 말했다.

자살사고를 직접적으로 이야기한 적은 없었지만, 메건은 자살한 유명인들에게 열광하게 되었다. 가족들이 메건의 병을 걱정해서, 최근에는 여동생도 "언니에게 무슨 일 있어?"라고 물었다.

가족들의 걱정 때문에 부모는 우울증 진단을 위해 다양한 평가기법을 사용하는 아동심리학자에게 메건을 데리고 갔다. 치료자는 개인 혹은 집단 회기로 시행할 수 있는 인지-행동 치료(CBT)로 시작하였다. 메건이 부정적 인지, 무활력 징후, 가족 및 사회로부터의 스트레스 등을 나타내서 포괄적인 CBT 프로그램이 선택되었다.

치료를 받는 동안 메건은 자신의 감정과 그 감정이 어디서 생겨나는지, 다양한 정서들의 결과 등을 알아차리는 방법을 배운다. 치료자는 또한 메건이 부정적 감정과 연결된 인지를 알아차리도록 돕는다. 사고와 감정 사이의 연결을 이해하기 위해 메건이 사용한 인지 재구조화 방식을 [그림 11-4]에 제시하였다(Stark et al., 2006). 치료자는 또한 그녀에게 보상이 되는 활동(예를 들어, 음악 듣기, 소설 읽기, 영화 보기)을 찾도록 돕는다. 메건은 이런 기분 좋은 활동들을 많이 함으로써 기분을 향상시킬 수 있다는 것을 알게 되었다. 그녀는 매일 건강한 식사와 운동훈련 계획을 지키고 30분간 음악을 듣는 '보상' 을 받기로 결심하였다.

단계 1: 무엇이 일어났는가?
단계 2: 부정적 사고
단계 3: 지금 기분은 몇 점(1~10)?
단계 4: 다르게 생각할 수 있는 길은?
실마리(그 생각과 같은 실마리/그 생각에 반대되는 실마리)는 무엇?
단계 5: 긍정적 사고
단계 6: 새로운 기분은 몇 점(1~10)?

[그림 11-4] 인지적 재구조화 형식

출처: K. D. Stark, J. Hargrave, J. Sander, G. Custer, S. Schnoebelen, J. Simpson, & J. Molnar, 2006, "Treatment of Childhood Depression: The ACTION Treatment Program", in P. C. Kendall (Ed.), *Child and Adolescent Therapy*, 3rd ed., p. 204. New York: Guilford.

치료자는 부모도 치료 대상에 포함시켰다. 메건이 배우고 있는 기술에 대한 정보만 듣는 것이 아니라 그들도 직접 참여하도록 하였다. 예를 들어, 메건이 식구들과 함께 저녁을 먹도록 하는 다양한 방법을 생각하는데, 메건과 부모가 문제해결기술을 사용하였다. 함께 모여서 가능한 해법을 여러 가지 생각해 냈고, 그중 모두가 효과적일 것이라고 생각되는 한 가지 방법을 골라서 해 보기로 하였다.

치료과정을 마친 후, 메건의 우울 증상은 경감되었고 가족, 친구들과의 긍정적인 상호작용은 증진되었다. 비록 메건이 완전히 '치유' 되었다고 믿는 사람은 아무도 없지만, 메건은 부모와 이야기를 나누거나 도전해야 하는 상황에서 문제해결기술을 사용하기가 어렵지 않다고 느꼈다. 마찬가지로 부모들도 메건과의 관계를 좋게 하기 위하여 새로운 문제해결기술을 사용하게 되었다. 메건과 부모는 미래에 대한 새로운 희망을 갖게 된 것으로 보인다(Weisz, 2004).

이 절의 요약 임상적으로 도출된 체계와 경험적으로 도출된 체계들이 성인과 마찬가지로 아동에게도 사용된다. 임상적으로 도출된 체계의 대표적인 예는 DSM이며, 아동을 대상으로 경험적으로 도출된 체계의 가장 일반적인 예는 ASEBA다. 다양한 아동기 장애 유형 가운데 ADHD, ODD, CD는 외현화 장애로 간주되는데, 이는 외부로 표현되는 행동이기 때문이다 (그래서 부모나 교사 같은 다른 사람들이 더 잘 알아차린다). 우울장애와 불안장애는 내현화 장애로 간주되는데, 대부분이 아동의 주관적 경험 안에서 경험되기 때문이다. 그리고 가벼운 정도의 장애는 다른 사람들이 알아챌 만큼 두드러지지 않는다. 자폐장애와 아스퍼거 장애 같은 전반적 발달장애는 아동과 가족에게 심각한 영향을 준다. 아동 임상심리학자들은 천식이나 기타 소아 건강문제와 관련이 있는 정서적/행동적 · 문제를 다룬다.

아동기 장애의 치료와 예방

이 절의 미리보기

드러나는 정서적/행동적 문제에 따라 정신역동적, 행동적, 인지-행동적, 정신약물 등 수많은 치료법을 아동 및 청소년들에게 사용한다. 이 절에서는 이러한 개입의 효과에 대한 연구 결과를 요약하고, 또한 치료자와 아동 내담자 사이의 치료동맹의 중요성이 점점 더 명확해지고 있음을 강조한다. 아동기 장애들은 장기적으로는 황폐화시키는 잠재력이 있기 때문에, 아동 임상심리학자들의 가장 중요한 관심은 아동기 장애의 예방에 초점을 맞춘다.

아동기 장애의 치료는 성인기 장애의 임상적 개입과는 중요한 방식에서 차이가 있다. 평가에서처럼 아동이 스스로 도와달라고 의뢰하지 못하기 때문에, 아동이 치료자와 접촉하려면 부모의 동기와 협조가 있어야 하기에 아동치료는 임상가에게 특별한 난제다.

정신역동적 및 인본주의적 심리치료

일반적으로 아동은 전통적인 정신분석적 치료에 적합한 대상이 아니라고 여겨진다 (Russ, 2006). 그 대신 정신역동 지향적인 치료자들은 내담자와 치료자 사이의 주된 의사소통 매체로 자유연상보다는 놀이를 사용하는 등 일반적인 분석 절차에 변형을 적용하는 경향이 있다. 정신역동 지향적인 다양한 형식의 놀이치료는 성인치료에서 요구되는 언어기술에 크게 의존하지 않으면서 내적 갈등을 인식하고 해결하도록 아동을 돕는 것에 초점을 둔다(Reddy, Files-Hall, & Schaefer, 2005).

놀이치료는 아동이 놀이, 즉 인형에게 하는 말로, 고무찰흙 같은 기타 재료와의 상호작용을 통해서 마음속의 걱정거리를 표현할 수 있도록 고안되었다. 그러는 동안 치료자는 아동이 감정을 표현해도 괜찮을 만큼 안전하다고 느낄 수 있는 수용적이면서 공감적인 분위기를 만든다(Axline, 1976). 전통적인 정신분석가는 놀이를 하는 동안 아동이 보이는 언어적 · 비언어적 행동을 무의식적인 동기와 갈등의 표현이라고 해석하는 반면, 대상관계 치료자는 아동이 양육자와 형성한 애착의 질을 나타내는 지표로 보려고 한다(7장 '정신역동과 인본주의 심리치료' 참조). 내담자중심 심리치료를 하는 치료자는 아동이 자신의 감정과 문제를 탐색할 수 있도록 돕는 방법으로 놀이를 사용한다.

행동치료

다양한 유형의 행동치료, 특히 조작적 절차는 지난 30년의 전반기 동안 아동기 문제를 해결하기 위한 개입으로 가장 빈번하게 사용되었다. 8장에서 설명한 것처럼, 이 접근은 두드러진 특징이 있다.

① 행동장애 및 행동치료의 바탕으로 학습원리를 강조함
② 행동에 대한 관찰 가능한 상황적 결정자(예를 들어, 심리내적 문제에 대한 추론 대신 보상과 처벌)에 초점을 둠
③ 가설로 세운 과거의 기저문제를 탐색하지 않고, 현재 행동을 통제하는 관찰 가능한 자극에 변화를 줌으로써 문제를 치료함
④ 경험적으로 타당하다고 입증된 치료를 사용하며, 치료 효과에 대한 객관적이고 관찰 가능한 효과 자료를 수집함(Houts, 2003)

행동주의적 개입은 때때로 부모나 교사에게 행동통제 절차를 적용하는 것을 가르친다(Kazdin, 2005a). 아동이 집과 학교에서 문제행동을 유지하도록 하는 환경적 선행사건과 결과를 통제하는 데 있어 치료자보다 부모와 교사가 더 나은 위치에 있으며, 치료자보다 그들이 더 많은 시간을 아동과 함께 보낸다.

인지-행동적 개입방식

8장에서 설명한 것처럼, 인지-행동적 기법은 아동의 외현적 행동은 물론 아동의 인지(예를 들어, 기대, 사고)도 다룬다(Kendall, 2006). 8장에서 논의한 성인용 인지-행동적 기법이 다양한 아동 및 청소년 장애를 치료하기 위해 쓰이지만, 모든 사례에서 이 기법들은 어린 내담자가 이해하기 쉽고 어린 내담자에게 적합하도록 수정된다. 때로는 부모도 치료에 참여하지만, 대부분의 인지-행동적 기법은 전적으로 아동·청소년 내담자와 한다(Kendall & Suveg, 2006).

약물학적 개입

메틸페니데이트(methylphenidate; Ritalin, Concerta, Metadate)와 암페타민(amphetamine, Adderall) 같은 각성제가 ADHD에 통상적으로 처방된다(Brown et al., 2005). 현재 미국에서 학령기 아동의 적어도 6%는 행동문제나 학습문제 때문에 이 약물을 복용하는데(Vitiello, 2001), 이는 지난 10년보다 60% 늘어난 수치다. 많은 연구에서 각성제가 ADHD 아동의 행동을 극적으로 개선하는 것으로 나타났다(Brown et al., 2005). 약을 복용하는 아동은 자리에 더 오래 앉아 있으며, 학습과제 마무리를 더 잘하고, 정확한 답을 더 자주 하며, 또래와 부모 그리고 교사와 더 좋아진 사회적 상호작용을 보여 준다.

그럼에도 불구하고 ADHD 아동들에게 각성제를 사용하는 것을 둘러싸고 논쟁이 계속되고 있다. 예를 들어, 몇몇 소송에서 자살 및 강력범죄 같은 다양한 부정적인 결과가 각성제 복용 탓이라고 고소된 바 있다. 약을 복용하는 ADHD와 그 밖의 정서적/행동적 문제로 약을 복용하는 아동들에 대한 우려의 목소리로는 다음과 같은 것이 있다(Brown et al., 2005; Pathak, 2006).

- 약물에 따라 다르지만, 무기력, 진정작용, 체중 증가, 안절부절못함, 입마름, 메스꺼움, 두통, 현기증, 발육부전, 저혈압, 심장문제, 침침한 시야, 변비, 틱, 발작, 높은 자살 위험 등의 해로운 신체적 효과
- 약을 복용해서 생기는 잠재적 낙인(아동이 약을 복용하는 것을 다른 아동들이 알 수 있는 학교 같은 장소에서)
- 약이 없으면 적합한 행동을 하지 못한다고 생각하는 아동과 부모와 교사의 변화된 귀인

- 환경적 요인(혼란스러운 가정생활이나 부모의 학대 같은)을 무시한 채 문제의 초점을 전적으로 아동 내부에 두는 것
- 12~14세에서 처방약물 불법 사용의 급격한 증가, 1992년 0.1%에서 1997년 2.8%로 연간 유병률 증가(NIDA Research Report, 2001).

정신과 의사인 브레긴(Peter Breggin)은 아동들의 정서적/행동적 문제에 약물을 처방하는 것을 가장 강력하게 비판하는 사람이다. 그는 『Talking Back to Ritalin: What Doctors Aren't Telling You about Stimulants for Children』(2001)과 『The War against Children: How the Drugs, Programs, and Theories of the Psychiatric Establishment Are Threatening America's Children with a Medical "Cure" for Violence』(Breggin & Breggin, 1994)과 같은 책에서 자신의 주장을 펼쳤다. 그다지 비정상적이지 않거나 특정한 문화에서만 비정상적이라고 여겨지는 행동에 대한 약물 과다 사용에 대해 브레긴은 특히 염려하고 있다. 아동기만 떼어내어 약물처방을 하려는 것을 우려하고 있는 것이다.

실제로 많은 약물이 아동 및 청소년에게 금지되거나 혹은 극히 조심스럽게 처방하게

〈표 11-5〉 아동과 청소년에게 잠재적으로 위험한 부작용이 있는 약물

약물	용도	잠재적 부작용
Amitriptyline/Elavil Etrafon Limbitrol Triavil	우울증	심장장애를 일으킬 수 있다.
Clomipramine/Anafranil	우울증과 강박성 장애	덜 심각한 부작용뿐 아니라 발작과도 관련이 있다.
Clozapine/Clozaril	정신분열병	골수와 백혈구를 치명적으로 감소시키거나 발작의 원인이 될 수 있다.
Desipramine/Norpramin	불안장애, 우울증, ADHD	드물게는 사망으로 이어지는 심장합병증과 관련이 있어 왔다.
Imipramine/Tofranil	불안장애, 우울증, ADHD	드물게는 사망으로 이어지는 심장합병증과 관련이 있어 왔다.
Nortriptyline/Aventyl Pamelor	ADHD	심장합병증과 저혈압의 원인이 될 수 있으며, 덜 심각한 부작용도 있다.
Pemoline/Cylert	ADHD	간기능부전 및 기타 부작용과 관련이 있어 왔다.

출처: R. T. Brown, L. A. Carpenter, & E. Simerly (2005); T. K. Richmond & D. S. Rosen (2005).

되어 있다(〈표 11-5〉 참조; Brown et al., 2005; Richmond & Rosen, 2005). 아동의 정서적/행동적 문제를 치료하는 데 약물을 사용하는 것에 대해 찬성과 반대가 모두 있기 때문에, 부모들은 자녀들한테 어떤 약물이 가장 좋은지를 결정하기 전에 모든 치료적 선택을 고려해야만 한다.

아동기 장애 심리치료의 효과

외현화 및 내재화 장애에 대한 아동 심리치료의 메타분석 및 기타 효과연구의 요약(Chambless & Ollendick, 2001; Weisz, 2004; Weisz, Doss, & Hawley, 2005; Weisz, Sandler, Durlak, & Anton, 2005)에서 보면 효과의 크기가 0.7~0.8 범위에 있었는데, 이것은 성인치료를 분석하여 얻은 수치와 비슷하다. 게다가 이러한 긍정적인 효과는 적어도 6개월 이상 지속되는 경향이 있다(Weisz, 2001).

전반적인 연구 결과로 보면 아동기 장애에 대한 가장 효과적인 치료는 인지-행동적 범주 안에 들어 있었으며, (특히 부모를 참여시키는) 행동적 기법도 효과적이라고 확인되었다(Chambless & Ollendick, 2001; Kadzin & Weisz, 2003; Kendall, 2006). 예를 들어, 아동기 우울증에 대해 가장 효능 있는 치료는 인지-행동 치료로 나타났으며, 아동보다는 청소년에게서 더 뚜렷한 효과를 보였다(Garber & Carter, 2006). 마찬가지로 분리불안장애에 대한 가장 효과적인 치료는 인지-행동 치료(Grover, Hughes, Bergman, & Kingery, 2006; Velting, Setzer, & Albano, 2004)와 부모-자녀 상호작용치료(parent-child interaction therapy: PCIT; Choate, Pincus, Eyberg, & Barlow, 2005)다. 반사회적 행동(ODD 또는 CD)을 보이는 아동·청소년에게는 행동적 부모훈련과 인지-행동 치료가 성공적이다. 예상대로 어린 아동에게는 행동적 부모훈련이 더 효과적인 경향이 있는 반면, 인지-행동 치료는 청소년에게 더 효과적인 경향이 있다(McCart, Priester, Davies, & Azen, 2006). 많은 자폐아동들은 평생 상당히 손상된 상태에 머물지만, 강도 높은 행동기법은 자폐장애를 다루는데 희망을 주는 것으로 보인다(Lovvas & Smith, 2003에서 개관). 행동치료와 약물복용이 모든 주요 기능 영역에서 ADHD 아동의 행동을 개선하는 데 효과적이며(Hoza et al., 2005; Jensen et al., 2005; Owens et al., 2003), 따라서 점점 더 많은 연구가 행동수정과 약물의 병용이 가장 효과적인 치료일 것이라고 주장하고 있다(Barkley, 2006; Chronis, Jones, & Raggi, 2006). 전체적으로 보면, 대부분의 아동기 장애에 대해 인지-행동적 혹은 행동적 기법이 경험적 지지를 가장 많이 받았다.

좀 더 전통적인 정신역동 및 인본주의적인 치료에 관한 14건의 연구를 살펴본 결과,

대부분의 아동 · 청소년 문제에 효과적인 치료법에는 인지-행동적 혹은 행동적 방법이 포함되어 있다.

효과 크기가 0.0이라고 밝혀졌는데(Weisz, 2001), 이것은 이러한 '말로 하는' 전통적인 심리치료 방식이 내담자에게 문서화될 만한 이득을 하나도 가져다주지 못하였음을 시사하는 것이다. 아동에게 평균 60회 또는 그 이상의 개인심리치료를 시행한 연구에서도 이 사실이 확인되었으며(Weiss, Catron, Harris, & Phung, 1999), 통제집단의 가족보다 치료집단의 가족에게 이 서비스를 더 폭넓게(그리고 더 많은 비용을) 제공하였을 때에도 이 같은 사실이 확인되었다(Bickman, 1996). 그럼에도 불구하고 놀랄 정도로 높은 비율의 아동 임상가들이 이러한 전통적인 치료방법을 계속 사용하고 있다(Weisz, 2001).

성인 심리치료 영역에서와 같이, 많은 임상연구자(예를 들어, Weisz & Addis, 2006)와 과학자-전문가들(Lebow, 2006)은 아동치료에서 과학과 현장실무를 통합함으로써 내담자들에게 좋은 과학과 좋은 현장실무가 결합된 좋은 서비스를 제공하기 위해 노력하고 있다. 연구자들은 또한 아동과 청소년에게 효과적인 치료에 관한 정보를 널리 배포하려는 노력도 더 많이 하고 있다. 예를 들어, 아동 및 청소년 임상심리학회(APA 53분과)는 전문가들과 부모들을 위한 웹사이트(www.effectivechildrentherapy.com)를 개설하고 있다.

아동과의 치료동맹

아동 임상연구자는 아동기 및 청소년기 문제에 어떤 치료가 가장 효과적인지를 판단하는 것에만 관심 있는 것이 아니라, 이러한 치료들이 효과를 내도록 만드는 공통 혹은 비특정 요인을 탐색하는 것에도 관심을 가지고 있다. 연구자들은 성인 심리치료에서처럼, 치료자와 아동 내담자(그리고 아동의 부모도 함께) 사이의 치료동맹이 치료의 효과를 강화시키는지를 알고 싶어 한다. 이러한 연구는 성인에서의 유사한 연구보다 뒤처져 있지만, 이러한 경향성은 이미 뚜렷하다. 예를 들어, 부모와 치료자 사이에 강력한 치료동맹이 형성되었을 때는 약속 일정을 취소한 경우가 거의 없으며, 치료에 나타나지 않는 경우가 적으며, 치료회기에 가족이 더 많이 참여한다(Hawley & Weisz, 2005).

아동 및 청소년의 정서적/행동적 문제를 돕기 위한 49가지 치료법에 대한 메타분석을 바탕으로, 다음 특성들이 아동 및 청소년의 기능을 향상시켜 주는 것과 관련 있는 것으로 밝혀졌다(Karver et al., 2005).

- 부모와의 치료동맹
- 상담자의 대인관계 기술
- 직접적으로 영향을 미치는 치료자의 기술
- 치료에 참여하겠다는 아동의 의지
- 치료에 참여하겠다는 부모의 의지
- 아동의 치료 참여
- 부모의 치료 참여
- 치료자에 대한 긍정적 감정

요약하면, 아동치료에서 강력한 치료동맹은 아동의 기능을 크게 향상시키는 것과 관련이 있다. 그러나 일부 치료에서는 다른 치료에서보다 치료동맹이 더 의미가 있을 수도 있다. 예를 들어, 문제 청소년을 위한 치료에 관한 연구에서 치료동맹은 인지-행동적 치료의 효과성에 영향을 미치는 것은 아니었지만 가족치료의 성패를 강력하게 예언해 주었다(Hogue, Dauber, Stambaugh, Cecero, & Liddle, 2006). 좀 더 구체적으로 말하면, 가족치료자와의 강력한 치료동맹은 청소년의 마약 사용 감소 및 외현화 행동문제 감소와 관계가 있었다. 동맹 효과의 구체성에 대한 이러한 유형의 연구는 특정 기법과 강력한 관계기술 중 어느 것이 더 중요한가에 관한 논쟁을 명료화하는 데 도움이 될 것이다.

아동기 장애의 예방

아동의 정서적/행동적 문제의 치료에 관한 어떠한 논의도 예방에 관한 논의 없이는 완결될 수 없다. 아동 및 청소년에게 장애가 발생하는 것을 예방하려는 많은 작업이 수행되었다(Weissberg, Kumpfer, & Seligman, 2003; Weisz et al., 2005). 예방 프로그램들을 통해서 효과적인 전략들이 많이 정립되었는데 다음 내용을 포함한다.

- 아동기 공격성을 감소시키기 위해 교사-학생의 지지적 관계를 증진한다(Hughes, Cavell, & Jackson, 1999).
- 수많은 정서적/행동적 문제를 예방하기 위해 부모-자녀 애착을 증진한다(Van Zeijl et al., 2006).
- 아동의 복종을 증가시키고 공격성을 감소시키기 위해 TV 드라마를 통해 부모에게 긍정적 양육기법을 가르친다(Sanders, Montgomery, & Brechman-Toussaint, 2000).
- 아동의 불안문제 발생 가능성을 감소시키는 기본 예방 프로그램을 제공하기 위해 인지-행동적 기법을 사용한다(Barrett, Farrell, Ollendick, & Dadds, 2006).
- 청소년기의 우울증을 예방하기 위해 대인관계 기술와 인지적 전략을 부모와 청소년에게 가르친다(Shochet et al., 2001).
- 음주, 불법 마약 사용, 피임도구를 사용하지 않는 성행위 등과 같은 청소년의 위험한 행동을 방지하기 위해 흑인 가정에서 대화와 부모의 감독을 강화한다(Brody et al., 2006).
- 아동 및 청소년의 전체적인 문제를 예방하기 위해 빈곤가정과 지역사회에 추가적인 자원과 서비스를 폭넓게 제공한다(Brotman et al., 2003).

아이러니하게도, 가장 널리 쓰이는 예방 프로그램 중 하나는 효과가 가장 낮은 것 중 하나다. 알코올 및 약물 남용의 부정적 결과를 보여 주는 목적으로 법 집행기관들은 약물남용 저항교육(Drug Abuse Resistance Education: DARE) 프로그램을 가끔씩 실시한다(West & O'Neal, 2004). 이 프로그램은 미국 50개 주 모두의 거의 대부분 학교에서 사용한다(West & O'Neal, 2004). 안타깝게도, 잘 통제된 많은 장기적 연구들은 DARE 프로그램이 알코올과 약물 사용을 예방하는 데 효과적이지 못하다는 것을 보여 준다. 구체적으로 DARE 프로그램에 참여한 집단과 참여하지 않은 집단을 비교했을 때, 약물에 대한 태도, 약물 사용, 자기효능감 등에서 아무런 차이도 찾아볼 수 없었다(West & O'Neal,

2004). 생활기술훈련 프로그램(Life Skills Training Program; Botvin & Griffin, 2004) 같은 다른 예방 프로그램은 아동들이 물질을 남용하려는 가능성을 감소시키는 데 효과적인 것으로 나타났지만, 아쉽게도 이러한 프로그램들은 DARE 프로그램만큼 널리 받아들이지는 못했다.

예방 지향적 연구의 또 다른 계통은 점점 대중화되고 있는 긍정심리학 운동과 연관이 있다(Duckworth, Steen, & Seligman, 2005). 다시 말하면, 많은 아동 임상심리학자들은 아동의 탄력성(resilience)을 증진시켜는 방법을 찾는 데 관심을 가지고 있다. 즉, 보호요인을 증가시키는 방법을 찾아 위험요인을 가진 아동의 정서적/행동적 문제의 발달 가능성을 감소시키는 데 관심이 있다(Goldstein & Brooks, 2005).

이 절의 요약 아동기 장애를 위한 가장 효과적인 치료들은 대체적으로 인지-행동적 및 행동적 영역에 속한다. 약물치료가 일부 아동기 장애에 도움이 되긴 하지만 단점도 많이 있다. 아동 및 그 가족과 작업을 할 때 치료동맹이 중요하다는 증거들이 점점 많아지고 있다. 문제가 발생했을 때 치료에 초점을 맞추는 것과 더불어 많은 아동 임상심리학자들은 아동기 문제가 발생하지 않도록 예방하는 방법을 찾는 데 평생 동안 헌신하여 왔다.

아동 임상심리학의 미래

이 절의 미리보기

이 절에서는 아동 임상심리학의 미래와 관련된 세 개 요인, 즉 다양성과 다문화주의, 정신보건에의 접근 증진, 다학문적 연구의 융성을 집중 조명한다.

아동 임상심리학의 발달이 성인 임상심리학보다 몇 십 년 뒤처져 있지만 빠르게 따라잡고 있다. 앞에서 이미 언급한 바 있는 임상심리학과 관련된 일반적인 동향(예를 들어, 증거기반 평가 및 치료에 더 초점 두기, 효과적인 치료들을 보급하여 지역에서 실행되도록 하기)과 더불어 그 이외의 다른 동향들이 아동 임상심리학의 미래를 특징지을 것이다.

다양성과 다문화주의

현존하는 심리치료의 거의 대부분은 한부모 가정, 불리한 배경, 소수인종의 아동 및 청소년에게는 효과가 적은 경향이 있다(Lundahl, Risser, & Lovejoy, 2006). 따라서 미국 내의 매우 다양한 배경을 가진 아동 및 청소년과 그 가정에 더 적합한 치료가 되도록 심리치료들을 개선하는 방법을 아동 임상심리학자들이 찾아낼 것이다(Yasui & Dishion, 2007). 예를 들어, 팜리아스 유니다스(Famlias Unidas) 프로그램은 가정 중심이고 생태학적 및 발달적으로 적합한 개입으로, 히스패닉/남미계 청소년의 정서적/행동적 문제를 감소시키는 데 효과가 있다(Coatsworth, Pantin, & Szapocznik, 2002).

전 세계의 수많은 나라에 살고 있는 아동 및 청소년들 간의 공통점과 차이점에도 더 많은 관심이 모아질 것이다. 예를 들어, ASEBA의 측정은 74개 언어로 번역되어 67개국에서 연구에 사용되고 있으며, 지금까지 6,000편 이상의 간행물이 출판되었다(Achenbach & Rescorla, 2007; Rescorla et al., 2007). 이 연구들은 전 세계적으로 살펴보았을 때 아동 및 청소년의 심리적 기능과 심리적 문제에는 다른 점들보다 비슷한 점들이 더 많다는 것을 이미 밝혀 놓았다(Achenbach & Rescorla, 2007; [그림 11-5] 참조).

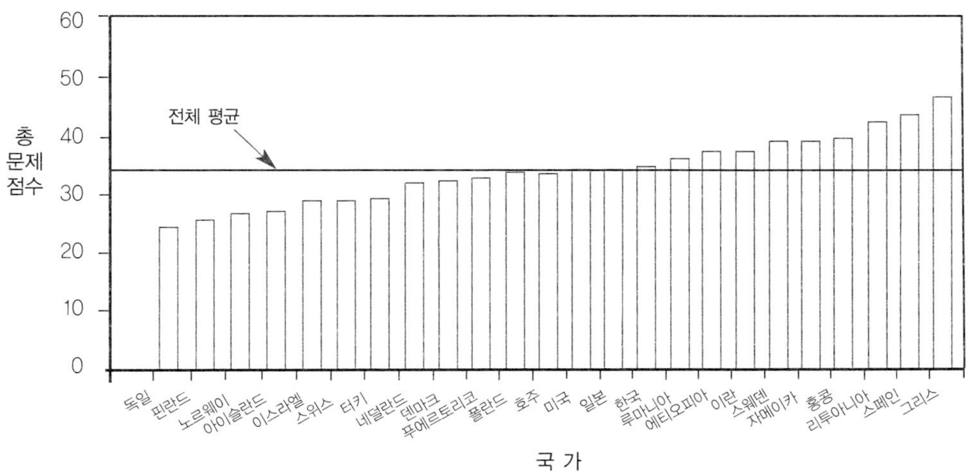

[그림 11-5] 24개국 아동 및 청소년이 자기 보고한 총 문제의 점수(N=27,206)

출처: L. Rescorla, T. M. Achenbach, M. Y. Ivanova, L. Dumenci, F. Almqvist, N. Bilenberg, et al., 2007, "Epidemiological Comparisons of Problems and Positive Qualities Reported by Adolescents in 24 Countries", *Journal of Consulting and Clinical Psychology, 75,* 351-358.

정신건강 관리 접근기회

많은 아동, 청소년과 가정은 그들이 비용을 감당할 만한 정신건강 서비스에 접근하지 못하고 있다(Storch & Crisp, 2004). 특히 인종적/민족적 소수집단과 빈곤한 배경의 아동 및 청소년이 그렇다(Steele & Roberts, 2005a). 이에 따라 누구든지 더 쉽게 이용할 수 있는 수준 높은 정신건강 서비스를 제공하려는 노력에 아동 임상심리학자들이 더 많이 참여하게 될 것이다(Steele & Roberts, 2005a). 그렇지만 성인의 경우와 마찬가지로 미국 전역에 걸친 건강관리기금의 불균형, 신체 및 정신 건강 모두의 필요를 관리해야 하는 의존도 그리고 지역사회정신건강센터를 지원하는 재정의 한계 때문에 이러한 노력은 어려운 처지에 빠지게 될 것이다. 올바른 방향으로 가는 첫 시작은 학교장면에서 증거기반 치료 프로그램들을 시행하는 것이라고 생각한다(Storch & Crisp, 2004). 이 프로그램은 아동이 심리치료에 참여하도록 시간 약속을 하고, 치료소로 데려오는 것을(때로는 동기가 없는) 부모에게 의지하지 않고도 정규적인 체제 위에서 아동 및 청소년들이 치료를 받도록 할 수 있다. 한편으로는 심리치료가 학교에서 시행되면 치료과정에 부모를 참여시키는 것이 더 어려워질지도 모른다(Storch & Crisp, 2004). 게다가 부모들은 학교 체계에서 일하는 심리학자보다 개인적인 심리학자에게 자녀를 보내는 것을 더 선호하고 있다(Raviv, Raviv, Propper, & Fink, 2003). 따라서 서비스 시행에 대한 대안적 방법을 아직도 찾고 있는 중이다.

연구에서의 다학문적인 접근

임상심리학에서 일반적이듯이, 아동 임상심리학 분야도 아동의 기능, 문제, 안녕에 대한 생물학적/유전적 · 인지적 · 사회적 · 행동적 · 환경적 영향 간의 다양한 상호 연관성에 특히 주의를 기울이면서 아동의 기능에 전문 분야 간 협동적 시각을 가지는 방향으로 나아가고 있다. 예를 들어, 『발달정신병리학(Developmental Psychopathology)』이라는 3권짜리 연작물 가운데 한 권은 전적으로 발달신경과학에 할애되었다(Cicchetti & Cohen, 2006). 유전자학(McGuffin, 2004), 유전학(Plomin & Kovas, 2005), 행동유전학(Moffitt & Caspi, 2007), 사회신경과학(Cacioppo, 2006), 인지-정서 신경과학(Stein, 2006), 코르티솔 반응성(Davies, Sturge-Apple, Cicchetti, & Cummings, 2007) 등의 발전은 모두 전문 분야 간 협동으로 아동기 정신병리의 이해로 수렴되고 있다.

이 절의 요약 임상심리학 분야는 내담자의 다양성과 다문화주의의 영향에 더 초점을 맞추고 있으며, 아동 임상심리학도 예외는 아니다. 정신건강 관리에 대한 접근성, 특히 빈곤하며 소수인종에 속하는 내담자들의 접근성을 증진시키려는 노력은 아동 임상심리학자에게 더 큰 관심사가 될 것이며, 아동 임상심리학 분야의 연구는 다양한 과학 분야들(생물학, 유전자학, 인지-정서 신경과학, 사회신경과학 등을 포함하는)의 집성이라는 특징을 가지게 될 것이다. 다학문적인 연구의 활성화는 아동기 장애의 발달, 유지 및 치료에 대한 이해를 증진할 수 있는 좋은 징조다.

이 장의 요약

오랫동안 성인에 대한 평가 및 치료에 머물러 있던 임상심리학자들의 관심이 지난 30년 동안 옮겨진 덕분에, 아동 임상심리학자들은 이 분야의 특출한 하위집단이 되었다. 임상심리학자들은 아동 및 청소년 내담자에게 맞도록 특화된 분류, 평가, 개입방법을 개발하였다.

내담자들을 치료하는 데 있어서 아동 임상심리학자들은 의뢰 사유, 행동적 맥락, 발달적 고려사항, 부모-아동 상호작용의 특성, 아동기 위험요인 및 보호요인의 영향력 등에 특별한 주의를 기울인다.

이 모든 특별한 사항을 고려하여 아동 임상심리학자들은 일반적으로 성인에게는 하지 않는 평가질문을 아동 내담자들에게 던지며, 성인 내담자에게는 자주 사용하지 않는 평가방법(예를 들어, 행동평정척도, 다중 정보제공자 면담, 지능검사 및 성취도 검사, 가족 및 또래와의 상호작용 측정)을 아동에게 사용한다.

임상적으로 도출된 성인장애 분류 체계(진단기준을 정하는 데 전문가의 판단에 의존하는)와는 다르게, 아동기 장애의 분류는 경험적으로 도출된 체계를 강조하는 경향이 있다. 이 체계는 어떤 진단범주의 증상을 정하는 데 있어서 많은 양의 자료를 통계적으로 분석한 결과에 의존한다. 경험적으로 도출된 체계는 아동기 장애를 크게 두 종류로 구분하는데, 과잉행동, 공격성, 비행행동과 같은 외현화 문제와 우울, 불안, 신체화 문제 같은 내현화 문제다. 그 밖의 중요한 아동기 문제에는 자폐장애와 같은 전반적 발달장애와 학습장애가 포함된다.

아동 내담자의 치료에는 극복해야 할 특별한 어려움이 있다. 이는 어떤 아동의 행동에 대하여 아동과 부모가 때때로 다른 견해를 가지고 있기 때문이며, 아동이 치료를 받기 위해서는 부모의 동기와 협조가 필요하기 때문이다. 특별한 형식의 아동용 정신역동적 · 행동적 · 인지-행동적 치료들이 개발되었으며, 몇몇 방법들(조작적 접근과 인지-행동적 접근 같은)은 광범위한 문제에 효과가 있는것으로 입증되었다. 정신활성 약물이 아동기 장애치료에 점점 많이 사용되고 있지만 약물의 부작용에 대한 우려도 커지고 있다. 아동 임상심리학자들은 손상이 발생한 이후에 아동기 장애를 다루는 것보다, 장애예방을 위해 설계된 방법으로 조기에 포괄적이며 장기적으로 개입하는 것을 더 선호한다. 미래의 아동 임상심리학에서는 다양성과 다문화주의, 내담자의 정신건강 서비스 접근성 높이기, 아동기 장애의 발달과 치료에 대한 이해에 있어서 생물학적 요인과 환경적 요인 모두를 고려하는 전문 분야 간 협동적 연구 등이 특히 강조될 것이다.

연구문제

1. 임상적으로 아동과 작업하는 것이 성인과 다른 점을 열거하라.
2. 아동의 행동적 맥락은 아동기 장애의 평가와 치료에 어떻게 고려되는가?
3. 문제가 있는 아동들과 작업할 때 생각할 수 있는 발달적 주제의 두 가지 예를 제시하라.
4. 유아의 기질이란 무엇인가? 그것은 평생에 걸친 발달과 어떤 연관이 있는가?
5. 아동기 및 청소년기의 정서적/행동적 문제와 연결된 주요 위험요인에는 어떤 것들이 있는가?
6. 아동기의 신체적 학대와 성적 학대의 영향을 논의하라.
7. 보호요인이란 무엇이며, 아동들의 행동과 어떤 관련이 있는가?
8. 다음의 평가기법을 사용하는 것에 대한 찬성 의견과 반대 의견은 무엇인가? 행동평정척도, 비구조화 면담, 행동관찰, 가족 상호작용 척도.
9. 학교에서 학업 및 행동 문제를 겪고 있는 아동에 대한 충실한 평가계획을 작성하라.
10. 임상적으로 도출된 분류법이란 무엇인가? 경험적으로 도출된 분류법이란 무엇인가? 이 두 체계는 어떤 점이 비슷하고 또 다른가?
11. 다음 장애들의 주요 증상은 무엇인가? ADHD, ODD, CD, 주요우울장애, 분리불안장애, 자폐증, 아스퍼거 장애, 학습장애
12. '빌리' (식료품점의 남자아이)의 임상 사례는 연구문헌에 언급된 어떤 점들을 보여 주고 있는가?

13. 아동을 위한 인지-행동적 치료의 원리들을 열거하고, 치료 효과에 대해 논의하라.
14. 아동, 청소년, 가족과의 치료동맹과 관련 있는 연구 결과를 설명하라.
15. 효과적인 예방 프로그램 한 가지를 설명하라.

웹사이트

- APA Division 53 Society for Clinical Child and Adolescent Psychology APA Division 54: http://www.clinicalchildpsychology.org
- Society of Pediatric Psychology: http://societyofpediatricpsychology.org/~division54/index.shtml
- List of effective child treatments from APA Division 53: http://www.effectivechildtherapy.com
- List of effective child treatments from New York University Child Study Center: http://www.aboutourkids.org
- Children's Defense Fund: http://www.childrensdefense.org

CHAPTER 12

{건강심리학}

Clinical Psychology

이 장의 미리보기

이 장에서는 임상심리학자가 의료 전문가들과 함께 어떻게 장애를 치료하고, 환자들의 의학적 치료 권고에 대한 순응성을 증가시키는지 살펴본다. 또한 심리사회적 변인들(예를 들어, 스트레스, 인지)과 신체적 기능(예를 들어, 신경계 활성도, 혈액순환, 면역계 기능) 간의 관계에 초점을 두고, 심리적 요인이 신체질환에 어떻게 영향을 주는지 살펴본다. 그다음 심혈관계 질환, HIV/AIDS, 만성 동통, 암 같은 질환에 대한 심리적 위험요인과 치료적 개입을 살펴본다.

이 장과 다음 장에서는 두 가지 특별한 심리학 영역인 건강심리학과 신경심리학을 살펴보면서 심리학자들이 심리적 요인과 생물학적 요인 간의 관계를 연구하는 것이 얼마나 중요한지를 보여 주고자 한다. 이 영역들이 선택된 이유는 지난 25년 동안 임상심리학의 최대 '성장주' 였기 때문이다. 새로운 연구 발견과 임상가의 전문적 역할의 확장으로 심리학자들은 이들 영역에 점점 더 매력을 느끼고 있다.

건강심리학이란 무엇인가

이 절의 미리보기

이 절에서는 건강심리학의 몇 가지 이론적 토대를 살펴본다. 건강심리학자들은 스트레스가 신체적 · 및 정신적 건강에 미치는 영향에 특히 주의를 기울인다. 그들은 또한 대처전략, 인지적 습관, 지각된 사회적 지지 등의 내적 변인들이 외적 스트레스원과 결합하여 질병에 대한 취약성에 어떻게 영향을 미치는지를 검토한다.

건강심리학은 1970년대에 출현한 전문 분야로, "사람들이 어떻게 건강을 유지하는지, 왜 질병에 걸리는지, 질병에 걸렸을 때 어떻게 반응하는지 등에 미치는 심리적 영향" 을 연구한다(Taylor, 1995, p. 3). 이 하위 분야는 지난 25년 동안 급성장한 끝에, 지금은 APA 안에 분과(38분과)를 확보하고 있으며, 자체 학술지 『Health Psychology』도 발간하고 있다. 건강심리학 연구는 또한 『Journal of Behavioral Medicine』, 『Psychosomatic Medicine』, 『Annals of Behavioral Medicine』에 실리기도 한다. 관련된 전문조직으로는 행동의학회(Society of Behavioral Medicine)와 미국심신의학회(American Psychosomatic Society)가 있다. 지금은 임상심리학 수련 프로그램 가운데 건강심리학자를 훈련시키는 특별한 코스를 가지고 있는 프로그램들이 많이 있으며, 몇몇 프로그램에서는 건강심리학을 핵심 코스로까지 발전시켰다.

건강심리학은 더 큰 분야인 행동의학과 밀접한 관련을 맺고 있는데, 행동의학은 사회과학/행동과학(예를 들어, 심리학, 사회학, 인류학), 생명과학, 의학의 지식을 다학문적 과학으로 통합함으로써 모든 유형의 의학적 장애를 가장 폭넓은 방식으로 이해하고 치료하고자 하는 전문 분야다. 건강심리학과 행동의학은 신체적 질병이 생물학적 · 심리적 · 사회적 붕괴에 의한 결과로 여기는 생물심리사회적 모형을 따르고 있다. 이들은 심

근대 행동의학의 아버지 윌리엄 오슬러 경

리적 조건과 행동과정이 질병 및 건강과 어떻게 연결되는지를 연구한다.

의사였던 오슬러(William Osler) 경은 근대 행동의학의 아버지라 부르는데, 이는 그가 다양한 질병을 이해하고 치료하기 위해서는 반드시 심리적 · 정서적 요인을 고려해야 한다고 주장하였기 때문이다. 1910년에 오슬러는 한 강연에서 심장병의 많은 증상이 '분노, 걱정, 갑작스러운 충격' 때문에 오는 것이라고 주장하였다. 이러한 발상은 심리적 핵심 요인과 심장질병의 연관방식에 관한 현대의 주장과 상당히 유사하다.

오슬러의 견해는 20세기 서구문화의 질병 특성의 중요한 변화로 더 의미를 가지게 되었다. 100년 전까지만 해도 대부분의 미국인은 폐렴, 장티푸스, 결핵 같은 급성 전염병으로 죽었다. 그러나 교육, 위생, 제약, 예방접종의 발달로 이러한 질병이 거의 사라지고, 심장병, 암 같은 만성질병이 생명에 대한 주된 위협이 되었다(Blumenthal, 1994). 이러한 질병은 특성상 만성적일 뿐 아니라 발달하는 데에도 수년씩 걸린다. 게다가 만성질병을 발달시키는 주요 위험요인에는 흡연, 불건강한 섭식, 앉아서 일하는 생활양식, 알코올남용 등 평생에 걸친 건강손상 행동이 포함되어 있다. 오늘날 미국에서 발생하는 모든 사망의 거의 절반이 이와 같은 위험한 행동 때문이라고 할 수 있다(Mokdad, Marks, Stroup, & Gerberding, 2004). 행동적 · 심리적 요인이 심장병, 궤양, 천식, 위장장애, 암, 관절염, 두통, 고혈압 등의 발병 혹은 심각도에 기여한다는 증거들이 있다. 이러한 경향을 뒤집으려면 문제에 대한 인식, 공공정책의 변화, 가장 중요한 개인 건강행동의 변화 등이 선행되어야 한다.

의사와 그 밖의 건강전문가들은 건강심리학자의 기여에 더 관심을 가지게 되었다. 정서적 고통은 흔히 질병에 제대로 대처하지 못한 결과로 경험할 수 있으며, 병원을 찾아오는 환자들의 60%가 이러한 경험을 한다(Pallak, Cummings, Dorken, & Henke, 1995). 질병의 이러한 측면을 다룰 수 있는 준비가 되어 있는 의사들이 거의 없으므로, 예방과 치료는 점점 더 건강심리학 분야에서 일하는 사람들에게 주어지고 있다. 간단히 말하면, '머리 또는 목 아래에서' 환자를 치료하는 것은 더 이상 합당하지 않다는 것을 연구 결과들이 명백하게 보여 주기 때문에 건강심리학이 성장하였다(Dornelas, 2001, p.1261).

몇 권의 책에 건강심리학 및 행동의학의 역사와 현황에 대해 좀 더 자세하게 논의되어 있다(예를 들어, Baum, Revenson, & Singer, 2001; Brannon & Feist, 2006; Sarafino, 2005; Straub, 2006; Taylor, 2005).

스트레스, 대처, 건강

스트레스는 사람들이 자신의 대처능력이나 지각된 능력을 벗어난, 일상기능을 파괴하거나 파괴하려고 위협하는 환경적 상황에 적응하거나 대처하려고 할 때 발생하는 부정적인 정서적 · 생리적 과정이다(Taylor, 2005). 적응이 필요하게 하는 원인이 되는 환경적 상황들을 집합적으로 스트레스원(stressor)이라 한다. 스트레스원에 직면했을 때 사람들이 나타내는 신체적 · 심리적 · 행동적 반응(심장박동, 분노, 충동성 증가 같은)을 스트레스 반응이라 한다. 환경적 스트레스원과 자신의 스트레스 반응을 관리하는 것이 건강을 향한 과제다([그림 12-1] 참조).

스트레스와 신경계

중추신경계와 자율신경계의 반응 패턴을 포함한 스트레스에 대한 생리적 반응을 셀리(Hans Selye, 1956)는 일반적응증후군(general adaptation syndrome: GAS)이라 불렀다. GAS는 경고반응(alarm reaction)으로 시작하는데, 경고반응은 스트레스원과 싸우거나 도망갈 수 있도록 돕기 때문에 투쟁 혹은 도피(fight-or-flight) 반응이라 부르기도 한다. 경고반응은 혈관에 부신피질 호르몬, 카테콜아민(예를 들어, 아드레날린), 내인성 아편제(신체에서 방출하는 천연 진통제) 등의 다양한 스트레스 호르몬을 방출시킨다. 이들 호르몬은 심장박동, 혈압, 호흡 등을 증가시키고, 동공 확대, 근육 긴장, 저장했던 포도당 방출 등을 초래하며, 스트레스원에 주의를 집중하도록 한다. 스트레스원이 지속되거나 빠른 시간에 새로운 스트레스원이 잇달아 생긴다면 경고는 다음 단계인 저항단계(stage of resistance)로 넘어간다. 이 단계에서의 스트레스에 대처하려는 극적이지는 않지만 연속적인 생화

[그림 12-1] 현대의 삶에서 스트레스는 중요한 걱정거리가 되었다

출처: *Time* magazine cover June 6, 1983; accessed at: http://www.time.com/time/covers/0,16641,19830606,00.html

학적인 노력이 해로운 결과를 초래할 수 있다. 예를 들어, 스트레스 호르몬이 오래 방출되면 만성 고혈압, 근섬유 손상, 신체의 치유능력 억제 등을 초래할 수 있다.

스트레스원이 오래 지속되면, 소진단계(stage of exhaustion)에 도달하면서 다양한 기관이 오작동을 일으키거나 망가지기 시작한다. 소진단계에서 사람들은 가볍게는 피로, 체중 감소, 소화불량에서부터 감기, 심장병, 기타 심각한 문제에 이르기까지 넓은 범위의 신체적 증상을 경험한다.

셀리의 모형은 스트레스와 질병 연구에 중요한 기여를 하였으며, 특히 스트레스원이 생리적 변화와 궁극적으로는 질병의 경과에 어떻게 영향을 미치는가에 관한 사고의 틀을 제공하였다. 그러나 이 모형은 어떤 경험을 어떻게 스트레스원으로 받아들이는지를 확인하는 데 있어 인지적 · 심리적 · 지각적 요인들의 중요성을 설명하지 못하였다. 다른 말로 하면, 이 모형은 스트레스 경험의 개인차를 인정하지 않는다. 그래서 스트레스원이 질병의 경과에 영향을 미치는 방식을 좀 더 포괄적으로 서술하는 모형이 개발되었다.

예를 들어, 도렌웬드(Barabra Dohrenwend, 1978)는 스트레스원과 스트레스 반응이 신체적 질병 그리고/혹은 심리적 장애에 영향을 미치는 방식에 관한 4단계 모형을 제안하였다. 첫째 단계에서는 스트레스가 많은 생활사건이 일어나고, 신체적 · 심리적 스트레스 반응이 나타나는 둘째 단계로 이어진다. 셋째 단계에서는 환경적 요인과 심리적요인이 반응의 강도를 증폭시키거나 감축시키는 방식으로 스트레스 반응들이 조정된다. 스트레스 반응을 감축시켜 주는 것 같은 요인들에는 충분한 재정적 자원, 스트레스원을 다룰 수 있는 자유시간, 최대한 많은 효과적인 대처기술 목록, 친구들과 가족의 도움과 지원, 스트레스원에 대한 강력한 통제감, 낙관적이 되려는 경향, 스트레스원을 도전과제로 보는 시각 등이 있다. 스트레스를 증폭시키는 요인들로는 불충분한 재정, 사회적 지지 결여, 부적절한 대처기술, 비관주의, 무기력감, 스트레스원을 무서운 위협으로 보는 시각 등이 있다. 넷째 단계에서는 특정 스트레스원, 특정 사람들, 특정 상황들 간의 상호작용이 가볍고 일시적(어떤 불안, 두통, 며칠 잠을 못 잠)이거나 심각하고 지속적(예를 들어, 불안장애나 기분장애, 신체적 질병)일 수 있는 신체적 · 심리적 문제를 야기한다.

스트레스와 면역 체계

장기간 지속되는 스트레스의 또 다른 중요한 영향은 질병 원인체에 대항하는 신체의 방어 일선인 면역 체계의 억제다(Herbert & Cohen, 1993; Maier & Watkins, 1998). 예를 들어, 만성적 스트레스원(예를 들어, 중증 환자인 친척 돌보기)은 면역 체계 기능을 저하시키는 것으로 나타났으며, 심지어 기말시험 기간 같은 짧은 스트레스원도 바이러스와 종양에 대항해서 싸우는 면역 체계 세포의 활성도 저하와 연관이 있었다(Kiecolt-Glaser & Glaser, 1992). 스트레스와 질병 간의 관계에 관한 아주 흥미로운 연구에서 지원자들에게 감기 바이러스 혹은 위약을 주사한 뒤 일정 기간 동안 지원자들이 경험했던 스트레스의 양을 측정하였다(Cohen, Tyrrell, & Smith, 1991). 연구 결과는 감기와 기타 감염의 발생은 지원자들이 경험한 스트레스의 양과 상관이 있었음을 보여 주었다. 현재 많은 연구자들은 스트레스원과 질병(일부 유형의 암을 포함한)에 대한 위험성 증가 간의 관련성의 기반이 면역억제라고 생각하고 있다(예를 들어, Cohen & Rabin, 1998).

스트레스가 면역기능에 미치는 영향은 스트레스를 낮추는 과정에 의해 조절할 수도 있다. 결혼한 부부들 사이에서 이러한 현상을 살펴본 최근 연구에서는 작은 상처를 치유하는 신체의 능력과 면역기능을 검사하였다(Kiecolt-Glaser et al., 2005). 어떤 날에는 부부불화 영역에 대해 논쟁을 하도록 하여 스트레스를 주었고, 다른 날에는 서로에게 사회적 지지를 주라고 요청하고 지지를 잘해 주는 방법에 대한 조언도 해 주었다. 두 경우에서 상처 치유능력과 면역 체계 활성도를 측정하였다. 상처 치유능력은 부부가 논쟁을 벌인 후에는 크게 낮아졌지만 서로 사회적 지지를 해 준 후에는 높아졌는데, 이 차이는 면역기능의 변화에 원인이 있었던 것으로 볼 수 있다.

폭넓게 정신신경면역학(psychoneuroimmunology)이라 부르는 이 영역의 연구는 매우 복잡하다. 예를 들어, 비록 스트레스원—특히 장기간 지속되는 스트레스원—이 면역기능을 억제할 수 있다고 하더라도, 몇 번의 짧은 스트레스는 오히려 면역 체계의 어떤 부분을 실질적으로 증진시킬 수 있다. 이러한 간헐적 스트레스는 이물질의 침입에 신체가 대응하는 능력을 높여 주는 것으로 보인다(Atanackovic et al., 2006).

스트레스원 측정

스트레스와 질병 간의 관계를 연구할 때 스트레스를 정확하게 측정해야 하기 때문에 건강심리학자들은 다양한 측정방법을 시도하였다. 한 예는 최근의 경험사건 목록(Schedule of Recent Experiences: SRE; Amundson, Hart, & Holmes, 1986)이라고 하는 설문지 조사법인데, 여기에는 건강, 가족, 개인적 · 직업적 · 재정적 문제와 관련 있는 42가지 사건 목록이 제시되어 있다. 설문지 응답자는 지난 6, 12, 24, 36개월 사이에 일어났던 사건들을 표시하고, 각 사건마다 그 사건 때문에 필요하였던 적응 노력의 양만큼의 가중치를 매긴다(매우 적은 적응 노력 1, 최대 적응 노력 100). 이 가중치들을 합하면 생활변화

단위점수(life change unit score)가 된다.

많은 건강심리학자는 스트레스를 가장 정확히 평가하는 것은 환경적 경험을 평가하는 것이 아니라 스트레스원에 대한 개인의 지각을 평가하는 것이라고 믿는다. 따라서 몇몇 스트레스 검사도구들은 응답자에게 지각된 스트레스의 빈도와 강도를 묻는데, 이때 이러한 지각을 실제 사건과 연결하지 말도록 요구한다. 이러한 척도들 중 코헨(Cohen)의 지각된 스트레스 척도(Perceived Stress Scale: PSS; Cohen, Kamarck, & Mermelstein, 1983)가 흔히 쓰인다.

가장 좋은 평가척도를 사용한 연구의 결과에서도 스트레스와 질병 사이에 의심할 바 없이 관련성은 있지만 관련성의 강도는 상대적으로 약하다. 다른 말로 하면, 전반적으로 스트레스원에 적게 노출되었던 사람보다 의미 있는 스트레스원에 노출되었던 사람이 병에 걸리기 더 쉽지만, 스트레스원을 경험했던 사람들 대부분은 병에 걸리지 않는다. 이러한 깨달음으로 건강심리학자들은 스트레스의 잠재적인 건강 유해성 효과로부터 어떻게 방어하는지를 설명해 줄 수 있는 변인을 찾기 시작하였다. 이러한 변인들 가운데는 특히 세 가지 중요한 취약성 혹은 저항요인인 적응적인 대처전략, 스트레스에 강한 성격, 사회적 지지가 있다(Kessler, Price, & Wortman, 1985).

적응적인 대처전략

위협적인 스트레스원을 수정하거나 참고 견디거나 제거하기 위해서 인지적·정서적·행동적으로 노력하는 것을 대처한다고 한다(Folkman & Lazarus, 1980). 사람들이 스트레스에 대처하는 방식은 제각각 다르다. 어떤 사람들은 스트레스원을 없애려고 하거나 스트레스원을 직접적으로 다루려 한다. 다른 사람들은 스트레스원에 대해 생각하는 방식을 바꿔서 덜 속상하게 만든다. 또 다른 사람들은 스트레스원이 야기한 정서적 반응을 다루는 데 집중한다(Lazarus, 1993).

라자루스와 포크먼(Richard Lazarus & Susan Folkman, 1980)은 대처방식(Ways of Coping) 척도를 개발하였는데, 중년 성인 100명이 일상생활에서 스트레스가 심한 사건에 대처하는 방법들을 나타내는 68개의 문항으로 구성되어 있다. 이 항목들은 크게 문제 중심적(problem-focused) 대처방식과 정서 중심적(emotion-focused) 대처방식의 두 가지 범주로 나뉜다(〈표 12-1〉 참조). 100명의 응답자들은 스트레스가 높은 일화 총 1,332개를 보고하였으며, 이 가운데 98%에 두 가지 대처방식 모두를 사용하고 있다고 하였다. 그렇지만 그들이 대처방식을 무작위로 선택하는 것은 아니었다. 문제 중심적 대처방식은

〈표 12-1〉 대처방식

스트레스원을 다루는 두 가지 주요 방식은 문제 중심적 대처방식과 정서 중심적 대처방식이다.

대처기술	예시
문제 중심적 대처방식	
직면하기	"버티고 서서 내가 원하는 것을 얻기 위해 싸웠다."
사회적 지지를 구하기	"그 상황을 좀 더 알아내기 위해 누군가와 이야기를 나눴다."
문제해결 계획하기	"행동계획을 세운 뒤 그대로 하였다."
정서 중심적 대처방식	
자기통제	"내 감정을 속에 가두어 두려고 노력하였다."
거리두기	"그 문제가 내게 일어나지 않게 하였다. 그 문제에 대해 너무 많이 생각하지 않으려고 하였다."
긍정적 재평가	"나 자신에 대한 생각을 바꿨다."
책임 수용	"그 문제를 내가 초래했다는 것을 깨달았다."
도피/회피(소망적 사고)	"그 상황이 사라져 버리든지 혹은 어떻게든 끝나기를 바랐다."

출처: "Appraisal, Coping, Health Status, and Psychological Symptoms", by S. Folkman, R. S. Lazarus, R. J. Gruen, & A. DeLongis, 1986, *Journal of Personality and Social Psychology, 50,* 571–579. Copyright 1986.

일과 관련된 스트레스원에 흔히 사용되고, 정서 중심적 대처방식은 건강과 관련된 스트레스원일 경우 더 자주 사용되었다. 어떤 상황에서는 여성보다 남성이 문제 중심적 대처방식을 더 자주 사용하는 경향이 있었지만, 정서 중심적 대처방식의 사용에는 남녀 차이가 없었다. 다른 도구를 사용한 다른 연구자들도 비슷한 결론에 도달하였다(Stone & Neale, 1984). 문제 중심적 대처방식과 정서 중심적 대처방식으로 구분하는 방법은 매우 유용하며, 지난 20년간 연구에 중요한 지침이 되었다(Tennen, Affleck, Armeli, & Carney, 2000).

스트레스에 강한 성격

긍정심리학에 관심이 많은 심리학자는 낙관주의(Peterson, 2000; Seligman, 2005; Seligman & Csikszentmihalyi, 2000), 탄력성(resilience; Fredrickson, 2001), 신념과 희망(Myers, 2000 참조), 호기심(Richman, Kubzansky, Maselko, & Kawachi, 2005), 적응적인 방어기제

(Vaillant, 2000) 등의 다양한 성격과 인지적 특성을 검증하였는데, 모든 것이 적응적인 대처의 원인이 될 수 있었다.

일부 사례에서는 긍정적 성격이 건강에 대단히 유익할 수 있다. 예를 들어, 최근 연구에서 대규모의 지원자 집단에게 희망과 호기심을 측정하고, 지원자들의 허락을 얻어 의학적 기록으로 그들의 건강상태를 추적하였다. 그 결과 희망과 호기심이 높은 사람들은 고혈압, 당뇨병, 호흡기 감염에 덜 걸리는 것으로 밝혀졌다(Richman et al., 2005). 이러한 자료들은 긍정적 정서상태가 건강에 대해 보호적인 역할을 할 수 있다는 견해를 지지한다.

이 영역의 다른 연구자들은 현실을 약간 과장되게 낙관적으로 왜곡한 경우(긍정적 착각)도 포함시켜 낙관적인 믿음이 신체적 · 정신적 건강에 어떤 역할을 하는지 조사하였다. 예를 들어, 사회심리학 및 관련 분야의 문헌 고찰에서 우울하지 않은 사람들이 현실을 지각할 때 긍정적 편파가 더 흔한 것으로 밝혀졌다(Taylor, Kemeny, Reed, Bower, & Gruenewald, 2000). 승화, 이타주의, 억제, 유머 등과 같은 건강한 혹은 성숙한 방어기제도 건강을 안전하게 보호하고 몇몇 질병의 영향을 감소시키는 것으로 나타났다(Vaillant, 2000).

그렇지만 긍정적 자세가 가져다주는 유익함에도 한계가 있다. 예를 들어, 행복하지 않을 때 행복한 것처럼 단순하게 행동하는 것은 좋은 생각이 아닐 수도 있다. 부정적인 정서를 막거나 억제하는 노력은 몇 가지 단기적 이득을 가져다줄지 모르지만, 장기적으로는 건강에 해로울 수 있다(Salovey, Rothman, Detweiler, & Steward, 2000). 류머티스성 관절염으로 고통을 받고 있는 사람들 중 스트레스 사건에 대해 이야기를 많이 하는 사람들이 이야기를 덜 하는 사람들보다 치료 성과가 더 좋은 경향이 있음을 연구에서 발견하였다(Kelley, Lumley, & Leisen, 1997). 그리고 페니베이커(James Pennebaker, 1995)는 스트레스 경험에 관해서 며칠 동안 편지를 쓴 사람들이 그러지 않은 사람들보다 건강 성과가 더 좋았음을 보여 주었다. 다른 연구에서는 부정적인 경험에 대한 생각과 느낌을 표현하는 것이 긍정적인 효과가 있을 수 있다고 하였다(Snowdon, Greiner, Kemper, Nanayakkara, & Mortimer, 1999; Snowdon, Greiner, & Markesbery, 2000). 이와 같은 연구 결과는 부정적인 정서를 노출하는 것(심리치료에서처럼)이 긍정적인 신체적 건강과 관련이 있는 반면 부정적인 정서를 방해하는 것은 대체적으로 관련이 없다는 증거와 일치한다(Miller & Cohen, 2001).

물론 대처와 긍정심리학에 관한 몇몇 의문점에 대해서는 아직도 정답을 찾지 못하고 있다. 이러한 의문점 중 하나는 긍정적 기대와 부정적 기대 사이의 최적 균형에 관한 것이다. 즉, 낙관적이 되는 것이 더 바람직한가, 현실적이 되는 것이 더 바람직한가? 낙관주의는 때로는 자기기만과 부주의한 인지처리로 이끌 수도 있지만, 어느 정도의 낙관주의가 없으면 스트레스원에 더 취약해질 수 있다(Schneider, 2001 참조). 또 다른 의문점은 시간이 흐르면서 긍정적 · 부정적 경험이 어떻게 종합적으로 건강에 영향을 미치는가에 관한 것이다. 끝으로, 어떤 부적응적 대처방식은 뿌리가 깊이 박혀 있어서 심리치료로 바꾸기 어려운지(예를 들어, 성격 특성), 어떤 것은 뿌리가 깊지 않아 교육을 통해 바꿀 수 있는지에 대해서 아직도 명확하게 밝혀내지 못하고 있다.

사회적 지지

사회적 지지는 여러 가지 방식으로 정의되어 왔지만(Schradle & Dougher, 1985), 핵심 요소는 보살핌 받고, 사랑받고, 존중받고, 의사소통 및 상호 의무 관계망의 일부로 대접받는 등의 경험인 것으로 보인다(Baumeister & Leary, 1995). 그래서 사회적 지지는 다른 사람들이 있다는 것 그 이상이다. 사회적 지지는 정서적 지지, 피드백, 지도, 조력, 가치 등이 서로 교환되는 관계를 제공한다.

몇몇 연구에서는 일상생활에서 높은 수준의 사회적 지지를 받고 있다고 지각하는 사람들의 경우 스트레스와 질병 간의 관계가 약한 것으로 나타났다(Brannon & Feist, 2006; Sarafino, 005; Staub, 2006). 한 가지 해석은 사회적 지지가 스트레스에 대항하여 완충자로 작용한다는 것이다. 완충자(buffer) 모형은 강력한 스트레스원에 직면한 사람들은 사회적 지지 덕분에 스트레스원의 해로운 영향을 중화시킬 수 있다고 주장한다. 사회적 지지는 또한 자기개방의 기회를 더 많이 제공해 주며, 그럼으로써 친구들이 건설적인 대처 노력에 기운을 북돋아 주기 쉽고, 그 결과로 과도한 음주 같은 자기 파괴적 전략의 기회가 적어진다(Myers, 2000; Thoits, 1986). 요약하면, 사회적 지지를 받고 있다고 지각하고 있는 사

사회적 지지는 심리적 · 신체적 건강을 증진한다.

람은 다른 사람들이 자신을 돌보아 주고 있고 존중해 주고 있다는 믿음을 강화할 수 있다. 그래서 자기효능감 또한 증진되며 스트레스를 다룰 수 있다는 자신감이 높아진다.

때때로 직접효과(direct-effect) 모형이라 부르는 또 다른 견해는 스트레스가 많은 사건을 경험했든 혹은 하지 않았든 관계없이 지지적 관계에 속해 있다는 것이 일반적으로 건강에 유익하기 때문에 사회적 지지가 도움이 된다고 주장하는 것이다(Baumeister & Leary, 1995). 사회적 지지가 명백하게 유익하다는 것에 대한 세 번째 해석은 높은 수준의 지지, 좋은 건강, 낮은 수준의 스트레스 등은 많은 기능 영역에 긍정적 효과를 미치는 사회적 유능감 같은 기저 특성의 영향을 반영한다는 것이다.

물론 세 가지 모형의 조합도 가능할 것이다. 사회적 지지 부족, 특히 정서적 지지 부족이 사람들의 신체적 · 심리적 장애의 위험성(Cohen & Wills, 1985; Kessler, Price, & Wortman, 1985), 심지어 조기 사망의 위험성(House, Robbins, & Metzner, 1982)을 더 높인다는 것은 분명하다.

사회적 지지는 대체로 도움이 되지만 몇 가지 위험을 동반할 수도 있다. 예를 들어, 사회적 지지 네트워크가 조밀할수록 많은 타인에게 노출되며, 따라서 전염성 질병에 더 많이 노출된다. 타인의 도움이 도움을 받는 사람에게 죄책감, 지나친 빚진 느낌, 의존감 등을 남긴다면 사회적 연대가 갈등을 만들어 낼 수도 있다. 만약 도움을 받은 사람이 보답을 하지 못한다면 도움을 준 사람과 장래의 상호작용에서 불리하다고 느낄지도 모른다. 다른 경우는 잠재적으로 도움을 주는 사람들이 잘못할(충고를 너무 많이 하고, 충고를 따르지 않을 때 화를 내는) 경우 도움을 받은 사람들은 침해되었다, 무능력하다, 거부되었다는 등의 느낌을 갖게 된다(Broman, 1993; Cohen, 2004; Malarkey, Kiecolt-Glaser, Pearl, & Glaser, 1994; Wortman & Lehman, 1985).

사회적 지지의 복잡한 특성 때문에 몇몇 연구자들은 사회적 지지, 개인이 사회적 네트워크에 통합된 정도, 사회적 갈등, 사교성 등을 포함하는 사회적 요인의 다양한 측면이 다양한 경로를 통해서 건강과 질병에 긍정적 혹은 부정적으로 작용할 수 있다고 제안한다(Cohen, 2004; Cohen, Gottlieb, & Underwood, 2000).

이 절의 요약 건강심리학자들은 심리적 변인이 어떻게 신체적 질병에 대한 취약성과 회복에 영향을 주는지에 관심을 가지고 있다. 심리적 요인과 관련이 있는 질병들이 점점 많아지고 있기 때문에 건강심리학 분야가 성장하였다. 이러한 요인들 가운데 가장 일반적인 것이 스트레스인데, 이는 외부 사건, 생리적 대응, 개인의 심리적 해석 등이 서로 조합함으로써 일어난 결과다. 스트레스가 미치는 건강손상의 수준에 따라 많은 심리적 변인이 중요한 역할을 한다. 그중에는 대처방식, 성격 특성, 지각된 사회적 지지 등이 있다.

질병에 걸리게 하는 위험요인

이 절의 미리보기

이 절에서는 건강심리학자들이 연구하고 치료를 돕는 가장 중요한 질환인 만성 심장병과 HIV/AIDS에 관한 위험요인을 검증한다.

어떤 개인의 질환을 발달시킬 기회를 높이는 것이라면 어떤 것이든 질환에 대한 위험요인이라 한다. 일부 위험요인들은 유전자 결함, 독성 화학약품 노출 등과 같은 생물학적 · 환경적 조건에서 유래한다(Stokols, 1992). 다른 위험요인들은 건강을 해치는 행동 패턴으로 나타난다. 예를 들어, 흡연, 과식, 운동 부족, 고지방 저섬유 식생활 등은 생명을 위협하는 질환에 걸리게 하는 위험요인인 것으로 확인되었다(VandenBos, DeLeon, & Belar, 1991). 반대로 어떤 행동이나 생활양식은 건강을 증진시키는 경향이 있다. 예를 들어, 아침을 규칙적으로 먹거나, 간식을 거의 먹지 않거나, 규칙적으로 운동을 하거나, 담배를 피우지 않거나, 7~8시간 수면을 하거나, 과음을 하지 않는 사람들은 이러한 행동을 전혀 하지 않는 사람들보다 평균적으로 11년 더 산다(Breslow, 1979).

공격성, 불안, 우울 역시 생리적 각성을 높임으로써, 사회적 지지를 억압함으로써, 그리고 건강한 생활양식 추구를 간섭함으로써 질환에 걸리게 하는 심리적 위험요인으로 작용할 수 있다. 환경적 · 행동적 · 사회적 위험요인들의 다면적 영향을 심혈관 질병 및 HIV/AIDS 같은 몇몇 중대한 질환에서 살펴볼 수 있다.

심혈관 질환에 걸리게 하는 위험요인

북미에서 매년 사망하는 사례의 약 절반이 관상동맥 심장병, 고혈압, 뇌졸중을 포함한 심혈관 질환 때문에 발생한다. 이는 하루에 2,600명 이상 사망하는 것이며, 33초마다 한 명이 사망하는 것이다(Centers for Disease Control, 2001a). 심혈관 질환에 걸리기 쉽게 하는 위험요인 목록은 길며, 대부분이 건강심리학자와 직접적인 연관이 있다. 여기에는 가족력, 인종, 우울, 불안, 비만, 앉아서 일하는 생활양식, 사회적 고립, 적개심, 업무 관련 스트레스 등이 포함된다(Schneiderman, Antoni, Saab, & Ironson, 2001). 스트레스원과 기타 심리적 요인들이 관상동맥 심장병(CHD)에 대해 어떤 역할을 하는지 먼저 살펴보기로 하자.

스트레스원의 역할

심혈관 질환에서 스트레스원이 어떤 역할을 하는지에 대한 가장 강력한 증거는 다양한 유형의 스트레스에 대한 원숭이들의 반응에 관한 연구에서 얻었다(Manuck, Kaplan, Adams, & Clarkson, 1998; Manuck, Kaplan, & Clarkson, 1983). 연구자들은 스트레스로 인한 심혈관 및 내분비 활성도의 증가가 몇 년 동안 계속 반복된다면 심혈관 질환에서 볼 수 있는 것처럼 심장 혹은 주변의 동맥에 여러 변화를 야기할 수 있는지를 알고 싶어 했다. 대답은 '그렇다' 로 나타났다. 스트레스원에 대한 반응으로 심장박동이 가장 크게 증가하였던 동물들은 반응이 극심하지 않았던 동물에 비하여 관상동맥에 노폐물, 즉 콜레스테롤 및 기타 지방성 물질이 유의미하게 더 많았다. 이렇게 노폐물 형성이 더 많아지면 혈액이 동맥을 통해서 몸으로 흐르는 것이 어렵게 되는데, 이것이 심장발작(심장으로 흐르는 혈액이 부족하여 세포조직이 손상되고 때로는 사망에 이르는 것)과 뇌졸중(뇌로 흐르는 혈액이 부족한 것) 같은 임상적 사건의 기저 원인이다.

앞에서 강조한 바와 같이 사람들도 역시 위협적인 자극과 기타 스트레스원에 대해 심장박동이 증가하는 방식으로, 그리고 에피네프린, 노르에피네프린, 기타 스트레스 호르몬 분비와 혈압에 뚜렷한 변화를 보이는 방식으로 반응을 한다(Anderson, 1989; Krantz & Manuck, 1984). 스트레스 자극이 단기간일 때 이러한 변화는 생물학적으로 받아들일 만한데, 다양한 유형의 신체적 위협에 대응(투쟁 혹은 도피 반응)하는 데 필요한 에너지를 이러한 변화가 단기간에 높여 주기 때문이다. 최적 조건에서는 스트레스원이 사라지면 생물학적 기능의 변화가 곧바로 정상으로 되돌아온다. 그러나 스트레스원이 심장의 활성도를 계속 반복적으로 과도하게 자극하면 이러한 정상적인 생물학적 변화는 적응적이지 않을 수 있다.

인종, 가난과 같은 인구학적 변인 역시 심혈관 질환에 걸리게 하는 위험요인과 관련이 있는데(Adler & Matthews, 1994), 주로 건강손상 행동들이 사회경제적 지위와 역행하는 경향이 있기 때문이다. 예를 들어, 흡연은 과도한 음주만큼 교육수준이 낮은 사람들 사이에서 더 흔하다. 교육수준이 낮은 사람들은 직장을 잡기가 쉽지 않으며, 직장을 잡더라도 고위험 직업이거나 고위험도 환경에서 일하게 되기 쉽다. 가난한 동네의 주민들은 부자 동네 사람들보다 비만의 위험이 더 높다(Morland, Diez Roux, & Wing, 2006). 비만도 고혈압과 관상동맥 심장병의 위험도를 한층 높여 준다(예를 들어, Foster & Kendall, 1994).

반면에 관상동맥 심장병은 중국계 및 일본계 미국인들이 유럽계 혹은 아프리카계 미국인들의 약 절반이며, 고혈압은 아프리카계 미국인들이 유럽계 미국인들의 약 두 배가 된다. 남성, 남녀 아프리카계 미국인, 노인들이 모두가 평균 이상의 심장병 그리고 특정한 스트레스원에 대한 평균 이상의 고혈압으로 고통을 받는다. 이러한 차이를 설명할 수 있는 정확한 기제가 아직도 명확하게 밝혀지지는 않았지만, 식사 등의 신체적 요인과 스트레스가 많은 환경에서 사는 것 등의 문화적 요인이 중요한 원인임은 거의 확실하다.

관상동맥 심장병에서의 심리적 요인

앞에서 설명한 것처럼 스트레스원의 영향은 스트레스원을 위협으로 생각하는지 혹은 극복과제로 생각하는지, 통제할 수 있다고 믿는지 등의 심리적 요인으로 조절할 수 있다. 위협적인 것에 직면했을 때 무기력하다는 느낌을 갖는 사람은 훨씬 강렬한 생리적 반응과 정서적 동요를 경험하기 쉽다. 반면에 스트레스원을 극복과제로 여기면서 그에 대처할 수 있다는 자신감이 있는 사람은 생리적 반응과 고통을 적게 경험할지도 모른다(Lazarus & Folkman, 1984).

심리적 요인과 CHD 사이의 관계는 A유형 행동양식 사례에서만큼 복잡할 수 있다(Friedman & Rosenman, 1974). A유형 사람들은 ⓐ폭발적 · 가속적인 언행, ⓑ 고조된 생활 속도, ⓒ 느린 것을 참지 못함, ⓓ 한 번에 여러 가지 활동을 하려 함, ⓔ 자기 자신에게 몰두함, ⓕ 생활에 만족을 느끼지 못함, ⓖ업적을 수치로 평가함, ⓗ 경쟁심, ⓘ 왠지 모르는 적개심 등을 나타내는 사람들이라고 설명한다(Matthews, 1982). A유형 사람들과는 대조적으로 B유형 사람들은 좀 더 느긋하며 시간의 압력을 덜 느낀다. 그들은 덜 경쟁적, 덜 통제적, 덜 적대적으로 보인다.

초기의 연구에서 A유형 행동이 CHD에 걸리는 데 중요한 위험인자임이 밝혀졌다. 예를 들어, WCGS(Western Collaborative Group Study)에서는 39~59세 사이에 있는 3,500명 남성들을 A유형과 B유형으로 분리하였다. 8.5년의 연구기간 동안에 심장발작으로 고통을 받았던 257명 가운데 178명(69%)이 A유형이었다. 다시 말해, A유형은 B유형보다 심장발작의 발생 가능성이 두 배가 넘었다(Rosenman et al., 1975). 심장병에 관한 가족력, 고콜레스테롤, 고혈압, 흡연 등과 같은 몇몇 다른 위험요인을 통계적으로 통제한 이후에도 CHD 위험에 미치는 A유형의 영향은 남아 있었다.

심장병에 미치는 A유형의 영향은 모든 성별과 문화에서 나타난다. 예를 들어, 일본인 남녀를 대상으로 하여 치명적이지 않은 심장발작을 겪고 있는 290명과 건강한 489명의 성격 특성을 비교하였는데(Yoshimasu & Fukuoka Heart Study Group, 2001), A유형 행동양식은 특히 일본 여성에게서 심장병 위험과 상당히 밀접한 관련이 있었다.

그렇지만 지금은 A유형 양식과 CHD 사이의 관련성이 처음 생각했던 것보다 훨씬 더 복잡하다는 것을 알게 되었다. 첫째, A유형이라는 것이 심장발작이나 다른 형태의 CHD로 고통을 받기가 훨씬 쉽다는 뜻은 아니다. WCGS 연구에서 A유형이 CHD에 걸릴 가능성이 B유형의 2배였지만, A유형의 거의 대부분은 전혀 CHD에 걸리지 않았다는 점을 주목하라. 다른 연구자들이 WCGS 표본을 조심스럽게 분석한 결과, A유형 행동의 모든 점이 CHD에 걸리게 하는 위험요인은 아니라고 했다(Cohen & Reed, 1985; Eaker, Abbott, & Kannel, 1989; Miller et al., 1991; Ragland & Brand, 1988). A유형 양식 가운데 가장 건강에 위협이 되는 점은 적개심으로 보이는데, 모든 A유형이 적개심을 보이지는 않는다(Birks & Roger, 2000; Williams & Barefoot, 1988; Williams, 2001). 이에 따라 최근의 연구는 전반적인 A유형 양식에 초점을 맞추지 않고, 위험요인과 구체적인 연관성을 가진 성격이나 행동의 다른 요소들, 그리고 적개심에 좀 더 치중하고 있다. 적대적인 사람들이 덜 적대적인 사람들보다 스트레스에 대해 상당히 강한 생리적 대응을 보인다는 것이 밝혀졌다(Rozanski, Blumenthal, & Kaplan, 1999). 좀 더 구체적으로 살펴보면, 그들은 아주 두드러지게 대인관계 스트레스원에 대해 높은 수준의 심혈관 반응도를 보인다(Miller et al., 1998; Suls & Wang, 1993).

우울증도 CHD에 중요한 역할을 한다. 심근경색(흔히 심장발작이라고 알려진)이 있었던 사람들 가운데 우울증이 있는 사람들이 20%에 가까우며, 27%는 일부 우울 증상을 보이고 있다(Burg & Abrams, 2001). 다른 요인들(예를 들어, 심장병력)을 통제하더라도 우울한 사람들은 심장발작 후 장기적 치료 성과가 빈약한 경향이 있다. 우울증은 처음부터 건강한 사람들에게도 심혈관 질병에 걸릴 위험을 높여 준다(Rugulies, 2003; Wulsin & Singal, 2003). 실제로 우울증은 많은 만성질병에 심각한 문제다(Zheng et al., 1997). 우울증은 또 다른 질병을 만들어 내기 쉬운 생활양식을 선택하는 것과도 연관이 있기 때문에 종합적 치료 계획의 일부로서 우울증을 치료하는 것이 필수적이다.

HIV/AIDS에 걸리게 하는 위험요인

미국에서 1백만 명가량이 HIV, 즉 후천성 면역결핍증(AIDS)의 원인 바이러스에 감염되었다고 추산되고 있다. 2000년 현재 미국에서 77만 건이 넘는 AIDS 사례들이 보고된 바 있다(Centers for Disease Control, 2001b). AIDS의 감염률이 낮아지고는 있지만 미국에서는 아직도 매년 4만 명 이상이 감염되고 있다(Glynn & Rhodes, 2005). 동성애 남성들과 정맥주사식 마약을 쓰는 사람들이 감염 위험이 가장 높지만, HIV 감염 발생은 오히려 저소득 흑인들과 히스패닉계 미국 청소년들 사이의 이성 간 접촉을 통해서 늘고 있다. 미국에서 감염된 사람들의 약 1/4이 자신들이 HIV 양성인 줄도 모르고 있다(Glynn & Rhodes, 2005). 안타깝게도, 다른 나라에서는 이 문제가 더 심각하다. 전 세계적으로 3,600만 명 이상의 사람들이 HIV/AIDS에 걸린 채 살고 있다고 추산되고 있으며, 그 가운데 여성이 47%이고, 95%가 아프리카의 개발도상 국가들과 기타 제3세계 국가들에서 살고 있다(Centers for Disease Control, 2001c).

몇 가지 위험한 행동양식만 피하면 거의 대부분의 AIDS 사례를 예방할 수 있다는 사실에 관심을 모을 수 있도록 건강심리학자들은 노력해 왔다. 위험한 행동으로는 ⓐ 콘돔이나 기타 보호도구를 사용하지 않은 성행위, ⓑ 여러 명의 상대들 혹은 성적 이력을 알지 못하는 상대들과의 성적 접촉, ⓒ 콘돔 사용이 필수적이라는 판단을 제대로 하지 못하게 만드는 알코올이나 기타 마약의 과도한 복용, ⓓ 정맥주사식 마약을 사용하는 사람들끼리의 주사기 공유 등이 있다. 스트레스도 역시 AIDS(다른 많은 질병에 걸리게 하는 것처럼)에 대한 위험요인이다. 왜냐하면 마약 사용 혹은 무방비 상태에서의 성접촉 같은 건강 파괴적인 행동과 충동적 행동을 피해야 한다는 사실에 대한 주의를 산만하게 만들기 때문이다(예를 들어, Testa & Collins, 1997).

이 절의 요약 건강심리학자들은 위험요인들이 어떤 조합을 이룰 때 특정한 질병이 발생하는지를 알아내려고 한다. 수많은 사람에게 영향을 미치기 때문에 심혈관계 질환과 HIV/AIDS에 대한 관심이 특히 높았다. 심혈관계 질환에서는 인구학적 변인들이 중요한 역할을 하지만, 사회적 지지에 대한 지각, 적개심, 우울 등과 같은 심리사회적 요인들도 원인이 되고 있다. HIV/AIDS에 걸리게 하는 위험요인들은 성활동 및 마약 사용과 연관된 행동들과 강력하게 관련되어 있다.

질병 예방과 치료 프로그램

이 절의 미리보기

이 절에서는 건강심리학자가 의사, 건강교육자, 다른 전문가들과 함께 다양한 질환을 예방하고 치료하는 프로그램을 개발하는 일에 어떻게 협동하고 있는지를 설명한다. 일반적으로 예방 프로그램들은 특정한 사람들을 대상으로 하여 행동적·심리적 위험요인을 줄이도록 설계되어 있는 반면, 치료 프로그램들은 개인이나 소집단으로 구성된 의료 환자들이 질환의 증상을 최소화하거나 혹은 그에 대처하도록 돕는 데 초점을 두고 있다. 여기서는 심혈관계 질환, 동통, 암, HIV/AIDS 등에 건강심리학이 어떻게 개입하는지를 집중 조명한다.

심혈관계 질환

앞에서 설명한 것처럼 현재 CHD나 고혈압이 없는 많은 사람도 그들의 건강 파괴적 행동 때문에, 그리고 특정한 인지적 · 심리적 요인들 때문에 이러한 질병에 걸릴 위험에 놓여 있다. 그들은 위험요인을 감소하기 위해 설계된 예방적 개입으로 이득을 볼 수 있다.

예를 들어, A유형 행동양식을 줄이기 위해 몇몇 치료 프로그램이 개발되었다(Nunes, Frank, & Kornfeld, 1987; Thoresen & Powell, 1992). 관상동맥질환 재발예방 프로젝트(Recurrent Coronary Prevention Project)에서는 이미 심장발작을 경험한 적이 있는 800명 이상의 환자들이 3년 동안 정기적으로 상담을 받았다(Friedman et al., 1986). 그중 어떤 사람들에게는 식이요법, 운동, 흡연 습관을 바꾸는 것이 중요하며, 약물처방에 순응하는 것이 중요하다는 것에 상담의 초점을 맞추었다. 다른 사람들은 이러한 상담 이외에도 A유형 양식을 어떻게 줄일 수 있는지에 관한 조언도 함께 받았다. 3년 프로그램을 마친 후, 상담과 A유형 행동양식 수정 회기에 규칙적으로 참여한 환자들 가운데 7.2%만이 심장발작이 재발하였다. 상담만 받았던 환자들에서는 13.2%가 심장발작을 겪었다. 이용 가능한 많은 기법 가운데 이완훈련(8장 '행동적 및 인지-행동적 심리치료' 참조), 자기 관찰, 대처기술훈련 등이 A유형 행동양식을 바꾸게 하는 데 가장 효과가 큰 것으로 나타났다. 앞에서 설명한 바와 같이, 오늘날에는 A유형 전체가 아니라 대부분 적개심이나 우울 같은 특정한 요인에 초점을 맞추고 있다.

CHD 예방을 위한 또 다른 접근방법으로, 건강심리학자들은 흡연 및 기타 해로운 습관을 제거하고 규칙적인 운동, 저지방 식사, 기타 건강한 습관을 증진시키는 목적을 가진 프로그램을 개발하였다(예를 들어, Jeffery, 1988). 이 프로그램들 가운데 일부는 비만 같은 특정 위험요인 하나에 초점을 맞추고 있으며, 다른 프로그램들은 몇 가지 위험요인을 한꺼번에 다루고 있다. 직장의 개입이 유행처럼 되었다. 왜냐하면 이러한 개입이 건강관리 비용을 낮춘다고 기업체들이 믿기 때문이고, 직장기반 건강증진 프로그램에서 동기적 · 환경적 변인들을 통제하면서 검증할 수 있다는 것을 연구자들이 알기 때문이다(Glasgow & Terborg, 1988). 공동체 기반 및 인터넷 기반 방식들도 역시 시도되었는데, 그중 몇몇은 환자들의 행동을 변화시키는 데 성공하였다(Bull, Gaglio, Garth, & Glasgow, 2005; Glasgow et al., 2006). 다중성분 예방 프로그램 가운데 뛰어난 사례는 다중 위험요인 개입시도(Multiple Risk Factor Intervention Trial: MRFIT, 1982)다. 이 프로그램은 수천 명의 고위험 개인을 대상으로 하여 혈압, 흡연, 혈중 콜레스테롤을 낮추려고 하는 것이다. 다른 예방프로그램들은 학교에 기반을 두었다. 예를 들어, 핀란드의 노스카렐리아(North Karelia) 프로젝트(Williams, Arnold, & Wynder, 1977)와 미네소타 심장건강 프로그램(Minnesota Heart Health Program; Blackburn et al., 1984)은 아동과 청소년에 대한 개입에 초점을 두고 있다. 노스카렐리아 프로젝트는 관상동맥 심장병 사망 사례를 25년 동안에 73%나 감소시킬 수 있었다고 보고하였지만(Puska, 1999), 다른 프로그램들은 그만큼 성공적이지 못했다(Ebrahim, Beswick, Burke, & Smith, 2006).

동 통

동통은 의료환자들이 경험하는 가장 흔한 단일 신체적 증상일 것이며(Turk & Rudy, 1990), 그래서 많은 장애를 다룰 때 동통관리는 중요한 심리학적 개입의 대상이 된다. 건강심리학자는 만성적 동통 상태, 두통, 류머티스성 관절염에 동통 연구와 치료의 초점을 맞추어 왔다(Keefe, Abernethy, & Campbell, 2005). 그들의 목표는 환자들이 동통을 덜 지각하고, 만성적 동통 상태와 연관된 심리적 고통에 대처하며, 일상기능의 손상을 줄이고, 만성적 동통과 함께 살아갈 수 있는 효과적인 전략을 개발하도록 돕는 것이다.

두통과 만성적 동통에 대해서는 바이오피드백과 이완훈련 방법이 많은 성공 사례를 기록하고 있으며, 인지-행동적 기법도 역시 효과가 있다고 판명되었다(예를 들어, Azar, 1996; Blanchard, 1992). 관절염 동통은 대개 스트레스 관리와 인지-행동적 심리치료 기

건강심리학자들은 만성적 동통을 이겨내도록 환자를 돕고 있다.

법으로 효과적으로 치료되었다(Young, 1992). 이 치료들은 관절염과 연관된 일반적인 신체적 장해에 대해서도 긍정적인 효과가 있었다. 건강심리학 분야에서 일하는 임상가도 환상통(phantom pain)을 다루는데, 환상통은 수족을 잃은 사람들이 때로 경험하는 것이다. 환상통도 치료하기가 무척 어려운 것으로, 부분적으로는 그 원인을 알지 못하기 때문이다. 명백하게 성공적인 한 접근은 환자가 거울과 기타 도구가 제공한 시각적 단서를 가지고 없어진 수족을 움직이는 활동을 상상하는 점진적 운동심상법(graded motor imagery)이라는 행동주의적 치료를 사용한 연구에 기술되어 있다. 이 연구에 참여한 환자들은 약물이나 다른 동통 통제방법으로는 듣지 않던 환지통(phantom limb pain)을 크게 줄일 수 있었다(Moseley, 2006).

암

다양한 방향에서 암에 접근하기 위해 건강심리학자들이 수많은 개입을 개발하였다(Anderson, 1992; Baum, Reveson, & Singer, 2001). 그들의 목표는 암 환자들이 ⓐ 질병을 이해하고 더 적극적으로 직면하도록, ⓑ 질병과 연관된 스트레스에 더 효과적으로 대처하도록, ⓒ 정서적으로 지지를 받을 수 있는 관계를 발달시켜 그들의 두려움과 기타 정서를 표출할 수 있도록 도움으로써 삶의 질을 개선하도록 하는 것이다(Andersen, 1992). 이완훈련, 최면, 스트레스 관리, 인지적 재구조화 같은 행동적 기법들이 아주 유용하다고 판명되었다. 예를 들어, 최근 연구는 유방암 환자들에 대한 집단심리치료법이 스트레스와 불안을 줄이고, 사회적 지지에 대한 지각을 개선하고, 흡연을 줄이고, 식사 습관을 개선하는 결과를 가져왔다. 따라서 생물학적 지표도 개선되었을 것이라고 보고하였다(Andersen et al., 2004).

건강심리학자들은 점진적 이완기술을 가르쳐 주는 등의 방법을 통해 암 환자들이 병과 약물의 부작용에 대처할 수 있도록 돕는다.

건강심리학자들이 암 환자들과 하는 또 다른 작업에는 화학요법 때문에 때때로 발생하는 심각한 메스꺼움과 구토를 다루는 것이다. 화학요법 치료를 몇 번 받은 뒤에 어떤 환자들은 약물을 받기도 전에 구역질이 나는 조건반응을 한다. 예기적 구역질(anticipatory nausea)이라 하는 이러한 반응 때문에 어떤 환자들은 생명을 구해 주는 치료의 중단을 원하기도 한다. 예기적 구역질과 구토를 줄이거나 예방하는 데 있어서 표준적인 진토제가 효과적이지 않다고 판명되었으며, 그래서 심상법 지도가 가미된 이완훈련, 체계적 둔감법, 점진적 근육이완법, 바이오피드백 등과 같은 행동주의적 치료들로 주의를 돌리게 되었다(Figueroa-Moseley et al., 2007; Redd et al., 1987).

교육적 프로그램들, 다양한 지지적인 개인 및 집단 심리치료 같은 수많은 심리적 개입이 많은 암 환자의 정신적 · 신체적 안녕을 개선하는 것으로 나타났다(Andersen et al., 2004; Fawzy et al., 1995; Goodwin et al., 2001; Helgeson, Cohen, & Fritz, 1998).

HIV/AIDS

건강심리학자들은 HIV 감염의 위험요인으로 알려진 무방비 상태에서의 성적 접촉과 주사기 공용을 줄이도록 설계된 프로그램을 사용하여 AIDS를 예방하는 일을 하고 있다(예를 들어, Bowen & Trotter, 1995; Kalichman, Cherry, & Browne-Sperling, 1999; Taylor, 2005).

흑인 미국 십대를 대상으로 한 HIV 감염 위험에 관한 HIV/AIDS 프로그램에서는 참여자들이 두 반에 무선 할당되었다. 한 반은 단 1회기에 HIV 전파와 예방에 관한 기초를 다루는 반이었으며, 다른 한 반은 8회기 프로그램으로 다른 반과 동일한 기초 정보에 더하여 행동기술훈련, 역할극, 성적 금욕, 안전한 성접촉, 안전하지 않은 성접촉에 가담하라는 압력에 저항하기 등에 대한 집단적 지지의 내용을 다루었다(St. Lawrence, Brasfield, Jefferson, Alleyne, & O'Bannon, 1995). 행동적 기술집단에 배정된 십대들은 1회기 집단에 배정된 십대보다 무방비 상태에서의 성교율을 훨씬 더 줄였으며, 1년 후까지도 이러한 차이가 계속 분명하게 유지되었다. 게다가 이 연구가 시작될 때 성적으로 금욕하고 있던 십대 가운데 행동훈련 프로그램에 들어 있던 십대의 88.5%가 추후검사에서도 금욕을 유지하였던 것에 반하여, 1회기 정보 제공반에서는 69%만이 금욕을 유지하고 있었다. 도심 저소득층 구역에 사는 흑인 미국인 성인 여성을 대상으로 한 비슷한 프로그램이 성공적이었다는 사례가 보고된 바 있다(예를 들어, Kalichman, Rompa, & Coley, 1996). 콘돔 사용과 기타 안전한 성접촉을 촉진하기 위한 다른 프로그램에서는 역할극, 행동시연, 문제해결기법을 배우는 12회기 집단에 동성애 남성들이 참여하였다. 훈련을 받지 않은 동성애 남성들로 이루어진 통제집단과 비교해 보면, 프로그램에 참여한 사람들은 콘돔 사용, 강제적인 성접촉에 대한 저항, AIDS 위험에 관한 지식이 매우 크게 증진되었다(Kelly, St. Lawrence, Hood, & Brasfield, 1989).

많은 미국의 대도시에서 건강심리학자의 도움으로 AIDS 교육 프로그램, 깨끗한 바늘 교환 프로그램, 콘돔 배포, 안전한 성생활을 권장하는 대중홍보운동 등을 운영하였다(Kelly & Murphy, 1992; Koester et al., 2007). 여성들의 AIDS 위험도가 급격하게 높아지고 있는 사하라 사막 이남의 아프리카, 아시아, 카리브해 연안의 일부 다른 나라에도 AIDS 예방 프로그램들이 많이 있다(Canning, 2006). 이들 나라에서 AIDS 예방 프로그램의 주요 목표는 여성들에게 ⓐHIV 전파에 관해 배우기, ⓑ 자신들의 성생활에서 더 많은 통제권을 행사하기, ⓒ 여성용 콘돔 혹은 질 살균제와 같은 보조도구 준비하기, ⓓ 남성들에게 경제적으로 덜 의존적이 됨으로써 강제적인 혹은 상업적인 성행동에 덜 종속되기 등을 할 수 있는 능력을 키워 주는 것이다.

HIV/AIDS 환자들과 작업하는 건강심리학자들의 또 다른 중요한 연구 영역은 환자들의 대처기술과 삶의 질을 향상시키는 방법을 개발하는 것이다. 한 프로그램에서는 HIV/AIDS에 감염된 남성 233명과 여성 99명을 무선 할당하였는데, 한 집단은 보다 안전하게 성접촉을 하는 데 초점을 둔 5회기 집단개입과정이었으며, 다른 한 집단은 5회기 건강유지 지지집단(표준관리 비교)이었다. 안전한 성접촉 개입집단에서는 정보, 동기, 행동적 기술을 강조하였다. 6개월 후 추적검사에서 성에 보다 안전하게 접촉하는 개입과정에 참여하였던 사람들은 무방비 상태에서의 성교는 크게 줄었고 콘돔 사용은 크게 늘었다(Kalichman et al., 2001). 다른 심리적 개입은 환자들이 HIV/AIDS 자체에 대처하는 것을 돕는 것이다. 이러한 개입에 관한 연구에서는 HIV 양성 환자들의 우울증을 치료하는 다양한 종류의 개인심리치료들의 효과를 비교하였다(Markowitz et al., 1998). 이 연구에서 인지-행동적 치료자는 내담자들이 자신들의 인지적 평가를 재구성하고 비합리적 사고를 보다 합리적인 것으로 대체하도록 돕는 데 초점을 맞추었다. 대인관계 치료자들은 기분에 초점을 맞추면서 내담자가 기분을 환경사건 및 사회적 역할과 관련시키도록 도와주었다. 지지적 치료는 내담자 중심 심리치료에 우울증에 관한 교육적 내용을 추가한 것이다. 다른 집단은 지지적 심리치료와 항우울제인 이미프라민을 복용하였다. 우울증은 모든 심리치료 집단에서 감소하였으나, 대인관계 심리치료, 그리고 지지적 심리치료와 함께 약물복용을 한 경우에서 가장 많이 감소하였다.

HIV 양성 환자들에 대한 심리치료가 AIDS의 진행 속도를 느리게 할 수 있을까? 이 문제에 관한 연구에서 HIV 양성인 남성 54명을 약물복용에 잘 순응하도록 하는 훈련 프로그램에, 다른 76명은 앞과 동일한 훈련 프로그램에 인지-행동적 개입 한 가지를 더 받는 프로그램에 무선 할당하였다(Antoni et al., 2006). 연구자들은 심리치료적 개입이 복잡한 의학적 치료 프로그램에 잘 순응하고 그에 효과적으로 대처하도록 환자들을 도울 수 있는지, 그래서 면역기능을 향상시킬 수 있는지를 알고 싶었다. 연구 결과에서 실제로 약물순응 프로그램에 인지-행동적 프로그램을 추가한 경우에는 면역기능이 함께 향상되었으나 순응만 강조하였던 집단은 아무런 변화도 보이지 않았다.

이 절의 요약 건강심리학자들은 위험요인에 관한 지식을 질환 예방 및 치료 프로그램 개발에 사용한다. 예방 프로그램은 학교, 작업장, 기타 공동체 장면에서 시행한다. 치료 관련 프로그램은 일반적으로 환자들이 그 질환에 대처하고 질환의 진행을 느리게 할 수 있도록 돕는 방향으로 설계되었다.

건강심리학 사례

로버트 파인스타인과 매릴린 파인스타인(Rober E. Feinstein & Marilyn Sommer Feinstein, 2001)은 건강심리학자들이 흔히 맞닥뜨리게 되는 경우를 보여 주는 사례를 제시하고 있다. 캐런(Karen)과의 작업에서 아마도 가장 뚜렷한 양상은 의학적 · 심리적으로 연관된 문제가 동시에 발생한다는 것이었다.

42세 여성인 캐런(Karen)은 기혼여성으로 두 아이(한 명은 의붓자식)를 두고 있다. 금연을 도와달라고 상담소를 찾아왔을 때 이미 15kg 과체중이었고, 과음하고 있었으며, 콜레스테롤 수치와 우울 증상이 높았다. 그렇지만 어떤 생활 영역에서는 합리적으로 잘 기능하고 있었다.

캐런의 심리치료자는 그녀를 치료하기 위해서 범이론적 모형(〈표 12-2〉 참조)을 적용하였다(Prochaska et al., 1994). 이 모형은 내담자가 특정 행동을 억제(예를 들어, 흡연) 혹은 수행(예를 들어, 운동)할 준비와 능력이 있는지를 평가하도록 설계되었으며, 이에 따라 개입방식이 구성된다.

이 범이론적 모형은 건강심리학 분야에 있는 몇 가지 모형 중 하나로, 건강과 연관된 행동들을 바꾸겠다는 결심과 같은 인지적 요인에 접근한다(Rothman, 2000 참조). 5단계 모형에서 앞의 세 단계는 변화에 대한 인지적 준비성을 다룬다(Prochaska, DiClemente, & Norcross, 1992).

캐런의 치료 계획은 환자의 과거력에서 시작하였고, 과거력에 있는 항목에 대한 건강 위험요인에 관한 경험적 증거들이 수집되었다. 다양한 환자의 문제를 다루는 데 사용할 수 있는 다양한 방법의 성공 비율에 관한 자료도 점검하였다. 이 자료들은 대체적으로 변화가 얼마나 쉬운지 혹은 어려운지를 어림할 수 있게 해 준다. 캐런과 심리치료자는 캐런이 생각하고 있는 치료의 우선순위, 치료 성공에 대한 희망과 기대에 대해 의논하였다. 예를 들어, 캐런이 직면했던 건강 위협에 비춰 봄으로써 변화에 대한 동기와 기대, 변화를 이룰 수 있는 확률을 고려하였다. 정보에 입각한 공유적 의사결정이라고 알려진 절차를 통해서 캐런과 치료자는 함께 개입 계획을 세웠다.

캐런과 치료자는 그녀의 우울증과 운동 부족에 초점을 맞추면서 일주일에 한 번씩 치료회기를 갖는 프로그램을 시작하기로 결정하였다. 이 목표들을 선택한 이유는 캐런의 과거력과 지금의 상황에서 볼 때 그것들을 다룰 경우 성공 확률이 가장 높을 것으로 생각되었기 때문이다.

캐런의 사례는 건강심리학 치료의 또다른 중요한 면을 보여 준다. 즉, 심리치료자들이 때로는 일반적으로 정의된 임상가의 역할에서 벗어나는 개입을 고려해야 한다는 것이다. 내담자들이 운동을 많이 하도록 돕는 것이 이 영역 가운데 하나다(Pollock, 2001). 이러한 비전통적인 개입이 바람직한 이유는 운동이 인지 재구조화 혹은 정서적 지지 등과 같은 보다 전통적인 개입 못지않게 효과적일 수 있다는 연구 결과 때문이다. 예를 들어, 바비악과 동료들(Babyak et al., 2000)은 운동이 우울 증상을 줄이는 데에는 적어도 항우울제와 비슷한 효과가 있으며, 재발을 예방하는 데에는 오히려 더 효과적이라는 사실을 밝혀냈다.

〈표 12-2〉 평가와 개입을 위한 범이론적 모형

단계	내용
전인식(precontemplation)	건강과 연관이 있는 행동을 문제로 지각하지 않으며, 바꾸려는 의도가 형성되어 있지 않다.
인식(contemplation)	건강과 연관이 있는 행동을 바꿔야 한다고 깨닫고 있으며, 이 문제를 생각하고 있다.
준비(preparation)	변화하려는 강한 의도가 형성되어 있다.
행동(action)	행동을 변화시키고 있다(이 단계에서 재발과 퇴보가 흔히 일어난다).
유지(maintenance)	행동변화가 시작된 이후에는 반드시 특정한 행동을 계속 수행하거나 회피하여야 한다.

출처: J. O. Prochaska, W. E. Velicer, J. S. Rossi, M. G. Goldstein, et al. (1994).

의학적 치료에 대한 순응성

이 절의 미리보기

이 절에서는 건강을 위한 핵심적인 일련의 행동들, 즉 의학적 치료 권고에 대한 순응성을 살펴본다. 또한 건강심리학자들은 투약 불이행의 원인을 찾아내는 일을 돕는다. 그리고 투약 순응을 향상시키기 위한 다양한 개입방법을 개발한다.

질병 예방이나 증상 경감을 목표로 하는 심리학적 개입은 종종 즉각적인 향상을 가져다주지만, 안타깝게도 이러한 변화는 더욱 건강한 생활을 촉진할 수 있을 만큼 충분히 오래 지속되지 않는다(Blanchard, 1994). 행동의 변화를 오래 유지하는 것은 건강심리학 분야에서 아직도 가장 까다로운 문제다. 예를 들어, 금연 프로그램들은 일반적으로 상당히 높은 비율의 금연 효과를 가져오지만, 50% 이상이 1년 안에 흡연을 재개한다(Jason et al., 1995; Shiffman et al., 1996). 비슷한 양상을 비만 치료에서도 볼 수 있다. 비만 치료에 행동수정이 가장 효과적인 심리적 개입이지만, 체중 감량을 유지하고 새로운 식습관을 배우는 것이 대부분의 사람에게는 가장 큰 어려움이다. 그래서 심리적으로 지향된 대부분의 체중감량 개입은 일주일에 약 0.5kg씩의 체중 감량에 성공하지만, 1~2년 이후까지 감량된 체중을 유지하기는 어렵다(Brownell & Wadden, 1992). 심장발작이 온 후에 생활양식을 바꾸려고 할 때에도 비슷한 어려움이 나타난다. 그러한 외상적 사건은 사람들의 생활양식을 영구히 변화시킬 것이라고 생각하는 것이 당연해 보이지만, 심장재활 참여자들의 50% 가까이는 1년 안에 이 프로그램을 중도 포기한다(Burke, Dunbar-Jacob, & Hill, 1997).

의학적 치료의 효과도 치료의 정확성뿐 아니라 환자의 지속적인 협력에도 좌우된다. 의학적 조언과 치료에 환자가 순응하는 정도를 순종성(compliance) 혹은 순응성(adherence)이라고 한다(Rodin & Salovey, 1989). 의학적 치료 효과에 미치는 순응성의 영향에 관한 연구로 분명해진 것은 치료적 조언에 순응하는 것이 중요하다는 것이고, 질병의 심각성과 만성화, 환자의 나이, 처방된 치료의 유형 등이 순응성에 영향을 줄 수 있다는 것이다(DiMatteo, Giordani, Lepper, & Croghan, 2002). 약물복용 불이행은 모든 환자의 반 이상에서 적어도 일시적으로 나타난다(Haynes, 1982). 성인 유럽인들에 대한 조사에서 65%는 처방된 항생물질을 전부 복용하지는 않았으며, 거의 대부분은 나았다고 느꼈기 때문에 약물복용의 모든 과정을 이행하지 않았다고 보고하였다(Branthwaite & Pechere, 1996). 자녀들을 위해 부모가 투약을 준비할 때는 투약 불이행 비율이 낮은 경향이 있으나, 청소년들이 스스로 약물을 복용할 경우 투약 불이행 비율이 80%까지 높을 수 있다(Rickert & Jay, 1995). 실제로 청소년들은 처방약물을 전혀 복용하지 않거나, 처방 지침보다 덜 혹은 더 자주 복용하거나, 약물을 복용할 때 음식과 같이 복용하거나 혹은 알코올과 함께 먹으면 안 된다는 규칙을 무시할 수도 있다. 복잡하고 불쾌하며 생활양식을 근본적으로 바꿔야 하는 치료와 관련된 경우에는 투약 불이행이 특히 흔해지는 경향이 있다. 건강심리학자들은 투약 불이행의 원인을 이해하려는 노력과 순응성을 높이는 개입방법을 개발하는 데 참여해 왔다.

투약 불이행의 원인

투약 불이행의 가장 큰 원인은 의사와 환자 사이의 잘못된 의사소통인 것으로 보인다. 환자들은 질병과 치료에 대한 의사의 설명을 제대로 이해하지 못하는 경우가 많다. 따라서 환자들은 꼭 해야 하는 것이 무엇인지 혼란스러워하거나 설명한 내용을 잊어버린다. 어떤 연구에 의하면 일반진료 환자들은 의사를 만나고 나서 5분 후에 의사가 설명해 준 것의 50%를 잊는다고 한다(Ley, Bradshaw, Eaves, & Walker, 1973).

환자-의사 의사소통의 정서적인 측면도 순응성과 상관이 있다. 의사소통에 문제가 많을 때의 일반적인 양상은 환자가 의사를 향해 적대감을 가지는 것이며, 이때 의사는 환자에게서 철수한다. 순응성 역시 일부 유형의 치료의 복잡함, 불편함, 불쾌함 때문에 낮아질 수 있다. 끝으로 환자가 언제, 무엇을 해야 할지를 기억해 내는 체계를 제대로 갖추지 못했기 때문에 투약 불이행이 나타날 수도 있다.

특히 건강신념 모형(health belief model: HBM)이라 부르는 심리학적 이론(Rosenstock, 1974)이 환자가 약복용을 이행하지 않는 이유를 이해하는 데 도움이 된다(Becker & Maiman, 1975). HBM에 따르면 환자들의 치료 순응 여부는 다음과 같은 요인에 의해 좌우된다. 즉, ⓐ 이 질병 때문에 나타난 지금의 상태를 얼마나 민감하게 지각하는지, 질병의 결과가 얼마나 심각할 것으로 생각하는지, ⓑ 처방된 치료를 정말 효과적이고 실행 가능한 것으로 지각하는지, 아니면 정말 비싸고 어려운 것으로 지각하는지, ⓒ 건강행동을 촉발시킴에 있어 내적 단서들(신체적 증상들)과 외적 단서들(예를 들어, 친구들의 충고)의 영향, ⓓ 앞의 세 요인의 영향을 변경할 수 있는 인구학적 변인과 성격변인 등이다.

순응성을 향상시키는 개입

치료법에 대한 순응성을 높이려는 시도는 세 가지 일반적 접근법으로 나뉠 수 있다. 즉, ⓐ 환자에게 순응성의 중요성을 교육시켜 자신의 건강을 유지하는 데 보다 적극적인 역할을 하게 만들기, ⓑ 더 수월하게 순응할 수 있도록 치료 계획을 수정하기, ⓒ 환자의 순응력을 향상시키기 위하여 자기 관찰, 기억단서, 기타 도구 등의 행동적 · 인지-행동적 기법을 사용하기 등이다(Masur, 1981).

교육

단기치료에 대한 순응성 향상에 직접적이며 효과적인 개입은 환자에게 치료가 어떻게 진행될 것인지를 알려 주는 구두 설명에 더해 분명하고 명백하며 문서로 작성된 지침을 제공하는 것이다. 투약 불이행의 원인과 관리법에 관해 의사들을 교육시키는 것 역시 도움이 될 것이다. 한 연구(Inui, Yourtee, & Williamson, 1976)에서는 순응성을 향상시키는 방법과 HBM에 관한 교육을 받은 의사들의 경우 6개월 후 재평가에서 순응성이 높은 환자들이 많은 것으로 나타났다. 교육은 일부 내담자들이 질병에 대해 가지기 쉬운 부정확한 혹은 천진난만한 이론을 없앨 수도 있다.

치료 계획 수정

순응성을 향상시키는 두 번째 전략은 환자들이 치료 지침을 쉽게 따를 수 있도록 치료를 재조직하는 것이다. 약물복용 시점을 일상생활 습관과 일치시키는 것(예를 들어, 양치

질을 한 직후에 알약을 먹는 것), 매일 여러 번에 나눠 약물을 복용케 하는 것보다는 주사 한 두 번으로 치료해 주는 것, 줄줄이 약봉지에 넣어 주거나 약달력(pill calendar)과 함께 묶음으로 만들어 주는 것, 순응성을 지도하기 위해서 추후검사 방문을 더 자주 하는 것 등이 그 예에 속한다. 이러한 방법들이 가능성이 높아 보였지만(예를 들어, Boczkowski, Zeichner, & DeSanto, 1985), 그중 많은 항목이 서비스 제공자의 제조비용을 높이며 추가 시간을 더 들이게 해서, 이 두 특성이 이 방법의 유용성을 제한하는 경향이 있다.

행동수정

환자들이 약을 잘 복용하거나 치료 계획의 다른 항목을 잘 시행하도록 촉진하기 위하여, 건강심리학자들은 우편엽서 기억촉진, 동기적 면담, 전화, 손목시계 경보, 기타 환경적 단서 등의 방법을 포함한 많은 행동기법을 사용해 왔다(Rickert & Jay, 1995). 건강심리학자들은 또한 환자와 의사 사이의 행동 계약(contingency contracts, 8장에서 설명)을 문서로 정립하였는데, 이것은 보상(예를 들어, 상담면담을 더 편한 시간에 하기)을 받기 위해서는 환자가 어떤 행동을 해야 하는지를 규정해 놓은 것이다. 이러한 계약은 환자와 의사 사이가 더욱 협력적인 관계가 되도록 장려하며, 성공적으로 순응성을 향상시켜 왔다 (Swain & Steckel, 1981).

의학적 절차나 치료와 연관된 불쾌함으로 인한 투약 불이행 감소에도 행동수정 절차가 사용되어 왔다. 이러한 방식 가운데 가장 잘 알려진 예는 화학요법을 받고 있는 암 환자들의 예기적 구역질을 조절하기 위한 행동치료법과 관련하여 이미 앞에서 설명하였다. 다른 예로는 관행적인 백신에 대한 습관적인 두려움을 극복하기 위해 아동들에게 호흡운동과 주의분산기법을 가르치기(Blount et al., 1992), 괴사조직 제거시술을 받고 있는 화상 환자의 동통을 경감시켜 주기 위해 최면술을 사용하기(Patterson, Everett, Burns, & Marvin, 1992), 두려움이 많은 환자가 필요하거나 혹은 회피하고 있던 치과치료를 받도록 이완기법, 체계적 둔감법, 참여적 모방법 등을 사용하기(예를 들어, Kleinknecht & Bernstein, 1978) 등이 있다.

이 절의 요약 건강심리학자들은 개입에 대한 계획을 돕지만, 내담자들이 치료 계획에 순응하도록 격려할 수 있는 방법을 찾는 데에도 적극적으로 참여하고 있다. 치료법이 여러 주 혹은 여러 달로 길어질 때는 이것이 특히 어려울 수 있다. 이 절에서 설명한 몇 가지 질병 사례가 이에 해당한다. 임상가는 순응성을 증진하기 위해서 건강관리 제공자가 치료 계획을 수정하거나 내담자와 의견을 교환하도록 돕고, 순응성 및 투약 불이행과 관련된 요인에 관해서 내담자를 교육하는 것을 돕고, 많은 행동기법을 구사한다.

이 장의 요약

건강심리학은 건강, 질병, 건강문제 대처에 대한 심리적 영향을 연구하는 데 노력을 기울이는 전문 분야다. 이 분야는 행동의학이라는 더 큰 분야와 밀접하게 연관되어 있다. 행동의학은 의학적 장애를 이해하고 치료하는 여러 전문 분야에서 얻은 지식들을 통합하고 있다. 이 두 분야는 신체적 질병에 생물학적 · 심리학적 · 사회적 요인들이 개입되어 있다는 견해를 가진 생물심리사회적 모형을 적용하고 있다. 건강심리학자들은 ⓐ 이러한 요인이 어떻게 작용하여 질병과 건강에 영향을 주는지를 이해하고, ⓑ 질병의 위험요인들과 건강의 보호요인들을 규명하고, ⓒ 건강한 행동을 촉진하고 건강에 해로운 행동을 예방하며, ⓓ 질병을 의학적으로 치료하는 데 이바지할 수 있는 개입을 만들기 위해 노력하고 있다.

스트레스는 일상생활에서의 기능을 붕괴시키거나 붕괴를 위협하는, 스트레스원이라는 환경적 상황을 다룰 때 발생하는 부정적인 정서적 · 생리적 과정이다. 스트레스 반응은 신체적 · 심리적 · 행동적일 수 있다. 신체적 스트레스 반응에는 일반적 적응증후군이 포함된다. 일반적 적응증후군은 경고반응과 함께 시작되며, 만약 스트레스원이 지속되면 저항단계와 소진단계로 이어진다. 스트레스가 지속되면 질병과 싸우는 신체의 면역기능에 면역 억제나 손상이 발생한다. 사회적 지지 체계가 양호한 사람들에게서는 스트레스원의 영향이 감소하는 경향이 있다. 사회적 지지가 부족하면 신체적 장애의 위험이 높아진다.

어떤 병에 걸리는 기회를 높이는 것은 무엇이든지 그 질병의 위험요인이라 한다. 관상동맥 심장병(CHD) 및 암의 위험요인과 관련이 있는 행동에는 흡연, 과식, 운동 부족, 고지방 식이 등이 있다. 스트레스원, 적개심, 우울증도 CHD의 위험요인으로 꼽힌다. 무방비 상태에서의 성행위, 정맥주사형 마약복용자들의 주사기 공유 등은 HIV/AIDS의 위험요인에 속한다.

건강을 위협하는 행동을 변화시키기 위해 건강심리학 분야의 질병예방 프로그램들은 개인, 집단, 공동체와 작업함으로써 심혈관계 질환, 만성적 동통, 암, AIDS, 기타 질환들의 위험요인을 낮추려고 노력하고 있다. 건강심리학자들은 때때로 여러 건강문제가 겹쳐 있는 개인을 치료하기도 하는데, 이때 어떤 상황이 우선적인지를 반드시 결정하여야 한다. 많은 유형의 개입이 초기에는 성공적이지만, 장기적인 행동변화는 특정 영역, 즉 참호 속에 단단히 몸을 숨기고 있는 습관들(예를 들어, 흡연, 물질남용, 과식)과 오랜 기간이 걸려야 나타나는 행동변화의 영역에서는 특히 어렵다.

의학적 치료처방에 대한 환자들의 순응성을 향상시키려는 건강심리학자들의 노력에는 순응성의 중요성에 관해 교육하기, 순응하기 쉽게 치료 계획을 수정하기, 환자들의 순응능력을 향상시켜 주는 행동기법 사용하기 등이 있다.

연구문제

1. 건강심리학이란 무엇인가?
2. 스트레스는 인간의 신경계에 어떻게 영향을 미치는가?
3. 스트레스는 면역 체계에 어떻게 영향을 미치는가?
4. 건강심리학자들은 스트레스를 어떻게 측정하는가?
5. 문제 중심적 대처방식과 정서 중심적 대처방식이란 무엇인가?
6. 스트레스원에 대처할 때 어떤 성격 특성이 도움이 되는 것으로 보이는가?
7. 사회적 지지는 스트레스 경험에 어떻게 영향을 미치는가?
8. 만성적 심장병의 위험요인은 무엇인가?
9. HIV/AIDS의 위험요인은 무엇인가?
10. 만성적 심장병을 예방하기 위해 어떤 심리적 개입이 시도된 바 있는가?
11. 만성적 동통, 암, HIV/AIDS의 예방과 치료에서 건강심리학자의 역할은 무엇인가?
12. 의학적 치료에 대한 투약 불이행에는 어떤 원인이 있는가?
13. 의학적 치료에 대한 순응성을 향상시키기 위해 심리학자들은 어떤 개입을 시도하였는가?

웹사이트

- Health Psychology Division of APA(Division 38): http://www.apa.org/about/division/div38.html
- Home page for the Journal Health Psychology: http://www.apa.org/journals/hea
- Health Psychology and Rehabilitation home page: http://www.healthpsych.com

CHAPTER 13

{임상신경심리학}

Clinical Psychology

이 장의 미리보기

임상신경심리학자들은 뇌의 외상이나 질환으로 신경학적인 기능 이상을 겪고 있는 사람들에 대한 평가를 실시하고 개입을 고안한다. 그들은 또한 정상과 비정상 뇌기능에 대한 연구를 수행하는데, 이는 우울증이나 정신분열병 같은 심리학적 장애에도 도움을 준다. 임상신경심리학은 비교적 새롭게 성장하고 있는 분야다. 전문가는 뇌-행동의 관계에 대해 알아야 하고 이 분야의 독특한 평가와 개입에 대한 다양한 수련을 받아야 한다.

임상 사례

뮤리엘(Muriel)은 운전을 하는 중에 다른 차에 부딪혔다. 그녀는 머리를 부딪히고 정신을 잃었고, 같이 여행 중이던 친구는 죽었다. 결국 그녀는 신체적으로는 완전히 회복되었으나 새로운 문제를 갖게 되었다. 그녀는 대화를 잊어버리고, 약속을 놓치고, 기한을 어기고, 물건을 잃어버리고, 같은 질문을 반복적으로 했다. 당신은 그녀의 새로운 기억문제를 어떻게 설명하겠는가? 몇 가지 가능성을 고려해 볼 수 있을 것이다. 예를 들어, 그녀가 사고에 대해 아직도 혼란스러워하고 친구에 대한 애도나 살아남은 것에 대한 죄책감을 느끼는 것은 아닌지 생각할지도 모른다. 이러한 정서적 동요는 집중력을 손상시키고 망각을 일으킬 수 있다. 그러나 만일 뇌손상이 기억손실을 일으키는 것이라면 그것을 어떻게 알 수 있을까? 당신은 아마도 MRI를 통해 대략적인 뇌손상 부위를 볼 수 있을 것이다. 그러나 MRI 이미지로는 그 손상이 예전 것인지 혹은 최근 것인지를 알 수 없다. 무엇보다도 중요한 것은 당신이 그 손상이 뮤리엘의 현재 문제와 관계가 있는 것인지를 결정해야만 한다는 것이다. 다른 말로 하면, 당신은 사고가 났을 때의 뇌 손상의 위치가 기억손실을 일으킬 수 있는 영역인지를 확인할 필요가 있다. 상황을 더 어렵게 만드는 것은 미시적 혹은 세포수준의 뇌손상이 뇌 조영술로는 발견할 수 없는 심리적 기능을 손상시킬 수 있다는 점이다. 이러한 모든 가능성을 결정하는 것을 돕기 위해, 당신은 뮤리엘을 심리학적으로 평가하고 주의 깊게 정신능력을 검사하기 위한 방법이 필요하다. 이러한 결과 패턴들이 뇌기능 이상을 의미하는지, 만약 그렇다면 어느 위치인지를 결정하기 위해 심리학과 뇌기능에 대한 정교한 지식을 사용해야만 한다. 이런 것들이 신경심리학자들이 수행하는 과업들이다.

신경심리학은 뇌의 처리과정이 어떻게 인간의 행동, 심리적 기능을 가능하게 하는지를 연구하는 분야다(Heilman & Valenstein, 2003). 신경심리학자들은 인지기능(예를 들어, 언어, 기억, 주의, 수학과 시공간 능력), 운동기능(예를 들어, 학습되고 연마된 움직임, 대근육과 세부근육 운동 기술), 정서기능(예를 들어, 동기, 감정을 이해하고 표현하는 능력, 불안, 우울, 다행감), 사회적 기능(예를 들어, 선입견, 사회적 판단, 사회적 정보에 대한 해석), 성격 특질(예를 들어, 외향성, 신경증성), 심리적 장애(예를 들어, 외상후 스트레스 장애, 임상적 우울, 정신분열병) 등 넓은 범위에 걸쳐 인간의 능력 전반에 관심을 두고 있다.

임상신경심리학자들은 개인의 심리적 · 행동적 평가에 관여한다. 그들은 심리적 기능에 대한 주의 깊은 검사를 통해 뇌손상을 암시하는 결함 패턴을 보이는지, 만약 그렇다면 뇌의 어느 영역인지를 알 수 있다. 임상신경심리학자들은 또한 개인 수행의 평균 또는 비슷한 사회교육적 사람들을 검사해서 확립한 규준과 비교하여 심리적 기능손상의 심각도를 수량화하는 데 도움을 줄 수 있다. 신경심리학적 검사에 의해 확인된 결함 패턴은 뇌손상의 원인에 대한 단서를 제공할 수도 있다. 임상신경심리학자들은 뇌손상의 문제가 개인의 사회적·직업적, 그리고 그 밖에 생활의 다른 측면의 능력에 어떻게 영향을 미치는지를 명확히 하는 데 도움을 줄 수 있다. 마지막으로, 임상신경심리학자들은 뇌손상의 영향으로부터의 회복과 재활에 대한 훈련을 처방할 수 있다.

임상신경심리학자는 업무에서 여러 종류의 지식과 기술을 사용해야 한다. 첫째, 그들은 3장 '임상적 평가의 기본 측면', 4장 '면담과 행동관찰', 5장 '임상심리검사'에 걸쳐 기술된 포괄적인 평가기술에 숙달되어야 한다. 신경심리학적 평가는 사회적-가족적 배경, 성격역동, 뇌기능 이상에 따르는 정서적 반응을 포함하는 개인의 전체에 대해 고려해야 한다. 둘째, 임상신경심리학자는 특히 신경심리학적으로 전문적인 평가방법을 사용할 수 있어야 한다. 셋째, 임상신경심리학자는 신경해부학(신경 체계의 구조와 기능에 대한 연구), 신경생리학(신경조직의 화학작용과 신경 체계와 내분비 기능 간의 관계를 포함하여 신경 체계의 생리학에 대한 연구), 신경약물학(신경 체계의 기능에 영향을 주는 약물에 대한 연구)을 포함하는 신경과학을 잘 알고 있어야 한다. 넷째, 임상신경심리학자들은 언어와 지각을 포함한 광범위한 인지능력과 이러한 능력이 시간에 따라 어떻게 발달하고 변하는지에 관해(행동유전학, 전생애심리학) 알아야 한다. 다섯째, 임상신경심리학자들은 뇌기능 이상으로 인한 행동적·심리적 문제와 구조적으로 손상되지 않은 정신병리로 인한 문제를 변별할 수 있어야 한다. 마지막으로 임상심리학에 대한 깊은 이해를 바탕으로 효과적인 재활 프로그램을 만들어야 한다.

신경심리학 발달의 역사

이 절의 미리보기

임상신경심리학의 시작은 뇌의 조직과 기능에 대한 1800년대의 논쟁으로 거슬러 올라간다. 사례 예시와 새로운 평가기법들이 이러한 논쟁의 많은 부분을 해결함에 따라, 신경학적 기능과 기능 이상에 대한 보다 명확한 이해는 임상심리학 내의 전문 영역으로서 신경심리학의 발전을 이끌었다.

비록 포함되는 주제는 심리학의 많은 영역, 실험신경과학, 임상신경학 등과 중복되지만, 신경심리학은 독특한 조사방법과 치료에 대한 접근으로 구별되는 분야로 생각되었다. 현대 신경심리학을 이해하기 위해서는 신경심리학이 어떻게 발전되어 왔는가를 이해하는 것이 중요하다.

초기의 영향

신경심리학은 20세기 중반 동안 분리된 연구 분야로 출현했지만, 그 시작은 특정한 행동과 뇌의 특정 영역의 관계에 대한 19세기의 두 사고 노선이다(Tyler & Malessa, 2000). 한 관점은 해부학자 골(Franz Gall)과 기능의 국재화(localization of function) 개념을 주장한 스푸르자임(Johann Spurzheim)에게서 온 것이다. 논쟁의 여지가 있는 이 관점에 따르면 다른 심리적 기능은 뇌의 다른 영역에 의해 통제된다. 이러한 관점은 오늘날 널리 받아들이고 있다. 골과 스푸르자임이 골상학이라 부르는 더 큰 이론 틀에 그들의 아이디어를 끼워 맞추지 않고 주장했더라면 더 존경받았을 것이다. 골상학자들은 특정 기능이 특정 뇌 영역에 위치한다면, 한 사람이 특정한 기능을 다른 사람보다 더 많이 사용하면 관련된 뇌 영역이 더 커지고 솟아올라 두개골에 부딪힐 것이라고 추론했다. 그러므로 1장 '임상심리학이란 무엇인가'에서 언급되었듯이 골상학은 성격과 지능의 개인차를 두개골 표면의 융기와 굴곡을 측정함으로써 평가할 수 있다고 주장했다. 골상학은 당시 대중적으로 인기를 끌었지만 지지 증거가 부족했기 때문에 대부분의 과학자에게는 무시되었다. 골상학이 신빙성을 잃게 되자 기능의 국재화 개념도 함께 매도되어 잘못된 것으로 인식되었다(Zola-Morgan, 1995).

뇌와 행동에 관한 사고의 대안적 노선은 특정 뇌 영역이 심리적 기능의 통제에서 가장 중요한 것은 아니라고 주장했다. 널리 존경받는 과학자인 플로렌스(Pierre Flourens)는 주의 깊은 실험을 바탕으로 이러한 관점을 제기했다. 예를 들어, 외과 시술로 동물의 뇌 일부를 파괴하고 이러한 손상으로 인한 행동적 결과를 관찰했다. 그는 뇌피질 기능의 국재화가 어느 정도 있음에도 불구하고 대뇌반구의 피질들은 보다 상호 관련된 하나의 단위처럼 기능한다고 결론지었다. 이 관점은 이후에 라실리(Karl Lashley)의 연구에 의해 지지되었는데, 그는 파괴된 영역의 기능을 피질의 다른 영역이 대신 떠맡는다고 주장하였다. 그는 이것을 등위성(equipotentiality)이라고 기술하였다.

결국 행동신경학이 특히 대뇌피질에서 다른 뇌 영역은 실제로 다른 특정한 심리적 기능과 관련된다는 것을 설득력 있게 보여 주었다. 프랑스 외과의사인 브로카(Paul Broca,

1861, 1865)의 유명한 연구 때문에 추는 다시 기능의 국재화로 기울었다. 그는 언어표현(예를 들어, 말하기)이 뇌의 특정한 영역의 통제를 받는다는 것을 발견했다. 그는 부검을 통해 정상 지능을 가지고도 심각한 언어문제를 보였던 환자가 좌측 전두엽에 손상이 있다는 사실을 확인할 수 있었다. 1863년까지 브로카는 여덟 사례를 수집해서 기능의 국재화가 명백하다고 주장하였다. 기능의 국재화에 대한 또 다른 지지는 이탈리아 안과의사인 콰글리노(Antonio Quaglino)와 보렐리(Giambattista Borelli)의 연구다. 그들은 1867년에 주로 우반구 손상으로 인한 뇌출혈 이후에 친숙한 얼굴을 재인하는 능력을 상실한 얼굴실인증(prosopagnosia) 사례를 기술한 논문을 출간했다. 이러한 발견들은 특정 심리적 기능이 특정 뇌 영역에 특별하게 의존한다는 것을 명백하게 드러냈다.

신경심리학적 평가기술의 발달

평가 부문에서 신경심리학자들은 심리적 기능의 구분된 측면을 평가하는 표준화된 검사를 사용한다. 2장 '임상심리학의 과거와 현재'에서 묘사했듯이, 이러한 검사 전통은 비네가 파리에서 뇌손상을 입은 아동들을 평가하기 시작했을 때로 거슬러 올라간다. 그의 검사들은 흔히 현대 지능검사(5장 참조)의 시작으로 생각되지만, 또한 신경심리학적 평가의 기초가 되었다. 오늘날 신경심리학적 기술을 이용해서 평가되는 많은 장애가 비네 시대부터 확인되었는데, 실어증(aphasia, 언어능력의 장애), 실행증(apraxia, 학습된 목표 지향적 운동수행능력의 손상), 실인증(agnosia, 지각적 재인능력의 장애), 기억상실증(amnesia) 등이 포함된다. 러시아에서는 1907년에 뇌손상의 행동적 결과를 연구하기 위해서 신경심리연구소(Psychoneurological Institute)가 설립되었으며, 1900년대 첫 10년 동안 미국에서는 여러 연구자가 뇌손상이 행동에 미치는 효과를 연구하기 위해 신경심리학적 검사를 사용하기 시작하였다.

그중 한 사람이 1935년 시카고 대학에 신경심리학 연구소를 세운 홀스테드(Ward Halstead)다. 그의 중요한 공헌은 실험적 처치가 없는 자연 상태에서 뇌손상 환자를 관찰한 것이다. 이러한 관찰을 통해서 그는 신경심리학적 검사가 평가해야 하는 여러 행동 특성을 확인하고, 기존의 심리검사를 이용하거나 새로운 검사도구를 개발함으로써 보다 철저하게 평가하려는 시도를 하였다. 의뢰된 많은 환자를 검사한 후, 홀스테드는 그 결과를 통제집단과 비교하여 환자집단과 통제집단을 변별할 수 있는 능력에 기초를 둔 종합평가 도구로써 열 가지 측정도구를 선정하였다(Reitan & Davison, 1974). 그의 접근법은 모든 심리적 기능의 모든 중요한 범주(예를 들어, 언어, 기억, 시각적 재인)를 평가하도록 구성된 여러 검사 세트인 종합검사를 사용하는 것이었다. 홀스테드의 첫 번째 대학원생이었던 라이탄(Ralph M. Reitan)은 1951년 인디애나 대학 의료센터에 신경심리학 연구실을 열었다. 라이탄은 웩슬러 지능검사와 MMPI 검사를 추가하고 홀스테드의 종합평가 도구를 개정하였다. 이 종합평가 도구는 홀스테드-라이탄 배터리(Halstead-Reitan battery)로 알려졌고, 오늘날에도 여전히 널리 사용하고 있다.

신경심리학의 기본 연구들과 평가방법은 제2차 세계대전 후 전쟁과 관련된 뇌손상 환자들을 평가할 필요의 일부로서 극적으로 성장했다. 뛰어난 몇몇 신경심리학자들이 구체적인 검사들과 종합평가 도구를 개발하고 타당화했는데(Jones & Butters, 1983), 그중에는 외상적 뇌 부상 환자와 같이 특별한 환자집단에서 사용되도록 특별하게 고안된 것들도 있었다. 또 다른 검사들은 언어기능 상실 같은 구체적 결함을 평가할 목적으로 고안되었다.

분리된 뇌 연구

신경심리학 역사의 또 다른 중요 장면은 캘리포니아 기술연구소의 스페리(Roger Sperry)와 동료들(Sperry, 1961, 1982)의 업적과 관계가 있다. 연구자들은 두 대뇌반구가 서로 정보를 직접적으로 의사소통하게 하는 섬유띠인 뇌량을 절단한 후의 심리학적 효과를 연구했다. 이러한 특별한 외과적 처치는 때때로 약물치료가 효과적이지 못한 간질 환자의 경우, 뇌의 한쪽에서 다른 쪽으로 간질발작이 퍼지는 것을 막고자 할 때 시행된다. 뇌량이 절단되면 두 반구 사이의 직접적인 경로가 없어지게 되는데, 그래서 한쪽 대뇌반구의 활동은 다른 쪽 반구의 활동으로부터 많은 부분 고립되어 진행된다. 복잡한 정보처리에 쓰이는 뇌 조직의 넓은 부위가 이러한 수술로 인해 의사소통이 단절되었음에도 불구하고 1940년대 이전 연구에서는 정상인과 뇌가 분리된 환자 간의 중대한 차이를 찾아내지 못했다. 스페리와 동료들은 분리 뇌와 정상 뇌가 어떻게 다른지를 나타낼 수 있는 새로운 실험절차를 고안했다(예를 들어, Sperry, 1968).

정상집단 연구

분리된 뇌 연구(split-brain research)와 검사기법의 혁신은 정상적인 뇌 조직에 대한 연구를 자극하였다. 그중 많은 연구는 매우 짧은 시간 동안 시각적 자극을 제시하는 도구인 순간노출기(tachistoscope)를 사용하였다. 양쪽 눈을 시각 영역의 가운데로 고정시키고, 고정점의 왼쪽에 짧은 순간 빛을 반짝이면 왼쪽의 시야에만 보인다. 눈과 뇌가 연결된 방식 때문에 공간 왼편의 정보는 처음에 우반구로 보내지고, 오른편에서의 정보는 처음에 좌반구로 보내진다. 그러면 공간의 각각으로부터의 정보는 뇌량 경로 연결을 통해 반구 간에 공유된다.

순간노출 방법을 사용하여 실험자들은 한쪽 반구 또는 다른 쪽 반구에 직접 시각자극을 제시하면서 사람들의 수행 정확성과 반응시간을 측정할 수 있었다. 두 시각 영역에 대한 상대적인 반응 정확도를 측정함으로써 연구자들은 광범위한 인지와 지각과제에 대한 독특한 반구 우월성을 증명하고 확신할 수 있었다(Hellige, 2001).

이 절의 요약 임상신경심리학은 불과 몇 십 년 전에야 구별되는 분야로 출현했으나, 시작은 뇌의 조직화와 기능을 이해하기 위한 초기의 노력으로 거슬러 올라간다. 주요 노력은 ⓐ 특정한 기능에 전문화된 뇌의 특정 영역을 찾는 것, ⓑ 지적 기능 그리고 정상과 비정상 뇌기능의 특정한 영역을 확인하기 위한 검사와 종합검사 도구의 개발, ⓒ 뇌반구 간의 소통의 붕괴와 관련된 장애의 발견, ⓓ 정상 뇌의 기능에 대한 규준정보를 제공하는 기법(순간노출기와 같은)들을 포함한다.

신경심리학의 기본 원리

이 절의 미리보기

여기에서는 뇌가 작용하는 방식에 관한 기본적인 원리를 다룬다. 비록 다양한 기능이 구획화되어 있지만, 다양한 구획 또는 모듈은 다양한 방식으로 상호작용한다. 각 반구는 각각의 전문성이 있지만, 두 반구 모두 대부분의 과업에 관여한다.

뇌-행동관계에 대한 특정 원리들은 신경심리학의 기초다. 여기에서는 임상신경심리학자들이 환자의 뇌기능을 평가하는 방법을 기술하기 전에 그러한 원리를 다시 한 번 검토할 것이다. 이를 위해 자주 언급하는 뇌 영역을 [그림 13-1]에 제시했다.

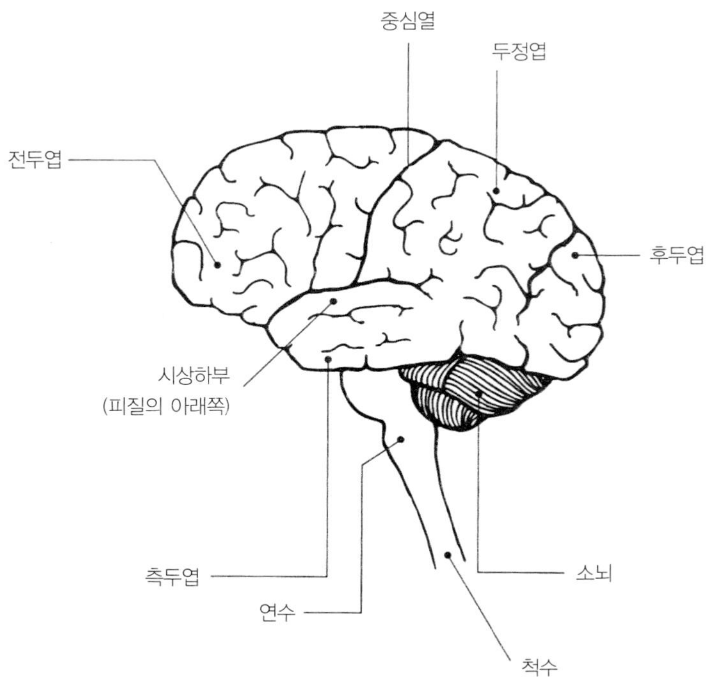

[그림 13-1] 인간 대뇌피질과 기타 뇌의 측면도

대뇌기능의 국재화

앞에서 언급했듯이 뇌의 특정 부분이 특정 행동을 통제한다는 생각은 19세기 말까지 과학자들에게 널리 퍼졌고(Tyler & Malessa, 2000), 이러한 국재화 관점은 오늘날 널리 받아들이고 있다. 국재화된 영역에 대한 것과 영역들이 상호작용하는 방식에 대한 것은 아직 불분명하다.

뇌의 상호 관련성과 뇌기능의 전체성을 강조하는 이론가들은 전체주의자(globalists)로 알려져 있다. 잭슨(John Hughlings Jackson), 래실리(Karl Lashley)와 골드스타인(Kurt Goldstein)이 영향력 있는 전체주의자들 중 3인이다. 반면에 루리아(Alexander Luria)는 뇌의 특수성보다 통합을 강조하는 뇌 조직화 이론을 제안하였다(Glozman, 2007). 루리아의 이론은 뇌가 세 가지 기능적 체계로 조직되어 있다는 것이다. 즉, ⓐ 전체적인 사람의 정상적 정신상태나 의식상태를 조절하는 뇌간(brain stem) 시스템, ⓑ 대뇌피질 뒤쪽 부분에 위치한, 외부세계로부터 정보를 받고 처리하고 저장하는 시스템, ⓒ 주로 피질의 앞쪽 부위에 위치하는 정신적인 활동을 계획하고 조절하고 확인하는 시스템이다. 다른 전체주의자들과 마찬가지로, 루리아도 뇌가 전문화된 '분업' 을 하고 있다고 믿었다. 하지만 그는 이러한 뇌의 다른 영역들이 어떻게 함께 작업을 하는지를 이해하는 것이 중요하다고 강조했다.

모듈 방식

오늘날 신경심리학자들은 특정 기능에 따른 뇌지도를 그릴 때 국재화 견해와 전체주의적 견해를 함께 반영하는 방식으로 한다(Goldberg, 1995; Lezak, Howieson, & Loring, 2004). 예를 들어, 영향력 있는 개념 중의 하나인 모듈 방식(modularity) 개념(Fodor, 1983)은 뇌가 정보를 받고 처리하고 다른 뇌 모듈로 보내는 방식에 있어서 독특한 영역으로 나뉘어 있다고 주장한다. 마치 크고 복잡한 컴퓨터의 많고 다양한 회로판처럼 각기 다른 뇌 영역들은 각기 다른 정보처리 모듈처럼 보인다. 모듈 방식에 따르면 주의(attention) 같은 복잡한 심리적 기능은 하나의 뇌 영역에서 '통제하지' 않는다. 그보다 주의적 기능은 퍼즐에 다른 조각을 맞추는 것처럼 넓게 퍼져 있는 많은 뇌 영역이 연합하여 작업을 하는 수개의 다른 뇌 모듈에 의존하는 것처럼 보인다(Mesulam, 1990). 주의에 대한 다양한 측면들은 한 모듈에 다양한 방식으로 의존하기 때문에, 그 모듈의 손상은 다른 것보다 주의의 한 측면에 영향을 미칠 것이다. 또한 특정 모듈은 몇몇 심리학적 기능이 서로 의존적인 일종의 정보처리를 하기 때문에, 그 기능들이 문제의 모듈에 강하게 의존적이라면 특정 모듈의 손상은 다양한 심리적 기능 결과를 일으킬 수 있다. 많은 다양한 모듈이 주의기능이 의존하는 뇌 영역 네트워크에 관여하기 때문에, 많은 다양한 뇌 영역의 손상은 주의에 어느 정도 영향을 미칠 수 있다.

상호작용의 수준

서로 다른 모듈은 연속해서 이어지는 행동들이 자연스럽게 일어나도록 상호작용한다. 모듈들은 뇌의 구조와 기능 모두를 반영하는 방식으로 조직된다. 따라서 뇌는 전체부터 국소적 범주에 이르는 여러 수준의 체계로 개념화할 수 있다. 예를 들어, [그림 13-1]에서 중심열의 위치와 연합된 다양한 영역을 확인할 수 있다. 이러한 기능들은 우선 입력정보(감각)를 처리하는지 혹은 출력행동(운동)을 프로그래밍하는지에 따라 구분할 수 있다. 또한 형식에 따라 구분할 수도 있다(예를 들어, 시각정보를 처리하는지 또는 청각정보를 처리하는지). 일반적으로 중심열 뒤쪽 영역은 감각정보(예를 들어, 촉각, 압력, 체온, 몸의 자세)를 지각하는 데 더 연관되고, 중심구 앞쪽 영역은 운동 결과를 프로그래밍하는 데 더 연관된다.

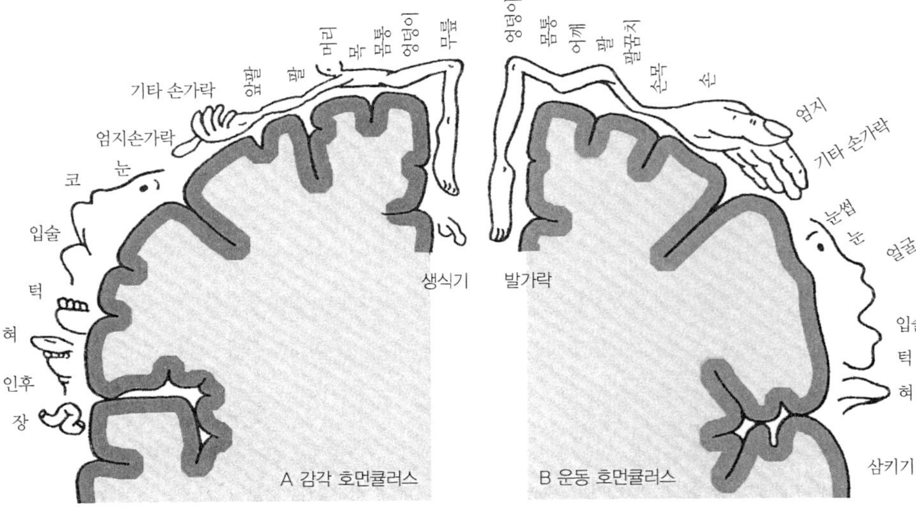

[그림 13-2] 인간 뇌의 감각 영역과 운동 영역

이 지도는 피질에 있는 감각정보를 어디에서 받아들이고(왼쪽) 운동기능을 어디에서 조절하는지(오른쪽)를 보여 준다. 감각정보(혀나 손가락의 끝부분)에 보다 민감한 신체 영역은 덜 민감한 영역(머리의 뒷부분이나 다리의 윗부분)에 비해서 피질에 표상되는 부분이 더 많은 점을 주목하라.

출처: Kandal, Schwartz, & Jessell(1991).

기능의 편측화

앞에서 언급했듯이 대뇌피질은 두 반구로 나누어 있고, 각 반구의 활동은 서로 어느 정도 다른 종류의 기능과 연관되어 있다. 한때 이러한 차이는 '피질 우세성'으로 기술되었다. 왜냐하면 좌반구가 '우세적'이거나 '주요'하게 보일 때 우반구 '비우세적'이거나 '부차적' 으로 보이기 때문이다. 시간이 지나면서 이러한 구별은 잘못된 것임이 밝혀졌다. 스페리와 동료들의 연구는 심리적 생활의 다양한 측면이 뇌의 어느 한쪽에 보다 더 의존적이기도 하지만, 거의 대부분의 심리적 기능에서 뇌의 양쪽이 어느 정도 모두 관여한다는 것을 보여 주었다. 그러므로 좌측이나 우측의 '우세성'이 아니라 '편측화' 로서 심리적 기능을 언급하는 것이 보다 적절하다.

좌반구의 전문화

대부분의 오른손잡이에게는 좌반구가 말을 하고 다른 사람의 말을 이해하는 능력 같은 언어적 처리과정에 전문화되어 있다. 말하기 능력은 매우 강하게 좌반구 편측화되어 있어서 말하기 기제에 우반구는 거의 또는 전혀 직접적으로 사용하지 않는다. 비슷한 뇌 조직화가 왼손잡이에게도 보이지만 오른손잡이만큼 그렇게 일관되지는 않다(Strauss & Wada, 1983). 좌반구가 언어에 전문화되어 있다는 증거는 다양한 자료를 통해 나타난다. 좌반구 손상 환자의 언어 결함을 증명하는 연구(Rasmussen & Milner, 1975)와 더불어, 신경의학적 처치에 대한 많은 자료는 좌반구의 언어능력 전문성을 폭넓게 증명한다. 예를 들어, 뇌수술을 시작하기 전에 신경외과 의사들은 언어에 결정적인 뇌 부위가 어디에 위치하는지 찾아내고 그 영역을 피하려고 한다. 그들은 특정한 영역에 전기적인 자극을 할 때도 이렇게 하는데, 만약 이러한 절차로 인해 환자가 말을 할 수 없게 된다면 그 영역이 언어에 중요하다고 결론짓는다. 그러한 탐색은 좌반구(대체로 우반구가 아닌)에 대한 자극이 언어의 생산과 처리과정을 와해시킨다는 것을 밝혀 주었다. 더 나아가 그 와해는 앞서 검토한 뇌의 특정 부위에 의해 촉진되는 기능의 일반 영역과 일치했다. 그러므로 좌측 측두엽 자극이 언어적 기억기능을 손상시키는 반면, 좌측 전두엽 자극은 말 생산성을 붕괴시킨다(그것이 복잡한 연속운동과 관련되기 때문에).

대뇌의 언어 편측화(lateralization)를 연구하기 위해 종종 사용되는 다른 기술에는 내측경동맥에 소듐 아미탈(sodium amytal)을 주사하는 것을 포함한다(Wada & Rasmussen, 1960). 이러한 절차는 신경심리학자나 신경과 의사가 환자를 검사하는 동안 일시적으로 한쪽 반구를 '잠들게' 하는 것이다. 좌반구가 잠들게 되면 대부분의 오른손잡이들은 말하는 능력을 상실한다(Milner, 1974; Wellmer et al., 2005). 분리 뇌 연구 또한 언어기능의 좌측 편측화에 대한 강력한 증거를 제공하였다. 예를 들어, 뇌량이 절단된 환자를 손에 놓인 사물을 볼 수 없게 만든 스크린 앞에 앉게 한다. 그 사물을 알아맞히기 위해서 환자는 손에서 뇌로 연결된 감각신경을 통해 전달되는 촉각정보에만 의존해야만 한다. 다른 신경경로처럼 이러한 감각신경은 피질에 있는 정보처리 영역에 도달하기 전에 반대편 두뇌로 교차한다. 결과적으로 왼손에서 온 정보는 처음에 우반구의 특정 피질로 보내지고, 오른손에서 온 정보는 좌반구의 특정 피질로 보내진다. 정상 뇌에서 뇌량은 짧은 시간에 반대쪽 반구로 정보를 전달한다. 그러나 이러한 환자들은 뇌량이 절단되었기 때문에 반대편 반구가 손으로 만진 사물에 대한 정보를 얻을 수 있는 유일한 길은 그 사물을 보는 것이다. 스크린이 환자의 시야를 막는다면 어떻게 되겠는가? 스페리와 동료들(예를 들어, Sperry, 1974)은 이러한 환자들이 오른손으로 만진 사물의 이름을 말하는(좌반구에 연결) 데는 장애가 없지만 왼손에 있는 사물의 이름을 말하도록(우반구에 연결) 요구되었을 때는 아무 말도 하지 못한다는 것을 발견했다. 그러나 왼손을 사용하여 사물의 그림을 골라 내도록 하면 그들은 매번 정확하게 해 낼 수 있었다. 이 결과는 우반구가 사물이 무엇인지는 '알고' 있지만, 그것을 언어로 이름 붙이는 것은 할 수 없다는 것을 증명한다. 명백한 결론은 우반구가 입을 다물고 있다는 것, 즉 좌반구에 의해 통제되는 언어기제를 불충분하게 이용한다는 것이다.

우반구의 전문화

비록 말을 하게 하는 시스템의 직접적인 이용은 부족하지만, 우반구의 기능 또한 언어와 의사소통에서 중요한 역할을 하고 있다. 예를 들어, 우반구 손상 환자는 단락의 '핵심', 이야기의 줄거리, 농담의 급소 등을 이해하기 어렵다(Brownell, Potter, Bihrle, & Gardner, 1986; Lehman, 2003; Marini, Carlomagno, Caltagirone, & Nocentini, 2005). 또한 우반구 손상 환자는 은유와 같은 언어적 기교를 이해하기 어렵다. 그래서 그들은 '눈이 빠지도록 울었다.' 와 같은 진술을 문자 그대로 해석하기도 한다(Gardner, Brownell, Wapner, & Michelow, 1983).

우반구 기능은 이러한 높은 수준의 언어적 의사소통을 지원할 뿐만 아니라 사회적 의사소통에도 중요하다. 예를 들어, 언어의 운율 또는 '목소리 톤' 은 우반구에서 나오는 것 같다. 실율증(aprosodia, 정상적 운율기능의 혼란)은 좌반구 손상보다는 우반구 손상 뒤에 나타난다(Schirmer, Alter, Kotz, & Friederici, 2001). 표현성 실율증을 가진 사람은 단조로운 톤으로 이야기하고, 때때로 듣는 사람에게 의도적인 감정내용을 전달하기 위해서는 '화났어' 와 같은 어구를 덧붙여야만 한다. 반면에 수용성 실율증을 가진 사람은 다른 사람 목소리에서 빈정댐이나 분노를 알아채지 못하는데, 이는 불행한 사회적 오해를 일으킬 수 있다.

스페리와 동료들이 보여 준 것처럼 비언어적 의사소통에서는 우반구가 좌반구 언어기능과 같은 지적 수준의 수행을 할 수 있다는 것을 보여 준다. 더욱이 분리 뇌 연구의 가장 큰 공헌 중 하나는 '부차적' 반구라는 호칭을 없애고, 우반구의 고차원적 정보처리 능력을 증명한 것이다. 이제 우리는 우반구가 사회적 · 정서적 의사소통과 관련된 복잡한 신호를 포함한 비언어적 · 공간적인 막대한 정보를 분석하는 데 아주 중요하다는 것을 안다(Baird et al., 2006; Shamay-Tsoory, Tomer, Berger, Goldsher, & Aharon-Peretz, 2005). 무엇보다 대화의 중요한 정보 중에서 일부만이 말하는 내용에 의해 전달된다. 상당히 많은 정보가 어떤 식으로 말했는가에 의해 전해진다. 우반구는 특히 몸짓, 음색, 얼굴 표정, 신체언어와 다른 비언어적 정보를 지각하고 해독하는 데 능숙하다. 그리고 이러한 정보를 일관성 있는 메시지로 잘 통합해 낸다. 그래서 우반구 손상은 때로는 사회적 의사소통에서 극적인 기능장애를 일으킨다(Blair & Cipolotti, 2000).

적절하게 상황을 판단하거나, 다른 사람들과 관계를 맺거나, 사회적 단서를 정확하게 지각하는 것 등에서 우뇌손상을 입은 환자들이 경험하는 어려움은 다른 문제와 혼합된다. 즉, 그들은 종종 자신의 결함을 자각하지 못한다. 신경학적 문제를 자각하는 데 무능력한 이러한 증상을 인식불능증(anosognosia)이라고 한다(Adair, Schwartz, & Barrett, 2003; Babinski, 1914). 이는 자신의 정신기능에 대해 자기 관찰을 하고 일이 잘못되었을 때를 알게 하는 뇌 영역에 손상을 입었기 때문에 일어난다. 그래서 심지어 우반구의 뇌출혈로 심각한 반신부전마비가 온 환자들은 자신의 왼쪽 부분을 전부 혹은 부분적으로 움직일 수 없다는 것을 모르는 것처럼 보인다(Heilman, Barrett, & Adair, 1998). 자신에게 문제가 있다고 지각하지 못한다면 치료적 전략들이 효과적이지 못하기 때문에 장애인식불능증은 재활 프로그램에 있어 심각한 장애물이다(Andersson, Gundersen, & Finset, 1999).

이 절의 요약 뇌기능은 다양한 영역에서 국재화되어 있지만, 이러한 기능들은 완전히 구분되어 있지는 않다. 특정 기능에서 전문화된 뇌 영역 또는 모듈은 종종 정보를 다르게 처리하는 다른 모듈과 상호작용한다. 뇌의 모듈들은 또한 여러 수준에서 서로 연결되어 있다. 조직에 다수의 연결과 다수의 층이 있기 때문에 한 부분의 손상은 특정한 정신기능의 특정한 측면(예를 들어, 주의집중, 시각적 지각)의 손실만을 일으킨다. 어느 한쪽의 손상은 결과적으로 특정한 패턴의 심리적 또는 행동적 결손을 만들어 낸다.

신경심리학적 기능장애의 유형

이 절의 미리보기

뇌의 특정한 부분의 손상은 특정한 심리학적 문제와 연관된다. 여기에서는 손상이 일어난 영역이나 엽에 의해 조정되는 뇌의 기능장애의 행동적 출현을 기술할 것이다.

후두엽 기능장애

시각정보는 두 눈의 망막에서 시상으로 보내지고, 다시 대뇌피질의 후두엽으로 보내진다. 이 경로를 따라 각 단계에서 정보는 해부학적으로 표상된다. 다른 말로 하면, 인접 신경세포들은 시각 영역의 인접 부위에 반응한다. 이런 식의 특정한 감각과 운동 정보의 다른 유형들에 대한 배열은 신체 반대편의 감각 정보와 운동을 표상하는 피질 영역의 상대적 크기를 나타내는 호먼큘러스(homunculus, 글자 그대로 '난쟁이') 같은 익살스러운 지도를 만들어 냈다([그림 13-2] 참조).

후두엽 손상으로 일어나는 가장 일반적인 문제는 실명이다. 두 눈 망막신경의 절반은 뇌의 반대편으로 교차하여 들어가기 때문에 한쪽 후두엽의 손상은 반대편 시각 영역의 실명을 일으킨다. 예를 들어, 오른쪽 후두엽 손상은 왼쪽 시각 영역의 실명을 일으킨다. 후두엽 손상으로 실명한 사람들은 그들이 시각 영역에 영향을 미치는 시각적 감각을 가지고 있지 않다고 말한다. 그러나 신경심리학자들은 이러한 사람들이 일정량의 시각정보 처리를 하고 있다는 것을 증명했다. 실명시력(blind sight)이라 부르는 이러한 현상은 일정량의 시각정보 처리가 의식적 각성 없이 시각피질 외부에서 일어나기 때문에 나타날 수 있다(Stoerig, 2006). 그래서 실명시력이 있는 사람들은 사물이 자신을 향해 빠르게 날아올 때 몸을 피하지만, 자신이 왜 그랬는지는 모른다. 또는 그들은 사물을 보고 있다는 것을 알아차리지 못할지라도 사물의 색깔을 추측할 수 있다.

두정엽 기능장애

실명시력 현상이 시사하는 것처럼 시각정보는 후두엽에 도달하여 처리된 후에 두정엽의 후상 부분의 주변 피질 영역으로 중계된다. 이 영역은 직접적으로 감각기관에서 감각정보를 받지도 않고 근육운동 명령도 내리지 않는 대신에 여러 피질 단위들의 정보를 연결하고 통합하기 때문에 '연합' 영역으로 분류된다.

두정엽 연합피질은 시각과 청각, 감각 입력이 만나는 장소이기 때문에 세계에 대한 통합된 지각을 만들어 내는 데 필수적이다. 특히 두정엽은 환경과 그에 속한 사물들에 대한 지도의 형성을 돕고, 또한 우리의 감각세계 안에서 사물들이 어디에 있고 어떻게 움직이는지에 대한 지속적인 분석을 수행한다. 이러한 전문성 때문에 피질 두정엽은 공간 위치에 대한 주의와 각성에 특별한 역할을 한다(Ungerleider & Mishkin, 1982). 뇌의 좌우반구 중 한쪽 측면에만 두정엽 손상이 있는 환자는 신체의 한쪽 측면과 손상된 반구의 반대편 공간 한쪽을 무시하는 편무시(hemi-neglect)라는 흥미로운 결함을 보인다(Heilman, Watson, & Valenstein, 2003). 예를 들어, 오른쪽 두정엽에 손상이 있는 사람은 접시의 왼쪽 부분에 있는 음식을 먹지 않고, 머리 왼쪽 편의 빗질을 잊어버리며, 셔츠 소매의 왼쪽 단추를 무시한다. 또한 그들은 같은 페이지에서 왼쪽에 쓰인 글을 무시하고, 의사나 가족이 왼쪽에서 접근하면 알아차리지 못한다. 그들은 심지어 상상 속 장면의 왼쪽 면도 알아차리지 못한다(Bisiach, Luzzatti, & Perani, 1979). 편무시는 극단적인 경우 자신의 신체 일부가 다른 사람의 것이라고 믿을 수 있다. 신경학자 삭스(Oliver Sacks, 1990)가 보고한 일화에서는 밤중에 일어난 환자가 자기 다리를 침대 밖으로 내밀치려 했는데, 그것이 낯선 사람의 다리라고 생각했기 때문이다. 편무시 증후군은 오른쪽 두정엽 영역 손상 후에 일반적으로 나타나지만 (아마도 공간정보를 처리하는 데 있어 우반구의 고유한 전문성 때문에) 왼쪽 두정엽 손상 후에도 나타날 수 있다.

임상신경심리학자가 편무시 현상을 평가하는 방법 중 하나는 환자에게 시계나 꽃을 그려 보라고 하는 것이다. 편무시 환자는 시계의 모든 숫자나 꽃의 모든 세부 묘사들을 한쪽 측면에만 그릴 것이다. 편무시에 관한 검사에는 한 페이지에 적혀 있는 글자나 부호를 교차시키거나 선을 가운데서 양분하게 하는 것도 포함된다. 편무시 환자들은 무시되는 쪽의 모양들을 교차하지 않고, 무시되는 쪽의 선은 존재하는 것이 아니기 때문에 중앙에서 벗어난 곳에서 양분한다.

두정엽 기능장애의 다른 가능한 결과는 특히 우반구의 동시실인증(simultanagnosia)이다(Coslett & Safran, 1991). 이러한 상태의 환자는 볼 수는 있지만 한 공간 속에 있는 항목들(items)을 집단화하는 데는 어려움을 느낀다. 핵심적으로 그들은 나무를 볼 수 있지만 숲을 볼 수 없다. 임상신경심리학자는 시공간 기술에 대한 검사를 사용해서 이러한 두정엽 손상이 나타나는지를 평가한다. 예를 들어, [그림 13-3]에서 보이는 것과 같은 '전체-부분' 자극(Navon, 1983)을 환자에게 제시한다.

다음은 이 그림을 본 동시실인증 환자의 반응이다(Shenker, 2005).

검사자: 무엇이 보입니까?

환 자: T, T, T, T…… 계속할까요?

검사자: 그리고 다른 것은?

환 자: T, T, T, T…… 많은 T들이요.

검사자: 다른 글자는 없나요?

환 자: 없어요.

검사자: H는 없나요?

환 자: 네, T밖에 없어요.

검사자: 큰 글자가 없나요?

```
T T T       T T T
T T T       T T T
T T T       T T T
T T T T T T T T T
T T T T T T T T T
T T T T T T T T T
T T T       T T T
T T T       T T T
T T T       T T T
T T T       T T T
```

[그림 13-3] 동시실인증 환자를 위한 '전체-부분' 자극 검사

환　자: 네, 한 글자밖에 안 보이는데요.

검사자: 큰 글자로 H가 없나요?

환　자: 없어요.

검사자: 작은 글자들이 모여서 큰 글자 H를 만들고 있는데요?

환　자: 어떻게 보는지 모르겠어요.

검사자: (손가락으로 H 윤곽을 그려 주며) 이 큰 글자 H가 보이나요?

환　자: 아니요, 안 보여요.

측두엽 기능장애

입력된 시각정보가 두정엽에서 통합되는 동안 같은 정보가 측두엽의 피질 영역에서도 분석된다(Ungerleider & Mishkin, 1982). 측두엽의 후부와 하부의 피질 모듈에서의 이러한 추가적인 분석은 보이는 사물의 정체를 확인하는 것이다. 만약 이러한 영역이 손상되면, 사람은 사물을 볼 수는 있지만 그것이 무엇인지는 인식하지 못할 것이다(Rubens & Benson, 1971). 그래서 시각인식불능증(visual agnosia)이라고 부르는 이러한 문제를 가진 사람은 사과를 보고 '꼭대기에 얇은 돌기가 있는 부드러운 구형'이라고 묘사하지만, 이름을 붙이거나 어디에 쓰이는지와 어디에서 찾을 수 있는지 등을 말하지 못한다. 시각인식불능증은 시각 경로에만 영향을 미치는 문제로 발생한다. 그래서 이 환자들은, 가령 사물을 만지거나 냄새를 맡게 하면 즉각적으로 사물을 인식하고 이름을 붙일 수 있다.

다른 말로 하면, 측두엽의 후부와 하부 손상은 시각으로부터 사물의 정체성을 추출하는 능력에 혼란을 일으키지만, 그 사물이 무엇인가에 대한 보다 일반적인 이해를 파괴하거나 다른 감각으로부터의 입력을 통한 사물의 인식능력을 손상시키지 않는다. 불능증을 가진 사람들은 시각 체계의 특정한 차원에 대해 놀랄 만큼 특수화되기도 한다. 예를 들어, 어떤 환자들은 비생물체(예를 들어, 커피잔, 책, 전등) 인식능력은 남아 있고, 생물체(예를 들어, 나무, 개, 사과) 인식능력은 잃어버린다. 이러한 분리는 뇌가 지식의 상위 특정 범주 사이의 구분에 기여한다는 것을 시사한다(Farah, McMullen, & Meyer, 1991; Kurbat, 1997). 이러한 임상관찰은 인지과학자들의 보다 많은 연구를 자극해 왔다.

측두엽의 특정 영역은 또한 청각정보 처리 같은 다른 심리적 기능에서도 역할을 담당한다. 기억에도 관여하는데, 사실 측두엽 손상의 가장 극적인 효과는 기억의 붕괴다. 예를 들어, 측두엽 앞쪽과 중간 부분의 구조는 뇌를 통틀어 정보를 장기기억 저장으로 변환하는 능력에 있어 핵심적이다. 이 때문에 양쪽 측두엽의 해마를 제거하는 수술을 받은 환자는 새로운 장기기억을 형성할 능력을 잃게 된다(Scoville & Milner, 1957). 얼마나 반복되었는지에 상관없이, 모든 사건은 마치 일어나는 것처럼 인식된다. 이러한 사람들은 앞의 대화를 기억할 수 없고 몇 분 전에 만난 사람의 이름도 기억할 수 없다. 흥미롭게도, 그들의 기억상실은 대부분 의식적인 수준이다. 환자들은 과거에 보았던 특정 사물에 대한 명시적인 각성은 없을지라도, 친숙한 사물에 대한 그들의 반응은 암묵적 기억을 보여 준다. 이러한 암묵기억은 퍼즐 과제의 반복적인 연습 후에 수행이 나아지는 것이나(Verfaellie & Keane, 1997), 친숙한 자극에 대한 심박동이나 피부전도 반응의 변화에서 알 수 있다(Gazzaniga, Fendrich, & Wessinger, 1994; Jacoby & Kelley, 1987; Milner & Rugg, 1992).

측두엽의 다른 구조들은 자극과 사건에 대해 정서적 또는 동기적 의미로 애착을 갖는 것에 있어서 중요하다. 예를 들어, 측두엽 간질이 있는 사람들은 '측두엽 성격'이라 부르는 정서적 특징들의 조합을 보이기도 한다(Bear & Fedio, 1977). 이러한 특성들 중의 하나는 세상의 사건을 개인의 정서적 의미가 스며든 것으로 보려는 경향인데, 이는 마술적 사고나 때로는 편집증적 사고로 이어질 수 있다. 또한 그들은 많은 양의 글을 쓰거나 메모를 하는 경향인 '과잉기록적(hypergraphic)'이라고 묘사되거나, 그들과의 대화를 끊기 어려움을 의미하는 사회적으로 '들러붙는(sticky)' 경향이 있기도 하다.

임상신경심리학자는 벤튼 시각파지검사(Benton's Visual Retention Test), 웩슬러 기억검사(Wechsler Memory Scale), 캘리포니아 언어학습검사(California Verbal Learning Test)와 같은 다양한 기억검사를 이용해서 측두엽 병리와 관련된 문제들을 평가한다. 또한 환자의 왼쪽 측두엽의 기능을 반영하는 언어적 요소에 대한 기억과 오른쪽 측두엽의 기능을 반영하는 시공간적 요소에 대한 기억을 비교한다.

전두엽 기능장애

뇌의 전두엽의 많은 부분은 계획하기 행동에 관여한다. 이러한 종류의 활동은 종종 뇌의 집행기능이라 부르기도 하는데, 기업경영처럼 조직화하기, 감독하기, 분류하기, 전략 세우기, 예측하기, 계획하기, 판단과 결정하기, 자기 조절하기, 새로운 정보 흡수하기, 새로운 상황에 적응하기, 목적 지향적 행동하기 등이 포함되기 때문이다(Miller & Cummings, 2006; Stuss & Alexander, 2000). 이러한 책임감 있는 지위에 어울리게 전두엽은 많은 연합피질을 가지고 있고, 대부분의 뇌 영역 입력을 받는다. 이러한 입력은 반응과 행동에 대한 적절한 결정을 하기 위해서는 환경으로부터 그리고 나머지 신체로부터의 현재 정보를 가능한 한 많이 고려해야 하기 때문에 필요하다. 그리하여 전두엽은 새로운 정보를 이전의 정보와 비교할 수 있고, 그것의 동기적 · 정서적 중요성도 평가할 수 있고, 적절한 일련의 반응을 생산할 수 있다.

전두엽의 손상이 종종 사회적 · 정서적 기능에 심각한 영향을 줄 수 있다는 것은 놀라운 일이 아니다. 고전적인 사례는 1848년에 폭발로 인해 강철봉이 두개골 안으로 들어와 전두엽을 뚫어서 손상을 입은 버몬트의 철도노동자 게이지(Phineas Gage)다([그림 13-4] 참조). 그는 이 외상에서 살아남았을 뿐 아니라 언어, 운동, 그리고 전반적인 지능에도 영향을 받지 않은 것처럼 보였다. 그러나 그의 성격은 변했다. 그는 과거에 책임감 있고 정의롭고 사회적으로 적절한 사람이었으나, 이제는 천박하고 세속적이고 부적절한 말을 불쑥불쑥 내뱉었다. 그는 책임감이 없었고 결정을 하지 못하고 계획에 따라 행동하지 못했다. 그러나 그는 이러한 변화를 별로 인식하지 못하는 것처럼 보였다(Harlow, 1848).

전두엽 손상을 가진 환자들은 계획 세우기와 인지과제의 다양한 요소를 조직화하기 등에서 결함을 보이지만, 그 요소들 자체에서는 그렇지 않다. 에슬링거와 다마지오(Eslinger & Damasio, 1985)는 신경심리학적 종합검사에서는 수행이 손상되지 않았으나, 직업을 유지하거나 집안일을 하거나, 심지어 다음에 무슨 일을 할지 결정하지 못하는 환자의 사례를 보고했다. 그는 지각적인 능력과 지적인 기술에서 전체적으로 능력을 유지하고 있음에도 불구하고 자신에게 유용한 모든 정보를 통합하고 적응적인 방식으로 일상생활에 적용하는 데 실패했다. 이러한 개인들은 또한 목표 지향적 행동을 수행하는 데 문제를

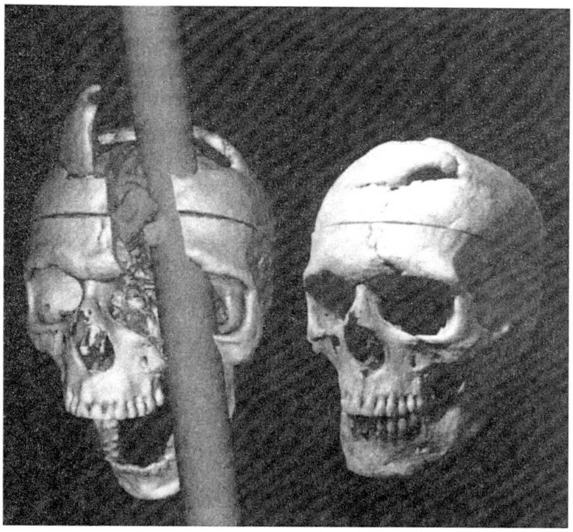

1848년 9월 13일 버몬트 철도공사장에서 길이 110cm, 직경 3cm 쇠철봉이 피니어스 게이지의 두개골을 관통하는 사고가 발생했다. 게이지의 두개골(우측)과 철봉이 두개골을 관통한 형상의 재구성(좌측).

출처: P. Ratiu & I.-F. Talos, 2004, "The Tale of Phineas Gage, Digitally Remastered", *New Emgland Journal of Medicine, 351*, 23.

가지고 있다. 예를 들어, 식사를 준비할 때 그들은 필요한 단계들로 나누기, 각 단계에서 어떻게 할지, 각 단계에서 시간 조절, 보다 적응적인 대안 만들기(예를 들어, 음식이 탈 때) 등에 실패할지도 모른다.

전두엽 손상에 의한 계획하기와 조직화하기의 문제는 특이한 상태를 만들어 낼 수도 있다. 어떤 환자들은 같은 말, 생각, 행동을 반복하는 보속성(perseveration)을 보이기도 한다. 이러한 환자들과는 새로운 주제로의 대화를 이끌어 나가기가 어렵다. 단순히 다른 사람의 말을 흉내 내는 반향언어증(echolalia), 다른 사람의 행동을 따라 하는 동작모방증(echopraxia)을 보이기도 한다. 반면 어떤 환자들은 움직임, 말 또는 즉각적인 상호작용을 내켜하지 않는 의지상실증(abulia)을 나타낸다(Marin & Wilkosz, 2005). 의지상실적인 개인들은 고립과 동기상실을 보인다. 약한 의지상실증 사례의 환자들은 말하기와 행동에 있어서 거의 변화를 보이지 않는다. 극단적인 사례에서는 무동함구증(akinetic mutism)을 나타내기도 하는데, 이는 문자 그대로 움직임도 말도 하지 않는 것이다. 논의한 기능장애의 많은 종류 중 몇 가지가 〈표 13-1〉에 요약되어 있다.

신경심리학적 검사를 사용해서 집행기능의 결함을 확인하는 것은 어려울 수 있다. 검사 절차는 보통 개인에게 일시적인 장면에서 확인하기와 행동하기, 계획하기, 전략 변경하기, 개인의 요구로 제한시간 변경하며 문제 해결하기 등이 포함된다(Goldberg & Bougakov, 2005). 전두엽 기능손상을 평가하는 데 흔히 사용되는 두 가지 검사도구는 위스콘신 카드분류검사(Wisconsin Card Sorting Test)와 홀스테드-라이탄 배터리(Halstead-

〈표 13-1〉 신경심리학 기능장애

기능장애	특징적 증상
실어증(aphasia)	언어능력장애
행동불능증(apraxia)	학습된 목표 지향적 운동의 수행능력 손상
인식불능증(agnosia)	지각적 인식장애
얼굴인식불능증(prosopagnosia)	얼굴 인식 불능
기억상실증(amnesia)	기억장애
실율증(aprosodia)	정상적 운율(목소리 톤) 기능의 손상
질병인식불능증(anosognosia)	신경학적 문제의 인식 불능
편측무시(hemineglect)	손상 반구와 반대 방향의 신체 면이나 공간 면의 무시
반향언어증(echolalia)	다른 사람이 방금 한 말을 따라서 반복
무동함구증(aknetic mutism)	움직임과 말이 없음
실명시력(blindsight)	보인다는 인식은 없으나 움직이는 사물자극에 대해 보이는 것처럼 반응
동시실인증(simultanagnosia)	볼 수는 있으나 한 공간에 있는 항목들을 묶어서 보는 것의 어려움

Reitan Battery) 중 범주검사(Categories Test)다. 이 두 검사는 검사자가 각 시행마다 맞았는지 틀렸는지를 알려 준다. 이러한 피드백은 그들이 정보를 이어 맞추고 범주화할 때 성공적이지 않은 전략을 바꿀 시점임을 알려 주기 위한 신호로 고안되었다. 전두엽 손상을 가진 환자는 성공적이지 않은 전략을 보속적으로 계속 사용한다.

이 절의 요약 다양한 뇌손상과 연관되어 다양한 지각과 행동의 장애가 나타날 수 있다. 후두엽의 손상은 시각적 측면에, 두정엽의 손상은 공간 위치에 대한 주의나 지각에, 측두엽의 손상은 인식, 기억 또는 자기 관련 처리과정에, 그리고 전두엽의 손상은 충동조절, 정서와 그 외 집행기능에 영향을 미칠 수 있는 것 같다.

신경심리학적 평가

이 절의 미리보기

뇌손상의 위치와 증상을 확인하고 재활개입 계획을 세우기 위한 임상신경심리학자의 노력은 항상 평가에서부터 시작된다. 평가에는 표준화된 종합검사나 환자 개인을 위해 특별하게 선택된 개별적 검사들을 포함할 수 있다. 임상신경심리학자들은 자주 의사들과 일하기 때문에 광범위한 의학적 · 신경학적 평가기법에도 친숙해져야만 한다.

임상신경심리학자가 환자를 다루는 첫 단계는 인지적 · 정서적 · 행동적 기능을 평가하는 것이다. 평가는 ⓐ 환자의 결함의 특성과 심각도를 확증하고, ⓑ 그러한 결함이 뇌손상으로부터 온 것일 가능성을 판단하고, ⓒ 손상이 어디에 위치하는지에 대한 지식에 근거한 추측을 제공하고, ⓓ 특정한 질병이나 결함이 나타내는 특정한 패턴에 대한 손상반응을 확인한다. 결함은 정상집단 또는 평균집단에서 밝혀진 수준과 비교할 때 비정상적으로 뒤떨어지는 과제 수행으로 정의된다. 또는 가능하다면 환자 자신의 이전 수행과 비교하는 것이다. 신경심리학적 검사에 더하여, 임상신경심리학자는 철저한 면담을 하고 이전 평가기록을 포함하여 의료기록을 검토한다. 병전 기능과 함께 인구통계학적 · 가족적 · 언어적 · 교육적 이력에 대한 정보는 임상가가 역사적 맥락 내에서 현재 기능수준을 가늠할 수 있게 한다. 뇌손상을 입기 이전의 수행에 대한 결정을 기능에 대한 병전평가라고 한다. 종종 개인의 나이, 교육수준, 직업, 거주지 주소 같은 정보는 개인의 병전기능을 추정하는 데 사용할 수 있다. 동일인에 대한 반복검사는 장애가 얼마나 빨리 진행되고 있는지, 또는 장애가 얼마만큼 일반적인지 혹은 특수한지를 알 수 있다.

임상신경심리학자는 대체로 평가에 대한 두 가지 접근 중 하나를 따른다. 첫 번째는 미리 결정되어 표준화된 종합평가 도구를 모든 환자에게 시행하는 것이다. 앞에서 기술했듯이, 종합평가 도구는 포괄적이며 표준화되어 있어서 연구에 유용하다. 이들은 준전문가가 실시할 수도 있다. 그러나 종합평가 도구는 많은 환자에서 손상되지 않은 기능도 평가하기 때문에 비효율적일 수 있다. 또한 종합평가는 새롭고 잠재적으로 향상된 검사들과의 통합을 위한 개정이 어렵기 때문에 시대에 뒤떨어질 수 있다.

신경심리학적 평가의 두 번째 접근은 개별적인 방법이다. 이는 첫 세트는 모든 환자에게 상례적으로 적용하지만, 다른 검사들의 선택은 처음 세트의 결과를 바탕으로 하고, 가장 관심이 가는 특정한 진단에 대답하기 위해 맞추게 된다. 개별화된 접근을 하는 것은 특정한 문제에 대해 깊이 있는 평가가 가능하고, 최근에 개발된 새로운 검사를 사용할 수도 있고, 그 환자와 가장 관련된 특정한 어려움에 보다 철저하게 초점을 맞출 수 있다. 개별화된 접근법의 한 가지 단점은 검사를 위한 진단적 가설과 그것을 확증하거나 기각하기 위해 필요한 정보를 어떤 검사가 제공할 것인가를 알기 위해 신경심리학 고급 수련을 요구한다는 것이다. 또한 환자마다 사용하는 검사들의 조합이 다르기 때문에 개별적 검사자료는 환자들을 비교하는 연구에는 유용하지 못하다.

신경심리학적 종합검사

미국에서 신경심리학적 평가목적으로 개발된 종합검사 중에서 가장 널리 사용하는 것은 홀스테드-라이탄 배터리(HRB)다. 이 검사도구는 대상 연령이 15세 이상이어야 적합하지만, 9~14세 혹은 5~8세의 아동들에게 사용할 수 있는 두 가지 변형판이 있다. 현재 HRB를 사용하는 대부분의 검사자는 웩슬러 지능검사, 웩슬러 기억검사, MMPI-2나 성격검사 같은 특정 기능에 대한 검사도 실시한다(예를 들어, Reitan & Wolfson, 1993).

HRB는 환자의 수행을 네 가지 측면에 따라 평가한다. 첫째, 환자의 수행을 정상집단에 비교함으로써 수행수준이 평가된다. 손상지수는 환자의 수행이 임상적으로 결함이 있는 범위에 해당하는 검사들의 수에 근거해서 계산된다. 둘째, 수행 패턴이 분석된다. 패턴 분석은 한 검사에 있는 다른 구성요소에 대한 수행의 차이를 조사한다. 가장 흔한 예는 웩슬러 지능검사에서 언어성 점수와 동작성 점수를 비교하는 것이다. 셋째, 오른편과 왼편의 수행을 비교하는 것이 강조된다. 여기에서 나타나는 큰 차이는 반구기능에 대한 추론을 이끌어 낸다. 넷째, 어떤 질병의 특징적인 징후를 확인한다. 이러한 징후들은

〈표 13-2〉 홀스테드-라이탄 신경심리 배터리

검사명	측정내용
범주검사(Category Test)	정신적 효율성, 경험에서 규칙을 찾아내는 능력, 그리고 추상적 개념을 형성하는 능력
촉각수행검사(Tactual Performance Test)	운동 속도, 촉각, 운동감각, 우연한 기억과 같은 능력
리듬검사(Seashore Rhythm Test)	비언어적 청각 지각, 주의력과 집중력
말-소리 지각(Speech-Sounds Perception)	언어처리, 언어적 청각 지각, 주의력과 집중력
손가락 진동/누르기 검사 (Finger Oscillation or Finger Tapping Test)	운동 속도
선로 잇기 검사(Trail Making Test)	속도, 시각적 주사능력, 이전과 다른 규칙들을 사용하는 능력과 세트를 바꾸어 수행할 수 있는 능력
악력검사(Dynamometer or Strength of Grip)	오른쪽과 왼쪽의 물리적인 힘을 비교
감각-지각 검사(Sensory-Perceptual Exam)	자극정보를 개별적으로 분리하여 지각할 수 있는지, 그리고 사용된 자극의 위치에 따른 표준편차
촉각지각검사(Tactile Perception Tests)	촉각 지각
실어증선별검사(Aphasia Screening Test)	언어 활용과 재인에 대한 여러 측면

장애를 시사하는 강력하고 구체적인 결함들이며, 이러한 징후의 출현은 거의 항상 진단을 확증하게 한다.

HRB는 뇌손상 환자들과 건강하고 손상받지 않은 사람들을 구별하는 데 있어 좋은 타당도를 보여 주었다(Loring & Larrabee, 2006). 또한 뇌손상의 편측화와 국재화를 탐색하는 데 훌륭한 타당도를 나타내었다(Reitan, 1964). 그러나 상대적으로 정신분열병과 같은 심각한 심리적 장애와 뇌손상은 그다지 잘 구별하지 못하였다(Jones & Butters, 1983).

뇌손상 환자와 정신분열증병 환자를 변별하는 데 있어 또 다른 종합검사인 루리아-네브라스카 신경심리 배터리(Luria-Nebraska Neuropsychological Battery)의 유용성에 대한 강한 주장이 있었으나, 이 종합검사는 검사 구성, 타당하지 않은 자료분석, 부적절한 표준화, 루리아의 원래 방법을 왜곡한 것 등에 대해 심하게 비판을 받았다. 루리아의 원래 방법을 있는 그대로 검사 문항으로 옮기기가 적절하지 않았던 것 같다(이 비판을 재검토하려면 Lezak, Howieson, & Loring, 2004 참조)

개별적인 접근법

가장 철저하고 훌륭하게 기술된 개별적 접근법 중의 하나는 오리건 보건과학 대학(Oregon Health Sciences University)과 오리건 주 포틀랜드의 재향군인 병원의 심리학자인 레작(Muriel D. Lezak)의 접근법이다. 레작의 전략(Lezak, Howieson, & Loring, 2004)은 모든 환자에게 말하기, 쓰기, 그리기, 구성반응 양식뿐만 아니라 청각적 양식과 시각적 수용양식에서 주요한 기능을 평가하는 여러 표준검사를 제공하는 것이다. 대개 2~3시간 걸리는 초기 종합평가에 이어서, 레작은 가장 손상된 능력이 무엇인지를 가리키는 자료로서 한 종류의 기능에서 다른 종류의 기능으로 평가의 초점을 이동해 가면서 '가설 검증'을 계속해서 진행하였다.

개별적인 접근법은 각 환자의 필요에 따라 맞추어지기 때문에 큰 규모의 비교연구가 가능할 정도의 환자 수가 충분하게 형성되지 않는다. 따라서 이 접근법의 타당도는 평가하기 어렵다. 그리고 개별적인 접근법은 종합평가에 비해서 심리평가 도구를 사용하는 검사자의 기술에 더 많이 의존하기 때문에 검사자의 임상적 통찰력에서 검사의 타당성을 분리하기가 어렵다. 아마도 이러한 이유로 신경심리학적 상태에 관한 증언이 요구되는 재판 사례에서 종합검사적 접근만을 인정한 몇몇 법원 판례가 있다(Bigler, 2007).

이러한 한계에도 불구하고 개별적 접근법은 좋은 구인타당도를 제공하며, 아마도 환자에 대한 개별화된 평가를 할 수 있는 가장 좋은 방법일 것이다. 개별적인 접근법은 전형적인 종합평가 도구보다 특정 검사들을 사용하는 이유에 대한 이론적 정당화를 반영한다. 이러한 차이는 5장에서 약술한 검사 구성에 대한 경험적 접근 대 분석적 접근을 구분하는 또 다른 예시다.

이 절의 요약 신경심리학자들은 환자의 기능 범위를 평가하기 위해 종합검사라는 검사들의 조합을 사용한다. 10개의 핵심 검사로 구성된 홀스테드-라이탄 배터리는 가장 잘 알려진 것 중의 하나다. 대안적이고 개별적인 접근에서는 처음에 적은 수의 검사가 이루어진 후에 환자의 수행을 바탕으로 추가적인 검사들이 선택된다.

정신병리에 대한 신경심리학적 접근

이 절의 미리보기

신경심리학자들은 우울증, 정신분열병, 그 외 다른 심리학적 장애로 진단된 사람들의 뇌기능을 연구한다.

신경심리학에 대한 연구는 우울증과 정신분열병을 포함하여 수많은 심리적 장애를 이해하는 데 기여했다. 신경심리학적 연구는 또한 여러 아동기 문제, 특히 학습장애에 대한 지식을 확장시켰다.

우울증

신경심리학자는 가이노티(Gurdo Gainotti, 1972)가 국소적 뇌손상이 정서적 효과를 유발할 수 있다는 것을 체계적인 방식으로 증명한 이래로 우울증에 관심을 가져왔다. 예를 들어, 우반구 손상 환자는 자신의 장애와 입원에 대해서 오히려 기분이 좋고 부적절하며 기대하지 않은 반응을 보인다. 이러한 '행복감(euphoria)' 혹은 '냉담(indifference)' 반응은 종종 장애인식불능증(anosognosia)이나 결함에 대한 부주의성을 동반한다. 반대로 좌반구 손상 환자는 종종 눈물이 많고, 절망하고, 기타 우울 증상을 특징으로 하는 '재앙' 반응(catastrophic reaction)을 보인다. 후속 연구에서는 환자들 중 1/3 혹은 2/3는 뇌의 좌측 방향에 손상을 입은 후에 우울해진다는 것을 확인하였다(Starkstein & Robinson, 1988). 이러한 연구들은 뇌의 앞쪽 부근에 손상이 증가할수록 우울증의 확률이 올라간다는 것도 보여 주었다. 손상이 좌반구 앞 이마 부분에 가까울수록 우울증은 더 심각하다.

어느 정도 이러한 정서적 반응은 뇌의 특정 영역 손실의 직접적인 효과에서 유래하지만, 사람들은 손상받았다는 것에 대해 혼란스러워하기 때문에 단순하지 않다. 이렇게 생각하는 이유는 우울의 정도는 결함 자체의 심각도와 관련되어 있지 않다는 것이다(예를 들어, Folstein, Maiberger, & McHugh, 1977). 이러한 불균형적 결과는 좌반구 대 우반구 뇌활동을 측정하는 뇌파(EEG)와 혈류역학(PET, fMRI) 연구에 의해 명확하게 증명되었다(Herrington et al., 2005). 임상적으로 우울한 사람들의 좌반구는 전형적으로 우반구에 비해 덜 활동적이다. 마찬가지로 임상적으로 우울하지 않은 사람들이 슬프게 느낄 때도 좌반구가 우반구보다 덜 활성화된다. 뇌활동에서 이러한 차이는 뇌의 앞쪽 부분에 대해서도 분명해서 이러한 정서적 효과에 대한 중요성을 확실하게 증명한다.

순간노출기 연구는 시각자극이 양쪽 반구에 투영될 때 각 반구가 완벽하게 똑같은 그림을 보더라도 전형적으로 좌반구는 우반구에 비해 더 긍정적인 그림으로 평가한다는 것을 보여 주었다(Heller, 1990). 이러한 결과는 정상 뇌에서 좌반구의 앞쪽 부위는 사물의 긍정적인 측면을 다루는 데 어떤 역할을 한다는 것을 시사한다. 부정적 기분상태는 결과적으로 외상이나 다른 질환으로 인해 좌측 부위가 우반구 해당 영역에 비해 덜 활성화될 때 생기는 것 같다.

다른 연구에서는 우울증이 우측 후두부 활동 감소와 관련이 있음을 발견하였다(Heller & Nitschke, 1997). 우울한 사람은 두정-측두엽(parietal-temporal lobe) 영역에 뇌손상을 입은 사람이 보이는 것과 같은 인지적 결함을 나타낸다. 그들은 시각-공간 정보처리에 장애를 가지고 있고, 우반구 손상을 입은 환자들과 비슷한 여러 가지 주의력 문제를 보인다. 이러한 효과는 뇌의 전두부와 후두부가 서로 관계하고 있기 때문에 생길 수 있다. 종종 전두부가 후두부의 활동을 억제하기 때문에, 좌반구에 비해 우반구 전두부가 더 활성화되면 우반구 후두부 지나치게 억제할 수 있다.

이러한 신경심리학적 결과들은 우울증에 대한 우리의 지식에 대해서뿐만 아니라 뇌손상 이후의 진단과 치료에 대해서도 함축성을 가진다(Mukherjee, Levin, & Heller, 2006). 예를 들어, 언어 이해력이나 표현력에 손상을 입은 문제에 더해서 뇌손상을 입은 환자는 우울해질 가능성이 있다는 것을 중요하게 고려해야 한다. 그러므로 신경심리학자는 환자와 가족에게 정상적으로 먹고 잘 자는지, 혹은 기대되는 만큼 회복되는지에 대해 질문한다. 만약 그렇지 않다면 잠재된 우울증이 드러날 수 있으며, 항우울 약물치료가 필요할 수 있다. 명백한 뇌손상이 없는 우울한 사람이 신경심리학적 평가도구에서 결함을 보일 수도 있다. 우울증에 적합한 치료를 하면 대부분 이러한 결함은 감소한다.

정신분열병

신경심리학자는 오래전부터 정신분열병을 앓는 사람들의 뇌기능 연구에 깊이 몰두해 왔다. 대부분 순간노출기 방법을 이용한 초기 연구에서 정신분열병 환자는 뇌의 좌반구가 과활성화되어 있을 가능성이 제기되었다(Gur, 1978). 최근에도 좌반구와 관련지어 연구가 계속되고 있지만 전체적인 양상은 더 복잡해지고 있다.

정신분열병 환자의 전전두엽에서 구조적 이상(Sapara et al., 2007)과 기능적 이상(Harrison et al., 2006)이 입증되었다. 국소적인 뇌혈류와 포도당 대사를 측정한 연구들은 정신분열병 환자의 좌측 전전두엽 영역에 이상이 있음을 시사하고 있다. 왜냐하면 위스콘신 카드분류검사 같은 검사를 수행하는 동안 이 영역이 활성화되지 않기 때문이다. 반대로 같은 반구의 피질하 영역은 정상집단에 비하여 과활성화를 보인다(Rubin et al., 1991). 많은 연구자들은 전전두엽 기능장애(특히 좌측 반구)가 정신분열병 환자의 근본적인 뇌기능 특성임을 시사하는 신경심리학적 연구와 뇌영상 연구의 결과들을 믿고 있다(Andreasen et al., 1986; Antonova, Sharma, Morris, & Kumari, 2004; Buschbaum et al., 1992; Carter et al., 1998; Rubin et al., 1991).

이러한 연구 결과들은 정신분열병 환자의 증상을 관찰하여 얻은 여러 결과와 비교하여 모순되지 않는다. 많은 정신분열병 환자들은 정상적 기능의 감소를 의미하는 음성 증상들, 즉 '밋밋한' 정서, 주도성의 결여, 활력의 결여, 사회적 관여의 결여, 자발성의 상실 등을 나타낸다. 이러한 증상은 전전두엽 영역의 구조적 손상을 가진 환자들에서도 똑같이 나타난다. 정신분열병 환자들은 또한 전형적으로 비선형적 추론, 망상, 환각, 작업기억의 방해, 신조어, 말운율, 기이한 언어표현 등을 포함하는 양성 증상을 나타낸다. 흥미로운 점은 이러한 증상이 좌반구 특정 영역의 손상을 입었을 때 나타나는 문제와 일치한다는 것이다.

몇몇 연구에서는 우반구가 정신분열병에서 손상되는 정서적 기능과 사회적 기능에 관련되어 있기 때문에 우반구 처리에서의 혼란도 정신분열증에 관여한다고 주장한다(Mitchell & Crow, 2005). 다른 연구에서는 전두엽과 측두엽 혹은 대뇌 다른 영역 간의 단절이 정신분열병 병리와 관련되어 있을 가능성을 제기한다(Brambilla et al., 2005; Meyer-Lindenberg et al., 2001). 그러나 불행하게도 정신분열병 환자에 대한 완벽하고 통합적인 신경심리학적 설명은 여전히 부족하다.

학습장애

인지능력에 대한 신경심리학자들의 관심을 생각해 본다면, 많은 신경심리학자가 학습장애에 대한 연구, 평가, 개입 노력에 관심을 집중하는 것이 놀라운 일이 아니다. 그들의 업적의 많은 부분이 이 장애의 행동적 · 환경적 · 사회적 요인의 역할에 초점을 맞추었으나, 주목할 만한 생물학적 상관물 또한 발견했다. 예를 들어, 몇몇 신경심리학 연구들은 난독증(dyslexia, 읽기능력의 장애)이 대개 좌반구의 기능 이상과 관련되어 있다는 것을 발견했다(Shaywitz & Shaywitz, 2005). 뇌영상 연구들은 정상과 난독성 아동의 읽기능력 차이, 좌반구 신경세포 경로의 미세 구조적 차이와 관련되는 범위를 보여 준다(Niogi & McCandliss, 2006).

부검 결과는 난독증을 가진 것으로 알려진 사람의 좌반구 구조가 난독증이 없는 사람의 구조와 다르다는 것을 발견했고, 연구자들은 좌반구에 전위증(ectopia, 선천적 이상 위치)이라고 부르는, 뇌세포가 잘못 위치하고 있다는 증거를 찾았다. 이처럼 잘못 위치하고 있는 세포들은 대뇌피질에서 세포가 정상적으로 적절한 자리로 이동하는 뇌발달 과정에서 '길을 잃었던' 것 같다. 몇몇 연구자들은 이러한 전위증이 좌반구 기능의 발달지연과 결함을 유발할 수 있다고 주장했다.

소아 임상신경심리학자의 평가는 좌반구 기능의 특정한 어려움의 윤곽을 그리고 치료전략을 설계하는 데 도움을 줄 수 있다. 사실 학습 관련 주의력의 어려움(ADHD 포함), 기억과 언어 문제들, 사회적 · 정서적 문제들(우울과 불안 포함)를 나타내는 아동들은 소아 임상신경심리학자에게 의뢰될 것이다. 임상가는 철저한 검사를 하고, 아동을 잘 도와줄 방법에 대해 교사, 부모와 상담할 것이다.

비언어적 학습장애

다른 형태의 학습장애는 우반구에 의존하는 다른 능력뿐만 아니라 시각-공간 기술과 시각-운동 기술에서 보이는 결함과 관련되어 있다. 이러한 증후군 또는 비언어적 학습장애(nonverbal learning disability)는 1970년대 중반에 처음 기술되었다(Myklebust, 1975). 그러나 신경심리학적 연구에서는 최근에 와서야 이 장애를 기술하고, 교사와 정신건강 전문가들에게 장애의 심각성을 전달하는 데 도움을 줄 수 있었다. 비언어적 학습장애를 가진 아동들은 종종 수다스럽고 언어성 지능이 높은 수준에 있기 때문에 오랫동안 전문가의 주목을 받지 못했다. 결과적으로 그들은 비언어적 영역에서 실제보다 더 능숙하다고 잘못 인식되었다. 이 아동들은 비언어적 과제에서 다른 아동들이 하는 만큼 따라가는 것을 어려워한다. 또한 신발끈 매기, 옷 입기, 먹기, 자신의 시간과 환경을 조직하기 등과 같은 기술을 배우는 것이 서툴다. 그들의 장애가 눈에 잘 띄지 않기 때문에 학습장애가 아닌 정서나 행동 문제를 가진 아이로 분류할 수 있다. 불행하게도, 이러한 아동들은 흔히 나쁘거나 비협조적이거나 '골칫거리'로 인식되기 쉬우며, 그에 맞게 행동을 바로잡아 주려 하게 되기 쉽다. 조기 진단과 치료는 이렇게 이차적으로 발생하는 심리적 문제와 행동 문제를 예방하는 데 도움이 된다.

비언어적 학습장애는 정상발달을 심하게 방해할 수 있는 아동 초기의 우반구 결함으로 인해 유발되기도 한다(Rourke, 1989). 이러한 장애는 아동이 환경을 탐색하고, 행동의 결과를 학습하며, 한 가지 목적을 위해 둘 이상의 근육을 함께 쓰는 시각-운동 기술에서 꼭 필요한 경험을 얻는 것을 방해한다. 또한 이 아동들은 비언어적 인지과정에 의존하는, 유아와 그를 돌보아 주는 사람 간에 형성되는 애착과정을 방해한다. 어머니-아기 상호작용은 걸음마 단계 동안 애착의 질을 결정하고, 애착의 질은 아동 초기와 중기의 사회적 적응을 결정한다. 따라서 우반구 기능에서 문제는 초기 운동장애와 인지장애를 일으킬 수 있을 뿐만 아니라 아동의 인생 후반에 정서적 어려움을 얻게 될 위험이 있는 사회적 관계에서 비정상적 문제를 초래할 수도 있다.

사회적 발달에서 다른 어려움은 아마도 사회적 상황에서 비언어적 정보처리에 필요한 요구에 대처하는 능력이 부족한 점과 관련되어 있다. 다른 아이들의 표정 정보, 어조, 신체활동, 언어 내용 등에 대한 정보를 통합하는 과제에 몹시 당황해서, 그들은 매우 단순한 대화를 이어가는 데에도 실패한다. 시간이 지나면서 이러한 아동들은 경험이 부족해지고 다른 아이들과의 상호작용이 결여되는데, 이러한 문제는 아동들이 소외되고 외롭고 우울해지는 원인이 될 수 있다. 심지어 비언어적 학습장애가 정신분열병 발달의 위험요소가 될 수 있다고 시사되었다.

비언어적 학습장애를 평가하는 데 있어, 소아 임상신경심리학자는 우선 웩슬러 아동용 지능검사에서 언어성 지능과 동작성 지능 간의 차이를 살펴본다. 종종 언어성 지능은 평균이거나 평균 이상에 이르지만 동작성 지능은 상대적으로 매우 낮다. 만약 언어적 능력과 시공간/시각-운동능력을 비교하는 다른 검사에서 이러한 패턴이 계속 유지된다면 비언어적 학습장애를 진단할 수 있다. 항상 그렇지는 않더라도 우반구 과제에서 수행이 떨어지는 패턴은 홀스테드-라이탄 배터리에서 흔히 우반구 수행 손상을 시사하는 반응으로도 나타난다.

언어적 학습장애의 경우에서처럼 소아 임상신경심리학자는 비언어적 학습장애를 가진 아동을 위한 치료 프로그램을 고안하는 일을 한다. 그들은 비언어적 영역에서 이해가 부족한 것을 보상할 수 있게 돕는 방법으로 아동의 언어능력을 이용하도록 부모와 교사를 격려한다. 또한 이러한 아동들에게 학습장애 전문가나 가정교사의 개인적인 돌봄을 받으라고 권한다. 그렇게 하지 않으면 언어적 학습장애를 가진 아동처럼 학교로부터의 요구가 증가함에 따라 그들의 학업성취는 떨어지는 것 같다. 아동들의 손상된 사회적 능력은 집단치료, 사회기술훈련, 개인치료, 구조화된 또래 상호작용이나 방과후 프로그램 참여 등을 통해 개입할 수 있다.

이 절의 요약 우울증은 뇌의 좌측 전두 영역과 우측 후두 영역의 비정상적인 활동수준과 연관되는 것으로 생각된다. 정신분열병은 전전두 피질 영역과 우반구의 구조적·기능적 비정상성과 연관되는 것으로 생각된다. 좌반구 구조와 기능은 특정 학습장애에 관계되는 것으로 보인다. 이러한 결과들은 이러한 장애로 진단된 개인을 더 잘 이해하도록 도울 뿐만 아니라 이러한 부위에 손상을 입은 사람들이 다른 장애에도 높은 위험률을 가진다는 사실을 임상신경심리학자들에게 각성시키는 데도 도움을 준다.

신경심리학의 현재 위상

1960년대 후반, 뇌-행동관계에 관심을 가진 과학자들에 의해 국제신경심리학회(International Neuropsychological Society: INS)가 설립되었고, 1970년대에는 임상신경심리학이 특색 있는 전문적 전공으로 등장하였다. 1980년에는 미국심리학회(APA) 내에 임상신경심리학 분과(Division 40)가 조직되었고, 이제 Division 40은 APA에서 가장 큰 분과 중의 하나가 되었다. 1996년에 미국심리학회는 임상신경심리학(임상심리학, 상담심리학, 건강심리학과 같이)을 전문 분야로 지정했다.

1997년 9월, 임상신경심리학자의 수련에 대한 지침을 개발하기 위해 일단의 전문가와 교육자들이 휴스턴에서 만났다. 이 지침은 핵심적 지식기반과 기술을 구체화하였다. 핵심적인 지식기반은 다음을 포함한다. ⓐ 일반 심리학(통계학과 방법론, 학습, 인지와 지각, 사회심리학, 행동에 대한 생물학적 기초, 전 생애 발달, 역사, 문화와 개인차 등을 포함), ⓑ 일반 임상심리학(정신병리학, 심리측정이론, 면접, 평가, 치료, 윤리 등을 포함), ⓒ 뇌-행동 관련성 연구를 위한 기초(신경해부학, 신경과적 장애와 관련 장애의 병인학, 병리학, 병의 진행과 치료, 중추신경계 기능에 영향을 주는 비신경학적 조건들, 뇌영상과 다른 신경계 진단, 행동의 신경화학, 행동에 대한 신경심리학 등을 포함), ⓓ 임상신경심리학의 실제 경험을 위한 기초(전문적인 평가, 치료, 연구 설계와 분석, 윤리학, 신경심리학적 상태에 대한 실제적 영향 등을 포함). 그리고 핵심적인 기술은 ⓐ 평가, ⓑ 치료와 개입, ⓒ 자문, ⓓ 연구, ⓔ 교육과 수련감독을 포함한다. 대학원과정, 인턴과정, 박사후 연구생 과정에서 이러한 기술과 자격을 취득하게 된다. 적절한 수련을 받고, 임상신경심리학의 실제 경험을 충분히 갖추면 임상신경심리학 전문가 자격시험에 지원할 수 있다.

휴스턴 회의의 지침은 앞으로 임상신경심리학 내에서의 전문화가 더 보편화될 것임을 시사한다. 예를 들어, 신경심리학 연구와 임상실무에서 가장 뚜렷한 경향 중의 하나는 국부적인 대뇌 활성화와 조직화에 대한 fMRI나 다른 지표들처럼 뇌기능의 혈류역학적 측정에 대한 신뢰가 증가하고 있는 것이다. 이러한 기법의 발달과 정교화는 계속될 것이며, 연구자와 임상가들은 이러한 것에 접근하기가 더 쉬워질 것이다. fMRI나 뇌기능의 다른 측정도구들에 대한 관심의 증가는 훌륭한 신경심리학자의 수요 증가를 수반한다(Matarazzo, 1992). 무엇보다 관심 있는 뇌 영역의 활동을 관찰하고 싶다면 그 영역의 정보처리를 필요로 하는 평가적 과제를 개발해야만 한다(Miller et al., 2007). 신경심리학자들은 신경과학자들이 영상기법을 통해 탐구한 뇌기능을 정밀하게 논의하는 데 필요한 검사를 개발하고 사용하는 데 있어 완벽한 위치에 있다.

평가와 진단적 활동 외에도, 신경심리학자는 각기 다른 환자들을 돕기 위한 효과적인 치료를 고안하는 일에도 더 많이 관여하게 되었다(Ponds & Hendriks, 2006; Winocur et al., 2007). 환자와 그 가족들을 위해 뇌손상을 가지고 살아가는 환자의 장기적인 요구뿐만 아니라 뇌손상의 인지적 · 사회적 · 정서적 결과를 이해시키는 데 적절한 서비스를 제공하는 재활센터 장면에서 많은 신경심리학자가 일하고 있다. 요컨대, 환자들에게 통합적이고 포괄적인 진단, 평가, 치료 계획을 제공하기 위한 신경심리학자들의 공헌은 계속 지속될 것이다.

이 장의 요약

신경심리학 분야는 인지능력과 운동능력, 정서적 특징, 성격 특성, 정신장애를 포함하는 인간의 행동 및 심리적 기능과 뇌의 과정 간의 관계를 규명하기 위해 노력한다. 임상신경심리학자는 뇌 외상을 입은 아동과 성인 혹은 뇌손상과 관련된 다른 문제를 가지고 있는 사람들을 치료하는 일에 신경심리학적 연구 결과를 적용한다. 신경심리학은 1940년대 말까지 과학적 분야로 규정되지 못했고, 임상심경심리학은 1970년대까지 뚜렷한 전문적 전공으로 등장하지 않았다.

뇌-행동 관계에 잠재하고 있는 가장 중요한 조직원리 중의 하나는 기능의 국재화다. 이것은 뇌의 각 부위는 각기 다른 능력과 감각에 반응한다는 사실을 말한다. 기능의 편측화는 행동에 중요한 영향을 미치는 뇌조직의 또 다른 중요 특징이다. 대부분의 오른손잡이에서 좌반구는 구어를 이해하고 말하는 능력을 포함해서 말하기와 그 밖의 언어처리과정을 다루는 데 전문화되어 있다. 우반구는 사회적 의사소통과 관련된 복합적인 신호를 포함해서 공간과 다른 비언어적 정보를 분석하는 데 매우 중요하다.

임상신경심리학자는 다양한 도구를 사용하며, 환자의 인지, 정서, 행동적 결함을 평가하고 이러한 결함을 뇌기능상의 특정한 손상과 관련짓기 위해서 두 가지 주요한 접근법 중의 하나를 선택한다. 고정된 종합평가 접근법은 표준화된 일련의 검사들을 모든 환자에게 실시하고, 개별화된 접근법에서는 각 환자들의 특징에 근거해서 검사들을 융통성 있게 모아 종합적인 세트를 선택하게 된다. 가장 널리 사용되는 종합평가 도구는 할스레드-라이턴 신경심리 베터리(Halsread-Reitan Neuropsychological Test Battery)다. 이것은 10개의 개별검사로 구성되어 있고, MMPI와 IQ 검사를 아울러 사용하고 있다. 탁월한 개별화된 접근법은 레작(Murial D. Lezak)에 의해 개발되었다. 신경심리학적 평가결과들은 뇌파, 다양한 뇌영상 기법들, 심지어 탐색적 수술을 포함하는 신경학적 평가와 비교되고 확인된다.

오늘날 신경심리학 연구는 임상가가 우울증, 정신분열병, 언어적/비언어적 학습장애와 같은 다양한 심리적 장애를 더 잘 이해하도록 돕고 있다.

APA 내의 임상신경심리학 분과는 임상신경심리학자가 되는 데 필요한 수련과 교육경험을 정의하고, 이러한 전문성에 대한 자격을 증명하기 위한 기준을 만들었다.

연구문제

1. 1800년대의 기능의 국재화 대 등위성에 관한 논쟁을 해결하는 데 어떤 증거가 도움이 되었나?
2. 임상신경심리학의 초기 평가기법들은 무엇이었는가?

3. 뇌 안에서 모듈의 기능은 국재화와 전체주의에서 어떻게 설명되는가?
4. 뇌의 기능적 국재화에 관해 분리 뇌 환자와 연구는 무엇을 밝혀냈는가?
5. 우반구와 강하게 연합된 것으로 생각되는 것은 어떤 기능인가? 좌반구는?
6. 임상신경심리학자들이 보게 되는 신경학적 기능 이상들의 명칭과 증상은 무엇인가?
7. 피질의 각 엽들의 손상과 연관되는 것으로 생각되는 신경학적 기능 이상들은 어떤 것들인가?
8. 홀스테드-라이탄 배터리는 무엇인가?
9. 신경심리학적 평가의 개별적 접근은 무엇인가?
10. 우울증과 관계되는 것으로 생각되는 신경학적 영역은 어디인가?
11. 정신분열병과 관계되는 것으로 생각되는 신경학적 영역은 어디인가?
12. 전문가 조직은 임상신경심리학의 무엇을 지원해야 하는가?
13. 임상신경심리학이 계속 성장하기 위한 방법은 무엇인가?

웹사이트

- The International Neurological Society: http://www.the-ins.org
- APA Division of Clinical Neuropsychology (Division 40): http://apa.org/about/division/40.html
- The American Academy of Clinical Neurospychology (AACN): http://www.theaacn.org
- The American Board of Clinical Neuropsychology: http://www.theabcn.org

CHAPTER 14

{법정심리학}

Clinical Psychology

이 장의 미리보기

이 장에서는 임상심리학자들이 사법 체계와 사법판결에 기여하는 다양한 방법을 설명한다. 피고인이 재판을 받을 역량이 있는지, 피고인이 범죄를 저지를 당시 정신이상 상태에 있었는지, 특정 개인이 다른 사람들에게 위협이 되는지 등에 관한 판결에 법정심리학자들이 이바지한다. 임상심리학자들은 또한 스트레스의 역할 혹은 심리학적 손상의 정도를 판단하는 등의 민사소송에도 참여한다. 범죄행동 분석과 심리부검 같은 활동도 많이 수행하지만, 자녀양육권와 이혼 절차 등과 같은 활동도 법정 임상심리학자들에게는 아주 흔한 일이다.

1994년에 출간된 이 책의 제4판에서 우리는 법정심리학—법적 논제와 절차에 심리학 원리와 지식을 적용하는 전문 분야—이 임상심리 전문 분야의 '성장주' 일 것이라고 예측했다. 우리의 예측은 정확했다. 심리학자들에게 다양한 방법으로 사법 체계에 기여해 달라는 요구가 증가하여, 이제는 법정심리학이 임상심리학자들에게 가장 큰 전문활동 영역이 되었으며, 장학금을 받을 수 있는 핵심 분야가 되었다. 성장의 큰 물결을 보여 주는 징표는 수없이 많다. 예를 들어, 미국 심리학과 법 분과학회(American Psychology-Law Society, 미국심리학회의 41분과)는 현재 회원이 거의 2,000명에 다다르며, 학술지인 『법과 인간 행동(Law and Human Behavior)』, 회보인 『미국 심리학과 법 회보(American Psychology-Law Newsletter)』, 시리즈 간행물인 『법과 심리학의 전망(Perspectives in Law and Psychology)』을 발간하고 있다. 1995년에는 APA 자체에서 심리학과 법에 전념하는 또 다른 학술지인 『심리학, 공공정책 그리고 법(Psychology, Public Policy, and Law)』을 발간하겠다고 천명하였다. 그 외 『행동과학과 법(Behavioral Science and the Law)』, 『법과 심리학 리뷰(Law and Psychology Review)』, 『법정 신경심리학회지(Journal of Forensic Neuropsychology)』, 『법정심리학 현장실무 학술지(Journal of Forensic Psychology Practice)』, 『정신의학, 심리학 그리고 법(Psychiatry, Psychology, and the Law)』 등 법적 주제를 다루는 학술지들이 있다. 대학원에 그리고 학부에 법정심리학 집중강의의 수가 점점 늘고 있는 것을 보면 이 분야가 인기를 모으고 있는 것이 분명하다. 법정심리학 분야의 확장을 보여 준 가장 뚜렷한 징표는 아마도 2001년 미국심리학회가 법정심리학을 임상심리학, 상담심리학, 학교심리학, 아동심리학, 건강심리학, 신경심리학, 기타 여러 실무심리학 영역들과 함께 응용심리학 중의 한 전공 영역이라고 승인하였던 일이라고 생각한다.

법정심리학의 범위

이 절의 미리보기

법정심리학자들은 심리학 지식을 다양한 사법적 맥락 및 사법적 판결에 적용한다. 또한 그 판결들의 효과에 대해 연구한다.

법정심리학(그리고 법정정신의학)에는 정신건강에 관한 지식과 전문적 의견을 사법적 절차나 사법 체계에 연루된 개인에 대한 평가와 치료에 적용하는 일이 포함된다(Weiner & Hess, 2006). forensic이라는 용어는 라틴어 'forensis'에서 유래하였는데, 고대 로마에서 재판이 열렸던 '법정으로부터(of the forum)'라는 의미를 갖고 있다.

법정심리학 분야에서 일하는 임상심리학자들은 폭넓은 법률적 논제를 다루는 일에 관여하게 될 것인데, 이러한 논제로는 ⓐ 강제입원이 정당할 만큼 충분한 정신적 질환을 가지고 있으며 위험성을 지니고 있는 사람인지, ⓑ 범죄 혐의를 받고 있는 사람이 재판을 받을 수 있을 정도의 정신적 역량을 가지고 있는지, ⓒ 불법행동을 행한 흉악범이 범행을 저질렀던 당시에 정신적으로 온전했는지, ⓓ 어떤 사람이 상해 혹은 외상 때문에 심리적으로 고통을 받고 있는지, 그리고 그렇다면 고통이 얼마나 심각한지 등이 있을 것이다. 법정심리학자들은 또한 자녀양육권, 후견인 의무, 유언집행과 관련된 질문에 관여할 수도 있다. 임상심리학자들은 이러한 질문에 대하여 대답을 하며, 경험적 연구의 결과들과 전문적 기술 및 기법을 적용하고, 민사 및 형사 재판 혹은 다른 사법적 절차에 증언을 하고 나서 자신들의 의견을 제시하는 특별한 경우에 제기되는 기타 많은 질문에 대하여 대답한다.

이 장에서 우리는 법정심리학의 현장실무를 다음과 같은 여러 영역에서 보여 주려 한다. 즉, ⓐ 재판을 받고, 범죄의 책임을 감당할 수 있는 역량, ⓑ 피고의 위험성 예측, ⓒ 민사재판에서의 심리적 손해배상, ⓓ 민사(비형사적)소송 영역에서의 소송역량, ⓔ 심리부검과 범죄행동 분석, ⓕ 자녀양육권과 부모 적합성이다.

우리는 전문가들이 각자의 영역에서 다루어야 하는 기본적인 심리-법률적 문제를 묘사하고, 이러한 질문을 평가하기 위해 임상가들이 전형적으로 사용하는 기술을 점검하며, 이 영역들에서 심리학자들의 활동과 연관된 경험적 증거들과 법률적 지위들을 요약할 것이다. 다만, 이들 영역에 대한 설명은 단지 심리학과 법이 만나는 지점에서 일어나는 일에 대한 간단한 소개다. 임상심리학자들은 사법 체계 안에서 다양한 역할을 하고 있다. 그들에 대해 자세히 살펴볼 여유가 많이 없으므로 여기에서는 간단히 살펴볼 것이다.

법집행 심리학에서는 법 집행기관들의 활동에 관한 연구를 수행하고, 임상 서비스를 직접 제공하는 방식으로 이 기관들의 활동을 지원한다(Super, 1999). 이 영역에서 일하는 임상가들은 경찰 업무에 지원한 사람들 가운데 심리학적으로 적합하지 않은 사람들을 골라내며(예를 들어, Gaines & Falkenberg, 1998), 폭력적인 다툼에 휩쓸렸던 경찰관들에게 위기개입 방법을 제공하고, 어떤 유형의 사람들이 어떤 유형의 범죄를 잘 저질렀는지에 대하여 형사들에게 조언을 하며, 증인들이 범죄에 대한 기억을 잘 회상할수 있도록 질문하는 방법에 대하여 도움을 줄 수 있다(예를 들어, Cassel, 2000; National Institute of Justice, 1999).

소송심리학은 민사 혹은 형사 재판에 사용되는 다양한 사법적 절차들의 효과에 관심을 가진다. 이 분야에서 일하는 임상가들은 변호사에게 배심원 선택에 대해 조언을 해주며, 배심원의 심의와 평결에 영향을 미치는, 목격자 증언 같은 요인을 연구하며(Loftus, 1993), 모두진술, 증인심문, 최후변론 등과 같은 재판의 특정한 부분에 대한 효과를 분석한다(Marcus, Lyons, & Guyton, 2000).

교정심리학은 유죄판결을 받고 징역형을 살고 있는 개인에게 심리학적 서비스를 제공하는 데 가장 큰 관심을 가지고 있다(Schwartz, 2003). 교정심리 전문가로 일하는 임상가의 대부분은 감옥, 교도소, 소년원 등에 고용되어 있지만, 보호관찰소 외부에서 활동하거나 혹은 공동체에 기반을 둔 특정한 교정 프로그램에 참여할 수도 있다.

심리학과 법이 만나는 영역에 대한 새로운 연구 결과가 계속 발표되고 있으며, 전문직업적 심리학적 서비스가 사법 분야에서 점점 확대되고 있다. 앞서 소개한 여러 학술지와 법 및 심리학 교과서들(예를 들어, Cassel & Bernstein, 2007; Monahan & Walker, 2006; Weiner & Hess, 2006; Wrightsman & Fulero, 2005)에서 이 분야의 발전을 살펴볼 수 있다.

이 절의 요약 법정심리 전문가는 다양한 연구 및 현장실무에 참여한다. 피고인이 정신질환을 주장하고 있거나 그렇게 보이는 사건에 관여하고 있고, 법집행, 교정, 특히 법원에 필요한 평가 및 치료 서비스를 제공하고 있으며, 이러한 개입, 그리고 사법적 의사결정의 여러 면이 미치는 효과를 연구한다.

형사소송 역량과 형사적 책임

이 절의 미리보기

범죄 피고인은 자신을 위한 변호를 할 수 있을 만한 역량이 있어야 한다고 법에서 정하고 있다. 또한 어떤 범죄에 대해 유죄가 되려면 자신의 행동이 틀렸다는 것을 피고인이 반드시 이해하고 있어야 한다고 법에서는 요구하고 있다. 이는 심리학적 판단에 해당하는 일이므로, 법정심리 전문가들은 대부분 형사적 책임에 관한 결정에 관여하고 있다.

법률 영역에서 가장 극적인 분야는 범죄를 저질렀던 당시에 피고가 정신이상이었는지에 대한 전문가들의 증언을 둘러싼 논쟁이다. 제정신이 아니었음이 입증되면 피고가 무죄로 방면되는 결과를 가져올 수 있고, 이러한 경우 배심원 평결은 '정신이상에 의한 무죄(not guilty by reason of insanity: NGRI)' 가 된다. 또 한편으로 정신질환 상태에서의 유죄(guilt but mentally ill: GBMI)로 평결을 받을 수도 있다. 만약 GBMI 평결이 떨어지면 유죄판결을 받는 다른 피고들처럼 선고를 받지만, 교정기관이 그만하면 됐다고 판단할 때까지 정신치료를 받으라는 명령을 받을 것이다.

법원은 재판에서 피고의 정신상태를 참작하도록 하고 있는데, 정신장애 때문에 그 행동이 나쁘다는 것을 알지 못하거나 혹은 그 행위를 통제하지 못하는 사람을 처벌하는 것을 사회는 부도덕하다고 믿고 있기 때문이다. 그래서 평결을 내리기 전에 피고인이 법정에서 자신을 위한 변호를 지원할 수 있는 정신적 역량이 있는지를 판단하여야만 한다.

형사소송 역량(criminal competence)

듀폰사(du Pont chemical)의 큰 재산을 상속받은 58세의 듀폰(John du Pont)은 펜실베이니아 대저택을 미국 올림픽 레슬링팀에게 훈련시설로 제공하였고, 세계적인 레슬링 선수 슐츠(David Schultz)가 사용하고 있었다. 1996년에 듀폰은 그 대저택으로 차를 몰고 가서 현관 앞 차도에 세워 둔 차 안에 앉아 있던 슐츠 선수에게 다가가 44구경 매그넘 연발권총으로 세 발을 쏴서 그를 살해하였다. 듀폰이 1급 살인혐의로 법정에 나타났을 때, 변호인들은 그가 재판을 받을 만한 정신적 역량이 없다고 주장하였다. 그를 검사하였던 심리학자의 증언이 이 주장을 지지하였으며, 뿐만 아니라 듀폰의 많은 친구와 지인들이 한 지인에게 레크리에이션 방에 있는 당구공을 점검해 달라고 부탁하면서 그 당구공들 속에 도청장치들이 들어 있다고 주장한 것 등과 같은 최근의 이상한 행동을 상기시켜 주었다. 공판 전 증언으로 판사는 듀폰이 정신질환(편집형 정신분열병)을 앓고 있음을 확신하였고, 치료를 받도록 그를 주립정신병원으로 보냈다.

미국에서는 형사소송의 본질과 목적을 이해하지 못하는 피고에 대한 형사소송을 계속 진행시키는 것을 허용하지 않고 있다. 법정심리학자들이 피고의 소송역량을 확인하는 것을 돕고 있다. 미국 연방대법원이 1960년에 소송역량에 대한 법률적 기준을 선언한 이래 그 내용은 변하지 않고 있는데, "(피고가) 자신의 변호사와 타당한 수준의 이성적 이해력을 가지고 상담할 수 있을 만큼 충분한 능력이 현재 있는지, 자신에 대한 소송을 합리적으로, 사실에 입각하여 이해할 능력이 있는지가 판단의 기준이 될 것이다." (Dusky v. United States, 362 U.S. 402) 간단히 말하면, 피고인은 반드시 현재 진행하고 있는 절차를 이해할 수 있어야 하며, 변호인들이 변론을 준비하도록 도울 수 있어야만 한다.

소송역량은 선고까지의 절차를 지속할 수 있는 피고의 '현재 능력'에 초점을 두고 있으며, 그래서 (정신이상에 기인한 면책 같은) 형사적 책임이 범법 당시 피고의 정신상태에 초점을 맞추고 있다는 점에서 볼 때 소급적 문초와는 다르다. 판사를 달리 설득할 수 없을 때까지 피고에게 소송역량이 있다고 간주한다. 피고는 재판의 시점에서뿐 아니라 선고의 시점에서도, 그리고 사형선고를 받았을 때는 사형집행의 시점에서도 역량을 지니고 있어야 한다. 임상심리학자를 포함한 정신건강 전문가들은 형사피고인들의 또 다른 역량도 평가해 달라는 요청을 받는데, 여기에는 범행 자백능력, 변호인에게 권리를 넘기는 능력, 정신이상에 기인한 면책변호에 호소하지 않는 방식을 선택하는 능력, 판결을 받고 (설혹 사형이라 하더라도) 처벌을 받는 능력 등이 포함된다.

피고인의 역량에 대한 문제는 형사재판 도중 어느 때든지 검사, 변호사 혹은 재판장이 제기할 수 있다. 미국에서 매년 2만 5,000~3만 9,000건의 형사피고인 역량평가검사가 수행되고 있다고 추정된다(Poythress, Monahan, Bonnie, Otto, & Hoge, 2002). 이것은 중범죄 피고인들의 2~8%에 해당하는 수치다. 성인들 못지않은 폭력범죄를 저지르고 있는 청소년들이 점점 늘어나고 있어서, 청소년들의 인지적 미성숙이 그들의 사법적 역량에 어떻게 영향을 미치는지를 밝히는 쪽으로 법정심리학자들의 관심이 쏠리고 있다(Cassel & Bernstein, 2007; Grisso et al., 2003).

소송역량 평가하기

특정 사건에서 만약 소송역량 문제가 제기되면, 판사는 심리학적 평가를 명령한다. 심리평가는 거의 그 지역의 지역정신건강센터에서 이루어지지만, 만약 피고가 주요우울증 혹은 정신분열병 같은 심한 장애라면 주립정신병원 혹은 입원시설 같은 곳에서 평가를 수행할 수도 있다. 대부분의 주에서 정신과 의사, 심리학자, 사회복지사가 소송역량

〈표 14-1〉 소송역량 평가하기

피고가 형사소송 절차에 참여할 수 있는 역량을 가지고 있는지에 대한 평가는 보통 정신상태검사, 즉 피고의 기억, 기분, 지남력, 사고, 집중능력 등을 평가하기 위한 간단한 집중면접부터 시작된다. 그런 다음 평가자는 하나 혹은 여러 가지의 특수도구를 사용하는데, 역량선별검사(Competency Screening Test: CST), 역량평가도구(Competency Assessment Instrument: CAI), 맥아더 역량평가도구-형사재판용(MacArthur Competence Assessment Tool-Criminal Adjudication: MacCAT-CA) 등이 있다(Hoge, Bonnie, Poythress, & Monahan, 1997).
이 도구들은 다음과 같은 피고의 능력(ability)을 판단하기 위해 설계되었다.

① 혐의 내용을 이해하는
② 유죄판결을 받을 경우 예상할 수 있는 형사처벌의 본질과 범위를 이해하는
③ 사법 절차의 당사자 대립제도의 본질(기소 대 변호)을 이해하는
④ 혐의를 받고 있는 범행과 관련된 사실을 피고측 변호인에게 제공하는
⑤ 피고측 변호인과 관계를 맺고 의사소통하는
⑥ 변론을 짜는 변호사를 돕는
⑦ 검사 측 증인의 증언에 현실성 있게 이의를 제기하는
⑧ 법정 안에서 적절하게 행동하는
⑨ 법정에서 타당한 증언을 하는
⑩ 소송 절차 전 과정에 걸쳐 자신에게 유리하게 행동하는 (Heilbrun & Collins, 1995)

을 평가할 권한을 가지고 있다. 그들은 이 일을 할 때 특별히 구조화된 면접방식을 자주 사용한다(〈표 14-1〉 참조).

역량이 없음을 입증하는 데 부담이 되는 것은 오직 증거우위의 원칙밖에 없지만(최소 51%의 가능성이라고 수량화되기도 한다), 이러한 평가를 받도록 회부된 피고 중 70~90%는 역량이 있다고 확인되고 있다. 평가가 엄격할수록 피고가 역량이 있다고 판단할 가능성이 더 높지만(Heilbrun & Collins, 1995), 거의 대부분의 주에서는 매우 낮은 역치를 역량에 적용하고 있다. 소송역량의 문제가 제기되었던 한 사건을 여기에 소개한다(Wrightsman et al., 2002, p. 297).

설리번(Jamie Sullivan)은 24세의 점원으로 켄터키에 있는 작은 식료품 가게에 불을 지른 것과 관련된 방화, 강도, 살인 혐의를 받고 있다. 이 사건의 증거들을 정리하면, 설리번은 폐점시간이 지난 후 근무하던 가게로 되돌아가서 야간근무자 포드(Ricky Ford)를 위협하여 금고를 열게 한 뒤 800$를 건네받았다. 그런 후 설리번은 포드를 작

은 사무실에 가둔 다음 가게에 가솔린을 끼얹고 불을 질렀다. 포드는 불길에 타 죽었다. 경찰은 설리번이 현장에서 뛰어나오는 것을 본 자동차 운전자에게 얻은 단서를 바탕으로 1시간도 채 안 되어서 할머니의 아파트에서 설리번을 체포하였다.

만약 모든 혐의에 대해 유죄를 선고받는다면 설리번은 사형선고를 받을 수 있었다. 하지만 그는 정신지체자였다. 그는 8학년에 학교를 중퇴하였고, 당시 심리학자의 평가에 의하면 그의 IQ는 68이었다. 그는 자기 이름과 몇 가지의 단순한 어휘만을 읽고 쓸 수 있었다. 그는 약물남용의 병력을 가지고 있었고, 15세 때 이웃집 5곳을 파괴한 후 소년원에서 몇 개월을 보냈다. 군대에 입대하려 했지만 지능 부족과 약물 습관 때문에 거부당했다. 변호인은 설리번이 정신적 문제 때문에 소송역량이 없는 자에 해당될 것이라고 믿고 심리학자에게 평가를 부탁하였다. 그 심리학자는 곧 열릴 재판에 관한 일련의 질문을 설리번에게 던졌다.

질문: 무슨 혐의를 받고 있습니까?
응답: 가게를 불태운 것과 리키한테서 훔친 것이요.
질문: 또 다른 것은 없습니까?
응답: 내가 리키를 죽였다고도 해요.
질문: 배심원들이 당신이 유죄라고 한다면 어떤 일이 일어날 수 있겠습니까?
응답: 전기의자. 그러나 신이 나를 지켜주실 거예요.
질문: 재판에서 판사가 하는 일은 무엇입니까?
응답: 그는 어떤 일을 하라고 누구한테든지 명령해요.
질문: 만약 어떤 사람이 이 법정에서 당신에 대해 거짓을 말한다면 당신은 어떻게 할 것 같습니까?
응답: 그 사람한테 엄청나게 화를 낼 거예요.
질문: 또 다른 건 없습니까?
응답: 내 변호사에게 진실을 말할 거예요.
질문: 당신이 재판을 받게 되면 당신의 변호사가 하는 일은 무엇입니까?
응답: 배심원들에게 내가 무죄임을 보여 줄 거예요.
질문: 그가 어떻게 하는 것이 최선이라고 생각합니까?
응답: 질문을 해서 포드를 해치려 하지 않았고 포드를 좋아했다고 내가 그들에게 말하게 해요.

질문: 당신의 재판에서 검사가 하는 일은 무엇입니까?

응답: 내가 유죄평결을 받게 하려는 거지요.

질문: 당신이 유죄인지 아닌지는 누가 결정합니까?

응답: 배심원이지요.

설리번을 면접하고 검사한 후, 심리학자는 그의 현재 IQ가 65로 정신지체 범위에 속하며, 그가 어떠한 환각이나 망상 때문에 고통을 받고 있지는 않지만 '신이 그의 자녀들을 지켜 주시며 아무 일도 일어나지 않도록 이끌어 주신다.' 는 강한 종교적 신념을 보이고 있다고 하였다. 제이미에게 소송역량이 있는지 없는지를 결정하는 청문회에서 심리학자는 피고가 정신지체 상태이며, 따라서 소송에 관한 이해력이 필요한 만큼 정확하지 않거나 충분하지 않다고 증언하였다. 그렇지만 심리학자는 설리번이 재판의 일반적인 논점과 본질을 이해하고 있으며, 또한 그가 받고 있는 혐의도 이해하고 있다고 증언하였다. 판사는 설리번에게 소송역량이 있다고 판정하였다. 배심원은 모든 혐의점에 대해 유죄를 인정하여 그에게 종신형을 선고하였다.

보통 어떤 사람들이 무역량자라는 판정을 받을까? 대규모의 연구에서 무역량자라고 판정받은 사람들의 대부분이 정신분열병 같은 심각한 정신장애를 가진 사람들이라고 결론을 내렸지만(Poythress et al., 2002), 정신분열병 진단을 받은 사람은 누구나 무역량자라고는 결코 말할 수 없다. 오랜 정신분열병 과거력이 있는 사람들 혹은 치료받지 못한 정신분열병 환자들이 자신의 변호를 도울 역량이 없는 것 같다고 말하는 것이 옳다.

만약 역량평가에서 피고가 역량이 있다고 확인되면, 사법 절차는 재개되고 피고는 재판을 받는다. 만약 피고가 역량이 없다고 판단되면 상황은 훨씬 더 복잡해진다. 중범죄가 아니라면 때로는 피고가 치료(보통 항정신성 약물치료)를 받는다는 조건으로 기소를 취하할 수도 있다. 만약 중범죄의 혐의라면 역량 회복을 목표로 하는 치료를 받도록 하기 위해 피고를 시설로 보내는 것이 일반적인데, 이러한 과정을 거쳐 만약 치료가 성공한다면 궁극적으로 피고는 재판을 받게 된다. 이것이 재판에서 살인죄 평결을 받은 듀폰의 사건에서 발생한 일이다. 거의 대부분의 주에서 이러한 강제적 치료는 6개월까지 받을 수 있는데(연방법으로 재판을 받는 경우에는 4개월까지), 그때까지도 그 사람이 역량이 없다고 판정나면 피고가 자신 혹은 타인에게 위험하다는 것을 보여 줌으로써 수용치료 처분을 받게 하는 방안을 검사가 고려할 수도 있다. 비폭력적 경범죄인 경우에는 석방할 수도 있다. 거의 대부분의 무역량 피고들은 항정신성 약물치료를 받고서 역량을 회복하며, 역량을 회복했을 때 감옥으로 옮겨 수감되어 그곳에서 재판을 기다리게 된다.

정신질환을 앓고 있는 피고에게 오직 소송역량을 갖추게 하기 위해 강제로 약물을 복용시킬 수 있는가? 적어도 한 곳의 연방법원과 몇몇 주법원이 '그렇다' 고 했다. 1998년 7월 24일 38구경 권총을 가지고 미국 국회의사당 건물로 돌진한 웨스턴(Russell Weston, Jr.)의 사례를 보자. 그는 '루비 레드 위성계(Ruby Red Satellite System)' 를 찾고 있었는데, 이것이 치명적인 질병을 퍼뜨리고 있다고 주장하였다. 웨스턴은 경찰관 두 명을 쏴 죽였다. 체포 당시 정신분열병 병력이 있었고 편집망상이 나타났기 때문에, 그는 노스캐롤라이나 주의 버트너에 있는 연방교도소 의료시설로 이송되어 역량평가를 받았다. 정신과 의사와의 면담에서 웨스턴은 그의 재판의 취지가 '식인풍습' 의 위협을 폭로하는 것이라는 망상을 나타냈고, 이에 의사는 그가 편집형 정신분열병을 앓고 있다고 진단하였다. 그에게 선고될지도 모르는 사형의 본질에 대해 이해하고 있느냐고 묻자, 원할 때면 언제든지 '깨어날 수 있다' 고 태연하게 말하였다. 게다가 그는 희생자들을 마음만 먹으면 '되살릴 수 있다' 고 말하였다. 이러한 진술과 그 외 여러 가지 것은 그가 소송과정의 본질을 이해하지 못할뿐더러 자신을 변호하는 변호인을 도울 수도 없다는 것을 나타내고 있었다.

판사는 웨스턴이 재판을 받을 수 있도록 항정신성 약물치료를 받으라고 명령하였다. 검사가 사형을 받게 할 수도 있기 때문에 변호사는 약물치료에 이의를 제기하였다. 이 논제에 관한 법률적 논쟁은 2001년 12월 미국 연방대법원이 법원의 약물치료 명령에 대한 항소를 기각함으로써 해결되었다(Tucker, 2001). 이 글을 쓰고 있는 시점에도 웨스턴은 시설에 수용되어 있으면서 약물치료를 받고 있다. 여러 해 동안 치료를 받고 있는데도 차도를 보이지 않는 점으로 미루어 볼 때, 언젠가는 그가 재판을 받을 수 있지 않을까 하는 예상은 가능해 보이지 않는다. 역량을 회복하기 위해서 웨스턴이 전력을 기울여 왔기 때문에 역량 없는 피고에 대한 입원기간 제한이 웨스턴에게는 적용되지 않고 있다.

정신이상 면책변호(The Insanity Defense)

만약 웨스턴이 결국 역량이 회복되어 재판을 받게 된다면, 그는 의심할 바 없이 정신이상에 의한 무죄(NGRI)를 주장할 것이다. 정신이상에 대한 사법적 개념을 이해하기 위해서는 형법 및 범죄 처벌에 대해 좀 더 살펴볼 필요가 있다.

범죄는 의도적인 행위(혹은 행위의 실패)로서 형법에 대한 위반이며, 방어나 양해 없이 저질러진 것이다. 그러나 고발된 사람이 유죄 성립의 정신적 요소인 범의(mens rea)를 가지지 않았다면, 일반적으로 법에 의해 금지된 행위라 할지라도 범죄행위 수준으로 높아지지는 않을 것이다. mens rea는 글자 그대로 '범의(guilty mind)' 혹은 잘못된 행동을 하려는 의도를 의미한다.

형사피고는 범의를 가졌다고 추정되며, 그래서 고발당한 범죄에 대해 법적 책임을 지게 된다. 그러므로 만약 피고가 정신이상에 의한 무죄(NGRI)라고 주장하려면, 범죄에 대해 책임을 지는 데 필요한 정신상태가 결핍됐다는 증거를 제시해야만 한다. 정신이상은 심리학적 개념이 아닌 법률적 용어이기 때문에 시간의 흐름에 따라 달라지는 법률적 기준에 의해 정의된다.

이 기준들은 1843년 맥너튼(Daniel McNaughton)이라는 영국인이 영국 국무총리 필(Robert Peel)을 암살하려 했을 때부터 공식화되기 시작했다. 맥너튼은 필이 자신을 해치려는 음모를 꾸미고 있다는 편집망상을 가지고 있었고, 수상관저 밖에서 기다리고 있다가 수상의 비서를 수상으로 오인하고 총으로 쏴 죽였다. 맥너튼은 살인혐의를 받았으나, 변호인은 그가 옳고 그름를 구별하지 못한다고 주장하면서 정신이상 무죄라고 변호하였다. 9명의 의학 전문가들은 그가 정신이상 상태에 있다고 증언하였고, 판사로부터 사건 설명을 들은 후 배심원들은 맥너튼이 정신이상 무죄라고 평결을 내리고는 망설임 없이 법정을 떠났다. 그러나 이 평결에 영국 시민들은 격분했고, 더구나 빅토리아 여왕은 암살시도를 몇 번 당했기 때문에 매우 격앙하였다. 여왕은 정신이상을 엄격하게 정의해야 한다고 영국 사람들에게 요구하였다.

이 문제가 상원에서의 논쟁과 국가의 최고 판사들 사이에서의 논쟁으로 확대된 후, 맥너튼 규정이라고 하는 정신이상에 대한 정의가 법으로 정해졌다. "……정신이상을 이유로 들어 변호를 하려면 범행 시점에 피고가 합리성의 결함 등으로 고통을 받고 있었으며, 정신장애로 인해서 저지르고 있던 행위의 본질을 알지 못하고 있었고, 설령 알고 있었다 하더라도 저지르고 있던 일이 잘못된 일임을 혹은 자신이 틀렸음을 알지 못했다는 것을 명백하게 입증해야만 한다." (Post, 1963, p. 133에서 인용)

오늘날 미국에서는 정신이상에 대한 기준이 주마다 조금씩 다르다. 연방 체계 역시 자체적인 규정을 가지고 있다. 하지만 일반적으로 모든 정신 이상 법률은 피고에게 다음 사항을 증명하도록 요구하고 있다. 즉, 범행 당시에 그들이 심각한 정신질환 혹은 정신적 결함으로 고통을 받고 있었으며, ⓐ 자신의 행위가 범죄이거나 잘못임을 인식하기에 충분한 능력이 결핍되어 있었거나, ⓑ 자신의 행동이 법률의 요구사항에 맞는지를 확인할 능력이 없었음을 입증해야 한다. 다른 말로 하면, 정신이상을 입증할 책임은 피고에게 있다.

정신이상 면책변호에 대한 오해(misperception)

레이건(Ronald Reagan) 대통령, 브래티(James Brady) 공보담당 비서, 다른 세 사람에 대한 암살미수 사건 재판에서 힌클리(John Hinckley)가 정신이상 면책변호를 사용하였을 때, 연방법원은 변호사들에게 피고가 정신이상이었음을 증명하라고 요구하지 않았다. 그 대신 검사에게 그가 제정신임을 증명하라고 요구하였는데, 이것은 힌클리가 장애적 행동에 대한 명백한 병력을 가지고 있었기 때문에 증명하기 어려운 과제였다(Bonnie, Jeffries, & Low, 2000). 그리고 힌클리가 정신이상 무죄평결을 받자, 거의 대부분의 주법처럼 피고가 정신이상임을 입증하게 하도록 연방법을 개정하라는 여론의 압력이 가해졌다.

힌클리 평결에 대한 소란은 정신이상 항변에 대한 불만, 즉 정신이상 면책항변의 사용빈도 및 그 성과에 대한 오해에서 비롯된 불만이 널리 퍼져 있음을 보여 준다. 많은 사람은 범법자들이 처벌을 면하기 위해 획일적으로 정신이상을 주장한다고 믿고 있다. 그러나 실제로는 형사사건 200건당 단지 1건의 비율로 정신이상 항변이 발생하며, 매 1,000건당 단지 2건만 성공한다(Cassel & Bernstein, 2007). 정신이상 항변 수십 건마다 겨우 1건 정도가 성공하는데, 성공한 사건에는 케네디 암살범 오스왈드(Lee Harvey Oswald)를 죽인 루비(Jack Ruby), 로버트 케네디 암살범 서한(Sirhan), 그리고 연쇄살인범인 게이시(John Wayne Gacey), 다머(Jeffery Dahmer), 버코위츠(David Berkowitz)('Sam의 아들'), 비안키(Kenneth Bianchi)('언덕의 교살자')가 포함되어 있다.

정신이상 무죄평결을 받은 피고들은 소송역량 없음 평결을 받은 피고들과 대부분 비슷하다. 가장 성공적인 정신이상 소송에서는 피고가 한때 재판을 받을 역량이 부족하다고 간주되었던 사람이라는 것은 놀라운 일이 아니다. 일반적으로 NGRI 무죄방면자들은 심각한 정신질환이 있는 20대와 30대의 백인 남성 실업자로, 정신질환으로 입원하였던 병력이 있거나 체포 과거력이 있는 사람들이다. 고등교육을 받은 사람은 거의 없다. 대다수가 정신분열병과 같은 심각한 장애를 가지고 있으며, 비폭력적 범죄의 혐의를 받은 적이 있다. 그러나 정신분열병 혹은 기타 망상적 장애의 진단을 받은 사람들도 범행 당시에 법률적 정신이상 상태였다는 점을 배심원들에게 확신시켜 주지 못할 수도 있다. 예이츠(Andrea Yates)의 사례를 들어 보자. 텍사스 주 휴스턴에 사는 예이츠는 2001년에 자녀 다섯 명을 욕조에 넣어 살해했다. 그녀는 정신분열병과 주요우울증을 포함한 심각한 정신질환을 오래 가지고 있었지만 유죄평결을 받았다. 텍사스 주 법에 따라서 배심원들은 살인범행을 저지르고 있던 당시에 무슨 짓을 하고 있는 것인지 그녀가 알고 있었다고 평결하였다. 그녀는 종신형을 선고받았지만 항소하여 2006년에 정신이상 무죄평결을 받아서 주립정신병원에 감금되어 있다.

NGRI 무죄방면자는 살인죄를 면하게 되는 것인가

NGRI 무죄방면이 되면 법정을 자유롭게 걸어 나가게 된다고 많은 사람이 믿고 있다. 그렇지만 예이츠 사건이 보여 주는 것처럼 정신이상 무죄방면자 중 단지 1%만이 아무런 제약 없이 석방되었고 겨우 4%만 조건부 석방을 받았을 뿐, 95%는 병원에 수용되었다(Steadman, 1993). 거의 대부분의 주에서 피고의 정신상태를 정기적으로 관찰하고 있다. 더 이상 정신질환을 앓고 있지 않으며 위험하지 않다는 판결을 받은 피고들을 그 이상 감금할 수 없다고 미국 연방대법원이 푸차 대 루이지애나(Foucha V. Louisiana, 112S.Ct.1780, 1992) 사건에서 명령하였다. 일반적으로 NGRI 무죄방면자들은 유죄를 선고받고 투옥되어 감옥에서 보냈을 기간보다 두 배 혹은 그 이상의 기간 동안을 정신병원에 감금되어 지내게 된다(Rein, 2001; Steadman, 1993). 힌클리가 1982년 이래 워싱턴 특별구의 성 엘리자베스 병원에 수용되어 있으면서 석방되려고 매년 노력하고 있음에도 불구하고, 감독자 입회 아래 가끔씩 부모를 만나는 것 외에는 석방될 가능성이 거의 없다는 것도 별로 놀라운 일이 아니다(Leonnig, 2006). 정신이상 면책변호 사건을 제공하였던 맥너튼도 정신병원에서 20년을 보낸 후 죽었다.

대니얼 맥너튼은 19세기에 영국에서 일어난 살인사건에서 정신 이상 무죄 항변에 성공함으로써 정신 이상을 법률적으로 정의하게끔 만들었다. 오랫동안 많은 나라에서 이 정의를 사용하였다. 범죄혐의를 받는 정신질환자를 법원이 어떻게 다뤄야 하는지에 대한 논쟁의 장을 열었으며, 이 문제에 대한 법원의 정책이 지속적으로 변하게 하였다.

정신이상 면책변호에서 전문가 증인의 역할

연방법원과 거의 대부분의 주법원에서는 전문가 증인들에게 피고가 범행 당시에 '정상(sane)' 인지 혹은 '정신이상(insane)' 인지에 대해 어떤 의견을 제시하도록 허락하지 않는다. DSM-IV에 '정신이상' 이란 진단이 없기 때문에 정상이라는 것은 오직 판사나 배심원들만 대답할 수 있는 법률적 질문이다. 전문가 증인은 오직 피고의 증상, 행동, 진단에 관한 것에만 증언할 수 있다. 이러한 제한 사항이 주와 연방의 형사소송규정에 성문화되기 이전에도, 미국정신의학회는 "형사사건에서 피고의 정신적 상태 혹은 정신적 기능상태에 대해 증언하는 전문가 증인은 혐의가 걸려 있는 범죄 혹은 변호의 구성요소에 해당하는 정신적 상태나 정신적 기능상태를 피고가 가지고 있었느냐 그렇지 않았느냐에 대해 아무 의견이나 추론을 진술하지 않을 수 있다. 이러한 궁극적 논제들은 사실의 판단자만의 몫이다."라는 자세를 취했다(APA, 1994).

1985년 미국 연방대법원이 에이크 대 오클라호마(Ake V. Oklahoma, 105S.Ct.977, 1985) 사건에서 판결한 바에 따르면, 빈곤한 피고들은 정신이상 면책변호를 하기 위해 전문가들의 도움을 받을 권리는 있지만 전문가들을 선택할 권리는 없다. 빈곤한 피고들은 몇몇 특별한 상황 혹은 보기 드문 질병이나 결함을 보일 때만 제외하고는 주정부나 연방정부가 고용하고 있는 정신건강 전문가들에게 평가를 받는데, 거의 대부분이 매우 뛰어난 자격이 있고 증언능력이 우수한 사람들이다. 물론 여러 전문가를 고용하거나 가장 비용이 높은 전문가를 고용할 수 있는 피고가 덜 부유한 피고보다 더 인상적으로 정신 이상 면책변호를 할 것이지만, 이러한 경제적 현실은 어떤 종류의 변호에서도 있는 일이다. 그렇지만 전문가들이 많다고 정신이상 평결이 반드시 보장되는 것은 아니다. 반박의 여지가 없는 정신건강 증언조차 배심원들에게 항상 영향을 미치지는 못한다. 배심원들은 심리학과 정신의학이 주관적인 해석에 너무 의존하기 때문에 피고인이 유죄인지 무죄인지를 판단하는 근거로는 사용하기 어려운 '부드러운 과학'이라고 종종 지각하고 있다(예를 들어, Faust & Ziskin, 1988; Rohde, 1999).

법정신경과학을 재판정에 도입하면 이와 같은 시각은 변할 것이다. 새로운 흐름의 뇌 전문가가 법정 전문가로 인정받기 시작하였는데, 그들은 뇌의 구조와 기능이 어떻게 인간의 행동에 바탕을 이루고 있는지를 설명할 수 있을 뿐만 아니라, 실시간으로 총천연색 영상기법으로 뇌의 어떤 영역이 그곳에 해당되는지를 보여 줄 수도 있다(Rosen, 2007; 13장 '임상신경심리학' 참조). 물론 뇌의 기능장애 때문에 범죄에 대한 책임에서 해방시켜 줘야 하는지는 여전히 배심원들이 결정해야 하는 일이므로, 정신이상 논제의 핵심은 변하지 않고 있다.

정신이상 면책변호의 개선

정신질환을 앓고 있는 피고들이 정신이상에 기인한 면책변호로 이득을 얻기 어렵게 만드는 주요한 두 가지 변화가 지난 20년 동안에 이루어졌다. 일부 주(아이다호, 유타, 몬태나)에서는 정신이상 항변을 전부 철폐하였으며, 다른 주들은 앞에서 설명한 바 있는 '정신질환 상태에서의 유죄(guilty but mentally ill: GBMI)' 평결을 추가하였다.

정신질환 상태에서의 유죄와 심신미약 변호

지난 몇 십 년 동안 정신이상 면책변호 사건을 포함한 여러 사건에서 배심원들의 심의를 통해 할 수 있는 것은 단지 유죄, 무죄 혹은 정신이상 무죄 평결이었다. 그러나 1976년 이후 20개의 주에서 배심원들이 피고에게 정신질환 상태에서의 유죄(GBMI)를 평결하는 것을 허락하는 법이 통과되었다. 이러한 별도의 평결은 오직 NGRI 항변을 한 피고에게만 사용 가능한 방법이다. GBMI 평결을 받은 피고는 동일한 범죄를 저지른 다른 피고들과 동일한 기간 동안 감금되는 선고를 받는 것이 보통이다. 정신질환이 있는 피고를 교정시설에서 치료하라고 판결로 명령하는 것이다. 그러나 GBMI 죄수가 일반 죄수들에게 제공하도록 법이 규정하는 최저 수준의 의료적 관리 이상을 받을 수 있다는 보장이 없기 때문에 이러한 치료—설령 제공되었다 하더라도—가 충분한 경우는 극히 드물다(Slobogin, 1985; Steadman, 1993).

GMBI 법의 의도는 NGRI 평결을 받는 피고의 수를 감소시킬 수 있는 절충적 평결을 마련하는 것이었다. 그러나 평결에 대한 연구에서 보면 주의 제도가 GMBI와 NGRI 모두를 허락했을 때 배심원들은 NGRI 평결로 되돌리기 전에 더 강력한 정신이상 입증을 요구하였다(Robert, Sargent, & Chan, 1993). 피고가 자신의 행위에 대하여 법률적 책임을 지기에는 정신이 충분히 올바르지 않지만 죄질은 처벌을 내리기에 충분하다고 믿을 때, 배심원들은 보통 GBMI 평결을 내렸다(Sales & Shuman, 1996).

나쁜 것과 옳은 것을 구별하여 알거나 행동을 통제함에 있어서 범행 당시에 피고가 '심신미약' 임을 보여 주는 증거를 피고가 제출할 수 있는 변호제도가 일부 주에는 있다. 이러한 변호는 피고의 책임을 면제시켜 주려는 것이 아니라, 피고가 의미 있는 사전 모의를 할 수 있는 능력이 없기 때문에 더 작은 혐의에 대한 유죄판결로 경감하는 것을 정당화하는 것이다. 샌프란시스코의 카운티 감독관을 역임하였던 화이트(Dan White)는 1978년에 총으로 시장에게 상해를 입혔고 선출직 공무원을 쏴 죽였는데, 지금도 유명한 '멍청이 변호(Twinkie defense)'를 피력함으로써 살인하기에는 심신이 '미약하다

(diminished)' 는 평결을 받았다. 화이트는 그가 정크푸드를 너무 많이 먹어서 판단력이 흐려졌기 때문이라고 주장하였다. 배심원들은 살인 대신 과실치사 평결을 내렸고, 그는 6년형을 선고받았다. 1982년에 캘리포니아 주는 심신미약 변호제도를 폐지하였다.

정신이상의 평가(assessing sanity)

피고의 소송역량을 평가하는 일은 피고의 현재 정신상태를 확인하는 것이므로 상대적으로 단순하다. 그러나 피고의 범행 당시 정신적 기능 상태를 몇 주, 몇 달, 심지어 몇 년이 지난 후에 평가하는 일은 정신건강 전문가들에게는 무척이나 힘든 과제다. 이 과제를 완수하기 위해 피고의 가족, 교육, 직장, 의학적 과거력을 살펴보고, 이전에 범죄나 정신장애 과거력이나 치료 과거력이 있었는지를 확인하고, 피고가 설명하는 범죄의 내용을 경청하며, 여러 종류의 심리평가 도구를 사용하는 등의 다양한 방법이 사용된다.

평가에는 일반적으로 구조화된 면접과 지능검사(보통 웩슬러 성인용 지능검사나 스탠퍼드-비네 지능검사를 사용), MMPI-2, 사이코패스 체크리스트-개정판(Psychopathy Checklist-Revised: PCL-R), 로르샤흐 잉크반점검사, 주제통각검사(TAT) 같은 성격검사를 사용한다. 병력, 관찰된 행동, 지능검사의 결과에서 뇌기능 장애의 가능성이 있어 보이는 피고는 홀스테드-라이탄 혹은 루리아-네브라스카 종합검사 같은 신경학적 검사를 받을 수도 있다. 만일 두부외상의 병력이 있거나 뇌손상이 있거나 최근에 성격이나 행동에 변화가 있다면 뇌기능 혹은 뇌구조가 질병이나 외상에 의해 손상되었는지를 뇌영상 검사(MRI나 CT 촬영 같은)로 확인할 수도 있다(앞의 여러 검사법은 4장 '면담과 행동관찰', 5장 '임상심리검사', 13장 '임상신경심리학'에서 좀 더 상세히 설명하였다).

비록 피고 중 20~25% 정도가 자신의 정신질환을 일부러 꾸미려 하거나 '꾀병(malinger)'을 부린다고 추정되고 있지만, 평가도구, 그리고 유능한 임상가는 이런 속임수를 잘 잡아낸다(Schretlen, Wilkins, Van Gorp, & Bobholz, 1992). 유명한 꾀병자는 '언덕의 교살자(Hillside Strangler)' 인 비안키(Kenneth Bianchi)로, 1970년대에 캘리포니아와 워싱턴에서 12명 이상의 젊은 여성을 살해했다. 전문가 4명이 그를 다중인격장애(지금은 해리성 정체감장애)로 진단했지만, 예리한 기소 전문가가 비안키가 이런 상태를 일부러 꾸미고 있음을 알아챘다. 가면이 벗겨지자 비안키는 정신이상 항변을 포기하였고, 사형 선고를 면하는 조건으로 살인죄를 인정하였다(Cassel & Bernstein, 2007).

이 절의 요약 법정심리학자들은 피고가 자신에 대한 혐의를 이해하는 역량이 있으며 자신을 위한 법적 변호를 지원할 역량이 있는지를 판단할 수 있도록 판사를 돕고 있다. 또한 정신이상 면책변호를 적용할 수 있을지, 즉 범행 당시에 피고인이 정신장애 때문에 잘못된 행동임을 이해하지 못하고 행동을 통제하지 못하였는지를 판단할 수 있도록 판사와 배심원을 돕는다. 임상가는 다양한 심리검사와 기타 평가자료를 사용하여 판단을 하며, 이 정보를 최종 판결을 하는 판사와 배심원에게 제공한다. 일반 사람들이 생각하는 것보다는 훨씬 적지만, 그럼에도 불구하고 정신이상 면책은 아직도 논란 중에 있다. 몇몇 주에서는 이 제도를 폐지하였으며, 다른 주들에서는 정신질환 상태에서의 유죄 같은 대안을 도입하면서 심신미약 주장을 허용하였다.

위험성 예측

웨스턴(Russell Weston, Jr.)은 미국의 국회의사당을 공격하기 훨씬 이전부터 편집형 정신분열병을 앓아 왔다. 국회의사당을 공격하기 2년 전에 웨스턴은 편집망상과 이상한 행동 때문에 강제로 몬태나의 한 정신병원에 수감되었는데, 클린턴 대통령이 가까운 친구이며 텔레비전 위성 안테나와 케이블 박스에 장착된 장치로 누군가 자신을 염탐하고 있다고 주장하였다. 웨스턴은 법원이 명령한 감금기간이 끝나기 전에 풀려났는데, 처방된 약만 제대로 먹는다면 공격적 행동의 위험성이 없겠다고 병원 관계자들이 판단하였기 때문이었다. 그러나 그것은 정말 확실히 했어야 할, 중요한 '만약에' 였다. 하지만 웨스턴이 1998년에 사람을 죽일 것이라는 것을 심리학자들이 1996년에 알아낼 수 있었을까?

3장 '임상적 평가의 기본 측면'에서 논의하였던 것처럼, 임상심리학자들과 정신건강 전문가들은 어떤 사람의 위험행동 가능성을 예견해 달라는 부탁을 법원으로부터 받곤 한다. 예를 들어, 살인혐의를 받고 있는 어떤 사람을 보석금으로, 혹은 항소로 재판을 계류시켜 놓은 뒤 자유롭게 돌아다니게 해도 괜찮은지, 또는 NGRI 무죄평결을 받은 사람을 자신이나 사회에 위험한지 확인하지도 않고 구금에서 풀어 줘도 되는지를 판단해 달라는 요청을 받을 수도 있다. 민사사건에서는 자살 가능성이 있는지, 그래서 당사자 보호를 위해서 정신병원에 수감해야 하는지를 판단해 달라는 요청을 받을 수 있다.

민사재판에서의 심리상태 평가

이 절의 미리보기

산업재해보상 등과 같은 사건에서 어떤 사람이 심리적 피해로 고통을 받고 있다는 것에 대해 서로 다른 주장이 있을 때 법정심리학자가 민사사건에 참여하게 된다. 임상가는 유언을 하거나 재산을 매도하는 것 같은 중요한 결정을 하기에 충분한 정신적 능력을 가졌는지를 법정이 판단하는 것을 돕기도 한다.

불법행위 법(tort law)은 다른 쪽 당사자의 불법행동 때문에 받은 고통스러운 손해에 대한 배상을 요구하는 절차를 개인에게 제공한다. 따라서 형법과는 다른데, 형법에서는 사회 전체를 대신하여 불법행동을 한 피고를 기소하고 사회의 전반적인 정의를 유지하려는 의도에서 그들을 처벌한다. 원고가 민사사건에서 자신에게 혹은 자신의 재산에 대해 피해를 준 원인이 되었다고 피고를 고소할 때, 이런 고소사건을 불법행위(tort action) 사건이라 한다.

불법행위 사건에서의 심리적 피해 평가

많은 종류의 행동이 불법행위를 구성할 수 있다. 말로 비방하는 것과 글로 비방하는 것도 불법행위이며, 의료과실, 사람을 손상하게 한 결함제품 제조, 다른 사람에게 손상을 준 고의적이거나 부주의한 행동 등이 이에 속한다. 임상심리학자가 민사사건의 원고를 평가할 때는 일반적인 평가를 실시하는데, 거의 대부분의 임상적 평가처럼 사회적 과거력, 임상적 면접, 심리검사, 다른 사람들과의 면담, 이용 가능한 기록물 검토 등이 포함된다(3, 4, 5장 참조). 이들 자료에 기초하여 임상가는 그 사람이 고통을 받고 있을 수도 있는 심리적 문제가 혹시 있다면 무엇인지에 대한 결론에 도달할 것이다. 이러한 점에서 볼 때 법정평가는 내담자가 소송에 걸려 있든 아니든 임상가가 어느 내담자를 대하는 것과 크게 다르지 않다.

임상가에게 추가적으로 부과된 훨씬 더 어려운 문제는 확인된 그 심리적 문제가 불법행위 때문에 생겼는지, 불법행위에 의해 더 악화되었는지, 아니면 불법행위 이전에도 존재하고 있었는지에 대해 반드시 대답해야 한다는 것이다. 이러한 물음에 대답하기 위한 절차가 정립되어 있지 않으므로, 거의 대부분의 임상가는 어떠한 진단적 장애가 처음으로 발생한 시점을 확정하는 데 도움을 줄 수 있는 모든 임상적 기록과 기타 자료를 찾아내려고 노력한다. 원고 측에 취약한 심리적 문제가 있는 줄 알면서 피고가 원고를 괴롭히거나 다른 고의적인 불법행위를 했다고 원고가 주장하면, 임상가는 이 전제조건을 감안해서 불법행위의 영향에 관한 결론을 도출해야만 한다. 때때로 사람들은 특정한 정신적 손해가 피고의 부주의 때문이라고 주장한다.

산업재해보상 사례

노동자가 근무 중에 다쳤을 때 보상받을 수 있도록 법이 마련되어 있으며, 고용주의 불법행위를 입증할 필요가 없는 간소화된 시스템을 통해서 보상을 받을 수 있다. 「산업재해보상법(workers compensation law)」으로 알려진 이 제도는 50개 주 모두와 연방정부에 정착되어 있다. 산업재해보상제도에서는 고용주가 산업재해보상보험을 들어주는 기금에 재정지원을 하며, 또한 상해사고에 대해 해당 노동자나 다른 사람을 비난할 권리를 포기한다. 이러한 고용주 측에 대하여 노동자들은 고용주의 불법행위를 소추할 권리를 포기한다. 노동자들이 받게 되는 보상은 상해의 유형과 지속기간, 상해를 입었을 당시의 임금에 의해서 결정된다. 노동자들이 보상을 요구할 수 있는 것으로는 ⓐ 직장에서 얻은 신체적 · 심리적 손상, ⓑ 상해치료비로 지출되는 비용, ⓒ 임금손실, ⓓ 미래에 소득을 획득할 수 있는 능력의 손실이다.

고용상태에서 야기된 심리적 손상이나 정신장애는 보상을 받을 수 있기 때문에 임상심리학자들은 종종 상해를 입은 노동자들을 평가해 달라는 요청을 받으며, 그 사건에서 나타날 수 있는 정신장애의 존재 유무, 원인, 다른 요인들의 연관성에 관한 의견을 제출한다. 정신장애에 대한 피해 주장은 보통 다음 세 가지 중 하나로 나타난다.

첫째, 신체적 상해 혹은 직무 관련 위협사건이 정신장애와 심리적 장애를 야기할 수 있다. 이러한 신체적-정신적(physical-mental) 사례들이 가지고 있는 한 가지 흔한 형태의 예를 들면, 척추손상 혹은 심한 화상 같은 심각한 신체적 상해는 만성적 고통을 가져다준다. 신체적 고통이 계속됨에 따라 노동자는 우울이나 불안과 같은 심리적 문제를 경험하기 시작한다. 이 문제는 분명한 정신장애가 될 때까지 악화되기 때문에, 전반적 기능의 면에서 볼 때 장해가 더 확장되는 결과를 초래한다.

정신적 장애로 이어지는 근무 관련 두 번째 경로는 개인이 직장에서 외상성 사건으로 고통을 받는 것, 혹은 심리적 어려움으로 이어지는 지속적인 스트레스에 장기간 노출되는 것이다. 무장강도에게 피해를 당한 결과로 외상후 스트레스 장애에 걸린 편의점 밤 근무자는 이러한 정신적-정신적(mental-mental) 사례의 좋은 예가 된다. 이것은 사무직원이 여러 해 동안의 과로와 직무 압력 때문에 불안장애를, 어쩌면 외상후 스트레스 장애까지도 경험하는 것과 비슷하다.

정신적-신체적(mental-physical)이라고 알려진 세 번째 사례 유형의 경우는 고혈압 같은 신체장애의 발병을 직무 관련 스트레스의 탓으로 돌리는 것이다. 많은 주에서 이러한 유형의 피해주장에 대해 특별한 제한을 두고 있기 때문에, 이러한 주장을 평가해 달라는 요청을 심리학자들이 받는 일은 거의 없다.

최근 산업재해보상 소송에서 제기된 심리적 피해주장 사례가 엄청나게 늘어났다. 1980년대 미국에서는 스트레스 관련 정신장애가 가장 급속하게 성장한 직업적 장애 범주여서(Hersh & Alexander, 1990), 이러한 피해주장이 1990년에는 1985년의 2배 이상으로 늘었다. 스트레스와 관련된 산업재해보상 청구는 공공부문 및 민간부문 직장 모두에서 높은 수준이다(Macklin, Smith, & Dollard, 2006).

민사소송 역량

소송역량에 관한 이전의 논의에서 우리는 형사재판 진행 동안에 피고가 해야 하는 과제에 초점을 맞추었다. 그러나 정신적 역량의 문제는 몇몇 비형사 상황에서도 그 못지않게 제기되고 있다. 우리는 이런 상황을 민사소송 역량(civil competencies)에 넣고자 한다.

어떤 개인이 특별한 결정을 내릴 때 어떻게 할 것인지에 관한 설명을 들은 후 선택을 하는 과정에서 연관된 정보를 이해하기에 충분한 능력을 가지고 있느냐가 민사소송 역량문제의 초점이다. 예를 들어, 민사소송에서의 역량문제는 일반적으로 개인이 자신의 재정업무를 관리할 능력이 있는지, 의료적 혹은 정신과적 치료를 수락하거나 거부할 결정을 내릴 능력이 있는지, 재산을 상속인이나 다른 수혜자에게 어떻게 분배하라고 지시하는 의지를 집행할 능력이 있는지 등으로 질문된다.

역량을 정의하는 데 사용되는 법률적 기준은 오랜 기간에 걸쳐 발전해 왔지만, 이 주제를 연구해 온 학자들은 네 가지 능력이 역량 있는 의사결정의 핵심이라는 것에 동의한다(Appelbaum & Grisso, 1995). 역량 있는 사람은 ⓐ 의사결정과 관련된 기본 정보를 이해할 수 있으며, ⓑ 다양한 선택이 가져올 수 있는 결과들을 예상하기 위하여 이 정보를 특정한 상황에 응용할 수 있으며, ⓒ 다양한 전략과 결정에 대한 찬성 의견과 반대 의견을 평가하기 위해 논리적이고 합리적인 사고를 사용할 능력이 있으며, ⓓ 심사숙고하고 있는 일과 관련된 개인적인 결정이나 선택에 관해 의견을 나눌 능력이 있는 사람이라고 기대할 수 있다.

앞의 일반적인 각 기준과 연관된 구체적인 능력들은 제각기 다르며, 내려야 하는 결정에 따라 다르다. 위험도가 높은 외과수술을 받느냐 마느냐를 결정할 때에는 부동산을 자녀들에게 물려 줄지 혹은 자선단체에 기부할지를 결정할 때와는 다른 종류의 정보와 사고과정이 요구된다.

심각한 정신적 장애를 가진 사람은 치료에 대한 결정을 내릴 수 있는 역량이 있는가? 그들의 의사결정능력은 정신장애가 없는 사람들과 다른가? 이런 의문점이 맥아더 치료역량 연구(MacArthur Treatment Competence Study)의 초점이 되어 왔다(Poythress et al., 2002). 이 연구는 방금 논의한 바 있는 네 가지 기본 능력을 평가하는 일련의 구조화된 면접척도의 개발을 이끌어 냈다. 표준화된 면접을 정신분열병, 주요우울증, 심장병이 있는 세 환자집단, 그리고 환자집단과 인구학적으로 대응되는 건강한 지역 사람들로 구성된 여러 집단에게 시행하였다(Grisso & Appelbaum, 1995). 여러 가지의 치료 선택에 대한 결정을 내림에 있어서 모든 집단 내에서 소수의 사람만이 유의미한 장해를 보였다. 그리고 치료에 관한 정보를 환자들에게 한 번에 하나씩 점진적으로 제시해 주었을 때 훨씬 더 잘 이해할 수 있었다. 그러나 심장병 환자나 지역주민 표본보다 정신분열병과 주요우울증 환자들이 치료정보에 대한 이해가 낮은 경향이 있었고, 치료의 결과를 생각할 때도 합리적인 추리가 부족하였다.

1990년에 연방대법원은 크루잔 대 미주리 보건국장(Cruzan V. Director, Missouri Department of Health, 497U.S.261, 1990) 사건에서 무능력하게 되었거나 질병 말기단계에 있을 때 생명을 연장시켜 주는 의학적 치료를 받지 않겠다는 요구를 공식적으로 환자가 표현하도록 주가 허락할 수 있음을 인식시켰다. 이에 따라 임상심리학자들과 정신건강 전문가들은 어떤 사람이 의료결정 유언이라는 결정을 내릴 만한 역량이 있는지 확인해 달라는 요청을 받을 수도 있다. 생명 종결이 예견되는 결정을 내릴 수 있는 역량을 환자가 가지고 있는지를 확인하는 데는 엄청나게 많은 윤리적 · 실무적 논제가 있다. 그러나 이러한 추세는 환자들이 다양한 치료와 건강관리를 받거나 거절함에 있어서 높은 수준의 자율성을 가지고 있다는 사실을 인식시키고 있다(Cantor, 1998; Rich, 1998). 미국에서 유일하게 의사협조자살법(physician-assisted suicide law)을 가지고 있는 오리건 주는 환자가 생명 종결을 결정하는 데 있어 우울증의 영향을 배제시키기 위하여 심리학적 평가를 요구하고 있다.

이 절의 요약 타인의 불법행위로 인한 심리적 손상에 대해 합법적 배상을 받아내기 위해 소송을 한다. 스트레스에 기인한 산업재해보상을 청구할 때, 혹은 외상성 경험에 기인한 PTSD에 대한 보상을 청구할 때가 그 좋은 예다. 3, 4, 5장에서 설명한 바 있는 평가절차와 거의 동일한 방법을 사용하여 임상가들은 심리적 손상의 본질과 범위에 대한 증거를 모은다. 또한 특정 개인이 중요한 결정을 내릴 수 있을 만큼 정신적 역량이 있는 사람인지를 판단할 수 있도록 법정을 돕는다.

심리부검과 범죄행동 분석

이 절의 미리보기

심리부검은 어떤 사람의 죽음이 자살, 사고, 타살 때문인지 판단하는 것을 돕기 위해 종종 실시된다. 범죄는 발생했으나 범인이 누구인지는 모를 때는 범죄행동 분석을 실시한다. 행동분석가로 활동하는 임상가들은 가장 가능성이 있는 용의자 범주를 만들어 내기 위해 심리과학적 방법을 사용한다.

이미 언급했듯이, 거의 대부분의 법정평가에는 대다수의 임상적 평가에서처럼 살아 있는 내담자에 대한 면접, 행동관찰, 심리검사를 포함한다. 그러나 임상가들은 때로는 이미 사망한 사람의 사망 전 마음상태에 대한 견해를 달라는 요청을 받기도 한다. 이러한 경우, 임상가는 말할 필요도 없이 당사자의 참여 없이 평가를 수행해야만 한다. 이러한 사후 심리평가를 심리부검(psychological autopsies) 혹은 모호한 사망분석(equivocal death analysis)이라고 한다(Ogloff & Otto, 1993).

심리부검

최초의 심리부검은 1950년대에 로스앤젤레스의 한 사회과학자 집단이 지역 검시관을 보조하여 몇몇 모호한 사망사건에서 자살, 타살, 사고 중 어느 것이 가능성이 가장 높은 사망 원인인지 확인하는 것을 돕기 시작하던 것으로 알려져 있다. 그 후 특히 생명보험 계약자가 자살로 죽었는지를 생명보험회사가 알고 싶어 할 때 심리부검이 흔한 일이 되었는데, 보험계약자가 자살하는 경우 사망보험금이 지급되지 않기 때문이다. 심리부검이 사용되는 곳은 또한 ⓐ 피고용자의 가족이 피고용자의 자살이나 사고사에 스트레스가 많은 작업조건 혹은 작업 관련 외상 때문이라는 피해주장을 하는 산업재해보상 사건, ⓑ 사망한 개인이 어떤 의지를 집행하거나 혹은 조정하는 데 필요한 정신적 능력을 가지고 있었는지 어떤지를 결정하는 경우, ⓒ 형사피고인이 죽였다고 하는 주장에 대해 살인에 의해서가 아니라 자살로 죽었다는 피고의 변론을 지지하는 경우 등이다.

심리부검을 수행함에 있어서 표준형식은 없지만, 거의 대부분의 임상가는 고인이 남기고 간 문서와 기타 인생기록을 매우 중요하게 다루며, 또 고인을 알던 사람들을 면담한다(Ebert, 1987). 어떤 임상가는 고인이 사망하기 직전에 있었던 증거에 집중한다. 그 사람의 기분은 어떠했는가? 그 사람은 직장에서 어떻게 지냈는가? 그 사람의 행동에서 어떠한 뚜렷한 변화가 있었는가? 정신역동적으로 접근하는 임상가는 고인의 초기 인생에서 나타났던 가족역동 및 성격 특질에 관한 증거를 찾는다. 아이였을 때 고인은 부모 혹은 다른 양육자들과 어떻게 상호작용을 하였는가? 학교생활은 어떠하였는가? 또래들과의 경쟁은 어떠하였는가?

심리부검은 얼마나 타당한가? 즉, 심리부검은 사망 시점의 마음상태를 얼마나 정확하게 묘사하는가? 타당도에 의문을 던질 만한 이유가 분명히 있다. 무엇보다도 추론의 당사자가 더 이상 면담이나 검사를 받을 수 없기 때문에 평가정보의 거의 대부분이 '간접적'이라는 점 때문이다. 게다가 4장에서 지적했듯이 제3자 면접에서 얻은 정보들은 아마도 기억착오나 혹은 고인을 특별히 좋게 혹은 특별히 나쁘게 묘사하려는 노력 때문에 왜곡되었을 수도 있다. 유감스럽게도 심리부검의 타당성에 관한 경험적 연구가 거의 없는데(Dattilio, 2006), 부분적인 이유는 사망 전 고인의 '진짜' 마음상태를 알 수 없으므로 나중에 임상가가 도출한 결론과 비교할 수 없기 때문이다. 사망의 원인이 모호한 것처럼 보이지만, 실제로는 사망 원인을 알고 있는 사건에 관한 심리부검 정보를 가지고 명성 있는 전문가들이 어떻게 하는지를 추후의 연구에서 평가할 수 있다면 이 문제를 어느 정도는 해결할 수 있을 것이다. 이 전문가들이 내린 결론의 정확성과 그 뒤에 숨어 있는 근거에 대한 연구를 바탕으로 심리부검의 타당도를 정립하려면 가야 할 길이 아주 멀다.

더 나은 연구 증거가 없는 상황이어서, 판사들은 심리부검 증거에 대하여 여러 가지 반응을 보여 왔다. 산업재해보상 청구 주장이 걸려 있는 사건들과 보험보상금 지급문제가 걸린 사건들에서 법원은 심리부검 증언을 대체적으로는 마지못해 인정해 왔다. 형사사건과 의지를 생성해 낼 만한 정신적 능력을 가지고 있었느냐에 관한 질문이 포함된 사건일 경우에 판사들은 훨씬 더 못마땅해하고 있는데, 그 사건에서 결정해야 할 최종 논제에 관한 심리학자들의 증언이 필요할지도 모르기 때문이다. 앞에서 지적하였고 뒤에서 더 자세히 논의하겠지만, 이런 종류의 증언은 일반적으로는 허용하지 않는다.

범죄행동 분석

어떤 점에서는 범죄행동 분석 또는 범죄 프로파일링(criminal profiling)으로 알려진 기술과 심리부검은 서로 비슷하다. 두 경우 모두에서 임상가들은 고인이 남긴 인생기록이나 다른 자료에 근거하여 고인의 동기와 정신상태에 대한 추론을 도출해 낸다. 심리부검에서는 평가를 받고 있는 사람의 신원은 이미 알려져 있으므로 그들이 무엇을 했고 왜 그렇게 했느냐가 관점이다. 그러나 범죄행동 분석에서는 그 사람의 행동은 이미 알려져 있으므로 '그 짓을 한 사람이 도대체 누구냐' 가 관점이다.

범죄행동 분석의 첫 성공 사례 가운데 하나는 뉴욕 시의 '미친 폭파범(Mad Bomber)'이라 불렀던 메테스키(George Matesky)를 1957년에 체포한 것이다. 뉴욕 지역에서 일어난 30여 건의 폭파사건의 범인을 찾아내려고 10년 이상 노력하다가 마침내 경찰은 지역 정신과 의사인 브루셀(James Brussel) 박사에게 의견을 구했다. 브루셀은 폭파현장의 사진들을 조사하였고, 폭파범이 경찰에게 보낸 편지들을 분석하였다. 이러한 자료에 기초하여 브루셀은 경찰에게 체격이 크고, 중년의 나이에, 동유럽인이며, 천주교인이고, 미혼이며, 형제나 혹은 숙모뻘 여성 친척과 사는 남성을 찾으라고 조언하였다. 브루셀은 또한 그 남성은 어머니를 사랑했으며 깨끗하고 정리정돈된 것을 중요시한다고 단정하였다. 그는 심지어 그 남성이 잡힐 때 더블 신사복을 입고 있을 것이라고까지 예측하였다. 경찰이 마침내 메테스키를 체포하였을 때는 이 범죄행동 분석이 신기하게 정확했음이, 신사복마저도 정확했음이 판명되었다(Brussel, 1968).

오늘날 범죄행동 분석의 연구와 발전의 주된 자원은 연방수사국(FBI)의 행동평가부서(Behavioral Assessment Unit)다. 이 부서에는 행동과학에 관한 훈련을 받은 행동분석 전문가들이 참여하고 있는데, 그들은 행동분석 활동에 참여하고 있는 극소수의 심리학자 및 기타 정신건강 전문가들과 함께 일하고 있다. 이 부서에서는 일 년에 1,000건 정도의 행동분석을 하며(Homant & Kennedy, 1998), 다양한 유형의 형사범들에 관한 배경, 가족 특성, 현재의 행동, 심리적 특질에 대한 자료를 엄청나게 많이 축적하고 있다(Douglas & Olshaker, 1995). 이 부서는 폭력범, 특히 강간, 방화, 성적 살인, 대량 및 연쇄 살인과 같은 기괴한 범죄나 반복범죄를 저지르는 폭력범들에 대한 연구에 집중하고 있다. 이 부서가 수행하고 있는 연구의 핵심 요소 가운데 하나는 다양한 유형의 알려진 범죄자들을 면접하는 것이다. 이것은 각각의 범죄 유형이 어떻게 희생자를 고르며 어떻게 희생자에게 접근하는지, 범죄자들은 자신들의 범죄에 어떻게 반응하는지, 어떤 인구통계학적 특성 혹은 가족 특성을 가지고 있는지, 어떤 성격 특성이 우세적인지 등을 알아내려는 것이 그 목적이다. 예를 들어, 대량 및 연쇄 살인범에 대한 연구의 일부로 FBI는 악명 높은 여러 살인범에 대해 상세면접을 수행하였는데, 여기에는 맨슨(Charles Manson), 스펙(Richard Speck), 버코위츠(David Berkowitz)가 포함되어 있었다.

범죄행동 분석을 검토한 연구(Homant & Kennedy, 1998)는 서로 다른 범죄현장들이 신뢰성 있게 분류할 수 있으며, 다양한 범죄 유형과 특정한 범죄자 특성이 상관관계를 가지고 있다고 결론을 내렸다. 그와 동시에 행동분석 연구의 유용성에 대해 신중하라고 경고하고 있는 몇 가지 근거가 있다. 첫째, '미친 폭파범' 사건과는 딴판으로 행동분석이 정확하지 않은 경우가 아주 흔하다. 둘째, 효과연구 다수가 FBI 행동분석가 자신들이 수행한 것이며, 소수의 사건에 초점을 맞추어 효과연구를 수행하였다. 셋째, 행동분석가들이 실제로 사용한 여러 개념과 여러 접근법이 객관적이고 체계적으로 정의하지 못한 경우가 종종 있다. 실제로 152명의 경찰심리학자들에 대한 조사에서 그들 가운데 70%가 범행현장 행동분석의 타당도에 심각한 의문을 가지고 있었는데(Bartol, 1996), 그 이유는 타당한 것이었다. 1996년 올림픽 게임에서 폭탄이 터진 후 애틀랜타 경찰이 거의 즉각적으로(틀린 조치였다고 나중에 밝혀졌지만) 올림픽공원 안전요원인 주엘(Richard Jewell)에게 혐의를 두었던 일을 회상해 보자. 단지 경찰이 되고 싶어 하는 경찰광(police wannabe)으로 사람들의 주목을 열망하고 있던 백인이며, 독신이고, 중년 남자라는, FBI가 분석한 이런 유형의 폭발공격 행동분석의 용의자와 일치하였기 때문에 주엘이 선택되었다. 이 사건에서 행동분석은 틀렸다.

이 절의 요약 심리부검은 사인이 모호한 사망자가 남긴 심리적 원인을 찾아내기 위해 고안된 평가다. 범죄행동 분석은 특정한 유형의 범죄를 저지르는 사람들의 심리적·인구통계학적 특성을 파악하려는 목적도 가지고 있다. 범죄행동 분석은 경찰의 조사를 한 곳으로 집중시켜서 죄를 지은 당사자를 찾아내도록 설계된다. 몇몇 사람들이 현장실무가 무척 중요하다고 여기고 있지만, 이를 지지하는 강력한 경험적 증거는 결여되어 있다.

자녀양육권과 부모 적합성

이 절의 미리보기

다른 어떤 법정업무보다도 자녀양육권 사건에 임상심리학자들이 많이 참여하고 있다. 임상심리학자들은 이혼하는 부부와 그 자녀들을 평가함으로써 어떤 행동 방침이 자녀들을 가장 위하는 것인지를 법원이 판결하도록 돕는다.

법정심리학에서 임상심리학자들이 일하는 영역 가운데 가장 빠르게 성장한 영역 중 하나가 위기에 처한 가족을 평가하는 것이다.

부모 적합성

때때로 임상가들은 부모 적합성(parental fitness)을 평가해 달라는 요청을 받는다. 이러한 경우 부모-자녀 관계가 합법적으로 종결되어야 하는지, 그래서 자녀를 영구히 위탁양육시키거나 입양시켜야 하는지를 임상가들은 반드시 결정해야 한다. 부모의 부적합성에 대한 법률적 정의가 주마다 다르지만(Azar & Benjet, 1994), 일반적으로는 지방 혹은 주 아동복지국의 종결 옹호자가 장래의 부모-자녀 접촉이 자녀의 복지에 해로울 것임을 반드시 입증하여야 한다. 예를 들어, 버지니아에서 부모 부적합성을 증명하려면 부모가 ⓐ 자녀를 6개월 이상 방치하였거나, ⓑ 다른 자녀를 살해하였거나 혹은 다른 자녀에게 극심한 신체적 손상을 입혔거나, ⓒ 아동이 부모와 함께 지낼 수 있도록 아동복지국이 모든 노력을 다 했음에도 불구하고 자녀를 돌봄에 있어서 신체적 혹은 정신적으로 적합하지 못하였거나, ⓓ 자녀가 아동복지국을 처음 접촉하게 만들었던 상황을 개선하지 못했어야 한다(후자의 사례에는 일반적으로 신체적 · 성적 아동학대, 자녀의 신체적 · 의학적 복지에 전반적으로 무관심한 것, 부모의 마약 혹은 알코올 중독이 포함된다). 거의 대부분의 주에서와 같이 이러한 사항을 '명백하고 납득할 수 있게' 입증해야 하는데, 이를 수량화하면 75%의 가능성에 해당한다.

자녀양육권에 대한 논쟁

임상심리학자들이 법률적 관점에서 가족위기에 연루되는 가장 흔한 경우는 부모가 별거 중이거나 이혼하고 있을 때다. 여기서 임상가들은 보통 자녀양육권 평가를 해 달라는 요청을 받으며, 어느 쪽 부모가 자녀들에게 필요한 것을 가장 잘 만족시켜 주며, 따라서 누가 자녀양육권을 가지고 있어야 하는지에 대한 논쟁을 법원이 정리할 수 있게 권고안을 달라는 요청을 받는다. 이러한 평가활동이 늘어난 것은 먼저 현재 미국에서 결혼한 사람들 중 절반이 이혼으로 끝을 맺고 있어서 수백만 가정에서 자녀양육권 문제가 대두되고 있다는 사실에 그 원인을 돌릴 수 있다. 현재 미국에서 살고 있는 아동들 중 1/3이 계부모 가족에서 부분적인 생활을 하게 될 것이고, 그리고 절반 이상이 한부모 세대에서 생활하게 될 것이다(Arnold, 1998). 둘째, 20세기의 거의 대부분을 차지하던 어머니 양육우선권이 1980년대에는 부모 양측에게, 적어도 원칙에서는 동등함을 인정해 주는 성중립법(gender-neutral laws)에 길을 비켜 주었다. 현재 법원은 관행적으로 양육권에 대한 판결을 내리기 전에 부모 각각의 양육능력을 알고자 한다(Liss & McKinley-Pace, 1999).

대부분의 주가 공동양육 혹은 단독양육 두 종류의 양육권 합의를 허락한다. 법은 공동양육을 선호하는데, 자녀의 생활에 부모 모두가 참여할 때 자녀의 욕구가 최대로 충족된다고 정신건강 전문가들이 법원을 교육시켰기 때문이다. 그러나 공동양육에도 법적 양육권과 신체적 양육권의 두 가지 범주가 있다. 자녀들의 복지(교육과 건강관리에 관련된 것 등)에 관해서 공동으로 결정함을 의미하는 법적 공동양육을 부모가 선택할 수도 있지만, 일반적으로는 한쪽 부모가 신체적 단독양육권을 가지고 다른 쪽 부모는 방문권을 가진다. 법적 단독양육 방식과 비교해 볼 때, 법적 공동양육 방식은 자녀와의 접촉 빈도를 부모에게 훨씬 더 균등하게 분산시켜서 이혼한 부모 사이의 상호작용을 더 많이 이끌어 내며(그래서 자녀들과 연관된 협력거리를 더 많이 만들어 내며), 그리하여 좀 더 다양한 양육 합의가 이뤄지게 한다(Clingempeel & Repuccci, 1982).

임상가들이 양육권평가를 하게 되는 세 종류의 상황이 있다. 어떤 경우에는 판사가 임상가를 지명하여 부모 양쪽 모두의 양육권평가를 수행하도록 한다. 다른 경우에는 부모가 제각각 전문가를 고용하여 독자적인 평가를 시행하며, 또 다른 경우에는 양쪽이 전문가 한 사람을 고용하여 단일평가를 받고 그 비용을 나누어 부담하기로 합의한다(Weissman, 1991). 변호사들도 포함하여 설명을 들은 거의 대부분은 첫 번째 혹은 세 번째 방식을 선호하는데, 양측이 별도의 전문가를 고용했을 때 보통 일어나게 되는 적개심과 반대 압력을 이 방식이 최소로 줄여 주기 때문이다(Keilin & Bloom, 1986).

양육권평가에 사용되는 방법은 각 사건의 특수한 논제에 따라 크게 달라지지만, 미국 심리학회와 가족협회 그리고 조정 재판소(Conciliation Courts)는 양육권평가 지침을 발간하였다. 대부분의 평가에는 임상적 · 사회적 과거력, 부모-자녀에 대한 표준화 검사, 부모-자녀 상호작용 관찰, 가족구성원을 관찰할 기회를 가진 적이 있는 개인들과의 면접, 가족 의료기록 등 이 사건과 연관이 있을 수 있는 문서의 검토가 포함된다.

자녀양육권 평가를 수행한 정신건강 전문가들에 대한 전국적인 조사에 의하면, 이 전문가들이 각 양육권평가에 들이는 시간은 평균 30시간이었다(Ackerman & Ackerman, 1997). 이 시간 가운데 상당 시간은 부모를 다양한 경우에서 면접하고 관찰하는 데 사용되었다. 응답자의 2/3 이상이 부모와 자녀를 개별 면접하였으며, 각 부모(분리되어)가 자녀와 상호작용하는 것을 관찰하였고, 부모와 자녀에게 심리검사를 시행하였다고 진술하였다. 부모에게는 MMPI를 가장 많이 사용하였으며, 자녀에게는 지능검사와 투사적 성격검사를 가장 일반적으로 사용하였다(5장 참조). 점점 많은 수의 임상가가 특별히 자녀 양육권평가를 위해 설계된 도구 한두 가지를 사용하고 있다고 보고하고 있는데, 브릭린 지각척도(Bricklin Perceptual Scales)와 애커먼-쉔도프 부모양육능력 평가척도(Ackerman-Schoendorf Scales for Parent Evaluation of Custody: ASPECT)가 있다(Nicholson, 1999).

이 전문가들이 가장 일반적으로 권장한 내용은 제한적 공동양육권으로서, 부모가 결정은 함께 내리지만 한쪽 부모가 주된 신체적 양육권을 유지한다. 방문권조차도 허용하지 않는 단독양육 방식이 가장 적게 권장된 대안이다. 아동이 더 잘 적응하고 기능하는 것은 공동양육 방식일 때일까 혹은 단독양육 방식일 때일까? 두 경우 모두 그럴 것이라고 예상할 수도 있는데, 공동양육 방식에서는 자녀가 양쪽 부모 모두와 친밀한 관계를 유지할 수 있으며, 단독양육 방식은 양육권을 단순화시켜서 자녀에게 자신의 가정이 어딘가 하는 혼란을 최소화해 주기 때문이다. 실제로 거의 대부분의 연구가 두 양육방식에서 자란 아동들 사이에 큰 차이가 없거나 혹은 공동양육 방식의 아동들이 단지 조금 나은 적응을 보였다고 보고하고 있다(Bender, 1994; Crosbie-Burnett, 1991). 그러나 선행연구들의 결과(Emery, 1982; Hetherington & Arasteh, 1988)와 일관되게, 크로스비-버넷(Crosbie-Burnett, 1991)은 양육권의 유형과는 무관하게 부모 간의 지속적인 적개심과 갈등이 자녀의 부적응과 관련이 있음을 발견하였다. 자녀가 단독양육 방식에서 자랐냐 혹은 공동양육 방식에서 자랐냐 하는 것보다, 이혼한 부모 사이의 관계 질이 자녀의 적응에 더 중요한 것으로 나타났다(Hughes, 1996; Rodriguez & Arnold, 1998).

많은 정신건강 전문가들은 자녀양육권과 부모 적합성에 관한 평가가 모든 법정사건들 중에서 윤리적으로 가장 도전적이면서도 임상적으로 가장 어려운 일이라고 믿고 있다. 첫째, 감정이 극도로 고조되어 있어서 부모 모두 양육권 쟁탈전쟁에서 누가 이길지 해 보자면서 비용이나 투쟁전략을 아끼지 않으려는 경우가 종종 있기 때문이다. 이런 부모의 갈등 때문에 결국 누구와 살게 될지, 어디서 학교에 다니게 될지, 각 부모를 얼마나 자주 보게 될지 전혀 알 수 없는 정서적 지옥에서 자녀들은 몇 년 또는 몇 달 동안을 살게 된다. 둘째, 가족평가를 충실히 하려면 임상가는 반드시 자녀, 양쪽 부모 모두, 그리고 가능하다면 이 가족 사이의 상호작용을 관찰하였던 사람들을 평가해야 하기 때문이다. 모든 당사자가 그러한 평가에 동의하지는 않으며, 동의하더라도 억지로 동의하게 되는 것이라 종종 평가과정은 길고 비우호적인 것이 된다. 셋째, 전문가로서의 의견을 피력하려면 임상가들이 상당히 많은 지식—즉, 평가를 받는 자녀와 부모에 관한 지식뿐만 아니라 유아-부모 애착, 아동 발달, 가족 체계, 이혼이 자녀에게 미치는 영향, 성인기 및 아동기 정신장애, 그 외 몇 가지 종류의 검사에 대한 지식—을 가지고 있어야 하기 때문이다(11장 '아동 임상심리학' 참조).

더불어 상황을 더욱 복잡하게 만드는 것은 '가족'에 대한 전통적인 정의가 바뀌고 있다는 점이다. 생활양식의 다양성이 점점 더 포용됨에 따라 임상심리학자들과 법학자들은 양육권 및 입양을 결정함에 있어서 부모의 성적 지향성이나 인종에 대해 어떤 자세를 가져야 하는가에 관한 질문에 직면하지 않을 수 없게 되었다. 예를 들어, 뉴저지 주의 최고 법원은 동성애자에게 자녀를 입양할 수 있는 권리를 주고 있지만 몇몇 다른 주에서는 그렇지 않다.

마지막으로, 한쪽 전문가의 소송 절차나 동의할 수 없는 의견에 다른 쪽이 반대하기 때문에 자녀양육권 평가는 반대 의견의 대립이 심한 절차다. 그러므로 양육권평가를 수행하는 임상가들은 임상적 방법, 학자로서의 역량, 개인 특성 그리고 전문가적 윤리를 겨냥하는 모든 형식의 공격에 대하여 마음의 준비를 단단히 해야 한다. 이러한 공격을 막아내고 전문적으로 능숙하게 평가를 수행했음을 확신하기 위해 임상가들은 APA에서 발간한 이혼과정의, 자녀양육권 평가지침(APA Guidelines for Child Custody Evaluations in Divorce Proceedings)을 따라야 한다(APA, 1994a; 〈표 14-2〉 참조).

〈표 14-2〉 이혼 절차 중 자녀양육권 평가에 관한 APA 지침 개요

Ⅰ. 방향성 지침: 자녀양육권 평가의 목적 1. 평가의 일차 목적은 자녀의 최대 심리적 권익을 평가하는 것이다. 2. 자녀의 이익과 안녕이 무엇보다도 중요하다. 3. 평가의 초점은 양육능력, 자녀의 심리적·발달적 요구 그리고 그에 따른 적합성이다. Ⅱ. 일반적 지침: 자녀양육권 평가 준비 1. 심리학자의 역할은 객관적이며 공평한 자세를 지키려고 애쓰는 전문가의 역할이다. 2. 심리학자는 전문적 역량을 가지고 있어야 한다. 3. 심리학자는 개인적·사회적 편파에 주의하여야 하며, 차별적이지 않은 실무를 수행하여야 한다. 4. 심리학자는 다중관계를 피해야 한다. Ⅲ. 절차적 지침: 자녀양육권 평가 실시 1. 평가의 범위는 평가자가 의뢰 이유의 특성에 근거하여 결정한다.	2. 심리학자는 모든 성인 참여자들에게 설명 후 동의를 받아야 하며, 자녀에게 적절하게 설명해야 한다. 3. 심리학자는 참여자에게 비밀보장의 한계와 정보 공개에 대해 알려 준다. 4. 심리학자는 다양한 자료수집 방법을 사용한다. 5. 심리학자는 임상자료 혹은 평가자료를 과도하게 혹은 부적절하게 해석해서는 안 된다. 6. 심리학자는 개인평가를 받지 않은 사람의 심리적 기능에 대해서는 어떠한 의견도 제시하지 않는다. 7. 만약 권고안을 제출한다면 아동의 권익을 최대한으로 보장하는 것이 무엇이냐에 바탕을 두어야 한다. 8. 심리학자는 재정적 합의를 명확히 해야 한다. 9. 심리학자는 기록문서를 보관해야 한다.

양육권 중재

이혼이 아동에게 매우 강력한 스트레스원이고, 오래 끄는 양육권 쟁탈전은 정서적으로 힘든 경험을 하고 가족구성원들에게 상처를 남기는 경향이 있다. 따라서 임상가들은 이러한 과도기에 부모와 자녀가 대처하도록 돕거나 양육권 쟁탈전이 아닌 다른 대안을 찾을 수 있도록 돕는 데 주의를 더 기울이고 있다(Grych & Fincham, 1992; Kelly, 1991).

당사자 대립 법정 절차 대신에 양육권 중재 서비스가 현재 더 자주 사용되곤 한다. 중재자의 직무는 의사소통을 위한 안전한 환경을 제공하고 다양한 선택을 탐색할 수 있도록 도움으로써 당사자들이 의견 차이 해소에 합의할 수 있도록 돕는 것이다(Stahl, 1994). 심리학자는 소송 당사자들이 이혼을 정서적으로 수용하고, 논쟁을 해결하고, 좋은 공동양육자 관계를 형성할 수 있도록 도움으로써 중재를 촉진할 수 있다(Melton et al., 1997). 실제로 양육권 분쟁에서 심리학자들의 새로운 역할이 서서히 발달되어 가고 있다. 어떤 심리학자는 이혼 혹은 별거 중인 부모에게 자녀를 공동양육하는 방법을 가르치는 과제에 초점을 둔다. 양육방식 조정자(parenting coordinator)로서 임상가들은 자녀의 발달적

요구와 정서적 요구에 초점을 둠으로써 내담자들에게 양육에 관한 주제를 설명하고, 당사자 대립 장면에서는 판사가 결정해야 하는 문제를 내담자들이 해결하도록 돕는다 (Bailey, 2005).

자녀양육권 소송에서 중재 대 당사자 대립 소송의 영향을 평가하기 위하여, 에머리(Robert Emery)와 동료들은 이혼 절차 중인 부부들의 동의를 얻어서 양육권 분쟁 해결방식 중 중재 혹은 소송에 무선 할당하고 연구를 수행하였다. 연구 결과에서는 공판 횟수와 해결에 이르기까지 걸린 총 시간이 중재방식 쪽이 크게 적었음에도 불구하고 심리적 적응의 관점에서 볼 때 중재방식을 택한 부부들이 소송으로 해결한 부부들과 다르지 않았다. 그러나 두 가지 방식에서의 만족도에는 일관된 성차가 있었다. 아버지들의 경우, 중재를 통해 해결한 아버지들이 소송을 통해 해결한 아버지들보다 훨씬 만족도가 높다고 보고하였다. 반면에 중재를 통해 해결한 어머니들은 이 방법의 효과에 대해 만족감을 표현하지 않는 경향이 있었으며, 게다가 몇몇 척도에서는 오히려 분쟁을 소송으로 해결했던 어머니들이 더 잘 적응했음을 보여 주었다(Emery, Matthews, & Kitzmann, 1994; Emery, Matthews, & Wyer, 1991). 소송방식에 비해 중재방식이 부모나 자녀의 이혼 후 적응력을 상대적으로 더 향상시켰다는 증거는 거의 없다(Melton et al., 1997). 더 나아가 가정폭력이나 물질남용으로 한쪽 파트너가 관계에서 더 큰 힘을 가지고 있을 때, 중재는 오히려 역효과적이거나 해로울 수도 있다(Liss & McKinley-Pace, 1999).

이 절의 요약 자녀양육권 평가에서 임상가들은 부모 적합성, 해당 아동을 가장 이롭게 하는 이혼 후 배정에 관한 증거를 법원에 제공한다. 이러한 법률적 활동에 임상가들이 관여하는 것은 매우 흔한 일이지만, 실무적·윤리적으로 난처한 입장에 자주 놓일 수 있다. 경험이 많은 임상가들은 윤리규정을 준수하고 함정을 피하기 위한 실무훈련을 받는다. 임상가들은 때때로 양육권 중재에 관여하기도 하는데, 이 절차는 법정까지 와서야 해결되는 이혼 사례들을 줄이려는 목적을 가지고 있다.

사법 체계에서의 정신건강 전문가

이 절의 미리보기

앞서 설명한 법정평가 실무의 거의 대부분과 관련하여 임상가들은 폭넓은 범위의 논제에 관하여 전문가 증인으로서 법정에서 증언한다. 증언을 통해서 사법 체계가 작동하는 방식을 알 수 있고, 경험적으로 타당한 현장실무를 이용하는 이득을 얻는다.

전문가 증인으로서 증언하는 것이 임상심리학자들의 가장 돋보이는 사법활동 가운데 하나다. 임상심리학자들(그리고 정신과 의사들)은 최근 미국 역사에서 가장 악명 높았던 여러 형사재판에서 증언하였는데, 여기에는 메넨데즈(Menendez) 형제, 심슨(O. J. Simpson), 다머(Jeffrey Dahmer), 힌클리(John Hinckley), 카진스키(Theodore Kaczynski), 맥베이(Timothy McVeigh) 사건 등이 포함되어 있다. 사법적 정의에 의하면 전문가 증인은 과학적 · 기술적 혹은 다른 전문적 지식을 가지고 있는 사람으로서, 다음 요건에 맞는다면 의견 제시나 혹은 다른 방식으로 증언할 수 있는 사람이다.

- 증언이 재판이나 배심원에게 논쟁 중인 어떤 사실의 본질을 판단하고 사건을 이해하는 데 도움이 될 것이라고 판사가 생각할 때, 판사의 재량에 따라 전문가가 증언한다.
- 과학적 · 기술적 혹은 다른 전문적 일에 대해서 증언하기 위해 증인은 반드시 지식, 기술, 경험, 훈련, 교육에 관한 자격을 갖춘 사람이어야 한다.
- 전문가의 증언은 반드시 전문 분야 내에서 신뢰할 만하고 수용되는 원칙이나 방법에 바탕을 두고 있어야 한다.
- 전문가가 사용하거나 의뢰한 원칙과 방법은 그 사건의 사실이나 자료에 적용 가능해야만 한다.

이 기준들은 증거에 대한 연방규칙(Federal Rule of Evidence) 702, 전문가에 의한 증언에 성문화되어 있는데, 이는 과학적 전문가 증언의 신뢰도에 관한 1990년대의 소송을 반영한 것이다(Daubert v. Marrell Dow Pharmaceuticals, 1993; General Electric v. Joiner, 1997; Kumho V. Carmichael, 1999). 비록 이 연방규칙은 연방법정의 재판에만 적용되지만, 대다수의 주가 이 기준을 적용하고 있다. 다른 주들은 전문가 증언에 관하여 각기 다른 허용 요건을 가지고 있지만, 적어도 증언이 정립되고 인정된 과학적 증거에 바탕을 두고 있어야 한다고 요구하고 있다(Frye v. United States, 1923; Shuman & Sales, 1999). 〈표 14-3〉에는 법정 임상심리학자들이 증언할 수 있는 여러 상황이 제시되어 있다.

전문가의 증언은 당사자들의 증상, 행동, 태도에 대한 기술, 사용된 평가 그리고 평가 도구에 관한 설명, 정신장애 진단을 포함한 당사자의 정신상태에 관한 의견에 국한하도록 법이 한정하고 있다. 피고가 소송역량이 있는지 없는지 또는 범행 당시 제정신이었는지 아니었는지, 당사자가 유언장을 쓸 역량이 있는지, 부모 중 누가 자녀를 더 잘 양육할

〈표 14-3〉 심리학자 증언의 주제

심리학 전문가 증인은 형사재판, 민사소송, 가정분쟁 등에 속한 주제에 대해 증언한다. 실세로 정신이상 주장보다 이러한 주제에 대한 전문가 증언을 할 때가 훨씬 더 많다. 다음은 심리학자 증언 가운데 가장 일반적인 주제 14개다.

증언의 주제	증언에서 다루는 주된 질문
1. 정신이상	혐의를 받고 있는 범행에서 당시 피고의 정신상태와 범죄에 대한 피고의 책임 사이에는 어떤 관계가 있는가?
2. 형사소송 역량	피고는 그가 연루되어 있는 이 소송 절차를 충분히 이해하고 있는가?
3. 판결	피고의 재활을 어떻게 전망하고 있는가? 판결의 억제 효과는 무엇인가?
4. 목격자의 범인 식별	목격자의 범인 식별의 정확성에 영향을 미치는 요인은 무엇인가?
5. 수용시설치료 사법처분	정신질환자가 시설 수용이 필요할 만큼 위험하거나 혹은 위험의 위협을 나타내고 있는가?
6. 민사사건에서의 심리적 손해배상	불법행동 때문에 개인이 어떤 심리적 결과로 고통받았는가? 이 심리적 문제가 이미 있던 상태에 얼마만큼 영향을 미쳤는가?
7. 과실태만과 제조물 책임	제품 사용에 있어서 환경적 요인과 인간의 지각능력은 어떻게 영향을 미치는가?
8. 상표 관련 소송	특정한 제품명 혹은 상표명이 경쟁 상대의 그것과 혼란을 야기할 만큼 유사한가?
9. 차별	여성이나 소수인종에 대해 동등한 치료가 거부되고 있다거나 혹은 학교나 직장의 특정 절차나 결정이 그들에 대해 차별적이라는 심리학적 증거는 무엇인가?
10. 후견인 의무와 보호자 의무	자신의 건강 및 일반적 안녕과 관련된 의사결정을 하는 데 필요한 정신적 능력을 지니고 있는가?
11. 자녀양육	양육권 분쟁 중인 자녀의 최선의 이익에 영향을 주는 심리적 요인은 무엇인가?
12. 입양과 친권의 종결	부모가 무능력하기 때문에 자녀를 키우거나 돌보는 데 적합하지 않게 된다면, 자녀의 최선의 권익에 가장 큰 영향을 주는 심리적 요인은 무엇인가?
13. 전문가의 과실	정신건강 전문가의 행위가 내담자에게 제공해야 하는 보호기준에 미치지 못했는가?
14. 소송에서 형벌을 경감시키는 심리사회적 요인	외설물, 폭력, 배우자 학대, 그 외 이와 유사한 것들이 자신의 행위에 영향을 미쳤다고 주장하는 소송 당사자의 행동에 실제로 이러한 것이 끼친 영향은 무엇인가?

것으로 보이는지에 대해 의견을 제시하는 것, 법정에서 최종 안건으로 이어지는 의견을 제시하는 것 등은 어떠한 것이라도 전문가들에게 허용되지 않는다. 앞서 언급한 바와 같이, '최종적인 의견 증언'을 피력하게 되면 전문가의 의견과 사실 내용에 법을 적용하려는 판사 및 배심원의 특권을 침해하게 되는 사법적 결과를 초래할 수도 있다(Cassel & Bernstein, 2001).

모든 다른 유형의 과학 전문가의 증거처럼, 심리학자와 정신의학 전문가의 증언은 최근에 급속히 증가하고 있다. 심리학자와 정신과 의사들이 연방 민사법정에서 열린 모든 재판의 약 8%에서 증언하고 있고, 정신건강 증인들이 연간 거의 100만 건의 재판에 참여하는 것으로 추정되고 있다(Shuman & Sales, 1999).

〈표 14-3〉에서 보는 바와 같이, 심리학자들이 증언해야 하는 주제들이 많기 때문에 전문가 증언은 빈번하다. 과학자들이 인간 행동에 대해 아는 것이 많아질수록 변호사들이 사건 재판에 도움이 되는 연구 결과를 찾기 쉽게 된다. 언론기관은 보통 범죄역량과 책임에 관한 증언에 초점을 맞추지만, 실제로 이런 주제에 관한 증언은 자녀양육권, 산업재해보상, 불법행위 피해, 차별피해 사건 등과 관련된 증언과 비교하면 상대적으로 드물다.

심리학자 증언은 아직도 신뢰도, 타당도, 적절성, 유용성이 부족하다는 비판을 종종 받고 있다. 연방 항소법원 판사를 역임한 바 있는 베이즐런(David T. Bazelon, 1974)은 정신질환자의 법적 권리를 옹호하는 사람으로, 한때 "정신의학적 지식과 실무를 요구하는 사건만큼 생산적이고 신뢰성 있는 증언을 끌어내기 어려운 사건은 없다."라고 불평한 적이 있다. 이러한 시각을 연방대법원장을 역임한 바 있는 버거(Warren Burger, 1975)가 재확인하였는데, 그는 '정신과적 진단의 불확실성' 때문에 전문가들을 비난하였다. 심리학자 증언에 대한 예리한 비판은 몇몇 다른 곳에서도 찾을 수 있으며(Bonnie & Slobogin, 1980; Ennis & Litwack, 1974; Morse, 1978), 어떤 유명한 지침서는 심리학자들의 전문가 증언을 반대 심문하는 방법이라는 주제에 지면 전체를 할애하고 있다(Ziskin & Faust, 1988).

연방증거규칙 702와 사건 판결처럼 증거기준을 엄격하게 하는 것은 심리학자의 의견 가운데 몇몇은 타당성 있는 연구에 바탕을 두지 않은 것이라는 등과 같은 변호사, 판사, 항소심 법정이 과거에 가지고 있었던 몇몇 우려를 심리학자들이 다루게 하였다(Smith, 1989). 그럼에도 불구하고 전문가가 질 낮은 증언을 하거나 혹은 변호사가 과학으로서의 심리학에 대한 지식이 충분치 않아서 심문이나 반대심문에 실패할 때, 판사와 배심원들에게 발생하는 문제가 있다. 이러한 문제로 인해 판사와 배심원은 훌륭한 발표와 효과적으로 개진된 의견을 들을 수 없다. 진실을 찾는 사람들은 이해할 수 없는 증언을 듣고서는 깨달을 수 없다. 증언 전문가들은 차트, 비디오, 사진, 모형 등을 사용해서 교사 역할을 함으로써 배심원들이 복잡한 개념들을 단순한 용어로 가시화하여 이해할 수 있도록 도와주어야 한다고 전문가 증언을 했던 이들은 권장하였다(Sleek, 1998).

심리학자 증언과 관련된 또 다른 문제는 대립하고 있는 소송 당사자들이 서로 직접적으로 모순된 전문가들을 동원할 때 배심원들이 혼란스러워하고 낙담한다는 점이다. 이러한 '전문가들의 싸움'에 직면하게 되면 배심원들은 전문가의 의견을 모두 무시하고 비전문가의 증언에 바탕을 두고 평결하려는 경향이 있다(예를 들어, Brekke, Enko, Clavet, & Seelau, 1991). 임상심리학자뿐만 아니라 모든 분야의 과학 전문가와 기술 전문가들의 증언이 지나치게 대립적인 특성을 가지지 않게 할 수 있는 방안이 몇 가지 제안되었다. 여기에는 ⓐ 주어진 논제에 대해 각 편에서 동원할 수 있는 전문가 수를 제한하기, ⓑ 객관적이고 매우 유능하다고 평판이 난 전문가들로 이루어진 승인받은 전문가 집단에서 전문가들을 선택하도록 요구하기, ⓒ 반대편 변호인에 의해 고용된 적이 있는 전문가가 아니라 판사가 지명한 적이 있는 전문가들에게만 증언을 허락하기 등이 있다.

많은 과학 및 전문가 조직이 법원이 노련한 전문가를 찾을 수 있게 돕는 제안서를 가지고 지원하고 있는데, 이것은 미국 연방대법원 판사 브레이어(Stephen Breyer, 2000)가 앞장서서 지지하였다. 미국과학진흥협회(American Association for the Advancement of Science)와 미국변호사협회(American Bar Association)의 과학기술 분과가 공동위원회를 구성하고 있는 법률가-과학자 전국회의(National Conference of Lawyers and Scientists)가 시범과제를 개발하였는데, 기술적 논제가 있는 사건 재판에서 법원의 지명을 받은 전문가를 사용하는 일이 증가할 수 있는지 그 실행 가능성을 검증하는 시범과제였다. 이 시범과제는 대립하고 있는 전문가들이 논쟁되고 있는 주제에서 논리적 근거가 있는 해결을 위한 필요한 정보를 산출하기 어려울 것 같다고 판사가 판단한 사건의 경우, 법원지명 전문가로서 서비스를 제공할 후보자들을 과학 및 전문가 조직에서 모집하는 것이다. 이 시범사업은 또한 사법제도와 친숙하지 않은 과학자들에게 도움이 될 교육자료도 개발하고 있다(Breyer, 2000).

이 절의 요약 법정심리학자들은 많은 이목을 끈 사건들에서 증언한 바 있다. 전문가들의 증언이 때로는 일치하지 않기 때문에 심리학적 증거에 대해 회의적인 배심원들이 많다. 임상가들이 잘 정립된 규약을 따르고 명확한 언어로 증거를 제시할 때, 심리학자 증인에 대한 신뢰도는 높아질 것이다.

이 장의 요약

임상심리학자들이 법정심리학에 참여하고 있는데, 이것은 정신건강에 관한 지식과 전문성을 사법 절차에 연루된 문제에 적용하는 전문 영역이다. 법정평가의 특성은 요구되는 질문에 따라 달라지지만, 대다수의 임상적 평가에서처럼 사회적 과거력, 임상면접, 심리검사, 생활기록 검토, 혹시 있다면 다양한 제3자 면접 등이 포함된다.

소송역량 평가에서는 피고가 재판의 본질을 이해할 수 있는지, 자신을 위한 변호에 참여할 수 있는지, 자신의 변호사와 상의할 수 있는지에 대한 평가가 요구된다. 이러한 평가에 의뢰된 대부분의 피고는 결국 역량이 있다고 밝혀진다. 재판에서 정신이상 무죄(NGRI)로 항변하려는 피고인은 범죄에 대한 책임을 지는 데 필요한 정신상태가 결여되어 있었다는 증거를 반드시 제시하여야 한다. 심리학자와 기타 정신건강 전문가들은 피고를 평가하여 정신이상에 대한 사법적 정의를 만족시키는지를 확인한다. 이 정의는 시대에 따라 변하고 주마다 달라질 수 있지만, 이 법의 핵심은 정신장애나 결함 때문에 피고가 범죄적 행위의 본질을 이해하지 못하였거나 혹은 그 행위가 잘못이라는 점을 알지 못하였다는 데 있다. 정신이상 변호에 대한 대중의 비판과 정치적 비판을 달래기 위해 정신이상 변호 폐지, 정신이상에 대한 정의 수정, 정신질환 상태에서의 유죄(GBMI) 평결 도입 등의 다양한 변형이 법제화되었다.

정신건강 전문가들은 형사사건 피고의 위험성을 평가해 달라는 요청을 받는데, 평가 과제는 미래를 내다보고 어느 피고가 다시 또 범죄를 지을지 예측하는 것이다. 심리학자들은 원고가 불법행위 때문에 심리적 손상을 입었다고 주장하며 보상 및 징벌적 손해배상을 요구하는 불법행위소송에서도 종종 증언한다. 그들의 증언은 그 손상의 본질, 정도, 영향에 관한 것이다. 심리학자들은 또한 민사소송 역량, 즉 재정업무, 의학적 혹은 정신의학적 치료, 재산처분 유언 등을 결정할 수 있는 정신적 능력이 있는지를 확인하기 위한 평가를 수행한다.

몇몇 임상가들은 보통 법원 및 보험회사의 명령으로 의심스러운 죽음의 원인을 찾거나 자살의 가능성을 배제하기 위하여 심리부검을 수행한다. 법집행 분야에 전문성이 있는 심리학자들은 범죄행동 분석에 관여할 수도 있는데, 이것은 특별히 극악무도한 범죄나 연쇄범죄의 흉악범을 찾아내는 업무다.

임상심리학자들의 법정활동 가운데 점점 더 커지고 있는 영역은 위기에 처한 가족을 평가하는 것이다. 이 임상가들은 이혼하는 부모의 자녀양육권 유지 적합성에 관한 의견을 제시하며, 또한 공동양육, 단독양육, 그 외 다른 배정 중 어떤 것이 자녀에게 가장 좋을 것인지에 관한 의견을 제시한다. 또한 자녀양육권 분쟁을 소송으로 다투기보다 중재로 해결하려는 노력에 임상가들이 많이 참여한다. 어떤 임상가들은 이혼하였거나 별거하고 있는 부모가 양육문제에 합의하도록 돕는 양육방식 조정자로 활동한다.

심리학자들에 의한 전문가 증언은 흔하지만, 비판가들은 그러한 증언의 신뢰도, 타당도, 적합성, 유용성을 의심하고 있다. 전문가 증언의 유형과 한계를 통제하고, 개별 소송 당사자가 아닌 법원에게만 서비스를 제공하는 전문가들의 등록부를 만드는 절차적 규정의 제정이 포함된 다양한 개선방식으로 심리학자 증언의 명성을 높일 수 있다.

연구문제

1. 임상심리학자들은 어떤 방식으로 사법적 절차에 참여하는가?
2. 형사소송 역량이란 무엇인가?
3. 법정심리 전문가들은 형사소송 역량을 어떻게 평가하는가?
4. 정신이상에 기인한 면책변론이란 무엇이며, 얼마나 자주 사용되는가?
5. 법정심리 전문가들은 정신이상을 판정하는 데 어떻게 이바지하는가?
6. 정신이상에 기인한 면책변론을 주마다 어떻게 변형하여 사용하고 있는가?
7. 불법행위란 무엇인가?
8. 임상심리학자들은 불법행위에 의한 손상을 평가하는 데 어떤 방식으로 참여하는가?
9. 심리부검과 범죄행동 분석이란 무엇이며, 이 둘은 어떻게 다른가?
10. 임상심리학자들은 보통 어떻게 자녀양육권 분쟁에 참여하는가?
11. 자녀양육권과 부모 적합성을 평가할 때 임상가들은 어떤 어려움에 직면하게 되는가?
12. 임상가들이 자녀양육권 및 이혼 절차처럼 윤리적으로 복잡한 평가를 수행할 때는 어떤 APA 지침이 도움이 되는가?
13. 전문가 증언을 할 때 임상심리학자들이 맡아야 하는 역할에는 어떤 것이 있는가?

웹사이트

- APA's American Psychology Law Society(Division 41): http://www.apa.org/about/division/div41.html
- A description of the FBI's Behavioral Analysis Unit: http://fbi.gov/hq/isd/cirg/ncavc.htm#bau
- APA Guidelines for Child Custody Evaluations in Divorce Proceedings: http://www.apa.org/practice/childcustody.html

CHAPTER 15

{임상심리학에서의 전문 직업과 관련된 쟁점}

Clinical Psychology

이 장의 미리보기

이 장에서는 임상심리학 안에서 제기되고 있는 전문직 수련 모델, 전문직 규제, 직업윤리, 전문직 독립성, 다문화적 역량 등이 포함된 전문적인 주제에 대해 설명한다. 임상심리학의 역사적 세력 및 현재 세력을 기반으로 임상심리학 분야가 미래에는 어떤 방향으로 향할지를 예측하려 한다.

앞서 14개의 장들을 읽으면서 분명해진 것처럼 임상심리학 분야의 구성원들은 전문성의 통합을 매우 중요하게 받아들이고 있다. 임상심리학 분야는 지난 125년 동안 엄청나게 변화하였지만, 사람들을 돕는다는 주제와 과학적 이해를 넓힌다는 주제는 전 세계적으로 온전히 이어져 왔다.

이 분야에서 비교적 근래에 일어난 변화 가운데는 정신건강 서비스에 대한 요구의 증가, 의료관리 체계(managed care system)의 확산, 심리학자들에게 약 처방권한이 주어질 가능성, 다문화주의와 다양성에 대한 관심의 집중, 증거기반 치료에 대한 강력한 집중과 논쟁 등이 있다. 이 모든 것은 임상심리학 분야가 새로운 시대로 접어들었음을 시사하는 것이다. 임상심리학의 내부 규율은 20년 전의 것과는 달라 보이며, 다음 20년 후의 것과도 다를 것으로 생각된다.

이 장의 일차적인 주제는 임상심리학의 전문 직업화와 그 현황이다. 여기에는 여러 개의 하위 주제가 있는데, 임상심리학의 전문 직업화에는 임상심리학의 정체성을 바꿔 놓은 몇몇 발전적 사건이 있었기 때문이다. 우리는 임상심리학을 전문직으로 인정하도록 투쟁하는 데에 핵심이었던 다섯 가지 항목에 초점을 맞추고자 한다.

- 전문직 수련: 임상심리학자가 되려면 어떤 수련이 필요하고, 그 수련을 받기 위한 선택은 무엇인가?
- 전문직 규제: 임상심리학자가 전문직으로서 기능하는 데 필요한 최소한의 기술을 소유하고 있고 최소한의 요구사항을 충족시키고 있다는 것을 보증하는 장치는 무엇인가?
- 전문직 윤리: 임상가들은 어떠한 원칙을 가지고 직업윤리 기준을 결정해야 하는가?

임상심리학 수련이 학교, 정신건강 클리닉, 연구실, 공동체 등 여러 장소에서 실시되고 있다.

비윤리적 행동은 어떻게 다룰 것인가?

- 전문직 독자성: 임상심리학과 다른 정신건강 전문직 사이의 관계는 무엇인가?
- 전문직의 다문화적 역량: 다양성과 다문화적 역량의 필요성이라는 관점에서 볼 때 이 분야는 어떻게 변화해 왔는가?

전문직 수련

이 절의 미리보기

이 절에서 우리는 임상심리학에서의 전문직 수련에 영향을 끼쳤던 역사적 세력 및 현재 세력을 논의하려 한다. 이들 세력에는 수련에 관한 수많은 전국회의들, 심리학 박사학위로의 성장, 다양한 수련 모델들의 정립 등을 포함한다.

2장 '임상심리학의 과거와 현재'에서 볼 수 있듯이, 20세기의 첫 40년 동안에는 임상심리학자들에게 더 나은 수련을 제공하려는 창의적인 전전이 거의 없었다. 그 시기의 임상가에게는 경험이 좋은 선생일 뿐만 아니라, 실제적으로도 이 방법밖에 없었다. 그러나 1940년대 후반의 제2차 세계대전 때문에 정신건강상 요구와 사회적 요구가 생겼고, 재향군인회와 연방 공중보건국(US Public Health Service)의 재정지원이 있어서 임상심리학이 정체성을 정립하며 기능을 확대하고 위상을 높일 수 있는 절호의 기회를 얻게 되었다. 수련이 관심의 중심에 자리 잡게 된 것은 그때였다.

임상수련 프로그램의 발전에 가장 큰 영향을 미친 심리학자는 샤코우(David Shakow) 박사였다. 샤코우는 임상심리학 수련위원회 의장을 맡으면서 추천할 수 있는 임상수련 프로그램을 마련하는 과제도 맡았다. 그 위원회는 '추천하는 대학원생 임상심리학 수련방법(Recommended Graduate Training in Clinical Psychology)'이라는 보고서를 마련하여 1947년 9월에 APA의 승인을 받았으며, 이는 같은 해에 APA의 공식 학술지인 『American Psychologist』에 게재되었다. 샤코우 보고서는 임상수련의 패턴을 수립하였고, 예외적인 사례가 놀라울 정도로 거의 없이 현대 임상 프로그램들을 평가하는 표준으로 남아 있다. 샤코우 보고서에는 수많은 권고사항이 들어 있지만, 가장 중요한 세 가지 내용은 다음와 같다.

- 무엇보다도 심리학자로 수련을 받아야 한다.
- 임상수련은 비임상 영역의 심리학 수련만큼 엄격해야 한다.
- 임상심리학자로서의 준비는 폭넓어야 하며, 심리평가, 연구, 심리치료를 지향해야 한다.

〈표 15-1〉 임상심리학 박사학위(PhD) 프로그램 표본

비록 APA에서 인가한 임상수련 프로그램들의 교육과정에 많은 변형이 있지만, 이 일정표는 학생들이 받는 내용을 대략적으로 보여 주고 있다.

가을학기	봄학기
1년차	
심리통계 I 임상평가 I: 　인지적/지적/성취 정신병리학-기초 심리평가 실습 전문적 주제: 　윤리학, 문화 다양성, 심리학의 역사와 체계	심리통계 II 임상평가 II: 　임상 및 정신병리학 고급 정신병리학 심리평가 실습 핵심/심화 필수선택(사회심리학, 발달심리학, 학습심리학, 생리심리학, 인지심리학)
2년차	
증거기반 치료법 I: 　개입실습 핵심/심화 선택(위의 목록에서 택일) 석사 연구과제	증거기반 치료법 II: 　개입실습 임상 세미나(고급 CBT, 행동치료, 아동 및 가족 치료, 건강심리학, 중독, 예방, 보급, 집단치료) 석사 연구과제
3년차	
심리치료 실습 임상 세미나(위 목록에서 택일) 고급 임상연구 세미나(가족연구, 정신병리학 연구, 심리치료 연구) 고급 임상 세미나	심리치료 실습 고급 비임상 세미나 임상 혹은 비임상 연구 세미나
대학원 3년차 동안, 늦어도 4년차 시작 전에 필기 자격시험을 본다. 석사논문을 완성한 학생만이 자격시험에 등록할 수 있다.	
4년차	
임상 혹은 비임상 연구 세미나 고급 연구방법론 학위논문에 관한 연구	가을학기와 동일
5년차	
APA 인가 수련	

샤코우 보고서는 이러한 목표를 4년 동안에 달성할 수 있도록 설계한 연도별 교과과정을 제시하였다.

오늘날의 많은 임상수련 프로그램들은 샤코우의 원형에서 정보를 얻고 있다(〈표 15-1〉 참조). 그러나 임상심리학 박사학위를 받기 위한 수련과정 전체를 이수하는 데는 보통 4년이 아닌 6년이 걸리며(Norcross, Castle, Sayette, & Mayne, 2004), 요즈음은 수련과정을 보통 5년차 혹은 6년차에 이수한다. 몇 해가 더 걸리는 주된 이유는 거의 대부분의 프로그램이 석사학위 논문을 요구하고 있고(보통 2년차에), 어떤 대학은 아직도 외국어 과정 혹은 통계학 및 연구방법에 대한 능숙함 등을 계속 요구하고 있으며, 많은 임상 프로그램이 인간의 다양성, 물질남용, 건강심리학, 아동 임상심리학, 성적 문제, 신경심리학적 장애와 같은 특별 영역은 물론, 전문직 윤리에 대한 과정을 추가하기 때문이다.

샤코우 보고서가 가져온 가장 큰 영향은 과학적 · 전문 직업적 준비를 그만의 특별한 혼합으로 처방한 점으로, 그 이래 대부분의 임상수련 프로그램의 정형이 되었다. 과학자-전문가(scientist-professional) 모델이라고 명명된 이 수련방법은 1949년에 콜로라도주 볼더에서 열린 임상심리학의 첫 번째 주요 수련에 관한 전국적 학회에서 공식적으로 승인되었다(Raimy, 1950).

볼더 회의

재향군인회와 연방 공중보건국의 재정지원으로 임상심리학의 수련에 관한 볼더(Boulder) 회의가 소집되었는데, 이 두 기관은 APA에 ⓐ 만족스러운 수련 프로그램을 제공한 대학들의 이름을 알려 줄 것, ⓑ 이러한 프로그램을 가지고 있지 못한 대학은 수용할 만한 프로그램을 개발할 것을 요구하였다.

볼더 회의 참석자들은 샤코우 위원회가 권고한 수련에 대한 과학자-전문가 모델을 받아들였다. 그래서 샤코우 계획이 볼더 모델이라고 알려지게 되었다.

볼더 회의 참석자들은 더 나아가서 임상수련 프로그램과 내부 수련시설에 대해 감독하고 평가하고 공식 승인하는 장치가 필요하다는 데 동의하였다. 그 결과, APA는 교육 및 수련 위원회(Education and Training Board)를 구성하였고, 그 산하에 승인위원회(Committee on Accreditation)를 두어 이 업무들을 맡겼다. 2007년에 발간된 최신판 APA 승인기준은 전문직 심리학의 프로그램 승인 지침 및 원칙(Guidelines and Principles for Accreditation of Programs in Professional Psychology; American Psychological Association,

2007b)이다. 이 새로운 기준들이 '전문직 심리학'의 영역에 적용되고 있는데, 여기에는 임상, 상담, 학교 심리학이 포함된다.

현재 APA의 승인팀은 약 5년마다 임상수련 장소들을 재방문하고 있으며, 가장 긴 재방문 허용 간격은 7년이다. 승인 장소 방문의 결과는 『American Psychologist』에 매년 출간되며, APA 승인위원회의 웹사이트(http://www.apa.org/ed/accredition)에서도 볼 수 있다. 2006년 12월 현재 372개의 박사 프로그램이 승인되었는데, 그중 231개(62%)는 임상심리학이며 나머지는 상담심리학(72개, 19%), 학교심리학(58개, 16%), 혼합된 것(11개, 3%)이었다. 임상심리학 분야에서 거의 50%의 프로그램이 1980년 이전에 승인받은 점이 주목할 사항이다(McFall, 2006). 이에 더하여 APA의 승인 없이 운영되는 박사수련 프로그램도 많이 있는데, 그 이유는 이들 프로그램이 방문을 요청하지 않았거나 혹은 방문 후에 승인이 나지 않았기 때문이다.

활동하고 있는 과학자-전문가 사례의 하나로, 캐슬로(Florence Kaslow) 박사(2008)는 30권의 책을 저술 혹은 편집하였고, 180편이 넘는 논문을 썼다. 주로 가족의 기능, 관계의 문제, 대학살 생존자 치료법 같은 국제적인 주제에 관한 것이다. 50개가 넘는 국가에서 심리치료법, 커플 및 가족 치료법, 정신병리학, 국제적 · 다문화적 심리학, 가족 관련 주제 등에 관한 발표와 가족문제 자문(family business consultation) 등으로 이루어진 워크숍을 열었다. 그녀는 과학자-전문가의 전형으로, 참여적인 학자-과학자이며 동시에 활동적인 임상가인데, 두 가지 일에 모두 가치를 두고 참여하고 있다. 캐슬로 박사는 1969년 펜실베이니아 주에 있는 브린모어(Bryn Mawr) 대학에서 박사학위를 받았는데, 그 당시에는 심리학 분야를 이끌고 있는 여성이 거의 없던 때였다. 대학원에 진학할 당시 딸 네이딘(Nadine)은 7세, 아들 하워드(Howard)는 4세였다. 아이들은 그녀를 아침 9시부터 오후 3시까지에는 '학생'으로, 오후 3시부터 저녁 9시까지는 '엄마'로 여겼다. 아이들은 잠자리에 든 이후 늦은 밤까지 타이프 치는 소리를 들었고, 캐슬로 박사가 학위논문을

완성하던 때에는 아침까지 타이프 소리가 들렸던 때도 종종 있었다. 잘 모르는 사람도 있겠지만, 타자기 소리는 컴퓨터 자판 소리보다 훨씬 크다. 대학원을 졸업하고 캐슬로 박사는 필라델피아 주의 하네만(Hahnemann) 의대 교수가 되어 강의하고, 연구하고, 행정업무도 맡고, 내담자들도 만났다. 그녀는 그곳 정신건강과학과의 교수였고, 법정의학 및 심리학 분과 의장이었으며, PhD/JD의 공동지도자였다.

캐슬로 박사의 업적은 임상심리학 분야에 매우 의미 있는 영향을 끼쳤는데, 그렇게 된 중요한 이유는 그녀가 임상가들의 언어와 연구자들의 언어를 모두 구사했기 때문이다. 현재 캐슬로 박사는 플로리다 주 팜비치 가든에 있는 플로리다 커플 및 가족 연구소를 운영하면서 가족, 가족문제, 가족연구에 관한 실무와 저술 활동을 계속하고 있다. 예를 들어, 그녀는 관계진단(3장에서 논의된)을 현실화하려는 운동을 이끈 지도자 가운데 한 사람으로서, DSM의 다음 판(Beach & Kaslow, 2006)에 이를 포함시켰다. 그녀는 자신의 업적으로 임상심리학 분야에 영향을 끼쳤을 뿐만 아니라, 딸이 이 분야에 관심을 갖게 도왔다. 네이딘 캐슬로 박사는 에머리 대학교 의과대학 교수이며, 임상 및 가족 심리학 분야의 리더다. 2002년 네이딘 캐슬로 박사가 APA 43분과(가족심리학)의 회장이 되었을 때, 모녀가 APA의 동일한 분과에 각각 회장으로 봉사한 사상 첫 번째 사례가 되었다. 캐슬로 박사는 1987년에 43분과의 회장이었다. 임상심리학 분야에서 과학과 실무를 통합하고자 하는 학생들에게 캐슬로 모녀 박사는 나무랄 데 없는 모범이다.

오늘날의 임상심리학 수련에 대한 논의에서 볼더 모델이 중심을 차지하고 있지만, 1949년 탄생한 이래로 이 모델에 불만을 표시하는 임상가들이 있었다. 이에 따라 연이어 개최된 회의, 즉 1955년의 스탠퍼드 회의(Strother, 1956), 1958년의 마이애미 회의(Roe et al., 1959), 1965년의 시카고 회의에서 수많은 대안이 제시되었다. 그러나 1973년에 콜로라도의 베일에서 개최된, 심리학의 전문가 수련의 수준과 형식에 관한 전국학회가 가장 큰 영향력을 끼쳤다.

베일 회의

국립정신건강연구소(NIMH)의 지원을 바탕으로 한 베일(Vail) 회의에는 광범위한 전문 분야 및 다양한 수련 지향성을 가진 심리학계의 대표들이 한 자리에 모였으며, 또한 다양한 소수인종 집단에서 온 심리학자와 대학원생들도 자리를 함께하였다. 이 회의에서 임상 서비스를 제공하기 위해 학생들을 준비시키는 목적을 가진 프로그램에 대한 수용할 만한 모델로서 전문직 수련을 공식적으로 인정하였다. '명백히 전문적인' 이 프로그램은 더 역사가 깊은 과학자-전문가 모델과 동등한 지위를 얻게 되었다.

베일 회의의 권고 내용 중에서 가장 논쟁이 심하였던 것 가운데 하나는 석사(MA)수준의 수련을 받은 사람들을 전문직 심리학자로 보아야 하느냐 하는 것이었다. MA 제안은 단명하였다. APA는 심리학자라는 칭호는 박사수련 프로그램을 끝마친 사람들에게만 주어야 한다고 투표로 정하였다. 이 정책은 오늘날에도 효력을 발휘하고 있지만, MA 심리학 대학원생들의 수가 계속 늘어감에 따라, 또한 석사수준의 임상가들에게 독자적으로 실무를 허락하는 주들이 늘어감에 따라 강한 공격을 받게 되었다. 요즈음에는 석사수준의 임상, 상담, 학교 심리학 프로그램들이 박사수준의 프로그램들보다 더 많은 지원자를 받고 있으며, 석사학위를 마친 학생들이 PhD 학위를 마친 학생들의 3배나 된다(Morgan & Korschgen, 2006).

솔트레이크시티 회의

대학원 심리학 교육에 관한 여섯 번째 전국회의가 1987년 7월에 솔트레이크시티의 유타 대학에서 개최되었다. 이 회의는 여러 가지 이유로 소집되었지만 가장 큰 이유는 베일 회의 이래로 심리학자 수련에서 발생한 몇몇 변화를 평가할 필요가 생겼기 때문이었다. 또한 수련 및 조직과 관련된 수많은 논쟁 띠는 때문에 과학자와 개업가 사이에서 증대하고 있는 긴장감을 경감시키고 싶은 바람도 있었다. 그 회의에서 67개 결의안을 채택하였는데, 그중에서 현재의 수련과 관련하여 가장 눈에 띄는 항목은 아마 다음의 내용일 것이다. 즉, 인가를 받고자 하는 대학원 프로그램에서는 학생들에게 반드시 연구설계와 방법, 통계학, 윤리학, 평가, 심리학의 역사와 체계, 생리적 · 사회적 · 인지적 영향에 기반을 둔 행동, 개인차 등이 포함된 심리학의 핵심 지식을 수련하여야 한다(Bickman, 1987; American Psychologist 특집, 1987년 12월호 참조).

오늘날의 임상심리학 수련

여섯 번의 수련 관련 전국회의, 몇몇 작은 회의, 임상가 · 교육자 · 학생들 사이에서 벌어진 토의 · 토론 · 논쟁에 들어간 셀 수 없는 시간, 그리고 바로 얼마 전 APA의 인증 지침을 개정하느라 치른 긴 과정 등을 거치고 난 후, 임상심리학의 수련은 어떤 모양을 하게 되었는가? 이 문제에 답하는 것은 쉽지 않지만 총괄적으로 요약한다.

과학자-전문가 모델이 막강한 경쟁자임이 증명되었고 수적인 면에서 이 모델을 따르는 프로그램이 아직도 '챔피언'의 자리에 있는데, 이 프로그램들은 이것이 수련에 임하는 철학이라고 공언한다(Belar, 2000; Peterson & Park, 2005 참조). 과학자-전문가 모델을 선호하는 많은 프로그램은 임상심리학자가 수련하는 가장 좋은 방법을 찾으려고 노력하고 있다. 따라서 그들의 실무적인 기술은 탄탄한 과학적 지식의 토대 위에 잘 통합되어 있다.

지속되는 과학과 실무 사이의 단절에 대한 부분적인 반작용으로서 맥폴(Richard McFall, 1991)은 '임상심리 과학에 부치는 성명서(Manifesto for a science of clinical Psychology)'에서 모든 실무가 연구에 바탕을 두어야 할 필요가 있음을 강조하였다. 그는 "과학적 임상심리학은 정당하며 받아들일 수 있는 임상심리학의 단 한 가지 형식"(p. 76)이라고 주장하였다. 3년 후인 1994년에 맥폴과 경험 지향적인 임상심리학자들이 모여 심리임상과학 아카데미(Academy of Psychological Clinical Science: APCS)를 결성하였다. 경험적 연구에 초점을 두고 있는 점과 일관되게, 이 아카데미는 실무 쪽을 좀 더 지향하고 있는 APA 대신에 심리과학협회(Association for Psychological Science: APS) 안에 자리를 잡았다. 이 아카데미는 임상과학에 전념하고 있는 대학원생 수련 프로그램으로 이루어져 있는데, 건강관리 체계 개혁과 면허 요건 및 인증 요건에 관한 최근의 발전으로 임상심리학자 교육에 있어서 과학 및 경험적 연구의 역할이 쇠퇴하지 않을까 하는 걱정에서 창설되었다. 2008년 현재 이 아카데미에는 45개의 박사 프로그램과 9개의 내부 수련과정 사이트가 회원으로 등록되어 있다(이 장 끝에 제시된 APCS 웹사이트 참조).

이 아카데미 프로그램들은 연구 증거를 바탕으로 한 개입 및 평가 기법을 수련시키는 데 전념하고 있다(10장 '임상적 개입에 대한 연구' 참조). 거의 모든 프로그램이 APA의 인증을 받고 있지만, 이 아카데미는 자체 인증 체계의 개발을 탐색하고 있다. 이 아카데미와 회원 프로그램들은 임상심리학 분야를 좀 더 증거기반 지향적이 되도록 하는 중요한 역할을 하고 있다.

임상가를 수련하는 방식에 대한 다양한 철학에 바탕을 둔 수련 프로그램들이 지난 수십 년 동안 만들어졌다. 이 프로그램들은 임상가들을 주로 건강관리 전문가 혹은 인적 서비스 전문가로 키우려고 하며, 그러다 보니 경험적 연구를 강조하지 않는 경향이 있다. 이런 프로그램들은 대학교보다는 심리학 전문대학원에서 종종 개설되며, 일반적으로 PhD 학위보다는 PsyD 학위를 수여하고 있다.

전문대학원과 심리학 박사학위(PsyD)

1917년에 실무는 강조하고 연구는 덜 강조한 임상심리학 수련이 있었다는 것을 2장에서 언급했다. 그러나 1951년에 가서야 미국 최초의 심리학 전문대학원이 애들피(Adelphi) 대학교에 창립되었다. 대학교에 기반을 두지 않는 독립형 심리학 전문대학원은 캘리포니아 심리학 전문대학원(California School of Professional Psychology: CSPP)이 최초였는데, 1970년에 로스앤젤레스와 샌프란시스코에 캠퍼스를 열었다(Benjamin, 2005).

노크로스, 코후트와 위처스키(Norcross, Kohout, & Wicherski, 2005)는 "지난 30년 동안에 심리학 분야 대학원 교육에서 있었던 그야말로 핵심적인 경향은 PsyD 수련제도의 탄생" (p. 974)이라고 주장하고 있다. 볼더 모델 프로그램들과는 다르게 PsyD 프로그램들은 전문직 기술 및 임상 서비스의 수련에 치중하고 있으며, 폭넓은 평가, 개입, 상담 서비스를 제공하는 데 필요한 기술에 역점을 두고 있다. 대부분의 PsyD 프로그램들은 박사수준의 보고서는 반드시 요구하지만 석사학위 논문, 더군다나 연구 지향적 학위논문은 요구하지 않는다.

APA의 인증을 받은 PsyD 프로그램의 수는 계속 증가하고 있다. 2006년 현재 58개의 프로그램이 있다(APA, 2006). 이들 프로그램의 환경은 매우 다양하다. 27%는 대학교 심리학과 안에, 38%는 대학교에 기반을 둔 전문대학원에 자리 잡고 있고, 33%는 대학교에 기반을 두지 않은 독립형 학교이며, 2%는 다른 곳에 자리 잡고 있다(Norcross et al., 2004). 독립형 프로그램에 등록한 학생의 수가 대학교 전문대학원 프로그램보다 많았고, 대학교 전문대학원 프로그램에 등록한 학생의 수는 대학교 심리학과 프로그램보다 많음을 노크로스와 동료들(Norcross et al., 2004)이 발견하였다. 독립형 프로그램과 대학교 전문대학원에서는 대학교의 심리학과보다 재정지원을 적게 해 주고 있다. 이와 대조적으로 PhD 프로그램에 등록하는 학생이 PsyD 프로그램에 등록하는 학생보다 적지만, 훨씬 높은 비율의 학생들이 재정지원을 받고 있다. 입학 합격률 면에서 보면 실무와 연구를 동등하게 강조한 PhD 프로그램(17%)과 비교할 때, 그리고 주로 연구를 강조한 PhD 프로그램(11%)과 비교할 때 PsyD 프로그램이 더 높은 합격률(41%)을 보였다(Norcross et al., 2004). 학생 선발기준에도 차이가 있다. PhD 프로그램과는 다르게, PsyD 프로그램들은 GPA 및 GRE 평균점수가 낮은 학생들에게도 입학을 허가하는 경향이 있다(McFall, 2006; Templer, 2005).

임상심리학 분야에서 APA 인증을 받은 PhD 프로그램들이 훨씬 더 많이 있지만(173 대 58), PsyD 프로그램들과 전문대학원의 규모가 더 크기 때문에 졸업한 심리학자들의 수에서는 흥미 있는 현상이 나타나고 있다. 매년 임상심리학 분야에서 약 2,400명이 박사학위를 받는데, 이 가운데 42%가 PsyD 학위를 받는다(Mayne, Norcross, & Sayette, 2006). 심리학 분야의 주 취업 장면의 측면에서 보면 PhD 졸업생들보다 PsyD 졸업생들이 독립적 실무, 의료보험, 기타 건강 서비스 장면에 더 많이 취업하고 있다(American Psychological Association, 2007a).

이 두 학위를 다른 방식으로 비교할 수 있을까? 노크로스와 동료들(Norcross et al., 2004)은 PsyD 프로그램들 사이에 상당히 커다란 이질성이 있음을 발견하였다. 따라서 PsyD 프로그램들을 한마디로 표현하기는 어렵다. 그렇지만 대학교에 기반을 둔 PsyD 프로그램에서는 널리 퍼져 있지 않은 문제 양상이 독립형 PsyD 프로그램에는 많이 나타나는데, 여기에는 높은 입학 합격률과 낮은 입학기준도 포함된다. 템플러와 토미오(Templer & Tomeo, 2000)는 대학에 기반을 둔 전문대학원 졸업생들보다 대학에 기반을 두지 않은 독립형 프로그램 졸업생들이 (이 장의 후반에서 설명할 면허시험인) 심리학 전문실무 자격시험에서 낮은 점수를 받는다는 점을 발견하였다. 다시 말하면, 최종 학위가 PsyD인지 PhD인지의 차이보다는 수련 프로그램의 기반(대학교 기반 혹은 독립형)과 채택하고 있는 수련 모델(볼더 모델 혹은 기타)이 더 중요한 지표임을 보여 주고 있다.

임상심리학 내에서의 수련 모델

앞에서 논의한 바와 같이 다양한 수련 모델이 볼더, 베일 같은 여러 회의에서 나타났다. 지금 임상심리학에는 3대 수련 모델이있다(Cherry, Messenger, & Jocoby, 2000).

- 임상과학자(clinical scientist) 모델: 심리과학회(Academy of Psychological Science)의 접근법에서 발전하였으며, 과학적 연구를 매우 강조하고 있다(대학교 장면에서 더 보편적이다).
- 과학자-전문가(scientist-practitioner) 모델: 볼더 모델을 따르며, 연구와 실무를 대체적으로 동등하게 강조한다(전통적 PhD 프로그램들과 일부 전문대학원에서 보편적이다).
- 전문가-학자(practitioner-scholar) 모델: 베일 모델을 따르며, 인적 서비스 제공을 강조하며, 이에 따라 과학적 수련을 덜 강조한다(전문대학원과 많은 PsyD 프로그램에서 보편적이다).

체리와 동료들(Cherry et al., 2000)은 이들 수련 프로그램을 평가하였는데, 예상대로 전문가-학자 모델에 참여하고 있는 대학원생이 임상연구에 가장 적은 시간을 쓰고 있었으며, 반면에 임상과학자 프로그램에 참여하고 있는 대학원생이 가장 많은 시간을 쓰고 있었다. 이에 따라 전문대학원 프로그램이 임상연구를 충분히 수련시키지 않고 있는 것은 아닌가 하는 우려가 높아졌다.

반면에 전문대학원의 접근방식을 옹호하는 사람들은 연구 지향적 수련 프로그램들에 대해 우려하고 있다. 예를 들어, 어떤 설문조사에서는 PhD 수련 프로그램의 임상 교수진의 51%가 현재 임상실무에 참여하고 있다고 보고하였는데, 그들의 대부분(74%)이 임상심리학 실무에 대한 영구적 혹은 임시적 면허를 가지고 있었지만 5%는 과거에 면허를 가진 적이 있었다고 보고하였다(Himlein & Putnam, 2001). 따라서 실무 지향적 임상가들은 연구 지향적 프로그램들이 임상실무의 실상을 공감하고 수련할 기회를 너무 적게 주고 있는 것은 아닌지 걱정하고 있다.

실무 지향적 혹은 연구 지향적 임상가들이 과학자-전문가 볼더 모델이 이상적인 모델임을 확인하지 않는 것은 그들이 그 모델을 거부하기 때문이 아니라는 점을 알아야 한다. 실제로 대부분의 사람은 과학자-전문가 모델이 좋은 모델이라고 생각하고 있다(Peterson, 2000). 오히려 임상심리학자들이 일상 업무에서 때로는 과학과 실무를 통합하지 못하고 있는데, 직업환경의 인센티브 체계가 이를 지원하지 않기 때문이다. 예를 들어, 대학교 심리학과는 시간제로 개업하여 내담자를 만나거나 혹은 비영리적 임상장면에서 내담자를 보기를 원하는 임상 교수들에게 지원이나 인센티브를 제공하는 경우가 거의 없으며(Himlein & Putnam, 2001), 학교에 자리 잡고 있으면서 박사후 과정의 경험이 없이 면허를 취득하는 것이 임상심리학자에게 점점 더 어려워지고 있다(DiLillo, DeGue, Cohen, & Morgan, 2006). 반면에 독자적으로 개업하고 있는 임상가들은 학술지에 발표되는 연구를 수행할 수 있는 자원을 가지고 있는 경우가 거의 없다(Himlein & Putnam, 2001). 이렇게 상이한 보상구조 때문에 이 분야를 개업 전문가와 연구자 구도로 나누려고 하는 태도와 행동을 강화할 수 있다. 그러나 벨라(Belar, 2000)가 지적한 바와 같이, 이것은 실행의 문제이지 볼더 모델 자체의 문제가 아니다. 그래서 볼더 모델은 거의 60년이 지났음에도 불구하고 아직도 완성되지 않은 좋은 아이디어다(Stricker, 2000).

임상심리학 수련에 대한 평가

안타깝게도, 아직도 대학원생을 위한 여러 수련 모델의 상대적인 효과에 대해서는 거의 모르고 있다. 각기 다른 수련 모델을 비교하는 연구들은 대부분 학생이나 실무자들이 다양한 활동에 사용하는 시간, 고용된 곳, 발표한 연구 결과의 양, 수련을 받고 난 후 수련을 보는 관점 등에 초점을 맞추고 있다. 각기 다른 수련 모델들이 내담자의 치료에 궁극적으로 다른 효과를 이끌어 내는지에 관한 정보는 크게 부족하다. 이것은 안타까운 일이다. 그러나 메타분석과 심리치료 효과에 대한 연구들의 주장처럼(10장 참조), 특정 수련 모델들은 몇몇 임상수행 영역에서 상당히 적은 변량만을 설명할 수 있다 해도 별로 놀랄 일이 아니다. 이것은 모델 간에 중요한 차이점이 없다는 것을 뜻하는 것인가, 아니면 평가하는 것이 불가능하다는 것인가? 두 문제에 대한 답은 모두 '아니요'라고 생각한다.

프로그램들이 전문적 업무를 필요로 하는 곳에서 전문적 기능을 유능하게 수행하는 임상가들을 배출하였는지에 따라서 수련 프로그램들을 평가할 수 있다는 것이 우리의 견해다. 그렇지만 이런 종류의 기능적 유능성으로는 충분하지 않다. 유능한 임상심리학자들의 수련에 있어서 단 하나의 가장 중요한 목표는 연구의 증거를 바탕으로 서비스를 선택하고 평가하도록 가르치는 것이다. 수련 프로그램에서는 경험적 증거로 뒷받침된 임상적 서비스들을 가르치는 데 치중해야 하며, 경험적 연구의 지지를 받아내는 데 실패한 서비스나 역할에 대한 수련은 제공하지 말아야 한다. 또한 임상수련이 심리과학의 기반에서 너무 멀어지고 심리치료기법, 평가방법, 기타 전문 직업적 기술을 가르치는 데에만 집중한다면, 21세기의 임상심리학자들은 협소하게 전문화된 개업 전문가가 되어 그들에게 연구란 한때의 홍미에 지나지 않게 될 것이다. 이런 일이 일어나게 되면 임상심리학은 더 빈약한 과학이 될 것이고, 궁극적으로는 더 나약한 전문직이 될 것이다.

APA 인증을 받거나 유지하기 위한 다양한 기준과 다양한 수련 모델들이 이 분야의 학자들 사이에서 계속 논점으로 남아 있을 것이다. 전문직 및 볼더 모델 수련에 관한 장단점에 더 관심이 있다면 『American Psychologist』의 볼더 회의 특별호(Febuary, 2000)를 읽기 바란다. 그 외에도 여러 훌륭한 자료들을 이용할 수 있다(예를 들어, Kenkel, DeLeon, Albino, & Porter, 2003; Mayne et al., 2006; McFall, 2006; Norcross et al., 2004; Peterson, 2003).

이 절의 요약 임상심리학자들은 회원들을 수련시키는 최선의 방법에 대해 오랫동안 논쟁하여 왔다. 가장 영향력이 컸던 전국학회는 볼더 회의(과학자-전문가 모델에 초점)와 베일 회의(전문 심리학자와 PsyD 학위의 필요성을 강조)였다. PsyD 학위는 현재 잘 정립되어 있지만, 이 학위를 제공하는 프로그램들 사이에는 상당한 이질성이 있다. 좀 더 연구 지향적 프로그램이라는 관점에서 볼 때, 심리과학 아카데미는 심리학적 실무를 진흥하기 위해 경험적 방법론 사용에 몰두하고 있다. 각기 다른 수련 모델들의 장단점에 대한 논쟁에도 불구하고, 다양한 프로그램의 졸업생들이 내담자를 치료함에 있어서 효과가 어떻게 다른지에 대해서는 거의 알려진 바가 없다.

전문직 규제

이 절의 미리보기

이 절에서는 인증과 면허에 관한 근거를 집중적으로 살펴보고, 이 두 제도가 정립되기까지의 과정과 ABPP 인증도 설명한다.

어떠한 건강관리 직업이든 인적 서비스 직업이든, 주요 책임은 구성원들이 실무를 할 수 있도록 공인하기 전에 반드시 충족해야 하는 능력의 기준을 정립하는 것이다. 이러한 전문직 규제의 일차 목적은 최저 수준의 전문 능력조차 없는 심리 전문가, 사기꾼, 미수련자들이 공인받지 않은 채 혹은 전문 능력이 없이 심리학 실무를 제공함으로써 받게 될 피해로부터 일반 대중을 보호하는 것이다. 정신건강 소비자 같은 구매자들이 받고자 하는 서비스에서 어떤 것을 주의해야 할지에 대해 충분한 정보를 받지 못하고 있을 때는 매수자 위험부담 원칙은 부적절한 보호방식이다. 이에 따라 임상심리학에서는 적극적인 전문직 규제 체계를 발전시켜 왔으며, 이 체계는 계속 발전하고 있다.

인증과 면허

심리학 분야로 개업할 수 있는 요건을 정립한, 그리고/혹은 어떤 자격을 갖춘 사람들에게만 심리학자(psychologist)라는 용어를 사용하도록 제한하는 주 법률이 가장 중요한 규제 형식이다. 이 입법적 규제는 두 종류의 법령, 즉 인증과 면허다.

인증법(certification laws)에서는 법에 규정된 요건을 만족시킨 사람들에게만 심리학자라는 칭호를 사용하도록 제한하고 있다. 인증은 오직 심리학자라는 호칭을 보호할 뿐이며, 심리학 실무를 규제하는 것은 아니다. 면허는 좀 더 제한적인 법령이다. 면허법에서는 심리학자가 일반 대중에게 제공하도록 공인된 서비스의 명세를 가지고 심리학 실무를 정의하고 있다. 면허 요건은 인증 요건보다 언제나 더 포괄적이다. 인증과 면허를 구별하는 대략적인 원칙은 인증법은 어떤 사람들을 심리학자라고 부를 수 있느냐 하는 것을 정한 것인 반면, 면허법은 심리학자에게 허용되는 칭호와 활동 모두를 정한 것이라는 것이다.

면허법은 주정부의 심리학 자격제도위원회(state board of psychology)에서 조정되는데, 심리학 실무를 규제하는 책임을 각각의 주 의회에서 부여받은 곳이다. 주정부 심리학 자격제도위원회가 하는 주요 기능은 다음 두 가지다.

- 이 전문직의 허가기준을 정하고, 지원자 선발 및 심사 절차를 정하는 것
- 전문직 실무를 규제하고, 전문직 기준을 위반한 혐의가 있는 사람에 대해 징벌조치를 취하는 것

오늘날 50개 주 모두, 콜롬비아 특별구, 그리고 캐나다의 모든 주에는 인증법이나 면허법이 있다. 많은 주에서는 인증법과 면허법을 한 법령으로 통합하고 있다.

면허를 발급하는 절차가 지역마다 조금씩 다르긴 하지만, 장차 임상심리학자가 되고자 하는 사람들이 접근하는 절차는 거의 대부분 미국의 주들이 충분한 동질성을 유지하고 있다(〈표 15-2〉 참조).

일반적으로 주정부 심리학 자격제도위원회연합(Association of State and Provincial Psychology Boards: ASPPB)이 주정부 심리학 자격제도위원회의 활동을 조정하며, 기준과 절차의 동질성을 유지한다. ASPPB는 심리학자들의 행동강령(Code of Conduct)을 개발하였는데, 이것은 전문직 행동규칙들로 구성되어 있다. ASPPB는 또한 면허발급을 요청하는 지원자들을 시험하려는 목적으로 주 위원회가 사용하는 표준화된 객관적 시험도 개발하였다. 1964년에 처음 공개된 이후 자주 개정된 심리학 전문직업 실무자격시험(Examination for Professional Practice in Psychology: EPPP)은 때때로 다주(multistate)시험 혹은 국가시험이라고도 불렀는데, 모든 관할 권력이 시험 절차의 한 부분으로 이 시험을 사용할 수 있기 때문이다. 이 시험을 치려면 반드시 면허 요건을 충족시켜야만 하며, 이 시험은 여러 유료 컴퓨터 사이트(www.asppb.org)에서 연중 치를 수 있다.

〈표 15-2〉 심리학자 면허를 따고 싶나요?

당신이 방금 임상심리학 박사 프로그램을 마치고 임상심리학자 면허에 관심을 가지고 있다고 가정하자. 어떤 단계를 밟아야 할까? 많은 주에서 다음과 같은 장애물에 마주치게 될 것이다. 먼저 제출할 증명서들을 검토하고, 시험볼 자격이 있는지를 판단해 달라고 주 심리학 자격제도위원회에게 요청해야 한다. 그들이 결정을 내리는 데에는 몇 가지 기준이 있다.

① 행정적 요건: 당신은 반드시 일정 연령에 도달하여야 하며, 미국 시민이어야 하고, 최소한의 기간 동안 주에 거주하고 있어야 한다. 이 요건들을 충족시키려고 노력할 수 있는 일은 별로 없어서, 요건을 충족시키거나 충족시키지 못하거나 둘 중 하나다. 충고 한마디하면 중죄를 범하거나 반역죄에 가담하거나 주지사를 비방하지 말 것. 이런 행동들은 도덕적 인성이 부족한 것을 나타내는 표시로 판단되어, 감옥 안에서 수많은 날을 면허에 관한 상상을 하면서 보내게 만들어 줄지도 모른다.
② 교육: 거의 모든 주에서는 인증된 대학교에서 받은 심리학 박사학위를 요구한다. '인증'이라는 것은 거의 대부분의 주에서 인정받은 기관에 의해 인증된 대학이라는 것을 의미하지만, 많은 주에서는 APA의 인증을 받은 프로그램을 졸업할 것을 요구하기 시작하였고 학부 및 대학원의 정식 성적증명서를 요구하고 있다.
③ 경험: 이것은 보통 1년 혹은 2년 동안 위원회가 인정한 장면에서 지도감독을 받은 전문적 경험을 말한다. 어떤 경험은 반드시 박사후 단계에서 얻은 경험이어야 하며, 지도감독자의 추천서를 요구하고 있다. 증명서들을 자세히 조사한 후에 시험볼 자격이 있다고 위원회가 판단한다면 시험을 보라고 할 것이다. 이때 예상되는 것들은 다음과 같다.

시험료: 시험료에는 시험시행 비용과 주 위원회의 서류 검토 비용이 들어 있다. 2008년도 심리학 전문직 실무 자격시험 시험료는 $515이며, 주 위원회 비용은 일리노이 주의 $50와 플로리다 주의 $985 사이로 대부분 $200~$300 범위다(DiLillo, DeGue, Cohen, & Morgan, 2006).
시험: 많은 주에서 EPPP 국가시험을 사용하고 있는데, 일반심리학, 방법론, 심리학의 응용, 전문직 행동과 윤리 등을 망라하는 약 200개의 객관식 문항이 포함된다. 임상심리학, 학교심리학, 산업심리학 같은 특정 전공에서 개업하기를 원하는 지망자들이 많기 때문에 주 위원회는 때로 이 영역에 대한, 혹은 주 법률 및 규정과 관련된 특별한 주 시험을 마련하기도 한다. 또한 심리학과 관련된 어떤 문제도 나올 수 있는 구두시험을 주 위원회 앞에서 보라고 요구할지도 모른다. 이 시험을 통과했다면 축하합니다! 이제 당신은 면허를 소지하기 위해 연회비를 내야 하며, 보수교육 과정을 밟아야 하고, 치료과오 보험(malpractice insurance)에 들어야 한다.
재시험: 만일 당신이 시험의 일부 과목에서 낙제했다면 그 과목에 대한 시험기회가 한 번 더 주어질 것이다. 대부분의 위원회가 기회는 두 번으로 충분하다고 생각하고 있기 때문에, 당신이 두 번째에서도 낙제한다면 가업을 잇는 것이 더 낫지는 않을지 재고해 보는 것이 현명할지도 모른다.

지원자들의 대학원 수련 프로그램과 임상수련 경험 역시 면허 적격성의 일부분으로서 평가된다. 플로리다, 오클라호마, 유타 등 많은 주에서는 현재 APA의 인증을 받은 박사 프로그램 졸업생들에게만 면허를 취득하도록 허가하고 있어서, 대학원 수련 프로그램을 어떻게 선택하느냐가 임상심리학 실무면허를 딸 수 있는 능력이 있느냐에 영향을 미칠 수도 있다.

박사학위 과정을 마친 후, 거의 대부분의 주에서 심리학과 졸업생들은 면허 적격자가 되기 위해서 반드시 지도감독하의 박사후 과정을 완수하여야 한다. 이런 박사후 과정에는 직접적인 임상실무, 연구, 강의, 상담 등이 포함되는데, 거의 대부분의 주에서 이러한 작업은 면허가 있는 심리학자의 면밀한 지도감독을 받도록 되어 있다. 박사후 과정도 APA의 인증을 받을 수 있지만(Kaslow & Echols, 2006), 많은 심리학자는 첫 직장의 맥락에서 박사후 수련을 받고 있다. 미국 전체의 면허법을 살펴본 결과, 앨라배마와 워싱턴 주를 제외한 모든 주에서 전문직 경험에 관한 일정 형식의 박사후 지도감독을 요구하고 있다. 워싱턴 특별구와 미시간 주에서는 4,000시간까지 요구하고 있으나, 대부분의 주에서는 이러한 경험을 1,500~2,000시간 하도록 요구하고 있다(DiLillo et al., 2006).

대부분의 주에서는 정기적으로 갱신비용을 냄으로써, 그리고 보수교육(continuing education: CE) 참여를 문서화함으로써 심리학자들이 면허나 인증을 갱신하도록 요구하고 있다. 보수교육 시간의 양은 주마다 다른데, 2년 면허주기마다 20~40시간 범위다(Wright, 2005).

면허법이 주마다 다르기 때문에 주와 주 사이에 호혜주의가 거의 없다. 이것은 어떤 사람이 어느 주에서 심리학자 면허를 취득했다고 하더라도 다른 주로 갔을 때 그 면허가 자동적으로 이전되지 않는다는 것을 의미한다. 호혜주의가 확장되어야 하느냐 하는 문제는 계속 논쟁이 되고 있다(Hall & Boucher, 2003; Jonason, DeMers, Vaughn, & Reaves, 2003; Merrill, 2003; Rehm & DeMers, 2006).

면허를 취득한 심리학자들 가운데 5년 이상의 전문직 경험이 있으며, 전문직과 관련하여 징계를 받은 적이 없고, 그 외 특정 요건을 만족시키는 사람들은 ASPPB를 통해서 전문직 심리학자 자격인증서(Certificate of Professional Qualification in Psychology)를 신청할 수 있다. 이 인증서는 처음 면허를 발급받았던 주가 아닌 다른 주에서 면허를 얻는 데 유용하게 사용할 수 있다(Robin & Habben, 2003). 마찬가지로 심리학 분야 전국 건강서비스 제공자(National Health Service Providers)를 통해 인증서를 얻거나, 미국전문직심리학위원회(American Board of Professional Psychology: ABPP)를 통해 수료증을 받음으로써 실무자들이 주 경계를 좀 더 쉽게 넘을 수 있을 것이다(Robin & Habben, 2003).

ABPP 인증

또 다른 유형의 전문직 규제는 미국전문직심리학위원회(ABPP)의 인증이다. ABPP는 1947년에 심리학자들의 전문직 역량을 인증해 주는 국가기관으로 설립되었다. ABPP의 인증은 열세 가지 특정 분야에 대한 증서(diploma) 수여로 표시된다. 열세 가지 특정 전문 분야는 다음과 같다.

- 아동 및 청소년
- 임상
- 건강
- 임상신경심리학
- 인지 및 행동
- 상담
- 가족
- 법정
- 집단
- 조직 및 산업
- 정신분석
- 재활
- 학교

비록 특별한 법적 권위를 가지고 있지는 않지만, ABPP 증서는 면허보다 더 명성이 있는 것으로 여기고 있다. 면허가 최소 수준의 역량을 의미하는 것(그리고 증서 보유 이전에 충족되어야 하는 것)인 반면, ABPP 증서를 받은 사람의 지위는 전문직 경험에 대한 보증, 즉 특정 분야에 대한 지식에 능통하다는 것을 의미하는 것이다. 이에 따라 ABPP 증서의 요건은 면허의 요건보다 더 엄격하다. 특정 전문 분야에 따라 다르지만, ABPP의 시험을 치기 위한 선행조건으로 다년간의 경험을 쌓아야 한다. ABPP 시험이 수행되는 방식은 증서를 가지고 있는 집단이 임상적 상황(예를 들어, 검사 혹은 심리치료)을 직접적으로 다루고 있는 지원자를 관찰하는 방식, 그리고 전문적 지식, 평가능력, 개입능력, 내담자와의 대인관계능력, 윤리적 · 법적 기준과 행동, 전문 영역에의 헌신 및 최근 관심사에 대한 주의, 지도감독 및 상담 역량 등과 관련된 주제에 대해 구두시험을 수행하는 방식으로 진행된다(Finch, Simon, & Nezu, 2006). ABPP 증서 보유에 대한 좀 더 많은 정보를 보려면 웹사이트(http://www.abpp.org)를 방문하기 바란다. 이 사이트는 자신의 지역에 있는 ABPP 전문가를 찾는 데 관심이 있는 사람들을 위해 검색 가능한 전문가 디렉토리(Directory of Specialists)도 마련해 놓고 있다.

이 절의 요약 수련이 미흡한 전문가로부터 일반 대중을 보호하기 위해 주 및 기타 규제 기관들은 심리학 실무에 관한 인증법 및 면허법을 발전시켰다. 거의 대부분의 주에서 인증은 자신을 심리학자로 부를 수 있는 권리에 속하는 것이며, 면허는 임상가가 수행하는 활동에 대해 허락받는 것이다. 인증과 면허가 수련기준의 최소한을 확인시켜 주는 것임에 반하여, ABPP는 임상실무의 영역에서 뛰어난 기술임을 확인해 준다.

전문 직업적 윤리

이 절의 미리보기

앞의 몇 장에서 APA의 심리학자의 윤리원칙 및 행동강령(Ethical Principles of Psychologists and Code of Conduct) 혹은 윤리강령(Ethics Code)을 살펴보았다(American Psychological Association, 2002b). 여기서는 윤리강령이 어떻게 구성되어 있으며, 기준들이 어떻게 시행되고 있고, 윤리위반을 어떻게 적발하며 조처를 취하는지를 살펴볼 것이다. 또한 치료과오와 치료과오 소송에 대해 논의할 것이다.

미국심리학회(APA)의 윤리기준

APA 윤리원칙의 구성은 전문, 일반원칙, 많은 구체적인 윤리기준으로 되어 있다. 전문 및 일반원칙(〈표 15-3〉 참조)은 강제력이 있는 규정이 아니다. 그것은 높은 이상에 도달하려는 심리학자들의 포부를 적은 것이며, 특정 상황에서 무엇이 윤리적으로 바람직한 행동인지를 평가하는 심리학자들에게 지침을 제공하는 것이다. 이와 대조적으로, 윤리기준은 강제할 수 있는 규정이다. 윤리기준은 APA 회원들에게 적용되고, APA 회원 여부와 무관하게 주정부 심리학 위원회와 법원 같은, 심리학자의 행동을 판단하고 제재하려는 다른 기관들도 사용할 수 있다.

윤리기준은 다음의 표제에 따라 정리되어 있다.

〈표 15-3〉 APA의 심리학자 윤리원칙과 행동강령: 전문과 일반원칙

전문(前文)

심리학자는 행동에 관한 과학적 · 전문적 지식 그리고 자신과 타인에 대한 사람들의 이해를 증진하고, 이러한 지식을 개인, 조직 및 사회의 상태를 개선하는 데 사용하는 일을 맡고 있다. 심리학자는 연구, 교육, 출판에서 질문의 자유와 표현의 자유를 가장 중요하게 생각하고, 시민의 권리와 인간의 권리를 존중하며 보호한다. 심리학자는 일반 대중이 사전에 충분한 정보를 제공받은 상태에서 인간 행동과 관련된 판단력과 선택능력을 발달시킬 수 있도록 도우려고 힘쓰고 있다. 이때 심리학자는 연구자, 교육자, 진단가, 심리치료자, 지도감독자, 상담자, 행정가, 사회적 개입자, 전문가 증인 같은 여러 역할을 수행한다. 이 윤리규정은 심리학자가 전문적 · 과학적 작업에서 지켜야 하는 공통적 원칙과 기준을 제공하고 있다.

이 규정은 심리학자가 봉착하는 거의 대부분의 상황에 적용할 수 있는 구체적인 기준을 제공하려 한다. 심리학자의 작업 대상인 개인 및 집단의 복리와 보호가 이 규정의 목표이며, 또한 회원, 학생, 일반 대중을 대상으로 규율의 윤리적 기준을 교육하는 것이 목표다.

업무와 관련된 심리학자의 행동을 위한 역동적인 윤리기준을 발전시키는 데에는 개인적인 헌신과 윤리적으로 활동하겠다는 평생에 걸친 노력이 요구된다. 즉, 학생들, 수련생들, 피고용자들, 동료들의 윤리적 행동을 격려하는 것이며, 윤리문제에 관련하여 다른 사람들을 상담해 주는 것이다.

일반원칙

이 절은 일반원칙들로 구성되어 있다. 일반원칙들은 윤리기준들과 다르게 본질적으로 의욕을 주는 것이다. 일반원칙은 심리학자를 안내하고 고무하여, 전문직에서 가장 높은 윤리적 이상을 추구하게 하려는 것이다. 일반원칙은 윤리기준과 대조적으로 의무를 명기하지 않으며, 제재를 가할 근거를 마련하려 하지 않는다. 앞에 설명한 이유 때문에 일반원칙에 기대려 한다면 이것은 이들의 의미와 목적을 왜곡하는 것이다.

원칙 A : 선행 및 해악금지(Beneficence and Nonmaleficence).

심리학자는 작업하고 있는 사람들에게 이득이 가도록 노력해야 하며, 해를 끼치지 않도록 조심하여야 한다. 전문적 활동을 함에 있어서 심리학자는 직업적으로 상호작용하고 있는 사람들과 기타 영향을 받은 사람들의 복지와 권리를 보호하려고 노력해야 하며, 연구 대상 동물들의 복지도 보호하려고 노력해야 한다. 심리학자의 의무 혹은 관심에 어떤 갈등이 생겼을 때 피해를 피하거나 최소화하는 책임 있는 방식으로 이 갈등을 해결하려고 노력해야 한다. 심리학자의 과학적 · 전문적 판단과 행동이 타인의 인생에 영향을 끼칠 수 있기 때문에, 자신의 영향력을 오용하게 만들 수 있는 개인적 · 재정적 · 사회적 · 조직체적 · 정치적 요인들을 경계하고 감시해야 한다. 심리학자는 자신의 신체적 · 정신적 건강이 그들이 작업하고 있는 사람들을 돕는 능력에 잠재적으로 영향을 미칠 수 있음을 주의해야 한다.

원칙 B: 충성심과 책임(Fidelity and Responsibility)

심리학자는 작업하고 있는 사람들과 신뢰관계를 구축해야 한다. 또한 사회에 대한, 그리고 일하고 있는 특정 공동체에 대한 자신의 전문적 · 과학적 책임에 주의해야 한다. 심리학자는 전문적 행동기준을 옹호하고, 전문적 역할과 의무를 명확히 하며, 자신의 행동에 대하여 합당한 책임을 지며, 착취나 피해로 이어질 수도 있는 이해상충을 조정하려고 노력해야 한다. 심리학자는 작업하고 있는 사람들의 최대 이익을 도모하는 데 필요한 범위에서 다른 전문가 및 전문기관들과도 상담하고 의뢰하고 협동한다. 심리학자는 동료들의 과학적 · 전문적 행동이 윤리적으로 유연하지 않은지 염려한다. 심리학자는 보상이나 개인적 이득이 아주 적거나 전혀 생기지 않더라도 전문적 시간의 일부분을 기여하려고 노력해야 한다.

원칙 C: 진실성(Integrity)
심리학자는 심리학의 과학, 교육, 실무에서 정확성, 솔직성, 신뢰성을 증진하도록 노력하여야 한다. 이러한 활동을 함에 있어서 심리학자들은 훔치거나, 속이거나 혹은 사기행각, 속임수, 사실에 관한 의도적인 거짓 설명 등에 가담하지 말아야 한다. 심리학자는 약속을 지키려고 노력하여야 하며, 현명하지 못하거나 분명치 않은 업무 수행은 피하려는 노력을 하여야 한다. 속이는 것이 이득을 최대화하면서 피해를 최소화한다고 윤리적으로 정당화할 수 있는 상황에서, 심리학자는 이러한 기법을 사용함에 따라 야기되는 결과, 즉 불신이나 기타 해로운 영향의 필요성, 발생 가능한 귀결, 이를 바로잡아야 하는 책임 등을 미리 숙고해야 할 심각한 의무를 진다.

원칙 D: 정의(Justice)
심리학자는 공평함과 정의란 심리학이 기여한 것에 모든 사람이 접근하여 이득을 볼 권리가 있으며, 심리학자들이 시행하고 있는 과정, 절차 및 서비스에서 다른 사람들과 동등한 품질을 받을 권리가 있음을 인식해야 한다. 심리학자는 합리적인 판단을 연습해야 하며, 자신의 잠재적 편향성, 역량의 경계선, 전문성의 한계가 부정한 실무로 이어지거나 혹은 부정한 실무를 너그럽게 눈감아 주지 않도록 미리 확실하게 해 두어야 한다.

원칙 E: 사람들의 권리와 품위에 대한 존중(Respect for People's Rights and Dignity)
심리학자는 모든 사람의 품위와 가치를 존중하여야 하며, 개인 비밀, 비밀보장, 자기결정권에 관한 개인의 권리를 존중해야 한다. 취약함 때문에 자율적 의사결정이 크게 손상되는 개인 혹은 공동체의 권리와 복지를 보호하기 위해서 특별한 안전조치가 필요할 수도 있음을 주의해야 한다. 심리학자는 문화적 차이, 개인적 차이, 역할 차이, 즉 나이, 성, 성정체성, 인종, 민족, 문화, 출신국가, 종교, 성적 지향성, 장애, 언어, 사회경제적 지위 등에 대해 주의하고 이들을 존중하여야 하며, 이러한 집단의 구성원과 작업할 때에는 이러한 요인들을 고려해야 한다. 심리학자는 위의 요인들에 바탕을 둔 편파가 업무에 미치는 효과를 배제하려고 노력해야 하며, 이러한 편견에 바탕을 둔 다른 사람들의 활동에 알면서 가담하거나 이러한 활동을 너그러이 눈감아 주지 않아야 한다.

출처: American Psychological Association(2002b).

① 윤리적 논제 해결: 심리학자들이 윤리적 문제나 이에 관한 어려움을 해결하는 방법에 관한 기준이 들어 있다.
② 역량: 심리학자들이 역량을 유지하기 위해서 자신의 전문 분야에 대해 수련을 받아야 하며 전문 분야의 최신 흐름을 계속 파악하고 있어야 함을 설명하고 있다. 또한 심리학자들이 유능하게 실무를 보는 능력을 제한하는 개인적인 문제나 갈등을 가지고 있을 때의 논제를 다루고 있다.

③ 인간관계: 공평하지 않은 차별의 예방, 성희롱 혹은 기타 괴롭힘, 다중관계, 이해관계 상충, 사전 동의 제공, 임상적 서비스 종료가 내담자를 위한 최선이 아닐 때 서비스 종료를 피하기 등의 주제를 다루고 있다.

④ 사생활과 비밀보장(Confidentiality): 이 규정들은 사생활과 비밀보장에 관한 내담자들의 권리를 심리학자가 보호해야 하는 책임에 관한 것이다.

⑤ 광고 및 기타 공적 발언(Public Statements): 이 항목에 심리학자들이 서비스 내용과 전문가 자격증을 알리는 방법을 통제하는 기준이 들어 있다.

⑥ 기록 유지와 수수료: 전문 직업적 작업의 문서화, 비밀보장 기록의 보관 및 처분, 수수료, 의뢰, 기타 재정적인 준비에 관한 안내 지침이 들어 있다.

⑦ 교육 및 수련: 심리학자가 학생들을 가르치고 지도감독을 할 때의 행동을 통제하는 몇 가지 윤리기준이 들어 있다.

⑧ 연구와 발표: 연구자들의 활동, 즉 연구를 수행하기 전에 기관연구심의위원회(Institutional Review Board)의 승인을 받기, 연구 참여자에게 충분한 설명에 근거한 자발적 동의를 얻기, 참여자로부터 보고 듣기, 논문을 발표함으로써 얻는 인정을 공저자들과 함께 나누기, 연구자료를 공유하기, 연구내용을 학문적으로 검토하기 등과 같은 활동을 통제하는 기준이 들어 있다.

⑨ 심리평가(Assessment): 검사도구 사용 및 검사 해석과 관련된 규정들이 있다.

⑩ 심리치료(Therapy): 심리치료 구조화, 실시, 종료에 관한 규정들이 명시되어 있다. 심리학자가 현재 내담자 혹은 그들의 가족 및 중요한 타인들과 성적 접촉을 갖지 못하도록, 그리고 이전에 성적으로 접촉하였던 사람을 내담자로 받지 못하도록 금지하는 구체적인 기준이 들어 있다. 더 나아가 심리학자들은 치료를 종료한 후 적어도 2년 동안은 이전의 내담자와 성적 접촉을 가지면 안 되며, 설령 가질 때는 내담자를 착취한 적이 없었음을 밝힐 수 있을 때에만 가능하다.

윤리기준 이행

대부분의 심리학자는 복잡하고 윤리적으로 모호한 상황을 가장 엄격한 전문직 행동기준에 맞추어 다루느라 큰 스트레스를 받고 있다. 그러나 많은 경우 도덕적 · 문화적 의문점이 종종 포함되며, 또한 APA 윤리규정에 사용되는 용어들과 정확하게 일치하지 않기 때문에 명확한 행동 방침이나 정답이 없는 경우도 종종 있다.

예를 들어, 심리치료자가 내담자에게 전문적 역할과 비전문적 역할을 모두 하고 있는 다음 사례의 상황을 생각해 보자. 다중관계는 치료관계를 해칠 수 있으며 궁극적으로는 내담자에게 피해를 주기 때문에 비윤리적이라고 여기고 있다. 당신은 이 사례들이 그에 해당한다고 생각하는가?

한 심리치료자가 스트레스와 불안을 가진 45세 남자 내담자를 만나고 있다. 내담자는 최근에 회사가 부도가 나서 행정사무직 직업을 잃어버렸고 새 직장을 찾고 있다. 같은 시점에 심리치료자는 기록사무원을 필요로 하고 있지만 조건에 맞는 사람을 구하는 데 어려움을 겪고 있었다. 심리치료자는 내담자가 사무원으로서 인정을 받았다는 것을 알고 있다. 심리치료자는 내담자를 기록사무원으로 채용하였고, 그러면서 그를 전문적으로 계속 만나고 있다.

한 심리치료자가 38세 여자 내담자를 만나고 있는데, 그 내담자는 오랜 관계가 깨진 아픔을 견디고 있다. 내담자의 말로는 개를 좋아하고 함께 있을 때 무척 편안하다고 한다. 우연하게도 심리치료자도 그 못지않게 개를 엄청 좋아하는 사람이어서 취미로 로트와일러 여러 마리를 기르며 번식시키고 있었다. 다른 집으로 분양시킬 만큼 자란 로트와일러 강아지들이 있다고 심리치료자가 말하자, 그 가운데 한 마리를 내담자가 샀다.

어느 인지행동 심리치료자는 작은 마을에서 불안장애 내담자를 치료하는 유일한 전문가다. 63세 남자 내담자가 심각한 광장공포증 때문에 도와달라고 전화를 했다. 하지만 그 내담자는 수입도 적고, 보험도 들어 있지 않고, 한 회기의 수수료밖에 가진 것이 없었다. 심리치료자는 내담자의 상황을 간단히 파악한 후에 내담자가 유능한 목수임을 알았고, 목수일을 해 주는 교환조건으로 심리치료를 해 주겠다고 제안하였다. 내담자는 그 제안을 받아들여서 심리치료자의 집에 책장 여러 개를 만들어 주었다(Bersoff, 2003).

심리학자들은 이와 같은 윤리적 문제를 어떻게 다루는가? 그들은 자신들의 분야에서 허용되는 실무와 허용되지 않는 실무에 주의하는 것부터 시작한다. 설명을 들은 후의 동의에 관한 적합한 절차, 여러 형태의 정보 공개, 사례문서화 등도 역시 중요한 위험관리 절차들이다(Kennedy, Vandehey, Norman, & Diekhoff, 2003). 전문직 실무자들은 다음과 같은 자문 책자들을 참조하기도 한다.

- Boundaries in Psychotherapy: Ethical and Clinical Explorations(Zur, 2007)
- Ethical Conflicts in Psychology, Third Edition(Bersoff, 2003)
- Ethical Practice in Forensic Psychology: A Systematic Model for Decision Making(Bush, Connell, & Denney, 2006)
- Ethics in HIV-Related Psychotherapy: Clinical Decision Making in Complex Cases(Anderson & Barret, 2001)
- Ethics in Plain English: An Illustrative Casebook for Psychologists, Second Edition(Nagy, 2005)
- Ethics in Research with Human Participants(Sales & Folkman, 2000)
- Practical Ethics for Psychologist: A Positive Approach(Knapp & VandeCreek, 2005)

전문가들은 또한 전문 학술지를 참조하기도 하는데, 거기에 윤리에 관한 논문들이 정기적으로 발표되고 있다(APA Committee on Professional Practice and Standards, 2003; Berman, 2006; Kennedy et al., 2003). 동료 및 전문기관과의 상담도 비밀보장이 유지되는 한 종종 이루어지고 있다. 마지막으로, 많은 치료과오 보험회사들은 윤리적 · 법률적 논제를 명확히 하려는 임상가-보험계약자들에게 자문을 해 주고 있다. 이러한 노력들이 심리학자들에게 치료과오 고소 혹은 다른 법적인 활동에 대한 면역력을 키워 주지는 않을지라도 일을 바르게 하려고 성실하게 노력하고 있다는 것을 반영해 주며, 이러한 노력을 문서로 만들어 놓으면 전문기관들과 법원에서 호의적으로 받아들일 수 있다.

윤리위반 다루기

인간이란 잘못을 하지 않을 수 없는 존재이기 때문에 심리학자들이 윤리적으로 의심받을 수 있는 행동을 하게 되면 윤리를 위반한 실무를 주 업무로 다루는 지역, 주, 국가기관의 문책을 받는 대상이 된다. 어떤 심리학자가 나쁜 행위에 관여했다고 믿는 내담자나 다른 사람들은 APA 혹은 주 면허위원회에 공식적으로 불만 사항을 제출할 수 있다. 다행스럽게도, 임상심리학자들에 대한 이런 불만은 비교적 적다. 최근의 주 면허위원회에 대한 전국적인 조사(Van Horne, 2004)에 따르면 면허를 가진 심리학자들 가운데 2%만이 이러한 불만 사항이 접수된 적이 있으며, 그 가운데 20%만이 징계처분이 내려질 정도로 심각한 수준은 아닌 것으로 간주되었다. 2006년에 공식적으로 제출된 윤리적 불만에 따라 APA 윤리위원회가 조사하기에 이르렀던 사례는 오직 85건뿐이었다고 보고하였다. APA 회원의 수가 15만 명 이상임을 감안할 때 적극적으로 윤리를 위반한 사례의 수는 극소수임을 알 수 있다.

일단 APA 회원의 비윤리적 행위에 대한 불만이 접수되고 해당 위원회에서 문제의 행동이 실제로 비윤리적이었다고 결정되면, 처벌을 할지 말지를 반드시 결정해야 한다. APA의 가장 혹독한 제재는 위반자를 학회에서 추방하고 이 조치를 회원들에게 공표하는 것이다. 비윤리적 행동으로 실무를 수행하고 있는 주의 심리학 자격제도위원회에 의해 전문직 면허를 박탈당할 수도 있다. 기타 조치로는 견책, 근신동반 견책 혹은 조치할 사유가 없음 등이 있다. 뒤에서 치료과오 소송과 연관하여 법률적 · 재정적 제재에 대해 살펴볼 것이다.

2006년에 APA 윤리위원회가 조사해야 했던 사례들의 약 절반이 실무를 하고 있는 주 안에서 면허를 상실한 심리학자들에 대한 것이었다. 주 면허를 상실했던 가장 흔한 이유는 심리학자가 내담자와 성적으로 부적절한 행동을 했기 때문이었다. 나머지 사례들은 중범죄의 유죄판결, 보험료/수수료 문제, 성적이지 않은 이중관계, 자녀양육권 평가에서의 부적절한 전문적 업무처리, 비밀보장 위반, 전문 직업적 기준 유지 실패 등이었다(APA, Ethics Committee, 2007c).

주의 심리학 자격제도위원회에 제출된 불만에서는 성적인 품행문제가 중요한 문제였지만, 주 차원에서 처리하는 기타 불만은 고위험 영역, 즉 양육권평가, 폭언이 오가는 이혼, 지도감독, 제3자 평가(보험금 지급청구 등) 등의 일이거나 고위험 내담자, 즉 자살, 폭력, 소송하기 좋아한다고 알려진 사람들, 이전의 성적 학대 기억을 회복했다고 주장하

〈표 15-4〉 미국에서 심리학자에게 내려진 징계처분 보고 분석(1983. 8.~2005. 11.*)

징계처분 이유	백분율
환자와의 성적/이중적 관계	30.3
비전문 직업적/비윤리적/부주의한 실무	29.6
범죄 유죄판결	9.3
사기행위	6.1
부적당한/부적절한 기록유지	5.4
계속교육의 요건을 따르지 못함	4.7
비밀보장 파기	4.5
부적당한/부적절한 지도감독	4.3
손상	4.0
면허시험에서의 부정행위	1.8

*N=2,858

출처: K .S. Pope & M. J. T. Vasquez (2007).

는 사람들과 관련된 전문적 업무와 관련된 것들이었다(Thomas, 2005). 〈표 15-4〉에는 주 심리학 자격제도위원회가 심리학자를 징계 처분한 이유가 열거되어 있다(Pope & Vasquez, 2007).

기타 윤리기준

APA의 심리학자 윤리원칙 및 행동강령 이외에도 다른 윤리규정과 안내지침이 많이 있다. 임상심리학자는 또한 심리학적 서비스의 제공 및 연구를 통제하는 다른 기준에 관해서도 잘 알고 있어야 할 책임이 있다. 앞의 여러 장에서 언급한 바와 같이 연구, 평가, 심리치료를 수행할 때, 그리고 다양한 내담자 집단과 작업을 할 때는 수많은 안내지침을 준수하여야 한다. 그동안 특수 분야의 안내 지침들은 특히 많이 늘어났다. 예를 들어, 레즈비언, 게이, 양성애 내담자 심리치료 안내지침(Guidelines for Psychotherapy with Lesbian, Gay, & Bisexual Clients; APA, 2000a), 노인대상 심리학적 실무안내지침(Guidelines for Psychological Practice with Older Adults, 2004), 다문화적 교육, 수련, 연구, 실무 및 조직변화에 관한 안내지침(Guidelines on Multicultural Education, Training, Research, Practice, and Organizational Change for Psychologists, 2003) 등이 있다. APA는 『심리치료 안내지침 평가기준(Criteria for Evaluating Treatment Guidelines; APA, 2002a)』도 발간하였는데, 이것은 임상심리학자들이 수많은 안내지침을 목적에 맞게 분류하는 데 도움이 될 것이다.

병원장면에서 근무하거나 보험회사에 수수료를 청구해야 하는 심리치료자들은 지켜야 할 규정과 규제가 더 많다. 내담자에 관한 정보의 비밀보장을 해 주고, 기타 보험수가 지불과 관련된 주제를 다루기 위하여 미국 보건복지부는 건강보험 양도 및 책임에 관한 법률(Health Insurance Portability and Accountability Act: HIPAA)을 제정하였다(Benefield, Ashkanazi, & Rozensky, 2006; Munsey, 2006a). 보험회사에 수가를 청구하는 심리치료자들은 반드시 국립 공급자 확인처(National Provider Identifier)에 등록하여 요양기관 번호를 받아야 하는데, 이 역시 HIPAA의 또 다른 규제 항목이다(Munsey, 2007a).

주 법률을 통한 규제

APA의 윤리원칙 은 대체로 주 법률과 일맥상통하지만 언제나 그렇지는 않다. 일반적으로 심리학자는 두 가지 중 더 엄격한 것을 따르는 것이 가장 좋은 방법이다(Committee on

Professional Practice of Psychology, 2003). 예를 들면, 치료적 관계가 종료된 지 2년이 지난 내담자와 심리치료자 사이의 합의에 의한 성적 접촉(내담자에게 해로운 결과가 돌아가지 않는 한)을 APA 윤리기준은 허용하고 있는 반면, 많은 주에서는 이전 내담자들과의 어떠한 성적 접촉도 전적으로 금지하고 있다. 이러한 접촉을 영구히 금지하고 있는 주에 있는 심리학자들은 덜 엄중한 APA 윤리강령을 적용할 것이라고 추측하기보다는 주 법률을 따르는 것이 바람직하다. 주 법률들은 또한 경고의 의무같은 특별한 조치를 임상심리학자들에게 명령하기도 한다.

경고의 의무

심리치료자들은 내담자 정보를 반드시 그리고 항상 비밀로 간직해야 한다. 그런데 내담자들이 어떤 사람을 해칠 계획이라고 털어놓는다면 심리치료자는 비밀보장 의무를 파기해야 할까? 이것은 태라소프 대 캘리포니아 대학교 학생감(Tarasoff vs. Regents of the University of California) 사건에서 제기되었던 의문점이었으며(Ewing & McCann, 2006에서 개관), 이에 대한 대답은 적어도 몇몇 주에서는 '그렇다' 로 마무리되었다. 이 사례의 사실 내용은 다음과 같다.

1969년에 포다(Prosenjit Poddar)는 캘리포니아 버클리 대학교 학생이었으며, 학생 정신건강센터를 통해서 심리치료를 받게 되었다. 어느 회기에 심리치료자인 무어(Lawrence Moore) 박사에게 자신의 구애를 모질게 거절한 태라소프(Tatiana Tarasoff)라는 젊은 여성을 죽일 생각이라고 말했다. 심리치료자는 이 위협을 상사인 파웰슨(Harvey Powelson) 박사에게 알렸다. 대학구내 경찰이 호출되었고, 경찰은 내담자를 감금하라는 요청을 서면으로 받았다. 경찰은 즉시 그렇게 처리하였으나 그가 이성적인 상태라는 결론을 내리고는 풀어 주었으며, 태라소프의 집 가까이에 가지 않겠다는 약속을 그대로 믿었다. 그러나 그는 그렇게 하지 않았다. 심리치료자와의 관계를 종료한 후 포다는 태라소프를 살해하였다. 그는 후에 살인죄를 선고받았다. 아무도 그 여학생이나 부모에게 위험하다는 경고를 해 주지 않았다. 실제로 파웰슨 박사는 경찰에게 무어 박사의 편지를 되돌려 달라고 요청했고, 그 편지의 모든 복사본과 무어 박사의 심리치료 기록을 파기하라고 명령하였다.

태라소프의 부모는 딸 피살의 손실을 배상하라고 캘리포니아 버클리 대학교, 이 사건에 관여된 심리학자, 대학구내 경찰을 고소하였다. 결국 캘리포니아 대법원은 부모의 손을 들어주었다. 이 판결로 인해 태라소프의 부모는 미국 전역의 정신건강 법률들을 개정하는 데 도움을 주었다(Ewing & McCann, 2006).

이와 같은 판결 과정에서 법원은 위험한 사람들로부터 사회를 보호한다는 사회적 관심보다는 비밀이 보장되는 치료관계의 중요성에 무게를 두었지만 사회보호로 기울면서 이 균형이 깨어졌다. "비밀보장 특권은 공공이 위험에 빠지게 되는 곳에서 소멸된다."

심리치료자는 위험하다고 믿거나 혹은 믿어야만 하는 내담자가 피해를 줄 수도 있는 잠재적 희생자들에게 경고해야 할 의무를 가진다는 태라소프 판결이 캘리포니아 주와 다른 몇몇 주에서 실행한 바 있다. 하지만 이 판결이 모든 주에서 법적 구속력을 가지고 있는 것은 아니다. 이 점을 많은 심리학자조차 오해하고 있다. 전체 주들의 대략 1/3이 내담자의 위험한 행위로부터 제3자를 보호하는 예방조치를 강구하지 않아서 심리치료자가 책임을 지는 상황을 구체적으로 명시한 법률을 제정해 놓고 있다. 그러나 주 법률은 바뀔 수 있으며, 또 실제로 종종 바뀌기 때문에(Meyer & Weaver, 2006) 제3자 보호를 위해 주가 요구하고 있는 것이 무엇인지 최신 내용을 잘 알고 있어야 할 책임이 심리치료자들에게 있다.

잠재적 위험성이 있는 내담자와 잠재적 접촉 전염성이 있는 환자들 사이의 비유는 심리치료자들이 HIV에 감염된 내담자를 만날 때 특히 뚜렷해진다. 그런 내담자와 만날 때 비밀보장의 한계는 어디까지일까? 내담자들은 다른 사람들에 대한 위험을 표시하고 있는가? 태라소프의 원칙이 적용되는가? 이들 문제에 관한 판례법은 혼합되어 있는데, 연관된 여러 사례를 검토한 결과 법원들이 대략 절반쯤은 비밀보장을 유지하는 쪽이었고 나머지 절반은 최소한의 제한적인 공개를 선호하는 쪽으로 나타났다(Anderson & Barret, 2001). HIV 양성반응이거나 AIDS 환자인 내담자들을 다루는 심리치료자들은 가능한 행동 방침을 평가할 때 예상되는 피해, 잠재적 희생자의 신원 확인 가능성, 윤리지침, 주 또는 연방의 법률을 반드시 고려해야 한다(Meyer & Weaver, 2006).

치료과오 소송을 통한 규제

치료과오 때문에 손해를 입었다고 주장하는 내담자들이 제기하는 민사소송이 임상심리학자들에 대한 또 다른 형태의 규제다. 만일 배심원들이 내담자의 주장에 동의한다면 내담자가 입은 피해를 금전적으로 보상하라고 임상가에게 명령할지도 모른다. 전문적 치료의 과오를 주장하려면 다음의 네 가지 항목이 입증되어야 한다.

- 내담자/원고와 심리치료자 사이에 특별한 전문적 관계(즉, 수수료를 내고 서비스를 받음)가 존재했어야 한다.
- 임상가가 내담자를 치료하는 데 있어서 부주의했다. 부주의로 인한 과오에는 표준관리(standard of care)를 위반하는 것이 포함된다. 표준관리는 원고의 사례와 유사한 상황에서 합리적인 전문가라면 제공할 것으로 기대되는 심리치료를 말한다.
- 내담자가 손해 때문에 고통을 받고 있다.
- 심리치료자의 부주의로 인한 과오가 내담자가 고통받고 있는 손해의 원인이어야만 한다.

전문가로 활동하는 전체 기간 동안에 치료과오 때문에 소송을 당하는 임상가들은 단지 1~2%뿐일 것이라고 추정하고 있다(Baerger, 2001). 이 수치는 산과, 응급의학과, 외과, 방사선과 등의 전문의들에 대한 수치보다 훨씬 낮다(Mello, Studdert, & Brennan, 2003). 하지만 임상심리학자들의 치료과오에 대한 고발 건수는 최근 증가하고 있고, 따라서 치료과오 보험비용도 높아지고 있다. 이러한 사건들은 많은 경우 법정 밖에서 조정되며, 재판까지 가더라도 대부분 임상가가 승소한다(Baeger, 2001).

치료과오소송에서 가장 흔한 불만은 내담자의 자살을 미리 막지 못했다는 것이다(Scott & Resnick, 2006). 사망한 내담자의 가족은 이런 종류의 사건에서 이겼을 때 때때로 고액의 합의금을 받는다(Gross, 2005; Scott & Resnick, 2006). 치료과오 소송의 다른 일반적인 사유는 심리치료자가 현재 내담자 또는 최근에 종결한 내담자와 성적 관계를 가졌다는 고발이다. 모든 정신건강 전문직의 윤리규정이 그런 행동을 엄격히 금지하고 있고, 심리치료자와 내담자 사이의 성적 접촉이 일반적으로 내담자에게 피해를 준다는 경험적 증거가 있다(Disch, 2006). 이 때문에 그런 성적 접촉을 입증하는 원고는 치료과오에 대해 엄청난 보상을 받을 수 있다.

심리학자에 대한 또 다른 영역에서의 소송활동을 살펴보면 몇 건의 대형 치료과오 유죄평결이 있었는데, 어린 시절의 신체적 혹은 성적 학대에 관한 기억이 억압되어 있다고 추측하고서 잘못된 회상을 하도록 내담자들에게 영향력을 미쳤다고 고발한 여러 사례에서였다. 한 사례를 그 예로 들어 보겠다.

캘리포니아 포도주 업계에서 한때 높은 급료를 받는 중역이었던 래모나(Gary Ramona)는 당시 19세의 내담자였던 딸 홀리(Holly)에게 외상에 대한 잘못된 기억을 심어 주었다고 가족상담가 이사벨라(Marche Isabella)와 정신과 의사 로즈(Richard Rose)를 고소하였다. 홀리의 신경성 폭식증과 우울증은 아동기 시절에 자신이 반복적으로 성폭행을 당했기 때문에 발생한 것이라는 말을 치료자들이 홀리에게 했다고 그녀의 아버지 래모나는 주장했다. 또한 이 성추행이 너무 깊은 상처를 주어서 그 기억을 몇 년 동안 억누르고 있었던 것이라고 치료자들이 그녀에게 말했다. 래모나에 의하면 그때 로즈 박사는 홀리가 '기억을 회복한 것임'을 확인하기 위하여 나트륨 진정제(sodium amytal, 소위 진심토로약)를 주었다. 끝으로, 이자벨라는 홀리의 어머니에게 모든 신경성 폭식증 환자의 80%까지는 성적으로 학대받은 사람들(과학적 지지가 없는 진술)이라는 말을 했다고 했다.

심리치료자들은 재판에서 홀리가 진짜 성적 학대로 보이는 섬광기억(flashback) 때문에 괴로워했다고 주장했다. 또한 홀리는 이 무서운 심상들을 보고한 후에 점점 더 우울증과 신경성 폭식증이 심해졌다. 홀리의 어머니 스테파니(Stephanie)는 남편이 딸을 성폭행한 것으로 의심한다고 증언하였으며, 보강 증거로 보이는 몇몇 증거물을 제시하였다. 그녀는 홀리의 (증거 없는) 주장이 드러남에 따라 남편과 이혼하였다. 래모나는 딸을 성적으로 학대한 적이 전혀 없었다고 부인했다.

적극적 기억치료법(aggressive memory therapy)을 가장 앞장서서 비판하고 있는 로터스(Elizabeth Loftus) 박사는 심리치료자들이 내담자들에게 정신적 외상을 암시하는 경우가 종종 있으며, 이때 자발적으로 발생하는 외상에 대한 보고 내용의 타당성을 너무나도 무비판적으로 받아들이고 있다고 증언하였다. 그 심리치료자들이 홀리의 기억을 너무나 왜곡시켜 놓았기 때문에 진실이 어떤 것이었는지 홀리도 더 이상 알지 못하고 있는 것으로 보였다.

배심원들은 홀리의 심리치료자들이 잘못된 기억을 심어 주었다고 결론 내렸으며, 1994년 5월에 래모나에게 50만 달러를 손해배상하라는 판결을 내렸다. 기억회복치료법이 저지른 학대를 찾아내는 일에 전념하는 단체인 잘못된 기억 증후군 재단(False Memory Syndrome Foundation)에 의하면, 그때 이후로 심리치료자들을 고소하는 '잘못된 기억' 사례는 점점 많아지고 있다.

치료과오 소송을 당하는 위험을 줄이기 위해 임상심리학자들과 기타 정신건강 전문가들이 할 수 있는 일들이 많다. 첫째이자 가장 분명한 제안은 그들이 가장 높은 수준의 전문적 완전성(integrity)을 가지고 활동하는 것이며, 정신건강치료를 관장하는 어떠한 윤리기준이나 법률도 고의로 위반하지 않는 것이다(Kennedy et al., 2003 참조).

이 절의 요약 APA 윤리기준은 심리학 분야에서 가장 높은 진실성 기준을 정립하는 데 사용된다. 윤리기준은 주로 수련, 자기 감독, 전문적 감독 등을 통해서 수행되고 있다. APA에 보고된 윤리위반의 대부분은 주 차원에서 면허를 상실한 경우다. 주정부 심리학 자격제도 위원회는 내담자와의 성적/이중적 관계 때문에, 비전문 직업적/비윤리적/부주의한 실무 때문에 자주 징계를 내린다. 경고의 의무 같은 법적 규제들도 자리를 잡고 있다. 전문가 치료과오 소송 때문으로도 영향을 받고 있는데, 이 경우 내담자의 자살을 미리 막지 못한 심리치료자의 잘못에 대한 소송이 가장 잦다.

전문 직업적 독자성

이 절의 미리보기

이 절에서는 임상심리학자들이 심리치료 실무를 독자적으로 하는 권리를 어떻게 찾았는지 알아본다. 이 권리를 정립하는 데는 특히 정신과 의사들과 같은 다른 전문가들과의 마찰이 있었다. 여기에는 또한 정신건강 서비스 제공이 사회경제적인 변화에 순응하려는 노력도 들어 있다. 임상가의 약물 처방권에 대한 논쟁도 다룬다.

임상심리학자는 여러 전문가와 상의하고 협력해야만 한다. 임상심리학자들은 종종 교육자, 변호사, 종교지도자, 사회봉사자, 간호사, 의사, 다른 심리학자들과 밀접하게 연관되어 일한다. 심리학은 거의 대부분의 분야와 건강하고 유익하며 선의가 바탕에 깔린 전문적 상호관계를 이루고 있다. 이러한 화합을 보여 주는 가장 확실한 징표는 집단 간에 이루어지는 빈번한 의뢰다.

그러나 다른 전문가들과의 관계가 언제나 좋은 것은 아니다. 2장에서 설명한 바와 같이 임상심리학이 다른 전문가들 중 의학적 전문직과 가장 힘들고, 서로 경계하며, 때로는 험악한 관계를 이루고 있다. 초기의 논쟁은 심리학자들이 진단의 및 치료공급자의 역할을 할 수 있느냐의 문제를 맴도는 것이었다. 더 최근에는 선불 정신보건계획(mental health plans) 체제 아래에서 심리학자들이 수가지불을 청구할 자격이 있느냐, 그리고 내담자들에게 약물을 처방할 특권을 가질 수 있느냐 하는 것에 논쟁이 집중되었다. 이런 논쟁들이 서로 맞물려 있긴 하지만, 여기에서는 각각의 진전 내용을 명확하게 살펴본다.

정신건강 관리의 경제학

1970년대와 1980년대에 독자적 전문가로서의 면허와 인식에 관한 전쟁에서 심리학이 승리한 후, 임상가들은 정신건강 관리의 경제적 측면에 관한 투쟁으로 방향을 돌렸다. 처음에 이 투쟁의 초점은 심리학자들이 제공한 서비스에 대하여 보험회사에게 수가지불을 요구할 자격이 있느냐 하는 것이었다. 제3자 지불인(third-party payer)들과 소비자들의 비용 부담이 너무 클 것이라는 점을 주장하면서, 의사들은 심리학자들의 참여를 반대했다. 또한 의사들은 심리학자들이 참여한다면 오직 의사들이 의뢰하고 지도감독을 하는 내담자를 심리학자들이 치료하는 경우에만 수가가 지불되어야 한다고 주장했다. 그 결과, 많은 거대 건강보험회사들(예를 들어, Blue Cross/Blue Shield)은 의사의 지도감독하에 청구서가 작성된 경우를 제외하고는 제3자 지불방식에서 심리학자들을 배제하였다.

완전한 자율권을 열망하는 전문직의 일원으로서 심리학자들은 이러한 구도를 용납할 수 없었다. 그리하여 1960년대 후반과 1970년대 초반에 걸쳐 심리학자들은 선택자유 보장법(freedom-of-choice laws)을 통과시키기 위해 주 입법부들을 포섭하기 시작했는데, 그것은 서비스 제공자가 의사가 아니더라도 개업면허가 있고 자격을 갖춘 정신건강 전문가가 제공한 서비스에 대해서 보험회사가 수가를 지불하라고 명령하는 것이었다. 의사들은 의료적 심리치료(medical psychotherapy)라는 용어를 들먹이며 의료적 심리치료만이 유일한 수가지급 서비스라고 생각한다면서 입법부에 거칠게 항거했다. 이 용어는 심리학자들의 규탄을 받았는데, 그들은 심리치료에는 '의학적인 것'이 전혀 들어 있지 않다고 주장하였다. 또한 심리학자들은 보험금 지급에 그들을 포함시키거나 기타 제공자가 정신질환을 치료하는 것도 보험금 지급에 포함시킬 경우 제3자 지불인의 비용 부담이 너무 커진다는 주장을 반박하는 자료도 제시하였다. 예를 들어, 그들은 한 연구 결과를 제시하였는데, 이에 따르면 단 1회기의 심리치료로 의학적 자원 사용이 60%나 절감되었으며, 2~8회기까지 심리치료를 받은 환자들 사이에서는 의학 서비스 이용이 약 75% 감소하였다(Cummings, 1977; Olbrisch, 1977 참조). 경제적으로 불이익이 되기는커녕 더 비싼 의학 서비스에 지출될 수도 있는 돈을 절약해 주기 때문에, 심리학자들은 심리치료에 수가를 지불하는 것이 오히려 더 비용 효과적이라고 강력하게 주장하였다. 의료 차감이라고 하는 이 지출 감소는 더 큰 규모의 여러 연구에서 재확인되었다(예를 들어, Holder & Blose, 1987). 따라서 의료 차감은 심리치료를 포함시키는 것이 건강관리 체계를 훨씬 효과적이고 효율적으로 만든다고 주장하는 임상심리학자들에게 세력 회복의 계기가 되었다(Crane & Law, 2002; Levant House, May, & Smith, 2006; Zuvekas & Meyerhoefer, 2006).

수년간의 노력 끝에 심리학자들은 미국의 거의 대부분의 주에서 「선택자유보장법」을 법제화하는 데 성공하였다. 1983년까지 미국 인구의 90%를 차지하는 40개 주들이 보험수가를 청구할 수 있는 정신건강 서비스 제공자로서 면허를 소지한 심리학자들을 자유로 선택할 수 있게 하는 법안을 통과시켰다(Lambert, 1985). 연방 차원의 입법으로 이어짐으로써 심리학자가 독자적인 임상가라는 인식이 크게 증진된 것이다. 1973년의 「장애인 재활법(Rehabilitation Act, PL 93-112)」은 평가 서비스와 심리치료 서비스 모두에서 심리학자들에게 의사들과 동등한 지위(즉, 동등한 보험 적용)를 마련해 주었다. 임상심리학자들이 제공한 서비스의 보험수가는 「연방 피고용인 건강이익법(Federal Employee Health Benefits Act, PL 93-363)」과 「연방 작업상해보상 프로그램(Federal Work Injuries Compensation Program, PL 94-212)」 모두에 의해서 지급받을 수 있다. 군인들의 민간병원 이용 프로그램(Civilian Health and Medical Program of the Uniformed Services: CAMPUS)은 면허를 소지한 심리학자들을 독자적 제공자로 인식하고 있는데, 이것은 미국 50개 주 모두와 콜롬비아 특별구에 있는 수백만의 수혜자를 뒷받침해 주고 있는 연방 프로그램이다. 1996년에 「정신건강동등법(Mental Health Parity Act)」이 연방법으로 제정되었는데, 이것은 보험회사들이 신체건강 서비스 못지않게 정신건강 서비스를 보장받기 위한 것이다. 이 연방법은 갱신할 때가 되면 연장될 것으로 예상된다(Munsey, 2007a).

심리학자들은 메디케이드(Medicaid, 저소득자를 위한 연방/주 분담 프로그램, 65세 미만의 저소득자 및 신체장애자 의료보조제도)와 메디케어(Medicare, 노인 및 장애 환자들을 위한 연방 프로그램, 노인의료보장제도) 아래에서 수가를 직접 지불받을 수 있도록 법을 개정하기 위해 40년 동안 투쟁해 왔다. 심리학자들을 참여시키면 비용 지출이 너무 많아질 것이며, 의사의 지도감독 없이는 많은 정신질환을 진단하고 치료할 만한 자질을 심리학자들이 갖추지 못했다는 상투적인 말을 반복하면서, 의사들은 그와 같은 법 개정에 반대하는 로비활동을 격렬하게 하였다.

그러나 물결의 방향은 이미 돌아섰다. 메디케어는 직접적 제공자로서 심리학자들을 포함시키고 수가지불을 허용하는 내용으로 개정되었다. 그러나 메디케이드에서 심리학자들이 서비스 수가를 지원받는 데는 성공하지 못했다(Munsey, 2007a). 이러한 결과를 초래한 원인 가운데 일부는 메디케이드 수혜자 자격기준을 결정하고 어떤 서비스를 얼마로 책정할지를 통제하는 일은 주 각각의 자유재량이기 때문이다. 많은 주가 정신건강 서비스의 과도 사용을 걱정하고 있으며, 그래서 이 프로그램으로 수가가 지급되는 치료의 종류를 제한하고 있다.

의료관리, 변화하는 건강관리 체계

앞의 여러 장에서 살펴본 바와 같이, 1990년대에 시작된 건강관리(정신건강 관리를 포함한) 제공, 재정 조달, 조직의 변화는 임상심리학에 강력한 영향을 미쳤다. 몇 가지 세력들이 이런 변화를 초래하였다. 첫째, 건강관리 비용이 하늘로 치솟아서 지금은 대략 미국 국내총생산(GDP)의 16%에 이르는 것으로 추산된다(Munsey, 2007a). 미국은 건강관리 지출비용이 GDP에서 차지하는 비율이 다른 어떤 나라보다 높지만, 다양한 지표를 써서 측정해 보면 미국 건강관리의 질은 다른 여러 선진국에 비해 뒤떨어진다. 예를 들어, 세계에서 가장 발달된 의료시설과 전문가들이 많이 있음에도 불구하고 선진국들 사이에서는 미국의 영아 사망률이 아직도 가장 높은 축에 든다는 점이 미국 건강 체계의 아이러니다(Berk, 2002). 그럴듯한 이유 가운데 하나는 미국 건강관리의 초점이 주로 급성진료, 외과적 절차, 입원치료에 모아졌다는 것, 즉 비싼 의료 절차와 의료 전문화에 있다는 것이다(Reed Levant, Stout, Murphy, & Phelps, 2001). 이에 따라 예방, 초기개입, 덜 급한 의학적 · 심리학적 상태는 주의를 끌지 못하였다.

미국의 건강관리 체계에서 지난 10년 동안 일어난 변화는 주로 이러한 높은 비용을 감수하려는 노력이 주도한 것이다. 이 변화 때문에 임상심리학의 실무에도 수많은 어려움이 수반되었다. 특히 ⓐ건강관리의 본질, 질, 가용성이 종종 건강관리 경제학에 의해 좌우되며, ⓑ 건강관리 재정조달 방법의 변화가 선택자유 보장법의 입법전쟁에서 심리학자들이 얻은 모든 전리품을 무가치하게 만들 수 있다는 점을 심리학자들이 깨닫지 않으면 안 되게 되었다.

임상적 실무에 일어난 가장 급작스러웠던 변화는 아마도 의료관리(managed care)라고 하는 건강관리제도 개혁 때문에 초래되었을 것이다. 행위별 수가제(fee-for-service) 건강관리(지난 수십 년간 지배적이었던 의학적 · 심리학적 관리제도)가 비용을 점점 높이는 유인작용을 하는 반면에 서비스에 관한 재정을 감시 단속할 수 있는 포괄적 선불제도(prepaid comprehensive plans)는 비용을 통제하거나 낮출 수 있다는 가정하에서 의료관리가 개발되었다(Reed et al., 2001). 의료관리는 서비스의 전체 비용은 그대로 유지하면서 가장 적절한 관리를 제공하기 위한 건강 서비스 배정방법을 개발하고 있다.

의료관리는 몇 가지 방식, 예를 들어 근로자 원조 프로그램들(employee assistance programs: EAPs), 건강보전 기구들(health maintenance organizations: HMOs), 선호 공급자 기구들(preferred provider organizations: PPOs), 통합 보건의료체계들(integrated delivery systems: IDSs), 독자적 개업자 협회(independent practice associations: IPAs) 등과 같은 방식으로 다르게 조직할 수 있다. 일반적으로 이들 기관은 특정한 건강관리 서비스를 고정 선불가격으로 가입자들에게 제공한다.

이들 여러 가지 행동적 건강관리 체계(managed behavioral health care plans) 중 하나와 맥락을 함께하면서 정신건강 관리가 미국에서 점점 더 많이 제공되었다. 어떤 추산에 의하면 건강관리보험에 가입한 사람들의 약 75%는 좋은 유형의 정신건강 의료관리 프로그램(managed mental health program)의 뒷받침을 받고 있다고 한다(Sanchez & Turner, 2003 참조). 그렇다면 의료관리는 정신건강 서비스에 어떤 영향을 끼쳤을까?

가장 현저한 효과 가운데 하나는 정신건강 서비스에 대한 지출 감소였다. 한 추산에 의하면 정신건강 서비스에 대한 수가지불이 1990년대 동안 670%나 감소했는데, 이것은 다른 어떤 건강관리 분야보다 훨씬 크게 감소한 것이었다(Reed et al., 2001). 행위별 수가제에서는 오히려 더 권장을 받았던 비싸고 장기간에 걸친 심리치료에 대한 지불을 거절함으로써 돈을 절약할 수 있다는 것을 의료관리회사들은 알게 되었다. 그들은 또한 문서화된 명확한 이익을 가져다주지 못하면 어떠한 심리치료 서비스도 인정하지 않음으로써 돈을 절약할 수 있었다(대부분 기간이 짧을 때 이득이 있는 것으로 나타났다. 이 주제에 관해서는 10장 참조).

의료관리는 또한 의료이용도 검토(utilization reviews)라는 체계를 통하여 심리치료의 종류와 기간을 점점 더 통제하려고 애써 왔다. 이 체계에서는 의료관리회사를 위해 일하는 사례관리자가 심리치료의 적절성에 대한 결정을 내릴 수도 있다. 정신건강 전문가가 아닌 경우가 많은 사례관리자는 의료관리회사가 특정한 치료에 비용을 지불해야 할 것인지, 만일 지불한다면 몇 회기를 지불할 것인지를 결정한다. 10장에서 살펴본 바와 같이, 심리치료자들에게 심리치료의 효과에 관한 자료를 제시하라고 요구하는 것과 같은 형식의 의료 이용도 검토방법으로 검토되고 있다.

상상할 수 있는 것처럼 의료관리의 출현이 정신건강 전문 직업인들 사이에서는 커다란 우려가 되었다. 그들이 가장 심각하게 비판하는 것 가운데 몇 가지는 의료관리 체계들이 ⓐ 훌륭한 건강관리를 제공하려는 것보다는 비용 절감과 이익 제고에 더 관심이 있고, ⓑ 많은 내담자가 너무 불충분한 치료를 받는 결과를 초래하며, ⓒ 의료 이용도 검토에 내담자에 관한 정보를 너무 많이 넣으라고 요구함으로써 심리치료의 비밀보장 의무를 위협하고 있으며, ⓓ 훈련받지 않은 담당자에게 의료 이용도 검토를 허용하고 있으며, ⓔ 심리치료의 성과에서 부적절한 자료를 모으고 있고, ⓕ 장애를 이미 가지고 있는 내담자를 의료관리 체계에서 배제하고 있다는 것이다. 그래서 대부분의 임상가는 사용 가능한 치료법 가운데서 가장 효과적이고 효율적인 치료법을 사용하도록 하는 장려책을 환영하면서도(Bobbitt, 2006) 치료의 질보다 이익을 먼저 창출하려고 하는 장려책에는 반대하며, 정신장애의 본질과 치료에 관해 아는 것이 거의 없는 사례관리자가 장려책을 좌지우지하는 것에 대해 반대하고 있다.

10장에서 살펴본 바와 같이 이러한 염려 때문에 의료관리가 운용되는 방식이 바뀌기 시작했다는 징조들이 나타났다. 심리적 장애, 특히 만성장애 혹은 우울이나 중독에 동반되기 쉬운 장애들을 치료하지 않고 방치하거나 혹은 치료가 부족한 상태로 두면 상당히 높은 장기비용 지출로 이어질 수 있다는 연구 증거가 쌓이고 있다. 의료관리회사들은 이런 정보를 받아들일수록 단기 수익을 포기하고 좀 더 장기 수익성을 도모하려 할 것이다. 경험적 증거의 강력한 지지를 받는 심리치료의 수가 점점 증가함에 따라(10장 참조) 의료관리회사들의 결정에 영향이 미치기 시작하였다.

의료관리의 미래가 어떤 결과를 가져올지 분명하지는 않지만 많은 경향이 나타날 것은 분명하다. 예를 들어, 내담자들에게 자조개입을 사용하는 경우가 많아질 것이고, 학교, 병원, 주간보호센터, 직장 등과 같이 쉽게 접근할 수 있는 장소에서 정신건강 서비스를 지원해 주는 경우가 많아질 것이며, 서비스의 질을 개선하는 데 더 초점을 두게 될 것이다(Clarke, Lynch, Spofford, & DeBar, 2006). 많은 관찰자들은 일차 관리시설에서 제공되는 정신건강 서비스에 점점 더 초점을 둠에 따라 미래에는 의료적 실무와 심리학적 실무가 대폭 통합되는 방향으로 이어질 것이라고 예측하고 있다(Kiesler, 2000).

처방특권

의료적 실무와 심리학적 실무가 몇몇 항목에서 통합되어 감에 따라 처방권운동을 두고 임상심리학자들과 의료 전문가들이 서로 갈등을 겪고 있다. 이 운동은 특별한 수련을 받은 임상심리학자들에게 항정신성 약물을 처방(심리치료를 하는 것처럼)할 수 있게 허용하려는 것이다.

왜 임상심리학자들이 처방권한을 가져야 하는 것일까? 이 처방권한을 옹호하는 사람들은 몇 가지 이유를 들고 있다. 먼저 여러 조사에 따르면 심리학자들의 98%가 내담자

임상심리학자들이 처방특권을 추구해야 하느냐에 대해서는 여러 의견이 있다.

를 정신과 의사 혹은 항정신성 약물을 다루는 의사에게 의뢰한 적이 있으며, 심리학자들의 75%가 월별로 이러한 의뢰를 하고 있고, 심리학자에게 치료를 받는 내담자들 가운데 약 1/3이 항정신성 약물을 복용하고 있다(Meyers, 2006a). 그래서 약물은 이미 많은 임상심리학자들의 실무에서는 흔히 고려되는 조치가 되어 있다. 게다가 유효한 약물을 안전하게 처방하는 데 필요한 지식은 비교적 짧은 기간에, 의학교육을 전부 받지 않더라도 배울 수 있는 것임이 분명하다. 끝으로, 많은 심리학자는 내담자, 특히 교외지역이거나 기타 지리적으로 고립된 지역에 사는 내담자들이 정신과 의사와 자격을 갖춘 주치의를 만나지 못하는 것을 걱정하고 있다. 1996년에 APA의 대표자 협의회는 임상심리학자들이 처방권한을 추구하는 것을 지지한다며 찬성표를 던졌다. APA의 정신약리학 특별전문위원회(Ad Hoc Task Force on Psychopharmacology)는 처방권을 얻는 데 필요한 수련의 대부분은 박사후 수준에서 실시할 수 있다고 제안하였다. 대표자 협의회는 또한 두 가지 모델, 즉 심리학자들이 처방권한을 추구하고 있는 주에 도입할 수 있는 입법조치의 모델, 처방자 수련에 쓰일 박사후 교과과정 모델(신경과학, 약물학, 생리학, 신체적 평가 및 실험실 평가, 임상 약물요법 등을 다룸)을 추천하였다(Cullen & Newman, 1997).

이 계획에 반대하고 있는 무리가 의학 전문가들만은 아니다. 심리학자들이 약물을 처방한다는 발상은 심리학계 내에서도 역시 논란의 대상이다. 여러 심리학 학술지들이 처방권이라는 주제로 특별호를 냈다(예를 들어, Clinical Psychology: Science and Practice, 2002, 9권, 3호; Journal of Clinical Psychology, 2002, 58권, 6호; Professional Psychology:

Research and Practice, 2004, 35권, 4호). 많은 심리학자가 제대로 수련받은 임상가들에게 처방권 주는 것을 지지하고 있지만(Robiner et al., 2002), 이 논쟁은 전혀 가라앉지 않고 있다. 심리학계의 몇몇 사람은 심리학자가 처방권을 갖는 것이 이치에는 맞다고 동의하지만, 기존의 수련과정이 이런 활동에 불충분할지 모른다는 우려도 하고 있다([그림 15-1] 참조). 특히 심리학자의 의학 및 신체과학에 대한 수련이 충분하지 않다는 이유로, 약물을 처방할 수 있도록 심리학자들을 훈련시키는 것이 건강상의 위험이 될지도 모른다고 한다(예를 들어, Robiner et al., 2002). 어떤 사람들은 약물처방을 원하는 심리학자들이 간호심리학자(nurse psychologist)가 수련을 받듯이 정신의학 수련을 전부 받아야 한다고 주장한다. 그러나 이 운동이 행동, 행동장애, 치료에 대한 의학적 · 생물의학적 시각에 점점 더 강력한 초점을 모으도록 하는 것은 아닌지, 그러면서 결과적으로는 임상심리학자들이 장애를 해석하고 치료함에 있어서 심리사회적 · 환경적 · 인지적 · 행동적 주요 요인에 놓인 전통적인 초점을 상실하는 결과를 초래하는 것은 아닌지 걱정하는 사람들도 있다(Levine & Schmelkin, 2006). "망치를 들면 모든 것이 못처럼 보인다."라는 말이 있듯이, 만약 심리학자들이 처방권한을 가진다면 모든 내담자의 문제가 심리치료가 아닌 약물처방이 필요한 것으로 보이게 될지도 모른다고 말한다. 이 글을 쓰는 지금, 임상심리학자들이 적합한 수련을 받고 나서 약물을 처방할 수 있게 허용하는 법률이 통과된 주는 뉴멕시코와 루이지아나 주 두 곳뿐이다(Holloway, 2004; Stambor, 2006). 그러나 2008년 미주리 주를 포함한 다른 몇몇 주는 처방권한을 주는 법안을 발의하였거나 법안을 제출해

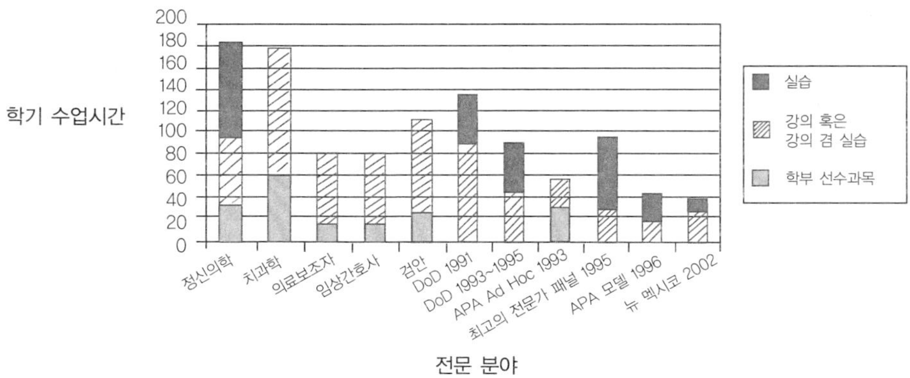

[그림 15-1] 모든 혹은 거의 모든 주에서 처방권한이 있는 전문 분야의 의학적 수련 수업시간 비교, 그리고 이러한 권한을 얻기 위해 심리학자들이 받아야 할 의학적 수련에 관한 제안서 수련 지침이 아직 확정되지 않았음에 주의

출처: E. M. Heiby, P. H. DeLeon, & T. Anderson, 2004, "A Debate on Prescription Privileges for Psychologists", *Professional Psychology: Research and Practice, 35*(4), 336–344.

놓은 상태다(APApractice.org, 2008; Munsey, 2006a).

만약 된다고 하면 임상심리학자들이 처방권한을 신청할까? 확실하지 않다. 어떤 조사에서는 처방권한에 호의적인 임상수련생과 수련감독들은 처방권한을 추구하려고 한다(Fagan et al., 2004). 그러나 다른 조사에서는 간호심리학자들의 5%만이 실제로 처방권한을 추구하겠다고 선택해서 약물을 처방하고 있다고 하였다(Wiggins & Wedding, 2004). 처방권한 선택권을 가지고 있는 임상심리학자들에서도 이와 동일한 양상이 유지된다고 한다면 소수만이 이 기회를 이용할 것 같다. 미국 전역에 걸쳐서 처방특권이 심리학자에게 주어지든 그렇지 않든 간에, 심리학자들이 이 중요한 새로운 선택권을 수련과 실무 안에서 아주 조심스럽게 진행해야 한다는 것에는 대부분의 전문가가 동의하고 있다.

이 절의 요약 임상심리학과 정신의학 분야가 여러 사안에 대해, 즉 심리치료 제공권을 두고, 의료 서비스와 정신건강 서비스의 동등한 적용범위에 관한 권리와 의료관리회사를 통한 서비스 수가 청구권을 두고 전쟁을 벌여 왔다. 최근의 전쟁은 임상심리학자들이 처방권을 얻으려는 싸움과 관련이 있다. 비록 두 개의 주가 특별히 수련받은 심리학자들에게 처방권을 주는 법률을 이미 통과시켜 놓은 상태지만, 정신과 의사들과 많은 심리학자들은 심리학자들이 처방권을 갖는다는 발상에 반대하고 있다.

전문적 다문화적 역량

이 절의 미리보기

임상가들은 인종, 민족, 성, 그 외 많은 형태의 내담자 다양성이 임상실무와 치료 효과에 어떻게 영향을 미치는지를 점점 깨닫기 시작했다. 이 절에서는 임상가들의 다문화적 역량을 증진하려는 노력을 살펴보기로 한다.

1장 '임상심리학이란 무엇인가?'에서 언급한 바와 같이, 미국의 인구 구성은 이전보다 더 다양해졌고 점점 더 그렇게 되어 가고 있다. 백인계 미국인이 아직도 주민의 대다수를 점하고 있지만(69.4%), 다른 인종/민족 집단이 지난 10년 동안 증가하였다. 히스패닉/남미계 배경을 가진 주민이 미국 인구의 12.6%를 이루고 있으며, 아프리카계 미국인이 12.2%, 아시아계 미국인이 3.8%, 그리고 기타(미국 원주민, 혼합인종 주민, 그 외 인종/

민족 배경을 가진 주민)가 2.0%를 이루고 있다(Maton, Kohout, Wicherski, Leary, & Vinokurov, 2006). 이러한 변화에 임상심리학계는 몇 가지 방식으로 대응하고 있다.

한 가지 시도는 전문가 구성원들의 다양성을 높이는 것이다. 성별을 생각해 보자. 임상심리학은 한때 남성들이 주도하는 전문직이었으나, 지금은 그보다는 덜하다. APA 12분과(임상심리학회)의 여성 비율은 지난 40년 동안 꾸준히 늘어서 현재 약 35%에 이른다([그림 15-2] 참조). 임상심리학 대학원 수련과정에 들어가는 여성의 수는 급격하게 늘어서 지금은 여성이 남성보다 훨씬 많다. 민족적 다양성에서 본다면, 임상심리학계는 아직도 백인계 미국인이 주도하고 있다(Maton, Kohout, Wicherski, Leary, & Vinokurov, 2006). [그림 15-2]에서 보듯이, 인종적/민족적 소수집단에 속하는 12분과 임상가 수는 1981년의 3%에서 2003년의 7%로 4%밖에 늘지 않아서 아직도 적은 수준에 머물러 있다(Norcross, Karpiak, & Santoro, 2005). 그렇지만 임상심리학의 대학원 수련 프로그램들이 다양한 배경에서 온 학생들을 모집하고 수련시키고 유지하려는 노력을 계속하고 있으므로 이 수치는 더 늘어날 전망이다(Rogers & Molina, 2006).

임상가의 성별이나 민족과 관계없이, 실무를 하고 있는 임상가들은 인종적 · 민족적 · 문화적 다양성에 더욱 주의하도록, 그리고 다양한 인구집단의 다양한 내담자와 작업하는 기술을 개선하도록 자극받고 있다. 앞서 여러 장에서 제안한 바와 같이 특정 인종적 · 민족적 소수집단에서 온 내담자들에게 효과적이기 위해 심리학적 치료와 평가가 언

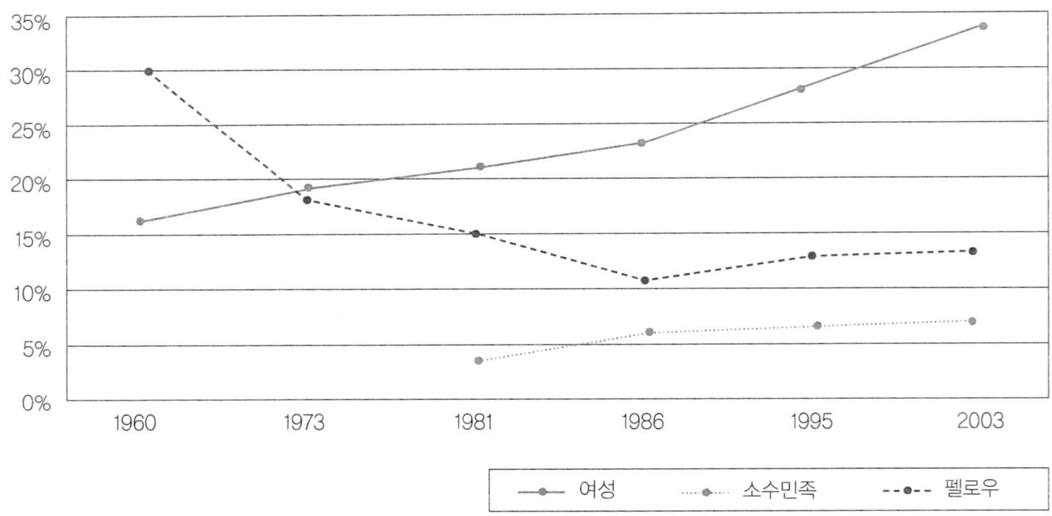

[그림 15-2] AP 소분과학회(임상심리학회) 회원 중 여성, 소수민족 및 펠로우의 백분율

젠가는 반드시 달라질 것이라는 증거들이 점점 많아지고 있다(Miranda et al., 2005). 임상 수련 프로그램들은 다양성 및 다문화주의에 관한 주제들을 역량 있게 다룰 수 있도록 수련시킬 필요가 있음을 깨닫고 있다. 또한 성 및 인종/민족이 다양성 문제의 처음도 아니고 끝도 아니라는 데에 더 주의하고 있다. 임상가들은 여러 내담자, 즉 가난한(Krous & Nauta, 2005; Smith, 2005), 다양한 종교적 · 영적 배경을 가진(Ali, Liu, & Humedian, 2004; Hathaway, Scott, & Garver, 2004), 미국 이외의 나라에서 온(Swierc & Routh, 2003), 신체적으로 겪어야 할 어려움이 있는(Williams & Abeles, 2004), 그리고 HIV 양성반응인(Stepleman, Hann, Santos, & House, 2006) 내담자의 요구에 임상실무를 맞출 수 있도록 더 주의를 기울이고 있다. 심리학자들은 내담자의 성적 지향성(Biaggio, Orchard, Larson, Petrino, & Mihara, 2003)에 민감할 필요가 있으며, 예를 들어 동성 커플과 작업할 수 있는 역량(Riggle & Rostosky, 2005)을 기를 필요가 있다. 이런 모든 주제에 대한 우려와 다양성에 대한 수련의 필요성 때문에 APA의 『다문화 안내지침: 교육, 연구, 실무(Multicultural Guidelines: Education, Research, and Practice)』(American Psychological Association, 2003)가 개발되었다. 이 안내지침의 내용은 다음과 같다.

① 심리학자들도 문화적 존재이기 때문에 자신과 민족적 · 인종적으로 다른 사람들에 대한 지각 및 상호작용에 해로운 영향을 줄 수 있는 자세나 신념을 가질 수 있다는 점을 깨닫도록 심리학자들을 격려한다.
② 민족적 · 인종적으로 다른 사람들에 대한 다문화적 민감성/반응성, 그들에 관한 지식, 그들에 대한 이해가 중요하다는 점을 깨닫도록 문화적 민감성을 가진 심리학자들을 격려한다.
③ 심리학 교육에 다문화주의 및 다양성의 구성개념을 채택하도록 교육자로서의 심리학자들을 격려한다.
④ 민족적 · 언어적 · 인종적으로 소수라는 배경을 가진 사람들에 대해 문화 중심적 · 윤리적 심리학 연구를 수행하는 것의 중요성을 깨닫도록 문화적 민감성을 가진 심리학 연구자들을 격려한다.
⑤ 문화적으로 적절한 기술을 임상심리 및 기타 응용심리학 실무에 응용하도록 문화적 민감성을 가진 심리학자들을 격려한다.
⑥ 문화적인 내용을 가지고 있는 정책개발 및 조직실무를 지원하기 위해 조직변화 절차를 사용하도록 심리학자들을 격려한다.

이 안내지침 가운데 많은 항목은 타인에 대한 개방성(openness to the other)이라는 구성 개념으로 개념화할 수 있는데, 이것은 자신과 같지 않은 다른 사람들의 관념, 개념, 사고, 느낌, 관점 등에 대해 자신을 개방적으로 유지할 수 있는 개인의 능력을 말한다(Fowers & Davidov, 2006). 이는 다문화적 역량에 주의하면서 심리학자들의 교육적 · 연구적 · 실무적 기준을 개선하려는 임상심리학계 내 모든 부분에서의 노력이다. 이러한 노력에 관한 좀 더 상세한 정보는 『다문화 심리학 백과사전(Encyclopedia of Multicultural Psychology』(Jackson, 2006)과 『실무에서 문화적 복잡성 다루기: 평가, 진단, 심리치료(Addressing Cultural Complexities in Practice: Assessment, Diagnosis, and Therapy)』 2판(Hays, 2007)을 참조하기 바란다.

이 절의 요약 임상심리학 분야는 아직도 인종적 혹은 민족적으로 충분히 다양하지 않은 상태에 있으며, 이 문제를 개선하려는 노력이 진행 중이다. 최근에는 수련, 실무, 연구에 있어서 다문화적 역량을 높이는 데에 주의를 기울이고 있지만 아직도 해야 할 일이 무척 많이 남아 있다. 다문화적 역량에 관한 작업이 대부분 인종적/민족적 다양성을 다루고 있지만, 다른 형태의 다양성, 즉 성적 지향성, 종교적 배경, 신체적 능력, 출생국가 같은 데에도 주의를 기울이고 있다.

임상심리학의 미래

이 절의 미리보기

이 절에서는 우리 생각에 머지않은 장래에 발생할 가능성이 있는 경향을 집중 조명한다. 전문직 특성화, 수련, 긍정심리학, 과학기술 발전, 효과적인 임상방법론 보급, 다학문적 과학 등의 변화를 포함하였다.

미래 임상심리학의 몇 가지 향방으로 증거기반 치료의 강조, 심리학자들에게 처방권한이 주어질 가능성, 교육, 연구 및 실무에서의 다문화적 역량에 대한 강조 등과 같은 주제들을 논의하였지만, 다른 변화들 역시 임박해 있다. 이들 가운데 가장 중요한 것 몇 가지를 살펴보자.

전문직 특성화

임상심리학 분야에서는 특성화(specialization)가 늘어나고 있다. APA 회원들 사이에서 학교심리학이나 상담심리학 외에 임상심리학 내의 다른 특수전공(예를 들어, 임상아동신경심리학, 건강심리학, 법정심리학)에 대한 인증 프로그램을 고려해야 하느냐 하는 논쟁이 있는데, 이는 아직도 해결하지 못하고 있다.

서비스를 부족하게 받고 있는 인구들, 즉 만성 정신질환자, 시골 주민, 물질남용자, 노인 환자에 대한 정신건강 서비스와 경험적 연구를 늘리는 것에 관심이 높아지고 있다. 이러한 '서비스를 충분히 받지 못하는 집단'을 위해 쓰는 여러 수련지원 기금을 국립정신건강연구소(NIMH)가 감독해 왔다. 이들과 그 외 다양한 문화적 · 민족적 집단에 대한 서비스가 계속 늘어날 것은 거의 확실하다.

수 련

임상심리학자들을 어떻게 수련시켜야 하는가 하는 문제는 계속 논쟁거리로 남아 있을 것이다. 임상과학자 모델, 과학자-전문가 모델, 전문가-학자 모델 등에 기반을 두고 있는 박사수련 프로그램은 수련 일정 및 내용과 철학 등에서 서로 다른 점이 있는데, 쉽게 해결될 기미가 보이지 않는다. PhD와 PsyD 사이에 작지 않은 단절이 계속 남아 있을 것으로 예상하지만, 학생과 일반 대중을 가장 위하는 길이 무엇인가에 프로그램들이 초점을 맞추면 그러한 간극은 좁혀질 것이라고 희망한다. 그러기 위해서, 그리고 학생들이 직업시장에서 경쟁력을 갖게 하기 위해서는 모든 수련 프로그램이 증거기반 치료(Lambert & Ogles, 2004), 다문화적 역량(Handelsman, Gottlieb, & Knapp, 2005), 실무, 교육, 연구 등의 역량 확립(Kaslow et al., 2004)에 치중할 필요가 있다. 맥 폴(Mcfall, 2006) 임상심리학 수련 프로그램들이 좁은 영역에 초점을 맞춘 직업학교가 되지 않도록 해야 하며, 오히려 다양한 장면에 응용할 수 있는 다양한 경험적 기술을 가지도록 학생이 수련할 수 있도록 할 필요가 있다고 주장하였다.

긍정심리학

개인의 성장과 인간의 잠재력을 이해하고 증진하는 데 초점을 두고 있는 긍정심리학 운동(Diener, Tamir, & Scollen, 2006)은 임상심리학 분야에서 점점 더 중요한 역할을 할 것이다(Duckworth, Steen, & Seligman, 2005). 이것은 어떤 외상사건 이후 혹은 주요 질환 이후(유방암에서 살아남기 등)의 개인적 성장(Zoellner & Maercker, 2006)에 관한 연구, 탄력성(즉, 가난, 인종차별, 학대 등의 난관에 적응하고 그것을 극복하는 능력; Newman, 2005)에 관한 연구, 그리고 물론 심리적 문제의 사전 예방(Ingram, 2005)에 관한 연구에서 나타날 것이다. 정신건강 서비스를 받게 되면 아직도 때때로 찍히게 되는 낙인을 줄이려는 노력에서, 심각한 심리적 장애를 가지고 살면서도 최대로 기능할 수 있도록 돕는 노력에서 긍정심리학 운동의 다른 측면을 볼 수 있을 것이다(Corrigan, 2004; Hinshaw, 2007).

과학기술

21세기 문화의 다른 모든 분야처럼 임상수련, 연구 및 실무에서도 과학기술은 점점 중요한 역할을 하게 될 것이다. 예를 들어, 인터넷으로 제공되는 학부 임상심리학 과정들이 더 많아질 것이다(Rudestam, 2004). 지금은 인터넷으로만 APA 인증 프로그램들을 가르치는 것을 금하고 있지만, 대학원 수련의 중요 부분들을 원격학습기술을 통해서 제공할 것이다(Murphy, Levant, Hall, & Glueckauf, 2007).

이와 비슷하게, 임상가들이 정신건강 서비스를 제공함에 있어서 전화와 컴퓨터도 계속 사용할 것이다. 때때로 건강 서비스를 전화나 인터넷으로 제공하는 원격건강관리기술(Telehealth) 혹은 e-헬스라는 방법은 시골 지역이나 기타 외딴 곳에 사는 개인들에게 특히 도움이 될 것이다(Schopp, Johnstone, & Reid-Arndt, 2005). 가상현실 심리치료(virtual reality-assisted treatment), 컴퓨터 기반 심리평가, 신경영상기술 등과 같은 기술혁신은 임상 서비스의 여러 가능성도 확장시켜 줄 것이다. 비록 여러 과학기술을 통해서 제공되는 수련 및 서비스의 효과에 대한 성과연구가 더 필요하지만, 몇몇 유형의 교육 및 서비스를 원격접촉을 통해서 계속 제공할 것임은 분명하다(Ritterband et al., 2003).

보 급

여러 항목에서 우리는 정신건강에 관한 지적 교양, 즉 정신건강 주제에 관한 일반 대중의 이해가 중요하다는 점을 강조한 바 있다. 아마도 이러한 지적 교양을 발달시키는 가장 중요한 방법은 임상가들과 임상연구자들이 일반 대중과 더 자주, 더 명확하게 의견을 나누는 것이다. 다른 전문직 및 일반 대중과 정보를 공유하는 보급이라고 알려진 것은 특히 심리치료의 효과연구 같은 연구를 수행함에 있어서 중요한 부분이다.

소메(Sommer, 2006)는 중요한 결과를 얻었을 때 연구자들이 논문을 두 개 써야 한다고 주장하였다. 즉, 하나는 동료 학자들을 위한 학문적 논문으로서 전문 학술지에 발표되는 것이며, 다른 하나는 일반 대중을 위한 것으로써 대중잡지에 실리는 것이다. 일반 대중이 심리학에 더 쉽게 접근할 수 있도록, 그리고 '심리학이 일상용어가 되도록' 만드는 노력을 많은 APA 회장들은 격려한 바 있다(Levant, 2006). 정신건강에 관한 지적 교양을 증진하려는 이러한 경향은 점점 탄력을 얻고 있으며, 미래에도 이 여세를 계속 몰고 갈 것으로 보인다. 우리도 그렇게 되기를 희망하며, 전문가 수준과 일반 대중 수준 모두에서 보급이 된다면 학문적 결과가 더 많은 일반인에게 더 빨리 적용할 수 있을 것이다(APA 웹사이트 www.psychologymatters.org 참조).

다학문적 과학

우리 동료 중 한 사람은 심리학 분야에서 현재 하고 있는 논쟁(예를 들어, 어떤 수련 모델이 가장 좋은지, 증거기반 치료를 지지하려면 어떤 '증거'가 있어야 하는지)과 자동차 시대 바로 직전에 대장장이들이 해야 했던 논쟁(예를 들어, 어떤 모양과 크기가 가장 좋은 말굽인지, 어떤 금속과 색깔이 말굽에 가장 좋은지)을 비교하기 좋아한다. 그의 요점은 인간의 행동을 이해할 수 있는 길을 찾는 학문세계에서 임상심리학은 아주 작은 부분일 뿐이기 때문에, 우리는 우리가 시대에 따라 달라지지 않는다면 대장장이들의 전철을 밟게 될 것이라는 점이다.

우리는 임상심리학이 유전자학(genomics; McGuffin, 2004), 유전학(genetics; Lemery & Doegler, 2005), 행동유전학(behavioral genetics; Moffit, 2005; Moffit & Caspi, 2007), 사회신경과학(social neuroscience; Cacioppo, 2006; Norris & Cacioppo, 2007), 인지-정서 신경과학(cognitive-affective neuroscience; Stein, 2006), 발달신경과학(developmental neuroscience; Cichetti & Curtis, 2006) 등과 같은 다른 학문들과 더 넓게 통합될 것이라고 예상한다. 예를

들어, 심리학자가 포함된 다양한 과학자가 모인 집단은 다른 사람들을 관찰하는 것만으로도 학습행동을 촉진하며 다른 사람들이 경험하고 있는 당시의 정서적 느낌과 공감을 표현하게 해 주는 거울신경세포(mirror neuron)라는 것이 인간과 비인간 영장류에게 있다는 사실을 발견하였다(Winerman, 2005). 자폐장애와 광범위성 발달장애를 포함하는 많은 유형의 정신병리에서 거울신경세포 체계에 대한 연구가 진행되고 있다(Oberman & Ramachandran, 2007).

이러한 유형의 다학문적 연구 프로젝트는 어떤 학문 분야든지 혼자서는 발견하지 못할 수도 있는 것을 찾아내도록 이끌어 내기 쉬울 것이다. 이런 이유 등으로 인하여 기초과학이 응용실무로 '이전(translated)되는' 중개연구(translational research)를 연방 차원의 기금들이 점점 더 지원하고 있다. 특정 주제에 관한 연구를 수행함에 있어서는 다학문적 팀 작업이 유일한 연구수행 방식인 경우가 더 많아지고 있다.

마지막 한마디

임상심리학의 미래에 초점을 둔 『Journal of Clinical Psychology』의 특별호의 일부로, 헤이즈(Hayes, 2005, pp. 1056-1059)는 이 분야를 좀 더 성공적이 되도록 만들 수 있는 열한 가지 규칙을 제시하였다.

① 자신의 철학적 가설을 명확히 하고 그것을 잘 지킬 것
② 심리학을 명확히 정의하고 그 정의에 충실할 것
③ 어떤 이론의 폭이 충분히 넓다면 이 좋은 이론보다 더 실용적인 것은 없다.
④ 공통 핵심과정을 찾을 것
⑤ 자신의 이론에 조작 가능한 변인을 넣을 것
⑥ 결과만이 아니라 과정을 문제 삼을 것
⑦ 상향식으로 프로그램을 짜고, 그 효과를 신속하게 검증할 것
⑧ 연구과제 창출에 실무자를 참여시킬 것
⑨ 경제적 및 정치적 현실에 연구를 맞출 것
⑩ 응용과학을 떠받쳐 줄 능력이 있는 기초과학을 개발할 것
⑪ 모든 것, 특히 이론들을 가볍게 여길 것

임상심리학 분야에 있는 거의 모든 개개인이 이러한 규칙에 동의한다고 믿는다. 임상

심리학자들은 다른 사람들이 변화하도록 돕는 것을 진정으로 원하는 재능 있고 헌신적인 사람들이다. 따라서 우리는 임상심리학의 미래에 대해 커다란 희망을 가지고 있다. 독자들 가운데 누군가를 이러한 미래를 만드는 데 동참하도록 하는 데에 이 책이 큰 역할을 하기를 희망한다.

이 절의 요약 몇몇 사람들은 특성화(예를 들어, 아동임상신경심리학)가 이 분야를 취약하게 하는 것이 아닌가 걱정하고 있긴 하지만, 특성화 승인은 임박해 있다. 증거기반 치료 안에서 새로운 임상심리학자들을 어떻게 수련시키는 것이 최선인가에 대해 임상가들이 논쟁해 왔으며, 이 논쟁은 아직도 진행되고 있다. 임상가들은 웹 기반 교육, 웹 기반 서비스 제공, 컴퓨터 지원 심리평가 및 심리치료 등과 같은 과학기술 발전과 긍정심리학의 영향력이 점점 더 커지고 있는 것에 더 주의를 기울이기 시작하였다. 일반 대중의 정신건강 교양을 증진시키기 위해서(그리고 수용하는 시장을 안정화하기 위해서), 미래의 임상가들은 보급, 즉 증거기반 치료와 정신건강 서비스에 관한 유용한 정보를 일반 대중에게 제공하는 업무에 더욱 노력해야 한다. 끝으로, 미래의 임상과학자들은 생물학, 유전학, 유전자학, 기타 신경과학 분야의 과학자들과 함께 일할 필요가 있다.

이 장의 요약

임상심리학이 과학적 · 전문적 정체성을 21세기에도 계속 발전시켜 가는 데 있어서 가장 중요한 다섯 가지 논제를 살펴보았다. 이 논제들에는 임상심리 전문 직업과 연관되는 수련, 규제, 윤리, 독자성, 다문화적 역량 등이 포함되어 있다.

1940년대 후반 이래 임상수련 프로그램들은 일반적으로 볼더 모델의 훌륭한 개정판, 즉 임상 서비스 기술의 발전보다는 심리학의 과학적 기반을 강조한 과학자-전문가 교육과정을 따랐다. 그때 이후로 여러 수련회의에서 볼더 모델을 재확인해 왔지만, 전문적 기술을 강조하는 다른 수련 모델들도 현재 이용할 수 있다. 그중 많은 것은 심리학과 혹은 독립형 심리학 전문대학원이 제공하고 있는 PsyD 프로그램과 실무 지향적인 PhD 프로그램이다.

임상심리학자에 대한 전문적 규제방식에는 몇 가지 형식이 있다. 그것은 ⓐ '심리학자' 칭호를 사용하는 사람들에 대한 기준(인가법)과 심리학적 서비스를 시행하는 사람들에 대한 기준(면허법)을 법으로 정하기, ⓑ 심리치료자의 경고의무를 법으로 정해 놓기, ⓒ 임상적 치료과오를 주장하며 소송하기 등이다.

심리학자들이 실제로 겪은 윤리적 난제에서의 경험을 기초로 심리학의 윤리규정이 발전되어 왔기 때문에 그것은 독특하다. '심리학자들의 윤리원칙 및 행동강령'이라고 부르는 현 개정판에는 서문, 일반 원칙, 수많은 윤리기준, 즉 서비스와 검사에 대한 광고에서 내담자들과의 비밀보장과 성적 접촉에 관한 규정까지 폭넓은 구체적인 주제들을 뒷받침하는 윤리기준이 들어 있다.

독자적으로 서비스를 제공할 수 있는 권한을 가진 전문직으로서의 위상을 쟁취하고 유지하기 위하여 임상심리학자들은 오랫동안 어려운 투쟁을 해 왔고 또 지금도 계속하고 있다. 처음에는 심리치료를 제공할 수 있는 임상가들의 권리를 찾기 위한 투쟁이었다. 후에는 투쟁의 논제가 임상심리학자들이 병원 안에서 독자적으로 실무를 할 수 있느냐, 그리고 심리학자들이 여러 가지의 공적, 사적, 선불식 정신건강보험제도로부터 수가를 지불받을 자격이 있느냐 등에 관한 것이었다. 이러한 권리가 현재는 거의 대부분의 주에서 합리적으로 잘 확립되어 있지만, 그 가운데 몇몇은 의료관리 체계가 계속 성장함에 따라 쓸모가 없어지게 될지도 모른다. 왜냐하면 의료관리에서 수가를 지급받게 됨에 따라 임상심리학자들이 건강보전기구(HMOs), 집단적 의료실무, 기타 건강 관련 기관 밖에서 기능하는 것이 점점 더 어려워지고 있기 때문이다.

오늘날 임상심리학 분야는 다양성을 이해하기 위한 시도를 무척 많이 하고 있으며, 다문화적 역량을 발달시켜야 한다고 강조하고 있다. 이 분야는 다양한 내담자의 요구에 부응하기 위하여 수련 프로그램과 서비스 기능을 재조정해야 하는 굉장한 어려움에 직면하고 있다.

연구문제

1. 임상심리학자들 수련에 변화를 가져온 여러 전국학회에 대해 논하고, 이 회의들이 수련의 초점을 어떻게 바꿔 왔는지를 설명하라.
2. PhD 프로그램과 PsyD 프로그램에 입학한 학생들의 자격과 최종 결과 면에서 어떤 차이가 있는가? PsyD 프로그램들 사이의 이질성을 검토할 때 어떤 변인이 중요한가?
3. 임상심리학 분야에서 현재 시행되고 있는 주요 수련 모델 세 가지를 열거하고, 이 모델들에 대한 찬성/반대 의견을 설명하라.

4. 자격증제도의 목적은 무엇이며, 일반적으로 자격증은 어떻게 취득하는가?
5. ABPP 인증증서(diploma)란 무엇이고, 임상심리학 분야에서 그것이 왜 중요할 수 있는가?
6. 윤리원칙 네 가지를 열거하고 그 중요성에 대해 논하라.
7. 윤리위반이 발생했을 때 이 문제는 어떻게 다뤄지는가?
8. 경고의 의무란 무엇이고, 이와 가장 밀접한 관련이 있는 사례는 무엇인가?
9. 임상심리학자에 대해 치료과오 소송을 제기하는 가장 흔한 이유로는 어떤 것이 있는가?
10. 역사적으로 어떤 것이 심리학 분야와 정신의학 분야 사이의 관계에 영향을 끼쳤는가? 요즈음 벌어지고 있는 가장 큰 쟁점은 무엇인가?
11. 의료관리는 임상심리학 분야에 어떻게 영향을 끼쳤는가?
12. 임상심리학자들이 처방권한을 얻게 되는 것에 대한 찬성/반대 의견을 개진하라.
13. 임상심리학자들이 다문화적 역량을 걱정해야 하는 타당한 이유를 제시하라.
14. 심리학의 미래에 관해 살펴보았던 주요 논점 가운데 어떤 것이 이 세상에 사는 개인의 정신건강을 증진하는 데 가장 가능성이 있다고 생각하는가?

웹사이트

- The Academy of Psychological Clinical Science(APCS): http://psych.arizona.edu/apcs/index.php
- APA Ethical Principles: http://www.apa.org/ethics
- APA's Initiative to Make Psychology a Household Word: http://www.psychologymatters.org
- APA Division 42, Psychologists in Independent Practice: http://www.division42.org
- APA Division 55, American Society for the Advancement of Psychotherapy(ASAP): http://www.Division55.org
- American Board of Professional Psychology(ABPP): http://www.abpp.org

참고문헌

Abdel, K. A. M. (1994). Normative results on the Arabic Fear Survey Schedule III. *Journal of Behavior Therapy and Experimental Psychiatry, 25*, 61-67.

Ables, B. S., & Brandsma, J. M. (1977). *Therapy for couples*. San Francisco: Jossey-Bass.

Abood, L. G. (1960). A chemical approach to the problem of mental illness. In D. D. Jackson (Ed.), *The etiology of schizophrenia* (pp. 91-119). New York: Basic Books.

Abramowitz, J. S. (1996). Variants of exposure and response prevention in the treatment of obsessive-compulsive disorder: A meta-analysis. *Behavior Therapy, 27*, 583-600.

Abramson, L. Y., Seligman, M. E. P., & Teasdale, J. D. (1978). Learned helplessness in humans: Critique and reformulation. *Journal of Abnormal Psychology, 87*, 49-74.

Abt, L. E. (1992). Clinical psychology and the emergence of psychotherapy. *Professional Psychology: Research and Practice, 23*, 176-178.

Accredited. (2006). Accredited doctoral programs in professional psychology. *American Psychologist, 61*, 991-1005.

Achenbach, T. M. (1978). The Child Behavior Profile I: Boys aged 6-11. *Journal of Consulting and Clinical Psychology, 46*, 478-488.

Achenbach, T. M. (1982). *Developmental psychopathology* (2nd ed.). New York: Wiley.

Achenbach, T. M. (1994). Child Behavior Checklist and related instruments. In M. E. Maruish (Ed.), *The use of psychological testing for treatment planning and outcome assessment*. Hillsdale, NJ: Erlbaum.

Achenbach, T. M., Dumenci, L., & Rescorla, L. A. (2003). DSM-oriented and empirically based approaches to constructing scales from the same item pools. *Journal of Clinical Child and Adolescent Psychology, 32*, 328-340.

Achenbach, T. M., & Edelbrock, C. S. (1978). The classification of child psychopathology: A review and analysis of empirical efforts. *Psychological Bulletin, 85*, 1275-1301.

Achenbach, T. M., & Edelbrock, C. S. (1979). The Child Behavior Profile II: Boys aged 12-16 and girls aged 6-11. *Journal of Consulting and Clinical Psychology, 47*, 223-233.

Achenbach, T. M., & Edelbrock, C. S. (1981). Behavioral problems and competencies reported by parents of normal and disturbed children aged four to sixteen. Monographs of the Society for Research in Child Development, 46 (Serial No. 188).

Achenbach, T. M., McConaughy, S. H., & Howell, C. T. (1987). Child/adolescent behavioral and emotional problems: Implications of cross-informant correlations for situational specificity. *Psychological Bulletin, 101*, 213-232.

Achenbach, T. M., & Rescorla, L. A. (2001). *Manual for the Achenbach System of Empirically Based Assessment (ASEBA) school-age forms and profiles*. Burlington, VT: University of Vermont, Research Center for Children, Youth, and Families.

Achenbach, T. M., & Rescorla, L. A. (2006). Developmental issues in assessment, taxonomy, and diagnosis of psychopathology: Life span and multicultural perspectives. In D. Cicchetti & D. J. Cohen (Eds.), *Developmental psychopathology, Vol. 1: Theory and method* (2nd ed., pp. 139-180). Hoboken, NJ: Wiley.

Achenbach, T. M., & Rescorla, L. A. (2007). *Multicultural understanding of child and adolescent psychopathology: Implications for mental health assessment.* New York: Guilford.

Ackerman, M. J., & Ackerman, M. (1997). Custody evaluation practices: A survey of experienced professionals (revisited). *Professional Psychology: Research and Practice, 28,* 137-145.

Ackerman, N., & Sobel, R. (1950). Family diagnosis: An approach to the preschool child. *American Journal of Orthopsychiatry, 20,* 744-753.

Ackerman, N. W. (1958). *The psychodynamics of family life.* New York: Basic Books.

Ackerman, S. J., & Hilsenroth, M. J. (2003). A review of therapist characteristics and techniques positively impacting the therapeutic alliance. *Clinical Psychology Review, 23,* 1-33.

Adair, J. C., Schwartz, R., L., & Barrett, A. M. (2003). Anosognosia. In K. M. Heilman & E. Valenstein (Eds.), *Clinical neuropsychology* (4th ed.). New York: Oxford.

Adam, E. K. (2004). Beyond quality: Parental and residential stability and children's adjustment. *Current Directions in Psychological Science, 13,* 210-213.

Addis, M. E., & Krasnow, A. D. (2000). A national survey of practicing psychologists' attitudes toward psychotherapy treatment manuals. *Journal of Consulting and Clinical Psychology, 68,* 331-339.

Adler, A. (1933). *Social interest: A challenge to mankind.* Vienna, Leipzig: Rolf Passer.

Adler, N. E., & Matthews, K. (1994). Health psychology: Why do some people get sick and some stay well. *Annual Review of Psychology, 45,* 229-259.

Ægisdóttir, S., White, M. J., Spengler, P. M., Maugrman, A. S., Anderson, L., Cook, R. S., et al. (2006). The meta-analysis of clinical judgment project: Fifty-six years of accumulated research on clinical versus statistical prediction. *Counseling Psychologist, 34,* 341-382.

Ahn, H., & Wampold, B. E. (2001). Where oh where are the specific ingredients? A meta-analysis of component studies in counseling and psychotherapy. *Journal of Counseling Psychology, 48,* 251-257.

Ai, A. L., Peterson, C., Tice, T. N., Huang, B., Rodgers, W., & Bolling, S. F. (2007). The influence of prayer coping on mental health among cardiac surgery patients: The role of optimism and acute distress. *Journal of Health Psychology, 12,* 580-596.

Aklin, W. M., & Turner, S. M. (2006). Toward understanding ethnic and cultural factors in the interviewing process. *Psychotherapy: Theory, Research Practice, Training, 43,* 50-64.

Albee, G. W. (1959). *Mental health manpower trends.* New York: Basic Books.

Alberti, R. E., & Emmons, M. L. (1974). *Your perfect right: A guide to assertive behavior.* San Luis Obispo, CA: Impact.

Alexander, F. M., & French, T. M. (1946). *Psychoanalytic therapy.* New York: Ronald Press.

Ali, S., Rasheed, Liu, W. M., & Humedian, M. (2004). Islam 101: Understanding the religion and therapy implications. *Professional Psychology: Research and Practice, 35,* 635-642.

Allen, D. M. (2006). Use of between-session homework in systems-oriented individual psychotherapy. *Journal of Psychotherapy Integration, 16,* 238-253.

Allen, G. J. (1971). The effectiveness of study counseling and desensitization in alleviating test anxiety in college students. *Journal of Abnormal Psychology, 77,* 282-289.

Alliger, G. M., Lilienfeld, S. O., & Mitchell, K. E. (1996). The susceptibility of overt and covert integrity tests to coaching and faking. *Psychological Science, 7,* 32-39.

Allport, G. W., Vernon, C. E., & Lindzey, G. (1970). *Study of values* (revised manual). Boston: Houghton-Mifflin.

Alper, B. S., Hand, J. A., Elliott, S. G., Kinkade, S., Hauan, M. J., Onion, D. K., et al. (2004). How much effort is needed to keep up with the literature relevant for primary care? *Journal of the Medical Library Association, 92,* 429-437.

American Association of Marriage and Family Therapy. (2001). *Who are marriage and family therapists?* Retrieved September 7, 2001, from http://www.aamft.org/faqs/whoare.htm.

American Psychiatric Association. (1952). *Diagnostic and statistical manual of mental disorders*. Washington, DC: Author.

American Psychiatric Association. (1968). *Diagnostic and statistical manual of mental disorders* (2nd ed.). Washington, DC: Author.

American Psychiatric Association. (1980). *Diagnostic and statistical manual of mental disorders* (3rd ed.). Washington, DC: Author.

American Psychiatric Association. (1983). *Statement on prediction of dangerousness*. Washington, DC: Author.

American Psychiatric Association. (1987). *Diagnostic and statistical manual of mental disorders* (3rd ed., revised.). Washington, DC: Author.

American Psychiatric Association. (1994). *Diagnostic and statistical manual of mental disorders* (4th ed.). Washington, DC: Author.

American Psychiatric Association.(1998). *DSM-IV sourcebook* (Vol. 4). Washington, DC: Author.

American Psychiatric Association. (2000). *Diagnostic and statistical manual of mental disorders (4th ed.): Text Revision (DSM-IV-TR)*. Washington, DC: Author.

American Psychological Association. (1985). *Standards for educational and psychological tests*. Washington, DC: Author.

American Psychological Association. (1986). *Guidelines for computer-based tests and interpretations*. Washington, DC: Author.

American Psychological Association. (1987). *General guidelines for providers of psychological services*. Washington, DC: Author.

American Psychological Association. (1994a). Guidelines for child custody evaluations in divorce proceedings. *American Psychologist, 49*, 677-680.

American Psychological Association. (1994b). *Publication manual of the American Psychological Association* (4th ed.). Washington, DC: Author.

American Psychological Association. (1996). *Guidelines and principles for accreditation of programs in professional psychology/Accreditation operating procedures*. Washington, DC: Author.

American Psychological Association. (1998). *Guidelines for psychological evaluations in child protection matters*. Washington, DC: Author.

American Psychological Association. (2000a). *Guidelines for psychotherapy with lesbian, gay, & bisexual clients*. Washington, DC: Author.

American Psychological Association. (2000b). *Current major field of APA members by membership status* (Table 3). Retrieved December 13, 2001, from http://research.apa.org/member.

American Psychological Association. (2000c). *Criteria for evaluating treatment guidelines*. Washington, DC: Author.

American Psychological Association. (2001a). *Publication manual of the American Psychological Association* (5th ed.). Washington, DC: Author.

American Psychological Association. (2001b). Guidelines on test user qualifications. *American Psychologist, 56*, 1099-1113.

American Psychological Association. (2002a). Criteria for evaluating treatment guidelines. *American Psychologist, 57*, 1052-1059.

American Psychological Association. (2002b). *Ethical principles of psychologists and code of conduct*. Washington, DC: Author.

American Psychological Association. (2003). Guidelines on multicultural education, training, research, practice, and organizational change for psychologists. *American Psychologist, 58*, 377-402.

American Psychological Association. (2004). Guidelines for psychological practice with older adults. *American Psychologist, 59*, 236-260.

American Psychological Association Archives. (2006). Yearly membership, American Psychological Association. Retrieved June 14, 2006, from http://www.apa.org/archives/yearlymembership.html.

American Psychological Association. (2007a). *Getting in: A step-by-step plan for gaining admission to graduate school in psychology* (2nd ed.). Washington, DC: Author.

American Psychological Association. (2007b). *Guidelines and principles for accreditation of programs in professional psychology*. Washington, DC: Author.

American Psychological Association. (2007c). Report of the ethics committee, 2006. *American Psychologist, 62*, 504-511.

American Psychological Association. (2008). *Graduate study in psychology: 2008 edition*. Washington, DC: Author.

American Psychological Association Committee on Professional Practice and Standards. (2003). Legal issues in the professional practice of psychology. *Professional Psychology: Research and Practice, 34*, 595-600.

American Psychological Association Presidential Task Force on Evidence-Based Practice. (2006). Evidence-based practice in psychology. *American Psychologist, 61*, 271-285.

American Psychological Association Public Interest Directorate. (2001). *Guidelines for psychotherapy with lesbian, gay, and bisexual clients*. Retrieved December 13, 2001, from http://www.apa.org/pi/lgbc/guideline.html.

Amundson, M. E., Hart, C. A., & Holmes, T. H. (1986). *Manual for the schedule of recent experience*. Seattle: University of Washington Press.

Anastasi, A. (1988). *Psychological testing* (6th ed.). New York: Macmillan.

Anastasi, A. (1992). What counselors should know about the use and interpretation of psychological tests. *Journal of Counseling and Development, 70*, 610-615.

Anastasi, A., & Urbina, S. (1997). *Psychological testing* (7th ed.). Upper Saddle River, NJ: Prentice Hall.

Andersen, B. L. (1992). Psychological interventions for cancer patients to enhance the quality of life. *Journal of Consulting & Clinical Psychology, 60*, 552-568.

Andersen, B. L., Farrar, W. B., Golden-Kreutz, D. M., Glaser, R., Emery, C. F., Crespin, T. R., et al. (2004). Psychological, behavioral, and immune changes after a psychological intervention: A clinical trial. *Journal of Clinical Oncology, 22*, 3570-3580.

Anderson, C. M., & Kim, C. (2005). Evaluating treatment efficacy with single-case designs. In M. C. Roberts & S. S. Ilardi (Eds.), *Handbook of research methods in clinical psychology* (pp. 73-91). Malden, MA: Blackwell Publishing.

Anderson, J. R., & Barret, B. (2001). *Ethics in HIV-related psychotherapy: Clinical decision making in complex cases*. Washington, DC: American Psychological Association.

Anderson, N. B. (1989). Racial differences in stress-reduced cardiovascular reactivity and hypertension: Current status and substantive issues. *Psychological Bulletin, 105*, 89-105.

Andersson, S., Gundersen, P. M., & Finset, A. (1999). Emotional activation during therapeutic interaction in traumatic brain injury: Effect of apathy, self-awareness and implications for rehabilitation. *Brain Injury, 13*(6), 393-404.

Andreasen, N., Nasrullah, H., Dunn, V., Olson, S., Grove, W., Erhardt, J., et al. (1986). Structural abnormalities in the frontal system in schizophrenia. *Archives of General Psychiatry, 43*, 136-144.

Andrews, G., & Harvey, R. (1981). Does psychotherapy benefit the neurotic patient: A reanalysis of Smith, Glass, & Miller data. *Archives of General Psychiatry, 38*, 1203-1208.

Andrews, J. D. W. (1989). Integrating visions of reality: Interpersonal diagnosis and the existential vision. *American Psychologist, 44*, 803-817.

Anson, D. A., Golding, S. L., & Gully, K. J. (1993). Child sexual abuse allegations: Reliability of criteria-based content analysis. *Law and Human Behavior, 17*, 331-341.

Antoni, M. H., Carrico, A. W., Duran, R. E., Spitzer, S., Penedo, F., Ironson, G., et al. (2006). Randomized clinical trial of cognitive behavioral stress management on human immunodeficiency virus load in gay men treated with highly active antiretroviral therapy. *Psychosomatic Medicine, 68*, 143-151.

Antonova, E., Sharma, T., Morris, R., & Kumari, V. (2004). The relationship between brain structure and neurocognition in schizophrenia: A selective review. *Schizophrenia Research, 70*(2-3), 117-145.

Antony, M. M., & Roemer, E. (2003). Behavior therapy. In A. S. Gurman & S. B. Messer (Eds.), *Essential psychotherapies*

(2nd ed., pp. 182-223). New York: Guilford.

Antonuccio, D. O., Danton, W. G., & McClanahan, T. M. (2003). Psychology in the prescription era: Building a firewall between marketing and science. *American Psychologist, 58*, 1028-1043.

APApractice.org. (2008). Missouri gets a jump on prescriptive authority legislation. Retrieved February 22, 2008, from http://www.apapractice.org/apo/insider/newsfeed/practice_update_e-newsletter/january_16__2008.html#.

Apodaca, T. R., & Miller, W. R. (2003). A meta-analysis of the effectiveness of bibliotherapy for alcohol problems. *Journal of Clinical Psychology, 59*, 289-304.

Appelbaum, P. S., & Grisso, T. (1995). The MacArthur Treatment Competence Study. I: Mental illness and competence to consent to treatment. *Law and Human Behavior, 19*, 105-126.

Apple, R. F., & Agras, W. S. (2007). *Overcoming eating disorders: A cognitive-behavioral treatment for bulimia nervosa and binge-eating workbook*. New York: Oxford University Press.

Appleby, D. C., & Appleby, K. M. (2006). Kisses of death in the graduate school application process. *Teaching of Psychology, 33*, 19-24.

Archer, R. P., Maruish, M., Imhof, E. A., & Piotrowski, C. (1991). Psychological test usage with adolescent clients: 1990 survey findings. *Professional Psychology: Research and Practice, 22*, 247-252.

Arkes, H. A. (1981). Impediments to accurate clinical judgment and possible ways to minimize their impact. *Journal of Consulting and Clinical Psychology, 49*, 323-330.

Arnold, C. (1998). Children and families: A snapshot. Retrieved December 12, 2001, from http://www.clasp.org/pubs/familyformation/stepfamiliesfinal.BK!.htm.

Association News, No author indicated (2006). Submit comments on record-keeping guidelines. *Monitor on Psychology, 37*, 92.

Atanackovic, D., Schnee, B., Schuch, G., Faltz, C., Schulze, J., et al. (2006). Acute psychological stress alters the adaptive immune response: Stress-induced mobilization of effector T cells. *Journal of Neuroimmunology, 176*, 141-152.

Atkinson, D. R., Brown, M. T., Parham, T. A., Matthews, L. G., Landrum-Brown, J., & Kim, A. U. (1996). African American client skin tone and clinical judgments of African American and European American psychologists. *Professional Psychology: Research and Practice, 27*, 500-505.

Auerbach, L. (2006). Complementary and alternative medicine in the treatment of prostate cancer. *Journal of Men's Health and Gender, 3*, 397-403.

Auld, F., Jr., & Murray, E. J. (1955). Content-analysis studies of psychotherapy. *Psychological Bulletin, 52*, 377-395.

Axline, V. M. (1976). Play therapy procedures and results. In C. Schaefer (Ed.), *The therapeutic use of child's play*. New York: Jason Aronson.

Azar, B. (1996). Behavioral interventions are proven to reduce pain. *APA Monitor* (December), 22.

Azar, S. T., & Benjet, C. L. (1994). A cognitive perspective on ethnicity, race, and termination of parental rights. *Law and Human Behavior, 18*, 249-267.

Baare, W. F. C., van Oel, C. J., Hushoff, H. E., Schnack, H. G., Durston, S., Sitskoorn, M. M., & Kahn, R. S. (2001). Volumes of brain structures in twins discordant for schizophrenia. *Archives of General Psychiatry, 58*, 33-40.

Babinski, M. J. (1914). Contribiutions a l'etude des troubles mentaux dans l'hemiplegie organique cerebrale (anosognosie). *Review of Neurology, 12:* 845-847.

Babyak, M., Blumenthal, J. A., Herman, S., Khatri, P., Doraiswamy, M., Moore, M., et al. (2000). Exercise treatment for major depression: Maintenance of therapeutic benefit at 10 months. *Psychosomatic Medicine, 62*, 633-638.

Baekeland, F., & Lundwall, L. (1975). Dropping out of treatment: A critical review. *Psychological Bulletin, 82*, 738-783.

Baer, R. A. (2003). Mindfulness training as a clinical intervention: A conceptual and empirical review. *Clinical Psychology: Science and Practice, 10*, 125-143.

Baerger, D. R. (2001). Risk management with the suicidal patient: Lessons from case law. *Professional Psychology: Research* and Practice, 32, 359-366.

Bailey, D. S. (2006). Student dept still on the rise. *GradPSYCH, 4*, 1.

Bailey, D. S. (2005, January). A niche that puts children first. *American Psychological Association Monitor* (p. 42). Retrieved March 15, 2007, from http://www.apa.org/monitor/jan05/niche.html.

Baird, A., Dewar, B. K., Critchley, H., Dolan, R., Shallice, T., & Cipolotti, L. (2006). Social and emotional functions in three patients with medial frontal lobe damage including the anterior cingulate cortex. *Cognitive Neuropsychiatry, 11*(4), 369-388.

Bandura, A. (1969). *Principles of behavior modification*. New York: Holt, Rinehart & Winston.

Bandura, A. (1977). Self-efficacy: Towards a unifying theory of behavior change. *Psychological Review, 84*, 191-215.

Bandura, A. (1982). Self-efficacy mechanism in human agency. *American Psychologist, 33*, 122-147.

Bandura, A. (1986). *Social foundations of thought and action: A social cognitive therapy*. Englewood Cliffs, NJ: Prentice Hall.

Bandura, A. (2001). Social cognitive theory: An agentic approach. *Annual Review of Psychology, 52*, 1-26.

Bandura, A., Ross, D., & Ross, S. A. (1963). Imitation of film-mediated aggressive models. *Journal of Abnormal and Social Psychology, 66*, 3-11.

Bantha, R., Moskowitz, J. T., Acree, M., & Folkman, S. (2007). Socioeconomic differences in the effects of prayer on physical symptoms and quality of life. *Journal of Health Psychology, 12*, 249-260.

Barkley, R. A. (1997). *Defiant children: A clinician's manual for assessment and parent training* (2nd ed.). New York: Guilford.

Barkley, R. A. (2006). *Attention-deficit hyperactivity disorder: A handbook for diagnosis and treatment* (3rd ed.). New York: Guilford.

Barkley, R. A., & Benton, C. M. (1998). *Your defiant child: Eight steps to better behavior*. New York: Guilford.

Barkley, R. A., Murphy, K. R., & Fischer, M. (2007). *ADHD in adults: What the science says*. New York: Guilford.

Barlow, D. H. (2006). Psychotherapy and psychological treatments: The future. *Clinical Psychology: Science and Practice, 13*, 216-220.

Barlow, D. H., & Craske, M. G. (2006). *Master your anxiety and panic*. New York: Oxford University Press.

Barlow, D. H., & Waddell, M. T. (1985). Agoraphobia. In D. H. Barlow (Ed.), *Clinical handbook of psychological disorders* (pp. 1-68). New York: Guilford.

Barlow, D. H., & Wolfe, B. (1981). Behavioral approaches to anxiety disorders: A report on the NIMH-SUNY, Albany, research conference. *Journal of Consulting and Clinical Psychology, 49*, 448-454.

Barlow, S. H., Burlingame, G. M., Nebeker, R. S., & Anderson, E. (2000). Meta-analysis of medical self-help groups. *International Journal of Group Psychotherapy, 50*, 53-69.

Barr, C., Mednick, S., & Munk-Jorgensen, P. (1990). Exposure to influenza epidemics during gestations and adult schizophrenia: A 40-year study. *Archives of General Psychiatry, 47*, 869-874.

Barrera, M., & Sandler, I. N. (2006). Prevention: A report of progress and momentum into the future. *Clinical Psychology: Science and Practice, 13*, 221-226.

Barrett, M. S., & Berman, J. S. (2001). Is psychotherapy more effective when therapists disclose information about themselves? *Journal of Consulting and Clinical Psychology, 69*, 597-603.

Barrett, P. M., Farrell, L. J., Ollendick, T. H., & Dadds, M. (2006). Long-term outcomes of an Australian universal prevention trial of anxiety and depression symptoms in children and youth: An evaluation of the Friends Program. *Journal of Clinical Child and Adolescent Psychology, 35*, 403-411.

Barrick, M. R., & Mount, M. K. (1996). Effects of impression management and self-deception on the predictive validity of personality constructs. *Journal of Applied Psychology, 81*, 261-272.

Barron, J. W. (Ed.). (1998). *Making diagnosis meaningful: Enhancing evaluation and treatment of psychological disorders*. Washington, DC: American Psychological Association.

Bartol, C. (1996). Police psychology: Then, now, and beyond. *Criminal Justice and Behavior, 23*, 70-89.

Bartol, C. R., & Bartol, A. M. (2008). *Criminal behavior: A psychosocial approach* (8th ed.). Upper Saddle River, NJ: Pearson Education, Inc.

Bassman, L. E., & Uellendahl, G. (2003). Complementary /alternative medicine: Ethical, professional, and practical challenges for psychologists. *Professional Psychology: Research and Practice, 34*, 264-270.

Bateson, C., Jackson, D. D., Haley, J., & Weakland, J. H. (1956). Toward a theory of schizophrenia. *Behavioral Science, 1*, 251-264.

Baucom, D. H., & Epstein, N. (1990). *Cognitive-behavioral marital therapy*. New York: Bruner/Mazel.

Baucom, D. H., Epstein, N., & Gordon, K. C. (2000). Marital therapy: Theory, practice, and empirical status. In C. R. Snyder & R. E. Ingram (Eds.), *Handbook of psychological change: Psychotherapy processes & practices for the 21st century* (pp. 280-308). Hoboken, NJ: Wiley.

Baum, A., & Posluszny, D. M. (1999). Health psychology: Mapping biobehavioral contributions to health and illness. *Annual Review of Psychology, 50*, 137-163.

Baum, A., Reveson, T. A., & Singer, J. E. (Eds.). (2001). *Handbook of health psychology*. Hillsdale, NJ: Erlbaum.

Baumeister, R. F., & Leary, M. R. (1995). The need to belong: Desire for interpersonal attachments as a fundamental human motivation. *Psychological Bulletin, 117*, 497-529.

Bazelon, D. (1974). Psychiatrists and the adversary process. *Scientific American, 230*, 18-23.

Beach, S. R. H., & Kaslow, N. J. (2006). Relational disorders and relational processes in diagnostic practice: Introduction to the special section. *Journal of Family Psychology, 20*, 353-355.

Beach, S. R. H., Wamboldt, M. Z., Kaslow, N. J., Heyman, R. E., & Reiss, D. (2006). Describing relationship problems in DSM-V: Toward better guidance for research and clinical practice. *Journal of Family Psychology, 20*, 359-368.

Bear, D. M., & Fedio, P. (1977). Quantitative analysis of interictal behavior in temporal lobe epilepsy. *Archives of Neurology, 34*, 454-467.

Bechtoldt, H., Norcross, J. C., Wyckoff, L., Pokrywa, M. L., & Campbell, L. F.(2001). Theoretical orientations and employment settings of clinical and counseling psychologists: A comparative study. *The Clinical Psychologist, 54*, 3-6.

Beck, A. T. (1976). *Cognitive therapy and the emotional disorders*. New York: International Universities Press.

Beck, A. T., Freeman, A., & Associates. (1990). *Cognitive therapy of personality disorders*. New York: Guilford.

Beck, A. T., Rush, A. J., Shaw, B. F., & Emery, G. (1979). *Cognitive therapy of depression*. New York: Guilford.

Beck, A. T., Steer, R. A., & Brown, G. K. (1996). *Beck Depression Inventory* (2nd ed.). San Antonio, TX: The Psychological Corporation.

Beck, A. T., Steer, R. A., & Garbin, M. G. (1988). Psychometric properties of the Beck Depression Inventory: Twenty-five years of evaluation. *Clinical Psychology Review, 8*, 77-100.

Beck, A. T., & Weishaar, M. E. (1995). Cognitive therapy. In R. J. Corsini & D. Wedding (Eds.), *Current psychotherapies* (5th ed., pp. 229-261). Itasca, IL: Peacock Publishers, Inc.

Beck, J. S. (1995). *Cognitive therapy: Basics and beyond*. New York: Guilford.

Becker, M. H. & Maiman, L. A. (1975). Sociobehavioral determinants of compliance with health and medical care recommendations. *Medical Care, 13*, 10-24.

Begley, S. (2007). Get "shrunk" at your own risk. *Newsweek* (June 18). Retrieved June 20, 2007, from http://www.newsweek.com/id/34105.

Behnke, S. (2007). Posting on the Internet: An opportunity for self (and other) reflection. *Monitor on Psychology, 38*, 60-61.

Belar, C. D. (2000). Scientist-practitioner=/=science+practice: Boulder is bolder. *American Psychologist, 55*, 249-250.

Belar, C. D., Brown, R. A., Hersch, L. E., Hornyak, L. M., Rozensky, R. H., et al. (2003). Self-assessment in clinical health psychology: A model for ethical expansion of practice. Prevention and treatment, 6, no pagination specified.

Bellack, A. S., & Hersen, M. (Eds.). (1988). *Behavioral assessment: A practical handbook* (3rd ed.). New York: Pergamon Press.

Bellack, A. S., & Hersen, M. (Eds.). (1998). *Behavioral assessment: A practical handbook* (4th ed.). Needham Heights, MA: Allyn & Bacon.

Bellack, A. S., Hersen, M., & Himmelhoch, J. M. (1983). A comparison of social skills training, pharmacotherapy and psychotherapy for depression. *Behaviour Research and Therapy, 21*, 101-107.

Bellak, L. (1954). *The Thematic Apperception Test and the Children's Apperception Test in clinical use.* New York: Grune & Stratton.

Bellak, L. (1986). *The Thematic Apperception Test, the Children's Apperception Test, and the Senior Apperception Technique in clinical use* (4th ed.). New York: Grune & Stratton.

Bellak, L. (1992). *The TAT, CAT, and SAT in clinical use* (5th ed.). Odessa, FL: Psychological Assessment Resources.

Belter, R. W., & Piotrowski, C. (2001). Current status of doctoral-level training in psychological testing. *Journal of Clinical Psychology, 57*, 717-726.

Bender, L. A. (1938). A visual motor Gestalt test and its clinical use. *American Orthopsychiatric Association Research Monograph,* No.3.

Bender, W. N. (1994). Joint custody: The option of choice. *Journal of Divorce and Remarriage, 21*, 115-131.

Benefield, H., Ashkanazi, G., & Rozensky, R. H. (2006). Communication and records: HIPPA issues when working in health care settings. *Professional Psychology: Research and Practice, 37*, 273-277.

Benjamin, L. S. (1997). The origins of psychological species: A history of the beginnings of the divisions of the American Psychological Association. *American Psychologist, 52*, 725-732.

Benjamin, L. T. (2005). A history of clinical psychology as a profession in America (and a glimpse at the future). *Annual review of clinical psychology, 1*, 1-30.

Ben-Porath, Y. S., & Waller, N. G. (1992). "Normal" personality inventories in clinical assessment: General requirements and potential for using the NEO Personality Inventory. *Psychological Assessment, 4*, 14-19.

Berg, I. A. (1955). Response bias and personality: The deviation hypothesis. *Journal of Psychology, 40*, 61-71.

Berk, L. E. (2002). *Infants, children, and adolescents* (4th ed.). Boston: Allyn and Bacon.

Berliner, L., & Elliott, D. M. (2002). Sexual abuse of children. In J. E. B. Myers, L. Berliner, J. Briere, C. T. Hendrix, C. Jenny, & T. A. Reid (Eds.), *The APSAC handbook on child maltreatment* (pp. 55-78). Thousand Oaks, CA: Sage.

Berman, S. L. (2006). Risk management with suicidal patients. *Journal of Clinical Psychology, 62*, 171-184.

Bernstein, D. A. (1973). Behavioral fear assessment: Anxiety or artifact? In H. Adams & P. Unikel (Eds.). *Issues and trends in behavior therapy* (pp. 225-267). Springfield, IL: Charles C. Thomas.

Bernstein, D. A., & Nietzel, M. T. (1977). Demand characteristics in behavior modification: A natural history of a "nuisance." In M. Hersen, R. M. Eisler, & P. M. Miller (Eds.), *Progress in behavior modification* (Vol. 4, pp. 119-162). New York: Academic Press.

Bernstein, D. A., & Paul, G. L. (1971). Some comments on therapy analogue research with small animal "phobias." *Journal of Behavior Therapy and Experimental Psychiatry, 2*, 225-237.

Bernstein, D. A., Borkovec, T. D., & Hazlette-Stevens, H. (2000). *Progressive relaxation training: A manual for the helping professions* (2nd ed.). New York: Praeger.

Bernstein, D. A., Penner, L., Roy, E. J., & Clarke-Stewart, A. (2006). *Psychology* (7th ed.). Boston: Houghton Mifflin.

Bernstein, D. A., Penner, L., Roy, E. J., & Clarke-Stewart, A. (2008). *Psychology* (8th ed.). Boston: Houghton Mifflin.

Berry, D., Baer, R., & Harris, M. (1991). Detection of malingering on the MMPI: A meta-analysis. *Clinical Psychology Review, 11*, 585-598.

Bersoff, D. N. (2003). *Ethical conflicts in psychology* (3rd ed.). Washington, DC: American Psychological Association.

Bertelsen, A. (1999). Reflections on the clinical utility of the ICD-10 and DSM-IV classifications and their diagnostic criteria. *Australian & New Zealand Journal of Psychiatry, 32*, 166-173.

Beutler, L. E. (2002a). It isn't the size, but the fit. *Clinical Psychology: Science and Practice, 9*, 434-438.

Beutler, L. E. (2002b). Prescriptive authority: Editor's note on the special issue. *Journal of Clinical Psychology, 58*, 587-588.

Beutler, L. E., & Clarkin, J. F. (1990). *Systematic treatment selection: Toward targeted therapeutic interventions*. New York: Brunner/Mazel.

Beutler, L. E., & Groth-Marnat, G. (2003). *Integrative assessment of adult personality* (2nd ed.). New York: Guilford.

Beutler, L. E., & Harwood, T. M. (2000). *Prescriptive psychotherapy: A practical guide to systematic treatment selection*. New York: Oxford University Press.

Beutler, L. E., Kim, E. J., Davison, E., Karno, M., & Fisher, D. (1996). Research contributions to improving managed health care outcomes. *Psychotherapy, 33*, 197-206.

Beutler, L. E., Machado, P. P. P., & Neufeldt, S. A. (1994). Therapist variables. In A. Bergin & S. Garfield (Eds.), *Handbook of psychotherapy and behavior change* (4th ed.). New York: Wiley.

Beutler, L. E., & Malik, (2002). *Rethinking the DSM: A psychological perspective*. Washington, DC: American Psychological Association.

Beutler, L. E., Malik, M., Alimohamed, S., Harwood, T. M., Talebi, H., Noble, S., et al. (2004). Therapist variables. In M. J. Lambert (Ed.), *Bergin and Garfield's handbook of psychotherapy and behavior change* (5th ed., pp. 227-306). New York: Wiley.

Biaggio, M., Orchard, S., Larson, J., Petrino, K., & Mihara, R. (2003). Guidelines for gay/lesbian/ bisexual-affirmative educational practices in graduate psychology programs. *Professional Psychology: Research and Practice, 34*, 548-554.

Bickman, L. (1987). Graduate education in psychology. *American Psychologist, 42*, 1041-1047.

Bickman, L. (1996). A continuum of care: More is not always better. *American Psychologist, 51*, 689-701.

Bieling, P. J., McCabe, R. E., & Antony, M. M. (2006). *Cognitive-behavioral therapy in groups*. New York: Guilford.

Bienefeld, D. (2005). *Psychodynamic theory for clinicians*. New York: Lippincott Williams & Wilkins.

Bieri, J., Atkins, A. L., Briar, S., Leaman, R. L., Miller, H., & Tripoldi, T. (1966). *Clinical and social judgment: The discrimination of behavioral information*. New York: Wiley.

Bigler, E. D. (2007). A motion to exclude and the "fixed" versus "flexible" battery in "forensic" neuropsychology: Challenges to the practice of clinical neuropsychology. *Archives of Clinical Neuropsychology, 22*(1), 45-51. E-pub Dec. 27, 2006.

Bigner, J. J., & Wetchler, J. L. (Eds.). (2004). *Relationship therapy with same-sex couples*. New York: Haworth Press.

Bijou, S. W., Peterson, R. F., & Ault, M. H. (1968). A method to integrate descriptive and experimental field studies at the level of data and empirical concepts. *Journal of Applied Behavior Analysis, 1*, 175-191.

Bion, W. R. (1959). *Experiences in groups*. New York: Basic Books.

Birks, Y., & Roger, D. (2000). Identifying components of type-A behavior: "Toxic" and "nontoxic" achieving. *Personality and Individual Differences, 28*, 1093-1105.

Bishop, S. R. (2007). What we really know about mindfulness-based stress reduction. In A. Monat, R. S. Lazarus, & G. Reevy (Eds.), *The Praeger handbook on stress and coping*, (Vol. 2, pp. 475-487). Westport, CT: Praeger Publishers/Greenwood Publishing.

Bishop, S. R., Lau, M., Shapiro, S., Carlson, L., Anderson, N. D., Carmody, J., et al. (2004). Mindfulness: A proposed operational definition. *Clinical Psychology: Science and Practice, 11*, 230-241.

Bisiach, E., Luzzatti, C., & Perani, D. (1979). Unilateral neglect, representational schema and consciousness. *Brain, 102*(3), 609-618.

Blackburn, H., Luepker, R. V., Kline, F. G., Bracht, N., Carlaw, R., Jacobs, B., et al. (1984). The Minnesota Heart Health

Program: A research and demonstration project in cardiovascular disease prevention. In J. D. Matarazzo et al. (Eds.), *Behavioral health: A handbook of health enhancement and disease prevention* (pp. 1171-1178). New York: Wiley.

Blair, R. J. & Cipolotti, L. (2000). Impaired social response reversal. A case of 'acquired sociopathy'. *Brain, 123*(Pt. 6), 1122-1141.

Blanchard, E. B. (1992). Psychological treatment of benign headache disorders. *Journal of Consulting and Clinical Psychology, 60*, 537-551.

Blanchard, E. B. (1994). Behavioral medicine and health psychology. In A. E. Bergin & S. L. Garfield (Eds.), *Handbook of psychotherapy and behavior change* (pp. 701-733). New York: Wiley.

Blanchard, R., & Barbaree, H. E. (2005). The strength of sexual arousal as a function of the age of the sex offender: Comparisons among pedophiles, hebephiles, and teleiophiles. *Sexual Abuse: Journal of Research and Treatment, 12*, 441-456.

Blatt, S. J., & Lerner, H. (1983). Psychodynamic perspectives on personality theory. In M. Hersen, A. E. Kazdin, & A. S. Bellack (Eds.), *The clinical psychology handbook* (pp. 87-106). New York: Pergamon Press.

Blount, R. L., Bachanas, P. J., Powers, S. W., Cotter, M. C., Franklin, A., Chaplin, W., et al. (1992). Training children to cope and parents to coach them during routine immunizations: Effects on child, parent, and staff behavior. *Behavior Therapy, 23*, 689-705.

Blumenthal, S. J. (1994). Introductory remarks. In S. J. Blumenthal, K. Matthews, & S. M. Weiss (Eds.), New research frontiers in behavioral medicine (pp. 9-15). Washington, DC: National Institute of Mental Health.

Bobbitt, B. L. (2006). The importance of professional psychology: A view from managed care. *Professional Psychology: Research and Practice, 37*, 590-597.

Boczkowski, J. A., Zeichner, A., & DeSanto, N. (1985). Neuroleptic compliance among chronic schizophrenic outpatients: An intervention outcome report. *Journal of Consulting and Clinical Psychology, 53*, 666-671.

Boeree, C. G. (2006). Psychology: The cognitive movement. Retrieved June 18, 2006, from http://www.ship.edu/%7Ecgboeree/ai.html.

Bogels, S. M. (1994). A structured-training approach to teaching diagnostic interviewing. *Teaching of Psychology, 21*, 144-150.

Bohart, A. C. (2003). Person-centered psychotherapy and related experiential approaches. In A. S. Gurman & S. B. Messer (Eds.), *Essential psychotherapies* (2nd ed., pp. 107-148). New York: Guilford.

Boisvert, C. M., & Faust, D. (2006). Practicing psychologists' knowledge of general psychotherapy research findings: Implications for science-practice relations. *Professional Psychology: Research and Practice, 37*, 708-716.

Bonnie, R. J., Jeffries, J. C., Jr., & Low, P. W. (2000). *A case study in the insanity defense: The trial of John W. Hinckley, Jr.* (2nd ed.). New York: Foundation Press.

Bonnie, R., & Slobogin, C. (1980). The role of mental health professionals in the criminal process: The case for informed speculation. *Virginia Law Review, 66*, 427-522.

Boothby, H., Mann, A. H., & Barker, A. (1995). Factors determining interrater agreement with rating global change in dementia: The CIBIC-plus. *International Journal of Geriatric Psychiatry, 10*, 1037-1045.

Bordin, E. S. (1979). The generalizability of the psychoanalytic concept of the working alliance. *Psychotherapy: Theory, Research, and Practice, 16*, 252-260.

Borgata, L. (1995). Analysis of social interaction and sociometric perception. *Sociometry, 17*, 7-32.

Boring, E. G. (1950). *A history of experimental psychology* (2nd ed.). New York: Appleton Century-Crofts.

Borkovec, T. D., & O'Brien, G. T. (1976). Methodological and target behavior issues in analogue therapy outcome research. In M. Hersen, R. M. Eisler, & P. M. Miller (Eds.), *Progress in behavior modification* (pp. 133-172). New York: Academic Press.

Bornstein, R. F., Hill, E. L., Roginson, K. J., Cabrese, C., & Bowers, K. S. (1996). Internal reliability of Rorschach Oral

Dependency Scale scores. *Educational and Psychological Measurement, 56*, 130-138.

Borum, R. (1996). Improving the clinical practice of violence risk assessment. *American Psychologist, 51*, 945-956.

Bottoms, B. L., & Nysse, K. L. (1999, Fall). Applying to graduate school: Writing a compelling personal statement. *Eye on Psi Chi, 4*, 20-22.

Botvin, G. J., & Griffin, K. W. (2004). Life skills training: Empirical findings and future directions. *Journal of Primary Prevention, 25*, 211-232.

Bowen, A. M., & Trotter, R. T., II (1995). HIV risk in intravenous drug users and crack cocaine smokers: Predicting stage of change for condom use. *Journal of Consulting and Clinical Psychology, 63*, 238-248.

Boyle, G. J. (1995). Meyers-Briggs type indicator (MBTI): Some psychometric limitations. *Australian Psychologist, 30*, 71-74.

Brabender, V. A., Fallon, A. E., & Smolar, A. I. (2004). *Essentials of group therapy*. New York: Wiley.

Bracha, H. S. (2006). Human brain evolution and the "neuroevolutionary time-depth principle:" Implications for the reclassification of fear-circuitry-related traits in DSM-V and for studying resilience to warzone-related post-traumatic stress disorder. *Progress in Neuro-Psychopharmacology & Biological Psychiatry, 30*, 827-853.

Braden, J. P. (1995). Review of the Wechsler Intelligence Scale for Children (3rd ed.). In J. C. Conoley & J. C. Impara (Eds.), *Twelfth mental measurements yearbook*. Lincoln, NE: Buros Institute.

Braginsky, B. M., Braginsky, D. D., & Ring, K. (1969). *Methods of madness: The mental hospital as a last resort*. New York: Holt, Rinehart & Winston.

Braginsky, B. M., Grosse, M., & Ring, K. (1966). Controlling outcomes through impression management: An experimental study of the manipulative tactics of mental patients. *Journal of Consulting Psychology, 30*, 295-300.

Brambilla, P., Cerini, R., Gasparini, A., Versace, A., Andreone, N., Nose, N., et al. (2005). Investigation of corpus callosum in schizophrenia with diffusion imaging. *Schizophrenia Research, 79*(2-3), 201-210.

Brand, B. L., Armstrong, J. G. & Loewenstein, R. J. (2006). Psychological assessment of patients with dissociative identity disorder. *Psychiatric Clinics of North America, 29*, 145-168.

Brannon, L., & Feist, J. (2006). *Health psychology: An introduction to behavior and health*. Belmont, CA: Wadsworth.

Branthwaite, A., & Pechere, J. C. (1996). Pan-European survey of patients' attitudes to antibiotics and antibiotic use. *Journal of International Medical Research, 24*, 229-238.

Brauer, B. A. (1993). Adequacy of a translation of the MMPI into American Sign Language for use with deaf individuals: Linguistic equivalency issues. *Rehabilitation Psychology, 38*, 247-260.

Breggin, P. R. (2001). *Talking back to Ritalin: What doctors aren't telling you about stimulants for children*. Monroe, ME: Common Courage Press.

Breggin, P. R., & Breggin, G. R. (1994). *The war against children: How the drugs, programs, and theories of the psychiatric establishment are threatening America's children with a medical "cure" for violence*. New York: St. Martin's Press.

Brekke, J. S., & Long, J. D. (2000). Community-based psychosocial rehabilitation and prospective chance in functional, clinical, and subjective experience variables in schizophrenia. *Schizophrenia Bulletin, 26*, 667-678.

Brekke, N. J., Enko, P. J., Clavet, G., & Seelau, E. (1991). Of juries and court-appointed experts: The impact of nonadversarial expert testimony. *Law and Human Behavior, 15*, 451-477.

Brems, C. (2001). *Basic skills in psychotherapy and counseling*. Belmont, CA: Wadsworth.

Breslow, L. (1979). A positive strategy for the nation's health. *Journal of the American Medical Association, 242*, 2093-2094.

Breuer, J., & Freud, S. (1895/1955). *Studies on hysteria: Standard Edition* (Vol. 2). London: Hogarth Press.

Breyer, S. (2000, Summer). Science in the courtroom. *Issues in Science and Technology*. Retrieved December 8, 2001, from http://www.nap.edu/issues/16.4/breyer.htm.

Brinkmeyer, M. Y., & Eyberg, S. M. (2003). Parent-child interaction therapy for oppositional children. In A. E. Kazdin & J. R. Weisz (Eds.), *Evidence-based psychotherapies for children and adolescents* (pp. 204-223). New York: Guilford.

Broca, P. (1861). Remargues sur le siege de la faculte de la porle articulee, suives d'une observation d'aphemie (perte de parole). *Bulletin Societie Anatomie, 36*, 330-357.

Broca, P. (1865). Sur la faculté du langage articulé. *Bulletin Societe Anthropologie Paris, 6*, 337-393.

Brodley, B. T. (2006). Non-directivity in client-centered therapy. *Journal of Psychotherapy Integration, 16*, 140-161.

Brody, G. H., Murry, V. M., Gerrard, M., Gibbons, F. X., McNair, L., et al. (2006). The Strong African American Families Program: Prevention of youths' high-risk behavior and a test of a model of change. *Journal of Family Psychology, 20*, 1-11.

Broman, C. L. (1993). Social relationships and health-related behavior. *Journal of Behavioral Medicine, 16*, 335-350.

Brotemarkle, B. A. (1947). Fifty years of clinical psychology: Clinical psychology 1896-1946. *Journal of Consulting Psychology, 11*, 1-4.

Brotman, L. M., Klein, R. G., Kamboukos, D., Brown, E. J., Coard, S. I., & Sosinsky, L. S. (2003). Preventive intervention for urban, low-income preschoolers at familial risk for conduct problems: A randomized pilot study. *Journal of Clinical Child and Adolescent Psychology, 32*, 246-257.

Brown, L. S. (1990). Taking account of gender in the clinical assessment interview. *Professional Psychology: Research and Practice, 21*, 12-17.

Brown, L. S. (2005). Don't be a sheep: How this eldest daughter became a feminist therapist. *Journal of Clinical Psychology, 61*, 949-956.

Brown, R. T., Carpenter, L. A., & Simerly, E. (2005). *Mental health medications for children: A primer.* New York: Guilford.

Brown, T. A., & Barlow, D. H. (2001). *Casebook in abnormal psychology* (2nd ed.). Belmont, CA: Wadsworth.

Brown, T. T., Chorpita, B. F., & Barlow, B. F. (1998). Structural relationships among dimensions of the DSM-IV anxiety and mood disorders and dimensions of negative affect, positive affect, and autonomic arousal. *Journal of Abnormal Psychology, 107*, 179-192.

Brown, W. H., Odom, S. L., & Holcombe, A. (1996). Observational assessment of young children's social behavior with peers. *Early Childhood Research Quarterly, 11*, 19-40.

Brownell, H. H., Potter, H. H., Bihrle, A. M., & Gardner, H. (1986). Inference deficits in right brain-damaged patients. *Brain and Language, 27*(2), 310-321.

Brownell, K. D., & Wadden, T. A. (1992). Etiology and treatment of obesity: Understanding a serious, prevalent, and refractory disorder. *Journal of Consulting and Clinical Psychology, 60*, 505-517.

Brugha, T. S., Nienhuis, F., Bagchi, D., Smith, J., Meltzer, H. (1999). The survey form of SCAN: The feasibility of using experienced lay survey interviewers to administer a semi-structured systematic clinical assessment of psychotic and non-psychotic disorders. *Psychological Medicine, 29*, 703-711.

Brussel, J. A. (1968). *Casebook of a crime psychiatrist.* New York: Bernard Geis Associates. Buck, J. N. (1948). Buck, J. N. (1948). The H-T-P technique: A qualitative and quantitative scoring manual. *Journal of Clinical Psychology, 4*, 319-396.

Bugental, D. B., & Grusec, J. E. (2006). Socialization processes. In N. Eisenberg (Ed.), *Handbook of child psychology* (6th ed., pp. 366-428). Hoboken, NJ: Wiley.

Bugental, J. F. T. (1995). Preliminary sketches for a short-term existential therapy. In K. J. Schneider & R. May (Eds.), *The psychology of existence: An integrative, clinical perspective* (pp. 261-264). New York: McGraw-Hill.

Bugental, J. F. T., & Sterling, M. (1995). Existential psychotherapy. In A. S. Gurman & S. B. Messer (Eds.), *Essential psychotherapies* (pp. 226-260). New York: Guilford.

Bull, S. S., Gaglio, B., Garth, M. H., & Glasgow, R. E. (2005). Harnessing the potential of the Internet to promote chronic illness self-management: Diabetes as an example of how well we are doing. *Chronic Illness, 1*, 143-155.

Burg, M. M., & Abrams, D. (2001). Depression in chronic medical illness: The case of coronary heart disease. *Journal of Clinical Psychology/In Session, 57*, 1323-1337.

Burger, W. E. (1975). Dissenting opinion in O'Connor v. Donaldson. *U.S. Law Week*, 42, 4929-4936.

Burisch, M. (1984). Approaches to personality inventory construction: A comparison of merits. *American Psychologist, 39*, 214-227.

Burke, L. E., Dunbar-Jacob, J. M., & Hill, M. N. (1997). Compliance with cardiovascular disease prevention strategies: A review of the research. *Annals of Behavioral Medicine, 19*, 239-263.

Burlingame, G. M., MacKenzie, K. R., & Strauss, B. (2004). Small-group treatment: Evidence for effectiveness and mechanisms of change. In M. J. Lambert (Ed.), *Bergin and Garfield's handbook of psychotherapy and behavior change* (5th ed. pp. 647-696). New York: Wiley.

Burns, D. D. (1999). *Feeling good: The new mood therapy, Vol. 1* (Rev. ed.). New York: Harper Collins.

Burns, D. D., & Spangler, D. L. (2000). Does psychotherapy homework lead to improvements in depression in cognitive-behavioral therapy or does improvement lead to increased homework compliance? *Journal of Consulting and Clinical Psychology, 68*, 46-56.

Buros, O. K. (Ed.). (1938). *The 1940 mental measurements yearbook*. Highland Park, NJ: Gryphon Press.

Buschbaum, M., Haier, R., Potkin, S., Nuechterlein, K., Bracha, H., Katz, M., et al. (1992). Frontostriatal disorder of cerebral metabolism in never-medicated schizophrenics. *Archives of General Psychiatry, 49*, 935-942.

Bush, S. S., Connell, M. A., & Denney, R. L. (2006). *Ethical practice in forensic psychology: A systematic model for decision making*. Washington, DC: American Psychological Association.

Butcher, J. N. (1999). *A beginner's guide to the MMPI-2*. Washington, DC: American Psychological Corporation.

Butcher, J. N. (2004). Personality assessment without borders: Adaptation of the MMPI-2 across cultures. *Journal of Personality Assessment, 83*, 90-104.

Butcher, J. N. (Ed.). (2006). *MMPI-2: A practitioner's guide*. Washington, DC: American Psychological Corporation.

Butcher, J. N., & Keller, L. S. (1984). Objective personality assessment. In G. Goldstein & M. Hersen (Eds.), *Handbook of psychological assessment* (pp. 307-331). New York: Pergamon Press.

Butcher, J. N., Dahlstrom, W. G., Graham, J. R., Tellegen, A., & Kaemmer, B. (1989). *Manual for administration and scoring of the MMPI-2*. Minneapolis: University of Minnesota Press.

Butcher, J. N., Perry, J. N., & Atlis, M. M. (2000). Validity and utility of computer-based test interpretation. *Psychological Assessment, 12*, 6-18.

Butcher, J. N., Perry, J., & Hahn, J.(2004). Computers in clinical assessment: Historical developments, present status, and future challenges. *Journal of Clinical Psychology, 60*, 331-345.

Butcher, J. N., & Williams, C. L. (1992). *Essentials of MMPI-2 and MMPI-A interpretation*. Minneapolis: University of Minnesota Press.

Butler, A. C., Chapman, J. E., Forman, E. M., & Beck, A. T. (2006). The empirical status of cognitive-behavioral therapy: A review of meta-analyses. *Clinical Psychology Review, 26*, 17-31.

Cacciola, J. S., Alterman, A. I., Rutheford, M. J., McKay, J. R., & May, D. J. (1999). Comparability of telephone and in-person Structured Clinical Interview for DSM-III-R (SCID) diagnoses. *Assessment, 6*, 235-242.

Cacioppo, J. T. (2006). Social neuroscience. *American Journal of Psychology, 119*, 664-668.

Cain, D. J. (1990). Celebration, reflection, and renewal: 50 years of client-centered therapy and beyond. *Person-Centered Review, 5*, 357-363.

Cairns, R. B., & Green, J. A. (1979). How to assess personality and social patterns: Observations or ratings? In B. Cairns

(Ed.), *The analysis of social interactions: Methods, issues, and illustrations* (pp. 209-226). Hillsdale, NJ: Erlbaum.

Calkins, S. D., & Degnan, K. A. (2006). Temperament in early development. In R. T. Ammerman (Ed.), *Comprehensive handbook of personality and psychopathology* (Vol. 3, pp. 64-84). Hoboken, NJ: Wiley.

Camara, W. J., Nathan, J. S., & Puente, A. E. (2000). Psychological test usage: Implications in professional psychology. *Professional Psychology: Research and Practice, 31*, 141-154.

Campbell, D. T., & Fiske, D. W. (1959). Convergent and discriminant validation by the multitrait-multimethod matrix. *Psychological Bulletin, 56*, 81-105.

Canning, D. (2006). The economics of HIV/AIDS in low-income countries: the case for prevention. *Journal of Economic Perspectives, 20*, 121-142.

Cantor, N. L. (1998). Making advance directives meaningful. *Psychology, Public Policy, and Law, 4*, 629-652.

Caplan, G. (1964). *Principles of preventive psychiatry*. New York: Basic Books.

Carlson, E. T. (1981). Introduction. *Clinical psychiatry [Facsimile reproduction of the 1907 volume, History of Psychology Series*, R. I. Watson (Ed.)]. Delmar, NY: Scholars' Facsimiles & Reprints.

Carniero, C., Corboz-Warney, A., & FivazDepeursinge, E. (2006). The prenatal Lausanne Trilogy Play: A new observational assessment tool of the prenatal co-parenting alliance. *Infant Mental Health Journal, 27*, 207-228.

Carr, A. (2006). *The handbook of child and adolescent clinical psychology: A contextual approach* (2nd ed.). New York: Routledge/Taylor and Francis Group.

Carroll, J. B. (1993). *Human cognitive abilities: A survey of factor-analytic studies*. Cambridge, UK: University of Cambridge Press.

Carroll, R. T. (2003). *The skeptic's dictionary*. Hoboken, NJ: Wiley.

Carter, C. S., Perlstein, W., Ganguli, R., Brar, J., Mintun, M., & Cohen, J. (1998). Functional hypofrontality and working memory dysfunction in schizophrenia. *American Journal of Psychiatry, 155*, 1285-1287.

Cashel, M. L. (2002). Child and adolescent psychological assessment: Current clinical practices and the impact of managed care. *Professional Psychology: Research and Practice, 33*, 446-453.

Caspi, A., & Silva, P. A. (1995). Temperamental qualities at age 3 predict personality traits in young adulthood: Longitudinal evidence from a birth cohort. *Child Development, 66*, 486-498.

Caspi, A., Harrington, H., Milne, B., Amell, J. W., Theodore, R. F., & Moffitt, T. E. (2003). Children's behavioral styles at age 3 are linked to their adult personality traits at age 26. *Journal of Personality, 71*, 495-513.

Cassel, E. (2000). Behavioral science research leads to Department of Justice Guidelines for eyewitness evidence. *Virginia Lawyer, 48*, 35-38.

Cassel, E. (2002, March 18). The Andrea Yates verdict and sentence: Did the jury do the right thing? *FindLaw's Writ*. Retrieved January 1, 2007, from http://writ.news.findlaw.com/commentary/

Cassel, E., & Bernstein, D. A. (2001). *Criminal Behavior*. Boston: Allyn & Bacon.

Cassel, E., & Bernstein, D. A. (2007). *Criminal behavior* (2nd ed.). Mahwah, NJ: Erlbaum.

Cattell, R. B. (1936). *A guide to mental testing*. London, UK: University of London Press, Ltd.

Cattell, R. B. (1943). The measurement of adult intelligence. *Psychological Bulletin, 40*, 153-193.

Cattell, R. B. (1948). The meaning of clinical psychology. In L. A. Pennington & I. A. Berg (Eds.), *An introduction to clinical psychology*. New York: The Roland Press.

Cattell, R. B., Eber, H. W., & Tatusoka, M. M. (1970). *Handbook for the Sixteen Personality Factor Questionnaire*. Champaign, IL: Institute for Personality and Ability Testing.

Cattell, R. B., Eber, H. W., & Tatusoka, M. M. (1992). *Handbook for the Sixteen Personality Factor Questionnaire (16PF)*. Champaign, IL: Institute for Personality and Ability Testing.

Cecero, J. J., Fenton, L. R., Frankforter, T. L., Nich, C., & Carroll, K. M. (2001). Focus on therapeutic alliance: The psychometric properties of six measures across three treatments. *Psychotherapy: Theory, Research, Practice, Training, 38*, 1-11.

Centers for Disease Control (2001a). About cardiovascular disease. Retrieved December 3, 2001 from http://www.cdc.gov/nccdphp/cvd/aboutcardio.htm.

Centers for Disease Control (2001b). Basic statistics—Cumulative AIDS Cases. Retrieved December 3, 2001, from http://www.cdc.gov/hiv/stats/cumulati.htm.

Centers for Disease Control (2001c). Basic statistics—International Statistics. Retrieved December 3, 2001, from http://www.cdc.gov/hiv/stats/cumulati.htm.

Chambless, D. L. (1990). Spacing of exposure sessions in the treatment of agoraphobia and simple phobia. *Behavior Therapy, 21*, 217-229.

Chambless, D. L., & Ollendick, T. H. (2001). Empirically supported psychological treatments. *Annual Review of Psychology, 52*, 685-716.

Chambless, D. L., Baker, M., Baucom, D. H., Beutler, L. E., Calhoun, K. S., et al. (1998). Update on empirically validated therapies, II. *Clinical Psychologist, 51*, 3-16.

Chan, D. W., & Lee, H. B. (1995). Patterns of psychological test use in Hong Kong in 1993. *Professional Psychology: Research and Practice, 26*, 292-297.

Chang, T., & Yeh, C. J. (2003). Using online groups to provide support to Asian American men: Racial, cultural, gender, and treatment issues. *Professional Psychology: Research and Practice, 34*, 634-643.

Chapman, L. J., & Chapman, J. P. (1967). The genesis of popular but erroneous psychodiagnostic observations. *Journal of Abnormal Psychology, 72*, 193-204.

Cherry, D. K., Messenger, L. C., & Jacoby, A. M. (2000). An examination of training model outcomes in clinical psychology programs. *Professional Psychology: Research & Practice, 31*, 562-568.

Chess, S., & Thomas, A. (1986). *Temperament in clinical practice*. New York: Guilford.

Children' s Defense Fund (2005). *Protect children not guns*. Washington, DC: Author.

Choate, M. L., Pincus, D. B., Eyberg, S. M., & Barlow, D. H. (2005). Parent-child interaction therapy for treatment of separation anxiety disorder in young children: A pilot study. *Cognitive and Behavioral Practice, 12*, 126-135.

Chorpita, B. F. (2002). Treatment manuals for the real world: Where do we build them? *Clinical Psychology: Science and Practice, 9*, 431-433.

Christensen, A., & Heavey, C. L. (1999). Interventions for couples. *Annual Review of Psychology, 50*, 165-190.

Chronis, A. M., Jones, H. A., & Raggi, V. L. (2006). Evidence-based psychosocial treatments for children and adolescents with attentiondeficit/hyperactivity disorder. *Clinical Psychology Review, 26*, 486-502.

Chung, J. J., Weed, N. C., & Han, K. (2006). Evaluating cross-cultural equivalence of the Korean MMPI-2 via bilingual test-retest. *International Journal of Intercultural Relations, 30*, 531-543.

Cicchetti, D., & Cohen, D. J. (Eds.). (2006). *Developmental psychopathology, Vol. 2: Developmental neuroscience* (2nd ed.). Hoboken, NJ: Wiley.

Cicchetti, D., & Curtis, J. W. (2006). The developing brain and neuroplacticity: I mplications for normality, psychopathology, and resilience. In D. Cicchetti & J. W. Curtis (Eds.), *Developmental psychopathology, Vol 2: Developmental neuroscience* (2nd ed., pp. 1-64). Hoboken, NJ: Wiley.

Clark, D. B., & Winters, K. C. (2002). Measuring risks and outcomes in substance use disorders prevention research. *Journal of Consulting and Clinical Psychology, 70*, 1207-1223.

Clarke, G., Lynch, F., Spofford, M., & DeBar, L. (2006). Trends influencing future delivery of mental health services in large healthcare systems. *Clinical Psychology: Science and Practice, 13*, 287-292.

Clarkin, J. F., & Levy, K. N. (2004). The influence of client variables of psychotherapy. In M. J. Lambert (Ed.), *Bergin and Garfield's handbook of psychotherapy and behavior change* (5th ed., pp. 194-226). New York: Wiley.

Clay, R. A. (2005). The changing face of psychology practice. *Monitor on Psychology, 35*, 48-50.

Clay, R. A. (2006a). Assessing assessment. *Monitor on Psychology*, January, 44-46.

Clay, R. A. (2006b). Loan repayment. *GradPSYCH, 4*, 1-3.

Clingempeel, W. G., & Reppucci, N. D. (1982). Joint custody after divorce: Major issues and goals for research. *Psychological Bulletin, 91*, 102-127.

Coatsworth, J. D., Pantin, H., & Szapocznik, J. (2002). Familias unidas: A family-centered ecodevelopmental intervention to reduce risk for problem behavior among Hispanic adolescents. *Clinical Child and Family Psychology Review, 5*, 113-132.

Cobb, H. C., Reeve, R. E., Shealy, C. N., Norcross, J. C., Schare, M. L., et al. (2004). Overlap among clinical, counseling, and school psychology: Implications for the profession and combined-integrated training. *Journal of Clinical Psychology, 60*, 939-955.

Cohen, B. B., & Vinson, D. C. (1995). Retrospective self-report of alcohol consumption: Test-retest reliability by telephone. *Alcoholism: Clinical and Experimental Research, 19*, 1156-1161.

Cohen, J., Marecek, J., & Gillham, J. (2006). Is three a crowd? Clients, clinicians, and managed care. American *Journal of Orthopsychiatry, 76*, 251-259.

Cohen, J. B., & Reed, D. (1985). Type A behavior and coronary heart disease among Japanese men in Hawaii. *Journal of Behavioral Medicine, 8*, 343-352.

Cohen, S. (2004). Social relationships and health. *American Psychologist, 59*, 676-684.

Cohen, S., Gottlieb, B., & Underwood, L. (2000). Social relationships and health. In S. Cohen, L. Underwood, & B. Gottlieb (Eds.), *Measuring and intervening in social support* (pp. 3-25). New York: Oxford University Press.

Cohen, S., Kamarck, T., & Mermelstein, R. (1983). A global measure of perceived stress. *Journal of Health and Social Behavior, 24*, 385-396.

Cohen, S., & Rabin, B. S. (1998). Psychological stress, immunity, and cancer. *Journal of the National Cancer Institute, 90*, 3-4.

Cohen, S., Tyrrell, D. A., & Smith, A. P. (1991). Psychological stress in humans and susceptibility to the common cold. *New England Journal of Medicine, 325*, 606-612.

Cohen, S., & Wills, T. A. (1985). Stress, social support, and the buffering hypothesis. *Psychological Bulletin, 98*, 310-357.

Coleman, P. (2005). Privilege and confidentiality in 12-step self-help programs: Believing the promises could be hazardous to an addict' s freedom. *Journal of Legal Medicine, 26*, 435-474.

Collins, R. L., Parks, G. A., & Marlatt, G. A. (1985). Social determinants of alcohol consumption: The effects of social interactions and model status on the self-administration of alcohol. *Journal of Consulting and Clinical Psychology, 53*, 189-200.

Collins, W. A., & Steinberg, L. (2006). Adolescent development in interpersonal context. In N. Eisenberg (Ed.), *Handbook of child psychology* (6th ed., pp. 1003-1067). Hoboken, NJ: Wiley.

Colmen, J. G., Kaplan, S. J., & Boulger, J. R. (1964, August). *Selection and selecting research in the Peace Corps.* (Peace Corps Research Note No.7).

Cone, J. D. (1988). Psychometric considerations and the multiple models of behavioral assessment. In A. S. Bellack & M. Hersen (Eds.), *Behavioral assessment: A practical handbook* (3rd ed., pp. 42-66). New York: Pergamon Press.

Conger, R. D., & Donnellan, M. B. (2007). An interactionist perspective on the socioeconomic context of human development. *Annual Review of Psychology, 58*, 175-199.

Conners, C. K. (1989). *Conners rating scales.* North Tonawanda, NY: Multi-Health Systems.

Conners, C. K. (1998). *Conners rating scales*-revised. Toronto: Multi-Health Systems.

Connor-Smith, J. K., & Weisz, J. R. (2003). Applying treatment outcome research in clinical practice: Techniques for adapting interventions to the real world. *Child Psychology and Psychiatry Review, 8*, 3-10.

Consoli, A. J., & Jester, C. M. (2005). Training in psychotherapy integration II: Further efforts. *Journal of Psychotherapy Integration, 15*, 355-357.

Coontz, P. D., Lidz, C. W., & Mulvey, E. P. (1994). Gender and the assessment of dangerousness in the psychiatric emergency room. *International Journal of Law and Psychiatry, 17*, 369-376.

Corey, G. (1999). *Theory and practice of group counseling*. Pacific Grove, CA: Wadsworth.

Corey, G. (2007). *Theory and practice of group counseling* (7th ed.). Belmont, CA: Thomson Brooks/Cole.

Cornblatt, B., & Erlenmeyer-Kimling, L. E. (1985). Global attentional deviance in children at risk for schizophrenia: Specificity and predictive validity. *Journal of Abnormal Psychology, 94*, 470-486.

Corrigan, P. (2004). How stigma interferes with mental health care. *American Psychologist, 59*, 614-625.

Corsini, R. J., & Wedding, D. (2007). *Current psychotherapies* (8th ed.). Belmont, CA: Wadsworth.

Coslett, H. B., & Saffran, E. (1991). Simultanagnosia: To see but not two see. *Brain, 114* (Pt. 4), 1523-1545.

Costa, P. T. Jr., & McCrea, R. R. (1980). Still stable after all these years: Personality as a key to some issues in adulthood and old age. In P. B. Baltes & O. G. Brim, Jr. (Eds.), *Life span development and behavior* (Vol. 3, pp. 65-102). New York: Academic Press.

Costa, P. T. Jr., & McCrae, R. R. (1985). *NEO-Personality Inventory manual*. Odessa, FL: Psychological Assessment Resources.

Costa, P. T. Jr., & McCrae, R. R. (1992a). *Manual for the Revised NEO Personality Inventory (NEO-PIR) and the NEO Five-Factor Inventory (BEO-FFI)*. Odessa, FL: Psychological Assessment Resources.

Costa, P. T. Jr., & McCrae, R. R. (1992b). Normal personality inventories in clinical assessment: General requirements and potential for using the NEO Personality Inventory. *Psychological Assessment, 4*, 5-13.

Côté, S., & Bouchard, S. (2005). Documenting the efficacy of virtual reality exposure with psychophysiological and information processing measures. *Applied Psychophysiology and Biofeedback, 30*, 217-232.

Cotton, S., Puchalski, C. M., Sherman, S. N., Mrus, J. M., Peterman, A. H., et al. (2006). Spirituality and religion in patients with HIV/AIDS. *Journal of General Internal Medicine, 21 (Supplement 5)*, 5-13.

Couch, R. D. (1995). Four steps for conducting a pregroup screening interview. *Journal for Specialists in Group Work, 20*, 18-25.

Counseling Psychology, Division 17. (2006). Home page of Division 17. Retrieved Oct. 22, 2006, from http://www.div17.org.

Covner, B. J. (1942). Studies in phonographic recordings. I: The use of phonographic recordings in counseling practice and research. *Journal of Consulting Psychology, 6*, 105-113.

Crane, D. R., & Law, D. D. (2002). Conducting medical offset research in a health maintenance organization: Challenges, opportunities, and insights. *Journal of Marital and Family Therapy, 28*, 15-19.

Crits-Christoph, P., Connolly-Gibbons, M. B., & Hearon, B. (2006). Does the alliance cause good outcome? Recommendations for future research on the alliance. *Psychotherapy: Theory, Research, Practice, Training, 43*, 280-285.

Cronbach, L. J. (1946). Response sets and test validity. *Educational and Psychological Measurement, 6*, 475-494.

Cronbach, L. J. (1960). *Essentials of psychological testing* (2nd ed.). New York: Harper & Row.

Cronbach, L. J. (1970). *Essentials of psychological testing* (3rd ed.). New York: Harper & Row.

Cronbach, L. J., & Glesser, G. C. (1964). *Psychological tests and personnel decisions*. Urbana: University of Illinois Press.

Cronbach, L. J., Glesser, G. C., Nanda, H., & Rajaratnam, N. (1972). *The dependability of behavioral measurements*. New York: Wiley.

Cronbach, L. J., & Meehl, P. E. (1955). Construct validity in psychology tests. *Psychological Bulletin, 52*, 281-302.

Crosbie-Burnett, M. (1991). Impact of joint versus sole custody and quality of co-parental relationship on adjustment of adolescents in remarried families. *Behavioral Sciences and the Law, 9*, 439-449.

Cullen, E. A., & Newman, R. (1997). In pursuit of prescription privileges. *Professional Psychology: Research and Practice, 28*, 101-106.

Cummings, E. M., Goeke-Morey, M. C., & Papp, L. M. (2004). Everyday marital conflict and child aggression. *Journal of Abnormal Child Psychology, 32*, 191-202.

Cummings, E. M., Goeke-Morey, M. C., & Raymond, J. (2004). Fathers in family context: Effects of marital quality and marital conflict. In M. E. Lamb (Ed.), *The role of the father in child development* (4th ed., pp. 196-221). Hoboken, NJ: Wiley.

Cummings, N. A. (1977). Prolonged (ideal) versus short-term (realistic) psychotherapy. *Professional Psychology, 8*, 491-501.

Curtis, R. C., & Hirsch, I. (2003). Relational approaches to psychoanalytic psychotherapy. In A. S. Gurman & S. B. Messer (Eds.). *Essential psychotherapies* (2nd ed., pp. 69-106). New York: Guilford.

Dahlstrom, W. G. (1992). The growth in acceptance of the MMPI. *Professional Psychology: Research and Practice, 23*, 345-348.

Dahlstrom, W. G., Lachar, D., & Dahlstrom, L. E. (1986). *MMPI patterns of American minorities*. Minneapolis: University of Minnesota Press.

Dahlstrom, W. G., Welsh, G. S., & Dahlstrom, L. E. (1972). *An MMPI handbook: Vol. 1. Clinical interpretation* (rev. ed.). Minneapolis: University of Minnesota Press.

Dahlstrom, W. G., Welsh, G. S., & Dahlstrom, L. E. (1975). *An MMPI handbook: Vol. 2. Research applications*. Minneapolis: University of Minnesota Press.

Dana, R. H., & Leech, S. (1974). Existential assessment. *Journal of Personality Assessment, 38*, 428-435.

Darley, J. M., Zanna, M. P., & Roediger, H. L. (Eds.). (2004). *The compleat academic: A career guide* (2nd ed.). Washington, DC: American Psychological Association.

Dattilio, F. M. (2006). Equivocal death psychological autopsies in cases of criminal homicide. *American Journal of Forensic Psychology, 24*, 5-22.

Davanloo, H. L. (1994). *Basic principles and techniques in short-term dynamic psychotherapy*. Northdale, NJ: Jason Aronson, Inc.

Davidson, W. S., Redner, R., Blakely, C., Mitchell, C. M. ,& Emshoff, J. G. (1987). Diversion of juvenile offenders: An experimental comparison. *Journal of Consulting and Clinical Psychology, 55*, 68-75.

Davies, P. T., Sturge-Apple, M. L., Cicchetti, D., & Cummings, E. M. (2007). The role of child adrenocortical functioning in pathways between interparental conflict and child maladjustment. *Developmental Psychology, 43*, 918-930.

Dawes, R. M. (1986). Representative thinking in clinical judgment. *Clinical Psychology Review, 6*, 425-442.

Dawes, R. M. (1994). *House of cards*. New York: The Free Press.

Dawes, R. M., Faust, D., & Meehl, P. E. (1989). Clinical versus actuarial judgment. *Science, 243*, 1668-1674.

DeClue, G. (2006). Review of Fitness Interview Test-Revised (FIT-R): A structured interview for assessing competency to stand trial. *Journal of Psychiatry & Law, 34*, 371-379.

DeLeon, P. H., Wedding, D., Wakefield, M. K., & VandenBos, G. R. (1992). Medicaid policy: Psychology' s overlooked agenda. *Professional Psychology: Research and Practice, 23*, 96-107.

DeLosReyes, A., & Kazdin, A. E. (2005). Informant discrepancies in the assessment of childhood psychopathology: A critical review, theoretical framework, and recommendations for further study. *Psychological Bulletin, 131*, 483-509.

Dennis, W. (1948). *Readings in the history of psychology*. New York: Appleton-Century-Crofts.

DeYoung, P. A. (2003). *Relational psychotherapy: A primer*. New York: Burnner-Routledge.

Diener, C. I., & Dweck, C. S. (1978). An analysis of learned helplessness: Continuous changes in performance, strategy, and achievement cognitions following failure. *Journal of Personality and Social Psychology, 36*, 451-462.

Diener, E., Tamir, M., & Scollon, C. N. (2006). Happiness, life satisfaction, and fulfillment: The social psychology of subjective well-being. In P. A. M. & VanLange (Ed.), *Bridging social psychology: Benefits of transdisciplinary approaches* (pp. 319-324). Mahwah, NJ: Erlbaum.

Dies, R. (2003). Group Psychotherapies. In A. S. Gurman & S. B. Messer (Eds.). *Essential psychotherapies* (2nd ed., pp. 515-550). New York: Guilford.

DiLalla, D. L., & Gottesman, I. I. (1995). Normal personality characteristics in identical twins discordant for schizophrenia. *Journal of Abnormal Psychology, 104*, 490-499.

DiLillo, D., DeGue, S., Cohen, L. M., & Morgan, R. D. (2006). The path to licensure for academic psychologists: How tough is the road? *Professional Psychology: Research and Practice, 37*, 567-586.

DiLillo, D., Perry, A. R., & Fortier, M. (2006). Child physical abuse and neglect. In R. T. Ammerman (Ed.), *Comprehensive handbook of personality and psychopathology* (Vol. 3, pp .367-387). Hoboken, NJ :Wiley.

Dilk, M. N., & Bond, G. R. (1996). Meta-analytic evaluation of skills training research for individuals with severe mental illness. *Journal of Consulting and Clinical Psychology, 64*, 1137-1146.

DiMatteo, R., Giordani, P. J., Lepper, H. S., & Croghan, T. W. (2002). Patient adherence and medical treatment outcomes: A meta-analysis. *Medical Care, 40*, 794-811.

Dimatteo, M. R., & Taranta, A. (1976). Nonverbal communication and physician-patient rapport: An empirical study. *Professional Psychology, 10*, 540-547.

Dimidjian, S., & Linehan, M. M. (2003). Defining an agenda for future research on the clinical application of mindfulness practice. *Clinical Psychology: Science and Practice, 10*, 166-171.

Dipboye, R. L., Stramler, C. S., & Fontenelle, G. A. (1984). The effects of the application on recall of information from the interview. *Academy of Management Journal, 27*, 561-575.

Disch, E. (2006). Sexual victimization and revictimization of women by professionals: Client experiences and implications for subsequent treatment. *Women and Therapy, 29*, 41-61.

Dishion, T. J., & Stormshak, E. A. (2007). Child and adolescent intervention groups. In T. J. Dishion & E. A. Stormshak (Eds.), *Intervening in children's lives: An ecological, family-centered approach to mental health care* (pp. 201-215). Washington, DC: American Psychological Association.

Division 17 Counseling Psychology. (2001). What is a Counseling Psychologist? Retrieved September 17, 2001, from http://www.div17.org/whatis.html.

Dobson, K. S. (Ed.), (2002). *Handbook of cognitive-behavioral therapies* (2nd ed.). New York: Guilford.

Dodge, K. A., Coie, J. D., & Lynam, D. (2006). Aggression and antisocial behavior in youth. In N. Eisenberg (Ed.), *Handbook of child psychology* (6th ed., pp. 719-788). Hoboken, NJ: Wiley.

Doefler, L. A., Addis, M. E., & Moran, P. W. (2002). Evaluating mental health outcomes in an inpatient setting: Convergent validity of the OQ-45 and BASIS-32. *Journal of Behavioral Health Services and Research, 29*, 394-403.

Dohrenwend, B. S. (1978). Social stress and community psychology. *American Journal of Community Psychology, 6*, 1-14.

Domino, G., & Domino, M. L. (2006). *Psychological testing* (2nd ed.). New York: Cambridge University Press.

Donn, J. E., Routh, D. K., & Lunt, I. T. I. (2000). From Leipzig to Luxembourg (via Boulder and Vail): A history of clinical psychology training in Europe and the United States. *Professional Psychology: Research and Practice, 31*, 423-428.

Dornelas, E. A. (2001). Introduction: Integrating health psychology into clinical practice. *Journal of Clinical Psychology/In Session, 57*, 1261-1262.

Doss, B. D., Simpson, L. E., & Christensen, A. (2004). Why do couples seek marital therapy? *Professional Psychology: Research and Practice, 35*, 608-614.

Douglas, J., & Olshaker, M. (1995). *Mind hunter: Inside the FBI's elite serial crime unit*. New York: Scribner's.

Doyle, M., & Dolan, M. (2006). Predicting community violence from patients discharged from mental health services.

British Journal of Psychiatry, 189, 520-526.

DuBois, P. H. (1970). *A history of psychological testing.* Boston: Allyn & Bacon.

Duckworth, A. L., Peterson, C., Matthews, M. D., & Kelly, D. R. (2007). Grit: Perseverance and passion for long-term goals. *Journal of Personality and Social Psychology, 92,* 1087-1101.

Duckworth, A. L., Steen, T. A., & Seligman, M. E. P. (2005). Positive psychology in clinical practice. *Annual Review of Clinical Psychology, 1,* 629-651.

Duhig, A. M., Renk, K., Epstein, M. K., & Phares, V. (2000). Interparental agreement on internalizing, externalizing, and total behavior problems: A meta-analysis. *Clinical Psychology: Science and Practice, 7,* 435-453.

Eagle, M. N. (1984). *Recent developments in psychoanalysis: A critical evaluation.* Cambridge, MA: Harvard University Press.

Eaker, E. D., Abbott, R. D., Kannel, W. B. (1989). Frequency of uncomplicated angina pectoris in Type A compared with Type B persons (the Framingham study). *American Journal of Cardiology, 63,* 1042-1045.

Earl, A., & Albarracin, D. (2007). Nature, decay, and spiraling of the effects of fear-inducing arguments and HIV counseling and testing: A meta-analysis of the short-and long-term outcomes of HIV-prevention interventions. *Health Psychology, 26,* 496-506.

Ebert, B. W. (1987). Guide to conducting a psychological autopsy. *Professional Psychology: Research and Practice, 18,* 52-56.

Ebrahim, S., Beswick, A., Burke, M., & Davey-Smith, G. (2006). Multiple risk factor interventions for primary prevention of coronary heart disease. *Cochrane Database Syst Rev., 18,* CD001561.

Educational Testing Service (2007). *Graduate record examinations information and registration bulletin.* Princeton, NJ: Author.

Edwards, A. L. (1957). *The social desirability variable in personality assessment and research.* New York: Dryden.

Edwards, D. J. A., Dattilio, F. M., & Bromley, D. B. (2004). Developing evidence-based practice: The role of case-based research. *Professional Psychology: Research and Practice, 35,* 589-597.

Edwards, J. (2006). Music therapy in the treatment and management of mental disorders. *Irish Journal of Psychological Medicine, 23,* 33-35.

Ehmann, T. S., Higgs, E., Smith, G. N., Au, T., Altman, S., Llyod, D., & Honer, W. G. (1995). Routine assessment of patient progress: A multiformat, change-sensitive nurses instrument for assessing psychotic inpatients. *Comprehensive Psychiatry, 36,* 289-295.

Eid, M., & Diener, E. (Eds.). (2005). *Handbook of multimethod and measurement in psychology.* Washington, DC: American Psychological Association.

Einhorn, H. J., & Hogarth, R. M. (1978). Confidence in judgment: Persistence of the illusion of validity. *Psychological Review, 85,* 395-416.

Elias, M. (2007). Supporters renew push for mental health care. *USA Today.* Retrieved January 9, 2007, from http://www.usatoday.com/news/health/2007-01-07-mental-health-reform_x.htm.

Elias, Marilyn. (2004, May 3). 9/11 still haunts Pentagon workers, WTC rescuers. *USA Today.* Retrieved March 15, 2007, from http://www.usatoday.com/news/health/2004-05-03-sept11ptsd_x.htm.

Ellis, A. (1962). *Reason and emotion in psychotherapy.* New York: Lyle Stuart.

Ellis, A. (1973). Rational-emotive therapy. In R. Corsini (Ed.), *Current psychotherapies* (pp. 167-206). Itasca, IL: F. E. Peacock.

Ellis, A. (1993). Changing rational-emotive therapy (RET) to rational-emotive behavior therapy (REBT). *The Behavior Therapist, 16,* 257-258.

Ellis, A. (1995). Rational emotive behavior therapy. In R. J. Corsini & D. Wedding (Eds.), *Current psychotherapies* (5th ed., pp. 162-196). Itasca, IL: Peacock Publishers, Inc.

Ellis, A. (2001). Reasons why rational emotive behavior therapy is relatively neglected in the professional and scientific literatures. *Journal of Rational-Emotive and Cognitive*

Behavior Therapy, 19, 67-74.

Ellis, A., & Dryden, W. (1987). *The practice of rational-emotive therapy*. New York: Springer.

Ellis, A., & Grieger, R. (Eds.). (1977). *Handbook of rational-emotive therapy*. New York: Springer.

Ellis, P., Robinson, P., Ciliska, D., Armour, T., Brouwers, M., O'Brien, M. A., et al. (2005). A systematic review of studies evaluating diffusion and dissemination of selected cancer control interventions. *Health Psychology, 24*, 488-500.

Ellsworth, J. R., Lambert, M. J., & Johnson, J. (2006). A comparison of the Outcome Questionnaire-45 and Outcomes Questionnaire-30 in classification and prediction of treatment outcome. *Clinical Psychology and Psychotherapy, 13*, 380-391.

Emery, R. E. (1982). Interparental conflict and the children of discord and divorce. *Psychological Bulletin, 92*, 310-330.

Emery, R. E., Matthews, S. G., & Kitzmann, K. M. (1994). Child custody mediation and litigation: Parents' satisfaction and functioning one year after settlement. *Journal of Consulting and Clinical Psychology, 62*, 124-129.

Emery, R. E., Matthews, S. G., & Wyer, M. M. (1991). Child custody medication and litigation: Further evidence on the differing views of mothers and fathers. *Journal of Consulting and Clinical Psychology, 59*, 410-418.

Englemann, S. (1974). The effectiveness of direct verbal instruction on IQ performance and achievement in reading and arithmetic. In R. Ulrich, T. Stachnik, & J. Mabry (Eds.), *Control of human behavior* (Vol. 3, pp. 69-84). Glenview, IL: Scott, Foresman.

Ennis, B. J., & Litwack, T. R. (1974). Psychiatry and the presumption of expertise: Flipping coins in the courtroom. *California Law Review, 62*, 693-752.

Erickson, P. I., & Kaplan, C. P. (2000). Maximizing qualitative responses about smoking in structured interviews. *Qualitative Health Research, 10*, 829-840.

Erikson, E. H. (1946). *Ego development and historical change. The psychoanalytic study of the child* (Vol. 2, pp. 359-396). New York: International Universities Press.

Erwin, E. (1999). Constructivist epistemologies and therapies. *British Journal of Guidance and Counseling, 27*, 353-365.

Eslinger, P. J., & Damasio, A. R. (1985). Severe disturbance of higher cognition after bilateral frontal lobe ablation: Patient EVR. *Neurology, 35*, 1731-1741.

Evans, D. L., & Seligman, M. E. P. (2005). Introduction. In D. L. Evans, E. B. Foa, R. E. Gur, H. Hendin, C. P. O'Brien, M. E. P. Seligman & B. T. Walsh (Eds.), *Treating and preventing adolescent mental health disorders: What we know and what we don't know* (pp. xxv-xl). New York: Oxford University Press.

Evans, G. W. (2004). The environment of childhood poverty. *American Psychologist, 59*, 77-92.

Evans, G. W., Gonnella, C., Marcynyszyn, L. A., Gentile, L., & Salpekar, N. (2005). The role of chaos in poverty and children's socioemotional adjustment. *Psychological Science, 16*, 560-565.

Ewing, C. P., & McCann, J. T. (2006). *Minds on trial: Great cases in law and psychology*. New York: Oxford University Press.

Exner, J. E. (1974). *The Rorschach: A comprehensive system* (Vol. 1). New York: Grune & Stratton.

Exner, J. E. (1976). Projective techniques. In I. B. Weiner (Ed.), *Clinical methods in psychology* (pp. 61-121). New York: Wiley.

Exner, J. E. (1993). *The Rorschach: A comprehensive system: Vol. 1. Basic foundations* (3rd ed.). New York: Wiley.

Exner, J. E. Jr. (2003). *Basic foundations and principles of interpretation*. Hoboken, NJ: Wiley.

Exner, J. E. Jr., & Erdberg, P. (2005). *The Rorschach, advanced interpretation*. Hoboken, NJ: Wiley.

Eyberg, S. M., & Matarazzo, R. G. (1980). Training parents as therapists: A comparison between individual parent-child interactions training and parent group didactic training. *Journal of Clinical Psychology, 36*, 492-499.

Eysenck, H. J. (1952). The effects of psychotherapy: An evaluation. *Journal of Consulting Psychology, 16*, 319-324.

Eysenck, H. J. (1966). *The effects of psychotherapy*. New York: International Science Press.

Eysenck, H. J., & Eysenck, S. B. G. (1975). *Manual for Eysenck Personality Questionnaire*. San Diego, CA: Educational and Individual Testing Service.

Fagan, T. J., Ax, R. K., Resnick, R. J., Liss, M., Johnson, R. T., & Forbes, M. R. (2004). Attitudes among interns and directors of training: Who wants to prescribe, who doesn't, and why? *Professional Psychology: Research and Practice, 35*, 345-356.

Fagan, T. K. (1996). Witmer's contribution to school psychological services. *American Psychologist, 51*, 241-243.

Fairbairn, W. R. D. (1952). *Psychoanalytic studies of the personality*. London: Tavistock Publications/ Routledge & Kegan Paul.

Fallon, T., & Schwab-Stone, M. (1994). Determinants of reliability in psychiatric surveys of children aged 6-12. *Journal of Child Psychology and Psychiatry and Allied Disciplines, 35*, 1391-1408.

Fancher, R. E. (1973). *Psychoanalytic psychology: The development of Freud's thought*. New York: W. W. Norton.

Farah, M. J., McMullen, P. A., & Meyer, M. M. (1991). Can recognition of living things be selectively impaired? *Neuropsychologia, 29*(2), 185-193.

Fauber, R. L. (2006). Graduate admissions in clinical psychology: Observations on the present and thoughts on the future. *Clinical Psychology: Science and Practice, 13*, 227-234.

Faust, D., & Ziskin, J. (1988). The expert witness in psychology and psychiatry. *Science, 242*, 31-35.

Fawzy, F. I., Fawzy, N. W., Arndt, L. A., & Pasnau, R. O. (1995). Critical review of psychosocial interventions in cancer care. *Archives of General Psychiatry, 52*, 100-113.

Feinstein, R. E., & Feinstein, M. S. (2001). Psychotherapy for health and lifestyle change. *Journal of Clinical Psychology/In Session, 57*, 1263-1275.

Felner, R. D., Farber, S. S., & Primavera, J. (1983). Transitions and stressful life events: A model for primary prevention. In R. D. Felner, L. A. Jason, J. N. Moritsugu, & S. S. Farber (Eds.), *Preventive psychology: Theory, research, and prevention* (pp. 191-215). New York: Pergamon Press.

Felner, R. D., Felner, T. Y., & Silverman, M. M. (2000). Prevention in mental health and social intervention: Conceptual and methodological issues in the evolution of the science and practice of prevention. In J. Rappaport & E. Seidman (Eds.), *Handbook of community psychology* (pp. 9-42). Dordrecht, Netherlands: Kluwer Academic Publishers.

Feltham, C. (2000). What are counselling and psychotherapy? In C. Feltham & I. Horton (Eds.), *Handbook of counselling and psychotherapy*. London: Sage.

Figueroa-Moseley, C., Jean-Pierre, P., Roscoe, J. A., Ryan, J. L., Kohli, S., et al. (2007). Behavioral Interventions in Treating Anticipatory Nausea and Vomiting. *Journal of National Comprehensive Cancer Networks, 5*, 44-50.

Finch, A. J., Simon, N. P., & Nezu, C. M. (2006). The future of clinical psychology: Board certification. *Clinical Psychology: Science and Practice, 13*, 254-257.

Fine, R. (1971). *The healing of the mind: The technique of psychoanalytic psychotherapy*. New York: David McKay.

Fine, S., & Glasser, P. H. (1996). *The first helping interview: Engaging the client and building trust*. Thousand Oaks, CA: Sage.

Finger, M. S., & Ones, D. S. (1999). Psychometric equivalence of the computer and booklet forms of the MMPI: A meta-analysis. *Psychological Assessment, 11*, 58-66.

Finger, M. S., & Rand, K. L. (2005). Addressing validity concerns in clinical psychology research. In M. C. Roberts & S. S. Ilardi (Eds.), *Handbook of research methods in clinical psychology* (pp. 13-30). Malden, MA: Black-well Publishing.

Finn, S. E. (1996). *Manual for using the MMPI-2 for a therapeutic intervention*. Minneapolis: University of Minnesota Press.

Finn, S. E. (2005). How psychological assessment taught me compassion and firmness. *Journal of Personality Assessment, 84*, 29-32.

First, M. B. (2006). Relational processes in the DSM-V revision process: Comment on the special section. *Journal of Family Psychology, 20*, 356-358.

Fischer, C. T. (1985). *Individualizing psychological assessment.* Monterey, CA: Brooks/Cole.

Fischer, C. T. (1989). A life-centered approach to psychodiagnostics: Attending to lifeworld, ambiguity, and possibility. *Person-Centered Review, 4*, 163-170.

Fischer, C. T. (2001). Psychological assessment: From objectification back to the life world. In B. D. Slife, R. N. Williams, & S. H. Barlow (Eds.), *Critical issues in psychotherapy* (pp. 29-44). Thousand Oaks, CA: Sage.

Fisher, C. T., & Fisher, W. F. (1983). Phenomenological-existential psychotherapy. In M. Hersen, A. E. Kazdin, & A. S. Bellack (Eds.), *The clinical psychology handbook* (pp. 489-505). New York: Pergamon Press.

Fisher, D. C., Beutler, L. E., & Williams, O. B. (1999). Making assessment relevant to treatment planning: The STS Clinician Rating Form. *Journal of Clinical Psychology, 55*, 825-842.

Fisher, J. D., Fisher, W. A., Bryan, A. D., & Misovich, S. J. (2002). Information-motivation-behavioral skills model-based HIV risk behavior change intervention for inner-city high school youth. *Health Psychology, 21*, 1770-186.

Fleisig, W. E. (1993). The development of the Illustrated Fear Survey Schedule (IFSS) and an examination of its reliability and validity with children with mild mental retardation. *Dissertation Abstracts International, 54*, 1719.

Foa, E. B., Riggs, D., Dancu, C., & Rothbaum, R. (1993). Reliability and validity of a brief instrument for assessing post-traumatic stress disorder. *Journal of Traumatic Stress, 6*, 459-473.

Fodor, J. A. (1983). Modularity of mind. Cambridge, MA: MIT Press.

Folkman, S., & Lazarus, R. S. (1980). An analysis of coping in a middle-aged community sample. *Journal of Health and Social Behavior, 21*, 219-239.

Folkman, S., & Lazarus, R. S. (1988). *Manual for the ways of coping questionnaire*. Palo Alto, CA: Consulting Psychologists Press.

Follette, W. C. (1996). Introduction to the special section on the development of theoretically coherent alternatives to the DSM system. *Journal of Consulting and Clinical Psychology, 64*, 1117-1119.

Follette, W. C., & Houts, A. C. (1996). Models of scientific progress and the role of theory in taxonomy development: A case study of the DSM. *Journal of Consulting and Clinical Psychology, 64*, 1120-1132.

Follette, W. C., Naugle, A. E., & Callaghan, G. M. (1996). A radical behavioral understanding of the therapeutic relationship in effecting change. *Behavior Therapy, 27*, 623-642.

Folstein, M. F., Maiberger, P., & McHugh, P. R. (1977). Mood disorders as a specific complication of stroke. *Journal of Neurology, Neurosurgery & Psychiatry, 40*, 1018-1020.

Fonagy, P., & Target, M. (2003). *Psychoanalytic theories: Perspectives from developmental psychology*. New York: Brunner-Routledge.

Ford, M., & Widiger, T. (1989). Sex bias in the diagnosis of histrionic and antisocial personality disorders. *Journal of Consulting and Clinical Psychology, 57*, 301-305.

Forsyth, D. R., & Corazzini, J. G. (2000). Groups as change agents. In C. R. Snyder & R. E. Ingram (Eds.), *Handbook of psychological chance* (pp. 309-336). New York: Wiley.

Fosco, G. M., & Grych, J. H. (2007). Emotional expression in the family as a context for children's appraisals of interparental conflict. *Journal of Family Psychology, 21*, 248-258.

Foster, G. D., & Kendall, P. C. (1994). The realistic treatment of obesity: Changing the scales of success. *Clinical Psychology Review, 14*, 701-736.

Fowers, B. J., & Davido, B. J. (2006). The virtue of multiculturalism: Personal transformation, character, and openness to the other. *American Psychologist, 61*, 581-594.

Frank, E., Shear, M. K., Rucci, P., Banti, S., Mauri, M., et al. (2005). Cross-cultural validity of the Structured Clinical Interview for Panic-Agoraphobic spectrum. *Social Psychiatry and Psychiatric Epidemiology, 40*, 283-290.

Frank, L. K. (1939). Projective methods for the study of personality. *Journal of Psychology, 8*, 343-389.

Frankl, V. (1963). *Man's search for meaning*. New York:

Washington Square Press.

Frankl, V. (1965). *The doctor and the soul.* New York:Knopf.

Frankl, V. (1967). *Psychotherapy and existentialism: Selected papers on logotherapy.* New York: Washington Square Press.

Franko, D. L., Mintz, L. B., Villapiano, M., Green, T. C., Mainelli, D., Folensbee, L., et al. (2005). Food, mood, and attitude: Reducing risk for eating disorders in college women. *Health Psychology, 24*, 567-578.

Franks, C. M. (1964). *Conditioning techniques in clinical practice and research.* New York: Springer.

Fraser, M. W. (Ed.). (2004). *Risk and resilience in childhood: An ecological perspective* (2nd ed.). Washington, DC: National Association of Social Workers Press.

Fraser, M. W., Kirby, L. D., & Smokowski, P. R. (2004). Risk and resilience in childhood. In M. W. Fraser (Ed.) (2004). *Risk and resilience in childhood: An ecological perspective* (2nd ed., pp. 13-66). Washington, DC: National Association of Social Workers Press.

Fredrickson, B. L. (2001). The role of positive emotions in positive psychology: The broadenand-build theory of positive emotions. *American Psychologist, 56*, 218-226.

Free, M. L. (2007). *Cognitive therapy in groups: Guidelines and resources for practice* (2nd ed.). Hoboken, NJ: Wiley.

Freud, A. (1936). *The ego and the mechanisms of defense. In The writings of Anna Freud* (Vol. 2, Revised Edition, 1966). New York: International Universities Press.

Freud, S. (1900). *The interpretation of dreams* (Avon Edition, 1965). New York: Avon Books.

Freud, S. (1901). *The psychopathology of everyday life.* New York: Macmillan.

Freud, S. (1904). On psychotherapy. Lecture delivered before the College of Physicians in Vienna. Reprinted in S. Freud, *Therapy and technique.* New York: Collier Books, 1963.

Freud, S. (1949). *An outline of psychoanalysis.* (J. Strachey, trans.). New York: W. W. Norton.

Freud, S. (1953/1964). *The standard edition of the complete psychological works of Sigmund Freud* (24 vols.). London: Hogarth Press.

Frick, P. J. (1998). Conduct disorders. In T. H. Ollendick & M. Hersen (Eds.), *Handbook of child psychopathology* (3rd ed., pp. 213-237). New York: Plenum.

Friedman, M., & Rosenman, R. H. (1974). *Type A behavior and your heart.* New York: Knopf.

Friedman, M., & Thoresen, C. (1986). Alteration of Type A behavior and its effect on cardiac recurrences in post-myocardial infarction patients: Summary results of the Recurrent Coronary Prevention Project. *American Heart Journal, 112*, 653-665.

Friedman, M., Thoresen, Gill, Ulmer, Powell, Price, Brown, Thompson, Labin, Breall, et al. (1986). Alteration of Type A behavior and its effect on cardiac recurrences in post-myocardial infarction patients: Summary results of the Recurrent Coronary Prevention Project. *American Heart Journal, 112*, 653-665.

Frish, M. B. (1998). Quality of life therapy and assessment in health care. *Clinical Psychology: Science and Practice, 5*, 19-40.

Funder, D. (2001). *The personality puzzle* (2nd ed.). New York: W. W. Norton.

Furman, W. (1980). Promoting appropriate social behavior: A developmental perspective. In B. Lahey & A. Kazdin (Eds.), *Advances in clinical child psychology* (Vol. 3, pp. 1-41). New York: Plenum Press.

Furnham, A. (2000). Thinking about intelligence. *The Psychologist. 13*, 510-515.

Gabbard, G. O. (2000). *Psychodynamic psychiatry in clinical practice* (3rd ed.). Washington, DC: American Psychiatric Press.

Gabbard, G. O. (2005). *Psychodynamic psychiatry in clinical practice* (4th ed.). Washington, DC: American Psychiatric Publishing.

Gabbard, K., & Gabbard, G. O. (1999). *Psychiatry and the cinema. Washington*, DC: American Psychiatric Press.

Gaines, L. K., & Falkenberg, S. (1998). An evaluation of the written selection test: Effectiveness and alternatives. *Journal of Criminal Justice, 26*, 175-183.

Gainotti, G. (1972). Emotional behavior and hemispheric side of lesion. *Cortex, 8*, 41-55.

Galton, F. (1883). *Inquiries into the human faculty and its development*. London: Macmillan.

Garb, H. N. (1984). The incremental validity of information used in personality assessment. *Clinical Psychology Review, 4*, 641-656.

Garb, H. N. (1989). Clinical judgment, clinical training, and professional experience. *Psychological Bulletin, 105*, 387-396.

Garb, H. N. (1992). The trained psychologist as expert witness. *Clinical Psychology Review, 12*, 451-468.

Garb, H. N. (1995). Sex bias and the diagnosis of borderline personality disorder. *Professional Psychology: Research and Practice, 26*, 526.

Garb, H. N. (1996). The representativeness and past-behavior heuristics in clinical judgment. *Professional Psychology: Theory and Practice, 27*, 272-277.

Garb, H. N. (2000). Computers will become increasingly important for psychological assessment: Not that there' s anything wrong with that! *Psychological Assessment, 12*, 31-39.

Garb, H. N. (2007). Computer-administered interviews and rating scales. *Psychological Assessment, 19*, 4-13.

Garb, H. N., Florio, C. M., & Grove, W. M. (1998). The validity of the Rorschach and the Minnesota Multiphasic Personality Inventory: Results from meta-analyses. *Psychological Science, 9*, 402-404.

Garber, J. (1984). Classification of childhood psychopathology: A developmental perspective. *Child Development, 55*, 30-48.

Garber, J., & Carter, J. S. (2006). Major depression. In R. T. Ammerman (Ed.), *Comprehensive handbook of personality and psychopathology* (Vol. 3, pp. 165-216). Hoboken, NJ: Wiley.

Gardner, H. (1993). *Multiple intelligences*. New York: Basic Books.

Gardner, H. (1998). Multiple intelligences: Myths and messages. In A. Wolfolk (Ed.), *Readings in educational psychology* (2nd ed.). Boston: Allyn & Bacon.

Gardner, H. (2002). The pursuit of excellence through education. In M. Ferrari (Ed.), *Learning from extraordinary minds*. Mahwah, NJ: Erlbaum.

Gardner, H., Brownell, H. H., Wapner, W., & Michelow, D. (1983). Missing the point: The role of the right hemisphere in the processing of complex linguistic materials. In E. Perecman (Ed.), *Cognitive processing in the right hemisphere* (pp. 169-191). New York: Academic.

Gardner, W., Lidz, C. W., Mulvey, E. P., & Shaw, E. C. (1996). Clinical versus actuarial predictions of violence in patients with mental illnesses. *Journal of Consulting and Clinical Psychology, 64*, 602-609.

Garfield, S. L. (1974). *Clinical psychology: The study of personality and behavior*. Chicago: Aldine.

Garfield, S. L. (1994). Research on client variables in psychotherapy. In A. Bergin & S. Garfield (Eds.), *Handbook of psychotherapy and behavior change* (4th ed., pp. 190-228). New York: Wiley.

Gazzaniga, M. S., Fendrich, R., & Wessinger, C. M. (1994). Blindsight reconsidered. *Current Directions in Psychological Science, 3*, 93-95.

Geer, J. H. (1965). The development of a scale to measure fear. *Behaviour Research and Therapy, 3*, 45-53.

Gelfand, D. M., & Peterson, L. (1985). *Child development and psychopathology*. Beverly Hills, CA: Sage.

Gendlin, E. T. (1996). *Focusing-oriented psychotherapy: A manual of the experiential method*. New York: Guilford.

Gernsbacher, M. A., Dawson, M., & Goldsmith, H. H. (2005). Three reasons not to believe in an autism epidemic. *Current Directions in Psychological Science, 14*, 55-58.

Gittelman, R. (1980). The role of tests for differential diagnosis in child psychiatry. *Journal of the American Academy of Child Psychiatry, 19*, 413-438.

Gladding, S. (2007). *Groups: A counseling specialty*. Upper Saddle River, NJ: Prentice Hall.

Glaser, R., & Bond, L. (1981). Introduction to the special issue: Testing: Concepts, policy, practice, and research. *American Psychologist, 36*, 997-1000.

Glasgow, R. E., Nutting, P. A., Toobert, D. J., King, D. K.,

Strycker, L. A., Jex, M., et al. (2006). Effects of a brief computer-assisted diabetes self-management intervention on dietary, biological and quality-of-life outcomes. *Chronic Illness, 2*, 27-38.

Glasgow, R. E., & Terborg, J. R. (1988). Occupational health promotion programs to reduce cardiovascular risk. *Journal of Consulting and Clinical Psychology, 56*, 365-373.

Glozman, J. M. (2007). A. R. Luria and the history of Russian neuropsychology. *Journal of the History of Neuroscience, 16*, (1-2), 168-180.

Glueckauf, R., Pickett, T. C., Ketterson, T. U., Loomis, J. S., & Rozensky, R. H. (2003). Preparation for the delivery of telehealth services: A self-study framework for expansion of practice. *Professional Psychology: Research and Practice, 34*, 159-163.

Glynn, M., & Rhodes, P. (2005). Estimated HIV prevalence in the US at the end of 2003. *National HIV Prevention Conference*, Atlanta, Georgia.

Goins, M. K., Strauss, G. D., & Martin, R. (1995). A change measure for psychodynamic psychotherapy outcome research. *Journal of Psychotherapy Practice and Research, 4*, 319-328.

Gold, J., & Strickler, G. (2006). Introduction: An overview of psychotherapy integration. In G. Strickler & J. Gold (Eds.), *A casebook of psychotherapy integration*. Washington, DC: American Psychological Association.

Goldberg, E. (1995). Rise and fall of modular orthodoxy. *Journal of Clinical and Experimental Neuropsychology, 17*(2),193-208.

Goldberg, E. & Bougakov, D. (2005). Neuropsychologic assessment of frontal lobe dysfunction. *Psychiatric Clinics of North America, 28*, 567-580.

Goldberg, L. R. (1959). The effectiveness of clinicians' judgments: The diagnosis of organic brain damage from the Bender-Gestalt test. *Journal of Consulting Psychology, 23*, 25-33.

Goldberg, L. R. (1968). Simple models or simple processes? Some research on clinical judgments. *American Psychologist, 23*, 483-496.

Goldfried, M. R. (1980). Toward the delineation of therapeutic change principles. *American Psychologist, 35*, 991-999.

Goldfried, M. R. (2006). Cognitive-affective-relational-behavior therapy. In G. Stricker & J. Gold (Eds.), *A casebook of psychotherapy integration* (pp. 153-164). Washington, DC: American Psychological Association.

Goldfried, M. R., & Sprafkin, J. N. (1974). *Behavioral personality assessment*. Morristown, NJ: General Learning Press.

Golding, S. L., & Rorer, L. G. (1972). Illusory correlation and subjective judgment. *Journal of Abnormal Psychology, 80*, 249-260.

Goldsmith, J. B., & McFall, R. M. (1975). Development and evaluation of an interpersonal skill-training program for psychiatric inpatients. *Journal of Abnormal Psychology, 84*, 51-58.

Goldstein, S., & Brooks, R. B. (2005). *Handbook of resilience in children*. New York: Kluwer Academic/ Plenum Publishers.

Goodheart, C. D., Kazdin, A. E., & Sternberg, R. J. (Eds.). (2006). *Evidence-based psychotherapy*. Washington, DC: American Psychological Association.

Goodman, S. H., Lahey, B. B., Fielding, B., Dulcan, M., Narrow, W., & Regier, D. (1997). Representativeness of clinical samples of youth with mental disorders: A preliminary population-based study. *Journal of Abnormal Psychology*, 3-14.

Goodwin, P. J., Leszcz, M., Ennis, M., Koopmans, J., Vincent, L., Guther, H., et al. (2001). The effect of group psychosocial support on survival in metastatic breast cancer. *The New England Journal of Medicine, 345*, 1719-1726.

Gorenstein, E. E., & Comer, R. J. (2002). *Case studies in abnormal psychology*. New York: Worth.

Gorman, J. M. (2006). Virtual reality: A real treatment option. *CNS Spectrums, 11*, 12-13.

Gotham, H. J. (2006). Advancing the implementation of evidence-based practices into clinical practice: How do we get there from here? *Professional Psychology: Research and Practice, 37*, 606-613.

Gottlieb, B. H., & Peters, L. (1991). A national demographic portrait of mutual aid group participants in Canada. *American Journal of Community Psychology, 19*, 651-666.

Gottman, J. M., & Gottman, J. S. (2006). *Ten lessons to transform your marriage*. New York: Crown Publishing Group.

Gottman, J. M., & Krokoff, L. J. (1989). Marital interaction and satisfaction: A longitudinal view. *Journal of Consulting and Clinical Psychology, 57*, 47-52.

Gottman, J. M., & Levenson, R. W. (1992). Marital processes predictive of later dissolution: Behavior, physiology, and health. *Journal of Personality and Social Psychology, 63*, 221-233.

Gottman, J. M., Markman, H. J., & Notarius, C. (1977). The topography of marital conflict: A sequential analysis of verbal and nonverbal behavior. *Journal of Marriage and the Family, 39*, 461-477.

Gottman, J. M., & Ryan, K. (2005). The mismeasure of therapy: Treatment outcomes in marital therapy research. In W. M. Pinsof & J. L. Lebow (Eds.), *Family psychology: The art of the science* (pp. 65-89). New York: Oxford University Press.

Gough, H. (1987). *California Psychological Inventory: Administrator's guide*. Palo Alto, CA: Consulting Psychologists Press.

Graham, J. R. (1990). *MMPI-2: Assessing personality and psychopathology*. New York: Oxford University Press.

Graham, J. R. (2000). *MMPI-2: Assessing personality and psychopathology* (3rd ed.). New York: Oxford University Press.

Grant, B. F., Harford, T. C., Dawson, D. D., Chou, P. S., & Pickering, R. (1995). The Alcohol Use Disorder and Associated Disabilities Interview Schedule (AUDADIS): Reliability of alcohol and drug modules in a general population sample. *Drug and Alcohol Dependence, 39*, 37-44.

Grant, K. E., Katz, B. N., Thomas, K. J., O'Koon, J. H., Meza, C. M., DiPasquale, A. M., et al. (2004). Psychological symptoms affecting low-income urban youth. *Journal of Adolescent Research, 19*, 613-634.

Grant, K. E., McCormick, A., Poindexter, L., Simpkins, T., Janda, C. M., Thomas, K. J., et al. (2005). Exposure to violence and parenting as mediators between poverty and psychological symptoms in urban African American adolescents. *Journal of Adolescence, 28*, 507-521.

Green, D. (2006). CPD: Why bother? In L. Golding & I. Gray (Eds.), *Continuing professional development for clinical psychologists: A practical handbook* (pp. 7-22). Leicester, England: British Psychological Society.

Greenberg, L. S., Elliot, R. K., & Lietaer, G. (1994). Research on experiential psychotherapies. In A. E. Bergin & S. L. Garfield (Eds.), *Handbook of psychotherapy and behavior change* (pp. 509-512). New York: Wiley.

Greenberg, L. S., & Safran, J. D. (1989). *Emotion in psychotherapy. American Psychologist, 44*, 19-29.

Greenberg, R. P., Constantino, M. J., & Bruce, N. (2006). Are patient expectations still relevant for psychotherapy process and outcome. *Clinical Psychology Review, 26*, 657-678.

Greenhoot, A. F. (2005). Design and analysis of experimental and quasi-experimental investigations. In M. C. Roberts & S. S. Ilardi (Eds.), *Handbook of research methods in clinical psychology* (pp. 92-114). Malden, MA: Black-well Publishing.

Gregory, R. J. (2006). *Psychological testing: History, principles, and applications* (5th ed.). Boston: Allyn & Bacon.

Grilo, C. M., Lozano, C., & Elder, K. A. (2005). Interrater and test-retest reliability of the Spanish language version of the Eating Disorder Examination Interview: Clinical and research implications. *Journal of Psychiatric Practice, 11*, 231-240.

Grilo, C. M., Masheb, R. M., & Wilson, G. T. (2006). Rapid response to treatment for binge eating disorder. *Journal of Consulting and Clinical Psychology, 74*, 602-613.

Grinfeld, M. J. (1998). Psychiatry and mental illness: Are they mass media targets? Psychiatric Times, XV. Retrieved November, 14, 2006, from http://www.psychiatrictimes.com/p980301a.html.

Grisso, T., & Appelbaum, P. S. (1995). The MacArthur Treatment

Competence Study. III: Abilities of patients to consent to psychiatric and medical treatments. *Law and Human Behavior, 19*, 149-174.

Grisso, T., Steinberg, L., Wollard, J., Cauffman, E., Scott, E., Graham, S., et al. (2003). Juveniles' competence to stand trial: A comparison of adolescents' and adults' capacities as trial defendants. *Law and Human Behavior 27*, 333-363.

Gross, B. (2005). Death throes: Professional liability after client suicide. *Annals of the American Psychotherapy Association, 8*, 34-35.

Gross, S. J. (1978). The myth of professional licensing. *American Psychologist, 33*, 1009-1016.

Grossarth, M. R., Eysenck, H. J., & Boyle, G. J. (1995). Method of test administration as a factor in test validity: The use of a personality questionnaire in the prediction of cancer and coronary heart disease. *Behaviour Research and Therapy, 33*, 705-710.

Groth-Marnat, G. (1999). *Handbook of psychological assessment* (3rd ed.). New York: Wiley.

Groth-Marnat, G. (2003). *Handbook of psychological assessment* (4th ed.). Hoboken, NJ: Wiley.

Grove, W. M., Zald, D. H., Lebow, B. S., Snitz, B. E., & Nelson, C. (2000). Clinical versus mechanical prediction: A meta-analysis. *Psychological Assessment, 12*, 19-30.

Grover, R. L., Hughes, A. A., Bergman, R. L., & Kingery, J. N. (2006). Treatment modifications based on childhood anxiety diagnosis: Demonstrating the flexibility in manualized treatment. *Journal of Cognitive Psychotherapy, 20*, 275-286.

Grych, J. H., & Fincham, F. D. (1992). Interventions for children of divorce: Toward greater integration of research and action. *Psychological Bulletin, 111*, 434-454.

Grych, J. H., Raynor, S. R., & Fosco, G. M. (2004). Family processes that shape the impact of interparental conflict on adolescents. *Development and Psychopathology, 16*, 649-665.

Gullone, E., & King, N. J. (1992). Psychometric evaluation of a revised fear survey schedule for children and adolescents. *Journal of Child Psychology and Psychiatry and Allied Disciplines, 33*, 987-998.

Gur, R. E. (1978). Left hemisphere dysfunction and the left hemisphere overactivation in schizophrenia. *Journal of Abnormal Psychology, 87*, 225-238.

Gur, R. E., Cowell, P. E., Latshaw, A., Turetsky, B. I., Grossman, R. I., Arnold, S. E., et al. (2000). Reduced dorsal and orbital prefrontal gray matter volumes in schizophrenia. *Archives of General Psychiatry, 57*, 761-768.

Gureje, O. (2004). What can we learn from cross-national study of somatic distress? *Journal of Psychosomatic Research, 56*, 409-412.

Gurman, A. S. (2003). Marital therapy. In A. S. Gurman & S. B. Messer (Eds.), *Essential Psychotherapies*, (2nd ed., pp. 463-514). New York: Guilford.

Gurman, A. S., & Jacobson, N. S. (2002). *Clinical handbook of couple therapy* (3rd ed.). New York: Guilford.

Gurman, A. S., & Messer, S. B. (Eds.). (2003). *Essential psychotherapies* (2nd ed.). New York: Guildford.

Hall, G. C. N. (2005). Introduction to the special section on multicultural and community psychology: Clinical psychology in context. *Journal of Consulting and Clinical Psychology, 73*, 787-789.

Hall, G. C. N. (2006). Diversity in clinical psychology. *Clinical Psychology: Science and Practice, 13*, 258-262.

Hall, J. E., & Boucher, A. P. (2003). Professional mobility for psychologists: Multiple choices, multiple opportunities. *Professional Psychology: Research and Practice, 34*, 463-467.

Hall, J. E., Wexelbaum, S. F., & Boucher, A. P. (2007). Doctoral student awareness of licensure, credentialing, and professional organizations in psychology: The 2005 national register international survey. *Training and Education in Professional Psychology, 1*, 38-48.

Hallahan, B., Hibbeln, J. R., Davis, J. M., & Garland, M. R. (2007). Omega-3 fatty acid supplementation in patients with recurrent self-harm: Single-centre double-blind randomised controlled trial. *British Journal of Mental Science, 190*, 118-122.

Hambleton, R. K., Merenda, P. F., & Spielberger, C. D. (Eds.). (2005). *Adapting educational and psychological tests for cross-cultural assessment.* Mahwah, NJ: Erlbaum.

Hammond, K. R., & Allen, J. M. (1953). *Writing clinical reports.* Englewood Cliffs, NJ: Prentice-Hall.

Handelsman, M. M., Gottlieb, M. C., & Knapp, S. (2005). Training ethical psychologists: An acculturation model. *Professional Psychology: Research and Practice, 36,* 59-65.

Handler, L. (1974). Psychotherapy, assessment, and clinical research: Parallels and similarities. In A. I. Rabin (Ed.), *Clinical psychology: Issues of the seventies* (pp. 49-62). East Lansing: Michigan State University Press.

Hankin, B. L., & Abela, J. R. Z. (2005). Depression from childhood through adolescence and adulthood. In B. L. Hankin & J. R. Z. Abela (Eds.), *Development of psychopathology: A vulnerability-stress perspective* (pp. 245-288). Thousand Oaks, CA: Sage.

Hankin, B. L., Fraley, R. C., Lahey, B. B., & Waldman, I. D. (2005). Is depression best viewed as a continuum or discrete category? A taxometric analysis of childhood and adolescent depression in a population-based sample. *Journal of Abnormal Psychology, 114,* 96-110.

Hansen, J. C. (1984). Interest inventories. In G. Goldstein & M. Hersen (Eds.), *Handbook of psychological assessment* (pp. 157-177). New York: Pergamon Press.

Hansen, J. C., & Campbell, D. P. (1985). *Manual for the SVIB-SCII* (4th ed.). Palo Alto, CA: Consulting Psychologists Press.

Hanson, S. L., Kerkhoff, T. R., & Bush, S. S. (2004). *Health care ethics for psychologists: A case-book.* Washington, DC: American Psychological Association.

Harbeck, C., Peterson, L., & Starr, L. (1992). Previously abused child victims' response to a sexual abuse prevention program: A matter of measures. *Behavior Therapy, 23,* 375-388.

Harlow, J. M. (1848). Passage of an iron rod through the head. *Boston Medical and Surgical Journal, 39,* 389-393.

Haro, J. M., Kontodimas, S., Negrin, M. A., Ratcliffe, M., Saurez, D., & Windmeijer, F. (2006). Methodological aspects in the assessment of treatment effects in observational health outcomes studies. *Applied Health Economics and Health Policy, 5,* 11-25.

Harris, F. C., & Lahey, B. B. (1982). Recording system bias in direct observational methodology: A review. *Clinical Psychology Review, 2,* 539-556.

Harrison, B. J., Yucel, M., Shaw, M., Brewer, W. J., Nathan, P. J., Strother, S. C., et al. (2006). Dysfunction of dorsolateral prefrontal cortex in antipsychotic-naive schizophreniform psychosis. *Psychiatry Research, 148,* 23-31.

Harrower, M. R. (1965). Clinical psychologists at work. In B. B. Wolman (Ed.), *Handbook of clinical psychology* (pp. 1443-1458). New York: McGraw-Hill.

Hartmann, H. (1958). *Ego psychology and the problem of adaptation.* New York: International Universities Press.

Harway, M. (2005). *Handbook of couples therapy.* Hoboken, NJ: Wiley.

Hatala, R., & Case, S. M. (2000). Examining the influence of gender on medical students' decision making. *Journal of Women's Health & Gender-Based Medicine, 9,* 617-623.

Hatfield, D. R., & Ogles, B. M. (2004). The use of outcome measures by psychologists in clinical practice. *Professional Psychology: Research and Practice, 35,* 485-491.

Hathaway, S. R., & McKinley, J. C. (1967). *The Minnesota Multiphasic Personality Inventory manual.* New York: Psychological Corporation.

Hathaway, W. L., Scott, S. Y., & Garver, S. A. (2004). Assessing religious/spiritual functioning: A neglected domain in clinical practice? *Professional Psychology: Research and Practice, 35,* 97-104.

Hawes, D. J., & Dadds, M. R. (2006). Assessing parenting practices through parent-report and direct observation during parent-training. *Journal of Child and Family studies, 15,* 555-568.

Hawley, D. R., Bailey, C. E., & Pennick, K. A. (2000). A content analysis of research in family therapy journals. *Journal of Marital and Family Therapy, 26,* 9-16.

Hawley, K. M., & Weisz, J. R. (2005). Youth versus parent working alliance in usual clinical care: Distinctive associations with retention, satisfaction, and treatment outcome. *Journal of Clinical Child and Adolescent Psychology, 34*, 117-128.

Hayes, S. A., Hope, D. A., Terryberry-Spohr, L. S., Spaulding, W. D., VanDyke, M., Elting, D. T. et al. (2006). Discriminating between cognitive and supportive group therapies for chronic mental illness. *Journal of Nervous and Mental Disease, 194*, 603-609.

Hayes, S. C. (2005). Eleven rules for a more successful clinical psychology. *Journal of Clinical Psychology, 61*, 1055-1060.

Hayes, S. C., Follette, V. M., & Linehan, M. M. (Eds.). (2004). *Mindfulness and acceptance: Expanding the cognitive-behavioral tradition*. New York: Guilford.

Hayes, S. C., & Shenk, C. (2004). Operationaliing mindfulness without unnecessary attachments. *Clinical Psychology: Science and Practice, 11*, 249-254.

Haynes, R. B. (1982). Improving patient compliance: An empirical view. In R. B. Stuart (Ed.), *Adherence, compliance, and generalization in behavioral medicine* (pp. 56-78). New York: Brunner/Mazel.

Haynes, S. N. (1990). Behavioral assessment of adults. In G. Goldstein & M. Hersen (Eds.), *Handbook of psychological assessment* (2nd ed., pp. 423-463). New York: Pergamon Press.

Haynes, S. N., & O' Brien, W. O. (2000). *Principles of behavioral assessment: A functional approach to psychological assessment*. New York: Plenum/Kluwer Press.

Hays, P. A., & Iwamasa, G. Y. (Eds.). (2006). *Culturally responsive cognitive-behavioral therapy*. Washington, DC: American Psychological Association.

Hays, P. A. (2007). *Addressing cultural complexities in practice: Assessment, diagnosis, and therapy* (2nd ed.). Washington, DC: American Psychological Association.

Hazlett-Stevens, H., Craske, M. G., Roy-Birne, P. P., Sherbourne, C. D., Stein, M. B., & Bystritsky, A. (2002). Predictors of willingness to consider medication and psychosocial treatment for panic disorder in primary care patients. *General Hospital Psychiatry, 24*, 316-321.

Heal, L. W., & Sigelman, C. K. (1995). Response biases in interviews of individuals with limited mental ability. *Journal of Intellectual Disability Research, 39*, 331-340.

Hedges, L. V., & Olkin, L. (1982). Analyses, reanalyses, and meta-analysis. *Contemporary Education Review, 1*, 157-165.

Hegel, M. T., & Ferguson, R. J. (2000). Differential reinforcement of other behavior (DRO) to reduce aggressive behavior following traumatic brain injury. *Behavior Modification, 24*, 94-101.

Heidegger, M. (1968). *Being and time* (J. Macquarrie & E. Robinson, Trans.). New York: Harper & Row. (Original work published 1927)

Heider, F. (1958). *The psychology of interpersonal relations*. New York: Wiley.

Heilbrun, K., & Collins, S. (1995). Evaluations of trial competency and mental state at time of offense: Report characteristics. *Professional Psychology: Research & Practice, 26*, 61-67.

Heilman, K. M., Barrett, A. M., & Adair, J. C. (1998). Possible mechanisms of anosognosia: A defect in self-awareness. *Philosophical Transactions of the Royal Society of London: Series B. Biological Sciences, 353*(1377), 1903-1909.

Heilman, K. M., & Valenstein, E. (Eds.). (2003). *Clinical neuropsychology* (4th ed.). New York: Oxford University Press.

Heilman, K. M., Watson, R. T., & Valenstein, E. (2003). Neglect and related disorders. In K. M. Heilman & E. Valenstein (Eds.), *Clinical neuropsychology* (4th ed.). New York: Oxford University Press.

Helgeson, V. S., Cohen, S., & Fritz, H. (1998). Social ties and the onset and progression of cancer. In J. Holland (Ed.), *Psycho-oncology*. New York: Oxford University Press.

Heller, W. (1990). The neuropsychology of emotion: Developmental patterns and implications for psychopathology. In N. L. Stein, B. L. Leventhal, & T. Trabasso (Eds.), *Psychological and biological approaches to emotion* (pp. 167-211). Hillsdale, NJ: Erlbaum.

Heller, W., & Nitschke, J. B. (1997). Regional brain activity in emotion: A framework for understanding cognition in depression. *Cognition and Emotion, 11*, 637-661.

Hellige, J. B. (2001). *Hemispheric asymmetry: What's right and what's left*. Cambridge, MA: Harvard University Press.

Hendrie, H. C., Lane, K. A., Ogunniyi, A., Baiyewu, O., Gureje, O., Evans, R., et al. (2006). The development of a semi-structured home interview (CHIF) to directly assess function in cognitively impaired elderly people in two cultures. *International Psychogeriatrics, 18*, 653-666.

Henggeler, S. W., & Schoenwald, S. K. (2002). Treatment manuals: Necessary, but far from sufficient. *Clinical Psychology: Science and Practice, 9*, 419-420.

Henry, W. E. (1956). *The analysis of fantasy: The thematic apperception technique in the story of personality*. New York: Wiley.

Herbert, T. B., & Cohen, S. (1993). Stress and immunity in humans: A meta-analytic review. *Psychosomatic Medicine, 55*, 364-379.

Herink, R. (Ed.). (1980). *The psychotherapy handbook: The A to Z guide to more than 250 different therapies in use today*. New York: New American Library.

Herrington, J. D., Mohanty, A., Koven, N. S., Fisher, J. E., Stewart, J. L., Banich, M. T., et al. (2005). Emotion-modulated performance and activity in left dorsolateral prefrontal cortex. *Emotion, 5*, 200-207.

Hersch, P. D., & Alexander, R. W. (1990). MMPI profile patterns of emotional disability claimants. *Journal of Clinical Psychology, 46*, 795-799.

Hersen, M. (2002). *Clinical behavior therapy*. New York: Wiley.

Hetherington, E. M., & Arasteh, J. D. (Eds.). (1988). *Impact of divorce, single parenting, and stepparenting on children*. Hillsdale, NJ: Erlbaum.

Hetherington, E. M., Bridges, M., & Insabella, G. M. (1998). What matters? What does not? Five perspectives on the association between marital transitions and children's adjustment. *American Psychologist, 53*, 167-184.

Hetherington, E. M., & Elmore, A. M. (2003). Risk and resilience in children coping with their parents' divorce and remarriage. In S. S. Luthar (Ed.), *Resilience and vulnerability: Adaptation in the context of childhood adversities* (pp. 182-212). New York: Cambridge University Press.

Hetherington, E. M., & Stanley-Hagan, M. (1999). The adjustment of children with divorced parents: A risk and resiliency perspective. *Journal of Child Psychology and Psychiatry, 40*, 129-140.

Hetzel-Riggin, M. D., Brausch, A. M., & Montgomery, B. S. (2007). A meta-analytic investigation of therapy modality outcomes for sexually abused children and adolescents: An exploratory study. *Child Abuse and Neglect, 31*, 125-141.

Heyman, R. E. (2001). Observation of couple conflicts: Clinical assessment applications, stubborn truths, and shaky foundations. *Psychological Assessment, 13*, 5-35.

Heyman, R. E., & Slep, A. M. S. (2006). Creating and field-testing diagnostic criteria for partner and child maltreatment. *Journal of Family Psychology, 20*, 397-408.

Hickling, E. J., & Blanchard, E. B. (2006). *Overcoming the trauma of your motor vehicle accident: A cognitive-behavioral treatment program therapist guide*. London, UK: Oxford Press.

Hickling, F. W., McKenzie, K., Mullen, R., & Murray, R. (1999). A Jamaican psychiatrist evaluates diagnoses at a London psychiatric hospital. *British Journal of Psychiatry, 175*, 283-285.

Hilton, N. Z., Harris, G. T., & Rice, M. E. (2006). Sixty-six years of research on clinical versus actuarial prediction of violence. *Counseling Psychologist, 34*, 400-409.

Himelein, M. J., & Putnam, E. A. (2001). Work activities of academic clinical psychologists: Do they practice what they teach? *Professional Psychology: Research and Practice, 5*, 537-542.

Hinshaw, S. P. (2006). Treatment for children and adolescents with attention-deficit/hyperactivity disorder. In P. C. Kendall (Ed.), *Child and adolescent therapy: Cognitive-behavioral procedures* (3rd ed., pp. 82-113). New York:

Guilford.

Hinshaw, S. P. (2007). *The mark of shame: Stigma of mental illness and an agenda for change*. New York: Oxford University Press.

Hofferth, S. L., Stueve, J. L., Pleck, J., Bianchi, S., & Sayer, L. (2002). The demography of fathers: What fathers do. In C. S. Tamis-LeMonda & N. Cabrera (Eds.), *Handbook of father involvement: Multidisciplinary perspectives* (pp. 63-90). Mahwah, NJ: Erlbaum.

Hoffman, P. J. (1960). The paramorphic representation of clinical judgment. *Psychological Bulletin, 57*, 116-131.

Hogue, A., Dauber, S., Stambaugh, L. F., Cecero, J. J., & Liddle, H. A. (2006). Early therapeutic alliance and treatment outcome in individual and family therapy for adolescent behavior problems. *Journal of Consulting and Clinical Psychology, 74*, 121-129.

Holder, H. D., & Blose, J. D. (1987). Changes in health care costs and utilization associated with mental health treatment. *Hospital and Community Psychiatry, 38*, 1070-1075.

Holland, J. L. (1994). *The self-directed search*. Odessa, FL: Psychological Assessment Resources.

Holland, J. L. (1996). Exploring careers with a typology. *American Psychologist, 51*, 397-406.

Holland, J. L., & Gottfredson, G. D. (1994). *Career attitudes and strategies inventory: An inventory for understanding adult careers*. Odessa, FL: Psychological Assessment Resources.

Hollanders, H. & McLeod, J. (1999). Theoretical orientation and reported practice: A survey of eclecticism among counselors in Britain. *British Journal of Guidance and Counseling, 27*, 405-414.

Hollon, S. D. (2006). Randomized clinical trials. In J. C. Norcross, L. E. Beutler, & R. F. Levant (Eds.), *Evidence-based practice in mental health* (pp. 96-105). Washington, DC: American Psychological Association.

Hollon, S. D., & Beck, A. T. (2004). Cognitive and cognitive behavioral therapies. In M. J. Lambert (Ed.), *Bergin and Garfield's handbook of psychotherapy and behavior change* (5th ed., pp. 447-492). New York: Wiley.

Hollon, S. D., DeRubeis, R. J., Shelton, R. C., Amsterdam, J. D., Salomon, R. M., O'Reardon, J. P., et al. (2005). Prevention of relapse following cognitive therapy versus medications in moderate to severe depression. *Archives of General Psychiatry, 62*, 417-422.

Hollon, S. D., Stewart, M. O., & Strunk, D. (2006). Enduring effects for cognitive behavior therapy in the treatment of depression and anxiety. *Annual Review of Psychology, 57*, 285-315.

Holloway, J. D. (2004). Louisiana grants psychologists prescriptive authority. *Monitor on Psychology, 35*, 20-21.

Holmboe, E. S. (2004). Faculty and the observation of trainees clinical skills: Problems and opportunities. *Academic Medicine. 79*, 16-22.

Holt, R. R. (1958). Formal aspects of the TAT: A neglected resource. *Journal of Projective Techniques, 22*, 163-172.

Holt, R. R. (1978). *Methods in clinical psychology: Projective assessment* (Vol. 1). New York: Plenum Press.

Holt, R. R., & Luborsky, L. (1958). *Personality patterns of psychiatrists: A study of methods for selecting residents* (Vol. 1). New York: Basic Books.

Holtzman, W. H., Thorpe, J. W., Swartz, J. D., & Herron, E. W. (1961). *Inkblot perception and personality: Holtzman Inkblot Technique*. Austin: University of Texas Press.

Holtzworth-Munroe, A., Meehan, J. C., Rehman, U., & Marshall, A. D. (2002). Intimate partner violence: An introduction for couple therapists. In A. S. Gurman & N. S. Jacobson (Eds.), *Clinical handbook of couple therapy* (3rd ed., pp. 441-465). New York: Guilford.

Homant, R., & Kennedy, D. B. (1998). Psychological aspects of crime scene profiling. *Criminal Justice and Behavior, 25*, 319-343.

Honda, K., & Jacobson, J. S. (2005). Use of complementary and alternative medicine among United States adults: The influences of personality, coping strategies, and social support. *Preventive Medicine, 40*, 46-53.

Horn, J. L. (1965). An empirical comparison of methods for estimating factor scores. *Educational and Psychological Measurement, 25*, 313-322.

House, J. S., Robbins, C., & Metzner, H. L. (1982). The

association of social relationships and activities with mortality: Prospective evidence from the Tecumseh Community Health Study. *American Journal of Epidemiology, 116*, 123-140.

Houts, A. C. (2003). Behavioral treatment for enuresis. In A. E. Kazdin & J. R. Weisz (Eds.), *Evidence-based psychotherapies for children and adolescents* (pp. 389-406). New York: Guilford.

Houts, A. C. (2004). Discovery, invention, and the expansion of the modern Diagnostic and Statistical Manuals of Mental Disorders. In L. E. Beutler & M. L. Malik (Eds.), *Rethinking the DSM: A psychological perspective* (pp. 17-68). Washington, DC: American Psychological Association.

Hovarth, A. O. (2000). The therapeutic relationship: From transference to alliance. *Journal of Clinical Psychology/In Session: Psychotherapy in Practice, 56*, 163-173.

Hovarth, A. O., & Greenberg, L. S. (1989). Development and validation of the Working Alliance Inventory. *Journal of Counseling Psychology, 36*, 223-233.

Hovarth, A. O., & Symonds, B. D. (1991). Relation between working alliance and outcome in psychotherapy: A meta-analysis. *Journal of Counseling Psychology, 38*, 139-149.

Howard, K. I., Krause, M.S., Caburnay, C. A., Noel, S. B., & Saunders, S. M. (2001). Syzygy, science, and psychotherapy: The Consumer Reports study. *Journal of Clinical Psychology 57*, 865-874.

Howard, K. I., Lueger, R. J., Maling, M. S., & Martinovich, Z. (1993). A phase model of psychotherapy outcome: Causal mediation of change. *Journal of Consulting and Clinical Psychology, 61*, 678-685.

Hoza, B., Gerdes, A. C., Mrug, S., Hinshaw, S. P., Bukowski, W. M., Gold, J. A., et al. (2005). Peer-assessed outcomes in the multimodal treatment study of children with attention deficit hyperactivity disorder. *Journal of Clinical Child and Adolescent, 34*, 74-86.

Hsu, L. K., & Folstein, M. F. (1997). Somatoform disorders in Caucasian and Chinese Americans. *Journal of Nervous and Mental Disease, 185*, 382-387.

Hughes, J. N., Cavell, T. A., & Jackson, T. (1999). Influence of the teacher-student relationship on childhood conduct problems: A prospective study. *Journal of Clinical Child Psychology, 28*, 173-184.

Hughes, R., Jr. (1996). The effects of divorce on children. Retrieved December 13, 2001, from http://www.hec.ohio-state.edu/famlife/ divorce/index.htm.

Hummelen, B., Wilberg, T., & Karterud, S. (2007). Interviews of female patients with borderline personality disorder who dropped out of group psychotherapy. *International Journal of Group Psychotherapy, 57*, 67-91.

Humphreys, L. G. (1988). Trends in levels of academic achievement of blacks and other minorities. *Intelligence, 12*, 231-260.

Hunsley, J., & Mash, E. J. (2007). Evidence-based assessment. *Annual Review of Clinical Psychology, 3*, 29-51.

Hunsley, J., Lee, C. M., & Wood, J. M. (2003). Controversy and questionable assessment techniques. In S. O. Lilienfeld, S. J. Lynn, & J. M. Lohr (Eds.), *Science and pseudoscience in clinical psychology* (pp. 39-76). New York: Guilford.

Hunt, M. (1993). *The story of psychology*. New York: Anchor Books.

Hunter, J. E., & Schmidt, F. L. (2004). *Methods of meta-analysis: Correcting error and bias in research findings* (2nd ed.). Thousand Oaks, CA: Sage Publications.

Hunter, R. H. (1995). Benefits of competency-based treatment programs. *American Psychologist, 50*, 509-513.

Impara, J. C., & Plake, B. S. (Eds.). (2003). *The fifteenth mental measurements yearbook*. Lincoln, NE: The Buros Institute of Mental Measurements.

Individuals with Disabilities Education Act (Public Law 105-17, 1997).

Ingram, R. E. (2005). Clinical training for the next millennium. *Journal of Clinical Psychology, 61*, 1155-1158.

Inskipp, F. (2000). Generic skills. In C. Feltham & I.Horton (Eds.), *Handbook of counselling and psychotherapy*. London: Sage Publications.

Institute of Medicine. (1994). *Reducing risk for mental disorders: Frontiers for prevention intervention research*.

Washington, DC: National Academy Press.

Institute of Personality Assessment and Research. (1970). *Annual report: 1969-1970.* Berkeley: University of California.

Inui, T., Yourtee, E., & Williamson, J. (1976). Improved outcomes in hypertension after physician tutorials. *Annuals of Internal Medicine, 84*, 646-651.

Isenhart, C. E., & Silversmith, D. J. (1996). MMPI-2 response styles: Generalization to alcoholism assessment. *Psychology of Addictive Behaviors, 10*, 115-123.

Iwamasa, G. Y., Sorocco, K. H., & Koonce, D. A. (2002). Ethnicity and clinical psychology: A content analysis of the literature. *Clinical Psychology Review, 22*, 931-944.

Jackson, D. N. (1984). *Personality research form manual.* Port Huron, MI: Research Psychologists Press.

Jackson, D. N., & Messick, S. (1958). Content and style in personality assessment. *Psychological Bulletin, 55*, 243-252.

Jackson, D. N., & Messick, S. (1961). Acquiescence and desirability as response determinants on the MMPI. *Educational and Psychological Measurement, 21*, 771-790.

Jackson, M., & Thompson, C. L. (1971). Effective counselor: Characteristics and attitudes. *Journal of Counseling Psychology, 17*, 3-79.

Jackson, Y. (2006). *Encyclopedia of multicultural psychology.* Thousand Oaks, CA: Sage Publications.

Jacobson, N. S., Schmaling, K. B., & Holtzworth-Munroe, A. (1987). Component analysis of behavioral marital therapy: 2-year follow-up and prediction of relapse. *Journal of Marital and Family Therapy, 13*, 187-195.

Jacoby, L. L., & Kelley, C. M. (1987). Unconscious influences of memory for a prior event. *Personality and Social Psychology Bulletin, 13*, 314-336.

James, J. W., & Haley, W. E. (1995). Age and health bias in practicing clinical psychologists. *Psychology & Aging, 10*, 610-616.

Jane, S. J., Pagan, J. L., Turkheimer, E., Fiedler, E. R., & Oltmanns, T. F. (2006). The interrater reliability of the Structured Interview for the DSM-IV Personality. *Comprehensive Psychiatry, 47*, 368-375.

Jason, L. A., McMahon, S. D., Salina, D., Hedeker, D., Stockton, M., Dunson, K., & Kimball, P. (1995). Assessing a smoking cessation intervention involving groups, incentives, and self-help manuals. *Behavior Therapy, 26*, 393-408.

Jeffery, R. W. (1988). Dietary risk factors and their modification in cardiovascular disease. *Journal of Consulting and Clinical Psychology, 56*, 350-357.

Jennings, L., & Skovholt, T. M. (1999). The cognitive, emotional and relational characteristics of master therapists. *Journal of Counseling Psychology, 46*, 3-11.

Jensen, P. S. (2003). Comorbidity and child psychopathology: Recommendations for the next decade. *Journal of Abnormal Child Psychology, 31*, 293-300.

Jensen, P. S., Garcia, J. A., Glied, S., Crowe, M., Foster, M., Schlander, M., et al. (2005). Cost-effectiveness of ADHD treatments: Findings from the multimodal treatment study of children with ADHD. *American Journal of Psychiatry, 162*, 1628-1636.

Jia-xi, C., & Guo-peng, C. (2006). The validity and reliability research of 16PF 5th ed. in China. *Chinese Journal of Clinical Psychology, 14*, 13-46.

Johnsen, B. H., & Hugdahl, K. (1990). Fear questionnaires for simple phobias: Psychometric evaluations for a Norwegian sample. *Scandinavian Journal of Psychology, 31*, 42-48.

Johnson, B. W., & Campbell, C. D. (2004). Character and fitness requirements for professional psychologists: Training directors' perspectives. *Professional Psychology: Research and Practice, 35*, 405-411.

Johnson, M. D. (2002). The observation of specific affect in marital interactions: Psychometric properties of a coding system and a rating system. *Psychological Assessment, 14*, 423-438.

Johnson, S. (2003). *Therapist's guide to clinical intervention: The 1-2-3s of treatment planning.* New York: Academic Press.

Johnson, W. B., Porter, K., Campbell, C. D., & Kupko, E. N. (2005). Character and fitness requirements for professional psychologists: An examination of state licensing application forms. *Professional Psychology: Research and Practice, 36*, 654-662.

Johnston, C. (1995). The Rokeach Value Survey: Underlying structure and multidimensional scaling. *Journal of Psychology, 129*, 583-593.

Joiner, T. E., & Schmidt, N. B. (2004). Taxometrics can "do diagnostics right" (and it isn't quite as hard as you think). In L. E. Beutler & M. L. Malik (Eds.), *Rethinking the DSM: A psychological perspective* (pp. 107-120). Washington, DC: American psychological Association.

Jonason, K. R., DeMers, S. T., Vaughn, T. J., & Reaves, R. P. (2003). Professional mobility for psychologists is rapidly becoming a reality. *Professional Psychology: Research and Practice, 34*, 468-473.

Jones, B. P., & Butters, N. (1983). Neuropsychological assessment. In M. Hersen, A. E. Kazdin, & A. S. Bellack (Eds.), *The clinical psychology handbook* (pp. 377-396). New York: Pergamon Press.

Jones, E. E. (1955). *The life and work of Sigmund Freud* (Vol. 2). New York: Basic Books.

Jones, E. E. (1996). Introduction to the special section on attachment and psychopathology: Part I. *Journal of Consulting and Clinical Psychology, 64*, 5-7.

Jones, E. E., Cumming, J. D., & Horowitz, M. J. (1988). Another look at the nonspecific hypothesis of therapeutic effectiveness. *Journal of Consulting and Clinical Psychology, 56*, 48-55.

Jones, M. C. (1924a). The elimination of children's fears. *Journal of Experimental Psychology, 7*, 382-390.

Jones, M. C. (1924b). A laboratory study of fear: The case of Peter. *Pedagogical Seminary and Journal of Genetic Psychology, 31*, 308-315.

Jongsma, A. E., & Peterson, M. L. (2003). *The complete adult psychotherapy treatment planner* (3rd ed.). Hoboken, NJ: Wiley.

Jorm, A. F. (2000). Mental health literacy: Public knowledge and beliefs about mental disorders. *The British Journal of Psychiatry, 177*, 396-401.

Jouriles, E. N., & Farris, A. M. (1992). Effects of marital conflict on subsequent parent-child interactions. *Behavior Therapy, 23*, 355-374.

Jouriles, E. N., & O'Leary, K. D. (1985). Interspousal reliability of reports of marital violence. *Journal of Consulting and Clinical Psychology, 53*, 419-421.

Kahn, E. (1985). Heinz Kohut and Carl Rogers: A timely comparison. *American Psychologist, 40*, 893-904.

Kahn, J. H., Achter, J. A., & Shambaugh, E. J. (2001). Client distress disclosure, characteristics at intake, and outcomes in brief counseling. *Journal of Counseling Psychology, 48*, 203-211.

Kalichman, S. C., Cherry, C., & Browne-Sperling, F. (1999). Effectiveness of a video-based motivational skills-building HIV risk-reduction intervention for inner-city African American men. *Journal of Consulting and Clinical Psychology, 67*, 959-966.

Kalichman, S. C., Rompa, D., & Coley, B. (1996). Experimental component analysis of a behavioral HIV-AIDS prevention for inner-city women. *Journal of Consulting and Clinical Psychology, 64*, 687-693.

Kalichman, S. C., Rompa, D., Cage, M., DiFonzo, K., Simpson, D. Austin, J., et al. (2001). Effectiveness of an intervention to reduce HIV transmission risks in HIV-positive people. *American Journal of Preventive Medicine, 21*, 84-92.

Kaminer, Y. (2005). Challenges and opportunities of group therapy for adolescent substance abuse: A critical review. *Addictive Behaviors, 30*, 1765-1774.

Kamphaus, R. W., & Frick, P. J. (2005). *Clinical assessment of child and adolescent personality and behavior* (2nd. ed.). New York: Springer.

Kancelbaum, B., Singer, B., & Wong, N. (2004). Therapy in America 2004. Psychology Today. Retrieved October 2, 2005, from http://cms.psychologytoday.com/pto/press_release_ 050404.html.

Kanfer, F. H., & Saslow, G. (1969). Behavioral diagnosis. In C. M. Franks (Ed.), *Behavior therapy: Appraisal and status* (pp. 210-215). New York: McGraw-Hill.

Kanner, L. (1943). Autistic disturbances of affective contact. *Nervous Child, 2*, 217-250.

Kaplan, A. (1964). *The conduct of inquiry*. San Francisco: Chander.

Kaplan, E. (1990). The process approach to neuropsychological assessment of psychiatric patients. *Journal of Neuropsychiatry and Clinical Neurosciences, 2*, 72-87.

Kaplan, M. (1983). A woman's view of DSM-III. *American Psychologist, 38*, 786-792.

Kaplan, R. M., & Saccuzzo, D. P. (2004). *Psychological testing: Principles, applications, and issues*. Belmont, CA: Thompson Wadsworth.

Karasz, A. (2005). Cultural differences in conceptual models of depression. *Social Science & Medicine, 60*, 1625-1635.

Karver, M. S. (2006). Determinants of multiple informant agreement on child and adolescent behavior. *Journal of Abnormal Child Psychology, 34*, 251-262.

Karver, M. S., Handelsman, J. B., Fields, S., & Bickman, L. (2005). Meta-analysis of therapeutic relationship variables in youth and family therapy: The evidence for different relationship variables in the child and adolescent treatment outcome literature. *Clinical Psychology Review, 26*, 50-65.

Kaslow, F. W. (2001). Families and family psychology at the millennium: Intersecting crossroads. *American Psychologist, 56*, 37-46.

Kaslow, F. W. (2004). *Family therapy around the world*. New York: Haworth Press.

Kaslow, F. W. (2005). Growing up everyone's trusted confidante: Why I really became a psychotherapist. *Journal of Clinical Psychology, 61*, 965-972.

Kaslow, N. J., Borden, K. A., Collins, F. L., Forrest, L., Illfelder-Kaye, J., Nelson, P. D., & Rallo, J. S. (2004). Competencies conference: Future directions in education and credentialing in professional psychology. *Journal of Clinical Psychology, 60*, 699-712.

Kaslow, N. J., & Echols, M. M. (2006). Postdoctoral training and requirements for licensure and certification. In T. J. Vaughn (Ed.), *Psychology licensure and certification: What students need to know* (pp. 85-95). Washington, DC: American Psychological Association.

Kaslow, N. J., & Rehm, L. P. (1985). Conceptualization, assessment, and treatment of depression in children. In P. H. Bornstein & A. E. Kazdin (Eds.), *Handbook of clinical behavior therapy with children* (pp. 599-657). Homewood, IL: Dorsey Press.

Kaufman, A. S., & Kaufman, N. L. (1983). *KABC: Kaufman Assessment Battery for Children*. Circle Pines, MN: American Guidance Service.

Kaufman, A. S., & Kaufman, N. L. (1985). *Kaufman Test of Educational Achievement*. Circle Pines, MN: American Guidance Service.

Kaufman, A. S., & Kaufman, N. L. (1993). *Manual for the Kaufman Adolescent and Adult Intelligence Test* (KAIT). Circle Pines, MN: American Guidance Service.

Kaufman, A. S., & Kaufman, N. L. (2004a). *KABC-II:Kaufman Assessment Battery for Children* (2nd ed.). Circle Pines, MN: AGS Publishing.

Kaufman, A. S., & Kaufman, N. L. (2004b). *KBIT-2: Kaufman Brief Intelligence Test-2* (2nd ed.). Upper Saddle River, NJ: Pearson Assessments.

Kavale, K. A., Holdnack, J. A., & Mostert, M. P. (2005). Responsiveness to intervention and the identification of specific learning disability: A critique and alternative proposal. *Learning Disability Quarterly, 28*, 2-16.

Kazantzis, N., & Deane, F. P. (1999). Psychologists' use of homework assignments in clinical practice. *Professional Psychology: Research and Practice, 30*, 581-585.

Kazdin, A. E. (1982). Single-case experimental designs. In P. C. Kendall & J. N. Butcher (Eds.), *Handbook of research methods in clinical psychology* (pp. 461-490). New York: Wiley.

Kazdin, A. E. (2005a). *Parent management training: Treatment for oppositional, aggressive, and antisocial behavior in children and adolescents*. New York: Oxford University Press.

Kazdin, A. E. (2005b). Treatment outcomes, common factors, and continued neglect of mechanisms of change. *Clinical Psychology: Science and Practice, 12*, 184-188.

Kazdin, A. E. (2006). Assessment and evaluation in clinical

practice. In C. D. Goodhart, A. E. Kazdin, & R. J. Sternberg (Eds.), *Evidence-based psychotherapy* (pp. 153-177). Washington, DC: American Psychological Association.

Kazdin, A. E. (2007). Mediators and mechanisms of change in psychotherapy research. *Annual Review of Clinical Psychology, 3*, 1-27.

Kazdin, A. E., & Weisz, J. R. (Eds.). (2003). *Evidence-based psychotherapies for children and adolescents*. New York: Guilford.

Keefe, F. J., Abernethy, A. P., & Campbell, L. (2005). Psychological approaches to understanding and treating disease-related pain. *Annual Review of Psychology, 56*, 601-630.

Keijsers, G. P. J., Schaap, C. P. D. R., & Hoogduin, C. A. L. (2000). The impact of interpersonal patient and therapist behavior on outcome in cognitive-behavioral therapy: A review of empirical studies. *Behavior Modification, 24*, 264-297.

Keilin, W. G., & Bloom, L. J. (1986). Child custody evaluation practices: A survey of experienced professionals. *Professional Psychology: Research and Practice, 17*, 338-346.

Kelley, J. E., Lumley, M. A., & Leisen, J. C. C. (1997). Health effects of emotional disclosure in rheumatoid arthritis patients. *Health Psychology, 16*, 331-340.

Kelly, E. L., & Fiske, D. W. (1951). *The prediction of performance in clinical psychology*. Ann Arbor: University of Michigan Press.

Kelly, G. A. (1955). *The psychology of personal constructs*. New York: W. W. Norton.

Kelly, J. A., & Murphy, D. A. (1992). Psychological interventions with AIDS and HIV: Prevention and treatment. *Journal of Consulting and Clinical Psychology, 60*, 576-585.

Kelly, J. A., St. Lawrence, J. S., Hood, H. V., & Brash-field, T. L. (1989). Behavioral intervention to reduce AIDS risk activities. *Journal of Consulting and Clinical Psychology, 57*, 60-67.

Kelly, J. B. (1991). Parent interaction after divorce: Comparison of medicated and adversarial divorce processes. *Behavioral Sciences and the Law, 9*, 387-398.

Kelly, J. B. (2000). Children's adjustment in conflicted marriage and divorce: A decade review of research. *Journal of the American Academy of Child and Adolescent Psychiatry, 39*, 963-973.

Kendall, P. C. (Ed.). (2006). *Child and adolescent therapy* (3rd ed., pp. 243-294). New York: Guilford.

Kendall, P. C., Holmbeck, G., & Verduin, T. (2004). Methodology, design, and evaluation in psychotherapy research. In M. J. Lambert (Ed.), *Bergin and Garfield's handbook of psychotherapy and behavior change* (5th ed., pp. 16-43). New York: Wiley.

Kendall, P. C., & Suveg, C. (2006). Treating anxiety disorders in youth. In P. C. Kendall (Ed.), *Child and adolescent therapy* (3rd ed., pp. 243-294). New York: Guilford.

Kenkel, M. B., DeLeon, P. H., Albino, J. E. N., & Porter, N. (2003). Challenges to professional psychology education in the 21st century. *American Psychologist, 58*, 801-805.

Kennedy, P. F., Vandehey, M., Norman, W. B., & Diekhoff, G. M. (2003). Recommendations for risk-management practices. *Professional Psychology: Research and Practice, 34*, 309-311.

Kern, J. M. (1982). The comparative external and concurrent validity of three role-plays for assessing heterosocial performance. *Behavior Therapy, 13*, 666-680.

Kernberg, O. (1976). *Object relations, theory and clinical psychoanalysis*. New York: Jason Aronson.

Keisler, R. C., Berglund, P., Demler, O., Jin, R., & Walters, E. E. (2005). Lifetime prevalence and age-of-onset distributions of DSM-IV disorders in the National Comorbidity Survey Replication. *Archives of General Psychiatry, 62*, 593-602.

Keisler, R. C., Chiu, W. T., Demler, O., & Walters, E. E. (2005). Prevalence, severity, and comorbidity of 12-month DSM-IV disorders in the National Comorbidity Survey Replication. *Archives of General Psychiatry, 62*, 617-627

Keisler, R. C., Demler, O., Frank, R. G., Olfson, M., Pincus, H. A., et al. (2005). Prevalence and treatment of mental disorders 1990 to 2003. *New England Journal of*

Medicine, 352, 2515-2523.

Keisler, R. C., Price, R. H., & Wortman, C. B. (1985). Social factors in psychopathology: Stress, social support, and coping processes. *Annual Review of Psychology, 36*, 531-572.

Keisler, R., Soukup, J., Davis, R., Foster, D., Wilkey, S., Van Rompay, M., & Eisenberg, D. (2001). The use of complementary and alternative therapies to treat anxiety and depression in the United States. *American Journal of Psychiatry, 158*, 289-294.

Khan, A., Khan, S. R., Leventhal, R. M., Krishnan, R. R., & Gorman, J. M. (2002). An application of the revised CONSORT standards to FDA summary reports of recently approved antidepressants and antipsychotics. *Biological Psychiatry, 52*, 62-67.

Kiecolt-Glaser, J. K., & Glaser, R. (1992). Psychoneuroimmunology: Can psychological interventions modulate immunity? *Journal of Consulting and Clinical Psychology, 60*, 569-575.

Kiecolt-Glaser, J. K., Loving, T. J., Stowell, J. R., Malarkey, W. B., Lemeshow, S., Dickinson, S. L., & Blaser, R. (2005). Hostile marital interactions, proinflammatory cytokine production, and wound healing. *Archives of General Psychiatry, 62*, 1377-1384.

Kiesler, C. A. (1985). Psychology and public policy. In E. M. Altmaier & M. E. Meyer (Eds.), *Applied specialization in psychology* (pp. 375-390). New York: Springer.

Kiesler, C. A. (2000). The next wave of change for psychotherapy and mental health in the health care revolution. *American Psychologist, 55*, 481-487.

Kinnaman, J. E. S., Farrell, A. D., & Bisconer, S. W. (2006). Evaluation of the Computerized Assessment System for Psychotherapy Evaluation and Research (CASPER) as a measure of treatment effectiveness with psychiatric inpatients. *Assessment, 13*, 154-167.

Kinzie, J. D., Manson, S. M., Vinh, D. H., Nguyen, T. T., Anh, B., Tolan, N. T., et al. (1982). Development and validation of a Vietnamese-language depression rating scale. *American Journal of Psychiatry, 139*, 1276-1281.

Kiser, L. J. (2007). Protecting children from the dangers of urban poverty. *Clinical Psychology Review, 27*, 211-225.

Klein, M. (1975). *The writings of Melanie Klein* (Vol. III). London: Hogarth Press.

Klein, R. A. (1999). Treating fear of flying with virtual reality exposure therapy. In L. Vander-Creek & T. L. Jackson (Eds.), *Innovations in clinical practice: A sourcebook*, (Vol. 17). Sarasota, FL: Professional Resources Press.

Klein, R. H. (1983). Group treatment approaches. In M. Hersen, A. E. Kazdin, & A. S. Bellack (Eds.), *The clinical psychology handbook* (pp. 593-610). New York: Pergamon.

Kleinknecht, R. A., & Bernstein, D. A. (1978). *Assessment of dental fear. Behavior Therapy, 9*, 626-634.

Kleinmuntz, B. (1963). MMPI decision rules for the identification of college maladjustment: A digital computer approach. *Psychological Monographs, 77* (14, Whole No. 477).

Kleinmuntz, B. (1969). Personality test interpretation by computer and clinician. In J. N. Butcher (Ed.), *MMPI: Research developments and clinical applications* (pp. 97-104). New York: Wiley.

Kleinmuntz, B. (1984). The scientific study of clinical judgment in psychology and medicine. *Clinical Psychology Review, 4*, 111-126.

Klerman, G. L., Weissman, M. M., Rounsaville, B. J., & Chevron, E. S. (1984). *Interpersonal psychotherapy of depression.* New York: Basic Books.

Kline, T. J. B. (2005). *Psychological testing: A practical approach to design and evaluation.* Thousand Oaks, CA: Sage Publications.

Klopfer, B., & Kelley, D. M. (1937). The techniques of the Rorschach performance. *Rorschach Research Exchange, 2*, 1-14.

Klopfer, W. G. (1983). Writing psychological reports. In C. E. Walker (Ed.), *The handbook of clinical psychology* (Vol. 1, pp. 501-527). Homewood, IL: Dow Jones-Irwin.

Knapp, S. J., & VandeCreek, L. (2006). *Practical ethics for psychologists: A positive approach.* Washington, DC: American Psychological Association.

Knox, S., Goldberg, J. L., Woodhouse, S. S., & Hill, C. E. (1999). Clients' internal representations of their therapists. *Journal of Counseling Psychology, 46*, 244-256.

Koch, W. J., Douglas, K. S., Nicholls, T. L., & O'Neil, M. L. (2005). *Psychological injuries: Forensic assessment, treatment, and the law*. London: Oxford University Press.

Koester, K. A., Maiorana, A., Vernon, K., Myers, J., Rose, C. D., & Morin, S. (2007). Implementation of HIV prevention interventions with people living with HIV/AIDS in clinical settings: Challenges and lessons learned. *AIDS & Behavior*. [Epub ahead of print]

Kohlenberg, R. J., & Tsai, M. (1991). *Functional analytic psychotherapy: Creating intense and curative therapeutic relationships*. New York: Plenum.

Kohout, J., & Wicherski, M. (1999). 1997 Doctoral employment survey. Retrieved December 9, 2001, from http://research.apa.rg/des97contents.html.

Kohut, H. (1977). *The restoration of the self*. New York: International Universities Press.

Kohut, H. (1983). Selected problems of self-psychological theory. In J. D. Lichtenberg & S. Kaplan (Eds.), *Reflections on self psychology* (pp. 387-416). Hillsdale, NJ: Erlbaum.

Kokotovic, A. M., & Tracey, T. J. (1987). Premature termination at a university counseling center. *Journal of Counseling Psychology, 34*, 80-82.

Komiti, A. A., Jackson, H. J., Judd, F. K., Cockram, A. M., Kyrios, M., Yeatman, R., et al. (2001). A comparison of the Composite International Diagnostic Interview (CIDI-Auto) with clinical assessment in diagnosing mood and anxiety disorders. *Australian & New Zealand Journal of Psychiatry, 35*, 224-232.

Koppitz, E. M. (1968). *Psychological evaluation of children's human figure drawings*. New York: Grune & Stratton.

Korchin, S. J. (1976). *Modern clinical psychology: Principles of intervention in the clinic and community*. New York: Basic Books.

Korman, M. (Ed.). (1976). *Levels and patterns of professional training in psychology*. Washington, DC: American Psychological Association.

Korsch, B. M., & Negrete, V. F. (1972). Doctor-patient communication. *Scientific American, 227*, 66-74.

Kovacs, M. (1992). *The children's depression inventory* (CDI). North Tonawanda, NY: Multi-Health Systems.

Krantz, D. S., & Manuck, S. B. (1984). Acute psychophysiologic reactivity and risk of cardiovascular disease-A review and methodologic critique. *Psychological Bulletin, 96*, 435-464.

Krijn, M., Emmelkamp, P. M. G., Olafsson, R. P., & Biemond, R. (2004). Virtual reality exposure therapy of anxiety disorders: A review. *Clinical Psychology Review, 24*, 259-281.

Krishnamurthy, R., VandeCreek, L., Kaslow, N. J., Tazeau,Y. N., Miville, N. L. et al. (2004). Achieving competency in psychological assessment: Directions for education and training. *Journal of Clinical Psychology, 60*, 725-739.

Krol, N. P. C. M., De Bruyn, E. E. J., Coolen, J. C., & van Aarle, E. J. M. (2006). From CBCL to DSM: A comparison of two methods to screen for DSM-IV diagnoses using CBCL data. *Journal of Clinical Child and Adolescent Psychology, 35*, 127-135.

Krol, N., DeBruyn, E., & van den Bercken, J. (1995). Intuitive and empirical prototypes in childhood psychopathology. *Psychological Assessment, 7*, 533-537.

Krous, T. M. D., & Nauta, M. M. (2005). Values, motivations, and learning experiences of future professionals: Who wants to serve underserved populations? *Professional Psychology: Research and Practice, 36*, 688-694.

Krueger, R. F., Watson, D., & Barlow, D. H. (2005). Introduction to the special section: Toward a dimensionally based taxonomy of psychopathology. *Journal of Abnormal Psychology, 114*, 491-493.

Krull, C. D., & Pierce, W. D. (1995). IQ testing in America: A victim of its own success. *Alberta Journal of Educational Research, 41*, 349-354.

Kulic, K. R. (2005). The Crisis Intervention Semi-Structured Interview. *Brief Treatment and Crisis Intervention 5*, 143-157.

Kumpfer, K. L., & Alvarado, R. (2003). Family-strengthening

approaches for the prevention of youth problem behaviors. *American Psychologist, 58*, 457-465.

Kuncel, N. R., Hezlett, S. A., & Ones, D. S. (2001). A comprehensive meta-analysis of the predictive validity of the Graduate Record Examinations: Implications for graduate student selection and performance. *Psychological Bulletin, 127*, 162-181.

Kuperminc, G. P., & Brookmeyer, K. A. (2006). Developmental psychopathology. In R. T. Ammerman (Ed.), *Comprehensive handbook of personality and psychopathology* (Vol. 3, pp. 100-113). Hoboken, NJ: Wiley.

Kupfer, D. J. (2005). Dimensional models for research and diagnosis: A current dilemma. *Journal of Abnormal Psychology, 114*, 557-559.

Kupfer, D. J., First, M. B., & Reiger, D. E. (2002). Introduction. In D. J. Kupfer, M. B. First, & D. E. Reiger (Eds.). *A research agenda for DSM-V* (pp. xv-xxiii). Washington, DC: American Psychiatric Association.

Kurbat, M. A. (1997). Can the recognition of living things really be selectively impaired? *Neuropsychologia, 35*(6), 813-827.

Kuther, T. L. (2006a). *The psychology major's handbook* (2nd ed.). Belmont, CA: Wadsworth.

Kuther, T. L. (2006b). *Your career in psychology: Clinical and counseling psychology*. Belmont, CA: Thomson/Wadsworth.

Kuther, T. L., & Morgan, R. D. (2007). *Careers in psychology: Opportunities in a changing world. Belmont*, CA: Thomson/Wadsworth.

Kyle, T. M. & Williams, S. (2000). Results of the 1998-1999 APA survey of graduate departments of psychology. Retrieved December 11, 2001, from http://research.apa.org.

Labette, L. A. (2006). Review of novel approaches to the diagnosis and treatment of posttraumatic stress disorder. *Annals of Clinical Psychiatry, 18*, 281.

Lake, J. (2007). Omega-3 essential fatty acids. In J. H. Lake & D. Spiegel (Eds.), *Complementary and alternative treatments in mental health care* (pp. 151-167). Washington, DC: American Psychiatric Publishing.

Lake, J. H., & Spiegel, D. (Eds.). (2007). *Complementary and alternative treatments in mental health care*. Washington, DC: American Psychiatric Publishing.

Lam, J. N., & Steketee, G. S. (2001). Reducing obsessions and compulsions through behavior therapy. *Psychoanalytic Inquiry, 21*, 157-182.

Lambert, D. (1985). *Political and economic determinants of mental health regulations*. Unpublished doctoral dissertation, Brandeis University.

Lambert, M. J., & Bergin, A. E. (1994). The effectiveness of psychotherapy. In A. E. Bergin & S. L. Garfield (Eds.), *Handbook of psychotherapy and behavior change* (pp. 143-189). New York: Wiley.

Lambert, M. J., & Ogles, B. M. (2004). The efficacy and effectiveness of psychotherapy. In M. J. Lambert (Ed.), *Bergin and Garfield's handbook of psychotherapy and behavior change* (5th ed., pp. 139-193). New York: Wiley.

Lambert, M. J., Garfield, S. L., & Bergin, A. E. (2004). Overview, trends, and future issues. In M. J. Lambert (Ed.), *Bergin and Garfield's handbook of psychotherapy and behavior change* (5th ed., pp. 805-821). New York: Wiley.

Lambert, M. J., Shapiro, D. A., & Bergin, A. E. (1986). The effectiveness of psychotherapy. In S. L. Garfield & A. E. Bergin (Eds.), *Handbook of psychotherapy and behavior change* (3rd ed., pp. 157-211). New York: Wiley.

Lambert, N. M., Cox, H. W., & Hartsough, C. S. (1970). The observability of intellectual functioning of first graders. *Psychology in the Schools*, 74-85.

Lampropoulos, G. K., & Dixon, D. N. (2007). Psychotherapy integration in internships and counseling psychology doctoral programs. *Journal of Psychotherapy Integration, 17*, 185-208.

Lang, P. J., & Lazovik, A. D. (1963). Experimental desensitization of a phobia. *Journal of Abnormal and Social Psychology, 66*, 519-525.

Langton, C. M., Barbaree, H. E., Seto, M. C., Peacock, E. J., Harkings, L., et al. (2007). Actuarial assessment of risk for reoffense among adult sex offenders: Evaluating the predictive accuracy of the Static-2002 and five other instruments. *Criminal Justice and Behavior, 34*, 37-59.

Lanyon, B. P., & Lanyon, R. I. (1980). Incomplete sentences task: Manual. Chicago: Stoelting.

Larner, A. J. (2005). "Who came with you?" A diagnostic observation in patients with memory problems. *Journal of Neurology, Neurosurgery, & Psychiatry, 76*, 1739.

Lau, A. S., & Weisz, J. R. (2003). Reported maltreatment among clinic-referred children: Implications for presenting problems, treatment attrition, and long-term outcomes. *Journal of the American Academy of Child and Adolescent Psychiatry, 42*, 1327-1334.

Lawlis, G. F. (1971). Response styles of a patient population on the Fear Survey Schedule. *Behaviour Research and Therapy, 9*, 95-102.

Lazarus, A. A. (1973). Multimodel behavior therapy: Treating the "BASIC-ID." *Journal of Nervous and Mental Diseases, 156*, 404-411.

Lazarus, R. S. (1993). From psychological stress to the emotions: A history of changing outlooks. *Annual Review of Psychology, 44*, 1-21.

Lazarus, R. S., & Folkman, S. (1984). *Stress, appraisal, and coping*. New York: Springer.

Leahy, R. L. (Ed.). (2006). *Roadblocks in cognitive-behavioral therapy: Transforming challenges into opportunities for change*. New York: Guilford.

Leary, T. (1957). Interpersonal diagnosis of personality. *A functional theory and methodology for personality evaluation*. New York: Ronald Press.

Lebow, J. (2003). Integrative approaches to couple and family therapy. In T. L. Sexton, G. R. Weeks, & M. S. Robbins (Eds.), *Handbook of family therapy: The science and practice of working with families and couples* (pp. 201-225). New York: Brunner-Routledge.

Lebow, J. (2005). *Handbook of clinical family therapy*. Hoboken, NJ: Wiley.

Lebow, J. (2006). *Research for the psychotherapist: From science to practice*. New York: Routledge/Taylor and Francis Group.

Lebow, J., & Gordon, K. C. (2006). You cannot choose what is not on the menu_Obstacles to and reasons for the inclusion of relational processes in the DSM-V: Comment on the special section. *Journal of Family Psychology, 20*, 432-437.

Ledley, D. R., Marx, B. P., & Heimberg, R. G. (2005). *Making cognitive-behavioral therapy work: Clinical process for new practitioners*. New York: Guilford.

Lee, C. M., Beauregard, C., & Bax, K. A. (2005). Child-related disagreements, verbal aggression, and children's internalizing and externalizing behavior problems. *Journal of Family Psychology, 19*, 237-245.

Lehman, B. M. (2003). Affective language and humor appreciation after right hemisphere brain damage. *Seminars in Speech and Language, 24*, 107-119.

Lemery, K. S., & Doelger, L. (2005). Genetic vulnerabilities to the development of psychopathology. In B. L. Hankin & J. R. Z. Abela (Eds.), *Development of psychopathology: A vulnerability-stress perspective* (pp. 161-198). Thousand Oaks, CA: Sage Publications.

Leon, S. C., Martinovich, Z., Lutz, W., & Lyons, J. S. (2005). The effect of therapist experience on psychotherapy outcomes. *Clinical Psychology & Psychotherapy, 12*, 417-426.

Leonard, K. E., & Eiden, R. D. (2007). Marital and family processes in the context of alcohol use and alcohol disorders. *Annual Review of Clinical Psychology, 3*, 285-310.

Leonnig, C. D. (2006, November 23). Hinckley's mother to be his sole escort. *The Washington Post*, p. B1.

Levant, R. F. (2006). *Making psychology a household word. American Psychologist, 61*, 383-395.

Levant, R. F., House, A. T., May, S., & Smith, R. (2006). Cost offset: Past, present, and future. *Psychological Services, 3*, 195-207.

Leventhal, T., & Brooks-Gunn, J. (2003). Children and youth in neighborhood contexts. *Current Directions in Psychological Science, 12*, 27-31.

Levine, E. S., & Schmelkin, L. P. (2006). The move to prescribe:

A change in paradigm? *Professional Psychology: Research and Practice, 37*, 205-209.

Levison, H., & Strupp, H. H. (1999). Recommendations for the future of training in brief dynamic psychotherapy. *Journal of Clinical Psychology, 55*, 385-391.

Lew, H. L., Poole, J. H., Ha Lee, E., Jaffe, D. L., Huang, H., et al. (2005). Predictive validity of driving-simulator assessments following traumatic brain injury: A preliminary study. *Brain Injury, 19*, 177-188.

Lewis, G. (1991). Observer bias in the assessment of anxiety and depression. *Social Psychiatry and Psychiatric Epidemiology, 26*, 265-272.

Lewis, T. J., Lewis-Palmer, T., Newcomer, L., & Stichter, J. (2004). Applied behavior analysis and the education and treatment of students with emotional and behavioral disorders. In R. B. Rutherford, M. M. Quinn, & S. R. Mathur (Eds.), *Handbook of research in emotional and behavioral disorders* (pp. 523-545). New York: Guilford.

Ley, P., Bradshaw, P. W., Eaves, D. E., & Walker, C. M. (1973). A method for increasing patient recall of information presented to them. *Psychological Medicine, 3*, 217-220.

Lezak, M. D., Howieson, D. B., & Loring, D. W. (2004). *Neuropsychological assessment* (4th ed.). New York: Oxford University Press.

Lichtenberger, E. O. (2006). Computer utilization and clinical judgment in psychological assessment reports. *Journal of Clinical Psychology, 62*, 19-32.

Lidz, R. W., & Lidz, T. (1949). The family environment of schizophrenic patients. *American Journal of Psychiatry, 106*, 332-345.

Lilienfild, S. O. (2007). Psychological treatments that cause harm. *Perspectives on Psychological Science, 2*, 53-70.

Lilienfeld, S. O, Lynn, S. J., & Lohr, J. M. (Eds.). (2003). *Achieving the promise: Transforming mental health care in America. Final Report.* (DHHS Pub. No. SMA-03-3832). Rockville, MD: Department of Health and Human Services.

Lilienfeld, S. O., Wood, J. M., & Garb, H. N. (2000). The scientific status of projective techniques. *Psychological Science in the Public Interest, 1*, 27-66.

Lima, E. N., Stanley, S., Koboski, B., Reitzel, L. R., Richey, J. A., et al. (2005). The incremental validity of the MMPI-2: When does therapist access enhance treatment outcome? *Psychological Assessment, 17*, 462-468.

Lindsley, O. R., Skinner, B. F., & Solomon, H. C. (1953). *Study of psychotic behavior.* Studies in Behavior Therapy, Harvard Medical School, Department of Psychiatry, Metropolitan State Hospital, Waltham, MA, Office of Naval Research Contract N5-ori-07662, Status Report I, 1 June 1953-31 December 1953.

Lindzey, G. (1952). The thematic apperception test: Interpretive assumptions and related empirical evidence. *Psychological Bulletin, 49*, 1-25.

Linehan, M. M. (1993). *Cognitive-behavioral treatment of borderline personality disorder.* New York: Guilford.

Linehan, M. M., & Kehrer, C. A. (1993). Borderline personality disorder. In D. H. Barlow (Ed.), *Clinical handbook of psychological disorders* (pp. 396-441). New York: Guilford.

Linehan, M. M., & Nielsen, S. L. (1983). Social desirability: Its relevance to the measurement of hopelessness and suicidal behavior. *Journal of Consulting and Clinical Psychology, 51*, 141-143.

Linney, J. A. (2000). Assessing ecological constructs and community context. In J. Rappaport & E. Seidman (Eds.), *Handbook of community psychology* (pp. 647-668). New York: Kluwer Academic/Plenum Publishers.

Liss, M. B., & McKinley-Pace, M. J. (1999). Best interests of the child: New twists on an old theme. In R. Roesch, S. D. Hart, & J. R. Ogloff (Eds.), *Psychology and the law: The state of the discipline* (pp. 339-372). New York: Kluwer Academic/Plenum.

Lisspers, J., Sundin, O., Ohman, A., Ofman-Bang, C., Ryden, L., & Nygren, A. (2005). Long-term effects of lifestyle behavior change in coronary artery disease: Effects on recurrent coronary events after percutaneous coronary intervention. *Health Psychology, 24*, 41-48.

Liu, E. T. (2007). Integrating cognitive-behavioral and cognitiveinterpersonal case formulations: A case study of a Chinese American male. *Pragmatic Case Studies in Psychotherapy, 3*, 1-33.

Lochman, J. E., Powell, N. R., Whidby, J. M., & Fitzgerald, D. P. (2006). Aggressive children: Cognitive-behavioral assessment and treatment. In P. C. Kendall (Ed.), *Child and Adolescent therapy* (3rd ed., pp. 33-81). New York: Guilford.

Lochman, J. E., & Wells, K. C. (2004). The coping power program for preadolescent aggressive boys and their parents: Outcome effects at the 1-year- follow-up. *Journal of Consulting and Clinical Psychology, 72*, 571-578.

Lock, J., le Grange, D., Agras, W. S., & Dare, C. (2002). Treatment manual for anorexia nervosa: A family-based approach. New York: Guilford.

Locke, T. F., & Newcomb, M. D. (2003). Childhood maltreatment, parental alcohol/drug-related problems, and global parental dysfunction. *Professional Psychology: Research and Practice, 34*, 73-79.

Loftus, E. F. (2003). *Make-believe memories. American Psychologist, 58*, 867-873.

Loftus, E. F., & Davis, D. (2006). Recovered memories. *Annual Review of Clinical Psychology, 2*, 469-498.

Looman, J., & Marshall, W. L. (2005). Sexual arousal in rapists. *Criminal Justice and Behavior, 32*, 367-389.

Lopez, S., & Snyder, C. R. (Eds.). (2003). *Handbook of positive psychology assessment*. Washington, DC: American Psychological Association.

Lopez, S. R., & Guarnaccia, P. J. (2000). Cultural psychopathology: Uncovering the social world of mental illness. *Annual Review of Psychology, 51*, 571-598.

Lopez, S. R., Smith, A., & Wolkenstein, B. H. (1993). Gender bias in clinical judgment: An assessment of the analogue method' s transparency and social desirability. *Sex Roles, 28*, 35-45.

Loranger, A. W. (1992). Are current self-report and interview measures adequate for epidemiological studies of personality disorders? *Journal of Personality Disorders, 6*, 313-325.

Loring, D. W., & Larrabee, G. J. (2006). Sensitivity of the Halstead and Wechsler Test batteries to brain damage: Evidence from Reitan's original validation sample. *Clinical Neuropsychology, 20*, 221-229.

Lorr, M., McNair, D. M., & Klett, C. J. (1966). *Inpatient Multidimensional Psychiatric Scale*. Palo Alto, CA: Consulting Psychologists Press.

Lovaas, O. I., & Smith, T. (2003). Early and intensive behavioral intervention in autism. In A. E. Kazdin & J. R. Weisz (Eds.), *Evidence-based psychotherapies for children and adolescents* (pp. 325-340). New York: Guilford.

Loveless, A. S., & Holman, T. B. (2007a). *The family in the new millennium (Vol. 1): The place of family in human society*. Westport, CT: Praeger.

Loveless, A. S., & Holman, T. B. (2007b). *The family in the new millennium (Vol. 2): Marriage and human dignity*. Westport, CT: Praeger.

Loveless, A. S., & Holman, T. B. (2007c). *The family in the new millennium (Vol. 3): Strengthening the family*. Westport, CT: Praeger.

Lowman, R. L. (2006). *The ethical practice of psychology in organizations* (2nd ed.). Washington, DC: American Psychological Association.

Luborsky, L. (1976). Helping alliances in psychotherapy. In J. Cleghhorn (Ed.), *Successful psychotherapy* (pp. 92-16). New York: Brunner/Mazel.

Luborsky, L. (1989). *Who will benefit from psychotherapy?* New York: Basic Books.

Lundahl, B., Risser, H. J., & Lovejoy, M. C. (2006). A meta-analysis of parent training: Moderators and follow-up effects. *Clinical Psychology Review, 26*, 86-104.

Lyneham, H. J., & Rapee, R. M. (2005). Agreement between telephone and in-person delivery of a structured interview for anxiety disorders in children. *Journal of the American Academy of Child and Adolescent Psychiatry, 44*, 274-282.

Lynn, S. J., Lock, T., Loftus, E. F., Krackow, E., & Lilienfeld, S. O. (2003). The remembrance of things past: Problematic memory recovery techniques in psychotherapy. In S. O. Lilienfeld, S. J. Lynn, & J. M. Lohr (Eds.), *Science and pseudoscience in clinical psychology* (pp. 205-239). New York: Guilford.

MacDonald, G. (1996). Inferences in therapy: Processes and hazards. *Professional Psychology: Research and Practice, 27*, 600-603.

Machado, P. P. P., Beutler, L. E., Greenberg, L. S. (1999). Emotion recognition in psychotherapy: Impact of therapist level of experience and emotional awareness. *Journal of Clinical Psychology, 55*, 39-57.

Machover, K. (1949). *Personality projection in the drawing of the human figure*. Springfield, IL: Charles C. Thomas.

MacKain, S. J., Tedeschi, R. G., Durham, T. W., & Goldman, V. J. (2002). So what are master'slevel psychology practitioners doing? Surveys of employers and recent graduates in North Carolina. *Professional Psychology: Research and Practice, 33*, 408-412.

MacKinnon, R. A., Michels, R., & Buckley, P. J. (2006). *The psychiatric interview in clinical practice* (2nd ed.). Washington, DC: American Psychiatric Publishing.

Macklin, D. S., Smith, L. A., & Dollard, M. F. (2006). Public and private sector stress: Workers compensation, levels of distress and job satisfaction, and the demand-control-support model. *Australian Journal of Psychology, 58*, 130-143.

Mahler, M. S., Pine, F., & Bergman, A. (1975). *The psychological birth of the human infant*. New York: Basic Books.

Mahoney, M. J. (1977). Reflections on the cognitive-learning trend in psychotherapy. *American Psychologist, 32*, 5-13.

Maier, S. F., & Watkins, L. R. (1998). Cytokines for psychologists: Implications of bidirectional immune-to-brain communication for understanding behavior, mood, and cognition. *Psychological Review, 105*, 83-107.

Mains, J. A., & Scogin, F. R. (2003). The effectiveness of self-administered treatments: A practice-friendly review of the research. *Journal of Clinical Psychology, 59*, 237-246.

Maisto, S. A., & Maisto, C. A. (1983). Institutional measures of treatment outcome. In M. J. Lambert, E. R. Christensen, & S. S. DeJulio (Eds.), *The assessment of psychotherapy outcome* (pp. 603-625). New York: Wiley.

Makover, R. B. (2004). *Treatment planning for psychotherapists* (2nd ed.). Washington DC: American Psychiatric Publishing.

Malarkey, W. B., Kiecolt-Glaser, J. K., Pearl, D., & Glaser, R. (1994). Hostile behavior during marital conflict alters pituitary and adrenal hormones. *Psychosomatic Medicine, 56*, 41-51.

Malgady, R. G. (1996). The question of cultural bias in assessment and diagnosis of ethnic minority clients: Let's reject the null hypothesis. *Professional Psychology: Research and Practice, 27*, 73-77.

Malmo, R. B., Shagass, C., & Davis, F. H. (1950). Symptom specificity and bodily reactions during psychiatric interviews. *Psychosomatic Medicine, 12*, 362-376.

Maloney, M. P., & Ward, M. P. (1976). *Psychological assessment: A conceptual approach*. New York: Oxford University Press.

Malouff, J. M., Thorsteinsson, E. B., & Schutte, N. S. (2007). The efficacy of problem solving therapy in reducing mental and physical health problems: A meta-analysis. *Clinical Psychology Review, 27*, 46-57.

Mannarino, A. P., & Cohen, J. A. (2006). Child sexual abuse. In R. T. Ammerman (Ed.), *Comprehensive handbook of personality and psychopathology* (Vol. 3, pp. 388-402). Hoboken, NJ: Wiley.

Manuck, S. B., Kaplan, J. R., Adams, M. R., & Clark-son, T. B. (1988). Effects of stress and the sympathetic nervous system on coronary artery atheroslerosis in the cynomolgus macaque. *American Heart Journal, 116*, 328-333.

Manuck, S. B., Kaplan, J. R., & Clarkson, T. B. (1983). Behaviorally induced heart rate reactivity and atherosclerosis in cynomolgus monkeys. *Psychosomatic Medicine, 49*, 95-108.

March, J. S., & Mulle, K. (1998). *OCD in children and adolescents: A cognitive-behavioral treatment manual*. New York: Guilford.

Marcus, D. R., Lyons, P. M., & Guyton, M. R. (2000). Studying perceptions of juror influence in vivo: A social relations analysis. *Law and Human Behavior, 24*, 173-186.

Margolin, G., Mitchell, J., & Jacobson, N. (1988). Assessment of marital dysfunction. In A. S. Bellack & M. Hersen (Eds.), *Behavioral assessment: A practical handbook* (3rd ed., pp. 441-489). New York: Pergamon Press.

Marin, R. S., & Wilkosz, P. A. (2005). Disorders of diminished motivation. *Journal of Head Trauma Rehabilitation, 20*, 377-388.

Marini, A., Carlomagno, S., Caltagirone, C., & Nocentini. U. (2005). The role played by the right hemisphere in the organization of complex textual structures. *Brain and Language, 93*, 46-54.

Markowitz, J., Kocsis, M., Fishman, B., Spielman, L., Jacobsberg, L., & Francis, A. (1998). Treatment of depressive symptoms in Human Immunodeficiency Virus_positive patients. *Archives of General Psychiatry, 55*, 452-457.

Marks, I. M., Cavanaugh, K., & Gega, L. (2007). *Hands on help: Computer-aided psychotherapy*. New York: Maudsley Monographs Series.

Marlatt, G. A., & Gordon, J. R. (Eds.). (1985). *Relapse prevention maintenance strategies in the treatment of addictive behaviors*. New York: Guilford.

Marmar, C., Gaston, L., Gallagher, D., & Thompson, L. W. (1989). Alliance and outcome in late-life depression. *Journal of Nervous and Mental Disease, 177*, 464-472.

Martin, D. J., Garske, J. P., & Davis, K. M. (2000). Relation of the therapeutic alliance with outcome and other variables: A meta-analytic review. *Journal of Consulting and Clinical Psychology, 68*, 438-450.

Martsolf, D. S., & Draucker, C. B. (2005). Psychotherapy approaches for adult survivors of childhood sexual abuse: An integrative review of outcomes research. *Issues in Mental Health Nursing, 26*, 801-825.

Marx, J. A., Gyorky, Z. K., Royalty, G. M., & Stern, T. E. (1992). Use of self-help books in psychotherapy. *Professional Psychology: Research and Practice, 23*, 300-305.

Mash, E. J., & Dozois, D. J. A. (1996). Child psychopathology: A developmental-systems perspective. In E. J. Mash & R. A. Barkley (Eds.), *Child psychopathology* (pp. 3-60). New York: Guilford.

Mash, E. J., & Dozois, D. J. A. (2003). Child psychopathology: A developmental-systems perspective. In E. J. Mash & R. A. Barkley (Eds.), *Child psychopathology* (2nd ed., pp. 3-71). New York: Guilford.

Mash, E. J., & Foster, S. L. (2001). Exporting analogue behavioral observation from research to clinical practice: Useful or cost-defective? *Psychological Assessment, 13*, 86-98.

Mash, E. J., & Wolfe, D. A. (2006). *Abnormal child psychology* (3rd ed.). Belmont, CA: Wadsworth.

Masling, J. M. (1992). Assessment and the therapeutic narrative. *Journal of Training and Practice in Professional Psychology, 6*, 53-58.

Maslow, A. H. (1968). *Toward a psychology of being* (2nd ed.). New York: Van Nostrand Reinhold.

Maslow, A. H. (1971). *The farther reaches of human nature*. New York: Viking Press.

Masters, J. C., Burish, T. G., Hollon, S. D., & Rimm, D. C. (2007). *Behavior therapy: Techniques and empirical findings* (3rd ed.). San Diego: Harcourt, Brace, Jovanovich.

Masters, K. S., Spielmans, G. I., & Goodson, J. T. (2006). Are there demonstrable effects of distant intercessory prayer? A meta-analytic review. *Annals of Behavioral Medicine, 32*, 21-26.

Masur, F. T. (1981). Adherence to health care regimens. In C. K. Prokop & L. A. Bradley (Eds.), *Medical psychology: Contributions to behavioral medicine*. (pp. 442-470). New York: Academic Press.

Matarazzo, J. D. (1965). The interview. In B. B. Wolman (Ed.), *Handbook of clinical psychology* (pp. 403-450). New York: McGraw-Hill.

Matarazzo, J. D. (1986). Computerized clinical psychological test interpretations: Unvalidated plus all mean and no sigma. *American Psychologist, 41*, 14-24.

Matarazzo, J. D. (1990). Psychological assessment versus psychological testing: Validation from Binet to the school, clinic, and courtroom. *American Psychologist, 45*, 999-1017.

Matarazzo, J. D. (1992). Psychological testing and assessment in the 21st century. *American Psychologist, 47*, 1007-1018.

Maton, K. I., Kohout, J. L., Wicherski, M., Leary, G. E., & Vinokurov, A. (2006). Minority students of color and the psychology graduate pipeline: Disquieting and encouraging trends, 1989-2003. *American Psychologist, 61*, 117-131.

Matthews, K. A. (1982). Psychological perspectives on the Type A behavior pattern. *Psychological Bulletin, 91*, 293-323.

Maughan, B., Iervolino, A. C., & Collishaw, S. (2005). Time trends in child and adolescent mental disorders. *Current Opinion in Psychiatry, 18*, 381-385.

May, R. (1969). *Love and will*. New York: W. W. Norton.

May, R. (1981). *Freedom and destiny*. New York: Norton.

May, R., Angel, E., & Ellenberger, H. F. (Eds.). (1958). *Existence: A new dimension in psychiatry and psychology*. New York: Basic Books.

Mayer, J. P., & Davidson, W. S. (2000). Dissemination of innovation as social change. In J. Rappaport & E. Seidman (Eds.), *Handbook of community psychology* (pp. 421-443). New York: Kluwer Academic/ Plenum Publishers.

Mayne, T. J., Norcross, J. C., & Sayette, M. A. (2006). *Insider's guide to graduate programs in clinical and counseling psychology 2006/2007 ed*. New York: Guilford.

McArthur, D. S., & Roberts, G. E. (1982). *Roberts Apperception Test for Children: Manual*. Los Angeles: Western Psychological Services.

McCart, M. R., Priester, P. E., Davies, W. H., & Azen, R. (2006). Differential effectiveness of behavioral parent-training and cognitive-behavioral therapy for antisocial youth: A meta-analysis. *Journal of Abnormal Child Psychology, 34*, 527-543.

McConaughy, S. H. (2005). *Clinical interviews for children and adolescents: Assessment to intervention*. New York: Guilford.

McConaughy, S. H., & Achenbach, T. M. (2001). *Manual for the Semistructured Clinical Interview for Children and Adolescents* (2nd ed.). Burlington: University of Vermont, Center for Children, Youth, and Families.

McCoy, S. A. (1976). Clinical judgments of normal childhood behavior. *Journal of Consulting and Clinical Psychology, 44*, 710-714.

McCrae, R. R., & Costa, P. T. (1983). Social desirability scales: More substance than style. *Journal of Consulting and Clinical Psychology, 51*, 882-888.

McDermut, W., Miller, I. W., & Brown, R. A. (2001). The efficacy of group psychotherapy for depression: A meta-analysis and review of empirical research. *Clinical Psychology: Science and Practice, 8*, 98-116.

McDonald, B. C. (2002). Recent developments in the application of the nonverbal learning disabilities model. *Current Psychiatry Reports, 4*, 323-330.

McFall, R. M. (1991). Manifesto for a science of clinical psychology. *The Clinical Psychologist, 44*, 75-88.

McFall, R. M. (2006). Doctoral training in clinical psychology. *Annual Review of Clinical Psychology, 2*, 21-49.

McFall, R. M., & Lillesand, D. B. (1971). Behavior rehearsal with modeling and coaching in assertion training. *Journal of Abnormal Psychology, 77*, 313-323.

McGaugh, J. L. (2006). Make mild moments memorable: add a little arousal. *Trends in Cognitive Sciences, 10*, 345-347.

McGlynn, F. D., Moore, P. M., Lawyer, S., & Karg, R. (1999). Relaxation training inhibits fear and arousal during in vivo exposure to phobia-cue stimuli. *Journal of Behavior Therapy and Experimental Psychiatry, 30*, 155-168.

McGoldrick, M., Giordano, J., & Garcia-Preto, N. (2005). *Ethnicity and family therapy* (3rd ed.). New York: Guilford.

McGuffin, P. (2004). Behavioral genomics: Where molecular genetics is taking psychiatry and psychology. In L. DiLalla (Ed.), *Behavior genetics principles: Perspectives in development, personality, and psychopathology* (pp. 191-204). Washington, DC: American Psychological Association.

McMahon, T. J., & Luthar, S. S. (2006). Patterns and correlates of substance use among affluent, suburban high school students. *Journal of Clinical Child and Adolescent Psychology, 35*, 72-89.

McMullin, R. E. (2000). *The new handbook of cognitive therapy techniques*. New York: Norton.

McReynolds, P. (1975). Historical antecedents of personality assessment. In P. McReynolds (Ed.), *Advances in psychological assessment* (Vol. 3, pp. 477-532). San Francisco: Jossey-Bass.

McReynolds, P. (1987). Lightner Witmer: Little-known founder of clinical psychology. *American Psychologist, 42*, 849-858.

McWilliams, N. (2004). *Psychoanalytic psychotherapy: A practitioner's guide*. New York: Guilford.

Mead, M. (1928). *Coming of age in Samoa*. New York: Morrow.

Meador, B. D., & Rogers, C. R. (1973). Client-centered therapy. In R. Corsini (Ed.), *Current psychotherapies* (pp. 119-165). Itasca, IL: F. E. Peacock.

Meehl, P. E. (1954). *Clinical versus statistical prediction*. Minneapolis: University of Minnesota Press.

Meehl, P. E. (1956). Wanted_*A good cookbook. American Psychologist, 11*, 263-272.

Meehl, P. E. (1957). When shall we use our heads instead of the formula? *Journal of Consulting Psychology, 4*, 268-273.

Meehl, P. E. (1965). Seer over sign: The first good example. *Journal of Experimental Research in Personality, 1*, 27-32.

Meichenbaum, D. H. (1977). *Cognitive behavior modification*. New York: Norton.

Meissner, W. W. (2006). The therapeutic alliance_A proteus in disguise. *Psychotherapy: Theory, Research, Practice, Training, 43*, 264-270.

Mello, M. M., Studdert, D. M., & Brennan, T. A. (2003). The new medical malpractice crisis. *New England Journal of Medicine, 348*, 2281-2284.

Melton, A. W. (Ed.). (1947). *Apparatus tests*. Washington, DC: Government Printing Office.

Melton, G. B., Petrila, J., Poythress, N. G., & Slobogin, C. (1987). *Psychological evaluations for the courts*. New York: Guilford.

Melton, G. B., Petrila, J., Poythress, N. G., & Slobogin, C. (1997). *Psychological evaluations for the courts* (2nd ed.). New York: Guilford.

Menninger, K. (1958). *The theory of psychoanalytic technique*. New York: Basic Books.

Mermelstein, R., Lichtenstein, E., & McIntyre, K. (1983). Partner support and relapse in smoking-cessation programs. *Journal of Consulting and Clinical Psychology, 51*, 331-337.

Merrill, T. S. (2003). Licensure anachronisms: Is it time for a change? *Professional Psychology: Research and Practice, 34*, 459-462.

Messer, S. (2006). Patient values and preferences. In J. C. Norcross, L. E. Beutler, & R. F. Levant (Eds.). *Evidence-based practices in mental health* (pp. 31-40). Washington, DC: American Psychological Association.

Messer, S. B. (2001). Empirically supported treatments: What's a neobehaviorist to do? In B. D. Slife, R. N. Williams, & S. H. Barlow (Eds.), *Critical issues in psychotherapy*. Thousand Oaks, CA: Sage.

Messer, S. B. (2004). Evidence-based practice: Beyond empirically supported treatments. *Professional Psychology, 35*, 580-588.

Messer, S. B., & Winokur, M. (1980). Some limits to the integration of psychoanalytic and behavior therapy. *American Psychologist, 35*, 818-827.

Messick, S. (1995). Validity of psychological assessment: Validation of inferences from persons' responses and performances as scientific inquiry into score meaning. *American Psychologist, 50*, 741-749.

Mesulam, M. M. (1990). Large-scale neurocognitive networks and distributed processing for attention, language, and memory. *Annals of Neurology, 28*, 597-613.

Meyer, G. J., Finn,S. E., Eyde, L. D., Kay, G. G., More-land, K. L., Dies, R. R., et al. (2001). Psychological testing and psychological assessment: A review of evidence and issues. *American Psychologist, 56*, 128-165.

Meyer, R. G., & Weaver, C. M. (2006). *Law and mental health: A case-based approach*. New York: Guilford.

Meyer-Lindenberg, A., Poline, J-B., Kohn, P. D., Holt, J. L., Egan, M. F., Weinberger, D. R., & Berman, K. F. (2001). Evidence for abnormal cortical functional connectivity during working memory in schizophrenia. *American*

Journal of Psychiatry, 158, 1809-1817.

Meyers, L. (2006a). Psychologists and psychotropic medication. *Monitor on Psychology, 37,* 46-47.

Meyers, L. (2006b). Still a system in need of repairs. *Monitor on Psychology, 37,* 50-51.

Michael, K. D., Curtin, L., Kirkley, D. E., Jones, D. L., & Harris, R. (2006). Group-based motivational interviewing for alcohol use among college students: An exploratory study. *Professional Psychology: Research and Practice, 37,* 629-634.

Milan, M. A., Montgomery, R. W., & Rogers, E. G. (1994). Theoretical orientation revolution in clinical psychology: Fact or fiction? *Professional Psychology: Research and Practice, 25,* 398-402.

Milich, R., & Fitzgerald, G. (1985). Validation of inattention/overactivity and aggression ratings with classroom observations. *Journal of Consulting and Clinical Psychology, 53,* 139-140.

Miller, A. L., Rathus, J. H., Linehan, M. M., & Swenson, C. R. (2006). *Dialectical behavior therapy with suicidal adolescents.* New York: Guilford.

Miller, B. L., & Cummings, J. L. (2006). *The Human Frontal Lobes: Functions and Disorders* (2nd ed.). New York: Guilford.

Miller, G. A., Elbert, T., Sutton, B. P., & Heller, W. (2007). Innovative clinical assessment technologies: Challenges and opportunities in neuroimaging. *Psychological Assessment, 19,* 58-73.

Miller, G. E., & Cohen, S. (2001). Psychological interventions and the immune system: A meta-analytic review and critique. *Health Psychology, 20,* 47-63.

Miller, J. A., & Leffard, S. A. (2007). Behavioral assessment. In S. R. Smith & L. Handler (Eds.), *The clinical assessment of children and adolescents: A practitioner's handbook* (pp. 115-137). Mahwah, NJ: Erlbaum.

Miller, K. M. (1991). Use of psychological assessment and training in testing techniques in the UK. *Evaluacion Psicologica, 7,* 85-97.

Miller, S. B., Freise, M., Dolgoy, L., Sita, A., Lavoie, K., & Campbell, T. (1998). Hostility, sodium consumption, and cardiovascular response to interpersonal stress. *Psychosomatic Medicine, 60,* 71-77.

Miller, T. Q., Turner, C. W., Tindale, R. S., Posavac, E. J., & Dugoni, B. L. (1991). Reasons for the trend toward null findings in research on Type A behavior. *Psychological Bulletin, 110,* 469-485.

Miller, W. R., & DiPilato, M. (1983). Treatment of nightmares via relaxation and desensitization: A controlled evaluation. *Journal of Consulting and Clinical Psychology, 51,* 870-877.

Miller, W. R., & Thoresen, C. E. (2003). Spirituality, religion, and health: An emerging research field. *American Psychologist, 58,* 24-35.

Millon, J., Millon, C., & Davis, R. (1997). Millon Clinical Multiaxial Inventory: III (MCMI-III) manual (3rd ed.). Minneapolis, MN: National Computer Systems.

Millon, T., & Klerman, G. L. (Eds.). (1986). *Contemporary directions in psychopathology: Toward the DSM-IV.* New York: Guilford.

Milner, B. (1974). Hemispheric specialization: Scope and limits. In F. O. Schmitt & F. G. Worden (Eds.), *The neurosciences: Third study program* (pp. 75-89). Cambridge, MA: MIT Press.

Milner, D. A., & Rugg, M. D. (1992). *The neuropsychology of consciousness.* San Diego: Academic Press, Inc.

Mineka, S., Watson, D., & Clark, L. A. (1998). Comorbidity of anxiety and unipolar mood disorders. *Annual Review of Psychology, 49,* 377-412.

Minuchin, S., Montalvo, B., Guerney, B., & Shumer, E. (1967). *Families of the slums.* New York: Basic Books.

Miranda, J., Bernal, G., Lau, A., Kohn, L., Hwang, W., & LaFromboise, T. (2005). State of the science of psychosocial interventions for ethnic minorities. *Annual Review of Clinical Psychology, 1,* 113-142.

Mischel, W. (1968). *Personality and assessment.* New York: Wiley.

Mischel, W. (1973). Toward a cognitive social learning reconceptualization of personality. *Psychological Review,*

80, 252-283.

Mischel, W. (1986). *Introduction to personality* (4th ed.). New York: Holt, Rinehart & Winston.

Mischel, W. (1993). *Introduction to personality*. New York: Harcourt Brace.

Mitchell, K. J., Becker-Blease, K. A., & Finkelhor, D. (2005). Inventory of problematic internet experiences encountered in clinical practice. *Professional Psychology: Research and Practice, 36*, 498-509.

Mitchell, R. L., & Crow, T. J. (2005). Right hemisphere language functions and schizophrenia: The forgotten hemisphere? *Brain, 128* (Pt 5), 963-978.

Moffitt, T. E. (2005). The new look of behavioral genetics in developmental psychopathology: Gene-environment interplay in antisocial behaviors. *Psychological Bulletin, 131*, 533-554.

Moffitt, T. E., & Caspi, A. (2007). Evidence from behavioral genetics for environmental contributions to antisocial conduct. In J. E. Grusec & P. D. Hastings (Eds.), *Handbook of socialization: Theory and research* (pp. 96-123). New York: Guilford.

Moffitt, T. E., Caspi, A., Harrington, H., Milne, B. J., Melchior, M., Goldberg, D., & Poulton, R. (2007). Generalized anxiety disorder and depression: Childhood risk factors in a birth cohort followed to age 32. *Psychological Medicine, 37*, 441-452.

Mokdad, A. H., Marks, J. S., Stroup, D. F., & Gerberding, J. L. (2004). Actual causes of death in the United States, 2000. *Journal of the American Medical Association, 291*, 1238-1245.

Monahan, J. (1988). Risk assessment of violence among the mentally disordered: Generating useful knowledge. *International Journal of Law and Psychiatry, 11*, 249.

Monahan, J., & Steadman, H. J. (Eds.). (1994). *Violence and mental disorder: Developments in risk assessment*. Chicago: The University of Chicago Press.

Monahan, J., & Walker, L. (1990). *Social science in law: Cases and materials* (2nd ed.). Westbury, NY: Foundation Press.

Monahan, J., & Walker, L. (2006). *Social science in law* (6th ed.). Minneapolis, MN: Foundation Press.

Moodie, W. (1936). Forward. *A guide to mental testing* [au: R. B. Cattell]. London: University of London Press (vii-viii).

Moos, R., Schaefer, J., Andrassy, J., & Moos, B. (2001). Outpatient mental health care, self-help groups, and patients' one-year treatment outcomes. *Journal of Clinical Psychology, 57*, 273-287.

Moreno, J. (1946). *Psychodrama* (Vol. 1). New York: Beacon House.

Morgan, B. L., & Korschgen, A. J. (2006). Majoring in psych? *Career options for psychology undergraduates* (3rd ed.). Boston: Allyn and Bacon.

Morgan, D. L., & Morgan, R. K. (2001). Single-participant design: Bringing science to managed care. *American Psychologist, 56*, 119-127.

Morgan, R. D., Kuther, T. L., & Habben, C. J. (2005). *Life after graduate school in psychology: Insider's advice from new psychologists*. New York: Psychology Press.

Morgenstern, J., Irwin, T. W., Wainberg, M. L., Parsons, J. T., Muench, F., Bux, D. A., et al. (2007). A randomized controlled trail of goal choice interventions for alcohol use disorders among men who have sex with men. *Journal of Consulting and Clinical Psychology, 75*, 72-84.

Morganstern, K. P., & Tevlin, H. E. (1981). Behavioral interviewing. In M. Hersen & A. S. Bellack (Eds.), *Behavioral assessment: A practical handbook* (2nd ed., pp. 71-100). New York: Pergamon Press.

Morland, K., Diez Roux, A. V., & Wing, S. (2006). Supermarkets, other food stores, and obesity. *American Journal of Preventive Medicine, 30*, 333-339.

Morrison, C. S., McCusker, J., Stoddard, A. M., & Bigelow, C. (1995). The validity of behavioral data reported by injection drug users on a clinical risk assessment. *International Journal of the Addictions, 30*, 889-899.

Morrison, K. H., Bradley, R., & Westen, D. (2003). The external validity of controlled clinical trials of psychotherapy for depression and anxiety: A naturalistic study. *Psychology and Psychotherapy: Theory, Research, and Practice, 76*, 109-132.

Morse, S. J. (1978). Law and mental health professionals: The limits of expertise. *Professional Psychology, 9*, 389-399.

Morton, A. (1995). The enigma of non-attendance: A study of clients who do not turn up for their first appointment. *Therapeutic Communities: International Journal for Therapeutic and Supportive Organizations, 16*, 117-133.

Moseley G. L. (2006). Graded motor imagery for pathologic pain: A randomized controlled trial. *Neurology, 67*, 2129-2134.

Mpofu, E., Carney, J., & Lambert, M. C. (2006). Peer sociometric assessment. In M. Hersen (Ed.), *Clinician's handbook of child behavioral assessment* (pp. 233-263). San Diego: Elsevier Academic Press.

Mrazek, P. J., & Haggerty, R. J. (Eds.). (1994). *Reducing risks for mental disorders: Frontiers for preventive intervention research.* Washington, DC: National Academy Press.

Mukherjee, D., Levin, R. L., & Heller, W. (2006). The cognitive, emotional, and social sequelae of stroke: Psychological and ethical concerns in post-stroke adaptation. *Topics in Stroke Rehabilitation, 13*, 26-35.

Multiple Risk Factors Intervention Trial Research Group (MRFIT). (1982). Multiple risk factor intervention trial: Risk factor changes and mortality results. *Journal of the American Medical Association, 248*, 1465-1477.

Mulvey, E. P., & Cauffman, E. (2001). The inherent limits of predicting school violence. *American Psychologist, 56*, 797-802.

Munsey, C. (2006a). HIPAA enforcement rule issued. *Monitor on Psychology, 37*, 48.

Munsey, C. (2006b). RxP legislation made historic progress in Hawaii. *Monitor on Psychology, 37*, 42-44.

Munsey, C. (2007a). Health over health care. *Monitor on Psychology, 38*, 28-30.

Munsey, C. (2007b). New disclosure requirements help students compare psychology programs. *GradPSYCH, 5*, 1-2.

Murdock, N. L. (2004). *Theories of counseling and psychotherapy.* Upper Saddle River, NJ: Pearson.

Murdock, N. L., Banta, J., Stromseth, J., Viene, D., Brown, T. M. (1998). Joining the club: Factors related to choice of theoretical orientation. *Counselling Psychology Quarterly, 11*, 63-78.

Murphy, M. J., Levant, R. F., Hall, J. E., & Glueckauf, R. L. (2007). Distance education in professional training in psychology. *Professional Psychology: Research and Practice, 38*, 97-103.

Murray, H. A. (1938). *Explorations in personality.* Fair Lawn, NJ: Oxford University Press.

Murray, H. A. (1943). *Thematic Apperception Test.* Cambridge, MA: Harvard University Press.

Mussen, P. H., & Scodel, A. (1955). The effects of sexual stimulation under varying conditions on TAT sexual responsiveness. *Journal of Consulting Psychology, 19*, 90.

Myers, D. G. (2000). The funds, friends, and faith of happy people. *American Psychologist, 55*, 56-67.

Myers, I. B., & Briggs, K. C. (1943). *The Myers-Briggs type indicator.* Palo Alto, CA: Consulting Psychologists Press.

Myers, I. B., & McCaulley, M. H. (1985). *Manual: A guide to the development and use of the Myers-Briggs Type Indicator.* Palo Alto, CA: Consulting Psychologists Press.

Myklebust, H. R. (1975). Nonverbal learning disabilities: Assessment and intervention. In H. R. Myklebust (Ed.), *Progress in learning disabilities* (Vol. 3, pp. 85-121). New York: Grune & Stratton.

Naglieri, J. A., Drasgow, F., Schmit, M., Handler, L., Prifitera, A., Margolis, A., & Velasquez, R. (2004). Psychological testing on the Internet: New problems, old issues. *American Psychologist, 59*, 150-162.

Nagy, T. F. (2005). *Ethics in plain English: An illustrative casebook for psychologists* (2nd ed.). Washington, DC: American Psychological Association.

Nathan, P. E. (1987). DSM-III-R and the behavior therapist. *Behavior Therapy, 10*, 203-205.

Nathan, P. E., & Langenbucher, J. W. (1999). Psychopathology: Description and classification. *Annual Review of Psychology, 50*, 79-107.

Nathan, P. E., Stuart, S. P., & Dolan, S. L. (2000). Research on psychotherapy efficacy and effectiveness: Between Scylla and Charybdis? *Psychological Bulletin, 126*, 964-981.

Nation, M., Crusto, C., Wandersman, A., Kumpfer, K. L., Seybolt,

D., Morrissey-Kane, E., & Davino, K. (2003). What works in prevention: Principles of effective prevention programs. *American Psychologist, 58*, 449-456.

National Association of Social Workers. (2001). About NASW: NASW fact sheet. Retrieved September 17, 2001, from http://www.naswdc.org/about/naswfact.htm.

National Association of Social Workers. (2008). Choices: Careers in social work. Retrieved February 29, 2008, from http://www.socialworkers.org/pubs/choices/choices.htm.

National Center for Education Statistics. (2000). Digest of Education Statistics, 1999. Retrieved December 13, 2001, from http://nces.ed.gov/pubs2000/Digest99/d99t298.htm.

National Institute of Justice. (1999). *Eyewitness evidence: A guide for law enforcement.* Washington, DC: U. S. Department of Justice.

National Institute of Mental Health (2006). The numbers count: Mental disorders in America (2006 rev.). Retrieved August 8, 2006, from http://www.nimh.nih.gov.publicat/numbers.cfm.

Navon, D. (1983). How many trees does it take to make a forest? *Perception, 12*, 239-254.

Neimeyer, R. A., & Bridges, S. K. (2003). Postmodern approaches to psychotherapy. In A. S. Gurman & S. B. Messer (Eds.), *Essential Psychotherapies* (2nd ed., pp. 272-316). New York: Guilford.

Neimeyer, R. A., & Raskin, J. D. (Eds.). (2000). *Constructions of disorder: Meaning-making frameworks for psychotherapy.* Washington, DC: American Psychological Association.

Neisser, U., Boodoo, G., Bouchard, T. J., Boykin, A. W., Brody, N., Ceci, S. J., et al. (1996). Intelligence: Knowns and unknowns. *American Psychologist, 51*, 77-101.

Nelson, R. O., & Hayes, S. C. (1986). The nature of behavioral assessment. In R. O. Nelson & S. C. Hayes (Eds.), *Conceptual foundations of behavioral assessment* (pp. 3-41). New York: Guilford.

Nevid, J. S., Rathus, S. A., & Greene, B. (2006). *Abnormal psychology in a changing world.* Upper Saddle River, NJ: Prentice Hall.

Newlin, C. M., Adolph, J. L., & Kreber, L. A. (2004). Factors that influence fee setting by male and female psychologists. *Professional Psychology: Research and Practice, 35*, 548-552.

Newman, R. (2005). APA's resilience initiative. *Professional Psychology: Research and Practice, 36*, 227-229.

Neylan, T. C. (1999). Frontal lobe function: Mr. Phineas Gage's famous injury. *Journal of Neuropsychiatry and Clinical Neuroscience, 11*, 280.

Nicholson, R. A. (1999). Forensic assessment. In R. Roesch, S. D. Hart, & J. R. Ogloff (Eds.), *Psychology and law: The state of the discipline* (pp. 122-173). New York: Kluwer Academic/Plenum.

NIDA Research Report. (2001). *Prescription drugs: Abuse and addiction: NIH publication No.01-4881*, Printed April, 2001 (Author).

Nielsen, S. L., Smart, D. W., Isakson, R. L., Worthen, V. E., Gregersen, A. T., & Lambert, M. J. (2004). The Consumer Reports effectiveness score: What did consumers report? *Journal of Counseling Psychology, 51*, 25-37.

Nietzel, M. T., & Bernstein, D. A. (1976). The effects of instructionally mediated demand upon the behavioral assessment of assertiveness. *Journal of Consulting and Clinical Psychology, 44*, 500.

Nietzel, M. T., Bernstein, D. A., & Russell, R. L. (1988). Assessment of anxiety and fear. In A. S. Bellack & M. Hersen (Eds.), *Behavioral assessment: A practical handbook* (3rd ed., pp. 280-312). New York: Pergamon Press.

Nietzel, M. T., Guthrie, P. R., & Susman, D. T. (1991). Utilization of community and social support services. In F. H. Kanfer & A. P. Goldstein (Eds.), *Helping people change* (4th ed., pp. 396-421). New York: Pergamon Press.

NIMH Prevention Research Steering Committee. (1994). *The prevention of mental disorders: A national research agenda.* Washington, DC: NIMH.

Niogi, S. N., & McCandliss, B. D. (2006). Left lateralized white matter microstructure accounts for individual differences in reading ability and disability. *Neuropsychologia, 44*(11), 2178-2188.

Nisbet, R. J. (2006). Assessment, treatment, and prevention of suicidal behavior. *British Journal of Forensic Practice, 8*, 51-53.

Nock, M. K., & Kurtz, S. M. S. (2005). Direct behavioral observation in school settings: Bringing science to practice. *Cognitive and Behavioral Practice, 12*, 359-370.

Noll, J. G., Trickett, P. K., & Putnam, F. W. (2003). A prospective investigation of the impact of childhood sexual abuse on the development of sexuality. *Journal of Consulting and Clinical Psychology, 71*, 575-586.

Norcross, J. C. (2000). Here comes the self-help revolution in mental health. *Psychotherapy: Theory, Research, Practice, and Training, 37*, 370-377.

Norcross, J. C. (Ed.). (2002). *Psychotherapy relationships that work: Therapists contributions and responsiveness to patients*. New York: Oxford University Press.

Norcross, J. C. (Ed.). (2006). Integrating self-help into psychotherapy: 16 practical suggestions. *Professional Psychology: Research and Practice, 37*, 683-693.

Norcross, J. C., Beutler, L. E., & Levant, R. F. (2006a). *Evidence-based practices in mental health*. Washington, DC: American Psychological Association.

Norcross, J. C., Beutler, L., & Levant, R. F. (2006b). Prologue. In J. C. Norcross, L. E. Beutler, & R. F. Levant (Eds.), *Evidence-based practice in mental health* (pp. 3-12). Washington, DC: American Psychological Association.

Norcross, J. C., Castle, P. H., Sayette, M. A., & Mayne, T. J. (2004). The PsyD: Heterogeneity in practitioner training. *Professional Psychology: Research and Practice, 35*, 412-419.

Norcross, J. C., & Goldfried, M. R. (2005). *Handbook of psychotherapy integration* (2nd ed.). New York: Oxford University Press.

Norcross, J. C., Hanych, J. M., & Terranova, R. D. (1996). Graduate study in psychology: 1992-1993. *American Psychologist, 51*, 631-643.

Norcross, J. C., Hedges, M., & Castle, P. H. (2002). Psychologists conducting psychotherapy in 2001: A study of the Division 29 membership. *Psychotherapy: Theory, Research, Practice, Training, 39*, 97-102.

Norcross, J. C., Karg, R. S., & Prochaska, J. O. (1997). Clinical psychologists in the 1990s: Part I. *Clinical Psychologist, 50*, 4-9.

Norcross, J. C., Karpiak, C. P., & Santoro, S. O. (2005). Clinical psychologists across the years: The Division of Clinical Psychology from 1960 to 2003. *Journal of Clinical Psychology, 61*, 1467-1483.

Norcross, J. C., Kohout, J. L., & Wicherski, M. (2005). Graduate study in psychology: 1971 to 2004. *American Psychologist, 60*, 959-975.

Norcross, J. C., Koocher, G. P., & Garofalo, A. (2006). Discredited psychological treatments and tests: A Delphi poll. *Professional Psychology: Research and Practice, 37*, 515-522.

Norcross, J. C., Santrock, J. W., Campbell, L. F., & Smith, T. P. (2000). *Authoritative guide to self-help resources in mental health*. New York: Guilford.

Norcross, J. C., Santrock, J. W., Zuckerman, E. L., Sommer, R., & Campbell, L. F. (2003). *Authoritative guide to self-help resources in mental health* (rev. ed.). New York: Guilford.

Norcross, J. C., Strausser-Kirkland, D., & Missar, C. D. (1988). The processes and outcomes of psychotherapists' personal treatment experience. *Psychotherapy, 25*, 36-43.

Norris, C. J., & Cacioppo, J. T. (2007). I know how you feel: Social and emotional information processing in the brain. In E. Harmon-Jones & P. Winkielman (Eds.), *Social neuroscience: Integrating biological and psychological explanations of social behavior* (pp. 84-105). New York: Guilford.

Norton, P. J., & Hope, D. A. (2001). Analogue observational methods in assessment of social functioning in adults. *Psychological Assessment, 13*, 86-98.

Nunes, E. V., Frank, K. A., & Kornfeld, S. D. (1987). Psychologic treatment for Type A behavior pattern and for coronary heart disease: A meta-analysis of the literature. *Psychosomatic Medicine, 48*, 159-173.

Oberman, L. M., & Ramachandran, V. S. (2007). The simulating social mind: The role of the mirror neuron system and simulation in the social and communicative deficits of autism spectrum disorders. *Psychological Bulletin, 133*, 310-327.

Odeh, M. S., Zeiss, R. A., & Huss, M. T. (2006). Cues they use: Clinicians' endorsement of risk cues in prediction of dangerousness. *Behavioral Sciences and the Law, 24*, 147-156.

Oei, T. P. S., & Browne, A. (2006). Components of group processes: Have they contributed to the outcome of mood and anxiety disorder patients in a group cognitive-behaviour therapy program? *American Journal of Psychotherapy, 60*, 53-70.

Office of Strategic Services Assessment Staff. (1948). *Assessment of men*. New York: Rinehart.

Ogloff, J. R. P., & Otto, R. (1993). Psychological autopsy: Clinical and legal perspectives. *Saint Louis University Law Journal, 37*, 607-646.

Okazaki, S. & Tanaka-Matsumi, J. (2006). Cultural considerations in cognitive-behavioral assessment. In P. A. Hays & G. Y Iwamasa (Eds.), *Culturally responsive cognitive behavioral therapy* (pp. 247-266). Washington, DC: American Psychological Association.

Oland, A. A., & Shaw, D. S. (2005). Pure versus cooccurring externalizing and internalizing symptoms in children: The potential role of socio-developmental milestones. *Clinical Child and Family Psychology Review, 8*, 247-270.

Olbrisch, M. E. (1977). Psychotherapeutic interventions in physical health: Effectiveness and economic efficiency. *American Psychologist, 32*, 761-777.

O' Leary, K. D., & Becker, W. C. (1967). Behavior modification of an adjustment class: A token reinforcement program. *Exceptional Children, 33*, 637-642.

Olive, H. (1972). Psychoanalysts' opinions of psychologists' reports: 1952 and 1970. *Journal of Clinical Psychology, 28*, 50-54.

Ollendick, T. H., & Davis, T. E. (2004). Empirically supported treatments for children and adolescents: Where to from here? *Clinical Psychology: Science and Practice, 11*, 289-294.

Ollendick, T. H., & Greene, R. (1990). Behavioral assessment of children. In G. Goldstein & M. Hersen (Eds.), *Handbook of psychological assessment* (2nd ed., pp. 403-422). New York: Pergamon Press.

Ollendick, T. H., & King, N. J. (1998). Empirically supported treatments for children with phobic and anxiety disorders. *Journal of Clinical Child Psychology, 27*, 156-167.

Ollendick, T. H., King, N. J., & Chorpita, B. F. (2006). Empirically supported treatments for children and adolescents. In P. C. Kendall (Ed.), *Child and adolescent therapy* (3rd ed., pp. 492-520). New York: Guilford.

Olos, L., & Hoff, E. H. (2006). Gender ratios in European psychology. *European Psychologist, 11*, 1-11.

Orchowski, L. M., Spickard, B. A., & McNamara, J. R. (2006). Cinema and the valuing of psychotherapy: Implications for clinical practice. *Professional Psychology: Research and Practice, 37*, 506-514.

Orlinsky, D. E., Grawe, K., & Parks, B. K. (1994). Process and outcome in psychotherapy_Noch Einmal. In A. E. Bergin & S. L. Garfield (Eds.), *Handbook of psychotherapy and behavior change* (4th ed., pp. 270-276). New York: Wiley.

Orlinsky, D. E., & Howard, K. I. (1986). Process and outcome in psychotherapy. In S. L. Garfield & A. E. Bergin (Eds.), *Handbook of psychotherapy and behavior change* (3rd ed., pp. 311-381). New York: Wiley.

Orne, M. T. (1962). On the social psychology of the psychological experiment: With particular reference to demand characteristics and their implications. *American Psychologist, 17*, 776-783.

Ostafin, B. D., Chawla, N., Bowen, S., Dillworth, T. M., Witkiewitz, K., & Marlatt, G. A. (2006). Intensive mindfulness training and the reduction of psychological distress: A preliminary study. *Cognitive and Behavioral Practice, 13*, 191-197.

Othmer, E. M., & Othmer, S. C. (2002). *The clinical interview using DSM-IV-TR: Fundamentals*. Washington, DC: American Psychiatric Publishing.

Othmer, E. M., & Othmer, S. C. (2003). *The clinical interview* using *DSM-IV-TR* (Vol. 1). Washington, DC: American Psychiatric Publishing.

Owens, E. B., Hinshaw, S. P., Kraemer, H. C., Arnold, L. E., Abikoff, H. B., et al. (2003). Which treatment for whom for ADHD? Moderators of treatment response in the MTA. *Journal of Consulting and Clinical Psychology, 71*, 540-552.

Ownsworth, T. L., McFarland, K., & Young, R. M. (2000). Development and standardization of the Self-Regulation Skills Interview (SRSI): A new clinical assessment tool for acquired brain injury. Clinical Neuropsychologist, 14, 76-92.

Pace, T. M., Robbins, R. R., Rockey, R., Choney, S. K., Hill, J. S., et al. (2006). A cultural-contextual perspective on the validity of the MMPI-2 with American Indians. *Cultural Diversity and Ethnic Minority Psychology, 12*, 320-333.

Packard, E. (2007). A new tool for psychotherapists. *Monitor on Psychology, 38*, 30-31.

Pallak, M. S., Cummings, N. A., Dorken, H., & Henke, C. J. (1995). Effect of mental health treatment of medical costs. *Mind/Body Medicine, 1*, 7-11.

Parker, K. C. H., Hanson, R. K., & Hunsley, J. (1988). MMPI, Rorschach, and WAIS: A metaanalytic comparison of reliability, stability, and validity. *Psychological Bulletin, 103*, 367-373.

Parra, G. R., DuBois, D. L., & Sher, K. J. (2006). Investigation of profiles of risk factors for adolescent psychopathology: A person-centered approach. *Journal of Clinical Child and Adolescent Psychology, 35*, 386-402.

Pate, W. E., II. (2001). Analyses of data from graduate study in psychology: 1999-2000. Retrieved December 12, 2001, from APA Research office, http://research.apa.org/grad00contents.html.

Pathak, S. (2006). Pharmacological treatments. In R. T. Ammerman (Ed.), *Comprehensive handbook of personality and psychopathology* (Vol. 3, pp. 438-447). Hoboken, NJ: Wiley.

Patterson, C. H. (1989). Foundations for a systematic eclectic psychotherapy. *Psychotherapy, 26*, 427-435.

Patterson, D. R., Everett, J. J., Burns, G. L., & Marvin, J. A. (1992). Hypnosis for the treatment of burn pain. *Journal of Consulting and Clinical Psychology, 60*, 713-717.

Patterson, G. R. (1975). *Families*. Champaign, IL: Research Press.

Patterson, G. R. (1976). The aggressive child: Victim and architect of a coercive system. In L. A. Hamerlynck, L. C. Handy, & E. J. Mash (Eds.), *Behavior modification and families: Theory and research* (Vol. 1, pp. 267-316). New York: Brunner/Mazel.

Patterson, G. R. (1982). *Coercive family process*. Eugene, OR: Castalia.

Patterson, G. R., Ray, R. S., Shaw, D. A., & Cobb, J. A. (1969). *Manual for coding of family interactions* (Document NO. 01234). Available from ASIS/NAPS, c/o Microfiche Publications, 305 East 46th St., New York, NY 10017.

Paul, G. L. (1966). *Insight versus desensitization in psychotherapy: An experiment in anxiety reduction*. Stanford, CA: Stanford University Press.

Paul, G. L. (1967). Strategy of outcome research in psychotherapy. *Journal of Consulting Psychology, 31*, 109-118.

Paul, G. L. (1969a). Behavior modification research: Design and tactics. In C. M. Franks (Ed.), *Behavior therapy: Appraisal and status* (pp. 29-62). New York: McGraw-Hill.

Paul, G. L. (1969b). Outcome of systematic desensitization II. In C. M. Franks (Ed.), *Behavior therapy: Appraisal and status* (pp. 63-159). New York: McGraw-Hill.

Pavlov, I. P. (1927). *Conditioned reflexes*. New York: Oxford University Press.

Payne, G. (1829). *Elements of mental and moral science*. New York: Leavitt.

Pennebacker, J. W. (1995). *Emotion, disclosure, and health*. Washington, DC: American Psychological Association.

Perepletchikova, F., & Kazdin, A. E. (2005). Treatment integrity and therapeutic change: Issues and research recommendations. *Clinical Psychology: Science and Practice, 12*, 365-383.

Perls, F. S. (1969). *Gestalt therapy verbatim*. Lafayette, CA: Real People Press.

Perls, F. S. (1970). Four lectures. In J. Fagan & I. L. Shepherd

(Eds.), *Gestalt therapy now* (pp. 14-38). Palo Alto, CA: Science and Behavior Books.

Peters, L., Clark, D., & Carroll, F. (1998). Are computerized interviews equivalent to human interviews? CIDI-Auto versus CIDI in anxiety and depressive disorders. *Psychological Medicine, 28*, 893-901.

Peterson, C. (2006). The Values in Action (VIA) Classification of Strengths: The un-DSM and the real DSM. In M. Csikszentmihalyi & I. Csikszentmihalyi (Eds.), *A life worth living: Contributions to positive psychology* (pp. 29-48). New York: Oxford University Press.

Peterson, C., & Park, N. (2005). The enduring value of the Boulder Model: "Upon this rock we will build." *Journal of Clinical Psychology, 61*, 1147-1150.

Peterson, C., & Seligman, M. E. P. (2004). *Character strengths and virtues: A classification and handbook*. Washington, DC: American Psychological Association.

Peterson, D. R. (1968a). *The clinical style of social behavior*. New York: Appleton Century-Crofts.

Peterson, D. R. (1968b). The doctor of psychology program at the University of Illinois. *American Psychologist, 23*, 511-516.

Peterson, D. R. (1985). Twenty years of practitioner training in psychology. *American Psychologist, 40*, 441-451.

Peterson, D. R. (2000). Scientist-practitioner or scientific practitioner? *American Psychologist, 55*, 252-253.

Peterson, D. R. (2003). Unintended consequences: Ventures and misadventures in the education of professional psychologists. *American Psychologist, 58*, 791-800.

Peterson, D. R. (2004). Science, scientism, and professional responsibility. *Clinical Psychology: Science and Practice, 11*, 196-210.

Peterson, E. S., Cooper, A. M., & Gabbard, G. O. (2005). *The American Psychiatric Publishing textbook of psychoanalysis*. Washington, DC: American Psychiatric Association.

Peterson, L., Reach, K., & Grabe, S. (2003). Healthrelated disorders. In E. J. Mash & R. A. Barkley (Eds.), *Child psychopathology* (2nd ed., pp. 716-749). New York: Guilford.

Petry, N. M., Ammerman, Y., Bohl, J., Doersch, A., Gay, H., Kadden, R., et al. (2006). Cognitive-behavioral therapy for pathological gamblers. *Journal of Consulting and Clinical Psychology, 74*, 555-567.

Pettijohn, T. F. (1991). *The encyclopedic dictionary of psychology* (4th ed.). Guilford, CT: Dushkin.

Phares, V. (2008). *Understanding abnormal child psychology* (2nd ed.). Hoboken, NJ: Wiley.

Phares, V., Fields, S., & Binitie, I. (2006). Getting fathers involved in child-related therapy. *Cognitive and Behavioral Practice, 13*, 42-52.

Phelps, R., Eisman, E. J., & Kohout, J. (1998). Psychological practice and managed care: Results of the CAPP practitioner survey. *Professional Psychology: Research and Practice, 29*, 31-36. Retrieved December 13, 2001, from http://www.apa.org/practice/cappsurvey.html.

Physicians' Desk Reference (2007). *Physicians' Desk Reference for Nonprescription drugs, dietary supplements and herbs, Vol. 28*. New York: Thompson Healthcare.

Pilkonis, P. A., Heape, C. L., Proietti, J. M., Clark, S. W., McDavid, J. D., et al. (1995). The reliability and validity of two structured interviews for personality disorders. *Archives of General Psychiatry, 52*, 1025-1033.

Pine, F. (1990). *Drive, ego, object, and self*. New York: Basic Books.

Pingitore, D., & Scheffler, R. M. (2005). Practice patterns across the clinical life span: Results from the California Survey of Psychological Practice. *Professional Psychology: Research and Practice, 36*, 434-440.

Pinsof, W. M. (2005). Integrative problem-centered therapy. In J. C. Norcross & M. R. Gold-fried (Eds.), *Handbook of psychotherapy integration* (2nd ed., pp. 382-402). New York: Oxford Press.

Pinsof, W. M., & Lebow, J. L. (Eds.). (2005). *Family psychology: The art of the science*. New York: Oxford University Press.

Piotrowski, C., & Keller, J. W. (1984). Psychodiagnostic testing in APA-approved clinical psychology programs. *Professional Psychology: Research and Practice, 15*, 450-456.

Piotrowski, Z. (1972). Psychological testing of intelligence and personality. In A. M. Freedman & H. I. Kaplan (Eds.), *Diagnosing mental illness: Evaluation in psychiatry and psychology* (pp. 41-85). New York: Atheneum.

Pittenger, R. E., Hockett, C. F., & Danehy, J. J. (1960). *The first five minutes: A sample of microscopic interview analyses.* Ithaca, NY: Paul Martineau.

Plante, T. G., Goldfarb, L. P., & Wadley, V. (1993). Are stress and coping associated with aptitude and achievement testing performance among children?: A preliminary investigation. *Journal of School Psychology, 31*, 259-266.

Plomin, R., & Kovas, Y. (2005). Generalist genes and learning disabilities. *Psychological Bulletin, 131*, 592-617.

Plous, S., & Zimbardo, P. G. (1986). Attributional biases among clinicians: A comparison of psychoanalysts and behavior therapists. *Journal of Consulting and Clinical Psychology, 54*, 568-570.

Pollock, K. M. (2001). Exercise in treating depression: Broadening the psychotherapist's role. *Journal of Clinical Psychology/In Session, 57*, 1289-1300.

Ponds, R. W,. & Hendriks, M. (2006). Cognitive rehabilitation of memory problems in patients with epilepsy. *Seizure, 15*, 267-273.

Pope, K. S., Butcher, J. N., & Seelen, J. (1993). *The MMPI, MMPI-2, and MMPI in court.* Washington, DC: American Psychological Association.

Pope, K. S., Kieth-Spiegel, P., & Tabachnick, B. G. (2006). Sexual attraction to clients: The human therapist and the (sometimes) inhumane training system. *Training and Education in Professional Psychology, S*, 96-111.

Pope, K. S., & Tabachnick, B. G. (1994). Therapists as patients: A national survey of psychologists' experiences, problems, and beliefs. *Professional Psychology: Research and Practice, 25*, 247-258.

Pope, K. S., & Tabachnick, B. G. (2005). The therapist as a person. *Professional Psychology: Research and Practice, 25*, Retrieved August 1, 2005, from http://kspope.com/therapistas/research9.php.

Pope, K. S., & Vasquez, M. J. T. (1991). *Ethics in psychotherapy and counseling: A practical guide for psychologists.* San Francisco: Jossey-Bass.

Pope, K. S., & Vasquez, M. J. T. (1998). *Ethics in psychotherapy and counseling* (2nd ed.). San Francisco: Jossey-Bass.

Pope, K. S., & Vasquez, M. J. T. (2005). *How to survive and thrive as a therapist.* Washington, DC: American Psychological Association.

Pope, K. S., & Vasquez, M. J. T. (2007). Ethics in psychotherapy and counseling: *A practical guide.* New York: Wiley.

Popma, A., & Raine, A. (2006). Will future forensic assessment be neurobiologic? *Child and Adolescent Psychiatric clinics of North America, 15*, 429-444.

Porter, E. H., Jr. (1943). The development and evaluation of a measure of counseling interview procedures. *Educational and Psychological Measurement, 3*, 105-126.

Porter, S., Birt, A. R.,Yuille, J. C., & Lehman, D. R. (2000). Negotiating false memories: Interviewer and rememberer characteristics relate to memory distortion. *Psychological Science, 11*, 507-510.

Post, C. G. (1963). *An introduction to the law.* Englewood Cliffs, NJ: Prentice Hall.

Pottick, K. J., Kirk, S. A., Hsieh, D. K., & Tian, X. (2007). Judging medical disorders in youth: Effects of client, clinician, and contextual differences. *Journal of Consulting and Clinical Psychology, 75*, 1-8.

Potts, M. K., Burnam, M. A., & Wells, K. B. (1991). Gender differences in depression detection: A comparison of clinician diagnosis and standardized assessment. *Psychological Assessment, 3*, 609-615.

Poythress, N., Monahan, J., Bonnie, R., Otto, R. K., & Hoge, S. K. (2002). *Adjudicative competence: The MacArthur Studies.* New York: Kluwer/Plenum.

Poznanski, J. J., & Mclennan, J. (2003). Becoming a psychologist with a particular theoretical orientation to counseling practice. *Australian Psychologist, 38*, 223-226.

Practice Directorate Staff. (2006). Eligible psychologists may file claims for Humana settlement funds. *Monitor on Psychology, November*, 12.

Price, M., & Anderson, P. (2007). The role of presence in virtual reality exposure therapy. *Journal of Anxiety Disorders, 21*, 724-751.

Prochaska, J. O., & Norcross, J. C. (1994). *Systems of psychotherapy: A transtheoretical analysis* (3rd ed.). Pacific Grove, CA: Brooks/Cole.

Prochaska, J. O., Velicer, W. F., Rossi, J. S., Goldstein, M. G., et al. (1994). Stages of change and decisional balance for 12 problem behaviors. *Health Psychology, 13*, 39-43.

Psychodynamic Diagnostic Manual Task Force (2006). *Psychodynamic diagnostic manual.* Washington, DC: Author.

Puska, P. (1999). The North Karelia Project: From community intervention to national activity in lowering cholesterol levels and CHD risk. *European Heart Journal, 1(Suppl.)*, S9-13.

Putnam, F. W. (2003). Ten-year research update review: Child sexual abuse. *Journal of the American Academy of Child and Adolescent Psychiatry, 42*, 269-278.

Quinsey, V. L., Harris, G. T., Rice, M. E., & Cormier, C. A. (2006). Actuarial prediction of violence. In V. L. Quinsey, G. T. Harris, M. E. Rice, & C. A. Cormier (Eds.), *Violent offenders: Appraising and managing risk* (2nd ed., pp. 155-196). Washington, DC: American Psychological Association.

Rabinowitz, J. (1993). Diagnostic reasoning and reliability: A review of the literature and a model of decision-making. *Journal of Mind and Behavior, 14*, 297-315.

Radomile, R. R. (2000). Obesity. In J. R. White & A. S. Freeman (2000). *Cognitive-behavioral group therapy for specific problems and populations* (pp. 99-125). Washington, DC: American Psychological Association.

Ragland, D. R., & Brand, R. J. (1988). Type A behavior and mortality from coronary heart disease. *New England Journal of Medicine, 318*, 65-69.

Raimy, V. C. (1950). *Training in clinical psychology.* New York: Prentice-Hall.

Ramirez, S. Z., & Kratchowill, T. R. (1990). Development of the Fear Survey for Children With and Without Mental Retardation. *Behavioral Assessment, 12*, 457-470.

Ramirez-Basco, M., & Rush, J. A. (2007). *Cognitive-behavioral therapy for bipolar disorder* (2nd ed.). New York: Guilford.

Rapaport, D. (1951). *Organization and pathology of thought.* New York: Columbia University Press.

Rappaport, J. (1977). *Community psychology: Values, research and action.* New York: Holt, Rinehart & Winston.

Rappaport, J. (2002). In praise of paradox: A social policy of empowerment over prevention. In T. A. Revenson, A. R. D'Augelli, S. E. French, D. L. Hughes, & D. Livert (Eds.), *A quarter century of community psychology: Readings from the American Journal of Community Psychology* (pp. 121-145). New York: Kluwer Academic/Plenum Publishers.

Rasmussen, T., & Milner, B. (1975). Clinical and surgical studies of the cerebral speech areas in man. In K. J. Zulch, O. Creutzfeldt, & G. C. Galbraith (Eds.), *Cerebral localization.* Berlin & New York: Springer-Verlag.

Rasting, M., & Beutel, M. E. (2005). Dyadic affective interactive patterns in the intake interview as a predictor of outcome. *Psychotherapy Research, 15*, 188-198.

Raviv, A., Raviv, A., Propper, A., & Fink, A. S. (2003). Mothers' attitudes toward seeking help for their children from school and private psychologists. *Professional Psychology: Research and Practice, 34*, 95-101.

Redd, W. H., Jacobsen, P. B., Die-Trill, M., Dermatis, H., McEvoy, M., & Holland, J. C. (1987). Cognitive/ attentional distraction in the control of conditioned nausea in pediatric cancer patients receiving chemotherapy. *Journal of Consulting and Clinical Psychology, 55*, 391-395.

Reddy, L. A., Files-Hall, T. M., & Schaefer, C. E. (Eds.). (2005). *Empirically based play interventions for children.* Washington, DC: American Psychological Association.

Reddy, L. A., Springer, C., Files-Hall, T. M., Benisz, E. S., Hauch, Y., Braunstein, D., & Atamanoff, T. (2005). Child ADHD multimodal program: An empirically supported intervention for young children with ADHD. In L. A. Reddy, T. M. Files-Hall, & C. E. Schaefer (Eds.), *Empirically based play interventions for children* (pp. 145-

167). Washington, DC: American Psychological Association.

Reed, G. M., Kemeny, M. E.,Taylor, S. E., Wang, H. Y. J., & Visscher, B. R. (1994). "Realistic acceptance" as a predictor of decreased survival of gay men with AIDS. *Health Psychology, 13*, 299-307.

Reed, G. M., Levant, R. F., Stout, C. E., Murphy, M. J., & Phelps, R. (2001). Psychology in the current mental health marketplace. *Professional Psychology: Research and Practice, 1*, 65-70.

Rehm, L. P., & DeMers, S. T. (2006). Licensure. *Clinical Psychology: Science and Practice, 13*, 249-253.

Reich, W., Cottler, L., McCallum, K., & Corwin, D. (1995).Computerized interviews as a method of assessing psychopathology in children. *Comprehensive Psychiatry, 36*, 40-45.

Reid, J. B. B., Patterson, G. R., & Snyder, J. J. (2002). *Antisocial behavior in children and adolescents*. Washington, DC: American Psychological Association.

Rein, L. (2001, December 19). Crime panel assails Virginia insanity policy. *The Washington Post*, B1, B4.

Reinecke, M. A., & Freeman, A. (2003). Cognitive therapy. In A. S. Gurman & S. B. Messer (Eds.), *Essential Psychotherapies* (2nd ed., pp. 224-271). New York: Guilford.

Reisman, J. M. (1976). *A history of clinical psychology*. New York: Irvington.

Reitan, R. M. (1964). Psychological deficits resulting from cerebral lesions in man. In J. M. Warren & K. Akert (Eds.), *The frontal granular cortex and behavior*. New York: McGraw-Hill.

Reitan, R. M., & Davison, L. A. (Eds.). (1974). *Clinical neuropsychology: Current status and applications*. Washington, DC: V. H. Winston.

Reitan, R. M., & Wolfson, D. (1993). *The Halstead-Reitan Neuropsychological Test Battery: Theory and clinical interpretation*. Tucson, AZ: Neuropsychology Press.

Report of the Ethics Committee, 2000. (2000). *American Psychologist, 56*, 680-688.

Repp, A. C., & Horner, R. H. (2000). *Functional analysis of problem behavior: From effective assessment to effective support*. Belmont, CA: Wadsworth.

Reppucci, N. D., Wollard, J. L., & Fried, C. S. (1999). Social, community, and preventive interventions. *Annual Review of Psychology, 50*, 387-418.

Rescorla, L., Achenbach, T. M., Ivanova, M. Y., Dumenci, L., Almqvist, F., Bilenberg, N., et al. (2007). Epidemiological comparisons of problems and positive qualities reported by adolescents in 24 countries. *Journal of Consulting and Clinical Psychology, 75*, 351-358.

Resnick, J. H. (1991). Finally, a definition of clinical psychology: A message from the President, Division 12. *The Clinical Psychologist, 44*, 3-11.

Resnick, R. J. (1997). A brief history of practice_Expanded. *American Psychologist, 52*, 463-468.

Reynolds, C. R., & Kamphaus, R. W. (2003). *Handbook of psychological and educational assessment of children: Personality, behavior, and context* (2nd ed.). New York: Guilford.

Rice, M. E. (1997). Violent offender research and implications for the criminal justice system. *American Psychologist, 52*, 414-423.

Rice, S. A. (1929). Contagious bias in the interview: A methodological note. *American Journal of Sociology, 35*, 420-423.

Rich, B. A. (1998). Personhood, patienthood, and clinical practice: Reassessing advance directives. *Psychology, Public Policy, and Law, 4*, 610-628.

Richard, D. C. S., & Lauterbach, D. (2004). Computers in the training and practice of behavioral assessment. In S. N. Haynes & E. M. Heiby (Eds.), *Comprehensive handbook of psychological assessment. Vol. 3: Behavioral assessment* (pp. 222-245). Hoboken, NJ: Wiley.

Richman, L. S., Kubzansky, L., Maselko, J., & Kawachi, I. (2005). Positive emotion and health: Going beyond the negative. *Health Psychology, 24*, 422-429.

Richmond, T. K., & Rosen, D. S. (2005). The treatment of adolescent depression in the era of the black box warning. *Current Opinion in Pediatrics, 17*, 466-472.

Richters, J. E. (1992). Depressed mothers as informants about their children: A critical review of the evidence for distortion. *Psychological Bulletin, 112*, 485-499.

Rickert, V., & Jay, S. (1995). The noncompliant adolescent. In S. Parker & B. Zuckerman (Eds.), *Behavioral and developmental pediatrics* (pp. 219-222). Boston: Little, Brown & Company.

Riggle, E. D. B., & Rostosky, S. S. (2005). For better or for worse: Psycholegal soft spots and advance planning for same-sex couples. *Professional Psychology: Research and Practice, 36*, 90-96.

Riley, W. T., Schumann, M. F., Forman-Hoffman, V. L., Mihm, P., Applegate, B. W., & Asif, O. (2007). Responses of practicing psychologists to a Web site developed to promote empirically supported treatments. *Professional Psychology: Research and Practice, 38*, 44-53.

Ripple, C. H., & Zigler, E. (2003). Research, policy, and the federal role in prevention initiatives for children. *American Psychologist, 58*, 482-490.

Ritterband, L. M., Gonder-Frederick, L. A., Cox, D. J., Clifton, A. D., West, R. W., & Borowitz, S. M. (2003). Internet interventions: In review, in use, and into the future. *Professional Psychology: Research and Practice, 34*, 527-534.

Roberts, C. F., Sargent, E. L., & Chan, A. S. (1993). Verdict selection processes in insanity cases: Juror construals and the effects of guilty but mental ill instructions. *Law and Human Behavior, 17*, 261-275.

Roberts, M. C. (Ed.). (2003). *Handbook of pediatric psychology* (3rd ed.). New York: Guilford.

Robertson, G. J., & Eyde, L. D. (1993). Improving test use in the United States: The development of an interdisciplinary casebook. *European Journal of Psychological Assessment, 9*, 137-146.

Robiner, W. N., Bearman, D. L., Berman, M., Grove, W. M., Colon, E., Mareck, S., & Armstrong, J. (2002). Prescriptive authority for psychologists: A looming health hazard? *Clinical Psychology: Science and Practice, 9*, 231-248.

Robinson, J. D., & Habben, C. J. (2003). The role of the American Board of Professional Psychology in professional mobility. *Professional Psychology: Research and Practice, 34*, 474-475.

Roche, K. M., Ensminger, M. E., Ialongo, N., Poduska, J. M., & Kellam, S. G. (2006). Early entries into adult roles: Associations with aggressive behavior from early adolescence into young adulthood. *Youth and Society, 38*, 236-261.

Rochlen, A. B., Zack, J. S., & Speyer, C. (2004). Online therapy: Review of relevant definitions, debates, and current empirical support. *Journal of Clinical Psychology, 60*, 269-283.

Rock, D. L., Bransford, J. D., Maisto, S. A., & Morey, L. (1987). The study of clinical judgment: An ecological approach. *Clinical Psychology Review, 7*, 645-661.

Rodin, J., & Salovey, P. (1989). Health psychology. *Annual Review of Psychology, 40*, 533-580.

Rodriguez, H., & Arnold, C. (1998). Children & divorce: A snapshot. Retrieved December 13, 2001, from http://www.clasp.org/pubs/familyformation/divfinal.htm.

Roe, A., Gustad, J. W., Moore, B. V., Ross, S., & Skodak, M. (Eds.). (1959). *Graduate education in psychology*. Washington, DC: American Psychological Association.

Roe, D., Dekel, R., Harel, G., Fenning, S., & Fenning, S. (2006). Clients' feelings during termination of psychodynamically oriented psychotherapy. *Bulletin of the Menninger Clinic, 70*, 68-81.

Rogers, C. R. (1939). *Clinical treatment of the problem child*. Boston: Houghton Mifflin.

Rogers, C. R. (1942). *Counseling and psychotherapy*. Boston: Houghton Mifflin.

Rogers, C. R. (1946). Significant aspects of client-centered therapy. *American Psychologist, 1*, 415-422.

Rogers, C. R. (1951). *Client-centered therapy*. Boston: Houghton Mifflin.

Rogers, C. R. (1961). *On becoming a person*. Boston: Houghton Mifflin.

Rogers, C. R. (1967/2003). *Client-centered therapy*. New York: Constable & Robinson.

Rogers, M. R., & Molina, L. E. (2006). Exemplary efforts in psychology to recruit and retain graduate students of color. *American Psychologist, 61*, 143-156.

Rogers, R. (1995). *Diagnostic and structured interviewing: A handbook for psychologists*. Odessa, FL: Psychological Assessment Resources, Inc.

Rogers, R. (2001). *Handbook of diagnostic and structured interviewing* (2nd ed.). New York: Guilford.

Rogers, R., Gillis, J. R., Dickens, S. E., & Bagby, R. M. (1991). Standardized assessment of malingering: Validation of the Structured Interview of Reported Symptoms. *Psychological Assessment, 3*, 89-96.

Rogers, R., Ustad, K. L., & Salekin, R. T. (1998). Convergent validity of the Personality Assessment Inventory: A study of emergency referrals in a correctional setting. *Assessment, 5*, 3-12.

Rohde, D. (1999, November 7). Juror and courts assailed in subway-killing mistrial. *New York Times*, 32.

Roid, G. H. (2003). *Stanford-Binet Intelligence Scales (fifth ed.) technical manual*. Itasca, IL: Riverside Publishing.

Rokeach, M. (2000). *Understanding human values*. New York: The Free Press.

Ronan, G. G., Colavito, V. A., & Hammontree, S. R. (1993). Personal problems-solving system for scoring TAT responses: Preliminary validity and reliability data. *Journal of Personality Assessment, 61*, 28-40.

Ronan, K. R., & Kazantzis, N. (2006). The use of between-session (homework) activities in psychotherapy: Conclusions from the Journal of Psychotherapy Integration Special Series. *Journal of Psychotherapy Integration, 16*, 254-259.

Rorschach, H. (1921). *Psychodynamics: A diagnostic test based on perception*. Oxford, England: Grune and Stratton.

Rorschach, H. (1942). *Psychodiagnostics: A diagnostic test based on perception*. Bern, Switzerland: Hans Huber (Original work published in 1921).

Rose, S. D., & LeCroy, C. W. (1991). Group methods. In F. H. Kanfer & A. P. Goldstein (Eds.), *Helping people change* (4th ed., pp. 422-453). New York: Pergamon Press.

Rosen, G. M., Glasgow, R. E., & Moore, T. E. (2003). Self-help therapy: The science and business of giving psychology away. In S. O. Lilienfeld, S. J. Lynn, & J. M. Lohr (Eds.), *Science and pseudoscience in clinical psychology* (pp. 399-424). New York: Guilford.

Rosen, J. (2007, March 11). The brain on the stand. *New York Times Magazine*. Retrieved March 11, 2007, at http://www.nytimes.com/ 2007/03/11/magazine/ 11Neurolaw.t.html?ref=magazine.

Rosen, R. C., & Kopel, S. A. (1977). Penile plethysmography and biofeedback in the treatment of a transvestite-exhibitionist. *Journal of Consulting and Clinical Psychology, 45*, 908-916.

Rosenhan, D. L. (1973). On being sane in insane places. *Science, 179*, 250-258.

Rosenman, R. H., Brand, R. J., Jenkins, D. D., Fried-man, M., Straus, R., & Wurm, M. (1975). Coronary heart disease in the Western Collaborative Group Study: Final follow-up experience after 8 years. *Journal of the American Medical Association, 233*, 872-877.

Rosenstock, I. M. (1974). Historical origins of the health belief model. *Health Education Monographs, 2*, 328-335.

Rosenthal, R., & DiMatteo, M. R. (2001). Metaanalysis: Recent developments in quantitative methods for literature reviews. *Annual Review of Psychology, 52*, 59-82.

Rosenthal, T. L., & Steffek, B. D. (1991). Modeling methods. In F. H. Kanfer & A. P. Goldstein (Eds.), *Helping people change* (4th ed., pp. 70-121). New York: Pergamon Press.

Rosenzweig, S. (1949). Apperceptive norms for the Thematic Apperception Test. I. The problem of norms in projective methods. *Journal of Personality, 17*, 475-482.

Rosenzweig, S. (1977). *Manual for the Children's Form of the Rosenzweig Picture-Frustration (P-F) Study*. St. Louis: Rana House.

Ross, M. W., Stowe, A., Wodak, A., & Gold, J. (1995). Reliability of interview responses of injecting drug users. *Journal of Addictive Diseases, 14*, 1-2.

Rossini, E. D., & Moretti, R. J. (1997). Thematic Apperception Test interpretation: Practice recommendations from a survey of clinical psychology doctoral programs accredited by the American Psychological Association. *Professional Psychology: Research and Practice, 28*, 393-398.

Rothbart, M. K., & Bates, J. E. (2006). Temperament. In N. Eisenberg (Ed.), *Handbook of child psychology* (6th ed., pp. 99-166). Hoboken, NJ: Wiley.

Rothbaum, B. O. (2006). Virtual reality in the treatment of psychiatric disorders. *CNS Spectrums, 11*, 34.

Rothbaum, B. O., Foa, E. B., Hembree, E. (2006). *Reclaiming your life from a traumatic experience*. New York: Oxford University Press.

Rothbaum, B. O., Hodges, L. F., Kooper, R., & Opdyke, D. (1995). Effectiveness of computer-generated virtual reality graded exposure in treatment of agoraphobia. *American Journal of Psychiatry, 152*, 626-628.

Rothbaum, B. O., Hodges, L., Smith, S., Lee, J. H., & Price, L. (2000). A controlled study of virtual reality exposure therapy for the fear of flying. *Journal of Consulting and Clinical Psychology, 68*, 1020-1026.

Rotter, J. B., Lah, M. I., & Rafferty, J. E. (1992). *Manual: Rotter Incomplete Sentences Blank* (2nd ed.). Orlando, FL: Psychological Corporation.

Rotter, J. B., & Rafferty, J. E. (1950). *The Rotter Incomplete Sentences Test*. New York: Psychological Corporation.

Round, A. P. (1999). Teaching clinical reasoning. A preliminary controlled study. *Medical Education, 33*, 480-483.

Rourke, B. P. (1989). *Nonverbal learning disabilities: The syndrome and the model*. New York: Guilford.

Routh, D. K. (1994). *Clinical psychology since 1917: Science, practice, organization*. New York: Plenum.

Routh, D. K. (2000). Clinical psychology training_A history of ideas and practices prior to 1946. *American Psychologist, 55*, 236-241.

Rowe, R., Maughan, B., Pickles, A., Costello, E. J., & Angold, A. (2002). The relationship between DSM-IV oppositional defiant disorder and conduct disorder: Findings from the Great Smoky Mountains Study. *Journal of Child Psychology and Psychiatry, 43*, 365-373.

Rozanski, A., Blumenthal, J. A., & Kaplan, J. (1999). Impact of psychological factors on the pathogenesis of cardiovascular disease and implications for therapy. *Circulation, 99*, 2192-2217.

Rubens, A. B., & Benson, D. F. (1971). Associative visual agnosia. *Archives of Neurology, 24*, 304-316.

Rubin, R., Holm, S., Friberg, L., Videbech, P., Andersen, H. S., Bendsen, B. B., et al. (1991). Altered modulation of prefrontal and subcortical brain activity in newly diagnosed schizophrenia and schizophreniform disorder: A regional cerebral blood flow study. *Archives of General Psychiatry, 48*, 987-995.

Rubinstein, E. (1948). Childhood mental disease in American: A review of the literature before 1900. *American Journal of Orthopsychiatry, 18*, 314-321.

Rudestam, K. E. (2004). Distributed education and the role of online learning in training professional psychologists. *Professional Psychology: Research and Practice, 35*, 427-432.

Ruegg, R. G., Ekstrom, D. E., Dwight, L., & Golden, R. N. (1990). Introduction of a standardized report form improves the quality of mental status examination reports by psychiatric residents. *Academic Psychiatry, 14*, 157-163.

Rugulies, R. (2003). Depression as a predictor for the development of coronary heart disease: A systematic review and meta-analysis of the literature. *American Journal of Preventive Medicine, 23*, 51-61.

Russ, S. W. (2006). Psychodynamic treatments. In R. T. Ammerman (Ed.), *Comprehensive handbook of personality and psychopathology* (Vol. 3, pp. 425-437). Hoboken, NJ: Wiley.

Russell, E. W. (1998). In defense of the Halstead Reitan Battery: A critique of Lezak's review. *Archives of Clinical Neuropsychology, 13*, 365-381.

Ryan, J. J., Paolo, A. M., & Smith, A. J. (1992). Wechsler Adult Intelligence Scale. Revised intersubtest scatter in brain-damaged patients: A comparison with the standardization sample. *Psychological Assessment, 4*, 63-66.

Rychtarik, R. G., Tarnowski, K. J., & St. Lawrence, J. S. (1989).

Impact of social desirability response sets on the self-report of marital adjustment in alcoholics. *Journal of Studies in Alcohol, 50*, 24-29.

Ryle, A. (2005). Cognitive analytic therapy. In J. C. Norcross, & M. R. Goldfried (Eds.), *Handbook of psychotherapy integration* (2nd ed., pp. 196-217). New York: Oxford Press.

Sackett, P. R., & Wilk, S. L. (1994). Within-group norming and other forms of score adjustment in preemployment testing. *American Psychologist, 49*, 929-954.

Sacks, O. (1985). *The man who mistook his wife for a hat.* New York: Summit Books.

Sacks, O. (1990). *A leg to stand on.* New York: Summit Books.

Safer, D. J., & Krager, J. M. (1994). The increased use of stimulant medication for hyperactive/inattentive students in secondary schools. *Pediatrics, 94*, 462-464.

Safer, D. L., Telch, C. F., & Agras, W. (2001). Dialectical behavior therapy for bulimia nervosa. *American Journal of Psychiatry, 158*, 632-634.

Saklofske, D. H., Hildebrand, D. K., & Gorsuch, R. L. (2000). Replication of the factor structure of the Wechsler Adult Intelligence Scale. Third Edition with a Canadian sample. *Psychological Assessment, 12*, 436-439.

Sales, B. D., & Folkman, S. (2000). *Ethics in research with human participants.* Washington, DC: American Psychological Association.

Sales, B. D., Miller, M. O., & Hall, S. R. (2005a). Legal credentialing and privileges to practice. In B. D. Sales, M. O. Miller, & S. R. Hall (Eds.), *Laws affecting clinical practice* (pp. 13-22). Washington, DC: American Psychological Association.

Sales, B. D., Miller, M. O., & Hall, S. R. (2005b). *Laws affecting clinical practice.* Washington, DC: American Psychological Association.

Sales, B. D., & Shuman, D. W. (1996). *Law, mental health, and mental disorder.* Pacific Grove, CA: Brooks/Cole.

Salovey, P., Rothman, A. J., Detweiler, J. B., & Steward, W. T. (2000). Emotional states and physical health. *American Psychologist, 55*, 110-121.

Salovey, P., & Singer, J. A. (1991). Cognitive behavior modification. In F. H. Kanfer & A. P. Gold-stein (Eds.), *Helping people change* (4th ed., pp. 361-395). New York: Pergamon Press.

Samuda, R. J. (1975). *Psychological testing of American minorities: Issues and consequences.* New York: Dodd, Mead.

Sanchez, L. M., & Turner, S. M. (2003). Practicing psychology in the era of managed care: Implications for practice and training. *American Psychologist, 58*, 116-129.

Sanders, M. R., & Dadds, M. R. (1992). Children' s and parents' cognitions about family interactions: An evaluation of video-mediated recall and thought listing procedures in assessment of conduct-disordered children. *Journal of Clinical Child Psychology, 21*, 371-379.

Sanders, M. R., Montgomery, D. T., & Brechman-Toussaint, M. L. (2000). The mass media and the prevention of child behavior problems: The evaluation of a television series to promote positive outcomes for parents and their children. *Journal of Child Psychology and Psychiatry, 41*, 939-948.

Santoro, S. O., Kister, K. M., Karpiak, C. P., & Norcross, J. C. (2004, April). *Clinical psychologists in the 2000s: A national study.* Paper presented at the annual meeting of the Eastern Psychological Association, Washington, DC.

Santostefano, S. (1962). Performance testing of personality. *Merrill-Palmer Quarterly, 8*, 83-97.

Santrock, J. W. (2008). *Educational psychology* (3rd ed.). Boston: McGraw Hill.

Sapara, A., Cooke, M., Fannon, D., Francis, A., Buchanan, R. W., Anilkumar, A. P., et al. (2007). Prefrontal cortex and insight in schizophrenia: A volumetric MRI study. *Schizophrenia Research, 89*, (1-3), 22-34. Epub Nov 13, 2006.

Sarafino, E. P. (2005). *Health psychology: Biopsychosocial interactions.* Hoboken, NJ: Wiley.

Sarason, S. B. (1974). The psychological sense of community: Prospects for community psychology. San Francisco: Jossey-Bass.

Sarbin, T. R. (1997). On the futility of psychiatric diagnostic manuals (DSMs) and the return of personal agency. *Applied Prevention Psychology, 6*, 233-243.

Sartorius, N., Kaelber, C. T., Cooper, J. E., Roper, M. T., et al. (1996). Progress toward achieving a common language in psychiatry: Results from the field trial of the clinical guidelines accompanying the WHO classification of mental and behavioral disorders in ICD-10. *Archives of General Psychiatry, 50*, 115-124.

Satir, V. (1967). *Conjoint family therapy* (rev. ed.). Palo Alto, CA: Science and Behavior Books.

Sattler, J. M., & Hoge, R. D. (2006). *Assessment of children: Behavioral, social and clinical foundations* (5th ed.). San Diego: Jerome M. Sattler, Publisher.

Saunders, S. M., Howard, K. I., & Orlinsky, D. E. (1989). The Therapeutic Bond Scales: Psychometric characteristics and relationship to treatment effectiveness. *Psychological Assessment, 1*, 323-330.

Sawyer, J. (1966). Measurement and prediction, clinical and statistical. *Psychological Bulletin, 66*, 178-200.

Scheidlinger, S. (2000). The group psychotherapy movement at the millennium: Some historical perspectives. *International Journal of Group Psychotherapy, 50*, 315-339.

Schirmer, A., Alter, K., Kotz, S. A., & Friederici, A. D. (2001). Lateralization of prosody during language production: A lesion study. *Brain and Language, 76*, 1-17.

Schneck, J. M. (1975). United States of America in J. G. Howells (Ed.), *World history of psychiatry*. New York: Brunner/Mazel, 432-475.

Schneider, K. J. (2003). Existential-humanistic psychotherapies. In A. S. Gurman & S. B. Messer (Eds.), *Essential psychotherapies* (2nd ed., pp. 149-181). New York: Guilford.

Schneider, S. L. (2001). In search of realistic optimism: Meaning, knowledge, and warm fuzziness. *American Psychologist, 56*, 250-263.

Schneider, W., Buchheim, P., Cierpka, M., Rainer, D. W., Freyberger, H. J., et al. (2004). Operationalized psychodynamic diagnostic: A new diagnostic approach in psychodynamic psychotherapy. In L. E. Beutler & M. L. Malik (Eds.), *Rethinking the DSM: A psychological perspective* (pp. 177-200). Washington, DC: American Psychological Association.

Schneiderman, N., Antoni, M. H., Saab, P. G., & Ironson, G. (2001). Health psychology: Psychosocial and biobehavioral aspects of chronic disease management. *Annual Review of Psychology, 52*, 555-580.

Schopp, L. H., Johnstone, B., & Reid-Arndt, S. (2005). Telehealth brain injury training for rural behavioral health generalists: Supporting and enhancing rural service delivery networks. *Professional Psychology: Research and Practice, 36*, 158-163.

Schradle, S. B., & Dougher, M. J. (1985). Social support as a mediator of stress. Theoretical and empirical issues. *Clinical Psychology Review, 5*, 641-662.

Schretlen, D., Wilkins, S. S., Van Gorp, W. G., & Bobholz, J. H. (1992). Cross-validation of a psychological test battery to detect faked insanity. *Psychological Assessment, 4*, 77-83.

Schröder, T. A., & Davis, J. D. (2004). Therapists' experience of difficulty in practice. *Psychotherapy Research, 14*, 328-245.

Schulenberg, S. E., & Yutzenka, B. A. (2004). Ethical issues in the use of computerized assessment. *Computers in Human Behavior, 20*, 477-490.

Schwab-Stone, M., Fallon, T., & Briggs, M. (1994). Reliability of diagnostic reporting for children aged 6-11 years: A test-retest study of the Diagnostic Interview Schedule for Children_Revised. *American Journal of Psychiatry, 151*, 1048-1054.

Schwartz, B. K., (Ed.). (2003). *Correctional psychology: Practice, programming, and administration*. Kingston, NJ: Civil Research Institute.

Schweinhart, L. J., McNair, S., Barnes, H., & Larner, M. (1993). Observing young children in action to assess their development: The High/Scope Child Observation Record study. *Educational and Psychological Measurement, 53*, 445-455.

Scott, C. L., & Resnick, P. J. (2006). Patient suicide and litigation.

In R. I. Simon & R. E. Hales (Eds.), *The American Psychiatric Publishing textbook of suicide assessment and management* (pp. 527-544). Washington, DC: American Psychiatric Publishing.

Scoville, W. B., & Milner, B. (1957). Loss of recent memory after bilateral hippocampal lesions. *The Journal of Neurology, Neurosurgery, & Psychiatry, 20*, 11-21.

Sechrest, L. B. (1963). Incremental validity: A recommendation. *Educational and Psychological Measurement, 23*, 153-158.

Seeman, J. A. (1949). A study of the process of nondirective therapy. *Journal of Consulting Psychology, 13*, 157-168.

Segal, D. L., Hersen, M., & Van Hasselt, V. B. (1994). Reliability of the structured clinical interview for DSM-III-R: An evaluative review. *Comprehensive Psychiatry, 35*, 316-327.

Segal, Z. V., Williams, J. M. G., & Teasdale, J. D. (2002). *Mindfulness-based cognitive therapy for depression: A new approach to preventing relapse*. New York: Guilford.

Seifer, R. (2003). Young children with mentally ill parents: Resilient developmental systems. In S. S. Luthar (Ed.), *Resilience and vulnerability: Adaptation in the context of childhood adversities* (pp. 29-49). New York: Cambridge University Press.

Self, R., Oates, P., Pinnock-Hamilton, T., & Leach, C. (2005). The relationship between social deprivation and unilateral termination (attrition) from psychotherapy at various stages of the health care pathway. *Psychology and Psychotherapy: Theory, Research, and Practice, 78*, 95-111.

Seligman, M. E. P. (1995). The effectiveness of psychotherapy: The Consumer Reports study. *American Psychologist, 50*, 965-974.

Seligman, M. E. P. (2004). *Authentic happiness*. New York: Simon and Schuster.

Seligman, M. E. P., & Csikszentmihali, M. (2000). Positive psychology: An introduction. *American Psychologist, 55*, 5-14.

Seligman, M. E. P., Peterson, C., Kaslow, N. J., Tanenbaum, R. L., Alloy, L. B., & Abramson, L. Y. (1984). Explanatory style and depressive symptoms among school children. *Journal of Abnormal Psychology, 93*, 235-238.

Seligman, M. E. P., Steen, T. A., Park, N., Peterson, C. (2005). Positive psychology progress: Empirical validation of interventions. *American Psychologist, 60*, 410-421.

Selye, H. (1956). *The stress of life*. New York: McGraw-Hill.

Seto, M. C., Cantor, J. M., & Blanchard, R. (2006). Child pornography offenses are valid diagnostic indicators of pedophilia. *Journal of Abnormal Psychology, 115*, 610-615.

Sexton, T. L., Alexander, J. F., & Mease, A. L. (2004). Levels of evidence for the models and mechanisms of therapeutic change in family and couple therapy. In M. J. Lambert (Ed.), *Bergin and Garfield's handbook of psychotherapy and behavior change* (5th ed., pp. 590-646). New York: Wiley.

Shadish, W. R. (2002). Revisiting field experiments: Field notes for the future. *Psychological Methods, 7*, 3-18.

Shadish, W. R., & Baldwin, S. A. (2005). Effects of behavioral marital therapy: A meta-analysis of randomized controlled trials. *Journal of Consulting and Clinical Psychology, 73*, 6-14.

Shaffer, D., Fisher, P., Lucas, C. P., Dulcan, M. K., & Schwab-Stone, M. E. (2000). NIMH Diagnostic Interview Schedule for Children Version IV (NIMH DISC-IV): Description, differences from previous versions, and reliability of some common diagnoses. *Journal of the American Academy of Child and Adolescent Psychiatry, 39*, 28-38.

Shaffer, G. W., & Lazarus, R. S. (1952). *Fundamental concepts in clinical psychology*. New York: McGraw-Hill.

Shakow, D. (1942). The training of the clinical psychologist. *Journal of Consulting Psychology, 6*, 277-288.

Shakow, D. (1948). Clinical psychology: An evaluation. In L. G. Lowrey & V. Sloane (Eds.), *Orthopsychiatry, 1923-1948: Retrospect and prospect* (pp. 231-247). New York: American Orthopsychiatric Association.

Shakow, D. (1965). Seventeen years later: Clinical psychology in the light of the 1947 CTCP report. *American Psychologist, 20*, 353-362.

Shakow, D. (1968). Clinical psychology. In D. L. Sills (Ed.), *International encyclopedia of the social sciences* (pp. 513-518). London: Collier Macmillan.

Shakow, D. (1978). Clinical psychology seen some 50 years later. *American Psychologist, 33*, 148-158.

Shamay-Tsoory, S. G., Tomer, R., Berger, B. D., Goldsher, D., & Aharon-Peretz, J. (2005). Impaired "affective theory of mind" is associated with right ventromedial prefrontal damage. *Cognitive and Behavioral Neurology, 18*, 55-67.

Shannon, D., & Weaver, W. (1949). *The mathematical theory of communication*. Urbana: University of Illinois Press.

Shapiro, A. E., & Wiggins, J. G. (1994). A PsyD degree for every practitioner: Truth in labeling. *American Psychologist, 49*, 207-210.

Shapiro, A. K. (1971). Placebo effects in medicine, psychotherapy, and psychoanalysis. In A. E. Bergin & S. L. Garfield (Eds.), *Handbook of psychotherapy and behavior change: An empirical analysis* (pp. 439-473). New York: Wiley.

Shapiro, D. A., Firth-Cozens, J., & Stiles, W. B. (1998). The question of therapists' differential effectiveness: A Sheffield Psychotherapy Project addendum. *British Journal of Psychiatry, 154*, 383-385.

Shapiro, D. A., & Shapiro, D. (1982). Meta-analysis of comparative therapy outcome research: A critical appraisal. *Behavioral Psychotherapy, 10*, 4-25.

Shapiro, S. L., Carlson, L. E., Astin, J. A., & Freedman, B. (2006). Mechanisms of mindfulness. *Journal of Clinical Psychology, 62*, 373-386.

Shaw, D. L., Martz, D. M., Lancaster, C. J., & Sade, R. M. (1995). Influence of medical school applicants' demographic and cognitive characteristics on interviewers' ratings of noncognitive traits. *Academic Medicine, 70*, 532-536.

Shaywitz, S. E. & Shaywitz, B. A. (2005). Dyslexia (specific reading disability). *Biological Psychiatry, 57*(11), 1301-1309.

Shea, S. C. (1998). *Psychiatric interviewing: The art of understanding* (2nd ed.). Philadelphia: Saunders.

Shechtman, Z., & Tsegahun, I. (2004). Phototherapy to enhance self-disclosure and client-therapist alliance in an intake interview with Ethiopian immigrants to Israel. *Psychotherapy Research, 14*, 367-377.

Shenker, J. I. (April 2005). *When you only see trees, is there still a forest?* Paper presented at the American Academy of Neurology Annual Meeting, Miami Beach, FL.

Shepherd, M. D., Shoenberg, M., Slavich, S., Wituk, S., Warren, M., & Meissen, G. (1999). Continuum of professional involvement in self-help groups. *Journal of Community Psychology, 27*, 39-53.

Shiffman, S., Hickcox, M., Paty, J. A., Gnys, M., Kassel, J. D., & Richards, T. J. (1996). Progression from a smoking lapse to relapse: Prediction from abstinence violation effects, nicotine dependence, and lapse characteristics. *Journal of Consulting & Clinical Psychology, 64*, 993-1002.

Shipley, K. G., & Wood, J. M. (1996). *The elements of interviewing*. San Diego: Singular Publishing.

Shirk, S. R., & Karver, M. (2003). Prediction of treatment outcome from relationship variables in child and adolescent therapy: A meta-analytic review. *Journal of Consulting and Clinical Psychology, 71*, 452-464.

Shirk, S. R., & Karver, M. (2006). Process issues in cognitive-behavioral therapy for youth. In P. C. Kendall (Ed.), *Child and adolescent therapy* (3rd ed., pp. 465-491). New York: Guilford.

Shochet, I. M., Dadds, M. R., Holland, D., White-field, K., Harnett, P. H., & Osgarby, S. M. (2001). The efficacy of a universal school-based program to prevent adolescent depression. *Journal of Clinical Child Psychology, 30*, 303-315.

Shoham-Salomon, V. (1985). Are schizophrenics' behaviors schizophrenic? What medically versus psychosocially oriented therapists attribute to schizophrenic persons. *Journal of Abnormal Psychology, 94*, 443-453.

Shum, D., O-Gorman, J., & Myors, B. (2006). *Psychological testing and assessment*. New York: Oxford University Press.

Shuman, D. W., & Sales, B. D. (1999). The impact of Daubert and its progeny on the admissibility of behavioral and social science evidence. *Psychology, Public Policy, and Law, 5*, 3-15.

Shure, M. B., & Aberson, B. (2005). Enhancing the process of resilience through effective thinking. In S. Goldstein, & R. B. Brooks (Eds.), *Handbook of resilience in children* (pp. 373-394). New York: Kluwer Academic/Plenum Publishers.

Siegel, B., & Ficcaglia, M. (2006). Pervasive developmental disorders. In R. T. Ammerman (Ed.), *Comprehensive handbook of personality and psychopathology* (Vol. 3, pp. 254-271). Hoboken, NJ: Wiley.

Silverman, W. K. (1996). Cookbooks, manuals, and paint-by-number psychotherapy in the 90s. *Psychotherapy, 33*, 207-215.

Silverman, W. K., & Dick-Niederhauser, A. (2004). Separation anxiety disorder. In T. L. Morris & J. S. March (Eds.), *Anxiety disorders in children and adolescents* (2nd ed., pp. 164-188). New York: Guilford.

Sinacore-Guinn, G. A. (1995). The diagnostic window: Culture- and gender-sensitive diagnosis and training. *Counselor Education and Supervision, 35*, 18-31.

Singer, M. T., & Nievod, A. (2003). New age therapies. In S. O. Lilienfeld, S. J. Lynn, & J. M. Lohr (Eds.), *Science and pseudoscience in clinical psychology* (pp. 176-204). New York: Guilford.

Singer, M., & Eder, G. S. (1989). Effects of ethnicity, accent, and job status on selection decisions. *International Journal of Psychology, 24*, 13-34.

Skinner, B. F. (1953). *Science and human behavior.* New York: Macmillan.

Sleek, S. (1998, February). Jury tuned out the science in the Nichols trial. *APA Monitor, 2*.

Slife, B. D., & Reber, J. S. (2001). Eclecticism in psychotherapy: Is it really the best substitute for traditional theories? In B. D. Slife, R. N. Williams, & S. H. Barlow (Eds.), *Critical issues in psychotherapy* (pp. 213-234). Thousand Oaks, CA: Sage.

Slobogin, C. (1985). The guilty but mentally ill verdict: An idea whose time should not have come. *George Washington Law Review, 53*, 494-527.

Small, R. F., & Barnhill, L. R. (Eds.). (1998). *Practicing in the new mental health marketplace: Ethical, legal, and moral issues.* Washington, DC: American Psychological Association.

Smallwood, J., Irvine, E., Coulter, F., & Connery, H. (2001). Psychometric evaluation of a short observational tool for small scale research projects in dementia. *International Journal of Geriatric Psychiatry, 16*, 288-292.

Smith, D., & Dumont, F. (1995). A cautionary study: Unwarranted interpretations of the Draw-A-Person test. *Professional Psychology: Research and Practice, 26*, 298-303.

Smith, L. (2005). Psychotherapy, classism, and the poor: Conspicuous by their absence. *American Psychologist, 60*, 687-696.

Smith, M. L., & Glass, G. V. (1977). Meta-analysis of psychotherapy outcome studies. *American Psychologist, 32*, 752-777.

Smith, M. L., Glass, G. V., & Miller, T. I. (1980). *The benefits of psychotherapy.* Baltimore: Johns Hopkins University Press.

Smith, S. (1989). Mental health expert witnesses: Of science and crystal balls. *Behavioral Sciences and the Law, 7*, 145-180.

Snepp, F. P., & Peterson, D. R. (1988). Evaluative comparison of Psy.D. and Ph.D. students by clinical internship supervisors. *Professional Psychology: Research and Practice, 19*, 180-183.

Snowdon, D. A., Greiner, L. H., Kemper, S. J., Nanayakkara, N., & Mortimer, J. A. (1999). Linguistic ability in early life and longevity: Findings from the Nun Study. In J.-M. Robine, B. Forette, C. Franceschi, & M. Allard (Eds.), *The paradoxes of longevity* (pp. 103-113). Berlin: Springer-Verlag.

Snowdon, D. A., Greiner, L. H., & Markesbery, W. R. (2000). Linguistic ability in early life and the neuropathology of Alzheimer's disease and cerebrovascular disease: Findings from the Nun Study. *Annals of the New York Academy of Sciences, 903*, 34-38.

Snyder, D. K., Castellani, A. M., & Whisman, M. A. (2006). Current status and future directions in couple therapy. *Annual Review of Psychology, 57*, 317-344.

Snyder, D. K., Lachar, D., & Wills, R. M. (1988). Computer-based interpretation of the Marital Satisfaction Inventory: Use in treatment planning. *Journal of Marital and Family Therapy, 14*, 397-409.

Snyder, D. K., & Wills, R. M. (1989). Behavioral versus insight-oriented marital therapy: Effects on individual and interspousal functioning. *Journal of Consulting and Clinical Psychology, 57*, 39-46.

Snyder, D. K., Wills, R. M., & Grady-Fletcher, A. (1991). Long-term effectiveness of behavioral versus insight-oriented marital therapy: A 4-year follow-up study. *Journal of Consulting and Clinical Psychology, 59*, 138-141.

Snyder, W. V. (1945). An investigation of the nature of nondirective psychotherapy. *Journal of General Psychology, 33*, 193-232.

Snyder, W. V. (Ed.). (1953). *Group report of a program of research in psychotherapy*. State College: Department of Psychology, Pennsylvania State University.

Society of Clinical Psychology (Division 12). (2001). *Society of Clinical Psychology homepage*. Retrieved December 20, 2001, from http://www.apa.org/ divisions/div12/ homepage.shtml.

Solomon, D. A., Leon, A. C., Mueller, T. I., Coryell, W., Teres, J. J., Posternak, M. A., et al. (2005). Tachyphylaxis in unipolar major depressive disorder. *Journal of Clinical Psychiatry, 66*, 283-290.

Somers-Flanagan, J., & Somers-Flanagan, R. (1995). Intake interviewing with suicidal patients: A systematic approach. *Professional Psychology: Research and Practice, 26*, 41-47.

Somers-Flanagan, R., & Somers-Flanagan, J. (1999). *Clinical interviewing* (2nd ed). Hoboken, NJ: Wiley.

Sommer, R. (2006). Dual dissemination: Writing for colleagues and the public. *American Psychologist, 61*, 955-958.

Southam-Gerow, M. A., Ringeisen, H. L., & Sherrill, J. T. (2006). Integrating interventions and services research: Progress and prospects. *Clinical Psychology: Science and Practice, 13*, 1-8.

Southam-Gerow, M. A., Weisz, J. R., & Kendall, P. C. (2003). Youth with anxiety disorders in research and service clinics: Examining client differences and similarities. *Journal of Clinical Child and Adolescent Psychology, 32*, 375-385.

Spangler, W. D. (1992). Validity of questionnaire and TAT measures of need for achievement: Two meta-analyses. *Psychological Bulletin, 112*, 140-154.

Spanos, N. P. (1994). Multiple identity enactments and multiple personality disorder. *Psychological Bulletin, 116*, 143-165.

Spearman, C. (1904). "General intelligence" objectively determined and measured. *American Journal of Psychology, 15*, 201-293.

Spence, S. H., Holmes, J. M., March, S., & Lipp, O. V. (2006). The feasibility and outcome of clinic plus internet delivery of cognitive-behavior therapy for childhood anxiety. *Journal of Consulting and Clinical Psychology, 74*, 614-621.

Sperry, L. (2007). *The ethical and professional practice of counseling and psychotherapy*. Upper Saddle River, NJ: Pearson.

Sperry, R. W. (1961). Cerebral organization and behavior. *Science, 133*, 1749-1757.

Sperry, R. W. (1968). Hemisphere deconnection and unity in conscious awareness. *American Psychologist, 23*, 723-733.

Sperry, R. W. (1974). Lateral specialization in the surgically separated hemispheres. In F. O. Schmitt & F. G. Worden (Eds.), *The neurosciences: Third study program* (pp. 5-20). Cambridge, MA: MIT Press.

Sperry, R. W. (1982). Some effects of disconnecting the cerebral hemispheres. *Science, 217*, 1223-1226.

Spiegel, T. A., Wadden, T. A., & Foster, G. D. (1991). Objective measurement of eating rate during behavioral treatment of obesity. *Behavior Therapy, 22*, 61-68.

Spiegler, M. D., & Guevremont, D. C. (1993). *Contemporary behavior therapy* (2nd ed.). Pacific Grove, CA: Brooks/Cole.

Spielberger, C. D., Gorsuch, R. L., Lushene, R., Vagg, P. R., & Jacobs, G. A. (1983). *Manual for the State-Trait Anxiety Inventory*. Palo Alto, CA: Consulting Psychologists Press.

Spielmans, G. I., Pasek, L. F., & McFall, J. P. (2007). What are the active ingredients in cognitive and behavioral psychotherapy for anxious and depressed children? A meta-analytic review. *Clinical Psychology Review, 27*, 642-654.

Spirito, A., & Esposito-Smythers, C. (2006). Addressing adolescent suicidal behavior: Cognitive-behavioral strategies. In P. C. Kendall (Ed.), *Child and adolescent therapy* (3rd ed., pp. 217-242). New York: Guilford.

Spitzer, R. L., Williams, J. B. W., Gibbon, M., & First, M. B. (1989). *Instruction manual for the Structured Clinical Interview for DSM-III-R (SCID)*. Washington, DC: American Psychiatric Press.

Spring, B. (2007). Evidence-based practice in clinical psychology: What it is, why it matters, what you need to know. *Journal of Clinical Psychology, 63*, 611-631.

Sroufe, L. A., Egeland, B., Carlson, E. A., & Collins, W. A. (2005). *The development of the person: The Minnesota study of risk and adaptation from birth to adulthood*. New York: Guilford.

St. Lawrence, J. S., Brasfield, T. L., Jefferson, K. W., Alleyne, E., & O' Bannon, R. E., III (1995). Cognitive-behavioral intervention to reduce African American adolescents' risk for HIV infection. *Journal of Consulting & Clinical Psychology, 63*, 221-237.

Stahl, P. M. (1994). *Conducting child custody evaluations: A comprehensive guide*. Thousand Oaks, CA: Sage.

Stambor, Z. (2006). Psychology's prescribing pioneers. *Monitor on Psychology, July/August*, 30-32.

Standon, P. J., & Brown, D. J. (2005). Virtual reality in the rehabilitation of people with intellectual disabilities: Review. *CyberPsychology and Behavior, 8*, 272-282.

Stark, K. D., Hargrave, J., Sander, J., Custer, G., Schnoebelen, S., Simpson, J., & Molnar, J. (2006). Treatment of childhood depression: The ACTION treatment program. In P. C. Kendall (Ed.), *Child and adolescent therapy* (3rd ed., pp. 169-216). New York: Guilford.

Starkstein, S. E., & Robinson, R. G. (1988). Lateralized emotional response following stroke. In M. Kinsbourne (Ed.), *Cerebral hemisphere function in depression*. Washington, DC: American Psychiatric Press.

Staub, R. O. (2006). *Health psychology: A BioPsychoSocial approach*. New York: Worth.

Steadman, H. J. (1979). *Beating a rap? Defendants found incompetent to stand trial*. Chicago: University of Chicago Press.

Steadman, H. J. (1993). *Reforming the insanity defense: An evaluation of pre- and post-Hinckley reforms*. New York: Guilford.

Steele, R. G., & Roberts, M. C. (2005a). The future of mental health service delivery for children, adolescents, and families: An agenda for organization and research. In R. G. Steele & M. C. Roberts (Eds.), *Handbook of mental health services for children, adolescents, and families* (pp. 403-412). New York: Kluwer Academic/Plenum Publishers.

Steele, R. G., & Roberts, M. C. (2005b). Therapy and interventions research with children and adolescents. In M. C. Roberts & S. S. Ilardi (Eds.), *Handbook of research methods in clinical psychology* (pp. 307-326). Malden, MA: Blackwell Publishing.

Stein, B. D., Jaycox, L. H., Kataoka, S., Rhodes, H. J., & Vestal, K. D. (2003). Prevalence of child and adolescent exposure to community violence. *Clinical Child and Family Psychology Review, 6*, 247-264.

Stein, D. J. (2006). Advances in understanding the anxiety disorders: The cognitive-affective neuroscience of "false alarms." *Annals of Clinical Psychiatry, 18*, 173-182.

Steiner, J. L., Tebes, J. K., Sledge, W. H., & Walker, M. L. (1995). A comparison of the Structured Clinical Interview for DSM-III-R and clinical diagnoses. *Journal of Nervous and Mental Disease, 183*, 365-369.

Stepleman, L. M., Hann, G., Santos, M., & House, A. S. (2006). Reaching underserved HIV-positive individuals by using patient-centered psychological consultation. *Professional*

Psychology: Research and Practice, 37, 75-82.

Stepp, S. D., Trull, T. J., Burr, R. M., Wolfenstein, M., & Vieth, A. Z. (2006). Incremental validity of the Structured Interview for the Five-Factor Model of Personality (SIFFM). *European Journal of Personality, 19*, 343-357.

Sternberg, R. J. (2004). Individual differences in cognitive development. In P. Smith & C. Hart (Eds.), *Blackwell handbook of cognitive development*. Malden, MA: Blackwell.

Sternberg, R. J. (2006a). *Cognitive psychology* (4th ed.). Belmont, CA: Wadsworth.

Sternberg, R. J. (2006b). Evidence-based practice: Gold standard, gold plated, or fool's gold? In C. D. Goodheart, A. E. Kazdin, & R. J. Sternberg (Eds.), *Evidence-based psychotherapy: Where practice and research meet* (pp. 261-271). Washington, DC: American Psychological Association.

Sternberg, R. J. (2007). *Career paths in psychology: Where your degree can take you* (2nd ed.). Washington, DC: American Psychological Association.

Sternberg, R. J., & Detterman, D. K. (Eds.). (1986). *What is intelligence? Contemporary viewpoints on its nature and definition*. Norwood, NJ: Ablex.

Stevens, M. R., & Reilly, R. R. (1980). MMPI short forms: A literature review. *Journal of Personality Assessment, 44*, 368-376.

Stewart, D. J., & Patterson, M. L. (1973). Eliciting effects of verbal and nonverbal cues on projective test responses. *Journal of Consulting and Clinical Psychology, 41*, 74-77.

Stewart, R. E., & Chambless, D. L. (2007). Does psychotherapy research inform treatment decisions in private practice? *Journal of Clinical Psychology, 63*, 267-281.

Stirman, S. W., & DeRubeis, R. J. (2006). Research patients and clinical trials are frequently representative of clinical practice. In J. C. Norcross, L. E. Beutler, & R. F. Levant (Eds.), *Evidence-based practice in mental health* (pp. 171-179). Washington, DC: American Psychological Association.

Stoerig, P. (2006). Blindsight, conscious vision, and the role of primary visual cortex. *Progress in Brain Research, 155*, 217-234.

Stokols, D. (1992). Establishing and maintaining healthy environments: Toward a social ecology of health promotion. *American Psychologist, 47*, 6-22.

Stolle, D. P., Wexler, D. B., & Winick, B. J. (Eds.). (2000). *Practicing Therapeutic Jurisprudence*. Durham: Carolina Academic Press.

Stolorow, R. D. (1993). An intersubjective view of the therapeutic process. *Bulletin of the Menninger Clinic, 57*, 450-458.

Stone, A. A., & Neale, J. M. (1984). New measures of daily coping: Developments and preliminary results. *Journal of Personality and Social Psychology, 46*, 892-906.

Stone, A. R., Frank, J. D., Nash, E. H., & Imber, S. D. (1961). An intensive five-year follow-up study of treated psychiatric outpatients. *Journal of Nervous and Mental Disease, 133*, 410-422.

Storch, E. A., & Crisp, H. L. (2004). Taking it to the schools: Transporting empirically supported treatments for childhood psychopathology to the school setting. *Clinical Child and Family Psychology Review, 7*, 191-193.

Storm, J., & Graham, J. R. (2000). Detection of coached general malingering on the MMPI-2. *Psychological Assessment, 12*, 158-165.

Strachey, J., & Freud, S. (2000). *The standard edition of the complete psychological works of Sigmund Freud*. New York: W. W. Norton.

Straub, R. O. (2006). *Health psychology: A biopsychosocial approach* (2nd ed.). New York: Worth Publishers.

Strauss, E., & Wada, J. (1983). Lateral preferences and cerebral speech dominance. *Cortex, 19*, 165-177.

Stricker, G. (2000). The scientist-practitioner model: Gandhi was right again. *American Psychologist, 55*, 253-254.

Stricker, G., & Gold, J. (Eds.). (2006). *A casebook of psychotherapy integration*. Washington, DC: American Psychological Association.

Strohmer, D. C., & Shivy, V. A. (1994). Bias in counselor hypothesis testing: Testing the robustness of counselor confirmatory bias. *Journal of Counseling and Development, 73*, 191-197.

Strother, C. R. (1956). *Psychology and mental health.* Washington, DC: American Psychological Association.

Strupp, H. H. (1960). *Psychotherapists in action: Explorations of the therapist's contribution to the treatment process.* New York: Grune & Stratton.

Strupp, H. H. (1989). Psychotherapy: Can the practitioner learn from the researcher? *American Psychologist, 44,* 717-724.

Strupp, H. H., & Blinder, J. L. (1984). *Psychotherapy in a new key: A guide to time-limited dynamic psychotherapy.* New York: Basic Books.

Stuart, R. B. (1969). Operant-interpersonal treatment of marital discord. *Journal of Consulting and Clinical Psychology, 33,* 675-682.

Stuart, R. B., & Lilienfeld, S. O. (2007). The evidence missing from evidence-based practice. *American Psychologist, 62,* 615-616.

Stuss, D. T. & Alexander, M. P. (2000). Executive functions and the frontal lobes: A conceptual view. *Psychological Research, 63* (3-4), 289-298.

Suarez, T., & Reese, F. L. (2000). Coping, psychological adjustment, and complementary and alternative medicine use in persons living with HIV and AIDS. *Psychology and Health, 15,* 635-649.

Suarez-Balcazar, Y., Durlak, J., & Smith, C. (1994). Multicultural training practices in community psychology programs. *American Journal of Community Psychology, 22,* 785-798.

Sue, D. W., & Sue, D. (1999). *Counseling the culturally different* (3rd ed.). New York: Wiley.

Sue, S. (1999). Science, ethnicity and bias: Where have we gone wrong? *American Psychologist, 54,* 1070-1077.

Sue, S., Fujino, D. C., Hu, L. T., Takeuchi, D. T., et al. (1991). Community mental health services for ethnic minority groups: A test of the cultural responsiveness hypothesis. *Journal of Consulting and Clinical Psychology, 59,* 533-540.

Suh, C. S., Strupp, H. H., & O'Malley, S. S. (1986). The Vanderbilt process measures: The Psychotherapy Process Scale (VPPS) and the Negative Indicators Scale (VNIS). In L. Greenberg & W. Pinsof (Eds.), *The psychotherapeutic process: A research handbook* (pp. 285-323). New York: Guilford.

Sullivan, H. S. (1953). *The interpersonal theory of psychiatry.* New York: W. W. Norton.

Sullivan, M. F., KSkovholt, T. M., & Jennings, L. (2005). Master therapists' construction of the therapeutic relationship. *Journal of Mental Health Counseling, 27,* 48-70.

Suls, J., & Wang, C. K. (1993). The relationship between trait hostility and cardiovascular reactivity: A quantitative review and analysis. *Psychophysiology, 30,* 1-12.

Sultan, S., Andronkiof, A., Reveillere, C., & Lemmel, G. (2006). A Rorschach stability study in a nonpatient adult sample. *Journal of Personality Assessment, 87,* 330-348.

Sundberg, N. D., Tyler, L. E., & Taplin, J. R. (1973). *Clinical psychology: Expanding horizons* (2nd ed.). Englewood Cliffs, NJ: Prentice-Hall.

Super, J. T. (1999). Forensic psychology and law enforcement. In A. K. Hess & I. B. Weiner (Eds.), *The handbook of forensic psychology* (2nd ed., pp. 409-439). New York: Wiley.

Swain, M. A., & Steckel, S. B. (1981). Influencing adherence among hypertensives. *Research Nursing and Health, 4,* 213-218.

Sweet, A. A. (1984). The therapeutic relationship in behavior therapy. *Clinical Psychology Review, 4,* 253-272.

Swierc, S. F., & Routh, D. K. (2003). Introduction to the special issues on international clinical psychology. *Journal of Clinical Psychology, 59,* 631-634.

Tallent, N. (1976). *Psychological report writing.* Englewood Cliffs, NJ: Prentice-Hall.

Tallent, N. (1992). *The practice of psychological assessment.* Englewood Cliffs, NJ: Prentice-Hall.

Tallent, N., & Reiss, W. J. (1959). Multidisciplinary views on the preparation of written psychological reports. *Journal of Clinical Psychology, 15,* 444-446.

Taplin, P. S., & Reid, J. B. (1973). Effects of instructional set and experimenter influence on observer reliability. *Child Development, 44,* 547-554.

Task Force on Promotion and Dissemination of Psychological

Procedures (1995). Training in and dissemination of empirically validated psychological treatments: Report and recommendations. *Clinical Psychologist, 48*, 3-23.

Tavris, C., & Aronson, E. (2007). *Mistakes were made (but not by me)*. New York: Harcourt.

Taylor, E. (2000). Psychotherapeutics and the problematic origins of clinical psychology in America. *American Psychologist, 55*, 1029-1033.

Taylor, S. E. (1995). *Health psychology*. New York: McGraw-Hill.

Taylor, S. E. (1999). *Health psychology* (4th ed.). New York: McGraw-Hill.

Taylor, S. E. (2005). *Health psychology*. Boston: McGraw-Hill.

Taylor, S. E., Kemeny, M. E., Reed, G. M., Bower, J. E., & Gruenewald, T. L. (2000). Psychological resources, positive illusions, and health. *American Psychologist, 55*, 99-109.

Teasdale, A. C., & Hill, C. E. (2006). Preferences of therapists-in-training for client characteristics. *Psychotherapy: Theory, Research, Practice, Training, 43*, 111-118.

Teglasi, H. (2001). *Essentials of TAT and other storytelling techniques assessment*. Hoboken, NJ: Wiley.

Tellegen, A. (1982). *Brief manual for the Multidimensional Personality Questionnaire*. Unpublished manuscript, University of Minnesota.

Tellegen, A., & Ben-Porath, Y. S. (1992). The new uniform T scores for the MMPI-2: Rationale, derivation, and appraisal. *Psychological Assessment, 4*, 145-155.

Temerlin, M. K. (1968). Suggestion effects in psychiatric diagnosis. *Journal of Nervous and Mental Disease, 147*, 349-353.

Templer, D. I. (2005). Addendum to concerns about professional schools. *Psychological Reports, 97*, 117-118.

Templer, D. I., & Tomeo, M. E. (2000). Examination for professional practice in psychology subtest scores of professional and traditional clinical psychology program graduates. *Journal of Psychology: Interdisciplinary and Applied, 134*, 140-142.

Tennen, H., Affleck, G., Armeli, S., & Carney, M. A. (2000). A daily process approach to coping. *American Psychologist, 55*, 626-636.

Testa, M., & Collins, R. L. (1997). Alcohol and risky sexual behavior: Event-based analyses among a sample of high-risk women. *Psychology of Addictive Behaviors, 11*, 190-201.

Testa, M., VanZile-Tamsen, C., & Livingston, J. A. (2005). Childhood sexual abuse, relationship satisfaction, and sexual risk taking in a community sample of women. *Journal of Consulting and Clinical Psychology, 73*, 1116-1124.

Thelen, M. H., Farmer, J., Wonderlich, S., & Smith, M. (1991). A revision of the Bulimia Test: The BULIT-R. *Psychological Assessment, 3*, 119-124.

Thienemann, M. (2004). Introducing a structured interview into a clinical setting. *Journal of the American Academy of Child & Adolescent Psychiatry, 43*, 1057-1060.

Thoits, P. A. (1986). Social support as coping assistance. *Journal of Consulting and Clinical Psychology, 54*, 416-423.

Thomas, A., & Chess, S. (1977). *Temperament and development*. New York: Brunner/Mazel.

Thomas, A., Chess, S., & Birch, H. G. (1968). *Temperament and behavior disorders in children*. New York: New York University Press.

Thomas, J. T. (2005). Licensing board complaints: Minimizing the impact on the psychologist's defense and clinical practice. *Professional Psychology: Research and Practice, 36*, 426-433.

Thoresen, C. E., & Powell, L. H. (1992). Type A behavior pattern: New perspectives on theory, assessment, and intervention. *Journal of Consulting and Clinical Psychology, 60*, 595-604.

Thorn, B. E. (2007). Evidence-based practice in psychology. *Journal of Clinical Psychology, 63*, 607-609.

Thorn, B. E., & Kuhajda, M. C. (2006). Group cognitive therapy for chronic pain. *Journal of Clinical Psychology, 62*, 1355-1366.

Thorne, F. C. (1972). Clinical judgment. In R. H. Woody & J. D. Woody (Eds.), *Clinical assessment in counseling and psychotherapy* (pp. 30-85). Englewood Cliffs, NJ:

Prentice-Hall.

Thorpe, G. L., & Olson, S. L., (1997). *Behavior therapy: Concepts, procedures, and applications* (2nd ed.). Boston: Allyn & Bacon.

Thunnissen, M., Remans, Y., & Trijsburg, W. (2006). Premature termination of short-term inpatient psychotherapy clients: Clients' perspectives on causes and effects. *Therapeutic Communities: International Journal for Therapeutic and Supportive Organizations, 27*, 265-273.

Tisdelle, D. A., & St. Lawrence, J. S. (1988). Adolescent interpersonal problem-solving skill training: Social validation and generalization. *Behavior Therapy, 19*, 171-182.

Tomlinson, S. M., & Cheatham, H. E. (1989). Effects of counselor intake judgments on service to Black students using a university counseling center. *Counseling Psychology Quarterly, 2*, 105-111.

Tomlinson-Clarke, S., & Camilli, G. (1995). An exploratory study of counselor judgments in multicultural research. *Journal of Multicultural Counseling and Development, 23*, 237-245.

Trickett, E. J., Barone, C., & Watts, R. (2000). Contextual influences in mental health consultation: Toward an ecological perspective on radiating change. In J. Rappaport & E. Seidman (Eds.), *Handbook of community psychology* (pp. 303-330). New York: Kluwer Academic/ Plenum Publishers.

Tryon, G. S. (1990). Session depth and smoothness in relation to the concept of engagement in counseling. *Journal of Counseling Psychology, 37*, 248-253.

Tucker, N. (2001, December 11). High court passes on Capitol suspect. *The Washington Post*, B1.

Turk, D. C., & Rudy, T. E. (1990). Pain. In A. S. Bellack, M. Hersen, & A. E. Kazdin (Eds.), *International handbook of behavior modification and therapy* (2nd ed., pp. 399-413). New York: Plenum Press.

Turner, S. M., Beidel, D. C., Dancu, C. V., & Stanley, M. A. (1989). An empirically derived inventory to measure social fears and anxiety: The Social Phobia and Anxiety Inventory. *Psychological Assessment: Journal of Consulting and Clinical Psychology, 1*, 35-40.

Turner, S. M., Hersen, M., & Heiser, N. (2003). The interviewing process. In M. Hersen & S. M. Turner (Eds.), *Diagnostic interviewing* (3rd ed.). New York: Wiley and Sons.

Tutin, J. (1993). The persistence of initial beliefs in clinical judgment. *Journal of Social and Clinical Psychology, 12*, 319-335.

Tversky, A., & Kahneman, D. (1974). Judgment under uncertainty: Heuristics and biases. *Science, 185*, 1124-1131.

Tyler, K. L., & Malessa, R. (2000). The Goltz-Ferrier debates and the triumph of cerebral localizationalist theory. *Neurology, 55*, 1015-1024.

Tyrka, A. R., Cannon, T., Haslam, N., Mednick, S., Schulsinger, F., Schulsinger, H., & Parnas, J. (1995). The latent structure of schizotypy: I. Premorbid indicators of a taxon of individuals at risk for schizophrenia spectrum disorders. *Journal of Abnormal Psychology, 104*, 173-183.

U.S. Public Health Service. (2000). *Report on the Surgeon General's Conference on Children's Mental Health: A National Action Agenda*. Washington, DC: Author.

U.S. Surgeon General. (1999). *Mental health: A report of the surgeon general*. Rockville, MD: U.S. Department of Health and Human Services.

Ullmann, L. P., & Krasner, L. (Eds.). (1965). *Case studies in behavior modification*. New York: Holt, Rinehart & Winston.

Ullmann, L. P., & Krasner, L. (1975). *A psychological approach to abnormal behavior*. Englewood Cliffs, NJ: Prentice-Hall.

Unger, W. S., Wattenberg, M. S., Foy, D. W., & Glynn, S. M. (2006). Trauma-focus group therapy: An evidence-based group approach to trauma with adults. In L. A. Schein, H. I. Spitz, G. M. Burlingame, P. R. Muskin, & S. Vargo (Eds.), *Psychological effects of catastrophic disasters: Group approaches to treatment* (pp. 731-786). New York: Haworth Press.

Ungerleider, L. G., & Mishkin, M. (1982). Two cortical visual systems. In D. J. Ingle, M. A. Goodale, & R. J. W.

Mansfield (Eds.), *Analysis of visual behavior.* Cambridge, MA: MIT Press.

Urban Institute (2004). Race, ethnicity, and economic well-being. *Snapshots of America's families, March 2004.* Washington, DC: Author.

Vaillant, G. E. (1977). *Adaptation to life.* Boston: Little, Brown.

Vaillant, G. E. (1984). The disadvantages of DSM-II outweigh its advantages. *American Journal of Psychiatry, 141,* 542-545.

Vaillant, G. E. (2000). Adaptive mental mechanisms: Their role in a positive psychology. *American Psychologist, 55,* 89-98.

Vallis, T. M., & Howes, J. L. (1995). The field of clinical psychology: Arriving at a definition. *Canadian Psychology, 37,* 120-127.

Van der Maas, H. L. J., Dolan, C. V., Grasman, R. P. P. P., Wicherts, J. M., et al. (2006). A dynamical model of general intelligence: The positive manifold of intelligence mutualism. *Psychological Review, 113,* 842-861.

Van Horne, B. A. (2004). Psychology licensing board disciplinary actions: The realities. *Professional Psychology: Research and Practice, 35,* 170-178.

VandenBos, G. R. (1993). U.S. mental health policy: Proactive evolution in the midst of health care reform. *American Psychologist, 48,* 283-290.

VandenBos, G. R., DeLeon, P. H., & Belar, C. D. (1991). How many psychological practitioners are needed? It's too early to know. *Professional Psychology: Research and Practice, 22,* 441-448.

Vane, J. R. (1981). The Thematic Apperception Test: A review. *Clinical Psychology Review, 1,* 319-336.

Van Zeijl, J., Mesman, J., Ijzendoorn, M. H. V., Bakermans-Kranenburg, M. J., Juffer, F., Stolk, M. N., Koot, H. M., & Alink, L. R. A. (2006). Attachmentbased intervention for enhancing sensitive discipline in mothers of 1- to 3-year-old children at risk for externalizing behavior problems: A randomized controlled trial. *Journal of Consulting and Clinical Psychology, 74,* 994-1005.

Vasquez, M. J. T., & Jones, J. M. (2006). Increasing the number of psychologists of color: Public policy issues for affirmative diversity. *American Psychologist, 61,* 132-142.

Velting, O. N., Setzer, N. J., & Albano, A. M. (2004). Update on advances in assessment and cognitive-behavioral treatment of anxiety disorders in children and adolescents. *Professional Psychology: Research and Practice, 35,* 42-54.

Verduin, T. L., & Kendall, P. C. (2003). Differential occurrence of comorbidity within childhood anxiety disorders. *Journal of Clinical Child and Adolescent, 32,* 290-295.

Verfaellie, M., & Keane, M. M. (1997). The neural basis of aware and unaware forms of memory. *Seminars in Neurology, 17,* 153-61.

Verheul, R., & Widiger, T. A. (2004). A meta-analysis of the prevalence and usage of the personality disorder not otherwise specified (PDNOS) diagnosis. *Journal of Personality Disorders, 18,* 309-319.

Vermande, M. M., van den Bercken, J. H., & De Bruyn, E. E. (1996). Effects of diagnostic classification systems on clinical hypothesis generation. *Journal of Psychopathology and Behavioral Assessment, 18,* 49-70.

Viken, R. J., & McFall, R. M. (1994). Paradox lost: Implications of contemporary reinforcement theory for behavior therapy. *Current Directions in Psychological Science, 3,* 121-125.

Viliello, B. (2001). Psychopharmacology for young children: Clinical needs and research opportunities. *Pediatrics, 108,* 983-989.

Vincent, G. M. (2006). Psychopathy and violence risk assessment in youth. *Child and Adolescent Psychiatric Clinics of North America, 15,* 407-428.

Vittengl, J. R., Clark, L. A., Dunn, T. W., & Jarrett, R. B. (2007). Reducing relapse and recurrence in unipolar depression: A comparative metaanalysis of cognitive-behavioral therapy's effects. *Journal of Consulting and Clinical Psychology, 75,* 475-488.

Wada, J., & Rasmussen, T. (1960). Intracarotid injection of sodium amytal for the lateralization of cerebral speech dominance. *Journal of Neurosurgery, 17,* 266-282.

Wadsworth, M. E., & Berger, L. E. (2006). Adolescents coping with poverty-related family stress: Prospective predictors of coping and psychological symptoms. *Journal of Youth* and Adolescence, 35, 57-70.

Wakefield, P. J., Williams, R. E., Yost, E. B., & Patterson, K. M. (1996). *Couple therapy for alcoholism: A cognitive-behavioral treatment manual*. New York: Guilford.

Walker, B. B., & London, S. (2007). Novel tools and resources for evidence-based practice in psychology. *Journal of Clinical Psychology, 63*, 633-642.

Walker, E. F., Grimes, K. E., Davis, D. M., & Smith, A. J. (1993). Childhood precursors of schizophrenia: Facial expressions of emotion. *American Journal of Psychiatry, 150*, 1654-1660.

Wallace, B. A., & Shapiro, S. L. (2006). Mental balance and well-being: Building bridges between Buddhism and western psychology. *American Psychologist, 61*, 690-701.

Wallen, R. W. (1956). *Clinical psychology: The study of persons*. New York: McGraw-Hill.

Wallin, A., & Ahlström, G. (2006). Cross cultural interview studies using interpreters: Systematic literature review. *Journal of Advanced Nursing, 55*, 723-735.

Walsh, B. W., & Betz, N. E. (2001). *Tests and assessment* (4th ed.). Upper Saddle River, NJ: Prentice Hall.

Walsh, R., & Shapiro, S. L. (2006). The meeting of meditative disciplines and western psychology: A mutually enriching dialogue. *American Psychologist, 61*, 227-239.

Walter, A., Bundy, C., & Dornan, T. (2005). How should trainees be taught to open a clinical interview? *Medical Education, 39*, 492-496.

Wamboldt, M. A., & Reiss, D. (2006). Genetic strategies for clarifying a nosology of relational distress. *Journal of Family Psychology, 20*, 378-385.

Wampold, B. E. (2001). *The great psychotherapy debate: Models, methods, and findings*. Mahwah, NJ: Erlbaum.

Wampold, B. E., Lichtenberg, J. W., & Waehler, C. A. (2005). A broader perspective: Counseling psychology' s emphasis on evidence. *Journal of Contemporary Psychotherapy, 35*, 27-38.

Wampold, B. E., Mondin, G. W., Moody, M., Stich, F., Benson, K., et al. (1997). A meta-analysis of outcome studies comparing bona fide psychotherapies: Empirically "all must have prizes." *Psychological Bulletin, 122*, 203-215.

Wang, P. S., Berglund, P., Olfson, M., Pincus, H. A., Wells, K. B., & Kessler, R. C. (2005). Twelvemonth use of mental health services in the United States: Results from the National Comorbidity Survey Replication. *Archives of General Psychiatry, 62*, 603-613.

Wang, P. S., Lane, M., Olfson, M., Pincus, H. A., Wells, K. B., & Kessler, R. C. (2005). Twelvemonth use of mental health services in the United States. *Archives of General Psychiatry, 62*, 629-640.

Ward, C. H., Beck, A. T., Mendelson, M., Mock, J. E., & Erbaugh, J. K. (1962). The psychiatric nomenclature. *Archives of General Psychiatry, 7*, 198-205.

Ward, J. C., & Naster, B. J. (1991). Reliability of an observational system used to monitor behavior in a mental health residential treatment unit. *Journal of Mental Health Administration, 18*, 64-68.

Ward, L. C. (2006). Comparison of facture structure models for the Beck Depression Inventory-II. *Psychological Assessment, 18*, 81-88.

Ward, T. (1999). Method, judgment, and clinical reasoning. *Behaviour Change, 16*, 4-9.

Watkins, L. E., Jr., Campbell, V. L., Nieberding, K., & Hallmark, R. (1995). Contemporary practice of psychological assessment by clinical psychologists. *Professional Psychology: Research and Practice, 26*, 54-60.

Watson, D. (2005). Rethinking the mood and anxiety disorders: A quantitative hierarchical model for DSM-V. *Journal of Abnormal Psychology, 114*, 522-536.

Watson, D., & Friend, R. (1969). Measurement of social-evaluative anxiety. *Journal of Consulting and Clinical Psychology, 33*, 448-457.

Watson, J. B. (1924). *Behaviorism*. New York: W. W. Norton.

Watson, J. B. (1930). *Behaviorism* (rev. ed.). New York: W. W. Norton.

Watson, R. I. (1953a). A brief history of clinical psychology. *Psychological Bulletin, 50*, 321-346.

Watson, R. I. (1953b). Measuring the effectiveness of psychotherapy: Problems for investigators. *Journal of*

Clinical Psychology, 8, 60-64.

Watson, R. I. (1978). *The great psychologists* (2nd ed.). Philadelphia, PA: Lippincott.

Wearden, A. J., Tarrier, N., Barrowclough, C., Zastowny, T. R., & Rahill, A. A. (2000). A review of expressed emotion research in health care. *Clinical Psychology Review, 20*, 633-666.

Webb, E., Campbell, D. T., Schwartz, R. D., & Sechrest, L. B. (1966). *Unobtrusive measures: Nonreactive research in the social sciences*. Chicago: Rand-McNally.

Wechsler, D. (1967). *Manual for the WPPSI*. New York: Psychological Corporation.

Wechsler, D. (2003). *WISC-IV technical and interpretive manual*. San Antonio, TX: The Psychological Corporation.

Weeks, G. R., & Treat, S. R. (2001). *Couples in treatment: Techniques and approaches for effective practice* (2nd ed.). New York: Brunner-Routledge.

Weick, K. E. (1968). Systematic observational methods. In G. Lindzey & E. Aronson (Eds.), *Handbook of social psychology* (Vol. 2, 2nd ed., pp. 357-451). Reading, MA: Addison-Wesley.

Weiner, B. (Ed.). (1974). *Achievement motivation and attribution*. Morristown, NJ: General Learning Press.

Weiner, I. (2000). Using the Rorschach properly in practice and in research. *Journal of Clinical Psychology, 56*, 435-438.

Weiner, I. B., & Hess, A. K. (Eds.). (2006). *The handbook of forensic psychology* (3rd ed.). Hoboken, NJ: Wiley.

Weiss, B., Catron, T., Harris, V., & Phung, T. M. (1999). The effectiveness of child psychotherapy. *Journal of Consulting and Clinical Psychology, 67*, 82-94.

Weiss, R. D., Najavits, L. M., Muenz, L. R., & Hufford, C. (1995). Twelve-month test-retest reliability of the Structured Clinical Interview for DSM-III-R Personality Disorders in cocaine-dependent patients. *Comprehensive Psychiatry, 36*, 384-389.

Weissberg, R. P., Kumpfer, K. L., & Seligman, M. E. P. (2003). Prevention that works for children and youth: An introduction. *American Psychologist, 58*, 425-432.

Weissman, H. N. (1991). Child custody evaluations: Fair and unfair professional practices. *Behavioral Sciences and the Law, 9*, 469-476.

Weissman, M. M., Verdell, H., Gameroff, M. J., Bledsoe, S. E., Betts, K., et al. (2006). National survey of psychotherapy training in psychiatry, psychology, and social work. *Archives of General Psychiatry, 63*, 925-934.

Weisz, J. R. (July, 2001). Two traditions in psychotherapy with children and adolescents: The state of the evidence. Paper presented at the second biennial Niagara Conference on Evidence-based Treatments for childhood and adolescent mental health problems. Niagara-on-the-Lake.

Weisz, J. R. (2004). *Psychotherapy for children and adolescents: Evidence-based treatments and case examples*. New York: Cambridge University Press.

Weisz, J. R., & Addis, M. E. (2006). The research-practice tango and other choreographic challenges: Using and testing evidence-based psychotherapies in clinical care settings. In C. D. Goodheart, A. E. Kazdin, & R. J. Sternberg (Eds.), *Evidence-based psychotherapy: Where practice and research meet* (pp. 179-206). Washington, DC: American Psychological Association.

Weisz, J. R., Donenberg, G. R., Han, S. S., & Weiss, B. (1995). Bridging the gap between laboratory and clinic in child and adolescent psychotherapy. *Journal of Consulting and Clinical Psychology, 63*, 688-701.

Weisz, J. R., Doss, A. J., & Hawley, K. M. (2005). Youth psychotherapy outcome research: A review and critique of the evidence base. *Annual Review of Psychology, 56*, 337-363.

Weisz, J. R., Jensen-Doss, A., & Hawley, K. M. (2006). Evidence-based youth psychotherapies versus usual clinical care: A meta-analysis of direct comparisons. *American Psychologist, 61*, 671-689.

Weisz, J. R., McCarty, C. A., & Valeri, S. M. (2006). Effects of psychotherapy for depression in children and adolescents: A meta-analysis. *Psychological Bulletin, 132*, 132-149.

Weisz, J. R., Sandler, I. N., Durlak, J. A., & Anton, B. S. (2005).

Promoting and protecting youth mental health through evidence-based prevention and treatment. *American Psychologist, 60*, 628-648.

Weisz, J. R., Sandler, I. N., Durlak, J. A., & Anton, B. S. (2006). A proposal to unite two different worlds of children's mental health. *American Psychologist, 61*, 644-645.

Wekerle, C., & Wolfe, D. A. (2003). Child maltreatment. In E. J. Mash & R. A. Barkley (Eds.), *Child psychopathology* (2nd ed., pp. 632-684). New York: Guilford.

Wellmer, J., Fernandez, G., Linke, D. B., Urbach, H., Elger, C. E., & Kurthen, M. (2005). Unilateral intracarotid amobarbital procedure for language lateralization *Epilepsia, 46*(11), 1764-1772.

Wells, M., Sarna, L., Cooley, M. E., Brown, J. K., Chernecky, C., Williams, R. D., et al. (2007). Use of complementary and alternative medicine therapies to control symptoms in women living with lung cancer. *Cancer Nursing, 30*, 45-55.

Welsh, B. C., & Farrington, D. P. (2007). Saving children from a life of crime: Toward a national strategy for early prevention. *Victims and Offenders, 2*, 1-20.

Welsh, J. A., & Bierman, K. L. (2003). Using the clinical interview to assess children's interpersonal reasoning and emotional understanding. In C. R. Reynolds & R. W. Kamphaus (Eds.), *Handbook of psychological and educational assessment of children: Personality, behavior, and context* (2nd ed., pp. 219-234). New York: Guilford.

Wenar, C., & Kerig, P. (2006). *Developmental psychopathology: From infancy through adolescence* (5th ed.). Boston: McGraw Hill.

Werner, E. E. (2005). What can we learn about resilience from large-scale longitudinal studies? In S. Goldstein & R. B. Brooks (Eds.), *Handbook of resilience in children* (pp. 91-105). New York: Kluwer Academic/Plenum Publishers.

West, M., Bondy, E., & Hutchinson, S. (1991). Interviewing institutionalized elders: Threats to validity. *Journal of Nursing Scholarship, 23*, 171-176.

West, S. L., & O'Neal, K. K. (2004). Project D. A. R. E outcome effectiveness revisited. *American Journal of Public Health, 94*, 1027-1029.

Westen, D. (1998). The scientific legacy of Sigmund Freud: Toward a psychodynamically informed psychological science. *Psychological Bulletin, 124*, 333-371.

Westen, D. (2006). Patients and treatments in clinical trials are not adequately representative of clinical practice. In J. C. Norcross, L. E. Beutler, & R. F. Levant (Eds.), *Evidence-based practice in mental health* (pp. 161-171). Washington, DC: American Psychological Association.

Westen, D., & Bradley, R. (2005). Empirically supported complexity: Rethinking evidence-based practice in psychotherapy. *Current Directions in Psychological Science, 14*, 266-271.

Westen, D., & Morrison, K. (2001). A multidimensional meta-analysis of treatments for depression, panic, and generalized anxiety disorder: An empirical examination of the status of empirically supported therapies. *Journal of Consulting and Clinical Psychology, 69*, 875-899.

Whisman, M. A., & Uebelacker, L. A. (2006). Impairment and distress associated with relations discord in a national sample of married or cohabiting adults. *Journal of Family Psychology, 20*, 369-377.

Wicas, E. A., & Mahan, T. W. (1966). Characteristics of counselors rated effective by supervisors and peers. *Counselor Education and Supervision, 6*, 50-56.

Wicherski, M., Frincke, J., & Kohout, J. (2006). 2005-2006 faculty salaries in graduate departments of psychology. American Psychological Association Research Office. Retrieved December, 28, 2006, from http://research.apa.org/facsals0506.pdf.

Wicks-Nelson, R., & Israel, A. C. (2006). *Behavior disorders of childhood* (6th ed.). Upper Saddle River, NJ: Pearson/Prentice Hall.

Widiger, T. A., Frances, A. J., Pincus, H. A., Davis, W. W., & First, M. B. (1991). Toward an empirical classification for the DSM-IV. *Journal of Abnormal Psychology, 100*, 280-288.

Widiger, T. A., & Sankis, L. M. (2000). Adult psychopathology: Issues and controversies. *Annual Review of Psychology,*

51, 377-404.

Widiger, T. A., & Trull, T. J. (2007). Plate tectonics in the classification of personality disorder: Shifting to a dimensional model. *American Psychologist, 62*, 71-83.

Wiggins, J. G. (1994). Would you want your child to be a psychologist? *American Psychologist, 49*, 485-492.

Wiggins, J. G., & Wedding, D. (2004). Prescribing, professional identity, and costs. *Professional Psychology: Research and Practice, 35*, 148-150.

Wiggins, J. S. (1973). *Personality and prediction: Principles of personality assessment.* Reading, MA: Addison-Wesley.

Wiggins, J. S. (1981). Clinical and statistical prediction: Where are we and where do we go from here? *Clinical Psychology Review, 1*, 3-18.

Wilkinson, G. S. (1993). *WRAT-3: Wide range achievement test administration manual.* Wilmington, DE: Wide Range, Inc.

Willams, R. B. (2001). Hostility and heart disease. *Advances in Mind-Body Medicine, 17*, 52-55.

Williams, C. L., Arnold, C. B., & Wynder, E. L. (1977). Primary prevention of chronic disease beginning in childhood: The Know Your Body Program: Design of study. *Preventive Medicine, 6*, 344-357.

Williams, C. R., & Abeles, N. (2004). Issues and implications of deaf culture in therapy. *Professional Psychology: Research and Practice, 35*, 643-648.

Williams, R. B., Jr., & Barefoot, J. C. (1988). Coronary-prone behavior: The emerging role of the hostility complex. In B. K. Houston & C. R. Snyder (Eds.), *Type A behavior pattern: Research, theory and intervention* (pp. 189-211). New York: Wiley.

Williams, S., Kohout, J. L., & Wicherski, M. (2000). Salary changes among independent psychologists by gender and experience. *Psychiatric Services, 51*, 1111.

Williams, T. R. (1967). *Field methods in the study of culture.* New York: Holt, Rinehart, & Winston.

Winerman, L. (2005). *The mind's mirror. Monitor on Psychology, 37*, 48-50.

Winnicott, D. W. (1965). *The maturational processes and the facilitating environment.* New York: International Universities Press.

Winocur, G., Craik, F. I., Levine, B., Robertson, I. H., Binns, M. A., Alexander, M., et al. (2007). Cognitive rehabilitation in the elderly: Overview and future directions. *Journal of the International Neuropsychology Society, 13*, 166-171.

Winsor, A. P. (2003). Direct behavioral observation for classrooms. In C. R. Reynolds & R. W. Kamphaus (Eds.), *Handbook of psychological and educational assessment of children: Personality, behavior, and context* (2nd ed., pp. 248-255).New York: Guilford.

Witmer, L. (1897). The organization of practical work in psychology. *Psychological Review, 4*, 116-117.

Wittchen, H. U. (1994). Reliability and validity studies of the WHO-Composite International Diagnostic Interview (CIDI): A critical review. *Journal of Psychiatric Research, 28*, 57-84.

Wolff, J. C., & Ollendick, T. H. (2006). The comorbidity of conduct problems and depression in childhood and adolescence. *Clinical Child and Family Psychology Review, 9*, 201-220.

Wolitzky, D. L. (2003). The theory and practice of traditional psychoanalytic treatment. In A. S. Gurman & S. B. Messer (Eds.), *Essential Psychotherapies* (2nd ed., pp. 244-68). New York: Guilford.

Wolpe, J. (1958). *Psychotherapy by reciprocal inhibition.* Stanford, CA: Stanford University Press.

Wolpe, J. (1982). *The practice of behavior therapy* (3rd ed.). New York: Pergamon Press.

Wolpe, J., & Lang, P. J. (1969). *Fear Survey Schedule.* San Diego: Educational and Industrial Testing Service.

Wolpe, J., & Lazarus, A. A. (1966). *Behavior therapy techniques: A guide to the treatment of neuroses.* New York: Pergamon Press.

Wood, J. M., Lilienfeld, S., Garb, H., & Nezworski, M. (2000). The Rorschach Test in clinical diagnoses: A critical review with a backward look at Garfield (1947). *Journal of Clinical Psychology, 56*, 395-430.

Wood, J. M., Nezworski, T., Lilienfeld, S. O., & Garb, H. N.

(Eds.). (2003). *What's wrong with the Rorschach: Science confronts the controversial inkblot test*. San Francisco: Jossey-Bass.

Woodcock, R. W., McGrew, K. S., & Mather, N. (2000). *Woodcock-Johnson III*. Itasca, IL: Riverside Publishing.

Woodworth, R. S. (1920). *Personal data sheet*. Chicago: Stoelting.

Woody, S. R., Detweiler-Bedel, J., Teachman, B. A., & O'Hern, T. (2005). *Treatment planning for psychotherapy: Taking the guesswork out of clinical care*. New York: Guilford.

Wortman, C. B., & Lehman, D. R. (1985). Reactions to victims of life crises: Support attempts that fail. In I. G. Sarason & B. R. Sarason (Eds.), *Social support: Theory, research, and applications* (pp. 463-489). Dordrecht, The Netherlands: Martinus Nijhoff.

Wright, J. H., Basco, M. R., & Thase, M. E. (2006). *Learning cognitive-behavior therapy*. Washington, DC: American Psychiatric Association.

Wright, J. H., Wright, A. S., Albano, A. M., Basco, M. R., Goldsmith, L. J., Raffield, T., & Otto, M. W. (2005). Computer-assisted cognitive therapy for depression: Maintaining efficacy while reducing therapist time. *American Journal of Psychiatry, 162*, 1158-1164.

Wright, M. O., & Masten, A. S. (2005). Resilience processes in development: Fostering positive adaptation in the context of adversity. In S. Goldstein & R. B. Brooks (Eds.), *Handbook of resilience in children* (pp. 17-37). New York: Kluwer Academic/Plenum.

Wright, P. W. D., & Wright, P. D. (2005). *IDEA 2004*. Hartfield, VA: Harbor House Law Press.

Wright, R. H. (2005). The myth of continuing education: A look at some intended and (maybe) unintended consequences. In R. H. Wright & N. A. Cummings (Eds.), *Destructive trends in mental health: The well-intentioned path to harm* (pp. 143-151). New York: Routledge/Taylor and Francis Group.

Wrightsman, L. S., & Fulero, S. M. (2005). *Forensic psychology* (2nd ed.). Belmont, CA: Thomson-Wadsworth.

Wrightsman, L. S., Nietzel, M., Fortune, W., & Greene, E. (2002). *Psychology and the legal system* (5th ed.). Pacific Grove, CA: Brooks/ Cole.

Wulfert, E., Greenway, D. E., & Dougher, M. J. (1996). A logical functional analysis of reinforcement-based disorders: Alcoholism and pedophilia. *Journal of Consulting and Clinical Psychology, 64*, 1140-1151.

Wulsin, L. R., & Singal, B. M. (2003). Do depressive symptoms increase the risk for the onset of coronary disease? *A systematic quantitative review. Psychosomatic Medicine, 65*, 201-210.

Yalom, I. D., & Leszcz, M. (2005). *The theory and practice of group psychotherapy*. New York: Basic Books.

Yarhouse, M. A., & Tan, E. S. N. (2005). Addressing religious conflicts in adolescents who experience sexual identity confusion. *Professional Psychology: Research and Practice, 36*, 530-536.

Yasui, M., & Dishion, T. J. (2007). The ethnic context of child and adolescent problem behavior: Implications for child and family interventions. *Clinical Child and Family Psychology, 10*, 137-179.

Yerkes, R. M. (1921). Psychological examining in the United States army. *Memoirs of the National Academy of Sciences. 15*, 1-890.

Ying, Y. (1989). Nonresponse on the Center for Epidemiological Studies depression scale in Chinese Americans. *International Journal of Social Psychiatry, 35*, 156-163.

Yoshimasu, K. (2001). Relation of type A behavior pattern and job-related psychosocial factors to nonfatal myocardial infarction: A case-control study of Japanese male workers and women. *Psychosomatic Medicine, 63*, 797-804.

Young, L. D. (1992). Psychological factors in rheumatoid arthritis. *Journal of Consulting and Clinical Psychology, 60*, 619-627.

Yutrzenka, B. A. (1995). Making a case for training in ethnic and cultural diversity in increasing treatment efficacy. *Journal of Consulting and Clinical Psychology, 63*, 197-206.

Zabow, T., & Cohen, A. (1993). South African psychiatrists' criteria for predicting dangerousness. *Medicine & Law, 12*, 417-430.

Zanarini, M. C., Skodol, A. E., Bender, D., Dolan, R., &

Sanislow, C. (2000). The collaborative longitudinal personality disorders study: Reliability of axis I and II diagnoses. *Journal of Personality Disorders, 14*, 291-299.

Zaslow, M. J., Weinfeld, N. S., Gallagher, M., Hair, E. C., Ogawa, J. R. et al. (2006). Longitudinal prediction of child outcomes from differing measures of parenting in a low-income sample. *Developmental Psychology, 42*, 27-37.

Zaza, C., Sellick, S. M., & Hillier, L. M. (2005). Coping with cancer: What do patients do? *Journal of Psychosocial oncology, 23*, 55-73.

Zero to Three (2005). *Diagnostic classification of mental health and developmental disorders of infancy and early childhood: Revised Edition (DC: 0-3R)*. Washington, DC: Zero to Three Press.

Zetin, M., & Glenn, T. (1999). Development of a computerized psychiatric diagnostic interview for use by mental health and primary care clinicians. *CyberPsychology & Behavior, 2*, 223-233.

Zheng D, Macera CA, Croft JB, Giles WH, Davis D, Scott WK. (1997). Major depression and all-cause mortality among white adults in the United States. *Annals of Epidemiology, 7*, 213-218.

Zilboorg, G., & Henry, G. W. (1941). *A history of medical psychology*. New York: W. W. Norton.

Zimbardo, P. G. (2004). Does psychology make a significant difference in our lives? *American Psychologist, 59*, 339-351.

Zimmerman, M. A. (2000). Empowerment theory: Psychological, organizational and community levels of analysis. In J. Rappaport & E. Seidman (Eds.), *Handbook of community psychology* (pp. 42-63). New York: Kluwer Academic/ Plenum Publishers.

Ziskin, J., & Faust, D. (1988). *Coping with psychiatric and psychological testimony* (4th ed., Vols. 1-3). Marina del Rey, CA: Law & Psychology Press.

Zoellner, L. A., Feeny, N. C., Cochran, B., & Pruitt, L. (2003). Treatment choice for PTSD. *Behaviour Research and Therapy, 41*, 879-886.

Zoellner, T., & Maercker, A. (2006). Posttraumatic growth in clinical psychology–A critical review and introduction of a two component model. *Clinical Psychology Review, 26*, 626-653.

Zola-Morgan, S. (1995). Localization of brain function: The legacy of Franz Joseph Gall (1758-1828). *Annual Review of Neuroscience, 18*, 359-383.

Zook, A., II, & Walton, J. M. (1989). Theoretical orientations and work settings of clinical and counseling psychologists: A current perspective. *Professional Psychology: Research and Practice, 20*, 23-31.

Zuardi, A. W., Loureiro, S. R., & Rodrigues, C. R. C. (1995). Reliability, validity, and factorial dimensions of the Interactive Observation Scale for Psychiatric Inpatients. *Acta Psychiatrica Scandinavica, 91*, 247-251.

Zubin, J. (1969). The role of models in clinical psychology. In L. L'Abate (Ed.), *Models of clinical psychology* (pp. 5-12). Atlanta: Georgia State College.

Zubin, J., & Spring, B. (1977). Vulnerability–A new view of schizophrenia. *Journal of Abnormal Psychology, 86*, 103-126.

Zur, O. (2007). *Boundaries in psychotherapy: Ethical and clinical explorations*. Washington, DC: American Psychological Association.

Zuvekas, S. H., & Meyerhoefer, C. D. (2006). Coverage for mental health treatment: Do the gaps still persist? *Journal of Mental Health Policy and Economics, 9*, 155-163.

Zytowski, D. G. (2007). Kuder Career Search with Person Match technical manual 1.1. Retrieved June 19, 2007, from http://www.kuder.com/publicweb/kcs_manual.aspx.

찾아보기

인명

Abbott, R. D. 538
Abdel, K. A. M. 251
Abela, J. R. Z. 502
Abernethy, A. P. 541
Aberson, B. 423
Ables, B. S. 413
Abrams, D. 538
Abramson, L. Y. 376
Abt, L. E. 70
Achenbach, T. M. 200, 479, 482, 491, 494, 499, 500, 501, 517
Achter, J. A. 464
Ackerman, M. J. 199
Ackerman, N. W. 89
Acree, M. 429
Adair, J. C. 567
Adam, E. K. 487
Addis, M. E. 266, 458, 460, 513
Adler, A. 186
Adler, N. E. 536
Adolph, J. L. 299
Affleck, G. 531
Aharon-Peretz, J. 566
Ahlström, G. 188
Ahn, H. 458
Ai, A. L. 429
Aklin, W. M. 164
Albano, A. M. 512
Albarracin, D. 424
Albee, G. W. 419
Alberti, R. E. 367
Alexander, E. M. 326
Alexander, J. F. 414
Alexander, M. P. 466
Allen, D. M. 292
Alleyne, E. 543
Allport, G. W. 244
Alper, B. S. 461
Alter, K. 566
Alterman, A. I. 172
Alvarado, R. 423, 467
Amundson, M. E. 529
Anastasi, A. 228, 252
Andersen, B. L. 542
Anderson, C. M. 443, 449
Anderson, E. 425, 468
Anderson, J. R. 542
Anderson, N. B. 536
Anderson, P. 365
Andersson, S. 567
Andrassy, J. 468
Andrews, G. 289
Angel, E. 349
Anson, D. A. 188
Anton, B. S. 424, 512
Antoni, M. H. 545
Antony, M. M. 358, 373, 403, 466
Apodaca, T. R. 426, 468
Archer, R. P. 221
Arkes, H. A. 133
Armeli, S. 531
Armstrong, J. G. 107
Arnold, C. B. 541
Aronson, E. 133
Associates 379
Astin, J. A. 430
Atanackovic, D. 529
Atkinson, D. R. 128
Auerbach, L. 428
Auld, F. Jr. 187
Ault, M. H. 199
Axline, V. M. 509
Azar, S. T. 541
Azen, R. 512

Babinski, M. J. 567
Babyak, M. 546
Baer, R. 193
Baer, R. A. 430
Bagby, R. M. 190
Bagchi, D. 172

Bailey, C. E. 467
Baird, A. 566
Baldwin, S. A. 68, 466
Bandura, A. 86, 294, 368, 374
Banta, J. 97
Bantha, R. 429
Barbaree, H. E. 205
Barefoot, J. C. 538
Barker, A. 188
Barkley, R. A. 415, 501, 512
Barlow, B. F. 117
Barlow, D. H. 364, 365, 416, 425, 460, 468, 512
Barnes, H. 195
Barone, C. 420
Barr, C. 91
Barrera, M. 467
Barrett, A. M. 567
Barrett, P. M. 515
Barron, J. W. 117
Basco, M. R. 144, 370, 380, 381 382
Bassman, L. E. 427, 428
Bates, J. E. 485
Bateson, C. 414
Baucom, D. H. 89, 466
Baum, A. 526, 542
Baumeister, R. F. 533, 534
Bax, K. A. 485
Beach, S. R. H. 409, 501
Beaunis, H. 59
Beauregard, C. 485
Bechtoldt, H. 333, 351, 396
Beck, A. T. 86, 169, 251, 374, 378, 282, 382, 454
Beck, J. S. 254, 382
Becker, W. C. 199, 549
Becker-Blease, K. A. 431
Beidel, D. C. 251
Belar, C. D. 535
Bellack, A. S. 112, 195, 202
Bellak, L. 257, 260
Belter, R. W. 231, 232
Benjamin, L. T. 52, 53, 56, 60, 66, 67, 69, 71, 72
Ben-Porath, Y. S. 247
Benson, D. F. 570
Berger, B. D. 566
Berger, L. E. 488
Bergin, A. E. 30, 453, 453, 454
Berglund, P. 279
Bergman, A. 329
Bergman, R. L. 512
Berliner, L. 486
Bernstein, D. A. 109, 125, 204, 209, 362, 550
Berry, D. 193
Bertelsen, A. 119
Beswick, A. 541
Betz, N. E. 238, 250
Beutel, M. E. 160
Beutler, L. E. 41, 116, 279, 280, 301, 302, 303, 458, 460, 464
Bianchi, S. 417
Bickman, L. 464, 513
Bieling, P. J. 403, 407
Biemond, R. 365
Bieri, J. 129
Bierman, K. L. 493
Bigelow, C. 190
Bigner, J. J. 409
Bihrle, A. M. 566
Bijou, S. W. 199
Binitie, I. 416
Bion, W. R. 402
Birks, Y. 538
Bisconer, S. W. 135
Bishop, S. R. 430
Bisiach, E. 569
Blair, R. J. 567
Blakely, C. 196
Blanchard, E. B. 396, 541, 547
Blanchard, R. 205
Blank, K. 164
Blatt, S. J. 330
Blinder, J. L. 332
Blount, R. L. 550
Blumenthal, J. A. 538
Blumenthal, S. J. 525
Bogels, S. M. 158
Bohart, A. C. 337, 345
Boisvert, C. M. 460
Bond, L. 264
Bondy, E. 190
Boothby, H. 188
Borgata, L. 202
Boring, E. G. 55
Borkovec, T. D. 209, 362
Bornstein, R. F. 261
Borum, R. 123
Botvin, G. J. 516
Bouchard, S. 205
Bowen, A. M. 543
Bower, J. E. 532
Bowers, K. S. 261
Boyle, G. J. 226, 262
Brabender, V. A. 407
Braden, J. P. 241
Bradley, R. 459
Bradshaw, P. W. 548
Braginsky, B. M. 190
Braginsky, D. D. 190
Brand, B. L. 107
Brand, R. J. 538
Brandsma, J. M. 413
Brannon, L. 526, 533
Bransford, J. D. 127
Branthwaite, A. 548
Brasfield, T. L. 543, 544
Brauer, B. A. 247
Brausch, A. M. 454
Brechman-Toussaint, M. L. 515
Breggin, G. R. 511
Breggin, P. R. 511

Breslow, L. 535
Bridges, M. 485
Bridges, S. K. 331
Briggs, M. 188
Brinkmeyer, M. Y. 416, 467, 495
Brodley, B. T. 352
Brody, G. H. 515
Broman, C. L. 534
Bromley, D. B. 449
Brookmeyer, K. A. 479
Brooks, R. B. 516
Brooks-Gunn, J. 487
Brotemarkle, B. A. 54
Brotman, L. M. 515
Brown, G. K. 251
Brown, L. S. 205
Brown, R. A. 465
Brown, R. T. 496, 510, 512
Brown, T. M. 97
Brown, T. T. 117
Brown, W. H. 191, 195
Brownell, H. H. 566
Brownell, K. D. 547
Browne-Sperling, F. 543
Bruce, N. 464
Brugha, T. S. 172
Bryan, A. D. 424, 467
Buck, J. N. 495
Buckley, P. J. 158, 159
Bugental, J. F. T. 350
Bundy, C. 175
Burg, M. M. 538
Burisch, M. 222
Burish, T. G. 369
Burke, L. E. 548
Burke, M. 541
Burlingame, G. M. 403, 425, 468
Burnam, M. A. 191
Burns, D. D. 292
Burns, G. L. 550
Buros, O. K. 67
Burr, R. M. 169
Butcher, J. M. 246, 247, 250
Butler, A. C. 454
Butters, N. 560

Cabrese, C. 261
Caburnay, C. A. 455
Cacciola, J. S. 172
Cain, D. J. 80
Cairns, R. B. 194
Calkins, S. D. 485
Caltagirone, C. 566
Camara, W. J. 221
Camilli, G. 129
Campbell, C. D. 18
Campbell, D. P. 244
Campbell, D. T. 138, 196
Campbell, L. 541
Campbell, L. F. 333, 396, 425
Campbell, V. L. 260
Canning, D. 544
Cantor, J. M. 205
Caplan, G. 421
Carlomagno, S. 566
Carlson, L. E. 430
Carney, J. 497
Carney, M. A. 531
Carniero, C. 204
Carpenter, L. A. 496
Carr, A. 482
Carroll, F. 141
Carroll, J. B. 172
Carroll, K. M. 234
Carter, J. S. 502
Cashel, M. L. 493
Caspi, A. 485
Cassel, E. 125
Castellani, A. M. 412, 466
Castle, P. H. 20, 38, 97
Catron, T. 513
Cattell, R. B. 56, 236, 252
Cauffman, E. 125
Cavanaugh, K. 135
Cavell, T. A. 515
Cecero, J. J. 514
Chambless, D. L. 364, 456, 457, 458, 461, 465, 512
Chan, D. W. 221
Chapman, J. E. 364, 454
Chapman, J. P. 128
Chapman, L. J. 128
Charcot, J. 64
Cheatha, H. E. 191
Cherry, C. 543
Chevron, E. S. 332
Choate, M. L. 416, 512
Chomsky, N. 84
Chorpita, B. F. 117, 451
Christensen, A. 409, 466
Chronis, A. M. 512
Chung, J. J. 250
Cicchetti, L. 518
Cipolotti, D. 567
Clark, D. 172
Clark, D. B. 200
Clark, L. A. 113, 454
Clarkin, J. F. 301, 464
Clay, R. A. 105
Coastworth, J. D. 517
Cobb, H. C. 24
Cobb, J. A. 199, 483
Cochran, B. 469
Cohen, A. 125
Cohen, B. B. 188
Cohen, J. 46
Cohen, J. A. 486, 487
Cohen, S. 528, 529, 532, 534, 538
Coie, J. D. 423
Colavito, V. A. 257
Coleman, P. 425
Coley, B. 543
Collins, R. L. 202, 497

Collins, S. 539
Collishaw, S. 504
Comer, R. J. 390
Cone, J. D. 208
Conger, R. D. 488
Conners, C. K. 493
Connery, H. 193
Connor-Smith, J. K. 451
Consoli, A. J. 42, 434
Constantino, M. J. 464
Coolen, J. C. 501
Coontz, P. D. 128
Corazzini, J. G. 465
Corboz-Warney, A. 202
Corey, G. 403
Cormier, C. A. 125
Corsini, R. J. 334
Corwin, D. 172
Coslett, H. B. 569
Costa, P. T. Jr. 253
Côtè, S. 205
Cottler, L. 172
Cotton, S. 429
Couch, R. D. 161
Coulter, F. 193
Covner, B. J. 187
Cox, H. W. 195
Crisp, H. L. 518
Croghan, T. W. 548
Cronbach, L. J. 138, 196, 218
Cumming, J. D. 291
Cummings, E. M. 485, 518
Cummings, N. A. 526
Curtis, J. W. 330

Dadds, M. R. 204, 211, 515
Dahlstrom, L. E. 247
Dana, R. H. 144
Dancu, C. V. 251
Danehy, J. J. 187
Dattilio, F. M. 449
Dauber, S. 514
Davanloo, H. L. 328
David, L. 206
David, R. 329
David, W. 329
Davidson, W. S. 196, 420
Davies, P, T. 518
Davies, W. H. 512
Davis, D. M. 198
Davis, F. H. 204
Davis, J. D. 250
Davis, J. M. 428
Davis, K. M. 464
Davis, T. E. 461
Davis, W. W. 188
Davison, E. 559
Dawes, R. M. 130, 133
Dawson, M. 504
DeBruyn, E. E. 128, 501
Degnan, K. A. 485
Dekel, R. 304
DeLeon, P. H. 535
Demler, O. 35, 36, 279
Dennis, W. 59, 66
Detterman, D. K. 234
Detweiler, J. B. 532
DeYoung, P. A. 330, 331, 334
Dickens, S. E. 190
Dies, R. 88
DiLalla, D. L. 91
DiLillo, D. 486
DiMatteo, M. R. 160, 454
DiMatteo, M. R. 548
Dimidjian, S. 430
Dipboye, R. L. 191
Dishion, T. J. 415, 517
Dixon, D. N. 433
Dodge, K. A. 423
Doerfler, L. A. 266
Dolan, M. 125
Dolan, S. L. 459
Domino, G. 219, 225, 227, 228, 232, 234, 249, 250, 253, 261
Domino, M. L. 219, 225, 227, 228, 232, 234, 249, 250, 253, 261
Donenberg, G. R. 453
Donn, J. E. 71
Donnellan, M. B. 488
Dorken, H. 526
Dornan, T. 175
Dornelas, E. A. 526
Doss, A. J. 409, 512
Dougher, M. J. 115, 118, 533
Douglas, K. S. 107
Doyle, M. 125
Dozois, D. J. A. 479, 499
dryden, W. 86, 379
DuBois, D. L. 56
Duckworth, A. L. 118, 424, 516
Dulcan, M. K. 493
Dumenci, L. 501
Dumont, F. 262
Dunbar-Jacob, J. M. 548
Dunn, T. W. 454
Durlak, J. A. 424, 512
Dwight, L. 188

Eagle, M. N. 330
Eaker, E. D. 538
Earl, A. 424
Eaves, D. E. 548
Eber, H. W. 252
Ebrahim, S. 541
Edelbrock, C. S. 499, 500
Eder, G. S. 191
Edwards, D. J. A. 26, 449
Eid, M. 195
Eiden, R. D. 409
Einhorn, H. J. 127
Eisman, E. J. 29, 34
Ekstrom, D. E. 188
Ellenberger, H. F. 349

Elliott, D. M. 78, 335, 349, 352, 486
Ellis, A. 85, 86, 87, 374, 379
Ellis, P. 424
Ellsworth, J. R. 266
Elmore, A. M. 485
Emery, G. 378
Emmelkamp, P. M. G. 365
Emmons, M. L. 367
Emshoff, J. G. 196
Epstein, N. 89, 466
Erbaugh, J. K. 169, 261
Erdlberg, P. 256
Erickson, P. I. 172
Erikson, E. H. 329
Erwin, E. 351
Evans, D. L. 422
Evans, G. W. 487
Everett, J. J. 550
Exner, J. E. 254, 256, 257, 261
Eyberg, S. M. 416, 467, 495, 512
Eysenck, H. J. 83, 226, 252, 419, 453
Eysenck, S. B. G. 252

Fairbairn, W. R. D. 329
Fallon, A. E. 407
Fallon, T. 188
Fancher, R. E. 75
Farah, M. J. 571
Farmer, J. 251, 364
Farrell, A. D. 135
Farrell, L. J. 515
Farrington, D. P. 423
Farris, A. M. 202
Faust, D. 130, 133, 460
Fechner, G. 53
Feeny, N. C. 469
Feinstein, M. S. 545
Feinstein, R. E. 545
Feist, J. 526, 533
Felner, R. D. 423
Feltham, C. 276
Fendrich, R. 571
Fenning, S. 304
Ferenczi, S. 68
Ferguson, R. J. 444
Ficcaglia, M. 504
Fields, S. 416, 464
Files-Hall, T. M. 509
Fine, R. 322
Fine, S. 158
Finger, M. S. 250, 447
Fink, A. S. 518
Finkelhor, D. 431
Finn, S. E. 144
Finset, A. 567
First, M. B. 115, 116, 169, 188
Fischer, C. T. 78, 141, 144, 335, 350
Fischer, W. F. 144
Fisher, D. C. 302
Fisher, J. D. 424, 467
Fisher, P. 493
Fisher, W. A. 467
Fiske, D. W. 123,138
Fitzgerald, G. 199
Fivaz-Depeursinge, E. 202, 204
Fleisig, W. E. 251
Florio, C. M. 261
Foa, E. B. 251
Folkman, S. 429, 537
Follette, V. M. 430
Follette, W. C. 115
Folstein, M. F. 165
Fonagy, P. 312
Fontenelle, G. A. 191
Forman, E. M. 454
Forsyth, D. R. 465
Fortier, M. 486
Fosco, G. M. 485
Foster, G. D. 202, 536
Foster, S. L. 192, 211
Fraley, R. C. 501
Frances, A. J. 188
Frank, L. K. 254
Frankl, V. 350
Franko, D. L. 424
Fraser, M. W. 484
Free, M. L. 407
Freedman, B. 430
Freeman, A. 85, 87, 374, 378, 379, 382, 396
French, T. M. 326
Freud, S. 290, 325
Frick, P. J. 491, 493, 496, 468
Fried, C. S. 251
Friederici, A. D. 566
Friedman, M. 540
Frincke, J. 38
Funder, D. 76
Furnham, A. 234

Gabbard, G. O. 119, 141, 261, 275, 303, 315, 325, 331, 332, 334
Gabbard, K. 275
Gall, J 57
Galton, F. 58, 254
Garb, H. N. 127, 129, 132, 134, 173, 261, 262, 495
Garber, J. 477, 502
Garcia-Preto, N. 418, 481
Gardner, H. 235, 566, 189
Gardner, W. 125, 127
Garfield, S. L. 279, 280
Garland 428, 323
Garofalo, A. 141, 231, 263
Garske, J. P. 464
Gaztambide, S. 164
Gazzaniga, M. S. 571
Gega, L. 135
Gelfand, D. M. 477
Gendlin, E. T. 334
Gentile, L. 487
Gerberding, J. L. 525
Gernsbacher, M. A. 504

Gibbon, M. 169
Gillham, J. 46
Gillis, J. R. 190
Giordani, P. J. 548
Giordano, J. 417, 481
Gittelman, R. 495
Gladding, S. 407
Glaser, R. 264, 534
Glasgow, R. E. 426, 468, 540
Glass, G. V. 454
Glasser, P. H. 158
Glenn, T. 189
Glozman, J. M. 562
Glueckauf, R. 432
Glynn, M. 538, 539
Goddard, H. H. 59, 237
Goeke-Morey, M. C. 485
Goins, M. K. 188
Gold, J. 188, 434
Goldberg, E. 563
Goldberg, J. L. 280
Goldberg, L R. 126
Golden, R. N. 188
Goldfarb, L. P. 226
Goldfried, M. R. 109, 173, 433
Golding, S. L. 188
Goldsher, D. 566
Goldsmith, H. H. 504
Goldsmith, J. B. 204
Goldstein, S. 516
Gonnella, C. 487
Goodheart, C. D. 442
Goodman, S. H. 480
Goodson, J. T. 430
Gordon, J. R. 389, 409, 466
Gorenstein, E. E. 390
Gorman, J. M. 205, 365
Gorsuch, R. L. 239, 251
Gotham, H. J. 460
Gottesman, I. I. 91
Gottlieb, B. H. 89
Gottlieb, M. C. 534
Gottman, J. M. 193, 204, 466
Gough, H. 252
Grabe, S. 505
Grady-Fletcher, A. 466
Graham, J. R. 193, 247, 250
Grant, B. F. 188
Grant, K. E. 488
Grawe, K. 279, 293
Green, B. 163
Green, R 194
Greenberg, K. E. 464
Greenberg, L. S. 78, 291, 335, 349, 352
Greene, R. 199
Greenhoot, A. F. 442, 443, 447
Greenway, D. E. 115, 118
Gregory, R. J. 232
Grieger, R. 86
Griffin, K. W. 516
Grimes, K. E. 198
Grossarth, M. R. 226
Groth-Marnat, G. 106, 108, 135, 232, 241, 251, 261, 262, 302
Grove, W. M. 131, 261
Grover, R. L. 512
Gruenewald, T. L. 532
Grych, J. H. 485
Guarnaccia, P. J. 152, 184
Guerney, B. 89
Guevremont, D. C. 373
Gullone, E. 251
Gully, K. J. 188
Gundersen, P. M. 567
Guo-peng, C. 229
Gureje, O. 184
Gurman, A. S. 89, 276, 334, 412, 417
Guthrie, P. R. 292
Gyorky, Z. K. 292

Haley, J. 89, 414
Hall, G. C. N. 68
Hall, S. R. 19, 20
Hallahan, B. 428
Hallmark, R. 260
Hambleton, R. K. 229
Hammontree, S. R. 257
Han, K. 250
Han, S. S. 453
Handelsman, M. M. 464
Handler, L. 226
Hankin, B. L. 501, 502
Hanson, R. K. 261
Harel, G. 304
Harlow, J. M. 572
Haro, J. M. 198
Harris, F. C. 210
Harris, G. T. 123, 125
Harris, M. 193
Harris, V. 513
Harrower, M. R. 255
Hart, C. A. 529
Hartmann, H. 329
Hartsough, C. S. 195
Harvey, R. 454
Harway, M. 408, 417
Harwood, T. M. 279, 280, 301, 303, 464
Hatala, R. 128
Hatfield, D. R. 31
Hathaway, S. R. 246
Hawes, D. J. 204
Hawley, D. R. 467
Hawley, K. M. 442, 452, 512, 514
Hayes, S. A. 407
Hayes, S. C. 430
Haynes, R. B. 548
Haynes, S. N. 195, 196
Hays, P. A. 35, 229
Hazlett-Stevens, H. 362, 469
Heal, L. W. 190
Healy, W. 68
Heavey, C. L. 466

Hedges, L. V. 454
Hedges, M. 97
Hegel, M. T. 444
Heider, F. 376
Heilman, K. M. 556, 568
Heiser, N. 158
Hellige, J. B. 561
Helmholtz, H. 52
Hendrie, H. C. 168
Henggeler, S. W. 451
Henke, C. J. 526
Henry, G. W. 63
Henry, W. E. 257
Herbert, T. B. 528
Herink, R. 276
Herron, E. W. 255
Hersen, M. 112, 158, 188, 195, 202, 367, 373
Hetherington, E. M. 485
Hetzel-Riggin, M. D. 454
Heyman, R. E. 201, 208, 409, 501
Hibbeln, J. R. 428
Hickling, E. J. 396
Hickling, F. W. 128
Hildebrand, D. K. 239
Hill, C. E. 279, 280
Hill, E. L. 261
Hill, M. N. 548
Hillier, L. M. 429
Hilton, N. Z. 123
Himelein, M. J. 98
Himmelhoch, J. M. 202
Hinshaw, S. P. 468
Hirsch, I. 330
Hockett, C. F. 187
Hodges, L. F. 365
Hoff, E. H. 38
Hofferth, S. L. 417
Hogarth, R. M. 127
Hoge, S. K. 493
Hogue, A. 514
Holcombe, A. 195
Holland, J. L. 244
Hollon, S. D. 369, 449, 468, 469
Holman, T. B. 417
Holmbeck, G. 448
Holmboe, E. S. 198
Holmes, J. M. 432
Holmes, T. H. 529
Holt, R. R. 123, 259
Holtzman, W. H. 255
Holtzworth-Munroe, A. 466
Honda, K. 427
Hood, H. V. 544
Hope, D. A. 202, 211
Horn, J. L. 236
Horner, R. H. 195
Horowitz, M. J. 291
Horowitz, S. 164
House, A. S. 534
Houts, A. C. 116, 509
Hovarth, A. O. 464
Howard, K. I. 294, 455
Howes, J. L. 17
Howieson, D. B. 563
Hoza, B. 512
Hsieh, D. K. 191
Hsu, L. K. 165
Hufford, C. 188
Hugdahl, K. 251
Hughes, A. A. 512
Hughes, J. N. 515
Hummelen, B. 163
Humphreys, L G. 229
Hunsley, J. 233, 241, 261, 261, 262, 265, 266, 495
Hunter, J. E. 454
Hunter, R. H. 421
Huss, M. T. 132
Hutchinson, S. 190

Iervolino, A. C. 504
Imhof, E. A. 221
Impara, J. C. 220, 232
Insabella, G. M. 485
Institute of Medicine 487
Irvine, E. 193
Israel, A. C. 501
Iwamasa, G. Y. 35, 229

Jackson, D. D. 89, 414
Jackson, T. 515
Jackson, Y. 562
Jacobs, G. A. 251
Jacobson, J. S. 427
Jacobson, N. S. 412, 417, 466
Jacoby, A. M. 571
James, J. W. 68, 128
Jarrett , R. B. 454
Jason, L. A. 547
Jay, S. 548, 550
Jefferson, K. W. 543
Jeffery, R. W. 540
Jennings, L. 290
Jensen, P. S. 512
Jensen-Doss, A. 442, 452
Jester, C. M. 42, 434
Jia-xi, C. 229
Jin, R. 279
Johnsen, B. H. 251
Johnson, B. W. 18
Johnson, J. 266
Johnson, M. D. 200, 202
Johnson, S. 303
Joiner, T. E. 117
Jones, B. P. 560
Jones, E. E. 68, 291
Jones, H. A. 512
Jones, M. C. 82, 206, 358, 368
Jongsma, A. E. 303
Jouriles, E. N. 200, 202

Kahn, E. 330, 349

Kahn, J. H. 464
Kalichman, S. C. 543, 544
Kamphaus, R. W. 107, 491, 493, 496
Kancelbaum, B. 36
Kanfer, F. H. 141
Kannel, W. B. 538
Kaplan, C. P. 172
Kaplan, J. R. 538
Kaplan, M. 112
Kaplan, R. M. 232
Karasz, A. 184
Karg, R. 97, 364
Karpiak, C. P. 29, 33, 43
Karterud, S. 163
Karver, M. S. 464, 514
Kaslow, F. W. 409, 417
Kaslow, N. J. 409, 501
Kaufman, A. S. 241, 242
Kaufman, N. L. 241, 242
Kazantzis, N. 292
Kazdin, A. E. 120, 415, 442, 464, 467, 509
Keane, M. M. 571
Keefe, F. J. 541
Kehrer, C. A. 390
Keller, J. W. 211
Keller, L. S. 232, 246
Kelley, C. M. 571
Kelly, E. L. 123
Kelly, J. A. 544
Kelly, J. B. 485
Kemeny, M. E. 532
Kendall, P. C. 447, 448, 451, 499, 510, 536
Kerig, P. 501
Kern, J. M. 204
Kernberg, O. 325, 329
Kessler, R. C. 35, 279, 427, 530, 534
Ketterson, T. U. 432
Kiecolt-Glaser, J. K. 529, 534
Kierkegaard, S. 78
Kim, C. 443, 449
King, N. J. 251
Kingery, J. N. 512
Kinnaman, J. E. S. 135
Kinnebrook, D. 57
Kinzie, J. D. 229
Kirby, L. D. 484
Kirk, S. A. 191
Kiser, L. J. 488
Kister, K. M. 43
Klein, R. A. 329
Klein, R. H. 365
Kleinknecht, R. A. 550
Kleinmuntz, B. 127, 131
Klerman, G. L. 112, 332
Kline, T. J. B. 233
Knapp, S. J. 481
Knox, S. 280
Koch, W. J. 107
Koester, K. A. 544
Kohout, J. L. 18, 21, 29, 34, 38, 46
Kohut, H. 329, 330
Kokotovic, A. M. 159
Komiti, A. A. 189
Koocher, G. P. 141, 231, 263, 365
Kopel, S. A. 200
Korchin, S. J. 18, 68
Korman, M. 42
Korsch, B. M. 184
Kotz, S. A. 566
Kovacs, M. 491
Krackow, E. 428
Krantz, D. S. 536
Krasner, L. 62
Krasnow, A. D. 458
Kratchowill, T. R. 251
Krause, M. S. 455
Kreber, L. A. 299
Krijn, M. 365
Krishnamurthy, R. 152
Krol, N. P. C. M. 501
Krull, C. D. 229
Kumpfer, K. L. 423, 467, 515
Kuperminc, G. P. 479
Kupfer, D. J. 115
Kurbat, M. A. 571
Kurtz, S. M. S. 199

Lachar, D. 247
Lah, M. I. 495
Lahey, B. B. 210, 501
Lake, J. H. 428, 429
Lambert, N. M. 30, 195, 266, 447, 453, 497
Lampropoulos, G. K. 433
Lancaster, C. J. 191
Lane, M. 36
Lang, P. J. 206, 251
Langenbucher, J. W. 113
Langton, C. M. 123, 125
Lanyon, B. P. 260
Lanyon, R. I. 260
Larner, A. J. 193
Larner, M. 195
Lashley, K. 562
Lau, A. S. 486
Lauterbach, D. 135
Lawlis, G. F. 251
Lawyer, S. 364
Lazarus, A. A. 83, 367
Lazarus, R. S. 60, 429, 530, 537
Lazovik, A. D. 206
Leach, C. 279
Leary, G. E. 533, 534
Lebow, B. S. 131
Lebow, J. L. 409, 417, 418, 460, 513
LeCroy, C. W. 405
Lee, C. M. 485, 495
Lee, H. B. 221
Lee, J. H. 365
Leech, S. 144
Leffard, S. A. 195, 212

Lehman, B. M. 566
Lehman, D. R. 534
Leonard, K. E. 409
Lepper, H. S. 548
Lerner, H. 330
Leszcz, M. 403, 405, 407
Levant, R. F. 41, 459
Levenson, R. W. 193
Leventhal, T. 487
Levison, H. 331,332
Levy, K. N. 254, 464
Lew, H. L. 205, 209
Ley, P. 548
Lezak, M. D. 563
Lichtenberg, J. W. 459
Lichtenberger, E. O. 134, 135
Lichtenstein, E. 200
Liddle, H. A. 514
Lidz, C. W. 125, 128
Lidz, R. W. 414
Lidz, T. 414
Lietaer, G. 335, 349, 352, 78
Lilienfeld, S. O. 29, 141, 262, 428, 495
Lillesand, D. B. 202
Lima, E. N. 266
Lindsley, O. R. 83
Lindzey, G. 244, 257
Linehan, M. M. 373, 379, 390, 430
Linney, J. A. 420
Lipp, O. V. 432
Lisspers, J. 424
Livingstone, J. A. 487
Lochman, J. E. 467
Lock, T. 428
Loewenstein, R. J. 107
Loftus, E. F. 428
Lohr, J. M. 141
Lombroso, C. 57
London, S. 461
Looman, J. 205
Loomis, J. S. 432
Lopez, S. 152, 184
Loranger, A. W. 171
Loring, D. W. 563
Lovejoy, M. C. 467, 517
Loveless, A. S. 417
Luborsky, L. 123
Lucas, C. P. 493
Lueger, R. J. 294
Lundahl, B. 467, 517
Lunt, I. T. I. 71
Lushene, R. 251
Luzzatti, C. 569
Lynam, D. 423
Lyneham, H. J. 172
Lynn, S. J. 141, 428

Machado, P. P. P. 280
Machover, K. 260
MacKenzie, K. R. 403
MacKinnon, R. A. 158
Mahler, M. S. 329
Mahoney, M. J. 87
Maier, S. F. 528
Maiman, L. A. 549
Mains, J. A. 426, 468
Maisto, C. A. 196
Maisto, S. A. 127, 196
Makover, R. B. 303
Malarkey, W. B. 534
Malessa, R. 558, 562
Malik, M. L. 116
Maling, M. S. 294
Malmo, R. B. 204
Maloney, M. P. 224
Malouff, J. M. 454
Mann, A. H. 188
Mannarino, A. P. 486, 487
Manuck, S. B. 536
March, J. S. 396, 432
Marcynyszyn, L. A. 487
Marecek, J. 46
Margolin, G. 200
Marilyn, F. S. 545
Marini, A. 566
Markman, H. J. 204
Markowitz, J. 544
Marks, I. M. 135
Marks, J. S. 525
Marlatt, G. A. 202, 389
Marshall, W. L. 205
Martin, D. J. 464
Martin, R. 188
Martinovich, Z. 294
Martz, D. M. 191
Maruish, M. 221
Marvin, J. A. 550
Marx, J. A. 292
Mash, E. J. 192, 211, 233, 241, 261, 262, 265, 266, 479, 499, 501
Maskelyne, N. 56
Masling, J. M. 262
Maslow, A. H. 349
Masten, A. S. 429, 488
Masters, J. C. 369, 430
MasurJ, F. T. 549
Matarazzo, J. D. 108, 135, 158
Matarazzo, R. G. 416
Mather, N. 243, 494
Matthews, S. G. 536
Maughan, B. 504
May, D. J. 172
May, R. 334, 349
Mayer, J. P. 420
Mayne, T. J. 20, 38
McArthur, D. S. 260
McCabe, R. E. 403, 466
McCallum, K. 172
McConaughy, S. H. 494
McCrae, R. R. 253
McCusker, J. 190
McDermut, W. 465
McDonald, B. C. 127

McFall, R. M. 202, 204, 358, 454
McFarland, K. 169
McGlynn, F. D. 364
McGoldrick, M. 417, 481
McGrew, K. S. 243, 494
McIntyre, K. 200
McKay, J. R. 172
McKenzie, K. 128
McKinley, J. C. 246
Mclennan, J. 97
McMullen, P. A. 571
McNair, S. 195
McNamara, J. R. 22, 275
McReynolds, P. 53, 56, 106
McWilliams, N. 334
Mead, M. 196
Mease, A. L. 414, 466
Mednick, S. 91
Meehl, P. E. 130, 138
Meichenbaum, D. H. 374
Meltzer, H. 172
Mendelson, M. 169
Menninger, K. 325
Merenda, P. F. 229
Mermelstein, R. 200
Messer, S. B. 276, 280, 289, 334, 458, 459
Mesulam, M. M. 563
Metzner, H. L. 534
Meyer, G. J. 262, 264
Meyer, R. G. 571
Michelow, D. 566
Michels, R. 158, 159
Milich, R. 199
Miller, A. L. 373, 379
Miller, B. L. 390, 532
Miller, G. A. 84, 538
Miller, G. E. 84, 454
Miller, J. A. 195, 212
Miller, M. O. 19, 20
Miller, S. B. 465
Miller, T. I. 454
Miller, T. Q. 468
Miller, W. R. 426, 429
Millon, C. 250
Millon, J. 250
Millon, T. 112
Milner, B. 565, 571
Milner, D. A. 571
Mineka, S. 113
Minuchin, S. 89
Mischel, W. 86, 374
Mishkin, M. 568, 570
Misovich, S. J. 424, 467
Mitchell, C. M. 196
Mitchell, K. J. 431
Mock, J. E. 169
Moffitt, T. E. 485
Mokdad, A. H. 525
Monahan, J. 123, 125
Montalvo, B. 89
Montgomery, B. S. 454
Montgomery, D. T. 515
Montgomery, R. W. 97
Moodie, W. 66
Moore, P. M. 364
Moore, T. E. 426, 468
Moos, B. 468
Moos, R. 468
Moran, P. W. 266
Moreno, J. 202
Moretti, R. J. 261
Morey, L. 127
Morgan, C. D. 257
Morgan, D. L. 445
Morgan, R. K. 445
Morganstern, K. P. 168
Morgenstern, J. 446
Morland, K. 536
Morrison, C. S. 190
Morrison, K. H. 459
Morton, A. 159
Moseley, G. L. 542
Moskowitz, J. T. 429
Mpofu, E. 497
Muenz, L. R. 188
Mulle, K. 396
Mullen, R. 128
Müller, J. 52
Mulvey, E. P. 125, 128
Munk-Jorgensen, P. 91
Munsterberg, H. 60
Murdock, N. L. 97, 334, 336, 342, 373, 374
Murphy, M. J. 544
Murray, E. J. 187
Murray, H. A 257
Murray, H. A. 257, 262
Murray, R. 123, 128
Mussen, P. H. 225
Myors, B. 106

Nagy, T. F. 229, 297
Najavits, L. M. 188
Nathan, J. S. 221
Nathan, P. E. 112, 113, 459
Nation, M. 424
Navon, D. 569
Nebeker, R. S. 425, 468
Negrete, V. F. 184
Neimeyer, R. A. 331, 351
Neisser, U. 234
Nelson, C. 131
Neufeldt, S. A. 280
Nevid, J. S. 163
Newlin, C. M. 299
Nezworski, M. 262, 495
Nicholls, T. L. 107
Nieberding, K. 260
Nielsen, S. L. 455
Nienhuis, F. 172
Nietzel, M. T. 109
Nietzel, M. T. 204, 209, 292, 428

Nocentini, U. 566
Nock, M. K. 199
Nocross 426
Noel, S. B. 455
Noll, J. G. 487
Norcros, J. C. 38
Norcross, J. C. 18, 20, 21, 29, 33, 38, 41, 43, 97, 141, 161, 231, 263, 333, 396, 424, 425, 426, 458, 463, 464
Norman, W. B. 255
Norton, P. J. 202, 211
Notarius, C. 204

Oates, P. 279
Odeh, M. S. 132
Odom, S. L. 195
Ogles, B. M. 31, 447
Olafsson, R. P. 365
Oland, A. A. 499
Olive, H. 147
Olkin, L. 454
Ollendick, T. H. 199, 456, 457, 458, 461, 465, 499, 512, 515
Olos, L. 38
Olson, S. L. 373
Ones, D. S. 250
Opdyke, D. 365
Orchowski, L. M. 22, 275
Orlinsky, D. E. 279, 293
Orne, M. T. 162, 209
Osler, W. S. 525
Ostafin, B. D. 430
Othmer, E. M. 158, 181
Othmer, S. C. 158, 181
Owens, E. B. 512
O' Bannon, R. E. III 543
O' Brien, G. T. 195, 209
O' Hern, T. 303
O' Leary, K. D. 199, 200
O' Neal, K. K. 515
O' Neil, M. L. 107

Pace, T. M. 250
Packard, E. 115
Pallak, M. S. 526
Pantin, H. 517
Paolo, A. M. 241
Papp, L. M. 485
Park, N. 202
Parker, K. C. H. 261
Parks, B. K. 279, 293
Pasek, L. F. 454
Pate, W. E. II 31
Pathak, S. 510
Patterson, C. H. 159
Patterson, D. R. 550
Patterson, G. R. 194, 199, 396, 414, 483, 484
Paul, G. L. 120, 204, 441
Pearl, D. 534
Pechere, J. C. 548
Pennick, K. A. 467
Perani, D. 569
Perls, F. S. 202, 334, 347
Perry, A. R. 486
Peters, L. 89, 172
Peterson, C. 118
Peterson, D. R. 126
Peterson, L. 477, 505
Peterson, M. L. 303
Pettijohn, T. F. 57
Phares, V. 416, 482, 484, 501
Phelps, R. 29, 34
Phung, T. M. 513
Piaget, J. 84
Pickett, T. C. 432
Pierce, W. D. 229
Pilkonis, P. A. 172
Pincus, D. B. 416, 512
Pincus, H. A. 188
Pine, F. 326, 329
Pingitore, D. 29
Pinnock-Hamilton, T. 279
Pinsof, W. M. 418, 433
Piotrowski, C. 211, 221, 231, 232
Piotrowski, Z. 254
Pittenger, R. E. 187
Plake, B. S. 220, 232
Plante, T. G. 226
Pleck, J. 417
Plous, S. 190
Pokrywa, M. L. 333, 396
Pope, K. S. 250, 297
Popma, A. 28
Porter, E. H. Jr. 187
Potter, N. 566
Pottick, K. J. 191
Potts, M. K. 191
Poznanski, J. J. 97
Price, L. 365
Price, M. 365
Price, R. H. 530, 534
Prochaska, J. O. 97, 161
Propper, A. 518
Pruitt, L. 469
Puente, A. E. 221
Putnam, E. A. 98
Putnam, F. W. 486, 487

Quinsey, V. L. 125

Rabin, B. S. 529
Rabinowitz, J. 128
Rachman, S. 83
Radomile, R. R. 407
Rafferty, J. E. 260, 495
Raggi, V. L. 512
Ragland, D. R. 538
Raimy, V. C. 42
Raine, A. 28
Ramirez, S. Z. 251
Ramirez-Basco, M. 396
Rand, K. L. 447

Rapee, R. M. 172
Rappaport, J. 418, 419, 423
Raskin, J. D. 351
Rasmussen, T. 565
Rasting, M. 160
Rathus, J. H. 373, 379
Rathus, S. A. 163
Raviv, A. 518
Ray, R. S. 199, 483
Raynor, S. R. 485
Reach, K. 505
Reddy, L. A. 509
Redner, R. 196
Reed, D. 538
Reed, G. M. 532
Reese, F. L. 428
Reich, W. 172
Reid, J. B. B. 208, 484, 484
Reiger, D. E. 115
Reilly, R. R. 250
Reinecke, M. A. 85, 87, 374, 378, 382, 395
Reisman, J. M. 54, 60, 64, 67, 218, 254, 260
Reiss, D. 409, 501
Reiss, W. J. 147
Reitan, R. M. 559
Repp, A. C. 195
Reppucci, N. D. 468
Rescorla, L. A. 200, 482, 491, 500, 501, 517
Resnick, J. H. 17
Resnick, R. J. 52
Revenson, A. R. 526
Reveson, T. A. 542
Reynolds, C. R. 107
Rhodes, P. 538, 539
Rice, M. E. 123, 125, 196
Rice, S. A. 190
Richard, D. C. S. 135
Richman, L. S. 532
Richmond, T. K. 512
Rickert, V. 548, 550
Riggs, D. 251
Rimm, D. C. 369
Ring, K. 190
Ringeisen, H. L. 461
Ripple, C. H. 423, 467
Risser, H. J. 467, 517
Ritterband, L. M. 432
Robbins, C. 534
Roberts, C. F. 505, 518
Roberts, G. E. 260
Roberts, M. C. 457
Robison, J. T. 164
Rochlen, A. B. 433
Rock, D. L. 127
Rodin, J. 548
Roe, D. 304
Roemer, E. 358, 373
Roger, D. 538
Rogers, C. R. 78, 79, 80, 144, 334, 341, 342
Rogers, E. G. 97
Rogers, R. 158, 169, 171, 187, 188, 190
Roginson, K. J. 261
Roid, G. H. 237, 238, 242
Rokeach, M. 244
Rompa, D. 543
Ronan, G. G. 257, 292
Rorschach, H. 254, 495
Rose, S. D. 405
Rosen, D. S. 468
Rosen, G. M. 426
Rosen, J. 512
Rosen, R. C. 200
Rosenhan, D. L. 419
Rosenman, R. H. 537
Rosenthal, R. 454
Rosenthal, T. L. 368
Rosenzweig, S. 260
Ross, M. W. 188
Rossini, E. D. 261
Rothbart, M. K. 485
Rothbaum, B. O. 365
Rothbaum, R. 251
Rothman, A. J. 532
Rotter, J. B. 260, 495
Round, A. P. 133
Rounsaville, B. J. 332
Routh, D. K. 52, 53, 68, 70, 71
Roux, A. V. 536
Royalty, G. M. 292
Rozanski, A. 538
Rozensky, R. H. 432
Rubens, A. B. 570
Ruegg, R. G. 188
Rugg, M. D. 571
Rugulies, R. 538
Rush, A. J. 378
Rush, J. A. 396
Russ, S. W. 508
Russell, E. W. 204
Rutheford, M. J. 172
Ryan, J. J. 241
Ryan, K. 466
Ryle, A. 433

Saccuzzo, D. P. 233
Sacks, O. 569
Sade, R. M. 191
Safran, J. D. 291, 569
Saklofske, D. H. 239
Salekin, R. T. 169
Sales, B. D. 19, 20
Salovey, P. 84, 374, 532, 548
Salpekar, N. 487
Samuda, R. J. 228
Sanders, M. R. 211, 515
Sandler, I. N. 424, 467, 512
Sankis, L. M. 113
Santoro, S. O. 29, 33. 43
Santostefano, S. 195

Santrock, J. W. 235, 425
Sarafino, E. P. 526, 533
Sarason, S. B. 420
Sartre, J. P. 78
Saslow, G. 141
Satir, V. 89
Sattler, J. M. 493
Saunders, S. M. 455
Sawyer, J. 132
Sayer, L. 417
Sayette, M. A. 20, 38
Schaefer, C. E. 509
Schafer, J. 468
Scheffler, R. M. 29
Scheidlinger, S. 465
Schirmer, A. 566
Schmaling, K. B. 466
Schmidt, F. L. 454
Schmidt, N. B. 117
Schneck, J. M. 62, 68
Schneider, K. J. 350
Schneider, S. L. 533
Schneider, W. 117
Schoenwald, S. K. 451
Schradle, S. B. 533
Schulenberg, S. E. 135
Schutte, N. S. 454
Schwab-Stone, M. E. 188
Schwab-Stone, M. E. 188, 493
Schwartz, B. K. 567
Schwartz, R. D. 196
Schweinhart, L. J. 195
Scodel, A. 225
Scogin, F. R. 426, 468
Scoville, W. B. 571
Sechrest, L. B. 148, 196
Seelen, J. 250
Seeman, J. A. 187
Segal, Z. V. 430
Seifer, R. 489
Self, R. 279
Seligman, M. E. P. 118, 376, 422, 424, 455, 515, 516
Sellick, S. M. 429
Seto, M. C. 205
Setzer, N. J. 512
Sexton, T. L. 414, 466
Shadish, W. R. 448, 466
Shaffer, D. 204, 493
Shaffer, G. W. 60
Shamay-Tsoory, S. G. 566
Shambaugh, E. J. 464
Shannon, D. 140
Shapiro, A. K. 293
Shapiro, D. 454
Shapiro, D. A. 453, 454
Shapiro, S. L. 428, 430
Shaw, B. F. 106, 378
Shaw, D. A. 199, 483
Shaw, D. L. 191
Shaw, D. S. 499
Shaw, E. C. 125
Shea, S. C. 158
Shechtman, Z. 188
Shenk, C. 430
Shenker, J. I. 569
Sherrill, J. T. 461
Shiffman, S. 547
Shipley, K. G. 158
Shirk, S. R. 464
Shivy, V. A. 128
Shochet, I. M. 515
Shumer, E. 89
Shure, M. B. 423
Siegel, B. 504
Sigelman, C. K. 190
Simerly, E. 496
Simpson, L. E. 409
Sinacore-Guinn, G. A. 191
Singal, B. M. 538
Singer, B. 36
Singer, J. A. 84, 374
Singer, J. E. 526, 542
Singer, M. 191
Singer, M. T. 428
Skinner, B. F. 83
Skovholt, T. M. 290
Sledge, W. H. 188
Smallwood, J. 193
Smith, A. J. 198, 241
Smith, A. P. 454
Smith, D. 262
Smith, J. 172
Smith, L. A. 512, 541
Smith, M. 251
Smith, R. 529
Smith, S. 365
Smokowski, P. R. 484
Smolar, A. I. 407
Snitz, B. E. 131
Snyder, C. R. 187
Snyder, D. K. 412, 466
Snyder, J. J. 414, 484
Solomon, D. A. 450
Solomon, H. C. 83
Sommer, R. 425
Sommers-Flanagan, J. 158
Sommers-Flanagan, R. 158
Southam-Gerow, M. A. 451, 461
Spangler, D.·L. 292
Spangler, W. D. 261
Spearman, C. 234
Sperry, L. 294, 295, 297
Sperry, R. W. 560, 565
Speyer, C. 433
Spickard, B. A. 22, 275
Spiegel, T. A. 202
Spiegler, M. D. 373
Spielberger, C. D. 229, 251
Spielmans, G. I. 430, 454
Sprafkin, J. N. 109
Spring, B. 461
Spurzheim, J. 57

St. Lawrence, J. S. 367
Stambaugh, L. F. 514
Stanley, M. A. 251
Stanley-Hagan, M. 485
Staub, R. O. 533
Steadman, H. J. 125
Steckel, S. B. 550
Steele, R. G. 457, 518
Steen, T. A. 118, 424, 516
Steer, R. A. 251
Steffek, B. D. 368
Steinberg, L. 497
Steiner, J. L. 188
Stepp, S. D. 169
Sterling, M. 350
Stern, T. E. 292
Stern, W. 237, 254
Sternberg, R. J. 234, 442
Stevens, M. R. 250
Steward, W. T. 532
Stewart, M. O. 468
Stewart, R. E. 461
Stoddard, A. M. 190
Stoerig, P. 568
Stokols, D. 535
Stolorow, R. D. 331
Storch, E. A. 518
Storm, J. 193
Stormshak, E. A. 415
Stowe, A. 188
Stramler, C. S. 191
Straub, R. O. 526
Strauss, B. 403
Strauss, E. 565
Strauss, G. D. 188
Stricker, G. 434
Strickler, G. 434
Strohmer, D. C. 128
Stromseth, J. 97
Stroup, D. F. 525
Strunk, D. 468
Strupp, H. H. 187, 291, 331, 332
Stuart, R. B. 89
Stuart, S. P. 459
Stueve, J. L. 417
Sturge-Apple, M. L. 518
Suarez, T. 428
Sue, S. 163
Sullivan, H. S. 330, 414
Sullivan, M. F. 290
Suls, J. 538
Susman, D. T. 292
Suveg, C. 510
Swain, M. A. 550
Swartz, J. D. 255
Swenson, C. R. 373, 379
Symonds, B. D. 464
Szapocznik, J. 517

Tallent, N. 105, 147, 149, 263
Tan, E. S. N. 429
Taplin, P. S. 208
Taranta, A. 160
Target, M. 312
Tatusoka, M. M. 252
Tavris, C. 133
Taylor, E. 52, 56, 67, 68
Taylor, S. E. 526, 532, 543
Teachman, B. A. 303
Teasdale, A. C. 279
Teasdale, J. D. 376, 430
Tebes, J. K. 188
Teglasi, H. 262
Tellegen, A. 247
Temerlin, M. K. 191, 210
Tennen, H. 531
Terborg, J. R. 540
Terman, L. 59, 237
Testa, M. 487, 539
Tevlin, H. E. 168
Thase, M. E. 144, 370, 380, 381, 382
Thelen, M. H. 251
Thienemann, M. 169
Thoresen, C. E. 429
Thorn, B. E. 461
Thorne, F. C. 131, 133
Thorpe, G. L. 373
Thorpe, J. W. 255
Thorsteinsson, E. B. 454
Tian, X. 191
Tisdelle, D. A. 367
Tolin, D. F. 164
Tomer, R. 566
Tomlinson, V. S. M. 191
Tracey, T. J. 159
Treat, S. R. 411, 412, 413
Trickett, E. J. 420
Trickett, P. K. 487
Trotter, R. T. 543
Trull, T. J. 115, 116, 117, 169
Tryon, G. S. 159
Tsegahun, I. 188
Tuke, W. 62
Turner, S. M. 158, 164, 251
Tutin, J. 128
Tyler, K. L. 558, 562
Tyrka, L. E. 91
Tyrrell, D. A. 529

Uebelacker, L. A. 409
Uellendahl, G. 427, 428
Ullmann, L. P. 62
Underwood, L. 534
Ungerleider, L. G. 568, 570
Urbina, S. 252
Ustad, K. L. 169

Vagg, P. R. 251
Vaillant, G. E. 112, 532
Valenstein, E. 556, 568
Vallis, T. M. 17
van der Maas, H. L. J. 234
vanAarle, E. J. M. 501

VandeCreek, L. 481
VandenBos, G. R. 535
VanZile-Tamsen, C. 487
Vasquez, M. J. T. 297
Velting, O. N. 512
Verduin, T. L. 448, 499
Verfaellie, M. 571
Verheul, R. 115
Vernon, C. E. 244
Viene, D. 97
Vieth, A. Z. 169
Viken, R. J. 358
Vincent, G. M. 123
Vinson, D. C. 188
Vitiello, B. 510
Vittengl, J. R. 454

Wada, J. 565
Waddell, M. T. 365
Wadden, T. A. 202, 547
Wadley, V. 226
Wadsworth, M. E. 488
Waehler, C. A. 459
Wakefield, P. J. 396
Waldman, I. D. 501
Walker, C. M. 548
Walker, E. F. 198
Walker, M. L. 188
Wallin, A. 188
Walsh, B. W. 238, 250
Walsh, R. 428
Walter, A. 175
Walters, E. E. 279
Walton, J. M. 97
Wamboldt, M. A. 409
Wamboldt, M. Z. 409, 501
Wampold, B. E. 454, 458, 459
Wang, C. K. 538
Wang, P. S. 36
Wapner, W. 566
Ward, C. H. 171
Ward, M. P. 224
Ward, T. 132
Watkins, L. E. Jr. 260
Watkins, L. R. 528
Watson, D. 82, 113, 115, 251
Watson, R. I. 64, 65, 68
Watson, R. T. 568
Watts, R. 420
Weakland, J. H. 89, 414
Weaver, C. M. 140
Webb, E. 196
Weber, E. 53
Wechsler, D. 240, 241, 242
Wedding, D. 334
Weed, N. C. 250
Weeks, G. R. 411, 412, 413
Weiner, B. 262, 376
Weishaar, M. E. 378
Weiss, B. 453, 513
Weiss, R. D. 188, 453
Weissberg, R. P. 515
Weissman, H. N. 332
Weisz, J. R. 415, 416, 424, 442, 451, 452, 453, 460, 486, 505, 512, 513, 514, 515
Wekerle, C. 486
Wellmer, J. 565
Wells, K. B. 191
Wells, K. C. 467
Wells, M. 428
Welsh, B. C. 423
Welsh, G. S. 247
Welsh, J. A. 493
Wenar, C. 501
Werner, E. E. 479
Wessinger, C. M. 571
West, M. 190
West, S. L. 515
Westen, D. 459
Wetchler, J. L. 409
Whisman, M. A. 409, 466
Wicherski, M. 18, 21, 38, 46
Wicks-Nelson, R. 501
Widiger, T. A. 113, 115, 116, 117, 188
Wiggins, J. S. 129, 133, 134
Wilberg, T. 163
Wilkinson, G. S. 243
Williams, C. L. 247, 250
Williams, J. B. W. 169
Williams, J. M. G. 430
Williams, O. B. 302
Williams, R. B. Jr. 538, 541
Williams, R. E. 396
Williams, S. 46
Williams, T. R. 190, 196
Wills, R. M. 466
Wills, T. A. 534
Wing, S. 536
Winnicott, D. W. 329
Winokur, M. 289
Winsor, A. P. 495, 496
Winters, K. C. 200
Witmer, L. 53, 56
Wittchen, H. U. 171
Wodak, A. 188
Wolfe, B. 364
Wolfe, D. A. 486, 501
Wolfenstein, M. 169
Wolff, J. C. 499
Wolitzky, D. L. 315, 331
Wollard, J. L. 468
Wolpe, J. 83, 251, 362, 367
Wonderlich, S. 251
Wong, N. 36
Wood, J. M. 158, 262, 495
Woodcock, R. W. 243, 494
Woodhouse, S. S. 280
Woodworth, R. S. 246
Woody, S. R. 303
Wortman, C. B. 530, 534
Wright, J. H. 144, 370, 380, 381, 382
Wright, M. O. 429, 488

Wulfert, E. 115, 118
Wulsin, L. R. 538
Wundt, W. 52
Wyckoff, L. 333, 396
Wynder, E. L. 541

Yalom, I. D. 403, 405, 407
Yarhouse, M. A. 429
Yasui, M. 517
Yerkes, R. M. 66
Yost, E. B. 396
Young, R. M. 169
Yutrzenka, B. A. 135, 184

Zabow, T. 125
Zack, J. S. 433
Zald, D. H. 131
Zaza, C. 429
Zeiss, R. A. 132
Zetin, M. 189
Zheng, D. 538
Zigler, E. 423, 467
Zilboorg, G. 63
Zimbardo, P. G. 190
Zimmerman, M. A. 423
Ziskin, J. 133
Zoellner, L. A. 469
Zook, A. II. 97
Zuckerman, E. L. 425
Zytowski, D. G. 244

내용

16PF 252
1차 예방 422
2차 예방 421
2코드 체계 249
3차 예방 421
4단계 모형 528
A유형 행동양식 537, 540
ABAB 설계 443
ADHD 510
APA 윤리규정 295
APA의 검사 사용자 자격에 대한 가이드라인 230
B유형 537
BDI 251
BDI-II 251
BGT 261
BULT-R 251
CAT 260
CBCL 200, 491
CISS 244
CPI 252
DSM-I 111
DSM-II 112
DSM-III 112
DSM-III-R 112
DSM-IV 113
DSM-IV 장애에 대한 구조화된 임상적 면담 168
DSM-IV-TR 113
DSM-V 118
EPQ 252
FSS-III 251
K-ABC 241
K-ABC-II 241
KOIS 244
K-TEA 243
MBTI 253
MCMI 250
MCMI-III 250
MMPI 246
MMPI-2 247
MMPI의 단축형 250
MMPI-A 250
MPQ 252
N=1인 연구 445
NEO-PI-R 253
PSS-SR 251
PsyD 프로그램 638
RATC 260
RVS 244
SADS 251
SB5 237
SDS 244
SII 244
SORC 360
SoV 244
SPAI 251
STAI 251
TAT 257
WAIS 238
WAIS-III 239
WIAT 243
WISC 240
WISC-IV 240
W-J AB III 243
W-J CB III 243
WPPSI 240
WPPSI-R 240
WRAT-3 243

가난 487
가상현실 노출 364

가상현실 심리치료 672
가상현실 평가 205
가정관찰법 199
가족 맥락 496
가족 상호작용 496
가족 상호작용 부호화 체계 199
가족치료 402, 408, 466
가치 244
가치조건 80, 336
각성제 510
간헐적 폭발성 장애 479
감정 부호화 체계 202
강박장애 479, 503
강압-확대 가설 483
개방성 253
개방형 질문 177
개인심리학 327, 328
개인적 구성 개념 85
개인차 56
객관적 성격검사 246, 251
건강관리 662
건강보전 기구 663
건강신념 모형 549
건강심리학 524
건강심리학자 26
검사 결과 왜곡 226
검사 관련 오류 227
검사 문항의 편파 228
검사의 윤리적 기준 229
검사-재검사 신뢰도 137, 188, 233
게슈탈트 치료 347
결정화 지능 241
결혼 및 가족 치료자 25
경고의 의무 655
경험적 전통 52
경험적 접근 223
경험적으로 지지된 치료 455
고전적 조건형성 359
골상학 558
공감 337, 339
공격성 486, 488
공동양육권 616
공병 499
공병률 115
공적 발언 650
공존타당도 138
공중보건 421
공황장애 479
과거력 318
과잉행동 501
과학자 671
과학자-전문가 42, 633
과학자-전문가 모델 636, 637, 640
관계 변인 464
관계역동적 심리치료 330
관계적 포스트모던 접근 327
관상동맥 심장병 535, 536, 537
관상동맥질환 540
관찰자 효과 210
관찰평가 191
관찰평가의 신뢰도 207
관찰평가의 타당도 208
관찰학습 359, 368
광범위성 발달장애 478
교사평정척도 493
교실관찰법 199
교육적 및 심리적 검사에 대한 표준 230
교정심리학 592
교차문화적 검사 229
구인타당도 138, 233
구조화된 면담 168
구조화된 진단적 면담 494
국재화 562
국제질병분류체계 111
귀인양식 376
규준 225, 233
그림좌절검사 259
근로자 원조 프로그램들 663
긍정 예측력 124
긍정심리학 117, 532, 672
기계적 예측 129
기관연구심의위원회 650
기능분석 360
기능의 국재화 558, 559
기능평가 360
기록 보관 299
기록 유지 650
기분장애 478
기술 지행적인 평가 119
기술적 평가 119
기억상실증 574
기억치료 428
꿈의 분석 321

낙관주의 531
난독증 581
내담자 만족도 455
내담자 변인 279, 463
내담자 조사 455
내담자의 동기 280
내용척도 247
내용타당도 138, 233
내재화 문제 500
내적 일관성 137
내적 일관성 신뢰도 233
내적 참조틀 340
내적 타당도 447, 452, 458
노출치료 365
논리적 오류 378
놀이치료 508, 509
뇌졸중 536
뇌-행동관계 561, 583

다문화 669
다문화주의 517
다양성 517
다중기저선 설계 443
다중특수지능모델 234
다축적 진단 112
다축체계 113
단기 정신역동적 심리치료 331
단기 정신역동적 접근 327
단일 피험자 445

단일 피험자 설계 447
단일 피험자 연구 449
닻내리기 편향 128
대뇌피질 558
대리적 조건형성 359
대상관계 329
대상관계이론 327, 329, 330
대안적 개입방식 465
대안적 접근 88
대안적 진단 116
대안적인 약물 26
대안적인 접근법 427
대안적인 치료 26
대인관계 327
대처방식 530
대처전략 524, 530
도식 375
독립변인 442
독서치료 292
독자적 개업자 협회 663
동시실인증 569, 574
동작모방증 573
동종요법 26
동질적 집단 405
동통 541
두정엽 기능장애 568
둔감화 위계 목록 363
등위성 558
또래 사회측정법 497
또래 상호작용 497
또래관계 485

라소프 판결 656
라이터 성취검사 242
레이븐의 행렬검사 242
로르샤흐 검사 254
로르샤흐 잉크반점검사 494
리비도 76

마사지치료 427
마음챙김 430
매디슨가 보고서 149
맥아더 역량평가도구 595
메디케어 661
메디케이드 661
메타분석 131, 455, 466, 512
메타분석 연구 454
메타분석법 454
메틸페니데이트 510
면담 158
면담 종결 181
면담 중기 176
면담 초기 174
면담 환경 174
면담기법 158
면담의 구조 166
면담의 시작 174
면담의 타당도 190
면역 체계 528
면역 체계 세포 529
면역기능 529
모델링 368
모듈 방식 563
모방 368
무동함구증 573, 574
무선 임상실험 447, 449
무선 할당 446
무조건적인 긍정적 존중 336, 337, 338
묵인적 반응양식 226
문장완성검사 260, 495
문화 관련 증후군 164
문화 민감성 164
문화 역량 164
문화적 불평등 228
문화적 형평성 227
물질 관련 장애 478
미국심리학회 21, 70, 230
미국응용심리학회 72
미국의료-심리학협회 63
미국임상심리학자협회 71
미국전문직심리학위원회 646
미국정신의학회 63
미네소타 다면적 인성검사 246
민사소송 역량 608
민사재판 606

바꿔 말하기 177
바넘 보고서 149
바이오피드백 427
반구조화 면담 167, 494
반더빌트 심리치료과정 척도 286
반동형성 313
반분신뢰도 137
반사요법 26
반영 177, 340
반응방지 365
반응성 애착장애 478
반응양식 226
반응태세 226
반응편파 226
반전설계 443
반추장애 478
반항성 장애 478, 502
반항장애 486, 488
반향어 504
반향언어증 573, 574
발달단계 482
발달신경과학 673
발달정신병리학자 479
발모광 479
방어기제 77, 312
배설장애 478
범불안장애 479, 485, 503
범의 599
범죄 프로파일링 612
범죄행동 분석 612
범주검사 574
범주의 타당도 115
범주화 115
법의학적 검증 123
법정신경과학 602
법정심리학 591
법정정신의학 591

법집행 심리학 591
베일 모델 42
베일 회의 635
벡 우울척도 251
벤튼 시각파지검사 571
변증법적 행동치료 390
병원관찰법 198
보건의료체계 663
보고서의 명확성 146
보속성 573
보완/대체 의학 427
보험통계적 예측 129
보호요인 487, 488, 489
볼더 모델 41, 635
부모 사이의 갈등 485
부모 적합성 614
부모관리훈련 415, 467
부모-아동 상호작용 483, 495
부모의 이혼 485
부모-자녀 상호작용치료 416, 467
부모평정척도 493
부부치료 89, 466
부정 예측력 124
부치지 않은 편지 기법 348
분리된 뇌 560
분리불안장애 478, 503, 512
분산도 241
분석심리학 327
분열 313
불법행위 606
불안장애 479, 486, 503
비구조화된 면담 493
비네 지능검사 236
비네-시몽 검사 59
비밀보장 295, 481, 650
비밀보장 의무 655
비소유적인 돌봄 338
비언어적 의사소통 185
비언어적 학습장애 581
비일치성 337
비지시적 기법 177
비지시적 면담 166
비침입적인 방법 196
비특정 요인 461
빅 파이브 253

사고기록 385
사례 연구 447
사례개념화 300
사례구조화 318
사례연구 449
사례연구 지침 107
사법적 맥락 590
사법적 판결 590
사이코패스 체크리스트 604
사회 체계 420
사회공포증 479, 503
사회기술훈련 367
사회복지사 24
사회신경과학 673
사회적 기술 423
사회적 능력 부족 486
사회적 바람직성 226
사회적 지지 533
산술장애 478
산업재해 607
삼원이론 234
상담심리학자 23
상호억제 362
상황검사법 201
생리적 측정치 204
생리학적 기록장치 205
생물심리사회적 모형 524
생물학적 요인 90
생태학적 가족 개입 및 치료 415
생태학적 조망 419
생활기술훈련 프로그램 516
생활양식 328
생활연령 237
샤코우 보고서 631, 633
선택자유보장법 661
선택적 함구증 478
선호 공급자 기구 663
선호도 244
섭식장애 479
성 베들레헴 병원 62
성 편향 128
성인 동질주의적 477
성적 유혹 이론 76
성적 학대 486
성취도검사 242
소거 365
소검사 점수 237
소듐 아미탈 565
소송심리학 592
소송역량 594
소수집단 668
소인-스트레스 91
소진단계 528
소크라테스식 질문 382
솔트레이크시티 회의 636
수련 모델 24, 639
수행측정 201
순간노출기 560
순응성 549
순차적 체계접근 224
스트레스 533, 536, 537
스트레스 반응 526
스트레스원 526, 528
승화 313
시각인식불능증 570
시간표집 관찰 199
신경성 식욕부진증 479
신경성 폭식증 479
신경심리학 556
신경심리학적 검사 559
신경심리학적 종합검사 576
신경심리학적 평가 559
신경증 74, 253
신뢰도 137, 188, 261
신체적 학대 486
실명시력 568, 574
실습지도 32

실어증 574
실율증 566, 574
실적표 453
실적표 방식 453
실적표 연구 455
실제 자기 337
실존주의적 심리치료 349
실천주의 420
실험신경증 82
심리검사 218, 220, 264
심리과학협회 637
심리-법률적 문제 591
심리부검 610
심리임상과학 아카데미 637
심리진단 111
심리치료 274, 468
심리치료의 공통요인 461
심리치료의 효과 454
심리평가 지침 151
심리학 자격제도위원회 643
심리학 전문대학원 638
심리학자의 윤리원칙 및 행동강령 151, 647
심신미약 603
심장발작 536
심혈관 질환 535, 536
쓰기장애 478

아동 임상심리학 480
아동 임상심리학의 역사 477
아동 중심적인 접근방식 477
아동기 우울증 512
아동기 장애 477, 498
아동기 정신병리 479
아동기 행동장애 483
아동용 진단면담표 493
아동통각검사 495
아로마테라피 26
아스퍼거 장애 478, 504, 505
아이젱크 성격검사 252
암 542
암페타민 510
애커먼-쉔도프 부모양육능력 평가척도 616
약물남용 저항교육 515
약물치료 468
약물학적 개입 510
약용식물 연구 427
양극성 장애 I 478
양극성 장애 II 478
양심성 253
양육권 중재 618
양육권평가 지침 616
양육기술 422
언어 이해 239, 494
언어적/비언어적 IQ 점수 237
얼굴인식불능증 574
역량선별검사 595
역전된 역할극 348
역전이 314
역조건화 362
역할극 347
연방 작업상해보상 프로그램 661
연방 피고용인 건강이익법 661
영양학 427
예방 402, 515
예방 프로그램 467
예방적 개입 467
예언타당도 138, 189
오른손잡이 565
오리엔테이션 면담 161
옳은 긍정 124
옳은 부정 124
외상후 스트레스 장애 479, 503
외생변인 226
외적 참조틀 339
외적 타당도 447, 449, 452
외향성 253
외현화 문제 500
왼손잡이 565
요구 특성 209
요인실험 446
우울증 578
우호성 253
운동생리학 427
원격건강관리기술 672
원초아 76, 311
웩슬러 기억검사 571
웩슬러 성인용 지능검 238
웩슬러 아동용 지능검사 238, 494
웩슬러 지능검사 238
웩슬러 취학 전 아동용 지능검사 238
웩슬러-벨뷰 지능검사 238
위기면담 163
위스콘신 카드분류검사 573
위약효과 293, 446
위험성 예측 123, 605
위험요인 484, 487, 488, 535
유뇨증 478
유능한 치료자 281
유동적 지능 241
유머 313
유분증 478
유사실험실 450
유사행동관찰법 201
유아기 혹은 초기아동기의 급식장애 478
유아기, 아동기, 청소년기에 흔히 처음 진단되는 장애 478
유전자학 673
유전학 673
윤리 지침 294
윤리강령 647
윤리규정 20, 21, 481
윤리기준 231, 647
윤리위반 647, 652
윤리적 기준 295
윤리적 문제 150
윤리적 쟁점 134
의뢰면담 161
의뢰문제 106
의료관리 45, 662
의료관리 체계 630
의미치료 350

의사협조자살법 609
의지상실증 573
의지심리학 327
의학적 치료에 대한 순응성 547
이득의 충돌 296
이상적 자기 336, 337
이식증 478
이완훈련 362
이질적인 집단 405
인간중심 치료 335
인물화 검사 260, 495
인본주의 심리치료 334
인본주의 지향적 평가 144
인본주의적 접근 78
인식불능증 567, 574
인위적 관찰법 201
인지 삼재 378
인지 재구조화 506
인지 특수성 가설 376
인지-분석적 치료 433
인지의 매개 374
인지적 습관 524
인지적 재구조화 507
인지적 접근 83, 387
인지-정서 신경과학 673
인지-정서-관계-행동치료 433
인지치료 373
인지-행동 치료 387, 512
인지-행동적 개입 396
인지-행동적 개입방식 510
인지-행동적 접근 87
인지-행동적 집단치료 406
인지-행동적 평가 143
인터넷 기반 치료 432
일반적응증후군 526
일반지능모델 234
일반화 가능성 449
일반화 타당도 233
읽기장애 478
임상수련 프로그램 633
임상실험 449
임상심리 수련 41
임상심리학의 정의 17
임상심리학자 23
임상적 개입의 목표 289
임상적 예측 129
임상적 유용성 233, 266
임상적 전통 61
임상적 평가 106
임상적 평가의 목적 110
임상척도 247
임상활동의 분포 34

자극 일반화 359
자기 336
자기 개방 303
자기 진술 374
자기관찰법 200
자기심리학 327, 329, 330
자기주장훈련 367
자기효능감 534
자녀양육권 614
자녀양육권 평가지침 617
자동적 사고 376
자문심리학회 72
자발적 호전율 453
자아 76, 311
자아 이상 77
자아심리학 327, 329
자연관찰법 195
자유연상 76, 319
자조모임 89
자조집단 468
자폐성 장애 478
자폐장애 504
자폐증 504
작업기억 239, 494
작업동맹 항목표 286
잘못된 긍정 124
잘못된 부정 124
장애인 재활법 661
장애인식불능증 578
재발방지 389
재발방지치료 389
재탄생 · 재양육 치료 428
재향군인회 69
재활심리학자 26
저항 315, 322
적극적 경청 177
적성검사 242
적응장애 479
전국공병조사 35
전두엽 기능장애 572
전문가 모델 671
전문가 증인 602, 620
전문가-학자 모델 640, 671
전문직 수련 631
전문직 심리학 634
전반적 발달장애 504
전산화된 평가 133, 135
전위증 581
전이 314, 322
전치 313
절충주의 42, 97
점진적 이완훈련 362
접수면담 159
정보제공 동의 296
정보제공 동의서 162
정신건강 동등성 43
정신건강 서비스 630, 663, 671
정신건강동등법 661
정신검사 59
정신결정론 314
정신능력 242
정신병리검사 246
정신보건 간호사 25
정신분석의 목적 316
정신분석적 접근 77
정신분석학 68
정신분열병 478
정신상태검사 159
정신신경면역학 529
정신역동 평가 142

정신역동적 심리치료 326
정신역동적 임상평가 142
정신역동적 접근 74, 254
정신역동적 진단편람 117
정신연령 237
정신이상 면책변호 598
정신이상에 의한 무죄 593, 598
정신장애의 분류 111
정신지체 478
정신질환 상태에서의 유죄 593, 603
정신측정연감 220
제3자 지불인 660
조건적 가치 337
조건형성 83
조작 스트레스 검사 201
조작적 조건형성 359
종결면담 162
종속변인 442
주요우울장애 478, 502
주위 사람에 의한 관찰법 199
주의력 결핍 및 파괴성 행동장애 478
주의력결핍 과잉행동장애 478, 501
주제통각검사 257, 495
주지화 313
준거타당도 138
준전문가 25, 420
증거기반 실무 40, 441, 459
증거기반 치료 441, 461
증거기반 평가 265, 441
증분타당도 148
지각 추론 494
지각된 사회적 지지 524
지각된 스트레스 척도 530
지각적 조직화 239
지금-여기 347
지능 234
지능검사 494
지능의 위계적 모델 235
지역사회 심리학 402, 418
지형학적 모델 310
직접효과 모형 534
진단명의 개수 116
진단적 분류 111
진실성 337, 341
질병 예방 539
질병인식불능증 574
집-나무-사람 검사 260, 495
집단치료 88, 402, 403, 465

차원적 접근 117
착각적 상관 128
참여 모델링 368
참여관찰자 196
처리 속도 239, 494
처방권 46
처방특권 664
척추교정 지압요법 427
체계 접근 88
체계개입 411
체계적 둔감화 362
체계적 치료선택 301
초자아 77, 311
초자연적인 설명 61
최면 74
충동성 501
충동조절장애 479
취약성 91
측두엽 기능장애 570
측두엽 성격 571
측정의 표준오차 137
치료 계획 300
치료 계획을 위한 평가 120
치료 기간 299
치료 작업 283
치료 효과 279
치료과오 647, 656, 657
치료동맹 286, 513
치료자 280
치료자 변인 462
치료적 관계 284
치료적 유대 척도 286
치료적 유용성 266

카우프만 검사 241
카타르시스 291
카타르시스 방법 74
캘리포니아 성격검사 252
캘리포니아 심리치료 동맹척도 286
캘리포니아 언어학습검사 571
커플치료 402, 408
컴퓨터 기반 심리평가 672
컴퓨터 기반 평가 134
쾌락의 원리 76

타당도 138, 189, 261, 264
타당도 척도 247
타임아웃 443
탄력성 487, 516, 531
탈파국화 385
태도 244
통계적 예측 129
통제관찰법 195
통제된 관찰법 200
통제된 행동관찰법 201
통제실험법 442
통찰 315, 316
통합적 문제중심치료 433
통합적 수련 모델 434
통합주의 42
퇴행 313
투사 313
투사적 검사 494
투사적 그림검사 260
투사적 성격검사 254
특수지능 234
특정 물질 관련 장애 478
특정공포증 479, 503

파괴적 장애 502
팝리아스 유니다스 프로그램 517
편무시 568
편측무시 574
편측화 564
평가과정의 개요 105

평가도구의 선택 137
평가면담 158
평가보고서 110, 145, 146
평가의 개요 141
평가의 맥락 140
평가자 간 신뢰도 137
평가자료 107
평가자료 수집단계 108
평정자 간 신뢰도 188, 233
포스트모더니즘 접근 351
포터 미로검사 242
표준화 139
품행문제 485
품행장애 478, 486, 488, 502
피고인의 역량 594
피보디 그림어휘검사 242
피험자 간 기법 447
피험자 간 연구 445
피험자 내 기법 447
피험자 내 연구설계 443

학교관찰법 198
학교심리학자 23
학력검사 494
학습장애 478, 581
학업곤란 485, 494
학업성취 486
학업성취도 494
합동치료 409
합리적 접근 222
합리적-정서적 행동치료 379
합성지수 494
해리 313
행동관찰 158, 192, 495
행동관찰기법 158
행동관찰법 194, 207
행동분석 전문가 612
행동불능증 574
행동수정 550
행동신경학 558
행동에 대한 기능분석 360
행동유전학 673
행동의학 524, 525
행동적 부모훈련 467
행동적 접근 81, 387
행동주의적 부모훈련 415
행동치료 358, 509
행동평정척도 491
행동회피검사 206
현실원리 76
현장연구 113
혐오치료 369
협동적 효과연구 449
형사소송 594
형사소송 역량 592
형사적 책임 592
호먼큘러스 568
홀스테드-라이탄 배터리 560, 573, 576
홀츠먼 잉크반점검사 255
확증 편향 128
환경 바꾸기 423
환상통 542
환자-의사 의사소통 548
회복과정 490
효과연구 442
후두엽 기능장애 567
후천성 면역결핍증 538

저자 소개

■ Geoffrey P. Kramer
West Shore Community College

■ Douglas A. Bernstein
University of South Florida

■ Vicky Phares
University of South Florida

역자 소개

■ **황순택**
부산대학교 심리학과 졸업
연세대학교 대학원 심리학과 졸업(임상전공, 석사, 박사)
한양대학교 병원 신경정신과에서 임상심리전문과 과정 수료
(현) 충북대학교 심리학과 교수(임상심리학 전공)
임상심리전문가, 정신보건임상심리사 1급, 범죄심리전문가

〈주요 저서 및 역서〉
한국 아동인성평정척도(공저)
한국 아동/청소년 성격검사(공저)
웩슬러 성인용 지능검사 4판(K-WAIS-IV) 및 기억검사 4판(K-WMS-IV)(공저)
이상심리학(공역, 학지사)

■ **강대갑**
독일 슈투트가르트 대학원 졸업(이학박사)
충북대학교 대학원 심리학과 졸업(임상전공, 석사)
충북대학교 대학원 심리학과 박사과정 수료(임상전공)

■ **권지은**
이화여자대학교 대학원 심리학과 졸업(상담전공, 석사)
충북대학교 대학원 심리학과 박사과정 수료(임상전공)
상담심리전문가

임상심리학의 이해

Introduction to Clinical Psychology(7th ed.)

2012년 9월 25일 1판 1쇄 발행
2025년 9월 25일 1판 9쇄 발행

지은이 • Geoffrey P. kramer · Douglas A. Bernstein · Vicky Phares
옮긴이 • 황순택 · 강대갑 · 권지은
펴낸이 • 김 진 환
펴낸곳 • (주) 학지사
04031 서울특별시 마포구 양화로 15길 20 마인드월드빌딩 5층
대표전화 • 02) 330-5114 팩스 • 02) 324-2345
등록번호 • 제313-2006-000265호
홈페이지 • http://www.hakjisa.co.kr
인스타그램 • https://www.instagram.com/hakjisabook

ISBN 978-89-6330-880-7 93180

정가 **25,000원**

역자와의 협약으로 인지는 생략합니다.
파본은 구입처에서 교환하여 드립니다.